宗瑞가 惶恐ᄒ야
敢히 對答지 못ᄒ더니
훗가 大臣을
免ᄒᆯ새에 宗瑞를
上ᄭᅦ 전ᄒ야 大
臣의 되얏ᄂᆞ이다
其後에 宗瑞가 每

一五

國民小學讀本
第一課 大朝鮮國
우리 大朝鮮은 亞細亞洲中의 一王國이라 其形은
西北으로셔 東南에 出ᄒ 半島國이니 氣候가 西北
은 寒氣甚ᄒ나 東南은 溫和ᄒ며 土地ᄂ 肥沃ᄒ고
物産이 饒足ᄒ니라
世界萬國中에 獨立國이 許多ᄒ니 우리 大朝鮮國
도 其中의 一國이라 檀箕衛와 三韓과 羅麗濟와 高
麗룰 지난 古國이오 太祖大王이 開國ᄒ신 後五
百有餘年에 王統이 連續ᄒ나라이라 吾等은 如此

한말의 교과서 유년 필독과 국민 소학 독본

초등 학교

우등 새국어사전

전학년용

도서
출판 윤미디어

머 리 말

우리가 공기가 없으면 살아갈 수 없듯이, 우리가 말과 글을 사용하지 않고는 생활할 수가 없습니다. 그러나, 우리는 국어의 고마움을 느끼지 못하고 살아온 것이 사실입니다.

우리는 세계에서도 자랑할 만한 훌륭한 국어를 갖고 있는 문화 민족으로서, 우리의 국어를 바르게 말하고, 바르게 쓰고, 바르게 읽고 사랑해야 합니다.

우리의 국어를 올바로 이해하고 정확하게 표기하는 데에는 역시 국어 사전이 많은 도움을 준다는 것을 더 말할 여지가 없습니다.

그동안 여러 종류의 사전이 출간되었고, 각기 그 나름의 특색을 자랑하고 있으나, 이를 좀더 보완하고 수정하여 만든 것이 바로 이 사전입니다. 특히, 이 국어 사전의 특징은 초등 학교 전학년의 전 과목에 나오는 낱말은 물론이고, 사용 빈도가 높은 시사적인 낱말을 엄선하여 수록하였으며, 초등 학생이 쉽게 이해할 수 있도록 낱말 풀이에 역점을 두어 펴내게 되었습니다. 또한 이 국어 사전이 자랑스럽게 내놓을 수 있는 점은 예문을 어느 사전보다 많이 게재하여 낱말 이해에 많은 도움을 주도록 꾸몄습니다.

이 국어 사전은 '새한글 맞춤법 및 외래어 표기'에 의거하여 편집되어 있음을 아울러 밝혀둡니다.

이 국어 사전이 여러분의 학습에 많은 도움이 되고, 앞으로의 생활을 해나가는 데 지혜를 터득하기 바랍니다.

끝으로 국어 사전을 엮는데 많은 도움을 주신 여러분께 감사를 드립니다.

도서출판 **윤미디어** 편집부

일러두기

1 낱말의 선택

〈1〉 초등 학교 전학년의 교과서에 나오는 주요 낱말들 중에서 골랐으며, 어린
이들의 학습과 일상 생활에 도움되는 고운 말·좋은 말을 골랐고, 요즘 신
문·잡지·방송에서 흔히 보고 들을 수 있는 새로운 주요 낱말들을 많이 거
두어 실었으며, 상급 학교 진학 후의 학습과 앞으로 사회 생활에서 꼭 알아
두어야 할 낱말들을 실음으로써 가장 새롭고 좋은 사전이 되도록 하였다.

〈2〉 교과서에 나오는 인명, 지명, 책명, 나라명, 사건명 등의 중요 학습 사항을
거두어 실었다.

　〈보기〉 한석봉, 거제도, 명심보감, 한산도 대첩, 삼국사기……

〈3〉요즈음 새로 생기어 일상 생활에서 자주 쓰이는 낱말들을 실었다.

　〈보기〉 컴퓨터, 반도체, 스커드 미사일, 유에프오……

2 낱　말

〈1〉 낱말은 굵은 서체인 고딕체로 나타내었다.

〈2〉 말끝이 변하여 형태가 바뀌는 말은 으뜸꼴로 바꾸어 실었으나, 그 낱 말의
말끝이 바뀌는 모습을 보이어, 실제 문장에서 쓰이는 모습을 이해하도록 하
였다.

　〈보기〉 **같다**(같아, 같으니) **걷다**(걸어, 걸으니)

〈3〉 말끝에 '-하다', '-스럽다', '-히/-이' 등이 붙어 쓰이는 말은 풀이의
맨끝에 그 모습만 보였다.

　〈보기〉 **다정** 풀이……　-하다. -스럽다. -히.

〈4〉 사람 이름은 본이름을 쓰는 것을 원칙으로 삼았으나, 교과서에서 아호나
다른 이름으로 쓰인 경우에는 아호에 가서 풀이를 하였다.

　〈보기〉 **충무공** 〖사람〗 ⇨ 이순신

3 낱말의 배열

〈1〉 모든 낱말을 한글 맞춤법 첫소리(닿소리)와 가운뎃소리(홀소리), 끝소리
(받침)의 차례로 벌여 놓았다.

●첫소리의 차례

ㄱ ㄲ ㄴ ㄷ ㄸ ㄹ ㅁ ㅂ ㅃ ㅅ ㅆ ㅇ ㅈ ㅉ ㅊ ㅋ ㅌ ㅍ ㅎ

●가운뎃소리의 차례

ㅏ ㅐ ㅑ ㅒ ㅓ ㅔ ㅕ ㅖ ㅗ ㅘ ㅙ ㅚ ㅛ ㅜ ㅝ ㅞ ㅟ ㅠ ㅡ ㅢ ㅣ

●끝소리의 차례

ㄱ ㄲ ㄳ ㄴ ㄵ ㄶ ㄷ ㄹ ㄺ ㄻ ㄼ ㄽ ㄾ ㄿ ㅀ ㅁ ㅂ ㅄ ㅅ ㅆ ㅇ ㅈ
ㅋ ㅌ ㅍ ㅎ

〈2〉 소리와 글자가 같고 뜻이 다른 말은 그 낱말의 오른쪽 어깨에 각각 [1,2,3] …
의 번호를 차례로 붙였다.

④ 낱말의 풀이

〈1〉 낱말의 뜻은 알기 쉽게 풀이하였으며, 뜻의 이해를 돕고 실제 국어 공부에
   도움이 되도록 여러 가지 예문과 해설하는 란을 곁들였다.
〈2〉 낱말의 뜻이 여럿일 때에는 가장 많이 쓰이는 뜻부터 차례로 ①, ②, ③…
   의 부호를 붙여 풀이하였다.
〈3〉 낱말의 뜻을 더욱 옳고 바르게 하기 위하여 비슷한 말, 반대말, 순말, 본말,
   큰말, 작은말, 여린말, 센말, 거센말, 높임말, 낮춤말 등을 모두 실었다.
〈4〉 새로 생겨난 낱말들의 풀이를 바르게 하였으며, 이미 있던 낱말이면서 세
   계 정세의 변화에 따라 그 풀이가 달라진 낱말들도 바로 잡았다.

⑤ 읽는 소리

〈1〉 낱말 중에서 길게 소리나는 글자에는 긴소리 부호(:)를 붙였다.
   〈보기〉 건:설 풀이…… **단:거리** 풀이…… **용:달차** 풀이…….
〈2〉 낱말의 모습과 실제 발음이 같지 않은 것은 [ ] 안에 그 소리를
   표시하였다.
   〈보기〉 뱃놀이[밴놀이]풀이 …… **독립**[독립]풀이 …… **승리**[승니]풀이 …….
〈3〉 외국어 중에서 길게 소리나는 말은 긴소리 부호(:)를 붙이되, 개정
   된 '외국어 표기법'에 따라 긴소리로는 적지 않았다.

⑥ 한자 · 영어

  특별히 원칙을 세운 것은 아니지만, 자주 쓰이는 것들, 어린이들도 알아 두어야
할 한자와 영어를 제시하였다.

이 사전에 쓰인 약속 부호

부호	뜻	부호	뜻
:	긴소리의 부호	〉	작은말 앞에
〖 〗	인명, 지명, 책명, 나라명	여	여린말
( )	말끝이 변하는 모습	센	센말
【 】	한자, 영문	거	거센말
–	표제어 생략	높	높임말
⇨	참고 자료	낮	낮춤말
예	예문	×	틀린 말 앞에
비	비슷한 말, 같은 말	〈보기〉	예를 보일 때
반	반대말, 맞선 말	*	참고말 앞에
본	본디말	〔 〕	참고적인 풀이나
준	준말		강조할 때
〈	큰말 앞에		

국어 사전 찾는 법

① 먼저 '일러두기' 를 읽어 둔다.

그 사전의 '일러두기' 를 여러 번 읽어서 그 사전의 사용 방법을 알아두어야 한다. '일러두기' 에는 그 사전에 실린 낱말의 풀이 방법 및 약속 부호 따위가 상세히 설명되어 있으므로, 그것을 잘 익혀 두어야만 사전을 능률적으로 활용할 수 있다.

② 낱말의 배열 순서를 익혀 둔다.

사전에 실려 있는 낱말들은 한글 자모(닿소리·홀소리)의 차례대로 실려 있다. 따라서, 어떤 말을 찾으려면 '첫소리⇒가운뎃소리⇒끝소리' 로 나누어 찾아야 한다.

```
       ┌ 첫소리 ·············· ㄷ(닿소리·자음)
  독 ┼ 가운뎃소리 ······ ㅗ(홀소리·모음)
       └ 끝소리 ········· ㄱ(닿소리·자음)
```

③ 찾고자 하는 말은 반드시 표준말로 찾는다.

큰 사전 따위에는 표준말이 아닌 사투리를 싣기도 하지만, 대개의 국어 사전에는 사투리가 실리지 않은 경우가 많다. 그러므로 찾고자 하는 낱말이 사투리일 때에는 표준말로 고쳐서 그 뜻을 찾아야 한다.

〈보기〉 나래⇒날개

④ 찾고자 하는 말은 반드시 으뜸꼴로 찾는다.

1. '교수님께서', '학생들을' 같은 말은 '교수님', '께서', 또는 '학생', '들', '을' 을 따로 떼어 가지고 찾아야 한다.
2. '간다', '갔다', '갑니다' 등은 으뜸꼴인 '가다' 와, 그 말끝이 규칙적으로 변화되는 '-ㄴ다', '-았-', '-다', '-ㅂ니다' 를 찾아야 한다.
3. '높은', '넓은' 등은 '높다', '넓다' 를 찾고, '-ㄴ', '-은' 은 따로 찾아야 한다.
4. '먹는', '감으니' 등은 '먹다', '감다' 를 찾아야 하고, '그어', '빨라' 등은 '긋다', '빠르다' 를 찾아야 한다.
5. 그러나 이 사전에서는 교과서의 쓰임을 중심으로 엮었기 때문에 꼭 으뜸꼴로 실리지만은 않았다.

⑤ 자기가 알고자 하는 뜻을 찾는다.

낱말의 뜻이 여러 가지일 때에는 ①, ②, ③…의 번호로써 그 뜻의 다름을 보였다. 그러므로, 자기가 찾고자 하는 낱말의 뜻을 선택하면 된다.

ㄱ(기역) ①한글 닿소리(자음)의 첫째 글자. ②'가장 쉬운 글자'의 비유.

가: 일정한 넓이를 가진 물건의 바깥쪽 부분. ②어떤 것을 중심으로 한 그 주변. 예 냇가. 団가장자리. 凹복판.

가:² ①옳음. ②좋음. ③찬성함. 凹부. ④성적을 매기는 '수·우·미·양·가' 다섯 등급의 하나. 【可】

가:³ 어떤 말 앞에 붙어서 임시적인 또는 가짜임을 나타내는 말. 예가건물. 【假】

가가 호:호 집집마다. 예 가가호호 방문하다. 【假家戶戶】

가감 ①덧셈과 뺄셈. ②더하거나 덞, 또는 그렇게 해서 알맞게 함. ③어떤 기준에 넘치거나 모자람. -하다 【加減】

가:건물 임시로 지은 건물.

가:게 ①규모가 작은 상점. ②길가나 장터 등에서 물건을 벌여 놓고 파는 집. 예옷가게. 凹점포, 상점.

가격 물건 또는 상품의 값. 예도매 가격으로 팔다.

가:결 서로 의논하여 좋다고 인정하여 결정함. 凹부결.

가경 아름다운 경치. 凹절경.

가계¹ 집안 살림을 꾸려 나가는 수입과 지출. 살림살이

가계² 대대로 이어 온 집안의 계통. 예가계를 잇다.

가계부 집안 살림의 수입과 지출을 적는 장부.

가곡 ① 노래. ②독창곡·중창곡·합창곡 따위의 성악곡.

가공 재료나 제품에 손을 더하여 새로운 물건을 만듦.

가공 무:역 외국에서 수입한 공업 원료로 제품을 만들어 다시 수출하는 일.

가공 식품 식품의 원료인 농산물·축산물·해산물 등을 손질하거나 다른 것을 넣어 더욱 맛있고, 먹기 편하고, 저장하기 좋게 만든 식품.

가공업 재료·제품 등에 손질을 더하여 새로운 물건을 만드는 일.

가:공할 두려워 할 만한. 예핵폭탄은 가공할 무기이다.

가:관 ①볼 만함. ②하는 짓이나 모습이 비웃을 만함.

가:교¹ 임시로 놓은 다리.

가:교² 임금이 타고 다니던 가마. 말 두 필이 앞뒤에서 가마를 메고 감.

가구¹ 집안 살림에 쓰이는 물건. 특히 옷장·책상 따위를 이르는 말. 凹세간. 【家具】

가구² ·살림을 따로 하는 집의 수효. 예한 집에서 세 가구가 산다. 【家口】

가구점 가구를 파는 가게.

가극 배우가 대사의 전부 또는 일부를 노래로 부르면서 하는 연극. 오페라. 凹악극.

가:급적 될 수 있는 대로. 예가급적 빨리 와라.

가까스로 간신히. 겨우. 예가까스로 약속 시간을 맞추었다.

가깝다(가까우니, 가까워서)① 거리나 시간이 멀지 않다. ② 친하다. ③성질·모양·내용

따위가 비슷하다. 뺸멀다.

가꾸다 ①식물이 잘 자라도록 보살펴 주다. 몐나무를 가꾸다. ②꾸미다. 치장하다.

가끔 어쩌다가 한 번씩. 얼마쯤의 사이를 두고. 드문드문. 때때로. 뺸이따금.

가난 살림살이가 넉넉하지 못함. 뺸빈곤. 빤부유.

가난뱅이 가난한 사람을 낮추어 이르는 말. 빤부자.

가내 ①한 집안. 몐가내 안녕하십니까? ②가까운 일가. ③집의 안. 【家內】

가내수공업 간단한 기술과 기구를 사용하여 집에서 운영하는 작은 규모의 공업. 뺸수공업. 빤공장공업. 【家內手工業】

가냘프다(가냘퍼, 가냘퍼서)가늘고 약하다. 몐가냘픈 목소리. 뺸연약하다. 빤억세다.

가누다 몸이나 정신을 가다듬어 바르게 하다.

가느스름하다 조금 가늘다.

가는귀먹다 작은 소리를 잘 듣지 못할 정도로 귀가 먹다.

가늘다(가느니, 가늘어서)①굵지 않다. ②소리가 작다. 몐숨소리가 가늘다. 빤굵다.

가ː능 될 수 있음. 할 수 있음. 몐실천이 가능한 계획을 세워라. 빤불가능. - 하다. 【可能】

가ː능성[가능썽] ①되거나 할 수 있는 요소, 또는 그 전망. ②할 수 있는 가망. 몐성공할 가능성이 많다.

가다 ①목적한 곳을 향하여 움직이다. ②떠나가다. ③세월이 흐르다. ④'죽다'의 낮춤말. ⑤맛이나 성질이 변하다. 몐음식 맛이 가다. 빤오다.

가다듬다[가다듬따] ①몸가짐이나 옷매무시를 바르게 하다. ②목소리를 잘 내려고 목

청을 고르다. ③정신이나 마음을 바로 차리다.

가닥 한 군데에서 갈려 나간 낱낱의 줄. 몐실 한 가닥.

가담 ①힘을 보태어서 도와 줌. ②한 편이 되어서 일을 같이 함. - 하다.

가ː당찮다 ①조금도 사리에 맞지 아니하다. 몐가당찮은 요구. ②쉽게 당할 수 없을 만큼 대단하다. 뺸가당하지 아니하다.

가도 ①넓고 곧은 길. 가로. ②도시를 잇는 큰길.

가동 사람이나 기계 등을 움직여 일함. 몐엔진을 가동시키다. - 하다.

가두 시가지의 길거리. 몐가두판매. 【街頭】

가두다 사람이나 짐승 따위를 드나들지 못하게 한 곳에 넣어 두다. 몐죄인을 감옥에 가두다.

가두리 어장 강이나 바다에 그물을 쳐서 그 안에서 물고기를 기르는 곳.

가뜬하다 ①보기보다 가볍다. ②홀가분하다. 몐목욕을 하고 나니 온몸이 가뜬하다. 〈거뜬하다. - 히.

가라사대 말씀하시기를. 말씀하시되. 몐공자 가라사대. 뗏가로되.

가라앉다 ①뜬 것이 밑바닥에 내려앉다. ②마음이 놓이다. ③조용해지다. 몐소란했던 교실 분위기가 차츰 가라앉았다. 빤뜨다. 魯갈앉다.

가라쿠니 신사 백제인의 후예인 기미마로 등이 일본 도다이사 경내에 세운 우리 조상의 신을 모신 곳.

가락[1] ①가늘고 길쭉하게 토막 진 물건의 낱개. 몐엿가락. ②

손이나 발의 갈라진 부분의 하나. 예손가락.

가락² ①소리의 길이와 높낮이의 어울림. ②율동. ③몸에 밴 솜씨·재주·기분. 예옛날 가락 그대로 남아 있다.

가락지 손가락에 끼는 한 쌍의 고리. 보통 금·은·옥 따위로 만듦. 예금가락지. 비반지.

가랑가랑 ①물 같은 것이 그릇에 넘칠 듯이 차 있는 모양. ②눈에 눈물이 가득 괸 모양. 〈그렁그렁.

가랑비 가늘게 조금씩 내리는 비.

가랑이 ①끝이 갈라져 벌어진 부분. ②'다리'를 낮추어 이르는 말. 본바짓가랑이

가랑잎[가랑닙] 저절로 떨어진 마른 넓은 나뭇잎. 비낙엽.

가래¹ 흙을 떠서 옮기는 농기구로 보통 한사람이 자루를 잡고 두 사람이 양편에 서서 줄을 당겨 흙을 퍼 던짐.

가래² 기침과 함께 토하여 내는 끈끈한 액체. 가래침. 비담.

가래질 가래로 흙을 퍼서 떠 옮기는 일. -하다.

가:량 수량을 대강 어림잡아서 나타내는 말. 예야구장에 약 일 만명 가량의 관중이 모였다. 비쯤. 정도. ×가령

가려내다 ①잘잘못을 밝히어 내다. ②분간하여 추리다. 예불량품을 가려내다.

가:련하다 ①가엾고 불쌍하다. ②모습이 동정심이 갈 만큼 애틋하다.

가:령 이를테면. 예를 들어 말한다면. 예가령 내가 선생님이라면……

가로¹ ①좌우로 건너지른 상태, 또는 그 길이. 예가로의 너비. 반세로. ②옆으로 누운 모양

예가로눕다.

가로² 도시의 넓은 길. 비가도.

가로놓이다 ①가로질러 놓이다. ②어려움이나 장애물 등이 앞길을 막다.

가로되 ① '가라사대'의 낮춤말. ②말하기를. 이르기를.

가로등 큰 도로나 주택가의 골목 길을 밝히기 위해 높게 달아 놓은 전등. 준가등

가로막 젖먹이 동물의 가슴과 배부분 사이에 있는 힘살로, 호흡하는 데 중요한 구실을 하며, 토하거나 대소변을 볼 때 배에 힘을 주는 구실도 함. 비횡격막.

가로막다 ①앞을 가로질러 막다. 예길을 가로막다. ②옆에서 무슨 일을 못하게 하다. 예회의 진행을 가로막다.

가로무늬근 눈·혀·귀 등을 움직이게 하는 힘살로, 많은 가로무늬를 갖고 있는 근육.

가로수 큰길의 양쪽 가에 줄지어 나란히 심은 나무.

가로젓다(가로저으니, 가로저어서) 반대하는 뜻으로 고개를 좌우로 흔든다.

가로채다 남이 가진 것을 옆에서 쳐서 빼앗다. 예상대편의 공을 가로채다.

가로축 좌표 평면에서 가로로 놓인 직선.

가루 부스러져 잘게 된 낱알. 예콩가루. 비분말.

가루받이[가루바지] 수꽃술의 꽃가루가 암꽃술의 머리에 붙어서 암수가 합쳐지는 일.

가루 식품 떡·빵·국수 등 가루를 이용하여 만든 식품.

가루약 가루로 되어 있는 약.

가르다(갈라, 갈라서) ①쪼개다. 나누다. ②시비를 판단하다. .

가르치다 ①지식·기술 등을

알게 하다. [예]영어를 가르치다. ②도리나 올바른 일을 깨닫게 하다. [예]자식의 도리를 가르치다. ×가리키다.

가르침 ①가르쳐 알게 하는 일. ②가르치는 내용. [비]교훈.

가리개 두 폭으로 만들어진 병풍.

가리다1 ①여럿 가운데서 골라내다. [예]우수 선수를 가리다. ②어린아이가 낯선 사람을 대하기 싫어하다. [예]낯을 가리다.

가리다2 바로 보이거나 통하지 않도록 막다. [예]창문을 가리다.

가리마 머리털을 양쪽으로 갈라 빗을 때에 생기는 금.

가리키다 말·표정·동작으로 어떤 곳을 알려주다. [예]손가락으로 칠판을 가리키다. ×가르치다.

가마1 숯·질그릇·기와·벽돌 등을 굽는 곳.

가마2 '가마니'의 준말. [예]쌀 한 가마. [본]가마니.

가마3 정수리에 소용돌이 모양으로 난 머리털.

가:마4 지난날 탈것의 하나로 사람을 태우고 앞뒤에서 멜빵을 걸어 메고 다님. [예]가마 타고 시집가다.

가마니 곡식·소금 등을 담는, 짚으로 엮어 만든 자루. [준]가마.

가마솥 크고 우묵한 솥.

가:망 이룰 수 있을 듯한 바람. [예]회복될 가망이 보인다.

가맹 동맹이나 연맹에 가입함. [예]가맹 단체. -하다.

가:면 ①나무·종이·흙 따위로 만든 얼굴의 형상. [비]탈. ②진실을 숨기고 거짓으로 꾸미는 일을 빗대어 이르는 말.

가:면극 연기자들이 가면을 쓰고 하는 연극. 우리 나라의 〈봉산탈춤〉따위가 가면극에 속함.

가:명 본이름이 아닌 거짓 이름. [반]실명·본명

가무 노래와 춤. 노래를 부르고 춤을 춤. 【歌舞】

가무스름하다 조금 검다. [준]가뭇하다. 〈거무스름하다. [센]까무스름하다.

가문 ①집안과 가까운 살붙이. ②대대로 내려오는 그 집안의 사회적인 신분이나 지위.

가문비나무 소나무과의 늘푸른 큰키나무. 잎은 바늘 모양으로 높이가 40m이상 자라며 건축·펄프 재료로 쓰임.

가물가물 ①멀리 있는 불빛이나 물체가 보일 듯 말 듯 희미하게 움직이는 모양. ②정신이나 기억이 오락가락하는 상태.

가물거리다 모습이나 불빛 같은 것이 어슴푸레하게 사라질 듯 말 듯하다.

가물다 비가 오래도록 오지 않아 땅이 메마르게 되다.

가물치 가물치과의 민물고기. 몸길이는 60cm 가량. 진흙 있는 물에서 살며 몸이 둥글고 비늘은 뱀의 비늘과 비슷하며, 성질이 사나움.

가뭄 오랫동안 비가 오지 않음.

가미 ①음식에 다른 식료품이나 양념 등을 넣어서 맛이 더 나게함. ②어떤 것에 다른 것을 더 넣거나 곁들이는 일.

가:발 머리털로 여러 가지 머리 모양을 만들어 쓰는 본래의 자기 머리가 아닌 가짜 머리.

가방 가죽·비닐·천 등으로 만들어 물건을 넣어 들고 다니게 만든 용구.

가볍다 ①무겁지 않다. ②경솔하다. [예]입이 가볍다. ③홀가분하다. [반]무겁다.

가보 대대로 전해 오는 한 집안의 보배.

가:봉1 양복 따위를 지을 때 먼저 몸에 잘 맞는가를 보기 위하여 대강 시침질하여 보는 바느질. 시침바느질.

가봉2〖나라〗 아프리카 서쪽 적도 부근에 있는 나라. 석유·우라늄 등 지하 자원이 풍부함. 수도는 리브레빌.【Gabon】

가:부 ①옳고 그름. ②표결에서의 찬성과 반대. [예]투표로 가부를 결정하다.

가:분수 산수에서 분자와 분모가 같거나, 분자가 분모보다 큰 분수. [반]진분수.

가쁘다 ①숨이 차다. [예]빨리 달려왔더니 숨이 가쁘다. ②힘에 겨워 어렵고 괴롭다.

가사1 ①집안의 살림살이에 관한 일. ②살림을 꾸려 나가는 일.

가사2 노래의 내용이 되는 글. [반]곡조.

가사3 스님이 장삼 위에 왼쪽 어깨에서 오른쪽 겨드랑이 밑으로 걸쳐 입는 옷.

가사 노동 가정 주부들의 손에 의한 취사·교육·아이돌보기·청소·세탁 등의 노동.

가산1 더하여 셈함. 보탬. [예]이자를 가산하다. [비]합산. [반]감산. -하다.【加算】

가산2 한 집안의 재산. [예]가산을 탕진하다.【家産】

가:상 실제로는 없는 것을 있는 것처럼 미루어 생각함. -하다.

가:석방 교도소에 갇힌 사람이 잘못을 뉘우치고 반성하는 빛이 뚜렷할 때 미리 석방하는 일. 가출옥.

가:설1 건너질러 설치하는 일. [예]선로를 가설하다. -하다.

가:설2 임시로 차림. [예]가설 무대.

가섭원〖지명〗 동부여의 도읍지. 지금의 북만주 장춘 부근에서 발전한 부여가 도읍을 이 곳으로 옮기며 동부여라고 함.

가세1 그 집 살림살이의 정도. 집안의 형세. [예]가세가 형편없다.

가세2 힘을 보탬. 거듦. [비]합세. 가담. -하다

가소롭다(가소로우니, 가소로워) ①대수롭지 아니하여 우습다. ②우습고 아니꼽다.

가속 속도를 더함. 또는 더해진 그 속도. [반]감속. -하다

가솔린 석유를 증발시켜서 만든 기름. 자동차·비행기의 연료로 쓰임. 휘발유.

가수 노래 부르는 것을 직업으로 하는 사람.【歌手】

가스 ①기체를 이르는 말. ②등불·땔감으로 쓰이는 기체

가슴 ①배와 목 사이의 부분. ②마음. [예]가슴이 두근거리다.

가슴지느러미 물고기의 가슴 양쪽에 붙은 지느러미.

가시 ①식물의 줄기나 잎에 바늘처럼 돋은 것. ②생선의 잔뼈. ③미운 사람을 빗대어 이르는 말.

가:식 거짓으로 꾸밈. [예]가식이 없는 행동. [반]진실.

가야〖나라〗 신라 유리왕때 김수로왕의 6형제가 세운 여섯 나라. 신라 진흥왕때 망함. 가락국.

가야금 신라 때 우륵이 만들었다는 열두 줄이 있는 현악기의

[가야금]

한 가지. 오동나무 공명관 위에 열 두줄을 세로 매어 각 줄마다 기러기발을 세우고 손가락으로 뜯음.

가야산 경상 남도와 경상 북도 사이에 있는 산. 국립 공원의 하나로 해인사·황계 폭포 등이 있음.

가업 한 집안에 대대로 이어 내려오는 직업. 또는 한 집안에서 전문적으로 하는 직업.

가:없다 그지 없다. 끝없다. [예]가없는 사랑 [본]가이없다.

가:연성 불에 잘 타기 쉬운 성질.

가열 ①어떤 것에 더운 기운을 줌. ②열이 더 세게 나도록 함. [반]냉각. –하다. 【加熱】

가열장치 물체에 열을 가하도록 만든 장치.

가:엾다 딱하고 불쌍하다. 가엽다. [예]부모없는 고아들이 가엾다.

가오리 바닷물고기의 하나. 몸이 넓적하고 꼬리가 길며, 독이 있는 뿔이 있어 쏘이면 매우 아픔. 주로 바다 밑바닥에서 삶. 홍어·흰가오리 등을 모두 일컫는 말.

가오리연 가오리 모양으로 만든연. 꼬빡연.

가옥 사람이 사는 집.

가외 일정한 기준이나 한도 이외. [예]가외로 돈이 더 들었다.

가요 가락을 붙여서 부르는 노래. 민요·동요·유행가 등을 통틀어 이르는 말.

가용 ①집안의 살림에 드는 돈. ②집안에서 쓰는것. 【家用】

가운1 집안의 운수 [예]가운이 기울다. 【家運】

가운2 의사·이발사·신부·판사·검사 등이 입는 위생복이나 법복 따위의 긴 겉옷.

가운데 ①끝이나 가장자리가 아닌 부분. ②둘의 사이. ③중앙 부분. 중심. ④'한가운데'의 준말.

가위1 옷감·종이·머리털 따위를 자르거나 오리는 데 쓰이는 기구.

가위2 옛날부터 전해 오는 우리나라 명절의 하나로, 음력 8월 15일. 추석. 한가위.

가을 한 해의 네 철 중 셋째 철. 입추에서 입동까지의 기간. *네철은 봄·여름·가을·겨울.

가을걷이[가을거지] 가을에 곡식을 거두는 일. [비]추수. [준]갈걷이. –하다.

가을보리 가을에 씨를 뿌려 이듬해 첫 여름에 거두는 보리. [준]갈보리. [반]봄보리.

가을뿌림 가을에 씨를 뿌리는 일.

가이없다 끝없다. 한이 없다. [예]어머님의 은혜는 가이없다. [준]가없다.

가인1 노래를 잘 부르거나 잘 짓는 사람. [비]가객.

가인2 용모가 아름다운 여자. 미인.

가일층 한층 더. 더욱 더. [예]가일층 노력하여라.

가입 단체나 조직 따위에 들어감. [예]유엔에 가입하다. [반]탈퇴. –하다. 【加入】

가입자 어떤 조직이나 단체에 들어간 사람.

가자미 바닷물고기의 하나. 몸이 위아래로 납작하고 두 눈이 오른쪽에 몰리어 붙어 있으며, 주로 바다 밑바닥에 삶.

가작 ①잘된 작품. ②당선에 버금가는 작품.

가장1 집안의 어른. 【家長】

가장2 여럿 가운데서 어느 것

보다도 으뜸이 되는 것. 엥가장 귀한 물건. 삔제일.

가:장³ 거짓으로 꾸밈. 엥암행어사가 거지로 가장하다. -하다.

가:장자리 물건의 둘레. 물건의 가를 이룬 선. 엥책상의 가장자리 삔가운데.

가:재¹ 게와 새우 중간 모양으로 개울 상류의 돌 밑에 사는 동물. 뒷걸음질하는 특성이 있음.

[가재]

가재² ①집안의 재물이나 재산. ②집안에서 쓰는 세간.

가전제품 가정용 전기 제품으로 냉장고·선풍기·텔레비전·라디오 따위.

가정 가족이 함께 어울려서 살아가는 사회의 가장 작은 집단. 엥가정생활. 【家庭】

가정 교:사 일정한 돈을 받고 남의 집에 가서 공부를 가르치는 사람.

가정 교:육 가정에서 알게 모르게 집안 어른들의 일상 생활을 통하여 받는 가르침.

가정 법원 가정에 관계되는 사건과 소년 범죄를 심판·조정하는 하급 법원.

가정부 일정한 돈을 받고 남의 집안 살림을 돌보아 주는 여자.

가정 상비약 집안에서 응급 치료에 쓰기 위하여 항상 준비해 두는 약품.

가족 부모와 자식·부부 등의 관계로 맺어져 한 집안에서 생활을 같이 하는 사람들. 엥가족 사진. 삔식구. 【家族】

가족 계:획 자녀의 수를 계획적으로 조정하는 일.

가족애 가족간에 서로 사랑함.

가죽 ①짐승의 껍질. ②짐승의 껍질을 손질하여 만든 물건. 엥가죽 지갑.

가중 ①더 무거워 짐. 더 무겁게 함. 엥세금이 가중되다. ②죄가 더 무거워짐. 형벌을 더 무겁게 함. 엥가중 처벌을 받다. 삔경감. -하다. 【加重】

가:증 얄밉고 괘씸함. 밉살스러움. -스럽다.

가지¹ ①원줄기에서 갈라져 뻗은 줄기. 엥소나무 가지. ②근본에서 갈라져 나간 것을 빗대어 이르는 말. 엥가지 많은 나무에 바람 잘 날이 없다

가지² 사물을 종류별로 구별하여 헤아리는 말. 엥세 가지 방법. 삔종류.

가지³ 가지과에 속하는 한해살이 식물의 하나로 줄기는 60~ 100cm정도이며, 여름부터 가을에 걸쳐 자줏빛 열매를 맺음. 열매는 반찬으로 먹음.

가지가지 여러 가지. 여러 종류. 가지각색. 엥사람의 성격도 가지가지다. ⊕갖가지.

가지각색 온갖 색깔. 여러 가지 모양. 엥지방마다 풍습도 가지각색이다. 삔가지가지¹. 각양각색.

가지다 ①몸에 지니다. ②손에 쥐다. ③제 것이 되게 하다. 삔버리다. ④소유하다.

가지런하다 여럿의 끝이 고르다. 엥하얀이가 가지런하다. 가지런히.

가지접붙이기 접붙이기의 하나. 대목에 접순이나 접눈을 붙여 나무를 번식시키는 방법.

가지치기 과일 나무나 식물의 모양을 고르고 생산을 늘리기 위해 나무의 가지를 잘라 주는 일.

가:짜 ①거짓으로 만든 것. ②참이 아닌 것을 참인 것처럼 꾸밈. 사이비. 예가짜 형사. 땐진짜.

가:책 잘못을 꾸짖어 나무람. 예양심에 가책이 되다. -하다.

가축 소·말·양·돼지 등과 같이 집에서 기르는 짐승. 비집짐승.

가축 병:원 집에서 기르는 짐승들의 질병을 치료하는 병원.

가출 집에서 뛰쳐 나옴. 예가출한 어린이를 보호하자.

가치 ①값어치. 값. ②보람. 예이용 가치가 있다.

가:칭 임시로 일컬음.

가택 사람이 사는 집. 【家宅】

가파르다(가파르니, 가팔라서) 몹시 비탈지다. 예산이 매우 가파르다.

가:표 찬성표. 예가표를 던지다. 땐부표. 【可票】

가풍 집안에 전하여 내려오는 독특한 풍습이나 범절.

가필 ①붓을 대어 글씨를 고침. ②글이나 그림의 일부를 고쳐 써 넣거나 지움. -하다.

가하다 더하다. 보태다. 예공격을 가하다. 땐감하다.

가해 ①남에게 손해를 끼침. ②남에게 상처를 나게 함. 땐피해. -하다.

가호 ①잘 보호하여 줌. ②신이 보호하여 줌. 예하나님의 가호가 있기를 빕니다. -하다.

가:혹 매우 까다롭고 혹독함. 예가혹한 탐관오리. 가혹한 형벌. -하다.

가화 만:사성 집안이 화목하면 다른 모든 일이 다 잘 되어 나간다는 뜻.

가훈 집안 어른들이 자녀들에게 주는 교훈. 【家訓】

각 ①모난 귀퉁이. ②두 직선의 한 끝이 서로 만나 이루어지는 도형. ③'각도'의 준말.

각각 따로따로. 제각기. 예각각 제자리로 돌아가다.

각계 사회의 여러 방면. 예각계의 저명 인사가 다 모였다.

각계 각층 사회 각 방면의 여러 층. 예각계 각층의 여론.

각고 고생을 참으며 몹시 애씀.

각광 ①무대 앞에서 배우의 몸을 비추는 광선. ②사회의 눈을 끄는 일. 예선수로서 각광을 받다.

각국 각 나라. 예세계 각국의 발명품 전시회. 【各國】

각기 저마다. 각각. 예모양이 각기 다르다.

각기둥 밑면은 다각형이고, 옆면의 모양은 직사각형이나 정사각형인 다면체.

각기병 다리가 붓고 숨이 가쁘며 몸이 나른하게 되는 병. 비타민 비(B)의 부족으로 생김.

각도 각의 크기. 준각. 【角度】

각도기 각의 크기를 재는 기구. 분도기.

각료 내각을 구성하고 있는 각부 장관. 비국무 위원.

각막 눈알 앞쪽 중앙에 있는 둥근 접시 모양을 한 투명한 막. 안막.

각별 유달리 특별함. 예각별한 사이. -하다. -히.

각본 영화나 연극 등의 무대 장치, 배우의 움직임, 대사 등을 적은 글. 비대본. 극본.

각뿔 밑면은 다각형이고, 옆면은 삼각형인 입체 도형.

각색[1] ①각각의 빛깔. ②여러 가지 종류. 예가지 각색의 나물. 비각종. 【各色】

각색[2] 소설이나 시 등을 극본이

나 시나리오로 고쳐쓰는 일. -하다. 【脚色】

각서 ①상대국에 대하여 자기 나라의 희망이나 의견 등을 적은 간단한 외교 문서. ②상대편에게 약속하는 내용을 적어주는 문서.

각선미 여자 다리의 곡선에서 느끼는 아름다움.

각설탕 설탕을 굳게 뭉쳐서 조그만 육면체로 모가 지게 만든 것.

각성 자기의 잘못을 깨달아 정신을 차림. [예]잘못에 대해 각성하는 기색이 역력하다. -하다.

각시 ①갓 시집온 색시. ②새색시 모양으로 만든 여자 인형.

각양 여러 가지 모양. 【各樣】

각양 각색 여러 가지. [예]각양 각색의 물건.

각오 미리 마음 속으로 단단히 정함. [예]죽을 각오로 싸우다. -하다.

각자 각각의 자신. [예]각자 맡은 바 책임을 다하여라.

각종 여러 종류. 각가지. [예]각종 경기가 화려하게 열리다.

각지 각 지방. [비]각처. 【各地】

각처 여러 곳. 방방곡곡. [예]각처에서 불우 이웃 돕기의 성금을 보내 왔다. [비]각지.

각축 서로 이기려고 승부를 다툼. 경쟁함. -하다.

각하 높은 자리에 있는 사람을 존경하여 일컫는 말. [예]대통령 각하. 【閣下】

각혈 폐결핵 따위로 피를 토함. 객혈.

각황전 전라 남도 구례군 화엄사에 있는 불전. 우리 나라 제일의 목조 건물로 국보 67호임.

간[1] 짠맛의 정도. [예]음식의 간을 맞추다.

간[2] 동물의 내장으로 핏속의 해로운 물질을 걸러내며 쓸개즙을 만들고 영양분을 저장하는 등의 역할을 하는 중요한 기관.

간:간이 ①드문드문. 이따금. ②때때로. 틈틈이. [예]숲속에서 간간이 새의 울음 소리가 들린다. [준]간간.

간간하다. 입맛이 당기면서 약간 짠 듯하다. 〈 건건하다.

간격 ①서로 떨어져 있는 것들의 거리. [예]간격을 좁혀라. ②시간적으로 떨어진 사이. [예]버스가 10분 간격으로 온다.

간:결 간단하고 깔끔함. [예]문장이 간결하다. [반]복잡. -하다. -히.

간계 나쁜 꾀. 간사한 계략. [예]간계에 빠졌다. 【奸計】

간:곡 마음과 정신을 다함. [예]친구의 간곡한 부탁. [비]절실. -하다. -히.

간뇌 대뇌와 소뇌 사이에서 내장과 혈관의 활동을 조절하는 기관.

간:니 젖니가 빠지고 다시 나는 이. 영구치. [반]젖니.

간:단 복잡하지 않음. [예]간단한 복장. [비]단순. [반]복잡. -하다. -히.

간:단 명료 간단하고 분명함. [준]간명. [예]대답은 간단 명료하게. -하다.

간:담 ①간과 쓸개. ②속마음.

간도〖지명〗 만주의 동남부 두만강 일대의 지역을 이르는 말로 북간도와 서간도를 통틀어 이름.

간드러지다 예쁘고 맵시 있게 가늘고 부드럽다. [예]간드러진 웃음 소리.

간들거리다 ①부드럽게 움직이

다. ②바람이 부드럽게 불다.
〈건들거리다.

간디〖사람〗[1869~1948] 인도의 민족 운동 지도자. 영국의 식민지 정책에 반대하여 비폭력·불복종 운동을 선언하고, 인도의 독립과 해방을 위해 힘썼음.

간디스토마 '간장 디스토마'의 준말. 몸길이 6~20mm의 긴 나뭇잎 모양으로 사람·개·고양이 등의 간에 기생하며, 유충은 우렁이·민물고기 따위의 중간 숙주에 기생함.

간:략[갈략] 간단하고 짤막함. 📵요점만 간략하게 말해 보라. 🔄간단. -하다. -히.

간만 썰물과 밀물. 간조와 만조.

간병 환자의 곁에서 보살피며 뒷바라지를 해 주는 일. 병구완. 🔄간호. -하다.

간부 모임이나 단체의 중심이 되는 지도적인 위치에 있는 사람. 📵간부회의.

간사 다른 사람을 잘 속임. 📵간사한 행동. -하다.

간석지 바닷물이 드나드는 개펄. ✕간사지.

간:선 도:로 주요 지역을 잇는 중요한 도로.

간섭 남의 일에 참견함. 🔄참견. 🔄방임. -하다.

간:소 수수하고 꾸밈이 없음. 📵옷차림이 간소하다. 🔄검소. -하다. -히.

간수[1] 잘 거두어 보호함. 📵학용품을 잘 간수하다. -하다.

간수[2] 교도소에서 죄수를 감독하는 사람. 또는 그 직책. '교도관'의 이전 이름. 【看守】

간:식 세 끼의 식사 사이에 과자나 과일 따위를 먹는 것. 또는 그 음식. 군음식.

간신 마음이 바르지 못한 나쁜 신하. 🔄충신.

간신히 겨우. 가까스로. 힘들게.

간악 간사스럽고 악독함. 📵간악한 무리. -하다. -스럽다.

간:염 간장에 염증을 일으키는 여러 종류의 병을 통틀어 이르는 말. 🔄간장염.

간:유 명태·대구 등의 간에서 짜낸 기름. 비타민 에이(A)·디(D)가 많이 들어 있음.

간:유리[간뉴리] 유리의 한쪽 면을 갈아 물건이 비쳐 보이지 않도록 한 유리. 젖빛 유리.

간:의 조선 세종 때 이천·장영실 등이 만든 기계로 하늘의 별자리와 기상 현상을 관측했음. 【簡儀】

간:이 간단하고 쉬움. 📵간이 휴게실. 🔄번잡. -하다.

간:이식 빵·통조림·라면 등과 같이 간편하게 마련하여 먹을 수 있는 식품. 또는 그런 식품으로 하는 식사.

간:이 식당 간편한 시설을 갖추고 간단한 음식을 파는 식당.

간:이역 설비를 간단하게 해 놓고 열차가 정거만 하도록 만들어 놓은 역. 🔄간이정거장.

간장[1] ①간이나 창자. ②애가 타서 녹을 듯한 마음. 📵간장을 태우다.

간장[2] 잘 띄운 메주에 소금물을 넣어 담근 음식의 간을 맞추는 액체. 🔄장.

간:절 지성스럽고 절실함. 📵남북 통일을 간절히 바라는 우리 동포. 🔄간곡. -하다. -히.

간:접 바로 대하지 않고 중간에 다른 것을 통하여 대함. 🔄직접. 【間接】

간:접세 상품에 대한 세금을 상품을 사는 사람에게 간접적으로 부담시키는 세금. 주세·

물품세·음식세 등이 이에 속함. 🔄직접세. 【間接稅】

간:접적 직접이 아니고 간접의 방식인 모양. 🔄직접적.

간:접 조:명 빛을 천정이나 벽에 보내어 반사한 빛을 이용하여 밝히는 방법.🔄직접 조명.

간:접 침략[간접침냑] 무력에 의하지 않고, 내란을 일으키게 하거나, 간첩을 보내어 사회 질서·민심 등을 뒤흔들어 국가를 뒤엎으려는 침략. 🔄직접 침략.

간조 썰물로 해면의 높이가 가장 낮아진 상태. 🔄만조.

간주 그렇다고 침. 그런 양으로 보아 둠. 🅰경기장에 나오지 않은 것으로 보아 기권으로 간주하겠다. -하다. 【看做】

간:주곡 ①극 또는 악극의 막간에 연주하는 짧은 음악. ②두 악곡 사이에 삽입된 짧은 기악곡.

간증 ①지난날, 범죄에 관련된 증언을 뜻하던 말. ②기독교에서 지은 죄를 자백하고 믿음을 고백하는 일. -하다.

간지럽다(간지러우니, 간지러워서) 무엇이 살에 가볍게 닿아 스칠 때 참을 수 없이 자리자리하게 느껴지다. 〈근지럽다.

간직 잘 간수하여 둠. 갈무리. 🔄간수. -하다.

간척 바다·늪 등을 막아 농토나 뭍으로 만드는 일.

간척지 간척 공사를 하여 농사를 지을 수 있도록 만들어 놓은 땅. 🅰간척지 개간.

간:첩 적지에 들어가 군사 정보·국가 기밀을 몰래 수집하는 자. 🅰무장 간첩을 생포하다. 🔄스파이. 오열.

간:첩선 간첩들이 바다를 통해 침입하거나 적국의 내정·동정을 탐지하여 본국에 알리기 위해 쓰이는 배.

간:청 간절히 부탁함. -하다.

간추리다 ①흐트러진 것을 가지런히 정돈하다. ②중요한 점만 골라서 간략하게 추리다.

간:택 임금이나 왕자의 신부감, 공주의 신랑감을 고르는 일. 간선. -하다.

간파 겉으로 보아서 남의 속뜻을 확실히 알아 냄. 🅰상대방의 약점을 간파했다.

간판 ①가게 이름·상표 이름 등을 써서 내건 것. ②졸업한 학교·직업 등 남 앞에 내세울 만한 것. 🅰저 친구 간판은 좋은데 성실하지 못해.

간:편 간단하고 편리함. 🅰간편한 옷차림. 🔄간단. 🔄복잡. -하다. -히.

간행 책 따위를 찍어 세상에 펴냄. 출판. 🅰월간지를 간행하다. -하다. 【刊行】

간호 병자나 약한 노인, 어린이 등을 보살피어 돌봄. 🔄간병. 구완. -하다. 【看護】

간호병 군대에서 군의관을 도와 병자나 부상자를 보살피는 군인.

간호사 '간호원'의 바뀐 이름. 병원에서 의사를 돕고, 환자를 돌보아 주는 사람.

간:혹 이따금. 어쩌다가. 🅰길에서 간혹 만나는 사람. 🔄간간이. 🔄혹.

갇히다[가치다] 가둠을 당하다. 🅰새가 새장에 갇히다.

갈:가리 여러 가닥으로 찢어진 모양. 🅰옷이 갈가리 찢어지다. 🔄가리가리. 🔄갈기갈기.

갈가마귀 까마귀과의 새. 까마귀 보다 약간 작으며, 빛은 검고 목·가슴·배는 희며, 중국 동북 지방이나 시베리아에 살며, 늦가을부터 봄까지 우리 나라에 날아와 삶.

갈:기 말이나 사자 등 짐승의 목덜미에 난 긴 털.

갈기갈기 여러 가닥으로 찢어진 모양. [비]가리가리.

갈기다 ①후려치다. 급히 때리다. [예]뺨을 한 대 갈기다. ②글씨를 아무렇게나 마구 쓰다.

갈:다1(가니, 가오) 새것으로 바꾸다. [예]연탄을 갈다.

갈:다2(가니, 가오) ①숫돌 같은 데다 문질러서 날이 서게 하다. [예]칼을 갈다. ②어떤 물체를 닳게 하다. [예]먹을 갈다. ③곡식의 낟알을 맷돌 같은 데 넣어 바수다. [예]콩을 갈아 두부를 만든다.

갈:다3(가니, 가오) ①쟁기·트랙터 등으로 논밭의 흙을 파 뒤집다. [예]밭을 갈다. [비]일구다. ②농사짓다. [예]뒷밭에 보리를 갈다.

갈대[갈때] 물가나 축축한 곳에 나는 대나무 비슷한 풀. [준]갈.

갈등 ①일이 서로 얽히어 풀리지 않음. ②서로 다툼. [예]서로 간의 갈등을 대화로 푼다.

갈라서다 서로의 관계를 끊고 각각 따로 되다.

갈라지다 ①쪼개지다. [예]남북으로 갈라지다. ②사이가 멀어지다. [예]친구 사이가 갈라지다.

갈래 한 군데로부터 갈라져서 나간 부분. [예]세 갈래로 나누다. [비]종류.

갈래꽃 꽃잎이 서로 떨어져 있는 꽃. [반]통꽃.

갈릴레이〖사람〗 [1564~1642] 이탈리아의 물리학자·천문학자. 물체의 낙하 법칙을 발견하였으며, 망원경을 만들어 목성의 위성 및 태양의 흑점을 발견했음. 또, 지구가 태양의 주위를 돌고 있다는 코페르니쿠스의 지동설을 주장했음.

갈릴리〖지명〗 팔레스타인의 북부 지방. 갈릴리 호수를 중심으로 하여 서부에 있는 지역.

갈림길[갈림낄] ①여러 갈래로 갈라진 길. 기로. ②어느 한쪽을 선택해야 할 처지. [예]갈림길에 서있다.

갈망 간절히 바람. [예]조국 통일을 갈망하다. [비]열망. -하다.

갈매기 바다에서 사는 새의 한 가지로 몸빛은 희고, 발가락 사이에 물갈퀴가 있어 헤엄을 잘 치며, 물고기·조개 등을 잡아먹고 삶. 백구.

갈모 기름 종이로 만들어, 비가 올 때 갓 위에 덮어쓰는 것. [본]갓모.

갈무리 ①물건을 잘 정돈하여 간수함. [예]농기구를 갈무리하다. ②일을 처리하여 끝맺음. [비]마무리. -하다.

갈:묻이[갈무지] 논밭을 갈아엎어 묵은 그루터기 따위를 묻히게 하는 일.

갈비 ①갈비뼈. 늑골. ②소의 가슴뼈를 요리의 재료로서 이르는 말. 쇠갈비.

갈비뼈 가슴의 양 옆구리에서 만져지는 뼈. 활처럼 휘어서 앞은 가슴뼈에, 뒤는 등뼈에 붙어서 가슴통을 이루어 내장을 보호함.

갈빗대 갈비의 낱낱의 뼈대.

갈색[갈쌕] 검은 빛을 띤 주황색. 밤색.

갈수록 점점. 더욱 더. [예]갈수록 태산이다.

갈이 논밭을 가는 일. [예]밭갈이.

갈:잎[갈립] ① '가랑잎'의 준말. ② '떡갈잎'의 준말. ③떨어지는 잎.

갈증[갈쯩] 목이 몹시 말라서 자꾸 물을 찾는 증세.

갈채 크게 소리지르며 칭찬하는 소리. [예]연주가 끝나자 박수 갈채를 보냈다. -하다.

갈치 갈치과의 바닷물고기. 모양이 길고 얄팍하며 비늘이 없고 은백색의 가루 같은 것이 덮여 있음.

갈퀴 나뭇잎·곡식 등을 긁어 모으는 데 쓰는 기구로 대쪽이나 철사의 끝을 구부리어 만듦.

[갈퀴]

갈탄 갈색의 질이 낮은 석탄. 수분이 많고 화력이 약한 유연탄.

갈팡질팡 방향을 잡지 못하고 이리저리 헤매는 모양. [예]길을 잃고 갈팡질팡하다. -하다.

갈피 ①포개어진 물건의 틈. [예]책 갈피에 은행잎을 끼우다. ②일의 갈래가 구별되는 어름. [예]마음이 너무 복잡하여 갈피를 못잡겠다.

감:[1] 감나무의 열매. 안 익은 것은 푸르고 맛이 떫으나, 익으면 붉어지면서 맛이 닮. 말려서 곶감을 만듦.

감:[2] 무엇을 만드는 재료, 또는 바탕이 되는 것. [예]한복감.

감:[3] 느낌. 생각. 인상. [예]너무 늦은 감이 있다.

감:각 ①눈·귀·코·혀·살갗을 통하여 받아들이는 느낌. ②사물을 느껴서 받아들이는 힘. [예]감각이 둔한 사람.

감:각 기관 자극을 받아 의식을 느끼게 하는 신체 기관. 눈·귀·코·혀·살갗 따위. [준]감각기.

감감하다 ①아주 멀어서 아득하다. ②소식이 없다. [예]그 친구 떠난 지 3년이 되도록 소식이 감감하다. [센]깜깜하다. [거]캄캄하다.

감:개 마음 깊이 사무치는 느낌.

감:개 무량 마음에 사무치는 느낌이 한이 없음. [예]고향에 돌아오니 감개 무량하다. -하다.

감:격 ①매우 고맙게 느낌. ②느끼어 마음이 몹시 움직임. [예]조국 광복의 감격. [비]감동. -하다. -스럽다. 【感激】

감:광지 사진을 뽑을 때에 쓰는, 빛을 받으면 변하는 종이.

감금 가두어서 자유를 빼앗고 감시함.

감:기 호흡기에 탈이 나서 몸이 오슬오슬 추워지며 코가 막히고, 머리가 아프며, 열이 나는 병. [비]고뿔.

감기다[1] 눈이 절로 감아지다.

감기다[2] 실 같은 것이 무엇의 둘레에 감아지다.

감:나무 감나무과의 갈잎넓은 잎큰키나무. 초여름에 담황색 꽃이 피고 열매는 익으면 붉고 맛이 닮. 나무는 가구 등을 만드는 데 쓰임.

감다[1] [감따] 아래위의 눈시울을 한데 붙이다. [반]뜨다.

감다[2] [감따] 머리·몸 등을 물에 담가 씻다. [예]머리를 감다.

감다[3] [감따] 실·끈·줄 등을 무엇에 말거나 두르다. [예]실을 감다.

감당 일을 맡아서 능히 해 냄. [예]네가 그 일을 감당할 수 있겠니? -하다.

감독 보살피어 잘못이 없도록 시킴. 또는 그런 일을 맡은 사람. 예영화 감독. 비감시.

감독관 감독의 직무를 맡은 관리.

감:돌다(감도니, 감도오) ①떠나지 않고 머무르다. 예귓가에 감도는 어머니의 음성. ②물굽이가 모퉁이를 감아돌다. 예산모퉁이를 감돌아 흐르는 맑은 냇물.

감:동 느끼어 마음이 움직임. 예위인전을 읽고 큰 감동을 받았다. 비감격. -하다.

감:동적 감동하거나 감동할 만한 모양. 예매우 감동적인 영화.

감:량 분량이나 무게가 줆. 예체중 감량. 【減量】

감:면 형벌이나 세금 따위를 적게 해 주거나 면제함. 예세금을 감면하다. -하다.

감:명 깊이 느끼어 마음에 새김. -하다. 【感銘】

감미 단맛. 맛이 닮. 예감미로운 음식. 반고미. 【甘味】

감미롭다 달콤한 느낌이 있다. 예감미로운 음악

감:방 죄수를 가두어 두는 방.

감별 물건의 종류나 진짜와 가짜를 살펴 가려 냄. 예병아리의 암수 감별. -하다.

감:복 마음에 깊이 느껴 진심으로 복종함. 예그의 정성에 감복하였다. -하다.

감:빛 익은 감과 같은 빛.

감사[1] ①고마움. ②고맙게 여김. ③고맙게 여기어 고마운 뜻을 나타냄. 비사례. -하다.

감사[2] 잘 하는지를 살펴보고 검사함. 예국정 감사. -하다.

감:사패 고맙다는 뜻을 새긴 나무 조각이나 금속판.

감:상[1] 느낀 생각 예독서 감상문을 쓰자. 【感想】

감:상[2] 마음에 느껴 슬퍼함. 예낙엽지는 가을은 우리를 감상에 젖게 한다. 【感傷】

감:상[3] 영화·문학·음악 등 예술 작품을 깊이 맛보고 즐김. -하다. 【鑑賞】

감:상문 어떠한 사물이나 현상을 보거나 겪으면서 느낀 바를 적은글. 【感想文】

감:소 줄어서 적어짐. 예수출량이 감소하다. 반증가. -하다.

감:수[1] 수입이나 수확이 줄어짐. 반증수. -하다.

감:수[2] [감쑤] 빼는 수.

감:수[3] 수명이 줄어듦. 예십년 감수했다. 【減壽】

감:수성 외부의 자극을 받아 느낌을 일으키는 성질이나 능력. 예감수성이 예민하다.

감시 잘못되는 일이 있을까 주의하여 지켜 봄. 비감독. -하다.

감:싸다 ①몸이나 물건 등을 덮어 싸다. ②약점을 덮어 주다. 예허물을 감싸다.

감안 참작하여 생각함. 예가정 형편을 감안하다. -하다.

감언 듣기 좋게 하는 말. 반고언

감언 이:설 남의 비위에 맞도록 듣기 좋은 말과 이로운 조건만을 내세워 꾀는 말. 예감언이설에 속아 넘어가다.

감:염 ①다른 풍습이나 나쁜 버릇이 옮아 물이 듦. ②병균이 몸 안에 들어와 병이 듦.

감옥 죄인을 가두어 두는 곳. '교도소'의 이전 이름. 준옥.

감옥살이 ①감옥(교도소)에 갇히어 지내는 생활. ②'자유를 빼앗긴 생활'을 빗대어 이르는 말. 준옥살이.

감:원 사람 수를 줄임. 예직원

을 감원하다. 뗸증원. -하다.

감자 땅 속의 둥근 덩이 줄기를 먹는 농작물의 하나. 초여름에 흰색 또는 보라색의 꽃이 피며, 덩이 줄기에는 녹말이 많음.

감:전 전기가 몸에 통하여 충격을 받음. -하다　【感電】

감:점[감쩜] 점수를 줄임, 또는 그 점수. 예반칙을 하여 감점을 받았다. -하다.

감:정[1] 사물에 대하여 느끼어 일어나는 마음.

감정[2] 좋고 나쁨을 가려 결정함. 예보석 감정. -하다.

감주 단술.　【甘酒】

감:지덕지 대단히 고맙게 여기는 마음.

감쪽같다 꾸미거나 고친 표가 나타나지 아니하다. 감쪽같이.

감찰 감시하여 살핌.

감:천 지극한 정성에 하늘이 느끼어 감동함. 예지성이면 감천이다. -하다.

감초 ①콩과의 여러해살이풀. 한약의 재료로 쓰임. 줄기 높이는 1m가량이며, 뿌리가 땅속 깊이 길게 벋는데, 빛깔이 누르고 단맛이 있음. ②한방에서 감초의 뿌리를 약재료 이르는 말. ③'어떤 일에나 빠지지 않고 한 몫끼는 사람'을 비유하는 말. 예약방의 감초.

감:촉 살갗에 닿거나 만질 때의 느낌. 예부드러운 감촉.

감:축 덜어서 줄임. 예예산 감축. 뗸축감.　【減縮】

감추다 가리거나 숨기다.

감:치다 두 헝겊의 가장자리를 마주 대고 실로 감아 꿰매다.

감:칠맛 ①음식이 입에 당기는 맛. 예감칠맛이 나는 김치. ②어떤 일이나 물건이 사람의 마음을 끄는 힘.

감:침질 바늘로 감치는 일. 단을 접어 넣고 꿰맬 때 사용하는 방법. -하다.

[감침질]

감:탄 마음에 깊이 느끼어 칭찬함. 예뛰어난 솜씨에 감탄하다. 뗸탄복. -하다.

감:탄문 사물을 보고 그 느낌을 나타내는 글. <보기> 아, 아름다운 강산이여!

감투 ①말총이나 헝겊으로 엮어 만든 지난날 관리들이 쓰던 모자. ②'벼슬'의 낮춤말.

감:하다 줄이다. 덜다. 빼다. 예봉급을 감하다. 뗸가하다.

감:행 어려움을 무릅쓰고 일을 용감하게 행함. 예기습 작전을 감행하다. -하다.

감:화 좋은 영향을 받아 착한 마음으로 바뀜. 예불량 청소년을 사랑으로 감화시키다

감:회 마음에 느낀 생각. 예오랜만에 고향에 돌아오니 감회가 새롭다.

감:흥 마음에 깊이 감동되어 일어나는 흥취. 예색다른 감흥을 일으키는 춤.　【感興】

갑갑하다 ①시원하게 트이지 않아 마음이 후련하지 아니하다. ②소식·결과 따위를 몰라서 궁금하다. ③체하거나 하여 속이 무겁고 답답하다. 뗸답답하다.

갑골 문자[갑꼴문짜] 거북의 등이나 짐승의 뼈에 새긴 옛 글자. 고대 중국의 상형 문자·은허 문자 따위.(상형문자)

갑문 운하나 독 등에서 선박을 통과시키기 위하여 수면의 높낮이를 조절하는 장치.

갑부[갑뿌] 첫째 가는 부자. 예그 사람은 장안의 갑부다.

갑사 댕기 갑사로 만든 댕기. 한복을 입은 여자의 머리에 드리우는 리본과 같은 것.

갑신 정변 조선 고종 21년 (1884) 12월, 우정국 낙성식을 기화로 김옥균·박영효 등의 개화파가 보수 세력인 민씨 일파를 몰아내고 새로운 정권 를 세우기 위해 일으킨 정변. 【甲申政變】

갑오개혁 1894년 김홍집 등의 개화당이 집권한 후, 그 때까 지의 정치 제도를 서양의 진 보적인 방식을 본받아 고친 큰 개혁. 갑오 경장.

갑옷 옛날의 군사들이 싸움을 할때에 몸을 보호하기 위하여 입던 옷. 화살이나 창, 또는 칼을 막기 위하여 쇠나 가죽 따위를 덧붙여 만들었음.

갑인자 조선 세종 16년(갑인년) 에 구리로 만든 활자. 이전에 나온 활자보다 정교하고 아름 다움.

갑자기 생각할 사이도 없이 급 히. 뜻하지 않게. 例날씨가 갑 자기 추워졌다. 凹별안간.〈급 자기.

갑자 사화 조선 연산군 10년 (1504)에 일어난 사화. 연산군 이 어머니 윤씨가 왕비 자리 에서 쫓겨난 것을 알고 성종 의 후궁과 여러 신하를 죽인 사건.

갑작스럽다 생각할 사이도 없 이 매우 급하다.〈급작스럽 다.

갑절[갑쩔] 어떠한 수량을 두 번 합침. 곱절. 배. 例6은 3의 갑절이다. -하다.

갑판 큰 배나 군함 등의 윗부분 에 철판이나 나무 등으로 깐 넓고 평평한 바닥. 【甲板】

값[갑] ①가치. ②사고파는 데 주고 받는 돈. 凹가격.

값나가다 값이 많이 나가다. 例값나가는 보석. 畜값나다.

값어치[가버치] 값에 해당한 분 량이나 정도. 例돈을 받은 만큼의 값어치는 해야지.

값있다 [가빋따] 많은 가치를 지니고 있다.

값지다[갑지다] 값이 많이 나갈 만한 가치가 있다. 例이것은 매우 값진 물건 같다.

갓[1] [갇] ①옛날 어 른이 된 남자가 쓰던 모자의 한 가지. ②갓 모양의 　[갓] 물건 등이나 전등의 갓 따위.

갓[2] [갇] 채소의 한 가지로 줄 기 높이 1m가량. 잎은 자줏빛 이고, 약간 매운 맛이 있음.

갓[3] [갇] 금방. 바로. 이제 막. 例갓 시집온 새색시.

갓난 아이 낳은 지 얼마 되지 아니한 아이. 畜갓난애.

갓모 '갈모'의 본디말.

갓:방[갇빵] 방이 여러 개 있는 중에서 맨 가에 있는 방.

강[1] 넓고 길게 흐르는 내. 【江】

강[2] 낱말 앞에 붙어서 '매우 센' '무리함을 무릅쓴'의 뜻을 나타내는 말. 例강타다.

강감찬〖사람〗[948~1031] 고려 시대의 유명한 장군. 1018년 거란군 장수 소배압이 10만 대군을 이끌고 쳐들어 왔을 때, 성동 대천(지금의 평안북 도에 있는 강)을 막아 놓고 있다가 강물을 트고 급습하여 거란군을 크게 무찔렀음.

강강술래 여자들의 민속 춤의 한가지. '강강술래'라는 소리 를 하면서 원을 지어 돌며 추 는 춤으로, 임진왜란 때부터 시작된 것으로 전해짐. 畜강 강수월래.

강건 몸과 마음이 튼튼하고 굳셈. 圓병약. -하다. -히.

강경 버티어 굽히지 아니함. ⑩강경하게 항의하다. 圓온건. -하다. -히. 【強硬】

강국 힘이 세고 부유한 나라. 강대국. 圓약소국. 【強國】

강권[강꿘] ①강한 권력. ②억지로 누르는 권력. ⑩일본의 강권에 의해 빼앗겼던 나라.

강남 ①중국의 양쯔 강 이남의 땅. 따뜻한 남쪽 지방을 말함. ⑩강남에서 돌아온 제비. ②강의 남쪽. 강남 지역. 圓강북.

강낭콩 콩과에 딸린 한해살이 식물. 여름에 흰색, 또는 보라색의 꽃이 피고 길쭉한 꼬투리 속에 4~5개의 씨앗이 들어 있음. ×강남콩.

강:단 강의·연설·설교 때 올라서도록 약간 높게 만든 자리.

강:당 강연이나 어떤 모임을 할 때에 많은 사람들이 한꺼번에 들어갈 수 있도록 만든 큰 방.

강대 세력이 강하고 큼. ⑩강대한 국가. -하다. 【強大】

강대국 세력이 강하고 큰 나라. 圓약소국. 【強大國】

강도¹ 강한 정도. ⑩강도가 높은 철근. 【強度】

강도² 때리거나 욱박지르는 방법으로 남의 물건을 빼앗는 도둑, 또는 그런 행위. ⑩노상 강도.

강둑[강뚝] 강의 가장자리를 흙이나 돌로 쌓은 곳. 圓제방.

강:등 등급이나 계급이 내림. ⑩사고로 일계급 강등하다. 圓진급. 승진. -하다. 【降等】

강력[강녁] 강한 힘. 힘이 셈. ⑩강력한 국방력을 기르자. 圓무력. -하다. -히. 【強力】

강렬[강녈] 아주 강하고 세참. ⑩강렬하게 내리쬐는 햇빛. -하다. -히.

강령[강녕] ①일해 가는 데 으뜸되는 줄거리. ②정당이나 노동 조합 등 어떤 단체의 근본 방침. ⑩행동 강령.

강:론[강논] ①학술이나 종교 등에 관한 어떤 문제를 설명하거나 토론함. ②천주교에서 '설교'를 이르는 말. -하다.

강릉[강능] 【지명】 강원도 동해안에 있는 도시. 명승 고적으로 오죽헌·경포대·해운정 등이 있으며, 여름철에는 경관이 뛰어난 경포대 해수욕장이 있어 많은 관광객이 몰림.

강:매 억지로 팖. ⑩물건을 강매하다. -하다.

강바람 [강빠람] 강에서 부는 바람. 圓산바람.

강변¹ 강가. 물가.

강:변² 논리에 어긋나는 것을 억지로 주장하거나 굳이 변명함.

강북 ①강의 북쪽. ②중국의 양쯔강 이북 지역. ③서울의 한강 북쪽. 圓강남.

강:사 ①학교·학원 등에서 가르치는 선생님. ⑩학원강사. ②강습회·연설회 등에서 강의나 연설하는 사람. ③대학이나 전문대학 등에서 촉탁을 받아 가르치는 선생님. ⑩전임강사 【講師】

강산 강과 산. ⑩아름다운 강산. 圓자연. ②나라의 땅. ⑩금수 강산. 圓강토. 【江山】

강성 힘차고 왕성함. ⑩국력이 강성한 나라. -하다. 【強盛】

강소천 【사람】 [1915~1963] 아동 문학가. 함경남도 고원에서 태어남. 〈어린이 노래〉〈이슬비의 속삭임〉등 많은

동요와 동화를 씀. 작품에는
〈호박꽃초롱〉〈꽃신〉〈진
달래와 철쭉〉등이 있음.

강:수량 땅에 내린 비·우박·
눈이 녹은 물 등을 합쳐 계산
하여 깊이를 단위로 나타낸
양.

강:습 일정한 기간 동안 여러
사람에게 학문이나 기술을 가
르침. 예수영 강습. -하다.

강습:생 강습을 받는 사람.

강:습소 여러 사람에게 일정 기
간동안 학문이나 기술 등의
특정 과목을 가르치는 곳.

강:습회 여러 사람을 한자리에
모아 놓고 어떤 것을 가르쳐
주거나 연설하는 모임. 예꽃
꽃이 강습회.

강심장 어지간한 일에는 겁을
먹거나 부끄러워하는 일이 없
는 배짱좋은 유들유들한 성
격, 또는 그런 사람.

강아지 개의 새끼.

강아지풀 벼과의 한해살이 풀.
잎은 가늘고 길며, 여름에 강
아지 꼬리 모양의 초록색 꽃
이 핌.

강압 큰 힘으로 억누름. 강제로
억누름. 예억압. -하다.

강약 셈과 여림.

강언덕 강둑. 강물이 넘치지 않
도록 쌓아 놓은 둑.

강:연 미리 정해진 제목에 따라
여러 사람에게 연설을 함. 예
연설. -하다.

강:연회 여러 사람에게 이야기
하기 위한 모임. 【講演會】

강:요 억지로 하도록 함. 무리
하게 요구함. 예돈을 내놓으
라고 강요하다. -하다. 【强要】

강우규【사람】[1855~1920] 독립
운동가. 1919년 일본 제3대 총
독 사이토 마코트에게 서울역
에서 폭탄을 던졌으나 실패하

고, 체포되어 순국함.

강:우량 일정한 시간 동안 일정
한 곳에 내린 비의 분량. 우
량. 예강수량. 【降雨量】

강원도【지명】우리 나라 중동부
에 위치한 산악 지대로 동해
에 접함. 국립 공원인 설악
산·오대산 등의 명산이 있
음. 【江原道】

강:의 글이나 학설의 뜻을 자세
히 설명하여 가르침. 예국문
학 강의. -하다. 【講義】

강인 강하고 끈기가 있음. 예강
인한 민족정신. -하다.

강재 기계·집짓기 등에 쓰이
는 쇠막대나 쇠판.

강재구【사람】[1937~1965] 베
트남 전쟁의 출전을 앞두고 훈
련 중인 병사가 잘못 던진 수
류탄을 안고 순국한 국군 맹호
부대의 한 장교. 【姜在求】

강적 아주 강한 적. 강한 적수.
만만찮은 상대.

강:점¹ 남의 땅이나 물건을 강
제로 차지함. -하다.

강:점²[강쩜] 남보다 뛰어난 점.
예우리 민족의 강점은 끈기이
다. 예약점. 【强點】

강:제 위력이나 권력으로 남의
자유를 억누름. 예강제로 일
을 시키다. 【强制】

강:제 노동 노동자의 뜻을 무시
하고 위력이나 권력을 써서
강압적으로 시키는 노동.

강:제 노동 수용소 강제로 노
동을 시키기 위하여 사람들을
가두어 두는 곳. 보통 공산주
의 국가나 독재 국가에서 볼
수 있음.

강:제적 힘으로 남을 억눌러 억
지로 하게 하는 모양. 예강압
적. 예자발적.

강:조 힘차게 부르짖음. 특히
힘주어 주장함. 예배움의 필

요성을 강조하다. - 하다.

강주 독한 술.

강직 마음이 굳세고 곧음. 예강 직한 군인. - 하다.

강진 ①강한 지진. ②진도 5의 지진. 벽이 갈라지고, 돌담이 무너질 정도의 지진.

강철 여러가지 기계나 칼날 같 은데 쓰이는 단단한 쇠. 철강. 반연철. 【鋼鐵】

강촌 강가에 있는 마을. 【江村】

강추위 바람이 없이 몹시 매운 추위.

강타 세게 침. 비맹타. - 하다.

강:탈 억지로 빼앗음. - 하다.

강태공 지난날, 중국의 태공망 의 이야기에 유래하여 '낚시 를 유난히 좋아하는 사람'을 비유하여 이르는 말.

강토 한 나라의 국경 안에 있는 땅. 비국토. 영토.

강판 강철판.

강풍 세차게 부는 바람. 【強風】

강:하 위에서 아래로 내림. 예 비행기가 강하하다. - 하다.

강하다 억세고 힘이 있다. 반약 하다.

강:행 ①어려움을 무릅쓰고 실 행함. 예궂은 날씨에도 운동 회를 강행하다. ②강제로 시 행함. 억지로 함. 예무허가 건 물 철거를 강행하다. - 하다.

강호[1] ①강과 호수. ②세상을 비유하는 말. ③자연.

강호[2] 맞서 겨루기 힘든 강한 상대나 집단, 또는 그런 사람. 예초반에 강호와 맞붙게 되었 다.

강화[1] 부족한 점을 보충하여 강 하게 함. 예수비를 강화하다. 반약화. - 하다. 【強化】

강:화[2] 전쟁 중이던 나라가 전 쟁을 멈추고 조약을 맺어 평 화로운 상태로 돌아가는 일.

예강화 조약. - 하다. 【講和】

강화 대:교 경기도 김포 반도의 성내리와 강화도의 갑곶 나루 를 연결하는 다리.

강화도[지명] 경기도 서해안 강 화만에 있는 섬. 화문석의 가 내 공업이 성하며 감의 명산 지임. 마니산 꼭대기에는 단 군 성지가 있으며, 이 곳에서 전국 체육 대회 등의 성화를 채화함.

강화도조약 1876년 우리 나라와 일본간에 맺어진 불평등 조 약. 병자 수호 조약이라고도 함. 이로부터 우리 나라는 외 국과 통상을 하게 되었음.

강:화 조약 싸우던 나라끼리 평 화를 맺는 조약.

강희안[사람][1417~1464] 조선 초기의 유명한 서화가. 산수 화를 잘 그렸음. 【姜希顔】

갖바치 지난날, 가죽신을 만드 는 일을 직업으로 삼던 사람.

갖추다 필요한 것을 미리 준비 하다.

갖춘마디 음악에서, 악보의 처 음과 끝이 박자표대로 되어 있는 마디. 반못갖춘마디.

같다 ①다르지 아니하다. ②한 결같다. 반다르다.

같이하다[가치하다] 똑같은 사 정에 놓이다. 함께 하다. 예 숙식을 같이하다.

갚다[갑따] ①남에게서 빌리거 나 받은 것을 도로 돌려 주 다. ②남에게 입은 은혜에 대 한 고마움을 행동으로 표시하 다. 예은혜를 갚다.

개[1] 낱으로 된 물건의 수효를 세는 말. 예배 한 개.

개[2] 개과의 동물. 사람을 잘 따 르고 용맹스러우며 영리하여 가축으로 기름. 사냥용·경비 용·수색용·애완용으로 널리 쓰임.

개:가[1] 시집갔던 여자가 남편이 죽거나, 남편과 이혼하여 다시 시집가는 일.

개:가[2] ① '개선가'의 준말. ②경기 등에서 이겼을 때 터져 나오는 환성. 예개가를 올리다.

개:각 내각을 구성하는 국무 위원을 바꾸는 일. -하다.

개간 버려 둔 거친 땅을 일구어 논밭으로 만드는 일. 団개척. -하다.

개강 강의·강좌 따위를 시작함. 団종강. 【開講】

개경【지명】 개성의 고려 때 이름. 고려 태조 왕건이 왕위에 오른 이듬해 (919년) 서울로 정하고 새 왕조를 열었음.

개:고 원고를 고치어 씀, 또는 그 원고. -하다.

개골산 금강산을 겨울철에 부르는 이름. * 봄(금강산) 여름(봉래산) 가을(풍악산)

개:과 천선 잘못을 고치고 착하게 됨.

개관 도서관·영화관 등을 처음으로 엶. 예개관을 기념하는 행사. 団폐관. -하다.

개교 학교를 세워 처음으로 수업을 시작함. 団폐교.

개교 기념일 학교에서 개교를 기념하는 날. 학교의 생일.

개구리 물가에 사는 동물. 알에서 깬 것은 올챙이라 하여 아가미로 숨을 쉬지만, 자라서 땅 위로 올라오면 허파로 숨을 쉼. 발가락 사이에 물갈퀴가 있어서 헤엄을 잘침. 주로 논·못에서 삶.

개구리밥 논이나 연못 등의 물 위에 떠서 자라는 작은 물풀. 잎은 수면에 뜨고 수염 모양의 뿌리는 물 속에 늘어짐.

개구쟁이 장난이 심한 아이를 이르는 말. ×개구장이.

개국 ①나라를 처음으로 열어 세움. 예개국 공신. 団건국. ②외국과의 국교를 시작함. 団쇄국. -하다. 【開國】

개그 연극·영화·텔레비전 등에서 관객을 웃기기 위하여 하는 즉흥적인 대사나 우스갯짓.

개그맨 개그를 직업으로 하는 사람. 익살꾼.

개근 하루도 빠짐없이 출석·출근함. -하다. 【皆勤】

개근상 개근한 사람에게 주는 상.

개기 월식 달이 지구의 그림자 안에 완전히 가리어 태양의 빛을 받지 못하는 현상.

개기 일식 달이 해를 가려서 해가 완전히 보이지 않는 현상.

개나리 물푸레 나무과의 갈잎 넓은떨기나무. 정원이나 울타리에 심는 나무로 이른 봄 잎이 나기 전에 노란 꽃이 핌.

개:념 대충의 뜻이나 내용. 예이야기의 개념만 말해라.

개:다[1] 흐리거나 궂은 날씨가 맑게 되다. 団흐리다.

개:다[2] 흙이나 밀가루 따위의 가루 모양의 것에 물이나 기름을 넣어 으깨거나 이기다.

개:다[3] 종이·옷·이부자리 따위를 겹치거나 포개어 접다. 개키다. 예옷을 개다.

개도 깨우쳐 인도함. 【開導】

개:똥벌레 여름 밤에 배 끝에 파르스름한 불을 켜고 날아다니는 벌레. 반디.

개:량 품질이나 성능 등의 나쁜점을 고치어 좋게 함. 예주택을 개량하다. 団개선. 団개악. -하다. 【改良】

개:마 고원 장백·낭림·함경·마천령 산맥으로 둘러싸인 우리 나라에서 가장 높고

넓은 고원.

개막 ①연극·음악회 등의 막을 엶. 또는 시작됨. ②행사 등을 시작함. 예올림픽 개막 행사. 凰폐막. -하다.

개:명¹ 이름을 고침. 또는 고친 이름. 예창씨 개명. -하다.

개명² 사람의 지혜가 열리고 문화가 발달함. 凰개화. -하다.

개문 문을 엶. 凰폐문. 【開門】

개:미 땅 속이나 썩은 나무 속에서 집을 짓고 질서 있는 생활을 하는 곤충.

개바자 갯버들 가지로 발처럼 엮어 만든 물건.

개발 ①황무지를 개척하여 발전시킴. ②산업을 일으켜 천연 자원을 인간 생활에 이롭게 함. 凰개척. -하다.【開發】

개발권[개발꿘] 어떠한 곳을 개발할 수 있는 권리. 【開發權】

개발 도상국 개발이 한창 진행되고 있어 점점 발전해 가고 있는 나라. 凰발전 도상국. 저개발국. ☻개도국.

개방 ①숨김 없이 터놓음. 예개방 사회. ②제한이나 차별 따위를 두지 않고, 자유로이 드나들거나 이용할 수 있게 함. 예수입개방. 凰폐쇄. -하다. 【開放】

개벽 ①하늘과 땅이 처음으로 생김. ②'새로운 사태가 열림'을 비유해서 이르는 말. ③천지가 어지럽게 뒤집혀짐. 예천지 개벽. -하다.

개:별 낱낱으로 나눔. 예개별 학습을 하다. 【個別】

개봉 ①싸거나 봉한 것을 떼어 엶. ②영화를 처음으로 상영함. 예개봉 영화. -하다.

개비 쪼갠 나무 도막의 조각. 예성냥개비. ✕깨비.

개사초 흙이 드러난 무덤의 떼를 갈아입힘. 【改莎草】

개:살구 개살구나무의 열매. 모양은 살구와 비슷하나 맛은 시고 떫음.

개:선¹ 잘못된 것을 고쳐 좋게 함. 예품질 개선. 凰개량. 凰개악. -하다. 【改善】

개:선² 싸움에 이기고 돌아옴. 예개선 용사. -하다. 【凱旋】

개:선³ 의원이나 임원을 다시 뽑음. -하다 【改選】

개:선문 싸워 이긴 것을 기념하고 환영하기 위해서 세운 문.

개:선 장군 적과의 싸움에서 이기고 돌아온 장군.

개:성¹ 사람마다 지닌, 남과 다른 특성. 예개성이 강하다.

개:성²[지명] 북한에 있는 한 도시. 고려 시대의 서울이었으며, 선죽교 등의 유적이 있음. 특산물로 인삼·화문석이 유명함.

개:수¹ 한 개 두 개 낱낱이 세는 물건의 수효. 예개수를 헤아리다.

개:수² 길·제방·건물 따위의 구축물을 짓거나 고쳐 쌓음.

개숫물 설거지하는 물. 그릇을 씻는 물. 설거지물. ☻개수

개시 처음으로 시작함. 예공격 개시. 凰시작. 凰완료. -하다.

개신교 종교 개혁의 결과로 천주교에서 갈라져 나온 크리스트교의 여러 파를 아울러 이르는 말. 장로교·감리교·침례교 따위.

개암 개암나무의 열매.

개암나무 자작나무과의 갈잎큰키나무. 산이나 들에 절로 자라는데, 높이 2~3m. 잎은 둥글납작하고, 꽃은 3월경에 잎보다 먼저 핌. 갈색의 둥근 열매는 '개암'이라 하여 익으

면 먹을 수 있음.

개업 영업을 시작함. **반**폐업. - 하다. 【開業】

개:요 줄거리의 요점. **예**이야기의 개요만 말하라.

개울 시내. 개천.

개원 ①병원·학원 따위를 설립하여 처음으로 문을 엶. ② 국회의 회의를 엶.

개월 30일(또는 31일)을 한 단위로 세는 단위. **비**달.

개:인 나라나 사회를 이루고 있는 하나하나의 사람. 【個人】

개:인 자격 어느 단체에 속하지 않은 개인으로서의 신분.

개:입 어떤 사건에 관계함. 사이에 끼어들어감. **예**사건에 개입하지 마라. - 하다.

개:작 다시 고쳐 만들거나 지음, 또는 그 작품. - 하다.

개장 시장 따위를 열어 업무, 또는 장사를 시작함. 【開場】

개점 가게를 차리어 장사를 시작함. - 하다.

개:정 바르게 고침. **예**법을 개정하다. - 하다.

개:조 고쳐서 다시 만듦. - 하다.

개:종 믿던 종교를 그만두고 다른 종교를 믿음.

개:중 여럿이 있는 그 가운데.

개:찰 차표 등을 들어가는 곳에서 조사함. - 하다.

개척 ①거친 땅을 일구어 논밭을 만듦. **비**개간. ②새로운 분야에 처음으로 손을 대어 발전시킴. **예**해외 시장을 개척하다. - 하다. 【開拓】

개척자 개척하는 사람

개척 정신 어떤 새로운 일에 손을 대어 인간 생활에 쓸모 있는 것이 되게 하려는 정신.

개천 작은 시내. **예**개천에서 용 난다.

개천절 국경일의 하나. 단군이 우리 나라를 세운 것을 기념하는 날. 10월 3일.

개최 무슨 모임을 차리어 엶. - 하다. 【開催】

개:탄 분하게 여기어 탄식함, 또는 그 탄식.

개통 새로 낸 도로·철도·다리·항로 등의 통행을 처음으로 시작함. **예**영동 고속 도로 개통.

개펄 바닷가·강가에 개흙이 깔린 땅. **예**개펄에서 게를 잡다. **줄**펄.

개:편 고쳐서 엮거나 조직을 다시 짜서 이룸. **예**교과서를 개편하다. - 하다

개폐 열고 닫고 함. - 하다.

개표 투표함을 열고 투표의 결과를 알아 봄. - 하다. 【開票】

개학 방학·휴교 등으로 한동안 쉬었다가 수업을 다시 시작함. - 하다. 【開學】

개항 항구를 열어 외국과 거래를 시작함. - 하다.

개:헌 헌법의 일부 또는 전부를 고침. - 하다. 【改憲】

개:혁 새롭게 고침. **예**교육 제도를 개혁하다. - 하다.

개화 사람의 머리가 깨어 새로운 문화를 가지게 됨. **예**개화된 사회에서 그런 미신을 믿다니……. **비**개명. - 하다.

개화기 조선 말 강화도 조약 체결 이후, 서양의 문물이 들어옴에 따라 종래의 봉건적인 사회질서를 타파하고 근대적인 사회로 바뀌어 가던 시기.

개화파 조선 말기 낡은 제도를 바꾸고 서양 문물을 받아들여 개화한 국가를 만들자고 주장한 당파. 독립당 또는 개화당이라고도 함.

개회 회의나 모임을 시작함. **반**

폐회. -하다.   【開會】
개회사 개회를 할 때에 그 모임의 성격·목적 따위를 곁들여서 하는 인사말.   【開會辭】
객 손님.
객관 나 하나만의 생각에서 벗어나 다른 사람의 처지에서 사물을 있는 그대로 보거나 생각하는 일. 예노래 실력을 객관적으로 평가하다. 반주관.
객석 ①손님이 앉는 자리. ②영화관 등의 구경하는 자리.
객실 손님을 묵게 하거나 대접하려고 마련한 방.   【客室】
객지 자기 집을 멀리 떠나 임시로 가 있는 곳. 예객지에서 고생을 하다.
객차 손님을 태우는 철도 차량. 동여객 열차. 반화차.
객토 토질을 좋게 하기 위하여 딴 곳에서 파다가 논밭에 넣는 흙. 비흙갈이.   【客土】
객혈 병으로 인해 피를 토함.
갠지스 강 인도에 있는 큰 강. 힌두교도들이 숭배하는 신성한 강.
갬: 날씨를 나타내는 말의 하나. 하늘 전체의 30~70% 정도 구름이 끼여 있는 경우를 말함.
갯마을 어촌.
갯버들 버들과에 속하는 떨기나무. 개울가에 많이 나는 땅버들.
갯벌 바닷물이 드나드는 모래밭.
갱도 ①땅 속으로 난 길. ②광산에서 땅 속을 굴처럼 만든 길.
갱:생 ①거의 죽을 지경에서 다시 살아남. ②신앙 등에 의해 죄악에서 벗어나 바른 삶을 되찾음. 예회개하고 갱생의 길을 걷다.   【更生】

갱:신 다시 새로워짐. 다시 새롭게 함. 예마라톤 기록을 갱신하다. -하다.
갱:지 면이 좀 거칠고 빛깔이 약간 거무스름한 종이. 시험지·신문지 등에 쓰임. 백로지.
갸:륵하다[갸르카다] 하는 일이 착하고 장하다. 매우 기특하다. 예갸륵한 마음씨.
갸름하다 조금 가늘고 긴 듯하다.
갸우뚱하다 ①무엇을 생각하느라 고개를 이쪽 저쪽으로 자꾸 기울이다. ②몸이나 물체를 기울어지게 하다.
갸웃거리다 무엇을 보거나 알려고 자꾸 고개를 기울이다. 〈기웃거리다.
거간 사이에 들어 물건을 사고 파는 일을 거듦, 또는 그 사람. 본거간꾼.   【居間】
거:구 커다란 몸뚱이. 【巨軀】
거:국 온 나라. 온 국민. 예3·1 운동이 거국적으로 일어났다.
거:금 큰 액수의 돈. 많은 돈. 예거금을 성금으로 내다.
거꾸러지다 ①거꾸로 엎어지다. ②싸움에 지다. 센꺼꾸러지다.
거꾸로 차례나 방향이 반대로 바뀌게. 〉가꾸로. 센꺼꾸로.
거느리다 ①손아랫사람들을 데리고 있다. 예수많은 부하를 거느리다. ②짐승이 새끼들을 데리고 있다.
거:닐다(거니니, 거니오) 정한 곳 없이 이리저리 걷다.
거:대 엄청나게 큼. 반왜소.
거:동 그 사람의 행동하는 짓이나 태도. 예저 사람의 거동이 수상하다. 동거둥.
거두다 ①널려 있는 것을 한데 모아들이다. 예곡식을 거두다.

②보살펴 주다. ⑩거두어 먹이다. ③멈추어 끝을 내다. ⑩숨을 거두다.

거:두 절미 머리와 꼬리를 잘라 버린다는 뜻으로 요점만 남기고 필요 없는 부분은 빼어 버림.

거드럭거리다 버릇이 없고 건방지게 행동하다.

거:드름 잘난 체 하는 태도.

거:들다(거드니, 거드오) 남의 하는 일을 도와 주다. ⑩집안 일을 거들다.

거들떠보다 눈을 치뜨며 아는 체하거나 관심을 가지고 보다.

거듭 한 것을 또 함. 되풀이함. 〖비〗되풀이. -하다.

거듭제곱 수를 '밑'과 '지수'로 나타낸 것. 〈**보기**〉 1^1, 2^2, 3^3.

거란족 4세기경 만주에서 일어난 부족. 발해를 멸망시킨 뒤, 나라 이름을 '요'라 고치고 고려를 침입하기도 했음.

거:래 ①돈을 서로 꾸고 갚거나 물건을 사고 파는 일. ⑩상품 거래. ②서로의 이익을 얻기 위한 교섭. ③영리 목적의 경제 행위. 〖去來〗

거:론 어떤 일을 상의할 거리로 삼음. ⑩이미 끝난 일을 다시 거론하지 마라. -하다.

거:룩하다 훌륭하고 성스럽다.

거룻배 돛이 없는 작은 배. 〖준〗거루.

거르다(걸러, 걸러서) ①체 같은 데에 받치어 국물을 짜 내다. ⑩술을 거르다. ②차례를 하나 빼고 그 다음 차례로 건너뛰다. ⑩끼니를 거르다.

거름 나무나 풀이 잘 자라게 하기 위하여 주는 양분. 〖비〗비료.

거름종이 액체 속에 들어 있는 찌꺼기나 먼지 등을 걸러 내는 데 쓰는 성긴 종이. 여과지.

거리[1] ①사람이나 차가 많이 다니는 길. ②'길거리'의 준말.

거리[2] ①무엇을 만드는 데 필요한 재료. ⑩반찬거리. ②어떤 행동이나 감정을 나타내는 내용·소재가 되는 것.

거리[3] ①서로 떨어진 사이의 길이. ⑩거리가 멀다. ②두 점을 잇는 직선의 길이.

거리끼다 ①어떤 일이 딴 일에 방해가 되다. ②서로 엇갈리다. ③마음에 걸려 꺼림하다.

-거리다 같은 움직임을 잇달아 함을 나타내는 말끝. ⑩덜컹거리다. 흔들거리다.

거마 수레와 말

거마비 타고 다니는데 드는 비용. 또는 그 명목으로 주는 돈. 〖비〗교통비.

거:만 남을 업신여기고 잘난 체 함. 오만. 〖비〗교만. 〖반〗겸손. -하다.

거:머리 ①논·못에 살며, 동물의 살에 붙어 피를 빨아먹는 물벌레.

[거머리]

거목 매우 큰 나무. 〖巨木〗

거무스름하다 조금 검다. 〖준〗거뭇하다. 〉가무스름하다. 〖센〗꺼무스름하다.

거무죽죽하다 고르거나 깨끗하지 못하고 거무스름하다. 〉가무족족하다. 〖센〗꺼무족족하다.

거문고 오동나무의 긴 널로 속이 비게 짜고 그 위에 줄 6개를 건 우리 나라 전래 현악기의 한 가지. 신라 때 왕산악이 만듦.

거문도 술비 노래 옛날 전라

남도 거문도에서 뗏목으로 항해하면서 선원들이 불렀던 노래.

거:물 학문이나 세력이 중요한 위치에 있는 사람. 예학계의 거물. 【巨物】

거미 그물 같은 집을 지어 놓고, 벌레가 걸리면 그것의 양분을 빨아먹고 사는 벌레. 머리와 가슴은 한 몸이나 긴 둥근 배와 잘록하게 경계를 이루고 있음.

거:부¹ 상대편의 요구·제안 따위를 승낙하지 않고 물리침. 비거절. 만승인. –하다.

거:부² 큰 부자. 많은 재산.

거:부권[거부꿘] 남의 의견이나 요구를 거부할 수 있는 권리.

거북 몸은 둥글납작하고, 등과 배가 단단한 딱지로 된 동물. 바닷가에 살며 기어다님.

거북선 임진왜란 때, 이순신 장군이 만든 거북 모양의 배. 세계 최초로 철갑을 씌워 만들었음.

[거북선]

거:북하다 ①몸이나 마음이 편안하지 아니하다. ②말이나 행동을 하기 어렵다.

거:사 매우 큰일. 【巨事】

거상 밑천을 많이 가지고 하는 장사, 또는 그 사람. 【巨商】

거세다 거칠고 세다. 매우 세다. 예바람이 거세다.

거센말 뜻은 같으나 말의 느낌을 강하게 하기 위하여 거센소리를 쓰는 말. '감감하다·깜깜하다'에 대하여 '캄캄하다' 따위.

거센소리 거세게 소리나는 자음. ㅊ·ㅋ·ㅌ·ㅍ·ㅎ 따위의 소리. 격음. 기음. *된소리.

거:수 회의에서, 어떤 의견에 대한 찬성의 표시, 또는 경례의 한 방법으로 손을 위로 듦.

거:수 경:례[거수경녜] 오른손을 모아 눈썹 끝 부분이나 모자 챙 옆에 올려서 하는 인사의 한 가지. –하다. ᅌᅵ거수례.

거스르다 ①자연스러운 분위기나 흐름에 반대하는 방향을 취하다. 예강을 거슬러 올라가다. ②자연의 뜻이나 남의 뜻을 거역하다. 예부모님의 뜻에 거스리는 일을 하지 말라.

거스름돈[거스름똔] 큰 돈에서 받을 것을 제하고 되돌려 내주는 남은 돈. 우수리. ᅌᅵ거스름.

거슬리다 순순히 받아들여지지 않고 언짢은 느낌이 들다. 예귀에 거슬리는 말은 그만해라.

거실 일상 생활을 하는 방. 거처하는 방. 【居室】

거:역 윗 사람의 뜻이나 명령을 어김. 예선생님의 뜻을 거역하지 말라. –하다. 【拒逆】

거울 ①빛의 반사를 이용하여 얼굴이나 몸맵시 등을 비춰 보는 물건. ②모범이나 표본이 될 만한 사실.

거울삼다 지난 일이나 남의 일들을 살피어 본받거나 주의하다.

거위 오리과의 물새. 기러기의 변종으로 몸빛은 회고 목이 길며 부리는 황금색임. 헤엄은 잘 치나 날지는 못함. 밤눈이 밝아서 개 대신 기르기도 함.

거위배 회충으로 인한 배앓이. 비횟배.

거:인 ①아주 몸이 큰 사람. 凰 소인. ②위대한 사람. 예국문학의 거인 주시경 선생.

거저 ①아무 대가나 조건 없이 공으로. 무료로. ②아무것도 가지지 아니하고 빈손으로.

거적 새끼와 짚으로 엮거나 결어서 자리처럼 만든 물건.

거:절 요구나 제의 따위를 받아들이지 않고 물리침. 凰사절. 凰승낙. -하다.

거:점[거쩜] 활동의 근거가 되는 곳.

거:제 대:교 경상남도 통영군과 거제군을 잇는 다리. 길이 740m. 폭 10m.

거:제도【지명】 경상 남도 진해만의 앞쪽에 있는 섬. 우리 나라에서 제주도 다음으로 큰 섬임.

거주 일정한 곳에 자리를 잡고 머물러 삶. -하다. 【居住】

거주민 일정한 곳에 자리를 잡고 사는 주민·국민. ㉿주민.

거주지 현재 살고 있는 곳

거죽 겉부분. 凰표면.

거:중기 무거운 물건을 들어올리는 데 쓰던 재래식 기중기.

거:즈 무명실로 성기게 짠 천으로, 소독하여 상처를 동이거나 대는데 씀. 가제.

거:지 ①남에게 빌어서 얻어먹고 사는 사람. 凰걸인. ②남을 업신여겨 욕하는 말.

거:지 왕자【책명】 미국의 마크 트웨인이 지은 소설. 얼굴이 똑같이 생긴 거지와 왕자가 서로 옷을 바꾸어 입게 되어 거지는 왕자가 되고, 왕자는 거지 노릇을 하면서 여러 가지 재미있는 일이 일어난 끝에 다시 원래대로 돌아간 왕자와 거지는 다정한 친구가 된다는 줄거리임.

거:짓[거짇] 사실과 어긋나게 말하거나 꾸미는 일. 凰허위. 凰참.

거:짓말 [거진말] 그렇지 않은 것을 그렇다고 꾸며서 하는 말. 凰정말. 참말.

거:짓말쟁이 거짓말을 잘 하는 사람. ×거짓말장이.

거:짓말 탐지기 사람의 마음 상태에 따라 일어나는 생리적변화를 측정하여 거짓인지 아닌지를 알아 내는 데 쓰이는 기계 장치.

거:창 사물의 모양이나 규모가 엄청나게 큼. 凰거대. -하다.

거:처¹ 간 곳, 또는 갈 곳. 예거처를 밝히고 떠나라.【去處】

거:처² 한 군데에 자리잡고 삶. 또는 그 곳. 예이곳이 내가 거처하는 방이오. 【居處】

거:추장스럽다(거추장스러우니, 거추장스러워) 다루기가 거북하고 귀찮다. 예가방이 크고 무거워 거추장스럽다.

거치다 ①무엇에 걸려서 스치다. ②지나는 길에 잠깐 들르다.

거친말 난폭하거나 막되고 세련되지 못한 말.

거칠다(거치니, 거치오) ①몹시 사납다. ②잘 다듬어져 있지 않다 예말투가 거칠다. ③하는 짓이나 일이 차분하거나 꼼꼼하지 못하다. 凰부드럽다.

거칠하다 살이 빠져 피부나 털이 윤기가 없다. 〉가칠하다. ㉔꺼칠하다.

거침없다 걸리거나 막히는 것 없다. 예말을 거침없이 잘 한다.

거:포 매우 큰 대포. 【巨砲】

거푸 잇달아 거듭. 예목이 말라 물을 거푸 마시다.

거푸집 ①부서서 만드는 물건

의 모형. ②도배할 때에 붙지 않고 들뜬 빈 틈. ③몸의 겉모양.

거품 액체 속에 공기가 들어가서 둥글게 부푼 방울. [예]비누 거품.

거:행 어떤 일을 정한대로 함. 의식을 치름. [예]입학식을 거행하다. -하다. 【擧行】

걱정 ①어떤 일에 근심이 되어 속을 태우는 일. 근심. [예]비가 안 와 농사가 걱정이다. [반]안심. ②아랫사람의 잘못을 나무라는 말. [예]거짓말을 하면 부모님께 걱정을 듣는다. -하다.

걱정거리[걱정꺼리] 걱정이 되는 일.

걱정스럽다 (걱정스러우니, 걱정스러워서) 근심이 되다. 걱정거리가 있어 보이다.

건:각 걸음을 잘 걷거나 잘 달릴 수 있는 튼튼한 다리, 또는 그런 다리를 가진 사람.

건:강 튼튼하고 병이 없음. [반]허약. 쇠약. -하다. -히.

건:강 관리 건강을 지키기 위하여 보살펴서 다스림.

건:강미 건강한 육체에서 나타나는 아름다움.

건:강 진:단 몸에 병이 있고 없음을 살피는 일. 【健康診斷】

건:국 새로 나라를 세움. [비]개국. -하다. 【建國】

건:국 신화 나라를 처음 세운 것에 관한 신화. 【建國神話】

건:너다 사이에 있는 것을 넘어서 맞은편으로 가다.

건:너다보다 떨어져 있는 것을 바라보거나 살피다.

건:너지르다(건너질러, 건너질러서) 양쪽에 닿도록 긴 물건을 가로 대어 놓다.

건:너편 서로 마주 대하고 있는 저쪽편. 바라보이는 쪽.

건:넌방 대청을 사이에 두고 있는 안방의 맞은편에 있는방.

건:널목 기찻길과 도로가 서로 엇갈려 있는 곳.

건:넛 마을 건너편에 있는 마을.

건넛방 건너편에 있는 방.

건:네다 ①남에게 말을 걸다. [예]친구에게 인사를 건네다. ②가진 돈이나 물건을 남에게 주다. [예]상품 대금을 건네다.

건더기 ①국물에 섞여 있는 고기나 채소 따위. ②'내세울 만한 일의 내용'을 속되게 이르는 말. [예]건더기가 없는 말. ×건덕지.

건드리다 ①손이나 물건을 대어 움직이게 하다. ②마음을 움직이게 하다. [예]성질을 건드리다. [준]건들다.

건:립[걸립] 건물·절·탑·동상 등을 만들어 세움. [예]청소년 회관을 건립하다. [비]건설. -하다.

-건마는 이미 말한 사실과 같지 않은 말을 말하려 할 때 쓰이는 말끝. [예]그렇게 주의를 주었건마는 실수를 하다니.

건:망증[간망쯩] 잘 잊어 버리는 병. [예]건망증이 심해 약속을 잘 어긴다. [준]건망.

건:물 사람이 살거나 그 밖의 여러 가지 목적으로 지어 놓은 집을 통틀어 이르는 말.

건:반 피아노·타자기 따위의 손으로 치게 된 부분.

건:반 악기 피아노·오르간과 같이 건반이 있는 악기를 통틀어 이르는 말.

건방지다 지나치게 잘난 체하다. 말과 행동이 주제넘어 보기에 아니꼽다.

건배 성공이나 건강을 빌며 모

두가 술잔을 들어 마시는 일.
回축배. - 하다. 【乾杯】

건사하다 잘 간수하여 지키다.

건:설 새로 만들어 세움. 回파
괴. - 하다. 【建設】

건:설 교통부 국토 종합 개발
계획 등 나라 안의 큰 공사·
건설·개발 및 교통에 관한
일을 맡아 보는 중앙 행정 기
관의 하나.

건:설업 토목·건축에 관한 공
사 및 그에 따르는 업무를 맡
아 하는 사업.

건:설 현장 토목 건축에 관한
공사를 하고 있는 장소.

건:설 회사 토목·건축에 관한
공사를 맡아 하는 회사.

건:성 겉으로만 대강대강 함을
이르는 말. 예알지도 못하면
서 대답만 건성으로 한다.

건습구 습도계 물이 증발하는
정도의 차이를 재어, 공기 중
의 습도를 알아 낼 수 있도록
건구와 습구 두 개의 수은 온
도계를 나란히 장치한 습도
계. 준건습계.

건:실 건전하고 착실함. 예건실
한 학생. - 하다. - 히.

건:아 씩씩한 사나이. 예대한의
건아들이여!

건어물 말린 물고기.

건:의 의견이나 희망을 내어 말
함. 또는 그 의견이나 희망
사항. - 하다. 【建議】

건:장 몸이 크고 힘이 굳셈. 예
건장한 청년. - 하다.

건:재 아무 일이 없이 잘 있
음.- 하다.

건:전 튼튼하고 탈이 없음. -
하다. - 히. 【健全】

건:전지 에너지를 내는 약품을
녹말이나 종이에 흡수시켜,
점체와 고체의 상태로 하여
쏟아지지 않도록 한 전지. 回

습전지.

건:조[1] 건물이나 배 등을 세우
거나 만듦. 예유조선을 건조
하다. - 하다. 【建造】

건:조[2] 습기나 물기가 없어짐.
예공기가 매우 건조하다. - 하
다. 【乾燥】

건조 기후 열대나 온대 지방의
일부에서 볼 수 있는 극히 비
가 적은 기후. 回습윤 기후.

건조제 수분을 제거하기 위하여
쓰는 물질.

건지다 ①물 속에 있는 것을 집
어 내다. ②곤경에서 구해 내
다.

건초 베어서 말린 풀. 回생초.

건:축 흙·나무·돌·시멘트·쇠
따위를 써서 집·다리 등을
세움. - 하다. 【建築】

건:축가 건축 설계나 건축공사
의 지휘·감독 따위를 전문으
로 하는 사람.

건:축물 건축한 구조물을 통틀
어 이르는 말.

건:축술 건축에 관한 기술.

건:축 양식 건축물의 모양이나
짓는 방식.

건:투 씩씩하게 잘 싸움. 씩씩
하게 일해 나감. 예우리 선수
들의 건투를 빈다.

건포도 포도 열매를 말린 것.

건포 마찰 피부 건강과 혈액 순
환을 돕기 위하여 마른 수건
으로 온몸을 문지르는 일. 回
냉수 마찰. - 하다.

걷다[1] ①덮은 것이나 가린 것을
벗기다. 예커튼을 걷다. ②물
건·돈 따위를 받아들이다.
예세금을 걷다.

걷다[2] 두 다리를 번갈아 떼어
가면서 앞으로 옮기어 가다.

걷어들이다 흩어지거나 널려 있
는 곳을 거두어 모으거나 안
으로 들이다. 예꾸어 준 돈들

을 걸어들이다.

걷히다[거치다] ①덮였던 구름 등이 없어지다. **예**안개가 걷히 자 앞이 잘 보였다. ②돈 등이 거두어지다.

걸걸하다 목소리가 좀 갈라진 듯 하면서 우렁차다.

걸:다(거니, 거오) ①물건을 달 아매다. **예**옷을 걸다. ②말· 싸움을 붙이다. **예**싸움을 걸 다. ③문을 닫고 빗장을 지르 다. **예**문을 걸다. ④전화를 하 다. ⑤계약이나 내기의 조건 으로 내놓다. **예**현상금을 걸 다.

걸레 더러운 것을 닦거나 훔쳐 내는 데 쓰는 헝겊.

걸레질 걸레로 닦거나 훔치는 일.

걸리다 ①물건이 매달리는 모 양. **예**연이 나무에 걸리다. ② 마음에서 떠나지 않고 거리끼 다. **예**동생과 다툰일이 하루 종일 마음에 걸리다.

걸리버 여행기 영국의 소설가 쉬프트가 지은 소설. 여행가 걸리버가 항해 중에 난파하 여, 소인국과 거인국으로 가 게 되면서 겪은 이야기를 쓴 풍자 소설.

걸머지다 ①물건을 끈으로 매어 등에 지다. ②빚이나 책임 따 위를 지다. **예**청소년은 나라 를 걸머지고 나아갈 내일의 기둥이다.

걸:상[걸쌍] 걸터앉을 수 있게 된 의자. **비**의자.

걸:스카우트 전 세계적으로 조 직되어 있는 소녀들의 수양· 교육 단체. **반**보이스카우트.

걸식[걸씩] 빌어서 먹음. **예**먹을 것이 없어 문전 걸식하다.- 하다.

걸어오다 말이나 수작을 상대방

에서 먼저 붙여 오다. **예**시비 를 걸어오다.

걸음 ①두 발을 번갈아 앞으로 옮겨 놓는 동작. **예**걸음이 빠 르다. ②발걸음을 세는 단위. **예**한걸음 앞서가다.

걸음걸이 걸음을 걷는 모양.

걸인 빌어먹는 사람. **비**거지. **뜻** 비렁뱅이. 【乞人】

걸작[걸짝] 아주 잘된 훌륭한 작품. **비**명작. **반**졸작.

걸:치다 ①서로 이어지게 하다. ②옷 따위를 입거나 둘러매다.

걸:터앉다 궁둥이를 걸치고 앉 다. **예**의자에 걸터앉다.

걸핏하면 조금이라도 무슨 일 이 있기만 하면, 툭하면. **예**걸 핏하면 화를 낸다.

검: 크고 긴 칼.

검:객 칼을 쓰는 사람.

검:거 죄 지은 사람을 잡아감. - 하다.

검:다 ①빛깔이 먹빛과 같다. **반** 희다. **센**껌다. ②마음에 음침 한 욕심이 있다. **예**뱃속이 검어 거짓말을 잘한다.

검:도 검을 다루는 기술을 익히 는 운동.

검둥이 ①털이 검은 개를 귀엽 게 부르는 말. ②살갗이 검은 사람[흑인을 얕잡아 빗대어 쓴 말]. **센**껌둥이.

검:문 사람이나 차량 따위를 멈 추게 하고 신분·짐 등을 조 사함. - 하다.

검:버섯 늙은이의 살갗에 생기 는 거무스름한 점.

검불 마른 풀이나 가랑잎 따위. **비**검부러기.

검:붉다[검북따] 검은 빛을 조 금 띠면서 붉다.

검:사[¹] 사실을 조사하여 옳고 그름과, 낮고 못함을 판단함. **예**신체 검사. - 하다. 【檢査】

검:사² 죄 지은 사람을 조사하고, 재판을 통하여 벌을 받도록 하는 일을 맡은 공무원.

검:사기 여러 가지를 검사하는 데 쓰이는 기계. 【檢査器】

검:사장 검사를 하는 곳. 예체력 검사장. 【檢査長】

검:산 셈이 틀림없는지를 알기 위한 계산. −하다.

검:색 조사하여 찾아봄. −하다.

검:소 꾸밈이 없이 수수함. 예검소한 생활. 回소박. 回사치. 화려. −하다. 【儉素】

검:술 검을 잘 쓰는 법. 回검도.

검:약 헛되이 쓰지 않고 아낌. −하다.

검:열[검녈] 검사하여 바로잡음. 예출판물 검열. −하다.

검인 서류나 물건을 검사하고 그 표시로 찍는 도장.

검정 검은 빛깔. 〉감장. 셈껌정.

검:정 고:시 어떤 자격을 얻는 데 필요한 지식이나 기술의 유무를 알아보기 위하여 실시하는 시험. 검정 시험.

검:지 집게손가락.

검:진 병이 있나 없나를 검사하기 위하여 하는 진찰. 예정기적으로 검진을 받다. −하다.

검:찰 ①검사하여 살핌. ②죄를 조사하여 증거를 살핌.

검침 전기·수도·가스 따위의 사용량을 검사함.

검:토 내용을 자세히 살펴가면서 따짐. −하다. 【檢討】

검:푸르다 (검푸르니, 검푸르러) 검은색을 조금 띠며 푸르다.

겁 무서워하거나 두려워 하는 마음. 예겁이 없다.

겁내:다[검내다] 무섭고 두려운 생각을 갖다.

겁쟁이 [겁쨍이] 겁이 많은 사람. ×겁장이.

겉[걷]밖으로 드러난 쪽. 예겉만 보기 좋다. 回거죽. 回속.

겉넓이[건널비] 물체 겉면의 넓이. 표면적.

겉늙다 나이에 비하여 더 늙은 티가 나다.

겉대중 겉으로 보고 대강 어림하는 것. 回속대중.

겉돌:다(겉도니, 겉도오)잘 어울리지 않고 따로따로 놀다. 예겉돌기만 하는 아이.

겉보기 겉으로 보이는 모양새.

겉보리 껍질을 벗기지 않은 보리.

겉봉 봉투의 거죽.

겉불꽃 불꽃 거죽의 밝지 않은 부분. 산소의 공급이 충분하여 가장 온도가 높음.

겉장 책 따위의 맨 겉에 있는 종이. 回표지. 回속장.

게 몸이 단단한 껍데기에 싸이고, 다리가 다섯 쌍인 물에 사는 동물. 옆으로 김.

게다가 ①거기에다가. ②그런데다가 또 더하여서 예공부도 잘 하고 게다가 운동도 잘 한다.

게릴라 작은 부대로 여러 곳에 갑자기 나타나 적의 후방을 소란하게 하는 특별 부대(에스파냐 말로 '작은 전쟁'이란 뜻).

게슈타포 나치스 독일의 비밀 경찰. 유대인 학살, 자유주의자 탄압 등의 활동을 함.

게:시 여러 사람에게 알리기 위하여 써 붙이어 보임. 또는 그 글.−하다.

게:시판 알리려고 하는 글이나 그림을 붙이는 판자.

게:양 깃발 따위를 높이 걺. 예태극기를 게양하다. −하다.

게양대 국기 같은 것을 달기 위하여 높이 만들어 놓은 대.

게우다 먹었던 것을 삭이지 못하고 토하다. 준게다.

게으르다(게으르니, 게을러서) 행동이 느리고 부지런하지 않다. **뫤**부지런하다.

게으름 행동이 느리고 일하기를 싫어하는 버릇이나 태도.

게으름쟁이 행동이 느리고 움직이기를 몹시 싫어하는 성미와 버릇이 있는 사람. **뎨**게으름뱅이. **쥰**게름쟁이.

게임 ①운동 경기. 놀이. ②한 판의 승부.

게임 세트 시합의 이기고 짐이 끝났음을 이르는 말.

게:재 신문·잡지 등에 글을 실음. **예**학급 신문에 내가 쓴 글이 게재되었다. -하다.

겨 벼·보리 등의 곡식을 찧어 낸 껍질.

겨:냥 ①목표를 겨눔. ②겨누어 정한 치수나 모양. -하다.

겨:냥도 입체 도형의 모양을 잘 알 수 있게 그린 그림.

겨누다 목적하는 물건을 향하여 방향과 거리를 똑바로 잡다. **예**총을 겨누다.

겨드랑이 양쪽 팔 밑의 오목한 곳. **쥰**겨드랑.

겨레 한 조상에서 태어나 이어 내려온 자손들. **뎨**민족. 동포.

겨루다 서로 버티어 승부를 다투다. **예**힘을 겨루다.

겨를 일을 하다가 쉬게 되는 틈. **뎨**여가. **예**눈코 뜰 겨를도 없이 바쁘다.

겨우 ①어렵게 힘들어. **예**겨우 일을 마쳤다. ②넉넉하지 못하게. 고작. **예**지금까지 한 일이 겨우 그거냐?

겨우내 겨울 동안 죽. **묻**겨울내.

겨우살이 ①겨울을 지냄. ②겨울철에 입고 먹고 지낼 생활 용품.

겨울 일년. 네 철 중 가장 추운 계절.

겨울새 겨울을 우리나라에서 지내고, 봄이 되면 다시 되돌아가는 철새. 기러기·천둥오리·백조·두루미 등이 있음. **뫤**여름새.

겨울잠 곰·개구리·뱀 등과 같이 동물들이 땅 속이나 굴 속에서 활동하지 않고 겨울을 지내는 일. **뎨**동면.

겨울철 겨울의 때. **뎨**동절.

겨워하다 힘겹게 여기다.

격감 아주 많이 줆. 또는 줄임. **뫤**격증. -하다.

격납고 비행기 따위를 넣어 두는 창고. 【格納庫】

격노[경노] 몹시 화를 냄.

격돌 심하게 부딪힘. -하다.

격동 ①급격하게 바뀜. **예**격동하는 세계의 정세. ②심하게 움직임. -하다.

격려[경녀] 잘 하라고 기운을 복돋아 줌. -하다.

격렬[경녈] 매우 심함. 지독함. -하다. -히.

격론[경논] 심하게 의견을 내세워 다툼.

격리[경니] 사이를 막거나 떼어 놓음. **예**전염병 환자를 격리시키다. -하다.

격변 급격하게 변함. **예**격변하는 세계. -하다.

격분 몹시 분해함. **예**일제 침략에 격분하여 많은 의병이 일어났다. -하다.

격식 격에 맞는 방식. **예**편지의 격식.

격심 몹시 심함. -하다.

격앙 감정이나 기운이 몹시 움직여 높아짐. -하다.

격언 속담 등과 같이 이치에 들어 맞아 교훈이 될 만한 짧은 말. **뎨**금언. 잠언. **<보기>** 아는 것이 힘이다. 【格言】

격월 한 달씩 거르거나, 한 달을

거름.

격일 하루씩 거름. 예격일로 근무하다.

격전 매우 심하게 싸움. -하다.

격증 수량이 갑자기 늘거나 불어남. 빤격감. -하다.

격차 수준이나 품질·수량 따위의 차이. 【隔差】

격찬 몹시 칭찬함. -하다.

격추 적의 비행기 등을 공격하여 떨어뜨림. 예적기를 ·격추시키다. -하다. 【擊墜】

격침 적의 배를 공격하여 가라앉힘. 예무장한 간첩선을 격침하다. -하다. 【擊沈】

격퇴 적을 쳐서 물리침. -하다.

격투 맨몸으로 서로 맞붙어 치고 받고 하며 싸움. -하다.

격파 ①쳐부숨. ②태권도에서 쳐서, 깨뜨림. 예격파 시범을 보이다. -하다.

겪다 어려운 일이나 경험이 될 만한 일을 당하여 치르다.

견고 ①군세고 튼튼함. ②확실함. 예언약을 견고히 하다. -하다. -히.

견고성 군세고 단단한 성질.

견디다 ①상태를 잘 유지하다. ②어려움이나 괴로움을 잘 참다.

견:문 ①보고 들음. ②보고 들어서 얻은 지식. -하다. 【見聞】

견:물 생심 물건을 보면 그것을 가지고 싶은 욕심이 생김.

견:본 미리 보이는 본보기가 되는 물건. 예견본대로 물건을 만들다. 【見本】

견사 비단을 짜는 명주실을 통틀어 이르는 말. 비단실.

견섬유 명주실로 짠 섬유.

견:습 남의 하는 일을 보고 그대로 연습하여 익힘. -하다.

견:식 견문과 학식.

견우성 은하수 동쪽 가에 있는 독수리 자리에서 가장 큰 별 〔칠월 칠석에 은하수를 건너서 직녀성과 서로 만난다는 전설이 있음〕.

견원 ①개와 원숭이. ②서로 사이가 나쁜 두 사람을 빗대어 이르는 말. 【犬猿】

견제 끌어잡아 마음대로 행동을 못 하게 함. 예상대방의 행동을 견제하다. -하다.

견주다 서로 비교하다. 맞대어 보다. 예키를 견주다.

견직물 누에고치에서 뽑은 명주실로 짠 천. 愛견직.

견:학 실지로 가 보아 학식을 넓힘. 예국립 박물관을 견학하다. -하다. 【見學】

견:해 어떤 사물이나 현상에 대한 의견이나 생각. 【見解】

견훤〔사람〕〔?~936〕 후백제를 세운 사람. 신라 진성왕 6년 (892)에 옛 백제 땅을 중심으로 나라를 일으키고 완산주에 도읍하여 즉위함. 성은 이 (李), 후에 견(甄)이라 하였음. 【甄萱】

결[1] 나무·돌·살갗 등에 나타난 줄. 예살결이 곱다.

결[2] ①사이·때·짬. 예어느 결에 그 일을 다 했니? ②'겨를'의 준말.

결과 어떤 원인으로 말미암아 생긴 일의 끝. 예좋은 결과를 얻기 위해 노력하다. 비결말. 빤원인.

결국 드디어. 나중에는. 일의 끝장. 예격렬한 싸움끝에 결국 우리 팀이 이겼다.

결근 일터에 나가지 않음. 빤출근. -하다.

결단[결딴] 딱 잘라 결정하거나 단안을 내림. 아주 결정함. -하다.

결단성 결단을 내리는 성질. 맺

고 끊는 듯한 성질.

결단코[결딴코] 마음먹은 대로 반드시. 분명히. 예결단코 이 일을 이루고야 말겠다. 준결코.

결렬 서로 뜻이 맞지 않아 갈라짐. 예남북 회담이 결렬되었다. 비분열. -하다.

결례 예의를 갖추지 못함. 비실례. -하다.

결론 말이나 글의 끝맺는 부분. 비결말. 맺음말. 【結論】

결리다 숨을 쉬거나 움직일 때 딱딱 마치는 것같이 아프다. 예어깨가 결리다.

결말 일을 맺는 끝. 끝장 예비극으로 결말나다.

결박 몸이나 두 손을 꼼짝 못하게 묶음. -하다.

결백 ①깨끗하고 회다. ②행실이 바르고 더럽힘이 없음. 예결백을 주장하다. -하다.

결별 ①기약 없는 이별. ②관계나 교제를 영원히 끊음.

결부 서로 관련지어 붙임. 예이 사건과 그 일을 결부시키지 마라. -하다. 【結付】

결사¹[결싸] 죽기를 각오하고 결심함. 예쌀 수입 개방을 결사 반대하다. 【決死】

결사²[결싸] 많은 사람들이 공동의 목적을 이루기 위하여 단체를 만듦. 【結社】

결사적[결싸적] 죽음을 각오하고 덤비는 모양.

결산[결싼] 계산을 마감함.

결산서 [결싼서] 일정한 기간에 들어오거나 나간 돈의 액수를 전부 계산하여 만든 표.

결석[결썩] 학교나 모임에 나가지 아니함. 비결석. 반출석. -하다.

결성[결썽] 모임이나 단체를 이룸. -하다. 【結成】

결속[결쏙] ①한 덩어리가 되게 묶음. ②뜻이 같은 사람들끼리 굳게 단결함. -하다.

결손[결쏜] ①축이 남. ②수입보다 지출이 많은 금전상의 손실.

결손 가정 미성년자가 있는 가정에서 부모의 사망·이혼 등으로 양친 또는 그 중 한쪽이 없는 가정.

결승 최후의 승패를 결정함.

결승 문자 옛날에 완전한 글자가 없었던 시대에 새끼 매듭의 빛깔·굵기·길이·수효 등으로 자기의 뜻을 나타내던 글자. 이집트·페루 등에서 사용.

결승선 경주 같은 것의 결승을 가르는 지점에 그은 선.

결승전 운동 경기 등에서 맨 나중의 승부를 가려 내는 경기.

결실[결실] 열매를 맺음. 예가을은 결실의 계절. ②잘 이루어짐. -하다.

결심[결씸] 마음을 굳게 정함. 단단히 마음먹음. 비각오. -하다.

결여 있어야 할 것이 빠져 없음. 예책임감이 결여된 사람.

결연 인연을 맺음. 예이웃 학교와 자매 결연을 맺다. -하다.

결원 정한 인원에서 사람이 빠져 모자람. 【缺員】

결의¹ 의논해서 결정함. 회의에서 결정된 일. -하다.

결의² 뜻을 정하여 굳게 가짐. 또는 굳게 정한 뜻. 예우리의 굳은 결의를 결코 변치 말자. 비결심. -하다.

결장 운동 선수 등이 출전해야 할 자리에 나오지 않음.

결재[결째] 부하가 제출한 안건을 상관이 헤아려 승인함.

결전[결쩐] 승패를 결판내는 싸움. 예드디어 결전의 날이 왔다. - 하다.

결점[결쩜] 모자라는 점. 예급한 성격이 나의 큰 결점이다. 비단점. 반장점. 【缺點】

결정¹[결쩡] 어떻게 하겠다고 정함. - 하다. 【決定】

결정²[결쩡] ①규칙 바르게 이루어진 고체. ②노력 등의 결과로 이루어진 일. 【結晶】

결집 한데 모여 뭉침, 또는 모아 뭉치게 함. 【結集】

결코 딱 잘라서 말할 수 있게. 절대로. 예결코 은혜를 잊지 않겠다. 불결단코.

결탁 ①마음을 합하여 서로 의지함. ②주로 나쁜 일을 꾸미려고 서로 맞아 한편이 됨.

결투 원한이나 풀기 어려운 다툼이 있을 때, 합의하여 무기로 싸워서 승부를 결판내는 일.

결판 옳고 그름이나 승부를 가리어 판가름함. 예승부가 결판나다. - 하다.

결핍 모자람. 있어야 할 것이 없음. 예비타민 결핍. - 하다.

결핍증 있어야 할 영양소가 없거나 부족하여 일어나는 증세.

결함 모자라는 점. 완전하지 못하여 흠이 되는 점. 비흠. 결점.

결합 둘 이상이 서로 관계를 맺고 하나로 합침. - 하다.

결항 정기적으로 다니는 비행기나 배가 거르고 나가지 않음. - 하다.

결핵 결핵균이 폐나 장 등에 들어가 일으키는 병.

결혼 시집가고 장가드는 일. 비혼인. 반이혼. - 하다. 【結婚】

겸비 두 가지 이상의 좋은 점을 함께 갖추어 지님. 예학문과 무술을 겸비한 사람. - 하다.

겸사겸사 한꺼번에 여러 가지 일을 겸하여 하는 모양.

겸상 두 사람이 한 상에 마주앉게 차린 상, 또는 그렇게 앉아서 식사하는 일. 반외상. 각상. - 하다.

겸손 남을 높이고 자기를 낮춤. 비공손. 반거만. 오만. - 하다. - 히.

겸연쩍다 너무 미안하여 낯이 화끈거리는 느낌이 있다. 비계면쩍다.

겸용 하나를 가지고 여러 가지로 겸하여 씀. 예냉방과 난방을 겸용할 수 있는 에어콘. - 하다.

겸하다 ①본래 하는 일 외에 다른 일을 더 맡아 하다. 예코치가 선수를 겸하다. ②두 가지 이상을 아울러 가지다. 예학문과 무예를 겸하다.

겹 합쳐서 거듭됨. 포개짐. 예겹이불. 반홑.

겹겹이[겹껴비] 여러 겹으로 거듭된 모양.

겹:다(겨우니, 겨워서) ①정도에 지나쳐 힘이 들다. ②감정을 누를 수 없다. 예흥에 겨워서 노래가 저절로 나온다.

겹받침 두 가지의 닿소리(자음)로 이루어진 받침〔ㄱㅅ·ㄴㅈ·ㄹㄱ·ㄹㅂ·ㄹㅎ 따위〕.

겹세로줄 보표에 수직이 되게 두줄로 그은 세로줄.

겹저고리 솜을 두지 않고 겹으로 지은 저고리.

겹집 여러 채가 겹으로 된 집.

겹치다 여럿이 서로 포개어지다. 거듭 쌓이다. 예경사가 겹치다.

-경¹ 어떤 시간의 전후를 어림잡아 일컫는 말. 무렵. 예두 시

경에 만나자.
경[2] ①경서. ②부처의 가르침을 적은 책. 불경. 【經】
경각심 정신을 가다듬어 경계하는 마음. [예]화재에 대한 경각심을 불러 일으키다.
경개 경치. [예]산천 경개.
경거 망:동 경솔하게 함부로 행동함, 또는 그런 행동.
경:건 공경하는 마음으로 삼가며 조심성이 있음. 【敬虔】
경계[1] ①지역이 서로 갈라지는 자리. ②두나라의 경계.
경:계[2] 잘못이 없도록 미리 조심함. [예]철저히 경계하다. [비]주의. [반]방심. -하다.
경:계망 여기저기 그물처럼 여러 겹으로 펼쳐 놓은 경계선.
경계선 물건이나 장소 등이 맞닿는 자리를 나타내는 선.
경:고 조심하도록 미리 주의를 줌. 주의하라고 알림. -하다.
경공업 ①부피에 비하여 비교적 무게가 가벼운 제품을 생산해 내는 공업. ②일상 생활에 쓰이는 소비재를 생산해 내는 공업〔섬유화학·식료품·제지·인쇄 공업따위〕. [반]중공업.
경과 때가 지남. ②일을 겪어 온 과정. [예]수술 경과가 좋다.-하다.
경관[1] 산·강·자연의 아름다운 모습. [비]경치. 【景致】
경관[2] '경찰관'의 준말.
경국대:전【책명】 조선 시대 정치의 기준이 된 법전. 세조 때 최항·노사신 등이 왕명으로 육전의 체제를 갖춘 법전 제작을 시작하여, 성종 때 완성을 보았음. 6권 4책.
경금속 알루미늄·마그네슘 같은 가벼운 쇠붙이. [반]중금속.
경기 ①'운동 경기'의 준말. ②기술의 낫고 못함을 겨루는 일. 특히 스포츠의 시합. -하다. 【競技】
경기도 우리 나라 14도의 하나. 한반도의 가운데 위치함. 도청 소재지는 수원.
경:기장 운동 경기를 하는 곳.
경기 평야【지명】 한강 하류 및 임진강 하류 지방에 걸쳐 발달한 평야.
경내 ①일정한 지역의 안. ②절이 있는 땅. [예]해인사 경내. [반]경외. 【境內】
경:단 찹쌀·수숫가루 등을 물 반죽하여 작고 둥글게 만든 떡.
경당 고구려때 시골의 각지에 세운 사립 학교. 청소년에게 한학과 무술을 가르침. 신라 시대의 화랑 제도와 비슷한 교육 단체.
경대 거울을 달아 세우고 그 아래에 화장품을 놓도록 만든 가구.
경도[1] 기울어진 정도.
경도[2] 물체의 단단한 정도. [비]강도
경량 가벼운 무게. [반]중량.
경력[경녁] 여러 가지 지금까지 겪어 온 일들. 겪어 지내 옴.
경련[경년] 근육이 오그라지거나 떨리는 현상. -하다.
경:례[경녜] 공경의 뜻을 나타내는 인사의 하나. [예]국기에 대하여 경례. -하다.
경:로[1][경노] 노인을 공경함. -하다. 【敬老】
경로[2] [경노] ①지나는 길. [예]탈출 경로. ②일이 되어 가는 순서. 【經路】
경:로당 [경노당] 노인들이 모여 여가를 선용할 수 있게 마을에서 지어 놓은 집.
경륜 국가를 다스리는 일, 또는

그 방책. [예]경륜이 많은 정치가.

경리[경니]돈을 주고받는 일을 맡음.－하다. 【經理】

경:마 일정한 거리를 말을 타고 달려 승부를 겨루는 일.

경망 하는 짓이나 말이 경솔하고 방정맞음. [예]경망스러운 행동.－하다. －스럽다.

경:매 사겠다는 여러 사람 중에서 값을 제일 많이 부르는 사람에게 파는 일. －하다.

경멸 깔보아 업신여김. [예]경멸의 눈길. －하다

경박 말이나 행동이 신중하지 못하고 가벼움. [예]경박한 태도.－하다.

경배 공경하여 공손히 절함.

경범 가벼운 범죄. [본]경범죄.

경:보[1] 위험에 대비하라고 알리는 보도. [예]화재 경보.－하다.

경:보[2] 육상 경기의 한 가지. 일정한 거리를 어느 한 쪽 발이 반드시 땅에 닿은 상태로 하여 걸어서 빠르기를 겨루는 경기.

경:보기 어떤 위험이나 재해가 닥쳐 올때, 소리나 빛 따위를 이용하여 사람들에게 경계하도록 알리는 장치.

경:복궁 조선 초기 태조 4년(1395년)에 지은 궁궐. 1592년 임진왜란 때 불탔는데, 고종 4년(1867) 대원군 집권 때에 다시 세웠음. 사적 제117호.

경부 고속 도로 서울과 부산 사이를 잇는 고속 도로. 길이 428km. 폭 22.4m. 1970년에 개통.

경부선 서울과 부산 사이를 잇는 철도. 길이 444.5km. 1905년에 개통.

경비[1] 일을 하는 데 필요한 돈.

경:비[2] 만일을 염려하여 미리 마음을 가다듬어 주의하고 살피어 지킴.－하다.

경:비대원 경비 책임을 진 부대에 속한 사람. 【警備隊員】

경:비선 사고가 생기지 않도록 미리 막는 일을 맡은 배.

경:비초소 경비 대원이 경비 근무를 하는 시설.

경비행기 스포츠나 연습·훈련 등에 쓰이는 작은 비행기.

경:사[1] 매우 즐겁고 기쁜 일. 치하할 만한 일. [예]경사스러운 잔치가 겹치다. －스럽다

경:사[2] 비스듬히 한쪽으로 기울어짐, 또는 그 정도. [예]경사가 급한 계단.

경상 조금 다침, 또는 가벼운 상처. [반]중상.

경:상도〖지명〗 우리 나라의 옛날 행정 구역의 하나로, 지금의 경상 남북도를 일컫는 말.

경선 지구의 양극을 세로로 연결한 가상적인 선. [반]위선.

경성 '서울'의 일제때 이름.

경솔 말이나 행동이 조심성이 없고 가벼움. [예]경솔하게 행동하지 말라.－하다.－히.

경시 가볍게 여김. 깔봄. [반]중시. －하다.

경신 옛 것을 고치어 새롭게 함. [예]마라톤 기록을 경신하다. [비]갱신.－하다. 【更新】

경악 깜짝 놀람. [예]온 세계를 경악시킨 비극적인 사태.－하다.

경:애 존경하고 사랑함.

경:어 높임말. 존대말. 【敬語】

경:연 여러 사람이 모여 연극·노래 따위의 재주를 겨룸. [예]동요 경연 대회.

경영 기업이나 사업 등을 계획을 세워 해 나감. [예]회사를 경영하다.－하다.

경우 부닥친 형편이나 사정. [예]

눈이 오는 경우에는 가지 말
아라. 圓처지.

경우의 수 어떤 사건이 일어나
는 경우의 가짓수. <보기>
주사위를 던져서 3이 나올 경
우의 수.

경운기 기계의 힘
으로 움직여 논
이나 밭을 가는
기계.   [경운기]

경원 겉으로는 공경하는 체하
면서 속으로는 멀리함. -하다.

경원선 서울에서 강원도 철
원·평강을 거쳐 원산 사이를
잇는 철도. 길이 223.7km.
1914년 개통.

경위 어떤 일이 진전되어 온 경
로나 경과. 圓사건의 경위를
설명하다.   【經緯】

경유¹ 거치어 지나감. 圓서울에
서 대구를 경유하여 부산에
가다. -하다.

경유² 석유의 원유를 끓일 때
섭씨 250~350도에서 얻는 기
름. 자동차 등 동력에 씀. 圓
중유.

경음악 오락을 목적으로 하는
가벼운 대중 음악.

경음악단 경음악을 연주하기
위하여 조직된 악단.

경:의 존경하는 마음. 圓경의를
표하다.   【敬意】

경의선 서울과 신의주 사이를
잇는 철도. 길이 499.3km.

경:이 놀라고 이상하게 여김.
圓자연계의 경이로운 현상.

경인 고속 도로 서울과 인천
사이를 잇는 고속 도로. 길이
29.5km. 1968년에 개통.

경인 공업 지대 서울·인천·
부평·안양·수원 등을 중심
으로 중화학 및 경공업이 발
달한 우리 나라 최대의 공업
지대.

경인선 서울(구로)과 인천 사
이를 잇는 철도. 우리 나라
최초의 철도. 길이 39.3km.
1899년 9월 18일에 개통.

경작 논밭을 갈아 농사를 지음.
圓곡식을 경작하다. -하다.

경작지 농사를 짓는 땅. 논밭.
圓농경지. 준경지. 【耕作地】

경:쟁 서로 겨루어 다툼. 圓생
존 경쟁. -하다.   【競爭】

경:쟁심 남에게 지기 싫어하는
마음. 경쟁하려는 마음.

경:적 위험을 알리거나 주의를
바꾸기 위하여 울리는 고동.
또는 그 소리. 圓자동차의 경
적.

경전 ①성인들의 말과 행실을
적은 책. ②교리를 기록한 책.
圓불교의 경전.   【經典】

경정 바르게 고침. 圓추가 경정
예산. -하다.   【更正】

경제 사람들이 생활에 필요한
물건을 얻어 내고, 또 그것을
쓰는 데 관계되는 모든 활동.

경제 개발 계:획 산업을 발달
시켜 나라의 살림살이를 튼튼
하게 하고 국민 생활을 넉넉
하게 하기 위한 국가의 계획.

경제 개발 오(5):개년 계:획 우
리 나라에서 5년을 단위로 하
여 추진하고 있는 경제 개발
계획.

경제 공:황 경제계가 극심한 혼
란으로 기업이 망하고 실업자
가 많이 생기는 최악의 상태.

경제 기획원 나라 살림을 효과
적으로 이끌어 나가기 위하여
관리와 조절에 관한 일을 맡
아 보는 기관. 【經濟企劃院】

경제 사:회 이:사회 국제 연합
의 주요 기관의 하나. 경제·
사회·문화·교육 문제를 다
룸.

경제 성장 국민 소득·국민 총

생산 같은 국민의 경제 규모가 점점 확대되어 가는 일.

경제 작물 농가의 수입을 높이기 위해서 특별히 가꾸는 농작물.

경제 정책 나라가 국민 경제의 발전을 위하여 세우고 실시하는 모든 방책. 【經濟政策】

경:조 결혼·출생 따위의 경사스로운 일과 죽음과 같은 불행한 일. 【慶弔】

경:주[1]〖지명〗 경상 북도의 한 시. 신라의 옛 서울로 불국사·석굴암·첨성대·다보탑 등 많은 고적이 있음. 【慶州】

경:주[2] 일정한 거리를 달음질하여 빠름을 겨루는 일. 또는 그러한 운동. [예]장거리 경주. -하다.

경주[3] ①기울여 쏟음. ②주의나 힘을 한 곳에 기울임. [예]온 힘을 경주하다. -하다.

경지 농사를 짓는 땅. [예]경지면적. [본]경작지.

경지 정:리[경지정니] 농사를 편리하게 짓기 위하여 농토를 반듯반듯하게 만드는 일.

경:진회 생산품을 벌여 놓고 서로 성적을 겨루는 모임.

경질 어떤 직위에 있는 사람을 다른 사람으로 바꿈. [예]장관을 경질하다.×갱질. -하다.

경:찰 국민의 목숨·재산을 지키며 사회의 질서를 바로잡는 일을 하는 곳. 또는 그 기구.

경:찰관 국민들이 안심하고 살아갈 수 있도록 사회 질서를 바로잡는 일을 맡아 보는 국가 공무원. [준]경관. 【警察官】

경:찰서 일정한 구역 안의 경찰 업무를 맡아 보는 관청.

경:찰청 정부 기구의 하나로 치안을 맡아 보는 기관. 전에는 내무부 산하 치안본부가 맡아 보던 업무를 1991년 8월 1일, 독립시킴으로써 경찰이 정치적으로 중립을 이루게 됨.

경:천 ①하느님을 공경함. ②천리에 순종함. 【敬天】

경천사 십(10)층 석탑 고려 시대의 대표적인 돌탑. 흔히 13층 탑으로 불리는데, 경복궁에 보존되어 있음. 높이 약 13m〔국보제 86호〕.

경첩 돌쩌귀처럼 문짝을 다는 데 쓰는 장식으로, 두 개의 쇳조각을 맞물리어 만듦. [본]겹첩.

경청 귀를 기울이고 주의해 들음. [예]선생님의 말씀을 경청하다. -하다.

경:축 기쁘고 좋은 일을 축하함. [비]경하. [예]개교 기념일을 경축하다. -하다. 【慶祝】

경춘선 서울(성북)과 춘천 사이를 잇는 철도. 길이 87.3km.

경치 자연의 아름다운 모습. 산·내·들·꽃 따위의 모양. 경관. [예]설악산의 아름다운 경치. [비]풍경. 【景致】

경칩 땅 속의 벌레가 겨울잠에서 깨어 꿈틀거리기 시작하는 시기로, 24절기의 셋째, 곧 우수의 다음〔양력 3월5일경〕. ×경첩.

경쾌 ①마음이 홀가분하고 유쾌함. ②몸이 가뿐하고 날쌤. -하다. -히.

경:탄 몹시 놀라거나 감탄함. [예]매우 경탄할 일이다. -하다.

경:포대 강원도 강릉시 동북쪽 7km 지점에 있는 높은 다락집. 관동 팔경의 하나로 아름다운 경치를 이룸. 【鏡浦臺】

경:품 물건을 사는 손님에게 곁들여 주거나 제비를 뽑아 무료로 주는 물품. 【景品】

경필 붓에 대하여 끝이 딱딱한 글을 쓰는 용구를 이르는 말. 〔펜·연필 따위〕.

경:하 경사스러운 일에 기쁜 뜻을 나타냄. 町경축.-하다.

경:합 서로 경쟁함. 예선거에서 세 명의 후보자가 경합하다.-하다. 【競合】

경향1 마음이나 일이 어떤 방향으로 쏠림. 예인구가 차츰 줄어드는 경향이다. 【傾向】

경향2 서울과 시골. 【京鄕】

경험 몸소 겪어 봄. 직접 보고 듣고 해 본 일, 또는 그 과정에서 얻는 지식이나 기능. 예경험이 풍부하다. 町체험.

경:호 신변에 위험이 없도록 경계하고 보호함.예귀빈의 경호를 맡다.-하다.

경화 단단하게 굳어짐. 예동맥경화. 【硬化】

경황 흥미나 재미를 가질 수 있는 마음의 여유. 예회사가 이렇게 바쁜데 무슨 경황으로 휴가를 가겠느냐? 【景況】

경회루 경복궁 안 서쪽 연못한 가운데 있는 큰 누각으로, 임금과 신하들이 모여 잔치를 하던 곳임.

곁 옆. 한쪽.

곁가지 [곁까지] 가지에서 다시 곁으로 뻗은 작은 가지.

곁길 [곁낄] 큰 길에서 곁으로 난 좁은 길. 町샛길.

곁눈 [견눈] 얼굴은 돌리지 않고 눈알만 돌려서 보는 눈.

곁다리 ①덧붙어 딸린 것. ②일에 관계가 없는 사람.

곁두리 일하는 사람이 끼니 외에 참참이 먹는 음식. 町샛밥.

곁들다 (곁드니, 곁드오) ①곁에서 붙잡아 부축하여 들다. ②곁에서 거들어 주다.

곁들이다 ①주로 하는 일 외의 다른일을 겸하여 하다. ②한 그릇에 딴 음식을 옆으로 붙이어 담다. 예고기에 야채를 곁들이다.

곁말 말을 바로 하지 않고 다른 말을 빌려서 빗대어 하는 말〔총알을 '깜장 콩알'이라 하는 등〕.

곁순 식물의 원줄기 곁에서 돋아나는 순.

계:1 어떤 일을 나누어 맡은 사람, 또는 나누어 맡은 그 일. 예기록계. 출납계. 【係】

계:2 옛날부터 우리 나라에 내려오는 같은 목적을 가진 사람들이 지방이나 집안 단위로 협동을 목적으로 이루어진 조직. 예대동계. 수리계. 【契】

계:간 잡지 따위를 일 년에 네번 철에 따라 발간하는 일.

계곡 두 산 사이에 물이 흐르는 골짜기. 町산골짜기.

계:교 여러 모로 빈틈없이 생각해 낸 꾀. 예계교에 넘어가다.

계급 지위의 높고 낮음. 예계급이 오르다. 【階級】

계:기1 어떤 일이 일어나거나 결정되는 근거나 기회. 예사건의 계기. 町동기. 【契機】

계:기2 물건의 무게·길이·속도 등을 재는 기구〔계량기·미터기·저울 따위〕 【計器】

계단 ①층층대. ②일을 하는 데밟아야 할 순서. 町단계.

계:도 깨우쳐서 이끌어 줌. 예민중을 계도하다.

계동 늦겨울. 음력 섣달.

계란 달걀.

계:략 계획과 책략.

계:량 분량과 무게를 잼.【計量】

계:량기 길이·부피·무게·시각·각도·온도 등을 재는 기구. 예전기 계량기.

계:량컵 음식을 만들때에 재료의 분량을 재는 컵 모양의 그릇.

계룡산【지명】 충남 공주군에 있는 산. 국립공원.

계:명 음계의 이름.

계:명성 새벽에 동쪽에 보이는 금성의 딴 이름. **비**샛별.

계:모 아버지가 새로 얻은 아내. 의붓어머니.

계:몽 어린아이나 무식한 사람을 깨우쳐 줌. **예**농촌 계몽운동. - 하다.

계:미자 조선조 태종 3년 계미년(1403)에 주자소를 두고 구리로 만든 활자. 【癸未字】

계:발 슬기와 재능을 열어 깨우쳐 줌. **예**지능 계발. - 하다.

계백【사람】[?~660] 백제 말기의 유명한 장군. 신라와 당나라의 연합군이 쳐들어 오자 결사대 5천 명을 거느리고 황산벌에 나아가 싸우다가 최후를 마쳤음.

계:보 집안의 혈통이나 학문·사상이 계승되어 온 연속성.

계:부 의붓아버지. **반**계모.

계:산 ①수량을 헤아림. ②약속에 따라 수치를 구하거나 식을 간단히 하거나 함. **예**식을 계산하다. - 하다. 【計算】

계:산서 ①물건값의 청구서. ②계산을 밝힌 서류. 【計算書】

계:속 끊이지 않고 이어 나감. **비**지속. **반**중단. - 하다.

계:수 수를 계산함. 계산하여 얻은 값. 【計數】

계:수나무 ①녹나무과의 낙엽 큰키나무. 중국 남방과 동인도에서 남. 특히 껍질인 계피는 약재나 향료로 쓰임. ②옛날 사람들이 달 속에 있다고 상상하던 나무.

계:승 조상이나 앞 사람의 뒤를 이어받음. **예**가업을 계승하다. - 하다.

계:시 ①일깨워서 가르쳐 보임. ②사람이 알 수 없는 일을 신이 가르쳐 알게 함. **예**하느님의 계시. - 하다.

계:시다 '있다'의 높임말. **예**어머니께서 부엌에 계시다.

계:약 두 사람 이상 사이에 맺어지는 약속. **예**매매 계약하다. - 하다.

계:엄 ①경계를 심하게 함. 또는 그러한 경계. ②군대가 어떤 지역을 맡아 다스리는 일.

계:엄령 국가 원수가 계엄 실시를 선포하는 명령.

계:열 사물이 어떤 공통점이나 유사점에서 서로 가른 계통이나 조직. **예**계열별 모집.

계:율 불교에서, 승려가 지켜야 할 율법. 지켜야 할 규칙. **예**계율이 엄하다.

계이름 서양 음악의 도·레·미·파·솔·라·시, 국악의 궁·상·각·치·우 등의 음계 이름.

계:절 ①한 해를 봄·여름·가을·겨울의 네 철로 구분한 시기. ②어떤 일을 하는 데 가장 알맞은 시절. **예**독서의 계절.

계:절풍 철에 따라서 대륙과 해양 사이에 생기는 일정한 방향의 바람. 우리 나라에서는 여름에는 동남 계절풍, 겨울에는 북서 계절풍이 불어 옴. **비**철바람.

계:집 ① '여자'의 낮춤말. **반**사내. ② '아내'의 낮춤말. ×지집.

계:책 용한 꾀와 방법. **비**계교.

계:축일기【책명】 조선 광해군 때 어느 궁녀가 일기체로 쓴 문학작품. 광해군이 영창 대

군을 죽일 때, 인목대비가 겪은 일을 썼음. 서궁록.

계층 사회를 이루고 있는 여러 층. 예서민 계층

계:통 ①같은 핏줄을 이음. ②이치나 성질 등에 따라 갈라 놓은 순서. ③거쳐야 할 순서나 체계. 예계통을 밟아 처리하다. 【系統】

계:투 야구에서, 이제까지 공을 던지던 투수가 물러나고 다른 투수가 등판하여 이어서 공을 던지는 일. 【繼投】

계:표 표결에서 가부의 수를 헤아림. 표세기. –하다. 【計票】

계:획 해나갈 일을 미리 생각해 놓음. 예생활 계획표. 비기획. –하다. 【計劃】

고:가¹ 지은 지 아주 오래 된 집. 구옥. 【古家】

고가² 땅 위로 높이 가로질러 걸침. 예고가 도로. 【高架】

고가³[고까] 비싼 가격. 예고가의 가구. 반염가. 【高價】

고갈 물·돈·물자 등이 마르거나 다하여 없어짐. 예자원이 고갈되다.–하다. 【枯渴】

고개 ①목의 뒤쪽. ②산이나 언덕을 넘어 다니게 된 비탈진 곳. 예고개 너머 마을.

고객 단골 손님. 늘 오는 손님.

고갯마루 고개의 가장 높은 곳.

고갯짓 [고개찓/고갣찓] 고개를 흔들거나 끄덕이는 짓. –하다.

고견 ①뛰어난 의견. ② '남의 의견' 의 높임말. 【高見】

고결 고상하고 깨끗함.–하다.

고경명〖사람〗[1533~1592] 조선 시대 임진왜란 때 의병의 지도자. 전라도에서 의병을 일으켜 금산에서 왜군을 맞아 싸우다 전사하였음.【高敬命】

고:학 고대 인류에 관한 일을 연구하는 학문.

고:학자 고대 인류에 관한 일을 연구하는 사람.

고공 높은 공중. 반저공.

고공 비행 비행기 따위로 지상 1만5,000~2만m 이상의 높은 공중에서 비행함. 또는 그 비행. 반저공 비행. –하다.

고공 침투 훈:련 높은 공중에서 낙하산을 타고 뛰어내려, 예정한 곳에 침투하는 훈련.

고관 ①높은 벼슬. ②지위가 높은 관리. 【高官】

고구려〖나라〗[?~668] 우리 나라 삼국 시대의 한 나라. 주몽(동명왕)이 세워 제28대 보장왕때 신라·당나라 연합군에 의해 멸망했음. 압록강 중류 지방의 국내성을 중심으로, 한반도의 북부와 만주 일대의 넓은 영토를 통치하였음.

고구마 메꽃과의 다년생 식물. 줄기는 땅 위에 길게 뻗고, 땅 속 뿌리의 일부가 살이 져서 덩이 뿌리를 이룸. 덩이 뿌리는 달고 전분이 많아 먹거나 공업 재료로 많이 쓰임.

고:국 조상 때부터 살던 나라. 비조국.모국. 반외국. 타국.

고:궁 옛 궁전. 옛날에 임금이 살던 대궐.

고귀 ①훌륭하고 귀중함. 높고 귀함. 예고귀한 목숨. ②값이 비쌈. 반비천. –하다. 【高貴】

고:금 옛날과 지금. 예동서 고금에 없었던 사건. 【古今】

고급 ①정도가 높음. 품질이 좋음. 예고급 모자. ②높은 등급. 높은 계급. 예고급 공무원. 반하급. 저급. 【高級】

고급품 품질이 좋고 값이 비싼 물건. 반하급품.

고기 ① '물고기'의 준말. ②온갖 동물의 살.

고기알붙이[고기알부치] 양어 장에서 물고기를 기를 때에 연못에 넣어 물고기가 낳은 알이 붙게 하는 것. ⒝어소.

고기압 주위의 기압보다 높은 기압. ⒝저기압.

고기잡이 ①고기를 잡는 사람. 어부. ②고기를 잡는 일. -하다.

고깃배 고기잡이배. 어선.

고깔 중들이 머리에 쓰는 세모 진 모자. 베 조각을 몇 겹 포 개 접어서 만듦.

고난 괴로움과 어려움. ⒠고난 의 세월. ⒝고초. 【苦難】

고뇌 괴로워하고 번민함. 또는 그 괴로움과 번뇌. ⒠고뇌에 찬 모습. ⒝고민.

고누 말밭을 그려 놓고 두 편 으로 나누어 말을 많이 따거 나 말길을 막는 것을 다투는 놀이의 한 가지.

고니 물새 중에서 제일 큰 새. 날개의 길이가 60~70cm나 되며, 온몸이 순백색으로 매 우 아름다움. 우리 나라에서 는 천연 기념물로 지정된 철 새임. 시베리아 동부에서 번 식하며 겨울에는 한국·중 국·일본에 날아옴. ⒝백조.

고:다 단단한 것을 뭉그러지도 록 푹 삶다.

고단자 태권도·바둑 등 단수가 있는 것에서 높은 단수를 갖 고 있는 사람.

고단하다 일이나 운동 등을 너 무 많이 해서 몸이 나른하고 고달프다. ⒝피곤하다.

고달프다(고달파, 고달파서)몸 이 몹시 지쳐서 나른하다. ⒠ 고달픈 나그네 길. ✕고달푸 다.

고:대[1] 옛날. 오래 전의 시대. ⒠고대 소설. ⒝현대. 【古代】

고대[2] 몹시 기다림. ⒠장에 가 신 어머니가 돌아오기를 고대 하는 아이들. -하다. 【苦待】

고대[3] 지금 막. 이제 막. ⒠고대 왔다가 떠났다. ⒝방금.

고대로 고치지 않고 전에 있던 대로. ⟨그대로.

고:대 소:설 ①옛날 사람이 쓴 소설. ②갑오 개혁(1894) 이전 에 창작된 소설. ⒝고전 소설. ⒝현대 소설. 【古代小說】

고:도[1] 옛 도읍. ⒠고려의 고도 개성.

고도[2] ①높이의 정도. ⒠고도가 높다. ②아주 높은 정도. ⒠고 도의 훈련을 받다. 【高度】

고도[3] 외딴 섬. 【孤島】

고독 외로움. ⒠고독한 외국 생 활. -하다.

고동[1] 피가 도는 데 따라 심장 이 뛰는 일.

고동[2] 배나 기차가 내는 소리. ⒠뱃고동 소리.

고동치다 심장이 온몸에 피를 보내기 위해서 벌떡벌떡 뛰놀 다.

고되다 일이 힘이 들어 피곤하 다. ⒠고된 노동에 시달리다.

고두밥 몹시 된 밥.

고드랫돌 발이나 자리 따위를 엮을 때 날을 감아서 매는 돌. ⓺고드래.

고드름 지붕이나 담장 등에 낙 숫물이 흘러내리다가 길게 매 달려 얼어붙은 얼음.

고등 정도나 등급이 높음. ⒠고 등 교육. ⒝하등. 【高等】

고등 고:시 국가 고시의 한 가 지. 일반 행정 고급 공무원· 기술 고급 공무원·외교관· 사법관의 임용 자격 시험.

고등 교:육 정도가 높은 교육.

대학 이상의 교육.

고등 법원 지방 법원의 위, 대법원의 아래인 법원. 제2심 판결을 담당하는 법원.

고등 보통 학교 지금의 중학교와 고등 학교의 과정을 함께 가르치던 옛날의 교육 제도. 1940년 중학교로 이름이 바뀜.

고등어 몸이 길쭉하며 등빛은 파랗고 배가 흰 바닷물고기.

고등 학교 중학교를 나와서 들어가 중등 교육 또는 실업 교육을 하는 학교. 기간은 3년임. 【高等學校】

고딕 ①활자의 획을 굵게 만든 글자체. ②중세의 건축양식〔직선적이고 창과 출입구의 위가 뾰족한 아치형이 특색임〕.

고락 괴로움과 즐거움.

고란사 충청 남도 부여 백마강 왼편 기슭에 있는 작은 절. 450년경 백제 때에 창건된 것임. 절 뒤 바위 틈에서는 보기 드문 식물인 고란초가 자라고 있음.

고란초 고사리과에 딸린 여러해살이풀. 잎이 세갈래 또는 주걱 모양으로 되고, 잎 뒤에 홀씨주머니 덩이가 마주 붙음. 산지의 절벽이나 바위 틈에 저절로 남.

고:랑¹ 두툴한 두 땅 사이의 낮은 곳. ㉾골.

고:랑² 죄인이나 피의자의 손목에 걸쳐서 채우는 쇠로 만든 형구. ㉲쇠고랑.

고:랑창 폭이 좁고 깊은 고랑. ㉾골창.

고랑포〖지명〗 경기도 장단군에 있는 마을. 임진강에 임하여 배로 물건을 나르는 일이 편리하고 농사에 필요한 물을

끌어다 대기가 쉬워 농산물의 산출이 많음.

고래¹ 바닷물 속에 사는 몸집이 큰 젖먹이 동물. 새끼에게 젖을 먹여 기르고 허

[고래]

파로 숨을 쉼. 머리는 크고 눈은 작음.

고래² '방고래'의 준말. 방고래는 방 구들장 밑에 있는 고랑.

고래고래 목소리를 한껏 높여서 큰 소리를 지르는 모양.

고래등 같다 집이 웅장하게 높고 크다.

고래잡이 고래를 잡는 일.

고려¹〖나라〗[918~1392] 왕건이 후삼국을 통일하고 개성에 도읍하여 세운 나라. 이성계에게 망하여 조선 왕조가 서기까지 제34대 475년을 누렸음. 【高麗】

고려² 생각하여 봄. ㉲그 일은 잘 고려하여 처리해라. -하다.

고려사〖책명〗 조선 시대 세종의 명을 받아 '정인지·김종서 등이 편찬한 총 139권으로 된 고려의 역사책. 고려 시대를 연구하는 데에 가장 큰 자료임. 【高麗史】

고려자기 고려 시대에 만든 도자기 〔우리 나라 공예 미술에서 가장 뛰어난 예술품의 하나로, 빛깔·무늬·모양이 아름다움〕.

고려장 고구려때에 늙은 이나 쇠약한 사람을 구덩이나 산에 버려 두었다가 죽은 후 장사를 지내던일.

고려조 ①고려의 조정. 곧 고려의 왕조. ②고려 시대.

고려 청자 고려 때 만들어진 푸른색의 도자기를 이르는 말로

상감청자가 유명함.

고려 태조〖사람〗[877~943] 고려의 첫 임금. 궁예의 부하가 되어 그의 신임을 받았으나, 918년에 부하에게 떠받침을 받아 송도에 도읍을 정하고 왕위에 오름. 왕건.【高麗太祖】

고령 많은 나이. 🔵고령자.

고령토 도자기를 만드는 데 쓰이는 흙. 바위가 부서져서 된 흰색, 또는 재색의 진흙.

고료 글을 써 주고 받는 돈. 🔵원고료.【稿料】

고루¹ 더하고 덜함이 없이 고르게. 🔵음식을 고루 나누어 먹다.

고루² 생각이 좁고 고집이 셈. 🔵고루한 생각. -하다.【固陋】

고르다¹(고르니,골라) 여럿 중에서 쓸 것이나 좋은 것을 가려 뽑다. 🔵좋은 작품을 고르다. 🔵가리다.

고르다²(고르니, 골라) ①크고 작거나, 더하거나 덜함이 없이 똑같다. 🔵성적이 고르다. ②평평하게 만들다.

고름¹ 종기나 상처에서 나오는 누런 콧물 같은 액체. 핏속의 백혈구가 병균과 싸워 죽은 것임.

고름² '옷고름'의 준말.

고리¹ ①긴 물건을 구부리어 동글게 만든 것. 주로 쇠붙이로 만듦. ② '문고리'의 준말.

고리² 비싼 이자. 🔲저리.【高利】

고리 대:금 ①이자가 비싼 돈. ②비싼 이자를 받는 돈놀이. 🔵고리대.【高利貸金】

고리타분하다 사람의 성질이나 하는 짓이 시원하지 못하고 흐리멍텅하다. 🔵고타분하다.

고릴라 유인원과의 큰 짐승. 온몸에 털이 있으며, 키는 2m. 몸무게는 약 280kg 정도로, 아프리카 적도 부근에 삶.

고립 혼자 외롭게 삶. 남과 떨어져 외따로 있음. 🔵폭설로 마을이 고립되었다. -하다.

고마 신사 일본에 있는 사당으로 고구려 사람 약광왕을 모신 곳.

고마촌 옛날 고구려의 왕손 약광왕이 고구려가 패망하자 고구려 유민을 다스렸던 마을.

고막 귓속에 있으며, 공기의 진동에 따라 흔들리어 소리를 전하는 막. 🔲귀청.【鼓膜】

고:맙다 (고마우니, 고마워서) 남의 은혜나 신세를 입어 마음이 즐겁다.

고매 학식이 높고 뛰어남. 🔵고매한 인품. -하다.

고명¹ 모양과 맛을 더하기 위하여 음식 위에 뿌리거나 덧놓는 양념.

고명² 명성이 높음.【高名】

고명딸 아들이 많은 집의 외딸.

고모 아버지의 여자 형제.

고모부 고모의 남편. 고숙.

고:목 오래 묵은 나무. 나이 많은 나무. 🔲노목.【古木】

고무 열대 지방에서 나는 고무나무에서 나온 액체를 굳혀 만든 탄력성이 강한 물질.

고무관 고무로 만든 대롱.

고무래 곡식을 긁어 모으거나 펴거나, 밭의 흙을 고르는 데 쓰는 티(T)자형의 농기구.　　[고무래]

고무신 고무로 만든 신.

고무줄 저울 고무줄의 늘어나는 성질을 이용하여 물건의 무게를 달거나, 물체를 끌 때 드는 힘의 크기를 알아보는 데 쓰는 간단한 장난감 저울.

고무 찰흙 찰흙과 같이 주물러서 마음대로 모양을 바꿀수 있도록 된 생고무.

고무총 고무줄의 힘을 이용하여 작은 돌멩이 같은 것을 날릴 수 있도록 만든 장난감.

고무 풍선 공기나 수소 가스를 넣어 공중에 날리는 얇은 고무주머니. [준]풍선.

고:문[1] ①옛 글. ②갑오 개혁 이전의 글.

고문[2] 의견을 물음. 또는 의견을 말하는 일을 맡은사람. [예]군사 고문.

고문[3] 죄를 진 사람에게 견디기 어려운 고통을 주며 그 죄를 확인하여 묻거나 스스로 말하게 하는 일.

고:물[1] ①옛적 물건. ②헐거나 낡은 물건. [반]신품. 【古物】

고:물[2] 떡에 묻히는 팥·콩·깨 등의 가루. [예]콩고물.

고물[3] 배의 뒤쪽. [비]선미. 선로. [반]이물.

고민 괴로워서 몹시 속을 태움. [예]성적이 떨어져 고민하다. [비]번민.－하다.

고:발 피해자가 아닌 사람이 범죄 사실을 경찰이나 검찰에 알림. [예]사기꾼을 고발하다. [비]고소.－하다. 【告發】

고배 ①쓴 술잔. ②쓰라린 경험의 비유. [예]낙방의 고배.

고:백 마음 속에 숨기고 있던 것을 털어놓음.－하다.【告白】

고:변 ①재앙으로 생기는 일이나 사고를 알림. ②역모나 반란을 고발함. 【古變】

고:별 떠나는 것을 알림. [예]고별인사. －하다.

고:본 오래된 책. [반]신본.

고부 시어머니와 며느리.

고:분 옛날의 무덤. [비]고총.

고분고분하다 말이나 행동이 공손하고 부드럽다.

고비 어떤 일의 가장 중요한 때, 또는 막다른 처지. [예]위험한 고비를 넘기다.

고뿔 '감기'를 이르는 말.

고삐 말이나 소의 재갈에 잡아매어 몰거나 부릴 때에 끄는 줄. [예]고삐를 풀어 주다.

고사[1] 학교에서 학생의 학력을 시험함. [예]학기말 고사.

고:사[2] 행운을 가져다 달라고 신령에게 비는 제사.

고사[3] 예로부터 전해 오는 일. [예]고사 성어. 【故事】

고사[4] 나무와 풀 등이 말라 죽음.－하다. 【枯死】

고사리 식물의 한 종류. 초봄에 싹이 뿌리와 줄기에서 돋아나 꼬불꼬불하게 말리고 흰솜 같은 털로 덮임. 홀씨로 번식하며, 어린 잎은 먹음.

고사하고 말할 것도 없고. 그만두고. [예]음식은 고사하고 냉수도 못 마셨다.

고산 높은 산. 【高山】

고상 품은 뜻이나 모습이 속되지 않고 격이 높음.[예]고상한 취미. [반]저속.－하다.

고:색 ①오래 되어 낡은 빛. ②예스러운 경치나 모양.【古色】

고생 ①어렵고 괴로운 생활. ②괴롭게 애쓰고 수고함. [비]고통. [반]안락. －하다.

고:서 옛날의 책. 【古書】

고:성 높은 목소리나 큰 소리.

고성:능 성능이 아주 좋음. 높은 성능. [예]고성능 마이크.

고:소 죄 지은 사실을 수사 기관에 신고함.－하다.

고소장[고소짱] 범죄의 피해자가 그 사실을 수사 기관에 제출하는 서류.

고소하다 ①깨소금이나 참기름 같은 맛이나 냄새가 나다. ②미운 사람이 잘못되어, 기분이 좋고 흐뭇하다.〈구수하다.

고속 속도가 매우 빠름. 凹저속. 宮고속도. 【高速】

고속 도:로 자동차가 빠른 속도로 달릴 수 있도록 만들어 놓은 길. 에영동고속 도로.

고속 버스 [고속뻐스] 고속 도로를 빠른 속도로 달리는 버스.

고수[1] 굳게 지킴. 에우등생의 자리를 고수하다. -하다【固守】

고수[2] 수가 높음. 또는 그 사람. 에바둑의 고수. 【高手】

고수[3] 북을 치는 사람. 【鼓手】

고수레 들에서 음식을 먹을 때나 무당이 굿을 할 때, 먼저 바친다고 하여 음식을 조금 던지며 하는 소리. 또는 그렇게 하는 짓.

고수머리 곱슬곱슬 꼬부러진 머리. 또는 그러한 머리를 가진 사람. 곱슬머리.

고수 부지 ①큰물이 날 때에나 잠기는 높은 하천의 땅. ②서울 한강변에 널따란 둑을 쌓아 도로나 공원 등으로 이용하는 곳.

고스란하다 축남이 없이 온전하다. 고스란히.

고슬고슬 밥이 질지도 되지도 않고 알맞게 된 모양.

고슴도치 고슴도치과의 동물. 굴속에서 사는 짐승의 하나로, 주둥이는 돼지와 비슷하며 등과 몸 양편에 바늘과 같은 가시가 있어 적이 오면 몸을 웅크려 자신을 보호함.

[고슴도치]

고승 ①덕이나 행실이 훌륭한 승려. ②지위가 높은 승려.

고:시[1] 국가 기관 따위에서 일반에게 널리 알림. 에내무부 고시. -하다. 【告示】

고시[2] ①시험. 에사법 고시. ②옛날 과거의 성적을 살펴 등수를 정하는 일. 【考試】

고:시조 갑오개혁 이전에 지어진 시조. 옛시조. 凹단가. 凹현대 시조. 신시조. 【古時調】

고신 원루 임금님께 사랑 받지 못하는 신하가 흘리는 원통한 눈물.

고심 마음과 힘을 다함. 몹시 애를 씀. -하다.

고싸움 놀이 주로 전라 남도에서 행하여지는 민속 놀이로 두 편으로 편을 갈라 줄다리기의 줄머리에 타원형의 고가 달린 굵은 줄을 여러 사람이 메고, 먼저 상대편의 고를 짓눌러 땅바닥에 닿게 하는 편이 이김.

고아 부모를 여의고 의지할 곳이 없는 외로운 아이.

고아원 고아들을 모아서 기르고 가르치는 곳. 보육원.

고:안 좋은 방법을 생각해 냄. 또는 그 생각. 에새롭게 고안한 책꽂이. -하다. 【考案】

고압선 고압의 전류를 보내는 전깃줄. 宮고압전선.

고액 많은 금액. 【高額】

고:약하다 ①맛·냄새·소리·모양 따위가 비위에 거슬리고 좋지 않다. 에맛이 고약하다. ②성질이나 인심 따위가 괴팍하거나 좋지 않다. 에성격이 고약하다.

고양이 송곳니가 발달되어 있고 어두운 곳에서도 잘 보고 쥐를 잘 잡아먹는 짐승.

고양이 걸음 고양이가 쥐를 잡으러 갈 때와 같이 소리가 나지 않게 조심스럽게 걷는 걸음.

고:어 ①지금은 쓰이지않는 옛날 말. ②옛날 사람들이 한

말. 반현대어. 【古語】

고역 몹시 힘들고 괴로운 일.

고열 높은 열. 높은 체온.【高熱】

고:옥 지은 지 오래 된 집. 비고가. 【古屋】

고온 높은 온도. 예고온 다습한 기후. 반저온. 【高溫】

고온 처:리기 높은 온도로 손질하여 어떤 일을 해내는 기계.

고요 아무 소리도 없이 조용함. 비정적. 반요란. - 하다.

고요의 바다 달 표면의 한 분화구의 이름.

고용¹ 돈을 주고 일을 시킴.예근로자를 고용하다. - 하다.

고용² 돈을 받고 남의 일을 해 줌. 예고용살이. - 하다.

고용원 돈을 받고 남의 일을 해주는 사람. 비고용인.

고원 상당한 높이를 가지면서도 비교적 연속된 평평한 표면을 이룬 지역. 높고 넓은 벌판. 예개마 고원. 【高原】

고위 높은 지위. 예고위급 회담. 반하위. 저위. 【高位】

고위도 위도가 높은 곳. 남극과 북극에 가까운 곳.

고위층 높은 지위에 있는 층, 또는 그런 사람.

고유 ①본디부터 있음. ②어느 물건에만 특별히 있음. 예우리의 고유 음식. - 하다.

고유 문화 각 민족이 제각기 다른 환경 속에서 이룩한 특색 있는 문화. 민족 문화.

고을 한 도를 몇으로 나눈 옛날의 지방 이름. 오늘날의 '군'과 같은 행정 단위. 준골.

고음 높은 소리 예고음을 잘 내는 가수. 반저음. 【高音】

고의 일부러 함. 예고의로 반칙을 하다. 【故意】

고:이 ①곱게. 예고이 자라다.

②정성을 다하여. 예고이 간직하다. ③편안하게. 예고이 잠든 아기.

고:인 ①오래 사귄 벗. ②세상을 떠난 사람. 【故人】

고인돌: 선사시대의 무덤. 납작한 돌을 세우고 그 위에 평평한 돌을 얹은 것. 모양에 따라 북방식과 남방식으로 구분함. 지석.

[고인돌]

고:자질 남의 허물이나 비밀을 몰래 일러바치는 짓. - 하다.

고작 기껏하여야. 아무리 하여도. 힘이 미치는 데까지. 예일한 것이 고작 이거냐?

고장¹ ①사람이 많이 사는 일정한 지방. 예낯선 고장. ②나서자란 곳. 예우리 고장. ③어떤 물건이 특징적으로 많이 나거나 있는 곳. 예사과의 고장.

고:장² 사고로 생기는 탈. 예자동차가 고장나다.

고저 높음과 낮음. 높낮이.

고:적 ①지금 남아 있는 옛적 물건. ②옛 물건이 남아 있던 자리. 고적지. 비유적. 【古蹟】

고적대 북과 피리로 이루어진 행진용 악대.

고:전¹ 가치가 있는 옛날의 작품이나 책. 【古典】

고전² 몹시 힘드는 괴로운 싸움. 비고투. 예초반에 강팀을 만나 고전을 했다. - 하다.

고:전미 고전적인 아름다움.

고정 ①일정한 곳에서 움직이지 아니함. 예한곳에 고정시키다.②흥분이나 노여움을 가라앉히다.예그만 고정하십시오. - 하다. 【固定】

고정 도르래 축이 고정되어 있어 이동하지 않는 도르래.

고조 ①높은 가락. ②굳세게 주장함. ③시나 노래로 크게 흥겨움이 일어나는 일.【高調】

고조모 할아버지의 할머니. 아버지의 증조 할머니.【高祖母】

고조부 할아버지의 할아버지. 아버지의 증조 할아버지.

고:조선【나라】[기원전 2333~기원전 108] 우리 민족이 제일 먼저 세운 부족 국가. 단군이 세웠다고 하며, 대동강을 중심으로 한 기름진 평야에 넓게 펼쳐 있었음.

고종【사람】[1852~1919] 조선26대 임금(재위 1863~1907).흥선 대원군의 아들. 대원군이 물러난 후부터 정치를 맡아 하면서, 대한 제국의 탄생을 선언하는 등 여러 제도의 개선에 힘썼으나, 일본에게 나라를 빼앗기는 비운을 겪었음.【高宗】

고종 사:촌 고모의 아들이나 딸. 圓내종 사촌. 㽷고종.

고주망태 술을 많이 마셔 정신을 차리지 못하는 상태.

고주알미주알 속속들이 캐어묻는 모양. 미주알고주알.

고증 증거를 대어 설명함.

고:지¹ 어떤 사실을 관계자에게 알림. 예등록금 납부 기일을 고지하다. 圓불고지.【告知】

고지² ①평지보다 한층 높은 땅. 圓저지. ②이루어야 할 목표. 예100억 불 수출 고지를 달성하다.

고:지서 통지하여 알리는 글. 예납세 고지서.【告知書】

고지식하다[고지시카다] 성질이 외곬으로 곧아 변통성이 없다.

고질 ①고치기 어려운 오래 된 병. ②오래 되어 고치기 어려운 나쁜 버릇. 예고질이 된

술주정.

고집 자기의 생각을 굳게 내세움. -하다.

고집쟁이 자기의 생각과 주장만 내세우는 사람.

고찰 깊이 생각하여 살펴 봄. -하다.

고:참 오래 전부터 한 직장이나 직위에 머물러 있는 일, 또는 그 사람. 예고참 사원. 圓신참.

고:철 헌 쇠. 낡은 쇠.

고체 일정한 모양과 부피를 갖추고 있는 단단한 물체.

고체 연료 고체로 된 연료. 장작·석탄·코크스 따위.

고초 어려움과 괴로움. 예심한 고초를 당하다. 圓고난. 고통. 圓안락.【苦楚】

고추 붉고 매운 열매가 열리는 채소. 맛을 내는 재료로 쓰임.

고추잠자리 초가을에 떼지어 날아다니는 잠자리의 하나. 수컷은 몸이 붉고, 암컷은 누르스름함.

고추장 메줏가루에 짙게 지은 밥이나 떡가루를 익혀 버무리고, 고춧가루와 소금을 섞어서 담근 매운 장.

고충 ①괴로운 마음. 예고충을 털어놓다. ②어려운 사정. 예고충이 많다.

고취 ①북을 치고 피리를 붊. ②의기를 복돋아 일으킴. 예독립 정신을 고취시키다. -하다.

고층 ①높게 지은 건물의 층. ②하늘의 높은 곳.【高層】

고층 건:물 여러 층으로 높게 지은 집. 빌딩.

고치 누에나 실을 토하여 자기의 몸을 둘러싸서 조금 길쭉하게 얽어 만든 집. 누에고치.

고치다 ①잘못된 것을 바로잡다. 예버릇을 고치다.②병을

낮게 하다. 例신경통을 고치다. ③바꾸다. 변경하다. 例이름을 고치다. ④모양·자세·위치를 바꾸다.

고통 괴롭고 아픔. 몹시 견디기 어려움. 凪고초. 凩쾌락.

고투 힘드는 싸움이나 일을 함. 例악전 고투하다. -하다.

고:풍 ①지난날의 풍속. ②예스러운 모습. 【古風】

고프다 (고프니, 고파서) 속이 비어 음식을 먹고 싶다. ×고푸다.

고하 위아래, 또는 높고 낮음.

고:하다 아뢰다. 전하다. 알리다. 例동포에게 고하는 글.

고학 제 손으로 학비를 벌어 고생하며 배움. 例고학으로 대학교를 졸업하다. -하다.

고함 큰 소리로 부르짖는 소리.

고행 도를 닦기 위하여 견디기 어려운 고통스러운 일을 행하는 것. -하다. 【苦行】

고:향 태어나서 자란 곳. 凩타향. 【故鄕】

고혈압 혈압이 정상보다 높음. 凩저혈압.

고형 단단하고 일정한 모양과 부피를 가지고 있는것. 例고형 알코올.

고:회 일흔 살.

곡¹ '곡조'의 준말. 【曲】

곡² 소리를 내어 욺. 【哭】

곡가 쌀·보리·밀 따위의 곡식의 가격.

곡괭이 단단한 땅을 파는 데 쓰는, 황새 부리 모양으로 생긴 괭이.

곡기 '곡식으로 만든 음식'을 통틀어 이르는 말.

곡류[공뉴] 여러 가지 곡식〔쌀·보리·밀 등〕. 【穀類】

곡마단 여러 가지 재주를 부리어 구경을 시키는 흥행 단체.

서커스. 【曲馬團】

곡면 곡선으로 이루어진 면. 凩평면. 【曲面】

곡명[공명] 노래의 이름. 곡조의 이름. 凪곡목. 【曲名】

곡목[공목] ①연주할 노래의 이름을 적어 놓은 목록. ②노래의 이름. 凪곡명. 【曲目】

곡물 ⇨ 곡식.

곡선 부드럽게 구부러진 선. 凩직선. 【曲線】

곡선미 ①건축·그림·조각 등에서 곡선을 써서 나타내는 아름다움. 凩직선미. ②몸의 곡선에서 생기는 아름다움.

곡성 울음소리 【哭聲】

곡식 사람이 날마다 먹고 있는 쌀·보리·콩·조 등을 통틀어 이르는 말. 凪곡물.

곡예[고계] 아슬아슬하게 손발이나 몸을 놀려서 하는 재주.

곡옥 반달 모양의 구슬.

곡절[곡쩔] 자세한 사정이나 내용이나 까닭. 例우는 곡절이 무엇이냐?

곡조 ①음악이나 가사의 가락. 例흥겨운 곡조. ②곡이나 노래의 수를 세는 단위. 例노래한 곡조. 준곡. 【曲調】

곡창 ①곡식을 모아 두는 곳. ②곡식이 많이 나는 곳. 例호남은 우리의 곡창이다.【穀倉】

곡해 사실과 어긋나게 잘못 이해함. -하다.

곤:경 어려운 처지. 例곤경에 처하다. 【困境】

곤:궁 가난하여 살림이 어려움. -하다. -히.

곤두박질 갑자기 넘어지거나 거꾸로 자빠지는 짓. 곤두. -하다.

곤두서다 ①거꾸로 꼿꼿이 서다. ②몹시 긴장되다.

곤드레만드레 술이 몹시 취하거

나 잠에 취하여 몸을 가누지 못하는 모양. -하다.

곤:란[골란] 아주 힘들고 어려움. 예생활이 곤란하다. **반**용이. -하다.

곤:룡포[골룡포] 임금이 입던 정복. **준**용포.

곤봉 ①짤막한 몽둥이. ②방망이 모양의 체조 기구의 하나.

곤:욕 심한 모욕. 예나쁜 친구 때문에 곤욕을 치르다. 【困辱】

곤장 지난날, 죄인의 볼기를 치던 형구의 하나.

곤전 왕후를 이르는 말. 왕비.

곤지 시집가는 새색시가 단장할 때 이마에 연지로 찍는 붉은 점.

곤충 머리·가슴·배와 3쌍의 다리, 2쌍의 날개가 있으며, 알·애벌레(번데기)·어미벌레의 차례로 한살이를 하는 벌레들[파리·모기·잠자리·방아깨비·매미등]. 예곤충 채집. 【昆蟲】

곤충기【책명】 프랑스의 곤충학자 파브르가 곤충의 생활을 관찰하여 적은 글.

곤충학자 곤충에 대하여 연구하는 학자.

곤:하다 몸의 기운이 풀려서 나른하다. 피곤하다. 곤히.

곤:혹 곤란한 일을 당하여 어찌할 바를 모름.

곧다 ①굽거나 비뚤지 않고 바르다. 예허리를 곧게 펴라. ②마음이 정직하다. 예성품이 곧다.

곧바로 ①즉시. 곧장. ②틀리지 않고 바르게. 예속이지 말고 곧바로 말해라.

곧은결[고든결] 결이 곧은 나무를 나이테와 직각되게 켠 면에 나타난 나무의 무늬.

곧이곧대로[고지곧때로] 꾸밈이나 거짓 없이 사실대로. 예곧이곧대로 말해라.

곧이듣다[고지듣따](곧이들으니, 곧이들어서) 남의 말을 참말로 믿고 그대로 듣는다.

곧잘 ①제법 잘. 예노래를 곧잘 한다. ②가끔 잘. 예친구와 곧잘 다툰다.

곧장[곧짱] ①똑바로 곧게. 예꺾어지지 말고 곧장 걸어가면 학교가 나온다. ②쉬지 않고 줄곧. 예곧장 달려왔다.

골¹ 생각하고, 몸을 움직이고, 각 기관이 제대로 작용하게 하는 등의 일을 맡아 하는 우리 몸의 사령부. 머리뼈로 보호되어 있음.

골² 무엇이 비위에 거슬려 벌컥 성이 일어나는 기운. 예갑자기 골을 내다. **비**화.

골³ ①깊은 구덩이. ②두 산 사이가 우묵하게 갈라지어 물이 흐르는 길. ③'골짜기'의 준말.

골격 ①뼈대. 예골격이 튼튼하다. ②척추 동물의 뼈의 조직.

골고루 더하고 덜함이 없이 모두 한결같게. **큰**고루고루.

골:다 잠을 잘 때에 드르렁드르렁 콧소리를 낸다. 예코를 골다.

골:대[골때] 골 라인 위에 세운 양쪽의 문 기둥.

골동품[골똥품] ①오래 된 귀한 물건이나 미술품. ②오래 되었을 뿐 가치가 없고, 쓸모도 없이된 물건.

골똘하다 하고 있는 일에만 정신을 기울이어 다른 일이나 생각을 할 겨를이 없다. 골똘히.

골:라인 ①결승선. ②축구나 하키 따위에서 골대를 따라 그은 선. 【goal line】

골:마루 ①안방이나 건너방 뒤에 딸려 붙은 좁은 마루. ②집의 가장자리에 골처럼 만든 좁고 긴 마루.

골:목 집과 집 사이에 있는 좁은 길. ㉝골목이 좁다.

골몰 한 가지 일에만 온 정신을 쏟음. ㉝시험 공부에 골몰하다. 凹열중. -하다. -히.

골무 바느질할 때, 바늘을 눌러 밀기 위해 손가락 끝에 끼는 것.

골:바람 낮에 산골짜기로부터 산비탈을 따라 산 위로 불어 가는 바람.

골:방 큰 방의 뒤쪽에 딸린 작은 방. ㉝골방에 가두다.

골백번 '여러 번'을 강조하여 이르는 말.

골병 속으로 깊이 든 병.

골:뿌림 밭에 타 놓은 골을 따라서 씨앗을 뿌림. -하다.

골수[골쑤] ①뼈의 빈 곳에 차 있는 누른빛이나 붉은빛의 조직. ②마음의 속. ㉝원한이 골수에 맺히다.

골육 ①뼈와 살. ②핏줄이 같은 사람(부자·형제). ㉪골육지친. 凹혈육. 【骨肉】

골:인 공이 골대 안에 들어감.

골자[골짜] 가장 중요한 부분. 요점. ㉝이야기의 골자가 무엇이냐? 【骨子】

골재[골째] 시멘트와 섞어서 콘크리트를 만드는 모래·자갈 등의 재료.

골절[골쩔] 뼈가 부러짐. 【骨折】

골짜기 두 산 사이의 움푹 들어간 곳. ㉪골짝.

골치 '머릿골'의 낮춤말. ㉝일이 잘못되어 골치가 아프다.

골:키퍼 축구·하키·핸드볼 등에서 골 문을 지키는 선수.

골탕 몹시 당하는 손해나 욕.

골탕먹다 크게 욕을 당하거나 손해를 입다.

골:판지 죽죽 골이 지게 만든 판지. 안쪽에 골이 진 얇은 종이를 덧붙인 판지. 상자를 만드는 데 많이 쓰임.

골품 제:도 신라 때 귀족들의 높고 낮음을 정한 등급. 성골·진골 따위. 핏줄을 중히 여겨 골품에 따라 그들의 사회 활동과 정치 활동의 범위가 결정됨.

골프 넓은 잔디밭에 있는 18개의 구멍에 골프채(클럽)로 공을 쳐서 넣는 경기. 【golf】

곪:다[곰따] ①고름이 생기다. ②일이 나빠지다.

곯다¹[골타] 먹는 것이 모자라서 배가 고프다. ㉝배를 곯다.

곯다²[골타] ①속이 물크러져 상하다. ㉝참외가 곯다. ②해를 입다.

곰 ①곰과의 동물. 몸길이 1~3m. 몸이 뚱뚱하며 네 다리는 짧음. 온몸이 긴 털로 덮여 있고 나무에도 잘 오르며, 개미·나무 뿌리 등을 먹고 사는 잡식성 동물. 겨울잠을 잠. ②미련한 사람을 비웃는 뜻으로 쓰는 말. ㉝미련하기가 곰 같다.

곰:곰이[곰고미] 여러 모로 깊이 깊이 생각하는 모양. 곰곰.

곰:국[곰꾹] 소의 뼈와 고기를 진하게 고아서 끓인 국.

곰두리 제8회 서울 장애인 올림픽 마스코트.

곰방대 길이가 짧은 담뱃대.

곰:보 얼굴이 얽은 사람.

곰:살궂다 성질이 부드럽고 친절하며 다정하다.

곰지락 약하고 둔한 몸짓으로 천천히 움직이는 모양. ⟨굼지락. ㉬꼼지락.

곰:취 국화과에 딸린 여러해살이 풀로 잎은 크고 타원형이며, 어린 잎은 먹을 수 있음.

곰:팡이 습기가 있는 곳에서 잘 불어나는 꽃이 없는 식물. 푸른곰팡이·붉은곰팡이·털곰팡이 등 많은 종류가 있으며, 먼지와 같은 홀씨가 바람에 날려서 퍼짐.

곱 곱셈에서 나온 답. 곱절이 되는 수. **반**곱절.-하다.

곱:다¹ (고우니, 고와서) 보기에 산뜻하고 아름답다. **예**색깔이 곱다. **반**밉다.

곱다² 추위 때문에 손가락이나 발가락이 차서 잘 움직여지지 아니하다. **예**손이 곱다.

곱:다랗다 (곱다라니, 곱다라오) ①매우 곱다. **예**장미꽃이 곱다랗게 피어 있다. ②축나거나 변하지 않고 온전하다.

곱돌[곱똘] 윤이 나고 매끈매끈한 돌.

곱배기 두 잔 또는 두 그릇 몫을 한 그릇에 담은 분량. **예**짜장면 곱배기.

곱사등이[곱싸등이] 등뼈가 고부라져 혹처럼 된 사람. 곱사. 곱추.

곱삿병 키가 자라지 않고 등뼈가 고부라져 큰 혹과 같은 뼈가 불쑥 나온 병. 비타민 디(D)의 부족에서 옴. 구루병.

곱셈: [곱쎔] 어떤 수를 곱으로 계산하는 셈법. **비**승산. **반**나눗셈.-하다.

곱셈 구구 곱셈에 쓰이는 기초 공식. 1에서 9까지의 각 수를 수끼리 서로 곱하여 곱을 나타냄. 구구법.

곱셈표 곱셈 기호. '×'의 이름.

곱슬곱슬하다 털이나 실 따위가 고불고불하다.

곱씹다 ①거듭해서 씹다. ②말이나 생각 따위를 거듭 되풀이 하다.

곱자 나무나 쇠로 'ㄱ'모양으로 만든 자.

곱절[곱쩔] 같은 물건의 수량이나 분량을 두 번이나 여러 번을 되짚어 합치는 일. **예**값을 곱절로 매기다. **비**갑절. **준**곱.

곱집합 한 집합의 원소를 첫째로 하고, 다른 한 집합의 원소를 둘째로 하는 모든 순서쌍의 집합. 〈 **보기**〉 집합 ㉮와 집합 ㉯의 곱집합은 ㉮×㉯로 나타냄.

곳[곧] 장소. 부분.

곳간 곡식을 넣어 두는 창고.

곳곳[곧꼳] 여러 곳. 이곳 저곳.

공¹ 가죽·고무·상아 등으로 만들어 차거나 치는 운동 기구.

공² 일에 애쓴 보람. **예**공든 탑이 무너지랴. **비**공로. 【功】

공간 ①비어 있어 아무것도 없는 곳. ②무한히 퍼져 있는 장소. **예**우주 공간. **반**시간.

공간적 ①공간에 속하거나 관련되는 것. ②공간의 성질을 띤 것. **반**시간적. 【空間的】

공:갈 ①을러서 무섭게 위협함. **예**공갈로 돈을 뜯어 내다.② '거짓말'의 속된말.-하다.

공:감 남의 생각이나 의견에 대하여 자기도 그러하다고 느낌. 【共感】

공개 여러 사람에게 널리 보임. **예**공개 재판. **반**비밀. 비공개.

공개 방:송 방송하는 모습을 여러 사람에게 보이며 하는 방송.

공것 거저 얻은 물건. **비**공짜.

공:격 ①나아가 적을 쳐부숨. **예**기습 공격. **비**공략. **반**방어. ② 남을 몹시 꾸짖거나 반대하고 나섬. **예**상대방의 허물을 공

격하다. 回공박. - 하다.

공경 공손하게 섬김. 예노인을 공경하다. - 하다.

공고¹ 세상에 널리 알림. 예투표 일을 공고하다. - 하다.

공:고² 굳고 흔들림이 없음. - 하 다. - 히.

공공 일반 사회. 공중. 여러 사 람에 관계되는 것. 【公共】

공공 건:물 여러 사람이 함께 사용하는 건물.

공공 단체 공공의 행정을 맡아 보는 단체. 回사사 단체.

공공 사:업 여러 사람을 위해 하는 사업[수도·전기·전화 시설 따위].

공공 시:설 여러 사람의 편리 나 복지를 위하여 만들어 놓 은 시설[공중 전화·공중 변 소 따위]

공공연하다 ①남의 눈을 꺼리 는 기색이 없다. 예거짓말을 공공연하게 하다. ②세상이 다 알게 드러나 있다. 예공공 연한 사실.

공공 집단 사회의 이익을 위해 같은 목적을 가진 사람들이 이룬 사회[학교·회사·연구 소 따위].

공과 [공꽈] 공로와 잘못. 공과 허물.

공과금 국가나 공공 단체에 내 는 돈[세금·조합비 등].

공과 대학[공꽈대학] 공학에 대 한 깊은 공부를 하는 대학. 축공대.

공관 ①정부의 높은 직위에 있 는 사람의 집. ②대사관·공 사관·영사관 등을 통틀어 일 컫는 말. ③공공으로 쓰는 건 물. 【公館】

공교롭다 (공교로우니, 공교로 워서) 기회가 우연히 좋거나 나쁘거나 하다. 예공교롭게도

일이 그렇게 되었다.

공구 기계 등을 만드는 데 쓰는 기구. 【工具】

공군 항공기로 공중에서 싸우 는 군대. *육군. 해군. 【空軍】

공그르기 끈을 접을 때나 치맛 단을 꿰맬 때에 쓰는 바느질 법의 하나. 바늘을 번갈아 넣 어 가며 실땀이 밖으로 나오 지 않도록 속으로 떠서 꿰맴. ×공구르기.

공금 나라나 공공 단체의 소유 로 되어 있는 돈. 【公金】

공급 ①필요에 따라 물품을 대 어 줌. 예식량 공급. ②바꾸거 나 팔 목적으로 시장에다 상 품을 내놓음. 回수요. - 하다.

공기¹ 지구를 둘러싸고 있는, 빛 깔이나 냄새가 없는 기체[주 로 질소와 산소의 혼합 기체 로 그 비율은 4:1임]. 【空氣】

공기² ①빈 그릇. ②흔히 밥을 덜어 먹는 데 쓰는, 위가 벌 어지고 밑이 뾰족한 작은 그 릇.

공기업 국가 또는 공공 단체 등이 경영하는 기업[철도·통 신·수도 따위].

공기 청정기 공기 속의 먼지를 없애는 기계.

공기총 압축 공기의 힘으로 총 알을 날려서 참새 같은 것을 잡는 데 쓰이는 총.

공기 펌프 그릇 속의 공기를 빼 내거나 넣는 총.

공납금 ①학생이 학교에 내는 돈[수업료·육성 회비 등]. ②관청에 내야 하는 돈.

공대 ①공손히 대접함.②상대방 에게 높임말을 씀. 예서로 공 대를 하다. - 하다.

공덕 ①공과 덕. ②여러 사람을 위하여 착한 일을 많이 쌓는 일. 【公德】

공덕심 남을 위하여 착한 일을 하려는 마음.

공:동 두 사람 이상이 일을 함께 함. 예공동 작업. 비합동. 반단독. -하다. 【共同】

공:동 경작 둘 이상의 농가 또는 한 부락이 다 함께 농사를 짓는 일. -하다.

공:동 경작지 여러 사람이 힘을 합쳐 공동으로 농사짓는 땅.

공:동 기업 두 사람 이상이 공동으로 경영하는 기업.

공:동 못자리 한 마을 또는 몇 집이 쓸 모를 함께 기르는 못자리.

공:동 묘:지 여러 사람이 공동으로 무덤을 쓸 수 있도록 지정된 곳. 반개인 묘지.

공:동 생활 사람들이 한데 모여 서로 도우며 사는 생활. 반단독 생활. -하다.

공:동 식당 여러 사람이 다 함께 음식을 먹도록 마련된 식당.

공:동 식수 여러 사람이 다 같이 나무를 심음. -하다.

공:동 우물 여러 사람이 같이 쓰기 위하여 땅을 파서 물을 괴게한 우물.

공든 탑 ①공들여 만든 탑. ②마음과 힘을 다하여 이루어 놓은 일.

공들이다 힘과 마음을 다하다. 예공들여 만든 작품.

공:락 [공냑] 군대의 힘으로 적의 영토를 공격함. -하다.

공로[공노] 애를 써서 이룬 보람이나 공적. 예공로 훈장을 받다. 비공적. 공훈. 준공.

공론¹ [공논] 여러 사람의 의견. 사회적인 여론·의논. 예공론을 모으다. 비여론. -하다.

공론² [공논] 쓸데없는 의견. 예몇 시간 동안 공론만 되풀이

하다. -하다. 【空論】

공:룡 중생대에 지구상에 살았던 거대한 파충류의 화석 동물을 통틀어 이르는 말.

공리¹ [공니] 사회 여러 사람의 이익. 공공의 이익. 반사리.

공리² [공니] 누구에게나 통할 수 있는 이치. 【公理】

공:립 학교 지방 공공 단체가 세워 운영하는 학교. 반사립 학교.

공명¹ 바르고 떳떳함. 예공명 선거. -하다. -히. 【公明】

공명² 공을 세워 널리 이름을 떨침. -하다. 【功名】

공명 정:대 마음이 바르고 떳떳하며, 조금도 사사로움이 없이 바름. 【公明正大】

공:모¹ 두 사람 이상이 어떤 일을 같이 꾀함. 예범죄를 공모하다. -하다.

공모² 여러 사람에게 널리 알려 뽑음. 예창작 동요를 공모하다. -하다. 【公募】

공무 ①자기 개인 일이 아닌 여러 사람의 일. ②국가 또는 공공 단체의 일. 예공무를 수행하다. 반사무. 【公務】

공무원 국가나 지방 공공 단체의 사무를 맡아 보는 사람(국가 공무원과 지방 공무원이 있음).

공문 '공문서'의 준말. 예학교에 공문을 보내다. 【公文】

공문서 공무에 관계되는 모든 서류. 준공문. 【公文書】

공:물 지난날, 백성이 나라에 세금으로 바치던 물건. 준공.

공:물 제:도 조선 시대에 자기 고장의 특산물을 세금으로 바치던 제도.

공민왕【사람】[1330~1374] 고려 제31대 임금(재위1352~1374). 원나라 배척 운동을 일

으켜 친원파를 내쫓고 영토의
회복과 제도의 개혁 등에 힘
썼음. 미술에 뛰어난 재주가
있어〈천산대렵도〉를 남김.

공민 학교 지난날에 초등 교육
을 받지 못한 사람들에게 국
민 생활에 필요한 보통 교육
을 가르치던 3년제 학교.

공:박 남의 잘못된 점을 드러내
어 공격함. 예거짓말을 잘 하
는 친구를 크게 공박하다. -
하다.

공:방전 서로 공격하고 막고 하
는 치열한 싸움.

공배수 두수의 배수의 집합에
서 양쪽에 공통으로 들어 있
는 배수. 땐공약수.

공백 텅 비어 아무것도 없음. 비
여백. 　　　　　　　　【空白】

공:범 두 사람 이상이 짜고 죄
를 져지름. 본공범자. 땐단독
범.

공법[공뻡] 국가와 국가 사이의
관계 또는 국가와 개인과의
관계 등 공공 이익에 관한 사
항을 정한 법률. 땐사법.

공:변 세:포 앞 뒷면에 있는 기
공을 둘러싸고 있는 반달형의
두개의 세포로, 물기가 밖으
로 나가는 양을 조절하는 구
실을 함.

공병 군대에서 길닦기 · 다리놓
기 등의 공사를 하기도 하고,
부수기도 하는 일을 맡은 군
인.

공보 관청에서 일반 국민에게
알리는 일. 땐사보. 　【公報】

공보처 중앙 행정 기관의 하나.
국내외의 소식을 알리거나 여
론 조사 · 언론 보도 및 방송
에 관한 일을 맡아 봄.

공복 ①아침이 되어 아직 아무
것도 먹지 아니한 배. 예공복
에 먹는 약. ②고픈 배. 배고

픔. 예공복을 채우다. 【空腹】

공부 배우고 익히고 슬기를 닦
는 일. -하다. 　　　　　【工夫】

공비¹ 공사에 드는 돈. 공사비.

공:비² 공산군. 공산당의 유격대.
예공비를 생포하다. 【共匪】

공사¹ 집을 짓거나 다리를 놓거
나 둑을 쌓는 일.예공사 현장
을 둘러보다. 땐역사. -하다.

공사² 여럿을 위한 일과 혼자를
위한 일. 예공사를 분명히 하
다.

공사³ '특명 전권 공사'를 흔히
일컫는 말로 외국에 머무르면
서 본국을 대표하여 외교 사
무를 맡은 외교관. 대사의 아
래. 　　　　　　　　　　【公使】

공사비 공사를 하는 데 드는 돈.

공사장 공사를 하는 곳.

공:산 국가 공산주의를 믿고 그
에 따라 다스리는 나라. 땐자
유국가.

공:산군 공산주의 나라의 군대.
공산당으로 조직된 군대.

공:산권[공산꿘] 제2차 세계 대
전 후 소련의 영향 밑에 공산
주의 정권을 수립했던 여러
지역의 나라. 예공산주의 국
가.

공:산당 공산주의를 받들고 실
천하려는 무리들이 조직한 정
당.

공산성 충청 남도 공주시 공산
에 있는 성으로 백제의 옛 성
임. 공주 공산성.

공:산 위성 국가 지난날, 소련
의 지배를 받고 있던 공산 국
가.

공:산주의 모든 재산을 나누고
개인 재산을 없애 다 같이 잘
살자는 주장. 그러나 공산주
의를 받들고 있는 나라들 중
에는 자유가 없는 나라가 많
으며 대다수 국민들의 생활과

는 달리 일부 지도층만 잘사는 모순된 나라가 많아 현재는 자본주의로 옮기는 추세에 있음. 圓자본주의.

공산 치하 공산당의 지배 아래.

공산품 공업에서 생산되는 여러 가지 제품. 圓공산물.

공상 이루어질 수 없는 헛된 생각. 예공상 과학 영화 -하다.

공:생 ①서로 같은 곳에서 도움을 주고받으며 함께 삶. ②딴 종류의 생물이 서로 이익을 주고 받으며 한 곳에서 사는 일〔악어와 악어새·말미잘과 소라게 따위〕. -하다.【共生】

공석 빈 자리. 예교감 선생님은 공석중이다. 【空席】

공설 국가나 공공 단체에서 세움. -하다. 【公設】

공설 운:동장 국가나 공공 단체에서 만든 운동장.

공:세 공격하는 태세나 그 세력. 예극적인 공세를 펴다. 圓수세.

공소 검사가 법원에 재판을 요구하는 일. -하다.

공소권 검사가 법원에 대하여 공소를 할 수 있는 권리.

공손 예의바르고 고분고분하며 상냥함. 예공손한 인사. 圓겸손. 圓불손. -하다. -히.

공수 비행기로 사람이나 짐을 보냄. 예보급품을 공수하다.

공수 특전단 낙하산으로 적지에 내려 싸우는 특수한 부대.

공습 비행기로 폭탄을 떨어뜨리거나 사격하여 습격하는 일. -하다.

공습 경:보 적의 비행기가 습격해 왔음을 알리는 소리〔사이렌이나 종 따위를 사용함〕.

공시 여러 사람에게 널리 알림. 예며칠 전에 선거일을 공시하다. -하다. 【公示】

공식 ①틀에 박힌 방식. 예공식적인 답변. ②산수에서 계산의 법칙 따위를 기호로써 나타내는 것. 예삼각형 넓이 구하는 공식.

공식행사 국가적·사회적으로 규정되었거나 인정된 행사.

공신 나라에 공로가 있는 신하. 예개국 공신. 【功臣】

공안 사회 질서가 편안히 지켜지는 상태.

공약 여러 사람 앞에서 약속함. 예선거 공약. -하다.

공약 삼장 ①공약한 세 조목의 글. ②'기미 독립 선언서'의 마지막에 나오는 세 가지의 공약.

공약수 어떤 수들의 약수 중 공통된 약수. 圓공배수.

공:양 ①부처 앞에 음식물을 바침. 圓불공. ②웃어른께 음식을 드림. 예정성껏 부모님을 공양하다. -하다. 【供養】

공:양미 부처에게 공양으로 드리는 쌀. 예공양미 삼백 석.

공언 ①공평한 말. 圓공담. ②여러 사람 앞에서 공개하여 하는 말. -하다. 【公言】

공업 사람의 힘을 보태거나 공장에서 기계를 쓰거나 해서 필요한 물건을 만들어 내는 일. 【工業】

공업 규격 모든 공업 제품에 있어서 종류·성질·모양·크기·성분 등을 일정하게 놓는 지역.

공업 단지 공업화 계획의 추진을 위하여 공장이나 사무소 등을 한곳에 모아 놓는 지역. 예경인 공업 단지. 준공단.

공업 용:수 공장에서 물품을 생산하는 데 쓰이는 물〔냉각용·보일러용·원료용·온도 조절용 등이 있음〕.

공업 지역 지리적인 조건 등으로 공업이 특히 성한 지역.

공업 진:흥청 상공부에 딸린 행정 기관. 공업에 관한 기술 진흥과 공산품의 품질 관리, 공업의 표준화, 수출 공산품의 검사 등에 관한 사무를 맡아 봄.

공업 폐:수 공업 생산의 과정에서 생기는 오염된 물.

공업 표준화 제:도 공장에서 만든 물건의 규격을 나라에서 일정하게 정해 놓은 제도.

공연¹ 여러 사람 앞에서 음악·무용·연극 등을 공개하여 보여 줌. -하다. 【公演】

공연² 연극이나 영화에 함께 출연함. 【共演】

공연하다 쓸데없다. 까닭이나 필요가 없다. ◉공연한 핑계를 대지 말라. ◉괜하다. 공연히.

공영 관청이나 공공 단체가 운영함. ◙민영. -하다. 【公營】

공예 물건을 예술적으로 만드는 재주나 솜씨. 【工藝】

공예품 예술적인 가치가 있는 공작품[도자기·가구·서화·칠기 따위].

공용¹ 국가나 공공 잔체가 씀. ◙사용. 【公用】

공용² 공동으로 사용함. ◉공용 우물. 【共用】

공원 누구든지 자유롭게 쉬고, 놀고, 거닐 수 있도록 마련해 놓은 큰 동산. 【公園】

공원 묘:지 공원의 기능을 갖춘 집단 묘지.

공유¹ 국가나 공공 단체의 것. ◉공유 재산. ◙사유. 【公有】

공유² 한 가지를 두 사람 이상이 공동으로 가짐. ◉재산을 공유하다. -하다. 【共有】

공익 여러 사람의 이익.

공익 사:업 널리 세상 사람들을 이롭게 하는 사업〔철도·전신·전화·수도·의료 사업 등〕. ◙공공 사업.

공익 정신 사회 공공의 이익을 생각하는 정신.

공인 국가나 사회 단체가 그렇다고 인정함. ◉공인 중개사 사무실. -하다. 【公認】

공자【사람】〔기원전 552~ 기원전 479〕중국에서 태어난 4대 성인의 한 사람으로 유교를 처음으로 편 사람. 사람은 어질게 살아야 한다고 가르침. 그의 말과 행동은 제자들에 의해 〈논어〉에 기록됨. 【孔子】

공작 물건을 만드는 일. -하다.

공작도 조형물을 만들 때에 그 계획을 나타낸 그림.

공:작새 꿩과 비슷하나 몸이 크고 깃이 아름다운 빛깔의 새. 특히 수컷의 꼬리는 매우 길며, 펴면 매우 아름답고 부채 모양임.

공작실 간단한 기구나 물건을 만들 수 있게 시설해 놓은 방.

공장 사람들을 모아 기계를 써서 물건을 만들어 내거나 손질을 하는 곳. 【工場】

공장장 공장의 책임자.

공장 폐:수 공장의 제품 생산 과정에서 생기는 더러운 물.

공저 한 책을 두 사람 이상이 함께 지음. 또는 그 책. -하다.

공적¹ 사회적으로 관계되는 것. 여러 사람에 관계되는 일. ◉공적인 일. ◙사적.

공적² 쌓아올린 공. 애써 이룩한 좋은 실적. ◙공로. 【功績】

공전¹ 지구가 태양의 둘레를 돌고, 달이 지구의 둘레를 도는 것과 같은 현상. ◙자전. -하다.

공전[2] 물품을 만든 품삯. 예공전이 비싼 양복.

공전[3] ①발전함이 없이 헛되이 돎. ②바퀴 등이 헛돎. -하다. 【空轉】

공:전식 전화 핸들을 돌리지 않아도 수화기를 들면 교환대로 신호가 가는 전화. 흰공동전지식 전화.

공정[1] ①일이 되어 가는 정도. ②공장에서 물건을 계획적으로 생산하기 위하여 여러 가지로 나눈 단계의 하나하나.

공정[2] 치우침이 없이 공평하고 바름. 예공정한 재판. 반불공정. -하다. -히. 【公正】

공정 가격 공평하고 정당한 가격.

공정대 비행기를 타고 적의 후방에 내려서 전투를 하는 낙하산 부대. 흰공정 부대.

공:제[1] 힘을 합하여 서로 도움. 예사원 공제 조합. -하다.

공:제[2] 금액이나 수량을 필요한 만큼 빼어 냄. 예월급에서 세금을 공제하다. -하다.

공:제 조합 조합원끼리 서로 돕기 위하여 얼마씩 모은 돈으로 만든 조합.

공조 조선시대[이조·호조·예조·병조·형조·공조]의 하나. 공업에 관한 일을 맡아 봄.

공:존 ①서로 다른 두 가지 이상의 물건이나 일이 있음. ②서로 도우며 살아감. -하다.

공주[1] 왕후가 낳은 임금의 딸. 왕녀. 반왕자. 【公主】

공주[2][지명] 충청 남도에 있는 도시. 옛날 백제의 서울이었음[당시의 이름은 웅진].

공중[1] 하늘과 땅 사이의 빈 곳. 비공간. 【空中】

공중[2] 사회의 여러 사람. 일반 사람들. 예공중 전화를 깨끗이 사용하자. 【公衆】

공중 도:덕 공동 생활을 해 나가는 가운데 다 같이 스스로 지켜야 할 도리. 【公衆道德】

공중 위생 많은 사람들의 건강을 지키는 일.

공중제비 양손을 땅에 짚고 두 다리를 공중으로 쳐들어서 반대쪽으로 넘어감. 또는 그런 재주.

공직 관청이나 공공 단체의 일을 맡음.

공집합 원소를 하나도 갖지 않는 집합. <보기> ㉮={3, 5}, ㉯={4, 8, 9}일 때, 가∩나={ }. 즉, 집합 ㉮와 집합 ㉯의 교집합은 원소가 하나도 없는 공집합임.

공짜 거저 얻음. 거저 얻은 물건. 예공짜로 얻은 물건.

공책 무엇을 쓸 수 있도록 백지로 매어 놓은 책. 비노트.

공:처가 아내에게 꼼짝 못하고 눌려 지내는 남편.

공청회 나라에서 중요한 일을 결정하기 전에 여러 사람의 의견을 듣는 모임. 【公廳會】

공:치기 공을 치고 받는 운동을 통틀어 이르는 말.

공치사 남을 위하여 애쓴 일을 제 스스로 칭찬함.

공:통 여럿 사이에 두루 통함. 반상이. -하다. 【共通】

공:통 분모 여러 개의 서로 다른 분수를 처음 분수의 변하지 않는 크기로 통분한 분모. 분모의 최소 공배수를 공통 분모로 함.

공:통점[공통쩜] 여럿 사이에 서로 닮거나 통하는 점. 반차이점.

공판[1] 죄가 있고 없음을 판정하

는 법원의 심판. -하다.
공판[2] '공동 판매'의 준말. [예]농산물 공판장. 【共販】
공평 한쪽에 치우치지 않고 공정함. [예]유산을 공평하게 나누어 갖다. -하다. -히. 【公平】
공포[1] 모든 사람에게 널리 알림. [예]헌법을 공포하다. -하다.
공:포[2] 무서움과 두려움. [예]공포에 떨다.
공:포심 무서워하고 두려워하는 마음.
공표 세상에 널리 알림. [비]공포. -하다. 【公表】
공학[1] 과학을 공업적인 생산에 이용하여 생산력과 생산품의 품질을 향상시키기 위한 과학 기술의 학문〔물리 · 화학 · 수학 따위〕. [예]공학 박사.
공:학[2] 남학생과 여학생이 한 학교에서 함께 배움. [예]남녀 공학. -하다. 【共學】
공항 비행기가 뜨고 내릴 수 있도록 만들어 놓은 곳. [예]김포 공항. [비]비행장.
공해[1] 산업이 발달함에 따라 더러워진 공기 · 물 · 시끄러운 소리 따위가 사람에게 끼치는 해.
공해[2] 어느 나라의 주권도 미치지 아니하는 바다. 어느 나라의 선박이라도 자유롭게 항해할 수가 있음. [반]영해.
공허 속이 텅 비어 허전함. [예]공허한 마음. -하다.
공:헌 어떤 일을 위하여 힘들여 이바지함. [예]세계 평화에 공헌하다. [비]기여. -하다.
공:화국 주권이 다수의 국민에게 있는 나라. [반]전체국.
공회당 여러 사람의 모임에 쓰려고 지은 집. 【公會堂】
공훈 어떤 일이나 전쟁 등에서 드러나게 세운 공로. [예]국가 발전에 큰 공훈을 세우다. [비]공적. 공로.
공휴일 모두가 쉬는 날. 나라의 경사스러운 날이나 일요일. [준]공휴. 【公休日】
공:히 함께. 같이. [예]공중 도덕은 누구나 공히 지켜야 할 사회 규범이다.
곶감[곧깜] 껍질을 벗겨 말린 감.
과:감 일을 딱 잘라서 결정하는 성질이 있고 용감함. [예]과감하게 공격하라. -하다. -히.
과:객 지나가는 나그네.
과거[1] 고려와 조선 시대에 관리를 뽑기 위하여 실시하던 시험. [예]과거 시험.
과:거[2] 지나간 때. [반]현재. 미래.
과:격 말이나 행동이 지나치게 격렬함. [예]성격이 과격하다. -하다. -히.
과:꽃 엉거시과에 속하는 한해살이 풀. 7~8월에 보라 · 연분홍 · 흰색 등의 꽃이 핌.
과:녁. 활이나 총을 쏠 때의 목표로 세워 놓은 물건. [예]화살이 과녁을 꿰뚫다.
과:년 여자의 나이가 시집갈 때를 지남. 【過年】
과:다 너무 많음. -하다.
과:단 일을 딱 잘라 결정함.
과:대 지나치게 큼. [반]과소. -하다. 【過大】
과:대 평:가 실제보다 높게 또는 좋게 평가함. [반]과소 평가.
과:도[1] 정도에 지나침. [예]과도한 운동은 건강을 해친다. -하다.
과:도[2] 묵은 것에서 벗어나 새 것을 이루려는 도중. [예]과도기에 있는 정부.
과:도[3] 과일을 깎는 칼. 【果刀】
과:로 지나치게 일을 하여 피로

함. - 하다. 【過勞】

과목 ①교과를 가른 구분. ②학문의 구분. 【科目】

과:묵 말이 적고 침착함. 예과묵한 성격. - 하다. - 히.

과:민 지나치게 날카로움. 예신경이 과민하다. - 하다.

과:반수 반이 넘는 수. 절반 이상의 수. 【過半數】

과:부 남편이 죽어서 혼자 사는 여자. 홀어미. 凹홀아비.

과:부족 남음과 모자람.

과:산화수소수 과산화수소를 물에 용해시킨 것. 상처의 소독약으로 쓰임. 凹옥시풀.

과:석 '과인산석회'의 준말. 작물 뿌리의 성장과 가지치기를 돕는 인산질 비료의 한가지.

과:세 세금을 매김. 또는 그 세금. 예과세 기준. - 하다.

과:소 너무 작음. 凹과대.

과:속 제한을 넘는 속도.

과:수원 과실 나무를 기르는 농원. 준과원.

과시 자랑하여 보임. 예실력을 과시하다. 【誇示】

과:식 지나치게 많이 먹음. 凹소식. - 하다.

과:신 지나치게 믿음. 예자기 실력을 과신하다 패배하고 말았다.

과:실¹ 먹을 수 있는 나무의 열매. 凹과일. 【果實】

과:실² 잘못이나 허물. 예과실로 화재가 나다. 凹과오. 凹고의.

과:언 너무 지나친 말. - 하다.

과업 맡은 일. 예남북 통일은 민족의 과업이다. 凹업무.

과:열 지나치게 뜨거움. - 하다.

과외 ①정해진 시간 외의 수업. 준과외 수업. ②정해진 근무 시간 밖. 【課外】

과:욕 욕심이 지나침. 또는 지나친 욕심. 예과욕은 실패의 지름길이다.

과:용 지나치게 많이 씀. 예좋은 약도 과용하면 해가 될 수 있다. - 하다. 【過用】

과:음 술 등을 많이 마심. - 하다.

과:인 〔덕이 적은 사람이라는 뜻으로〕임금이 겸손한 뜻으로 자기를 낮추어 일컫는 말. 凹짐.

과:인산 석회 인산을 주성분으로 하는 화학 비료의 한 가지. 준과석.

과:일 사과·배·감 등, 익으면 따 먹을 수 있는 나무의 열매. 凹과실. 실과.

과:잉 예정한 수효나 필요보다 많이 남음. 예과잉 생산. - 하다.

과자 밀가루·쌀가루·설탕·우유·버터 따위의 재료를 써서 만든 간식용 식품.

과:장¹ ①실지보다 지나치게 나타냄. 예과장 보도. ②자랑하며 떠벌림. - 하다. 【誇張】

과장² 관청이나 회사 등에서 한 과의 우두머리. 【課長】

과:정 일이 되어 가는 형편이나 순서. 예옷을 만드는 과정이 복잡하다.

과제 내어 준 문제. 해결해야 할 문제.

과:중 너무 무거움. 예과중한 세금. - 하다. - 히.

과:즙 과일을 짜낸 물.

과하다 정도가 지나치다. 예과한 대접을 받다.

과학 ①자연에 속하는 모든 것을 다루는 학문. ②일정한 목적과 방법에 의하여 하나의 체계를 세우는 학문. ③좁은 뜻의 '자연과학'을 일컫는 말. 【科學】

과학 기:술처 나라의 발전을 위한 과학 기술의 발달과 개

발에 관한 사무를 맡아 보는 중앙 행정 기관.

과학자 과학을 연구하는 사람.

과학적 과학을 바탕으로 하는 모양. 곧 이치에 잘 맞는 것. 예과학적인 생각. 凹비과학적.

곽란[광난] 음식이 체하여 별안간 토하고 설사가 심하게 나는 위장병.

곽재우【사람】[1552~1617] 임진 왜란 때의 의병 지도자. 경상 남도 의령에서 의병을 일으켜 왜군과 싸웠음. 붉은 옷(홍의)을 입고 싸웠다 하여 '홍의 장군'이라고도 불림.

관¹ 지난날. 관복·예복을 입을 때 머리에 쓰는 모자의 한 가지. 【冠】

관² 시체를 넣는 나무 궤. 【棺】

관³ 조선 시대에 나라일로 여행하는 관리나 외국에서 오는 사람들에게 음식과 잠자리를 나라에서 마련해 주던 곳.

관⁴ 둥글고 길며 속이 빈 물건. 수도관 따위. 【管】

관가 지난날. 관리들이 나라일을 맡아 보던 곳. 凹관청.

관:개 농사에 필요한 물을 논밭에 댐. 예관개 시설. -하다.

관객 연극·영화 등을 구경하는 사람. 【觀客】

관건 문제를 해결하기 위하여 꼭 있어야 하는 것. 예성공을 위한 관건.

관계¹ ①둘 이상이 서로 걸림. 예선후배 관계. 凹관련. ②어떤 것이 다른 것에 영향을 미치는 일. 예날씨 관계로 소풍이 연기 되었다.

관계² 관리들의 사회.

관공서 나라의 여러 기관.

관광 ①다른 고장의 경치·풍습등을 구경함. ②다른 나라의 문물 제도를 시찰함. 凹유

람. -하다. 【觀光】

관광객 관광하러 다니는 사람. 凹유람객.

관광 사:업 관광에 따르는 친선·문화 교류·외화 획득 등을 위해 벌이는 여러 가지 사업.

관광지 경치나 풍속을 구경할 수 있도록 여러 가지 시설을 갖추어 놓은 곳. 【觀光地】

관광촌 관광객을 위한 호텔·여관·오락 시설 등의 시설이 잘 갖추어진 곳. 【觀光村】

관권[관꿘] 정부나 관리의 권한. 凹민권.

관내 맡고 있는 구역 안.

관념 사물에 대한 생각. 【觀念】

관노 지난날. 관가의 사내 종. 凹관비.

관대 마음이 너그럽고 큼. -하다. -히.

관동 별곡 조선 선조 때 정철이 금강산과 동해 일대를 돌아보며 지은 기행 가사.

관동 지방 대관령 동쪽의 땅. 곧 강원도 지역. 凹관서 지방.

관동 팔경 강원도 동해안에 있는 여덟 군데의 명승지〔간성의 청간정, 강릉의 경포대, 고성의 삼일포, 삼척의 죽서루, 양양의 낙산사, 통천의 총석정, 울진의 망양정, 평해의 월송정을 말함〕.

관등 놀이 음력 4월 8일에. 등에 불을 켜고 석가모니의 탄생을 기념하는 놀이. -하다.

관람[괄람] 연극·영화·경기 등을 구경함.

관람객[괄람객] 관람하는 손님.

관람석[괄람석] 연극·영화·경기 등을 구경하는 자리.

관련[괄련] 관계를 가짐. 서로 걸려 얽힘. 예올림픽에 관련된 행사.

관례 습관처럼 된 선례. [예]관례에 따라 일을 처리하다.

관록[괄록] 몸에 갖추어진 위엄. [예]관록이 붙다.

관료[괄료] ①같은 등급의 관리. ②관리들. ③특수한 권력을 가진 관리들.

관리[1][괄리] ①관청의 일을 맡아 보는 사람. [비]공무원.

관리[2][괄리] ①사무를 맡아 처리함. ②아랫사람을 지휘 감독함. ③물자나 시설의 이용·보존·개량 따위의 일을 맡아 함.-하다. 【管理】

관리비[괄리비] 사무를 맡아서 처리하는 데 쓰이는 돈.

관리소[괄리소] 사무를 맡아서 처리하는 곳.

관리인[괄리인] 남의 재산을 관리하는 사람. 【管理人】

관리직[괄리직] 관청이나 회사 등을 전체적으로 맡아 경영하는 일에 종사하는 직업.

관망 형세 따위를 넌지시 바라봄. -하다.

관:목 키가 작고 중심 줄기가 분명하지 않으며, 밑둥에서 가지가 많이 나는 나무〔진달래·찔레등〕.떨기나무. [반]교목. 【灌木】

관문 ①어떤 곳을 드나드는 중요한 곳. ②어떤 일을 할 때 반드시 거쳐야 하는 중요한 대목. [예]어려운 관문을 통과하다.-하다.

관민 관리와 국민, 관청과 민간.

관복 벼슬아치의 정식 제복.

관북 지방 마천령 이북의 지방. 곧 함경 남도와 함경 북도 지방을 이르는 말.

관사 관리가 살도록 관청에서 지은 집.

관상[1] 사람의 얼굴을 보고 그 성질이나 운명을 판단하는 일. [예]관상이 좋다. 【觀相】

관상[2] 보고 즐김. [예]관상 식물.-하다. 【觀賞】

관상대 '기상대'의 이전 이름.

관서 지방 마천령 산맥 서쪽의 지방, 곧 평안 남도와 평안 북도를 합쳐서 이르는 말.

관성 외부의 힘을 받지 않는 한 정지하고 있는 물체는 언제까지나 정지해 있고, 운동하는 물체는 그 운동을 계속하려는 성질. [예]관성의 법칙.

관세 외국에서 들여오는 물건에 대하여 매기는 세금.

관세음 보살 부처 다음가는 성인. 중생이 이 이름을 외면 구제를 받는다고 함. [준]관음보살. 관세음.

관속 지난날의 지방 관청의 아전과 하인. 【官屬】

관:솔 송진이 많이 엉긴 소나무의 가지나 옹이.

관:솔불 관솔에 붙인 불.

관습 어떤 사회에서 오래 전부터 내려오거나 익은 버릇. [예]오래된 관습. [비]습관.

관심 마음에 끌려서 흥미를 가짐. [예]역사에 깊은 관심을 갖다. [반]무관심. -하다. 【關心】

관아 지난날, 관리들이 모여 나라 일을 처리하던 곳.

관악[과낙] 관악기로 연주하는 음악. [예]관악 합주. 【管樂】

관악기[과낙끼] 입으로 불어서 긴 대롱 속의 공기를 진동시켜 소리 내는 금관 악기와 목관 악기를 통틀어 이르는 말〔피리·오보에·나팔 등〕. * 현악기. 타악기.

관여[과녀] 일에 관계함. [예]사회 사업에 관여하다.-하다.

관엽 식물 잎의 아름다운 모양이나 빛깔 등을 주로 보고 즐기기 위해 키우는 식물.

관영 사업 따위를 정부에서 경영하는 일. 또는 그 경영. 예관영기업. 비국영. 반민영.

관용[1] 관청에서 씀. 예관용차.

관용[2] 너그럽게 받아들이거나 용서함. 예관용을 베풀다. -하다.

관운 벼슬을 할 운수. 관리로서의 운수. 【官運】

관원 관리. 벼슬아치. 【官員】

관인[1] 관직에 있는 사람.【官人】

관인[2] 관청이나 관리가 직무상으로 찍는 도장. 예공문서에 관인을 찍다. 반사인. 【官印】

관자놀이 귀와 눈 사이에 있는 부분. 곧, 무엇을 씹으면 움직이는 부분.

관장 일을 맡아서 다룸. 맡아봄. 【管掌】

관:재 재산을 관리하는 일.

관저 높은 관리가 살도록 정부에서 관리하는 집. 예국무총리 관저. 비공관. 반사저.

관전 경기·시합 등 승부를 다투는 것을 구경함. 예축구 경기를 관전하다. -하다.

관절 뼈와 뼈가 서로 움직일 수 있게 연결되어 있는 부분.

관점[관쩜] 사물을 관찰할 때의 보는 입장. 예서로 관점이 다르다. 비시점. 【觀點】

관제 필요에 따라서 어떤 것을 강제로 제한함. 예등화 관제.

관제 엽서 정부에서 만들어 파는 우편 엽서.

관:제탑 비행장에서 비행기가 안전하게 이륙·착륙하도록 지시하는 곳.

관중 구경하는 사람들. 비관객.

관직 나라일을 돌보는 자리. 비벼슬. 【官職】

관찰 일이나 물건을 주의하여 자세히 살펴봄. 예곤충의 생김새를 관찰하다. -하다.

관찰 기록 관찰한 것을 차례에 따라서 그대로 적은 글.

관찰사[관찰싸] 조선 시대 8도에 파견된, 지금의 도지사에 해당되는 벼슬 이름. 감사. 예경기도 관찰사. 【觀察使】

관찰 일기 어떤 생물이나 자연의 현상 등을 매일 관찰하여 기록해 나가는 일기.

관창【사람】[645~660] 신라 무열왕 때의 대표적인 화랑. 품일장군의 아들. 16세의 어린 나이로 황산 싸움에 나아가 용감하게 싸우다 백제의 계백 장군에게 잡혀 죽음.

관청 나라의 일을 맡아 보는 기관. 비관공서.

관측 ①눈이나 기계로 자연 현상의 변화를 정확하고 세밀하게 관찰하여 재는 일. ②사정이나 형편 등을 미루어 봄. -하다.

관측 기계 자연 현상의 상태나 변화를 정확하게 살피고 재는데 쓰이는 기계.

관측소 천문·기상·자연 현상 따위를 관찰하여 측정하는 곳.

관할 권한을 가지고 지배함. 또는 그 권한이 미치는 범위.

관현악 관악기〔피리·나팔·클라리넷 등〕·현악기〔첼로·바이올린 등〕·타악기〔북·징·탬버린 등〕로 연주하는 합주음악.

관현악단 관현악을 연주하는 단체. 오케스트라.

관혼상제 일정한 형식으로 행하여지고 있는 관례〔결혼·장례·제사 등의 의식〕.

괄괄하다 ①성질이 세고 급하다. ②목소리가 굵고 거세다.

괄목 크게 향상된 데 놀라 눈을 비비고 다시 봄. -하다.

괄시[괄씨] 업신여김. 예가난하다고 괄시 마라. -하다.

괄호 묶음표.

광: 집안의 여러 가지 물건을 넣어 두는 곳. 凹창고.

광개토 대:왕【사람】[374~413] 고구려의 제19대 임금(재위 391~413). 영토 확장에 힘써 북으로는 랴오허 강 동쪽 땅까지, 남으로는 한강 이북까지의 넓은 땅을 차지함. '호태왕' 또는 '영락 대왕'이라고 함.

광:개토 대:왕비 고구려 장수왕이 아버지 광개토 대왕의 공적을 기념하기 위하여 만주 지방의 퉁커우에 세운 비석.

광견 ①미친 개. ②광견병에 걸려서 사람이나 짐승을 물려고 하는 개. 【狂犬】

광경 모습. 벌어진 일의 형편이나 모양. 예흐뭇한 광경. 凹정경. 풍경. 【光景】

광:고 ①세상에 널리 알림. ②상품을 널리 선전하는 일. 예새로운 상품을 광고하다. -하다.

광:대[1] 인형극·가면극 같은 연극이나 노래·춤·줄타기 등의 재주를 잘 부리던 지난날의 배우.

광:대[2] 넓고 큼. 예광대한 대륙. 凹협소. -하다. -히.

광:대뼈 뺨과 관자놀이 사이에 내민 뼈.

광도 발광 물질이 내는 빛의 강한 정도. 【光度】

광란 미쳐 날뜀. -하다.

광릉 조선 왕조 세조와 정희 왕후의 능. 경기도 남양주시에 있음.

광:맥 광물의 줄기.

광명 ①밝고 환함. 凹암흑. ②밝은 빛. ③밝은 희망을 비유하는 말. -하다. 【光明】

광무 1897년에 고종이 정한 대한 제국의 연호. 【光武】

광:물 땅 속에 있는 철·금·은 같은 것. 【鑛物】

광:물질[광물찔] 광물의 성질을 가진 물질.

광:범위 ①범위가 넓음. ②넓은 범위.

광복 잃었던 국권을 도로 찾음. 예조국 광복을 위해 싸운 독립 투사. 凹해방. 【光復】

광복군 제2차 세계대전 중에 중국의 충칭(중경)에서 조직된 우리 나라의 항일 독립군.

광복절 국경일의 하나. 우리 나라가 1945년 8월 15일에 일제로부터 광복된 것을 기념하는 날. 8월 15일.

광:부 광산에서 광물을 캐내는 일꾼. 凹광원. 【鑛夫】

광:산 광물을 캐내는 곳.

광:산촌 지하 자원이 많이 나는 광산 지역에 몰려 있는 마을.

광선 빛. 빛의 줄기. 예직사 광선. 凹빛살. 【光線】

광섬유 전기 신호를 레이저 광선에 실어 보내는 전선으로 이용되는 섬유. 주로 석영 유리를 재료로 함.

광:야 아득하게 너른 벌판.

광양 제:철소 전라 남도 광양군 금호도의 남쪽 바다를 메워 세운 제철소.

광:업 광산에 관한 사업. 광물을 캐내어 하는 모든 작업을 통틀어 이르는 말.

광:역 넓은 구역. 예광역 회의.

광역시 예전의 직할시가 행정구역의 개편에 따라 시의 영역을 확장하면서 광역시로 됨.

광열비 전등료·연료비 등을 함께 일컫는 말.

광원 ①빛의 근원. ②제 스스로

빛을 내는 물체. 발광체.

광:장 넓은 터. 예여의도 광장.

광주〖지명〗 전라 남도에 있는 광역시. 이곳에 전라 남도의 도청이 있음. 광주시에서 1989년에 직할시로 승격됨. 1995년 광역시로 됨.

광주리 대·싸리·버들 등으로 엮어서 만든 둥근 그릇. ×광우리.

광주 학생 운:동 1929년 11월 3일 전라 남도 광주에서 일어난 학생들의 항일 투쟁 사건. 기차 통학을 하는 우리 나라 학생과 일본 학생 사이의 싸움이 동기가 됨.

광채 눈부시게 번쩍이는 빛.

광체 스스로 빛을 내는 물체. 발광체. 광원.　　　　　【光體】

광택 번쩍이는 빛.

광통신 텔레비전이나 전화 따위의 전기 신호를 레이저 광선에 실어 광섬유 케이블을 통하여 보내는 통신.

광포 행동이나 마음결이 미친 듯이 사나움. 예성질이 광포하다. - 하다.

광학 빛의 성질이나 현상에 관하여 연구하는 학문. 【光學】

광:한루〖광할루〗 전라 북도 남원시에 있는 정자. 경내에 춘향의 사당이 있음〔보물 제281호〕.

광합성 녹색 식물이 잎으로 흡수한 이산화탄소와 뿌리로 흡수한 수분을 재료로 하여, 햇빛의 힘을 빌려 녹말을 만드는 일. 탄소동화 작용의 한 형식.

광해군〖사람〗[1575~1641] 조선 제15대 임금(재위 1608~1623). 후금의 침략에 대비하여 국방을 튼튼히 하기도 하였으나 인조 반정으로 왕위에서 쫓겨남.

광혜원 조선 고종 22년에 지금의 서울 재동에 세워 일반 사람의 병을 치료하던 병원.

광화문 경복궁의 남쪽 정문. 조선 태조 4년 9월에 처음 세워졌으나 임진왜란 때 불탄 것을 고종 2년에 다시 세웠고, 또 6·25때 불타버린 것을 1968년에 다시 세움. *경복궁의 동쪽 문:건춘문. 서쪽 문:영추문. 동쪽 문:신무문.

광:활 훤하고 넓음. 예광활한 평야. - 하다.

괭이¹ 밭갈이나 땅 고르기에 쓰이는 농기구의 하나.　　　[괭이¹]

괭:이² '고양이'의 준말.

괴:기 괴상하고 기이함. 예괴기 영화.

괴나리 봇짐 걸어서 먼 길을 갈 때 자그마하게 보자기로 싸서 등에 진 봇짐.

괴:다¹ 우묵한 곳에 물 같은 것이 모이다.

괴:다² 밑을 받치다. 예턱을 괴다.

괴로움 몸이나 마음이 편안하지 못함. 뺀즐거움. 중괴롬.

괴롭다(괴로우니, 괴로워서) ① 마음이 편안하지 않다. ②힘들고 어렵다. ③성가시다.

괴롭히다 못살게 굴다.

괴:뢰 ①남의 앞잡이가 되어 시키는 대로 하는 사람. ②꼭두각시.

괴:뢰군 남의 앞잡이로 이용당하는 허수아비의 군대. 예북한 괴뢰군.

괴:뢰 정부 다른 나라가 시키는 대로 행동하는 꼭두각시 정부.

괴:멸 깡그리 파괴되어 멸망함.

－하다. 【壞滅】

괴:물 ①이상하게 생긴 물건.② 괴상한 사람이나 동물.【怪物】

괴:변 이상한 일.

괴:상 이상하고 야릇함. 예괴상한 일이 생겼다. 비괴이.－하다. －히.

괴수 못된 무리의 우두머리. 악당의 두목. 비수괴. 만졸개.

괴:이 ①이상하고 야릇함. ②알 수 없음.－하다. 【怪異】

괴:짜 괴상한 사람을 거칠게 이르는 말.

괴:팍하다[괴파카다] 성미가 까다롭고 고집이 세다.

괴:한 차림새나 행동이 수상한 사람. 예괴한이 침입하다.

괴:혈병[괴혈뼝] 비타민 시(C)의 부족으로 생기는 병. 잇몸 등에서 피가 나고, 빈혈·전신 피로·무기력 등의 증세가 생기며, 심해지면 심장 쇠약으로 죽음.

굄:돌[굄똘] 밑을 받쳐 괴는 돌. 고임돌.

굉음 크게 울리는 소리.

굉장하다 크고 훌륭하다. 대단하다.

교:가 학교의 기풍을 높이기 위해서 특별히 만들어 학생들에게 부르게 하는 노래.

교각 다리를 받치는 기둥.

교:감 학교장을 돕고 학교 일을 감독하는 직책, 또는 그 사람.

교:과서 학교에서 학생을 가르치는 책. 【教科書】

교:권 교사로서의 권위와 권리.

교:기 학교를 대표하는 깃발.

교:내 학교의 안. 【校內】

교:단 교실에서 선생님이 가르칠 때 서는 조금 높은 단.

교대 서로 번갈아 대신함. 예보초를 교대할 시간이다. 비교체. －하다. 【交代】

교:도 종교를 믿는 사람. 선도. 신자. 종도. 【教徒】

교도소 죄를 지어 형을 받은 사람을 일정한 기간 동안 가두어 죄를 뉘우치게 하기 위한 곳.

교두보 ①다리를 지키기 위하여 쌓은 진지. ②적군이 점령하고 있는 해안 등지의 한 지역을 차지하여 아군의 상륙을 돕거나 작전을 할 수 있게 하는 곳.

교란 뒤흔들어서 어지럽게 함. 예적군을 교란시키다. －하다.

교량 다리.

교:련 ①가르쳐서 단련시킴.② 군사 훈련. －하다.

교류 ①문화나 사상 따위가 서로 섞여 오고가고 함. ②일정한 시간마다 번갈아 반대 방향으로 흐르는 전류. 만직류. －하다. 【交流】

교:리 종교에서 가르치는 이치나 원리. 예교리 문답. 【教理】

교만 겸손하지 않고 뽐내며 버릇이 없음. 예태도가 교만하다. 만겸손. －하다.

교목 키가 크고, 하나의 굵은 원줄기를 가지고 있는 나무〔소나무·전나무 등〕. 큰키나무. 만관목.

교묘 솜씨가 재치 있고 약삭빠르고 묘함. －하다. －히.

교:무 학교의 운영에 관한 여러 가지 사무.

교:무실 학교 직원이 사무를 보는 방.

교:문 학교에 드나드는 큰 문. 학교의 정문. 【校門】

교민 다른 나라에 살고 있는 우리 나라 사람을 이르는 말. 비교포.

교부 내어 줌. 예영수증을 교부하다. 【交付】

교:사¹ 학교의 건물. 【校舍】

교:사² 학생에게 공부를 가르치거나 돌보는 사람. 예초등 학교 교사. 교사. 凹선생. 교원.

교:서 대통령이나 국왕이 의회, 또는 국민에게 보내는 정치상의 의견서. 예대통령의 연두교서.

교섭 ①어떠한 일을 이루기 위하여 서로 만나 의논함. ②관계를 가짐.─하다. 【交涉】

교:수 대학에서 전문적인 학문을 가르치는 사람을 통틀어 일컫는 말〔전임 강사·조교수·부교수·교수 등〕.【敎授】

교:습 가르쳐서 익히게 함. 예피아노 교습. ─하다.

교신 통신을 주고 받음. 【交信】

교:실 학교에서 주로 수업에 쓰이는 방. 【敎室】

교:양 학문·지식을 바탕으로 닦은 마음이나 행동, 또는 지식. 【敎養】

교역 국가간에 물건을 서로 교환하여 장사함.─하다.【交易】

교:열 글이나 책의 잘못된 곳을 고치고 검사함. ─하다.

교외 시내 가까이에 있는 들이나 논밭이 있는 곳. 凹야외. 凹시내.

교:우 같은 학교에서 배우는 친구. 동창의 벗. 【校友】

교유 이신 신라 때 화랑들이 지켜야 할 세속 오계의 하나. 벗을 믿음으로 사귀는 것.

교:육 지식이나 기술을 가르치며 품성을 길러 줌. 예가정교육.─하다. 【敎育】

교:육감 특별시와 광역시 및 각 도의 교육 위원회의 사무를 총괄하여 처리하는 공무원.

교:육 대학 초등 학교 선생님을 길러 내는 것을 목적으로 세운 대학. 출교대.

교:육 보:험 자녀의 상급학교 진학에 대비하여 드는 보험.

교:육부 중앙 행정 기관의 하나. 학교 교육·사회 교육·학술의 진흥·보급에 관한 일을 맡아 봄.'문교부'의 바뀐 이름.

교:육 위원회 특별시와 광역시 및 각 도에 설치되어 그 지방 자치 단체 안의 교육 및 학예에 관한 사무를 맡아 보는 기관.

교:육자 교육에 종사하는 사람. 凹교육가. 【敎育者】

교:인 종교를 믿는 사람. 예기독교 교인. 凹신자. 【敎人】

교자상〔교자쌍〕 직사각형으로 된 음식을 차려 내는 큰 상.

교:장 초등 학교·중학교·고등 학교 등의 우두머리. 학교의 사무를 관장하고 직원을 통솔·감독하는 책임자. 凰학교장.

교:재 교수 및 학습을 하는 데 쓰이는 재료. 【敎材】

교전 서로 싸움. 예교전 상태에 들어가다.─하다.

교:정¹ 글자가 잘못된 것을 대조하여 바르게 잡음. 예원고를 교정하다.─하다. 【校正】

교:정² 학교의 운동장.

교정³ 좋지 않은 버릇이나 결점 등을 바르게 잡음. 예성격을 교정하다. ─하다.

교제 사람과 사람이 서로 사귐. 사귀어 가까이 지냄. 예친구와 교제하다.─하다.

교:주 종교 단체의 우두머리.

교주도 고려 때 전국을 5도 양계로 나눈 것 중의 하나. *고려 때의 5도 양계:서해도·교주도·양광도·경상도·전라도·동계·북계.

교지¹ 학생들이 학교에서 편집

하여 발행하는 잡지. 【校誌】

교:지² 조선 때, 임금이 신하에 게 내리던 명령서. 【敎旨】

교직 학생을 가르치는 일. 교편.

교:직자[교직짜] ①학생을 가르 치는 일을 하는 사람. ②교회 에서 지도하는 일을 하는 목 사 등.

교집합 두 집합에서 공통인 원 소들로만 이루 어진 집합. ∩ 으로 나타냄. 그림에서. 집합 ㉮와 집합 ㉯의 교집합은 빗금 친 부분임.

[교집합]

교차 가로 세로로 서로 엇갈 림. - 하다. 【交叉】

교차로 서로 엇갈린 길.

교차점[교차쩜] 서로 엇갈려 있 는 곳. 열십자로 만나는 곳.

교체 서로 바꿈. 교대함. 예투수 를 교체하다. - 하다.

교:칙 학교의 규칙. 학규.【校則】

교:탁 교실에서 선생님이 공부 를 가르칠 때 책 따위를 놓는 교단 앞의 탁자. 【敎卓】

교통 ①서로 오고가는 일. 예교 통 정리. ②사람이나 물건을 실어 나르는 일. ③서로 떨어 져 있는 사람끼리의 왕래.

교통 기관 교통에 이용되는 자 동차. 비행기·기차·기선 따 위의 운수 기관.

교통난 사람이나 차가 몹시 붐 비어 차타고 다니기가 매우 힘듦.

교통량[교통냥] 일정한 곳에서 일정한 시간에 왕래하는 교통 의 분량.

교통로[교통노] 사람과 차가 왕 래하는 큰 길. 또는 수로나 항공로 따위.

교통망 여러 교통로가 그물처럼

이리저리 벋어 있는 상태.

교통 법규 사람이나 차가 왕래 할 때 지켜야 할 규칙.

교통비 찻삯·뱃삯 등 교통 기 관을 이용하는 데 드는 비용.

교통 사고 차와 차가 부딪치거 나 사람을 치거나 하는 사고.

교통 신:호 교차로나 횡단 보 도·건널목에 설치해 놓은 빨 간 불·파란 불 따위의 신호.

교통 지옥 심한 교통난을 지옥 에 비유하여 이르는 말.

교통 질서 교통의 흐름이 잘 되 게 하기 위하여 지켜야 할 차 례나 규칙.

교통 체증 자동차가 많이 밀려 도로의 통행이 잘 이루어지지 않는 상태.

교통편 어디를 오고갈 때 이용 하는 방법이나 수단.

교:편 ①교사가 수업함. 예교편 을 잡다. ②가르칠 때 교사가 가지는 회초리. 【敎鞭】

교포 외국에서 살고 있는 동포. 예재일 교포. 【僑胞】

교향곡 관현악을 위하여 작곡된 악곡. 보통 4악장임. 심포니.

교향악 교향곡·교향시 등 관현 악을 위하여 만든 음악을 통 틀어 이르는 말. 교향 관현악. 심포니. 【交響樂】

교:화 주로 교양·도덕 따위를 가르치어 행동을 변화시킴.

교환 서로 바꿈. 예선물을 교환 하다. - 하다. 【交換】

교:활 간사한 꾀가 많음. 예교 활한 간신배. - 하다.

교:황 로마 천주교 교회에서 가 장 높은 성직자.

교:회 ①같은 종교인들이 모여 서 이룬 단체. ②교회당.

교:훈¹ 학교의 교육 목표를 간 단히 나타낸 표어. 【校訓】

교:훈² 가르치고 이끌어 줌. 또

는 본받을 만한 가르침. -하
다. 【教訓】

구¹ ①공같이 둥글게 생긴 물
체. ②지름을 축으로 반원을
1회전시켜서 생긴 도형. 【球】

구² ① '구역' 의 준말. ②특별
시·광역시 등에 딸린 행정
구역. 예영등포구. 중구. 【區】

구간 일정한 두 곳의 사이. 예
서울역에서 시청까지의 구간.

구:강 입 안. 입에서 목구멍에
이르는 부분.

구걸 남에게 돈이나 곡식 따위
를 거저 달라고 비는 일. 예
거지가 구걸을 하다. -하다.

구겨지다 구김살이 잡히다.

구:경 흥미를 가지고 봄. 예단
풍을 구경하다. -하다.

구:경꾼 구경하는 사람.

구구법[구구뻡] 곱셈 방법에
쓰이는 기초 공식.

구:국 나라를 위태로운 형편에
서 건져 냄. 団매국. 【救國】

구:국 인재 나라를 구할 수 있
는 훌륭한 사람.

구금 사람을 일정한 장소에 가
둠. -하다. 【拘禁】

구:급 ①위급한 것을 구원함.
②급한 대로 우선 처리함. ③
위급한 환자를 우선 목숨을
구하기 위해 처리함. 【救急】

구:급낭 구급약을 넣어 두는 주
머니.

구:급법 응급 처치를 하는 방법.

구:급차 화재·교통사고 같은
위급한 환자나 부상자를 실어
나르는 차.

구기 공을 사용하는 운동 경기
〔야구·축구·배구 따위〕.

구기다 비비어 구김살이 생기게
하다. 정꾸기다.

구내 큰 건물의 울 안. 【構內】

구:대:륙 아메리카 대륙 발견
이전부터 알려진 대륙〔아시

아·유럽·아프리카 대륙〕.
団신대륙.

구더기 파리의 애벌레.

구덕 제주도의 여
자들이 물건을
담아 가지고 다
니는 대바구니.

[구덕]

구덩이 ①땅이 움푹하게 팬 곳.
또는 땅을 우묵하게 판 곳.
②광물을 캐기 위하여 땅 속
을 파들어 간 굴.

구도 전체적으로 조화 있게 배
치하는 요령. 【構圖】

구독 책이나 신문 따위를 사서
읽음. 예신문 구독. -하다.

구:두¹ 마주 대하여 입으로 하
는 말. 예구두로 계약을 맺다.

구:두² 주로 가죽을 원료로 하
여 만든 서양식 신.

구두쇠 돈과 물건을 너무 지나
치게 아끼는 사람. 団수전노.

구두점[구두쩜] 말뜻을 분명히
하기 위해 표하는 모든 부호.

구들 방바닥에 골을 내어 불을
때게 하는 장치. 団온돌. ❸방
구들. ×구둘.

구들목 방의 아랫목.

구들장[구들짱] 방고래를 덮어
방바닥을 만드는 넓고 얇은
돌.

구렁 움푹 패어 들어간 땅. 깊이
빠진 곳.

구렁이 ①큰 뱀. ②능글맞은 사
람을 비유하는 말.

구:령 여러 사람의 움직임을 같
이하기 위하여 부르는 호령
〔차려·열중쉬어 따위〕. -하
다. 【口令】

구례〔지명〕 전라 남도 구례군
에 있는 읍. 군청 소재지.

구로 공단 서울 구로구 구로 지
역에 이루어진 공장 단지를
말함.

구르다¹ (굴러, 굴러서) 데굴데

굴 돌며 옮아가다.

구르다² (굴러, 굴러서) 발로 밑바닥이 울리도록 마구 내리디디다. **예**발을 동동 구르다.

구름 ①대기 속의 수분이 작은 물방울이나 얼음 알갱이 상태로 떠 있는 것. ②'높은 것'을 비유하는 말. **예**구름 같은 집.

구름다리 험한 지대나 길의 교차 등을 피하려고 공중에 만들어 놓은 다리. 고가교.

구름바다 구름이 산꼭대기 밑으로 쫙 깔리어 마치 너른 바다처럼 보이는 모양.

구름판 넓이뛰기 같은 운동을 할 때 발을 굴러 뛰는 판.

구릉 언덕. 【丘陵】

구리 전기가 잘 통하는 연한 금속원소. 색깔이 검붉고 윤이 남. 전선의 재료로 많이 쓰임.

구릿빛 [구리삧/구린삧] 구리의 빛. 햇빛에 감붉게 탄 빛. **예**구릿빛 얼굴.

구매 물건을 사들임. **비**구입. **반**판매. -하다.

구멍 파냈거나 뚫어진 자리.

구멍 가게 조그맣게 차린 가게.

구:명 사람의 목숨을 구함. **예**구명 보트. 【救命】

구:명정 큰 배에 싣고 다니다가 사고가 났을 때 사람의 생명을 구하는데 쓰는 보트.

구:미 ①입맛. **예**구미에 맞는 음식. ②갖고 싶은 마음. 욕심. **예**구미가 당기다. 【口味】

구미호 ①오래 묵어서 꼬리가 아홉 개나 달렸다고 하는 여우. ②'교활한 사람'을 비유하여 이르는 말.

구박 못 견디게 굶. 몹시 괴롭힘. **비**학대. -하다.

구별 ①종류에 따라 갈라놓음. **예**동물과 식물을 구별하다.

②차별함. **비**구분. -하다.

구보 달음질. -하다.

구부리다 한쪽으로 굽히다. ☞고부리다. **센**꾸부리다.

구분 따로 갈라 나눔. **예**색깔을 구분하다. -하다. 【區分】

구비 고루 다 갖춤. **예**등산 장비를 구비하다. -하다. 【具備】

구사 일생 여러 차례 죽을 고비를 겪고 겨우 살아남. -하다.

구상 ①생각을 함. 또는 그 생각. **예**작전을 구상하다. ②예술 작품의 내용·표현·형식 등의 짜임을 생각함. **예**동화를 구상하다. -하다. 【構想】

구색 물건 따위를 골고루 갖춤. **예**책을 구색 맞추다. -하다.

구석 ①모퉁이의 안쪽. 밖에 드러나지 않고 한 쪽으로 치우친 곳. ②잘 드러나지 아니하고 외진 곳. **예**시골 구석.

구석구석 샅샅이. 빠진 곳이 없이. **예**구석구석 약을 뿌리다.

구:석기 시대 석기 시대 중에서 토기가 만들어지기 이전에 구석기 및 골각기를 사용하여 식량을 구하던 시대.

구석방 집의 한 모퉁이에 있는 방.

구석지다 한 쪽 구석으로 치우치다. **예**구석진 자리.

구성 얽어 짜서 만듦. **예**축구 팀을 구성하다. -하다. 【構成】

구성미 꾸미어서 나타내는 아름다움. 【構成美】

구성원 어떤 조직을 이루고 있는 사람. 성원.

구성지다 천연덕스럽고 구수하다. **예**노랫소리가 구성지다.

구:세군 기독교의 한 파. 중생·성결 봉사를 중히 여기고 군대식 조직으로 전도·교육·사회 사업등을 함. 영국의 부드가 창시함.

구세주 〔인류를 죄악에서 구원하는 주인이라는 뜻으로〕예수를 이르는 말. 【救世主】

구속 ①제 마음대로 못하게 함. 예자유를 구속하다. ②가두어 둠. 맨석방. -하다. 【拘束】

구수하다 맛이나 냄새가 비위에 맞아 좋다. 예숭늉이 구수하다. 〉고소하다.

구:술 시:험 말로써 묻는 시험. 맨구두 시험. 맨필기 시험. 논술 시험. 【口述試驗】

구슬 ①사기나 유리 따위로 눈알만한 크기로 둥글게 만든 아이들의 장난감. ②보석붙이로 둥글게 만든 물건.

구슬비 풀잎 따위에 구슬처럼 맺히는 이슬비를 아름답게 나타내는 말.

구슬치기 아이들이 장난감 구슬을 가지고 서로 맞히며 노는 놀이. -하다.

구슬프다(구슬프니, 구슬퍼서) 마음이 처량하고 슬프다.

구:습 지난날의 낡은 풍속과 습관. 예구습을 없애다.

구실[1] 제가 응당 하여야 할 일. 예반장으로서 구실을 다하다.

구실[2] 핑계 삼을 일.

구심력 [구심녁] 원운동을 하는 물체를 달아나지 못하도록 중심쪽으로 당기는 힘. 맨원심력.

구애 거리낌. 예지난 일에 구애받지 말라. -하다.

구:약 말로 하는 약속. 【口約】

구:약 성:서 크리스트교의 경전. 예수 탄생 이전부터 전해지는 유대교의 가르침을 모은 책. *신약 성서.

구역 사이를 갈라놓은 경계의 안. 맨지역. 【區域】

구:연 동화·야담 따위를 여러 사람 앞에서 말로 연기하는 일.

구완 아픈 사람이나 해산한 사람의 시중을 드는 일. 예아버지의 병구완을 하다. -하다.

구운몽〖책명〗조선 숙종 때 김만중이 지은 한글 소설.

구:원 어려움에서 일어날 수 있도록 도와 줌. 예구원의 손길. 맨구제. -하다.

구월산[구월싼] 황해도 신천군 용진면에 있는 산. 단군에 관한 이야기와 많은 유적·유물 등이 전해 내려옴.

구유 말과 소의 먹이를 담아 주는 그릇. 통나무 토막 등을 움푹하게 파서 만듦.

구:인 필요한 사람을 구함. 예구인 광고.

구입 물건을 사들임. 예학용품을 구입하다. 맨판매. -하다.

구장 축구·야구등 구기 운동 경기를 하는 운동장.

구(9)재 학당 고려 때 최충이 개성에 세운 사립 학교. 9개의 학반으로 나누어 교육을 시켰음.

구절 토막의 글이나 말.×귀절.

구:정 ①음력 설. 설날. ②음력 정월. 맨신정. 【舊正】

구:제[1] 어려운 사람을 도와 줌. 예빈민 구제. 맨구호. -하다.

구제[2] 해충 따위를 몰아 내어 없애 버림. -하다.

구:제소 어려운 형편에 놓인 사람을 도와 주거나 구해 주는 곳. 맨구호소.

구:조[1] 곤란한 일을 당한 사람을 도움. -하다. 【救助】

구조[2] 꾸미어 만듦. 짜인새. 예복잡한 구조. -하다. 【構造】

구조물 땅 속이나 땅 위에다 고정시켜 만든 것.

구:조선 바다에서 사고를 당한 사람이나 배를 구조하는 배.

구주[1] 유럽. 📵구라파주.

구:주[2] 〔구원해 주는 주인이란 뜻으로〕예수 그리스도를 일컬음. 구세주.

구직 일자리를 구함. 📵구직 광고를 내다. - 하다. 【求職】

구:차하다 ①살림이 넉넉하지 못하다. ②떳떳하지 못하다.

구청 구의 행정 사무를 맡아 보는 관청. 📵종로 구청.

구체적 실제적이고 자세한 부분까지 다루고 있는 모양. 📵구체적으로 설명하다. 【具體的】

구축 만들어 쌓아 올림. 📵진지를 구축하다. - 하다.

구:출 구하여 냄. 📵인질을 구출하다. - 하다. 【救出】

구충 기생충이나 해충 등을 없앰. - 하다.

구충제 ①몸 속의 기생충 따위를 없애는 데 쓰는 약. 구충약. ②농작물 따위의 해충을 없애는 데 쓰는 약.

구타 때리고 참. - 하다.

구태여 일부러. 애써. 굳이. 📵구태여 말할 필요가 없다.

구토 뱃속에 들어있는 것을 밖으로 게움. - 하다.

구판장 조합에서 공동으로 물건을 구입하여 싸게 파는 곳.

구하다 어려움에서 벗어나도록 도와 주다.

구형 형사 재판에서 검사가 죄를 지은 사람에게 줄 벌을 판사에게 요구함. 📵징역 3년을 구형하다. - 하다.

구:호[1] 뜻을 분명히 전하기 위하여 외치는 짧막한 말이나 글. - 하다. 【口號】

구:호[2] 어려움에 처해 있는 사람, 특히 불행한 일을 당한 사람이나 병자·부상자 등을 도와 보호함. 📵수재민을 구호하다. - 하다.

구:호소 어려운 사람을 도와 주는 일을 맡아 보는 곳.

구혼 혼인 자리를 구함. - 하다.

구:황 작물 가뭄이나 장마, 거친 땅에서도 가꿀 수 있는 농작물. 구황 식물〔메밀·감자 따위〕.

구획 경계를 잘라 정함. 📵구획 정리 사업. - 하다.

국 고기·채소·생선 등을 넣고 물을 많이 부어 끓인 음식.

국가[1] 나라. 일정한 영토를 가지고 거기에 사는 사람들을 다스리는 주권 있는 사회.

국가[2] 나라를 상징하며 대표하는 노래. 📵애국가 【國歌】

국가 보:훈처 중앙 행정 기관의 하나. 군사 원호 대상자나 애국지사 및 그 가족 등에 대한 지원과 군인 보험 등에 관한 사무를 맡아 봄.

국가 시:험 일정한 자격이나 지위를 주기 위해서 나라에서 실시하는 시험. 📵국가 고시.

국경 나라와 나라 사이의 경계. 📵국경을 지키다. 【國境】

국경 수비대 국경을 지키기 위하여 배치된 군대.

국경일 나라에서 경사스러운 날이라고 정하여, 온 국민이 기념하는 날〔삼일절·제헌절·광복절·개천절 등〕. 📵국치일.

국교 나라와 나라와의 교제. 📵국교 정상화. 【國交】

국군 ①나라의 군대. ②우리 나라 군대〔육·해·공군을 통틀어서 일컬음〕.

국기 그 나라를 표시하기 위하여 만들어 놓은 기〔우리 나라의 태극기·미국의 성조기 등〕. 【國旗】

국난[궁난] 나라의 위태로움과 어려움.

국내[궁내] 한 국가의 영토 안. 나라 안. 凾국외. 【國內】

국내성〖지명〗 고구려의 옛 서울. 지금의 만주 지안 지방에 있었음. 【國內城】

국내 시:장 나라 안의 시장. 凾해외 시장.

국도 나라에서 관리하는 중요한 큰 도로. 凾지방도. 【國道】

국력[궁녁] 나라의 힘. 나라의 경제력이나 군사력. 凾체력은 국력. 【國力】

국립[궁닙] 나라에서 세움. 凾국립 대학. 凾사립. 【國立】

국립 공원 국가가 지정하여 경영·관리하는 공원. 凾설악산 국립 공원.

국립 묘:지 나라를 위하여 훌륭한 일을 하다가 돌아가신 분들의 무덤이 있는 곳〔서울 동작구, 대전 광역시 근교에 있음〕.

국립 박물관 나라에서 세워 문화재를 전시해 놓은 곳.

국면[궁면] 어떤 일에 부딪친 장면이나 형편. 【局面】

국명¹[궁명] 나라의 이름.

국명²[궁명] 나라의 명령.

국모[궁모] 임금의 아내. 왕후.

국무[궁무] 나라의 정사에 관한 사무.

국무 위원 국무 회의를 구성하는 행정 각부의 장관으로 구성함.

국무 총:리 ①행정부에 딸리어 대통령을 돕고, 각부 장관을 지휘·감독하는 사람. ②내각의 우두머리.

국무 회:의 정부의 권한에 속하는 중요 정책을 의논하는 회의. 대통령·국무 총리·국무 위원으로 구성하는 회의. 대통령이 의장이 되고, 국무 총리는 부의장이 됨.

국문학[궁문학] 우리 나라의 문학. 또는 그것을 연구하는 학문. 凾외국 문학. 【國文學】

국민[궁민] 한 나라 안에서 사는 사람들. 凾백성. 【國民】

국민 가요 국민 누구나가 부를 수 있게 지은 노래.

국민 교:육 ①국민들의 수준을 높이기 위한 교육. ②의무 교육.

국민 교:육 헌:장 국민 교육의 기본 방향과 그 목표를 밝힌 글〔전문 393자로 1968년 12월 5일에 선포되었음〕.

국민성[궁민썽] 그 나라 국민이 가진 독특한 성질.

국민 소:득 국민 전체가 일정한 기간(보통 1년) 동안에 생산하여 얻은 것을 돈으로 따져 놓은 액수.

국민 운:동 온 국민 또는 일부가 어떤 일을 이룩하기 위하여 힘을 합쳐서 하는 활동.

국민 은행 주로 서민을 상대로 예금과 적은 액수의 대부를 하여 주는 은행.

국민 정신 ①그 나라 국민의 공통된 고유한 정신. ②나라와 겨레를 위하여 충성하는 정신.

국민 투표 국가와 중대 사항에 대하여 모든 국민이 참가하는 투표. 일반 투표.

국방 외적으로부터 나라를 지킴. 【國防】

국방부 행정 각부의 하나. 외적으로부터 나라를 지키는 일에 관한 일을 맡아 봄. 군사 사무를 맡아 처리함.

국방 안보 국가를 외적으로부터 방어하는 일.

국법[국뻡] 나라의 모든 법. 凾국법은 누구에게나 평등하게 적용된다. 【國法】

국보 나라에서 보배로 지정한 문화재.

국부 ①나라를 세우는 데 큰 공이 있어 국민으로부터 어버이같이 존경을 받는 사람. ②임금.

국비 나라에서 주는 돈. 예국비 유학생. 【國費】

국빈 나라의 귀한 손님으로 대접받는 외국인.

국사¹ ①한 나라의 역사. ②우리 나라의 역사. 【國史】

국사² 나라 전체에 상관되는 일. 나라의 중대한 일. 나라의 정치. 나랏일. 【國事】

국사 편찬 위원회 나라의 역사를 수집하고 정리하여 책을 만들어 내는 사람들로 이루어진 모임.

국산 ①자기 나라에서 생산함. ②'국산품'의 준말. 예국산 자동차. 町외산. 외제. 【國産】

국산품 자기 나라에서 만든 물건. 예국산품을 애용하자. 町외래품. 준국산.

국서 한 나라의 원수가 다른 나라에 보내는 문서. 【國書】

국세[국쎄] 국가의 경비에 쓰려고 거둬들이는 세금[소득세·법인세 등]. 町지방세.

국세청 재정경제원에 딸린 행정 기관. 세금을 매기고 거둬들이는 일을 맡고 있는 관청.

국수[국쑤] 밀가루나 메밀가루로 만든 음식의 한 가지.

국악 ①그 나라의 고유한 음악. ②우리 나라의 고전 음악. 町양악.

국어 ①그 나라의 말. ②우리 나라의 말. 町외국어.

국어 사전 자기 나라의 말을 모아 일정한 차례로 싣고, 낱낱이 그 발음·뜻·쓰임등에 대하여 풀이해 놓은 책.

국영 나라에서 경영함. 예국영 방송국. 町민영. -하다.

국왕 그 나라의 임금. 【國王】

국외 나라 밖. 예국외로 도망가다. 町해외. 町국내. 【國外】

국운 나라의 운명. 나라의 운수.

국위 나라의 위엄. 위력.

국유 나라의 것. 예국유 재산. 町사유. 민유. 【國有】

국익 국가의 이익. 국리.【國益】

국자[국짜] 국을 뜨는 긴 자루가 달린 기구.

국자감 고려 시대 개경에 세운 오늘날의 국립 대학과 같은 교육기관. 성종 때 모든 제도를 정비하여 태조 때의 경학을 국자감으로 고쳤음.

국장[국짱] ①국가에 큰 공을 세운 사람이 죽었을 때 나라에서 지내는 장례. ②왕족의 장례. 【國葬】

국적[국쩍] 그 나라 국민으로서의 신분과 자격.

국정[국쩡] 나라의 정치. 나라를 다스리는 일. 【國政】

국정 감사 국회가 정부에서 실행한 나라의 정치에 대하여 감독하고 조사하는 일.

국제[국쩨] 나라와 나라 사이의 교제. 또는 그 관계. 【國際】

국제 견:본시 각국의 상품의 견본만을 진열하여 놓고 그 견본을 보고 거래를 약속하고 뒷날에 물품으로 매매하는 전람회.

국제 공항 외국의 항공기가 뜨고 내릴 수 있도록 나라에서 지정한 공항. 예김포 국제 공항. 제주 국제 공항.

국제 기구 나라와 나라 또는 세계 여러 나라가 관계하는 국가를 단위로 하는 조직체[국제 연합·국제 통화 기금 따위를 말함].

국제 기능 올림픽 대:회 젊은 기능자의 기능 향상과 국제간의 친선을 목적으로 하는 경기 대회.

국제 무선 부호 여러 나라에서 모두 통할 수 있도록 정한 무선 부호.

국제 민간 항:공 기구 민간 항공에 관한 국제 연합의 전문 기구. 1947년에 설립되었고, 우리 나라는 1952년에 가입했음. 본부는 캐나다의 몬트리올에 있음.

국제 박람회 여러 나라의 문화 및 산물을 모아 놓고 많은 사람에게 보이는 모임.

국제법 국가간의 합의에 따라 국가간 관계를 규칙으로 정한 법.

국제 분쟁 나라와 나라 사이에 권리나 이익에 관한 의견의 차이가 생겨 일어나는 다툼.

국제 사법 재판소 나라와 나라 사이의 분쟁을 해결하기 위한 국제 연합의 주요 기관의 하나. 네덜란드의 헤이그에 있음.

국제 사:회 여러 나라가 각기 자기 나라의 이익이나 주장하는 바에 따라 어울려 공동 생활을 해나가는 사회.

국제 연맹 제1차 세계 대전 후, 국제 평화를 위해 세웠던 기구. 1946년에 해체됨.

국제 연합 제2차 세계 대전 후, 세계의 평화와 안전을 유지하기 위하여 만들어진 국제 기구. 본부는 미국의 뉴욕에 있음. 약칭은 유엔(UN). ㉰국련.

국제 연합 교:육 과학 문화 기구 교육·과학 및 문화를 통해 세계 평화를 이룩하려고 설립한 국제연합 전문 기구의 하나. 본부는 프랑스의 파리에 있음. 유네스코.

국제 연합군 평화를 지키기 위하여, 가맹국의 군대로써 조직된 유엔군 군대. ㉰국련군.

국제 연합 식량 농업 기구 세계 각 국민의 식생활 개선·식량 생산·분배 개선을 위한 기구. 1945년 10월 발족. 우리 나라는 1949년 11월에 가입함. 본부는 로마에 있음. 약칭은 에프에이오(FAO).

국제 연합 아동 기금 아동들의 보건과 이익을 위해서 일하는 국제 연합 전문 기구의 하나. 유니세프.

국제 연합 안전 보:장 이:사회 국제 연합의 중요한 기관의 하나로, 국제 평화와 안전의 유지를 임무로 함. ㉰안전보장 이사회.

국제 연합 총:회 국제 연합에 가입한 전체 회원국으로 구성되며, 국제 연합 현장에 있는 모든 문제를 의논하는 기구. 유엔 총회.

국제 연합 한국 위원회 한국의 통일을 위해 1947년 11월 국제 연합에 설립된 위원회.

국제 연합 헌:장 국제 연합의 기본적인 조직 및 활동 원칙을 정한 문서.

국제 올림픽 위원회 국제 올림픽 경기에 대한 모든 일을 맡아 보는 단체.

국제 우편 국가와 국가 사이에 왕래하는 일정한 우편물. ᴺ 국내 우편.

국제적 나라와 나라 사이에 관계되는 것. ᴺ세계적.

국제 적십자 앙리 뒤낭에 의하여 1864년에 창설된 적십자의 국제적 기구. 전쟁에서 부상당한 군인이나 불행한 사람을 도움. 본부는 제네바에 있음.

약칭은 아이아르시(IRC).

국제 전:기 통신 연합 국제 전기 통신 조약의 목적을 달성하기 위해 1865년에 창설된 후, 1947년에 국제 연합의 전문 기구가 됨. 우리 나라는 1952년에 가입했음. 본부는 제네바에 있음.

국제 조약 나라와 나라 사이에 맺는 조약.

국제 통화 기금 국제간의 금융 문제를 다루며, 국제 무역의 증진을 목적으로 하는 국제 연합의 전문 기구. 우리 나라는 1955년에 가입했음. 본부는 워싱턴에 있음. 약칭은 아이엠에프(IMF).

국제항 외국 선박이 많이 드나드는 큰 항구.

국조 그 나라의 상징으로 정한 새(우리나라의 까치나 미국의 흰머리 독수리 따위). 나라새.

국채 나라에서 자금을 마련하기 위하여 발행하는 증권. 비공채.

국책 국가의 목적을 수행하기 위한 국가의 정책.

국치일 1910년 8월 29일 일본에 나라를 빼앗긴 치욕적인 날.

국태 민안 나라가 태평하고 국민의 생활이 평안함.

국토 한 나라의 땅. 또는 나라의 주권과 권력이 미치는 곳. 비영토, 강토.   【國土】

국토 방위 적의 침입으로부터 국토를 지키는 일.

국토 종합 개발 계:획 한 나라의 국토를 개발 이용 보전함으로써 국민 경제를 발전시키고 국민의 생활 수준을 높이고자 하는 국가 계획.

국학¹[구칵] 자기 나라의 고유 문화에 관한 학문.   【國學】

국학²[구칵] 통일 신라 시대에 관리를 양성할 독적으로 세웠던 일종의 국립 대학. 태학감으로 이름이 바뀌었다가 다시 국학으로 됨.

국한[구칸] 어떤 범위나 정도로 제한하여 정함. -하다.

국호[구코] 한 나라의 이름 비국명.

국화¹[구콰] 한 나라를 상징하는 꽃으로 모든 국민이 사랑하고 귀중히 여김(우리 나라의 국화는 무궁화임).

국화²[구콰] 가을에 주로 피는 대표적인 꽃. 향기가 좋고 예쁘며 종류가 많음.   【菊花】

국회[구쾨] 국민이 선출한 국회 의원으로 조직되는 입법 기관.

국회 의사당 국회의 회의가 열리는 건물. 서울 특별시 영등포구 여의도에 있음.

국회 의원 국회에서 나라의 일을 결정하거나 법률을 정하는, 국민의 대표자. 임기는 4년임.

국회 의장 국회의 의장. 국회의 질서를 유지하고 사무를 감독하며, 국회를 대표함(국회에서 선출함).

군:것질[군건찔] 끼니 외에 떡·과일·과자 등의 음식물을 먹는 짓. 비주전부리. 간식. -하다.

군경 군대와 경찰.   【軍警】

군계 일학 (닭의 무리 속에 있는 한 마리의 학이라는 뜻으로) '평범한 여러 사람 가운데서 뛰어난 한 사람'을 비유하여 이르는 말.

군관 군대의 일을 맡은 장교.

군기¹ 군의 각 단위 부대를 나타내는 깃발.   【軍旗】

군기² 군대를 지휘하고 감독하기 위한 규율. 예군기를 잡다.

군대 조직을 가진 군인의 집단

군:더더기 ①쓸모 없이 덧붙은 물건. ②까닭 없이 남을 따라 다니는 사람.

군데군데 여러 군데. 이 곳 저 곳.

군란[굴란] 군사들이 일으킨 난리. 예임오군란. 【軍亂】

군량[굴량] 군대의 양식.

군량미[굴량미] 군대의 식량으로 쓰는 쌀. 예군량미를 저장하다.

군령 ①군대 안의 명령. ②군의 통수권을 가진 원수가 군대에 내리는 군사상의 명령.

군마 군인이 타는 말. 【軍馬】

군막 군대가 진을 치고 있는 곳에 설치하는 장막.

군:말 하지 않아도 좋을, 쓸데 없는 말. 군소리. -하다.

군민¹ 군인과 일반 사람. 예군민 합동 구조 작업. 【軍民】

군:민² 행정 구역인 군 안에서 사는 사람. 【郡民】

군:밤 불에 구운 밤. 본구운 밤

군법[군뻡] 군대의 규칙을 어기는 군인을 다스리기 위하여 만든 법률. 【軍法】

군복 군인들이 입는 옷.

군부 군사에 관한 일을 맡아 보는 기관을 통틀어 이르는 말.

군:불 ①방을 덥게 하려고 때는 불. ②필요 없이 때는 불.

군비 전쟁에 대비한 모든 설비.

군사¹ 군대에서 계급이 낮은 군인. 비병사. 군병. 【軍士】

군사² 군대·군비·전쟁 등에 관한 일. 예군사 훈련. 【軍事】

군사력 군사적인 힘. 준군력.

군사부 일체 임금과 스승과 아버지의 은혜는 다 같다는 뜻.

군사 분계선 양쪽 군대의 경계선. 6·25의 휴전 협정에 의하여 정하여진 군사 활동의 한계선.

군사상 군대와 전쟁에 관한 일에 있어서. 【軍事上】

군사 우편 군대의 전투에 종사하고 있는 사람에게 보내거나 거기서 오는 우편. 준군우.

군:사 정전 위원회 휴전 협정에 의하여 그 협정의 이행 상태를 토의하기 위한 모임.

군:살 영양을 많이 섭취하거나 운동 부족으로 찐 군더더기 살.

군:색 ①살기가 어려움. ②자유롭거나 자연스럽지 못하여 거북하고 어색함. -하다.

군선도 신선의 무리를 그린 동양화.

군:소리 쓸데없는 말. 비군말.

군:수¹ 한 군의 행정 사무를 맡아 보는 우두머리. 【郡守】

군수² 군사상에 필요한 물자.

군신 임금과 신하. 【君臣】

군신 유:의 삼강 오륜의 하나. 임금과 신하 사이에는 의리가 있어야 함을 이름.

군악대 군악을 연주하기 위해 조직된 부대.

군영 군대가 주둔하는 곳.

군용 군사 또는 군대에 쓰임.

군용 열차 군대에 쓰이는 물자나 병력의 수송을 위해 특별히 마련된 열차.

군의관 군대에서 다치거나 병든 군인을 치료하는 장교. 준군의.

군인 군대의 장교·하사관·병졸을 통틀어 일컫는 말.

군자 학식이 뛰어나고 행실이 어질며 착한 남자. 【君子】

군정 군대에서 맡아 하는 정치 반민정. 【軍政】

군주 임금. 【君主】

군주국 나라의 주권이 임금에게 있는 나라. 비왕국. 반공화국.

군중 한 곳에 모인 많은 사람들

의 무리. 回대중.

군:청 행정 구역의 하나인 군의 일을 맡아 보는 관청. 【郡廳】

군축 군사상의 준비, 전쟁을 위한 준비를 줄이는 것. '군비 축소'의 준말.

군:침 먹고 싶을 때 입 속에 도는 침.

군함 해군에서 싸움에 쓰는 큰 배. 回전함.

군항 해군 함정의 근거지로 특수한 설비를 해 놓은 항구.

군:현제 중앙 정부에서 임명한 관리가 중앙 정부의 지시·감독을 받아 그 지방의 행정을 맡아보게 하는 제도.

군화 군인들이 신는 구두.

굳건하다 굳세고 튼튼하며 씩씩하다. 예굳건한 의지.

굳기름 지방

굳다[굳따] ①단단하다. 예콘크리트가 굳다. ②뜻이 한결같다. 예의지가 굳다.

굳세:다 ①단단하고 힘이 세다. 예굳센 팔다리. ②뜻한 바를 굽히지 않고 나아가다.

굳은살[구든살] 손바닥이나 발바닥의 두껍고 단단한 군살.

굳이[구지] ①굳게. 고집을 부려서. ②구태여. 예지난 일은 굳이 캐묻지 않겠다.

굳히다[구치다] ①엉기어 단단하게 하다. ②굳게 만들다.

굴[1] 굴과에 딸린 쌍각류를 통틀어 일컫는 말. 바닷물에 잠긴 바위에 붙어 삶. 본굴조개.

굴:[2] 땅이나 바위가 안으로 깊숙이 패어 들어간 곳.

굴건 재래식 장례에서, 상주가 두건 위에 덧쓰는 건. 【屈巾】

굴곡 이리저리 꺾이고 굽음. 예굴곡이 심한 길.

굴광성[굴광썽] 식물의 빛이 닿는 방향, 또는 반대 방향으로

굽는 성질.

굴:다리[굴따리] 길이 서로 교차하는 곳에, 아래쪽 길을 밑으로 굴처럼 만든 곳.

굴:대[굴때] 수레바퀴의 한가운데에 뚫린 구멍에 끼는 긴 나무나 쇠. 축.

굴:뚝 불을 땔 때 연기가 빠지도록 만든 장치.

굴:렁쇠 막대로 뒤를 밀어서 굴리는 둥근 테 모양의 쇠로 된 장난감.

굴레 ①소·말의 목에서 고삐에 걸쳐 얽어 맨 줄. ②얽매임. 속박.

굴복 힘이 미치지 못하여 복종함. 回항복. -하다. 【屈服】

굴비 소금에 약간 절여 통째로 말린 조기.

굴욕 남에게 업신여김을 받는 수치스러움. 예굴욕을 참고 훗날을 기약하다.

굴절[굴쩔] 휘어서 꺾임. 예빛의 굴절. -하다.

굴지[굴찌] ①손가락을 꼽음. ②여럿 중에서 손가락을 꼽아 헤아릴 만큼 뛰어남.

굴착 땅을 파서 뚫음. -하다.

굴착기 땅이나 바위를 파서 뚫는데 쓰이는 기계. 바퀴는 4개이고 그 위에 레일이 감겨 있음.

굴하다 ①몸을 굽히다. ②힘이 부치어 넘어지다. 예어려운 환경에 굴하지 않고 꿋꿋이 살다.

굵다[국따] ①물체의 둘레가 크다. 뺀가늘다. ②낟알이 살지고 크다. ③목소리가 저음이며 크다. 예굵은 음성.

굵다랗다(굵다라니, 굵다라오) 매우 굵다. 뺀가느다랗다.

굶:다[굼따] 먹지 못하거나 먹지 아니하다.

굶:주리다[굼주리다] ①먹을 것이 없어 배를 곯다. ②아주 부족함을 느끼다.
굼:뜨다 동작이 답답할 만큼 느리다.
굼:벵이 ①매미의 애벌레. 누에와 비슷하나 몸길이가 짧고 뚱뚱함. ②동작이 몹시 느리고 미련한 사람을 비유하는 말.
굽 ①말·소 등의 발톱. ②구두의 뒤축. [예]굽이 낮은 구두.
굽:다[1] (구우니. 구워서) ①불에 익히거나 약간 타게 하다.②도자기나 벽돌 따위를 만들 때에 가마에 넣고 불을 때다.
굽다[2] 휘다.구부러지다. [예]등이 굽다.
굽실 남의 비위를 맞추느라고 머리와 몸을 구부리는 모양. [예]굽실거리며 아첨을 떨다. 〉곱실. [센]꿉실. -하다.
굽어보다 몸을 구부려서 아래를 내려다보다.
굽이[구비] 휘어서 굽은 곳. 구부러진 곳. [예]강 굽이.
굽이굽이[구비구비] ①여러 굽이로 굽어진 모양. [예]굽이굽이 흐르는 강물. ②굽이마다. 〉곱이곱이.
굽이치다 물이 힘차게 흘러 굽이를 만들다. [예]굽이치는 강물.
굽히다[구피다] ①굽게 하다. 구부리다. ②희망이나 뜻을 꺾다. [예]뜻을 굽히다. [반]펴다.
굿[굳] 무당이 음식을 차려 놓고 노래하고 춤추며 귀신에게 정성을 들이는 일. -하다.
굿거리장단 ①무당이 굿할 때 치는 9박자의 장단. ②장구로 맞추는 느린 4박자의 장단.
궁궐 임금이 사는 집. [비]대궐.
궁금증[궁금쯩] 궁금하여 답답한 마음.
궁금하다 사정을 몰라서 마음이 놓이지 않다.
궁녀 대궐에서 임금을 모시는 여자. [비]시녀. 나인. 【宮女】
궁도 활 쏘는 법을 닦는 일.
궁둥이 엉덩이의 아랫부분으로, 앉으면 바닥에 닿는 부분.
궁리[궁니] 좋은 도리를 발견하려고 곰곰이 생각함. 이치를 깊이 연구함. [예]함정에서 빠져나갈 궁리를 하다. [비]연구. -하다.
궁-상-각-치-우 동양 음악의 오음을 아울러 이르는 말.
궁색 아주 가난함. [예]살림살이가 궁색하다. -하다.
궁성 ①궁을 둘러싸고 있는 성벽. ②임금이 거쳐하는 곳.
궁수 지난날, 활을 쏘던 군사.
궁술 활 쏘는 기술.
궁여지책 막다른 처지에서 생각다 못해 내는 꾀.
궁예【사람】[? ~918] 후고구려 태봉의 임금. 신라의 왕족으로 태어나 한때 도적의 무리로 있다가 901년에 자칭 임금이 되어 신라 북부 지방을 점유하고 태봉을 세우고 철원에 도읍함. 918년에 왕건에 쫓기어 달아나다가 죽음을 당함.
궁전 임금이 사는 집. [비] 궁궐.
궁조[궁쪼] 아악의 조의 하나. 궁음에서 궁음으로 끝나는 음계〔아리랑·풍년가 따위〕.
궁중 대궐 안. [비]궐내.【宮中】
궁중 무:용 궁중에서 잔치나 의식 때 추던 춤.
궁중 음악 궁중에서 연주되었던 음악. [비]궁정악.
궁지 살길이 막연하거나 매우 어려운 경우. [예]궁지에 몰린 쥐.
궁체 조선 시대 궁녀들이 쓰던 선이 맑고 곧으며, 부드럽고

단정한 한글 글씨체. 【宮體】

궁핍 곤궁하고 가난함. 예생활이 궁핍하다. 뺀풍족. -하다.

궁하다 ①가난하다. ②둘러 댈 도리가 없다. 예대답이 궁하다.

궂다[굳따] ①날씨가 나쁘다. ②언짢고 거칠다. 예궂은 일.

궂은비[구즌비] 날이 흐리고 오래 내리는 비.

궂은일[구즌닐] ①언짢은 일. ②죽음에 관계되는 일. 예집안에 궂은일이 자주 일어나다.

권 책을 세는 단위 【卷】

권:고 남에게 무슨 일을 하도록 말함. 또는 그 말. 뻔권유. 뺀만류. -하다.

권:농 농사를 장려함. -하다.

권:농일 권농 정신과 농업 생산량을 높이려는 의욕을 북돋아 주기 위해 정한 날. 6월의 첫째 토요일.

권력[궐력] 남을 강제로 복종시키는 공인된 권리와 힘.

권리[궐리] ①자기의 이익을 주장하고 누릴 수 있는 힘. 뺀의무. ②권세와 이익

권:말 책의 맨 끝. 뺀권두. 예권말 부록 【卷末】

권모 술수 남을 교묘하게 속이는 꾀. 【權謀術數】

권:법[권뻡] 정신 수양과 신체 단련을 위하여 하는 운동. 주먹과 발을 놀리어서 함.

권:선 착한 일을 권함. -하다.

권:선 징악 착한 일을 권하고 나쁜 일은 물리치고 벌을 줌.

권세 권력과 세력. 예권세 있는 집안. 【權勢】

권:수[권쑤] 책의 수효

권위 ①남을 강제로 복종시키는 권세와 위력. ②어떤 분야에서 능히 남이 믿을 만한 뛰어난 지식이나 기술. 예권위 있는 책 【權威】

권:유 권하여서 하도록 함. 예운동을 권유하다. 뻔권고. -하다.

권율[사람][1537~1599] 조선 선조 때의 장군. 임진왜란 때 행주 산성 싸움에서 큰 승리를 거두었음. *행주대첩.

권익 권리와 그에 따르는 이익.

권:장 권하여 힘쓰도록 북돋아 줌. 예학문을 권장하다. -하다.

권좌 권력. 특히 통치권을 가진 자리. 【權座】

권:총 한 손으로 쏠 수 있게 만든 작은 총. 단총. 피스톨.

권:태 ①싫증을 느끼어 게을러짐. ②몸과 마음이 피로하여 나른함. 【倦怠】

권:투 링 위에서 두 사람이 글러브를 낀 주먹으로 치고 막고 하여 승부를 겨루는 운동 경기.

권:하다 어떤 일을 하거나 힘쓰도록 하다. 예학문에 힘쓰기를 권하다.

권한 그 사람의 판단으로 처리할 수 있는 범위. 【權限】

궐기 ①벌떡 일어남. ②많은 사람이 힘차게 들고 일어남. 예자유를 찾기 위해 온 국민이 궐기하다. -하다.

궤: 물건을 넣도록 직사각형으로 만든 나무 상자. 궤짝.

궤:도 ①기차나 전차 따위가 달릴 수 있게 만들어 놓은 길. ②천체가 공전하는 일정한 길.

궤:멸 무너져 멸망함.

궤:변 이치에 맞지 않는 내용을 그럴 듯하게 둘러대는 말. 예궤변을 늘어놓다.

귀 감각 기관의 하나. 동물의

얼굴 양쪽에 있으며 소리를 듣거나 몸의 균형을 잡는 일을 맡아 봄.

귀가 집으로 돌아오거나 돌아감. - 하다. 【歸家】

귀감 본받을 만한 모범. 본보기. 예모든 학생의 귀감이 되는 행동.

귀거슬리다 남이 하는 말이 듣기에 거북하다.

귀결 끝을 맺음. 어떤 결론에 이름, 또는 그 결론. 비종결. - 하다. 【歸結】

귀경 지방에서 서울로 돌아가거나 돌아옴.

귀고리 여자들이 귓불에 다는 장식품.

귀:국[1] 상대방의 나라를 높이어 일컫는 말. 비귀방. 【貴國】

귀국[2] 외국에 있던 사람이 제 나라로 돌아가거나 돌아옴. 예10년 만에 귀국하다. 비환국. 반출국. - 하다.

귀:금속 귀하고 광택이 아름다운 금속[백금·금·은 따위].

귀기울이다 정신을 가다듬고 주의 깊게 듣다.

귀담아 듣다 주의해서 잘 듣다.

귀:댁 상대방을 높이어 그의 집이나 가정을 이르는 말. 예귀댁에 별고 없으신지요?

귀동:냥 남의 말을 얻어 들음.

귀뚜라미 어둡고 습한 곳에 사는 곤충. 늦여름부터 가을에 나타나 정원이나 부엌 등에 살면서 날개를 비벼 소리를 냄. 준귀뚜리.

[귀뚜라미]

귀띔 눈치채어 알아들을 만큼 일깨워 줌. 예미리 귀띔을 해 주다. - 하다.

귀로 돌아가거나 돌아오는 길. 비귀정. 회로. 【歸路】

귀:리 잎과 줄기가 보리와 비슷한 식물. 열매는 술·과자의 원료 및 가축 사료로 많이 씀.

귀머거리 소리를 듣지 못하는 사람. 비농자.

귀먹다 ①귀에 탈이 나서 소리를 듣지 못하게 되다. ②남의 말을 이해하지 못하다.

귀밝다 ①작은 소리도 잘 알아들을 만큼 듣는 힘이 좋다. ②소식 따위를 얻어 듣는 것이 남보다 빠르다.

귀:부인 신분이 높은 부인.

귀:빈 귀한 손님.

귀설:다 듣기에 서먹하다. 귀에 익지 않다.

귀성 타향에 있다가 부모를 뵈러 고향으로 돌아감.

귀순 적이 되었던 사람이 돌아와 복종함. 예귀순 용사. - 하다.

귀:신 ①복이나 화를 준다고 하는 죽은 사람의 넋. ②어떤 일에 재주가 많은 사람을 비유하여 이르는 말. 예솜씨가 귀신 같다. 【鬼神】

귀얄 풀칠이나 옻칠을 할 때 쓰이는 솔의 한 가지.

귀양 옛날에, 죄 지은 사람을 먼 곳으로 보내어 일정한 기간 동안 그 곳에서만 살게 하던 벌의 한가지. 비유배.

귀양살이 ①지난날, 귀양 가서 부자유스럽게 살던 일. ②세상과 동떨어져 외롭게 지내는 생활을 비유하여 이르는 말.

귀엣말 남의 귀에 대고 소곤소곤 하는 말. 비귓속말. - 하다.

귀:여워하다 귀엽게 여기다.

귀:염 윗사람이 아랫사람을 아끼고 기특히 여기는 마음.

귀:염둥이 아주 귀여운 아이.

또는 귀염을 받는 아이.

귀:엽다(귀여우니, 귀여워서) 보기에 사랑스럽다. 예쁘다. 예아기가 귀엽다. 반얄밉다.

귀익다 많이 들어서 목소리나 말씨를 쉽게 알아들을 수 있다.

귀:인 신분이나 지위가 높은 사람. 반천인. 【貴人】

귀:재 세상에 드물게 뛰어난 재주. 또는 그 재주를 가진 사람.

귀정 잘못되었던 일이 바른 길로 돌아옴.

귀:족 문벌이나 지위가 높은 사람. 반평민. 노비.

귀주 대:첩 고려 현종 때(1019) 침입한 거란 군사를 귀주에서 강감찬 장군이 크게 물리친 싸움.

귀주머니 아래의 양쪽에 귀가 나오게 된 주머니. 네모지게 만들어 아가리 쪽으로 절반을 세 골로 접어 만듦.

귀:중 귀하고 중요함. 예쌀 한 톨도 귀중히 여기다. 비소중. -하다. -히. 【貴重】

귀찮다[귀찬타] 번거롭고 성가시다. ×귀치 않다.

귀:천 귀함과 천함. 예직업에는 귀천이 없다. 【貴賤】

귀청 겉귀와 속귀의 경계에 있는 소리를 듣는 얇은 막. 고막.

귀퉁이 ①귀의 언저리. ②물건의 쑥 내민 모퉁이. ③사물의구석. 예대청 마루 귀퉁이.

귀틀집 큰 통나무를 '井'자 모양으로 귀를 맞추어 얹고 틈을 흙으로 메워서 지은 원시적인 집.

[귀틀집]

귀:하 ①편지 등에서 상대방을 높이어 그 이름 밑에 써서

'~께 드림'의 뜻을 나타내는 말. 귀중. 예홍길동 귀하. ②상대방을 높이어 그 이름 대신에 부르는 말. 예귀하의 의견을 잘 들었습니다. 【貴下】

귀:하다 ①신분이나 지위가 높다. 예귀한 집 자식. ②귀염을 받을 만하다. 예귀한 자식은 매로 키워라. ③흔하지 아니하여 구하기 힘들다. 예물자가 귀하다.

귀항 배가 떠났던 항구로 다시 돌아감. 또는 돌아옴. -하다.

귀향 고향으로 돌아감. 비귀성. -하다.

귀화 다른 나라의 국적을 얻어 그 나라의 국민이 됨. 예한국에 귀화한 미국인. -하다.

귀환 본래의 자리로 되돌아옴. 예무사히 귀환하다. 비복귀. -하다.

귓가[귀까] 귀의 가장자리. 비귓전.

귓바퀴 겉귀의 드러난 부분. 준귀.

귓불[귀뿔] 귓바퀴의 아래쪽으로 늘어진 살.

귓속:말 남의 귀 가까이에 입을 대고 소곤소곤하는 말. 비귀엣말. -하다.

귓속뼈 귓청과 속귀 사이를 연락하는 3개의 작은 뼈.

귓전 귓바퀴의 가. 귀 가까이. 예귓전에 스치는 바람.

규격 제품이나 재료의 모양·크기·품질 등에 대하여 정해진 표준. 【規格】

규:명 따지고 캐서 사실을 밝힘. 예원인을 규명하다. -하다.

규모 무엇을 만들거나 어떤 일을 할 때의 짜임새의 크기. 예규모가 큰 행사 【規模】

규범 본보기. 모범. 규모.【規範】

규수 시집갈 나이가 된 남의 집

처녀를 점잖게 이르는 말.

규약 서로 지키도록 의논되어 있는 규칙. 【規約】

규율 집단 생활이나 사회 생활을 하는 데 지켜야 할 행동의 본보기. 일정한 질서나 차례.

규장각 조선 시대 역대 임금의 글·글씨·문서·초상 등을 보관하던 곳. 조선 정조 때 창덕궁에 설치되었고, 학문의 연구, 서적 편찬의 일도 맡아 보았음.

규정 어떤 일을 규칙으로 정함, 또는 그 정해진 규칙. -하다.

규제 규칙을 세워 제한함, 또는 그 규칙. 예수입품을 규제하다.

규칙 여러 사람이 지키기로 한, 정해 놓은 약속. 예규칙을 어기다. 비법칙. 【規則】

규칙적 일정한 규칙을 따르고 있는 모양. 예 규칙적인 생활을 하자.

규:탄 잘못이나 허물을 잡아 내어 공격함. 예부정 선거를 규탄하다. -하다. 【糾彈】

규:합 일을 꾸미려고 사람을 모음. -하다.

균 ①세균. ②병균. 박테리아.

균등 고르고 가지런하여 차별이 없음. 예민주 국가에서는 누구에게나 균등한 기회를 준다. -하다. -히.

균역법 조선 영조 때(1750) 백성의 부담을 덜어주기 위하여 만든 법(군역 대신 베 두 필을 받던 것을 베 한 필로 반감하여 고르게 받았음).

균열[균녈] ①거북이 등의 껍데기 모양으로 갈라져 터짐. ②사람 사이에 마음이 맞지 않아 틈이 생김. -하다.

균일[균닐] 한결같이 고름. 예 모든 제품의 규격이 균일하

다. -하다. 【均一】

균형 어느 한쪽으로 치우침이 없이 쪽 고름. 예균형 잡힌 몸매. 반불균형. 【均衡】

귤 ①귤나무의 열매. 빛깔은 등황색이며 맛은 시고 달콤함. ②귤·유자·밀감 따위를 통틀어 이르는 말.

귤나무 따뜻한 지방에서 잘 자라는 귤이 열리는 늘푸른나무. 우리 나라에서는 제주도에서 많이 재배함.

그까짓 겨우 그 정도의. 그까짓 일은 누구나 할 수 있다. 준까짓. 그깟. >고까짓.

그나마 그것마저도. 예하나밖에 없던 열쇠를 그나마 잃어버렸다.

그:네 높이 맨 두 줄 끝에 나무를 걸쳐 놓고 올라타서, 앞뒤로 움직이며 노는 놀이. 또는 그 기구

그늘 볕이나 불빛이 가리어진 곳. 예시원한 나무 그늘. 반응달.

그다지 ①그렇게까지. 그러하도록. ②별로. 예그다지 가고 싶지 않다.

그대로 고치지 않고 전에 있던 대로. 예그대로 두다. 비그냥. >고대로.

그득 넘칠듯이 차 있는 모양. 예항아리에 물이 그득 차다. >가득. 센그뜩. -하다. -히.

그라운드 운동장. 경기장.

그랑 프리 대상. 최우수상이란 뜻의 프랑스말.

그래프 수나 양의 크기를 한눈에 알아보기 쉽게 막대·꺾은선·점·원·띠·그림·사각형등으로 나타낸 표. 【graph】

그래픽 그림과 사진.

그래픽 디자인 포스터나 그림, 광고나 표지 따위의 디자인.

그램 무게 단위의 하나. g으로 쓰며, 1g은 4℃의 물 1㎤의 무게와 같음.　【gram】

그러나 그렇지마는.

그러쥐:다 그러당기어 손 안에 잡다.

그럭저럭 되어 가는 대로. 뚜렷하게 이렇다 할 만한 것 없이. 예그럭저럭 해가 저물었다.

그럴 듯하다 ①그렇다고 할 만하다. 제법 훌륭하다. 예그림이 그럴 듯하다.

그럴싸하다 그럴 듯하다. 예그림이 그럴싸하다.

그렁그렁 ①액체가 그릇에 넘칠 듯이 차 있는 모양. ②눈에 눈물이 가득 괸 모양.

그렇고말고[그러코말고] '그러하고말고'의 준말. 말할 것도 없이.

그레코로만형 레슬링 종목의 한가지. 상대방의 윗몸만 공격하여 승부를 겨루는 종목.

그루 나무를 뿌리째 셀 때 쓰는 말. 예나무 한 그루.

그루갈이 한 논밭에서 한 해에 두 차례 다른 농작물을 짓는 일〔벼를 거둔 뒤에 보리를 가는일 등〕. 이모작. -하다.

그루터기 풀이나 나무 따위를 베어 내고 남은 뿌리와 그 부분.

그룬트비〖사람〗[1783~1872] 덴마크의 사회 사업가. 농민 교육자. 황폐한 덴마크 농촌의 부흥을 위해 노력하여 덴마크의 국부로 받들어짐.

그룹 여럿이 같은 목적으로 모이는 모임. 집단.　【group】

그르다(글러, 글러서) ①옳지 못하다. ②이룰 수 없게 되다.

그르치다 잘못하여 일을 그릇되게 하다.

그릇[1] ①물건을 담는 기구를 통틀어 이르는 말. 예밥그릇. ②사람의 능력이나 생각. 예그릇이 큰 사람.

그릇[2] 그르게. 틀리게.

그릇되다 잘못되다. 바르지 않다. 예그릇된 생각.

그리니치 천문대 영국 런던 그리니치에 있는 천문대. 이 곳을 지나는 0도의 경선을 본초 자오선이라 하며, 태양이 이 곳을 지날 때를 정오로 하여 세계의 지방시·표준시로 정하고 있음.

그리다[1] 몹시 생각하며 보고싶은 마음을 품다. 예전학간 친구를 그리다.

그:리다[2] 사물의 모양을 그림으로 나타내다. 예꽃을 그리다.

그리:스〖나라〗 남부 유럽의 발칸반도에 위치하고 있는 나라. 고대 그리스 문명의 중심지. 수도는 아테네.　【Greece】

그리스도〖사람〗 [구세주라는 뜻으로]예수 크리스트 교를 처음으로 시작한 사람.

그리:스 신화 옛날 그리스 사람들에 의하여 만들어진 여러 신에 대한 이야기. 유럽의 미술·문학 방면에 큰 영향을 주었음.

그리움 보고 싶어하는 마음.

그리워하다 보고 싶어하다.

그린:란드〖지명〗 대서양과 북극해 사이에 있는 세계에서 가장 큰 섬.　【Greenland】

그린:벨트 도시 주변의 경치를 아름답게 하고 자연 환경을 보존하기 위하여 개발을 제한하고 있는 지역. 녹지 지역.

그:림글자[그림글짜] 지난날, 미개한 사람들이 자기의 뜻을 그

[그림글자]

림으로 그려 나타내던 글자.

그:림배 그림을 그려 아름답게 꾸민, 놀이할 때에 타는 배.

그:림 연:극 어떤 이야기를 그림으로 그려서 한 장씩 보이면서 이야기하는 것.

그:림 엽서 뒷면에 명승 고적이나 그 밖의 사진, 또는 그림을 인쇄한 우편 엽서.

그:림 일기 보고 듣고 생각하고 겪은 일 등을 그림과 글로 나타낸 일기.

그림자 ①물체에 빛이 비치어 그 반대쪽에 나타나게 되는 검은 모양. ②거울이나 물에 비치는 물체의 형상. ③사람의 자취.

그:림지도 고장의 모습을 알아보기 쉽게 그려 놓은 그림.

그:림책 주로 어린이들을 위하여 그림으로 꾸민 책.

그립다(그리우니, 그리워서) 그리는 마음이 간절하다.

그만두다 하던 일을 그 정도에서 그치다. 〉고만두다.

그만저만 ①그저 그만한 정도로. ②보통으로. 예그만저만한 일이 아니다.

그만큼 그만한 정도로. 예그만큼 먹었으면 배부르지.

그만하다 크지도 작지도 더하지도 덜하지도 아니하고 그저 비슷하다. 예가정 형편이 그만하다. 〉고만하다.

그물 새나 물고기 따위를 잡기 위하여 노끈이나 실로 얽어 만든 물건.

그물채 그물의 양쪽 끝에 매는 긴 대.

그믐 한 달의 맨 마지막 날. 말일. 본그믐날.

그믐달[그믐딸] 음력으로 매월 그믐께 돋는 달. 달의 왼쪽 부분이 칼날같이 보임. 반초

승달.

그믐밤[그믐빰] 음력 그믐날의 밤. 달이 없고 컴컴한 밤.

그야말로 '그것이야말로'가 줄어서 된 말로, '말한 바와 같이 참으로'의 뜻. 예그야말로 역사에 남을 일이다.

그윽하다[그으카다] ①깊숙하고 고요하다. ②뜻이 깊다. 예그윽한 사랑. ③은근하다. 예향기가 그윽하다.

그을다(그으니, 그으오) 햇볕이나 연기 같은 것에 오랫동안 쐬어 빛이 검게 되다. 준글다.

그을음[그으름] 연기에 섞이어 있는 검은 먼지 같은 가루.

그저 ①그대로 사뭇. 예그저 바라보고 있다. ②아무 생각 없이.

그저께 어제의 전날. 준그제.

그전 ①얼마 되지 않은 지난날. ②퍽 오래 된 지난날.

그제야 그때서야 비로소. 예그제야 나의 실수를 깨달았다.

그지없:다[그지업따] ①헤아릴 수 없다. 한이 없다. ②이루다 말할 수 없다. 예슬프기가 그지없다.

그치다 움직임이 멈추다. 예울음을 그치다.

그토록 그렇게까지. 예그토록 염려해 주니 고맙다.

극 ①자석에서 자력이 가장 센 두 끝. ②북극과 남극.

극광[극꽝] 남극이나 북극 가까이의 하늘에 가끔 나타나는 아름다운 빛. 오로라. 【極光】

극구 갖은 말을 다함. 예극구 만류했으나 듣지 않았다.

극기 자기의 욕망이나 충동·감정 따위를 눌러 이김. 예극기 훈련. 비자제. -하다.

극기훈련 극기력을 키우기 위해 힘들게 하는 고된 운동.

극단¹ ①맨 끝. ②한쪽으로 치우침. ⑩극단적인 행동을 삼가라.

극단² 연극을 하기 위한 단체.

극대 그 이상 큰 것이 없을 정도로 큼. ⑩효과를 극대화시키다. 圓극소. -하다. 【極大】

극도 가장 심한 정도. ⑩슬픔이 극도에 달하다. 【極度】

극도로 더할 수 없는 정도로, 최대한으로. ⑩극도로 화가 났다.

극동 아시아의 가장 동쪽에 있는 지역〔한국·중국·일본 등을 포함하는 지역〕.

극락[긍낙] ①지극히 안락하여 아무 걱정이 없는 경우와 처지, 또는 그런 장소. ②'극락세계'의 준말. 圓지옥.

극렬[긍녈] 지극히 열렬함. ⑩극렬한 투쟁. -하다. -히.

극론[긍논] 힘껏 주장을 내세워 의논함. -하다. 【極論】

극복[극뽁] 어려움을 이겨 냄. ⑩수해를 극복하다. -하다.

극본[극뽄] 연극을 할 수 있도록 나오는 사람의 움직임·말 따위를 적은 글. 圓각본.

극비[극삐] 더없이 중요한 비밀.

극비리[극삐리] 아주 비밀로 하는 가운데. ⑩일을 극비리에 추진하다.

극빈[극삔] 몹시 가난함. ⑩극빈자를 돕다. -하다. 【極貧】

극상:품 가장 좋은 품질, 또는 그러한 물품. 최고품.

극성[극썽] 지독하고 과격한 성질, 또는 그러한 상태. ⑩극성을 피우다. 【極盛】

극성스럽다 매우 적극적이며 억척스러운 데가 있다. 억척스럽게 구는 정도가 매우 심하다.

극소 아주 작음. 【極小】

극심[극씸] 매우 심함. ⑩극심한 가뭄. -하다. -히.

극악[그각] 몹시 악함. 지독히 나쁨. ⑩소행이 아주 극악하다. -하다.

극약 생명에 관계 있는 위험한 약.

극작[극짝] 연극의 희곡이나 각본을 지음.

극작가 연극 극본을 쓰는 일을 직업으로 하는 사람.

극장 영화·연극 따위를 하는 곳. 圓연극장. 【劇場】

극적 연극을 보는 것 같이 감격적이거나 인상적인 것. ⑩전쟁 때 헤어진 가족을 극적으로 만나다.

극지[극찌] ①맨 끝에 있는 땅. 아주 먼 땅. ②남극과 북극 지방. ⑩극지 탐험.

극지방 남극 지방과 북극 지방.

극진 마음과 힘을 다함. ⑩부모님을 극진히 모시는 효자. -하다. -히. 【極盡】

극찬 몹시 칭찬함. ⑩우리 문화재를 극찬하는 외국인. -하다.

극형 〔더할 수 없이 무거운 형벌이라는 뜻으로〕'사형'을 이르는 말.

극화 사건·소설 같은 것을 연극의 형식으로 바꿈.

극히 매우. 대단히. ⑩극히 드문 일이다.

근:¹ 거의 가까움. ⑩근 백 리는 되는 거리이다.

근:² 무게의 단위. 한 근은 600g이지만 375g으로 쓰기도 함. ⑩고기 두 근.

근:간¹ 요사이. ⑩근간에 한 번 놀러 오너라. 【近間】

근간² ①뿌리와 줄기. ②어떤 사물의 가장 중심이 되는 부분.
근거 본바탕이 되는 일. [예]근거없는 헛소문.
근:거:리 가까운 거리. [반]원거리.
근검 부지런하고 검소함.
근:교 도시 변두리의 마을이나 들. 【近郊】
근:교 농업 도시 사람들에게 공급할 목적으로 대도시 근처에서 신선한 야채와 과일 따위를 재배하는 농업.
근:근이 겨우. 간신히. [예]적은 생활비로 근근이 살아가다.
근:년 지나간 지 얼마 안 되는 해. 가까운 해. 【近年】
근대[1] 채소의 한 종류로 두해살이 식물. 줄기와 잎은 국을 끓여 먹거나 무쳐서 먹음.
근:대[2] 지나간 지 얼마 안 되는 가까운 시대. 우리나라는 조선 시대의 후기가 이에 속함.
근:대화 현대 문명에 뒤떨어지지 않게 낡은 것을 바꿈. -하다. 【近代化】
근:동 유럽에 가까운 동방의 여러 나라〔터키·시리아·레바논·요르단·이스라엘·사우디아라비아 등을 포함하는 지역〕. 【近東】
근:래[글래] 요즈음. 요사이.
근력[글력] ①근육의 힘. ②일을 능히 해내는 힘.
근로[글로] ①부지런하게 일함. ②일정한 시간 동안 일에 종사함. [예]근로 시간. -하다.
근로 소:득 근로의 대가로 얻는 소득.
근로자[글로자] 근로에 의한 소득으로 생활하는 사람. 노동자.
근면 부지런히 힘씀. [예]근면한 성격. [반]나태. -하다. 【勤勉】
근무 일터에 나가 일함. 일을 봄. [예]근무 시간. -하다.
근무태만 맡은 일을 충실하게 하지 않음.
근:방 가까운 곳. [예]학교 근방. [비]근처. 【近方】
근본 ①사물이 발생하는 근원. ②초목의 뿌리. ③자라 온 환경이나 경력. 【根本】
근:사 ①아주 비슷함. ②그럴듯하게 괜찮음. [예]근사한 집. -하다.
근:삿값[근사깝/근삳깝] 어떤 수치 대신 사용하는 그 수값에 아주 가까운 수값. 근사치.
근성 ①바탕이 되는 성질. 마음의 뿌리. ②어떤 일을 끝까지 해내려고 하는 끈질긴 성질. [예]근성이 부족하다.
근:세 ①지나간 지 얼마 안 되는 세상. ②역사의 시대 구분의 하나. 중세와 근대의 중간 시대.
근:소 아주 적음. [예]근소한 차이로 이기다. -하다.
근속 한 곳에서 오래 일을 함. -하다.
근:시 가까운 데 것은 잘 보이나 먼 데 것은 잘 보이지 않는 시력. [반]원시. 【近視】
근:신 ①말과 행동을 삼가고 조심함. ②잘못에 대하여 반성하고 행동을 조심함. -하다.
근실 부지런하고 착실함. [예]성격이 근실하다. -하다. -히.
근심 괴롭게 애쓰는 마음. [비]걱정. 염려. -하다.
근심거리 근심이 되는 일. 걱정거리. 근심사.
근:엄[그넘] 매우 점잖고 엄함.
근원 어떤 일이 생겨나는 본바탕. [예]사회악의 근원을 밝히다. [비]근본. 본원. 【根源】
근:위 임금을 가까이에서 지킴.
근육 심줄과 살.

근절 어떤 일이 다시 일어나지 못하도록 뿌리째 없애 버림. -하다.

근:접 가까이 다가감. 또는 가까이 닿음. 접근. 예바다에 근접한 마을.

근정전 경복궁 안에 있는 건물로 임금의 즉위식이나 중요한 의식을 행하던 곳. 고종 4년 (1867)에 세워짐.

근질근질 근지러운 느낌이 자꾸 일어나다.

근:처 가까운 곳. 예학교 근처에 있는 문방구. 囲근방.

근:초고왕〖사람〗〔?~375〕 백제의 제13대 임금(재위 346~375). 비류왕의 둘째 아들. 백제의 힘을 가장 크게 떨친 임금으로 고구려의 평양성까지 공격하였으며, 중국·일본과의 해상 무역도 함.

근:하 신년〔삼가 새해를 축하합니다의 뜻으로〕연하장 따위에 쓰는 말. 【謹賀新年】

근:해 육지에서 가까운 바다. 囲원해. 원양. 【近海】

근:황 요즈음의 형편. 예친구의 근황을 묻다.

글 생각이나 느낌을 글자로 표현한것. 囲문장. 글월.

글감[글깜] 글짓기의 재료.

글공부[글꽁부] 글을 익히거나 배우는 일. -하다.

글귀[글뀌] 글의 한 토막.

글라디올러스 붓꽃과의 여러해살이 화초. 둥근 뿌리에서 칼 모양의 잎이 곧게 돋고, 여름에 긴 꽃줄기에 깔때기 모양의 꽃이 이삭 모양으로 핌.

글라이더 엔진이나 프로펠러가 없이 공기의 흐름을 이용하여 나는 간단한 비행기.

글러브 권투나 야구를 할 때 손에 끼는 가죽 장갑. 【glove】

글모음 동요·동시·줄글 등을 모으는 일. 또는 모아서 엮은 책. -하다.

글방[글빵] 글(한문)을 배우는 곳. 囲서당.

글썽거리다 눈물이 그득히 괴어 흘러내릴 듯하다.

글썽글썽 눈에 눈물이 괴어 곧 넘칠 듯한 모양. -하다.

글쎄 ①확실하게 잘라 말할 수 없음을 나타내는 말. ②자기의 뜻을 강조할 때 쓰는 말. 예글쎄, 내 말이 맞다니까.

글씨 말을 글로 적은 표. 囲글자. 문자.

글씨본 글씨 연습을 할 때 보고 쓰도록 만든 책.

글씨체 글씨를 쓰는 일정한 격식. 글자를 써 놓은 모양새.

글월 ①글. 문장. ②편지.

글자[글짜] 사람의 말을 적는 일정한 부호. 囲문자.

글재주[글째주] 글을 이해하는 재주. 글을 짓는 재주.

글짓기 사실·생각·느낌 등을 글로 적는 일. 囲작문.

글피 모레의 다음날. 3일후.

긁다[극따] 바닥이나 거죽을 문지르다. 예등을 긁다.

긁어 모으다 흩어져 있는 것을 긁어서 한데 모이게 하다.

긁적거리다[극쩍 꺼리다] 자꾸 거죽을 문지르다. 〉갉작거리다.

긁적긁적[극쩍 극쩍] ①잇달아 자꾸 긁는 모양. ②글씨나 글 따위를 되는 대로 손을 놀려 쓰는 모양.

긁히다[글키다] 긁음을 당하다. 〉갉히다.

금¹ 누른 빛깔의 광택을 내는 쇠붙이로 귀금속의 하나. 예금목걸이. 【金】

금² 줄. 선. 예금을 긋다.

금가다 ①터져서 금이 생기다.

②서로의 사이가 벌어지다. **예**사소한 다툼으로 우정에 금 가다.

금:강 충청 남도와 전라 북도의 경계를 이루는 강으로, 전라 북도·장수에서 시작되어 공 주·부여·장항을 거쳐 서해 로 흘러가는 강. 【錦江】

금강산 강원도의 북부 태백 산 맥중에 있는 이름난 산. 묘한 바위가 많으며, 일만이천이나 되는 봉우리의 곳곳에 폭포· 못·절이 있어 경치가 세계적 으로 유명함. 철에 따라 봄에 는 금강산, 여름에는 봉래산, 가을에는 풍악산, 겨울에는 개 골산으로 부르기도 함. 위치상 으로 보아 내금강·외금강· 해금강으로 나뉨.

금강석 광물 중에서 가장 단단 하고 귀한 보석. 다이아몬드.

금고 돈이나 서류 등을 넣어 두 는 쇠로 만든 궤. 【金庫】

금관 금으로 만들거나 아름답 게 꾸민 관. 【金冠】

금관가야【나라】 경상 남도 김해 부근에 자리했던 고대 국가. 6가야의 하나로 가장 세력이 컸음. 6세기경에 신라에게 망 함.

금관 악기 쇠붙이로 만든 관악 기(트럼펫·트롬본·호른 등).

금관 조복 관원이 임금을 뵐때 갖추어 입던 관과 예복.

금광 금이 들어 있는 광석, 또 는 그것을 캐내는 광산.

금괴 금덩이.

금권 돈의 위력. 재산의 힘.

금궤 금으로 장식하여 만든 상 자.

금:기 ①꺼리어 금하거나 피함. ②어떤 약이나 음식을 좋지 않은 것으로 여겨 쓰지 않는 일.

금년 올해. 【今年】

금당 벽화 고구려 영양왕 때의 승려인 담징이 일본 호류사의 금당에 그린 벽화.

금도금 금속 재료의 표면에 금 의 얇은 막을 입히는 것.

금돈 금으로 만든 돈. **비**금화.

금력[금녁] 돈이나 재물의 힘.

금리[금니] 빌려준 돈이나 예금 따위에 붙는 이자. 【金利】

금명간 오늘이나 내일 사이.

금:물 해서는 안 될 것. **예**욕심 은 금물이다. 【禁物】

금박 금을 두드려 종이처럼 아 주 얇게 만든 물건.

금발 금빛이 나는 누런 머리털. **예**금발의 소녀.

금방 이제 곧. 지금 막. **예**금방 떠났다. 【今方】

금방금방 잇달아 속히.

금붕어 잉어과의 민물고기. 붕 어의 변종으로 원산지는 중 국. 종류가 많고 빛깔이 여러 가지이며 꼬리지느러미가 아 름다움.

금비 돈을 주고 사서 쓰는 거 름. 보통 화학 비료를 뜻함.

금빛[금삩] 금과 같이 누른 빛 깔. **비**황금빛.

금산사 전라 북도 김제군 금산 면 금산리에 있는 큰 절. 후백 제의 견훤이 아들 신검에 의하 여 이곳에 갇혀 있었음.

금:산 위성 통신 지구국 1970년 충청 남도 금산에 세워진 통신 시설. 통신 위성에 의한 우주 통신 중계 시설.

금성 지구의 바로 안쪽에서 태 양의 주위를 도는 행성. 초저 녁 하늘에 보이면 태백성·장 경성, 새벽에 동쪽 하늘에 보 이면 샛별·계명성이라 함.

금속 철·금·은·구리 등과 같은 쇠붙이. 【金屬】

금속성[금속썽] 쇠붙이가 지니는 특성. 【金屬性】

금속성[금속썽] 쇠붙이가 무엇에 부딪혀 나는 소리.

금속 화:폐 금·은·구리 등으로 만든 돈.

금속 활자[금소콸짜] 구리·납 등 쇠붙이로 만든 활자.

금수 ①모든 짐승. ②무례하고 추잡한 행실을 하는 사람을 비유한 말. 예인간의 도리를 저버린 금수 같은 놈.

금:수 강산 ①비단에 수를 놓은 듯이 아름다운 강산. ②우리 국토의 아름다움을 일컬음. 예삼천리 금수 강산.

금시 ①지금. 금방. 예금시 떠났다. ②곧. 바로.

금:식 얼마 동안 음식을 먹지 않는 일. 【禁食】

금액 돈의 수효. 【金額】

금언 우리에게 본보기가 될 만한 귀중한 짧은 어구. 보통 훌륭한 사람들이 남긴 말[시간은 돈이다. 침묵은 금이고 웅변은 은이다 등].

금:연 ①담배를 피우지 않음. ②담배를 피우는 것을 금함. -하다.

금오산 경상 북도 선산군에 있는 산. 고려 말엽 길재가 숨어 살았다고 함. 산 아래 그를 기리는 금오 서원이 있음. 높이 977m.

금오 신화【책명】 조선 세조 때 김시습이 지은 우리 나라 최초의 한문 소설. 【金鰲新話】

금와왕【책명】 지난날 동부여의 임금. 고대 난생 설화상의 인물. 해부루의 아들로 뒤를 이어 임금이 되었다가 하백의 딸 유화를 만나 주몽을 낳았다고 전해짐.

금:욕 하고 싶은 일이나 생각을 억제함. 【禁慾】

금융[금늉/그뮹] ①돈이 세상에 널리 도는 일. ②여유 돈을 모아서 자금을 필요로 하는 사람에게 돌려 주는 일.

금융 기관 돈의 수요 공급을 맡아 하는 기관[은행·보험회사·협동조합 등].

금은방 금·은을 가공하여 매매하는 가게.

금은 보:배 금·은·옥 진주·호박 등의 귀중한 보물. 비금은 보화.

금일 오늘.

금일봉 상금이나 기부금 등에서 금액을 밝히지 않고 종이에 싸서 주는 돈. 【金一封】

금자탑 후세에 빛날 훌륭한 업적의 비유.

금잔디 벼과의 여러해살이풀. 뿌리줄기가 가로 뻗으며 잎은 2～5cm정도. 잎 가장자리에 털이 나있음.

금전 ①쇠붙이로 만든 돈. ②돈. 예금전 거래. 【金錢】

금전 출납부[금전출랍뿌] 돈이 들어오고 나감을 적어 두는 장부.

금제 관식 금으로 만든 여러 가지 장신구로 백제 무령왕릉에서 나온 유물로 유명함.

금주¹ 이번 주일. 【今週】

금:주² 술을 못 마시게 함. 술을 끊음. -하다. 【禁酒】

금:지 하지 못하게 함. 예출입금지. -하다. 【禁止】

금지 옥엽 〔황금으로 된 나뭇가지와 옥으로 만든 나뭇잎이란 뜻으로〕①임금의 자손이나 집안을 이르는 말. ②귀여운 자손을 이르는 말.

금:침 이부자리와 베개. 침구.

금테 금 또는 금빛 나는 것으로 만든 테. 예금테 안경.

금품 돈과 물건. 【金品】
금피리 금으로 만들어진 피리. 동화나 동시 속에 흔히 나옴.
금:하다 못하게 하다. [예]출입을 금하다.
금혼식 결혼한 지 50주년이 되는 날을 기념하여 축하하는 식.
금화 금으로 만든 돈.
금환식 달이 태양의 가운데만을 가려 달의 주위에 가락지 모양으로 해가 보이는 일식.
급격 급하고 세참. 갑작스러움. [예]기온이 급격히 떨어지다. [반]완만. -하다. -히.
급급하다 어떤 한 가지 일에만 정신을 쏟아 골똘하다.
급등 물가 따위가 갑자기 오름.
급료[금뇨] 일한 대가로 주는 돈. 월급.
급류[금뉴] 급한 물의 흐름. [예]급류에 휘말리다.
급변 갑자기 달라짐. 별안간 변함. -하다. 【急變】
급보 급히 알림. 또는 급한 소식.
급사[급싸] 별안간 죽음.
급성[급썽] 병이 갑자기 심해지는 성질. [반]만성. 【急性】
급속도 매우 빠른 속도.
급수 물을 공급함. 또는 그 물.
급습 상대방이나 적의 방심을 틈타서 갑자기 공격함.
급식 ①음식을 줌. ②학교나 군대에서 음식을 주는 일. 또는 끼니 음식. -하다. 【給食】
급우 같은 반 친구. 【級友】
급제 ①시험에 합격됨. ②과거에 합격됨. [반]낙제. -하다.
급증 갑자기 늘어남. [예]인구가 급증하다.
급하다 [그파다] ①일을 서두르거나 다그치는 경향이 있다. ②머뭇거릴 틈이 없다. ③성미가 참을성이 없다. ④형세가 위태롭다.
급행[그팽] ①빨리 감. ②'급행열차·급행버스'의 준말. [반]완행. 【急行】
긋:다[1] (그으니, 그어서) 줄을 치거나 금을 그리다.
긋:다[2] (그으니, 그어서) 비가 잠깐 멈추다.
긍:정 그러하다고 인정함. [반]부정. -하다. 【肯定】
긍:지 자신이 있어서 스스로 자랑하는 마음.
기[1] 종이나 헝겊 따위에 특별한 뜻을 나타내어 표적으로 쓰는 것〔국기·교기 등〕. 【旗】
기[2] 기운을 뜻하는 말〔원기·정기·생기 등〕. 【氣】
기간 일정한 시기의 사이. [예]머무는 기간. 【期間】
기간 산:업 모든 산업이 발달하는데 기초가 되는 중요한 산업〔비료 공업·제철 공업·시멘트 공업 등〕.
기갈 배고프고 목마름.
기강 으뜸이 되는 규율과 질서.
기개 씩씩한 마음과 꿋꿋한 의지. 또는 그러한 기상.
기계 ①여러 가지 부분이 조직적으로 장치되어 증기·전기 등의 힘에 의하여 일정한 운동을 되풀이하며 일을 하게 만든 장치. ②생활이나 행동 등이 정확한 사람의 비유. 【機械】
기계 공업 ①기계의 힘을 사용하여 생산·가공하는 공업. [반]수공업. ②기계를 만드는 공업.
기계모내기 모내기를 손으로 하지 않고 기계로 하는 방법.
기계 문명 기계의 발달에 따라서 생겨난 현대의 문명.
기계 체조 철봉·목마·평행봉·뜀틀·링 등의 운동기구를 사용하여 하는 체조.

기계톱 동력을 이용하여 움직이게 되어 있는 톱.

기계화 인간의 노동력 대신에 기계의 힘을 이용함.

기고 신문·잡지 등에 싣기 위하여 원고를 써서 보냄.

기고 만:장 ①일이 뜻대로 잘 되어 기세가 대단함. 예기고만장한 태도. ②펄펄 뛸 만큼 성이 나 있음.

기골 힘과 골격. 예기골이 장대하다. 【氣骨】

기공 공사를 시작함. 예곧 기공할 아파트. -하다. 비착공.

기관¹ 생물체를 구성하고 있는 한 부분으로 특별한 기능을 갖는 조직. 【器官】

기관² ①열·전기·증기 따위를 운동에 필요한 힘으로 바꾸는 기계장치. 예증기 기관. ②어떤 일을 하기 위한 조직. 예교육 기관.

기관³ ①숨쉴 때 공기가 통하는 관. 목에서 기관지까지의 부분. 숨통. ②곤충·거미 따위의 호흡기의 일부. 【氣管】

기관명 정부조직이나 공공단체의 이름.

기관사 선박·기차·항공기 등의 기관을 맡아 보는 사람.

기관차 객차나 화차를 철도 위로 끌고 다니게 된 차.

기:교 아주 묘한 솜씨. 예뛰어난 기교.

기구¹ 세간이나 그릇·연장 등을 통틀어서 일컫는 말.

기구² 수소나 헬륨을 넣어 공중에 띄우는 큰 공 모양의 주머니. 경기구. 풍선. 【氣球】

기구³ 하나의 조직을 이루고 있는 체계. 【機構】

기구하다 세상살이가 험하고 순탄하지 못하다. 예기구한 운명.

기권[기꿘] 자기의 권리를 버림. 예선거에 기권하다. -하다.

기근 ①흉년으로 인하여 곡식이 부족함. ②'필요한 물자가 크게 부족한 현상'을 비유하여 이르는 말.

기금 어떤 일을 위하여 모아서 준비해 놓은 돈. 【基金】

기기 묘:묘 매우 이상하고 묘함. -하다. 【奇奇妙妙】

기껍다(기꺼우니, 기꺼워) 마음속으로 기쁘게 여기다. 예기꺼운 소식. 기꺼이.

기:껏 정도나 힘이 미치는 데까지. 힘을 다하여. 비겨우. 고작.

기:껏해야 많이 한다고 하더라도.

기:나긴 길고 매우 긴. 긴긴. 예기나긴 세월을 기다렸다. 비길디긴.

기네스북 영국의 기네스라는 맥주 회사에서 매년 발행하는, 세계 기록만을 모은 책.

기념 어떤 일을 오래도록 전하여 잊지 않게 함. -하다.

기념물 특히 보존할 가치가 있는 물건. 예천연 기념물.

기념비 어떤 일을 기념하기 위하여 세운 비.

기념 우표 어떤 일을 기념하기 위하여 발행하는 우표.

기념일 오래 잊지 않기 위하여 일정한 날에 베푸는 식.

기념품 어떤 일을 기념하기 위하여 주는 물건.

기:능¹ 기술상의 재능. 기술적 능력. 예기능 개발. 【技能】

기:능² 구실을 다하는 능력. 예심장의 기능. 【機能】

기:능공 기술적인 능력 또는 재능을 가진 사람. 【技能工】

기다 엎드려서 앞으로 나가다.

기다랗다(기다라니, 기다라오) 매우 길다. **반**짤따랗다. **준**기닿다. **큰**길다랗다.

기다리다 사람이나 때가 오기를 바라다.

기대 어떤 일이 이루어지기를 바라고 기다림. －하다.

기:대다 ①물체나 몸을 다른 것에 대어 무게를 실리다. **예**기둥에 몸을 기대다. ②남에게 의지하다.

기도¹ 원하는 것이 이루어지기를 신에게 비는 일. **비**기원.

기도² 일을 꾸며 내려고 꾀함. **예**국외 탈출을 기도하다. **비**기원. －하다. 【企圖】

기도³ 동물이 숨을 쉴 때 공기가 허파로 드나드는 통로.

기독교 세계 3대 종교의 하나. 예수 그리스도가 창시한 종교로 그리스도를 이 세상의 구세주로 믿으며 모든 사람에 대한 사랑을 근본 교리로 삼음.

기동¹ 몸을 일으켜 움직임. **예**기동이 불편하다. －하다.

기동² 조직적이고 재빠르게 행동함. **예**기동 훈련. 【機動】

기동력 상황에 따라 재빠르게 행동할 수 있는 힘.

기둥 ①집이나 어떤 물건을 버티는 나무. **예**나무 기둥. ②집안이나 단체에 있어서 가장 중심이 될 만한 중요한 사람을 비유하여 하는 말. **예**나라의 기둥.

기라성 ①밤하늘에 반짝이는 수많은 별. ②위세 있는 사람, 또는 그들이 많이 모여 있는 모양을 비유하여 하는 말.

기:량 사람의 도량과 재능. **예**기량을 발휘하다. **비**기능.

기러기 가을에 와서 이듬해 봄에 가는 철새. 강가·바닷가·늪

등지에서 살며 울음 소리가 처량함.

[기러기]

기력 일을 맡아서 해 나갈 수 있는 정신력. **비**원기. 【氣力】

기로 갈림길. **예**생사의 기로에 서다.

기록 ①사실을 적음. 또는 사실을 적은 기록. **예**관찰 기록. **비**기재. ②운동 경기 따위의 성적. －하다. 【記錄】

기록문 보고 듣고 조사한 것을 정확하게 쓴 글. 【記錄文】

기류 공기의 흐름. 【氣流】

기르다(길러, 길러서) ①동물이나 식물을 자라게 하다. ②단련하여 강하게 하다. **예**힘을 기르다. ③가르쳐 내다.

기름 ①식물의 열매에서 짜낸 액체, 또는 동물에서 얻은 액체나 석유 등을 통틀어서 말함. 물보다 가볍고, 미끈미끈하며 불에 잘 탐. ②지방.

기름기[기름끼] ①기름덩이가 많은 고기. ②윤택한 기운.

기름종이 기름을 먹여서 물에 젖지 않도록 한 종이.

기름지다 ①기름기가 많다. **예**기름진 음식. ②땅이 걸다. **예**기름진 논과 밭.

기리다 좋은 점이나 잘 하는 일을 추어서 말하다. **예**세종대왕의 업적을 기리다.

기린 아프리카의 초원이나 숲에 사는 짐승. 키가 6m 정도나 되며 목이 긺.

기린아 슬기와 재주가 남달리 뛰어난 젊은이.

기립 일어섬. －하다.

기마 말을 탐, 또는 타는 말.

기마대 군대나 경찰에서 말을 타고 맡은 일을 하는 부대.

기마전 말을 타고 하는 싸움을

본뜬 놀이의 한 가지.

기막히다[기마키다] ①숨이 막히다. ②너무 엄청나서 숨을 못 쉴 정도로 어이가 없다. ③매우 훌륭하거나 정도가 높다.

기만 남을 그럴 듯하게 속여 넘김. -하다.

기묘 기이하고 묘함. 예기묘한 생김새. -하다. -히. 【奇妙】

기묘 사:화 조선 중종 14년 (1519) 남곤·심정 등의 수구파가 조광조·김정 등의 신진 학자들을 죽이거나 귀양 보낸 사건.

기물 여러가지 그릇. 물건.

기미 ①낌새. 눈치. ②어떤 일이 일어날 기운.예도망칠 기미가 보인다. 【機微】

기미 독립 운:동 1919년 3월 1일을 기하여 자주 독립을 목적으로 일제에 항거하여 일어난 민족적인 의거. 3·1 운동.

기미마로[사람] 백제인 후예로 일본의 절 도다이사를 건축한 사람.

기민 눈치가 빠르고 행동이 재빠름. 예기민하게 움직이다. 비민첩. -하다.

기밀 드러내어서는 안 될 중요한 일. 예기밀을 누설하다. 비비밀.

기반 밑바탕이 되는 자리. 예기반을 튼튼히 하다. 【基盤】

기발 유달리 뛰어남. 예기발한 생각. -하다. 【奇拔】

기백 씩씩한 정신. 비기상. 기개.

기별 소식을 알림. 또는 그 소식. -하다. 【奇別】

기병 말을 타고 싸우는 군사.

기본 일의 밑바탕. 예기본 실력. 비기초. 근본. 【基本】

기본권[기본꿘] 인간으로서 마

땅히 누려야 할 기본적인 권리.

기부 어떤 일을 도와 줄 목적으로 돈이나 물건을 스스로 내어 줌. 예사회사업에 전재산을 기부하다. 비기증. -하다.

기분 ①저절로 느껴지는 마음의 움직임. 예기분이 상쾌하다. ②분위기. 예명절 기분이 난다.

기쁘다(기뻐, 기뻐서) 마음이 즐겁고 흐뭇하다. 반슬프다.

기쁨 마음이 즐거움. 반가움.

기사[1] 신문이나 잡지에 실린 글.

기사[2] ①말을 타고 싸우는 무사. ②중세 유럽의 무사 계급의 이름. 【騎士】

기사[3] 바둑이나 장기를 잘 두는 사람.

기사 회생 중병으로 죽을 뻔하다 다시 살아남.

기상[1] 대기 중에서 일어나는 여러가지 현상[날씨·기압·기온 따위]. 예기상 관측.

기상[2] 사람의 타고난 성질과 정신. 예씩씩한 기상. 【氣像】

기상대 기상청에 속하여 그 지방의 기상을 관측·조사·구하는 곳. 관상대.

기상청 기상이나 날씨를 조사하여 알려 주는 기관. 이전에는 중앙 기상대로 불리었으나 1991년 1월부터 그 규모가 커지면서 중앙 기상청으로 이름이 바뀜. 과학기술처에 딸림. 줄국립 중앙 기상청.

기색 얼굴에 나타난 마음의 움직임. 얼굴빛. 눈치. 【氣色】

기생 혼자서는 살 수 없는 생물이 다른 생물에 붙거나 몸속에 들어가서 양분을 빼앗아 살아가는 일. -하다.

기생충 회충·요충 따위와 같이 다른 동물에 붙어 사는 동물.

기선 증기 기관의 힘으로 달리는 배. 증기선.

기성 ①사물이 이미 이루어짐. ②주문을 받지 않고 미리 만들어 놓음. 예기성화 【旣成】

기성 세:대 현재 사회에서 활동하고 있는 나이 먹은 층. 凹신진세대.

기성회 어떤 일을 이루고자 만든 모임. 凹육성회. 【期成會】

기세 기운차게 뻗치는 형세. 남이 보기에 두려워할 만한 힘. 예기세가 등등하다.

기수¹ 비행기의 앞머리. 예기수를 동쪽으로 돌리다. 【機首】

기수² 말을 타고 말을 다루는 사람.

기수³ 기를 가지고 신호를 하는 사람. 【旗手】

기수⁴ 홀수. 凹우수.

기수법[기수뻡] 수를 숫자로 나타내는 법.

기숙 자기 집이 아닌 다른 곳에서 먹고 자고 함. -하다.

기숙사[기숙싸] 학교나 공장 등에서, 학생이나 사원들이 먹고 잘 수 있도록 시설을 해 놓은 집.

기:술 어떤 일을 정확하고 능률적으로 해내는 솜씨. 【技術】

기:술자[기술짜] 기술을 가진 사람. 기술을 업으로 삼는 사람들. 예건축 기술자.

기슭[기슥] 비탈진 곳의 아랫부분. 예산기슭.

기습 몰래 갑자기 습격함. 기습 공격. 凹습격. -하다.

기쓰다 있는 힘을 다하다.

기아 굶주림. 예기아에 허덕이다.

기악 악기를 연주하는 음악. 凹성악. 【器樂】

기악곡[기악꼭] 기악을 위하여 만들어진 악곡.

기악 합주 여러 가지 악기를 맡아서 여럿이 함께 연주하는 일.

기암 절벽 기묘하게 생긴 바위와 깎아지른 듯한 낭떠러지.

기압 지구를 둘러싸고 있는 공기가 지구 표면을 누르는 힘.

기압계 기압을 재는 기계.

기압 배:치 공기의 움직임에 의한 어느 지방의 고기압과 저기압의 배치 상태.

기약 때를 정하여 약속함. 예훗날을 기약하다. -하다. 【期約】

기약 분수[기약뿐쑤] 분모와 분자의 공약수가 하나뿐인 분수. 즉, 더 약분할 수 없는 분수.

기어이 꼭. 반드시. 예기어이 이기고야 말겠다. ②마침내. 凹기어코.

기억 지난 일을 잊지 않고 새겨둠. 또는 그 내용. -하다.

기:업 돈을 벌기 위하여 사업을 경영하는 일. 예기업을 확장하다. -하다. 【企業】

기업주 어떤 기업을 소유하고 경영하는 사람.

기여 남에게 이바지함. 남에게 이익을 줌. 예국가 발전에 크게 기여하다.

기역 한글의 닿소리 가운데에서 첫째 글자(ㄱ).

기염 굉장한 기세. 【氣焰】

기:예 ①기술과 예술. ②기술상의 재주와 솜씨. 凹예능.

기온 대기의 온도. 【氣溫】

기와 지붕을 이는 물건. 흙이나 시멘트를 구워 만듦.

기왕 이미. 그렇게 된 바에. 예기왕에 왔으니 며칠 놀다 가거라.

기용 어떤 사람을 중요한 자리에 뽑아 올려 씀. 예인재를 기용하다. -하다.

기우 〔기나라 사람이 하늘이 무 너져 내려앉지 않을까 하고 걱정했다는 이야기에서 유래 됨〕 장래의 일에 대한 쓸데없 는 걱정.

기우제 가물 때 비 오기를 비는 제사. 凹기청제. 【祈雨祭】

기운 ①생물이 살아 움직이는 힘. 예기운이 솟는다. ②하늘 과 땅 사이에 가득 차서 온갖 물건이 나고 자라는 힘의 근 원. 예더운 기운. 凹원기.

기울 밀이나 귀리 따위의 가루 를 쳐내고 남은 속껍질.

기울기 기울어진 정도.

기울다 (기우니, 기우오) ①어떤 방향으로 쏠리다. ②형편이 불 리하다. ③해나 달이 저물다. 〉갸울다. 쎈끼울다.

기울어지다 ①기울게 되다. ② 형세가 불리해지다.

기울이다 ①기울게 하다. ②한 가지 일에 힘을 다하다. 예정 성을 기울이다. ③어떤 방향 으로 향하게 하다. 예귀를 기 울이다.

기웃 ①무엇을 보려고 고개를 기울이는 모양. ②조금 기운 모양. 〉갸웃. -하다.

기원¹ 어떤 일이나 물건이 생긴 근원. 원류. 예인류의 기원. - 하다. 【起源】

기원² 바라는 일이 이루어지기 를 빎. 예남북 통일을 기원 하다. -하다. 【祈願】

기원전 서력 기원이 시작되기 이전.

기이 기묘하고 이상함. 예 기이 한 현상. -하다.

기인¹ 일이 일어난 원인. -하다.

기인² 기이한 사람. 성질이나 말과 행동이 유별난 사람.

기일 특히 정한 날짜. 예기일을

어기지 마라. 【期日】

기입 적어 넣음. 예장부에 지출 을 기입하다. -하다. 【記入】

기자 신문사·잡지사·방송국 등에서 취재하거나 기사를 쓰 는 사람. 예신문 기자.

기자 회견 기자들과 만나서 질 문을 받고 대답하는 형식의 회의.

기장¹ 항공기 승무원 가운데 최 고 책임자. 【機長】

기장² 곡식의 한 종류. 한해살 이풀. 키는 1.2~1.6m이며, 열 매는 떡·술·엿 등의 원료로 쓰이고, 가축의 사료로도 쓰 임.

기재 적어서 넣음. 기록하여 실 음. 예장부에 기재하다. -하다.

기저귀 어린아이의 대소변을 받아 내는 헝겊.

기적¹ 사람의 생각이나 힘으로 는 이룰 수 없는 아주 신기한 일. 【奇蹟】

기적² 기차나 배 따위의 신호 장치, 또는 그 소리.

기절 한때 정신을 잃고 숨이 막 힘. 실신. 예너무 놀라 기절할 뻔했다. -하다.

기점 [기쩜] 무엇이 시작되는 지 점이나 시점. 凹종점. 【起點】

기정동 마을 휴전선 부근에 있 는 북한의 마을. 우리 나라의 대성동 마을과 가까이 있음.

기정 사:실 이미 정하여진 사 실.

기존 이미 존재함. 예기존 시설. 기존 세력. -하다.

기죽다 기세가 꺾이어 약해지 다.

기준 기본이 되는 표준.

기준량 [기준냥] 둘의 수량을 비 율로 비교할 때 기준이 되는 양.

기중기 무거운 물건을 들어올

리거나, 또는 수평으로 이동시키는 기계. 크레인.

기증 물건을 보내어 선사함. 예도서관에 책을 기증하다. 비증정. -하다.

기지[1] 그때 그때에 재빠르게 떠오르는 슬기. 위트. 예기지로 위기를 모면하다. 【機智】

기지[2] ①부대 주둔지나 군사 활동의 근거가 되는 장소. 예해군 기지. ②터전. 【基地】

기지개 피곤할 때 몸을 펴고 팔다리를 뻗는 짓.

기진 맥진 힘이 다하고 맥이 다 풀림. -하다.

기질 ①힘과 체질. ②성질을 나타내는 밑바탕이 되는 특성. 예강인한 기질. 【氣質】

기차 기관차로 객차나 화차를 끌며 일정한 궤도 위를 달리는 차. 비열차. 【汽車】

기착지[기착찌] 목적지로 가는 도중에 잠시 들르는 곳.

기찻길 [기차낄] 기차가 달리게 만들어 놓은 길. 비철로.

기척 있는 줄을 알 만한 소리나 기색.

기체 공기·산소·수소 등과 같이 일정한 모양과 부피가 없는 물질. 반액체. 고체.

기체 연료 천연 가스·석탄 가스·프로판 가스 등 기체의 상태에서 쓰이는 연료.

기초 ①사물의 밑바탕. ②집이나 다리·둑 등의 무게를 받치기 위하여 만든 바닥.

기초 식품군 단백질·탄수화물·지방·비타민·무기질 등 매일 필요로 하는 영양소를 포함하고 있는 다섯 종류의 식품을 아울러 이르는 말.

기초 자치 단체 1989년 12월 19일 통과된 지방 자치법에 따른 군 단위의 지방 자치 단체.

시·군·구 260개로 되어 있음.

기초 작업 어떤 일을 하는 데 맨 먼저 해야할 바탕이 되는 일.

기침[1] ①감기에 걸렸을 때, 목의 자극으로 생겨 갑자기 터져 나오는 숨소리. ②가래를 뱉을 때 내는 소리. -하다.

기침[2] 자고 일어남. 기상.

기타 그 밖. 그 밖의 또 다른 것.

기탁 금품을 남에게 맡기어 그 처리를 부탁함. 【寄託】

기탄 어렵게 생각하여 꺼림. 예기탄없이 생각한 바를 말하라.

기탄잘리[책명] 인도의 시인 타고르가 지은 시를 모아 놓은 책. '노래로 하느님께 바치는 제물'이라는 뜻. 이 작품으로 타고르는 노벨 문학상을 받았음.

기특하다 말이나 행동이 신통하고 귀염성이 있다. 기특히.

기틀 어떤 일의 가장 중요한 고비.

기포 액체 또는 고체에 생긴 기체의 거품. 【氣泡】

기품 학문 따위의 정도가 높고 점잖은 성품. 사람의 모습이나 태도. 예기품 있는 몸가짐.

기풍 여러 사람들의 공통된 마음가짐이나 전통적인 기질.

기피 꺼리어 피함. 예만남을 기피하다. -하다.

기필코 반드시 꼭. 예기필코 성공하고 말겠다.

기하학 수학의 한 부분으로 점·선·면·입체 등이 만드는 공간 도형의 성질을 연구하는 학문.

기한 미리 정하여 놓은 때. 예기한을 어기다. 【期限】

기합 ①정신과 힘을 신체에 나타내어 어떤 일을 하는 기세. 또는 그 때에 지르는 소리. ②군대 따위에서 훈련삼아 주는 벌을 속되게 이르는 말. 예단체 기합.

기행 이상한 행동. 【奇行】

기행문 여행 중에 보고 들은 사실이나 느낀 일을 자기 생각대로 적은 글. 【紀行文】

기형 동·식물의 정상이 아닌 이상한 형태. 예기형 식물.

기형아 몸의 모양이 정상이 아닌 아이.

기호[1] 모슨 뜻을 나타내는 표. 예발음 기호. 비부호.

기호[2] 즐기고 좋아함. 예기호하는 식품. -하다.

기호 식품 영양을 취하려는 것이 아니라 향기·맛·자극을 즐기기 위해 먹거나 마시는 것〔술·담배·차·커피 따위〕.

기호 지방 경기도와 충청도를 이르는 말.

기혼 이미 결혼함. 반미혼.

기화 액체가 증발하여 기체로 됨.

기회 어떤 일을 해 나가는 데 가장 알맞고 좋은 때. 【機會】

기획 일을 계획함. -하다.

기후 비가 오고, 맑고, 흐리고, 춥고, 덥고 하는 따위의 모든 현상. 날씨. 【氣候】

기후대 지구상의 육지를 기후의 차이에 따라 크게 열대·온대·한대 등으로 나눈 지대.

기후도 어떤 지역의 매년 평균적으로 되풀이 되는 기상 상태〔기온·강수량·바람 등〕를 나타낸 지도.

긴급 일이 중대하고도 급함. 예긴급히 연락하다. -하다. -히.

긴담 긴요한 이야기. 【緊談】

긴밀 매우 밀접함. 예긴밀한 사이. -하다. -히.

긴박 아주 급함. 예긴박한 사태. -하다. -히. 【緊迫】

긴요 꼭 필요함. 비요긴. -하다. -히.

긴장 마음을 가다듬어 정신을 바짝 차림. -하다.

긴축 바짝 줄임. 예긴축 정책. 반이완. -하다. 【緊縮】

긴:파람 길게 부는 휘파람.

긴하다 꼭 소용이 되다. 예긴히 할 말이 있어서 왔다. 긴히.

긷:다(길으니, 길어서) 우물 등에서 물을 두레박 같은 것으로 떠내다. 예물을 긷다.

길[1] ①사람이 다닐 수 있게 된 땅 위. ②방법이나 수단. 예더 이상 버틸 길이 없다. ③도중. 예학교가는 길에 들렀다.

길[2] 사람의 키의 한 길이. 예열길 물 속은 알아도 한 길 사람속은 모른다.

길[3] ①익숙해진 솜씨. ②짐승을 잘 가르쳐서 부리기 좋게 된 버릇. ③손질을 잘하여 생기는 윤.

길가[길까] 길의 가장자리. 또는 근처. 예길가에 늘어선 가로수.

길거리[길꺼리] 사람이 많이 다니는 길. 준거리.

길눈 길을 찾아가는 정신. 한 번 본 길을 잘 기억하는 눈. 예길눈이 어둡다.

길:다 짧지 않다. 예다리가 길다. 반짧다.

길들이다 ①물건에 손질을 잘하여 윤기가 나게 하다. ②짐승을 잘 가르쳐서 부리기 좋게 만들다. 예말을 길들이다.

길림〔지명〕 중국 길림성 쑹화강 상류에 있는 도시. 목재의 집산지로 제재·화학 공업이 성함.

[길마]

길마 소의 등에 얹어서 짐을 싣는 안장.

길모퉁이 길이 구부러지거나 꺾이어 돌아간 자리.

길목 ①큰 길에서 좁은 길로 갈라져 들어가는 어귀. ②길의 중요한 통로가 되는 목. [예]길목을 지키다.

길몽 좋은 꿈. [반]흉몽.

길섶[길썹] 길의 한쪽 옆.

길손[길쏜] 길을 가는 나그네.

길쌈 옷감을 짜는 일. -하다.

길이[1][기리] ①한 끝에서 다른 한 끝까지의 거리. [예]다리의 길이. ②어떤 때로부터 다른 때까지의 시간. [예]낮의 길이.

길:이[2] 오래오래. 오래도록. 언제까지나. [예]길이 보전하세.

길일 길한 날. 좋은 날.

길잡이 ①앞에 나서서 길을 인도하는 사람. ②앞으로 나아갈 길의 목표가 되는 사물. [예]인생의 길잡이가 되는 책.

길재〖사람〗[1353~1419] 고려 말의 유학자. 호는 야은. 우왕 말년에 성균관의 박사가 되어 선비들을 가르쳤고, 고려가 망하고 조선이 들어섰을 때 이성계가 벼슬자리를 주려고 하였으나 두 임금을 섬길 수 없다고 거절하였음. 고려 말의 삼은(포은 · 목은 · 야은)의 한 사람. 【吉再】

길조[길쪼] 좋은 일이 있을 조짐. 길할 징조. [반]흉조.

길짐승 기어다니는 동물을 통틀어 이르는 말. [반]날짐승.

길쭉하다[길쭈카다] 좀 길다. [반]짤막하다.

길하다 운이 좋거나 일이 잘 풀려 가다.

김:[1] 물 따위가 열을 받아서 변한 기체. 수증기.

김:[2] 붉은말의 해초. 물 속이나 바위 등에 이끼 모양으로 붙어 많이 남. 모양은 풀잎 비슷하고 빛은 검은 자줏빛 또는 붉은 자줏빛. 식용으로 많이 양식함. 해태.

김:[3] 논밭에 난 잡초. [예]김을 매다.

김구〖사람〗[1876~1949] 독립 운동가 · 정치가 호는 백범. 황해도 해주 출생. 임시정부 주석, 한국독립당 위원장 등을 지냄. 독립 운동으로 일생을 바쳤으며, 남북 분단을 막으려고 애썼음. 【金九】

[김구]

김대건〖사람〗[1822~1846] 우리 나라 최초의 천주교 신부. 조선 헌종 12년(1845)순교함. 【金大建】

김대성〖사람〗[700~774] 신라 경덕왕 때의 재상. 경덕왕 9년(750)에 자기 부모가 오래 살고, 나라가 편안하기를 기원하며, 경주 불국사와 석불사를 짓기 시작한 사람.

김덕령〖사람〗[1567~1596] 임진왜란 때의 의병장. 전라 남도 광주 출생. 전라 남도 담양에서 의병을 일으켜 왜병을 크게 무찌름. '호익 장군'이라는 호를 받음. 시호는 충장.

김마리아〖사람〗[1891~1945] 독립 운동가. 광무 10년(1906) 서울 정신 여학교를 졸업한 후 일본에 유학하고 1919년에 귀국하여 전국을 순회하며 국민들의 독립 정신을 일깨우다가 일제에 잡혀 옥에 갇힘. 후에 상하이로 탈출하여 임시 정부에서 활약함.

김만중〖사람〗[1637~1692] 조선 숙종 때의 문신·문학자. 호는 서포. 한글 소설 문학의 큰 길을 열었음. 어머니에 대한 효성이 깊었으며, 〈구운몽〉〈사씨남정기〉와 문집으로 〈서포만필〉 등을 지음. 【金萬重】

김:매기 논이나 밭에 나는 잡초를 뽑는 일.

김병연〖사람〗[1807~1863] 조선 철종 때의 방랑 시인. 호는 난고. 조부인 선천 부사 김익순이 홍경래의 난 때 항복하여 집안이 망한 데에 굴욕을 느껴 삿갓을 쓰고 죽장(대나무 지팡이)를 짚고 각지를 방랑하며 많은 풍자시를 지음. 김삿갓. 【金炳淵】

김부식〖사람〗[1075~1151] 고려 인종 때의 학자이며 정치가. 호는 뇌천. 묘청의 난(1135)을 평정함. 인종 23년(1145)에 우리 나라 최초의 역사책인 〈삼국사기〉를 엮었음. 【金富軾】

김상헌〖사람〗[1570~1652] 조선 인조 때의 학자 정치가. 벼슬이 좌의정에 이르렀음. 병자호란 때 청나라와 끝까지 싸우기를 주장하다가, 반대파의 주장에 몰려 청나라에 끌려가서 3년 동안 고초를 겪고 돌아왔음. 저서에 〈야인담록〉등이 있음. 【金尙憲】

김생〖사람〗[711~791] 신라 성덕왕 때의 명필가. '해동의 서성'으로 불림. 또한 유신·탄연·최우와 더불어 신품 4현이라 일컬어 졌음. 【金生】

김소월〖사람〗[1902~1934] 시인. 평안 북도 정주 출생. 본명은 정식. 민요적인 서정시를 많이 지음. 시집으로 〈진달래꽃〉〈소월 시집〉 등이 있음. 【金素月】

김시습〖사람〗[1435~1493] 조선 초기의 생육신의 한 사람. 호는 매월당. 21세 때 단종이 왕위에서 물려남을 듣고 승려가 되어, 시로써 자기의 불우와 세상의 불우함을 읊었으며, 금오산에 들어가 〈금오신화〉를 지었음. 【金時習】

김아려〖사람〗 안중근 의사의 부인.

김옥균〖사람〗[1851~1894] 조선 말기의 정치가. 일본을 돌아보고, 일본의 앞선 문물을 받아들이자는 개화 사상을 부르짖고, 갑신정변을 일으켜 신정부를 수립했으나, 실패하여 일본으로 망명. 다시 중국 상하이로 건너갔다가 자객 홍종우에게 암살됨. 시호는 충달. 【金玉均】

김유신〖사람〗[595~673] 삼국 통일을 이룩한 신라의 명장. 15세 때 화랑이 되었고, 고구려를 멸망시킨 후, 당의 군사를 몰아내고 태대각간(신라의 최고 관직)의 지위에 올랐음. 후에 홍무대왕으로 봉해짐. 【金庾信】

김윤후〖사람〗 고려 때의 승장. 고종 19년(1232) 몽고 침입 때 몽고 장군 살리타를 처인성(지금의 용인)에서 죽이고, 몽고군을 물리침. 재차 침입 때도 충주를 사수함.【金允候】

김인문〖사람〗[629~694] 신라 문무왕 때의 장군. 태종 무열왕의 둘째 아들로 삼국 통일에 큰 공을 세움. 【金仁問】

김장 겨울부터 봄까지 먹기 위해 김치·깍두기·동치미 등을 입동 (11월 6~7일경) 전후에 한꺼번에 담가 두는 일. -하다.

김장밭 무·배추 등의 김장거리를 심어 가꾸는 밭.

김정호【사람】[?~1864] 조선 말기의 지리학자. 호는 고산자. 30년 동안이나 우리 나라 방방곡곡을 걸어다니며 직접 땅 모양을 조사하여 철종 12년(1861)에 〈대동여지도〉 32권 15책을 완성하였음.【金正浩】

김정희【사람】[1786~1856] 조선 말기의 금석학자·서예가. 호는 추사 또는 완당. 자기가 연구하여 이룩한 글씨체인 '추사체'로 유명함.【金正喜】

김종서【사람】[1390~1453] 조선 세종 때의 정치가·무신. 호는 절재. 북동 6진을 개척하여 두만강을 국경으로 하는 데 공이 컸음. 단종 때 좌의정이 되었으나 수양대군에 의하여 두 아들과 함께 죽음을 당하였음.【金宗瑞】

김좌진【사람】[1889~1930] 독립 운동가. 호는 백야. 충남 홍성 출생. 1919년 3·1 운동 때 만주로 건너가 북로군정서군을 조직하였으며, 1920년 청산리 싸움에서 이범석 장군과 함께 일본군을 크게 무찔렀음.

[김좌진]

김천일【사람】[1537~1593] 조선 시대 임진 왜란 때의 의병의 지도자. 전라도 나주에서 의병을 일으켜 강화도에서 크게 이겼으나. 진주 싸움에서 성이 함락되자 자결함. 시호는 문열.

김천택【사람】 조선 영조 때의 가인. 호는 남파. 자는 백함. 평민 출신의 가객으로 시조집 〈청구영언〉을 엮었음.【金天澤】

김춘추【사람】[604~661] 신라의 제29대 왕(재위 654~661). 태종 무열왕. 삼국 통일을 이룩하는데 큰 공을 세움.

김치 무·배추 등을 소금에 절여 양념하여 담근 반찬.

김칫독 [김칟똑] 김치를 담아 두는데 쓰이는 독.

김택영【사람】[1850~1927] 경기도 개성 출신. 조선 말기의 애국자. 1908년 중국으로 망명하였으며, 시·문장 짓기와 학문으로 여생을 보냈음. 저서로 〈한국소사〉가 있음.

김포【지명】 경기도 김포군의 군청 소재지. 김포 평야의 중심지로서 인근에 용화사·봉릉사 등의 사적이 많이 있음. 쌀 생산이 많음.

김포 국제 공항【지명】 서울 특별시 강서구 공항동에 위치한 국제 비행장.

김포 평야【지명】 경기도 김포군에 있는 평야. 한강 하류에 자리잡고 있으며 쌀이 많이 생산됨.

김해 평야【지명】 경상 남도 김해를 중심으로 한 낙동강 하류의 평야. 곡창 지대임.

김홍도【사람】[1760~?] 조선 시대 3대 화가 중의 한 사람. 호는 단원. 특히 풍속화에 뛰어났고, 대표적으로는 〈서당도〉〈씨름도〉〈소림명월도〉등이 있음.【金弘道】

깁:다(기우니, 기워서) 해진 곳에 헝겊을 대고 꿰매다.

깃대[기때/긷때] 기를 달아매는 긴 막대기. 예깃대를 세우다.

깃들이다 ①그 안에 머물러 있다. 예건전한 육체에 건전한 정신이 깃들인다. ②짐승이 보금자리를 만들어 그 안에서 살다. ③어둠 같은 것이 서려

들다.

깃발 기의 바탕이 되는 넓적한 헝겊이나 종이 부분.

깊다[깁따] ①위에서 밑까지의 사이가 멀다. [예]깊은 바닷속. ②아는 것이 많다. [예]학문이 깊다. ③침착하고 듬쑥하다. ④정이 두텁다. ⑤어떤 상태가 오래 되어 정도가 더하다. [예]가을이 깊어 간다. [반]얕다.

깊숙하다 깊고 으슥하다. [예]깊숙한 골짜기. 깊숙이.

깊이[1][기피] ①겉에서 속까지의 길이. [예]강물의 깊이를 재다. ②사람이나 사물이 가지고 있는 무게. [예]깊이가 있는 사람.

깊이[2][기피] ①깊게. 깊도록. [예]깊이 명심해라. ②자세히. [예]그일에 대해서는 깊이 모른다.

ㄲ[쌍기역] 'ㄱ'의 된소리.

까까머리 머리털을 깡그리 깎은 머리. 또는 그런 사람.

까다 ①알을 품어서 새끼가 되게 하다. ②껍질을 벗기다. [예]밤송이를 까다.

까:다롭다(까다로우니, 까다로워서) ①복잡하고 어렵다. [예]조건이 까다롭다. ②너그럽지 못하다. 까다로이.

까닭 ①이유. 어떤 결과에 이른 사정. [예]우는 까닭을 말하라. ②속셈. 꿍꿍이속.

까딱없:다 조금도 변함이 없다. 까딱없이.

까딱하면 조금이라도 실수하면. 자칫하면.

까마귀 까마귀과의 새. 몸 전체가 검고 광택이 있음. 인가 부근에 살며, '까옥까옥'하고 욺. 울음이 흉하여 사람들의 사랑을 못 받음.

[까마귀]

까마득하다 아주 멀어서 아득하다. [예]집까지는 아직도 까마득하다. 까마득히.

까막까치 까마귀와 까치.

까막눈[까망눈] ①글을 볼 줄 모르는 무식한 사람. ②어떤 부문에 대해서는 무식한 사람.

까:매지다 까맣게 되다. [예]하얀 얼굴이 까매지다. 〈꺼매지다. [여]가매지다.

까먹다 ①껍데기를 벗겨 속에 것을 먹다. ②밑천이나 재산을 보람 없이 써서 축내거나 없애다. ③알고 있던 것을 잊어버리다.

까무러치다 한때 숨이 끊어지고 정신을 잃다.

까불다(까부니, 까부오)①말이나 행동이 차분하지 않고 달랑거린다. [예]버릇없이 까불다. ② '까부르다'의 준말.

까슬까슬 물체의 거죽이나 피부가 윤기 없이 거친 모양.

까:치 까마귀과의 새. 날개 길이 20~22㎝가량이고 머리에서 등까지 광택이 있는 검은빛이고 가슴과 어깨의 깃은 흰빛임.

[까치]

까:치 설:날 설날의 전날. 곧 섣달 그믐날.

까칠까칠 '가칠가칠'의 센말로 여러 군데가 거칠고 윤기가 없는 모양. 〈꺼칠꺼칠.

까투리 암꿩. [반]수꿩. 장끼.

까풀 여러 겹으로 된 껍질이나 껍데기의 층.

깍두기 김치의 한 가지. 무를 모나게 잘게 썰어서 소금에 절인후 양념과 고춧가루 등을 섞어 버무리어 담금.

깍쟁이 남에게는 인색하고 자

기 이익에는 밝은 사람이나 '얄밉도록 약삭빠른 사람'을 낮추어 이르는 말.

깍지 콩·팥 따위의 알맹이를 까낸 코투리. 콩깍지.

깎기접 가지 접붙이기의 한 방법. 바탕이 되는 나무에 'V' 홈을 판후, 접목을 깎아서 붙임.

깎다 ①얇게 떼어 내다. ⑩연필을 깎다. ②잘라 내다. ⑩머리를 깎다. ③값을 덜어내다. ⑩옷값을 깎다.

깔깔하다 물건이 말라서 보드랍지 못하다.

깔끄럽다(깔끄러우니, 깔끄러워) 깔깔하여 미끄럽지 않다. 〈껄끄럽다.

깔끔하다 깨끗하고 매끈하다.

깔다(까니, 까오) 넓은 천이나 자리 따위를 바닥에 펴 놓다.

깔때기 주둥이가 좁은 그릇에 액체를 따라 넣는 데 쓰이는 원뿔 모양의 기구.

깔리다 흩어지다. 펴놓은 것처럼 되다. ⑩도로에 깔린 낙엽.

깔보다 남을 만만하게 생각하고 얕잡아 보다.

깜깜하다 ①몹시 어둡다. ②응답이나 소식이 전혀 없다. 魁컴컴하다. 〈껌껌하다.

깜박 ①눈을 잠깐 감았다가 뜨는 모양. ②불빛이나 별빛 등이 잠깐 흐려졌다가 밝아지는 모양. ③정신이나 기억이 잠깐 흐려지는 모양. ⑩준비물을 깜박 잊고 왔다. 〈끔벅. 倒깜빡. -하다.

깜부기병 보리 종류나 조·옥수수 등에 발생하는 병의 한 가지. 이삭이 까맣게 됨.

깜찍하다[깜찌카다] 몸집이나 나이에 비하여 매우 영리하고 귀엽다. 깜찍이.

깡그리 하나도 남기지 않고 모조리.

깡충깡충 짧은 다리로 힘있게 솟구어 뛰는 모양. 〈껑충껑충. 倒강중강중.

깡충하다 키가 작고 다리가 길다. 〈껑충하다.

깡통 ①얇은 쇠붙이로 만든 그릇. ②아는 것이 없이 머리가 텅빈 사람을 놀리는 말.

깨끗하다[깨끄타다] ①때나 먼지가 없다. 청결하다. ⑩옷이 깨끗하다. ②맑고 산뜻하다. 순수하다. ⑩정신이 깨끗하다. ③올바르고 떳떳하다.

깨:다[1] ①잠이나 술기운 따위가 사라져 정신이 맑아지다. ⑩잠이 깨다. ②지혜가 열리다. ⑩사람의 머리가 깨다.

깨다[2] ①부서지게 하다. ⑩접시를 깨다. ②일을 방해하다. ⑩흥을 깨다. ③약속·예정 따위를 취소하다. ⑩계약을 깨다.

깨닫다(깨달으니, 깨달아서) ①생각하던 끝에 알아 내다. ⑩이치를 깨닫다. ②잘못을 알다.

깨물다(깨무니, 깨무오) 세게 물다. 깨지게 물다.

깨소금 참깨를 볶아 소금을 치고 빻아서 만든 양념.

깨우치다 이치나 사리를 깨닫게 하여 주다. ⑩잘못을 깨우치다.

깻묵[깬묵] 들깨나 참깨로 기름을 짜고 남은 찌꺼기. 물고기의 먹이나 화초의 거름 등으로 씀.

꺼:내다 '끄어내다'의 준말. 안에서 밖으로 내다. ⑩지갑에서 돈을 꺼내다.

꺼뜨리다 불을 꺼지게 하다.

꺼:리다 싫어서 피하려 하다.

꺼림칙하다 매우 꺼림하다.

꺼지다[1] 불·거품 같은 것이 사라져 없어지다. **예**연탄불이 꺼지다.

꺼지다[2] ①평평한 것이 내려앉아 빠지다. **예**땅이 꺼지다. ② 겉이 우묵하게 들어가다. **예**배가 꺼지다.

꺼:칠하다 살갗이나 털이. 윤기가 없고 거칠다.

꺾꽂이[꺾꼬지] 가지를 잘라 땅에 꽂아서 묘목을 만드는 일. -하다.

꺾다[꺾따] ①휘어서 부러뜨리다. **예**꽃을 꺾다. ②마음을 굽히다. **예**뜻을 마침내 꺾다. ③몸의 어느 부분을 구부리다.

껄껄하다 거죽이 거세어 부드럽지 못하다. 〉깔깔하다.

껌껌하다 몹시 어둡다. 〉깜깜하다.

껍데기[껍떼기] ①겉을 싼 단단한 물질. **예**조개 껍데기. ②속 것을 빼고 겉에 남은 것. **예**이불껍데기를 벗기다. 〉깝대기.

껍죽거리다 ①신이 나서 방정맞게 꺼불거리다. ②잘난 체하다. 〉깝죽거리다.

껍질[껍찔] 물체의 거죽을 싸고 있는 딱딱하지 아니한 물질의 켜. **예**귤 껍질.

껑충껑충 긴 다리로 힘차게 솟구어 뛰는 모양. **예**노루가 껑충껑충 뛰어간다. 〉깡충깡충. **엥**경중경중.

껑충하다 키가 멋없이 크고, 다리가 매우 길다.

껴안다[껴안따] 두 팔로 끼어서 안다. **예**아기를 껴안다.

꼬기작꼬기작 꼬김살이 많이 지게 자꾸 꼬기는 모양. **예**종이를 꼬기작꼬기작 구겨서 버리다. 〈꾸기적꾸기적. **엥**고기

작고기작.

꼬:까신 아기들이 신는 꽃무늬가 있는 예쁜 신발. 고까신.

꼬끼오 수탉이 우는 소리.

꼬:다 ①여러 가닥을 풀어지지 않도록 비비어 한 줄이 되도록 하다. **예**새끼를 꼬다. ②몸이나 팔·다리 등을 바로 가지지 못하고 뒤틀다.

꼬:드기다 남을 부추기어 무슨 일을 하도록 하다.

꼬리 동물의 꽁무니에 가늘고 길게 내민 부분. **뻔**머리.

꼬리말 책의 끝에 대강의 내용과 그에 관계된 사항을 간단히 적은 글. **뻔**머리말.

꼬리지느러미 물고기의 몸 뒤 끝에 있는 지느러미.

꼬마 ①조그마한 것. 소형 **예**꼬마 자전거. 꼬마 자동차. ②'꼬마둥이'의 준말.

꼬마둥이 ①어린아이. ②키나 몸집이 남달리 작은 사람의 별명. **준**꼬마.

꼬마 전구 손전등에 쓰이는 작은 전구.

꼬물거리다 몸을 무겁게 자주 움직이다. 〈꾸물거리다. **엥**고물거리다.

꼬박꼬박 ①졸거나 절할 때에 머리나 몸을 자꾸 앞으로 숙였다가 드는 모양. **예**꼬박꼬박 졸다. ②거르지 않고 빠짐없이 다하는 모양. **예**일기를 꼬박꼬박 쓰다. ③남의 말을 잘 따르는 모양. **예**꼬박꼬박 시키는 대로 한다.

꼬부랑 글자 ①모양 없이 아무렇게나 쓴 글씨. ②'서양 글자'를 속되게 이르는 말.

꼬이다 ①일이 제대로 되지 않다. **예**하던 일이 자꾸 꼬이기 시작한다. ②뒤틀리다. ③'꾀다'의 본디말.

꼬장꼬장하다 ①어떠한 물건 같은 것이 가늘고 곧다. ②사람의 성질이나 마음이 곧고 꼿꼿하다. 예꼬장꼬장한 성격.

꼬질꼬질 차림새나 맵시가 풀기가 죽고 때가 끼어 매우 궁상스러운 모양.

꼬집다 ①살을 집어뜯거나 비틀다. ②남의 비밀을 들추어 내다. 예남의 약점을 꼬집다.

꼬챙이 나무·대·쇠 등의 끝을 뾰족하게 한 물건. ⑥꼬치.

꼬치꼬치 ①몸이 몹시 여위어서 꼬챙이같이 마른 모양. ②끝까지 낱낱이 파고들며 물어 보는 모양.

꼬투리 콩과 식물의 열매를 싸고 있는 껍질.

[꼬투리]

꼭 ①조금도 틀림없이. 예이것은 꼭 지켜야 한다. ②지긋이 힘을 주어 세게 누르거나 조르는 모양. 예눈을 꼭 감다.

꼭꼭 힘주어 누르거나 조르는 것을 더 세게 하는 모양.〈꾹꾹.

꼭대기[꼭때기] ①맨 위쪽. 예남산 꼭대기. ②여럿 중의 우두머리.

꼭두각시 ①무대위에 놓고 놀리는 인형. ②시키는 대로 따라 하는 사람을 비유하는 말. ×꼭둑각시.

꼭두각시놀음 배우 대신 인형을 만들어서 하는 민속 연극.

꼭두 새벽 썩 이른 새벽. 첫새벽.

꼭지[꼭찌] ①나무의 잎사귀나 열매를 붙어 있게 하는 줄기. 예사과 꼭지. ②그릇 뚜껑의 손잡이. 예주전자 꼭지.

꼭지쇠 전구의 유리구와 연결된 둥글게 싼 나사모양의 쇠붙이로 된 통.

꼭지연 꼭지가 붙은 연

꼴[1] 사물의 생김새나 됨됨이. 예꼴 좋다.

꼴[2] 말이나 소에 먹이는 풀. 목초. 예꼴을 베다.

꼴뚜기 낙지와 비슷하게 생긴 바닷물고기. 몸 길이는 다리까지 20cm정도. 몸통에 도톨도톨한 혹이 있고 여덟 개의 발이 있음. 몸 빛깔은 회색을 띤 적갈색임.

꼴불견 꼴이 하도 비위에 거슬리어 차마 볼 수 없음.

꼴째 맨 끝 차례.

꼽다[꼽따] 수를 세려고 손가락을 하나씩 꼬부리다.

꼽사위 산대놀이에서, 춤 동작의 기본이 되는 낱낱의 일정한 움직임의 하나.

꽁꽁 ①단단히 언 모양. 예강이 꽁꽁 얼다. ②단단히 죄어 묶는 모양. 예짐을 꽁꽁 묶다.

꽁무니 ①짐승이나 새의 등마루뼈의 아랫부분. ②엉덩이를 중심으로 한 몸의 뒷부분. ③사물의 맨 뒤나 맨 끝.

꽁보리밥 쌀은 전연 섞지 않고 보리로만 지은 밥.

꽁숫줄 연의 아랫부분 한가운데 매어진 줄. 위의 두 줄과 합쳐 연줄에 이어짐.

꽁초 '담배 꽁초'의 준말. 피우다 남은 담배 꼬투리.

꽁:치 정어리와 비슷한 바닷물고기. 몸통이 납작하고 길며, 몸 빛깔은 등쪽이 청흑색이고 배쪽이 흰색이며, 가슴지느러미와 배지느러미는 아주 작음.

꽁:하다 ①마음 속으로 못마땅하게 여겨 말이 없다. 예사소한 일로 꽁하게 토라져 있다. ②마음이 좁아 어떤 일을

잊지 않고 속으로 언짢아하다.

꽃다[꼳따] 박아세우다. 꼭 끼워져 있게 하다. 예꽃병에 꽃을 꽂다.

꽃[꼳] ①식물의 가지나 줄기에 피어 아름다움을 보이는 부분. ②'아름다운 여자'를 비유하여 이르는 말.

꽃가루 수꽃술의 꽃밥속에 들어 있는 가루.

꽃구름 여러 빛깔로 아름다운 모양을 한 구름.

꽃길[꼳낄] 꽃이 아름답게 피어 있는 길.

꽃답다 꽃과 같이 향기롭고 아름답다. 예꽃다운 젊은 시절.

꽃동산 아름다운 꽃이 많이 피어있는 동산.

꽃말[꼳말] 꽃의 특성에 따라서 각각 어떤 뜻을 붙인 말.

꽃망울[꼳망울] 아직 피지 않는 어린 꽃봉오리.

꽃모종[꼳모종] 옮겨 심기 위하여 기르는 꽃나무의 모종.

꽃받침 꽃을 보호하는 기관의 한 가지. 꽃잎을 받치고 있는 부분.

꽃밥[꼳빱] 꽃의 한 기관. 꽃실 끝에 붙어서 꽃가루를 만드는 주머니 모양의 부분.

꽃봉오리 맺히어 아직 피지 아니한 꽃. ×꽃봉우리.

꽃사슴 몸에 흰 점이 박힌 예쁘고 귀여운 사슴.

꽃샘 이른 봄철 꽃이 필 무렵의 추위. 꽃샘 추위.

꽃샘바람 아른봄. 꽃필 무렵에 부는 쌀쌀한 바람.

꽃송이 꽃자루 위로 붙은 전부의 꽃. 예탐스러운 꽃송이.

꽃술[꼳쑬] 꽃 안에 있는 실같이 생긴 것. 암술·수술 두 가지가 있음.

꽃씨 꽃나무의 씨앗.

꽃자루 꽃대나 가지에서 갈라져 나와, 꽃을 받치는 작은 자루.

꽈:리 가지과의 여러해살이풀. 줄기 높이는 40~90cm. 잎은 한군데에 두 잎씩 나오고 여름에 황백색 꽃이 피며 둥근 열매가 붉게 익음.

꽹과리 놋쇠로 만든 농악기의 한 가지. 모양은 징과 같으나 그보다 훨씬 작고 소리가 높게 남.

[꽹과리]

꾀 일을 그럴 듯하게 꾸며 내는 묘한 생각. .

꾀꼬리 ①날개가 15cm쯤 되고 노란색이며 꼬리와 날개 끝은 검은 새. '꾀꼴 꾀꼴'하고 매우 아름다운 소리로 욺. ②'목소리가 고운 사람'의 비유.

[꾀꼬리]

꾀:다 그럴 듯한 말로 자기 생각에 따르게 하다. 툅꼬이다.

꾀죄하다 ①차림새가 지저분하고 볼품없다. ②마음이 옹졸하고 좀스럽다.

꾀하다 ①계획하다. 예못된 짓을 꾀하다. ②무엇을 하려고 힘쓰다. 예새로운 방법을 꾀하다.

꾸다 남의 것을 뒤에 갚기로 하고 잠시 빌리다.

-꾸러기 일부 낱말에 붙어서 그 버릇이 많은 사람을 나타내는 말〔잠꾸러기·말썽꾸러기·장난꾸러기 등〕.

꾸러미 꾸리어 뭉치거나 싼 물건. 예열쇠 꾸러미.

꾸리다 싸서 묶다. 예이삿짐을 꾸리다.

꾸물거리다 몸을 느리게 움직이다. 〉꼬물거리다.

꾸미다 ①사실이 아닌 것을 그럴듯하게 거짓으로 만들다. ②매만져서 겉으로 좋게 드러나도록 하다. 예방을 꾸미다. ③일을 짜고 꾀하다. 예음모를 꾸미다.

꾸밈말 임자말(주어)이나 풀이말(서술어) 앞에 있어서 그 말의 뜻이나 내용을 자세히 설명하는 구실을 하는 말. 〈**보기**〉 '예쁜 꽃이 많이 피었다'에서 '예쁜'은 '꽃'이라는 임자말을 꾸미고, '많이'는 '피었다'라는 풀이말을 꾸밈. ꀸ수식어.

꾸밈새 꾸민 모양새.

꾸벅 졸거나 절을 할 때 허리를 가볍게 굽혔다가 드는 모양. 〈꼬박. 쎔꾸뻑. -하다.

꾸역꾸역 한군데로 많은 것들이 잇달아 몰려들거나 몰려나는 모양.

꾸준하다 한결같은 상태로 부지런하고 끈기 있다. 예꾸준하게 일하다. 꾸준히.

꾸중 '꾸지람'의 높임말. 예선생님으로부터 심한 꾸중을 듣다. -하다.

꾸지람 아랫사람의 잘못한 것을 꾸짖는 말. ꀸ꾸중. -하다.

꾸짖다[꾸짇따] 잘못을 바로잡기 위하여 나무라다. 예잘못을 한 동생을 꾸짖다.

꿀 꿀벌이 꽃에서 따다가 먹이로 벌집 속에 저장해 두는 달콤한 액체.

꿀벌 꽃에 생기는 달콤한 꿀을 빨아먹기도 하고 나르기도 하는 벌. ꀸ벌.

[꿀벌]

꿇다 무릎을 꿇려 바닥에 대다.

꿈 ①잠자는 동안에 실지로 보고 느끼듯이 머리에 그려지는 여러가지 모습. ②즐거운 상태나 분위기. 예꿈 같은 나날을 보내다. ③바라는 것. ④이루어질 수 없는 생각. ꀸ현실.

꿈결[꿈껼] ①꿈을 꾸고 있는 동안. ② '덧없이 짧거나 빠른 사이'를 비유하여 이르는 말.

꿈꾸다 ①자는 사이에 꿈이 보이다. ②마음 속으로 혼자 바라다. 예과학자를 꿈꾸다.

꿈나라 ①마음 속에 그리는 세계. ② '잠'을 이르는 말. 예꿈나라로 가다.

꿈자리 꿈에 나타난 일이나 내용. 예꿈자리가 사납다.

꿈틀거리다 몸을 이리저리 바꿔 움직이다. 예지렁이도 밟으면 꿈틀거린다. 〉꼼틀거리다.

꼿꼿하다[꼳꼳하다] 마음이나 뜻이 굳세고 곧다. 굽히지 않고 바르다. 예온갖 어려움을 이기고 꼿꼿하게 살다. 〉꽂꽂하다. 꼿꼿이.

꿩 생김새가 닭과 비슷한 꿩과의 새. 몸빛이 아름다우며 수컷은 '장끼'라 하며 꼬리가 32~56cm 정도, 암컷은 '까투리'라 하며 26~31cm 정도로 짧음. 우리 나라의 특산종으로 만주 남부와 칠레 북동부 및 일본에도 있음.

꿰:다 ①구멍으로 실이나 끈을 이 쪽에서 저 쪽으로 나가게 하다. ②옷을 입거나 신을 신다. 예윗도리와 바지를 꿰다.

꿰:매다 해지거나 뚫어진 자리를 깁거나 얽어매다.

끄나풀 ①길지 않은 끈의 도막. ②남의 앞잡이. ×끄나불.

끄다(꺼, 꺼서) ①불이 못 타게 하다. 예촛불을 끄다. ②전깃불·라디오 등의 스위치를 돌리다. 예라디오를 끄다.

끄덕끄덕 그렇게 하겠다고 그개를 자꾸 앞뒤로 흔드는 모양. 셈끄떡끄떡. -하다.

끄덕이다 고개를 앞뒤로 좀 세게 움직이다.

끄떡없다 조금도 움직이지 아니하다. 예강한 비바람이 불어도 나무는 끄떡없다. 〉까딱없다. 끄떡이다.

끄트머리 ①맨 끝 부분. ②일의 실마리. 단서.

끈기 ①참을성이 있어 끝까지 이어 가는 성질. 예은근함과 끈기 있는 성질. ②질기고 차진 기운. 예밥에 끈기가 있다.

끈끈하다 ①끈기가 많아 진득진득하다. 예송진이 끈끈하다. ②성질이 싹싹한 맛이 없이 끈기가 있고 질기다.

끈덕지다 끈기가 있어 꾸준하고 줄기차다.

끈적거리다 ①성질이 끈끈해 무슨 일에 한번 관계하면 얼른 손떼지 않고 자꾸 긁적거리다. ②끈끈하여 자꾸 척척 달라붙다. 〉깐작거리다.

끊다[끈타] ①잘라 내다. ②그치다. ③그만두다.

끊음표 음악 연주에서 한 음표씩 끊어서 연주함을 나타내는 기호. 스타카토.

끊임없다 늘 잇대어 끊어지지 않다. 꾸준하다. 예끊임없이 노력하다. 끊임없이.

끌 나무에 구멍이나 홈을 파는 데 쓰이는 연모.

끌:다 ①잡아당기어 자리를 옮기도록 하다. ②주위를 한데 모으게 하다. 예관심을 끌다. ③미루다. 예날짜를 끌다.

끌:어당기다 끌어서 앞으로 당기다. 예팔를 끌어당기다.

끌어안다[끄러안따] 두 팔로 가슴에 당기어 껴안다.

끓는점 액체가 끓기 시작할 때의 온도.

끓다[끌타] ①액체가 높은 열을 받아 몹시 뜨거워져 거품이 솟아 오르다. 예물이 끓다. ②화가 나서 속이 타는 듯하다. 예끓어오르는 분노를 참다. ③많이 모여 우글거리다. 예벌레가 끓다.

끓이다[끄리다] ①끓게 하다. ②걱정을 지나치게 하며 속을 태우다.

끔찍하다 ①너무 비참하여 놀랄만하다. 예끔직한 살인 사건. ②정성과 성의가 대단하다. 예동생을 끔찍하게 사랑하다. 〉깜찍하다. 끔찍이.

끝 ①마지막이 되는 곳. 예하늘 끝. ②가느다란 것이나 내민 것에서 가장 마지막 되는 부분. 예바늘 끝.

끝내[끈내] 맨 나중까지. 圓끝끝내

끝맺음[끈매즘] 일을 끝내어 마무리를 지음.

끝물[끈물] 맨 나중에 나오는 과일·야채·곡식·해산물 등을 말함. 凹맏물.

끝장 일의 맨 마지막.

끝판 일의 마지막 판.

끼 '끼니'를 셀 때 쓰는 단위. 예한 끼. 두 끼.

끼니 아침·점심·저녁으로 정해진 때에 밥을 먹는 일. 예끼니를 거르다.

끼다[1] 끌어안거나 겨드랑 밑에 넣어 죄다. 예팔짱을 끼다.

끼:다[2] ①안개나 연기 같은 것이 가리다. 예안개가 끼다. ②때나 먼지 같은 것이 묻다. 예눈곱이 끼다. ③곁에 두거나 가까이하다. 예산을 끼고

있는 마을.

끼리끼리 패를 지어 따로따로. 예끼리끼리 흩어지다.

끼얹다[끼언따] 흩어지게 뿌리다. 예찬물을 끼얹다.

끼치다¹ ①남에게 폐나 괴로움을 주다. 예걱정을 끼치다. ②후세에 남게 하다. 예국가 발전에 큰 영향을 끼치다.

끼치다² 살갗에 소름이 돋다. 예소름이 끼치다.

끽연 담배를 피움. -하다.

낌새 일이 되어 가는 형편. 기미. 예낌새를 알아차리다.

김홍도의 그림

ㄴ(니은) 한글 닿소리(자음)의 둘째 글자.

-ㄴ들 '-ㄴ다 할지라도 어찌'의 뜻으로 뒷말이 앞 말에 매이지 아니함을 나타냄. **예**내가 간들 아주 가랴.

나가다 ①안에서 밖으로 나가다. **예**마당으로 나가다. **밴**들어오다. ②값 또는 무게 등이 어느 정도에 이르다.

나귀 '당나귀'의 준말.

나그네 ①여행 중에 있는 사람. ②고향을 떠나 객지에 있는 사람. **비**길손.

나긋나긋하다 ①음식이나 고기 등이 연하다. ②어린아이의 살결이 보드랍다. ③태도가 친절하고 부드럽다. 나긋나긋이.

나날이[나나리] 날마다. 매일.

나누다 ①갈라서 따로따로 되게 하다. **예**사과를 세 쪽으로 나누다. ②음식 따위를 함께 먹다.

나눗셈 어떤 수를 몇 개의 몫으로 나누는 계산.

나다[1] ①없던 것이 생겨나다. **예**새싹이 나다. ②생산되다.

나다[2] 동안을 지내다. **예**깊은 산속에서 겨울을 나다.

나다니다 특별한 일이 없이 밖으로 나가 이곳 저곳 돌아 다니다.

나돌:다(나도니, 나도오) ①'나가 돌아다니다'의 준말. ②말 소문 등이 퍼지다. **예**헛소문이 나돌다. ③병 따위가 널리 퍼지다. ④여기저기 눈에 띄다.

나뒹굴다(나뒹구니, 나뒹구오) ①이리저리 마구 뒹굴다. ②여기저기 어지럽게 널려 있다.

나들이[나드리] 가벼운 볼일로 집을 나서 이웃이나 다른 곳에 갔다가 오는 일. **예**친척집에 나들이 오는 일.

나라 ①국가. ②어떤 특수한 사물의 세계. **예**달나라. 별나라.

나라글자[나라글짜] 국민 전체가 쓰는 글자. 국자.

나라꽃 나라를 상징하는 꽃. 국화. **예**우리 나라의 나라꽃은 무궁화이다.

나라새 나라의 상징으로 특별히 지정한 새[우리 나라→까치, 미국→독수리, 일본→꿩, 덴마크→종달새, 오스트리아→제비 등]. 국조

나락 벼. 경상도, 충청도, 전라도, 강원도의 방언.

나란하다 여럿이 줄지어 있는 모양이 가지런하다.

나래 '날개'의 사투리.

나례 섣달 그믐날 저녁에 궁중에서 잡귀나 악귀를 쫓던 의식.

나례 도감 나례 의식을 행하는 일이나, 외국 사신을 영접하여 잔치를 벌이는 일을 맡아하던 관청. 조선 인조 때에 폐지하고 뒤에 관상감에서 그 일을 맡아 보았음.

나루 강가나 냇가 또는 좁은 바다 목의 배가 닿고 떠나는 일정한 곳.

나루터 나룻배가 닿고 떠나는 일정한 곳.

나룻배[나룯빼] 나루터에서 사람 또는 짐 등을 건네 주는 배.

나르다(날라, 날라서) 물건을 다른 곳으로 옮기다. 例이삿짐을 나르다.

나른하다 몸이 피곤하여 힘이 없다. 나른히.

나름 '됨됨이, 하기에 달림'의 뜻을 나타내는 말. 例합격은 공부하기 나름이다.

나리꽃 회고 큰 꽃이 피며 향기가 좋음. 백합꽃.

나막신 나무를 파서 만든 신. 앞뒤에 높은 굽이 있어 진 땅이나 비 올 때 신기에 알맞음. [나막신]

나머지 ①어느 한도에 차고 남은 부분. ②미치지 못한 부분. ③나누어 똑 떨어지지 않고 남은 수. ×남어지.

나무 ①줄기와 가지에 목질 부분이 발달한 여러해살이 식물을 통틀어 이르는 말. ②건축·토목·가구 따위를 재료로 쓰기 위하여 손질한 재목.

나무라다 잘못을 꾸짖어 알아듣게 말하다. 比꾸짖다.

나무새 ①여러가지 땔나무를 이르는 말. ②나무 숲.

나무 아미타불 ①[아미타불에 돌아가 의지한다는 뜻으로]염불하는 소리. ②'공들여 해 놓은 일이 아무 소용이 없이 됨'을 이르는 말. 例십년 공부 나무 아미타불.

나물 사람이 먹을 수 있는 풀잎이나 나뭇잎 등을 통틀어 이르는 말. 또는 그것에 갖은 양념을 하여 만든 음식.

나박김치 무를 얇고 네모지게 썰어서 절인 뒤에, 고추 파 마늘 미나리 등을 넣고 국물을 부어 익힌 김치.

나방 나비와 같은 곤충으로 주로 밤에 날아다님. 나비보다 배가 통통하며 대부분 해충임.

나병 ⇨ 문둥병. 例나병환자.

나부끼다 얇고 가벼운 종이 같은 것이 가볍게 흔들리다.

나부라지다 바닥에 쓰러져 늘어지다.

나불나불 ①약하고 가볍게 흔들리는 모양. ②입을 가볍게 함부로 자꾸 놀리는 모양. 〈너불너불. 団나풀나풀.

나붙다 눈에 잘 보이는 곳에 붙다. 例거리마다 벽보가 나붙다.

나비[1] 옷감이나 종이 같은 것의 넓이. 너비. 폭.

나비[2] 두 쌍의 날개를 가진 곤충의 하나. 머리에서 끝이 부푼 한 쌍의 더듬이와 두개의 겹눈이 있음. 몸은 가늘고 둥글며 날개는 넓적함.

나쁘다 좋지 않다. 返좋다.

나사[1] 미국 국립 항공 우주국. 미국의 우주 개발을 위하여 1958년에 설립되었음.

나사[2] ①소라처럼 빙빙 비틀리어 고랑이 진 생김새의 물건. ②'나사못'의 준말.

나사못 비틀어 박게 만든 못.

나서다 ①나가 서다. 나타나다. ②참견하거나 간섭하다. 例네가 나설 일이 아니다.

나석주【사람】[1889~1926] 독립 운동가. 열사. 황해도 재령에서 태어남. 1926년 일제의 농민 착취 기관이었던 동양 척식 주식회사에 폭탄을 던지고 자결하였음. 【羅錫疇】

나아가다 앞으로 자꾸 가다. 예적을 향해 나아가다. ⑥나가다.

나아지다 점점 잘 되어 가다. 좋아지다. 예실력이 차츰 나아지다. ⑥나지다.

나앉다[나안따] 다가서 앉거나 물러앉다.

나약 뜻이 굳세지 못함. 예나약한 성격. -하다.

나오다 ①안에서 밖으로 나오다. 예방에서 나오다. ②감정이나 표정이 일어 어떤 행동을 취하다. 예웃음이 나오다.

나왕 목재의 한 가지. 가구·건축 등의 재료로 쓰임.

나위 더할 수 있는 여유. 또는 해야 할 필요. 예더할 나위 없이 고맙다.

나이 사람이나 생물이 세상에 나서 지내 온 햇수. ⑥연세. 춘추.

나이스 ①좋음. 예나이스 플레이. ②훌륭함. ③멋짐. 【nice】

나이지리아【나라】 아프리카의 기니 만에 있는 공화국. 야자유·바나나·코코아·수수·밀·면화 등이 많이 남. 수도는 라고스.

나이테 나무의 줄기를 자른 면에 보이는 둥근 테. 해마다 하나씩 생겨 그 수로 나무의 나이를 알수 있음. 나이바퀴. 연륜.

[나이테]

나이팅게일【사람】[1820~1910] 플로렌스 나이팅게일. 영국에서 태어나 간호 사업을 개혁한 간호·자선 사업가. 1854년 크림전쟁 때 최초로 간호사 부대를 조직하여 자원하였으며, 이것이 바탕이 되어 적십자 운동이 일어났음.

나이프 작은 칼. 주머니칼.

나:인 궁궐 안에서 임금이나 왕비를 가까이 모시던 여자들을 통틀어 이르는 말.

나일 강 아프리카 대륙의 북동부를 남쪽에서부터 북쪽으로 흐르고 있는 아프리카 대륙에서 제일 큰 강. 길이 6,671km.

나일론 석탄·물·공기를 원료로 하여 만든 가볍고 질기고 부드러운 인조 섬유. 【nylon】

나전칠기 옻칠을 하고 자개를 박은 나무 그릇이나 공예품.

-나절 ①하루 낮의 대략 절반이 되는 동안. 예한나절. ②낮의 어느 무렵이나 동안. 예아침 나절.

나주 평야 영산강 유역에 펼쳐진 평야. 나주를 중심으로 하여 그 일대에 펼쳐져 있는 넓은 들. 곡창지대.

나:중 얼마 지난 뒤. 맨 끝. 逃먼저. 우선.

나지막하다 높이나 소리의 크기 따위가 매우 낮다. 예나지막한 산. 나지막이.

나직하다 높이나 소리의 크기 등이 조금 낮다. 나직이.

나철【사람】[1863~1916] 대종교의 창시자. 호는 홍암. 본명은 인영. 을사조약이 체결되자, 매국 대신들을 죽이려다 귀양을 갔으며, 후에 단군 신앙을 중심으로 한 대종교를 세움.

나:체 벌거벗은 몸. 알몸. 逃벌거숭이.

나침반 방위판 위에서 자기의 힘으로 자침이 돌아 남북의 방향을 가리키도록 한 기구. 어느 곳의 방위를 아는 데 쓰임. ⑥침반.

나타나다 ①나와서 눈에 뛰다. 예구름에 가린 달이 나타나다. ②일이 드러나서 알게 되다. 예속마음이 나타나다. ③없던 것이 생겨나다. 반사라지다.

나:태 느리고 게으름. 예나태한 태도를 고치다. -하다.

나토 북대서양 조약 기구. 북대서양 조약에 따라 만들어진 집단 방위 체제. 【NATO】

나팔 쇠붙이로 만든 나팔꽃 모양의 관악기의 하나. 군대가 행진할 때 많이 쓰임.

나팔꽃 덩굴을 길게 뻗는 한해살이 풀. 아침 일찍 나팔 모양의 꽃이 피었다가 낮에는 서서히 오므라듦. [나팔꽃]

나팔수 나팔을 부는 사람.

나:포 ①죄인을 붙잡는 일. ②법을 어긴 외국 배를 바다 위에 잡아 두는 일. -하다.

나폴레옹【사람】 [1769~1821] 나폴레옹 1세. 프랑스의 황제. 혁명때 군인으로 활약하다가 황제의 지위까지 올랐음. 거듭되는 패전으로, 세인트 헬레나 섬으로 귀양가서 죽음.

나폴리【지명】 이탈리아 반도의 남부 서해안에 있는 항구 도시. 경치가 매우 좋아서 세계에서 아름다운 항구로 손꼽힘.

나풀거리다 종이나 천 따위가 바람에 가볍게 자꾸 흔들거리다. 〈너풀거리다. 여나불거리다.

나풀나풀 바람에 가볍게 날리는 모양. 〈너풀너풀. 예나불나불. -하다.

나프탈렌 좀약으로 많이 쓰이는 약품. 자극성의 냄새가 강하고, 보통 공기 중에서 기체 상태의 분자가 튀어나옴.

나흗날 ①'초나흗날'의 준말. ②넷째의 날. 준나흘.

나흘 ①넷째 날. ②'초나흗날'의 준말.

낙 ①즐거움. 예고생 끝에 낙이 온다. ②위안으로 삼는 일.

낙관[1] ①세상을 좋게 봄. ②일이 잘 될 것으로 봄. 반비관. -하다. 【樂觀】

낙관[2] 그림이나 글씨에 필자가 이름을 쓰고 도장을 찍는 일. -하다.

낙낙하다[낭나카다] 크기 수효 등이 조금 남음이 있다. 조금 크다. 예신발이 좀 낙낙하다. 〈넉넉하다. 낙낙히.

낙농[낭농] 소·염소 등의 젖을 원료로 하여 버터·치즈·연유 등을 만드는 농업.

낙담 ①바라던 일이 뜻대로 안되어 마음이 몹시 상함. ②몹시 놀라 간이라도 떨어질 듯한 느낌. 비낙심. -하다.

낙도 육지에서 떨어진 섬. 외딴섬. 【落島】

낙동강 태백산에서 흘러 나와 경상 남북도를 지나 남해로 흘러 들어가는 강. 525km.

낙동강 전:선 6·25 전쟁 때, 낙동강을 중심으로 아군과 공산군이 치열한 전투를 벌인 지대.

낙락장송 가지가 축축 늘어진 큰 소나무. 【落落長松】

낙랑[낭낭] 한사군의 하나. 지금의 청천강 이남 황해도 자비령 이북에 있었던 군현. 고구려에 병합됨. 한사군 중 가장 오래 계속되었고, 문화가 찬란하였음. 【樂浪】

낙뢰[낭뇌] 벼락이 떨어짐. 또는 그 벼락. -하다.

낙뢰 관측소 벼락이 떨어지는 현상을 관측하는 곳.

낙마 말에서 떨어짐. 【落馬】

낙망[낙망] 희망이 없어짐. 애써 바라던 일이 뜻대로 되지 않아 실망함. 圓낙심. -하다.

낙방[낙빵] 시험에서 떨어짐. 圓합격. 급제. -하다.

낙상 떨어지거나 넘어져 다침. 또는 그 상처. 【落傷】

낙서 장난으로 아무 데나 함부로 글자를 씀. -하다. 【落書】

낙석 산이나 벼랑에서 돌이 굴러 떨어짐.

낙선 ①선거에서 떨어짐. 阅선거에서 낙선하다. 圓당선. ②심사에서 떨어짐. 阅낙선한 작품. 圓입선. -하다. 【落選】

낙성[낙썽] 집·다리 등의 공사를 끝냄. 圓준공. -하다.

낙성식 건축물의 공사를 끝낸 것을 기념하는 행사.

낙숫물[낙쑨물] 처마 끝에서 떨어지는 빗물이나 눈 등이 녹은 물.

낙승 운동 경기 따위에서 쉽게 이김. 【樂勝】

낙심 바라는 일을 이루지 못하여 마음이 풀어짐. 圓낙담. 낙망. 실망. -하다.

낙엽[나겹] 나뭇잎이 떨어짐. 또는 그 나뭇잎. 갈잎.

낙엽송[나겹쏭] 소나무과의 갈잎비늘잎큰키나무. 높이 30m 가량. 잎은 바늘 모양으로 흩어져 나거나 뭉쳐남. 건축·침목·펄프·선박 등에 쓰임.

낙엽수 겨울에 잎이 지는 나무를 통틀어 일컫는 말〔참나무·감나무·오동나무·단풍나무 등〕. 갈잎나무. 圓상록수.

낙오[나고] 지쳐 떨어짐. 阅행군에서 낙오한 사람. -하다.

낙원 ①편안하게 살 수 있는 즐거운 곳. 阅어린이들의 낙원. ②인간 세상을 떠난 편안하고 즐거운 곳. 圓천국.

낙인[나긴] ①불에 달구어 찍는, 쇠붙이로 만든 도장. ②씻기 어려운 불명예스러운 이름이나 판정.

낙제 ①시험에 떨어짐. ②성적이 일정한 수준에 미치지 못하여 진학이나 진급이 되지 못하는 일. 圓낙방. 圓급제. -하다.

낙제:품 우유나 양젖을 원료로 하여 만든 제품을 통틀어 일컫는 말〔버터·치즈 등〕.

낙지 바다에 사는 문어 비슷한 동물의 하나. 머리에 짧고 긴 여덟 개의 발이 달려 있음.

낙차 높은 곳에서 떨어지거나 흐르는 높낮이.

낙착 일이 끝이 남. 결정됨.

낙천적 모든 일을 즐겁게 생각하는 모양. 阅그 사람은 낙천적인 성격을 지녔다.

낙타 낙타과의 젖먹이 동물로 등에 지방을 저장해두는 큰 혹이 하나 또는 두 개 있는 동물. 사막지대의 교통 수송에 매우 중요한 역할을 함. 혹의 숫자에 따라 단봉낙타와 쌍봉낙타가 있음.

[낙타]

낙토 살기 좋은 땅. 【樂土】

낙하[나카] 높은 데서 낮은 데로 떨어짐.

낙하산[나카산] 비행기에서 사람이나 물건이 안전하게 땅 위에 내려오도록 하는데 사용하는 기구. 여러 가닥의 밧줄이 달린 우산같이 생겼으며, 그 속에 공기를 받아 떨어지는 속도를 느리게 함. 파라슈트.

낙하산병 낙하산을 타고 적진

에 뛰어내려 군사 활동을 하는 군인.

낙하점[나카쩜] 물체가 떨어지는 그 곳. 낙하 지점.

낙향[나캉] 서울에서 시골로 사는 곳을 옮김. 【落鄕】

낙화[나콰] 꽃이 짐, 또는 그 꽃. 낙영. 낙홍. -하다.【落花】

낙화암[나콰암] 충청 남도 부여의 백마강에 잇닿은 절벽을 이루고 있는 부소산 서쪽의 큰 바위[백제가 망할 때 여기서 삼천명의 궁녀가 백마강에 몸을 던져 죽었다는 전설로 유명함].

낙후 뒤떨어짐. 예낙후된 고장을 발전시키다. -하다.【落後】

낚다[낙따] ①낚시로 고기를 잡다. ②바라는 것을 얻다. 예기회를 낚다.

낚시[낙씨] ①미끼를 꿰어 물고기를 낚는 작은 바늘로 된 갈고랑이. ② '낚시질'의 준말.

낚시꾼 낚시를 하는 사람.

낚시찌 물고기가 낚시를 물면 곧 알수 있게 물 위에 뜨게 만든 것.

낚시질 낚시로 물고기를 낚는 일. ⑥낚시. -하다.

낚시터 낚시질하는 곳.

낚싯대[낚시때/낙신때] 낚시줄을 매어 쓰는 가늘고 긴 대.

낚싯배[낚시빼/낙신빼] 낚시질하는 데 이용하는 작은 배.

낚아채다 고기를 낚듯 잡아채다.

난:[1] '난리'의 준말. 예임진왜란.

난[2] 난초. 예난을 치다.

난간 층계나 다리 등의 가장자리를 막아 세운 것.

난감 견디어 내기 어려움. 비난처. -하다.

난관 일을 해내기가 어려운 고비. 예공사가 난관에 부딪쳤

다.

난국[1] 일을 처리하기가 어려운 고비. 예난국을 수습할 지도자가 기다려진다. 【難局】

난국[2] 질서가 없어 어지러운 나라.

난:대 열대와 온대의 중간으로 기후가 따뜻한 지대[평균 온도 13~20℃ 가량].

난:데없다 별안간 나와 어디서 나왔는지 알 수 없다.

난동 함부로 날뜀. 예술취한 사람이 난동을 부리다.

난:로[날로] 방안의 공기를 데우는 데 쓰이는 기구.

난:류[날류] 온도가 높고 소금기가 많은 해류[적도 부근에서 근원을 이루어 차츰 온대·한대로 향해 흐름]. 반한류.

난:리[날리] 전쟁 따위로 세상이 시끄럽고 질서가 어지러워 사람들이 뿔뿔이 흩어지는 일. 전란. ⑥난.

난:립[날립] ①무질서하게 늘어섬. 예거리에 각지각색의 간판이 난립해 있다. ②여럿이 나섬. -하다.

난:무 함부로 날뜀. 예폭력배가 난무하는 거리. -하다.

난민 전쟁 등으로 어려움을 겪는 사람. 예난민 수용소. 본피난민.

난:방 따뜻한 방, 또는 방을 덥게 함. 반냉방.

난:방 시:설 방 안을 따뜻하게 덥히는 설비. 반냉방 시설.

난:사 화살이나 총 등을 함부로 쏨. 예권총을 난사하다. -하다.

난산 ①아기 낳기에 고생함. ②일이 잘 안 됨. 반순산. 예난산 끝에 조직된 축구팀. -하다.

난색 난처한 기색. 승낙하지 않
거나 찬성하지 않으려는 기
색.

난생 처음 세상에 태어난 후 처
음.

난:시 눈의 굴절 이상으로 수정
체의 구면이 고르지 않아서
들어오는 광선이 한 점에 모
이지 않아 물체가 똑바로 보
이지 않는 상태. 또는 그런
눈.　　　　　【亂時】

난이도 학습·운동·기술 따위
의 쉽고 어려운 정도. 예난이
도가 높은 문제.　　【難易度】

난:입 함부로 뛰어들어감.

난:잡하다 ①지저분하다. ②뒤
섞여 질서가 없다. 예난잡한
행동. 난잡히.

난:장판 여러 사람이 함부로 떠
들어 뒤죽박죽이 된 모양.

난쟁이 키가 몹시 작은 사람.
쨈키다리.

난:중일기【책명】조선 선조 때
이순신 장군이 임진왜란에 출
전하여 진중에서 적은 일기.
1592년 5월부터 1598년 9월까
지의 기록. 충청 남도 아산군
현충사에 보관됨〔국보 제76
호〕.

난처하다 ①처지가 곤란하다.
②처리하기 어렵다. 예매우
난처한 일이 생기다.

난청 청각 기관의 장애로 소리
를 잘 들을 수 없는 상태.

난초 난초과의 여러해살이 화
초. 잎이 좁고 길며 꽃은 향
기가 좋음.

난:타 함부로 마구 때림. 예권
투에서 난타전을 벌이다. -하
다.

난:투 서로 덤벼들어 어지러이
싸움. -하다.

난파 배가 항해하다가 폭풍 따
위를 만나 부서짐. -하다.

난파선 난파된 배.

난:폭 몹시 거칠고 사나움. 예
난폭한 운전. 쨈포악. -하다.

난항 ①파도가 거칠어 어려운
항해를 함. ②일을 하는 데의
어려움. 예회담이 난항을 거
듭하다.

난해 까다로워 풀기 어려움. 예
문제가 매우 난해하다. -하다.

낟:가리 낟알이 붙어 있는 곡식
을 많이 쌓은 큰 더미. 곡식
더미.

낟:알 ①껍질을 벗기지 않은 곡
식의 알맹이. ②쌀알.

낟:알잎 낟알과 잎을 함께 이
르는 말.

날[1] ①하룻동안. ②날씨. 예날이
화창하다. ③날짜. 예결혼할
날을 정하다.

날[2] 칼이나 가위 따위. 연장의
물건을 베고 찍고 깎고 하는
가장 날카로운 부분. 예숫돌
에 칼을 갈아 날을 세우다.

날강도 아주 뻔뻔스럽고 악독
한 강도.

날개 ①새나 곤충 등의 몸에 붙
어서 날 때에 펴는 기관. ②
비행기의 양쪽에 붙어 있는
넓은 조각.

날고기 삶거나 익히지 않은 고
기. 쨈생고기.

날다(나니, 나오) ①공중에 떠
서 가다. ②매우 빨리 움직이
다. ③냄새가 없어지다.

날뛰다 ①어쩔 줄을 모르고 마
구 행동하다. 예기뻐 날뛰다.
②함부로 덤비며 거칠게 행동
하다.

날라리 입으로 불어서 소리 내
는 우리나라 악기의 한 가지.
태평소.

날래다 움직임이나 행동이 나
는 것처럼 힘차고 빠르다. 쨈
날쌔다.

날:렵하다 빠르고 슬기롭다. 예날렵하게 행동하다.

날로¹ 나날이. 날이 갈수록. 예사업이 날로 번창하다.

날로² 날것인 채로. 예민물고기를 날로 먹으면 디스토마에 걸릴 위험이 있다.

날름 ①혀끝이나 손을 재빠르게 놀리는 모양. 예혀를 날름거리다. ②무엇을 얼른 받아먹는 모양. -거리다.

날리다 바람에 불려 공중에 떠다니다. 예연을 날리다.

날림 공을 들이지 아니하고 아무렇게나 하는 일. 또는 그 물건. 예날림 공사.

날마다 ①매일. ②하루도 빠짐없이.

날벼락 뜻밖에 당하는 나쁜 일. 생벼락.

날숨[날쑴] 내쉬는 숨. 凹들숨.

날실[날씰] 피륙의 세로로 놓인 실. 凹씨실.

날쌔다 움직임이 재빠르다. 예제비가 날쌔게 날아가다.

날씨 맑음·흐림 등 그 날의 일기. 凹천기.

날씬하다 몸매가 가늘고 호리호리하여 맵시 있어 보이다. 〈늘씬하다. 날씬히.

날아다니다 날아서 이리저리 다니다.

날염 무늬 새긴 본을 대고 풀을 섞은 물감을 발라서 물을 들임.

날인 도장을 찍음. 예계약서에 날인하다. -하다.

날조 없는 사실을 거짓으로 꾸밈. -하다.

날짐승[날찜승] 날아다니는 짐승. 새를 통틀어 일컫는 말. 凹길짐승.

날짜 ①어떤 일에 소용되는 날의 수효. 예날짜가 많이 걸리

다. ②작정한 날. 예결혼 날짜.

날치기 남의 물건을 재빨리 채가는 짓. 예지갑을 날치기당하다. 凹소매치기. -하다.

날카롭다 (날카로우니, 날카로워서) ①끝이 뾰족하다. 예송곳이 날카롭다. ②성질이 느긋하지 못하다. 예신경이 날카롭다. 凹무디다.

날품 그날 그날 돈을 받고 하는 일. 예날품을 팔다.

낡다[낙다] ①오래 되어 헐거나 상하다. 예집이 낡다. ②시대에 뒤떨어져 새롭지 않다. 예생각이 낡다. 凹새롭다.

남 나 외의 다른 사람. 凹타인. 凹나.

남구만【사람】[1629~1711] 조선 인조~숙종 때 소론의 우두머리. 바른말을 잘하여 모함을 받고 남해로 귀양을 간 적도 있으나, 뒤에 풀려 나와 영의정까지 지냈음.【南九萬】

남국 남쪽 나라. 예남국의 아름다운 경치.

남극 지구의 남쪽 끝. 凹북극.

남극 기지 여러 나라가 공동으로 남극에서 특별한 자연 현상을 관측하기 위해 설치한 기지. 남극 관측 기지.

남극 대:륙 남극 지방의 두꺼운 얼음으로 덮인 땅. 凹북극 대륙.

남극 세종 기지 남극의 자원을 개발하기 위해 1984년에 우리 나라가 킹조지 섬에 세운 기지.

남기다 ①나머지가 있게 하다. 예많은 이익을 남기다. ②처져 있게 하다.

남녀 남자와 여자. 【男女】

남녀 노:소 남자와 여자와 늙은이와 젊은이, 곧 모든 사람.

남녘 남쪽 방면. 凹북녘.

남:다 ①나머지가 있게 되다. ②따로 처져 있다. 예집에 남다. ③이익을 보다. ●

남다르다(남다르니, 남달라서) 다른 사람과 다르다. 예그 일에 남다른 정성을 쏟았다.

남단 남쪽 끝. 예한반도 남단에 있는 섬. 땐북단.

남대문 서울에 있는 옛날 성문의 하나. 원래의 이름은 숭례문〔국보 제1호〕. 【南大門】

남도 경기도 이남의 지방을 이르는 말〔충청. 경상. 전라 3도를 말함〕. 【南道】

남동풍 남동쪽에서 북서쪽으로 부는 바람. 【南東風】

남:루〔남누〕 옷이 해지고 너절하다. -하다.

남매 오빠와 누이, 또는 누이와 남동생. 땐오누이.

남반:구 적도를 경계로 지구를 둘로 나누었을 경우의 남쪽 부분. 땐북반구.

남:발 함부로 마구 펴냄. 예수표를 남발하다. -하다.

남방 ①남쪽 지방. ②'남방 셔츠'의 준말. 【南方】

남:벌 나무를 함부로 마구 베어냄. -하다.

남복 남자의 옷. 땐여복.

남부끄럽다 창피스러워서 남을 쳐다볼 수 없다.

남부럽지 않다 형편이 좋아서 남을 부러워하지 않을 만하다. 예남부럽지 않게 살다. 준남부럽잖다.

남부 지방 ①남쪽 지방. ②우리 나라의 전라 남북도 · 경상 남북도 · 부산광역시 · 제주도를 포함한 지방. 땐북부 지방.

남북 남쪽과 북쪽. 땐동서.

남북 대:화 ①남부와 북부가 서로 마주 대하여 이야기함. ②우리 나라인 남한과 북한과의

사이에 주고받는 말.

남북 전:쟁〔1861~1865〕 미국 링컨 대통령 때 노예 제도를 폐지하자는 북부와, 또 이를 반대하는 남부 사이에 일어난 전쟁. 북부의 승리로 노예가 해방되었음.

남북 통:일 현재 휴전선으로 갈라져 있는 우리 나라의 남한과 북한을 합쳐 한 나라로 만드는 일.

남빛〔남삗〕 푸른빛과 자줏빛과의 중간빛〔하늘빛보다 짙음〕. 땐남색. 쪽빛.

남사당 무리를 지어 이곳 저곳으로 떠돌아다니면서 노래와 춤을 파는 사내.

남산 ①남쪽에 있는 산. ②서울 한복판에 있는 산. 본디 이름은 목멱산. 높이 260m.

남산 공원 서울 남산에, 쉬고 놀 수 있도록 마련해 놓은 놀이터.

남산 제:일(1)호 터널 서울의 중심부인 퇴계로 쪽에서 남산 밑을 뚫어 한남동으로 통하는 자동차 전용의 굴. 길이 1,530m.

남색 푸른빛과 자줏빛의 중간 빛깔. 땐남빛.

남생이 연못이나 냇가에 사는 민물 동물. 거북과 비슷하고, 네 발에 다섯개의 발가락이 있고, 발가락 사이에 물갈퀴가 있음.

남서 남쪽과 서쪽의 중간 방위. 땐북동. 【南西】

남서풍 남서쪽에서 북동쪽으로 부는 바람. 서남풍.

남성 남자. 사내. 땐여성.

남성미 남자다운 아름다움. 땐여성미.

남실거리다 무엇을 삼키려는 듯 너울거리다. 예남실거리는

푸른 파도. 〈넘실거리다.

남아 ①사내 아이. ②사내다운 남자. 예남아 일언 중천금. 반여아. 【男兒】

남아돌:다 아주 넉넉하여 나머지가 많이 있게 되다.

남아메리카 파나마 지협에 의하여 북아메리카와 구분되는 아메리카 대륙의 남쪽 대륙. 비남미주. 준남미.

남아프리카 공화국【나라】 아프리카 대륙의 남부에 위치하고 있는 나라. 1961년 영국으로부터 독립함. 금·다이아몬드가 많이 남. 백인과 흑인의 인종 차별 문제로 늘 다투고 있음. 남아공

남양 태평양 가운데의 적도를 중심으로 하여 남북에 걸쳐 있는 섬이 많은 해역. 【南洋】

남:용 함부로 마구 씀. 비낭비. -하다.

남작 지난날, 서양에서 나라에 공이 있는 사람에게 주던 다섯 등급〔공작·후작·백작·자작·남작〕의 벼슬 중 맨 아래 등급.

남장 여자가 남자처럼 차림. 반여장. -하다. 【男裝】

남중 고도 태양이 남중했을 때의 태양의 높이〔하루 중에서 가장 높음〕. 【南中高度】

남짓[남짇] 분량·수효·무게 따위가 일정한 기준보다 조금 더 되거나, 어떤 한도에 차고 조금 남음이 있음을 뜻하는 말. 예일년 남짓. -하다.

남촌 ①남쪽에 있는 마을. 예산 너머 남촌. ②조선 때 서울 안의 남쪽에 있는 동네를 이르는 말. 반북촌.

남침 ①남쪽을 침략함. ②북한이 우리 남한을 쳐들어 온 일. 반북침. -하다.

남파 남쪽으로 보냄. 예간첩을 남파시키다.

남편 결혼하여 여자의 짝이 되어 사는 남자를 일컫는 말. 반아내. 존부군.

남포등 석유를 넣어 불을 켜는 등〔불이 꺼지지 않게 등피를 씌움〕.

[남포등]

남풍 남쪽에서 불어 오는 바람. 마파람. 반북풍. 【南風】

남하 ①남쪽을 향하여 내려감. ②북쪽 나라가 남쪽 나라로 진출함. 반북상. 【南下】

남한 휴전선 이남의 한국. 반북한. 【南韓】

남한 산성 경기도 광주군 남한산에 있는 산성. 조선 제14대 선조때 만들었음. 높이 7.2m. 둘레 7.2km.

남해 남쪽에 있는 바다. 【南海】

남해 고속 국도 순천에서 부산 사이를 잇는 고속 국도. 1973년에 개통됨. 길이 173.2km.

남해 대:교 경상 남도 하동군과 남해군 사이의 섬과 육지를 잇는 현수교. 탑 높이 60m. 너비 12m의 큰 다리로 한려수도의 명물. 길이 660m.

남해안 ①남쪽 바닷가. ②우리 나라의 남해에 면한 경상 남도와 전라 남도를 잇는 바닷가〔여기에는 많은 크고 작은 섬들이 널려 있음〕. 【南海岸】

남향 남쪽으로 향함.

남회귀선 적도의 $23°27'$ 을 통하는 위선. 반북회귀선.

납 무르고 열에 잘 녹으며 청백색의 금속. 독성이 있음. 연.

납기[납끼] 세금 공과금 따위를 내는 기간. 예전기세를 납기 안에 내다. 【納期】

납득[납뜩] 남의 말을 잘 알아

들음. 이치를 이해함. **예**오해
하지 않도록 잘 납득시키다.
-하다.

납땜:질 납으로 쇠붙이의 이음
매를 붙이는 일. -하다.

납량 여름에 더위를 피하여 서
늘한 곳에서 바람을 쐼. **예**납
량 특집 방송.

납부 관공서나 공공 단체 등에
물건이나 돈을 바침. **예**등록
금을 납부하다. -하다.

납세[납쌔] 세금을 냄.

납세 고:지 공과금이나 수업료
따위의 납부해야 할 금액·날
짜·곳 등을 알리는 일.

납세 의:무 세금을 내야 하는
국민의 의무.　【納稅義務】

납작하다[납짜카다] 얇고 넓다.
예떡이 납작하다. 〈넓적하다.

납치 억지로 끌고 감. **예**항공기
납치 사건. -하다.

납품 주문받은 물건을 주문한
곳이나 사람에게 가져다 줌.
또는 그 물건. **예**거래처에
물건을 납품하다. -하다.

낫[낟] 곡식이나
풀 따위를 벨
때 쓰이는 'ㄱ'
자 모양의 연모.　　　[낫]

낫:다¹ (나으니,
나아서)병이 없어져 그전대로
되다. **예**머리가 아프던 것이
말끔히 낫다.

낫:다² (나으니, 나아서) 좋은
점이 더하다. **예**지금 것보다
옛날 것이 더 낫다.

낭군 아내가 자기 남편을 사랑
스럽게 일컫는 말.

낭:독 글·시 등을 크게 소리내
어 읽음. **예**시를 낭독하다. **비**
낭송. -하다.

낭떠러지 깎아지른 듯한 언덕.
비절벽. 벼랑. ×낭떨어지.

낭:랑[낭낭] 매우 맑게 울리는

소리. **예**낭랑한 목소리.

낭:만 사물을 이성적이기보다
감정적이며 달콤하게 느끼는
일. 또는 그렇게 느낀 세계.

낭:보 반가운 소식.

낭:비 시간·재물 등을 헛되이
함부로 씀. **비**허비.　【浪費】

낭:설 터무니없는 헛소문.

낭:송 소리내어 글을 욈. **예**시
를 천천히 낭송하다. -하다.

낭자 젊은 처녀.

낭:패 일이 뜻대로 되지 않아
매우 딱하게 됨. **예**시험에 큰
낭패를 보다. -하다.

낮 해가 떠 있는 동안. **밤**.

낮다[낟따] ① 높이가 작다. ②
습도·온도 등이 높지 못하
다. **예**산이 낮다. **반**높다.

낮음음자리표 저
음부 기호. 낮은
음정을 나타내는
기호.　　　[낮은음자리표]

낮잠 낮에 자는 잠. **비**오수.

낮추다 ①낮게 하다. **예**키를 낮
추다. ②말을 하대하여 쓰다.
예말을 낮추다. **반**높이다.

낮춤말 상대방을 높이는 뜻에
서 자신을 낮추어서 쓰는 말
〔저·소생·졸고 등〕. **반**높임
말.

낯[낟] ①얼굴. **예**낯을 씻다. ②
남을 대할 만한 체면. 면목.
예볼 낯이 없다.

낯설:다(낯서니, 낯서오) 처음
으로 대하기 때문에 얼굴이
눈에 익지 않다. **예**낯선 사람
이 길을 묻다. **비**생소하다. **반**
낯익다.

낯익다 여러 번 보아 잘 알고
있다. **반**낯설다.

낱:개[낟깨] 따로따로의 한 개
한 개.

낱낱이[난나치] 하나하나 빠짐
없이.

낱:말[난말] 어떤 뜻을 나타내거나 구실을 하고 있는 하나하나의 말[산·하늘 등]. 비단어.

낱:셈 개수를 하나하나 세는 셈.

낱:소리글자 더 작게 나눌 수 없는 낱개의 소리로 이루어진 글자[한글·로마자 등].

낱:자[낟짜] 하나하나의 글자[한글의 ㄱ·ㄴ·ㄷ·ㅏ·ㅓ·ㅗ 등]. 비자모.

낳다[나타] ①아이나 새끼·알 등을 뱃속에서 내어 놓다. 예개가 새끼를 낳다. ②어떤 결과가 나타나게 하다. 예노력이 좋은 결과를 낳다.

내¹ 시내보다 크고 강보다는 작은 물줄기. 예내가 맑다.

내² '냄새'의 준말. 예음식에서 고소한 내가 난다.

내:각 국가의 행정권을 맡아 보는 행정의 중심 기관[국무총리 및 여러 장관으로 조직됨].

내:각 책임제 민주 국가의 주요 정부 형태의 하나. 정부의 성립과 존립이 국회의 신임을 조건으로 하는 제도. 의원 내각제.

내:객 찾아온 손님.

내:걸다(내거니, 내거오) ①앞으로 내어 걸다. 예가게의 간판을 내걸다. ②희생을 무릅쓰다.

내:과 내장의 각 기관의 기능에 탈이 난 병을 고치는 의술의 한 부분. 반외과. 【內科】

내:구성 물질이 변하지 않고 오래 견디는 성질.

내:국세 국세 가운데서 관세 따위를 제외한 모든 세금.

내:규 내부에서 지켜야 하는 규정. 예회사의 내규. 【內規】

내:근 회사나 관청의 안에서만 일을 봄. 반외근. -하다.

내:기 ①서로 겨루는 일. ②돈이나 물건 등을 놓고 이기는 사람이 가지기로 하고 다투는 일. 예내기 바둑을 두다. -하다.

내:내 처음부터 끝까지 줄곧.

내년 올해의 다음 해. 비명년. 반작년. 【來年】

내:놓다 밖으로 옮겨 놓거나 꺼내어 놓다. 예짐을 내놓다.

내:다 ①밖으로 나오게 하다. ②틈을 만들다. 예시간을 내다. ③생기거나 일어나게 하다. 예불을 내다.

내:다보이다 ①안에 있는 것이 밖에서 보이다. 예내복이 내다 보이다. ②밖에 있는 것이 안에서 보이다. 예바다가 내다보이다. 출내다뵈다.

내:닫다(내달으니, 내달아) 갑자기 밖으로나 앞으로 힘차게 뛰어나가다.

내:던지다 ①힘껏 던지다. 예공을 내던지다. ②관계를 끊고 돌아보지 아니하다. 예과장 자리를 내던지다.

내:동댕이치다 함부로 뿌리치거나 던져 버리다.

내:두르다(내둘러, 내둘러서) 이리저리 마구 휘두르다. 예팔을 내두르다.

내:디디다 ①발을 앞으로 디디다. 예한 걸음 앞으로 내디디다. ②무슨 일을 시작하다. 예교육자로서의 첫발을 내디디다. 출내딛다.

내:란 나라 안에서 일어난 난리. 비내전. 반외란.

내려가다 ①높은 곳에서 낮은 곳으로 향하여 가다. 예언덕을 내려가다. ②음식이 소화되다. ③값이 떨어지다. 예집값이 내려가다.

내려놓다 위에 있는 것을 아래로 내려서 놓다. 예들고 있던 책을 내려놓다.

내려본각 건물 같은 높은 곳에서 수평으로 바라본 곳과 목표물을 내려다본 곳이 이루는 각. 凹올려본각.

내력 겪어 온 자취. 예우리 고장의 내력을 조사하다.

내:륙 해안 지대에 대하여 바다에서 멀리 떨어진 육지. 내륙 지방. 凹해안. 【內陸】

내:륙성 기후 ⇔대륙성 기후.

내리다 ①높은 데서 낮은 데로 향하여 옮아 앉다. 예비행기가 활주로에 내리다. ②탈것에서 밖으로 나오다. 예차에서 내리다. ③어둠 따위가 차차 덮어 오다. 예땅거미가 내리다. ④결정을 짓다. 예결론을 내리다.

내리막 ①내려가는 길이나 바닥. ②한창 때가 지나 쇠퇴해 가는 판. 예사업이 내리막길이다.

내리쬐:다 볕이 세차게 내리비치다. 예여름날 오후에는 햇볕이 강하게 내리쬔다.

내리치다 위에서 아래로 향해 치다. 계속하여 마구 때리다.

내림표 반음 내리는 기호. 플랫. 악보에 'b'로 표시함.

내:막 겉으로 드러나지 않는 일의 속내. 내부의 사정. 예살인 사건의 내막을 캐다.

내:무부 중앙 행정 기관의 하나[지방 행정·선거·지방 자치 단체의 감독·치안·소방 등의 사무를 총괄함].

내물왕【사람】신라 제17대 임금(재위 356~402). 성은 김씨. 내물왕 이후 김씨만 왕의 자리를 이어받았으며, 점차 힘을 길러 세력을 주위로 뻗쳤음. 【奈勿王】

내:밀다(내미니, 내미오) ①한쪽 끝이 앞이나 밖으로 나오다, 또는 나오게 하다. ②돋아 나오다. 예새싹이 뾰족이 싹을 내밀다. 凹들이밀다.

내:뱉다 ①입 밖으로 힘껏 뱉다. 예가래를 내뱉다. ②마음에 내키지 않는 태도로 말을 툭 해 버리다. 예욕을 함부로 내뱉다.

내:보내다 ①밖으로 나가게 하다. 예아이들을 밖으로 내보내다. ②직장 따위에서 아주 떠나게 하다.

내:보이다 속에 들어 있는 것을 꺼내어 보이다.

내:복[1] 속에 입는 옷. 속옷. 예겨울 내복.

내:복[2] 약을 먹음. 凹외용.

내:부 안쪽의 부분. 예건물의 내부를 수리하다. 凹외부.

내:분 내부에서 일어난 다툼.

내빈 초대를 받고 찾아온 사람. 예내빈의 인사말. 【內賓】

내:빼다 '도망가다. 달아나다'를 속되게 이르는 말. 예범인이 내빼다.

내:사 몰래 조사함. 【內査】

내:색 마음에 느낀 것을 얼굴에 드러냄. 예아무런 내색을 하지 않았다. -하다.

내:설악 강원도 설악산의 주봉인 대청봉을 중심으로 한 서부 일대를 이르는 말. 凹외설악.

내:세우다 ①나서게 하다. 예대표자로 내세우다. ②자기에게 유리한 일을 자료로 삼아 내놓다. 예증거 자료를 내세우다.

내:쉬다 호흡할 때 숨을 밖으로 내보내다.

내:심 속마음. 예겉으로는 용감

한 척하지만 내심으로는 겁을 잔뜩 먹고 있다. 【內心】

내:야 야구의 일루·이루·삼루·본루의 각 베이스 사이를 이은 선의 안. [예]내야 안타를 치다. [반]외야. 【內野】

내:역 자세한 내용. [예]용돈을 쓴 내역을 기록하다.

내왕 오고 감. [비]왕래.

내:외 ①안과 밖. 안팎. ②남편과 아내. 부부. [예]주인 내외분. ③국내와 국외. [예]내외의 소식을 전하다. 【內外】

내:용 자세한 속. 속의 자세한 사실. [예]소설의 내용을 간추리다. [반]형식. 【內容】

내:의 속옷. [반]외의. 【內衣】

내일 오늘의 바로 다음 날. [예]내일은 비가 올 것 같다. [비]명일. [반]어제. [준]낼. 【來日】

내:장 배와 가슴에 들어 있는 창자 등을 통틀어 일컬음.

내:젓다(내저으니, 내저어) ①앞으로나 밖으로 내어서 휘두르다. [예]손을 내젓다. ②앞으로나 밖으로 향하여 노를 젓다.

내:조 아내가 집안에서 남편의 일을 도와 줌. 또는 그 도움. [예]내조의 공. -하다. 【內助】

내:주 다음 주일. [예]내주의 계획을 세우다. 【來週】

내:주다 ①가졌던 물건을 남에게 건네어 주다. ②차지한 자리를 남에게 넘겨 주다. [본]내어 주다.

내:쫓다 밖으로 나가게 몰아 내다.

내:키다 하고 싶은 마음이 솟아나다.

내:통 ①남모르게 알림. ②은밀히 적과 통함. [예]적과 내통하다. -하다. 【內通】

내:팽개치다 ①힘껏 던져 버리다. ②하던 일에서 손을 떼어 버리다.

내:포 어떠한 뜻을 그 속에 포함함. -하다.

내:핍 생활 물건이나 돈이 모자라는 것을 참고 견디는 생활. 가난을 참고 견딤. -하다.

내:한 외국 사람이 한국에 옴. [반]이한. -하다. 【來韓】

내:항 비례식에서 안에 있는 두 항.**<보기>** 2:3=4:6에서 3과 4등을 말함. [반]외항.

내후:년 후년의 다음 해. 후후년.

냄비 솥보다 작으며, 음식을 끓이는 데 쓰는 기구. ×남비.

냄:새 코로 맡을 수 있는 온갖 기운. [예]향긋한 냄새. [준]내.

냅킨 식탁 위에 접어서 얹어 놓은 수건이나 종이.

냇:가[내까/낻까] 냇물의 옆 언저리.

냇:둑[내뚝/낻뚝] 냇가에 쌓아 놓은 둑.

냇바닥[내빠닥/낻빠닥] 내의 밑바닥.

냉:각 아주 차게 식힘. [예]물을 냉각시키다. -하다. 【冷却】

냉:기 찬 바람. 찬 기운. [예]방에서 냉기가 감돈다. [반]온기.

냉:담하다 태도나 마음이 쌀쌀하다.

냉:대 쌀쌀하게 대접함. [비]푸대접. -하다. 【冷待】

냉:대림 온대와 한대 사이의 내륙 냉대 지방에 많은 수풀.

냉:동 식품 따위를 썩지 않게 해 두기 위하여 얼림. [예]고기를 냉동시키다. -하다.

냉:동 식품 신선한 상태로 오래 보존할 수 있도록 얼린 식품.

냉:랭하다 ①쌀쌀하게 차다. ②태도가 몹시 쌀쌀하다.

냉:면 냉국이나 김칫 국물 등에

ㄴ

말아서 먹는 국수. 예평양 냉면.

냉ː방병 냉방 장치를 한 방의 기온이 밖의 기온과 차이가 많을때 생기는 병.

냉ː방 장치 방 안이 시원하도록 온도를 내리게 하는 장치. 반난방 장치. -하다.

냉ː소 쌀쌀한 태도로 비웃음. -하다.

냉ː수 찬물. 반온수

냉ː엄 냉정하고 엄숙함. -하다.

냉이 겨자과의 한 해살이풀. 봄에 들이나 밭에 흔히 남〔이른 봄에 흰 꽃이 피며, 어린 풀잎은 먹음〕.

[냉이]

냉잇국 냉이를 넣고 끓인 국.

냉ː장 음식물 따위가 썩는 것을 막기 위하여 차게 저장하는 일.

냉ː장고 식료품 등이 상하지 않도록 장치를 해 놓은 상자. 얼음 또는 전기 등을 이용하여 내부에 낮은 온도를 유지하는 장치가 마련되어 있음.

냉ː전 무기를 쓰지 않으나 전쟁을 하는 듯한 나라와 나라 사이의 심한 대립. 반열전.

냉ː정[1] 마음이 매정하고 쌀쌀함. 반다정. 온정. -하다.

냉ː정[2] 마음이 가라앉아 차분해짐. 예흥분했던 환자가 냉정을 되찾음. 반흥분. -하다.

냉ː차 얼음을 넣거나 하여 차게 만든 차.

냉큼 앞뒤를 헤아려 머뭇거리지 않고 곧. 빨리. 꾸물대지 않고.

냉ː탕 찬물의 목욕탕. 반온탕.

냉ː혈 동ː물 ①바깥 온도의 변화에 따라 체온이 변하는 동물〔뱀·개구리·물고기 등〕.

②인정이 전혀 없고 차가운 사람을 빗대어 쓴 말.

냉ː혹 인정이 없고 혹독함. -하다.

너구리 ①여우보다 작고 살이 졌으며 주둥이가 뾰족한 산짐승. ②능청스러운 사람을 비유하는 말.

너그럽다(너그러우니, 너그러워서) 마음이 넓다.

너르다 이리저리 다 넓고 크다. 광활하다. 예호남 평야는 매우 너르다. 반좁다.

너머 집·담·산·고개 같은 높은 것의 저 쪽. 예고개 너머의 마을. ×넘어.

너비 물건의 가로의 길이. 폭. 예강의 너비.

너울너울 크고 부드럽게 움직이는 모양. 예나비가 너울너울 춤추고 있다.

너절하다 허름하고 더럽다.

넉넉하다[넝너카다] ①모자라지 아니하고 남음이 있다. 예시간이 넉넉하다. ②살림살이가 풍족하다. 넉넉히.

넋[넉] 사람의 몸 속에 있으면서 마음의 작용을 맡고 있다고 생각되는 것. 비얼·영혼·정신. 반육체.

넋두리 ①무당이 죽은 사람의 넋을 대신해서 하는 말. ②불만이 있을 때 투덜거리는 말소리.

넌더리 소름이 끼치도록 싫은 생각.

넌지시 드러나지 않게 가만히. 예계획을 넌지시 알려 주다.

널ː다 볕이나 바람을 쐬거나 또는 드러내어 보이고자 하여 펼쳐 놓다. 예빨래를 널다.

널따랗다(널따라니, 널따란) 생각보다 훨씬 넓다. 꽤나 넓다. 반좁다랗다.

널:뛰기 긴 널빤지의 중간을 괴고, 양쪽 끝에서 두 사람이 번갈아 뛰어오르는 놀이. 주로 여자들이 함[고려 때 부터 있었으며 정월에 많이 뜀]. - 하다.

널:빤지 통나무를 얇고 넓게 켜낸 조각. 🛂판자. 🗜널.

널:조각 널빤지의 조각.

넓다[널따] ①넓이가 크다. ②마음이 너그럽다.

넓이뛰기[널비뛰기] 폭이 넓게 멀리 뛰기를 겨루는 경기.

넓적다리 무릎 관절 위쪽에 있는 다리.

넓적하다[넙쩌카다] 평평하게 넓다. 예바위가 넓적하다. 〉납작하다.

넓히다[널피다] 넓게 하다. 예좁은 골목길을 넓히다. 🛂좁히다.

넘기다 ①높은 데를 넘어가게 하다. ②쓰러뜨리다. ③종잇장 따위를 젖히다. 예책을 넘기다.

넘:나들다 이리저리 들락날락하다. 예국경을 넘나들다.

넘:다 ①높은 데를 지나가다. 예산등성이를 넘다. ②수량이나 한계를 지나다. 예저금한 돈이 만 원이 넘다. ③어려운 고비를 지나다. 예위험한 고비를 넘다. ④경계를 지나다.

넘:보다 업신여겨 낮추어 보거나 깔보다. 예일본은 항상 우리를 넘보고 있다.

넘실거리다 바다의 물결이 무엇을 삼킬 듯이 너울거리다. 예파도가 넘실거리다. 〉남실거리다.

넘어가다 ①높은 곳을 지나서 가다. ②쓰러지다. 예기둥이 넘어가다. ③해나 달이 지다. ✕너머가다.

넘어다보다 고개를 들어 가리운 물건 위를 스쳐서 보다.

넘:치다 ①가득 차서 밖으로 흘러나오다. 예도랑물이 넘치다. ②느낌이 세게 일어나다. 예기쁨이 넘치다.

넙죽[넙쭉] ①입을 넓게 냉큼 벌렸다가 다무는 모양. ②몸을 바닥에 대며 냉큼 엎드리는 모양. ③주는 것을 망설이지 않고 선뜻 받아 먹거나 가지는 모양.

넙치 가자미와 비슷한 바닷물고기. 근해의 모래밭에 살며, 몸길이는 약 60cm 정도임.

넝마 입지 못하게 된 헌 옷 따위.

넝마주이 넝마와 헌 종이 등을 줍는 사람.

넣다[너타] ①속으로 들여 보내다. 예손을 주머니에 넣다. ②어떤 범위 안에 포함하다. 예선수명단에 넣다. ③힘을 들이거나 어떤 작용을 하다. 예정부에 압력을 넣다.

네:거리 네 방향으로 갈라져 나간 거리. 🛂십자로. 사거리.

네덜란드〖나라〗 유럽의 북서부에 위치하여 영국과 해협을 사이에 두고 있는 입헌군주국. 화란. 튤립으로 유명함. 수도는 암스테르담.

네:루〖사람〗[1889~1964] 인도의 정치가. 영국에 대항하여 독립운동을 벌임. 1947년 수상이 됨.

네:모 네 개의 모. 사각.

네온 사인 공기를 뺀 유리관에 네온 따위를 넣고 전류를 통하여 여러 가지 빛을 내도록 한 것[광고 간판에 많이 쓰임]. 〖neonsign〗

네트 ①그물. ②정구·배구·탁구 등에 쓰이는 그물.

네트워:크 ①방송망. ②컴퓨터의 데이터 통신 시스템에서 컴퓨터와 단말기를 접속하기 위하여 쓰이는 기기. 선로 따위로 구성되는 일체의 조직.

네팔〖나라〗 히말라야 산맥 남쪽에 있는 작은 왕국. 산지가 많고 농업과 목축이 주된 산업임. 수도는 카트만두.

ㄴ

넥타이 와이셔츠 칼라 위에 매는 장식용 천으로 된 끈. [준]타이.

년 ①'해'를 세는 단위〔일 년, 이 년 따위〕. ②해의 차례를 나타내는 말. [예]1992년 올림픽.

녘[녁] 어떠한 때의 무렵. [예]해질 녘.

노 배를 젓는 기구.

노간주나무 향나무과의 늘푸른 나무. 각 지방 산야에 남. 높이 10m 안팎. 잎은 가늘고 5월에 꽃이 핌. 열매는 '두송실'이라 하여 한약재·식용·향료로 두루 쓰임. 노가주나무. 두송.

노고 수고롭게 애씀. [예]일선 장병의 노고에 감사하자.

노고지리 '종달새(종다리)'의 옛말. 봄에 공중으로 높이 날면서 고운 소리로 우는 새. 몸은 참새보다 조금 크고, 긴 날개와 꼬리를 가졌음.

노곤 힘이 빠져 고단함. 피곤함. -하다. 【勞困】

노:골적[노골쩍] 있는 그대로 숨김없이 드러내는 모양.

노:구 나이를 먹어 마음대로 움직일 수 없게 된 늙은 몸. . [비]노신, 노체.

노:기 노여운 기색. 성난 얼굴빛. [예]노기를 띤 얼굴. 【怒氣】

노:년 늙은 나이. [비]만년.

노:닐다 한가로이 이리저리 다니며 놀다.

노다지 ①금·은 등 광물이 마구 쏟아져 나오는 줄기. [예]노다지를 캐다. ②한 군데서 이익이 많이 쏟아져 나옴. 또는 그러한 곳.

노동 생활에 필요한 물품을 얻기 위해 마음과 힘을 써서 일함. 또는 그러한 행위. -하다.

노동법 근로자들의 이익과 보호를 위한 법. 【勞動法】

노동부 근로자들에 대한 문제를 맡아 처리하고 그들을 보호하며, 안정된 생활을 할 수 있도록 하기 위한 사무를 맡아 보는 중앙 행정 기관.

노동자 일을 해서 그 품삯으로 살아가는 사람. [비]근로자.

노동 조합 경제적 지위가 약한 근로자를 보호하여, 노동 조건이나 생활 등을 안정시키려는 목적으로 조직된 단체. [준]노조.

노드클리프〖사람〗 [1865~1922] 영국의 신문 경영자. 기자 생활을 하다 1896년 동생인 로자미와 함께 〈데일리 메일〉을 창간. 제1차 세계 대전 중에는 바른 보도를 함으로써 영국이 승리하는 데 큰 공헌을 하였음.

노랑 노란 빛깔이나 물건으로, 삼원색의 하나.

노래 ①곡조를 붙이어 부르는 소리나 말. 또는 글. ②시·시조와 같은 가락이 있는 글. -하다.

노랫가락 ①노래 부를 때의 높고 낮은 곡조. ②경기 민요의 하나. 본래는 무당이 부르던 노래였으나 지금은 일반인들이 많이 부르고 있음.

노략질 떼를 지어 다니며 재물을 빼앗아 가는 짓. -하다.

노량〖지명〗경상 남도 남해도와 하동 사이의 나루터.

노량 해전 조선 선조 31년(1598) 정유재란 때 노량 앞바다에서 왜군을 격파한 이순신 장군의 마지막 해전. 장군은 이 해전에서 쫓겨 가는 왜군을 공격하다 전사하였고, 왜군들은 참패하고 돌아감. 〖露梁海戰〗

노려보다 매서운 눈으로 쏘아 보다. 겨누어 보다.

노력 힘을 들이고 애를 씀. 힘을 다함. 예노력은 성공의 어머니. -하다. 〖努力〗

노:련 오랫동안 경험을 쌓아 익숙하고 능란함. -하다.

노:령 늙은 나이. 예노령인데도 불구하고 여전히 힘든 일을 하신다. 비고령. 〖老齡〗

노령 산맥 소백 산맥의 추풍령 부근에서 전라 남북도의 경계를 서남으로 뻗어 무안 반도에 이르는 산맥.

노:론 사색 당파의 하나. 조선 숙종 때 송시열·김만중 등을 중심으로 한 서인에서 갈리어 나온 파. 반소론. 〖老論〗

노루 사슴과 비슷한 짐승. 뿔은 작고 가지가 셋인데 겨울에 빠졌다가 봄에 다시 남. 몸매가 아름답고 잘 놀람.

노르스름하다 산뜻하고 옅게 노르다. 〈누르스름하다.

노르웨이〖나라〗유럽의 스칸디나비아 반도 서부에 있는 입헌군주국. 수도는 오슬로.

노른자위 ①알의 흰자위에 둘러 싸인 둥글고 노란 액체. ②가장 중요한 부분.

노름 돈이나 재물을 걸고 주사위·카드 등으로 승부를 겨루는 내기. 비도박. -하다.

노름꾼 노름을 일삼아 하는 사람. 비도박꾼.

노릇노릇하다 군데군데 노르스름하다. 〈누릇누릇하다.

노리개 ①가지고 노는 물건. 비장난감. 완구. ②여자들의 몸치장에 쓰이는 물건. 금·은 따위로 만들어 저고리에 닮.

노리다 ①기회를 잡으려고 잔뜩 눈여겨 보다. 예공격할 기회를 노리다. ②무서운 눈으로 보다.

노:면 도로의 겉면. 길바닥.

노:발대:발 크게 성을 냄.

노:벨〖사람〗[1833~1896] 스웨덴의 화학자. 다이너마이트와 무연 화약 등을 발명하여 큰 부자가 되었는데, 유산을 노벨상 기금으로 내놓았음.

노:벨상 노벨의 유언에 따라, 인류의 행복을 위하여 노력한 사람에게 주는, 세계에서 가장 권위있는 상. 1896년 12월 10일 그가 세상을 떠날 때 남긴 170만 파운드로 기금을 만들어 그 이자로 1901년부터 5개부분〔물리학·화학·생리 및 의학·문학·평화〕에 대한 상을 해마다 12월 10일(노벨이 죽은 날)에 스톡홀름에서 수여함(현재는 6개 부문 수여).

노:변 길가. 〖路邊〗

노:병 ①늙은 병사. ②군사에 오래 종사하여 경험이 많은 병사. 〖老兵〗

노:복 늙은 사내종. 〖奴僕〗

노:부모 늙은 부모. 〖老父母〗

노비[1] 먼 길을 오가는 데 드는 돈. 비노자.

노비[2] 사내종과 계집종을 통틀어 이라는 말. 비비복.

노사 일하는 사람과 일을 시키는 사람. 노동자와 사용자.

노사신〖사람〗[1427~1498] 조선

초기의 문신·학자.

노:상 ①길 위. ②길 가는 도중.

노새 수나귀와 암말 사이에서 난 나귀와 비슷한 동물. 크기는 말만하나 생김새는 나귀를 닮고 힘이 셈. [노새]

노:선 버스·기차·항공기 따위가 정해 놓고 다니도록 되어 있는 길. 【路線】

노:소 늙은 사람과 젊은 사람.

노:송 늙은 소나무. 【老松】

노:쇠 늙고 쇠약함. -하다.

노:승 나이가 많은 스님.

노심 초사 애를 쓰고 속을 태움. 몹시 애를 태움.

노:약자 늙은 사람과 약한 사람. 예노약자를 보호하다.

노역 의무로서 하게 되는 힘드는 육체 노동. 【勞役】

노:엽다(노여우니, 노여워서) 마음에 분하고 섭섭함을 느끼다.

노예 자유를 빼앗기고 남에게 부림을 당하는 사람. 비종.

노예 해방 노예 제도를 없애고, 노예를 사고파는 것을 금지하며 노예들로 하여금 자유민이 되게 하는 일.

노을 해가 뜨거나 질 때 하늘이 벌겋게 물드는 현상. 준놀.

노:인 늙은이. 나이가 많은 사람. 【老人】

노임 일해 준 품삯.

노:자[1] 여행하는 데 드는 돈. 비노비. 여비.

노:자[2]〖사람〗춘추 전국 시대의 철학자. 도가 사상의 시조.

노:장[1] 고대 중국의 사상가인 노자와 장자. 【老將】

노:장[2] ①늙은 장군. ②경험이 많은 노련한 장군. ③어떤 분야에서 많은 경험을 쌓아

'노련한 사람'을 비유하여 이르는 말.

노:적봉 ①서울 북쪽의 삼각산에 있는 봉우리 중의 하나. ②전라남도 목포의 유달산에 있는 산봉우리의 이름.

노:점 길가의 한데에 벌여 놓은 가게. 예노점 상인을 보호하다.

노조 '노동 조합'의 준말.

노:처녀 결혼할 나이가 훨씬 지난 처녀. 비노총각.

노천 한데. 지붕이 없는 곳. 예노천 극장. 【露天】

노천 극장 한데에 무대를 설치한 극장.

노:총각 결혼할 나이가 훨씬 지난 총각. 비노처녀.

노:출 밖으로 드러냄. 예약점을 노출시키다. -하다.

노:친 늙은 부모. 【老親】

노크 방에 들어갈 때 문을 가볍게 두드림. 예노크도 없이 문을 열다. -하다. 【knock】

노:터치 ①손을 대지 않음. 손을 대지 못함. ②어떤 일에 관계하지 않음. 【no touch】

노:파 늙은 여자.

노:폐물 ①낡아서 쓸모 없이 된 물건. ②몸 안에 생긴 불필요한 찌꺼기.

노:하다 '성내다'의 높임말.

노:하우 산업상으로 이용할 수 있는 중요한 기술 정보, 또는 그 기술 정보를 가르쳐 준 대가로 주는 돈. 【know-how】

노:화 나이가 많아짐에 따라 신체적·정신적 기능이 쇠퇴해짐.

노:환 늙어서 생기는 병. 예노환으로 돌아가시다. 【老患】

노획 싸워서 적의 군용품 따위를 빼앗아 얻음. -하다.

노:후[1] 낡아서 쓸모가 없음. 예

노후된 기계. -하다. 【老朽】

노:후[2] 늙은 뒤. [예]노후 대책.

녹[1] 벼슬아치에서 봉급으로 주던 쌀·보리·명주·돈 등을 통틀어 이르는 말.

녹[2] 쇠붙이가 산소의 작용으로 변한 물질. [예]문고리가 녹이 슬다.

녹다 고체가 높은 온도에서 액체가 되거나 물러지다. [예]얼음이 녹다.

녹다운 권투에서, 선수가 시합 중에 링 밖으로 나가거나, 시합할 의사가 없이 로프에 기대거나, 매트 위에 앉거나 넘어지는 일.

녹두 콩과에 딸린 한해살이 식물. 씨는 팥보다 작고 녹색임.

[녹두]

녹말[농말] 쌀·밀·감자 등의 주성분. 흰색의 가루이며, 우리 몸에 흡수되어 열과 힘의 바탕이 되는 영양소.

녹말풀[농망풀] 녹말을 물에 풀어 끓여서 만든 풀.

녹색 파랑과 노랑의 중간색. 나뭇잎이나 풀잎의 빛과 같은 빛. 풀빛. 【綠色】

녹색말 녹색을 띠고 있는 말〔파래·붕어말 등〕.

녹색 식물 잎과 줄기 따위가 녹색을 띠고 있는 식물. 엽록소가 있어서 광합성을 하여 스스로 녹말을 만듦.

녹색 혁명 품종 개량 따위로 농작물의 수확을 크게 늘리는 일.

녹슬다 쇠붙이가 공기·물 속의 산소의 작용으로 겉이 변하다. [예]못이 녹슬다.

녹십자 재해로부터의 안전을 상징하는 녹색의 십자 표시.

녹용 사슴의 새로 돋은 연한 뿔. 보약으로 쓰임. [준]용.

녹음[1] 소리를 다시 들을 수 있도록 테이프나 레코드 등에 기계로 기록하여 넣는 일. [예]노래를 녹음하다. -하다.

녹음[2] 푸른 잎이 우거진 나무의 그늘. [예]녹음이 짙어 가는 계절.

녹음기 소리를 다시 들을 수 있도록 테이프 등에 음성을 녹음하는 기계.

녹음 방:송 녹음한 것을 다시 재생시켜 내보내는 방송. [반]생방송. -하다.

녹지 초목이 무성한 땅.

녹초 아주 힘이 풀어져 맥을 못 쓰는 상태.

녹화[노콰] 텔레비전의 장면을 비디오 테이프 등에 기록하여 두는 일. 【錄畵】

녹화기 텔레비전 방송 프로그램을 미리 찍어 두었다가 나중에 방송할 수 있도록 꾸며진 기계.

논 물을 대고 벼농사를 짓기 위해 만든 땅. [반]밭

논갈이[논가리] 논을 가는 일. 〔물갈이와 마른갈이가 있음〕.

논두렁[논뚜렁] 물이 괴도록 논가에 흙으로 둘러막은 두둑. [준]논둑. [반]밭두렁.

논둑[논둑] 논의 가장자리에 쌓아올린 조그만 둑. [반]밭둑.

논란[놀란] 서로 의견을 내어 따짐. [예]회의 진행에 대하여 논란이 많다. -하다.

논리[놀리] 이치에 맞게 올바르게 생각하는 것. 【論理】

논문 연구의 결과 등을 발표하는 글. [예]졸업 논문. 【論文】

논바닥[논빠닥] 논의 바닥.

논박 남의 잘못된 점을 따짐. 박론. -하다. 【論駁】

논밭 논과 밭. [비]전답. 농토.

논배미 논두렁으로 둘러싸인 논의 하나하나의 구획.

논산 평야【지명**】** 충청 남도 남부 지방을 남서로 흐르는 금강 유역에 발달한 평야.

논설 의견이나 주장을 조리 있게 말함. 또는 그 글. -하다.

논설문 어떤 일에 대하여 자기의 의견이나 주장을 조리 있게 체계를 세워서 쓴 글.

논술 의견을 조리 있게 써 나감. 또는 그 글. 예자기의 주장을 논술하다. -하다.

논스톱 멈추지 않고 바로 감.

논어【책명**】** 공자가 죽은 후에, 그의 제자들이 공자가 살았을 때에 말하고 행동한 사실들을 모아서 엮은 책〔유교의 경전으로, 올바른 삶의 방향을 일러 주는 훌륭한 책임〕.

논의 어떤 문제에 대하여 서로 의견을 내놓고 상의함. 예소풍 장소에 대하여 논의하다. 의논. -하다. 【論議】

논쟁 서로 다른 의견을 가진 사람이 자기의 주장을 내세워서 다툼. 圓논전. -하다.

논제 의견을 나눌 문제. 예오늘 회의의 논제는 '자연을 보호하자'이다. 【論題】

논평 잘되고 잘못됨을 따져 말함. -하다. 【論評】

논하다 ①자기의 의견이나 사물의 이치 따위를 조리를 따져 말하다. ②서로 옳고 그름을 따져 말하다.

놀:다 ①놀이를 하거나 즐겁게 지내다. ②하는 일이 없이 세월을 보내다. ③물자나 시설 따위가 쓰이지 않고 있다. 예놀고 있는 땅.

놀:라다 ①뜻밖의 일을 당하여 가슴이 설레다. ②갑자기 무서운 것을 보고 겁내다.

놀리다 ①남을 깔보고 우스갯감으로 삼다. ②손이나 발 등을 재빠르게 움직이다. 예손을 빨리 놀리다. ③놀게 하다.

놀부 ①'흥부전'에 나오는 남자 주인공의 한 사람. ②'심술 사납고 마음이 고약한 사람'을 비유로 이르는 말.

놀이 여럿이 함께 모여 재미있게 노는 일. 예공기놀이. ②노는 일. 또는 유희.

놀이터 여러 가지 놀이를 할 수 있도록 꾸며 놓은 곳.

놋다리밟기[녿따리밥끼] 안동 지방에 전해 오는 여자들의 놀이. 서로 앞 사람의 허리를 붙잡고 늘어서면 그 위로 한 소녀가 올라가 노래에 맞추어 등을 밟고 지나감.

놋쇠[녿쐬] 구리와 아연을 섞어서 만든 쇠붙이.

농: ①실없는 장난. 예농이 지나쳐 싸움이 일어나다. ②농담의 준말. -하다.

농가 농사짓는 사람의 집. 또는 그 가족. 농삿집. 예농가 소득을 증대시키다. 圓전가.

농가 월령가 농가에서 해야 할 일을 월별로 읊고, 철마다 다가오는 풍속과 지켜야 할 예의 범절을 가사 형식으로 만들어서 읊은 노래.

농:간 남을 속이는 간사한 짓. -하다.

농구 구기의 한 가지. 상대편 바스켓에 공을 넣어 득점을 겨루는 경기.

농군 농사짓는 일꾼. 농부.

농기 농촌에서 농사철에 풍년을 빌기 위해 부락 단위로 만든 기. 대개 기다란 천에 '農者天下之大本也(농자천하지대본야)'라고 씀. 여럿이 모여 농삿일을 할 때는 이 기를 옮겨 가며 농악을 울리고 모내기·김매기·추수 따위를 함.

농기구 농사짓는 데 쓰이는 여러가지 기계나 기구〔삽·쟁기·경운기 등〕. 【農器具】

농기 세:배 한 해 농사가 잘 되기를 기원하며, 정초에 농기에 대하여 새해 인사를 올리는 일.

농:담[1] ①실없이 하는 장난의 말. 예농담이 좀 지나치다. ⓑ농. ⴲ진담. -하다.

농담[2] 빛깔이나 맛 따위의 짙고 옅은 정도. 예농담을 알맞게 처리한 수채화.

농도 용액의 진하기. 곧 용액 속에 녹아 있는 물질의 양〔대개 녹아 있는 물질의 양을 용액 전체에 대한 퍼센트로 나타냄〕.

농락[농낙] 약은 꾀로 남을 속여 자기 마음대로 놀림. 예사기꾼에게 농락당하다. -하다.

농림 수산부 중앙 행정 각부의 하나로, 농업·임업·수산업·축산업·농지·수리·어업 등에 관한 일을 맡아 봄.

농민 농사를 짓고 사는 사람. ⓑ농군. 농부. 【農民】

농민 계:몽 농사짓고 사는 사람을 가르쳐 의식을 깨우치는 일. -하다.

농민 독본 농민에게 읽혀서 농사짓는데 도움을 주기 위한 책.

농번기 모내기나 벼베기 따위로 농삿일이 가장 바쁜 시기. ⴲ농한기. 【農繁期】

농부 농사를 지어서 생활을 하는 사람. 농사꾼. ⓑ농민.

농사 논밭에 곡식을 심고 거두는 일. ⓑ농업. 【農事】

농사 일지[농사일찌] 농삿일과 계획을 적은 일지.

농사직설【책명】 조선 세종의 명을 받아 1429년에 정초가 지은 농사에 관한 책.

농사철 농사일이 바빠지는 때. 농번기.

농산물 곡식이나 채소 등 농업에 의하여 생산된 것.

농삿집[농사찝/농삳찝] 농사를 짓고 살아가는 집. ⴲ농가.

농성 ①어떤 목적을 이루기 이하여 한 자리에 줄곧 머물러 있음. ②적에게 에워싸여 성문을 굳게 닫고 성을 지킴. -하다.

농수산물 농산물과 수산물을 아울러 이르는 말.

농아 학교 귀머거리와 벙어리를 위해 세운 학교.

농악 농부들 사이에 행해지는 우리 나라 특유의 음악〔꽹과리·징·북·장구·피리 등의 악기가 쓰임〕.

농악대 농악을 연주하는 사람들의 무리.

농약 농작물이나 가축의 병충해를 없애는 데 쓰이는 약품.

농어민 농민과 어민. 농사짓는 사람과 고기잡이로 생활을 하는 사람. 【農漁民】

농어촌 농촌과 어촌. 농사를 짓거나 고기잡이를 해서 살아가는 사람들의 마을.

농업 논밭을 갈아 곡식 채소 따위를 가꾸고 거두는 일. 예농업에 종사하는 사람들이 점차 줄어들고 있다. ⴲ농사.

농업 기술 농사를 짓는 데 필요한 기술.

농업 시험장 농업 발전에 필요한 여러 가지 일들을 시험적으로 연구하는 기관. 농사 시험장.

농업 용:수 농업에 쓰이는 물.

농업 축산국 농업과 축산을 위

주로 하는 나라.

농업 협동 조합 농산물 생산에 힘쓰며 농촌의 생활을 더 낫게 하려고, 같은 지역의 농민들이 조직한 조합. 준농협

농작물[농장물] 논이나 밭에 심어 가꾸는 식물. 준작물

농장 농사를 짓기 위하여 마련한 땅이나 그 시설이 있는 곳. 예바나나 농장. 【農場】

농지 농사를 지을 수 있는 땅. 논과 밭. 예농지 정리. 비농경지. 경작지. 농토. 【農地】

농지 개:혁 농지를 농민에게 적절하게 나누어 줌으로써 농가의 경제적 자립을 꾀하려는 농지 소유 제도의 개혁.

농촌 농사를 짓고 사는 사람들이 모여 사는 마을. 예풍요로운 농촌. 반도시. 【農村】

농촌 부:흥 운:동 잘사는 농촌이 되도록 농촌을 다시 일으키기 위한 활동.

농촌 지도소 농촌 진흥원에 딸려 농사 짓는 방법을 연구하고 지도하는 관청.

농촌 지도자 농촌을 개발하여 농민이 잘 살 수 있도록 이끌어 가는 사람.

농촌 진:흥청 농촌의 발전을 위한 일을 맡아 보는 정부 기관. 지방에는 농촌 진흥원이 있음.

농축 즙(액체) 따위가 진하게 엉기어 바짝 졸아 듦. -하다.

농토 농사 짓는 데 쓰이는 땅. 예비옥한 농토. 비농지.

농한기 농사일이 바쁘지 않은 시기. 반농번기.

높낮이 높고 낮음. 고저.

높다[놉따] ①아래서 위로 향한 길이가 길다. 예산이 높다. ②지위나 수준 따위가 보통보다 뛰어나다. 예신분이 높다. ③소리나 강도 따위가 강하다. 예소리가 높다.

높은음자리표 음자리표의 하나. 고음부 기호. 오선의 둘째 줄이 '사(G)' 음계가 됨을 나타냄. 반낮은음자리표.

[높은음자리표]

높이[노피] 높은 정도.

높이뛰기 공중으로 높이 뛰는 것을 겨루는 육상 경기의 하나.

높임말 상대편을 높이어 하는 말[진지·말씀·병환 등]. 비존대말. 경어. 반낮춤말.

높직하다[놉찌카다] 높은 듯하다. 예지붕이 높직하다.

놓다[노타] ①잡은 것을 잡지 않은 상태로 두다. 예잡은 손을 놓다. ②일정한 자리에 두다. 예책을 책상 위에 놓다. ③긴장이나 걱정 따위를 풀어 없애다. 예마음을 놓다.

놓아 기르다 가축을 우리에 가두지 않고 내놓아서 자라게 하다. 예젖소를 놓아 기르다.

뇌 머리뼈로 싸여 있으며, 신경 세포가 모여 신경계의 중심을 이루고 있는 부분.

뇌관 폭탄이나 화약 등이 터지게 장치한 부분.

뇌까리다 ①남의 허물이나 잘못을 자꾸 되풀이해서 말하다. ②아무렇게나 되는 대로 지껄이다.

뇌리 생각하는 머리 속.

뇌물 자기의 목적을 이루려고 남에게 몰래 주는 정당하지 못한 돈이나 물건.

뇌성 소:아마비 태어날 때부터 뇌에 이상이 있어 팔다리가 마비되거나 지능이 떨어지는 일 등이 생기는 병.

뇌염 뇌에 염증이 생겨 일어나

는 병으로, 모기가 옮김.

뇌우 번개와 천둥이 요란한 가운데 쏟아지는 비. 【雷雨】

누각 사방이 보이게 높이 지은 다락집. 【樓閣】

누:계 많은 수나 양을 처음부터 차례로 합쳐 감, 또는 합친 셈.

누:나 사내아이가 손위의 누이를 부르는 말.

누더기 더럽고 해진 옷.

누덕누덕 여기저기 해진 자리를 깁고 덧붙이고 한 모양.

누:락 적혀 있어야 할 것에서 빠짐. ⑩선수 명단에서 누락되다. -하다.

누룩 술을 빚는 재료. 주로 밀을 굵게 갈아 반죽하여 띄워 만듦.

누룽지 솥 바닥에 눌러붙은 밥.

누르다 ①힘을 들여 위에서 아래로 밀다. ②힘이나 느낌을 참다. ⑩욕망을 누르다. ③무거운 것을 얹어 놓다.

누릇누릇 군데군데 누른빛이 나는 모양. 〉노릇노릇. -하다.

누리 '세상, 세계'의 옛말. ⑩눈이 내려 온 누리가 하얗다.

누리다 기쁨이나 즐거움 따위를 마음껏 겪으면서 맛보다. ⑩행복을 누리다.

누린내 짐승의 고기에서 나는 냄새.

누:명 사실이 아닌 일로 말미암아 더럽혀진 이름. ⑩억울하게 누명을 쓰다. 【陋名】

누비다 ①두 겹의 피륙 사이에 솜을 두어 죽죽 줄이 지도록 꿰매다. ⑩이불을 누비다. ②이리저리로 다니다. ⑩들을 누비다

누:설 비밀이 새어 나가게 함, 또는 비밀이 새어 밖으로 알려짐. ⑩회사 기밀을 누설시키다. 【漏泄】

누:수 물이 샘. 또는 새는 그 물.

누에 누에나방의 애벌레. 다 자라면 실을 토하여 고치를 지음[고치는 명주실의 원료가 됨].

[누에]

누에섶 누에가 올라 고치를 짓게 하기 위하여 짚이나 나뭇가지 같은 것으로 꾸민 물건.

누이다 사람의 몸이나 물체를 가로 되게 놓다. ⑩환자를 침대에 누이다.

누이동생 자기보다 나이가 어린 누이. 여동생. ⑳누이.

누:적[1] 포개어 쌓임. ⑩피로가 누적되다. -하다. 【累積】

누:적[2] 호적·병적·학적 등에서 빠짐 -하다.

누:전 전류가 새어 흐름. -하다.

누:진 ①등급이나 지위 등이 차차 올라감. ②가격이나 수량이 더하여 감에 따라 그에 대한 비율이 높아짐. -하다.

누:차 여러 차례. ⑩누차에 걸쳐 빚 독촉을 받다.

누:추 ①지저분하고 더럽다. ②자기가 사는 곳을 겸손하게 이를 때 쓰는 말. ⑩누추한 곳에 모시게 되어 죄송합니다. -하다.

눈[1] ①빛의 자극에 의하여 물건을 보게 되는 감각 기관. ⑩눈을 크게 떠라. ②시력. ⑩눈이 좋다.

눈[2] 새로 막 터져 돋아 나오는 나무의 싹.

눈:[3] 기온이 0°C 이하일 때 공기 중의 수증기가 얼어서 땅에 내리는 흰 결정체.

눈곱[눈꼽] ①눈에서 나오는 진득진득한 것이나 그것이 말라 붙은 것. ②아주 작은 물건을

비유하는 말. 예밥을 눈곱만
큼 주다.

눈금[눈끔] 저울·자 등에 길
이나 무게를 나타내기 위해
표시한 금.

눈길[눈낄] 눈으로 보는 방향.
눈가는 곳. 🖽시선.

눈까풀 눈을 보호하기 위해 눈
알을 덮은 까풀. 〈눈꺼풀.

눈 깜짝할 사이 눈 한 번 깜박
할, 아주 빠른 순간.

눈대중[눈때중] 눈으로 대강 헤
아림. 눈짐작.

눈독[눈똑] 욕심을 내어 눈여겨
보는 일.

눈동자[눈똥자] 눈알의 까만 부
분. 동공.

눈뜨다 ①감은 눈을 열다. ②잠
을 깨다. ③모르는 것을 알게
되다. 예신학문에 눈뜨다. ④
싹이 트다.

눈망울 눈알의 앞쪽의 두두룩
한 곳. 눈동자가 있는 곳. 눈
알. 🖽눈방울.

눈매 눈의 생김새. 예눈매가 날
카롭다.

눈물 여러 가지 자극이나 마음
이 감동을 받을 때 눈에서 흘
러 나오는 물.

눈물겹다(눈물겨우니, 눈물겨워
서) 눈물이 날 만큼 마음에
크게 느껴지다.

눈물샘 눈물이 나오는 샘. 눈
망울이 박혀 움푹 들어간 곳
의 바깥 윗구석에 아래위로
둘이 있음. 누선.

눈물짓다(눈물지으니, 눈물지어
서) 눈물을 흘리다.

눈병[눈뼝] 눈에 생긴 병.

눈:보라 바람에 휘날리며 내리
는 눈.

눈부시다 ①빛이 세어 바로 보
기가 어렵다. 예눈부신 햇살.
②황홀하거나 힘있고 억세다.

예눈부신 업적을 남겼다.

눈빛 눈에서 비치는 빛이나 기
운. 눈에 나타나는 기색. 예좋
아하는 눈빛.

눈:사람[눈싸람] 눈을 뭉쳐 만
든 사람의 형상.

눈살[눈쌀] 두 눈썹 사이에 있
는 주름. 예눈살을 찌푸리다.

눈:송이[눈쏭이] 꽃송이처럼 내
리는 눈. 예눈송이가 탐스럽
다.

눈시울[눈씨울] 눈 언저리의 속
눈썹이 난 곳.

눈:싸움[1] 눈을 뭉쳐 서로 때리
는 장난. 🖾눈쌈. -하다.

눈싸움[2] 서로 마주 보며 오랫
동안 눈을 깜짝이지 않기를
겨루는 장난. 눈겨룸.

눈썰미 한번 본 것이라도 곧
그대로 해낼 수 있는 재주.

눈썹 눈두덩 위에 가로로 길게
모여 난 짧은 털. 예시험이 눈

눈앞 바로 가까이. 예시험이 눈
앞에 닥쳐왔다.

눈어림 눈으로 보아 대강 어림
잡아 헤아림. 눈대중. -하다.

눈엣가시 몹시 미워 늘 눈에 거
슬리는 사람.

눈여겨보다[눈녀겨보다] 잊지
않게 주의하여 잘 보다. 자세
히 보다.

눈요기 눈으로 보는 것만으로
어느정도 만족을 느끼는 일.

눈웃음치다 남의 마음을 사려
고 소리를 내지 않고 눈으로
가만히 웃다.

눈인사 눈짓으로 가볍게 하는
인사. -하다.

눈접 나무를 접붙이는 방법으
로 접순에서 눈을 따서 대목
의 껍질 밑에 넣어주는 방법.
아접.

눈조리개 눈동자를 크고 작게
하여, 눈 속으로 들어오는 빛

의 양을 조절하는 얼개의 하나.

눈짐작[눈쩜작] 눈대중. 눈어림. -하다.

눈짓[눈찓] 눈을 움직여 어떤 뜻을 나타내는 짓. 예따라오라고 눈짓을 하다. -하다.

눈초리 눈의 꼬리. 눈이 가는 길. 예눈초리가 사납다.

눈총 눈에 독기를 올리어 쏘아 보는 기운.

눈치 ①남의 마음을 알아채는 힘. 예눈치가 빠르다. ②겉으로 드러나는 태도. 예눈치가 심상치 않다. 비낌새.

눈치채:다 남의 속마음을 알아 채다. 예거짓말을 눈치채다.

눈칫밥[눈치빱/눈칟빱] 눈치를 보아 가며 얻어먹는 밥.

눌변 더듬거리며 하는 서투른 말솜씨. 반능변. 달변.

눕다(누우니, 누워서) ①등이나 옆구리를 바닥에 대고 몸을 가로 놓다. ②나무나 풀이 병이나 바람 때문에 쓰러지다.

뉘앙스 빛깔·소리·뜻·감정 등의 섬세한 차이.

뉘엿뉘엿[뉘열뉘열] 해가 곧 지려고 하는 모양을 나타내는 말. -하다.

뉘우치다 제 잘못을 깨달아 후회하다. 예잘못을 뉘우치다.

뉴:딜 정책 미국의 루스벨트 대통령이 1933년 이래 실시한 경제 정책[불경기에 대처하여 정부가 적극적으로 경기를 조절하여 실업자를 줄였음].

뉴:스 새로운 소식. 일이나 아직 일반에 알려지지 않은 새 소식.

뉴:스 데스크 신문사 방송국 등의 뉴스 편집실.

뉴:올리언스[지명] 미국 남부의 미시시피 강 어귀에 있는 큰

무역항구 도시.

뉴:욕[지명] 미국에 있는 세계적인 큰 도시로 세계 상공업의 중심지[유엔 본부가 있음].

뉴:질랜드[지명] 오스트레일리아 남동쪽에 있는, 영연방에 속해 있는 나라. 수도는 웰링턴.

뉴턴[사람][1642~1727] 영국의 과학자. 만유 인력의 법칙을 발견함. 【Newton】

뉴:펀들랜드 뱅크[지명] 캐나다의 동부 해안에 있는 수심 200m 이하의 대륙붕. 세계 4대 어장의 하나.

뉴:햄프셔종 닭 품종의 한 가지. 고기와 알을 얻기 위해 기름.

느긋하다[느그타다] 마음이 흡족하다. 흐뭇하다. 넉넉하다.

느끼다 ①깨달음이 일어나다. ②마음이 움직이다. 예고마움을 느끼다.

느끼하다 음식에 기름기가 너무 많아 개운하지 않고 비위에 거슬리다.

느낌 느끼는 일. 또는 느낀 것. 비감상.

느닷없:다 어떤 것이 아무런 조짐이 없이 나타나 전연 뜻밖이고 갑작스럽다. 예느닷없이 우는 까닭이 무엇이냐? 느닷없이.

느릿느릿[느릳느릳] 움직임이 느리고 굼뜬 모양. 예거북이가 느릿느릿 기어간다. -하다.

느슨하다 늘어나서 헐겁다.

느티나무 느릅나무와 비슷한 나무. 잎이 많아 넓은 그늘을 만듦. 흔히 길목이나 놀이터에 있음.

늑골[늑꼴] 갈비대. 【肋骨】

늑대 개와 비슷하나, 성질이 사

나우며 산에 사는 짐승.

늑막[능막] 갈빗대 안쪽에 있어서 허파를 싼 막. 【肋膜】

늑목[능목] 체조에 쓰이는 기구의 한 가지. 몇 개의 기둥에 많은 막대를 가로로 끼워 놓은 것.

늑장 곧 볼일이 있는데도 딴 일을 하고 있는 느린 짓. ●늑장을 부리다 기차를 놓쳤다. ×늦장.

늘 끊임없이. 언제나. 항상.

늘다(느니, 느오) ①많아지거나 커지다. ●몸무게가 늘다. ②재주 실력 같은 것이 더하여지다. ●손재주가 부쩍 늘다.

늘리다 본디보다 더 크게 하거나 많게 하다. ●재산을 늘리다.

늘비하다 ①순서 없이 여기저기 많이 널려 있다. ●상품이 늘비하다. ②고르지 않은 물건들이 죽 늘어서 있다

늘씬하다 몸이 가늘고 키가 커서 맵시가 있다. 〉날씬하다. ●허리가 늘씬하다.

늘어놓다 ①이곳 저곳에 많이 놓다. ●가게에 물건을 늘어놓다. ②말을 수다스럽게 많이 하다. ●잔소리를 늘어놓다.

늘어뜨리다 한쪽 끝이 아래로 처지게 하다.

늘어서다 죽 줄지어 나란히 서다. ●한 줄로 늘어서다.

늘어지다 ①기운이 풀리어 몸을 가누지 못하다. ●너무 피곤하여 몸이 축 늘어지다. ②물건이 길어지다. ③어느 계획이 시간을 끌다. ×느러지다.

늘이다 ①길게 하다. ●엿가락을 늘이다. ②아래로 길게 처지게 하다. ●발을 늘이다.

늘임봉 그네틀과 같은 높은 곳에 장대를 여러 개 늘어뜨려 놓고, 나무를 오르듯이 올라가게 한 운동 기구.

늘임표 한 마디안에 있는 음표나 쉼표의 위쪽 또는 아래쪽에 붙어 길이를 늘이는 표.

늘푸른나무 사시사철 잎이 푸른 나무. 상록수.

늙다[늑다] ①나이가 많아지다. ②식물이 한창때를 지나다.

늙수그레하다 꽤 늙어 보이다.

늙은이[늘근이] 나이가 많은 사람. ⊞노인. ⊞젊은이.

늠:름하다[늠름하다] 의젓하고 씩씩하다. 늠름히.

능 임금이나 왕후의 무덤.

능가 훨씬 뛰어나고 남을 앞지름. ●선배를 능가하는 뛰어난 후배. -하다. 【凌駕】

능동 제 마음에 내켜서 스스로 함. ●모든 일을 능동적으로 하다. ⊞수동. 【能動】

능란하다[능난하다] 어떤 일에 익숙하고 뛰어나다. ●솜씨가 능란하다. 능란히.

능력[능녁] 일을 해내는 힘. ●능력을 최대한 발휘하다.

능률[능뉼] 일정한 시간에 해낼 수 있는 일의 비율.

능멸 업신여겨 깔봄. ●부하가 상관을 능멸하다니! -하다.

능변 ①말을 능란하게 잘하는 사람. 또는 그러한 솜씨. ②능변가. -하다.

능선 산등성이를 따라 죽 길게 이어진 마루터기. 【稜線】

능수버들 버드나무과의 갈잎큰키나무. 흔히 가로수나 관광수로 심음. 높이 20m 가량. 잎은 좁고 가지를 길게 드리우며 4월경에 꽃이 핌. 수양버들.

능숙하다[능수카다] 일을 솜씨

있고 익숙하게 하다. 예능숙한 솜씨로 자동차를 몰다. 반미숙하다. 능숙히.

능지 처:참 지난날, 나라에 큰 죄를 저지른 죄인에게 내리던 극형. 온몸을 여섯으로 갈라 각지에 보내어 구경시켰음. -하다.

능청스럽다(능청스러우니, 능청스러워) 거짓말을 그럴 듯하게 하거나 남을 감쪽같이 속여 놓고도 태연하다.

능통 무슨 일에 환히 통함. 예영어에 능통하다. -하다.

능하다 서투르지 않고 잘하다.

늦가을[늗까을] 늦은 가을. 반초가을.

늦다[늗따] 정한 때에 미치지 못하다. 반빠르다. 이르다.

늦되다 ①나이보다 더디 철이 나다. ②열매나 곡식 등이 제철보다 늦게 익다. 예콩이 늦되다.

늦둥이 ①나이가 들어 늘그막에 낳은 자식. ②박력이 없고 또랑또랑하지 못한 사람.

늦잠[늗짬] 아침 늦도록 자는 잠.

늦추다 ①느슨하게 풀다. 예고삐를 늦추다. 반죄다. ②기한이 지나도록 하다. 예출발 시간을 한 시간 늦추다. 반당기다.

늦추위 겨울이 다 지나갈 무렵의 추위.

늪 호수보다 작고 못보다 크며 바닥이 수렁으로 되어 있고, 늘 물이 괸 곳.

늴리리 퉁소·피리·나발 따위의 관악기의 소리를 흉내낸 말.

늴리리야 경기 민요의 한 가지.

니그로 흑인. 아프리카의 니그로 종족을 가리킴. 【Negro】

니스 투명하고 빨리 마르는 칠감의 한 가지.

니켈 공기나 습기에서 잘 녹슬지 않는 은빛 금속. 【nickel】

니크롬선 전기 풍로 전기 다리미 등의 발열체로 쓰이는 금속선. 철·니켈·크롬의 합금. 높은 온도에도 타지 않고 열을 많이 냄.

니트 뜨개질하여 만든 옷, 또는 그러한 복지.

-님 사람의 이름이나 어떤 이름 밑에 붙여 높임을 나타내는 말. 예선생님.

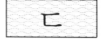

ㄷ(디귿) 한글 닿소리(자음)의 셋째 글자.

다: ①하나도 빼지 않고, 남김 없이 있는 대로. 예책을 다 읽었다. ②어떤 것이든지. 예둘 다 마음에 든다. ③거의. 대부분. 예일이 다 끝나간다.

다가가다 더 가까이 옮아 가다.

다가서다 더 가까이 앞으로 옮겨 와 서다.

다가앉다[다가안따] 더 가까이 옮겨 앉다.

다가오다 ①앞으로 더 가깝게 옮겨 오다. ②어떤 때가 가깝게 닥쳐오다. 예가을이 다가 오다.

다각도로 여러 각도로. 여러 모로. 예이 기계는 다각도로 쓸 수 있다.

다각형 셋 이상의 직선으로 둘러 싸인 평면도형. 다변형.

다감 느낌이 많고 감동하기 쉬움. 예다정다감한 성격. -하다.

다과 차와 과자. 【茶菓】

다과회 차와 과자를 마련한 간단한 모임. 【茶菓會】

다그치다 상대방에게 여유를 주지 않고 계속 몰아서서 작용을 가하다. 예사실을 확인하기 위해 다그쳐 묻다.

다급하다[다그파다] 미처 어떻게 할 여유가 없을 만큼 몹시 급하다. 다급히.

다기 ①차를 끓이거나 담는 기구. ②절에서, 부처 앞에 맑은 물을 떠 놓는 그릇. 【茶器】

다녀오다 갔다가 오다. 어떤 곳에 들렀다가 오다.

다년간 여러 해 동안. 예다년간 노력해서 얻은 결과.

다년생 식물의 전부 또는 일부가 3년 이상 자라는 것. 여러 해살이.

다다르다(다다르니, 다다라서) ①목적한 곳에 이르러 닿다. 예정상에 다다르다. ②어떤 기준에 이르러 미치다.

다닥다닥 조그만 물건이 아주 많이 붙은 모양. 〈더덕더덕.

다달이 달마다. 매월. 예다달이 회비를 내다.

다도 차를 달여 마실 때의 방식 및 예의 범절.

다도해 많은 섬들이 흩어져 있는 바다. 특히 우리 나라의 남해를 일컬음.

다독 많이 읽음. 【多讀】

다독거리다 자꾸 다독다독하다. 예아기를 재우려고 다독거리다.

다듬다[다듬따] ①매만져서 맵시를 내다. 예머리를 다듬다. ②땅바닥을 고르게 만들다. ③못 쓸 부분을 뜯어 내다. 예파를 다듬다.

다듬이질 풀 먹인 옷감을 반반하게 하려고 방망이로 다듬는 일. 준다듬질. -하다.

다라니경 불경의 하나. 1966년 불국사 석가탑에서 나온 다라니경은 세계에서 가장 오래된 목판 인쇄물의 하나임.

다락 부엌과 천장 사이에 이층처럼 만들어서 물건을 넣어 두게 된 곳.

다람쥐 다람쥐과의 동물. 쥐와 비슷하나, 등에 다섯 개의 검은 줄이 있음. 도토리나 밤 등을 먹고 살며, 나무에 잘 기어오름. 추운 겨울에는 나무 구멍에서 겨울잠을 잠.

[다람쥐]

다랑어 고등어 모양으로 생긴 바닷물고기. 몸의 길이 약 3m 정도 등은 청홍색, 배는 회색임. [비]참치.

다래 ①다래나무의 열매. ②덜 익은 목화의 열매.

다량 많은 분량. [비]대량. [반]소량. 【多量】

다루다 ①일을 처리하다. [예]공평하게 다루다. ②거친 물건을 매만져서 쓰기 좋게 하다. ③사람을 부리다. [예]아랫사람을 잘 다루다. ④물건을 부려서 이용하다. [예]악기를 잘 다루다.

다르다 같지 않다. [반]같다.

다름없다 비교해 보아 다른 것이 없다. 다름없이.

다리 개천이나 강의 양쪽 언덕 사이에 사람이나 차가 다닐 수 있도록 나무·돌·콘크리트 등으로 건너지른 것.

다리다 다리미로 옷 같은 것의 구겨진 주름살을 문질러 펴다.

다리밟이 정월 대보름날 밤에 사람들이 그 해의 재앙을 막기 위해 열두 다리를 밟던 민속 놀이. [비]답교. -하다.

다림질 '다리미질'의 준말. 다리미로 옷 등을 다리는 일. -하다.

다릿돌[다리똘/다릳똘] 시냇물이나 개울을 건너 다니기 위해 놓은 돌. 징검다리로 놓은 돌.

다릿목 다리가 놓여 있는 길목.

다:만 ①'오직 그뿐'의 뜻을 나타내는 말. [예]다만 네가 잘 되길 바랄 뿐이다. [비]단지. ②앞의 말을 받아서 이와 반대되는 말을 할 때 쓰는 말. [예]어떤 짓을 해도 좋다. 다만 그 일에 대한 책임은 네가 져야 한다.

다망 바쁨. 일이 매우 많음. [예]공사다망하신데도 이렇게 찾아 주시다니……. [반]한가. -하다. 【多忙】

다면체 넷 이상의 평면으로 둘러 싸인 입체. 【多面體】

다모작 한 농토에서 한 해 동안에 여러 번 농작물을 가꾸어 수확하는 일. [반]일모작.

다목적 댐 전력 개발 외에 농업 용수·공업 용수·홍수 조절 등 여러 가지 용도를 겸한 댐. [예]소양강 다목적 댐.

다물다(다무니, 다무오) 위아래 입술을 마주 대다.

다발 꽃이나 푸성귀 등의 묶음을 세는 말. [예]배추 한 다발.

다방면 여러 방면. [예]다방면에 재능이 있다. 【多方面】

다보탑 경주 불국사에 있는 탑. 화강암으로 만들어진 높이 10.4m의 탑으로 신라 때 세워졌음. 〈**구조**〉 ①돌층층대(4개). ②중심기둥. ③네 귀의 돌기둥. ④소로 ⑤두 층의 석반. ⑥돌 난간. ⑦이층 지붕. ⑧팔각형 돌 난간. ⑨돌쟁반. ⑩팔각형 지붕. ⑪상륜부 등 11부분으로 되어 있음. 국보 제20호.

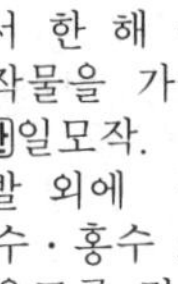

[다보탑]

[ㄷ]

다복 복이 많음. 예다복한 가정. -하다. 【多福】

다복솔 가지가 다보록하게 많이 퍼진 어린 소나무.

다부지다 벅찬 것을 능히 이겨낼 힘이 있다. 예몸이 다부지게 생겼다.

다사롭다(다사로워, 다사로운) 따뜻한 느낌이 있다. 포근하다. 예따사롭다.

다소 ①많음과 적음. 예다소를 가리지 않는다. ②조금. 약간. 어느 정도. 예다소나마 성의를 보였으면 좋겠다. 【多少】

다소간 얼마쯤. 예다소간의 어려움이 있겠지만 꾹 참고 견뎌야 한다. 쥰다소. 【多少間】

다소곳하다[다소고타다] 고개를 좀 숙이고 말이 없다. 예다소곳한 자세. 다소곳이.

다수 수효가 많음, 또는 많은 수효. 예다수의 반대를 물리치다. 만소수.

다수결 회의에서 많은 사람의 의견을 좇아 결정함. 예다수결의 원칙. 【多數決】

다:스 물품 12개를 한 묶음으로 세는 말. 예연필 한 다스.

다스리다 ①나라·사회·집안의 일 따위를 보살피고 처리하다. 예집안을 화목하게 다스리다. ②죄에 대하여 벌을 주다. 예죄인을 다스리다.

다슬기 다슬기과의 민물 고둥의 하나. 우렁이보다 가늘고 길며 훨씬 작음. 껍데기는 나사 모양이며, 검정색 또는 갈색임. 하천이나 연못에 살고, 삶아서 먹을 수 있음.

다시 ①하던 것을 되풀이하여. 예노래를 다시 부르다. ②새로이 고쳐서 또. 예집을 다시 짓다. ③그 밖에는 또. 예다시 없는 좋은 기회다.

다시마 미역과 비슷한 바닷말. 잎은 황갈색 또는 흑갈색으로 넓은 띠모양이며, 잎바탕은 두껍고 쭈글쭈글한 주름이 있음. 식용이나 공업용으로 이용됨.

다양 모양이나 종류가 여러 가지임. -하다. 【多樣】

다음 ①어떠한 차례의 바로 뒤. 예다음 시간. ②둘째. 예반장 다음의 직책이 부반장이다. ③일정한 시간이 지난 뒤. 예다음에 또 만납시다.

다이너마이트 폭발약의 한 가지〔스웨덴의 과학자 노벨이 발명했음〕.

다이빙 높은 곳에서 몸을 날려 물 속으로 뛰어드는 헤엄의 한가지.

다이아몬드 금강석. 보석 중에서 제일 단단한 것으로 아름다운 빛을 냄. 쥰다이아.

다이어트 건강이나 미용을 위하여 음식의 양이나 종류를 제한하는 일. 【diet】

다이얼 ①자동 전화기의 숫자판. ②시계·나침반 등의 글자판. ③라디오의 사이클 눈금이 그려져 있는 숫자판.

다재 재주가 많음. 예다재다능한 인물. -하다. 【多才】

다정 ①인정이 많음. ②사이가 아주 좋음. 예사이가 다정하다. 만냉정. -하다. -히.

다종 종류가 많음. 【多種】

다지다 ①무른 것을 눌러서 단단하게 만들다. 예집터를 다지다. ②고기나 푸성귀 따위를 칼질하여 잘게 만들다.

다짐 ①단단히 다져 확실한 대답을 받음. ②이미 한 일이나 앞으로 할 일이 틀림없음을 조건을 붙여 말함. ③마음 속으로 굳게 작정함. 예승리를 다짐하다. -하다.

다짜고짜 옳고 그름을 가리지 않고 덮어놓고. 예다짜고짜 욕설을 퍼붓다.

다채롭다(다채로우니, 다채로워서) ①갖가지 빛깔이 한데 어울려 호화롭다. ②여러 가지로 많고 화려하다. 예다채로운 축하 행사를 벌이다.

다치다 ①부딪쳐서 상하다. ②손으로 건드리다.

다큐멘터리 기록 문학. 꾸미지 않고 실제 있었던 일을 글이나 방송 따위로 엮은 것.

다투다 ①서로 옳고 그름을 주장하다. 예친구와 생각이 달라 서로 다투다. ②이기고 짐을 서로 겨루다. 예승부를 다투다.

다행 일이 좋게 됨. 운수가 좋음. 뜻밖에 잘 되어 좋음. 예불행 중 다행이다. 반불행. 준행. -히. -하다.

다홍빛 산뜻한 붉은 빛깔.

다홍치마 다홍색의 치마. 예같은 값이면 다홍치마

닥나무[당나무] 뽕나무과의 넓은잎큰키나무. 산기슭의 양지에 나며, 높이는 5m가량이고 잎은 뽕나무잎과 비슷함. 껍질은 창호지의 원료로 과실은 약재로 쓰임. 준닥.

닥쳐오다 가까이 다다라 오다. 예어려움이 닥쳐오다.

닥치다 어떠한 일이나 물건이 가까이 다다르다. 예시험이 눈앞에 닥치다.

닦다[닥따] ①더러운 것을 깨끗하게 하다. 예마루를 닦다. ②평평하게 고르고 다지다. 예길을 닦다. ③힘써 배우다. 예기술을 닦다.

단¹ '겨우·오직·단지·다만'의 뜻. 예단 하나밖에 없는 물건.

단:² 땔나무 푸성귀 같은 것의 묶음. 다발. 예배추 한 단.

단가[단까] 낱개의 값. 예단가를 매기다. 【單價】

단감 단감나무의 열매. 단단하고 아삭아삭하며 맛이 닮.

단:거리 짧은 거리. 반장거리.

단:거리달리기 400m 이하의 짧은 거리를 달려 승부를 겨루는 육상 경기. 반장거리달리기.

단결 여러 사람이 마음을 한데 뭉침. 비단합. 반분열. -하다.

단결심[단결씸] 많은 사람이 한 덩이로 뭉치려는 마음.

단계 일의 차례를 따라 나아가는 과정. 예일이 마무리 단계에 접어들다. 비순서. 차례.

단골 늘 정해 놓고 거래하는 곳이나 손님. 예단골 손님.

단:교 ①교제를 끊음. 비절교. ②나라와 나라 사이의 외교 관계를 끊음. -하다.

단군 처음으로 우리 나라를 세우고 다스렸다고 전해지는 임금. 단군 왕검. 【檀君】

단군 신앙 단군을 신격화하여 상을 모셔 놓은 곳.

단군 이야기 환인의 자손인 단군이 고조선을 세웠다는 내용의 우리 민족 건국 이야기. 단군 신화.

단:기 '단기간'의 준말. 짧은 기간. 예단기 교습. 【短期】

단:기간 짧은 기간. 예단기간에 끝낼 수 있는 공사. 반장기간.

단:념 아주 생각하지 아니함. 예승리를 단념하다. 비체념. 반전념. -하다.

단단하다 무르지 아니하고 굳다. 〈든든하다. 쎈딴딴하다. 귀탄탄하다. 단단히.

단:도 짤막한 칼. 【短刀】

단독 단 한 사람. 혼자. 예일을 단독으로 처리하다. 비단일.

단락[달락] ①일이 다 된 끝. ②긴 문장 중에 내용상으로 일단 끊는 곳. 【段落】
단란[달란] 집안 식구가 화목하게 지냄. [예]단란한 가정. -하다.
단련[달련] ①쇠붙이를 불에 달구어 두드림. ②몸과 마음을 닦아 기름. [비]연마. 수련. -하다.

단리법[달리뻡] 원금에만 이자를 계산하는 방법. [반]복리법.
단말기 전자 계산기의 온라인 시스템에 쓰이는 입출력 기기를 통틀어 이르는 말.
단맛 당분이 있는 식품의 맛.
단:면 ①자른 면. ②사물을 어떤 입장에서 본 모양.
단:명 ①목숨이 짧음. ②어떤 조직 따위가 '오래 가지 못하고 곧 무너짐'을 비유하여 이르는 말. -하다. 【短命】
단:문 ①짧막한 글. 짧은 문장. ②글을 아는 것이 그리 넉넉하지 않음. [반]장문.
단물 ①짠맛이 없는 맹물. [반]짠물. 센물. ②'실속 있는 부분'을 비유하여 이르는 말. [예]단물만 빨아먹고 버리다. [반]쓴물.
단박 그 자리에서 한번에. [예]음식을 단박에 먹어치우다.
단:발 머리털을 짧게 깎거나 자름, 또는 그 머리털. 【斷髮】
단:발령 조선 제26대 고종 32년(1895) 상투를 없애고 머리를 짧게 깎도록 한 명령.
단:백질 우리 몸을 이루는 데 쓰이는 중요한 영양소. 힘살·머리털·손톱·발톱의 주성분. 3대 영양소의 하나로, 고기·우유·콩 등에 많이 들어 있음〔탄소·산소·질소 등이 주성분임〕.
단번 한 차례. 단 한 번. [예]상대를 단번에 이기다.
단벌 단지 그것 하나뿐인 물건. [예]단벌 신사.
단보 밭이나 논의 면적 단위.
단비 꼭 필요할 때 알맞게 오는 비.
단상 연단이나 교단 등의 단 위. [비]단하. 【壇上】
단색 한 가지 빛깔. 【單色】
단서 일의 처음. 일의 실마리. [예]살인 사건의 단서를 잡다.
단선 외줄. [반]복선. 【單線】
단성 남성이나 여성 어느 한쪽의 목소리. [반]혼성.
단세:포 그것만으로 한 생물체를 이루는 단 하나의 세포. [반]다세포.
단:소 목관 악기의 하나. 대로 만들며 퉁소보다 좀 짧고 구멍은 앞에 넷, 뒤에 하나가 있음.

[단소]

단속 경계를 단단히 하여 다잡음. [예]문단속. [반]방임. -하다
단:수 수돗물이 끊어짐. 【斷水】
단순 ①복잡하지 않고 간단함. [예]구조가 단순하다. ②아무 조건이 없음. [예]단순한 노동. [반]복잡. -하다. -히.
단순 노동 전문적인 기능이 없어도 할 수 있는 단순한 육체 노동.
단숨에 쉬지 아니하고 곧장. 한숨에. 한꺼번에.
단:시간 짧은 시간. [예]단시간에 많은 일을 해내다. [반]장시간. 【短時間】
단:식 음식을 전혀 먹지 않음, 또는 그 일. [예]단식 기도. [비]금식. -하다. 【斷食】
단식:투쟁 음식을 전혀 먹지 않고 버티며 맞서는 일.

단신 혼자의 몸. 예단신으로 피난하다. 【單身】

단:안 어떤 안을 딱 잘라 정함. 예단안을 내리다.

단양【지명】 충청 북도에 있는 한 군〔명승 고적으로 단양 팔경 등이 있음〕. 【丹陽】

단양 팔(8)경 충청 북도 단양군에 있는 8군데의 명승지로 하선암·중선암·상선암·구담봉·옥순봉·운선구곡·도담삼봉·석문 등이 있음.

단어 한 개 또는 몇 개의 소리로 되어 완전한 뜻을 가진 언어의 최소 단위. 낱말.

단:언 주저하지 않고 딱 잘라서 말함. 예확실하다고 단언하다. -하다. 【斷言】

단:연 ①반대를 무릅쓰고 과감히 행하는 모양. 예단연 거절하다. ②확실히 단정할 만하게 차이가 나는 모양. 예우리 팀이 단연 일등이다.

단:열재〔다녈째〕 열이 전도되지 않게 막는 재료〔석면·유리섬유 등〕.

단오 명절의 하나. 음력 5월 5일. 여자는 창포물에 머리를 감고 그네를 뛰며, 남자는 씨름을 하며 노는 민속절.

단원[1] 하나로 묶은 학습의 단위. 예오늘 공부할 단원.

단원[2] 어떤 단체를 구성하고 있는 개인. 예합창 단원. 【團圓】

단원제 국회를 상·하 양원으로 구분하지 않고 하나만 두는 제도. 우리 나라는 단원제임. 반양원제. 【單元制】

단위 ①비교 계산하는 데 기본이 되는 것. ②무엇을 이루는 가장 기본적인 것. 【單位】

단위각 무엇을 이루는 가장 기본적인 각.

단위 분수 분자가 1인 분수.

〈보기〉 ½·⅓·¼ 등.

단:음 짧게 나는 소리. 음성의 최소단위. 【短音】

단:음계 둘째와 셋째, 다섯째와 여섯째 음 사이의 음정이 반음인 음계. 반장음계.

단일 민족 단일한 인종으로 이루어져 있는 민족. 예우리 겨레는 단일 민족이다.

단잠 곤하게 자는 잠.

단장[1] 산뜻하게 모양을 꾸밈. -하다.

단장[2] 단체의 우두머리. 예올림픽 대표 선수 단장. 【團長】

단:장[3] 짧은 지팡이. 【短杖】

단:전 전기 보내는 것을 끊음.

단:절 어떤 관계나 교류를 끊음. 절단. 예국교를 단절하다.

단:점〔단쩜〕 낮고 모자라는 점. 나쁜 점. 비결점. 반장점.

단정[1] 얌전하고 바름. 얌전하고 조촐함. -하다.

단:정[2] 딱 잘라서 결정함. 예그가 범인이라고 단정하다. -하다.

단:조[1]〔단쪼〕 단음계의 곡조. 으뜸음의 높이에 따라 가 단조·마 단조 등으로 부름. 반장조. 【短調】

단조[2] ①사물이 단순하고 변화가 없이 싱거움. ②가락이 변화가 없고 단일함. 예단조로운 선율. -하다.

단조롭다 단조한 느낌이 있다. 예단조로운 생활.

단지[1] 배가 부르고 목이 짧은 자그마한 항아리의 한 가지. 예김치 단지.

단:지[2] 다만. 겨우. 오직. 한갓. 예단지 그 한 마디를 하려고 그렇게 먼 길을 왔느냐?

단지[3] 아파트·공장 등이 무리를 이루고 있는 일정한 구역.

단짝 서로 뜻이 맞아 항상 함께 행동하는 사이. 또는 친구.

단청 궁궐·절 따위의 벽·기둥·천장 등에 여러가지 고운 빛깔로 그림과 무늬를 그림. 또는 그 그림이나 무늬. [예]단청이 아름답다. -하다.
단체 ①같은 목적을 이루려고 두사람 이상이 모인 집단. ②집단. [예]단체로 입장하다. [반]개인.
단체전 단체간에 벌이는 경기. [반]개인전.
단추 옷의 두 쪽을 붙였다 떼었다 하기 위해 달아 놓은 것.
단:축 짧게 줄어듦. 짧게 줄임. [예]단축 마라톤. -하다.
단출하다 ①식구나 구성원이 많지 아니하여 홀가분하다. ②옷차림이나 가진 물건 따위가 간편하다. [예]단출한 차림. 단출히.
단:층[1] 지구 내부에서 움직이는 힘의 영향을 받아 한쪽은 가라앉고 한쪽은 솟아서 생기는 지층. 【斷層】
단층[2] 단 하나의 층. [예]단층집. [반]고층. 【單層】
단칸방[단칸빵] 단 한 칸의 방.
단칼 꼭 한 번 쓰는 칼. [예]나무를 단칼에 베어 넘기다.
단판 단 한 번에 이기고 지는 것을 정하는 판.
단:편 ①짤막하게 엮은 글, 또는 짤막한 영화. ②'단편 소설'의 준말. [반]장편. 【短篇】
단풍 ①늦가을에 빛깔이 붉게 또는 누르게 변한 나뭇잎. [예]곱게 물든 단풍잎. ②'단풍나무'의 준말.
단풍취 산에 저절로 자라는데, 잎은 일곱 갈래로 갈라졌고, 7~9월에 꽃이 피며, 어린 잎은 먹을 수 있는 엉거시과의 여러해살이풀.
단합 한데 뭉침. [예]국민의 단합된 힘. [비]단결. -하다. 【團合】
단:행 결정하여 실행함. [예]반대를 무릅쓰고 공사를 단행하다. -하다. 【斷行】
단:호하다 결심한 것을 딱 끊은 듯이 엄격하다. [예]요구를 단호히 거절하다. 단호히.
닫다 ①열린 것을 막다. ②하던 일을 하지 아니하다. [예]가게 문을 닫다. [반]열다.
닫힌 소리 혀를 가장 높게 하여 내는 소리〔이·으·우 등〕.
달[1] 밤하늘에 떠서 세상을 밝게 비추는 지구의 위성. 지구에서 가장 가까운 거리에 있는 천체.
달[2] 한 해를 열둘로 나눈 하나를 단위로 하는 시간의 길이. [예]일년 열두 달.
달가닥 단단하고 작은 물건이 맞닿아서 나는 소리. [준]달각. <덜거덕. [센]딸가닥. -하다.
달가스〖사람〗1870년경에 덴마크의 부흥에 힘쓴 지도자. 덴마크가 독일과의 전쟁에서 기름진 땅을 빼앗겼을 때, 황무지 협회를 조직하여 식목과 개척에 힘쓰고 협동 조합 운동을 전개하여 부흥의 터전을 닦음.
달갑다(달가우니, 달가워서) ①흡족하다. 만족하다. 달갑지 않은 일. ②거리낌없다.
달개비 습한 땅에서 자라는 높이 15~50cm의 한해살이풀. 줄기는 긴 마디로 되어 있으며, 아침 일찍 남색 꽃이 피는데, 꽃은 강낭콩꽃과 비슷함.
달구지 말 소가 끄는 짐수레.
달님 달을 사람처럼 꾸며 아름답게 이르는 말. [반]해님.
달:다[1] (다니, 다오) ①몹시 뜨거워지다. [예]시뻘겋게 단 난

로. ②마음이 타다. 예애가 달다. ③음식 등이 너무 끓어서 국물이 쫄다.

달다²(다니, 다오) ①물건을 높이 매어 아래로 늘어뜨리다. 예태극기를 달다. 비매달다. ②물건을 일정한 곳에 붙이다. 예가슴에 이름표를 달다. ③말이나 글에 설명·제목 등을 붙이다. 예글의 제목을 달다. ④저울로 무게를 헤아리다.

달다³(다니, 다오) ①맛이 꿀맛과 같다. ②입맛이 당기어 맛이 좋다. 반쓰다.

달:라다 '달라고 하다'의 준말. 남에게 무엇을 주기를 청하다.

달라붙다 ①끈기 있게 바짝 붙다. ②끈질기게 덤벼들다. ③끈기 있게 착 붙다. 예엿이 바닥에 달라붙다. <들러붙다.

달라지다 변하여 이전 것과 틀리게 되다. 다르게 되다.

달랑달랑 ①작은 것이 잇달아 까불거나 빨리빨리 움직이는 모양. ②작은 방울이 자꾸 흔들리어 나는 소리. <덜렁덜렁. -하다.

달래 백합과의 여러해살이풀. 들에 절로 나는데, 줄기는 5~12cm. 파와 같은 냄새가 나고 매운 맛이 있어 양념이나 나물로 먹음.

달래다 ①마음을 위로하여 가라앉게 하다. 예슬픔을 달래다. ②좋은 말로 꾀다.

달러 미국 돈의 단위. 1달러는 100센트. 불(弗).

달려나가다 뛰어서 나가다.

달려들다(달려드니, 달려드오) 갑자기 덤벼들다. 와락 대들다.

달력 한 해 동안의 날짜·요일·절기 등을 나타낸 것. 비책력.

달리 다르게. 틀리게. 달리 좋은 방법이 없다.

달리다¹ ①뛰어가다. ②빨리 가게 하다. 예말을 빨리 달리다.

달리다² ①힘에 부치다. 예힘이 달려 준우승에 머물다. ②물건의 한 끝이 높이 걸리거나 붙은채 아래로 처지다. 예처마에 고드름이 달리다. ③매이거나 딸리다. 예나에게는 모두 여섯 식구가 달려 있다.

달:리아 국화과의 여러해살이 화초. 줄기는 2m 가량 자라며 굵은 덩이뿌리로 번식함. 여름에서 가을에 걸쳐 백색·홍색·자색 등의 큼직하고 아름다운 꽃이 줄기 끝에 핌.

달맞이[달마지] 달이 뜨기를 기다림. 음력 정월 보름날 밤, 횃불을 들고 산이나 들에 나가 달이 뜨기를 기다리는 일. -하다.

달무리 달 언저리에 구름이 고리같이 둥그렇게 보이는 허연 테.

달성[달썽] 뜻하는 바나 목적하는 바를 이룸. 예목적을 달성하다. 비성취. -하다. 【達成】

달아나다 도망치다. 잡히지 않도록 빨리 다른 곳으로 가다.

달아오르다(달아오르니, 달아올라서) ①얼굴이 화끈해지다. ②쇠붙이 따위가 몹시 뜨거워지다.

달음박질 급히 뛰어 달려가는 걸음. 준달음질. -하다.

달이다 끓여서 진하게 만들다. 예약을 달이다.

달집[달찝] 음력 정월 보름날에 달맞이할 때 불을 질러 밝게 하기 위하여 집 모양으로 쌓은 나무 무더기.

달콤하다 ①맛이 알맞게 달다. ②감미롭다. ⑩달콤한 말로 속이다. <달콤하다. ⑳달곰하다. 달콤히.

달팽이 달팽이과의 연체 동물. 나선형의 껍질을 지고 있으며, 머리에 두 개의 더듬이가 있는데 그 끝에 밝음과 어둠만을 구별하는 눈이 있음. 여름에 습한 곳의 잎이나 풀잎 위를 기어다님.

[달팽이]

달포 한 달 이상이 되는 동안.

달필 빠르고도 잘 쓰는 글씨. 능필. ⑭악필. 【達筆】

달하다 ①목적을 이루다. ②어떠한 곳이나 표준 및 수량에 이르다. ⑩컴퓨터 기술이 선진국 수준에 달하다.

닭 꿩과의 새. 집에서 가장 널리 기르는 가축의 하나. 날개는 짧아 날지 못하나 다리는 매우 튼튼함. 알과 고기를 얻기 위하여 많이 기름.

닭장[닥짱] 닭을 가두어 기르는 곳. 닭의 장.

닮다[담따] ①서로 비슷하게 생기다. ②어떤 것을 본떠서 그와 같아지다. ⑩좋은 친구를 닮다.

닮은꼴 크기가 같지 않은 둘 이상의 도형에서 대응변의 비가 같고 대응각이 서로 같은 도형.

닮은비 닮은꼴인 두 도형에서 대응변의 길이의 비.

닮음의 중심 두 닮은 도형의 대응점을 이은 직선이 모두 한 점에서 만날 때, 두 도형은 '닮음의 위치에 있다'고 하고, 그 점을 '닮음의 중심'이라고 함.

닳다[달타] ①오래 쓴 물건이 낡아지거나 줄어들다. ⑩구두 뒤축이 닳다. ②액체 등이 졸아들다. ⑩국물이 닳다.

담 벽돌·흙·돌 등으로 높이 쌓아 올려서 집의 가를 둘러막은 것. ⑭담장.

담그다 ①액체 속에 넣다. ⑩물에 손을 담그다. ②술·김치·간장 등을 만들어 익게 하다. ⑩장을 담그다.

담금질 쇠를 불에 달구었다가 찬물에 담그는 일. -하다.

담기다 그릇에 담아지다. ⑩귤이 상자에 가득 담기다.

담:다[담따] 그릇 속에 넣다.

담:담하다 마음이 편하고 맑다. ⑩담담한 표정으로 이야기를 듣고 있다. 담담히.

담당 어떤 일을 맡음. ⑩담당 구역. 담당 부서. -하다.

담:대 겁이 없고 용기가 많음. ⑩담대한 사람. ⑭대담. ⑳소심. 담소. -하다. -히.

담:력[담녁] 겁이 없고 용감한 기운. 준담.

담:배 ①가지과의 한해살이풀. 남미 원산의 재배 식물로 줄기높이는 1.5~2m. 길둥근 잎은 길이 50cm, 폭 25cm 가량으로 매우 크며 끝이 뾰족하고 어긋나게 남. 잎은 담배의 원료임. ②담뱃잎을 말려서 가공한 기호품.

담보 돈을 빌리는 사람이, 빌린 돈을 못 갚을 때 돈을 빌려 준 사람이 마음대로 처분해도 좋다는 약속으로 맡기는 물건이나 증권. ⑭저당. -하다.

담비 족제비과의 동물. 몸길이 40~50cm, 꼬리는 20cm 가량. 털은 여름에는 흑갈색이나 겨울에는 황색으로 곱게 변함. 모피는 귀중하여 아주 비쌈.

담:색 엷은 빛깔. ⑭농색. 【淡色】

담소 웃으면서 이야기함. 예친구들과 담소를 나누다.【談笑】

담양읍〖지명〗 전라 남도 광주 광역시 북쪽 영산강 상류의 군청 소재지가 있는 곳〔대를 재료로 하여 만든 죽세공품으로 유명함〕.

담:요〔담뇨〕 털 같은 것으로 만들어, 깔거나 덮게 된 침구의 하나. 모포.

담임 어떤 일을 책임지고 맡아 봄, 또는 맡아 보는 사람. 예담임 선생님. -하다.【擔任】

담장 ⇒담¹.

담쟁이덩굴 벽·담·바위 같은 데 붙어서 뻗어 나가는 덩굴나무.

〔담쟁이덩굴〕

담:징〖사람〗〔579~631〕 고구려의 승려이며 화가. 벽제를 거쳐 일본에 건너가 호류사의 금당벽화를 그린 것으로 유명함.

담:채화 동양화에서 채색을 엷게 한 그림.【淡彩畵】

담판 서로 의논하여 옳고 그른 것을 분명히 판단함. 예임금 문제를 놓고 담판을 벌이다. -하다.【談判】

담화 ①이야기. ②단체나 개인이 그 의견이나 태도를 분명히 하기 위하여 하는 말. 예담화문을 발표하다. -하다.

답 ①'대답'의 준말. 예묻는 말에 답하다. ②'해답'의 준말. 예문제의 답을 고르다.【答】

답답하다 마음이 시원하지 않고 갑갑하다. 예소식을 몰라 답답하다. 빤후련하다. 답답히.

답례〔담녜〕 남에게서 받은 인사에 답하여 인사를 함. 예축하 인사에 답례하다. -하다.

답변 물음에 대하여 대답하는 말. 예선생님의 질문에 답변을 하다. 빤질문. 질의. -하다.

답사¹ 식장에서 식사나 축사에 대한 대답의 말. 예졸업식 대표의 답사. -하다.【答辭】

답사² 실제 현장에 가서 보고 조사함. 예경주 고적을 답사하다. -하다.【踏査】

답습 옛것을 그대로 따르거나 이어 나감. -하다.

답안 시험 문제의 해답. 예모범 답안을 쓰다.【答案】

답장 회답하여 보내는 편지. 빤답서. 회신. -하다.【答狀】

답중악 논에서 일할 때 연주하는 농악의 악곡.

닷되 곡식이나 액체 따위의 분량을 재는 데 쓰는 그릇으로 다섯 그릇.

닷새 ①다섯 날. ②'초닷샛날'의 준말.

당〖지명〗〔618~907〕 '당나라'의 준말. 중국 수나라 다음에 일어난 왕조. 남북을 통일하여 정치 문화의 발전을 이루었고, 장안에 도읍하였음. 우리 나라와 깊은 관계를 가졌었음.

당국 ①어떤 일을 처리하는 임무를 맡아 보는 곳. ②어떤 나라 일을 맡아 보는 관청.

당근 뿌리를 먹는 식물의 하나로, 빛깔이 붉고 맛이 달콤하며 독특한 향기가 있음. 빤홍당무.

당기다 ①끌어서 가까이 오게 하다. 예의자를 앞으로 당기다. ②정한 시간이나 날짜보다 빨리 다그다. 예약속 시간을 당기다.

당김음 셈여림이 불규칙하여 여린박 자리에 센박이 오는 것.

당나귀 말과 비슷하나 몸이 작고 앞머리에 긴 털이 없음. 귀는 토끼처럼 길고, 힘이 세며 잘 참고 견디어 부리기에 알맞음. 나귀.

당뇨 포도당이 많이 섞여 나오는 오줌. 【糖尿】

당뇨병[당뇨뼝] 혈액 속에 포도당이 많아져서 당뇨가 오랫동안 계속되는 병.

당당하다 ①매우 의젓하다. 예체격이 당당하다. ②떳떳하다. 당당히.

당대 ①사람의 일대. 예당대에 모은 재산. ②그 시대. 예당대에 제일가는 명필.

당도 어떤 곳이나 일에 닿아서 이름. 예목표한 지점에 당도하다.

당돌하다 올차고 다부져서 조금도 어려워하는 마음이 없다. 예당돌한 행동. 당돌히.

당면 어떤 일이 바로 눈앞에 닥침. -하다. 【當面】

당번 돌아오는 차례에 당함, 또는 그 사람. 예청소 당번. 반비번.

당부 말로써 단단히 부탁함, 또는 그 부탁. 예몸조심을 하라고 당부하다. -하다. 【當付】

당분간 얼마 동안. 잠시 동안.

당선 ①선거에서 뽑힘. 예반장으로 당선되다. ②심사에서 뽑힘. 반낙선. -하다. 【當選】

당수 한 당의 우두머리. *총재.

당숙 아버지의 사촌 형제. 종숙.

당시 어떤 일이 일어난 그 때. 예6·25 당시. 【當時】

당신 ①웃어른을 높이어 일컫는 말. ②부부가 서로 상대방을 높이어 하는 말. ③자기보다 낮거나 비슷한 사람을 이름 대신으로 부르는 말.

당연 이치로 보아 마땅히 그러할 것임. 예자식이 부모에게 효도하는 것은 당연한 일이다. 반부당. -하다. -히.

당원 정당에 가입한 사람. 당을 이루고 있는 사람. 【黨員】

당인리[당인니]【지명】서울 마포구에 있는 동네. 서울 화력 발전소가 있음. 【唐人里】

당일 일이 생긴 바로 그 날. 예사건 당일. 【當日】

당일치기 그 날 하루에 끝을 내는 일. -하다.

당자· 바로 그 사람. 예당자를 만나 보다. 본당사자. 비본인.

당장 곧. 바로. 무슨 일이 일어난 바로 그 자리. 예당장 이 방에서 나가라.

당쟁 당파를 이루어 서로 싸움.

당좌 수표 은행에 당좌 예금을 가진 사람이 그 예금을 기초로 하여 그 은행 앞으로 발행하는 수표.

당좌 예:금 은행이 예금한 사람의 요구대로 언제든지 지불한다는 약속 아래 저축하는 예금. 준당좌. 【當座預金】

당직 근무하는 곳에서 숙직이나 일직 등의 차례가 됨.

당집[당찝] 신을 모셔 놓고 위하는 집. 준당.

당차다 나이·모습·처지 등에 비하여 마음이나 행동이 야무지다.

당첨 제비뽑기에 뽑힘. 예복권에서 일등으로 당첨되다.

당초 일이 생긴 처음. 애초. 예당초부터 잘못된 일. 【當初】

당치않다 이치에 맞지 아니하다. 어림도 없다. 예그런 당치 않은 소리는 하지도 마라. 준당찮다. 본당치 아니하다.

당파 당의 나누인 갈래. 【黨派】

당포 해:전 임진왜란 때 남해안 당포 앞바다에서 이순신 장군

이 외적을 무찌른 전투.

당하다 ①어떤 처지에 이르다. 예낭패를 당하다. ②맞서서 이겨 내다. 예일개 소대 병력으로 일개 중대를 당해 내다.

당황하다 놀라서 정신이 어리둥절하다.

닻[닫] 배를 일정한 곳에 머물러 있게 하기 위하여 물 밑바닥에 가라앉혀 두는 갈고리 모양의 쇠붙이.

닿다[다타] ①물건이 서로 접하다. 예손과 손이 마주 닿다. ②어떤 목적지에 이르다. 예배가 부두에 닿다. ③서로 인연이나 관련이 맺어지다. 예연락이 닿다.

닿소리[닫쏘리] 소리를 낼 때, 혀·이·입안·입술 등의 발음 기관에 닿아서 나는 소리〔ㄱ, ㄴ, ㄷ 등 모두 14자임〕. 자음. 凹홀소리.

대¹ ①식물의 줄기. 예수숫대. ②막대기 가늘고 길며 속이 빈 것을 통틀어 이르는 말.

대:² 가계나 지위를 이어 그 자리에 있는 동안. 예대를 잇다.

대:가¹ 학문·기술 등에 조예가 깊은 사람. 예음악의 대가.

대:가² [대까] 값. 어떤 일을 함으로써 얻은 값어치. 예노력한 대가를 받다. 【代價】

대:가족 식구가 많은 가족. 凹핵가족. 【大家族】

대:가족 제:도 몇 대에 걸친 많은 가족이 집안 어른을 중심으로 한 집에 모여 사는 가족 제도. 凹핵가족 제도.

대:각 다각형에서 서로 마주보는 한 쌍의 각. 맞각. 맞선각.

대:각 국사〖사람〗 ⇨ 의천.

대:각선 다각형에서 이웃하지 않은 두 꼭짓점을 잇는 직선.

대:감 조선 시대, 정이품 이상의 벼슬아치를 높여 부르던 말.

대:강 일을 가장 중요한 부분만 간단하게. 대체의 줄거리. 예글의 대강을 간추리다. 凹대충. 대개. 【大綱】

대:개 ①대체의 줄거리. ②대부분. 예휴가는 대개 여름철에 많이 간다. 凹대강. 대략.

대:검 큰 칼. 【大儉】

대견하다 마음에 모자람이 없이 흡족하다. 예어려운 환경 속에서도 꿋꿋하게 자라서 대견하다.

대:결 맞서서 겨룸. -하다.

대:고모 아버지의 고모. 곧 할아버지의 누이. 왕고모.

대:공 ①유럽에서, 임금 집안의 남자. ②작은 나라의 군주를 일컫는 말. 【大公】

대:관령[대괄령] 강원도 명주군과 평창군 사이에 있는 높은 고개. 매우 험하여 아흔 아홉 굽이나 된다고 함. 해발 865m.

대:관절 여러 말할 것 없이 요점만 말하건대. 예대관절 우는 까닭이 무엇이냐? 凹도대체.

대:교 큰 다리. 예남해 대교.

대구〖지명〗경상 북도 도청 소재지에서 1995년에 광역시로 승격했음. 팔공산 등 높은 산으로 둘러싸여 분지를 이루고 있으며, 경부선의 주요 역임〔사과가 많이 나는 곳으로 유명함〕.

대:국 국토가 크고 넓고 세력이 강한 나라. 凹소국. 【大國】

대:군¹ 많은 군사.

대:군² 왕비가 낳은 아들. 예양녕대군. 안평대군. 수양대군.

대굴대굴 작고 단단한 물건이 계속해서 굴러가는 모양.

<데굴데굴. 셈때굴때굴.

대:권[대꿘] 나라를 다스리는 권한. 예대권을 잇다. 【大權】

대:궐 임금이나 임금의 가족들이 사는 집. 비궁궐. 왕궁.

대규모 일의 범위나 짜임새가 넓고 큰 것. 예대규모 행사를 개최하다. 반소규모.

대:금¹ 목관 악기에 속하는 우리 나라 고유의 악기의 하나. 대나무로 만들었으며, 13개의 구멍으로 소리를 조절함.

대:금² ①물건을 사고 치르는 값. ②물건의 값. 예신문 대금을 지불하다. 【代金】

대:금³ ①꾸어 준 돈. ②돈놀이를 함. 예고리대금업. -하다.

대:기¹ 지구를 둘러싸고 있는 기체. 공기. 예대기오염.

대:기² 때나 기회가 오기를 기다림. 예출동 대기. -하다.

대:기권 지구를 싸고 있는 공기층이 차지하는 범위 안.

대:기 만:성 남달리 뛰어난 인물은 보통 사람보다 늦게 크게 성공한다는 뜻.

대:길 아주 좋음. 크게 길함. 예입춘 대길. 【大吉】

대:꾸 남의 말을 받아 자기 생각을 나타내는 말. 윤말대꾸. -하다.

대나무 줄기가 곧고 마디가 있으며, 속이 빈 나무. 주로 열대와 온대 지방에서 자람. 윤대.

대:납 ①남을 대신하여 내어 줌. 예적금을 대납해 주다. ②다른 물건으로 대신하여 바침. -하다.

대:낮 환히 밝은 낮. 비한낮.

대:내적 어떤 내부나 국내에 상관됨. 반대외적. 【對外的】

대:뇌 척추 동물의 뇌의 대부분을 차지하고 있는 것으로 주로 생각·기억·판단 등을 맡아 함. 비큰골. 【大腦】

대님 한복의 바지가랑이 끝을 접어 졸라매는 끈.

대:다 ①서로 닿게 하다. 예머리를 맞대다. ②도착시키다. 예약속 시간 안에 차를 대다.

대:다수 대단히 많은 수. 거의 다. 예대다수가 찬성하다.

대:단하다 ①아주 중하다. 예병이 대단하다. ②매우 심하다. 예걱정이 대단하다. ③크고도 많다. 예인기가 대단하다. ④매우 중요하다. 예대단한 사건이다. 대단히.

대:담¹ 어떤 일에 대하여 서로이야기를 주고받음. 예단독대담. 비대화. 반독백. -하다.

대:담² 겁이 없고 담력이 큼. 반소심. -하다. -히.

대:답 물음에 대하여 자기의 뜻을 나타냄. 비응답. 반질문. 윤답. -하다.

대:대 군대 단위의 하나. 중대의 위, 연대의 아래임. 【大隊】

대:대로 여러 대를 잇달아서.

대덕 연구단지 충남 대전을 중심으로 과학을 연구하는 기관이 많이 모여 있는 곳.

대:도시 지역이 넓고 인구가 많으며, 정치·문화·경제 등의 중심이 되는 도시. 【大都市】

대:독 남의 글을 대신해서 읽음. -하다. 【代讀】

대동강 우리 나라에서 다섯째로 긴 강으로 평안 남도에 위치함. 길이 439km.

대:동:맥 ①핏줄의 본 줄기를 이루는 굵은 동맥. 심장에서부터 시작됨. ②'한 나라 교통의 가장 중요한 도로나 철도'를 비유하여 이르는 말.

대:동법[대동뻡] 조선 광해군 때부터 실시하였던 세금 제

도. 이원익의 건의로 각 지방에서 특산물을 바치던 것을 쌀로만 바치게 하였던 제도임. 【大同法】

대:동여지도 조선 시대 김정호가 만든 우리 나라 전 국토를 나타낸 최초의 지도. 1861년 판목으로 인쇄함. 압록강 두만강 이남의 반도와 섬을 약 16만 2,000분의 1로 그렸음. 22첩, 목록 1책.

대:두 콩.

대:들다(대드니. 대드오) 맞서서 달려들다.

대들보 ①두 기둥을 가로 질러 연결시키는 기둥. ②한 집안이나 나라에서 중심이 되는 중요한 사람. 예너는 우리 집의 대들보이다.

대:등 서로 비슷함. 예대등한 실력. -하다. 【對等】

대:뜸 이것저것 생각할 겨를 없이 그 자리에서 얼른.

대:략 대강. 대체로. 예사건의 대략만 이야기하라.

대:량 많은 분량. 예대량 생산. 빤소량. 【大量】

대:령 명령을 기다림. 예죄인을 대령시켜라. -하다. 【待令】

대:로 폭이 넓은 길. 큰길. 빤소로.

대:류 액체나 기체가 열에 의해 아래위로 뒤바뀌며 일어나는 현상. 【對流】

대:륙 지구상의 큰 육지. 비대지. 빤대양. 【大陸】

대:륙붕 대륙의 가장자리에 이어지는 깊이 200m정도까지의 바다 밑의 완만한 경사면. 수산물과 석유가 많이 남.

대:륙성 기후 대륙의 내부에 나타나는, 여름과 겨울의 기온 차가 심하며 강수량이 적고 건조한 기후. 빤해양성 기후.

대:륙 횡단 철도 대륙을 가로질러 깔아놓은 철도. 미국에 많이 있음.

대:리 남을 대신하여 일을 처리함. 또는 그런 사람. -하다.

대:리석 석회암이 변하여 된 무늬가 아름다운 돌. 건축 조각 장식용으로 쓰임.

대:리인 남을 대신하여 스스로 의사 표시를 하거나 다른 사람으로부터 의사 표시를 받을 권한을 가진 사람.

대:리점 독립된 상인으로서, 일정한 회사나 공장 상점의 영업을 대신하거나 관계를 맺어 주는 영업소.

대:립 마주 대하여 섬. 예감정의 대립이 날카롭다. -하다.

대:마초 환각제로 쓰이는 삼의 이삭이나 잎. 마리화나.

대:망[1] 큰 희망. 예대망의 남북 통일. -하다.

대:망[2] 바라고 기다림.

대:면 서로 마주보고 대함. 예그와는 첫대면이다. -하다.

대:명 임금의 명령. 【大命】

대:명 천지 아주 밝은 세상.

대목 ①가장 중요한 고비·시기·경우. ②설이나 추석 등을 앞둔 가장 중요한 시기.

대:문[1] 글의 한 동강. 비단락. 문단. 【大文】

대:문[2] 집의 정문. 큰 문. 예대문을 활짝 열다. 【大門】

대:물 렌즈 현미경이나 망원경 따위의 광학 기계에서 물체를 향한 쪽의 렌즈. 빤접안렌즈

대:미 맨 끝. 대단원. 예대미를 장식하다. 【大尾】

대발: 대로 엮은 발.

대:범하다 사물에 대하여 잘게 굴거나 까다롭게 굴지 않다. 예성격이 대범하다. 대범히.

대:법원 우리 나라 최고의 법

원. 재판을 최종적으로 담당하는 최고 법원. ❸대법.

대:법원장 대법원의 우두머리가 되는 직위, 또는 그 사람. 대통령이 국회의 동의를 얻어 임명함.

대:변¹ 다각형에서 서로 마주보는 두 변.

대:변² 남을 대신하여 그의 의견이나 태도를 책임지고 말함. -하다.

대:별 크게 나눔. -하다.

대:보다 이것과 다른 것을 서로 견주어 보다. ❹키를 대보다.

대:보름 음력 정월 보름을 특별히 일컫는 말. ❸대보름날.

대:본¹ 돈을 받고 책을 빌려 줌, 또는 그 책. 【貸本】

대본² 연극·영화·방송극의 각본. 영화의 대본은 시나리오이다.

대:부 ①이자와 기한을 정하고 돈을 꾸어 줌. ❹은행에서 대부를 받다. ②되돌려 받을 것을 약속하고 빌려 줌. -하다.

대:부분 반이 훨씬 넘는 수효나 분량. 거의 다.

대:분수[대분쑤] 가분수를 자연수와 진분수의 합으로 나타낸 분수 등.

대:비 앞으로 있을 어떤 일에 대한 준비를 함. ❹사고에 대비하여 보험을 들다. ❶준비. -하다.

대:비원 고려 문종 때, 가난한 사람과 병든 노인을 무료로 치료하여 주기 위해 개경에 설치하였던 의료 구제 기관.

대:사¹ 외국에 가서 외교를 하는 사람의 첫째 계급. 나라를 대표하여 외교·조약·기타의 일을 맡아서 보살핌. ❹주한 미국 대사. ❸특명 전권 대사.

대사² 각본에 따라 배우가 무대

위에서 연극 중에 하는 말.

대:사간 조선 시대 국왕을 돕는 중요한 벼슬의 하나. 사간원의 으뜸 벼슬. 품계는 정삼품.

대:사관 대사가 있는 나라에서 사무를 처리하는 공관. ❹미국 대사관.

대:사헌 조선 시대 국왕을 돕는 중요한 벼슬의 하나로, 사헌부의 으뜸 벼슬. 주로 관리들을 살피는 일을 맡았음.

대상¹ 사막과 같은 교통이 발달되지 않은 곳에서 코끼리나 낙타 등에 짐을 싣고 떼를 지어다니는 장사꾼의 무리.

대:상² 목표가 되는 것. ❹어린이를 대상으로 한 신문.

대:서 서류 등을 본인 대신 써주는 일. -하다. 【代書】

대:서양 유럽 대륙과 아프리카 대륙과 남·북아메리카 대륙 사이에 있는 세계 제2의 큰 바다. 오대양의 하나.

대:설 ①많이 내린 눈. 큰 눈. ②24절기의 하나. 소설과 동지의 사이로 12월 7일경.

대:성 학문이나 일 등을 크고 훌륭하게 이룩함. ❹문학으로 대성한 사람. -하다. 【大成】

대:성 통:곡 큰 소리로 목놓아 슬피 욺. -하다. 【大聲慟哭】

대:세 ①세상 일이나 하는 일의 돌아가는 형편. ❹대세가 불리하다. ②큰 세력.

대:소 크고 작음. 【大小】

대숲 대나무로 이루어진 숲.

대:승리[대승니] 아주 큰 승리. ❸대승. ❶대패. -하다.

대:신¹ ①영의정·우의정·좌의정을 통틀어 이르는 말. 정승. ②조선 고종 때의 궁내부 각부의 으뜸 벼슬. 【大臣】

대:신² ①다른 것으로 먼저 것을 바꿔 채움. ❹밥 대신 빵

을 먹다. ②남을 대리함. -하다.

대:안 어떤 의견을 대신하는 다른 의견.

대야 손발이나 낯을 씻을 때 쓰는 둥글고 넓적한 그릇. 세숫대야.

대:양 넓고 큰 바다(특히 태평양·대서양·인도양: 북빙양·남빙양을 가리킴).

대:양저 태평양·인도양·대서양 등의 바닷속의 깊은 바다.

대:어 큰 물고기. 【大魚】

대:여 빌려 줌. ⑩책을 대여해 주다. -하다. 【貸與】

대:역 연극·영화 따위에서 어떤 역을 맡은 배우를 대신하여 연기를 하는 일. 또는 그런 사람.

대열 무리를 지어 늘어선 행렬.

대:왕 훌륭하고 뛰어난 왕의 높임말. ⑩세종 대왕. 【大王】

대:외적 외부나 외국에 상관되는 일. ⑫대내적.

대:용 대신으로 씀. ⑩대용품. -하다. 【貸用】

대:우 예의를 갖추어 대함. 그 사람에 맞게 대접함. -하다.

대:운하 큰 운하. 중국 하북성 천진에서 황하, 양쯔강을 가로질러 절강성 항주에 이르는 운하.

대:웅전 석가모니의 불상을 모셔놓은 법당.

대원 어떤 무리에 딸린 사람. ⑩탐사 대원.

대:응 ①맞서서 서로 대함. ⑩대응 규칙. ②어떤 정해진 관계에 의해서 집합. ㉮의 원소에 집합 ㉯의 원소를 관련짓는 것. 【對應】

대:응각 닮은꼴인 두 도형에서 서로 대응하는 각. 【對應角】

대:응변 닮은꼴인 두 도형에서

서로 대응하는 변.

대:응점[대응쩜] 합동인 도형이나 닮은 도형에서 대응하는 점.

대입 어떤 수식의 변수를 특정한 숫자나 문자로 바꿔 놓는 일. 【代入】

대:의[1] 대강의 뜻. 【大意】

대:의[2] 사람으로서 마땅히 해야 할 바른 일. 【大義】

대:의원 뽑혀서 일정한 사람을 대표하여 일하는 사람.

대:자 대:비 그지없이 크고 넓은 자비(부처가 모든 생물을 사랑하고 불쌍히 여기는 마음을 이르는 말).

대:자연 넓고 큰 자연. 대자연의 아름다움. 【大自然】

대:작 내용이 훌륭하고 규모가 큰 작품. 【大作】

대:장[1] 육·해·공군에서, 가장 높은 계급. 사성 장군. 【大將】

대장[2] 한 무리의 우두머리. ⑩등반 대장. 【隊長】

대:장간[대장깐] 농기구나 칼 등의 쇠붙이 도구를 만드는 곳.

대:장경 고려 때, 세 번에 걸쳐 펴낸 불경. 석가여래의 설교를 적은 책. ⑳장경. 【大藏經】

대:장부 늠름하고 씩씩한 남자. ⑫졸장부. 【大丈夫】

대:장장이 쇠붙이를 달구어 온갖 기구와 연장을 만드는 일을 업으로 삼는 사람. ⑳대장.

대:적 ①적과 마주 대함. 적과 맞섬. ②서로 맞서 겨룸.

대:전[1] 크게 싸움. 대규모의 전쟁. ⑩제2차 세계 대전.

대전[2][지명] 충청 남도의 도청 소재지가 있으며, 교통의 중심지임. 1995년에 광역시로 됨.

대:절 일정한 동안 쓰기로 함.

예버스를 대절하다. -하다.

대:접 ①음식을 차려 놓고 손님을 맞이함. **예**저녁을 대접하다. ②예를 차리어 맞이함. **비**접대. -하다.

대:정맥 몸의 각 기관에 흩어져 있는 피를 모아서 심장으로 보내는 큰 정맥.

대:제학 조선 시대, 임금을 돕던 중요한 벼슬의 하나. 홍문관·예문관의 이뜸 벼슬.

대:조 둘을 마주 대어 비교함. **비**대비. -하다. 　【對照】

대:조영〖사람〗발해의 시조(재위 699~719). 고구려의 장군으로, 고구려 유민과 말갈족을 합하여 만주의 '진(震)'을 세움. 713년 발해로 고침.

대:종교 우리 민족의 시조인 단군을 받드는 종교[1909년 음력 정월 보름에 나철이 처음으로 열었음].

대:주다 돈이나 물건 따위를 계속 줌. **예**생활비를 대주다.

대:중 수가 많은 여러 사람. 일반 사람. **예**연설장에 수많은 대중이 모이다. **비**군중.〖大衆〗

대중말: ⇨표준어.

대:중화 어떤 사물이 대중 사이에 널리 퍼져 친근하게 됨.

대지 집 터의 땅. 대자연의 넓고 큰 땅. 　【大地】

대:질 서로 엇갈린 말을 하는 두 사람을 마주 대하여 말하게 함.

대쪽 대를 갈라 쪼갠 조각. 댓조각. **예**성격이 대쪽 같다.

대:책 어떤 일에 대한 계획. **예**수해 대책을 세우다. 　【對策】

대:첩 전쟁에서 크게 이김. **예**살수 대첩. **비**대승. -하다.

대:청 집 안의 방과 방 사이에 가운데 있는 넓은 마루.

대:청 댐 충청 남도 대덕군 신탄진읍과 충청 북도 청원군 사이의 금강 물줄기를 막아서 만든 다목적 댐.

대청봉 설악산에서 제일 높은 봉우리. 해발 1,708m.

대:청소 보통 때 손이 미치지 못하는 구석구석까지 깨끗이 하는 청소. **예**대청소를 하다.

대:체로 대강의 요점만 말해서. **예**대체로 좋은 성적이다.

대:체 식품 어떤 식품을 대신하여 먹는 식품.

대:추 대추나무의 열매.

대:추나무 갈매나무과의 갈잎 넓은잎큰키나무. 잎은 달걀 모양인데 윤기가 있고 가지에는 무딘 가시가 있음. 열매는 먹기도 하고 약으로도 씀. 남유럽이 원산임.

대:출 돈이나 물건 등을 빚으로 꾸어 줌. **예**은행에서 돈을 대출하다. -하다. 　【貸出】

대충 ①어림잡아. **예**대충 열 명 정도. ②건성으로 대강. **예**일을 대충 끝냈다. **비**대강.

대:치[1] 서로 마주 대하여 버팀. **비**대립. -하다.

대:치[2] 다른 것으로 바꾸어 놓음. **비**개치. -하다.

대:칭 점·선·면 또는 이것들로 된 도형이 어떤 기준을 중심으로 서로 맞서는 자리에 놓이는 것. **예**대칭 도형. 대칭축.

대:칭의 중심 ⇨점대칭 도형.

대:칭축 두 도형이 한 직선을 사이에 두고 대칭을 이루는 직선.

대:통령[대통녕] 공화국인 나라의 원수. 국민이 직접 또는 간접으로 선출하며, 정해진 임기 동안 나라 전체의 일을 맡아 봄. 나라를 대표함[우리 나라의 대통령은 임기가

5년으로 단임임). 【大統領】

대:파 크게 깨짐. -하다. 【大破】

대:패¹ 나무를 밀어 곱게 깎는 연장.

대:패² ①일에 크게 실패함. ②싸움에 크게 짐. 땐대승. -하다.

대:평소 국악 목관악기. 여덟 개의 구멍 뚫린 나무관에 깔때 [대평소] 기 처럼 생긴 놋쇠를 달아 붊. 호적. 땐날라리.

대:포 화약의 힘으로 큰 탄환을 쏘는 무기의 하나. ⬚포.

대:폭 ①큰 폭. ②썩 많이. 예용돈을 대폭 올리다.

대:표 여러 사람을 대신하여 어떠한 일에 책임을 지는 사람. ⬚대표자. -하다.

대:표작 지은이의 특색을 잘 나타내고 있는 작품.

대:표적 여럿을 대신할 수 있을 만함.

대:표점[대표쩜] 넓이가 있는 지형이나 시설·물체의 중심점.

대:풍 곡식이 크게 잘 된 모양, 또는 그런 해. 【大豊】

대:피 위험한 일을 당하지 않기 위하여 잠시 피함. -하다.

대:피소 비상시에 피할 수 있도록 만든 장소.

대:필 대신하여 글씨를 써 줌. -하다.

대:하다 ①대접하다. 예친근하게 대하다. ②마주 보다. 예얼굴을 대하다.

대학 고등 학교를 마치고 들어가는 가장 높은 학교. 【大學】

대학 병:원 의과 대학에 딸려 있는 병원.

대:한¹『나라』 ①'대한 제국'의 준말. ②우리 나라의 지금 이름. ⬚대한 민국.

대:한² ①아주 심한 추위. ②이십사 절기의 마지막 절후. 땐소한.

대:한 독립 만:세[대한동닙만세] 일제 침략기에 우리 나라의 독립을 바라거나 독립된 것을 축하하여 외치는 소리.

대:한 무:역 진:흥 공사 우리 나라의 수출 무역을 활발하게 하기 위한 기관.

대:한문 지금의 덕수궁 정문.

대:한 민국 우리 나라의 공식적인 이름. ⬚대한. 한국.

대:한 민국 임시 정부 3·1운동 이후 우리 나라의 애국 지사들이 중국 상하이에서 임시로 조직한 정부. 1945년 8월 15일 광복과 더불어 귀환한 뒤 해체되었음.

대:한 적십지사 1947년에 조직된, 재해 구조나 국민 보건 향상에 이바지하는 기구.

대:한 제:국 우리 나라 역대 국호의 하나. 고종 34년(1897)에 연호를 '광무' 라 하고 왕을 '황제' 라 하였으며, 국호는 '조선' 을 '대한 제국' 이라 하였음.

대:한 해협 우리 나라의 남해와 일본의 쓰시마 섬 사이의 바다.

대:합 백합과의 바닷물조개. 몸길이 8.5cm, 높이 6.5cm, 폭 4cm 가량. 몸 빛깔은 보통 회백색에 적갈색의 세로 무늬가 있으며 안쪽은 흼. 대합 조개. 우리 나라·중국·일본의 해안에 분포.

대:합실 역이나 병원 따위에서 손님이 쉬며 기다리도록 마련해 놓은 곳. 【待合室】

대:항 ①서로 상대하여 승부를 겨룸. 예반 대항 달리기. ②순

종하지 않고 상대하여 덤빔. **예**적의 공격에 대항하다. **비**항거. **반**복종. -하다. 【對抗】

대:해 넓고 큰 바다. **예**망망 대해. **비**대양. 【大海】

대:행 남을 대신하여 행함. **예**회장 업무를 대행하다. -하다.

대:형 대단히 큰 모양. **예**대형 선박. **반**소형. 【大型】

대:화 ①마주 대하여 이야기함. 또는 서로 주고받는 이야기. **예**남북 대화. -하다. 【對話】

대:회 ①여러 사람의 모임. ②많은 사람이 모여서 하는 큰 행사. **예**글짓기 대회. 【大會】

대:흑산도【지명】 전라 남도 신안군에 딸린 섬. 대흑산리의 항구는 고래잡이의 근거지임.

댁 남의 집이나 가정을 높이어 부르는 말. **예**선생님 댁.

댄스 서양식 춤. 무도. 【dance】

댐 전기를 일으키거나 물을 이용하려고, 강이나 바닷물을 막기 위해 쌓아 놓은 대규모의 둑.

댓돌 뜰에서 집 안으로 오르내리기 위해 놓은 돌.

댓바람 단번에 지체하지 않고 곧. **예**댓바람에 해치우다.

댕기 여자의 길게 땋은 머리 끝에 드리는 헝겊이나 끈.

댕기다 불을 옮아 붙게 하다.

더구나 그 위에 한층 더. **예**일이 늦어지는데 더구나 몸까지 아프다. **8**더군다나.

더덕 깊은 산에서 나는 덩굴풀. 여름철에 넓죽한 종모양의 꽃이 붉게 피며, 뿌리는 먹거나 약에 씀.

더덕더덕 좀 큰 것들이 곳곳에 많이 붙어 있는 모양. **8**더더귀더더귀. >다닥다닥.

더듬다[더듬따] ①잘 보이지 않는 것을 손으로 만져 보며 찾다. ②말이 자꾸 막히다. ③희미한 일이나 생각을 애써 밝히려고 한다. **예**기억을 더듬다.

더듬더듬 ①글을 읽을 때 군데 군데 막히는 모양. **예**어려운 책을 더듬더듬 읽는다. ②보이지 않아서 손으로 자꾸 어루만지는 모양. **세**떠듬떠듬. -하다.

더디다 움직이는 시간이 오래 걸리다. **예**말이 더디다. **반**빠르다.

더러¹ ①얼마만큼. 얼마간. ②이따금. 가끔. **예**더러 다투기도 했다.

더러² '아무에게 대하여'의 뜻을 나타내는 말. **예**누구더러 그 일을 하라고 했니?

더럭 갑자기, 한꺼번에 많이. **예**더럭 겁이 났다.

더:럽다(더러우니, 더러워서) ①때묻다. ②마음이 천하다. ③인색하다. **반**깨끗하다.

더미 많은 물건이 한데 모여 쌓인 큰 덩어리. **예**흙더미.

더부살이 남의 집에 살면서 품삯을 받고 막일을 함. 또는 그 사람.

더불어[더부러] 함께. 같이. **예**친구와 더불어 여행을 간다.

더블 베이스 현악기 가운데 가장 낮은 소리를 내는 악기. 콘트라베이스.

더없이 더할 나위 없이.

더욱 오히려 더. 점점 더.

더위 여름날의 더운 기운.

덕 ①밝고 올바르며 아름다운 품행. **예**덕이 많은 사람. ②덕택이나 은혜. **예**자식 덕에 산다.

덕담 흔히 새해를 맞아 상대방이 잘 되기를 바라는 말이나 인사. **반**악담. 【德談】

덕망[덩망] 여러 사람이 우러러 보는 높은 덕과 인격.

덕목 도덕의 내용을 나눈 항목〔삼강 오륜의 각 항목 따위〕.

덕보다 이득·혜택을 얻다.

덕분 남에게 어질고 고마운 짓을 베푸는 일. 예딸 덕분에 편안히 지낸다. 비덕택【德分】

덕성 어질고 너그러운 성질.

덕수궁 옛 대궐중의 하나. 본래는 조선 때의 행궁이었으나 선조 임금이 의주에서 환도한 후에 수축하여 궁궐로 삼음. 서궁.

덕유산 전라 북도 장수군과 경상 남도 거창군과 함양군 사이에 있는 산. 높이 1,508m.

덕적도〖지명〗 경기도 옹진군 덕적면 서해안에 위치한 섬〔조기·새우·갈치 등이 많이 잡힘〕.

덕택 덕이 다른 사람에게까지 미치는 은혜. 예선생님 덕택에 잘 있습니다. 비덕분.

덕행 어질고 착한 행실.【德行】

던지다 ①물건을 손으로 멀리 날려 보내다. 예공을 멀리 던지다. ②어떠한 행동을 하다. 예질문을 하다.

덜: 한도에 다 차지 못함을 나타내는 말. 예덜 깬 잠. 반더.

덜거덕거리다 크고 단단한 물건이 맞닿아서 잇달아 소리가 나다. 관덜걱거리다. >달가닥거리다. 센떨거덕거리다.

덜:다 적게 하다. 줄게 하다.

덜미 목덜미 아래 양어깻죽지 사이. 예덜미를 잡히다〔발각되다〕. 본뒷덜미.

덜컥 ①어떤 일이 갑자기 일어나는 모양. ②놀라거나 겁에 질려 가슴이 내려앉는 모양. ③덮어놓고. 큰덜커덕.

덜컹덜컹 큰 물건이 맞닿아 부딪쳐 나는 소리. 큰덜커덩덜커덩. -하다.

덤 물건을 살 때 제 값 외에 조금 더 얹어 주거나 받는 물건. 예덤으로 몇 개 더 받다.

덤벙거리다 깊이 생각하지 아니하고 함부로 덤비며 까불다. >담방거리다.

덤벼들다 함부로 달려들다.

덤불 어수선하게 엉클어진 수풀. 예가시 덤불. ×덤풀.

덤비다 ①대들다. 싸움을 걸다. ②서두르다.

덤핑 낮은 값으로 상품을 마구 파는 일. -하다.

덥석 왈칵 덤벼서 급히 움켜쥐는 모양. 예손을 덥석 잡다. >답삭. 센덥썩.

덧거름[덛꺼름] 씨앗을 뿌린 뒤, 또는 모종을 옮겨 심은 뒤에 주는 거름.

덧붙이다 있는 위에 겹쳐 붙게 하다. 예창호지를 덧붙이다.

덧셈 두개 이상의 수나 식을 더해서 그 값을 구하는 셈. 반뺄셈.

덧신[덛씬] 땅이 진 날 구두가 젖거나 더러워지지 않게 하려고 구두 위에 신는 얇은 고무로 만든 씌우개.

덧없다 ①세월이 허무하게 빠르다. 예덧없는 세월. ②허전하고 아쉽다. 덧없이.

덩굴 벋어나가며 땅바닥에 퍼지거나 다른 물건을 감고 오르는 식물의 줄기.

덩굴치기 열매를 크게 키우기 위하여 쓸모없는 덩굴을 잘라내는 일.

덩그렇다(덩그러니, 덩그러오) 높이 솟아서 당당하고 의젓해 보이다.

덩달아[덩다라] 영문도 모르고 남이 하는 대로 따라서.

덩실덩실 신이 나서 춤을 추는 모양. >당실당실. -하다.

덩어리 뭉쳐져서 한 개로 크게 이루어진 덩이.

덩이 작은 덩어리. ⓔ흙덩이.

덩치 몸집의 크기. ⓔ덩치가 작은 사람. 囘덩지.

덫[덛] 짐승을 꾀어 잡는 기구.

덮개[덥깨] 덮는 물건.

덮다[덥따] ①뚜껑 따위를 씌우거나 위에 얹어 놓아 가리다. ②어떤 일을 감추다. ⓔ실수를 덮어 주다.

덮어놓고[더퍼노코] 무턱대고. 이유를 밝히지 않고 다짜고짜로.

덮이다[더피다] 드러난 것에 다른 것이 얹히어 보이지 않게 되다.

데구루루 단단한 것이 데굴데굴 구르는 모양. 또는 그 소리. >대구루루. 囘떼구루루.

데굴데굴 단단하고 큰 물건이 잇달아 굴러가는 모양. >대굴대굴. 囘떼굴떼굴.

데릴사위 여자의 집에서 데리고 사는 사위.

데모 어떤 주장이나 목적을 이루기 위하여 비교적 많은 사람이 모여 하는 시위 운동. -하다.

데생 물건의 형태를 나타내기 위하여 연필·목탄 따위로 그리는 그림. 囘소묘.

데시리터 용량의 단위로 1ℓ의 10분의 1. 기호는 dl.

데우다 찬 것에 열을 가하여 덥게 하다. ⓔ국을 데우다.

데이트 ①연월일. 날짜. 기일. 시대. 연대. ②날짜와 장소를 미리 정하고 만나는 약속. ③남녀간의 모임, 또는 그 약속. -하다.

데일리 메일 영국의 런던에서 발행되는 일간 신문. 1896년 노드클리프가 동생과 함께 창간한 이래 지금까지 계속 발행되고 있음. 보수당계에 속하는 신문이지만 중립을 지킴.

덴마:크〖나라〗 독일 북쪽에 있는 유틀란트 반도와 그 부근의 섬으로 이루어진 입헌 군주국. 모범적인 낙농업국. 수도는 코펜하겐.

도[1] ①각의 단위. ②온도의 단위.

도:[2] ①마땅히 지켜야 할 도리. ②어떠한 믿음으로 깊이 깨달은 지경. ⓔ도를 닦다. 【道】

도가니 ①단단한 흙이나 흑연 같은 것으로 우묵하게 만들어 쇠붙이를 녹이는 데 쓰는 그릇. ②여러 사람이 흥분·감격하여 들끓는 상태를 비유함. ⓔ열광의 도가니.

도감 그림이나 사진을 중심으로 하여 풀이를 붙여 놓은 책. ⓔ동물 도감. 식물 도감.

도공 도자기나 옹기를 만드는 사람. 囘옹기장이. 【陶工】

도:구 일에 쓰이는 여러 가지 연장. 제구. 【道具】

도굴 고분 같은 것을 허가 없이 몰래 파 내는 일. -하다.

도금 쇠붙이의 겉에 금·은·아연 등의 얇은 막을 입히는 일.

도기 진흙을 원료로 하여 빚어서 구운 도자기. 【陶器】

도깨비 동물이나 사람 모양을 한 귀신. 엄청난 힘과 괴상한 재주로 사람을 호리기도 하고 짓궂은 장난이나 험상궂은 짓을 많이 한다고 함.

도:끼 나무를 찍거나 패는 연장의 하나.

도난 도둑을 맞는 일. ⓔ수표를

도난당하다. 　　　【盜難】

도:달 자기가 목적한 것에 이름. 예정상에 도달하다. 비달성. 반미달. -하다. 　【到達】

도대체 '대체'의 뜻을 더 넓게 강조하여 쓰는 말. 예도대체 영문을 모르겠다. 비대관절.

도:덕 사람으로서 마땅히 지켜야할 바른 도리와 행동. 예공중 도덕을 지키자. 　【道德】

도돌이표 악곡을 연주할 때 되돌아가라는 표.‖: :‖로 표시. 반복 기호.

도둑 남의 물건을 훔치거나 빼앗거나 하는 나쁜 짓. 또는 그러한 사람. 비도적.

도둑질 남의 물건을 주인 몰래 가져가거나 빼앗는 짓. 비도적질. -하다.

도라지 초롱꽃과의 여러해살이풀. 산과 들에서 자라는데, 잎은 달걀 모양이며 한여름에 밝은 자색의 꽃이 종 모양으로 핌. 뿌리는 인삼과 비슷한데, 먹기도 하고 약으로도 씀.

도란도란 많지 않은 사람이 나직한 목소리로 정답게 지껄이는 모양. 예도란도란 이야기하다. <두런두런. -하다.

도랑 폭이 좁은 작은 개울.

도:량 ①너그러운 마음과 깊은 생각. 예나이는 어리지만 도량이 넓다. ②길이와 부피.

도:량형 길이·면적·부피·무게 등을 측정하는 기구인 자·되·말·저울을 통틀어 일컫는 말. 미터법·척관법 등이 널리 쓰임.

도련님 ①'도령'의 높임말. ②형수가 장가 들지 않은 시동생을 높여서 부르는 말.

도:로 사람이나 차가 다닐 수 있도록 만든 길. 　　【道路】

도:로망 그물처럼 여러 갈래로 얽혀진 도로의 짜임새.

도롱이 비옷의 한 가지. 지난날, 짚이나 띠 따위로 엮어서 허리나 어깨에 걸쳐 입음. 흔히 농부들이 삿갓을 쓰고 입음. 녹사의.

도료 물체의 겉에 칠하는 것. 니스·페인트 따위. 　【塗料】

도루 야구에서, 주자가 수비의 허점을 틈타 다음 누(베이스)로 가는 일. -하다.

도르래 줄을 걸어서 물건을 끌어 올리거나, 힘의 방향을 바꾸거나 하는 데 쓰이는 바퀴.

[도르래]

도리[1] 기둥과 기둥 위를 건너질러 놓은 나무. 그 위에 서까래를 얹음.

도:리[2] ①사람이 마땅히 행하여야 할 바른 길. 예자식된 도리를 다하다. ②나아갈 방도.

도리깨 재래식 타작 농기구의 하나. 긴 작대기 끝에 회초리를 잡아매고 휘둘러 곡식을 두들겨 낟알을 떪.

도리깨질 도리깨로 곡식 따위를 두들겨 타작하는 일.

도:립 공원 자연 풍경을 이용하고 보호하기 위해 도에서 지정한 공원. *국립공원.

도:립 병원 도에서 세워 운영하는 병원.

도마 식칼질할 때의 밑받침으로 쓰는 두꺼운 나무 토막.

도마뱀 도마뱀과 파충류를 통틀어 이르는 말. 풀밭이나 돌 사이에 살며, 길이는 20cm정도임. 　[도마뱀]

도막 작고 짤막한 동강.

도막말[도망말] 도막으로 된 짧은 말. 내용을 짧게 한 마디로 표현한 말. 반긴말.

도망 몰래 피하여 달아남. 쫓겨서 달아남. 圓도주. -하다.

도망치다 몰래 달아나다. 圖도망질치다.

도맡다 책임을 혼자서 떼어 맡다. 例집안 살림을 도맡아 하다.

도매 물건을 낱개로 팔지 않고 온통 한데 몰아서 파는 일. 圓소매. -하다. 【都賣】

도매값[도매깝] 도매로 파는 값. 圓소매값.

도매상 생산자와 소매로 파는 상인과의 중간에서 생산자로부터 생산된 물건을 한꺼번에 많이 사다가 이익을 적게 남기고 소매상에게 파는 장사. 圓소매상.

도면 건물이나 기계 등의 짜임새를 그림으로 나타낸 것. 例설계도면. 圓도본. 【圖面】

도모 할 일을 이루기 위하여 수단과 방법을 꾀함. -하다.

도무지 ①아무리 해 보아야. 우는 까닭을 도무지 모르겠다. ②이러니 저러니 할 것 없이 모두. 圓도대체.

도:미[1] 감성돔과의 바닷물고기. 몸은 타원형이고 납작함. 머리는 크고 입은 작으며, 온몸이 큰 비늘로 덮임.

도:미[2] 미국으로 건너 감.

도박 ①돈이나 재물을 걸고 따먹기를 다투는 노름. ②거의 불가능한 일이나 위험한 일에 요행을 바람. -하다.

도발 건드려 일이 일어나게 함. 例무력 도발. -하다. 【挑發】

도방 장치 고려 시대의 최충헌과 경대승이 자신의 신변 보호를 위하여 도방(사병 기관)을 설치한 후, 그 곳에서 무력으로 행하던 정치.

도배 벽이나 천장·문을 종이로 바름. -하다. 【塗褙】

도배지 도배를 하는 종이.

도벌 남의 산에 있는 나무를 몰래 벰.

도벽 물건을 훔치는 버릇.

도보 타지 않고 걸어감.

도:사 도를 닦은 사람. 【道士】

도사공 사공의 우두머리.

도사리다 ①두 다리를 오그려 한 쪽 발을 다른 쪽 무릎 아래 받치고 있다. ②들떴던 마음을 가라앉히다. ③몸을 웅크리고 한 곳에 틀어 박히다.

도:산 돈이 안 풀려 상점 회사 등이 넘어짐.

도산 서원 경상 북도 안동에 있는 서원. 조선 선조 7년에 세움. 퇴계 이황 선생을 모신 곳임.

도살 ①마구 죽임. ②가축을 잡아 죽임. 例도살장. -하다.

도서[1] 글씨·그림·책 등을 통틀어 이르는 말. 例아동 도서.

도서[2] 바다 위의 크고 작은 여러 섬들. 例도서 지방.

도서관 책을 모아 두고 여러 사람이 읽을 수 있게 차린 시설.

도서실 많은 책을 모아 두고, 여러 사람이 읽을 수 있게 꾸며 놓은 방. 【圖書室】

도승지 조선 시대, 승정원의 여러 승지 가운데 으뜸인 정삼품 벼슬.

도시 규모가 크고 사람이 많이 모여 사는 지역. 圓도회. 圓농촌. 시골. 【都市】

도시락 음식을 담아 가지고 다니는 그릇이나 그 음식.

도·쓰 전신에서 쓰이는 모스 기호 '도'(·로 표시)는 짧은 소리, '쓰'(-로 표시)는 긴 소리를 나타냄.

도안 미술·공예품 등을 만들

기 위하여, 형상·무늬·색채·배치에 관하여 생각하고 연구하여 구상한 것을 그림으로 나타낸 것. 예광고지를 도안하다.

도야 마음과 몸을 닦아 기름. 예인격을 도야하다. -하다.

도약 뛰어 오름. 예발전하여 선진국으로 도약하다. -하다.

도열병 벼에 생기는 병의 하나. 잎에 검은 점이 생기며, 잎이 붉게 시들고 줄기와 마디가 썩음.

도요새 도요과의 새를 통틀어 이르는 말. 다리·부리·날개가 길고 꽁지는 짧음. 몸 빛깔은 대체로 담갈색 바탕에 흑갈색 무늬가 있고, 물가나 습지 해안에 삶.

도요지 지난날 토기나 도자기 따위를 굽던 가마터.

도요토미 히데요시〖사람〗[1536~1598] 16세기말 일본을 통일한 사람. 1592년 우리 나라에 침입하여 임진왜란을 일으켰음.

도움 남에게 힘이 되거나 보탬이 되어 줌.

도읍지 수도로 정한 곳. 한 나라의 수도.【都邑地】

도:입 ①이끌어들임. ②학습 활동에서 전체의 줄거리나 학습 방향 따위를 미리 알림, 또는 그 부분. -하다.

도자기 질그릇·오지그릇·사기그릇을 통틀어 이르는 말.

도장 이름을 나무나 뼈 등에 새겨서, 인주를 묻힌 후 서류에 찍어 증거로 삼는 데 쓰이는 물건.

도:저히 아무리 하여도. 예도저히 못 견디겠다.

도전 ①싸움을 걺. ②보다 나은 수준에 승부를 걺. 예세계 기록에 도전하다. -하다.【挑戰】

도주 달아남. 도망. -하다.

도:중 ①길의 중간. 길을 가고 있는 동안. ②어떤 일을 하는 때나 그 중간. 예훈련 도중.

도:중 하:차 ①도중에 차에서 내림. ②'어떤 일을 끝까지 다하지 않고 중도에 그만둠'을 비유하여 이르는 말.

도:증〖사람〗통일 신라 시대의 승려. 효소왕 1년(692) 당나라에 다녀와 천문도를 임금에게 바침.

도:지다 나아가거나 나았던 병이나 상처가 다시 덧나다. 예신경통이 도지다.

도:지사 한 도의 행정 사무를 총괄하는 지방 장관. 준지사.

도:착 목적한 곳에 다다름. 예기차가 도착할 시간. 비도달. 반출발.

도:처 가는 곳. 이르는 곳. 여러 곳. 가는 곳마다의 여러 곳.

도청¹ 몰래 엿들음. 예전화를 도청하다.【盜聽】

도청² 도의 행정을 맡아 처리하는 지방 관청.【道廳】

도:체 열이나 전기가 잘 통하는 물질〔금속·물·탄소 따위〕. 반부도체.

도취 무엇에 마음이 쏠려 취하다시피 됨. -하다.

도:쿄〖지명〗일본의 수도. 일본의 정치·문화·경제의 중심지.

도킹 인공 위성·우주선 등이 우주 궤도 위에서 서로 결합함. -하다.

도탄 말할 수 없이 어려움. 예국민 생활이 도탄에 빠지다.

도탑다 인정이나 사랑이 깊고 많다. 예친척간에 우애가 도탑다.

도태 쓸데없는 것을 줄여 없앰.

또는 줄어 없어짐. -하다.

도토리 떡갈나무의 열매. 열매를 갈아서 묵을 쑤어 먹음.

도톨도톨 물건의 거죽이 들어가고 나오고 하여 매끈하지 않은 모양. <두툴두툴. -하다.

도톰하다 조금 두껍다. 예입술이 도톰하다. <두툼하다.

도:통 사물의 깊은 이치를 깨달아 앎. -하다.

도:포 지난날, 보통 관리들이 예복으로 입던 겉옷〔소매가 넓고 길며 아래에 테가 둘렀음. 뒤에는 딴 폭을 대어 만들었음〕.

도:표¹ ①그림과 표. ②수량 관계를 그려 나타낸 표. 【圖表】

도표² ①방향이나 거리 등을 적어 길가에 세운 푯말. 旧이정표. ②앞날에 대한 길잡이.

도피 도망하여 몸을 피함. 예안전한 곳으로 도피하다.【逃避】

도:하 강물을 건넘. 예도하 작전. 旧도강. -하다.

도:학 도덕에 관한 학문.

도합 모두 한데 합한 셈. 예물건값이 도합 3만원이다. -하다.

도해 ①그림으로 풀이함. 예한자를 도해한 책. ②그림에 대한 설명. -하다. 【圖解】

도형 ①그림의 형상. ②입체·면·선·점 등이 모여서 이루어진 것. 예입체 도형. 【圖形】

도화서 조선 왕조때 그림에 관한 일을 맡아 보던 관청.

도:화선 ①화약이 터지도록 불을 붙이는 심지. ②사건을 일으키는 직접 원인.

도화지 그림을 그리는 종이.

도회지 사람이 많이 모여 사는 번잡한 곳. 旧도시. 凹농촌. ❀도회.

독¹ 간장·김치·술 등을 담가 두는 데에 쓰이는 큰 오지그릇이나 질그릇의 한 가지.

독² 건강이나 생명을 해치는 나쁜 성분. 【毒】

독감 매우 지독한 감기.

독농가〔동농가〕 농사에 남다른 솜씨가 있고 열성이 있는 사람이나 농가.

독단 남과 의논하지 아니하고 자기 혼자의 의견대로 결정하거나 판단을 함. -하다.

독도〔지명〕 우리 나라의 동해 바다 끝에 있는 화산섬. 여러 개의 섬으로 되어 있으며, 풍파가 세고 대부분이 암석으로 이루어져 있어 사람 살기에는 적당하지 못함. 경상 북도 울릉군에 속함.

독도법 지도를 보는 법.

독려〔동녀〕 일을 열심히 하도록 힘을 북돋아 주거나 다잡아 독촉함. -하다.

독립〔동닙〕 ①자기 힘으로 자기 일을 해 나감. ②다른 나라의 지배를 받지 않고 스스로 정치를 함. 예독립 국가. 旧자립. 凹예속. -하다.【獨立】

독립국〔동닙꾹〕'독립 국가'의 준말.

독립 국가 남의 나라의 지배를 받지 않고 주권을 행사할 수 있는 나라. ❀독립국.

독립군〔동닙꾼〕 나라의 독립을 위해 침략자와 싸우는 군대.

독립 기념관 우리 민족의 독립 운동을 한눈에 볼 수 있도록 국민의 성금으로 충남 천원군 목천면에 세운 기념관〔겨레의 집·겨레의 탑·추모의 자리·백오인의 층계·민족 전통관 등으로 꾸며져 있음〕.

독립당〔동닙땅〕 개화 세력 단체를 이르던 말. 1884년 보수 세력을 몰아 내고자 우정국 낙성식을 기회로 갑신정변을 일으킴〔중심 인물은 김옥균·박영효·서재필 등〕.

독립 만:세 운동 우리나라가 1919년(기미년) 3월 1일 일본 치하에서 벗어나기 위하여 벌인 운동.

독립문 서울 특별시 서대문구 북쪽에 있는 돌로 만든 문. 1897년 독립 정신을 높이기 위해 독립협회에서 중국 사신을 맞아들이던 영은문의 자리에 세움〔사적 제32호〕.

[독립문]

독립 선언서 기미년 3·1 운동 때 우리 나라의 독립을 세계 만방에 발표한 문서. 최남선이 쓰고, 민족 대표 33인이 서명하여 1919년 3월 1일 서울 태화관에서 발표하였음.

독립 신문 1896년에 독립 협회의 서재필이 중심이 되어 펴낸 우리나라 최초의 민간 신문. 순 한글로 썼으며, 제4면은 영문으로 썼음. 민족 정신을 드높이고자 펴냈으나, 1898년 독립 협회의 해산과 함께 폐간됨.

독립 운:동 나라의 독립을 찾기 위한 활동. 【獨立運動】

독립 정신 남에게 얽매이지 않고 스스로의 힘으로 일을 판단하고 결정해 나가려는 정신.

독립 투사 나라의 독립을 되찾기 위해 용감하게 싸운 사람.

독립 협회 1896년 우리 나라의 독립과 민족의 자립을 위하여 조직한 정치·사회·단체. 서재필·이상재·윤치호·남궁억 등이 중심이 되어 만듦.

독물[동물] ①독이 있는 물질. ②'성질이 악독한 사람'을 이르는 말. 【毒物】

독방 혼자서 쓰는 방. 독실.

독백 ①혼자서 중얼거림. ②무대에서 배우가 혼자서 말하는 대사. -하다. 【獨白】

독본 배우고 가르쳐서 그 내용을 익히려는 목적으로 만든 책. [예]국어 독본. 【讀本】

독불장군 ①여러 사람과 사이가 틀어져 외롭게 된 사람. ②모든 일을 자기 멋대로 하는 사람.

독사 독을 가진 뱀. 보통 머리가 세모꼴이고 몸이 굵으며 꼬리가 짧음〔살무사. 코브라 등〕. 【毒蛇】

독사진 혼자서 찍은 사진.

독살 독약을 먹이거나 독을 써서 죽임. -하다. 【毒殺】

독상 혼자 먹게 차린 음식상. [비]외상. 각상. [반]겸상.

독생자 크리스트교에서, 하느님의 외아들인 예수를 이르는 말.

독서 책을 읽음. -하다.

독서 삼매 책읽기에만 골몰함.

독서 출신과 신라 시대 원성왕 때(788) 관리를 뽑기 위하여 두었던 일종의 과거 제도 '독서삼품과'라고도 함.

독선 자기 혼자만이 옳다고 생각하고 행동하는 일. 【獨善】

독설 남을 사납고 날카롭게 욕하는 말.

독성 독기가 있는 성분. 【毒性】

독수 공방 여자가 남편 없이 혼자 밤을 지냄.

독수리 부리와 발톱이 날카롭고, 몸빛은 전부 검되 밤색 빛깔이 나는 새. 숲에서 살며, 공중을 날아다니면서 죽은 동

[독수리]

물. 작은 새. 쥐 등을 잡아먹고 삶.

독식 어떤 이익이나 분배를 혼자서 차지함. 【獨食】

독신 ①홀몸. ②결혼하지 않고 혼자 사는 사람. 【獨身】

독야 청청 〔홀로 푸르다는 뜻으로〕 홀로 절개를 지켜 늘 변함이 없음. 【獨也靑靑】

독약 사람이나 동물의 건강 및 생명을 해치는 독이 있는 약.

독일〖나라〗 중부 유럽에 있는 나라. 동서로 국토가 갈리었다가 1990년 10월에 통일이 됨.

독자[1] 외아들. [예]삼대 독자.

독자[2] 책 · 신문 · 잡지 등을 읽는 사람. [예]신문 독자. 【讀者】

독재 ①독단으로 해 나감. ②국민의 의견을 무시하고 한 사람이나 몇 사람이 제 마음대로 모든 일을 처리함. [예]공산 독재 정치. [본]독재 정치. -하다. 【獨裁】

독재 정치 국민의 의견을 무시하고 한 사람이나 몇 사람이 제멋대로 하는 정치. [반]민주 정치. [준]독재.

독점[독쩜] 독차지. [예]시장을 독점하다. -하다. 【獨占】

독종[독쫑] ①성질이 매우 모진 사람. ②성질이 매우 독한 짐승의 종자. 【毒種】

독주[1] 한 사람이 한 악기로 연주하는 것. [예]피아노 독주. [반]합주. -하다. 【獨奏】

독주[2] ①알코올 농도가 높은 술. ②독약을 탄 술. 【毒酒】

독주[3] ①경주 등에서 남을 앞질러 홀로 달림. ②남을 아랑곳하지 않고 멋대로 함.

독지가 따뜻하고 친절한 마음으로 어려운 이웃을 잘 돕는 사람. 【篤志家】

독차지 혼자 차지함. -하다.

독창[1] 혼자 노래를 부름. [반]합창. -하다. 【獨唱】

독창[2] 본뜨지 않고 자기 혼자의 힘으로 생각해 내거나 처음으로 만들어 냄. [예]독창적인 발명품. [반]모방. -하다. 【獨創】

독창력[독창녁] 스스로 만들어 내는 힘이나 재주. [비]창조력.

독초 독이 있는 풀. 【毒草】

독촉 몹시 재촉함. [예]할부금을 독촉하다. -하다.

독충 독이 있는 벌레. [비]독벌레.

독침 독이 묻은 뾰족한 침. 독바늘.

독탕 혼자서 따로 쓰도록 만든 목욕탕. [반]공동탕. 대중탕.

독특 특별히 다르거나 뛰어남. [예]지방마다 독특한 풍습이 있다. -하다. -히.

독학 스승이 없이 혼자 공부함.

독학자 학교에 가지 않고 혼자의 힘으로 공부하는 사람.

독해[도캐] 글을 읽고 내용을 이해함. -하다. 【讀解】

독해력 글을 읽고 이해할 수 있는 능력. 【讀解力】

독후감 책이나 글을 읽고 난 후의 느낌이나 감상을 적은 글. [비]독서 감상문.

돈: ①상품을 바꿀 수 있는 가치를 나타내는 것으로 금속이나 종이로 만들어져 사회에 유통되는 것. ②재산.

돈:벌이[돈뻐리] 돈을 버는 일.

돈키호테 〖책명〗 에스파냐의 소설가인 세르반테스가 지은 소설의 제목. 또는 그 주인공의 이름〔주인공 돈키호테가 기사 이야기에 도취되어 하인 산초 판자와 기사 수업을 떠나, 여러 가지 우습고 이상한 행동을 하고 모험을 겪는다는 이야기. 1605년에 간행되었음〕.

돈화문 서울특별시 종로구에 있는 창덕궁의 정문.【敦化門】

돋구다 더 높게 하다.

돋다[돋따] ①새싹이 나오다. ②입맛이 당기다.

돋보기 알의 배가 볼록한 렌즈를 테에 끼워 물체를 크게 볼 수 있도록 한 기구. 예돋보기 안경. 반졸보기.

돋보이다 실제보다 더 좋게 보이다. 본도두보이다. 준돋뵈다.

돋치다 ①돋아서 내밀다. 예가시 돋치다. ②값이 오르다.

돌 ①태어난 날에 해마다 돌아오는 그 날. ②'첫돌'의 준말. ③정한 동안에 여러 번 거듭되는 그 날의 횟수를 세는 단위. 예국군 창설 마흔두 돌.

돌격 ①갑자기 덤벼 침. ②적진으로 쳐들어감. 비돌진. -하다.

돌고래 돌고래과에 속하는 몸길이가 5~6m 이하인 작은 고래. 머리가 좋아 서로 의사를 교환할 수 있음. 고기는 먹을 수 있고, 껍질은 가죽으로 씀.

돌:다(도니, 도오) ①한 중심에서 둥글게 움직이다. 예선풍기가 돌다. ②소문 등이 널리 퍼지다. 예이상한 소문이 돌다. ③정신이 이상해지다. 예머리가 돌다.

돌:다리 돌로 놓은 다리. 석교.

돌:담[돌땀] 돌로 쌓은 담.

돌려보다 여럿이 서로 돌려 가며 두루 보다.

돌려쓰다 ①쓰임을 여러 가지로 바꾸어 가며 쓰다. ②돈이나 물건을 변통하여 쓰다.

돌려주다 도로 보내 주다. 예빌려 온 책을 돌려주다.

돌려짓기 깊은 땅에 심는 농작물을 일정한 연한마다 바꾸어 재배하는 방법. 비윤작. 반이어짓기. -하다.

돌림노래 같은 노래를 각 성부가 같은 간격을 두고 차례로 따라 부르는 노래. 또는 그 노래. 비윤창.

돌맞이 ①아기가 첫돌을 맞는 일. ②어떤 일이 시작된 뒤에 해마다 돌아오는 그 날을 맞이하는 일. -하다.

돌:멩이 돌덩이보다는 작고 자갈보다는 큰 돌.

돌발 일이 뜻밖에 일어남. 예돌발적인 사고가 나다. -하다.

돌변 갑자기 변함. -하다.【突變】

돌:보다 ①도와 주다. ②뒤를 정성껏 보살펴 주다. 보호하다. 예환자를 돌보다.

돌:부리[돌뿌리] 돌멩이의 뾰족뾰족하게 내민 부분.

돌:부처 돌로 새겨 만든 부처. 비석불.

돌:산 바위나 돌이 많은 산.

돌아가다 ①축을 중심으로 계속 돌며 움직이다. ②있던 곳으로 다시 가다. 예고향으로 돌아가다. ③죽다. 예할머니께서 돌아가시다.

돌아눕다 한쪽을 향해 누웠다가 그 반대쪽으로 눕다.

돌아다니다 ①여기저기 쏘다니다. ②널리 퍼지다.

돌아보다 ①고개를 뒤로 돌리어 보다. ②지난 일을 다시 생각해 보다. 예어린 시절을 돌아보다. ③돌보다.

돌아오다 ①떠났던 자리로 다시 오다. 예집으로 돌아오다. ②차례가 되다. 예발표할 차례가 돌아오다. 반돌아가다.

돌연 갑작스러움. 뜻밖. 예돌연한 사고. -하다. -히. 【突然】

돌연 변:이 부모의 계통에 없던 새로운 형태나 성질이 갑자기

생물체에 나타나는 일.

돌진[돌찐] 거침없이 곧장 나아감. 圓돌격. -하다. 【突進】

돌출 밖으로 쑥 나옴. 圎뾰족하게 돌출한 부분을 깎아 내다. -하다.

돌:탑 돌로 쌓은 탑. 석탑.

돌파 ①무찌르거나 뚫어 깨뜨림. ②어떤 목표나 수준을 넘어섬. -하다. 【突破】

돌:팔매질 돌을 멀리, 또는 높이 던지는 짓.

돌:팔이 일정한 거처 없이 여기저기 돌아다니며 점을 치거나 기술이나 물건을 파는 사람. 圎돌팔이 의사.

돌풍 갑자기 일어나는 바람.

돌:하르방 '제주도 사람들이 마을이나 섬 등을 지켜 준다'는 뜻으로 그 어귀에 세웠던 돌로 만든 조각[지방 민속 자료 제2호].

돕:다(도우니, 도와서) ①남을 위해 힘을 보태다. 圎친구간에 서로 돕다. ②이끌어 잘못됨이 없도록 하다.

돗바늘 돗자리 등을 꿰매는 데 쓰이는 썩 크고 굵은 바늘.

돗자리[돋짜리] 왕골이나 골풀의 줄기로 짠 자리.

동 동쪽. 圎서. 【東】

동감 남과 같게 생각하거나 느낌, 또는 그 생각이나 느낌.

동갑 같은 나이, 또는 나이가 같은 사람. 【同甲】

동강 긴 것을 짤막하게 자른 도막. 圎나무 동강.

동강나다 잘리어 동강이 되다.

동경[1]【지명】 고려 시대 4경의 하나, 지금의 경주이며, 우리 민족의 역사적 도시로 중요시됨.

동:경[2] 마음에 두고 몹시 그리워함. -하다. 【憧憬】

동:계 겨울철. 圎동계 올림픽.

동고 동락 같이 고생하고 같이 즐김. -하다. 【同苦同樂】

동:공 눈동자. 동자. 【瞳孔】

동:구 마을로 들어가는 길목의 어귀. 圎동구 밖 과수원 길.

동국 ①지난날, 중국에 대한 우리 나라의 호칭. ②동쪽의 나라. 圎동방. 【東國】

동국사략【책명】 단군의 건국부터 고려 말엽까지의 역사적 사실을 시대순으로 엮은 역사책. 조선초, 태종의 명으로 권근·이첨·하륜 등이 지음.

동국여:지승람【책명】 조선 제9대 성종이 노사신 등에게 명하여 만들게 한 지리책. 각 도의 풍속·역사·특산물·효자·위인 등의 이야기가 기록되어 있음. 55권 25책.

동국이:상국집【책명】 고려 제23대 고종 때의 학자 이규보가 지은 문집. 53권 14책.

동국지도 조선 제7대 세조 때 실지로 측량하여 만든 우리 나라 최초의 지도.

동국통감【책명】 조선 성종 때 서거정·정효항 등이 왕명에 의하여, 신라 초부터 고려 말까지 1400년간의 역사를 56권 26책으로 기록한 책.

동국통보 고려 숙종 때에 발행한 엽전의 한 가지. 모양은 둥글고 가운데에 정사각형의 구멍이 뚫려 있음.

동:굴 깊고 넓은 굴. 圎고수동굴. 圎동혈.

동그라미 둥글게 그린 모양. 圎원.

동그랗다 아주 둥글다. 圎눈이 동그랗다. <둥그렇다. 쎈똥그랗다.

동그마니 따로 떨어져 오뚝하게 있는 모양.

동:극 어린이들이 하는 연극. [예]아동극. 【童劇】

동글동글 ①여럿이 모두 동근 모양. ②동그라미를 그리며 잇달아 돌아가는 모양.

동급생 같은 학급의 학생.

동기[1] 같은 시기. 같은 연도. [예]동기 동창. 【同期】

동기[2] 형제 자매를 통틀어 이르는 말. [예]동기간에 사이좋게 지내다. [비]형제. 【同氣】

동:기[3] 일의 실마리. 의사 결정이나 행동이 일으키는 직접적인 원인. [예]싸움의 동기가 된 사건. [비]계기. 【動機】

동나다 ①늘 쓰던 물건이 다 써서 없어지다. ②상품이 다 팔리다. [예]라면이 동나다.

동남 ①동쪽과 남쪽. ②동쪽과 남쪽의 중간이 되는 방위. [예]동남풍. 【東南】

동남 아시아 인도차이나 반도와 그 부근의 크고 작은 섬들이 있는 지역. [준]동남아.

동:냥 ①거지가 집집마다 구걸하러 다니는 일. ②중이 시주를 얻으려고 이집 저집 돌아다니는 일. -하다.

동:네 자기가 사는 집의 근처.

동년배 나이가 같은 또래.

동녘[동녁] 동쪽 방향.

동댕이치다 ①힘차게 던지다. ②하던 일을 그만두다.

동등 자격·수준·입장 등이 같음.

동떨어지다 둘 사이가 멀리 떨어지다. 서로 관계가 없다.

동:력[동녁] ①기계를 움직이게 하는 힘. ②어떤 활동의 근원이 되는 힘. 【動力】

동:력 자:원 기계를 움직이게 하는 힘의 밑천이 되는 자원 〔석유·석탄·수력·원자력 등〕.

동료[동뇨] 같은 일자리에 있는 사람. [예]회사 동료. 【同僚】

동류[동뉴] 같은 무리. 같은 종류. [비]동종. 【同類】

동:리[동니] 동네. 마을.

동:맥 피를 심장에서 몸의 각 부분으로 보내는 핏줄로, 몸의 깊은 곳에 뻗어 있음. [반]정맥.

동맹[1] 같은 목적이나 이익을 위해 서로 같은 행동을 할 것을 맹세하여 맺은 약속. [예]군사 동맹. -하다. 【同盟】

동맹[2] 고구려 때 매년 10월에 하늘에 감사를 드리던 제사 행사. 일종의 추수 감사제.

동맹국 동맹을 맺은 나라. 맹방. [비]맹약국. 【同盟國】

동메달 구리로 만든 상패. 흔히 3등의 입상자에게 주어짐.

동:면 뱀·개구리·곰 등의 동물이 겨울 동안 땅 속에서 잠자는 상태로 봄을 기다리는 일. [비]겨울잠. -하다.

동명 이름이 같음. 같은 이름.

동명 성왕【사람】 고구려의 시조인 고주몽. 해모수의 아들. 자신을 해치려고 한 동부여를 탈출하여 졸본천에 이르러 고구려를 세움. [준]동명왕.

동몽선습【책명】 지난날, 서당에서 어린이들이 천자문을 뗀 다음 배우던 한문책. 조선 중종 때 박세무가 지었음.

동무 늘 친하게 어울리는 사람. [예]학교 동무. [비]친구. 벗.

동문[1] 동쪽에 있는 문. 【東門】

동문[2] 같은 학교를 나온 사람. [예]동문회. [비]동창. [본]동문생.

동문 서답 〔동쪽을 묻는데 서쪽을 대답한다는 뜻으로〕 묻는 말에 아주 딴판인 엉뚱한 대답을 함. -하다.

동문선【책명】 조선 성종 때,

서거정이 지은 한문으로 된 시집. 신라부터 조선 초기까지의 시문을 모아 엮음. 154권 45책.

동:물 스스로 움직이고 감각 기능을 갖춘 생물로, 식물과 구분하여 이르는 말〔짐승·곤충·물고기 등〕. 예젖먹이 동물. 펜식물.

동:물성〔동물썽〕동물의 본바탕이 되는 성질. 예동물성 지방. 펜식물성. 광물성.

동:물원 사자·호랑이·곰·코끼리·공작 등 온갖 동물을 모아 기르면서 연구도 하며 여러 사람에게 구경시키는 곳.

동:민 그 동네나 동에 살고 있는 사람. 【洞民】

동반 함께 데리고 감. 동행함. -하다. 【同伴】

동방[1] 동쪽. 동녘. 동쪽 지방. 펜서방. 【東方】

동방[2] ①동쪽에 있는 나라. ②우리 나라. 펜서방. 【東邦】

동방 예의지국 지난날 중국에서 우리 나라를 일컫던 말로 예의를 잘 지키는 동쪽의 나라라는 뜻.

동백꽃 이른 봄에 붉게 피는 동백 나무의 꽃.

동백나무 따뜻한 곳에서 자라는 늘 푸른나무. 열매에서 짜낸 기름은 머릿기름·등유 등으로 씀. [동백꽃]

동:복 겨울 옷. 펜하복.

동봉 같이 넣어 봉함. 예편지에 사진을 동봉하다. -하다.

동부 동쪽 부분. 예동부 지방. 동부 전선. 펜서부. 【東部】

동분서주 이리저리 바쁘게 돌아다님. -하다.

동사강목〔책명〕조선 제21대 영조 때 안정복이 지은 역사책〔기자 조선부터 고려 말까지의 역사를 엮었음〕.

동:사무소 행정 구역의 하나인 동의 행정 사무를 맡아 보는 곳.

동산[1] 마을 부근에 있는 낮은 산. 예뒷동산.

동:산[2] 모양이나 성질을 바꾸지 않고 옮길 수 있는 재물〔돈·증권·보석 등〕. 펜부동산.

동상[1] 구리로 만들어 세운 사람의 형상. 【銅像】

동:상[2] 심한 추위로 살갗이 얼어서 상함. 심한 정도에 따라 1도 동상·2도 동상·3도 동상으로 구분함. 【凍傷】

동생 ①아우와 손아랫누이를 통틀어 일컫는 말. ②같은 항렬에서 자기보다 나이가 적은 사람. 펜형, 언니.

동서 동쪽과 서쪽. 【東西】

동석 자리를 같이함.

동성 동본 성과 본관이 같음.

동시[1] 같은 때나 같은 시기. 예동시에 출발하다. 【同時】

동:시[2] 어린이의 생활이나 마음의 움직임 또는 그들의 꿈의 세계를 자유롭게 나타낸 시. 어린이가 쓴 시. 【童詩】

동:시집 어린이의 온갖 느낌을 자유롭게 읊은 시를 모아 엮은 책.

동:식물 동물과 식물. 【動植物】

동:심 ①어린이의 마음. ②어린이와 같은 순수한 마음. ③어릴적 마음. 예동심의 세계로 돌아가다. 【童心】

동아리 목적이 같은 사람끼리 이룬 무리.

동아줄 굵고 튼튼하게 꼰 줄. 비밧줄.

동안 어느 때부터 어느 때까지

의 사이. 예잠자는 동안.

동양 유럽 대륙인 서양에 대해 동쪽에 있는 아시아 전체를 일컫는 말. 빤서양. 【東洋】

동양적 동양의 특징이 있는 모양. 빤서양적. 【東洋的】

동양 척식 주식 회:사 1908년에 일본이 우리 나라의 경제를 독차지하기 위하여 세웠던 회사.

동양 평화론 안중근 의사가 뤼순 감옥에서 동양의 평화에 대한 자기의 의견을 쓴 글의 제목.

동양화 동양의 여러 나라에서 오랫동안 발달해 내려온 그림. 비단이나 화선지에 먹과 붓으로 그린 그림. 빤서양화.

동업 같은 종류의 직업·장사·일 등을 함께 함. -하다.

동여매다 실이나 끈으로 어떤 물건을 여러 번 돌려서 매다.

동예 한반도 중부에 있던 상고 시대의 부족 국가. 지금의 강원도 북부와 함경도 남쪽의 일부에 있었다고 함.

동:요 ①어린이들이 즐겨 부르는 노래.. ②어린이들의 마음·느낌·생활 등을 일정한 운율에 맞춰 나타낸 시. 비동시.

동:원 어떤 일을 위하여 사람이나 물건을 한 곳으로 모음. -하다. 【動員】

동위각 둘 이상의 평행선이 한 직선과 만나 이룬 각 가운데 평행선의 같은 위치에 있는 각.

동유럽 동부 유럽. 유럽의 동부에 있는 여러 사회주의 국가 지역. 동구.

동의¹ 같은 뜻. 예의견에 동의하다. 빤반대. -하다.

동:의² 의원이 회의 중에 이미

정하여진 의제 외에 다른 의제를 내는 일. 또는 그 의제. -하다.

동의보감【책명】 조선 선조 때 의관 허준이 왕명에 따라 엮은 의학책. 중국과 우리 나라의 의학책을 모아 지은 책으로, 선조 29년(1596) 착수하여 광해군 5년(1610)에 완성함.

동이다 끈이나 줄 따위로 감거나 두르거나 하여 묶다.

동인 목적과 뜻을 같이하는 사람. 예동인 시집. 【同人】

동일 서로 똑같음. -하다.

동:자 나이 어린 사내아이. 예삼척 동자. 【童子】

동:자상 어린아이 모양으로 만들어서 무덤 앞에 세우는 돌.

동:작 몸과 손발을 움직이는 일. 예동작이 재빠르다. 비행동. 거동. -하다. 【動作】

동:장 동단위 지역에서 동사무소의 우두머리. 【洞長】

동전 ①구리로 만든 돈. ②주화.

동점[동쩜] 같은 점수. ②同點】

동정¹ 남의 불행을 가엾게 여기어 따뜻한 마음을 씀. 예불우한 이웃을 동정하다. -하다.

동:정² 움직임·사태 등이 벌어져 나가는 낌새. 형편. 예적의 동정을 살피다. 비동태. 【動靜】

동정심 남을 동정하여 돕는 뜻으로 대하는 마음.

동조 남의 의견이나 주장 따위에 찬성하여 그에 따름.

동조자 어떤 일에 뜻을 같이하는 사람.

동족 같은 겨레. 【同族】

동족 상잔 같은 민족끼리 서로 싸우고 죽임.

동지¹ 24절기의 하나. 낮이 가장 짧고, 밤이 가장 깊. 12월 22일경. 빤하지.

동지² 뜻이 서로 같음. 또는 그

사람. 비동무.

동질 같은 본질. 같은 성질. 예동질의 물건. 【同質】

동짓달[동지딸/동짇딸] 음력으로 일 년 중 열한 번째 달.

동참 함께 참가함. 예자연 보호 운동에 동참하다. 【同參】

동창¹ 동쪽으로 난 창문. 반서창.

동창² 같은 학교에서 공부하거나 졸업한 사람. 비동기. 동문. ●동창생. 【同窓】

동창회 동창생들의 모임. 또는 그 회합. 비교우회. 【同窓會】

동채 차전놀이에 쓰이는 틀. 이 틀 위에 대장이 타고 앞뒤와 좌우로 움직이도록 지휘함.

동체¹ 몸통. 예비행기의 동체.

동체² 여럿이 합쳐 하나가 되는 일. 예일심 동체. 【同體】

동ː치미 무를 통으로 넣고 국물을 부어 담그는 김치의 한 가지. 동김치.

동ː태¹ 얼린 명태. ●동명태.

동ː태² 사물이 움직이는 상태. 또는 변해 가는 상태. 【動態】

동트다(동터, 동터서) 날이 새어 동쪽 하늘이 밝아 오다.

동포 한 겨레. 같은 겨레. 예해외 동포. 오천만 동포. 【同胞】

동풍 ①동쪽에서 불어오는 바람. ②봄바람. 【東風】

동학 조선 철종 11년(1860) 최제우가 민족적 전통을 살리려고 일으킨 종교. 서학인 천주교에 대항하여, 우리 민족에게 전해 내려오는 하늘을 섬기는 사상에다 유교·불교·선교의 사상을 덧붙였음. 천도교. 【東學】

동학 농민 운동 조선 고종 31년(1894) 동학 교도들이 중심이 되어, 전봉준의 지휘 아래 일어난 운동. 외국 세력의 배척·계급 타파·여성 해방 등 근대 사상을 내걸었던 개혁 운동이었음.

동학당 조선 말기 최제우를 교주로 하는 동학교 신자들의 집단.

동해 ①동쪽의 바다. ②우리 나라 동쪽에 있는 바다. 반서해. 황해. 【東海】

동해남부선 부산진에서 포항 사이의 철도. 길이 148km.

동해안 우리 나라 동쪽에 있는 해안. 반서해안.

동행 길을 같이 감. 또는 그 사람. -하다. 【同行】

동ː향¹ 정세·사태·마음 따위가 움직이는 방향. 비경향. 동태. 【動向】

동향² 같은 고향. 한 고향. 예동향 사람. 【同鄉】

동헌 옛날에 고을의 공사를 처리하던 대청이나 집. 【東軒】

동호인 어떤 사물을 같이 좋아하는 사람. 취미 오락이 같은 사람. 예낚시 동호인.

동ː화¹ 어린이들에게 읽히기 위하여 지은 이야기. 【童話】

동ː화² 같은 성질로 바뀜. 예탄소동화 작용. 반이화. -하다.

동ː화 구연 어린이들을 상대로 입으로 이야기를 들려주는 동화.

동ː화극 어린이를 위한 연극의 한 가지. 동화를 소재로 하여 꾸민 연극. 【童話劇】

동ː화책 동화를 모아 엮은 책. 비동화집.

돛[돋] 바람을 받아서 배가 밀려 가게 하려고 배의 돛대에 다는 포장.

돛단배[돋딴배] 돛을 단 배. 돛을 달아 바람을 이용하여 나아가게 되는 배. 돛배. 범선.

돛대[돋때] 돛을 달기 위하여

뱃바닥에 세운 기둥.

돼:지 ①멧돼지과의 동물. 고기 맛이 좋아 여러 가지로 가공됨. ②'욕심이 많거나 많이 먹는 사람'을 비유하여 이르는 말.

돼:지우리 돼지를 가두어 키우는 곳. 돈사.

되 곡식이나 액체 등을 헤아리는 단위. 한 말의 10분의 1.

되뇌다 같은 말을 여러 번 되풀이하여 말하다.

되다 ①물건이 만들어지다. ②어떤 신분이나 상태에 놓이다. ◉어른이 되다. ③일이 이루어지다. ④어떤 수량에 미치다. ◉저축액이 만 원이 되다. ⑤어떠한 때가 돌아오다. ◉여름이 되다. ⑥나이 따위를 먹다. ◉열 살이 되다.

되도록 될 수 있는 대로.

되돌아보다 이제까지 지나온 곳을 돌아보다. 본 것을 다시 돌아보다.

되묻다 묻는 말에는 대답하지 않고 도리어 묻다. 다시 묻다.

되살리다 다시 살아나게 하다.

되새기다 ①소 같은 동물이 먹은 음식을 다시 내어 씹다. ②지나간 일을 골돌하게 다시 생각해보다.

되풀이 같은 말이나 몸짓을 자꾸함. ◉춤을 되풀이하여 연습하다. 📵반복. -하다.

된:서리 ①늦가을에 되게 내린 서리. 📵무서리. ②모진 재앙. ◉부정이 드러나 회사가 된서리를 맞다.

된:소리 되게 나는 소리(ㄲ·ㅃ·ㅆ·ㅉ 등).

된:장국[된장꾹] 된장을 거른 물에 채소·고기 등을 넣고 끓인 국. 토장국.

됨됨이 사람의 품성. ◉그의 됨

됨이가 믿음직스럽다.

됫박[되빡] ①'되' 대신 쓰이는 바가지. ◉쌀 두 됫박. ②'되'의 속된 말.

두건 상중에 머리에 두르는 헝겊. 머릿수건. 【頭巾】

두견이 두견이과의 새. 뻐꾸기와 비슷하나 좀 작음. 몸 빛깔은 등이 어두운 청갈색 또는 회색이며, 배는 흰 바탕에 검은 가로 무늬가 있음. 두견새.

두고두고 오래 두고. 오래도록.

두근거리다 놀라거나 겁이 나서 가슴이 뛰다.

두근두근 매우 놀라거나 겁이 나서 가슴이 자꾸 뛰는 모양. -하다.

두꺼비 온몸의 살가죽에 우툴두툴한 것이 돋아 있으며, 흑갈색의 등에 검은 무늬가 있음. 개구리와 비슷한 동물.

[두꺼비]

두꺼비집 모래 장난을 하면서 손으로 지은 집.

두껍다(두꺼우니, 두꺼워서) 두께의 간격이 크다. ◉동화책이 두껍다. 📵얇다.

두께 넓적한 물건의 운두. 두꺼운 정도.

두뇌 ①머릿골. 🈀뇌. ②사물의 이치를 슬기롭게 판단하는 힘. ◉뛰어난 두뇌. 【頭腦】

두더지 쥐와 비슷한 동물. 앞발은 삽처럼 생기고 입은 뾰족하여 땅을 파기에 알맞아, 주로 땅 속에 굴을 파고 삶.

두둑 논과 밭 사이에 경계를 이루어 놓은 두두룩하게 된 언덕. ◉밭두둑.

두둔 편들어 감싸 줌. ◉친구를 두둔하다. -하다.

두둥실 물 위나 공중에서 가볍

게 둥실둥실 떠 있는 모양.

두드러기 약이나 음식의 탈로 피부가 붉거나 희게 부풀어 오르며 몹시 가려운 병.

두드러지다 드러나서 뚜렷하다. 특히 눈에 띄다. 예병세가 두드러지게 좋아지다. >도드라지다.

두드리다 툭툭 치다. 예문을 두드리다. 센뚜드리다.

두들기다 마구 쳐서 때리다. 예상대를 실컷 두들기다. 센뚜들기다.

두렁 논·밭 사이의 작은 둑. 예논두렁. 밭두렁.

두레 바쁜 농사철에 공동으로 협력하기도 하고, 모자라는 일손을 덜어 주기도 하는 마을 단위의 모임.

두레박 바가지나 양철 따위로 만든 작은 통에 줄을 매어 우물물을 길어 올리는 데 쓰는 기구.

두레상 여러 사람들이 둘러앉아 먹을 수 있는 큰 상.

두려움 마음에 꺼려 일어나는 무서운 느낌.

두렵다(두려우니, 두려워서) 마음에 꺼려 무서운 생각이 들다. 예밤길을 걷기가 두렵다.

두루 ①빠짐없이. 골고루. 예곳곳을 두루 살펴보다. ②널리. 일반적으로. 예두루 쓰이는 말.

두루마기 외투처럼 길게 생긴 우리 나라 고유의 웃옷의 한 가지. 주로 외출할 때 입음.

두루마리 종이를 가로로 길게 이어서 둥글게 돌돌 만 것.

두루미 두루미과의 새. 목·다리·부리가 길고 몸은 흰빛이며 날개 끝은 검은색임. 연못이나 냇가에서 주로 곤충·미꾸라지·조개 등을 잡아먹고

삶. 학.

두릅 두릅나무의 어린 순. 나물을 만들어 먹음.

두리둥실 물건이 떠서 둥실둥실 움직이는 모양. 예두둥실 두리둥실 떠나가는 배. >도리둥실.

두리반 크고 둥근 소반. 비두레상. 반모반.

두리번거리다 눈을 크게 뜨고 무엇을 찾는 듯이 이리저리 휘둘러 보다. 예주위를 두리번거리다. >도리반거리다.

두만강 백두산의 남동쪽에서 시작하여 동해로 흘러드는 강. 길이 521km. 【頭滿江】

두메 도회지에서 멀리 떨어진 곳으로 사람이 많이 살지 않는 산간 마을. 비산골.

두메 산골 도시에서 멀리 떨어진 깊은 산골.

두목 좋지 못한 일을 하는 여러 사람 가운데서 그 우두머리가 되는 사람. 【頭目】

두문 불출 집안에만 틀어박혀 세상 밖으로 나다니지 아니함.

두부 콩으로 만든 음식의 한 가지. 물에 불린 콩을 짠물에 간수를 치고 끓여 다시 자루에 넣고 눌러 물기를 빼서 만듦.

두서 ①일의 실마리. ②조리. 예두서 없이 쓴 글.

두서너 둘이나 셋 또는 넷. 예사탕을 두서너 개 먹었다.

두어 '둘 가량'의 수효를 나타내는 말. 예두어 가지.

두엄 외양간에서 나온 짚이나 산에서 벤 풀, 쓰레기 등을 쟁여서 썩인 거름. 비퇴비.

두절 교통이나 통신이 막히거나 끊어짐. -하다.

두텁다 인정이나 사랑이 깊다.

예친분을 두텁게 하다. >도탑다.

두통 머리가 아픈 증세.

두툼하다 ①조금 두꺼운 듯하다. ②넉넉하다. 여유가 있다. 예지갑이 두툼하다. 두툼히.

둑 강이나 시내 등의 둘레에 흙이나 돌 같은 것을 쌓아올려 물이 넘쳐 흐르지 못하게 만든 언덕. 제방.

둑길 둑 위로 난 길.

둑쌓기 물이 넘치는 것을 막거나 물을 가두어 두기 위하여 흙이나 돌을 쌓아서 물길을 막는 일.

둔:갑 술법을 써서 마음대로 자기 몸을 감추거나 다른 것으로 변하게 함. 【遁甲】

둔:재 재주가 둔함. 또는 그런 사람. 回천재. 【鈍才】

둔:하다 ①재주가 없다. 예머리가 둔한 편이다. ②말 행동이 미련하고 느리다.

둘러보다 주위를 두루두루 살펴보다. 예시장을 둘러보다.

둘러서다 여럿이 둥글게 늘어서다.

둘러싸다 빙 둘러서 에워싸다.

둘러앉다 여러 사람이 가운데를 향하여 둥글게 앉다.

둘레 어떤 물건의 양 옆과 앞과 뒤. 예운동장 둘레에 나무를 심다. 回주위. 回중앙. 복판.

둥 무슨 일을 하는 것도 같고 하지 않는 것 같기도 함을 나타내는 말. 예밥을 먹는 둥 마는 둥.

둥글다(둥그니, 둥그오) ①공 모양과 같다. ②모가 없어 원만하다. 예성격이 둥글다. >동글다.

둥둥[1] 큰북을 잇달아 치는 소리. >동동.

둥둥[2] 가볍게 떠 있는 모양. 예구름이 둥둥 떠간다. >동동.

둥실 가벼운 것이 공중이나 물 위에 떠서 움직이는 모양. ❷둥실둥실. >동실.

둥우리 ①짚이나 댑싸리로 바구니 비슷하게 엮어 만든 그릇. ②병아리나 새같은 것을 기르는 보금자리. 둥지.

둥지 새의 보금자리. 둥우리. 예까치가 둥지를 틀다.

둥치 큰 나무의 밑동.

뒤: ①등이 있는 쪽. 정면의 반대쪽. ②다음. 나중. 예기차가 떠난 뒤에 도착하다. ③어떤 일의 결과.

뒤:꼍 뒤뜰. 뒷마당

뒤낭[사람][1828~1910] 앙리 뒤낭. 스위스 사람으로 자선 사업가이며 적십자사를 창설한 사람. 1863년에 국제적인 적십자 운동의 필요성을 발표. 1864년에 제네바 협약을 맺는 데 성공하여 적십자사 창설에 이바지했음. 1901년 노벨 평화상을 받았음.

뒤:늦다 때가 다 지나서 퍽 늦다.

뒤덮다 가리어 덮다. 모두 덮다. 예흰눈으로 뒤덮인 세상.

뒤:따르다 ①뒤를 따르다. ②뜻이나 사업을 잇다.

뒤뚱거리다 이쪽 저쪽으로 쓰러질 듯이 느리게 기울어지고 흔들리다. 예오리가 뒤뚱거리며 걷는다. >되뚱거리다.

뒤뚱뒤뚱 이러저리 자꾸 기울어지는 모양. -하다.

뒤:뜰 집채의 뒤에 있는 마당. 뒤꼍. 回앞뜰.

뒤범벅 마구 뒤섞여서 이것저것 구별할 수 없는 모양.

뒤섞이다 물건이 한데 마구 섞이다. 예어지럽게 뒤섞인 신발들.

뒤엎다 무너뜨리다. 뒤집어엎다. 剛책상을 뒤엎다.

뒤:잇다(뒤이으니, 뒤이어서) 끊어지지 않도록 뒤를 잇다.

뒤적거리다 무엇을 찾느라고 이리저리 들추어 가며 살피다. 剛서랍을 뒤적거리다.

뒤적뒤적 무엇을 찾느라고 이리저리 들추어 뒤지는 모양. -하다.

뒤주 곡식을 담아 두는 나무로 만든 궤짝.

뒤죽박죽 이것저것이 뒤섞이어 엉망이 된 모양.

뒤지다[1] 물건을 찾으려고 이리저리 들추다. 剛책상을 뒤지다.

뒤:지다[2] 남보다 떨어지다. 뒤서다. 剛옷이 유행에 뒤지다.

뒤집다 안과 겉을 뒤바꾸다. 剛옷을 뒤집어 입다.

뒤집어쓰다 ①온몸을 내리덮다. ②남의 허물이나 책임을 억울하게 넘겨 맡다. 剛누명을 뒤집어 쓰다.

뒤집어엎다 일이나 물건의 안과 겉, 위아래를 뒤바꾸어 놓다. 剛순서를 뒤집어엎다.

뒤집히다 일이나 물건의 안과 겉, 위아래가 뒤바뀌어지다.

뒤:처지다 뒤떨어지다.

뒤척뒤척 누운 몸을 자꾸 이리저리 굴리는 모양.

뒤:치다꺼리 뒤에서 일을 보살피고 돌보아 주는 일.

뒤:통수 머리의 뒤쪽.

뒤틀다(뒤트니, 뒤트오) 꼬아서 비틀다. 剛온몸을 뒤틀다.

뒤틀리다 ①물건이나 일이 꼬여서 비틀어지다. 剛계획이 뒤틀리다. ②감정이나 생각이 사납게 바뀌다. 剛비위가 뒤틀리다.

뒤프르[[사람]][1780~1865] 프랑스의 의사·박물학자. 곤충의 생활 습성에 대하여 깊이 연구하였는데, 특히 비단벌레를 잡아먹는 사냥꾼벌에 대하여 연구한 결과를 엮은 <벌이야기>가 있음.

뒤흔들다(뒤흔드니, 뒤흔드오) 마구 흔들다.

뒷:걸음 발을 뒤로 떼어 놓으며 걷는 걸음.

뒷:걸음질 뒷걸음을 치는 짓.

뒷:골목 큰 길의 뒤에 있는 좁은 골목.

뒷:날[뒨날] ①다음 날. 이튿날. ②앞으로 닥쳐올 날. 장래. 卽훗날.

뒷:다리 짐승의 몸 뒤에 있는 다리.

뒷:동산 집이나 마을 뒤에 있는 작은 동산.

뒷:마당 집의 뒤편에 있는 마당. 卽뒤뜰. 뒤꼍. 瓰앞마당.

뒷:마무리 일의 뒤끝을 마무름. 또는 그 마무른 일.

뒷:맛[뒨맏] ①음식을 먹은 뒤에 입에서 느끼는 맛. ②어떤 일을 끝마친 뒤의 느낌.

뒷:면[뒨면] 뒤쪽의 면. 剛뒷면에 이름을 써라. 瓰앞면.

뒷:모습 뒤에서 본 생김새. 剛뒷모습이 친구와 닮았다. 瓰앞모습.

뒷:바라지 뒤에서 잘 하도록 도와 주는 일. 剛자식의 뒷바라지를 하다. -하다.

뒷:받침 뒤에서 받쳐 주는 물건, 또는 그 사람. 剛친구를 뒷받침해 주다. -하다.

뒷:북[뒤뿍] 어떤 일이 이미 끝난 뒤에 쓸데없이 수선을 피우는 일.

뒷:산 마을 뒤에 있는 산. 瓰앞산.

뒷:자락 옷의 뒤에 늘어진 자

락. 쮀앞자락.

뒷:정리 일의 끝을 바로 잡아 마무리 하는 일.

뒷:조사 은밀히 하는 조사.

뒷:짐[뒤쩜] 두 손을 뒤로 돌려 마주 잡는 짓.

뒹굴다(뒹구니, 뒹구오) 누워서 이리저리 구르다. 예잔디밭에서 뒹굴다.

드나들다 자주 들어오고 나가다.

드높다 매우 높다.

드디어 마침내. 결국. 예드디어 승리를 거두었다.

드라마 ①희곡. 각본. 연극. 극. 예텔레비전 드라마. ②어떤 극적인 사건.

드라이버 ①나사못을 돌려서 박거나 빼는 데 쓰이는 연모. ②운전사.

드라이브 자동차를 타고 놀이 삼아 달림.

드라이 아이스 탄산가스를 얼려서 만든 눈 모양의 차가운 고체.

드라이 클리:닝 물 대신 벤젠 같은 세척액을 사용하는 건조 세탁. 준드라이.

드라이 포인트 판화의 한 가지. 비닐판·유리판 등에 먼저 물감을 발라 놓고 그 위에 날카로운 것으로 그림을 그린 후 종이를 그 그림 위에 덮어 찍어 내는 방법으로 만드는 판화. 찍어 내는 횟수는 1회에 한함.

드러나다 ①겉으로 나타나다. ②감추었던 것이 나타나다.

드러내다 드러나게 하다. 예본심을 드러내다.

드러눕다(드러누우니, 드러누워서) 제 마음대로 편히 눕다.

드렁칡 산기슭에 나는 칡.

드레드레 물건들이 많이 매달려 있거나 늘어져 있는 모양. 쮀주렁주렁.

드롭 커:브 야구에서, 투수가 던진 공이 타자 앞에 와서 급히 아래로 떨어지는 커브.

드롭 킥 럭비에서 손에 들고 있는 공을 땅에 떨어뜨려서 튀어 오르는 순간에 차는 법.

드리다 ①윗사람에게 물건을 주다. 예부모님께 선물을 드리다. ②여러 가닥의 끈을 꼬아 한 가닥으로 만들다.

드리우다 아래로 늘어지게 하다. 예창에 발을 드리우다.

드릴[1] ①송곳. ②맨 끝에 송곳날을 단. 공작용의 구멍 뚫는 기구.

드릴[2] 아슬아슬한 느낌.

드문드문 ①이따금. ②띄엄띄엄. 예벌판에 집이 드문드문 있다. 쎈뜨문뜨문. -하다.

드물다(드무니, 드무오) 잦지 아니하다. 예자동차가 드물게 다닌다.

드보르자크《사람》[1841~1904] 체코슬로바키아의 음악가. 작품으로 교향곡 제9번 〈신세계〉〈유머레스크〉〈슬라브 춤곡〉 등이 유명함.

드세다 ①세력이 아주 강하다. 예고집이 드세다. ②사람의 성질 등이 세거나 사납다. 예집안이 드세다.

득남 아들을 낳음. -하다.

득녀 딸을 낳음. 【得女】

득실거리다 사람이나 동물이 한떼로 모여 자꾸 움직이다. 흰득시글거리다.

득실득실 많은 사람들이나 동물이 떼지어 들끓는 모양. 예흉악범이 득실득실하다. 흰득시글득시글. -하다.

득점 시험이나 경기에서 점수를 얻음, 또는 그 점수. 예대량 득점을 하다. -하다.

든든하다 ①약하지 않고 굳세다. ②마음에 미덥다. ③배가 부르다. 예저녁을 많이 먹었더니 든든하다. >단단하다. 웹뜬뜬하다. 든든히.

듣기놀이 여럿이 한데 모여서 어떤 말을 맨 처음 사람이 듣고, 다음 사람에게 차례차례 귓속말로 전하여, 맨 끝 사람에게 바르게 전해졌나 알아보는 놀이.

들: 논밭으로 만들 수 있는 평평하고 넓은 땅. 삔벌판. 평야.

들것[들껃] 사람이나 물건을 나르는 기구로 두 사람이 양쪽에서 들게 되어 있음.

들:국화 가을철에 야트막한 산이나 들에 피는 국화의 한 종류.

들기름 들깨로 짠 기름.

들:길[들낄] 넓은 벌판에 사람이 다니도록 만들어 놓은 길.

들깨 꿀풀과의 일년초. 여름에 흰 꽃이 피며, 잎은 크고 잔털이 있음. 씨로 들기름을 짬. 높이 약 80cm.

들:꽃 들에 피는 꽃.

들끓다[들끌타] 여럿이 한 곳에 모여서 우글거리다.

들:녘 산과 조금 떨어져 평야가 많이 있는 곳. 예황금 물결을 이룬 들녘.

들다¹ (드니, 드오) ①집이나 있을 곳을 마련하여 거기에 들어감. 예새 집에 들다. 삔나다. ②마음에 꼭 맞다. 예가방이 마음에 들다.

들다² (드니, 드오) 나이가 썩 많다. 예나이가 들어 보인다.

들다³ (드니, 드오) 칼날 같은 것이 날카로워 잘 베어지다. 예칼이 잘 들다.

들뜨다 (들떠, 들떠서) ①마음이 가라앉지 아니하다. ②떨어져 틈이 생기다.

들락날락 잇달아 들어왔다 나갔다 하는 모양.

들러리 결혼식에서 신랑이나 신부를 식장으로 인도하며 부축해 주는 사람.

들르다 (들러, 들러서) 지나는 길에 잠깐 거치다. 예집에 가는 길에 친구 집에 들르다.

들마루 방문 바로 앞에 잇대어 놓은 쪽마루.

들볶다 까다롭게 하거나 잔소리를 하여 못살게 굴다. 예동생을 들볶다.

들볶이다 못살게 괴로움을 받아 애를 먹게 되다.

들숨 안으로 들이 쉬는 숨.

들썩들썩 ①물건이 들렸다 가라앉았다 하는 모양. ②마음이 들떠서 움직이는 모양.

들어맞다 ①틀리지 않고 꼭 맞다. ②빈틈이 없이 꽉 차게 끼이다.

들어붓다 액체나 가루가 담긴 그릇을 들어서 통째로 쏟아붓다. 예물을 들어붓다.

들어서다 ①밖에서 안으로 다가서다. 예방으로 들어서다. ②어떤 테두리 안에 자리잡다.

들여다보다 밖에서 안쪽을 보다. 예방 안을 들여다보다.

-들이 그릇에 담기는 양을 나타내는 말. 예5l 들이 주전자.

들이다 ①들어오게 하거나 들어가게 하다. 예손님을 맞아들이다. ②부릴 사람을 집에 있게 하다. 예가정부를 들이다. ③잘 가르쳐 버릇이 되게 하다. 예말을 길들이다. ④물감을 배게 하다. 예머리에 물을 들이다.

들이닥치다 아주 바싹 가까이

닥치다. 예손님들이 갑자기 들이닥치다.

들이대:다 ①물건을 가져다가 마주 대다. ②뻣뻣한 말로 자꾸 대들다. 예사장에게 들이대다.

들이마시다 쉽지 않고 빨리 마시다. 예물을 단숨에 들이마시다.

들이밀다 밖에서 안으로 향하여 밀다.

들이치다 비·눈 등이 바람에 불려 안으로 세차게 뿌리다.

들이켜다 세게 들이마시다.

들:일[들릴] 논이나 밭에서 하는 일. 집안일.

들:쥐[들쥐] 들에 사는 쥐를 통틀어 이르는 말.

둘쭉날쭉 들어가고 내밀어 일정하지 않은 모양. 예책이 들쭉날쭉 꽂혀 있다.

들추다 ①끄집어 드러내다. 예잘못을 들추다. ②자꾸 뒤지다. 예서랍을 들추다.

들키다 숨기려던 일이나 물건이 남의 눈에 뜨이다.

들:판 들을 이룬 벌판. 비평야. 벌판.

듬뿍 그득하고 수북하여 넉넉한 모양. >담뿍.

듯 그런 것 같기도 하고 아닌 것 같기도 하다는 뜻을 나타내는 말. 예자는듯 마는듯.

듯하다[드타다] 어떤 말 아래에 쓰이어 짐작을 나타내는 말. 예일이 다 끝난 듯하다.

등[1] ①가슴과 배의 반대쪽. ②물건의 밑바닥의 반대쪽.

등:[2] ①등급. 예일등. 이등. 삼등. ②들. 기타. 예소·돼지·닭 등을 가축이라고 한다.

등:고선 지도에서 표준 해면으로부터 같은 높이에 있는 지점들을 연결하여 놓은 꼬불꼬불하게 연속된 곡선.

등골[등꼴] 척추 속에 들어 있는 기관. 뇌의 명령을 신경에 전하고 신경의 흥분을 뇌에 전달하는 길이 됨.

등교 학교에 감. 반하교. -하다.

등교길 학교가는 길.

등교 시간 학교에 갈 시간.

등극 임금의 자리에 오름.

등긁이[등글기] 등을 긁는 데 쓰이는 물건. 주로 대나무로 만듦.

등:급 신분·값·품질 등의 높고 낮음, 또는 위아래를 여러 층으로 나누어 놓은 차례.

등기 우편 우편물 배달의 정확함을 기하기 위하여 만든, 우편물 특수취급의 한 방법.

등나무 줄기를 길게 뻗어 감아가는 나무. 정원에 심어 그늘지게 함. ❸등.

등단 ①연단이나 강단에 오름. ②어떤 방면에서 전문가로서 활동할 수 있게 됨. 【登壇】

등대 밤에 뱃길을 안전하게 안내하는 표지가 되도록 해안에 세우고 등불을 켜 놓은 곳.

등대지기 등대를 지키는 사람.

등대탑 밤에 뱃길의 위험한 곳을 비추거나 목표로 삼게 하기 위해 등불을 켜 세운 높은 곳.

등댓불[등대뿔] 밤에 뱃길을 안내하는 등대의 불.

등등하다 기세가 상대를 누를 만큼 높고 당차다. 서슬이 프르다. 예세도가 등등하다.

등록[등녹] 장부에 적어 올림. 예주민 등록. -하다. 【登錄】

등록금 대학생이 입학할 때나 학기 초에 학교에 내는 수업료. 비납입금. 학비. 【登錄金】

등반 높은 산에 오름. 예설악산을 등반하다. -하다.

등본 처음 것을 보고 그대로 베껴 적은 서류. 예주민 등록 등본.

등:분 어떤 수나 양을 서로 같은 부분으로 나눔. -하다.

등불[등뿔] 등에 켠 불. 등잔불.

등사 간단한 인쇄기인 등사기로 글씨나 그림을 박음. 예시험지를 등사하다. -하다.

등산 산에 오름. 예한라산을 등산하다. 반하산. 【登山】

등산로 등산하기에 편하게 닦아 놓은 길.

등산복 산에 오를 때 입는 옷.

등성이 '산등성이'의 준말. 산의 등줄기.

등:식 둘 이상의 수나 식에서 등호(=)로 서로 같음을 표시하는 식. 〈보기〉 90+30 = 120. 반부등식. 【等式】

등:심선 지도에서 해면을 기준으로 하여 같은 깊이의 지점들을 이은 곡선. 【等深線】

등쌀 몹시 귀찮게 구는 짓.

등:온선 지도 위에, 기온이 같은 지점들을 이은 곡선.

등용 사람을 뽑아 씀. 예인재를 등용하다. 비기용. -하다.

등잔 기름을 담아서 불을 켜는 그릇.

등장 ①무대 같은 데에 나옴. 반퇴장. ②무슨 일에 어떠한 사람이 나타남. 예혜성같이 등장한 선수. -하다. 【登場】

등장 인물 소설·영화 등에 나오는 사람. 【登場人物】

등줄기[등쭐기] 등골뼈가 있어 두두룩하게 줄기진 부분.

등:지 땅 이름 밑에 붙어 '그러한 곳들'이란 뜻을 나타내는 말. 예한국·중국·일본 등지에 많이 자라는 식물.

등지다 ①남과 서로 사이가 틀어져서 돌아서다. 예한 형제끼리 등지고 살아간다. ②뒤에 두다. 예산을 등지고 있는 고을. ③떠나다. 예고향을 등지고 서울로 가다.

등짐 장수[등찜장수] 물건을 등에 지고 다니며 파는 사람.

등판 야구에서, 투수가 공을 던지는 자리에 나섬. 반강판.

등:한하다 마음을 두지 않고 예사로 여기다. 예국어 공부를 등한히 하다. 등한히.

등:호 수량이 같음을 나타내는 부호(=). 〈보기〉 2+3=5.

디디다 발을 어떤 물건 위에 올려놓고 서다.

디:디:티: (DDT) 농작물의 해충이나 파리·모기 등의 벌레를 죽이는 농약.

디딜방아[디딜빵아] 발로 디더서 곡식을 찧는 방아. 굵은 나무 한 끝에 공이를 박고, 다른 한 끝은 두 갈래가 나게 하여 그 끝을 디디게 되었으며, 공이 아래에 방아확을 파 놓음. [디딜방아]

디딤돌[디딤똘] 마루 아래 놓아 발로 디디고 오르 내리게 된 섬돌.

디밀다 들이밀다.

디스크 둥글고 납작한 판. 또는 그 겉면. 축음기의 레코드.

디스토마 흡충강의 편형 동물. 길이 10~25mm의 엽상·원통상·원반상 등. 포유류의 간과 폐에 기생.

디자이너 ①옷이나 옷감, 물건의 모양·무늬 등을 생각해 내는 사람. ②설계자.

디자인 ①계획. 설계. 도안. 예실내 디자인. ②작품을 만들기 위한 초벌 그림. -하다.

디저:트 식사 후에 먹는 과자나 과일 따위.

디:젤 기관 1897년 독일의 디젤이 발명한 엔진. 중유나 경유를 써서 차량이나 배 등을 움직이는 데 쓰임.

디즈니랜드 만화 영화 제작자 디즈니가 1955년에 로스엔젤레스 교외에 만든 어린이 놀이터.

디킨스[사람][1812~1870] 영국의 소설가. 재치와 익살에 찬 글로써 독자들로 하여금 눈물과 웃음을 자아내게 하면서, 인도주의와 사회 개선을 부르짖어 세계문학에 큰 영향을 끼쳤음. 작품으로는 〈올리버 트위스트〉〈두 도시 이야기〉〈크리스마스 송가〉등이 있음.

ㄸ(쌍디귿) 'ㄷ'의 된소리.

따갑다(따가우니, 따가워서) ①몹시 더운 느낌이 있다. 예햇볕이 따갑다. ②찌르듯이 아픈 느낌이 있다. 예가시에 찔린 자리가 따갑다. ③날카롭고 절실하여 마음을 찌르다. <뜨겁다.

따:귀 '뺨'의 속된 말. 예따귀를 때리다. 翻뺨따귀.

따끔하다 찔리거나 꼬집힐 때 느끼는 것 같은 아픈 느낌이 있다. <뜨끔하다.

따다 ①달렸거나 붙었거나 돋은 것을 잡아 떼다. 예고추를 따다. ②골라 뽑아 쓰다. 예요점을 따다. ③노름이나 내기 따위에서 이겨 돈이나 물건을 손에 넣다. ④자격이나 점수 따위를 얻다.

따로따로 한데 뒤섞이지 않고 각각 떨어져서. 예콩과 팥을 따로따로 심다.

따르다[1] (따라, 따라서) ①남의 뒤를 좇다. ②복종하다. 예아버지의 뜻에 따르다.

따르다[2] (따라, 따라서) 기울여서 쏟거나 붓다. 예컵에 물을 가득 따르다.

따름 'ㄹ'이나 '을' 아래에 쓰여 '그뿐'이라는 뜻을 나타내는 말. 예승패를 떠나 최선을 다할 따름이다.

따발총 탄창이 똬리 모양으로 둥글납작하며, 탄알이 잇달아 나오는 소련제의 기관 단총.

따분하다 ①싫증이 나고 지겹다. 지루하고 답답하다. 예이야기가 따분하다. ②하는 일이 없거나 단조로워 심심하다. 따분히.

따스하다 따사롭다. 조금 따뜻하다. 예봄볕이 따스하다. >따사하다. 翻다스하다.

따오기 따오기과의 새. 산간의 무논 연못에서 삶. 백로와 비슷한데 몸빛은 희고 부리는 검으며, '따옥따옥'하고 잘 욺. 천연 기념물로 지정되어 보호하는 새임.

따옴표 문장 부호. 큰 따옴표. 작은 따옴표를 통틀어 이르는 말.

따위 ①여럿을 한꺼번에 가리키는 말. ②사람이나 물건을 얕잡아 이르는 말. 예그 따위 것은 버려라.

따지다 ①수를 셈하다. 예손익을 따지다. ②옳고 그름을 가리다. 예잘못을 따지다.

딱따구리 숲 속에서 살며, 나무껍질 속에 있는 벌레를 잡아먹고 사는 새.

딱딱하다[딱따카다] ①굳어서 몹시 단단하다. 예떡이 굳어서 딱딱하다. ②느낌이 사납고 거세다.

딱지치기 땅바닥에 놓인 종이 딱지를 서로 번갈아 가며 쳐서 상대방의 딱지가 뒤집어지면 따먹는 어린이 놀이.

딱하다 ①애처롭고 가엾다. 예
사정이 딱하다. ②난처하다.

딴머리 여자의 머리에 덧대어
얹은 머리털.

딴소리 딴말. 예자꾸 딴소리만
계속하다. -하다.

딴청 그 일과는 아주 딴 짓으
로 하는 일. 비딴전.

딴판 자기가 생각했던 것과는
아주 다름. 예소문과는 딴판
으로 물건값이 비싸다.

딸 여자로 태어난 자식. 반아
들.

딸:기 장미과에 속하는 나무딸
기와 양딸기 등의 총칭.

딸:기코 술을 많이 먹어 빨갛
게 된 코.

딸꾹질 횡경막과 성대가 동시
에 경련을 일으켜 들이마시는
숨이 방해를 받아 이상한 소
리를 내는 증세. -하다.

딸리다 ①붙어 있다. 예그에게
딸린 식구가 많다. ②밑에 들
다. 예운전수가 딸리다.

땀 핏속의 물과 쓸데없는 물질
이 걸러져 살갗으로 나오는
것. 체온을 조절하는 일을 함.

땀내 몸에서 땀이 난 뒤에 나는
고약한 냄새.

땀띠 여름철에 땀 때문에 생기
는 작은 종기.

땀샘 살갗 속에 있으며, 땀을
내보내고 체온을 조절하는
곳.

땅 ①바다를 제외한 지구의 겉
면. 육지. ②영토. ③곳. 지방.

땅거미[땅꺼미] 해가 진 뒤부
터 컴컴하기 전까지의 어둑
한 동안.

땅굴 땅 속으로 뚫린 굴.

땅꾼 뱀을 잡아 파는 사람.

땅딸보 '키가 작은 사람'을 우
스꽝스레 이르는 말.

땅바닥[땅빠닥] 아무것도 깔지
않은 땅의 맨바닥.

땅벌[땅뻘] 땅에 집을 짓고 사
는 벌을 통틀어 일컬음.

땅임자[땅님자] 논밭 등 토지
의 소유자.

땅콩 콩과의 한해살이 재배 식
물. 줄기가 30~55cm. 각 마
디에 갓 모양의 겹잎이 나옴.
6~9월에 나비 모양의 황색
꽃이 핌. 열매는 땅 속에서
고치 모양으로 열림. 낙화생.

때[1] ①시간의 어떤 점이나 부
분. 예점심때. ②좋은 기회나
운수. ③하루 세 번 끼니를
먹는 시간. 예놀다가 때가 되
니까 들어온다.

때[2] ①시골 티나 어린 티. ②옷
이나 피부에 묻은 더러운 것.
예때를 벗기다.

때:다 아궁이에 불을 피우다.

때때로 가끔. 예아버지를 따라
때때로 등산을 간다.

때때옷 알록달록한 색을 넣어
지은 어린아이의 고운 옷.

때리다 사람·짐승·물건 따
위를 손이나 손에 쥔 것으로
후려 치다.

때마침 그 때에 마침.

때문 까닭. 탓. 어떤 원인. 예
감기 때문에 결석을 하였다.

땔:감[땔깜] 불을 때는 데 쓰
이는 온갖 물건. 땔거리. 비연
료.

땔:나무 땔감이 되는 나무.

땜 불행한 고비나 액운을 넘
기거나 다른 고생으로 대신
겪는 일.

땜:질 금이 가거나 뚫어진 곳
을 때우는 일. 본때움질. -하
다.

떠꺼머리 장가나 시집갈 나이
가 넘은 총각 처녀의 길게 땋
아 늘인 머리.

떠나다 ①다른 곳을 향하여 옮겨 가다. 예고향을 떠나다. ②죽다. 예세상을 떠나다.

떠내다 ①물이나 국 등을 퍼내다. ②꽃이나 나무 등을 흙과 함께 파내다. 예꽃모종을 떠내다.

떠내려가다 물 위에 둥둥 떠서 물을 따라 내려가다.

떠돌아다니다 정처없이 이리저리 돌아다니다.

떠들다¹ (떠드니, 떠드오) 덮이거나 가린 것을 조금 쳐들다.

떠:들다² (떠드니, 떠드오) ①시끄럽게 지껄이다. ②소문이 크게 나다.

떠들썩하다 여럿이 큰 목소리로 지껄여서 시끄럽다.

떠듬거리다 ①말이 자꾸 막혀서 술술 나오지 아니하다. ②글을 읽는 데 자꾸 막히다. 예떠듬거리며 책을 읽다. > 따듬거리다. ⨀더듬거리다.

떠밀다 몸을 기대고 밀어 내다. 비떼밀다.

떠받치다 떨어지거나 쓰러지지 않게 밑에서 위로 받쳐 버티다.

떠버리 늘 시끄럽게 떠드는 사람.

떠벌리다 ①지나치게 풍을 떨어 떠들어대다. ②일을 거창하게 벌이거나 차리다.

떠오르다 (떠올라, 떠올라서) ①가라앉았던 것이 솟아서 위로 오르다. 예해가 떠오르다. ②생각이 나다.

떡 곡식 가루를 반죽하여 쪄서 만든 음식을 통틀어 이르는 말〔시루떡·흰떡·송편 따위〕.

떡갈나무 가을에 잎이 지는 나무로, 열매인 '도토리'로는 묵을 만들어 먹음.

떡갈잎[떡깔립] 떡갈나무의 잎. 가랑잎. 逐갈잎.

떡고물 떡 거죽에 묻히는 고물.

떡국[떡꾹] 가래떡을 얄팍하게 썰어 장국에 넣고 끓인 음식.

떡방아 떡가루를 만들기 위해 쌀을 찧는 방아.

떡볶이 가래떡을 도막내서 양념을 섞어 볶은 음식.

떡잎[떵닙] 씨앗에서 처음으로 싹터 나오는 잎.

떨기 ①풀·꽃·나무 등의 무더기. ②무더기진 식물을 셀 때 쓰이는 말. 예한 떨기 들국화.

떨:다¹ (떠니, 떠오) 붙은 것을 손으로 떨어서 떨어지게 하다. 비털다.

떨:다² (떠니, 떠오) 몹시 춥거나 무섭거나 또는 분할 때에 손이나 몸을 흔들다. 예추위에 떨다.

떨어뜨리다 ①떨어지게 하다. 예귤을 떨어뜨리다. ②위에서 아래로 내려지게 하다.

떨:잠 부인들의 예장에 머리에 꽂는 장식품.

떡살 떡의 모양과 무늬를 찍어 내는 판.

떨치다 위세나 명성 같은 것을 일으키어서 널리 알게 하다. 예세계에 이름을 떨치다.

떫:다[떨따] 맛이 날감 맛과 같이 거세어서 입 속이 텁텁하다.

떳떳하다 말과 행동이 바르고 어그러짐이 없다. 예떳떳한 행동.

떼¹ 사람·동물 등이 한데 많이 몰린 것. 비무리.

떼² 억지로 요구하거나 고집하는 짓. 예동생이 함께 놀러가겠다고 떼를 쓰다.

떼:다 ①붙었던 것을 떨어지게 하다. ②사이를 멀게 하다. ③봉한 것을 뜯다. 예편지를 떼어 보다.

떼:밀다(떼미니, 떼미오) 힘을 들여 밀어 내다.

떼쓰다 부당한 말로 제 의견이나 요구만을 억지로 주장하다.

떼어먹다 ①남에게 갚을 것을 갚지 않다. ②나쁜 방법으로 중간에서 가로채다.

떼이다 ①남에게 빌려 준 것을 못 받게 되다. ②돈이나 물건 등을 도둑 맞다.

떼쟁이 떼를 잘 쓰는 사람.

뗏목[뗀목] 나무나 대를 엮어서 물에 띄워 운반하는 재목.

또닥또닥 작고 딱딱한 물건으로 단단한 물건을 가볍게 두드릴 때 나는 소리.

또랑또랑 조금도 흐린 점이 없이 아주 밝고 똑똑한 모양. - 하다.

또래 나이 또는 무슨 정도가 같거나 비슷한 무리. 예우리는 같은 또래다.

또래 집단 나이·취미·생각·경험 등이 비슷한 사람들의 집단.

또렷하다 흐리지 않고 매우 분명하다. 〈뚜렷하다. 또렷이.

또박또박 ①또렷한 모양. 예글씨를 또박또박 쓰다. ②차례를 거르지 않고 일일이. 예일기를 매일 또박또박 쓰다.

똑딱선 발동기로 움직여 가는 작은 배.

똑똑하다[똑또카다] 행위와 말이 분명하고 영리하다. 예똑똑하게 말하다. 똑똑히.

똑바로 ①기울지 않고 아주 바르게. ②곧장.

똘똘하다 똑똑하고 영리하다.

뚱뚱하다 작은 키에 몸집이 옆으로 퍼지고 굵다.

똬:리 짐을 일 때 머리에 받치는 고리 모양의 물건. 짚이나 천을 둥글게 틀어서 만듦.

뙤약볕 내리쬐는 뜨거운 볕.

뚜껑 그릇의 위를 덮을 수 있게 만든 물건.

뚜렷하다[뚜려타다] 엉클어지거나 흐릿하지 않고 분명하다. >또렷하다. 뚜렷이.

뚝배기 찌개 등을 끓이거나 담을 때 쓰는 오지 그릇.

뚝섬【지명】 서울특별시 성동구 성수동 한강가에 있는 유원지.

뚝심 ①굳세게 버티는 힘. 예뚝심이 센 사람. ②좀 미련하게 불뚝 내는 힘.

뚫다[뚤타] ①구멍을 내다. 예문에 구멍을 뚫다. ②길을 내다. 예산에 굴을 뚫다. ③틈을 비집다.

뚫어지다 ①구멍이나 틈이 생기다. ②길이 통하게 되다.

뛰놀다(뛰노니, 뛰노오) ①이리저리 뛰어다니면서 놀다. ②맥박 등이 세게 뛰다.

뛰다 ①빨리 내닫다. 힘껏 달리다. ②멀리 가기 위하여 위로 솟구쳐 오르다. ③심장이나 맥박 따위가 발딱거리거나 두근거리다.

뛰어나다 여럿 가운데서 훨씬 낫다. 우수하다. 예국어 성적이 뛰어나다.

뜀틀 운:동 뜀틀을 이용하여 뛰어넘기·구르기 등의 여러 동작을 하는 운동.

뜨개질 털실 따위로 옷·양말·장갑 등을 뜨는 일.

뜨겁다(뜨거우니, 뜨거워서) ①온도가 몹시 높다. ②센 열기가 살갗을 찌르는 듯하다.

-**뜨기** 사물을 가리키는 말 아래 붙어서 그 사람을 조롱하여 이르는 말. 예시골뜨기.

뜨근하다 매우 뜨뜻한 느낌이 나다. >따끈하다. 뜨끈히.

뜨끔하다 찔리거나 맞아서 아픈 느낌이 있다. >따끔하다.

뜨내기 사는 곳이 일정하지 않고 떠돌아다니는 사람.

뜨다¹ (떠, 떠서) ①물 위에 솟아서 가라앉지 아니하다. ②공중에서 땅으로 떨어지지 아니하다. ③해나 달이 솟아오르다.

뜨다² (떠, 떠서) ①퍼내거나 덜어 내다. 예물을 뜨다. ②고기를 얇게 저미다. 예생선의 포를 뜨다.

뜨다³ (떠, 떠서) 실로 짜서 만들다. 예털실로 모자를 뜨다.

뜬구름 ①하늘에 떠다니는 구름. ②삶의 덧없음을 빗댄 말. 예뜬구름 같은 인생.

뜬눈 밤에 잠을 자지 못한 눈. 예뜬눈으로 지새다.

뜯기다 뜯어먹게 하다. 예소에게 풀을 뜯기다.

뜯다 ①붙어 있는 것을 잡아 떼다. ②현악기의 줄을 뚱겨 소리를 내다. 예가야금을 뜯다.

뜰 집 안에 있는 마당.

뜸' 찌거나 삶은 것을 그대로 두어 속속들이 푹 익게 하는 일. 예밥을 뜸들이다.

뜸부기 뜸부기과의 새. 몸길이는 수컷이 38cm, 암컷이 33cm 가량. 논이나 풀밭·연못 등에서 삶.

뜻 ①글이나 말이 나타내고 있는 것. 예낱말의 뜻. ②마음에 품은 생각. 예뜻을 굽히지 않는다.

뜻글자[뜬글짜] 글자 하나하나가 뜻을 지니고 있는 글자. 비표의 문자. 반소리 글자.

뜻대로[뜯때로] 마음먹은 대로. 예네 뜻대로 해라.

뜻밖에 의외로. 생각 밖에.

띄:다 ①없던 것이 드러나 보이다. 예찾던 것이 눈에 띄다. ②감았던 눈이 열리다. 준뜨이다.

띄어쓰기 글을 쓸 때에 토씨 이외의 낱말 사이를 띄어 쓰는 일.

띄엄띄엄 ①드물게 있는 모양. ②차례 없이 여기저기.

띄우다 물 위나 하늘에 뜨게 하다. 예강에 배를 띄우다.

띠그래프 전체를 100으로 보고 각 부분의 비율을 띠의 길이로 나타낸 그래프.

띠다 빛깔·느낌·표정 등을 약간 보이거나 나타내다. 예얼굴에 기쁜 빛을 띠다.

띠씨름 허리에 띠를 매어 그것을 잡고 하는 씨름.

ㄹ

ㄹ(리을) 한글 닿소리(자음)의 넷째 글자.

-ㄹ까말까 하는 행동을 망설이는 뜻을 나타내는 말. 例친구와 등산을 갈까말까.

-ㄹ망정 '비록 그러하지만 그러나'의 뜻을 나타내는 말. 例가난할망정 마음은 꿋꿋하다.

-ㄹ뿐더러 '그것만으로 그치지 않고'의 뜻을 나타내는 말. 例공부도 잘 할 뿐더러 운동도 잘 한다.

-ㄹ수록 [-ㄹ쑤록] '어떤 일이 더하여 감'을 나타내는 말. 例급할수록 침착하게 하라.

-ㄹ쏘냐 '-ㄹ 것인가'의 뜻. 例돈으로 구슬린다고 넘어갈쏘냐.

-ㄹ지언정 [-ㄹ찌언정] '그렇다고 하더라도'의 뜻을 나타내는 말. 例죽을지언정 항복은 하지 않겠다.

라듐 방사성 원소의 하나. 퀴리부부가 발견한 것으로 우라늄과 함께 피치블렌드 속에 있음. 방사능의 표준으로 사용됨.

라디오 ①방송국의 전파를 수신장치로 받아 음악·연극·보도·강연 등의 음성을 들을 수 있는 기계. ②무선 통신.

라르고 악보에서 빠르기를 지시하는 말로 '아주 느리고 폭넓게'의 뜻.

라면 기름에 튀겨서 말린 국수에 양념 봉지를 따로 넣어 간단히 요리할 수 있도록 만든 인스턴트 식품.

라스트 마지막. 최종. 맨 끝. 例라스트 장면.   【last】

라오스〖나라〗 아시아의 동남부 인도차이나 반도에 있는 나라. 수도는 비엔티안.

라운드 ①한 승부. 한 시합. ②권투 경기의 한 회.

라이벌 서로 앞서려고 다투거나 맞서는 사람. 경쟁자.

라이터 담뱃불을 붙이는 도구. 휘발유나 가스를 사용함.

라이트 형제〖사람〗 미국의 발명가 형제〔형:윌버, 아우:오빌〕. 1903년에 처음으로 하늘을 나는 실험에 성공함.

라일락 물푸레나무과에 속하는 갈잎떨기나무. 높이는 5~7m이고, 연보라나 흰색의 꽃이 4월경에 많은 가지 끝에 모여 핌. 꽃향기가 좋음.

라켓 테니스·베드민턴 등을 할 때 공을 치는 기구.

라틴 아메리카〖지명〗 북아메리카 남부로부터 남아메리카에 걸쳐, 라틴계의 문화를 배경으로 하는 에스파냐·포르투갈 계통의 주민이나 그 문화를 가진 여러 나라를 통틀어 이르는 말.

라틴어 인도 게르만 어족에 속하는 말. 옛 로마제국 전성기에는 유럽 전체에 퍼져 오늘날의 이탈리아어·프랑스어의 근원이 됨.

라파엘로〖사람〗 [1483~1520] 르네상스 때 이탈리아의 대표적 화가이며 건축가. 성모자상과 초상화를 많이 그렸고,

고전 양식을 완성했음.
랑데부 ①만날 약속. 몰래 만남. ②두 개의 우주선이 우주 공간에서 만나 같은 궤도를 돎. -하다.
램프 남포등. 전등. 【lamp】
랩족 핀란드·스웨던·노르웨이의 북부와 콜라 반도와 라플란드를 중심으로 퍼져 사는 종족. 순록을 기르며 어업을 주로 하여 삶.
랭킹 성적의 차례. 등급 매기기. [예]랭킹 1위. 【ranking】
러시아【나라】 ①공산 국가로 되기 전의 소련 이름. ②소련이 망하고 여러 나라로 나뉘어 독립됨에 따라 예전의 러시아 공화국을 중심으로 새롭게 세워진 나라.
러시 아워 출근·퇴근 등으로 교통이 혼잡한 시간.
러·일 전쟁[1904~1905] 조선 말 우리 나라에서의 이권을 차지하기 위해 만주에서 러시아와 일본이 충돌하여 일어난 전쟁. 일본의 승리로 끝남.
럭비 축구의 한 가지. 각기 열다섯 명의 두 팀이 긴 타원형 공을 손에 쥐거나 발로 차서 상대편의 골안 땅을 손에 든 공으로 찍어서 점수를 얻는 경기.
런 컴퓨터에서 프로그램의 실행을 지시하는 명령어.
런던【지명】 영국의 수도. 정치 경제 문화의 중심지임.
레그혼 닭의 한 품종. 이탈리아의 레그혼이 원산지. 흰빛깔이며, 알을 많이 낢.

[레그혼]

레더 털과 기름을 뽑아 부드럽게 한 가죽.
레디 운동 경기나 어떤 작업 등을 시작할 준비를 하라는 구호.
레몬 운향과의 늘푸른떨기 나무. 높이는 3m가량. 5~10월에 꽃이 핌. 열매는 길둥글고 노랗게 익으며, 냄새가 좋음.
레바논【나라】 서남 아시아 지중해에 인접한 공화국. 수도는 베이루트. 【Lebanon】
레슬링 유도와 비슷한 서양식 씨름. 두 어깨가 동시에 바닥에 닿으면 지는 경기.
레이더 전파로 항공기나 배 등의 위치를 알아 내는 장치. 전파 탐지기. 【radar】
레이더망 레이더를 많이 갖추어 어떤 지역 모두가 그 관측 범위에 들도록 하는 방비 태세.
레이디 퍼:스트 여성을 존중하는 정신으로 모든 일에서 여성에게 우선권을 주는 일.
레이스 실을 코바늘로 떠서 여러가지 구멍 뚫린 무늬를 나타내어 상보 따위를 만들거나 옷의 꾸밈으로 쓰는 것.
레이저 전자파를 이용한 빛의 증폭 장치. 레이더·광통신 등에 응용됨. 【laser】
레인지 가스나 전기, 석유 따위를 연료로 해서 쓰는 서양식 조리 기구.
레인코:트 비옷. 우비.
레일 기차나 전차 등을 달리게 하기 위해 땅 위에 까는 가늘고 긴 철재. [비]궤도. 【rail】
레코:드 ①기록. ②녹음된 평평한 원판. 음반. ③녹음.
레크리에이션 피로를 풀고 새로운 마음과 힘을 얻기 위해 심신을 쉬며 가벼운 운동과 놀이를 하는 일.
레테르 상표를 표시하기 위해

상품에 붙이는 종이나 헝겊 조각. 상표. 라벨.

레퍼토리 연주가나 극단 등이 언제라도 연주 또는 상연할 수 있도록 준비한 곡목이나 작품.

렌즈 가운데와 둘레의 두께가 다른 투명체로, 보통 유리·수정 등으로 만듦. ㉔오목 렌즈. 볼록 렌즈. 【lens】

-려무나 손아랫사람에게 어떤 일을 권하거나 허락하는 뜻을 나타내는 말. ㉔네 마음대로 하려무나. ㉤-렴.

-련다 '-려고 한다'의 준말. ㉔혼자 떠나련다.

-련마는 '-겠건마는'의 뜻으로 미래나 가정의 일을 말할 때 쓰이는 말. ㉔좀더 열심히 일했으면 좋으련마는…

-렴 '-려무나'의 준말. ㉔네뜻대로 하렴.

-로구나 손아랫사람에 대해, 또는 스스로 새삼스러운 느낌을 나타내는 말. ㉔참 착한 어린이로구나. ㉤-로군.

로댕【사람】[1840~1917] 프랑스의 조각가. 〈생각하는 사람〉〈청동 시대〉등 뛰어난 작품을 많이 남겼음.

로렐라이 라인 강 중류의 강기슭에 있는 바위 이름.

로:마【지명】이탈리아의 수도. 옛 로마 시대로부터의 유적이 많아 관광지로 유명함. 바티칸 시국이있음. 【Roma】

로:마 교:황 바티칸 시국의 대표이며, 천주교에서 가장 지위가 높은 사람.

로:마 숫:자 로마 시대에 생긴 숫자. 현재 세계 각국에서 번호나 시계의 문자반에 쓰이고 있음〔Ⅰ·Ⅱ·Ⅲ·Ⅳ Ⅴ·Ⅵ·Ⅶ·Ⅷ·Ⅸ·Ⅹ 등〕.

로:마자[로마짜] 고대 로마 시대에 만들어진 글자로 오늘날 영국·미국을 비롯한 서양 여러 나라에서 쓰고 있는 소리 글자〔ＡＢＣ…Ｚ까지의 스물 여섯 자〕.

로:마 제:국【나라】 지난날, 유럽에서 가장 강했던 나라. 기원전 1세기말부터 4세기말까지에 이탈리아 반도를 중심으로 지중해 연안 일대를 통일했음.

로봇 사람의 동작·작업을 자동적으로 할 수 있게 전기·자기를 이용하여 만든 자동 기계 장치.

로비 ①호텔이나 극장 등 사람들이 많이 드나드는 건물에서 정문으로 이어지는 통로를 겸한 넓은 공간. ②의회에서 국회 의원이 외부 사람과 만나는 응접실.

로빈스 크루:소 1719년에 처음 간행된 디포의 소설. 주인공 로빈슨 크루소라는 사람이 집을 나가 뱃사람이 되어, 항해 중 폭풍우를 만나 무인도에 표류하였다가 온갖 모험을 하고 돌아온다는 이야기.

로서 '어떠한 지위나 신분 또는 자격을 가지고서'의 뜻을 나타내는 말. ㉔학생으로서 해야할 일은 공부이다.

로스앤젤레스【지명】미국의 서남쪽에 있는 도시 이름. 제23회 국제 올림픽이 열렸던 곳. 우리나라 교포가 많이 살고 있음. 보통 영문자의 머리 글자를 따서 '엘에이(LA)'라고 일컬음.

로시니【사람】[1792~1868] 이탈리아 낭만파 가극의 대가. 40여곡의 가극을 작곡하였음. 〈세빌리아의 이발사〉〈윌리엄

텔〉등이 특히 유명함.

로써 '~을 가지고', 또는 '~의 조건·이유'를 나타냄. **예**죽음으로써 나라를 지키다.

로:열 박스 극장·경기장 등에 마련된 특별석. 귀빈석.

로:열티 특허권·상표권 등 남의 공업 소유권에 대한 사용료.

로잔【지명】 스위스 서쪽 레만 호 북쪽 호숫가에 있는 도시 이름. 풍경이 아름다워 관광객이 많으며 국제 올림픽 위원회가 있음.

로켓 화약 또는 액체 연료를 폭발시켜 가스를 내보내는 힘으로 앞으로 나갈 수 있게 만든 비행체, 또는 그 장치.

로키 산맥 북아메리카 대륙의 태평양 쪽에 남북으로 길게 뻗은 산맥.

로:터리 교통이 빈번한 시가의 네거리 중앙에 교통 정리를 위하여 만든 둥근 모양의 장소.

로:프 굵은 밧줄.

롤:랜드 힐【사람】 영국 사람. 정해진 요금의 우표를 붙이면 나라 안에서는 어디든 전해 주는 우편 제도를 고안했음.

롤:러 회전하는 원통형의 물건. 굴림대.

롤:러 스케이트 신발 바닥에 작은 바퀴가 네 개 달린 콘크리트용 스케이트.

루마니아【나라】 동부 유럽에 있는 국가. 임업·농업·목축업이 성함. 수도는 부쿠레슈티.

루:머 터무니 없는 소문. 유언. 뜬소문.

루브르 박물관 프랑스 파리의 센강변에 있는 세계에서 가장 큰 미술 박물관.

루:비 보석의 한 가지. 붉은빛을 띠며 투명함.

루소[1]【사람】[1712~1778] 프랑스의 문학가이며 사상가. 자유 평등 사상을 널리 퍼뜨리어 프랑스 혁명에 큰 영향을 주었음. 〈인간 불평등 기원론〉〈사회 계약론〉〈에밀〉 등 걸작을 남김.

루소[2]【사람】[1812~1867] 프랑스의 화가. 바르비종파의 한 사람으로 못·숲, 특히 비온 후의 경치를 잘 그렸음.

루스벨트【사람】[1882~1945] 제2차 세계 대전을 승리로 이끌었으며, 유엔의 기초를 세운 미국 제32대 대통령.

룩셈부르크【나라】 서부 유럽에 있는 작은 나라. 베네룩스 3국중 하나. 수도는 룩셈부르크.

뤼순【지명】 만주의 랴오둥 반도의 남쪽에 있는 항구. 여순.

르네상스 14세기말부터 16세기말에 걸쳐 이탈리아에서 일어나 전세계에 퍼진 예술·학문상의 부흥 운동.

르누아르【사람】[1841~1919] 프랑스의 화가. 주로 풍경·나체·인물 등을 그렸음. 필치와 색조가 화려하며 밝고 우아함.

리[1] 까닭. 이치.

리[2] 지상 거리 단위의 하나. 10리는 약 4Km..

리:그전 전체 참가 팀이 적어도 한 번씩 다른 모든 팀과 시합을 하게 되는 경기 방식. **비**연맹전. **반**토너먼트.

리드테이터 ①컴퓨터에서 자료를 입력시키는 명령어의 하나. ②자료를 읽어 컴퓨터에 기억시키라는 명령어.

리:더 조직이나 단체에서 이끌

어가는 위치에 있는 사람. 지도자.

리:더십 지도자로서의 능력이나 자질. 지도력. 통솔력.

리듬 음의 장단과 강약. 멜로디·하모니와 더불어 음악의 세 가지 요소 중의 하나.

리듬 악기 탬버린·캐스터네츠·북 등과 같이 가락이 없고 리듬만을 연주할 수 있는 악기. 逬가락 악기.

-리라 짐작이나 앞으로 할 일을 나타내는 말. 예앞으로는 열심히 공부하리라.

리바운드 배구나 농구 경기에서 공격한 공이 상대편의 손이나 링·백 보드 등에 맞고 되돌아 나오는 일. 또는 그 공으로 다시 공격하는 일.

리바이벌 ①옛 유행가가 다시 유행되는 일. ②옛 영화나 연극이 다시 상영되거나 상연되는 일.

리본 무엇을 묶거나 꾸미는 데 쓰이는 좁다란 헝겊.

리비아〖나라〗 아프리카 북부에 있는 나라. 수도는 트리폴리.

리사이틀 독창회. 독주회.

리셉션 귀한 손님을 환영하기 위하여 베푸는 연회.

리스본〖지명〗 포르투갈의 수도. 대서양에 인접한 항구 도시.

리스트[1]〖사람〗[1811～1886] 헝가리의 낭만파 음악가. '피아노의 왕'이라고 불림. 작품에는 〈헝가리 광시곡〉〈단테〉〈피아노 협주곡 제1번〉 등이 있음.

리스트[2] 컴퓨터의 기억장소에 기억되어 있는 프로그램의 내용을 영상 표시 장치에 나타나도록 지시하는 명령어.

리시:버 라디오나 전화 등에서 귀에 대고 소리를 듣는 장치. 이어폰.

리아스식 해:안 해안선의 드나듦이 복잡한 해안. 우리 나라의 서해안과 남해안이 대표적인 리아스식 해안임.

리코더 관악기의 하나로 피리와 비슷하게 생겼음.

리터 액체·가루 등의 양을 재는 단위〔기호는 ℓ임〕.

리턴 컴퓨터에서 한 문장의 지시 내용이 끝날 때마다 이를 컴퓨터 내부에 알려주기 위해 누르는 장치.

리트머스 종이 산성과 알칼리성을 구별하는 데 쓰이는 종이. 붉은 리트머스 종이는 알칼리성 용액에 넣으면 파란색으로 변하고, 푸른 리트머스 종이는 산성 용액에서 붉은색으로 변함.

리포:트 보고서. 주로 대학생이 제출하는 논문. 【report】

리허:설 음악·연극·방송 등에서 공개를 앞두고 하는 연습.

릴레이 경:주 육상 경기로, 달음질의 하나. 편을 짜서 배턴을 주고받으며 달리는 경주. 계주. 이어달리기. 준릴레이.

링 ①반지. 고리. ②권투·레슬링의 시합장. 【ring】

링컨〖사람〗[1809～1865] 미국의 정치가. 제16대 대통령 남북 전쟁을 북군의 승리로 이끎으로써 흑인 노예들을 해방시켰음.

ㅁ

ㅁ[미음] 한글 닿소리(자음)의 다섯째 글자.

마감 일의 끝을 맺음. 정한 기간의 끝. -하다.

마개 그릇이나 병의 아가리 따위를 막는 물건. 뚜껑.

마고자 한복 저고리의 위에 덧입는 옷. 모양은 저고리와 비슷하나 섶이 뾰족하고 깃이 좁아서 앞을 여미지 아니하고 두 자락을 맞댐. ❷마괘자.

마구 앞뒤를 가리지 않고 닥치는 대로. 되는 대로. 예마구 먹다. 🔒함부로. 🔒막.

마:구간[마구깐] 말을 기르는 곳. 🔒구사. 외양간. 🔒마구.

마구리 물건의 양쪽 머리의 면.

마구리판 나무 토막의 양쪽 머리 옆을 직각이 되게 깎는 틀.

마구잡이 앞뒤 생각없이 닥치는 대로 함부로 하는 짓.

마귀 요사스럽고 못된 귀신.

마그네슘 은백색의 가벼운 금속. 원자 번호 12.

마그마 땅 속 깊은 곳에서 땅의 열로 인해 녹아 액체 상태로 있는, 바위를 만드는 물질. 온도가 매우 높고 이것이 식어서 굳으면 화성암이 됨. 🔒암장.

마네킹 백화점 같은 데서 진열장에 세워 넣고 옷이나 장신구 등을 입히거나 거는 사람 모양의 인형.

마녀 괴상한 힘을 가지고 있다고 전해지는 여자. 【魔女】

마누라 '아내'의 낮춤말.

마늘 음식물의 맛을 내는 데 쓰이는 농작물. 비늘줄기는 여러 조각으로 되어 있음.

마니산 강화도에 있는 산. 참성단이 있음.

마다 빠짐없이 모두.

마당 ①집 앞이나 뒤에 있는 넓고 평평한 땅. ②어떤 일이 일어나거나 일을 하는 경우. 예급한 마당에 그런 실수를 했다.

마당놀이[마당노리] 명절 때 마당에서 하는 민속 놀이를 통틀어서 부르는 말.

마당비 집 앞이나 뒤에 있는 마당을 쓰는 비.

마당질 곡식의 이삭을 떨어 내어 알곡을 거두는 일. 타작하는 일. 🔒타작. 탈곡. -하다.

마도 갈방아 노래 경상 남도 삼천포시 마도동에서 어부들이 전어를 잡으면서 불렀던 노래.

마도로스 배를 타고 배 안의 일을 맡아 하는 사람. 뱃사람. 선원.

마디 ①나무 줄기에 가지가 붙은 곳. ②뼈와 뼈가 맞닿는 곳. 🔒관절. ③말이나 노래 곡조 등의 한 동아리.

마디다 쓰기에 오래 가다. 🔒헤프다.

마땅하다 ①제자리에 알맞아 잘 어울리다. 예마땅하게 읽을 책이 없다. ②그렇게 하는 것이 옳다. 예죄를 지은 사람은 벌을 받아야 마땅하다. 🔒

당연하다.

마라톤 먼 거리를 달리는 육상 경기의 한 종목〔정식 마라톤의 달리는 거리는 42.195km 임〕.

마력 ①괴상한 힘. 상상할 수 없는 이상한 힘. ②남의 마음을 사로잡거나 자기에게 유리하게 끌어들이는 힘.【魔力】

마련¹ 일이나 물건을 이리저리 마름질하여 계획을 세움. **예**알뜰이 저금하여 새 학용품을 마련했다. **비**준비. -하다.

마련² 그렇게 되도록 되어 있음. **예**열심히 공부하면 일등하기 마련이다.

마루 ①집 안의 바닥을 널 조각으로 깔아 놓은 곳. ②지붕이나 산에 길게 등성이가 진 곳. ③일의 한창인 고비.

마룻바닥 마루의 바닥.

마르다(말르니, 말라서) ①물기가 날아가 없어지다. **예**이불이 마르다. **반**젖다. ②살이 빠지다. **예**몸이 마르다.

마르코니〖사람〗[1874~1937] 이탈리아의 전기 기술자이며 발명가. 귀족의 집안에 태어나 가정교사 밑에서 교육을 받았음. 1895년에 무선 전신 장치를 발명하였고, 1909년 노벨 물리학상을 받았음.

마른번개 비가 오지 않는 하늘에서 치는 번개.

마른침 몹시 긴장하여 힘들여 삼키는 물기가 적은 침.

마른하늘 비가 오지 않고 말갛게 갠 하늘.

마름 다른 사람의 땅을 관리하고 농사를 짓던 사람.

마름모 네 변의 길이가 모두 같은 사각형. 모든 각이 직각이 아닌 사각형. 마름모꼴.

마름질 옷이나 목재 따위를 치수에 맞추어 자르고 베는 일. **비**재단. -하다.

마리 짐승이나 물고기의 숫자를 셀 때에 쓰는 말. **예**집에서 개를 두 마리나 기른다.

마립간[마립깐] 신라 초기의 임금을 일컫던 말.

마ː마 천연두. **예**마마에 걸리다.

마멸 닳아서 없어짐. -하다.

마모 서로 맞닿은 부분이 닳아서 작아지거나 없어짐.

마무리 어떤 일을 정리하여 끝을 맺음. -하다.

마법 요술로 이상야릇한 일을 일으키게 하는 술법. 【魔術】

마ː부 말을 부리는 사람.

마ː분지 짚을 원료로 하여 만든 빛이 누르고 품질이 낮은 종이.

마비 신체의 일부분 또는 전체의 감각이 없어지는 상태. **예**손이 마비되었다. -하다.

마사ː지 손바닥이나 손끝으로 피부를 문지르거나 주물러 피로를 풀거나 병을 낫게 하는 방법.

마ː산〖지명〗 경상 남도에 있는 항구 도시. 공업 도시임.

마ː소 말과 소.

마수 ①악마의 손. ②해를 끼치려고 꾸미는 꾀. 【魔手】

마ː술¹ 말을 타는 기술.

마ː술² 사람의 눈을 어리게 하는 야릇한 재주. **예**마술을 부리다. **비**요술.

마술사[마술싸] 마술을 잘 부리는 사람. **비**마법사.

마스코트 행운을 가져온다고 믿어 간직하는 것.

마스크 ①병균이나 먼지가 우리 몸 속으로 들어가지 못하도록 입과 코를 가리는 것. ②탈. 가면.

마약 ①환각 작용을 일으키는

약물. ②아편. 예마약 중독.

마요네:즈 채소 요리에 쓰이는 샐러드용 소스의 한 가지.

마운령비 함경 남도 이원군 마운령에 있는 비석. 신라의 진흥왕이 국토를 넓히고 세운 순수비의 하나임.

마을 ①시골에서 여러 집이 모여 사는 곳. 圓동리. 촌락. ②이웃에 놀러 가는 일. 예이웃집으로 마을가다. ×마실.

마을꾼 이웃에 놀러 다니기를 좋아하는 사람.

마을 문고 책을 모아 두고 마을 사람들이 읽을 수 있도록 마련해 놓은 곳, 또는 그 책.

마을 회:관 마을 사람들의 모임을 위하여 지어 놓은 집.

마음 ①품고 있는 생각. ②옳고 그름과 좋고 나쁨을 판단하는 힘. 예마음이 흐리다.

마음가짐 ①마음을 쓰는 태도. ②결심. 각오. 예마음가짐을 바르게 하자.

마음껏 모자람이 없이 마음대로 실컷. 예네 마음껏 가져가라. 줄맘껏.

마음놓다 위심하거나 걱정하지 아니하다. 줄맘놓다.

마음대로 하고 싶은 대로. 생각나는 대로. 줄맘대로.

마음먹다 하고 싶은 생각을 가지다. 예운동을 하기로 굳게 마음먹다. 줄맘먹다.

마음씨 마음을 쓰는 태도. 마음결. 예그 사람은 마음씨가 좋다. 줄맘씨.

마음졸이다 걱정되고 불안하다. 예합격자 발표를 마음졸이며 기다리다. 줄맘졸이다.

마이너스 ①뺄셈의 기호인 '-'의 이름. ②뺌. 빤플러스(+).

마이카: 자기 소유의 자동차.

마이크 ①전화나 라디오 등의

송화 등과 같이 음파를 음성 전류로 바꾸는 장치를 통틀어 이르는 말. 특히, 라디오나 확성기에 연결시키는 것을 말함. ②확성기. 圓마이크로폰.

마저 '까지도' '까지 모두'의 뜻을 나타내는 말끝에 붙은 말. 예그 친구마저 나를 배신했다.

-마저도 조차도. 예조금 남은 물 마저도 떨어졌다.

마:적 지난날, 말을 타고 무리를 지어 다니며 노략질하던 도둑.

마제 석기 돌을 갈아 만든 신석기 시대의 기구.

마주 서로 똑바로 향하여. 예손바닥을 마주 대다.

마주서다 둘이 서로 바라보고 서다.

마주앉다 서로 똑바로 보고 앉다.

마주치다 ①서로 부딪치다. 예뛰어 가다 서로 마주치다. ②우연히 서로 만나다. 예골목에서 친구와 마주치다.

마중 자기한테 오는 사람을 맞이하러 감. 예손님을 마중하러 나갔다. 빤배웅. -하다.

마지기 논이나 밭의 넓이의 단위. 한 말의 씨를 뿌릴 만한 넓이[대개 논은 150~200평 안팎을 한 마지기로 침].

마지막 일의 끝과 맨 나중. 예마지막 경기. 圓최후.

마지막 수업 프랑스의 소설가 알퐁스 도데가 지은 소설 제목[전쟁에 져서 프로이센의 영토가 되고 만 알자스 지방의 어느 국민학교에서, 이제 프랑스 말로써는 마지막 수업이 되는 그 날의 광경을 그린 작품임].

마:지못하다 마음에 내키지 않

으나 아니할 수 없다. [예]마지 못해 허락하다.

마:차 말이 끄는 수레. 【馬車】

마:차부자리 겨울철에 하늘의 한복판에 보이는 오각형의 별자리. 마부좌.

마찬가지 서로 똑같음. [비]매한가지.

마찰 ①서로 닿게 하여 문지름. ②의견이나 뜻이 맞지 않아서 서로 충돌하는 일. [비]알력. -하다.

마찰 전:기 두 가지 물체를 서로 문지를 때 일어나는 전기 〔양전기와 음전기가 있음〕.

마취 수술이나 상처를 치료할 때 약물을 사용해서 감각을 일시적으로 마비시키는 일.

마치[1] ①거의 비슷하게. 흡사. [예]얼굴 모습이 마치 나와 비슷하다. ②틀림없이.

마치[2] 못 같은 것을 박는 데 쓰는 연장의 한 가지. [예]못을 박게 마치를 가져오너라.

마치다 마지막으로 끝내다. [예]공부를 마치다. [비]끝내다.

마침 ①어떤 경우나 기회에 꼭 알맞게. [예]배고픈데 마침 잘 됐다. ②우연히. 공교롭게.

마침내 드디어. 기어이. [예]마침내 기다리던 방학이 왔다.

마침법[마침뻡] 악곡을 일단 끝맺기 위하여 쓰이는 화음.

마침표 문장이 끝났을 때, 또는 악곡의 끝을 나타내는 표. [비]종지부.

마카오〖지명〗 중국 광둥만 입구에 있는 항구 도시. 포루투갈이 차지했을 때에는 무역항으로 번창하였으나, 홍콩으로 주도권이 넘어간 뒤부터는 쇠퇴하여 미약해짐.

마파람 남쪽에서 부는 바람의 다른 이름.

마:패 조선 시대, 관리들이 지방 출장 때에 역마 징발의 증명으로 쓰던 구리로 만든 둥근 패. 암행어사의 인장으로 사용되었음.

[마패]

마:한 삼한의 하나. 기원전 3~4세기경 지금의 충청 남도와 전라도에 걸쳐 오십여 개의 부족 국가로 이루어짐. 농업을 주로 하는 부락 공동체로 후에 백제에 병합됨.

마호메트〖사람〗 이슬람교의 개조. 히라 언덕에서 알라 신의 계시를 받아 새로운 종교를 창시함. 그가 지은 코란은 이슬람교의 신앙과 생활 규범을 기록한 것임.

막[1] ①연극을 할 때 장면이 바뀔 때마다 올렸다 내렸다 하는 포장. [예]연극 시작의 막을 올리다. ②연극에 나누어진 한 단락.

막[2] 이제 곧. 지금 바로. [예]이제 막 서울에 도착했다.

막강[막깡] 매우 강함. [예]실력이 막강하다. -하다. 【莫強】

막걸리 맑은 술을 뜨지 않고 그대로 마구 걸러 짜낸 술.

막국수 메밀가루로 만든 국수에 양념장을 넣고 육수에 만 강원도 향토 음식의 하나.

막내둥이[망내둥이] 맨 마지막으로 난 아이. 막내를 귀엽게 이르는 말. 막둥이. ×막내동이.

막내딸[망내딸] 맨 마지막으로 난 딸. [반]맏딸.

막노동[망노동] 닥치는 대로 마구 잡이로 하는 힘든 일.

막다[막따] 둘 사이를 가리다. [예]앞을 가로막다.

막다르다 가다가 앞이 막혀서 더 나갈 길이 없다.

막대[1] '막대기'의 준말.

막대[2] ①정도가 더할 수 없이 큼. ⓔ산사태로 막대한 피해를 보았다. ②수량이 말할 수 없이 많음. ⓔ막대한 재산을 소유하다. -하다. 【莫大】

막대그래프 막대를 길이로 수나 양의 크기를 나타낸 그래프.

막대기[막때기] 가늘고 긴 나무나 대의 토막. ⓒ막대.

막대 자:석 둥근 막대나 넓적한 막대 모양의 자석. 한 끝은 북극, 다른 끝은 남극.

막둥이 ①막내아들. ②지난 날, 잔심부름을 하는 사내 아이를 일컬음.

막론[망논] 말할 것도 없음. ⓔ누구를 막론하고 교실에서 떠들어선 안 된다. -하다.

막막[망막] ①너르고 멀어서 아득함. ⓔ막막한 대양. ②의지할데가 없어서 답답하고 외로움. -하다.

막무가내[망무가내] 아무리 말을 해도 들으려고 하지를 않고 떼를 씀. 어찌할 수 없음.

막바지[막빠지] ①더 갈 수 없는 막다른 곳. ②일 따위의 마지막 단계. ⓔ경기가 막바지에 이르다.

막벌이[막뻐리] 닥치는 대로 아무 일이나 하여 돈을 버는 일. -하다.

막사 임시로 당분간 살 수 있게 대충 지은 집.

막상[막쌍] 실제로 어떤 일을 당하여. ⓔ막상 시작하고 보니 무척 어렵다.

막상 막하[막쌍마카] 서로의 실력이 비슷하여 잘 하고 못하고를 가리기 어려운 상태.

막심 대단히 심함. 아주 대단함. ⓔ큰 비로 막심한 피해를

보다. ⓑ막대. -하다. -히.

막아 서다 가지 못하게 앞을 막아서 서다.

막연[마견] ①아득하여 분명하지 않음. ②똑똑하지 못하고 어렴풋하다. -하다. -히.

막자 사발 알약 등의 덩어리를 부수어 가루로 만들 때 쓰는 유리나 사기 그릇.

막차 그 날의 마지막 차. ⓔ대전행 막차를 타고 가다. ⓑ첫차.

막히다[마키다] 막힘을 당하다. ⓑ트이다.

만 바다가 육지 속으로 쑥 들어간 곳. ⓔ아산만. ⓑ곶.

만:경 창파 끝없이 넓은 바다의 푸른 파도.

만:고 끝이 없이 아주 긴 세월. ⓔ만고에 빛날 공적.

만:국 세계의 여러 나라. ⓔ만국 박람회. 【萬國】

만:국 공법 국제 공법의 옛 이름. 나라들 사이의 합의에 의해서 서로 지키기로 정한 법. 국제법.

만:국기 여러 나라의 국기.

만:국 우편 연합 국제 우편 업무의 발전과 국제간의 우편물 교환을 하기 위한 국제 연합 전문기구의 하나. 본부는 스위스의 베른에 있음.

만:국 평화 회:의 러시아 황제 니콜라이 2세가 제창하여 1899년과 1907년에 네덜란드의 헤이그에서 열린 두 차례의 국제 회의. 특히 제2차 회의 때에는 우리 나라 고종 황제의 특사 사건이 있었음.

만기 정한 기한이 다 참. 또는 그 기한. ⓔ만기 제대.

만나다 어떤 곳에서 서로 얼굴을 대면하다.

만날 늘. 항상. ⓔ그는 만날 지

각한다.

만돌린 현악기의 한 가지. 줄이 네쌍 있으며 자라 껍데기나 셀룰로이드 조각으로 튕겨서 소리를 냄.

만두 밀가루를 반죽하여 얇게 펴서 그 속에 고기나 야채를 넣어 삶거나 찌거나 기름에 튀겨서 만든 음식. 【饅頭】

만들다(만드니, 만드오) 기술이나 힘을 들여서 일이나 물건을 이루다. 예옷을 만들다.

만루[말루] 야구에서, 세 베이스에 모두 주자가 있는 경우.

만:류[말류] 못하게 말림. 예싸움을 만류하다. -하다.

만:리[말리] ①천 리의 열 갑절. ②매우 먼 거리임을 나타낼 때 쓰는 말. 【萬里】

만:리 타향 멀리 떨어져 있는 타향. 객지.

만만하다[1] 모자라거나 부족함이 없이 넘칠 정도로 가득 차다. 만만히.

만만하다[2] ①무르고 보드랍다. ②우습게 보이다. 대수롭지 않다. 예만만하게 보면 큰 코다친다. 만만히.

만:무 절대로, 전혀 없음. 예그런 짓을 했을리 만무하다.

만:물 ①세상에 있는 물건. 갖가지 수 많은 물건. 예세상 만물. ②우주에 존재하는 모든 것.

만:물상[만물쌍] 금강산에 있는 바위가 많은 산. 바위가 이상하게 온갖 모양을 하고 있어 기묘한 경치를 보여 줌. 回만물초.

만:물 전:시장 세상의 온갖 것을 모아서 벌여 놓고 여러 사람에게 보여 주는 곳.

만:민 온 국민. 모든 사람들. 예만민의 평등.

만:민 공:동회 1898년 독립 협회가 중심이 되어 우리 겨레의 독립 정신을 불러일으키기 위하여 열린 민중 대회.

만:발 많은 꽃이 한꺼번에 활짝 핌. 예꽃밭에 만발한 채송화. 回만개. -하다. 【滿發】

만:사 여러 가지 일. 모든 일. 예만사에 노력하라. 【萬事】

만:삭 아이를 낳을 때가 다 됨.

만:선 배에 가득 실음. 또는 그런 배. 예고깃배들이 만선하여 돌아오다. -하다.

만:세 앞일을 축하할 때나 길이 복을 누리라고 외칠 때 쓰는 말. 【萬歲】

만:수 무강 한없이 오래 삶. 윗사람의 건강을 빌 때 쓰는 말. 예부디 만수 무강을 비옵니다. -하다. 【萬壽無疆】

만:수산 개성 서쪽에 있는 '송악산의 딴 이름.

만:약[마냑] 혹 그러한 경우에는. 예만약 내일 비가 오면 소풍을 연기한다. 回만일.

만:우절 서양 풍속에서 농담으로 남을 속여도 좋다고 되어 있는 날. 4월 1일.

만:원 정한 인원이 다 참.

만:월 ①가장 둥근 달. 보름달. ②만삭. 【滿月】

만월대 개성의 송악산 기슭에 있는 고려 시대의 궁궐터. 지금은 층층대와 주춧돌만이 남아 있음.

만:유 인력[마뉴일력] 천체와 물체 등. 모든 물체 사이에서 일어나는 서로 당기는 힘. 영국의 뉴턴이 최초로 발견했음.

만:인의총 전라북도 남원에 있는 큰 무덤. 임진왜란 때 전사한 의병들의 무덤.

만:일 혹시. 어쩌다가. 혹 그러

한 경우에는. 旧만약.

만:장 일치 여러 사람의 의견이 완전히 같게 됨.

만점[만쩜] ①정해진 점수에 꽉 참. 예시험에서 만점을 받았다. ②결점이 없이 완전함. 예우리 아빠 만점. 旧영점.

만조 밀물로 인해 바닷물의 높이가 가장 높아진 상태. 旧간조.

만:조 백관 조정의 모든 벼슬아치.

만족 마음이 흐뭇하여 모자람이 없음. 旧흡족. 旧불만. -하다. -히.

만주【지명】 압록강과 두만강 북쪽에 있는 중국의 넓은 땅. 중국의 동북 지방 일대로 면적은 801,600km².

만주족 만주 일대에 살았던 민족. 남방 퉁구스계의 한 종족으로 숙신·읍루·말갈·여진 등의 민족. 만주인.

만지다 여기저기를 손으로 만져 보다. 예얼굴을 만지다.

만지작거리다 자꾸 만져 보다.

만:찬회 여러 사람을 청하여 저녁 식사를 베푸는 모임.

만:천하 온 천하. 온 세계.

만:파식적 신라 때의 전설상의 피리. 문무왕이 죽어서 된 해룡과 김유신이 죽어서 된 천신이 합심해서 용을 시켜 보낸 대나무로 만들었다는 피리. 이것을 불면 소원이 이루어진다고 하여 나라의 보물로 삼았다고 함.

만행 야만스러운 행동. 【蠻行】

만:화 이야기를 그림으로 그려서 나타낸 것. 【漫畵】

만:화가 만화를 그리는 것을 직업으로 하는 사람. 【漫畵家】

만회 잘못되어 가는 일을 바로잡아 회복함. -하다. 【挽回】

맏딸 맨 먼저 낳은 딸. 장녀. 旧막내딸.

맏물 그 해 들어 제일 먼저 생산된 과실·야채·곡식·해산물 등. 예맏물 포도. 旧햇것. 첫물. 旧끝물.

맏아들 첫째 아들. 旧장남. 旧막내아들.

말[1] 말과의 가축. 성질이 온순하고 몸이 크며 빨리 달림.

말[2] '끝'의 뜻을 나타내는 말. 예20세기 말. 旧초. 【末】

말[3] 곡식이나 액체 따위를 되는 부피의 단위, 또는 그 그릇. 되의 열 갑절. 예쌀 한 말.

말:[4] 사람의 생각을 나타내는 소리. 예우리말. 旧언어.

말갈족 오늘날의 만주족. 예로부터 숙신·읍루 등으로 불리었고, 고려 이후로는 여진·야인으로 불리었음. 조선 시대에는 청나라를 세워 중국 대륙을 지배하기도 하였음.

말고삐 말 굴레에 매어 끄는 줄.

말괄량이 얌전하지 않고 지나치게 덜렁거리는 여자.

말구유 말의 먹이를 담는 그릇.

말굽[말꿉] 말의 발 끝에 있는 두껍고 단단한 발톱.

말굽 자:석 말굽처럼 굽은 지남철. 양극이 서로 가까이 있기 때문에 자력이 오래 지속됨.

말기 어떤 시기의 끝날 무렵. 旧초기. 【末期】

말:꼬리 말끝. 예남의 말에 말꼬리를 달다. 旧말머리.

말끔하다 맑고 깨끗하다. 예새 옷을 입으니 말끔하게 보인다. 〈멀끔하다. 말끔히.

말년 인생의 끝 무렵. 만년. 旧초년. 【末年】

말:놀이 말을 잇거나 지어서 재

미있게 노는 놀이.

말:다툼 말로써 옳고 그름을 가리는 다툼. 입다툼.

말:동무[말똥무] 서로 이야기를 나눌 동무. **예**우리는 다정한 말동무. **비**말벗. -하다.

말똥구리 풍뎅이과의 곤충. 여름철에 말똥·쇠똥 등을 굴려 굴속에 저장하고 그것을 먹고 삶. **비**쇠똥구리.

말뚝 땅에 두드려 박아 세우는 몽둥이.

말라리아 학질 모기가 옮기는 전염병. 일정한 시간의 간격으로 높은 열이 나는 것이 특징임. **비**학질. 【malaria】

말라붙다 물기가 없이 바싹 마르거나 달라붙음.

말랑말랑 야들야들하고 부드러운 모양. 〈물렁물렁. -하다.

말레이 반:도【지명】 인도차이나 반도로부터 남쪽으로 뻗은 좁고 긴 반도.

말레이시아【나라】 말레이 반도 남부와 보르네오 섬 북부에 걸쳐 있는 나라. 고무가 많이 남. 수도는 콸라룸푸르.

말리다 ①남이 하려는 짓을 못하게 하다. **예**싸움을 말리다. ②젖은 것을 말리다. **예**옷을 햇볕에 말리다

말:맞추기 앞뒤의 말이 자연스럽게 뜻이 이어지도록 말을 맞추는 놀이. -하다.

말:문 말을 하려고 여는 입. **예**당황해서 말문이 막히다.

말미암다[말미암따] 그것으로 인하다. 관계되다. **예**너로 말미암아 학교에 늦었다.

말:버릇[말뻐른] 늘 써서 버릇이 된 말의 투. **비**말투.

말:벗[말뻗] 서로 같이 이야기할 만한 친구. **비**말동무.

말복 삼복 중의 마지막 복. 몹

시 더운 때[삼복:초복·중복·말복].

말:본 ①말글의 짜임에 대한 법칙. **비**문법. 어법. ②말투.

말:솜씨 말하는 재주. **예**말솜씨가 훌륭하다. **비**언변.

말:썽 걸핏하면 일을 저지르거나 트집·시비를 하는 짓.

말:썽꾸러기 '말썽꾼'의 속된 말.

말:썽꾼 걸핏하면 말썽을 일으키는 사람.

말쑥하다 모양이 말끔하고 깨끗하다. 〈멀쑥하다. 말쑥히.

말:씀 웃어른의 말. 웃어른에게 하는 말. **예**선생님께서 말씀하셨습니다. -하다.

말:씨 말하는 태도. 말하는 버릇. **예**고운 말씨.

말엽 끝 무렵. **예**신라. 말엽. **비**말기. **반**초엽. 【末葉】

말:익히기 말을 바르게 잘 쓸수 있도록 익히는 일. -하다.

말:조심 말을 함부로 하지 않고 조심해서 함. -하다.

말:주변[말쭈변] 말을 이리저리 잘 둘러대는 재주.

말짱하다 ①흠이 없다. **예**말짱한 책가방. ②깨끗하다. ③정신이 또렷하다. 〈멀쩡하다. 말짱히.

말:참견 남들이 이야기할 때 옆에서 끼어들어 말하는 것. **비**말참례. -하다.

말초 신경 중추 신경계와 피부근육·감각 기관 등을 연락하는 신경을 통틀어 일컫는 말.

말:투 말버릇. 말씨. **예**자신 만만한 말투.

말판 윷·고누·쌍륙 등의 말이 가는 길을 그린 판.

말판쓰기 윷놀이 등에서 말판에 말을 놓는 일.

말:하다 생각이나 느낌을 남에

게 말로써 나타내다.

말:하자면 이를테면. 말로 나타내기로 하면.

맑다[막따] ①깨끗하다. 예눈동자가 매우 맑다. ②날씨가 흐리지 않다. 예하늘에 구름 한 점 없이 맑다. 반흐리다.

맛 물건을 혀에 대었을 때 느끼는 감각.

맛보다 ①음식의 맛을 알기 위하여 먼저 조금 먹어 보다. 예김치를 맛보다. ②몸소 겪어 보다. 또는 마음으로 느끼다. ③글을 읽고, 그 뜻이나 표현을 알아보다.

맛있다[마딛따/마신따] 맛이 좋다. 맛나다. 예맛있는 과일.

망¹ 그물같이 만들어서 가려 두거나 치거나 하는 물건을 통틀어 이르는 말. 【網】

망:² 멀리 바라보아 남의 동정을 살핌. 예들키지 않게 망을 보다.

망가뜨리다 물건을 아주 못쓰게 하다.

망각 잊어버림. 예망각 상태. 비망실. -하다. 【妄覺】

망간 은백색의 윤이 나는 금속 원소의 하나. 철 다음으로 널리 분포함. 기호는 Mn. 원자번호는 25.

망건 상투가 있는 사람이 머리에 두른 그물처럼 생긴 물건. 머리카락이 흩어지지 않도록 함. 말총·곱소리·머리카락으로 만듦.
[망건]

망그러지다 찌그러져 못쓰게 되다. 예의자가 망그러지다.

망극 임금이나 어버이의 은혜가 너무 커서 다 갚을 길이 없음.

망나니 ①성질이 아주 못된 사람. ②지난날, 죄인의 목을 베는 일을 맡아 하던 사람.

망:대 적의 형편을 살피기 위하여 높게 만들어 세운 대. 비망루.

망둥이 망둥이과에 속하는 바닷물고기를 통틀어 이르는 말. 몸은 작고, 흔히 바닷가의 모래땅이나 개펄에 살며, 좌우의 배지느러미가 합쳐져서 빨판처럼 생긴 것이 특징임.

망:령¹[망녕] 늙거나 정신이 흐려져 이상한 말과 행동을 하는 상태. 비노망.

망령² 죽은 사람의 영혼.

망:루[망누] 망대.

망막 눈알의 뒷벽. 물체의 모양이 비치는 부분. 빛을 느끼는 막. 【網膜】

망망 넓고 멀어 아득하다. 예망망한 바다에 떠 있는 배. -하다. -히.

망명 정치적인 이유 등으로 자기 나라에 살지 못하고 남의 나라로 몸을 피함. 예자유를 찾아 망명했다. -하다. 【亡命】

망:발 ①그릇되게 하는 말이나 행동. ②자기 또는 조상에게 욕이 되게 말을 함. -하다.

망:부석 아내가 멀리 떠난 남편을 기다리다가 그대로 죽어서 되었다는 돌.

망:상 있지도 않은 사실을 상상하여 마치 사실인 것처럼 굳게 믿는 일. 또는 그러한 생각. 【妄想】

망설이다 머뭇거리면서 뜻을 결정짓지 못하다. 비주저하다.

망신 말이나 행동을 잘못하여 자기의 명예와 체면 등을 떨어뜨림. -하다. 【亡身】

망아지 말의 새끼.

망울 작고 둥글게 엉켜 굳어진

덩이. 예눈망울 ×망올.

망:원경 두 개 이상의 볼록 렌즈를 맞추어 멀리 있는 물체를 크게 보이도록 만든 장치. 비만리경.

망:원 렌즈 먼 거리의 것을 촬영하기 위해 초점 거리를 길게 만든 사진용 렌즈.

망측 보통 상태에서 많이 벗어나 어처구니가 없음. 예망측한 말. -하다. -히.

망치 마치보다 훨씬 크고 무거운 연장. 단단한 물건이나 불에 달군 쇠붙이 등을 두드리는 데 쓰임.

망치다 일을 아주 잘못되게 하다. 예그림을 망치다.

망태 가는 새끼나 노로 엮어 만든 물건. 풀이나 물건 등을 담아 들고 다니는 데에 씀. 본망태기.

망토 소매가 없이 어깨로부터 내리걸쳐 입는 외투.

망하다 나라나 단체 등이 제구실을 못 하고 끝장이 나다. 예나라가 망하다. 반흥하다.

망:향 고향을 바라봄. 고향을 그리워함.

맞그네 둘이 서로 마주 보고 뛰는 그네.

맞다¹ ①자연히 돌아오는 철이나 날을 당하다. 예여름 방학을 맞다. ②때림을 당하다. 예매를 맞다. ③침 따위의 찌름을 당하다. 예 주사를 맞다.

맞다² 틀리지 않고 옳게 되다. 예네 말이 맞다. 반틀리다.

맞대다 '마주 대다'의 준말. 예얼굴을 맞대고 자다.

맞들다(맞드니, 맞드오) ①두 사람이 마주 물건을 들다. ②힘을 합하다. 예백지장도 맞들면 낮다.

맞먹다 서로 비슷하여 비길 만하다.

맞물리다 마주 물리다. 예톱니바퀴가 서로 맞물리다.

맞부딪치다 마주 부딪치다.

맞붙다 서로 달라붙다.

맞붙잡다 서로 마주 붙잡다.

맞서다[맞써다] ①서로 마주 대하여 서다. 예맞서서 이야기하다. 반돌아서다. ②서로 굽히지 아니하고 버티다. 예지지 않고 꿋꿋하게 맞서다.

맞이하다 ①오는 사람을 맞아들이다. 예친구를 맞이하다. ②어떠한 날이나 때를 맞이하다. 예졸업식을 맞이하다.

맞잡다 마주 잡다.

맞장구 남의 말에 대하여 그렇다고 덩달아 같이 말하는 일.

맞추다 ①서로 꼭 맞도록 하다. 예박자를 맞추다. ②서로 마주대다. ③물건을 만드는 일을 약속해 부탁하다. 예옷을 맞추다. ×마추다.

맞춤 부탁하여 만든 물건. 주문품. ×마춤.

맞춤법[맞춤뻡] ①글자를 일정한 규칙에 맞추어 쓰는 법. 비철자법. ②한글 맞춤법.

맡기다 ①자기가 할 일을 남에게 부탁하다. 예숙제를 남에게 맡기다. ②물건의 보관을 남에게 부탁하다.

맡다 ①어떤 일이나 책임을 넘겨 받다. ②냄새를 코로 들이마시다. 예향기를 맡다.

매¹ 사람이나 짐승을 때리는 곤장·막대기·회초리 등을 통틀어 일컫는 말. 또는 그것을 때리는 일. 예잘못해서 매를 맞다.

매:² 매과 매속의 새를 통틀어 이르는 말. 부리와 발톱은 갈고리 모양이며 날쌔게 낢. 새나 병아리 따위를 잡아감. 송

골매. 해동청.

매:국 자기의 이익을 위해 제 나라의 명예나 이익을 남의 나라에 팔아 먹음. 또는 나라를 팖. [반]애국. -하다. 【賣國】

매:국노[매궁노] 자기 이익을 위해 제 나라를 팔아먹는 사람. [반]애국자. 【賣國奴】

매기다 값이나 등급을 따져서 정하다. [예]등수를 매기다.

매끄럽다(매끄러우니, 매끄러워서) 거칠지 아니하고 반들반들하다. [예]손이 아주 매끄럽다. 〈미끄럽다.

매끈매끈 흠이나 거친 데가 없이 부드럽고 반들한 모양을 나타낸 말. [예]바나나가 매끈매끈하다. 〈미끈미끈. -하다.

매:년 해마다. 【每年】

매니저 ①지배인. 관리인. ②연예인·운동 팀에 딸려 섭외 교섭 따위를 맡아 하는 사람.

매다 ①떨어지지 않게 동여 묶다. ②베등을 짜려고 날실에 풀을 먹여서 말리어 감다. [예]베를 매다. ③여러 장의 종이를 겹쳐 책을 만들다.

매:달 달마다. 다달이. [예]매달 여행을 가다. [비]매월.

매:달다(매다니, 매다오) 묶어서 드리우거나 걸다. [예]마늘을 엮어 매달다.

매:달리다 ①묶어서 드리우거나 걸려 있다. [예]나뭇가지에 매달린 연. ②붙들고 늘어지다. ③무엇에 몸과 마음이 딸려 있거나 얽매이다.

매듭 ①물건을 잡아 맨 마디. ②일의 끝.

매력 남을 호리어 끄는 힘. [예]매력적인 눈.

매료 남의 마음을 홀리어 사로잡음. 또는 홀림. -하다.

매만지다 잘 다듬어 손질하다.

매매 물건을 팔고 삼. [예]땅을 매매하다. [비]흥정. -하다.

매몰차다 인정이나 붙임성이 없이 독하고 쌀쌀하다. [예]성질이 매몰차다.

매미 매미과의 곤충. 길이 3~5cm 가량. 빛은 어두운 녹색이고 날개는 비침. 수컷은 배에 발성기가 있으며, 보통 6~7년 걸려 성충이 됨.

매번 번번이. [예]전쟁에서 매번 승리하다. 【每番】

매부 누나나 누이동생의 남편. [반]처남. 【妹夫】

매:부리코 매부리같이 끝이 뾰족하게 내리숙어진 코. 또는 그런 코를 가진 사람.

매사 일마다. 모든 일. [예]매사에 열심히 하다. 【每事】

매산들〖지명〗 고구려에 딸린 땅 이름. 이 곳에서 온달이 주나라 무제를 무찔렀다고 함.

매:상 물건을 판 수량이나 대금의 총계. [예]오늘의 매상은 어제보다 많다. 【賣上】

매섭다(매서우니, 매서워서) 남이 겁을 낼 만큼 성질이나 됨됨이가 모질다. [예]매섭게 노려보다. [비]독하다. 〈무섭다.

매:수 금품이나 어떠한 수단으로 남을 꾀어 제 편을 만듦. -하다. 【買收】

매스 게임 ①많은 사람이 일제히 똑 같은 체조나 율동 등을 하는 일. ②단체 경기.

매스미:디어 대량의 정보 지식 등을 넓은 지역의 많은 사람에게 전달하는 텔레비전·라디오·신문 등을 말함.

매스컴 신문·잡지·텔레비전 따위를 통해 정보나 지식 등을 넓은 지역의 많은 사람들에게 전달하는 일. [본]매스 커뮤니케이션.

[ㅁ]

매연 그을음이 섞인 연기. 예거리가 매연으로 뿌옇다.

매우 생각했던 정도보다 퍽 지나치게. 예매우 건강하다. 비대단히. 무척.

매운바람 몹시 차고 센 바람.

매:월 다달이. 달마다. 비매달.

매월당 김시습의 호.

매이다 남에게 딸려 부림을 받게 되다. 자유롭지 못함을 이르는 말. 예직장에 매이다.

매:일 날마다. 하루하루.【每日】

매:일 신문 우리 나라 최초의 순 한글로 된 일간 신문[1898년 1월 26일 창간됨].

매장 땅 속에 묻히어 있음. 예시체를 매장하다. -하다.

매장량[매장냥] 광물 같은 것이 땅속에 묻힌 분량.

매:점 어떤 단체나 기관 안에서 물건을 파는 작은 가게.

매진 모조리 팔림. 예승차권이 매진되었다.

매콤:하다 매운 느낌이 코나 입에 돌다. 예매콤한 맛이 나다. 〈매큼하다.

매트 ①운동을 할 때 위험을 막기 위하여 바닥에 까는 푹신한 깔개. 예매트 위에서 뒹굴다. ②현관 등에 두어 신발의 흙을 터는 깔개.【mat】

매:표구 표를 파는 조그마한 창구. 표를 파는 곳.【賣票口】

매형 누나의 남편. 비매부. 자형. 반매제.【妹兄】

매혹 남의 마음을 호리어 어지럽게 함. -하다.【魅惑】

매화 이른 봄, 잎이 나오기 전에 향기 있는 꽃이 희게 또는 연분홍으로 피는 꽃. 열매는 '매실'이라고 하며 먹거나 약으로 쓰임.

맥 ①기운이나 힘. 예맥이 빠지다. ②'맥박'의 준말. 예맥을

짚어보다.【脈】

맥박 심장의 운동에 의하여 일어나는 동맥의 율동적인 움직임. 예맥박이 멈추다. 춘맥.

맥빠지다 기운이 빠지다. 긴장이 풀리다.

맥아더[사람][1880~1964] 미국의 육군 원수. 6·25 전쟁 때에는 유엔군 총사령관으로 인천 상륙 작전을 지휘하였음.

맥없다 기운이 없다.

맨드라미 가을철에 닭볏처럼 생긴 붉은 꽃이 피는 풀. [맨드라미]

맨몸 ①옷을 입지 않은 발가벗은 몸. 알몸. ②아무 것도 지니지 않은 몸.

맨몸뚱이 '맨몸'의 속된 말. 몸뚱이.

맨발 아무것도 신지 않은 발.

맨밥 반찬이 없는 밥.

맨손 체조 기구를 쓰지 않고 몸을 고루 움직여서 바른 몸을 가질 수 있게 하는 운동. 반기계체조. -하다.

맨주먹 무기나 도구를 가지지 않은 주먹.

맴:돌다 (맴도니, 맴도오) 한 군데를 잇달아 돌다. 예집 앞에서 맴돌다. 본매암돌다.

맵다 (매우니, 매워서) ①혀가 알알한 맛을 느끼다. 예작은 고추가 맵다. ②인정이 없고 독하다. 예매운 눈매. ③몹시 춥다. 예매운 바람이 불다.

맵시 곱게 매만진 모양. 생김새.

맷돌: 곡식을 갈아서 가루를 만드는데 쓰는 돌로 된 기구.

맹꽁이 개구리와 비슷한데 몸집이 뚱뚱하며 물갈퀴가 없음. 날이 흐리거나 비가 올 때 특히 요란스럽게 욺.

맹랑하다[맹낭하다] ①생각보다 똑똑하거나 까다로워 얕잡

아 볼 수 없다. 예그 녀석 참 맹랑하다. ②생각과 달리 매우 허망하다. 맹랑히.

맹:렬하다[맹녈하다] 기세가 사납고 세차다. 예맹렬하게 공격하다. 맹렬히.

맹목적[맹목쩍] 아무 분간 없이 무턱대고 행동하는 것.

맹문이 일의 옳고 그름이나 일에 대한 분간을 못하는 사람.

맹사성〖사람〗[1360~1438] 조선 세종 때의 유명한 학자·정치가. 호는 고불. 글도 잘 짓고 음악에도 매우 뛰어남.

맹세 ①신 또는 부처님이나 하느님 앞에서 약속함. ②굳게 다짐하다.

맹:수 아주 무섭고 사나운 사자나 호랑이 따위의 짐승. 비야수.

맹아[1] 앞을 못 보는 아이.

맹아[2] 소경과 벙어리.

맹인 앞을 보지 못하는 사람. 소경. 봉사. 비장님. 【盲人】

맹:자〖사람〗 중국 춘추 전국 시대의 유명한 학자이며 사상가. 사람은 태어날 때부터 선하다고 하고, 왕도 정치를 주장하였음.

맹:자[2]〖책명〗 맹자의 제자들이 맹자의 말과 행동을 기록한 책〔사서인 〈논어〉〈맹자〉〈대학〉〈중용〉의 하나〕.

맹:장[1] 굳세고 사나운 장수. 날래고 용감한 장수. 【猛將】

맹장[2] 창자의 하나. 소장과 대장 사이에 있는 끝이 막힌 창자. 【盲腸】

맹추 총기가 없고 흐리멍텅한 사람을 속되게 부름. 〈멍추.

맺다 ①매듭짓거나 끝내다. 예일을 끝맺다. ②서로 인연을 가지다. 예형제 관계를 맺다. ③열매가 생기다. 예꽃봉오리를 맺다. ④약속을 하다.

맺히:다[매치다] ①꽃망울이나 열매가 생기다. 예나무에 열매가 맺히다. ②눈물 이슬 따위가 방울이 지다. 예풀잎에 이슬 방울이 맺히다. ③마음 속에 잊혀지지 아니하고 뭉쳐 있다.

머금다[머끔따] ①입 속에 넣다. ②생각을 품다. ③눈에 눈물이 괴다. ④웃음을 띠다. 예따뜻한 미소를 머금다.

머:나멀다(머나머니, 머나머오) 멀고도 멀다. 아주 멀다. 예갈 길이 머나멀다.

머루 포도의 한가지로 산에서 절로 자람. 열매의 빛이 검고 포도보다 맛이 심. 산포도.

머리 ①동물의 목 위의 부분. 눈·코·입·귀가 있는 부분. ②앞뒤가 있는 일부 물건의 앞부분. 예책상 머리에 세차게 부딪히다. ③어떤 물체의 꼭대기.

머리말 책의 첫머리에 그 책에 대하여 간단히 쓴 글. 비권두언. 서문. 서언.

머리카락 머리털의 낱개. 준머리칼.

머무르다(머무르니, 머물러서) ①나아가다 멈추다. 예잠시 머무르다. ②그대로 남다. 예영원히 한 곳에 머무르다. 준머물다.

머뭇거리다 무슨 행동이나 말을 시원스럽게 하지 못하고 자꾸 머뭇머뭇하다. 힘머뭇적거리다.

머슴 남의 집에서 농사일을 해 주고 품삯을 받는 일꾼.

머슴애 ①머슴살이를 하는 아이. ② '사내아이'의 낮춤말.

머쓱하다 ①기가 꺾여 기운이 줄어지다. ②어울리지 않게 키만 크다. 머쓱히.

머플러 목도리.

먹 벼루에 물을 붓고 갈아 먹물을 만드는 재료.

먹구름 먹빛과 같이 몹시 검은 구름.

먹다[먹따] ①음식을 입 안에 넣어 씹어서 삼키다. ②결심을 하다. 예굳게 마음 먹다.

먹보[먹뽀] 밥을 많이 먹는 사람을 놀려서 하는 말.

먹음직하다 음식이 보기에 먹고 싶은 마음이 나다. 예먹음직스럽게 잘 익은 고구마. -스럽다.

먹이 ①먹을거리. 비식량. 양식. ②사료. 예말 먹이.

먹이 그물 둘 이상의 먹이 사슬이 복잡하게 얽혀 있는 상태.

먹이다 ①먹게 하다. 마시게 하다. 예아기에게 우유를 먹이다. ②가축 등을 기르다.

먹이 다툼 생물들이 서로 제가 먹겠다고 다투는 것.

먹이 사슬 먹고, 먹히고 하는 생물들 사이의 관계. 먹이 연쇄.

먹이 피라미드 생산자·1차소비자·2차 소비자·3차 소비자의 양적 관계를 나타낸 그림.

먹중 ①산대놀이에 쓰이는 말. ②먹 장삼을 입은 중.

면:동 날이 새어 밝아 올 무렵의 동쪽 하늘.

면:발치 조금 멀찍이 떨어져 있는 곳.

먼저 시간이나 자리로 보아서 앞서다. 예먼저 가다. 반나중.

먼지 작고 가벼운 티끌. 예책상 위에 먼지를 털다.

먼지떨이 먼지를 떨어 내는 데 쓰이는 기구. 총채.

멀:다(머니, 머오) ①서로 거리가 많이 떨어져 있다. ②시간이 지나는 동안이 오래 걸리다. 예먼 옛날에 있었던 일. ③사이가 가깝지 않다. 예먼 친구. 먼 친척. 반가깝다.

멀:리 많이 떨어져서 사이가 가깝지 않게. 비멀게. 반가까이.

멀:리뛰기 일정한 거리를 두고 달려와서 발구름판에서 한 발로 뛰어. 멀리 뛰는 사람이 이기는 경기.

멀:리하다 ①멀리 떨어지게 하다. ②접촉을 피하다.

멀미 배·비행기·차 등을 탔을 때 일어나는 메스껍고 어지러운 증세. -하다.

멀쩡하다 흠이 없이 깨끗하고 온전하다. 예넘어졌는데도 다친 곳이 없이 멀쩡하다. 〉말 짱하다. 멀쩡히.

멈추다 하던 일이나 동작을 잠깐 그치다. 예동작을 멈추다.

멋 옷차림·행동 등이 세련되고 아름다움.

멋대로 마음대로. 하고 싶은 대로. 예멋대로 말하지 마라.

멋있다[머딛따/머싣따] 아주 말쑥하고 아름답다. 보기에 좋다. 예옷차림이 멋있다.

멋쟁이 멋이 있는 사람. 멋을 부리는 사람. ×멋장이.

멋지다 매우 멋이 있다.

멋쩍다 하는 짓이나 모양이 격에 맞지 않다. 예멋쩍게 웃다.

멍 부딪혀서 피부 속에 피가 퍼렇게 맺힌 자리.

멍석 짚 같은 것을 엮어서 만든 큰 자리. 예멍석을 깔다.

멍석말이 옛날 세도가에서 사람을 멍석에 말아서 볼기를 치던 벌의 한가지.

멍에 수레나 쟁기를 끌게 하기 위하여 소나 말의 목에 가로로 없는 구부러진 막대.

멍울 우유나 풀 등에 생기는 작고 둥글게 엉겨 굳은 덩이. 〉망울.

명청이 어리석고 정신이 흐릿한 사람. '명청한 사람'을 얕잡아 부르는 말. 명텅구리. 𝗕𝗜바보.

멍:하다 정신이 빠져 나간 것처럼 명청하다.

멎다 멈추다. 그치다. 𝗕𝗜비가 멎다. 심장이 멎다.

메 '산'의 옛말.

메가폰: 입에 대고 말을 하여 소리가 한 방향으로만 크게 들리도록 하는 데 쓰는 기구.

[메가폰]

메:기 시내나 늪에서 사는 민물고기. 입이 매우 크고 몸에 비늘이 없어 미끈미끈하며 네 개의 긴 수염이 있음.

메뉴 음식점 등에서 파는 음식의 이름과 값을 적은 표. 𝗕𝗜식단. 차림표.

메:다¹ 물건을 어깨 위에 얹다.

메:다² 구멍 등이 막히다. 𝗲𝗜목구멍이 메다.

메달 칭찬하거나 무슨 일을 기념하기 위해 납작한 쇠붙이에 여러가지 모양을 새겨서 개인이나 단체에게 주는 패.

메들리 둘 이상의 곡을 이어서 연주하는 일이나 그런 곡. 접속곡.

메뚜기 여름에 논이나 풀밭에 많은 곤충.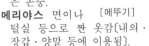

[메뚜기]

메리야스 면이나 털실 등으로 짠 옷감(내의·장갑·양말 등에 이용됨).

메리 크리스마스 〔즐거운 성탄절. 성탄절을 축하합니다라는 뜻으로〕 성탄절에 서로 주고받는 인사말.

메마르다(메 말라, 메 말라서) 땅이 물기가 없고 기름지지 않다. 𝗕𝗜걸다.

메모 잊지 않도록 줄거리를 적음. 또는 적어 놓은 쪽지.

메밀 마디풀과의 한해살이풀. 가을철에 흰 꽃이 피어, 뾰족하고 세모진 열매가 여는데, 가루를 내어 국수·묵 등을 만들어 먹음. 교맥. 목맥.

메스껍다(메스꺼우니, 메스꺼워서) 속이 언짢아 헛구역질이 나고 자꾸 토할 듯하다. 〉매스껍다.

매스 실린더 액체의 부피를 재는 기구. 매저링 실린더.

메시지 알림. 여러 사람에게 알리는 성명이나 통고.

메아리 산이나 골짜기에서 소리를 지를 때, 반대쪽에 부딪쳐서 되울려 나는 소리.

메우다 구멍이나 빈 곳을 채워서 메게 하다.

메조 포르테 악보에서 셈여림을 나타내는 말로 '조금 세게'의 뜻. 기호는 mf.

메주 무르게 삶은 콩을 찧어 뭉쳐서 띄워 말린 것.

메추라기 꿩과의 새. 살과 알을 먹을 수 있고, 집에서 기르기도 함. 𝗳준메추리.

메카〖지명〗 사우디아라비아에 있는 도시 이름. 이슬람교의 창시자 마호메트가 태어난 곳.

메트로놈: 흔들리는 추의 원리를 응용하여 1분 동안의 박자 수를 헤아리는 기계.

멕시코〖나라〗 미국 남쪽 중앙 아메리카에 있는 나라. 은이 많이 남. 수도는 멕시코시티.

멕시코패 멕시코에서 많이 나는 속껍질이 아름답게 빛나는 조개. 장농의 겉면에 장식 재료로 많이 쓰임.

멘탈 테스트 지능·성격 검사.

멜로디 음악의 가락. 예아름다운 멜로디. 비선율. 【melody】

멜로디언 피아노와 오르간과 같은 건반 악기로, 입으로 불어 소리를 냄.

멜빵 ①짐을 걸어 어깨에 둘러 메는 끈. ②바지나 치마가 흘러내리지 않도록 어깨에 걸치는 끈.

멤버 단체를 이루는 한 사람.

멥쌀 메벼에서 나온 차지지 않은 쌀. 반찹쌀.

멧돼지 멧돼지과의 산짐승. 돼지의 원종으로 털은 흑색 또는 흑갈색이며, 주둥이는 매우 길고 목은 짧으며 강대한 송곳니가 내밀었음. 비산돼지.

멧비둘기 산비둘기. 몸은 연한 잿빛이 섞인 갈색이며, 산이나 대나무밭에서 삶.

멧새 참새와 비슷한 새. 몸빛은 밤색이며 흑색의 세로 무늬가 있고 우는 소리가 고움.

며느리 아들의 아내. 반사위.

며칠 ① '며칟날'의 준말. 예오늘이 며칠이지. ②몇 날. 예며칠 후에 가져오너라. ×몇일.

멱:감다 [멱깜따] 냇물이나 강물 같은 데서 몸을 담그고 씻다. 준미역감다.

멱살 ①목 아래의 살. ②목 아래에 여민 옷깃.

면:¹ ①얼굴. 낯. 예면상을 때리다. ②칼·창·화살 따위를 막기 위하여 얼굴에 쓰는 덮개. 【面】

면:² 군에 속한 지방 행정 구역 단위의 하나. 【面】

면:담 서로 만나서 이야기함. 예선생님과 면담하다. -하다.

면:도 ①얼굴에 난 잔털이나 수염을 깎는 일. ② '면도칼'의 준말. -하다. 【面刀】

면:모 ①얼굴의 모양. ②사물의 겉모습. 【面貌】

면:목 ①얼굴의 생김새. ②남을 대하는 체면. 예자식이 잘못하면 부모의 면목이 서지 않는다. ③일의 모양이나 상태. 【面目】

면:목없:다 부끄러워 남을 대할 낯이 없다.

면밀 자세하고 꼼꼼하여 빈틈이 없음. 비치밀. -하다. -히.

면:사:무소 한 면의 행정을 맡아 보는 곳. 【面事務所】

면:사포 결혼식 때에 신부가 머리에 쓰는 흰 빛의 천. 베일.

면:섬유 목화에서 얻은 실로 짠 섬유.

면:역 ①몸 안에 병균이나 독이 들어와도 병이 나지 않을 만한 힘을 갖는 일. ②자주 되풀이되어 그 일에 익숙해짐.

면:장 지방 행정 단위인 면의 우두머리. 【面長】

면:재 구성 판지·베니어판·함석·플라스틱 등 면을 재료로 사용하여 꾸민 구성.

면:적 넓이. 예면적이 넓다.

면:전 눈앞. 보고 있는 앞.

면:접 서로 대면하여 만나 봄. -하다.

면:제 할 일이나 책임 등을 지우지 아니함. 예병역 의무를 면제받다. -하다.

면직 목화의 섬유로 짠 옷감.

면:책 책임을 벗어남. 또는 면해줌. -하다.

면:하다 ①책임이나 의무에서 벗어나다. ②벌이나 욕을 당하지 아니하다.

면:허 일반에게는 허가되지 않는 것을 특정한 사람에게만 허가해 주는 처분. 또는 그

자격. 예운전 면허증. -하다.

면:회 용무로 직접 얼굴을 대하여 만남. 예군대에 면회 가다. 비대면. -하다.

멸공 공산주의 또는 공산주의자를 모조리 없애 버림. -하다.

멸구 벼의 액즙을 빨아먹어 해를 끼치는 작은 곤충.

멸균 세균을 죽여 없앰. 비살균. -하다.

멸망 망하여 없어짐. 예나라가 멸망하다. -하다. 【滅亡】

멸시[멸씨] 업신여김. 몹시 낮추어 봄. 예멸시당하다. 비무시. -하다. 【蔑視】

멸종[멸쫑] 씨를 없애 버림. 예멸종 위기에 있는 모든 동물들을 보호하자. -하다.【滅種】

멸치 멸치과의 바닷물고기. 우리 나라의 중요한 수산 자원의 하나로 말리거나 젓갈 따위를 만들어 먹음.

명 사람의 수효를 나타내는 말. 예한 명 두 명. 【名】

명견 이름난 개. 훌륭한 개.

명곡 유명한 악곡. 뛰어난 악곡.

명궁 ①활을 매우 잘 쏘는 사람. ②이름난 활. 【名弓】

명나라 중국 왕조의 하나. 주원장이 원나라를 멸망시키고 세웠음. 수도는 금릉에 두었다가 후에 북경으로 옮김. 1398년에 건국, 1644년에 멸망하였음.

명년 내년. 이듬해.

명단 어떤 일에 관계된 사람들의 이름을 적은 표. 【名單】

명답 아주 알맞고 뛰어난 대답.

명당 ①아주 좋은 묏자리. ②썩 좋은 장소나 지위의 비유.

명도 빛의 밝고 어두운 정도.

명도 대:비 명도의 차이가 있는 두 색을 함께 나란히 놓았을 때에 일어나는 효과.

명란[명난] 명태의 알. 【明卵】

명랑[명낭] 마음에 걱정이 없고 맑고 밝음. 비쾌활. 반우울. -하다. -히.

명량 해:협[명냥해협] 전라 남도 진도와 해남의 화원 반도 사이에 있는 바다의 좁은 부분.

명:령[명녕] 윗사람이 아랫사람에게 시킴. 또는 그 말이나 내용. 준명. -하다. 【命令】

명:령문[명녕문] 남에게 시킴이나 금지의 뜻을 나타내는 글.

명료 분명하고 똑똑함. 비명백. -하다. -히.

명륜당 조선 시대 성균관에서 유학을 가르치던 곳.

명마 이름난 말. 훌륭한 말. 비준마.

명망 널리 알려진 이름과 덕. 비성예.

명목 ①사물의 이름. ②겉으로 보이기 위하여 붙인 이름. ③구실. 이유.

명물 ①유명하거나 특별히 있는 물건. ②그 지방에서 자랑할 만한 이름난 물건. 【名物】

명백 아주 분명하고 뚜렷하다. -하다. -히. 【明白】

명복 죽은 뒤의 행복. 예죽은 사람의 명복을 빌어 주다.

명분 ①사람이 도덕적으로 지켜야 할 도리. ②표면적인 구실.

명사 ①사회에서 이름이 널리 알려진 사람. ②이름난 선비.

명사십리[명사심니] 함경 남도 원산에 있는 모래 사장.

명산 이름난 산. 예백두산은 세계의 명산이다. 【名山】

명상 고요한 가운데 눈을 감고 깊이 생각함. 또는 그 생각. 예명상에 잠기다. -하다.

명석 생각하고 판단함이 분명하고 똑똑함. -하다. 【明晳】
명성 세상에 널리 퍼져 평판이 높은 이름. 【名聲】
명성 황후〖사람〗[1851~1895] 조선 시대 고종 황제의 정비. 성은 민씨. 일본인에 의해 시해됨.
명수 그 방면에 투철하게 통달하여 이름난 사람. [예]양궁의 명수. [비]명인. 【名手】
명승 훌륭하고 이름난 자연 경치.
명승 고:적 아름답기로 이름난 경치와 지난날의 유적.
명승지 경치 좋기로 이름난 곳.
명심 마음 속에 새기어 둠. -하다. 【銘心】
명심보:감〖책명〗 어린이들의 인격 수양을 위해, 중국의 여러 고전에서 보배로운 말이나 글을 모아 엮은 책.
명암 ①밝고 어두움. [예]이 그림은 명암이 분명하다. ②주로 서양화에서 색의 농담이나 밝기의 정도. 【明暗】
명언 ①이치에 맞는 훌륭한 말. ②유명한 말. 【名言】
명예 ①사람의 사회적인 평가 또는 가치. ②세상에서 훌륭하다고 일컬어지는 이름. 영예. 명성. [반]불명예. -스럽다.
명예 훼손 남의 명예를 더럽히거나 손상시키는 일. -하다.
명왕성 태양계의 가장 바깥쪽을 도는 별. 【冥王星】
명월 ①밝은 달. ②보름달. 특히, 음력의 8월 보름달.
명의 병을 잘 고치는 유명한 의사. 대의. 【名醫】
명일 내일. 【明日】
명작 훌륭한 작품. 유명한 작품. [비]걸작. [반]졸작. 【名作】
명장 뛰어난 장군. 이름난 장수.
명절 전통적으로 내려 오는 온 겨레가 다 즐거워하는 날〔설·단오·추석 따위〕.
명주실 누에고치에서 뽑은 실.
명주실꾸리 명주실을 둥글게 감아 놓은 뭉치.
명:중 겨냥한 곳에 바로 맞음. 또는 바로맞힘. [예]과녁에 명중하다. [비]적중. -하다. 【命中】
명찰[1] 이름표. [비]명패. 【名札】
명찰[2] 유명한 절. 이름난 사찰.
명창 ①뛰어나게 잘 부르는 노래. ②노래를 뛰어나게 잘 부르는 사람. 【名唱】
명칭 사물을 부르는 이름. 사물을 일컫는 이름. [비]호칭.
명쾌 명랑하고 쾌활함. [예]명쾌한 답변. -하다. -히. 【明快】
명태 대구와 비슷하나, 홀쭉하고 몸길이는 60cm, 동해에서 많이 잡히는 중요한 수산물의 하나. 【明太】
명필 ①글씨를 아주 잘 쓰는 사람. ②유명하게 잘 쓴 글씨.
명함 성명·주소·직업·신분 따위를 적은 종이쪽.
명화 ①아주 잘 그린 그림. [예]명화 전시회. ②유명한 영화.
명확 분명하고 틀림이 없음. [예]명확히 말하라. -하다. -히.
모 옮겨 심기 위하여 가꾸어 기른 벼의 싹.
모:교 자기가 졸업한 학교. 자기의 출신 학교. 【母校】
모:국 외국에 있어서 자기 나라를 이르는 말. [예]모국 방문.
모금 어떤 일을 도와 줄 목적으로 여러 사람으로부터 돈을 거두어들임. -하다.
모금원 돈(기부금)을 모아들이는 사람.
모:기 여름철에 사람이나 가축의 피를 빨아먹고 사는 작은 곤충의 하나.

[ㅁ]

모:기향 제충국 가루를 송진이나 물에 개어 가느다란 막대 모양으로 만든 것. 이것을 태워서 모기를 쫓음.

모:깃불[모긷뿔/모긷뿔] 모기를 쫓기 위해 연기를 피우는 불.

모나무 옮겨 심기 위하여 가꾸어 기른 어린 나무. 圓묘목.

모내기 모를 못자리에서 논으로 옮기어 심는 일. 圓모심기. 이앙. -하다.

모녀 어머니와 딸. 【母女】

모노드라마 혼자서 하는 연극.

모노레일 하나의 레일로 된 철도. 圓단궤 철도. 【monorail】

모눈종이 방안지. 일정한 간격을 두고 서로 직각으로 교차시켜 여러 개의 가로줄과 세로줄을 그린 종이.

모닥불[모닥뿔] 잎나무 따위를 태우는 불이나, 그 불의 더미.

모델 ①모형. 본보기. ②미술가가 본보기로 쓰는 물건이나 사람. ③'패션 모델'의 준말.

모독 무례하게 굴어 욕되게 함.

모두 있는 대로 빠짐없이 다. 圓전부.

모둠발 두 발을 가지런히 같은 자리에 모은 발.

모락모락 연기나 냄새 같은 것이 조금씩 피어 오르는 모양. 〈무럭무럭.

모란 꽃송이가 크고 아름다워 정원에 널리 재배되고 있는 꽃나무. 종류에 따라 분홍·연분홍·흰색 등의 꽃이 핌.
[모란]

모래 잘게 부스러진 돌의 부스러기.

모래 가마니 모래를 넣어 만든 가마니.

모래 모판 꺾꽂이 순의 뿌리가 잘 내리게 하기 위하여 모래로 만든 모판.

모래밭 모래가 넓게 깔려 있는 벌판. 圓백사장.

모래장난 모래를 가지고 하는 놀이. -하다.

모래주머니 ①모래를 넣은 주머니. 특히 화재나 겨울철 빙판에 대비하여 준비함. ②날짐승의 소화기의 일부분으로 먹이를 잘게 부수는 일을 함. 圓사낭.

모래톱 강가나 바닷가에 있는 넓은 모래 벌판. 모래 사장.

모략 남을 해치려고 쓰는 속임수. -하다. 【謀略】

모:레 내일의 다음 날.

모르다(모르니, 몰라서) ①알지 못하다. ②깨닫지 못하다. 圖알다.

모르타르 소석회와 모래를 섞어서 물에 갠 것. 시간이 지나면 물기가 없어지고 단단하게 됨.

모른 체 어떤 일에 대하여 아무 상관이 없는 듯한 태도. 圖아는 체. -하다.

모름지기 마땅히.

모면 꾀를 써서 벗어남. 어려운 고비에서 벗어남. -하다.

모:멸 모멸을 당하는 느낌.

모발 사람의 머리털.

모방 다른 것을 본뜸. 흉내 냄. 圖창조. -하다. 【模倣】

모범 본받아 배울 만한 본보기.

모범생 학술과 품행이 우량하여 본보기가 되는 학생.

모빌 알루미늄이나 셀룰로이드 판의 조각을 여러 개 매달아 움직이는 아름다움을 나타낸 것.

모서리 ①물건의 날카롭게 생긴 가장자리. ②면과 면이 서로 맞닿은 선.

모섬유 동물의 털에서 얻은 섬유.

모:성애 자식에 대한 어머니의 알뜰한 사랑. 団부성애.

모세관 ①'모세 혈관'의 준말. ②그물 모양으로 온몸에 퍼져 있는 가늘고 작은 혈관.

모세 혈관 동맥관과 정맥관을 이어 주는 가는 혈관. 이 혈관을 통하여 조직에 산소와 양분을 공급하고, 노폐물을 심장으로 되돌려 보내는 작용을 함. 【母細血管】

모셔가다 손윗사람을 안내하여 목적지까지 가다.

모:션 ①동작. 행동. ②자세. 몸짓.

모순 말이나 행동의 앞뒤가 서로 맞지 아니함.

모:스〖사람〗[1791~1872] 미국의 발명가. 전신기와 모스 부호를 발명함. 1843년에 워싱턴과 볼티모어간의 전보통신에 성공했음.

모:스 부호 모스가 만든 전신 부호. 점(짧은 소리)과 선(긴 소리)을 여러 가지로 섞어 글자를 대신함.

모스크바 삼(3)상 회:의 1945년 12월 모스크바에서 개최된 미국·영국·소련의 외상 회의. 이 회의에서 한국의 신탁 통치 문제가 논의되었음.

모습 사람의 생긴 모양. 団모양. 형상.

모시 모시풀 껍질로 짠 피륙. 충청 남도 한산에서 나는 모시가 곱기로 유명함.

모:시다 ①웃어른을 가까이에서 받들다. 예늙으신 부모님을 정성껏 모시다. ②웃어른의 제사 등을 지내다.

모시랫들〖지명〗충청 북도 충주시 북서쪽에 있는 들판의 이름.

모시조개 참조개과에 속하는 조개. 패각은 둥근데 높이와 길이가 각 5cm, 폭 3.2cm 내외. 해안의 얕은 진흙 속에 삶.

모식도 사물의 구조 진행 조직 따위를 도식적으로 정리하고 배열한 그림.

모심기[모심끼] 벼의 모를 못자리에서 옮겨 심는 일.

모양 ①사람이나 물건의 생김새나 형태. 예얼굴 모양이 아름답다. ②어떠한 일의 형편이나 상태. 예일하는 모양이 한심스럽다. 団모습.

모:욕 업신여김. 깔보고 욕되게 함. -하다. 【侮辱】

모으다(모으니, 모아서) ①여럿을 한 곳으로 오게 하다. ②돈이나 물건들을 저축하다. 窗모다.

모:음 홀소리. 목소리가 입술·코·목구멍에 장애를 받지 않고 나오는 소리. 홑홀소리와 겹홀소리가 있음. 団자음.

모이 닭이나 새들의 먹이.

모이주머니 새 종류의 밥줄에 주머니 모양으로 생긴, 먹은 모이를 저장하는 곳.

모임 여러 사람이 어떤 목적을 위하여 한 곳에 모이는 일.

모:자라다 기준에 미치지 못하다. 부족하다. 団남다.

모자이크 나무·돌·타일·유리·색종이 등을 붙여서 나타낸 그림이나 무늬. -하다.

모조 ①모방하여 만듦. 또는 그러한 물건. 예모조품. ② '모조지'의 준말. 【模造】

모조리 하나도 빼지 않고 모두. 団전부.

모조지 인쇄할 때 많이 쓰이는 질기고 강한 윤이 나는 종이. 窗모조.

모종 옮겨 심기 위하여 가꾼 씨앗의 싹. 또는 옮겨 심는 일.

모직 털실로 짠 옷감. 【毛織】

모:질다(모지니, 모지오) ①정도가 매우 세다. 예밤 사이 모진 비바람이 몰아치다. ②차마 못할 짓을 함부로 하다. 예모질게 발로 차다. ③힘든 일을 능히 참고 견디다.

모집 널리 뽑아 모음. 예신입생을 모집하다. -하다.

모찌기 모판에서 모를 뽑아 한 다발씩 묶어 놓는 일.

모차르트【사람】[1756~1791] 오스트리아의 고전파 음악가. 음악의 천재라고 불림. 5세 때 미뉴에트를 작곡했고 13세 때는 가극을 작곡했다고 함. 작품에 〈피가로의 결혼〉〈돈 조반니〉〈마적〉 등이 있음.

모처럼 ①벼르고 별러서 처음으로. ②일껏. 오래간만에.

모:체 ①어미되는 몸. ②갈려나온 물건의 근본이 되는 물체.

모:친 어머니. 맨부친. 【母親】

모:터보:트 모터에 의해서 움직이는 보트. 【motorboat】

모퉁이 ①구부리거나 꺾이어 돌아간 자리. ②좁은 장소의 어떤 한 부분. 비귀퉁이. 맨가운데.

모판 들어가 손질하기에 편리하게 못자리의 사이사이를 떼어 직사각형으로 다듬어 놓은 조각조각의 구역.

모함 여러 가지 꾀를 써서 남을 어려움에 빠지게 함. 비참함. -하다. 【謀陷】

모:험 위험한 고비를 무릅쓰고 하는 일. -하다.

모:험심 모험을 즐기는 마음. 모험에 도전하기를 좋아하는 마음.

모형 ①실물의 모양을 흉내내어서 만든 것. 예모형 잠수함을 만들다. ②물건의 모양을 똑같이 만들기 위한 틀. 준형.

모호하다 흐리터분하여 똑똑하지 못하다.

목 ①동물의 머리와 몸통을 이어 주는 잘룩한 부분. ②다른 곳으로는 도망갈 수 없는 중요한 통로의 좁은 곳.

목걸이 목에 장식품으로 거는 물건을 통틀어 이르는 말.

목격 일이 벌어진 광경을 눈으로 직접 봄. 예사고 현장을 목격하다. -하다. 【目擊】

목공 나무를 재료로 여러 가지 물건을 만드는 일. 또는 만드는 사람. 비목수. 【木工】

목공소 나무를 가공하여 물건을 만드는 곳. 【木工所】

목관 악기 몸통이 나무로 되어 있는 관악기. 맨금관 악기.

목기[목끼] 나무로 만든 그릇.

목덜미 목의 뒷부분. 예목덜미를 붙잡히다. 준덜미.

목도리 추위를 막거나 모양을 내기 위하여 목에 두르는 것.

목돈[목똔] 액수가 많은 돈.

목동 말·소·염소 등의 집짐승에게 풀을 뜯기는 아이.

목련[몽년] 이른 봄에 크고 향기있는 흰빛 또는 자줏빛 꽃이 잎보다 먼저 피는 나무.

목례[몽네] 눈짓으로 가볍게 하는 인사. 눈인사. 【目禮】

목록[몽녹] 물건의 이름을 일정한 차례로 적은 것. 비목차.

목마[몽마] 어린아이들이 타고 놀 수 있도록 나무로 만든 말.

목마르다(목마르니, 목말라서) ①물이 먹고 싶다. ②무엇을 몹시 바라다.

목말[몽말] 남의 어깨 위에 두 다리를 벌리고 올라 타는 일.

목멱산 서울에 있는 '남산'의

본래 이름.

목민심서【책명】 조선 시대에 정약용이 쓴 책. 지방 관리들이 백성을 다스리는 데에 관한 도리를 적은 책. 48권 16책.

목사 신자들의 예배와 교회의 관리를 맡아 보는 교직. 또는 그 사람. 🔟목자. 【牧師】

목석 ①나무와 돌. ②감정이나 인정이 둔한 사람. 【木石】

목성 태양에서부터 세어 다섯째의 행성. 태양계에 있는 아홉 개의 행성 중 가장 큼.

목소리[목쏘리] 사람의 목구멍으로 내는 소리. 말소리.

목수 나무를 다루어 집을 짓거나 물건을 만드는 일을 하는 사람. 🔟목공. 대목. 【木手】

목숨 ①숨쉬며 살아 있는 힘. 살아가는 데 밑바탕이 되는 힘. ②생명. 수명.

목욕 온 몸을 깨끗이 씻음.

목자[목짜] ①양을 치는 사람. ②크리스트교에서, 목사나 신부 등의 성직자를 이르는 말.

목장 소나 말, 또는 양 따위의 가축을 많이 놓아 기르는 산이나 들판 같은 곳. 【牧場】

목재[목째] 무엇을 만드는 데 쓰이는 나무로 된 재료. 예목재 책상. 🔟제목. 【木材】

목적[목쩍] 이루거나 이루려고 마음 먹은 일. 🔟목표. -하다.

목적지[목쩍찌] 목표로 삼는 곳. 지목한 곳. 【目的地】

목조 나무를 재료로 하여 만듦. 또는 그 만든 물건.

목조 건:축 쓰인 재료가 주로 목재로 되어 있는 건축.

목차 차례. 순서. 【目次】

목청 ①소리를 내는 기관. ②목에서 울려 나오는 소리.

목초 소·말·양 등을 먹이는 풀. 🔟꼴. 【牧草】

목축 소·말·양 등을 많이 기름. -하다. 【牧畜】

목침 나무로 만든 베개. 【木枕】

목탁 절에서 염불할 때 치는 기구. 둥그스름하게 다듬은 나무로 속이 비어 있음. 【木鐸】

목탄 ①숯. ②그림그리기의 도구로 쓰려고 버드나무·오동나무 등으로 만든 숯. 【木炭】

목판 나무에 글자나 그림을 새긴 판. 예목판 인쇄.

목판화 나무판을 판재로 하여 찍은 그림. 【木版畵】

목포【지명】 전라 남도 남서쪽에 있는 항구 도시. 【木浦】

목표 목적으로 정한 것. 일을 할 때의 대상. 🔟목적. -하다.

목화[모콰] 아욱과의 일년생 식물. 잎은 손바닥 모양이고, 가을에 누런꽃이 피는 식물. 씨에 붙은 [목화] 솜은 실이나 옷감의 원료가 됨. 1363년 고려 공민왕 때 문익점이 처음 들여 왔음. 면화. 목면. 【木花】

몫[목] ①여럿으로 나누어 가지는 각 부분. 예몫을 정하여 나누어 가지다. ②나누어 떨어지는 나눗셈의 답. ③저마다 맡은 임무. 책임.

몰골 볼품이 없는 모양새.

몰:다(모니, 모오) ①짐승 같은 것을 뒤나 옆에서 쫓아 자기가 바라는 쪽으로 가게 하다. ②자전거나 자동차를 운전하다. ③남을 못된 자리에 밀어 넣다. 예범인으로 몰다.

몰두[몰뚜] 한 가지 일에 오로지 정신을 기울임. -하다.

몰락 ①모조리 없어짐. ②멸망하여 없어짐. 예고려가 몰락하다. -하다. 【沒落】

몰려가다 ①떼를 지어 한쪽으

로 밀려가다. 例구경꾼들이 몰려가다. ②쫓기어 가다.

몰려다니다 ①여럿이 떼를 지어 돌아다니다. ②억지로 쫓기어 다니다.

몰려들다 ①한꺼번에 떼를 지어 들어오다. ②억지로 쫓기어 들어오다.

몰려오다 ①한꺼번에 떼를 지어 오다. ②쫓겨오다.

몰리다 ①여럿이 한쪽으로 밀려 뭉치다. ②일이 한꺼번에 밀리다.

몰살[몰쌀] 하나도 남김없이 모조리 죽임. 例적을 몰살시키다. -하다.   【沒殺】

몰상식[몰쌍식] 상식에 벗어나고 사리 판단에 어두움. -하다.

몰수[몰쑤] 빼앗아 들임. 例재산을 몰수당하다. -하다.

몰아내:다 밖으로 쫓아 버리다.

몰아치다[모라치다] ①한 곳에 몰리게 하다. 例비바람이 몰아치다. ②몹시 서두르다. 例시험 공부를 하루 동안에 몰아치다.

몰이꾼[모리꾼] 사냥을 할 때 짐승을 한 곳으로 모는 사람.

몰인정[모린정] 인정이 없음. -하다.

몰지각 알아서 깨달음. 지각이 없음. 例그런 몰지각한 말은 하지 마라. -하다.   【沒知覺】

몸 ①머리에서 발까지, 또는 거기에 딸린 모든 것을 통틀어 이르는 말. ②'사람'이나 '신분'등을 이르는 말. 卽신체.

몸가짐 몸을 가지는 품. 태도. 행동.

몸뚱이 사람이나 짐승 따위의 몸의 덩치.

몸매 몸의 맵시.

몸부림 ①울거나 떼를 쓰거나 할때에 온 몸을 마구 흔들고 부딪는 짓. ②잠잘 때에 이리 저리 뒹굴며 자는 짓. -하다.

몸살 몸이 매우 피로하여 일어나는 병.

몸서리 지긋지긋하게 싫증이 나는 마음.

몸소 제 스스로. 친히.

몸조리 허약해진 몸을 회복하기 위하여 잘 보살핌. -하다.

몸조심 몸에 닥쳐올 위험을 미리 마음을 써서 잘못이 없도록 함. -하다.

몸집[몸찝] 몸의 부피.

몸짓[몸찓] 몸을 놀리는 태도. 例재빠른 몸짓. -하다.

몸체 몸이 되는 부분.

몸통 몸의 둘레. 원줄기.

몹:시[몹씨] 더할 수 없이 심하게. 例작년 겨울은 몹시 추웠었다. 卽매우.

못[1] 넓고 깊게 팬 땅에 늘 물이 괴어 있는 곳. 卽연못.

못[2] 쇠붙이로 끝을 뾰족하게 만들어 물건과 물건 사이를 잇대고 걸쳐 박는 데 쓰이는 물건.

못가 못의 가장자리.

못갖춘마디 악보의 첫머리에 있는 박자표대로 되어 있지 않은 마디.

못:난이 못나고 어리석은 사람. 卽바보.

못:마땅하다 마음에 맞지 아니하다. 못마땅히.

못박다 ①못을 박다. ②남의 마음에 상처를 입히다.

못:생기다 잘나지 못하다. 卽못나다. 反잘생기다.

못자리 볍씨를 뿌려 모를 기르는 논. 卽모판. -하다.

못줄[모쭐] 모 심을 때, 간격을 맞추기 위하여 대는 긴 줄.

몽고〖나라〗중국 본토의 북쪽에 있는 지역. 칭기즈 칸이 나타나 몽고족을 통일하여 세운 나라.

몽당비 끝이 닳아서 거의 쓸 수 없게 된 비.

몽당연필 다 써서 거의 못쓰게 된 짧은 연필 도막.

몽둥이 조금 굵고 긴 막대기.

몽롱[몽농] ①사물이 분명하지 않음. ②생각이 흐리멍덩하여 분명하지 않음. 예 머리가 몽롱해지다. -하다.

몽:상 ①꿈을 꾸는 듯한 현실성이 없는 헛된 생각. ②꿈 속의 생각. -하다.

몽실몽실 살지고 기름져 보드라운 느낌을 주는 모양.〈뭉실뭉실. -하다.

뫼시다 '모시다'의 옛말.

묘: 사람의 무덤. 뫼. 【墓】

묘:기 훌륭한 기술. 절묘한 재주.

묘:목 옮겨 심기 위하여 가꾼 어린 나무, 또는 옮겨 심은 어린 나무. 圓모나무.

묘:미 썩 좋은 재미, 또는 맛.

묘:비 죽은 사람의 이름, 한 일 등을 새기어 무덤 앞에 세워 놓은 비석. 圓묘석. 묘표.

묘:사 글이나 그림에서, 어떤 일이나 마음의 상태 등을 있는 그대로 나타내거나 그려 냄. -하다.

묘:소 '산소'의 높임말.

묘:수 ①뛰어난 솜씨. 예 바둑의 묘수. ②기술이 교묘한 사람.

묘:안 좋은 생각. 예 궁리 끝에 묘안이 떠오르다. 【妙案】

묘:지 무덤이 있는 땅, 또는 그 구역. 예 공동 묘지. 【墓地】

묘:책 매우 좋은 꾀. 절묘한 계책. 예 묘책을 생각해 내다.

묘:청[사람][?~1135] 고려 인종 때의 승려. 서경으로 도읍을 옮길 것을 주장하다가 실

패하자, 서경에서 반란을 일으켰음.

묘:청의 난 묘청 등이 서경에서 일으킨 난(1135). 김부식을 중심으로 한 반대 세력(개경파)에 눌려 실패했음.

묘:포 묘목을 심어 기르는 밭. 圓모판.

묘:표 무덤에 묻혀 있는 사람의 이름 따위를 새겨 무덤 앞에 세우는 푯돌이나 푯말. 圓묘비.

묘:하다 ①내용이나 생김새가 색다르고 신기하다. 예 묘하게 생긴 돌부처. ②매우 공교롭거나 신기하다.

묘:향산[지명] 평안 북도 영변군에 있는 경치가 아름다운 산. 단군이 하늘에서 내려왔다는 전설로 유명하며, 서산 대사·사명 대사가 도를 닦던 곳인 보현사가 있음.

무:[1] 채소의 한 가지. 잎과 뿌리는 음식으로 먹고, 씨는 약재로 씀.

무[2] 없음. 존재하지 않음. 【無】

무가치 가치가 없음. -하다.

무감각 감각이 없음. -하다.

무게 ①물건의 무거운 정도. 중량. ②가치나 중요한 정도.

무게 중심 물체를 바늘이나 송곳같은 것으로 받쳐 기울지 않게 되는 점. 그 물체가 모여서 작용한다고 생각하는 점.

무고 ①별다른 일이 없음. ②아무 탈 없이 편안함. 예 집안 식구 모두 무고하다. 圓유고. -하다. -히. 【無故】

무:공 나라를 위해 싸운 공적. 圓무훈. 【武功】

무:관[1] ①옛날 과거 시험의 하나인 무과 출신의 벼슬아치. ②군대의 일을 맡아 보는 관리. 圓문관. 【武官】

무관² 관계 없음.　【無關】

무관심 ①마음에 두지 않음. 예불우한 이웃에 무관심하다. ②흥미가 없음. 예운동에 무관심하다. -하다.　【無關心】

무궁 무진 다함이 없고 끝이 없음. 끝없이 많거나 큼. ⓹무진. -하다.　【無窮無盡】

무궁화 우리 나라의 나라꽃. 키가 2~4m 가량이고 여름부터 가을까지 보랏빛 또는 분홍빛·흰빛의 꽃이 핌. [무궁화]

무:기¹ 전쟁에 쓰이는 기구. 예무기를 잘 손질하다. ⓫병기.

무기² '무기한'의 준말. 시간이 정해지지 않음. ⓬유기.【無期】

무기명 이름을 쓰지 않음. ⓬기명.　　　　　【無記名】

무기질 생활 기능을 가지지 않은 물질 및, 그것을 원료로 하여 인공적으로 만든 물질을 통틀어 이르는 말〔공기·물·광물 등〕. ⓫무기물. ⓬유기질.

무기화 전쟁에 쓰이는 기구로 만듦. -하다.

무난 어렵지 아니함. -하다.

무남 독녀[무남독녀] 아들이 없는 집안의 외딸.　【無男獨女】

무너지다 ①포개어 쌓인 물질이 떨어져 흩어지다. 예벽이 무너지다. ②세웠던 계획 등이 수포로 돌아가다.

무능 ①재주나 힘이 없음. ②'무능력'의 준말. 능력이 없음. ⓬유능. -하다.　【無能】

무능력[무능력] 일을 처리할 만한 힘이 없음. -하다.

무늬 ①어룽진 모양. ②여러 가지 모양과 색을 아름답게 늘어놓은 구성. 예무늬가 아름답다.

무:당 귀신을 섬기면서, 굿을 하고 점을 치는 여자. ⓫무녀.

무:대 ①노래·춤·연극 등을 하기 위하여 높게 만들어 놓은 단. 예무대에 오르다. ②재능이나 역량 따위를 시험해 보거나 발휘할 수 있는 활동 범위.　　　　【舞臺】

무더기 한 곳에 수북이 쌓인 물건의 더미.

무더위 찌는 듯한 더위.

무던하다 ①정도가 어지간하다. ②마음씨가 너그럽다.

무덤 시체를 땅에 묻은 곳. 분묘. ⓺산소.

무덥다(무더우니, 무더워서) 찌는 듯하여 못 견디게 덥다. ⓫서늘하다.

무도 춤을 춤.　　　　【舞蹈】

무:도회: 여러 사람이 모여서 춤을 추는 모임.

무:동 ①지난날, 나라 잔치 때 춤을 추고 노래를 부르던 아이. ②남사당놀이에서 춤을 추는 아이.

무등산 전라 남도 광산군과 화순군 사이에 위치한 산으로, 특히 수박이 유명함.

무디다 ①끝이나 날이 날카롭지 않다. 예칼날이 무디어 잘 베어지지 않는다. ②느끼어 깨닫는 힘이 모자라다. 예너무 추워서 몸의 감각이 무디어졌다. ⓫날카롭다.

무뚝뚝하다 인정스러운 데가 없다. 아기자기한 맛이 없다.

무량수전 아미타 여래를 모신 법당. 법주사와 부석사의 무량수전이 유명함.

무럭무럭[무렁무럭] ①힘차게 자라는 모양. 예아기가 무럭무럭 자라다. ②연기나 김 따위가 솟아오르는 모양. 〉모락모락.

무력[1] 힘이 없음. 능력이나 활동할 힘이 없음. [예]모든 일에 무력한 사람. [반]유력. -하다.

무:력[2] 군사상의 힘.

무렵 바로 그때 쯤. 일이 벌어질 그 즈음.

무령왕릉 충청 남도 공주시 금성동에 있는 백제 제25대 무령왕과 그 왕비의 무덤. 백제의 서울었던 공주에서 1971년 발견되었으며, 백제 금관을 비롯하여 우리 나라 최고의 지석과 유물이 발굴되었음.

무례 예의가 없음. 예의에 맞지 않음. 버릇이 없음. [예]무례한 행동. -하다. -히.

무료 요금이 필요 없음. 요금을 받지 않음. [예]무료 입장. [비]거저. 공짜. [반]유료. 【無料】

무르다[1] (무르니, 물러서) 바탕이 단단하지 않다.

무르다[2] (무르니, 물러서) 굳은 것이 푹 익다.

무르다[3] (무르니, 물러서) 샀던 것을 돌려 주고 돈을 찾다.

무르익다 익을 대로 충분히 익다.

무릅쓰다 어려운 일을 그대로 참고 하다.

무릇[무른] 대체로 보아. 헤아려 생각하건데.

무릎 넓적다리와 정강이 사이의 이어진 부분의 앞쪽.

무릎장단 곡조에 맞추어 손으로 무릎을 치는 일.

무리[1] ①한 패로 모인 여러 사람. ②짐승이나 새의 떼. [예]새들이 무리지어 날다. [비]떼. 패.

무리[2] ①이치에 맞지 않음. [예]무리한 부탁. ②억지로 우겨댐. [예]아픈 몸으로 무리하면 안 된다. ③하기 곤란함. [반]순리. -하다.

무:말랭이 반찬거리로 쓰기 위하여 잘게 썰어서 말린 무.

무명[1] 목화의 솜에서 뽑아 낸 실로 짠 베. [준]명.

무명[2] 이름이 없음. 이름을 알지 못함. [예]무명의 산. [반]유명. -하다. 【無名】

무명실 목화의 솜을 자아서 만든 실. [비]면사.

무명 용사탑 이름이 세상에 알려지지 아니한 용사들을 기리기 위해 세운 탑.

무명지 약손가락. 【無名指】

무모 ①꾀나 수단이 없음. [예]그것은 무모한 행동이다. ②깊은 생각이 없음. -하다.

무미 ①맛이 없음. 재미가 없음. ② '무의미'의 준말. -하다.

무방 괜찮음. 해로울 것이 없음. -하다. 【無妨】

무방비 적의 침입에 대한 방어할 시설이 없음.

무법 ①법이 없음. ②도리에 어긋나고 난폭함. 【無法】

무병 장수 병 없이 오래 삶.

무분별 사물의 옳고 그름을 분간할 수 없음. -하다.

무사[1] 아무 탈이 없음. 안전함. [비]무고. -하다. -히.

무사[2] 무예에 익숙한 사람. [비]무부. [반]문사. 【武士】

무사 시험 무예에 익숙한 사람을 뽑는 시험.

무사 태평 아무 탈 없이 편안함.

무상 ①덧없음. 일정하지 않음. ②나서 죽고 흥하고 망하는 것이 덧없고 헛됨. [예]인생무상. ③때가 없음. -하다.

무색 ①아무 빛깔이 없음. [예]무색 유리. ②부끄러워서 볼 낯이 없음. [비]무안. [반]유색. -하다.

무생물 생명이 없는 물건〔돌·물 따위의 물질〕. [반]생물.

무서움 두려움을 당하여 무서워 하는 느낌. ᄝ무섬.

무선 ①전선이 없음. ②무선 전신. ③무선 전화. ᄜ유선.

무선 부호 전파로 통신하기 위하여 특별히 정해 놓은 기호.

무선 전:신 전선을 쓰지 않고 전파로 통신할 수 있는 장치.

무선 전:화 전선 없이 전파를 이용하는 전화〔국제 전화 등에 쓰임〕. ᄝ무선. 무전.

무섭증[무섭쯩] 무서워하는 버릇, 또는 그런 현상.

무섭다(무서우니, 무서워서) 겁나다. 두렵다. 〉매섭다.

무:성¹ 나무나 풀이 우거짐. ᅠ예소나무로 무성해진 숲. -하다. -히.　　　　　【茂盛】

무:성² 소리나 음성이 없음.

무소식 소식이 없음.

무쇠 ①솥 같은 것을 만드는 재료가 되는 쇠. ②'강하고 굳센 것'을 비유하여 이르는 말. ᄜ선철.

무수리 옛날 궁궐에서 심부름을 하던 여자 종.

무:술 무기 및 무력으로 상대와 싸우는 기술. 무도에 관한 기술. ᄜ무예.　　　　【武術】

무승부 경기 등에서 이기고 지는 것이 없이 비김. 【無勝負】

무시 깔봄. 업신여기고 상대하지 않음. -하다.　　【無視】

무시무시하다 두려움에 떨게 하는 무서운 기운이 있다.

무식 지식이나 지혜가 없음. 아는 것이 없음. ᄜ무지. ᄜ유식. -하다.

무신경 ①느낌이 없음. 감각이 둔함. ②아무 부끄러움도 느끼지 못함. -하다.　【無神經】

무심 아무 생각이 없음. 관심이 없음. -하다. -히.　【無心】

무심코 뜻하지 아니하고, 아무 생각 없이.

무악재 서울 서대문구 현저동에서 홍제동으로 넘어가는 고개. 본래는 길마재라고 함. 한양 도읍 건설의 공로자인 무악대사에서 무악재란 이름이 생김.

무안 부끄러워 볼 낯이 없음. ᄜ무색. -하다. -히.

무언 말이 없음. 말을 하지 않음.

무:역 나라와 나라 사이의 상업. ᄜ교역. 통상. -하다.

무:역항 외국 상선이 드나들고 여객이 오르내리며 화물을 싣고 풀 수 있는 항구.

무연탄 태워도 연기가 나지 않는 석탄〔탄소분이 90% 이상이며, 검고 금속 광택이 남〕. ᄜ유연탄.

무열왕〖사람〗 신라 제29대왕. 삼국통일의 기초를 닦음. 태종무열왕.

무:예 활·말·창·칼 등의 무술에 관한 재주. ᄜ무술.

무:왕¹〖사람〗[?~641] 백제의 제30대 임금(재위 600~641). 수·당과 화친하고 일본에 문화를 전하는 등 국력을 길렀으나, 만년에는 사치와 유흥에 빠져 국력을 약화시켰음. 〔향가 작품인 〈서동요〉를 지음〕.　　　　　　【武王】

무:왕²〖사람〗[?~737] 발해의 제2대 임금(재위 719~737). 일본과 국교를 열고 무력을 양성하여 크게 세력을 떨쳤음.　　　　　　　【武王】

무:용¹ 음악에 맞추어 몸을 움직여서 감정을 나타내는 짓. 춤. -하다.

무용² 소용이 없음. ᅠ예무용지물. ᄜ유용. -하다.　【無用】

무:용담 싸움에서 용감하게 활

약하여 공을 세운 이야기.

무용지물 아무짝에도 쓸데없는 물건, 또는 사람.

무위 도식 아무 하는 일 없이 먹고 놀기만 함. -하다.

무의미 아무 뜻이 없음. [예]무의미한 말. -하다.

무의식 의식이 없음. [예]무의식중에 한 행동. -하다.

무익 이익이 없음. 이롭거나 도움이 될 만한 것이 없음. [반]유익. -하다. 【無益】

무인[1] 사람이 살고 있지 않음. 사람이 전혀 없음. [예]무인 비행선. [반]유인. 【無人】

무인[2] 무예를 닦은 사람. [비]무사. [반]문인. 【武人】

무인도 사람이 살고 있지 않은 섬. 【無人島】

무자:격 어떤 일을 할 수 있는 자격이 없음. [예]무자격 선수.

무자비 인정이나 사정이 없음. [반]자비. -하다.

무:장 전쟁 때에 하는 몸차림, 또는 전쟁 때와 같이 하는 차림새. [예]무장을 철저히 하다. -하다.

무:장 간:첩 무기를 가지고 간첩활동을 하는 사람.

무적 겨룰 만한 적이 없음.

무전기 무선 전신 또는 무선 전화를 하도록 장치가 되어 있는 기계. 【無電機】

무절제 알맞게 조절함이 없음.

무정 인정이나 동정심이 없음. 〉매정. -하다. -스럽다. -히.

무제 ①제목이 없음. ②제목을 붙이지 아니한 예술 작품 등에 제목 대신 쓰는 말.

무조건 아무 조건이 없음.

무좀 손바닥이나 발바닥, 특히 발가락 사이에 잘게 물이 잡히어 솟아나는 부스럼.

무죄 ①죄가 없음. ②잘못이나 허물이 없음. [반]유죄.

무:주〖지명〗 전라 북도 무주군의 군청 소재지. 부근에는 구천동·덕유산 등의 명승지가 있음.

무지 ①아는 것이 없음. ②미련하고 어리석음. ③하는 짓이 우악스러움. -하다. -스럽다.

무지개 공중에 떠 있는 물방울이 햇빛에 반사되어 반원형으로 길게 뻗쳐 나타나는 일곱 빛깔의 줄기〔위에서부터 빨강·주황·노랑·초록 ·파랑·남색·보라임〕.

무지막지 매우 무지하고 우악스러움. -하다.

무직 일정한 직업이 없음.

무진장 한없이 많이 있음. [비]무한량. -하다. -히.

무질서[무질써] 질서가 없음.

무찌르다(무찔러, 무찔러서) 닥치는 대로 막 쳐부수다. [예]적군을 남김 없이 무찌르다.

무참 끔찍하고 참혹함. [예]무참히 사형당하다. -하다. -히.

무채색 명도의 차이는 있으나 색상과 순도가 없는 색의 총칭〔흰색·검정색·회색 등〕. [반]유채색.

무책임 ①책임이 없음. ②책임감이 없음. 책임을 중히 여기지 않음. -하다.

무척 매우. 대단히. 다른 것보다 훨씬. [예]무척 중요한 일.

무:청 무의 잎과 줄기.

무표정하다 아무 표정이 없다.

무한 한이 없음. 끝이 없음. [예]우주는 무한하다. [반]유한. -하다. -히. 【無限】

무한:정 한정이 없음. [예]무한정한 천연 자원. 【無限定】

무허가 허가가 없음. [예]무허가 건물. 【無許可】

무형 문화재 무형의 문화적 소

산으로 역사적으로나 예술적으로 가치가 큰 것〔연극·음악·공예기술 따위〕. **땐**유형문화재.

무화과나무 뽕나무과의 갈잎넓은잎떨기나무. 키 3m 가량. 봄 여름에 담홍색 꽃이 핌. 가을에 열매가 검붉은 색으로 익음. 정원에 심어서 가꾸며, 과실은 먹고 잎은 한약재로 쓰임. 옛날 사람들은 꽃이 피지 않는 줄 알았기 때문에 무화과라는 이름을 붙였다고 함. **준**무화과.

무효 효과·효력이 없음. **땐**유효. -하다. 【無效】

묵과 ①말없이 그냥 지나침. ②보고도 못 본 체하고 넘겨버림. **예**친구의 잘못을 묵과하다. -하다. 【默過】

묵념[뭉념] 눈을 감고 고개를 숙여 마음 속으로 조용히 생각에 잠김. 【默念】

묵다[묵따] ①오래 되다. **예**묵은 김치. ②한 곳에 잠시 머무르다. **예**친척집에서 묵다.

묵독 소리를 내지 않고 글을 읽음. **비**목독. **땐**음독. -하다.

묵묵 부답 입을 꼭 다문 채 아무 대답도 하지 않음.

묵묵히[뭉무키] 잠자코 말없이.

묵사발 일이나 물건이 몹시 잘못되거나 망그러진 형편.

묵상[묵쌍] 말없이 마음 속으로 생각함. -하다.

묵직하다[묵찌카다] ①무게가 보기보다 무겁다. **예**작아도 꽤 묵직하다. ②꽤 든든하고 무게가 있다. **예**목소리가 묵직하다. 묵직히.

묶다[묵따] ①새끼나 끈으로 잡아매다. ②움직이지 못하게 몸을 얽어매다.

묶이다[묵기다] 묶임을 당하다.

문 드나들거나 여닫도록 된 시설〔방문·창문 등〕. 【門】

문간[문깐] 대문이나 중문이 있는 곳.

문갑 문서나 문구 등을 넣어 두는 서랍이 여러 개인 긴 궤.

문경 새재【지명】경상 북도 문경군과 충청 북도 괴산군 사이에 있는 고개. '조령'이라고도 함.

문고 ①여러 사람이 읽을 수 있도록 책을 모아서 놓아 둔 곳. **예**학급 문고를 모으다. **비**서고. ②출판물의 한 형식으로 널리 보급할 목적으로, 값이 싸고 가지고 다니기 알맞게 만든 책에 붙이는 이름. **예**아동 문고. 【文庫】

문관 ①옛날 과거 시험의 하나인 문과 출신의 벼슬아치. ②군인이 아니면서 군대의 행정 사무에 관계하는 사람. **땐**무관. 【文官】

문교부 '교육부'의 옛 명칭. ⇨교육부.

문구멍[문꾸멍] 문에 바른 종이가 찢어져서 난 구멍.

문단¹ 시·소설·수필 등 문학에 종사하는 사람들의 사회.

문단² 긴 문장 중에 크게 끊은 글의 단락. **예**문단의 내용을 파악하다. 【文段】

문단속 사고가 일어나지 않도록 문을 닫아 단단히 잠그는 일.

문:답 ①물음과 대답. ②서로 묻고 대답함. -하다. 【問答】

문둥병 나균의 침입으로 생기는 만성 전염병.

문득 생각이나 느낌 등이 갑자기 떠오르는 모양. **센**문뜩.

문:란[물란] 도덕이나 질서·규칙 따위가 어지러움. **예**사회가 문란하다. -하다. -히.

문루[물루] 성문 따위에 높이 세운 다락집.

문맹 글을 쓸 줄도 볼 줄도 모름. 圓까막눈.

문맹 퇴:치 글 모르는 사람을 가르쳐서 글을 읽을 수 있도록 눈을 뜨게 하는 일. -하다.

문명 사람의 지혜가 발달하여, 물질적인 생활이 편리해짐. 圓현대는 문명 사회다. 圓문화. 凹미개. 야만. 【文明】

문명 국가 문명이 발달하여 국민의 생활 수준이 높고 국민의 머리가 발달된 나라. 凹미개국. ❀문명국. 【文明國家】

문무 학문과 무예. 곧, 글을 읽는 일과 말 타고 활 쏘는 일을 통틀어 가리키는 말. 圓문무에 뛰어난 사람. 【文武】

문무대왕〖사람〗 신라 제30대 왕. 김유신과 함께 삼국을 통일함. 당나라 문화 수입.

문물 문화의 발달로 이루어진 것. 곧, 학문·예술·법률·종교 등 문화에 관한 것을 통틀어 이르는 말.

문바람[문빠람] 문이나 문틈으로 들어오는 바람. 圓문바람이 매섭다.

문방구 붓·종이·벼루·먹·펜·연필 등 문방〔책을 읽거나 글을 쓰는 방〕에 필요한 기구. 문방 제구. 圓문구.

문방 사우 문방에 꼭 있어야 할 네 벗〔종이·붓·벼루· 먹〕.

문벌 대대로 내려오는 그 집안의 신분과 지위. 圓문벌이 좋지 않다. 圓가문. 가세.

문법[문뻡] ①말과 말을 이어서 글을 만들 때의 규칙. 圓우리 나라 국어의 문법. 圓말본. 어법. ②문장 구성의 법칙.

문:병 아픈 사람을 찾아보고 위로함. 圓병문안. -하다.

문살[문쌀] 문짝의 뼈가 되는 나무오리나 대오리.

문서 어떤 일에 필요한 사항을 글로써 생각을 적어 나타낸 것. 圓비밀 문서를 찾다.

문신 미신이나 맹세의 표시로 살갗을 바늘로 떠서 먹물이나 물감으로 글씨나 그림·무늬 등을 새겨 넣음.

문:안 웃어른께 안부를 여쭘. 圓안부. -하다. 【問安】

문예 ①학문과 예술. ②시·소설·희곡 수필과 같이 말과 글로써 아름다움을 나타내는 예술.

문예 부:흥 14~16세기 사이에 유럽에서 중세 기독교의 속박에서 벗어나 개인의 해방과 동시에 근대 문화의 기원을 이룩한 일. 르네상스.

문외한 그 방면에 전문이 아닌 사람.

문:의 물어 봄. 물어서 의논함. 圓모르는 것을 선생님께 문의하다. -하다. 【問議】

문익점〖사람〗〔1329~1398〕 고려 공민왕 때의 성품이 곧고 학식이 뛰어난 선비. 원나라에 사신으로 갔다가 목화씨를 얻어 붓두껍 속에 넣어 가지고 와 퍼뜨렸음.

문인 문학에 종사하는 사람.

문자[문짜] 말이나 소리를 눈으로 볼 수 있도록 적어 나타낸 일종의 부호. 圓글자.

문장 ①생각이나 느낌을 글로 나타낸 것. 圓글월. ②글을 잘 짓는 사람. 【文章】

문장 부호 문장의 뜻을 돕거나 알아보기 쉽게 하기 위하여 쓰이는 여러 가지 부호.〔물음표(?)·느낌표(!)·반점(,) 따위〕.

문:제 ①풀어야 할 어려운 일.

②대답을 요구하는 물음. 예산수 시험 문제가 매우 어렵다. 町해답. 준문. 【問題】

문:제아 성격·행동 등이 다른 아동들과 달리 특별한 교육과 지도를 필요로 하는 아동.

문지기 문을 지키는 사람.

문지르다(문질러, 문질러서) 물건을 서로 대고 이리저리 밀거나 비비다. 예손을 문지르다.

문집 어느 개인의 시나 글을 한데 모아 엮은 책. 【文集】

문체 글의 체재. 글의 특징. 문장의 표현 형식.

문틈 닫힌 문의 틈바구니.

문패 성명·주소 등을 적어 대문에 다는 패. 【門牌】

문풍지 문틈으로 새어 들어오는 바람을 막기 위하여 문에 바르는 종이. 준풍지.

문하생 스승 밑에서 가르침을 받는 제자. 【門下生】

문학 ①자연·과학·정치·경제·법률 등을 뺀 모든 학문을 통틀어 이르는 말. ②인간의 감정·사상 등을 말과 글로써 나타낸 예술 작품. 예문학 작품을 많이 읽자. ③글에 대한 학문. 【文學】

문헌 학문 연구에 참고가 될 만한 기록이나 책.

문호 개방 ①문을 열어 아무나 드나들게 함. ②자기 나라의 영토를 다른 나라의 경제 활동을 위하여 터놓음.

문화 사람의 지혜가 깨이고 세상이 열리어 살기 좋아짐. 예문화의 발달. 町문명. 町미개.

문화 국민 문화 생활하는 국민.

문화 민족 문화가 발달하는 겨레.

문화 생활 과학적이고 합리적인 생활. 【文化生活】

문화 유산 다음 세대에 물려줄 모든 문화를 이르는 말.

문화인 ①학문이나 예술 등 문화에 관한 일에 종사하는 사람. ②높은 지식과 교양을 지닌 사람. 町야만인. 미개인.

문화재 문화적 가치를 지니고 있는 역사적인 유물〔유형 문화재와 무형 문화재. 기념물 및 민속 자료를 통틀어 이르는 말〕. 【文化財】

문화재 보호:법 문화적 가치가 있는 사물의 보호에 관한 법.

문화적 문화의 모든 것을 갖춘 모양.

문화 체육부 문화·예술·국민 체육진흥 등에 관한 일을 맡아보는 기관.

묻다1 [묻따] 물건을 흙이나 다른 물건 속에 넣어 안 보이게 하다.

묻다2 가루·풀 등이 다른 물건에 들러붙다. 예옷에 먼지가 묻다.

묻:다3 (물으니, 물어서) 모르는 일에 대하여 남에게 대답을 구하다. 예나이를 묻다.

물 ①마시거나 먹는 액체. 곧식수. 음료수. ②수소와 산소의 화합물로서, 색깔과 맛이 없는 액체(H₂O). ③강이나 호수 바다를 두루 이르는 말.

물가1 [물까] 물건의 값. 상품의 시장 가격. 예물가가 내리다.

물가2 [물까] 바다·강·내·못 등의 가장자리. 예물가에 나가 고기를 잡다.

물갈퀴 오리·기러기·개구리 등의 발가락 사이에 있는 얇은 막. 헤엄칠 때 지느러미 구실을 함.

물감 ①천에 물을 들이는 데 쓰이는 재료. 町염료. ②그림물감.

물개[물깨] 물개과의 바다 짐
승. 길이가 수컷은 2m. 암컷
은 1m 정도. 몸에는 지느러미
가 있어 헤엄도 치고 걷기도
함. 북태평양에 많이 삶.

물거품 ①물의 거품. ②노력이
헛되게 된 상태. 예모든 계획
이 물거품이 되다.

물건 일정한 모양이 있는 모든
것. 비물체. 물질.　【物件】

물결[물껼] 물의 표면에 생기는
물의 높낮이. 비파도.

물고기[물꼬기] 물에 사는 아가
미와 지느러미가 있는 척추
동물을 통틀어 이르는 말.

물관 식물의 뿌리로 빨아들인
물기와 양분을 줄기와 잎으로
보내는 관 모양의 조직.

물구나무서기 두 손을 땅에 대
고 몸을 거꾸로 세우는 것.

물굽이[물꾸비] 하천·강 등에
서 물이 구부러져 흐르는 곳.

물귀신[물뀌신] 물 속에 있다는
잡귀.

물기[물끼] 축축한 물의 기운.
비수분. 습기.

물기둥[물끼둥] 기둥처럼 솟구
쳐 오르는 굵은 물줄기.

물꼬 논에 물이 넘어 들어가거
나 흘러나가게 만들어 놓은
어귀. 예물꼬를 높이다.

물끄러미 아무 생각 없이. 우
두커니 한 곳만 바라보는 모
양. >말끄러미.

물끓듯하다 몹시 와글거리다.

물난:리[물랄리] ①큰물이 져서
일어나는 야단법석이나 끔찍
한 사고. 예강둑이 무너져 물
난리가 나다. 비수해. ②먹을
물이 딸리어 우물이나 수돗물
을 다투어 받으려고 하는 소
동.

물다(무니, 무오) ①당연히 내
거나 주어야 할 것을 치르다.

내다. 예깨진 유리창 값을 물
다. ②이나 부리·집게 등으
로 어떤 물건을 마주 누르다.
예손가락을 물다.

물대기 농사를 짓는 데 필요한
물을 인공적으로 논밭에 댐.

물동이[물똥이] 물을 긷는 데
쓰이는 동이.

물들다 ①빛깔이 옮아서 묻거
나 배다. 예노랗게 물든 단풍.
②무엇을 따라 닮아가다. 예
나쁜 친구에게 물들다.

물량 물건의 적고 많은 정도의
양.

물러가다 ①뒷걸음쳐 가다. ②
윗사람 앞에 왔다가 도로 나
가다. ③지위나 하던 일에
서 놓고 떠나다. 예직장에서
물러가다.

물러나다 하던 일이나 자리를
내어 놓고 나오다.

물러서다 뒤로 나서다. 뒷걸음
질하다. 예뒤로 한걸음 물러
서다.

물렁물렁하다 매우 무르고 물
렁하다. 예물렁물렁한 빵. >말
랑말랑하다.

물렁뼈 물렁한 여린 뼈. 뼈와
뼈가 이어지는 곳이나, 귀 코
등에 있음. 연골.

물렁하다 ①물기가 많고 야
야들하며 매우 부드러워 보인
다. ②사람의 몸이나 성질이
맺힌 데가 없이 무르고 약하
다. >말랑하다.

물레 솜이나 털을
자아서 실을 뽑는
기계.

[물레]

물레방아 물의 힘
으로 큰 바퀴를
돌려 곡식을 찧는 방아. 비물
방아. 수차.

물려받다 재물이나 지위 기술
등을 이어받다. 예도자기 만

드는 기술을 물려받다. 凹물려주다.

물려주다 재물이나 지위·기술 등을 자손이나 남에게 전하여 주다. 凹물려받다.

물론 말할 것도 없이. 예축구는 물론 농구도 잘 한다.

물리 ①모든 사물의 이치. ②'물리학'의 준말. 【物理】

물리다¹ 아주 싫증이 나다.

물리다² ①어떠한 약속을 뒤로 더 멀게 하다. 예운동회를 뒤로 물리다. ②지위나 권리·재산 따위를 다른 사람에게 내려 주다.

물리치다 ①쳐서 물러가게 하다. 예적군을 물리치다. ②거절하여 받지 아니하다.

물리치료사 물리적 작용〔열·전기·광선·엑스선·공기·온천 등〕을 이용해서 병을 치료하는 사람.

물리학 모든 물질에 대한 모양·성질·변함 등을 연구하여 그 관계나 법칙을 밝히는 학문. 이학. 圓물리. 【物理學】

물리학과 물리학을 전문적으로 공부하는 대학의 한 과.

물매 한꺼번에 많이 때리는 매. 凹뭇매.

물물 교환 물건과 물건을 직접 바꾸는 경제 행위.

물물 교환 시대 개인이 만든 물건을 서로 바꾸어 쓰던 시대.

물밀듯이 연달아 많이 몰려오는 모양.

물바다 홍수로 말미암아 넓은 지역이 물에 잠긴 상태. 凹물난리.

물방개 등은 흑색이고 밑부분과 다리는 황갈색이며 딱딱한 껍질을 가진 곤충. 죽은 개구리나 뱀 등의 살을 뜯어먹음.

물방아 ⇨물레방아.

물방울[물빵울] 물에서 떨어져 나온 작고 동글동글한 물의 덩어리.

물벼락 벼락이 떨어지듯이 갑자기 세게 쏟아지는 물.

물벼룩 민물 속에 헤엄쳐 다니는 아주 작은 동물. 물고기의 먹이가 됨.

물보라 안개 모양으로 잘게 흩어지는 물방울.

물산 장:려회 1922년 조만식 등 여러 민족 지도자들이 우리 자본과 기술로써 물건을 만들어 쓰게 하자는 뜻을 편 국산품 애용 운동 단체. 국산품 장려·소비 절약·금주·금연·자급 자족 등의 운동을 지도하였음.

물살[물쌀] 물의 흐르는 힘, 또는 그 속도.

물새[물쌔] 물 위나 물가에서 사는 모든 새를 통틀어 이르는 말.

물색[물쌕] ①일을 해낼 만한 사람을 찾음. ②쓸 만한 물건을 고름. 예좋은 책을 물색하다. -하다. 【物色】

물수레 ①길에서 먼지가 나지 않게 물을 뿌리는 차. ②물을 싣고 다니는 수레.

물시계[물씨계] 지난날에 물을 이용하여 시간을 재던 시계.

물약[물략] 액체로 된 약.

물어내:다 어떤 일에 손해를 주거나, 물건을 망가뜨렸을 때, 돈이나 똑같은 물건으로 배상해 주는 것.

물오리 오리과에 속하는 야생 오리의 총칭. 청둥오리.

물옥잠 늪·못·물가에 자라는 풀잎. 잎은 심장 모양인데 반들반들하고, 끝이 뾰족함. 타원형의 열매를 맺음.

물음표 묻는 말이나 의심을 나타낼 때에 그 말의 끝에 쓰는 부호. '?'의 이름. 🔟의문표.

물자[물짜] ①물건을 만드는 데 필요한 자료. ②물품.

물장구 손이나 발등으로 물 위를 잇달아 치는 짓.

물장군 물에 사는 곤충 중 가장 큰 곤충. 몸은 납작하고 짙은 회색으로 개구리·물고기 등의 피를 빨아먹음.

물장난 물에서 놀거나 물을 가지고 노는 장난.

물정[물쩡] 세상의 인심이나 사정. 例세상 물정에 어둡다.

물줄기[물쭐기] ①물이 한데 모여 내나 강으로 흘러 나가는 줄기. ②힘있게 내뻗치는 물의 줄.

물지게 물을 길어 나르는 데 쓰는 지게. 양끝에 물통을 달게 되어 있음.

물질[물찔] 물건의 형태와 성질. 물건을 이루는 본 바탕. 例물질의 상태. 🔟정신. 【物質】

물질 문명[물찔문명] 자연을 개척하고 물질을 기초로 하여 이루어진 문명. 例물질 문명의 사회. 🔟정신 문명.

물집 손이나 발의 살가죽이 부르터 그 속에 물이 생긴 것.

물체 물질이 모여서 일정한 모양을 이루고 있는 것. 【物體】

물컹하다 너무 익거나 곯아서 물크러질 듯이 물렁하다.

물통 물을 담아 두는 통.

물풀 '물 속이나 물가에 나는 풀'을 통틀어 이르는 말.

물품 쓸 만한 값어치가 있는 물건. 例물품 절약. 【物品】

묽다[묵따] 죽이나 풀 같은 것이 물이 많고 건더기가 적다. 🔟되다.

뭇 사람 여러 사람. 많은 사람.

뭉개다 물건을 문질러 으깨거나 짓이기다.

뭉게구름 아래는 평평하고 산봉우리처럼 치솟은 구름.

뭉게뭉게 구름이나 연기 같은 것이 계속 피어 오르는 모양.

뭉치 한 곳으로 뚤뚤 뭉치거나 뭉뚱그린 덩이. 例신문 뭉치.

뭉치:다 ①여럿이 합쳐서 한 덩어리가 된다. ②여럿이 굳게 단결하다. 하나로 단결하다.

뭉클하다 깊은 느낌으로 가슴이 갑자기 꽉 차 넘치는 듯하다.

뭉툭하다[뭉투카다] ①끝이 짧고 무디다. ②생김새가 퉁퉁하면서 짤막한 모양. 例연필심이 뭉툭하다. 〉몽톡하다.

뭍 ⇨육지.

뮤:지컬 춤·노래·무용·연극 등으로 이루어진 예술의 한 형식.

미각 맛을 느끼는 감각. 例미각을 돋우는 햇과일. 【味覺】

미:감 사물의 아름다움에 대한 느낌. 【美感】

미:개 ①문화가 발달하지 아니한 모양. 🔟야만. 🔟개명. ②꽃이 피지 않음. 🔟개화. -하다.

미:개인 문화가 발달되지 못한 인종. 例원시인은 미개인이다. 🔟야만인. 🔟문명인.

미:개척지 아직 개척하지 않은 땅. 🔟미개지. 【未開拓地】

미:결 ①아직 결정되거나 해결되지 아니함. ②죄가 있고 없음이 확정되지 않음. 🔟기결. -하다. 【未決】

미:관 아름다운 구경거리. 훌륭한 경치. 【美觀】

미국〖나라〗 북아메리카에 있는 연방 공화국. 아메리카 합중국. 수도는 워싱턴. 【美國】

미군 미국의 군대, 또는 군인.

미꾸라지 논이나 늪의 진흙 속에 사는 민물고기. 몸길이는 5~15cm로 가늘고 길며 매우 미끄러움. 국을 끓여 먹음. 추어.

미끄러지다 반들반들 하거나 미끄러운 곳에 밀려 나가거나 넘어지다. >매끄러지다.

미끄럼틀 아이들이 앉아서 미끄러져 내려올 수 있도록 널빤지 따위로 경사지게 만든 놀이 시설. 미끄럼대.

미끈액 뼈마디의 뼈와 뼈 사이에 들어 있는 미끈미끈한 액체. 마디의 운동을 부드럽게 함.

미끈하다 ①겉모양이 흠이 없이 곧고 깨끗하다. ⑩미끈한 다리. ②미끄러울 정도로 흠이나 거침새가 없다. >매끈하다. 미끈히.

미끼 ①낚시 끝에 꿰는 물고기의 밥. 낚시밥. ②사람이나 동물을 꾀어서 이끄는 물건이나 수단.

미나리 습한 땅이나 무논에 자라는 여러해살이풀. 잎과 줄기는 먹음.

미:남 '미남자'의 준말. 얼굴이 썩 잘 생긴 남자. 圓호남. 凹미녀. 추남. 【美男】

미:납 아직 내지 못함. ⑩전화 요금을 미납하다. -하다.

미:녀 얼굴이 아름다운 여자.

미뉴에트 프랑스에서 생겨난 보통 빠르기의 아름다운 4분의 3박자의 춤곡. 【minuet】

미:닫이[미다지] 옆으로 밀어 열고 닫는 문. ⑩미닫이문.

미:달 아직 어떤 한도에 이르지 못함. 못 미침. 모자람.

미:담 뒤에 전할 만한 아름다운 이야기. 【美談】

미:덕 아름다운 마음. 도덕적인 훌륭한 행동. ⑩길이 빛날 조상들의 미덕. 【美德】

미덥다(미더우니, 미더워서) 믿음성이 있다.

미:라 사람이나 동물의 시체가 바짝 말라 원래의 비슷한 상태로 남아 있는 것.

미:래 앞으로 닥쳐올 때. ⑩미래의 세계. 凹장래. 凹과거.

미:려 아름답고 고움. -하다.

미련 어리석고 둔한 태도나 행동. -하다.

미련퉁이 꾀가 없이 매우 어리석고 둔한 사람. 凹미련쟁이. >매련퉁이.

미로 한번 들어가면 드나드는 곳이나 방향을 찾기에 매우 어렵게 된 길. 【迷路】

미루나무 버드나무에 속하는 갈잎넓은잎큰키나무. 줄기가 곧고 키가 커서 냇가나 가로수에 많이 심음. 포플러.

미루다 ①이미 아는 것으로 다른 것을 비추어서 생각하다. ⑩지난 일로 미루어 짐작할 수 있다. ②일을 나중으로 넘기다. ⑩숙제를 뒤로 미루다. ③일이나 책임을 남에게 떠넘기다.

미륵 보살 56억 7천만년 후에 미륵불로 나타나 중생을 구한다는 보살. ㉰미륵.

미륵불 미륵 보살의 후신으로 다시 태어날 장래의 부처.

미륵사지 석탑 백제 시대의 대표적인 탑. 전라 북도 익산군 금마면 기양리의 미륵사 터에 있음. 원래는 7~9층인 듯한데, 지금은 6층만이 남아 있음.

미리 어떠한 일이 생기기 전에 먼저.

미:만 정한 수나 정도에 차지 못함. ⑩학생이 백 명 미만이

다.

미:망인 남편이 죽고 홀로 사는 부인. 回과부. 【未亡人】

미:모 아름다운 얼굴. 예쁜 얼굴. 예미모의 여인. 【美貌】

미묘 말할 수 없을 만큼 아름답고 묘함. -하다. -히.

미미하다 ①아주 보잘것 없이 썩 작다. 예미미한 가문에서 태어나다. ②매우 희미하다.

미:비 완전하지 못하거나, 제대로 갖추어져 있지 아니함. 예여행준비가 미비하다. -하다.

미사 천주교에서 행하여지는 최대의 예배 의식. 【missa】

미사일 로켓이나 제트 엔진으로 날아가는 장거리 포탄. 대륙간 탄도 유도탄 등이 있음. 유도탄.

미생물 세균·짚신벌레·원충 등과 같이 현미경으로만 볼 수 있는 작은 생물을 통틀어 이르는 말.

미:성년자 법률에서 아직 만 스무 살이 되지 않은 사람.

미:세 몹시 작음. -하다.

미소 소리를 내지 않고 방긋이 웃는 웃음. 예입가에 미소를 머금다. 回폭소. -하다. 【微小】

미·소 공:동 위원회 1946년과 1947년에 걸쳐 미국과 소련의 대표가 서울에 모여, 한국의 통일 문제를 논의한 회의.

미:수 아직 다 거두지 못함. 예미수금. 【未收】

미숙 일에 익숙하지 못하고 서투름. 回숙달. -하다.

미:술 아름다움을 나타내는 예술의 한 부분. 곧, 그림·건축·조각 등을 통틀어 이르는 말. 예미술감상. 【美術】

미:술관 미술 작품을 보관하고 전시하는 건물.

미숫가루 찹쌀·멥쌀·보리쌀 등을 볶거나 쪄서 말리어 갈아 고운 체에 친 가루.

미스 ①결혼하지 않은 여자의 성이나 이름 앞에 붙이는 말. 양. 예미스 최. ②처녀. 미혼의 여자. 【Miss】

미스터 남자의 이름이나 주로 성앞에 붙이는 말.

미시시피 강 미국 중앙부의 남쪽으로 흐르는 세계에서 세 번째로 긴 강. 길이 6,210km.

미신 과학적 근거가 없는 것을 망령되게 믿음. 【迷信】

미아 길을 잃고 헤매는 아이.

미:안 ①마음이 편하지 못하고 거북함. ②남에게 대하여 겸연쩍은 마음이 있음. ③겸손의 뜻을 나타내는 말. 예약속 시간에 늦어서 미안하다. 回죄송. -하다. -히. 【未安】

미약 보잘 것 없이 약함. 작고 약함. 예미약한 힘. -하다.

미얀마〖나라〗 전 버마 연방 공화국. 인도차이나 반도 서부에 있는 연방 공화국. 1989년 6월 18일자로 국명을 미얀마 연합으로 변경. 수도는 양곤.

미얄할미 산대놀이에서 신할아비의 아내. 또는 그가 쓰는 말.

미어지다 ①팽팽하게 된 가죽이나 종이 등에 구멍이 생기다. 예옷이 못에 걸려 미어지다. ②심한 고통이나 슬픔을 느끼다. 예너무 슬퍼 가슴이 미어진다. 囹미이다.

미역 국을 끓여 먹는 바다에서 나는 풀. 칼슘이 많이 들어 있어 아기를 낳은 어머니나 아이들에게 좋음.

미역감다 냇물이나 강물에 들어가서 놀거나 몸을 씻다.

미열 건강한 몸의 온도보다 조

금 높은 체온. 【微熱】

미:완성 끝을 다 맺지 못함. 아직 완성하지 못함. 예미완성 작품. 반완성. 준미완. -하다.

미:용 용모를 아름답게 매만지는 일. -하다. 【美容】

미움 밉게 여기는 마음.

미워지다 미운 생각을 가지게 되다. 싫어지다.

미음 쌀이나 잣을 넣어 푹 끓인 죽을 이르는 말.

미:인 얼굴이 아름다운 여자. 예미인 선발 대회. 비미녀. 미희. 반미남. 추녀.

미장원 머리나 얼굴 모습을 아름답게 매만져 주는 일을 영업으로 하는 집. 【美粧院】

미장공 집을 짓거나 고칠 때 흙이나 회·시멘트 등을 벽이나 바닥에 바르는 일을 직업으로 하는 사람.

미:정 아직 결정하지 못함. 반기정. -하다.

미주【지명】아메리카 주.

미:지 아직 모름. 알지 못함.

미지근하다 따스한 기운이 조금 있는 듯하다. 예세숫물이 미지근하다. 미지근히.

미:지수 ①짐작할 수 없는 앞일의 속셈. ②방정식에서 아직 알려지지 않은 수. 반기수.

미:지항 산수 식에서 그 값을 알 수 없는 항.

미천하다 신분이나 지위가 낮고 천하다.

미치광이 ①미친 사람. ②말이나 행동이 가볍고 미친 것 같은 사람. >매치광이.

미치다¹ ①정신에 이상이 생겨 말과 하는 짓이 이상하다. ②어떤 일에 지나치게 열중하다.

미치다² ①어떤 한 곳에 이르다. ②영향을 끼치게 되다.

미:터 길이의 기본 단위. 기호는 'm'[1m는 100cm]. 【meter】

미:터법 도량형을 미터·센티미터·킬로그램 등의 단위로 나타내는 방법으로 오늘날 널리 사용하고 있음.

미투리 삼이나 모시·노끈 등으로 만든 신발.

[미투리]

미팅 만남. 모임. 집회.

미:풍¹ 아름다운 풍속. 좋은 풍속. 미속. 예미풍 양속을 따르다. 반악풍. 【美風】

미풍² 살살 부는 바람. 세풍.

미:필 어떤 일을 아직 다 끝내지 못함. 예병역 미필자. -하다.

미행 남의 행동을 감시하기 위해 그 사람 몰래 뒤를 따라다님. 예범인을 미행하다. -하다.

미:혼 아직 결혼을 하지 않음. 예미혼 여성. 반기혼. 【未婚】

미:화 아름답게 꾸미는 일. 예환경 미화 작업. -하다.

미:화부 교실의 안팎, 또는 학교 안팎을 깨끗하고 아름답게 꾸미는 일을 맡은 어린이회의 한 부.

미:확인 비행 물체 정체를 알 수 없는 비행 물체[비행 접시 따위]. 유에프오(UFO).

미:흡 아직 충분하지 못함.

믹서 과일이나 채소 따위를 잘게 갈아 즙을 내는 데 쓰이는 전기기구. 【mixer】

민가 일반 서민들이 사는 살림집. 민호. 【民家】

민간 구조대 일반 국민들이 사고나 재해에 대비해서 만든 단체.

민간 단체 일반 국민들에 의하여 이루어진 모임. 반국영 단체.

민간 신:앙 예로부터 민간에 전하여 내려오는 신앙.

민간 외:교 스포츠나 예술을 통하여 민간인끼리 친선 관계를 유지하는 외교.

민간인 관리나 군인이 아닌 보통 사람. 🔁관인. 【民間人】

민감 감각이 예민함. 날카롭고 빠른 감각. 예민감한 행동. 🔁둔감. -하다. -히.

민권주의[민꿘주의] ①국민의 권리를 높이는 것을 목적으로 하는 주의. ②정치에 참여하는 권리를 모든 국민에게 평등하게 주자는 주의. 삼민주의의 하나. 【民權主義】

민단 '거류 민단'의 준말. 외국의 일정한 곳에 살고 있는 같은 겨레로서 조직된 자치 단체. 【民團】

민담 예로부터 민간에 전해 내려오는 신화·전설·동화 따위를 통틀어 이르는 말. 🔁민간 설화.

민둥산 나무가 없어 흙이 드러난 산.

민들레 길가나 들판에 자라는 풀. 봄에 긴 줄기 끝에 노란 꽃이 피고, 씨앗은 바람에 날려 번식함. [민들레]

민망 답답하고 딱하여 걱정스러움. -하다. -스럽다. -히.

민며느리 며느리로 삼기 위해 미리 데려다 키우는 여자 아이.

민물 뭍에 있는 짜지 않은 물. 🔁바닷물.

민물고기[민물꼬기] 민물에서 사는 고기〔붕어·메기·뱀장어·잉어 등〕. 🔁바닷물고기.

민방위 국민들이 스스로 적의 공격이나 재난을 막아 내는

일.

민방위대 민방위를 위하여 일반 국민들로 조직한 단체.

민방위 훈련 적의 공격이나 재난에 의한 여러 가지 사태에 대비하기 위하여 실시되는 훈련.

민법[민뻡] 개인이나 사회 생활에 관한 일반 법률. 【民法】

민비 ⇒명성 황후.

민사 재판 국민들 사이에서 사사로운 재산 문제 등으로 권리 다툼이 생겼을 때 하는 재판. 🔁형사 재판.

민생 국민의 생활. 예민생 치안에 힘쓰다. 【民生】

민생주의 사회의 모든 계급적 압박을 없애 백성들의 생활을 풍족하게 하려는 주의. 삼민주의의 하나. 【民生主義】

민선 일반 국민이 어떤 대표를 직접 선출함. -하다. 【民選】

민속 일반 백성들의 풍속과 습관. 민간의 풍속. 민풍. 【民俗】

민속 놀이 각 지방의 생활과 풍습이 나타나 있는 놀이〔그네뛰기·윷놀이·씨름 등〕.

민속 박물관 조상들의 풍속·습관·생활 모습 등에 관한 자료나 도구 등을 모아 놓은 곳.

민속 신:앙 오랫동안 전해 내려오는 사이에 백성들의 습관이 되어 믿고 받드는 일.

민속 음악 옛날부터 민간에 전해 내려오는 그 민족만의 음악.

민속 자료 백성들이 생활해 온 모습을 알 수 있는 자료.

민속촌 민간에 전해 오는 풍습·산업·예술 등을 옛 모습대로 보존하여 일반에게 구경시키는 마을. 용인군 기흥읍 보라리에 있음.

민심 국민들의 마음. 백성들의 마음. 예민심이 천심이다.

민영 민간인이 경영함.

민영환【사람】[1861~1905] 조선 말기의 충신. 시호는 충정공. 을사조약이 체결되자 조약의 효력을 없앨 것을 상소하였다가 뜻을 이루지 못하자 유서를 남기고 스스로 목숨을 끊음.

민요[미뇨] 옛날부터 전하여 오는 노래. 그 나라 국민의 마음과 고유한 풍습이 소박하게 담겼으며, 그 민족 특유의 가락으로 표현됨〔아리랑·도라지 타령·경복궁 타령 등〕.

민원 국민이 원함. 국민의 소원이나 청원. 【民願】

민원실 민원 사무를 접수·처리하는 곳.

민의원 5·16 군사 혁명 이전의 국회의 양원 중의 하나.

민정 ①민간인에 의한 정치. 반군정. ②국민의 안녕과 행복을 꾀하는 정치. 【民政】

민족 같은 지역에 살고, 말과 습관 따위가 같은 사람의 무리. 비겨레. 【民族】

민족 기록화 우리 민족의 역사적인 사실을 상상하여 그린 그림〔한산대첩도·살수대첩도 등〕.

민족 기업 외국의 자본에 의지하지 않고 그 민족의 자본으로 스스로 경영하는 기업.

민족 국가 같은 민족이 하나의 국가를 이루고 있거나, 한 민족이 국민의 대다수를 이루고 있는 상태의 국가.

민족애 같은 민족끼리의 믿음과 사랑.

민족성 그 민족만이 가지고 있는 독특한 성질. 비국민성.

민족 운:동 민족의 통일이나 독립을 이룩하고, 민족이 당연히 누려야 할 권리를 되찾기 위하여 하는 운동.

민족 자결주의 미국의 제28대 대통령인 윌슨이 제창한 주의. 곧, '어느 한 민족이 스스로 한 나라를 세우느냐, 또는 다른 나라에 속하느냐 하는 문제는 그 민족 자체가 결정 짓는 주의'를 말함〔이 주의는 3·1운동을 일으킨 배경 사상이 되기도 했음〕.

민족적 온 민족에게 관계되거나 포함되는 모양. 【民族的】

민족 정기 민족의 얼이 깃든 바르고 큰 기운. 【民族精氣】

민족 정신 ①그 민족이 가지고 있는 정신. ②한 민족은 하나로 뭉쳐서 독립해 나가야 한다는 생각.

민족주의 다른 민족의 지배에서 벗어나 같은 민족으로서 나라를 이루려는 주의. 비국민주의. 반공산주의. 독재주의.

민족 중흥 쇠퇴하였던 민족의 힘을 불러일으켜 다시 성하고 기운차게 함.

민족혼 어느 한 민족만이 지니고 있는 고유한 정신.

민주 공:화국 주권이 국민 전체에게 있는 공화국.

민주 국가 주권이 국민에게 있는 나라. 민주주의 정치를 하는 나라. 예우리 나라는 민주 국가이다. 반독재 국가. 군주 국가.

민주 정치 주권이 국민에게 있고, 국민의 의사에 따라 행하여지는 정치. 반전제 정치.

민주주의 국민이 주권을 가지고 국민의 힘으로 국민 전체의 이익을 위하여 정치를 하는 주의. 비민본주의. 반전제주의. 독재주의. 공산주의.

민주화 정치 체제나 사고 방식을 민주주의적으로 되게 함.

민중 국가나 사회를 이루고 있는 일반 국민. 🕮국민. 【民衆】

민첩 재빠르고 날램. 🕮민첩하게 행동하다. -하다. -히.

민첩성 재빠른 성질.

민폐 민간에게 폐가 되는 일.

민화¹ 일반 서민들의 생활 모습 등을 소재로 하여 그린, 민간에 전하는 그림. 【民畵】

민화² 일반 서민들의 사이에서 전해 내려오는 이야기.

믿다[믿따] ①꼭 그렇게 여겨 의심하지 않다. ②마음으로 의지하다. 🕮의심하다.

믿음[미듬] 믿는 마음. 🕮친구 사이에는 믿음이 있어야 한다. 🕮신의. 🕮의심.

밀 벼과의 한두해살이 재배 식물. 높이는 1m 가량이고, 5월에 꽃이 핌. 열매는 빻아 밀가루를 만듦. 🕮참밀.

밀가루 참밀의 가루.

밀고 비밀히 알림. 남몰래 넌지시 일러바침. 고자질. -하다.

밀기울[밀끼울] 밀을 빻아서 체로 가루를 내고 남은 찌끼. 곧, 밀의 껍질이 많이 섞인 것.

밀:다(미니, 미오) ①힘을 주어 앞으로 나아가게 하다. 🕮자전거를 뒤에서 밀다. ②바닥을 반반해지도록 깎다. 🕮대패로 나무를 밀다. ③추대하거나 추천하다. ④가루 반죽을 얇고 넓게 펴다.

밀담 비밀스럽게 하는 말. 은밀히 의논함. 【密談】

밀도[밀또] 빽빽이 들어선 정도. 🕮인구 밀도가 매우 높다.

밀레【사람】[1814~1875] 프랑스의 유명한 화가. 농민 출신으로 스스로 농사를 지으면서 그림 그리기에 힘써 주로 농민과 농촌을 소재로 하여 종교적이면서 근심스러운 모습이 담긴 그림을 많이 그렸음. 〈이삭 줍기〉〈만종〉〈씨뿌리는 사람들〉 등의 그림이 유명함.

밀려나다 ①어떤 자리에서 몰리거나 쫓겨나다. ②어떤 힘에 의해서 떼밈을 당하거나 서 있던 자리에서 다른 방향으로 비켜가다.

밀렵 허가를 받지 않고 몰래 사냥함, 또는 그런 사냥.

밀리다¹ 미처 다 처리하지 못하여 일이나 물건이 쌓이다. 🕮일기가 밀리다.

밀리다² 떼밈을 당하다. 🕮강한 힘에 멀리 밀리다.

밀리미터 길이의 단위로 센티미터를 열로 나눈 하나. 기호는 mm. 🕮밀리.

밀림 큰 나무들이 빽빽이 들어찬 수풀. 🕮정글. 【密林】

밀매 어떤 물건을 몰래 사고 팖. 🕮마약 밀매. 【密賣】

밀:물 일정한 시각에 밀려 들어오는 바닷물. 하루에 두 번씩 밀려 들어옴. 🕮썰물.

밀봉 단단히 봉함.

밀봉 교:육 일정한 기간 동안 일정한 곳에 수용하여 비밀로 행하는 간첩 교육.

밀사[밀싸] 비밀히 보내는 심부름꾼. 【密使】

밀서[밀써] 비밀히 보내는 글.

밀수[밀쑤] 세관을 거치지 않고 비밀히 하는 수입과 수출.

밀실[밀씰] 아무나 함부로 드나들지 못하게 하고 비밀리에 쓰는 방. 【密室】

밀잠자리 잠자리의 한 종류로 가을 하늘에 떼지어 날아다님. 농촌에서 많이 볼 수 있음.

밀접[밀쩝] 사이가 아주 가까움. 서로 떨어질 수 없는 관계에 있음. -히. 【密接】

밀정[밀쩡] 몰래 남의 사정을 밝힘, 또는 그 사람. 비첩자. -하다.

밀집 빽빽이 모임. 예음식점이 밀집해 있는 거리. -하다.

밀짚[밀찝] 밀알을 떨고 난 밀의 줄기.

밀착 빈틈 없이 서로 달라붙음. -하다.

밀:치다 세게 밀다. 예사람들을 밀치고 안으로 들어가다.

밀폐 틈이 없이 꼭 막거나 닫음. 예밀폐된 방. 【密閉】

밀항 허락 없이 몰래 배를 타고 외국으로 감.

밀회 몰래 모이거나 만남. 특히 남녀가 몰래 만나는 것. -하다.

밉다(미우니, 미워서) ①마음에 들지 않고 비위에 거슬려 싫다. ②얼굴이나 생김새가 볼품없다. 반곱다.

밋밋하다[민미타다] 생김새가 미끈하게 곧고 길다. 예밋밋하게 자란 나무. >맷맷하다.

밑[1] [믿] ①물체의 아랫부분이나 아래쪽. ②일의 근본. ③밑바닥. 예밑 빠진 독에 물 붓기.

밑[2] [믿] 4³, 5³ 따위에서 '4, 5'와 같이 거듭 곱해질 수.

밑거름[믿꺼름] 농작물의 씨를 뿌리거나 모를 내기 전에 내는 거름. 비기비. 원비.

밑그림 ①모양의 대충만을 초

잡아 그린 그림. ②수를 놓도록 종이나 헝겊에 그린 그림.

밑깎기 나무의 밑부분에 돋아 있는 잔가지를 자르는 일.

밑넓이[민널비] 입체도형에서 밑면의 넓이. 밑면적. 반윗넓이.

밑동 ①긴 물건의 맨 아랫동아리. ②채소나 나물 따위의 뿌리. 예배추의 밑동을 자르다.

밑면 밑바닥을 이루는 평면.

밑바닥 ①그릇이나 물체의 바닥이 되는 밑부분. ②사회 생활에서 매우 낮은 지위나 자리를 이르는 말.

밑바탕 ①사물의 근본 바탕. ②사람의 타고난 근본 바탕. 비본바탕.

밑반찬 만들어서 오래 두고 언제나 손쉽게 내먹을 수 있는 반찬[장아찌·자반 등].

밑받침 밑에 받치는 물건.

밑변 삼각형이나 사다리꼴의 밑바닥을 이루는 변. 비저변.

밑줄 드러냄표의 한 가지. 주의를 끌기 위하여, 가로쓰기의 글귀 아래에 긋는 줄.

밑지다 들인 밑천을 다 건지지 못하다. 손해를 보다. 예밑지는 장사. 반남다.

밑창 ①신의 바닥 밑에 붙이는 창. 반속창. ②배나 그릇 따위의 맨 밑바닥을 속되게 이르는 말.

밑천 ①장사나 무슨 일을 하는 데 필요한 돈이나 물건. 예밑천이 많이 드는 사업. ②본전.

밑층 아래층. 하층.

밑판 밑에 대는 판. 밑이 되는 판.

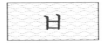

ㅂ(비읍) 한글 닿소리(자음)의 여섯째 글자.

-ㅂ니다 어떠한 동작이 현재 계속되고 있음을 나타내는 말. **예**학교에 갑니다.

-ㅂ디까 지난 일을 돌이켜 묻는 뜻을 나타내는 말. **예**철수는 무엇을 합디까?

-ㅂ시다 같이 행동하기를 원할 때 쓰이는 말. **예**조용히 합시다.

바가지 물을 푸거나 물건을 담는 그릇〔박을 타서 속을 파내고 삶아서 말린 것과 플라스틱 등으로 만든 것이 있음〕.

바:겐 세일 보통 때에 받던 가격에서 훨씬 싸게 하여 특별히 파는 일. 특매.

바구니 대오리나 싸리로 둥글고 속이 깊게 엮어 만든 그릇.

바그너【사람】 [1813~1883] 독일의 낭만파 가극 작곡가. 〈가극의 왕〉이라고 일컬음. 작품에는 〈탄호이저〉〈로엔그린〉 등이 있음.

바깥 문 밖이 되는 곳. 밖으로 향한 쪽. **예**바깥으로 나가다.

바꾸다 ①어떠한 물건을 주고 그대신 딴 물건을 받다. ②변화시키다. **예**색깔을 바꾸다. ③변경하다. **예**설계를 바꾸다.

바뀌다 ① '바꾸이다'의 준말. **예**장면이 바뀌다. ②서로 바꾸어 지다.

바나나 파초과의 여러해살이풀. 초여름에 담홍색 꽃이 피며, 열매는 긴 타원형으로 송이를 이루며 냄새와 맛이 좋음. 인도가 산지이지만 열대 지방에서 널리 재배됨.

바느질 바늘로 옷을 짓거나 꿰매는 일. -하다.

바늘 바느질을 할 때 실을 꿰어 쓰는 가늘고 긴 쇠붙이.

바늘귀[바늘뀌] 실을 꿸 수 있도록 바늘의 머리에 뚫어 놓은 구멍. **비**침공.

바늘땀 바느질에서 바늘로 한 번 뜬 눈, 또는 그 길이.

바늘방석 '앉아 있기에 몹시 불안한 자리'를 비유하여 이르는 말.

바늘 허리 바늘의 한가운데.

바다 ①지구 표면에 짠물이 괴어 있는 넓은 곳. **비**해양. ②액체의 많음을 비유하여 이르는 말. **예**눈물 바다를 이룬다.

바닥 ①물건의 밑 부분. ②물체의 거죽을 이룬 부분. **예**마룻바닥. ③넓고 번잡한 곳. **예**서울바닥. ④일이나 물건의 다 된 끝. **예**물이 바닥났다.

바닷가[바다까/바닫까] 육지와 바다가 서로 맞닿은 곳. 해변.

바닷길 배가 지나다닐 수 있는 바다의 물 위. **비**해로. 뱃길.

바닷말 바다에서 나는 식물을 통틀어서 이르는 말.

바닷바람 바다에서 불어 오는 바람. **비**해풍. **반**뭍바람.

바동거리다 자빠지거나 매달리거나 또는 신체의 어느 부분을 구속당하여 팔다리를 내저으며 몸을 자꾸 움직이다. **예**다리를 바동거리다. 〈바둥거리다. 버둥거리다.

바둑 두 사람이 흰 돌과 검은 돌을 바둑판에 번갈아 두어서 집을 많이 차지하는 것으로 승부를 겨루는 오락. [바둑]

바득바득 ①제 고집만 자꾸 부리는 모양. 예바득바득 우기다. ②자꾸 졸라대는 모양. 예옷을 사달라고 바득바득 조르다. 〈부득부득. 셴빠득빠득.

바듯하다 ①꼭 맞아서 빈틈이 없다. 예신발이 발에 바듯하다. ②어떠한 정도나 시간에 간신히 미치다. 예약속 시간이 바듯하다. 〈부듯하다. 셴빠듯하다. 바듯이.

바디 베의 날실을 고르며 북의 통로를 만들어 주고 씨실을 쳐서 짜는, 베틀에 딸린 기구.

바라다 생각한 대로 되기를 원하다. 예남북 통일을 바라다.

바라보다 떨어져 있는 곳을 건너다보다. 예강 건너를 바라보다.

바라지 온갖 일을 돌봐 주는 일.

바람 ①기압의 높고 낮음에 의하여 일어나는 공기의 움직임. ②들뜬 행동. 예바람이 나다.

바람개비 ①바람의 힘으로 돌게 만든 놀잇감. 비팔랑개비. ②바람의 방향을 알기 위하여 만든 장치. 비풍향계.

바람결[바람껼] ①바람이 지나가는 겨를. 예바람결에 흔들리는 갈대. ②꼭 집어서 말할 수는 없으나 들은 적이 있는 경우를 이르는 말. 예바람결에 들은 소문.

바람막이 ①바람을 막는 일. ②바람을 막는 물건. -하다.

바람벽[바람뼉] 방을 둘러막은

둘레. 춘벽.

바람직하다 생각하는 대로 또는 소원하는 대로 되었으면 하다.

바:랑 ①배낭. ②승려가 등에 지고 다니는 자루 같은 큰 주머니.

바:래다 빛깔이 변하다. 예색이 바랜 옷.

바레인【나라】 중동 페르시아만 서쪽에 있는, 여러 섬으로 이루어진 나라. 석유 산지로 유명함. 수도는 마나마.

바렌 판화를 찍을 때 쓰는 도구.

바로잡다 ①굽은 것을 곧게 하다. 예굽은 철사를 바로잡다. ②잘못된 것을 고치다.

바르다(발라, 발라서) ①틀리지 않다. 도리에 맞다. 예태도가 바르다. 맨그르다. ②곧다. 예자세가 바르다. ③그늘이 지지 않고 햇볕을 잘 받게 생기다. 예양지가 바르다.

바르셀로나【지명】 에스파냐 제 2의 대도시. 지중해에 임한 에스파냐 최대의 상업 항구로 상공업이 매우 성함.

바르샤바【지명】 폴란드의 수도.

바른말 이치에 합당한 말. 맨거짓말.

바리 말이나 소에 잔뜩 실은 짐을 세는 말. 예나무 한 바리.

바리케이드 철망이나 손쉽게 구할 수 있는 재료로, 들어오지 못하도록 임시로 둘러막거나 쌓아 놓은 것. 예길에 바리케이드를 치다. 비방책.

바리톤 ①테너와 베이스 사이의 남자 목소리, 또는 그 음역의 가수. ②색소폰과 비슷한 놋쇠로 만든 악기.

바림 색칠할 때에 한 쪽을 진하게 하고 다른 쪽으로 갈수록 점점 엷게 하여 흐리게 하는 일.

바:보 어리석고 못난 사람. 천치. 迴천재.

바빌로니아【나라】 지금의 이라크가 있는 곳에 있던 나라. 기원전 30세기경에 설립된 세계에서 가장 오래된 문화의 발상지. 페르시아 만의 북쪽 메소포타미아 평야에 있던 나라임.

바쁘다(바빠, 바빠서) ①일이 많아 겨를이 없다. 예일이 매우 바쁘다. ②몹시 급하다. 예바쁜 걸음걸이.

바스락 마른 나뭇잎이나 종이 같은 것을 건드리거나 뒤적일 때 나는 소리. 예숲에서 바스락 소리가 난다. 〈버스럭. 쎈빠스락. -하다. -거리다.

바싹 ①가까이 들러붙는 모양. 예바싹 다가앉다. ②물기가 마르거나 타 버린 모양. 예논바닥이 바싹 마른다. 〈버석. 부석.

바야흐로 지금 막. 이제 한창. 예바야흐로 독서의 계절이다.

바위 부피가 매우 큰 돌.

바윗섬 바위로 된 섬.

바위 식물 바위 틈이나 바위 위에 나는 식물을 통틀어 일컬음. 迴암생 식물.

바위틈 ①바위의 갈라진 사이. ②바위와 바위의 사이.

바윗길 ①흩어져 있는 수많은 바위 사이로 나 있는 길. ②바닥에 돌이 많이 깔려 있는 길.

바이러스 보통의 현미경으로는 볼 수 없을 정도의 미생물〔감기·천연두 따위의 병원체임〕.

바이브레이션 ①진동. ②성악·기악에서 소리를 떨리게 내

는 일. 또는 그런 소리.

바이스 기계 공작에서 작은 공작물을 아가리에 물려 꽉 죄어서 고정시키는 기계.

바이어 ①물건을 사는 사람. ②물건을 사기 위하여 외국에서 온 상인. 【buyer】

바이어스 ①비스듬히 자르거나 꿰맨 옷감의 금. ②'바이어스 테이프'의 준말.

바이오 리듬 사람의 신체 감정 등에 규칙적으로 나타나는 일정한 현상.

바이올린 줄이 네 개 있는 현악기의 한 가지. 왼손으로 줄을 누르고 오른손으로 활을 가지고 연주함. 【violin】

바이킹 8~12세기에 걸쳐 유럽에서 활약한 북방 노르만족을 통틀어 이르는 말. 싸우기를 매우 좋아하고 모험심이 강한 족속으로 해상을 무대로 약탈과 침략을 일삼았고, 상업 활동도 하였음.

바인더 ①서류 등을 철하여 꽂는 표지. ②벼를 베어 단으로 묶어 나오게 하는 기계.

바자 사회 사업을 위한 돈 등을 모으기 위하여 벌이는 시장. 자선시.

바주카포 포신을 어깨에 메고 직접 조준하여 쏘는 로켓식 대전차포. 준바주카.

바지 양복이나 한복의 두 가랑이가 진 아랫도리 겉옷. 迴저고리.

바지락 백합과의 조개. 껍데기는 길이 4cm, 높이 3cm 가량으로 부채 모양임. 자갈이 섞인 모래펄에 많음. 바지락 조개.

바지랑대[바지랑때] 빨랫줄을 받치는 장대.

바짝 ①물기가 아주 졸아붙는

모양. 예빨래가 바짝 마르다. ②아주 가까이 달라붙거나 또는 몹시 죄거나 우기는 모양. 예허리띠를 바짝 졸라메다.〈버쩍.

바치다 ①신이나 웃어른께 드리다. 예헌금을 바치다. ②세금 따위를 갖다 내다. 예세금을 바치다. ③마음과 몸을 내놓다. 예조국을 위하여 목숨을 바치다.

바캉스 휴가. 주로 피서지나 휴양지 등에서 지내는 경우를 이름.

바:코:드 상품의 관리를 컴퓨터로 처리할 수 있도록 상품에 표시해 놓은 막대 모양의 기호〔나라 이름·회사 이름·상품 이름 등이 표시됨〕.

바퀴[1] 굴리거나 돌리기 위하여 둥글게 만든 물건을 통틀어 이르는 말. 예마차 바퀴.

바퀴[2] 빙 돌아서 본디 위치까지 돌아오는 횟수를 세는 말. 예운동장을 두 바퀴 돌다.

바탕 ①타고난 성질이나 체질, 또는 재질. ②근본을 이루는 부분. 예바탕을 튼튼히 하다. ③어떤 물건의 재료.

바탕글 극본에서, 등장 인물의 동작·표정·속마음 등을 설명하기도 하고, 말할 때의 소리의 높낮이·강약 등을 지정하기도 하는 글. 비지시문.

바탱이 흙으로 작게 만들어 불에 구운 오지그릇의 한 가지.

바톤 반도〖지명〗 남극 킹조지 섬에 있는 반도. 우리 나라의 세종기지가 이 곳에 있음.

바통 ①릴레이 경주에서, 주자가 다음 주자에게 넘겨 주는 막대기. ②지휘봉.

바티칸〖나라〗 이탈리아 로마시내 서북부에 있는, 천주교의 교황을 원수로 하는 세계에서 가장 작은 독립국.

바흐〖사람〗[1685~1750] 독일의 고전파 음악가. '음악의 아버지'라고 불리는데, 대표작은 〈마태 수난곡〉 등이 있음.

박 박과의 한해살이풀. 여름에 흰꽃이 저녁부터 피었다가 아침에 시듦. 덩굴진 줄기에 달리는 둥근 열매는 쪼개어서 삶아 말려 바가지로 씀.

박격포 가까운 거리의 공격에 이용되는, 구조가 간단한 대포의 한 가지.

박다 ①물건의 한 끝을 다른 것 속에 들어가게 하다. 예나무에 못을 박다. ②인쇄하다. 예신문을 박다. ③사진을 찍다. 예졸업사진을 박다.

박달나무 자작나무과의 갈잎큰키나무. 단단하고 반드러워 옻·다듬잇방망이·바퀴 등을 만드는 데 쓰임. 준박달.

박대 성의 없이 아무렇게나 대접함. 푸대접. 반후대. 【薄待】

박동 맥박이 뜀. -하다.

박두[박뚜] 가까이 닥쳐 옴. 예시험날이 박두하다. -하다.

박두진〖사람〗[1916~ ?] 시인. 호는 혜산. 청록파의 한사람. 〈문장〉이라는 잡지의 추천으로 문단에 오름. 작품으로는 〈봄바람〉〈바다와 아기〉〈바닷가에서〉 등이 있음.

박람[방남] ①사물을 널리보고 들어서 많이 앎. ②책을 많이 읽음. -하다.

박람회[방남회] 온갖 생산품들을 모아 벌여 놓고 구경시키는 모임. 판매·선전·심사를 하여 생산품의 개량과 발전을 꾀하는 회. 산업 박람회.

박력[방녁] ①강하게 일을 밀고 나가는 힘. 예박력 있게 일하다. ②보거나 듣는 데서 느껴지는 힘.

박목월〔사람〕[1917~1978] 시인. 본명은 영종. 〈문장〉이라는 잡지의 추천으로 문단에 오름. 〈길처럼〉〈한가위의 보름달〉〈털 양말〉 등을 지음. 시집으로는 〈초록별〉〈산새알 물새알〉 등이 있음.【朴木月】

박문수〔사람〕[1691~1756] 조선 제21대 영조 때의 문신. 여러번 암행어사로 나가 활약한 이야기가 전함. 이인좌의 난 때 큰 공을 세움.

박물관[방물관] 옛날의 유물이나 예술품·자연물·학술 자료 등을 널리 모아 놓고 진열하여 여러 사람에게 보이는 곳. 圙국립중앙 박물관. 민속 박물관.

박사 일정한 학술을 연구하여 낸 논문을 심사하여 주는 가장 높은 학위. 또는 그 학위를 딴 사람. 圙의학 박사.

박석 고개 서울에서 북한산으로 가는 길목에 있던 고개.

박세당〔사람〕[1629~1703] 조선 숙종 때의 이조 판서. 특히 농업에 대한 연구를 하여 〈산림제〉라는 농사에 관한 책을 지었음. 소론으로서 그의 〈사서집주〉가 주자의 학설을 비방하였다 하여 추방당하였음.

박수 손뼉을 치는 일.

박수 갈채 손뼉을 치며 환영하거나 칭찬함. -하다.

박식 보고 들은 것이 많아서 아는 것이 많음. 넓은 지식. 圙예법에 박식한 사람. -하다.

박애 모든 사람을 다 같이 사랑함. 圙박애주의. -하다.【博愛】

박연[1]〔사람〕[1378~1458] 조선 세종 때의 음악가. 우리 나라 3대 악성 중의 한 사람. 아악

을 정리하여, 국악 발전에 많은 공헌을 하였음.

박연[2]〔사람〕[1595~?] 네달란드 사람으로 조선 인조 때 귀화한 사람. 본명은 벨테브레. 화포 제작과 그 조정법을 가르쳤음. 제주도에 표류한 하멜 일행을 서울로 호송하였음.

박연 폭포 경기도 개풍군 천마산 기슭에 있는 폭포. 약수가 있고 가을 단풍이 아름다워 서경덕·황진이와 더불어 '송도 삼절'의 하나로 일컬어짐. 높이 약 20m.

박영효〔사람〕[1861~1939] 조선 말기의 정치가. 김옥균과 더불어 개화당을 조직하여 개화 사상을 폈음.

박은식〔사람〕[1859~1926] 독립 운동가. 3·1 운동 후에 중국 상하이에서 〈독립 신문〉 등의 주필을 지냈고, 1925년 대한 민국 임시 정부의 국무 총리 및 대통령을 지냈음. 저서로는 〈한국 독립 운동 혈사〉 등이 있음.【朴殷植】

박음질 바느질의 한 가지. 실을 곱걸어서 꿰매는 일로 온박음질과 반박음질의 두가지가 있음. -하다.

박이연 연의 한 가지. 점이나 눈·귀 같은 여러 가지 모양을 박아 넣은 연.

박자 리듬의 바탕으로 센박과 여린박이 규칙적으로 되풀이 되는 음악적 시간을 헤아리는 기본 단위. 逐박.【拍子】

박자표 악곡의 박자를 보표 위에 나타내는 표. 凹박자 기호.

박장 대:소 손뼉을 치며 한바탕 크게 웃음.【拍掌大笑】

박절 인정이 없고 야박함. 圙간청하는 것을 박절하게 거절하다. -하다. -히.【迫切】

박정 인정이 없고 쌀쌀함. 동정심이 없음. ⛒다정.

박정희〖사람〗[1917~1979] 군인 정치가. 육군 사관 학교 졸업. 사단장. 제2군 부사령관을 지냄. 1961년 5·16 군사혁명을 주도, 제5·6·7·8대 대통령을 지냈으며, 제9대 대통령 재임 중 저격당해 피살됨.

박제 새·짐승 등의 가죽을 곱게 벗겨 속을 솜 따위로 메우고 방부제를 발라서 살아 있는 모양으로 만드는 일, 또는 그 표본. ⟨예⟩박제된 독수리. -하다. 【剝製】

박제가〖사람〗[1750~1805] 조선 후기의 북학파에 드는 실학자이며 문장가. 호는 초정. 〈북학의〉를 지어 상공업을 일으켜야 한다고 주장했음. 【朴齊家】

박중빈〖사람〗[1891~1943] 원불교를 세운 종교인. 감사하는 생활, 근면·저축을 권하고 힘쓰게 하여 민족에게 희망과 용기를 줌. 〈원불교 교전〉을 지음.

박쥐 박쥐과의 짐승. 몸은 쥐와 비슷한데 앞다리가 날개와 같이 변형되어 날아다님. 낮에는 어두운 동굴 같은 곳에 있다가 밤에 나와서 활동함. 벌레·나비 등을 잡아먹고 삶.

박지원〖사람〗[1737~1805] 조선 후기의 북학파에 드는 실학자·문장가. 정조 4년(1780)에 청나라에 다녀와 〈열하일기〉 26권을 저술함. 【朴趾源】

박차 ①일의 나아감을 더 빨리하기 위하여 더하는 힘. ⟨예⟩일을 빨리 끝마치도록 박차를 가하다. ②말을 탈 때 신는 신 뒤축에 달려 있어 말의 배를 차서 빨리 가게 하는 쇠로 만든 톱니바퀴.

박치기 머리로 사람이나 물건을 들이받는 일.

박탈 남의 재물이나 권리·자격 등을 빼앗음. 강제로 빼앗음. ⟨예⟩자유를 박탈당하다. -하다.

박테리아 살아 있는 것 중에서 가장 작은 생물. 현미경을 통해서만 볼 수 있으며, 병이 나는 원인이 되는 세균을 이름.

박팽년〖사람〗[1417~1456] 조선 세종 때의 충신이며 학자. 사육신의 한 사람. 집현전 학사로 여러 가지 편찬 사업에 종사함.

박하 특별한 향기가 있어 약재·향료·음료 등을 만드는 데 쓰이는 식물. 【薄荷】

박하다 ①남을 위하는 마음이 적다. ②몹시 인색하다. ⟨예⟩인심이 매우 박하다. ⛒후하다.

박해 못 견디게 굴어서 해롭게 함. ⟨예⟩조선 말에는 천주교를 몹시 박해하였다. -하다.

박혁거세〖사람〗신라의 시조. 왕호는 거서간. 기원전 57년 13세로 왕위에 올랐음. 농사와 양잠을 장려하였으며, 국호를 서라벌, 서울을 금성이라 하고 국가의 기틀을 닦았음. 【朴赫居世】

박홍〖사람〗[1534~1593] 조선 선조 때의 무관. 임진왜란 때 경상 좌도 수군 절도사였음.

박히다 ①인쇄물이나 사진이 박아지다. ⟨예⟩사진이 선명하게 박히다. ②물건이 다른 물건 속으로 들어가 꽂히다. ⟨예⟩화살이 과녁에 박히다.

밖 ①바깥. ⟨예⟩대문 밖. ②겉으로 드러나 보이는 쪽이나 부분. ⟨예⟩밖으로 보기에는 매우 순하게 생겼다. ③어떤 범위나 한계를 넘어선 부분을 이르는 말. 예생각 밖의 일이 벌어졌다.

반:¹ 둘로 똑같이 나눈 것의 하나. 예사과를 반으로 나누다.

반² 여러 사람으로 짜여진 모임, 또는 공부하는 교실.【班】

반:가상 오른발을 왼편 무릎에 얹고, 앉은 형태의 부처의 상.

반:감¹ ①노여워하는 감정. ②반대의 뜻을 가진 감정. 엇감정.【反感】

반:감² ①절반을 덞. 예세금을 반감하다. ②절반으로 줆. 예수출량이 반감되다. -하다.

반갑다(반가우니, 반가워서) 좋은 일을 당하거나, 친한 사람을 만나거나, 좋은 소식을 들어서 기쁘다.

반:값[반깝] 원래 물건값의 절반.

반:격 쳐들어오는 적군을 되받아 침. 예밀려오는 적군에게 반격을 가하다. 비되치기. 받아치기. -하다.【反擊】

반:공 공산주의를 반대함. 공산주의와 투쟁함. 凹용공.

반:공 정신 공산주의나 공산당을 반대하는 정신.

반:구 둥글게 생긴 물체의 절반, 또는 그런 물체.【半球】

반:기 죽은 이를 슬퍼하는 뜻에서 보통보다 조금 내려서 다는 국기. 예현충일에는 반기를 단다. 비조기.【半旗】

반기다 반가워서 기뻐하다. 예친구를 반기다.

반:나절 한나절의 반. 하루의 낮을 넷으로 나눈 그 하나가 되는 동안. 예밭에서 반나절이나 일을 하였다.

반:납 빌린 것을 돌려 줌.

반:년 한 해의 반. 육개월.

반달곰 앞가슴에 반달 모양의 크고 흰 무늬가 있는 곰.

반달연 꼭지에 반달 모양의 색종이를 붙인 연.

반:대 ①남의 말이나 의견을 거스름. 틀린다고 주장함. 凹찬성. ②두 사물의 방향이 맞서서 서로 다름. -하다.【反對】

반대기 얄팍하고 둥글넓적하게 만든 조각. 예찰흙 반대기.

반:도 세 면이 바다에 싸여 있고 한 면은 육지에 이어진 땅. 예태안 반도.【半島】

반:도체 낮은 온도에서는 전류가 거의 흐르지 않으나 높은 온도일수록 전류가 잘 흐르는 물질[전자 공업에 많이 이용됨]. 예반도체 산업.【半導體】

반:동 어떤 방향의 움직임에 대하여 그 반대 방향으로 일어나는 동작. 반대 움직임. 반대 동작. -하다.【反動】

반두 그물의 한 가지. 두 끝에 막대기를 대어, 두 사람이 맞잡고 고기를 몰아 잡도록 되어 있음. 비조망. [반두]

반드시 꼭 틀림없이. 예일이 끝난 뒤에 반드시 확인하라.

반들반들 매끄럽게 윤기가 흐르는 모양.

반듯하다[반드타다] ①비뚤어지거나 굽지 않고 곧다. 예떡을 네모 반듯하게 썰다. 〈번듯하다. 솅반뜻하다. 반듯이.

반딧불[반디뿔/반딛뿔] 밤에 개똥벌레의 꽁무니에서 반짝이는 불빛.

반:란[발란] 나라를 뒤집으려고 일으키는 난리. 예노예들이 반란을 일으키다.【叛亂】

반:려[발려] 짝이 되는 친구. 생각이나 행동을 같이하는 사

람.

반:론 남의 의견에 대하여 반대 의견을 말함. 【反論】

반:만년 만 년의 반. 즉 오천 년을 나타내는 말. 예반만 년의 유구한 역사. 【半萬年】

반:면 다른 방면. 다른 한편.

반:문 물음에 대답하지 않고 되받아서 물음. -하다. 【反問】

반:바지 짧은 바지.

반:박 남의 의견에 반대하여 논란함. 예친구의 의견에 반박하다. -하다.

반:박음질 솔기를 튼튼히 하기 위하여 땀마다 뒷눈의 반을 되돌아와 뜨는 바느질 법. -하다.

반반하다 ①구김살이나 울퉁불퉁한 데가 없다. 예바닥을 반반하게 고르다. ②얼굴이 조금 예쁘다. 예얼굴이 반반하다. ③물건이 제법 쓸 만하고 보기에 좋다. 〈번번하다. 반반히.

반:복 한 것을 되풀이함. 예동시를 반복하여 낭독하다. -하다.

반:비례 어떤 양이 다른 양의 역수에 비례되는 관계. 한쪽의 양이 2배, 3배, …가 되면, 다른 쪽의 양은 ½배, ⅓배, …가 되는 관계. 역비례. 凹정비례. -하다.

반:사 빛이나 소리가 다른 물체의 표면에 부딪쳐서 그 방향을 바꿔 나아가는 현상. 예빛이 반사하다. -하다. 【反射】

반상회 정부나 시·도 등에서 널리 알리는 내용을 듣거나 의견을 모아 건의하는 등, 이웃끼리 서로 돕고 얼굴도 익히기 위하여 반 단위로 매월 한 번씩 열리는 모임.

반:색 몹시 반가워함. 예옛 친

구를 만나 반색하다. -하다.

반석 ①넓고 편편한 바위. ②아주 믿음직스럽고 든든함을 비유하여 이르는 말. 예우리의 국방은 반석 같다. 【盤石】

반:성 자기가 한 일을 스스로 돌이켜 잘못이나 모자람이 없는지 생각함. 예하루 일을 반성하다. -하다. 【反省】

반:세기 한 세기의 절반. 즉 50년.

반:수 수직선 위에 대응시킬 때, 0에서부터 거리가 같고 부호만 다른 수. < 보기 > +3의 반수는 -3, -3의 반수는 +3. 凹역수.

반:숙 과일이나 곡식, 또는 음식물이 반쯤 익음. 또는 반쯤 익힘. 예계란 반숙. 凹완숙. -하다.

반:신 반:의 반은 믿고 반은 의심함. 한편으로는 믿고 한편으로는 의심함. 예놀라운 소식에 반신 반의하다. -하다.

반:액 ①원가의 절반. 예남은 물건을 반액으로 팔다. ②전액의 반. 【半額】

반:역 제 나라 또는 제 주인을 치려고 돌아섬. 예반역을 모의하다. 凹모반. 凹순종.

반:영 ①빛이 반사하여 비침. ②다른 일에 영향을 미치어 어떤 현상이 나타남. -하다.

반:올림 우수리를 생략하여 계산할 때, 끝수가 4이하인 경우에는 1으로 하여 떼어 버리고, 5이상인 경우에는 10으로 하여 윗자리로 끌어올려서 계산하는 법. 곧 10.4는 10으로, 10.5는 11로 함. 사사 오입. -하다.

반:음 온음의 절반이 되는 음정. 한 옥타브의 12분의 1. 凹온음.

반:응 ①어떤 작용에 따라서 일어나는 움직임. ②물질 사이에 일어나는 화학적 변화. **예**반응이 활발하다. 【反應】

반:의 ①뜻에 반대함. 뜻을 어김. ②반대의 뜻. -하다.

반:의어 반대되는 뜻을 지닌 낱말. **반**동의어. 【反意語】

반입 운반하여 들여 옴. **예**물건을 반입하다. **반**반출. 【搬入】

반장 ①담임 선생님을 도와 그 반의 일을 맡아 보는 통솔자. **예**학급 반장. **비**급장. ②한 반의 지휘를 맡아 보는 책임자. **예**수사 반장. 【班長】

반:제품 손질을 다 하지 못하여 아직 완전하지 못한 물건. **예**반제품을 가공하다. **반**완제품.

반:주 기악이나 노래를 돕기 위하여 다른 악기를 보조적으로 연주하는 일. **예**기타로 반주하다. -하다. 【伴奏】

반죽 가루에 물을 조금 섞어서 되게 이겨 개어놓은 것. **예**밀가루를 반죽하다. -하다.

반지 손가락에 끼는 고리. **비**가락지.

반:지름 원이나 공의 한가운데서 가에 이르는 거리. **비**반경.

반질반질 윤기가 흐르고 반지라운 모양. 〈번질번질. **센**빤질빤질. -하다.

반짝 빛이 잠깐 나타나는 모양. 〈번쩍. **센**빤짝. -하다.

반찬 밥에 곁들여서 먹는 여러 가지의 음식. **예**반찬이 푸짐하다. **중**찬.

반찬거리[반찬꺼리] 반찬을 만드는 데 쓰이는 여러 가지 재료.

반:추 한 번 삼킨 먹이를 다시 게워 내어 씹음. **예**대표적인 반추동물은 소와 염소이다. **비**새김질. -하다. 【反芻】

반출 운반하여 냄. **예**문화재를 반출하다. **반**반입. 【搬出】

반:칙 법칙이나 규정에 어그러짐. 또는 어김. -하다.

반:탁 운:동 외국의 신탁 통치를 반대하는 운동. 미국·영국·소련의 모스크바 3상 회의에서 결정된 한국 신탁 통치 5개년 안을 반대하여 일어난 국민 운동. **반**찬탁 운동.

반:투명 저편에 있는 물체의 윤곽은 또렷하지 않지만 명암이나 빛깔 등은 분간할 수 있는 정도의 상태.

반포 두루 알리기 위하여 세상에 널리 펌. **예**훈민정음은 1446년에 반포되었다. -하다.

반:품 사들이거나 구입한 물건을 도로 돌려보냄, 또는 그러한 물품.

반:하다 무엇에 취한 듯이 마음을 빼앗기다. **예**아름다운 모습에 반하다.

반:항 순종하지 아니하고 반대하여 대듦. **반**순응. -하다.

반:환 빌린 것을 도로 돌려 줌. **예**도서관에 책을 반환하다.

반회 같은 반의 모임. 【班會】

받다 ①주는 것을 가지다. **예**상을 받다. ②겪다. 치르다. **예**교육을 받다. ③일을 떠 맡다. **예**주문을 받다.

받들다(받드니, 받드오) ①공경하는 뜻으로 높이어 모시다. **예**어버이를 잘 받들다. ②물건을 받쳐 들다.

받아쓰기 초등 학교 등에서 맞춤법 따위를 올바로 익히게 하려고 부르는 낱말이나 문장 등을 받아 쓰게 하는 일.

받치다 ①'받다'의 힘줌말. **예**우산을 받치다. ②다른 물건으로 괴다. **예**주춧돌을 받치다.

받침[1] 한글의 낱말에서 끝소리

로 나는 닿소리.

받침² 밑을 괴는 물건.

받히다[바치다] 떠받음을 당하다. 예소에게 받히다.

발:¹ 가늘게 쪼갠 대오리나 갈대 같은 것으로 엮어 만든 물건. 무엇을 가리는 데 사용함. [발¹]

발² ①사람이나 짐승의 다리에서 발목뼈 아래의 부분. ②가구 따위의 밑을 받치고 있는 짧은 부분.

발각 숨긴 일이 드러나게 됨. 예부정이 발각되다. -하다.

발간 신문·잡지 등을 냄. 예학급 신문을 발간하다.

발갛다(발가니, 발가오) 조금 연하게 붉다. 예발갛게 물든 저녁놀. 〈벌겋다. ❀빨갛다.

발개지다 발갛게 되다.

발걸음[발꺼름] 발 하나 길이만큼 옮겨 놓는 걸음. 예발걸음이 빠르다.

발견 아무에게도 알려져 있지 않은 것을 맨 먼저 찾아 냄. 예퀴리 부인은 라듐을 발견하였다. -하다. 【發見】

발굴 땅 속에 묻혀 있는 물건을 파냄. 예옛 무덤을 발굴하다.

발그레하다 조금 곱게 발그스름하다. 예볼이 발그레하다.

발기발기 연이어 여러 조각으로 발기어 찢는 모양. 예종이를 발기발기 찢다.

발길[발낄] ①발걸음. 예발길을 돌리다. ②오고가는 일. 예사람들의 발길이 뜸하다.

발길질[발낄질] 발로 차는 짓. ❀발질. -하다.

발꿈치 발 뒤쪽의 전체.

발끈 사소한 일에 왈칵 성을 내는 모양. 예하찮은 일로 발끈 성을 내다. 〈벌끈. ❀빨끈. -하

다.

발단[발딴] 일의 첫머리가 처음으로 일어남. 예사건의 발단. -하다.

발달[발딸] 점점 잘 되어 나감. 예문명의 발달. 凹발전. 凹퇴보. -하다. 【發達】

발돋음 키를 돋우느라고 발끝만 디디고 서는 짓. -하다.

발동[발똥] ①동원 태세를 갖추어 행동을 시작함. ②동력을 일으킴. 예발동기. ③국가 기관 등이 어떤 권한을 행사함. 예수사권을 발동하다. -하다.

발동선[발똥선] 기름이나 가스로 동력을 일으켜 가는 배. ❀발동기선. 【發動船】

발뒤꿈치 발꿈치의 발바닥 부분 이외의 뒤쪽 부분. ❀뒤꿈치.

발레 음악과 미술을 곁들인 예술적인 무용, 또는 무용극.

발레리:나 발레의 여자 무용수, 특히 주역을 맡은 사람.

발로 숨겨 두었다가 간직하고 있었던 것이 겉으로 드러남. 예충성심의 발로. 【發露】

발맞추다 여러 사람이 걸음거리를 서로 맞추다.

발명 ①아직까지 없던 물건이나 방법을 새로 만들어 냄. 예망원경을 발명하다. ②알려지지 않은 일을 생각해 냄. -하다.

발명왕 발명을 많이 한 사람. 예발명왕 에디슨.

발목 다리와 발이 이어진 부분.

발바닥[발빠닥] 발 아래쪽의 평평한 부분.

발바리 ①개의 한 종류. 몸은 작고 다리가 짧으며 성질이 온순하고 모양이 귀여워, 보고 즐기기 위해 실내에서 기름. ②침착하지 못하게 여기

저기 돌아다니는 사람.

발발 일이 갑자기 크게 일어남. 예6·25 전쟁이 발발하다. -하다.

발벗고 나서다 무슨 일에 적극적으로 덤벼들다. 예불우이웃을 돕기 위해 발벗고 나서다.

발벗다 ①신을 벗다. ②있는 재주나 힘을 다하다.

발사[발싸] 총·대포·활 등을 쏨. 예대포를 발사하다. -하다.

발산[발싼] ①밖으로 흩어지거나 흩어지게 함. ②병의 기운이 헤쳐짐. -하다.

발생[발쌩] ①태어남. 생겨남. ②일이 일어남. 예살인 사건이 발생하다. -하다. 【發生】

발성[발썽] 소리를 냄. 예발성 기관. -하다.

발송[발쏭] 물건이나 편지·서류 등을 보냄. 예공문서를 발송하다. -하다. 【發送】

발신[발씬] 전보·우편·전신·전파 따위를 보냄. 閔수신. -하다.

발신인 편지나 전보 따위를 부친 사람. 閔수신인. 【發信人】

발악 앞뒤를 가리지 않고 모진 소리나 짓을 마구함. 악을 씀. 예최후의 발악. -하다. 【發惡】

발언 말을 꺼냄, 또는 그 말. 의견을 말함. -하다.

발언권 회의 석상에서 발언할 수 있는 권리. 말할 권리.

발육 발달하여 크게 자람. 예소의 발육이 늦다. -하다.

발음 말소리를 냄. 소리내기. 예발음이 정확하다. -하다.

발음 기관 ①동물체의 소리를 내는 기관. ②사람이 발음하는 데 필요한 성대·구강·기도·혀·비강 등의 기관. 음성 기관. 쥅발음기.

발음체 소리를 내거나 낼 수 있는 물체. 악기의 소리나는 부분.

발자국[발짜국] 발로 밟은 흔적이나 모양. ×발자욱.

발자취 ①발로 밟은 흔적. ②사람이 지나간 흔적. ③지난날의 업적이나 경력. 예국어 발전에 커다란 발자취를 남기다.

발전[발쩐] 전기를 일으킴. 화력 발전. 수력 발전. -하다.

발전[발쩐] 보다 나은 단계로 뻗어 나감. 예나날이 발전하는 우리 나라. 囲발달. 閔쇠퇴. -하다. 【發展】

발전기[발쩐기] 전기를 일으키는 기계.

발전량[발쩐냥] 일으킨 전기의 총량. 【發電量】

발전소[발쩐소] 전기를 일으키는 곳. 수력·화력·원자력 발전소 등이 있음. 【發電所】

발족 어떤 단체나 모임 따위가 새로 생기어 활동을 시작함.

발진티푸스[발찐티푸스] 법정 전염병의 하나. 병원체는 리케차의 일종인데, 겨울철부터 봄에 걸쳐 이의 매게로 감염됨.

발짝 한 발씩 떼어 놓는 걸음의 수효를 나타내는 말[주로 걸음을 배우는 어린아이의 경우에 많이 쓰임]. 예한 발짝.

발치 ①누워 있을 때 발을 뻗는 곳. ②어떤 사물의 아랫부분이나 끝부분. 閔머리맡.

발칵 ①기운이 갑자기 세게 솟는 모양. ②무엇이 갑자기 세차게 뒤집히는 모양. 〈벌컥.

발칸 반도 유럽의 동남부에 있는 큰 반도.

발코니 서양식 집의 옥외로 달아 낸, 지붕이 없고 난간이 있는 대.

발톱 발가락 끝을 보호하는 뿔 같이 단단한 물질.

발판 ①높은 곳에 올라가기 위 하여 설치해 놓은 널. ②근본 으로 삼는 곳. 예조국 근대화 의 발판이 되다.

발포 총이나 대포를 쏨.【發砲】

발표 세상에 널리 드러내어 알 림. 여러 사람에게 드러내 보 임. 예대학 입시 합격자 발표. -하다. 【發表】

발해〖나라〗[698~926] 고구려 의 장군인 대조영이 698년에 만주지방에 세운 나라. 신라 에게 망한 고구려의 유민들이 합류하여 쑹화강 이남과 고구 려의 옛 영토를 거의 확보하 여 나라의 위세를 떨쳤으나 요나라에게 망함.

발행 책이나 신문·돈 등을 박 아 세상에 펴냄. 예잡지를 발 행하다. 비발간. 간행. -하다.

발화 불이 남. 【發火】

발화점[발화쩜] 어떤 물건이 공 기 속에서 불이 붙어 타기 시 작하는 가장 낮은 온도. 비착 화점.

발휘 떨치어서 나타냄. 실력 따 위를 외부에 드러냄. 떨쳐냄. 예실력 발휘. -하다.

밝다[박따] 어둡지 않고 환하 다. 불빛 같은 것이 흐리지 않고 분명하다. 예가로등이 밝다. 반어둡다.

밝히다[발키다] ①어둡던 것을 환하게 하다. 예불을 밝히다. ②옳고 그른 것을 가려 분명 하게 하다. 예진실을 밝히다. ③자지 아니하고 밤을 새우 다. ④어떤 것을 지나치게 좋 아하다.

밟:다[밥따] ①발을 땅 위에 대 고 디디다. 예고향 땅을 밟다. ②일을 차례로 하다. 예절차

를 밟다.

밤:¹ 밤나무의 열매.

밤² 해가 진 뒤부터 날이 새기 전까지의 동안. 반낮.

밤길[밤낄] 밤에 걷는 길. 예밤 길을 조심해서 걷다.

밤낮[밤낟] ①밤과 낮. 주야. ② 밤에나 낮에나. 늘. 언제나.

밤낮없이 ①밤이나 낮이나. ② 밤도 없이 낮도 없이 계속하 여. 예밤낮없이 열심히 일하 다. 비불철주야.

밤눈 밤에 어떠한 것을 보는 눈 의 힘. 예밤눈이 어둡다.

밤바람[밤빠람] 밤에 부는 차가 운 바람.

밤새[밤쌔] 밤의 동안. 예밤새 안녕하십니까? 뭔밤사이.

밤중[밤쭝] 깊은 밤. 한밤. 야 중. 예밤중에 불이 나다.

밤참 밤에 먹는 음식. 비야찬.

밤:톨 밤의 낱개만한 크기를 나 타내는 말. 또는 밤의 알. 예 밤톨만한 돌멩이.

밥 ①곡식 따위를 익혀서 먹는 음식. ②끼니로 먹는 음식. ③ 동물의 먹이. 예금붕어 밥을 주다.

밥맛 ①밥의 맛. ②식욕. 예밥맛 이 난다.

밧줄[받쭐] 볏짚이나 삼 등으로 굵고 길게 꼬아 드린 줄. 예 밧줄로 묶다.

방 사람이 거처하기 위하여 집 안에 만들어 놓은 칸.

방고래 방구들장 밑으로 낸 고 랑. 불길과 연기가 통하여 나 가게 되어 있음.

방공 공산주의의 세력을 막아 냄. -하다. 【防共】

방공호 적의 비행기의 폭격을 피하기 위하여 만든 굴. 예방 공호로 대피하다.

방:과후 그 날의 공부가 끝난

뒤. 예방과 후에 친구 집으로 놀러가다. 【放課後】

방:관 직접 관계하지 않고 곁에서 보고만 있음. 예사태를 방관하다. -하다. 【傍觀】

방광 콩팥에서 흘러 나오는 오줌을 한동안 저장하는, 엷은 막으로 된 주머니 모양의 기관.

방귀 뱃속의 음식물이 부패·발효하여 생긴 가스가 밖으로 나오면 구린내 나는 기체. × 방구.

방글라데시 〖나라〗 1971년에 파키스탄으로부터 분리되어 독립한 공화국. 수도는 다카.

방글방글 입을 예쁘게 벌리며 소리없이 부드럽게 웃는 모양. 셈빵글빵글. -하다.

방금 바로 이 때. 예기차가 방금 떠났다.

방긋 소리 없이 입만 벌리고 웃는 모양. 〈벙긋. 셈빵긋. -하다.

방긋방긋 소리 없이 입만 벌리고 연해 웃는 모양. 〈벙긋벙긋. 셈빵긋빵긋. -하다.

방년 여자의 스무 살 안팎의 꽃다운 나이. 예방년 19세.

방도 일을 치러갈 길. 방법과 도리. 예좋은 방도가 없다.

방독면 독가스나 연기 따위로부터 호흡기나 눈 등을 보호하기 위하여 얼굴에 쓰는 마스크.

방:랑[방낭] 일정한 거처가 없이 떠돌아다님. -하다.

방:류 가두어 놓은 물을 터서 흘려 보냄. 【放流】

방망이 무엇을 두드리거나 다듬는 데에 쓰는 기구. 예빨랫방망이. 다듬잇방망이.

방면 ①방향이나 지방. 예부산 방면. ②뜻을 둔 분야. 예컴퓨

터 방면에 관심을 갖다.

방:목 소·말·양 따위의 가축을 놓아 기름. 【放牧】

방문¹ 방으로 드나드는 문.

방:문² 남을 찾아봄. 예친구 집을 방문하다. -하다. 【訪問】

방물장수 주로 여자에게 필요한 화장품·바느질 도구·패물 따위를 팔러다니는 사람.

방방곡곡 한 군데도 빠짐이 없는 모든 곳. 예소문이 방방곡곡으로 퍼지다.

방범 대원 경찰을 도와 나쁜 짓을 하는 사람이나 위험한 곳이 없는지 살펴서 시민의 안전을 지켜주는 사람.

방법 어떤 목적을 이루기 위하여 하는 일. 예좋은 방법을 연구하다. 圓방도. 방책.

방부제 물건을 썩지 못하게 하는 약제〔소금·알코올·나프탈렌 등〕.

방비 미리 막아서 힘써 지킴. 또는 그 시설이나 수단. 圓수비. -하다.

방:사능 물질을 구성하는 원자가 저절로 무너져 방사선을 내뿜는 성질. 또는 그 현상.

방:사선 우라늄이나 라듐이 내는 특수한 광선. 다른 물질에 부딪히면 열과 빛을 내고, 물질을 뚫고 나가는 힘이 센 것이 있음. 예방사선으로 암을 치료하다.

방석 깔고 앉기 위하여 조그맣게 만든 작은 자리〔짚·왕골·띠 등으로 만듦〕.

방:송 라디오나 텔리비전을 통하여 뉴스·음악·강연·연예 등을 보내어 널리 듣고 보게 하는 일. -하다. 【放送】

방송국 라디오나 텔레비전 등을 통하여 보도·음악·극·강연 등을 보내는 시설을 갖

춘 곳.

방:송극 라디오나 텔레비전을 통하여 방송되는 연극.

방:송실 방송국이나 학교의 방송을 하는 방.

방수 물이 넘쳐 흐르거나 스며드는 것을 막음. 예방수 처리를 한 옷감. -하다. 【防水】

방:수로 물을 뽑아 내거나 보내는 물길을 사람의 힘으로 만든 수로. 【放水路】

방습 습기를 막음. 【防濕】

방식 일정한 방법으로서의 형식. 回방법. 법식. 【方式】

방실거리다 소리 없이 부드럽게 자꾸 웃다. 예아기가 방실거리다. 〈병실거리다.

방:심 마음을 놓음. 정신을 차리지 않음. 예적이 방심하는 틈을 노려 공격하다. -하다.

방아 곡식을 찧는 틀. 땅에 절구확을 묻고 긴 나무체의 한 끝에 공이를 끼고, 다른 한 끝을 눌렀다 놓았다 하여 찧음. 디딜방아와 물레방아의 구별이 있음.

방아쇠 총에 붙어 있는 굽은 쇠. 이것을 손가락으로 잡아당기면 총알이 나가게 됨.

방안지 모눈종이. 【方眼紙】

방앗간 ①방아를 놓고 곡식을 찧는 곳. 回정미소. ②제분소.

방어 남의 침입을 막아 냄. 예진지를 방어하다. 回공격. -하다.

방언 한 나라의 언어 중에서 어떤 지방에서만 통용되는 말. 예경상도 방언. 전라도 방언. 回사투리. 回표준어. 공통어.

방:영 텔레비전으로 방송함. 예방영 시간. 【放映】

방울 ①구슬같이 둥글둥글하게 맺힌 액체의 덩어리. ②얇은 쇠붙이 따위로 둥글게 만들어 흔들면 소리가 나게 된 것.

방울방울 액체가 구슬같이 동글동글 맺혀 있는 모양.

방위 어떠한 쪽의 위치. 동서남북을 기준으로 16이나 32방위로 나눔. 【方位】

방위 성금 나라를 지키는 데 쓰려고 국민들이 정성으로 내는 돈. 예방위 성금을 내다.

방위 조약 집단 안전 보장의 필요에 따라 방위의 목적으로 하는 조약.

방위표 방위를 나타내는 표.

방음 바깥의 소리가 안으로 들어오거나 소리가 울리는 것을 막음. 예방음 장치. -하다.

방:임 되는 대로 내버려 둠.

방:자 꺼리거나 삼가는 태도가 없고 제멋대로 놂. 예어른 앞에서 방자하게 굴다. -하다.

방적 동식물의 섬유를 가공하여 실을 뽑는 일.

방정맞다 말이나 하는 짓이 가벼워서 요망스럽다.

방정식 식 중의 미지수에 특정한 값을 주었을 때만 성립되는 등식. 回항등식.

방정환〖사람〗[1899~1931] 소년 운동가. 호는 소파. 색동회를 만들어 어린이 운동을 벌였음. '어린이 날'을 만듦. 또한 동화를 짓거나 외국 동화를 우리 나라에 번역 소개함.

방제 ①막아서 없앰. 예방하여 없앰. ②농작물의 병충해를 예방하여 없앰. 【防除】

방조제 바닷물이 육지로 밀려드는 것을 막기 위하여 쌓은 둑.

방죽 물을 막기 위하여 쌓은 둑. 예홍수로 방죽이 무너지다. 回방축.

방지 막아서 그치게 함. 예도난방지. -하다. 【防止】

방직 기계를 이용하여 피륙을 짜는 일. 【紡織】

방진 먼지가 들어오는 것을 막음.

방책 방법과 꾀. 예적을 무찌를 방책을 세우다. 【方策】

방첩 간첩을 막음. 예방첩 활동. -하다. 【防諜】

방청 회의나 방송·재판 등을 옆에서 직접 보고 들음. 예재판을 방청하다. -하다.

방청권[방청꿘] 회의나 방송 같은 것을 방청할 수 있도록 허락을 받은 표.

방:출 ①한꺼번에 내놓음. ②모아 두었던 물자나 자금을 풀어서 일반 사람에게 제공함.

방침 어떤 일을 하려고 하는 방향과 계획. 예지도 방침.

방콕【지명】 타이의 수도. 불교 사원이 많으며, 메남강 하류에 위치함.

방탄 탄알을 막음. 【防彈】

방파제 바다로부터 밀려오는 세찬 물결을 막기 위하여 바닷가 둘레에 쌓아 놓은 둑.

방패 적의 칼·창·화살 따위를 막는 무기.

방패연 복판에 구멍이 있고 네모 반듯한 연.

방풍림[방풍님] 바람으로 인한 재난이나 재해를 막기 위하여 가꾸어 놓은 숲.

방:학 학교에서 학기가 끝난 뒤, 또는 더위와 추위를 피하여 얼마동안 수업을 쉬는 일. 예겨울방학. 凹개학. -하다.

방해 남의 일에 헤살을 놓아 못하게 함. 예일을 방해하다. 凹훼방. 凹협조. -하다.

방향 ①향하는 쪽. 예반대 방향. 凹방위. ②뜻이 향하는 곳. 예우리가 나아갈 방향.【方向】

방:화¹ 일부러 불을 지름.

방화² 화재를 미리 막음. 예방화 훈련. 【防火】

방화사 불을 끄기 위하여 마련해 둔 모래.

방황 일정한 방향이나 목적이 없이 떠돌아다님. 예거리를 방황하다. -하다.

밭 물을 대지 않고 채소나 잡곡 따위를 심어서 가꾸는 땅.

밭고랑 밭이랑 사이 홈이 진 곳.

밭고르기 씨뿌리기 전에 흙을 부수고 땅을 고르는 일.

밭농사 밭에서 가꾸는 농사.

밭두둑 밭과 밭 사이의 경계를 이루는 두두룩하게 된 언덕.

밭머리[반머리] 밭이랑의 양쪽 끝이 되는 부분.

밭이랑[반니랑] 밭에 흙을 높게 올리어 길게 만든 곳.

밭일[반닐] 밭에서 하는 모든 농삿일. 凹논일. -하다.

배¹ 사람이나 물건을 싣고 물 위로 떠다니는 물건. 예나룻배. 거룻배. 凹선박.

배² 동물의 내장 따위가 들어있는 가슴과 골반 사이의 부분.

배³ 배나무의 열매.

배격 ①밀어 내침. 예과소비를 배격하다. ②남의 의견을 물리침. -하다.

배:경 ①뒤쪽의 경치. 예사진의 배경이 아름답다. ②무대의 뒷벽에 꾸민 장치. ③뒤에서 도와주는 힘. 세력. 예든든한 배경을 가졌다. 【背景】

배고프다 뱃속이 비어서 음식이 먹고 싶다.

배:관 가스나 물 등 액체나 기체를 보내기 위하여 관을 설치함, 또는 그 설치물.

배구 코트 중앙에 네트를 치고 두팀으로 갈라져서 공을 땅에 떨어 뜨리지 않고 상대방 코트에 쳐서 넘기는 경기.

배:급 나누어 줌. 분배. [예]식량을 배급하다. -하다. 【配給】

배기구 공기 따위를 밖으로 내보낼 수 있도록 만든 구멍.

배기다 어려운 일을 잘 참고 버티다.

배꼽 배 한가운데에 있는, 탯줄을 끊은 자리.

배나무 과일 나무의 한 가지. 잎은 둥글고 꽃은 희며, 열매는 달고 물이 많음.

[배나무]

배:낭 물건을 담아 등에 지도록 만든 주머니.

배:다[1] ①버릇이 되어 익숙해지다. [예]힘든 일이 몸에 배다. ②흠뻑 젖다. [예]셔츠에 땀이 배다.

배:다[2] 아이나 새끼를 가지다. [예]개가 새끼를 배다.

배:달 우편물이나 물품 등을 가져다가 전해 주는 일, 또는 그 사람. [예]신문 배달. -하다.

배:달 민족 우리 겨레를 역사상으로 또는 예스럽게 일컫는 말. 배달 겨레.

배:달원 신문이나 편지 또는 물건을 날라다 주는 일을 직업으로 삼는 사람. [비]배달부.

배:당 ①나누어 줌. [예]이익을 배당받다. ②나누어 주는 몫. [예]배당이 적다. -하다.

배:려 여러 모로 자상하게 마음을 씀. 염려해 줌. [예]불편함이 없도록 배려하다. -하다.

배:면 향한 곳의 뒤쪽. [반]복면.

배:반 믿음과 의리를 저버리고 돌아섬. [예]친구를 배반한 녀석. -하다. 【背反】

배뱅이굿 황해도를 중심으로 서북 지방에서 유행한 민속극의 한가지.

배불뚝이 배가 불뚝 나온 사람.

배상 남에게 입힌 손해를 갚아 줌. [예]피해 배상 청구. -하다.

배:색 두 가지 이상의 색을 어울려 놓음, 또는 그 색. -하다.

배:선 전기의 이용에 편리하게 전선을 배치하는 일. [예]전기 배선도. -하다. 【配線】

배설 ①안에서 밖으로 새어 나가게 함. ②몸 속에 필요 없는 물질을 똥·오줌·땀 등으로 내보내는 일. -하다.

배설 기관 몸 속에서 필요 없는 물질을 밖으로 내보내는 기관.

배설물 배설된 물질(똥·오줌·땀 따위).

배:수[1] 물을 보내 줌. [예]배수 시설. -하다. 【配水】

배:수[2] 어떤 수의 갑절이 되는 수. [반]약수. 【倍數】

배수관 상수도의 물을 보내는 관.

배:수진 강·호수·바다 같은 것을 등지고 치는 진. 뒤로 물러 가면 물에 빠지게 되므로 나아가 적과 싸우도록 하려는 것이 그 목적임. [예]배수진을 치고 결사적으로 싸우다. 【背水陣】

배:신 남에게 대한 신의를 지키지 않고 저버리고 돌아섬. [비]배반. -하다. 【背信】

배:양 ①식물을 북돋아 기름. ②사람을 가르쳐 기름. [예]인재를 배양하다. ③미생물을 인공적으로 기름. [예]배양된 박테리아 세균. -하다. 【培養】

배:양토 화초나 나무를 가꾸기 위하여 나뭇잎과 두엄을 썩여서 만든 흙. 【培養土】

배:역 연극이나 영화 같은 데서 배우에게 어떤 구실을 맡기는

일. 또는 그 구실. [예]흥부전의 배역을 정하다. 【配役】

배열 죽 벌여서 열을 지음.

배:영 수영의 한 가지. 위를 향해 반듯이 누워서 치는 헤엄. 송장헤엄. 【背泳】

배:우 연극·영화·텔레비전 등에서 인기를 하는 사람. [예]연극 배우. 영화 배우. 【俳優】

배우다 ①가르침을 받다. ②남이 하는 일을 보고 그와 같이 하다. [예]형의 행동을 배우다. ③학문을 하다. [예]영어를 배우다.

배웅 떠나가는 손님을 따라 나가 작별하여 보내는 일. [예]친구를 정거장까지 배웅하다. [반]마중. -하다.

배:율 도형을 확대하거나 축소할 때의 2배, 3배, 2분의 1배, 3분의 1배 따위의 비율.

배:은 망덕 남한테 입은 은덕을 잊고 저버림. -하다.

배:재 학당 우리 나라의 최초의 근대식 중등 교육 기관〔배재 중·고등 학교의 전신〕.

배젓기[배젇끼] 배가 나아가게 노를 젓는 일.

배:정 나누어 몫을 정함. [예]자리를 배정하다. 배정받다. -하다.

배중손【사람】[?~1271] 고려 원종 때의 장군. 삼별초의 지도자로서, 몽고군에 맞서 끝까지 항전하였음. 【裵仲孫】

배지기 씨름의 들기술. 상대방을 들거나 배를 지거나 하여 넘어뜨리는 공격 기술.

배짱 ①마음 속으로 다져먹은 생각을 얕잡아 이르는 말. ②조금도 굽히지 않고 버티어 나가는 힘. [예]배짱이 두둑하다.

배:차 자동차·전차 등을 여러 곳으로 벌려서 보냄. 차를 배치함. -하다. 【配車】

배척 반대하여 물리쳐 몰아 냄. [예]서양 세력을 배척하다. [비]배격. [반]환영. -하다. 【排斥】

배:추 잎을 식용으로 하는 채소. 주로 김치를 담금.

배:추벌레 배추흰나비의 애벌레. 몸에 잔털이 있고 녹색이며, 배추잎을 먹고 자람.

배:추흰나비 무꽃·배추꽃에 알을 낳는 나비. 알에서 깨어난 것을 배추벌레라고 함.

배출1 필요없는 물질을 밀어서 밖으로 내보냄. 배설. 【排出】

배:출2 인재가 계속 나옴. [예]우리 학교에서는 뛰어난 인재들이 많이 배출되었다. -하다.

배:치 갈라 나누어 저마다의 자리에 둠. [예]좌석을 배치하다.

배치도 인원·물자·기계·건물 따위의 위치 관계를 나타낸 도면. [예]기계 배치도.

배탈 배가 아프거나 설사를 하는 뱃속병.

배터리 축전지. 바테리.

배터리식 닭장 닭을 한두 마리씩 통에 넣어 여러층(아파트식)으로 쌓아 올려 기르게 되어 있는 닭장.

배턴 릴레이 경주에서, 선수가 다음 선수에게 넘기는 짤막한 막대기. 바통.

배:포 남에게 널리 나누어 줌. [예]광고지를 배포하다. -하다.

배:필 부부로서의 짝. 배우자.

배:합 알맞게 섞어 합침. [예]사료를 배합하다. -하다. 【配合】

배:합 사료 여러 가지 재료를 섞어서 만든 영양분이 많은 집짐승의 먹이.

배:후 ①등 뒤나 뒤쪽. 뒷면. ②정면으로 나서지 아니한 일의 뒷면. [예]배후에서 조종하다.

백 물건을 넣어 가지고 다니는 조그만 가방. [예]핸드백. 【bag】

백골 죽은 사람의 살이 다 썩은 뒤에 남은 흰 뼈. 【白骨】

백과 사:전 학문·예술·기술·사회 등 인간 생활과 관계 깊은 온갖 사항을 모아 알기 쉽게 풀이한 사전. [준]백과.

백담사 강원도 인제군 내설악에 있는 절.

백두산〖지명〗[백뚜산] 함경 북도·함경 남도와 중국 만주와의 국경 사이에 있는 우리나라에서 제일 높은 산. 산꼭대기에는 천지라는 못이 있음. 높이2,744m. 【白頭山】

백령도〖지명〗 경기도의 서해상에 있는 섬. 북한과 가까워 군사상으로 중요한 곳임.

백로[뱅노] 몸빛이 희고 긴부리와 다리를 가진 물새. 해오라기. 백조.

[백로]

백록담 제주도 한라산 꼭대기에 있는 못. 넓이는 동서 600m, 남북 500m 가량의 타원형임.

백마 온몸의 털빛이 흰 말.

백마강 금강의 하류이며 부여를 돌아 부소산을 싸고 흐르는 강. 백강〔낙화암·고란사 등이 이 강가에 있음〕.

백마 고지 강원도 철원군 서북방에 있는 6·25 전쟁 때의 격전지. 높이 395m.

백만 대:군 백만 명이나 되는 많은 군대. 【百萬大軍】

백만장자 재산이 썩 많은 사람. 아주 큰 부자. 【百萬長者】

백묵[뱅묵] 칠판에 글씨를 쓸 때에 쓰는 물건. [비]분필.

백미[뱅미] 희게 쓿은 멥쌀. 흰쌀. [반]현미.

백반1 명반을 구워 만든 덩이. 염색을 들이거나 지혈제로 쓰임.

백반2 흰밥. 쌀밥. [예]찌개 백반으로 점심을 먹다.

백발 하얗게 센 머리털. [예]백발이 성성하다. 【白髮】

백발 백중 총이나 활 따위를 쏠 때마다 겨눈 곳에 꼭꼭 맞음.

백병전 칼이나 총검을 가지고 서로 직접 맞붙어서 하는 전투. [비]육박전. -하다. 【白兵戰】

백부 큰아버지. 【伯父】

백분율[백분뉼] 비율을 퍼센트로 나타낸 것. 곧, 기준량을 100으로 보았을 때 비교하는 양을 나타내는 비율. 그 단위를 '퍼센트' 또는 '프로'라 함. 부호는 %.

백사장 강이나 바닷가의 흰 모래가 깔린 곳.

백색 흰 빛깔. [준]백. 【白色】

백설 흰 눈.

백설 공주 독일의 〈그림 동화집〉에 나오는 옛 이야기. 아름다운 공주가 심술궂은 의붓어미 때문에 갖은 고생을 겪다가, 일곱 난쟁이와 이웃 나라 왕자의 도움으로 행복하게 살게 되고, 의붓어미는 벌을 받게 된다는 줄거리의 동화.

백설기 시루떡의 한 가지. 멥쌀가루를 고물 없이 시루에 찐 떡.

백성 일반 국민. 그 나라에 사는 사람들. [비]국민. 【百姓】

백열 전:구 진공 또는 특별한 기체를 넣고 유리공 안에 필라멘트를 넣어 흰 빛을 내게 만든 전구.

백엽상[배겹쌍] 기온·습도·기압 등을 측정하기 위하여 만들어진 상자. 지상 1m의 높이에 설치하며 안을 흰 페인트로 칠하고 온도계·습도계 등을 넣어 네 다리로 고정시커 둠.

백옥 흰 빛깔의 옥. 【白玉】

백운교 불국사로 들어가는 돌 층계대로. 청운교의 윗부분이 되는 돌계단. 【白雲橋】

백운동 서원 조선 중종 때 주세붕이 경상 북도 영풍군 순흥면에 안향을 모시고자 세운 우리 나라 최초의 서원.

백의 민족 옛날부터 흰옷을 즐겨 입어 온 우리 민족을 가리키는 말. 【白衣民族】

백의 종군 벼슬이 없는 사람으로 군대를 따라 전쟁터로 나감. 또는 그일. ⑩이순신 장군의 백의종군.

백의 천사 '간호사'를 아름답게 이르는 말.

백인 날때부터 피부 색깔이 흰 인종. 백색인종.

백일장[배길짱] 조선때 학업을 장려하기 위해 각 지방에서 베풀던 시나 글을 짓도록 하는 시험.

백일해 아이들에게 흔히 있는, 모진 기침을 하는 돌림병.

백일홍 국화과의 한해살이 화초. 여름에 붉은 꽃이 오랫동안 핀다고 하여 붙여진 이름임.

[백일홍]

백자 흰 빛깔로 된 도자기. 조선시대에 유행한 자기로 소박한 점이 특징이다.

백전 백승 싸울 때마다 이김. ⑩적을 알고 나를 알면 백전백승한다고 했다. -하다.

백정 지난 날, 소나 돼지 따위를 잡는 일을 하던 사람. 포정. 도한. 【白丁】

백제【나라】온조왕이 한강 부근에 세운 우리 나라 삼국 시대의 한 나라. 기원전 18년에 건국. 678년 동안 계속되다가

서기 660년 의자왕 때 나당 연합군에 의해 멸망되었음.

백조 기러기 오리과의 새. 날개 길이 50~55cm. 봄빛깔은 전체가 흰색이고, 부리는 노란색, 다리는 검은색임. 고니.

백조자리 여름철의 초저녁 동북쪽 하늘의 은하 속에 있는 별자리. 6개의 밝은 별이 '+'자 모양으로 늘어서 있음.

백중 우리 나라 명절의 하나인 음력 7월 보름날.

백지 ①흰 빛깔의 종이. ②아무것도 쓰지 않은 종이.

백지도 대륙·섬·나라 등의 윤곽만 그려서 필요한 부분을 그리거나 써 넣을 수 있게 든 지도.

백지 상태 어떤 사물에 대하여 아무것도 아는 것이 없는 상태.

백지장[백찌짱] ①흰 종이의 낱장. ⑩백지장도 맞들면 낫다. ②새하얀 것을 비유하는 말. ⑩얼굴이 백지장 같다.

백치 지능이 낮은 사람. 천치.

백토 빛깔이 희고 고운 모래가 많이 섞인 흙. 【白土】

백합 백합과의 여러해살이 화초. 7~8월에 나팔 모양의 흰 꽃이 핌. 매우 아름답고 향기가 좋음. 나리꽃.

백혈병[백켤뼝] 혈액 속의 백혈구가 정상보다 많아지는 병.

백화점[배콰점] 한 건물 안에서 일상 생활에 필요한 온갖 상품을 각 부문별로 나누어 벌여 놓고 판매하는 규모가 큰 상점.

밸브 액체나 기체의 드나드는 구멍을 여닫는 구실을 하는 마개.

뱀 파충류의 뱀목의 동물을 통틀어 이르는 말. 몸은 가늘고

길며 온통 비늘로 덮였음.

뱀:골 뱀이 많이 사는 곳.

뱀:장어 뱀장어과의 바닷물고기. 몸길이가 60cm 가량으로 길며, 비늘과 배지느러미가 없음. 뱀과 비슷함. ㉥장어.

뱁:새 박새과의 새. 날개 길이 5cm, 꽁지 6cm. 굴뚝새와 비슷하나 더 곱고 예쁨.

뱁:새눈 작고 가늘게 찢어진 눈.

뱃고동[배꼬동] 배가 떠날 때 '붕'하며 내는 소리. ㉝뱃고동 소리.

뱃길[배낄] 배가 늘 다니는 길. ㉝험한 뱃길. ㉤항로.

뱃놀이[밴노리] 배를 타고 즐겁게 노는 일. -하다.

뱃머리[밴머리] 떠 있는 배의 앞끝. ㉤이물. ㉰고물.

뱃멀미[밴멀미] 배를 탔을 때 일어나는 어지럽고 메스꺼운 증세.

뱃사공[배싸공] 배를 저어 부리는 사람. ㉥사공.

뱃사람 배를 부리거나 배에서 일을 하는 사람. ㉤선원.

뱃심 자신을 굽히지 않고 소신대로 밀고 나가는 배짱.

뱃전 배의 좌우쪽 가장자리.

뱉:다 입 속에 든 물건을 입 밖으로 내보내다. ㉝침을 뱉다.

버금 첫째의 다음 되는 차례. 다음. ㉝부산은 서울에 버금가는 도시이다.

버둥거리다 덩치 큰 것이 드러눕거나 매달려서 팔다리를 내저으며 움직이다. 〉바둥거리다.

버드나무 물기가 많은 곳에 자라는 넓은잎큰키나무. 봄에 잎이 나기 전에 꽃이 핌. 버들.

버들개지 버드나무의 꽃. 솜 비

숫하며 바람에 날려 흩어짐. ㉤버들강아지.

버들잎[버들닙] 버드나무의 잎.

[버들개지]

버들피리 버드나무 가지로 만든 피리.

버르장머리 '버릇'을 얕잡아 이르는 말.

버르적거리다 고통 따위에서 헤어나려고 팔다리를 내저으며 몸을 자꾸 움직이다. ㉥버릇거리다. 〉바르작거리다. ㉞뻐르적거리다.

버릇[버른] ①마음이나 몸에 배어 굳어진 성질이나 짓. ㉝잠버릇. ②어른에게 취해야 할 예의.

버리다 ①쓰지 못할 것을 내던지다. ㉝쓰레기를 버리다. ②돌보지 않다. ③망가뜨리다. 쓰지 못하게 만들다. ㉝몸을 버리다.

버림 근사값을 구하는 경우에, 구하는 자리의 숫자까지는 그대로 두고 그 아랫자리의 숫자는 모두 0으로 하는 방법. ㉰올림.

버림받다 버림을 당하다. 버려진 바가 되다.

버:마 ⇨미얀마.

버무리다 여러 가지를 골고루 한데 뒤섞다. ㉝김치를 버무리다.

버선 발에 꿰어 신는 물건. 무명·광목 등으로 만듦.

[버선]

버섯 산이나 들의 그늘진 땅이나 썩은 나무 등에 돋아나는 식물의 한 가지. 대부분이 우산 모양이며 먹을 수 있는 것과 독을 지닌 것 등 종류가 많음.

버스 여러 사람이 타는 커다란 자동차. 【bus】

버저 전자석을 이용하여 진동판을 진동시켜 소리를 내는 장치.

버짐 백선균에 의하여 일어나는 피부병을 통틀어 이르는 말. 특히 얼굴에 생기는 것을 이름.

버찌 벚나무의 열매.

버:크셔 영국의 버크셔 지방에서 개량된 돼지의 한 품종. 털빛이 검고 네 다리의 끝과 주둥이·꼬리 끝이 흼. 추위에 강하고 번식력이 왕성함.

버터 우유의 기름을 뽑아 굳힌 영양 식품. 【butter】

버튼 단추.

버티다 ①맞서서 겨루다. ②참고 배기다. ③쓰러지지 않고 가누다.

벅차다 ①해내기 어려울 정도로 힘겹다. 예나에게는 벅찬 일이다. ②넘칠 듯이 가득차다. 예기쁨에 가슴이 벅차다.

번갈아[번가라] 하나씩 하나씩 차례로 바꾸어가며. 예번갈아 밤에 근무하다. 비교대로.

번개 전기를 띤 두 구름이 가까이 만났을 때 일어나는 전기 불꽃.

번개같이[번개가치] 아주 빨리. 예번개같이 달려가다.

번갯불 번개가 번쩍이는 빛.

번거롭다(번거로워, 번거로운) ①일의 갈피가 어수선하고 복잡하다. ②조용하지 못하고 어수선하다.

번뇌 마음이 시달려서 괴로움. 예번뇌에 휩싸이다. -하다.

번데기 애벌레로부터 성충으로 되는 동안의 곤충.

번득이다 물건의 겉에 빛이 비치어 번쩍거리다. 예눈을 번득이며 노려보다. 〉반득이다. 쎈번뜩이다.

번듯하다[번드타다] ①비뚤어지거나 기울거나 굽지 않고 바르다. ②생김새가 아담하고 말끔하다. 예번듯하게 잘 생긴 남자. 〉반듯하다. 쎈번뜻하다. 번듯이.

번민 마음이 번거롭고 답답하여 괴로워함. 예번민에 싸이다. -하다. 【煩悶】

번번이 여러 번 다. 예사업에 번번이 실패하다. 비매번.

번성 일이 성하여 크게 일어남. 비번창. -하다.

번식 동물이나 식물이 자꾸 퍼져서 불어남. -하다. 【繁殖】

번식기 동물이 새끼를 치는 시기.

번역 한 나라의 말로 쓴 글을 다른 나라 말로 옮김. -하다.

번영 일이 성하게 잘 됨. 예날이 번영하는 우리 고장. 비번창. 반쇠퇴. -하다.

번잡 뒤섞여서 어수선함. -하다. -스럽다.

번지 번호를 매겨서 갈라 놓은 땅, 또는 그 번호. 【番地】

번지다 ①차차 넓게 퍼지다. 예잉크가 종이에 번지다. ②다른 곳으로 옮아가다. 예불이 이웃 집으로 번지다. ③작은 일이 크게 벌어져 나가다.

번쩍거리다 자꾸 번쩍이는 모양. 예번갯불이 번쩍거리다. 〉반짝거리다.

번창 한창 잘 되어 성함. 예날이 번창하는 회사. 비번성. -하다.

번트 야구에서, 타자가 방망이로 공을 가볍게 치는 것.

번호 차례를 나타내는 수.

번화 눈이 부시고 아름다움. 매우 성하고 화려함. 예번화한

서울거리. -하다. 【繁華】

벌[1] 넓고 평평하게 생긴 땅. 너른 들. 비벌판.

벌[2] 짝을 이루는 물건을 세는 말. 예옷 한 벌, 수저 한 벌.

벌[3] 죄를 지은 사람에게 괴로움을 주어서 억누르는 일. 예숙제를 하지 않아서 벌을 받다. 비형벌. 반상. 【罰】

벌[4] 곤충의 한 가지. 대개 배부분이 가늘며, 암컷은 꼬리 끝의 산란관을 독침으로 씀. 단독 또는 집단 생활을 함.

벌거숭이 ①옷을 죄다 벗은 알몸뚱이. ②흙이 드러나 보일 정도로 나무나 풀이 없는 산이나 들을 비유하여 이르는 말. >발가숭이. 센뻘거숭이.

벌거숭이산 나무나 풀이 없는 산. 비민둥산.

벌:겋다(벌거니, 벌거오) 연하게 붉다. 예눈이 벌겋다. >발갛다. 센뻘겋다.

벌금 잘못하여 벌로 내는 돈. 비벌과금. 【罰金】

벌:다(버니, 버오) ①일을 하여 돈이나 물건을 얻다. 예장사를 하여 돈을 벌다. ②이익을 얻다. 예쉬운 방법으로 시간을 벌다.

벌레 짐승·새·물고기·조개 따위를 제외한 작은 동물을 두루 일컫는 말. 비곤충.

벌름거리다 부드럽고 넓게 벌어졌다 닫혔다 하다. 예코를 벌름거리다. >발름거리다.

벌:리다 ①두 사이를 넓히다. 예간격을 벌리다. ②오므라진 것을 펴다. 예입을 벌리다.

벌목 산의 나무를 벰. 비벌채. -하다. 【伐木】

벌써 이미 오래 전에. 생각보다 빠르게. 예벌써 방학이 다 지났다. 비이미. 반아직.

벌:어지다 ①어떤 일이 일어나거나 진행되다. 예경기가 벌어지다. ②틈이 나서 사이가 뜨다. 예담에 틈이 벌어지다. ③가로 퍼져서 뚱뚱하게 되다. 예가슴이 떡 벌어지다. >바라지다.

벌:이 먹고 살려고 일을 하여 돈을 버는 일. 예벌이가 좋다.

벌:이다 ①물건을 늘어놓다. ②장사를 차리다. 예시장에서 과일 가게를 벌이다.

벌:집[벌찝] 벌이 알을 낳고 먹이와 꿀을 저장하며 사는 집.

벌채 산의 나무를 베어 내는 일. 비벌목. -하다. 【伐採】

벌칙 법을 어겼을 때의 처벌을 정해 놓은 규칙. 【罰則】

벌:통 꿀벌을 치는 통.

벌판 넓은 들. 예벌판을 신나게 달리는 말. 비들판.

범: 고양이과의 가장 큰 맹수. 성질이 사나워 가축이나 사람 [범] 을 해치기도 함. 깊은 산 속에서 생활함. 호랑이.

범:람[범남] ①물이 가득 차 넘쳐 흐름. 예홍수로 강물이 범람하다. ②물건이 굉장히 많이 나돎. 예저질 만화가 범람하고 있다. -하다.

범:례 모범으로 삼는 예.

범벅 ①곡식 가루에 호박 같은 것을 섞어서 된풀처럼 쑨 음식. 예호박 범벅. ②뒤섞이어 갈피를 잡을 수 없게 된 물건이나 일. 예눈물·콧물로 얼굴이 범벅이 되다.

범상 대수롭지 않고 예사로움. 예범상치 않은 인물. -하다. -히.

범:선 돛을 단 배. 돛단배.

범:위 일정한 테두리. 예시험

범위. 활동 범위.

범:인 죄를 지은 사람. 예살인 사건의 범인을 잡다. 【犯人】

범:죄 죄를 지음. 또는 지은 죄. 예범죄를 숨기다. 【犯罪】

법 ①정해진 규칙. 예법을 어기다. ②예의와 도리. 예그렇게 무례한 법은 없다. ③방법. 예밥하는 법을 배우다. 【法】

법고 부처 앞에서 치는 작은북. 농악에서 치는 작은북. 소고.

법고수 농악에서 작은북을 치는 사람.

법관 법원에서 법률에 의하여 재판을 담당하는 사람.

법규 국민의 권리와 의무를 정하여 활동을 제한하는 규정. 예교통 법규. 비법률. 규범.

법당 불상을 모셔 놓고 염불도 하고 승려들에게 불교의 도리를 설교하는 절 본체의 큰 방.

법도 ①법률과 제도. ②예절이나 제도. 예법도에 맞는 행동.

법랑 금속 그릇·도자기 따위의 표면에 구워 올려 윤이 나게 하는 유약. 에나멜.

법령 법률과 명령. 예새로 제정된 법령을 공포하다. 준영.

법률 사회 생활을 유지하기 위하여 국민이 지켜야 할 국가적인 규범. 준법. 【法律】

법무부 나라의 법률에 관한 일을 주로 맡아 보는 중앙 행정 기관.

법석 여러 사람이 어수선하게 떠드는 모양. 예학예회 준비를 하느라고 법석을 떨다.

법원 나라의 법률에 따라 법관이 옳고 그른 것을 가려서 재판하는 기관(대법원·고등법원·지방법원 등이 있음).

법정¹ 법률에 따라 재판을 하는 곳. 비재판정.

법정² 법률로 규정함. 예법정 기일. -하다.

법주사 충청북도 보은군 속리산에 있는 절. 신라 진흥왕 때의신 대사가 세웠다 함. 우리 나라 유일의 나무로 만든 탑이 있는 것으로 유명함.

법치 국가 국민이 만든 법률에 의하여 나라를 다스리는 국가. 준법치국. 【法治國家】

법칙 ①반드시 지켜야 하는 규칙. ②일정한 조건 아래서 반드시 성립되는 사물 상호간의 관계. 예만유 인력의 법칙.

벗:[벋] 서로 친하게 지내는 사람. 비친구. 붕우. -하다.

벗겨지다 옷·껍질 따위가 몸에서 떨어져 나가다. 예머리가 벗겨지다. 큰벗기어지다.

벗기다 껍질이나 거죽을 뜯어내다. 예사과 껍질을 벗기다.

벗다 ①쓰거나 입거나 신은 것 따위를 몸에서 떼어 내다. 예옷을 벗다. ②억울한 죄나 형벌 따위에서 헤어나거나 용서를 받다. 예억울한 누명을 벗다.

벗:삼다 벗으로 생각하고 가까이 대하다.

벗어나다 ①어려운 일에서 헤어나다. 예가난에서 벗어나다. ②이치나 규격에 어그러지다. 예사람의 도리에 벗어난 행동. ③남의 눈에 들지 못하다. 예선생님의 눈에 벗어나다.

벙거지 털로 검고 두껍게 만든 갓처럼 쓰는 물건. 옛날 주로 병졸이나 하인들이 쓰던 모자.

벙거지꾼 조선 시대 후기에 편지를 전해 주던 집배원.

벙글거리다 입을 벌려 소리 없이 연해 부드럽게 웃다. 〉방글거리다. 셴뻥글거리다.

벙글벙글 입을 벌려 소리 없이 연해 부드럽게 웃는 모양. 셴 **뻥글뻥글**. -하다.

벙어리 날 때부터 말을 하지 못하는 사람.

벙어리 장:갑 엄지손가락 외의 네 손가락이 한데 들어가도록 만든 장갑.

벚꽃[벋꼳] 벚나무의 꽃. 봄에 연분홍빛으로 피며, 다섯 개의 꽃잎으로 되어 있음. 앵화.

벚나무[번나무] 장미과의 갈잎 큰키나무. 봄에 연분홍빛의 꽃이 피고, 버찌라는 앵두만 한 열매가 맺힘.

베 ①삼실이나 무명실·명주실 따위로 짠 피륙. ②'삼베'의 준말.

베개 누울 때에 머리를 괴는 물건. 예베개가 높다.

베끼다 글 같은 것을 그대로 옮겨 쓰다.

베네룩스 삼(3)국 벨기에·네덜란드·룩셈부르크의 세 나라를 합쳐서 이르는 말. 1947년에 이 세 나라가 관세 동맹을 맺은 데서 시작한 말임.

베네수엘라『나라』 남아메리카 북서부에 위치한 공화국. 열대 지방이며, 석유·금·커피·사탕수수 등이 많이 생산됨. 수도는 카라카스.

베니어 합판 여러 장의 얇은 널빤지를 결이 엇갈리게 겹쳐 붙여서 만든 판자. 합판.

베:다¹ 베개나 다른 물건으로 고개를 받치다.

베:다² 연장으로 자르거나 끊다. 예낫으로 벼를 베다.

베란다 서양식 집에서 집채의 앞쪽으로 넓은 툇마루같이 튀어 나오게 잇대어 만든 부분.

베르디『사람』[1813~1901] 이탈리아의 가극 작곡가. 웅장한 가극을 많이 작곡하였음. 작품으로는〈아이다〉〈리골레토〉〈춘희〉등이 있음. 【Verdi】

베르사:유 조약 제1차 세계 대전이 끝난 뒤. 1919년 6월. 프랑스의 베르사유에서 연합국과 독일 사이에 이루어진 평화 조약.

베를리오즈『사람』[1803~1869] 프랑스 낭만파의 선구적인 작곡가. 작품에〈로마의 사육제〉〈로미오와 줄리엣〉〈환상 교향곡〉등이 있음.

베를린『지명』 1945년까지의 독일의 수도·포츠담 협정에 따라 동·서로 나뉘어서 동쪽은 동독의 수도로, 서쪽은 서독에 편입되었다가 1990년 통일이 되었음. 특히 화학 공업이 세계적임. 【Berlin】

베스트 셀러 어떤 기간에 가장 많이 팔리는 책.

베이스¹ 야구에서, 내야의 네 귀퉁이에 놓는 방석같이 생긴 물건, 또는 그 위치. 【base】

베이스² ①성악에서 남자의 가장 낮은 음. ②베이스 음악을 연주하는 악기. 【bass】

베이스 볼 ①야구. ②야구공.

베이식 컴퓨터의 프로그래밍용 언어의 한 가지. 문법이 간단하고 프로그램의 편집 수정이 간단하고 쉬움. 【basic】

베이식 언어 컴퓨터에서 가장 간단한 프로그램 언어.

베이식 프로그램 베이식의 목록·순서·예정·계획 등의 진행 순서표.

베이징『지명』 '북경'의 중국음. 지금의 중국의 수도임.

베일 ①면사포. ②씌워서 보이 지 아니하게 가리는 것. 예베일에 싸인 사건. 비장막.

베짱이 여치과의 곤충. 인가 부

근에 삶. 크기는 벼메뚜기만 하며 옅은 녹색 이나 드물게는 갈색도 있음. 발성기는 수컷의 앞날개꼭지에 있음.

[베짱이]

베:토벤〖사람〗[1770~1827] 독일의 세계적인 작곡가. 만년에 귀머거리가 되었으나 불행을 이겨내고 명곡을 많이 작곡함. 작품으로는 〈영웅〉〈운명〉〈전원〉등이 특히 유명함.

베트남〖나라〗인도차이나 반도에 있는 나라. 1954년 북위 17도선을 경계로 남쪽은 베트남 공화국(수도는 사이공), 북쪽은 베트남 민주 공화국(수도는 하노이)으로 나뉘어 오랫동안 전쟁을 벌였음. 1975년 남부 베트남이 패전함으로써 남북이 통일을 이룸. 수도는 하노이. 【Vietnam】

베트콩 월남 무장 공산 게릴라. 1975년 4월 사이공 정부를 무너뜨리는데 성공함.

베틀 무명·명주·삼베 같은 베를 짜는 기구.

베풀다(베푸니, 베푸오) ①무슨 일을 차리어 벌이다. 예환갑 잔치를 베풀다. ②돈·물건 또는 이익을 주어서 은혜를 끼치다.

벤젠 기름 등을 녹이는 데 쓰는 물질. 囲벤졸.

벤치 ①몇 사람이 같이 앉을 수 있게 만든 긴 의자. ②야구 경기장 안의 선수석과 감독석.

벨[1]〖사람〗[1847~1922] 미국의 발명가. 영국 런던에서 태어났으나, 미국에 건너가 음성에 관한 연구를 하다가 자석식 전화기를 발명하였음.

벨[2] 종. 초인종.

벨기에〖지명〗유럽 서북부에 있는 입헌 왕국. 석탄이 풍부함. 수도는 브뤼셀.

벨테브레 ⇨박연[2]

벨트 ①가죽으로 만든 띠. 혁대. 허리띠. ②두 개의 기계 바퀴에 걸어 동력을 전하는 띠 모양의 물건. ③'좁고 긴 지역'을 비유하여 이르는 말. 예그린 벨트. 囲피대. 【belt】

벵골〖지명〗인도 동부의 서벵골 주와 방글라데시에 걸친 지역을 이르는 말. 【Bengal】

벵골 만〖지명〗인도양 북동부의 큰 만. 인도 반도와 미얀마에 둘러싸여 있음.

벵골어 인도 벵골 지방과 방글라데시에서 쓰이는 언어.

벼 쌀을 얻는 농작물. 익은 열매를 '벼'라 하고 이것을 찧은 것을 '쌀'이라고 함.

벼논 벼를 심은 논.

벼농사 벼를 가꾸어 거두는 일.

벼락 ①구름 속에서 생긴 전기와 땅 위의 전기가 서로 부딪쳐서 일어나는 현상. 강한 충격과 소리를 냄. ②몹시 갑작스러움. 예벼락 감투.

벼랑길[벼랑낄] 낭떠러지의 길. 절벽 위의 험한 길.

벼루 먹을 가는 데 쓰는 돌. 먹·벼루·붓·종이를 '문방사우'라고 한다.

벼르다(별러, 별러서) 어떤 일을 하려고 미리부터 마음을 먹다.

벼멸구 볏잎의 진을 빨아 해치는 작은 벌레. 몸에 비하여 날개가 크고 벼룩처럼 잘 뛰고 옆으로도 걸음.

벼베기 익은 벼를 낫을 이용해서 자르는 일.

벼슬 관청에 나가 나라일을 맡아 보는 자리. 또는 그 일. 예벼슬을 얻다. 비관직. -하다.

벼슬아치 벼슬자리에 있으면서 나라일을 맡아 보는 사람.

벼슬자리 관청에 나가 나라일을 맡아 하는 자리. 예높은 벼슬자리에 오르다. 비관직.

벼이삭 벼의 열매가 꽃대의 주위에 더부룩하게 달린 것.

벼훑이[벼훌치] 벼를 훑어서 떠는 간단한 농기구의 한 가지.

벽 ①집·방 등을 둘러막은 부분. 바람벽. ②아무래도 이겨 낼 수 없는 장애. 장애물.

벽계수 푸른빛이 도는 맑고 깨끗한 시냇물. 【碧溪水】

벽골제 삼한 시대에 있었던 유명한 저수지. 전라 북도 김제군에 그 흔적이 있음.

벽난로[병날로] 아궁이를 벽에다 내고 굴뚝은 벽 속으로 통하게 만든 난로. 준벽로.

벽돌 진흙이나 시멘트에 모래를 섞어 틀에 박아내거나 구운 건축 재료.

벽란도[병난도]【지명】예성강 하류에 있었던 고려 시대의 무역항. 멀리 아라비아 상인들까지도 물건을 가지고 찾아올 정도로 국제적인 무역항이었음.

벽력[병녁] 벼락. 예적을 향해 벽력같이 소리를 지르다.

벽보 벽에 쓰거나 붙여 여러 사람에게 알리는 글. 예벽보를 붙이다. 【壁報】

벽오동 오동나무의 한 종류로 늙어도 껍질의 푸른빛이 그대로 남아 있는 나무. 재목은 단단하고 결이 곧아 가구나 악기 등의 재료로 쓰임.

벽장 벽을 뚫어 장을 만들어 물건을 넣게 된 곳.

벽창호 고집이 세고 성질이 미련하면서 무뚝뚝한 사람.

벽촌 도시와 멀리 떨어져 있는 외진 마을. 【僻村】

벽화 장식하기 위하여 건물의 벽에 그린 그림.

변¹ ①물건의 가장자리. ②다각형을 이루는 하나하나의 직선.

변:² 별안간 생긴 이상한 일이나 난리. 또는 사고. 예무슨 변을 당했나 왜 이리 늦지?

변:경 바꾸어 다르게 고침. 예계획이 변경되다. -하다.

변:괴 뜻밖에 일어난 이상한 일.

변:덕 이랬다저랬다 하여 잘 변하는 성질. 예변덕이 심한 사람.

변:덕스럽다(변덕스러우니, 변덕스러워) 이랬다저랬다 하여 변하기를 잘하다. 예변덕스러운 여름 날씨.

변:동 변하여 움직임. 예물가변동. -하다. 【變動】

변두리 ①번화하지 아니한 한적되고 구석진 곳. 예도시의 변두리. ②물건의 가장자리.

변:명 잘못에 대하여 구실을 내놓고 이유를 밝힘. 죄가 없음을 밝힘. -하다. 【辨明】

변:모 모습이 바뀜. 예직장 생활의 변모. -하다.

변변하다 ①별다른 흠이 없이 그런대로 괜찮다. ②잘 갖추어져 훌륭하거나 쓸 만하다.

변:상 ①빚을 갚음. ②남에게 입힌 손해를 돈이나 물건 따위로 물어 줌.

변:색 빛깔이 변함. 예옷이 누렇게 변색되다. -하다. 【變色】

변성 나라의 경계가 되는 변두리의 땅에 있는 성.

변:성기 사춘기 때 성대에 변화가 생겨 목소리가 굵고 낮게 변하는 시기.

변소 대소변을 볼 수 있게 만들어 놓은 곳. 뒷간. 측간.

변:수 어떤 관계·범위 안에서 변할 수 있는 수. 뻰상수.

변:신 몸이나 모습을 다르게 바꿈, 또는 바뀐 그 모습.

변:압기 교류 전압을 올리거나 내리거나 하는 장치. 뻬트랜스.

변:역 다르게 바뀜, 또는 다르게 바꿈.

변:장 의복이나 복장을 고쳐 모습을 다르게 꾸밈, 또는 다르게 꾸민 모습. -하다. 【變裝】

변:전소 변압기를 써서 높은 전압을 필요한 전압으로 낮추어 공장이나 가정으로 보내는 곳.

변:조 형태나 내용을 다르게 고침. 예서류를 변조하다.

변:주곡 어떤 주제를 바탕으로 해서 리듬·가락 등을 변화 발전시켜 나가는 기악곡.

변:질 물질이나 사물의 성질이 변함. 예변질된 우유. 【變質】

변:천 바뀌어 변함. 변하여 달라짐. -하다.

변:하다 ①어떤 일이나 물건이 전과 달라지다. 예십 년이면 강산도 변한다. ②마음·성질 등이 달라지다.

변한 삼한의 하나. 현재의 경상 남북도 및 경기도·강원도 일부를 차지하는 10여 부족 국가로 이루어졌음.

변:형 모습을 바꿈. 모양이 바뀜, 또는 그 바뀐 모양. 꼴바꿈. 예땅 모양이 변형되다. -하다.

변:호 남에게 이롭도록 사리를 따져 도와 줌. 예친구를 변호

하다. -하다. 【辯護】

변:화 사물의 모양이나 성질 같은 것이 달라짐. 예계절의 변화. -하다. 【變化】

별[1] ①밤 하늘에 반짝이는 모든 천체. ②아주 뛰어난 존재. 예우리 민족의 큰 별. ③매우 구하기 힘든 일. 예하늘에 별 따기.

-별[2] 이름을 나타내는 말 밑에 붙어 그 말과 같은 종류로 구별할 때 쓰는 말〔종류별·능력별·학년별 따위〕.

별개 서로 다른 것. 【別個】

별걱정 쓸데없는 걱정.

별것 드물고 이상스러운 일이나 물건. 예별것도 아닌 일을 가지고 웬 수선이냐.

별기군 조선 말기(1881)에 생긴 신식 군대. 특별한 기술 교육을 받은 군대. 【別技軍】

별꼴 남의 눈에 거슬려 보이는 꼬락서니. 예별꼴 다 보겠다.

별나다 보통 것과 매우 다르다.

별:님 달을 제외한 밤 하늘에 반짝이는 모든 천체를 사람에 비유하여 정답게 이르는 말.

별다르다(별달라, 별달라서) 특별히 다르다. 유난히 다르다. 예모양이 별다르다.

별도[별또] ①다른 방법이나 방도. ②다른 쓰임새. 예이것은 별도로 쓸 데가 있다. 【別途】

별도리 달리 적절하게 처리할 방법. 예이 방법밖에는 별도리가 없다.

별로 그다지 드물게. 이렇다 하게 따로. 예이 고장에는 별로 볼 게 없다. 뻬별반.

별명 본이름 외에 생김새·행동·성질 등에서 특징을 찾아 내어 남들이 지어 부르는 이름. 닉네임. 뻰본명. 【別名】

별무반 고려 때 여진족을 정벌

하기 위해 편성한 특별 부대. 기병·보병으로 조직되었고, 승려들로 조직된 항마군이 있었음.

별문제 다른 문제. [예]이것과 그것은 별문제다.

별미 특별히 좋은 맛. [예]이 고장의 별미는 비빔밥이다.

별별 가지가지. 온갖. [예]별별 짓을 다한다. 【別別】

별산대 서울이 아닌 다른 지방에서 발달된 산대놀이. [반]본산대.

별세 세상을 떠남. '죽음'을 높이어 이르는 말. -하다.

별세계 ①인간이 사는 지구 이외의 세계. ②보통 세상과는 다른 매우 좋은 세상. [예]이곳은 별세계로구나. [비]별천지.

별식[별씩] 늘 먹지 않는 특별한 음식. 【別食】

별안간[벼란간] 〔눈을 깜박하는 동안이란 뜻으로〕 썩 짧은 순간. 난데없이. [비]갑자기.

별일[별릴] 드물고 이상한 일. [예]별일 없이 잘 지낸다.

별:자리[별짜리] 별이 늘어서 있는 모양을 동물이나 물체에 비유해서 이름을 붙인 것〔큰곰자리·오리온자리 따위〕.

별장[별짱] 살림을 하는 집 이외에 경치 좋은 곳에 따로 지어 놓고 이따금 묵으며 쉬는 집.

별주부[별쭈부] 판소리 수궁가에 나오는 주인공 자라를 말함.

별채 따로 지어 놓은 집. [예]별채를 서재로 꾸미다. [반]본채.

별책 따로 나누어 엮어 만든 책. [예]별책 부록. 【別策】

볍씨 못자리에 치는 벼의 씨.

볏 닭이나 꿩 같은 새의 이마에 달린 살 조각. [비]계관.

볏가리[벼까리] 볏단을 차곡차곡 쌓아놓은 더미.

볏단[벼딴] 베어 낸 벼를 묶은 다발. [예]볏단을 나르다.

볏섬[벼썸] 벼를 넣은 가마니. 벼를 담기 위해 짚으로 만든 가마니.

볏짚[벼찝] 벼의 이삭을 떨어낸 줄기. [예]볏짚으로 소 여물을 만들다. [준]짚.

병: 몸에 탈이 나거나 아픔을 느끼게 되는 현상. 앓는 것. [높]병환. [비]질병. 질환. 【炳】

병:구완 병을 앓는 사람을 돌봐주는 일. [예]어머니의 병구완을 하다. -하다.

병:균 병을 일으키는 균.

병기 전쟁에 쓰이는 모든 기구. [예]현대식 병기. [비]무기.

병따개 병의 마개를 여는 데 쓰이는 도구.

병:들다 몸에 병이 생기다.

병력 군사들의 수효. 군대와 병기의 수 및 그 힘. [예]병력을 증강하다. 【兵力】

병:렬 연결 전지 따위를 같은 극끼리 잇는 방법. 양(+)극을 다른 전지의 양(+)극에 잇는 것. [반]직렬. -하다.

병:명 병의 이름. 【病名】

병사 군사. 계급이 낮은 군인. [예]훈련이 잘 된 병사. [비]병졸. 군사. 군졸. [반]장교. 【兵士】

병:석 병자가 누워 있는 자리. [비]병상.

병:세 병의 형편. [예]병세가 좋아지고 있다. [비]증세.

병:실 ①병을 치료하기 위하여 환자를 두는 방. ②병자가 있는 방. [비]병소.

병아리 닭의 새끼. 어린 닭.

병역 군대에 들어가 군복무를 하는 일. [예]병역 의무. 【兵役】

병역 의:무 국민의 4대 의무의

하나. 국토방위를 위해 일정 한 나이에 이른 남자가 군대에서 복무할 의무〔4대 의무: 교육 의무·납세 의무·근로 의무·병역 의무〕.

병:원 질병을 진찰하고 치료하는 곳. [예]종합병원. 【病院】

병:원놀이 병원에서 의사나 간호사가 하는 일을 흉내내어 하는 놀이.

병:원체 생물체에 기생하여 어떤 병을 일으키는 생물.

병:인 양요 대원군이 천주교도를 탄압하고 학살할 때에 프랑스 사람도 함께 처형한 것을 트집잡아, 1866년(병인년) 프랑스 함대가 강화도에 불법 상륙하여 소란을 피운 사건. 【丙寅洋擾】

병:자 병에 걸려서 앓는 사람. [비]환자. 병인. 【病者】

병:자 호란 조선 인조 14년(1636: 병자년) 12월에 청나라가 20만 대군으로 침입하여 일어난, 우리 나라와 청나라와의 싸움. 조정은 한때 남한 산성으로 피난했다가 다음해 송파의 삼전도에서 치욕적인 항복을 하였음. [준]병란. 호란. 【丙子胡亂】

병:적[병쩍] 말이나 행동이 정상적이 아닌 건전하지 못한 상태.

병정 병역을 치르고 있는 젊은이. [비]군인. 병사.

병정놀이 병정들이 하는 것과 같이 훈련이나 전투 등을 흉내내며 노는 어린이들의 놀이.

병졸 계급이 낮은 군인. [비]군사. 병사. 【兵卒】

병:충해 식물이 병균과 벌레 때문에 입는 해. [예]병충해를 예방하다.

병풍 방·마루 등에 쳐서 바람을 막거나, 또는 무엇을 가리거나 장식하는 데 쓰는 물건.

병:행 ①나란히 같이 감. ②두 가지 일을 한꺼번에 함.

병화 전쟁으로 인한 화재.

병:환 윗사람의 병을 높여 이르는 말.

볕 햇빛으로 말미암아 나는 따뜻하고 밝은 기운. [본]햇볕.

보:건 건강을 보호하거나 거기에 관한 일. [예]보건 체조. -하다.

보건 복지부 중앙 행정부의 하나. 국민이 깨끗한 환경 속에서 살 수 있도록 하기 위해 보건 위생에 관한 일을 맡아 봄.

보:건소 고장 사람들의 건강을 보살피고, 질병을 예방하는 일을 맡아 보는 행정 기관.

보:건 위생 건강을 돌보고, 병의 예방과 치료에 힘쓰는 일.

보:결 빈 자리를 채움. 또는 그 자리를 채우기 위한 사람. [비]보궐. -하다.

보:고 ①주어진 임무에 대한 결과나 내용을 글 또는 말로 알림. [예]조사 내용을 보고하다. ② '보고서'의 준말. -하다.

보:고문 견학·조사·실험·연구·관찰 기록 등을 간추려서 발표하기 위해 쓴 글.

보:고서 보고하는 내용을 적은 문서. [준]보고. 【報告書】

보:관 잘 간수하여 그 현상을 유지함. [예]책을 보관하다. -하다.

보:교 가마의 하나. 앞뒤에서 걸어 메고 다니는 지난날의 탈것.

보:균자 발병은 하지 않았지만 병원균을 체내에 지니고 있는 자.

보금자리 ①새가 깃들이는 둥우리. 예철새들의 보금자리. ②지내기가 매우 포근하고 평화로우며 아늑한 자리. 예우리들의 보금자리.

보:급[1] 널리 퍼지게 함. 예컴퓨터가 보급되다. -하다.

보:급[2] 모자라는 물품을 보태어 대어 줌. 예약품을 보급하다. 비공급. -하다. 【補給】

보기 증명·설명하기 위해 모엇을 실지로 들어 내보이는 사물, 또는 일의 처리 방법을 실지로 들어 보이는 일. 邑본보기.

보길도【지명】 전라 남도 완도군에 있는 섬. 윤선도가 이곳에서 시조 〈어부사시사〉를 지은 것으로 유명함.

보다 ①모양을 눈으로 알다. 예꽃을 보다. ②알려고 살피다. 예아무리 보아도 모르겠다. ③구경하다. ④돌보아 키우다. 예집을 보다. ⑤시험을 치르다. ⑥일을 맡아서 하다. ⑦똥·오줌을 누다. ⑧물건을 팔거나 사려고 시장에 가다. ⑨자손을 낳거나 사위나 며느리를 얻어들이다. 예손자를 보다.

보:답 남의 두터운 호의나 은혜를 갚음. 예부모님의 은혜에 보답하다. -하다. 【報答】

보:도[1] 나라 안팎에서 생긴 일을 전하여 알려 줌, 또는 알리는 일. -하다.

보:도[2] 사람이 걸어다니는 길. 예횡단 보도. 비인도. 【步道】

보:도 기관 사회에서 일어난 일을 널리 사람들에게 알려 주는 구실을 하는 곳〔신문사·방송국·통신사 따위〕.

보:도 블록 보도 바닥에 까는 벽돌 모양의 시멘트 덩어리.

보:도실 방송국에서, 나라 안이나 밖에서 여러 가지 새로운 소식을 얻고, 이것을 간추려서 방송에 내보내는 일을 맡은 곳.

보드랍다 ①무르고 매끈매끈하다. ②곱고 잘다. 예보드라운 모래. 〈부드럽다.

보따리 물건을 보자기로 싸서 꾸린 뭉치. 예보따리를 싸다.

보라매 그 해에 난 새끼를 길들여서 사냥에 쓰는 매.

보람 ①약간 드러나 보이는 표적. ②한 일에 대하여 나타나는 좋은 결과. 효력. 예열심히 공부한 보람으로 대학 입시에 합격하다. 비성과.

보람차다 매우 보람있다. 예하루를 보람차게 보내다.

보랏빛 남빛과 자줏빛이 섞인 빛. 준보라. 비보라색.

보:류 뒷날로 미루어 둠. 예계획을 보류하다. -하다.

보르네오【지명】 동남아시아 말레이 군도에 있는 큰 섬. 산림 자원이 풍부함. 【Borneo】

보름 ①열다섯 날 동안. 예책을 다 읽는 데 보름이나 걸렸다. ②그 달의 15일. 준보름날.

보름달[보름딸] 음력 15일에 뜨는 둥근 달. 만월. 망월. 예보름달이 밝다. 반초승달.

보리 식량 작물의 하나. 가을에 씨를 뿌려 초여름에 거둠.

보리수 ①불교에서 석가가 그 아래에 앉아서 도를 깨쳤다는 나무. ②뽕나무과의 늘푸른큰키나무. 높이는 30m 가량.

보리쌀 보리를 찧어서 껍질을 벗긴 곡식.

보릿고개 지난날 농촌에서, 묵은 곡식은 떨어지고 보리는 아직 여물지 않아 식량이 없어 지내기 가장 어려웠던 음력 4·5월.

보:모 ①유치원의 여선생. ②보육원 등에서 아이들을 보살피는 여자.　　　　　【保姆】

보:물 ①금·은·옥과 같은 썩 드물고 귀한 물건. ②지난날부터 대대로 물려 내려오는 값진 물건. 예우리 나라 보물 1호는 동대문이다. 비보배.

보:물섬[1] ①보물이 있는 섬. 보물을 감추어 둔 섬.

보:물섬[2]【책명】 영국의 작가 스티븐슨이 지은 모험 소설 이름.

보:물찾기 상품의 이름을 적은 쪽지를 미리 여러 곳에 감추어 두고 이것을 찾아 가지고 오는 사람에게 그 적힌 물건을 주는 놀이의 한 가지.

보:발 조선 시대에 나라의 급한 공문을 전달하기 위해 설치되었던 파발 제도로 걸어서 공문을 전하는 일. 또는 그 사람.　　　　　【步撥】

보:배 ①매우 귀하고 중요한 사물. ②'매우 귀중한 사람'을 비유하여 이르는 말. 예집안의 보배. 비보물. -스럽다.

보:병 소총을 가지고 보도로 전투하는 군대.　　　　【步兵】

보:복 품고 있던 원한을 갚는 일. 앙갚음. -하다.　　　【報復】

보:부상 조선 시대에 성행했던 행상. 장신구 따위의 가벼운 물건을 팔러 다니는 봇짐 장수와 놋그릇·옹기 같은 부피가 큰 물건을 팔러 다니는 등짐 장수를 아울러 이르던 말.

보살피다 돌보아 주다. 예아기를 보살피다.

보:상[1] 남의 손해를 갚아 줌. 예사고로 인한 피해를 보상해 주다. -하다.　　　　【報償】

보:상[2] 남으로부터 받은 것이나 빚진 것을 갚음. -하다.

보:색 색상이 다른 두 색을 혼합하면 무채색이 되는 색, 또는 그 두 색의 관계를 이르는 말. 예빨강과 초록, 주황과 파랑은 보색관계이다. 비여색.

보:색 대:비 보색 관계에 있는 색끼리 이웃에 놓았을 때에 일어나는 효과.

보:석 단단하고 빛깔·광택이 아름다운 귀하고 값진 돌〔다이아몬드·루비·사파이어·비취 등〕. 비보옥. 　【寶石】

보송보송 ①잘 말라서 물기가 없이 보드러운 모양. ②얼굴이나 살결이 때가 빠지고 보드라운 모양.〈부숭부숭. -하다.

보:수[1] ①간직하여 지킴. ②재래의 풍습·습관과 전통을 중요시하여 그대로 지키며 새로 고치는 것을 반대함. 예보수 세력. 반혁신. 개혁. 　【保守】

보:수[2] ①고마움에 대한 갚음. ②어떤 일의 대가로 주는 물품이나 돈. 예보수가 많다.

보:수[3] 낡은 것을 보충하여 수리함. 예장마를 대비하여 지붕을 보수하다. -하다.【補修】

보:수주의 지금 상태가 유지됨을 바라면서, 전통·역사·관습·사회 조직을 지키려는 주의. 반진보주의.　【保守主義】

보스턴【지명】 미국 매사추세츠 주의 중심 도시이며 항구 도시. 공업이 성하며, 교육 도시로서 역사가 깊음.

보슬보슬 눈·비가 아주 가늘고 성기게 내리는 모양. 예봄비가 보슬보슬 내리다.〈부슬부슬.

보:신각 서울 종로에 있는 종각. 조선 태조 때 처음 세운

것으로 보신각의 종을 울려 서울로 통하는 4대문을 열고 닫았음. 보물 2호로 지정됨.

보쌈 양푼만한 그릇 바닥에 먹이를 붙이고, 고기가 들어갈 만한 구멍을 낸 보자기로 싸서 물 속에 가라앉혀 놓고 물고기를 잡는 일. 또는 그 기구.

보:안 ①안전을 유지함. ②사회의 안녕과 질서를 지킴.

보:약 몸을 튼튼하게 하는 약.

보:얗다[보야타](보야니, 보야오) 맑지 않고 연기나 안개가 낀 것 같이 희끄무레하다. 〈부옇다. 〈쎈〉뽀얗다.

보:온 일정한 온도를 보전함. 〈예〉보온밥솥. -하다. 【保溫】

보:온병 속의 온도가 변하지 않게 만든 병.

보:완 모자라는 것이나 잘못된 것을 더하여 완전하게 함. 〈예〉결점을 보완하다. -하다.

보:위 보호하여 안전하게 지킴. 〈예〉국가를 보위하다. -하다.

보:유 지니고 있음. 〈예〉현금을 많이 보유하다. -하다. 【保有】

보:유자 어떤 기능이나 자격·기록 따위를 가지고 있는 사람.

보:육 ①어린이를 보살피며 기름. ②어린이들이 올바르게 자랄 수 있도록 유치원·탁아소 등에서 베푸는 교육. -하다.

보:은 은혜를 갚음. 〈반〉배은.

보이 스카우트 소년 수양 단체의 하나. 소년단 또는 소년군이라고 함. 1908년 영국의 베이든 포엘 장군이 처음 조직한 것으로, 현재 세계적으로 널리 퍼져 있음. 〈반〉걸 스카우트. 【boy scouts】

보일러 실내를 덥게 하거나 욕탕 등에 더운 물을 보내기 위해 물을 끓이는 시설.

보자기 물건을 싸는 데 쓰이는 작은 천.

보잘것없다 볼 모양이 없다. 형편없다. 〈예〉그림이 보잘 것 없다. 보잘것없이.

보:장 잘못되는 일이 없도록 보증함. 〈예〉신분 보장. -하다.

보:전 보호하여 안전하게 함. 〈예〉조상들의 문화 유산을 보전하다. 〈비〉보존. 〈반〉파기. -하다.

보:조[1] ①사람의 걸음걸이의 속도. ②여러 사람의 행동을 맞고 안 맞는 정도.

보:조[2] ①모자람을 도와 줌. ②일손을 돕는 일. 또는 그 사람. 〈예〉보조 미용사. 【補助】

보:조 가방 책가방 외에 도시락이나 체육복 따위를 가지고 다닐 수 있는 가방.

보조개 웃을 때 볼에 오목하게 들어가는 자국. 볼우물.

보:조 국사〖사람〗[1158~1210] 고려 시대의 유명한 승려. 성은 정, 이름은 지눌. 보문사 등에서 수도하였음.

보:조 선사〖사람〗[804~880] 신라 시대의 이름난 승려. 성은 김씨. 이름은 체징. 당나라에 유학하고 돌아와 불교를 위하여 크게 활약하였음.

보:존 잘 지니어 상하거나 잃지 않도록 함. 〈예〉조상들의 유물을 보존하다. 〈비〉보전. -하다.

보:존제 음식물의 상태를 그대로 유지하기 위해 사용하는 약품. 방부제 따위를 말함.

보:좌 윗사람 곁에서 그가 하는 일을 도움. 〈예〉대통령을 보좌하다. -하다. 【補佐】

보증 ①어떤 사물에 대하여 틀림이 없다는 것을 증명하거나 책임짐. 예신원을 보증하다.
②빚을 진 사람을 대신하여
빚을 갚는 일. -하다. 【保證】

보증금 계약을 맺을 때 담보로
내는 돈. 예공사 계약 보증금.

보채다 심하게 졸라 남을 성가
시게 굴다. 예동생이 장난감
을 사달라고 보채다.

보:청기 귀가 잘 들리지 않는
사람이 청력을 보강하기 위하
여 귀에 꽂는 기구.

보:초 군대에서 경비를 하거나
감시의 임무를 맡은 병사. 예
보초를 서다. 【步哨】

보:충 모자라는 것을 채움. 예
빠진 인원을 보충하다. -하다.

보:충 수업 정해진 학습의 부
족을 메꾸기 위해 실시하는
수업.

보크사이트 알루미늄의 원료
가 되는 광석.

보태다 ①모자란 것을 채우다.
②더하다. 예돈을 보태다.

보:통 널리 일반에게 통함. 특
별하지 아니하고 예사로움.
비보편. 평범. 반특별. 【普通】

보:통 선:거 남녀·직업·재산
등의 구별 없이 모든 성인이
똑같이 선거에 참여하는 선거
제도. 반제한 선거. 쭌보선.

보:통 예:금 언제든지 쉽게 예
금을 할 수 있고 찾을 수도
있는 예금. 【普通預金】

보:통 학교 지금의 초등 학교
의 옛날 이름. 【普通學校】

보:트 서양식의 작은 배. 예강
에서 보트를 타다. 【boat】

보:편 모든 것에 두루 미침. 사
물에 공통되는 성질. 반특수.

보:폭 한 걸음의 너비. 예보폭
이 넓다.

보:표 음표·쉼표 등을 적기 위
해 가로로 그은 다섯 줄의 평
행선.

보:필 임금을 도움.

보:행 탈것을 타지 않고 걸어서
감. 예다리를 다쳐 보행이 불
편하다. -하다.

보:험 평소에 조금씩 일정한 돈
을 냈다가, 병·사망 등의 사
고가 났을 때에 미리 약속해
둔 금액을 찾아 쓰게 되는 저
축 방식. 【保險】

보:험료 보험 계약에서, 보험에
든 사람이 보험 회사에 내는
돈.

보:험 회:사 보험에 관한 일을
맡아 하는 회사.

보:호 잘 돌보아 주고 지켜 줌.
예산림 보호. -하다. 【保護】

보:호국 나라의 힘이 모자라서
일정한 조건으로 다른 강한
나라의 보호를 받는 나라.
또는 그것을 가하는 나라.

보:호 무:역 국내의 산업을 보
호하고 발전시키기 위하여,
정부가 국제 무역에 간섭하는
일. 반자유 무역.

보:호색 주변의 빛깔과 비슷한
빛깔로 되어 있는 동물의 몸
빛깔. 먹이가 되는 동물의 눈
을 속이거나, 외적으로부터
자기 몸을 지키는 구실을 함.

보:화 보물. 예금은 보화. 비보
배.

복 아주 좋은 운수. 예복받은
사람. -스럽다. 【福】

복구 그 전의 상태로 돌아가게
함. 예수해 복구 작업. -하다.

복권 번호나 표시를 해놓은 표
를 판 다음 뽑게 하여, 일정
한 번호가 맞은 표에 대해서
는 표의 값보다 훨씬 많은 상
금을 주는 표. 예주택 복권.

복닥거리다 좁은 곳에 여러 사
람이 모여 붐비다. 들끓다.

복도 건물 안에 다니게 된 긴
통로. 예복도 청소. 【複道】

복리 행복과 이익. [예]국민의 복리를 증진시키다.

복면 남이 알아보지 못하게 얼굴의 전부 또는 일부를 가림. 또는 가리는 데에 쓰이는 물건. [예]복면 강도. -하다.

복무[봉무] 일을 맡아 봄. 의무를 치름. [예]하사로 군복무를 마치다. -하다. 【服務】

복받치다 ①세게 솟아오르거나 치밀다. ②감정이 치밀어오르다. [예]설움에 복받치어 흐느껴 울다. 〈북받치다.

복사 ①다시 베낌. [예]서류를 복사하다. ②여러 장을 포개어서 한번에 씀. -하다.

복사기 문서나 자료 등을 복사하는 데 쓰이는 기계.

복수 원수를 갚음. [비]보복. 앙갚음. -하다. 【復讐】

복숭아꽃 복숭아 나무에 핀 꽃. 꽃의 빛깔과 피는 시기가 살구꽃과 비슷함. [준]복사꽃.

[복숭아꽃]

복습 배운 것을 되풀이하여 익힘. [반]예습.

복식 둘 또는 그 이상으로 되는 방식. [반]단식.

복싱 ⇨권투.

복쌈 정월 대보름날 먹는 김쌈.

복어 참복과의 바닷물고기의 총칭. 몸이 똥똥하고 비늘이 없음. 알이나 내장등에 독이 있음. [준]복.

복역 징역을 삶. 【服役】

복용 약을 먹음. [예]감기약을 복용하다. -하다. 【服用】

복원 원래의 상태나 위치로 돌아감, 또는 돌아가게 함.

복위 잠시 물러났던 임금이 다시 그 자리에 오름. [예]단종의 복위를 꾀한 사육신. -하다.

복음 ①반가운 소식. ②구세주 그리스도를 통하여 하느님이 인간에게 준 계시. ③그리스도의 생애·교훈을 적은 마태·마가·누가·요한의 네 책.

복잡 일이나 물건의 갈피가 뒤섞여 어수선함. [비]번잡. [반]단순. -하다. -스럽다.

복장 옷차림. [예]간편한 복장.

복조리 한 해의 복을 받을 수 있다는 뜻에서, 정월 초하룻날 새벽에 사는 조리.

복종 명령대로 좇음. [예]상관의 명령에 복종하다. [비]순종. 굴복. [반]불복. 반항. -하다.

복지 ①행복. ②만족할 만한 생활 환경. [예]복지 사회. [비]복리.

복지 국가 국민의 행복과 이익의 추구를 목적으로 하는 국가. [비]복리 국가.

북지 사:회 사회 보장 제도가 잘되어 사람들이 질병·노후의 생계 등에 대한 걱정이 없이 평안하게 살아갈 수 있는 사회.

복지 시:설 여러 사람들의 행복과 이익을 위하여 마련된 시설. [예]사원 복지 시설. [비]복리 시설.

복창 명령이나 지시하는 말을 그대로 소리내어 외는 일.

복통 ①복부 내장의 병으로 일어나는 통증. [비]배앓이. ②몹시 절통할 때 쓰는 말. [예]일이 잘 안돼 복통이 터질 지경이다.

복판 ①편편한 물건의 한가운데. ②어떤 지역이나 장소의 한가운데. [예]도시 한복판.

복학 학교를 떠나 있던 학생이 다시 그 학교를 다니게 됨.

볶다 ①마른 식품을 냄비 등에 담아 불에 익히다. [예]콩을 볶다. ②채소나 고기 따위를 불에 올려놓은 냄비에 넣고 물이나 기름을 조금 부어 저으면서 익히다. 예돼지고기를 볶다. ③못 견디게 굴다. 예공부하라고 들들 볶다.

본 ①모범이 될 만한 일. ②본보기.

본격적[본껵적] 제대로의 격식을 갖춘 것. 예이제 본격적인 훈련이 시작된다.

본고장 ①자기가 나서 자란 본디의 고향. 본고향. ②본바닥.

본관 중심이 되는 건물. 반별관. 분관. 【本館】

본국 타국에 대한 자기의 나라. 곧, 자기의 국적이 있는 나라. 예외국에서 살다가 본국으로 돌아오다. 반타국. 외국.

본능 동물이 본디부터 가지고 있는 동작이나 성질·능력.

본당 ①절에서 석가모니의 불상을 모셔 두는 주된 건물. ②카톨릭교에서 주임 신부가 머무르고 있는 성당을 일컬음.

본디 처음부터. 애초에. 비원래. 본래.

본뜨다(본떠, 본떠서) ①이미 만들어진 물건을 보기로 해서 그대로 따라 하다. 예그림을 본뜨다. ②배워서 좇아 하다. 예위인의 성실한 행동을 본뜨다.

본뜻 ①본디의 뜻. 원래의 뜻. ②근본이 되는 뜻. 비본의.

본래[볼래] 처음부터. 애초에. 예본래부터 이 고장에서 살던 사람이다. 비본디. 【本來】

본론 문장이나 말에서 주장이 되는 부분. 【本論】

본명 본래의 이름. 반가명. 예명. 【本名】

본문 서론·부록 등을 제외한 본 줄거리가 되는 글. 【本文】

본받다 본보기로 하여 그대로 따라 하다. 예위인들의 행동을 본받다.

본보기 ①모양을 알리기 위하여 보여 주는 사물의 한 부분. 비표본. 견본. 견양. ②본받을 만한 것. 예모든 사람의 본보기가 되는 효성. ③일이 어떻게 처리되는가를 알리기 위하여 실제로 보여 주는 것. 준보기. 본.

본부 어떤 기관이나 단체의 중심이 되는 조직체. 예육군 본부. 반지부. 【本部】

본성 본디의 성질. 타고난 성질. 천성. 【本性】

본시 본디. 본래. 본디부터. 예그는 본시 약하다. 【本是】

본심 ①본디의 마음. ②거짓이 없는 참마음. 진심.

본영 총지휘관이 있는 군영.

본위 바탕이 되는 위치. 기본이 되는 표준. 【本位】

본의 본래의 마음. 진정한 마음. 본래부터 품어 온 생각. 예본의 아니게 폐를 끼쳤다.

본인 그 사람 자신. 예본인의 생각을 말하라.

본잎[본닙] 떡잎 뒤에 나오는 보통의 잎.

본적 ①그 사람의 호적이 있는 곳. ②'본적지'의 준말. 비원적.

본전 이자나 이익을 붙이지 않은 본래의 돈. 예본전도 못 받고 물건을 팔다. 【本錢】

본채 한 울 안에 있는 여러 채의 집 가운데 중심이 되는 집채.

본체 ①그 사물의 실제의 모습. ②기계 따위에서 부속물 이외의 중심되는 부분. 【本體】

본체만체 보고도 못 본 것처럼. 예인사도 없이 본체만체한다.

비본척만척. -하다.

본초 자오선 지구의 경도를 측정할 때에 기준이 되는 자오선. 런던 그리니치 천문대를 지나는 자오선을 0도로 함.

본토 자기가 사는 고장. 본래의 고향. 예본토를 떠나다.

본토박이 대대로 그 고장에서 살아 오는 사람. 예서울 본토박이. 준토박이. 비본토인.

본회의 ①구성원 전원이 참여하는 정식 회의. ②국회에서 전체 의원으로 구성되는 회의.

볼¹ ①뺨의 가운데 부분. 예볼이 붉어지다. ②좁고 기름한 물건의 넓이. 예발의 볼이 넓다.

볼:² ①공. ②야구에서, 스트라이크가 아닌 투구. 예볼 넷으로 출루하다. 【ball】

볼:기 엉덩이 좌우의 살이 두둑한 부분. 예볼기를 때리다.

볼:기짝 '볼기'의 속된 말.

볼:기짝 얼레 기둥 두 개만을 써서 네모지지 않고 납작하게 만든 얼레〔어린아이들이 연날릴 때에 흔히 씀〕.

볼록 겉으로 쏙 내밀어 있는 모양.

볼록 다각형 어느 내각이나 모두 180도보다 작은 각으로 된 다각형.

볼록 렌즈 가운데가 둘레보다 두껍게 만들어진 렌즈. 빛을 두꺼운 쪽으로 꺾어 한 점에 모이게 하는 성질이 있음. 반오목 렌즈.

볼록판 판의 도드라진 부분에 물감을 묻혀서 찍어 내는 판. 반오목판.

볼록 폐곡선 폐곡선 내부에 있는 어떤 두 점을 이어도 폐곡선과 만나지 않게 되는 폐곡선.

볼리비아【나라】 남아메리카의 중앙부에 있는 공화국. 수도는 라파스.

볼멘소리 성이 나서 퉁명스럽게 하는 말투. 예볼멘소리로 중얼거리다.

볼모 어떤 약속을 보증하는 뜻으로 이 편 사람을 상대방에게 넘겨 그 곳에 머물게 하는 일. 또는 넘겨진 사람.

볼:펜 펜 끝에 끼운 조그만 강철알이 종이 따위와 닿는 대로 굴러서 펜대 안의 잉크가 새어 나오도록 만든 펜.

볼품 겉으로 보이는 모양새.

봄 일 년 네 철의 하나. 겨울과 여름 사이의 따뜻한 계절. 보통 3·4·5월을 이름.

봄갈이 봄철에 논밭을 가는 일. 비춘경. 반가을갈이.

봄날 봄철의 날씨. 또는 봄철의 날. 예화창한 봄날.

봄바람[봄빠람] 봄철에 부는 따뜻한 바람. 비춘풍.

봄볕[봄뼏] 봄에 내리쬐는 햇살의 따뜻한 기운〔'볕'은 '햇빛'으로 말미암아 느껴지는 따뜻한 기운'을 뜻함〕.

봄비[봄삐] 봄에 내리는 비. 비춘우.

봄소식[봄쏘식] 겨울이 가고 봄이 옴을 알리는 것.

봇짐[보찜] 물건을 보자기에 싸서 꾸린 짐. 예괴나리봇짐.

봇짐 장수 물건을 보자기에 싸서 메고 다니며 파는 사람. 비보부상.

봉군 지난날, 봉화를 올리는 일을 맡아 보던 군사. 큰봉수군.

봉:급 공무원이나 회사원들이 일한 대가로 받는 일정한 보수. 비급료. 【俸給】

봉돌[봉똘] 낚싯줄에 매다는

작은 납덩이나 돌덩이. ❀봉.

봉래산 '금강산'을 여름철에 일 컫는 이름.

봉:사[1] 눈이 먼 사람. 📵장님. 소경.

봉:사[2] 남을 위하여 자기를 돌보지 않고 노력함. ❰사회 봉사 활동. 📵헌신. -하다.

봉:산 탈춤 황해도 봉산 지방에 전해 내려오는 가면극. 사자춤이 드는 것이 특색이고, 양반에 대한 모욕, 파계승에 대한 풍자 등의 내용으로 되어 있다.

봉:선화 ⇨봉숭아.

봉:송 ①웃어른을 전송함. ②귀중한 것을 받들어 보냄. ❰올림픽 성화를 봉송하다. -하다.

봉수대 지난날, 봉화를 올리던 곳. 📵봉화대.

봉:숭아 봉선화과의 한해살이 풀. 붉은색 또는 흰색꽃이 피며, 줄기는 높이 60cm 가량. 꽃잎으로 손톱에 물을 들이기도 함. 봉선화.

봉:양 조부모나 어버이를 받들어 모심. ❰아버지를 극진히 봉양했다. -하다. 【奉養】

봉오동 전투 1920년 만주 봉오동에서 독립군이 일본군을 크게 이긴 싸움.

봉오리 아직 피지 아니한 꽃. 꽃봉오리. ✕봉우리.

봉우리 산꼭대기의 뾰족한 부분. ❰봉우리에 오르다. ❀산봉우리. ✕봉오리.

봉인 봉한 자리에 도장을 찍음. -하다.

봉:정사 극락전 경상 북도 안동군 봉정사에 있는, 고려 중기에 지은 목조 건물.

봉정암 설악산에서 가장 오랜 역사를 가진 암자. 이 곳에서 자장·원효·보조 등의 여러 고승들이 수도했다고 전해짐.

봉제품 인형·장난감·옷 등 재봉틀이나 손으로 바느질하여 만든 물건.

봉지 종이로 만든 주머니.

봉투 편지나 서류 같은 것을 넣는 종이로 만든 주머니. ❰서류봉투. 편지봉투.

봉하다 ①문·봉투·그릇의 아가리 따위를 붙이다. ②입을 다물다.

봉함 엽서 접어서 붙이게 되어 있는 우편 엽서.

봉화 난리를 알리던 신호로 피워 올리던 불. 교통이 불편했던 옛날의 통신 방법의 한 가지로 불을 피워 낮에는 연기로, 밤에는 불빛으로 신호하였으며, 조선 때에는 봉홧둑을 전국에 육백 군데나 두었음. 📵봉수. 【烽火】

봉:황 상상의 새. 수컷을 봉, 암컷을 황이라 함. 몸은 닭의 머리, 뱀의 목, 제비의 턱, 거북의 등, 물고기의 꼬리의 모양을 하였고, 깃에는 오색 무늬가 있다고 함. 📵봉황새. 봉새. ❀봉.

뵈:다 웃어른을 대하여 보다. ❰할머니를 뵈러 가다.

부[1] ①전체를 어떤 기준으로 나눈 지역의 한 부분. ❰동부. 남부. ②관청·회사 등의 조직의 한부분. ❰총무부.

부[2] 책이나 신문 등을 세는 단위. ❰신문 한 부를 사다.

부:가 이미 있는 것에 붙이어서 더함. ❰부가 가치. 📵첨가.

부:강 나라의 살림이 넉넉하고 군대의 힘이 강함. ❰부강한 나라. 📵부유. 📳약소. -하다.

부:결 회의에 낸 의견이 옳지 않다는 결정을 내리는 일. ❰의안이 국회에서 부결되다.

瓬가결. -하다. 【否決】

부:고 사람이 죽은 것을 알리는 통지. 凹부음. -하다. 【訃告】

부:과 세금이나 그 밖의 돈을 매기어 부담하게 함. 예벌금을 부과하다. -하다.

부관 페리호 우리 나라의 부산항에서 일본의 시모노세키를 왕래하는 정기 여객선.

부:귀 재산이 많고 지위가 높음. 凹비천. -하다. 【富貴】

부:근 가까운 곳. 예집 부근. 凹근방. 근처. 【附近】

부글부글 ①많은 물이 좁은 바닥에서 마구 끓어오르는 모양, 또는 그 소리. 예주전자의 물이 부글부글 끓다. ②마음이 쓰여 속이 몹시 타는. 예약이 올라 속이 부글부글 끓다. 〉보글보글. 쎈뿌글뿌글. -하다.

부끄럼쟁이 부끄럼을 많이 타는 사람. ×부끄럼장이.

부끄럽다(부끄러워, 부끄러워서) ①양심에 거리낌이 있어 남을 대할 낯이 없다. ②수줍다. 예새색시처럼 부끄러워하다. 凹떳떳하다. 자랑스럽다.

부녀자 부인 또는 부인과 여자.

부녀회 부인들의 모임 단체.

부닥치다 몸에 부딪힐 정도로 닥치다.

부:담 어떤 일을 맡음. 어떠한 의무나 책임. 예세금 부담이 너무크다. -하다.

부당 도리에 벗어나서 이치에 맞지 않음. 凹정당. 합당. -하다. -히. 【不當】

부대[1] ①한 무리의 인원으로 조직된 사람들의 모임. ②군대의 조직 단위. 예공수 부대.

부:대[2] 종이·가죽 등으로 만든 큰자루. 예밀가루 부대. 凹포대.

부도체 전기나 열이 거의 전달되지 않는 물체. 돌·고무·플라스틱 등의 전기 부도체, 석면·석회 등의 열 부도체. 凹도체. 凹절연체.

부동산 땅이나 집 수목처럼 쉽게 움직일 수 없는 재산. 凹동산.

부두 배를 대고 짐이나 사람을 싣고 내리게 한 곳. 【埠頭】

부둣가 부두가 있는 근처.

부둥켜안다 두 손으로 꼭 붙잡아 안다.

부드럽다(부드러우니, 부드러워) ①거세지 않고 매끈하다. 예살결이 부드럽다. ②곱고도 순하다. 예마음씨가 부드럽다. 〈보드랍다.

부득이 하는 수 없이. 마지못하여, 어쩔 수 없이. 예부득이한 사정으로 모임에 참석하지 못한다. -하다.

부듯하다[부드타다] 꼭 차서 벅차다. 예가슴이 부듯하다. 〉바듯하다. 쎈뿌듯하다.

부등호 두 수의 크고 작음을 나타내는 기호.'〈, 〉'로 표시함.

부:디 꼭. 아무쪼록. 틀림없이. 기어이.

부딪다[부딛따] 물건과 물건이 서로 힘있게 마주 닿다.

부딪치다 '부딪다'의 힘줌말.

부뚜막 아궁이 위의 솥이 걸린 편편한 언저리.

부락 도시 이외의 지역에서 여러 살림집들이 모여 이룬 곳이나 집단. 촌락. 【部落】

부랴부랴 매우 급히 서두르는 모양. 예부랴부랴 짐을 싸다.

부러지다 꺾이어서 잘라지다. 예나뭇가지가 부러지다.

부럽다(부러우니, 부러워) 그렇게 되고 싶거나 무엇을 가지

고 싶은 생각을 갖다. 예공부
잘 하는 형이 부럽다.

부레 물고기의 뱃속에 있어 물
고기를 뜨고 잠기게 하는 공
기 주머니. 비어표. 부낭.

부려먹다 마구 일을 시키다.

부:록 ①본문에 덧붙인 기록.
②잡지 따위에 덧붙여 발행하
는 책자. 본책의 끄트머리에
붙이는 것과 본책과 별도로
따로 붙이는 것이 있음. 예별
책 부록. 반본책. 【附錄】

부르짖다 소리를 높여 자기의
뜻이나 사정을 말하다. 비외
치다.

부르트다(부르트니, 부르터서)
살가죽이 들뜨며 물집이 생기
다. 예손발이 부르트다.

부름켜 식물의 줄기나 뿌리에
서 겉껍질과 목질부 사이에
있는 조직. 세포 분열로 줄기
와 뿌리가 굵어짐.

부릅뜨다(부릅떠, 부릅떠서)
보기 사납게 눈을 크게 뜨다.

부리 새나 짐승의 주둥이.

부리나케 몹시 서둘러. 아주 급
히. 예옷을 입자마자 부리나
케 달려갔다.

부리다[1] ①시켜서 일을 하게
하다. 예일꾼을 부리다. ②재
주나 꾀를 피우다. 예곰이 재
주를 부리다.

부리다[2] 실었던 짐을 풀어 내
려놓다. 예이삿짐을 부리다.

부리부리하다 눈망울이 크고
당찬 기운이 있다.

부모 아버지와 어머니. 어버이.
비양친. 【父母】

부문 전체를 몇으로 갈라 놓은
부분. 예동양화 부문에 입상
하다. 비분야. 【部門】

부부 남편과 아내. 예신혼 부
부. 비내외. 부처.

부분 전체를 몇 개로 나눈 것

의 한쪽. 반전체. 【部分】

부분 월식 달의 일부분만 보이
지 않는 월식.

부분 집합 어떤 집합에 포함된
원소들만으로 이루어진 집합.

부분품 전체 중의 일부분을 이
루는 물건. 부품. 부속품.

부:사령관 군대의 지휘를 맡아
보는 사령부의 두 번째 가는
우두머리.

부산〖지명〗 한반도의 동남쪽에
있는 우리 나라 제일의 항구
도시. 광역시. 【釜山】

부산포 조선 시대때 삼포의 하
나. 현재의 부산광역시.

부산하다 ①어수선하고 바쁘
다. 예부산하게 움직이다. ②
시끄럽고 떠들썩하다.

부산항 우리 나라 제일의 항
구.

부삽 아궁이나 화로의 재를 치
우거나, 불을 담아 옮기는 데
쓰는 도구.

부:상 몸에 상처를 입음. 비상
이. -하다. 【負傷】

부:상병 부상을 입은 군인. 예
부상병을 돌보다.

부서 일을 나누어 맡은 부분.
예담당 부서. 【部署】

부서지다 잘게 깨져 흩어지다.
예바위가 부서지다. >바서지
다.

부석부석 살이 약간 부어오른
모양. 예잠을 못 자서 얼굴이
부석부석하다. 셈뿌석뿌석. -
하다.

부석사 신라 문무왕때 의상대
사가 세운 절. 경상 북도 영
풍에 있음.

부석사 무량수전 고려 중기에
지은, 우리 나라에서 현재
남아 있는 가장 오래된 목조
건물의 하나. 경상 북도 영풍
부석사에 있음. 국보 제18호.

부석사 조사당 부석사 무량수전 뒷산에 있는 목조 건축물. 국보 제19호.

부:설[1] 일이나 물건을 어느 것에 딸려서 설치함. 예초등 학교 부설 유치원. -하다.

부:설[2] 깔아서 설치함. 예철도를 부설하다. -하다.

부소산【지명】 충청 남도 부여군의 북쪽에 있는 작은 산. 이 곳에 낙화암·고란사 등의 고적이 남아 있음. 【扶蘇山】

부소산성【지명】 부소산 위에 있던 백제 시대의 성.

부:속 일이나 물건 따위가 주되는 것에 딸려 붙음. 예의과 대학 부속 병원. 【附屬】

부:속 건:물 주된 건물에 딸린 건축물.

부:속품 어떤 기계·기구에 딸려 붙은 물건.

부수다 여러 조각이 나게 두드려 깨뜨리다. 예바위를 부수다. 〉바수다.

부스러기 잘게 부스러진 찌꺼기. 〉바스라기.

부스럭 나뭇잎 또는 마른 검불 따위를 밟거나 뒤적일 때 나는 소리. -하다.

부스럼 몸에 생기는 종기.

부스스 천천히 느리게 움직이는 모양. 예잠이 깨어 부스스 일어나다. 〉바스스. ×부시시.

부슬부슬 눈이나 비가 가늘고 성기게 내리는 모양. 〉보슬보슬.

부슬비 부슬부슬 내리는 비. 〉보슬비.

부시 부싯돌을 쳐서 불이 일어나게 하는 쇳조각. 예부싯돌.

부시다 광선이나 색채가 마주쏘아 눈이 어리어리하다. 예해가 눈부시다.

부식[1] 썩어서 벌레가 먹음. 썩어서 문드러짐. -하다.

부:식[2] 주로 먹는 음식에 곁들여 먹는 음식〔반찬 따위〕. 반주식.

부싯돌 석영의 한 가지로 부시로 쳐서 불을 일으키는 데 쓰는 돌.

부양 혼자 살아갈 능력이 없는 사람을 먹이고 입힘. 예가족들을 부양하다. -하다.

부:업 주로 하는 일 외에 겨를을 이용하여 하는 벌이. 반본업. 【副業】

부엉이 올빼미과의 새. 깊은 숲속에 살며, 머리 위에 귀 모양의 털이 나 있고 짧은 부리는 끝이 꼬부라졌음. 성질이 사나워서 가축을 해치며, 해질녘에 '부엉부엉'하고 욺. 부엉새.

부엌 솥을 걸고 불을 때어 음식을 만드는 곳. 취사장. 주방.

부여【지명】 충청 남도 부여군의 군청 소재지로 읍. 지난날 백제의 서울이었음. 【扶餘】

부여잡다 휘잡아 쥐다. 예두 손을 부여잡고 울다.

부엽토 풀·낙엽 등이 썩어서 된 흙. 원예의 비료로 많이 씀.

부왕 아버지인 임금.

부:원군 고려 조선 시대 왕비의 친아버지나 정일품 공신에게 주던 벼슬 이름.【府院君】

부:원수 지난날, 군대에서 원수 다음 가는 자리, 또는 그 사람.

부위 전체에 대한 부분의 위치.

부:유 재물이 많아서 살림살이가 넉넉함. 예집안이 부유하다. 반가난. -하다.

부응 무엇에 좇아서 응함. -하다.

부인[1] 결혼하여 남의 아내가 된 여자. 예부인회.

부인[2] '남의 아내'의 높임말. 예부인을 동반하다. 【夫人】

부:인[3] 그렇다고 인정하지 아니함. 승인하지 않음. 예도둑질한 사실을 부인하다. 비부정. 반시인. -하다.

부인용 부인들에게 쓰이는 물건. 예부인용 우산.

부자[1] 아버지와 아들. 반모녀.

부:자[2] 살림이 넉넉하고 재산이 많은 사람. 비부호. 반빈자. 가난뱅이.

부자연 자연스럽지 못함. 어색하고 어울리지 않음. -하다. -스럽다.

부자유 자유스럽지 못함.

부:자재 기계유·연료 등과 같이 무엇을 만드는데 보조적으로 소비되는 자재.

부:작용 ①약이 지닌 본래의 약효 이외에 생기는 딴 작용. ②곁들여서 나타나는 나쁜 작용. 【副作用】

부:잣집[부자찝/부잗찝] 재산이 많아 살림이 넉넉한 사람의 집.

부장 부(部)의 우두머리. 부의 책임자. 【部長】

부자재 투표 투표일에 정당한 이유로 투표소에 갈 수 없는 유권자가 우편으로 미리 하는 투표〔군인이나 해외 여행자 등이 많이 함〕.

부적당 꼭 들어맞지 아니함. 반적당. -하다. 【不適當】

부전승 추첨이나 상대편의 기권에 의하여 경기를 하지 않고 이김.

부정[1] 바르지 않음. 예부정한 방법으로 재산을 모으다. 반정당. -하다. 【不正】

부정[2] 그렇지 않다고 단정함.

사실을 부정하다. 반긍정. -하다. 【否定】

부정 투표 올바르지 않는 수단과 방법으로 하는 투표.

부조 둘레를 파내고 필요한 부분만을 도드라게 새긴 조각. 돋을새김.

부조리 이치에 맞지 않는 일, 또는 조리에 안 맞음. 예부조리를 추방하자. 반조리. -하다.

부:조정실 방송실에서 나오는 방송을 1차로 받아서 고르게 조정하는 방.

부족 ①어떤 표준이나 한도에 모자람. 넉넉하지 못함. 예인원이 부족되다. ②마음에 차지 못함. 반풍족. 만족. -하다.

부족 국가 원시 사회에 있던 부족이 점점 커져 나라의 모습을 갖춘 원시적 국가. 씨족과 민족의 중간 형태〔원시 사회로부터 고대 통일 국가로 되기까지의 국가 형태임〕.

부족 사:회 같은 언어와 종교를 갖는 원시적 집단이 이루던 사회. 씨족과 민족의 중간 형태의 집단으로, 같은 지역에 사는 씨족들로써 이루어졌음.

부주의 주의하지 아니함. 예운전 부주의. -하다.

부지런하다 놀지 아니하고 하는 일을 꾸준히 하다. 예부지런히 일하다. >바지런하다. 반게으르다. 부지런히.

부질없다 쓸데없고 공연하다. 예부질없는 장난으로 시간만 낭비하다. 부질없이.

부:착 들러붙어 떨어지지 아니함.

부:채[1] 남에게 진 빚.

부채[2] 손으로 움직여 바람을 일으키는 물건.

부채꼴 한 원에서 두 반지름과 그에 대한 원의 한 부분으로 된 부채 모양의 도형.

부챗살 부채의 뼈대를 이루는 여러 개의 대오리.

부처¹ ①불교를 일으킨 석가모니. ②불교에서, 큰 도를 깨달은 성인. ③불상.

부처² 남편과 아내. 부부. 예대통령 부처. 【夫妻】

부처님 불교를 처음 일으킨 석가모니를 높여서 부르는 말.

부처님 오신 날 부처가 탄생한 날. 불교의 교조인 석가모니가 탄생한 날로 음력 4월 8일.

부:축 옆에서 겨드랑이나 팔을 잡아 도와 주는 일. -하다.

부치다¹ 편지나 물건 등을 보내다. 예편지를 부치다.

부치다² 힘이 모자라다. 예힘에 부치는 일.

부치다³ 프라이 팬 따위에 기름을 두르고 밀가루 반죽 따위를 넓적하게 펴가며 지져 만들다.

부친 아버지. 빤모친. 【父親】

부침개 빈대떡·전병 따위로 기름에 부치는 음식을 통틀어 이르는 말. 지짐이.

부:탁 무슨 일을 해 달라고 당부함. 빤당부. 청탁. -하다.

부패 ①썩어서 쓸모가 없게 됨. ②바르지 못함. 예부패한 사회를 바로잡다. -하다.

부:표 반대의 뜻을 나타내는 표. 빤가표. 찬표. 【否票】

부풀다(부푸니, 부푸오) ①종이나 피륙의 거죽에 부푸러기가 일어나다. 〉보풀다. ②살가죽이 붓거나 부르터 오르다. ③마음이 흐뭇하여지다. 예희망에 부풀어 있다. ④물건의 부피가 커지다. 예빵이 부풀다.

부품 ⇒ 부분품.

부피 물건이 공간 속에서 차지하는 크기. 예부피가 큰 물건.

부하 남의 밑에 딸리어 그의 명령에 따라 움직이는 사람. 빤휘하. 빤상관. 【部下】

부합 둘 이상의 것이 서로 꼭 들어맞음. 일치. 예서로의 뜻이 부합되다. -하다. 【符合】

부형 ①아버지와 형. ②학교에서 '학생의 보호자'를 두루 이르는 말. 【父兄】

부호 어떤 뜻을 나타내는 기호. 글자 외에 일정한 뜻을 나타내기 위하여 정한 표. 예발음 부호. 빤기호.

부화 집짐승의 알이나 물고기의 알을 인공적으로 까게 함. 알까기. 예병아리를 부화시키다. 빤부란. -하다.

부화기 달걀을 인공적으로 부화시키는데 쓰는 기구.

부화장 알을 인공적으로 깨게 하는 곳.

부:활 ①죽었다가 다시 되살아남. 소생. ②쇠하였다가 다시 일어남. 빤부흥. -하다.

부:흥 한동안 쇠하고 약하던 것이 전의 번영했던 상태로 되돌아 감. 또는 되돌아가게 함. 예문예부흥. 빤재건. 빤쇠퇴. -하다. 【復興】

북¹ 타악기의 하나. 나무로 둥글게 통을 만들고 그 양쪽을 가죽으로 팽팽하게 막아, 두드리면 소리가 나게 된 악기.

북² 베틀에 딸린 기구의 하나. 씨실의 꾸리를 넣는 나무통.

북³ 북쪽. 빤남.

북극 ①지구의 가장 북쪽에 위치한 아주 추운 곳. ②나침반이 가리키는 북쪽의 끝. 빤남극.

북극성 북쪽 하늘에 위치한 별. 작은곰자리의 별로 위치가 거의 변하지 않기 때문에 방향을 아는 데 쓰임. 【北極星】

북극 지방 지구의 북쪽 끝 지방. 대체로 북위 66°33´이북의 지방. 凰남극 지방.

북녘 북쪽 방면. 凾북녘 지방. 凰남녘.

북단 북쪽 끝. 凰남단. 【北端】

북더기 짚이나 풀 따위의 엉클어진 뭉텅이.

붇돋우다 ①식물의 뿌리 부근에 흙을 모아 덮어 주다. ②용기를 일으켜 주다. 凾용기를 북돋우다. 凾북돋다.

북동 구(9)성 고려 시대(1107년)에 윤관이 별무관을 이끌고 함흥 평야의 여진족을 내몰고 아홉 곳에 쌓은 성.

북동 육(6)진 조선 세종 때 김종서가 함경도 지방의 여진족을 몰라내고 설치한 국방상으로 중요한 여섯 곳.

북두칠성[북두칠썽] 북쪽 하늘에 국자 모양으로 늘어선 7개의 별. 둘레의 여러 별들과 함께 큰곰 자리를 이룸. 凾북두. 북두성.

북만주〖지명〗 만주의 북부 지방.

북망산〖지명〗 ①중국 하남성 낙양의 북쪽에 있는 작은 산. ②무덤이 많은 곳, 또는 죽어 묻히는 곳을 이르는 말.

북반구 적도를 중심으로 지구를 2등분했을 때 적도 이북 부분. 凰남반구.

북받치다 ①밑에서 솟아오르다. ②생각이 치밀어 오르다. 凾설움에 북받쳐 흐느껴 울다. 〉복받치다.

북방 ①북쪽. 북녘. ②북한·러시아 등 북쪽에 위치한 나라.

예전에는 공산주의·사회주의 국가를 가리켰음. 凾북방 외교. 凰남방.

북벌 북쪽의 나라를 토벌하는 일. 凮북정. -하다.

북벌 계획 조선 때 병자호란의 치욕을 씻고자 효종이 청나라를 치려고 했던 계획.

북부형 북부에서 쓰이는 형태.

북상 북쪽으로 올라감. 凾태풍이 북상하다. 【北上】

북새통 여러 사람이 한 곳에 모여서 부산하게 움직이며 떠듦.

북서 사(4)군 조선 세종 때 북서 방면의 여진족을 막기 위하여 압록강 상류 지방에 설치한 국방상의 요지 네 곳.

북서풍 북서쪽에서 불어 오는 바람. 건풍. 【北西風】

북송 북쪽으로 보냄. 凾북송 교포. -하다. 【北送】

북실 피륙을 가로 건너 짜는 실. 凮씨실. 凰날실.

북악산〖지명〗 서울 북쪽에 있는 산. 인왕산·북한산·낙산·남산 등과 함께 서울을 둘러싸고 있음. 백악산.

북어 말린´명태. 凾북어 조림.

북위 적도에서 북쪽으로 잰 위도. 凾북위 38°. 凰남위.

북적거리다 많은 사람이 좁은 곳에서 수선스럽게 뒤끓다. 〉복작거리다.

북진 북쪽으로 나아감. -하다.

북채 북을 쳐서 울리는 자그마한 방망이.

북청 사자놀이 함경 남도 북청군 일대에서 정월 대보름경에 행하는 민속 놀이. 잡귀를 물리친다 하여 사자 모양을 꾸미어 집집마다 다니며 춤을 춤. 무형 문화재 제15호.

북풍 북쪽에서 불어 오는 바

람. 비삭풍. 반남풍. 【北風】

북한 6.25 전쟁 이후 휴전선 이북의 한국. 반남한. 【北韓】

북한강 강원도 금강산 부근에서 시작하여 춘천시의 의암호에서 소양강과 만나는 강.

북한산[지명] 경기도 고양군 신도읍에 있는 산. 백운봉·인수봉·만경봉의 세 봉우리가 있어 삼각산이라고도 하며 산성이 있음. 높이 836m.

북한산 신라 진흥왕 순수비 신라 진흥왕이 북한산을 순행한 것을 기념하기 위하여 비봉에 세운 비석. 국보 제3호.

북해 영국의 동해안과 유럽 대륙과의 사이에 있는 바다. 청어·대구가 많이 남. 【北海】

분[1] ①사람을 높이는 뜻으로 쓰는 말. ②사람의 수를 셀 때에 쓰는 말. 예한 분, 두 분.

분[2] ①가루. ②얼굴에 바르는 백분. 예분을 바른 얼굴.

분[3] 억울한 일을 당하였을 때 마음 속에 치미는 노여움. 예분을 참지 못함.

분가 가족의 일부가 딴 살림을 차림. 예결혼한 아들을 분가시키다. -하다. 【分家】

분간 사물의 좋고 나쁨, 크고 작음, 시비 등을 가려서 앎. 예진짜와 가짜를 분간하다. 비분별. -하다. 【分揀】

분:개 매우 분하게 여김. 몹시 화를 냄. -하다.

분계 나뉘어진 경계. 예군사 분계선. 【分界】

분교 한 학교의 학생 일부를 따로 떼어 가르치기 위해 멀리 떨어진 다른 곳에 세운 학교.

분권[분꿘] 권리나 권력을 나눔. 반집권. -하다.

분규 의견과 주장이 달라서 일이 뒤얽혀 말썽이 많고 시끄러움. 예노사 분규. -하다.

분기점 몇 갈래로 갈라지기 시작한 곳.

분꽃 여름부터 가을까지 나팔 모양의 꽃이 피는 한해살이 화초.

[분꽃]

분납 몇 차례로 나누어서 냄. 예세금을 분납하다. 【分納】

분:노 분하게 여기어 몹시 성을 냄. -하다.

분단[1] 한 반을 몇으로 나눈 그 하나. 예분단별로 실험 관찰을 하다. -하다.

분단[2] 여러 개로 나누어 끊음. 동강이 나게 자름. 예남북으로 분단된 우리 국토. -하다.

분담 일을 나누어서 맡음. 예업무를 분담하다. -하다.

분대 군대 조직 단위의 한 가지. 소대 아래의 단위로 가장 작은 조직.

분도기 '각도기'의 예전의 이름.

분동 접시 저울에서 재는 기구. 물건의 무게를 달때에 접시 위에 올려 놓는 추.

분:량[불량] 부피·수효·무게 따위가 많고 적음과 크고 작은 정도. 준양. 【分量】

분류[불류] 종류에 따라 나눔. 예동물과 식물을 분류하다. -하다. 【分類】

분리[불리] 갈라서 떼어 놓음. 서로 나누어 떨어짐. 예전염병 환자를 분리시키다. -하다.

분립 서로 갈라져서 따로 섬. 또는 갈라서 세움. 예삼권 분립. -하다. 【分立】

분명 ①흐리지 않고 똑똑함. 예말을 분명하게 하다. ②그렇게 될 것이 뻔함. 예이번에는 우리팀이 승리할 것이 분

명하다. -하다. -히. 【分明】

분모 분수에서 가로 선분의 아래 쪽에 있는 수. <보기> ½,⅓에서 2, 3과 같은 수. **뺀** 분자.

분:발 가라앉았던 마음과 힘을 단단히 일으킴. 마음을 단단히 먹고 기운을 냄. **예**우승을 목표로 분발하여 연습하다. -하다.

분방 보통의 규칙에 따르지 않고 제멋대로 임. **예**자유분방하다. -하다. 【奔放】

분배 몫몫이 나눔. **예**이익을 고르게 분배하다. -하다.

분별 가려서 알아 냄. **예**옳고 그름을 분별하다. **비**식별. -하다. 【分別】

분부 아랫사람에게 명령을 내림. 또는 그 명령. -하다.

분비 세포가 생명을 유지하는 데 필요한 물질을 만들어 세포 밖으로 내보내는 현상.

분비물 분비선으로 부터 분비되어 나온 물질〔침·위액·땀 등〕.

분산 갈라져서 이리저리 흩어짐. -하다.

분석 어떤 일이나 현상을 이루고 있는 하나하나의 요소를 가려 냄. **예**병의 원인을 분석하다. -하다. 【分析】

분쇄 ①가루처럼 잘게 부스러뜨림. **예**바위를 분쇄하다. ②적을 쳐부숨. -하다.

분수¹[분쑤] 어떤 정수를 여러 개로 등분하여 분자와 분모로 나타낸 수. <보기>1을 2등분한 하나를½, 3등분한 하나를 ⅓과 같이 나타냄. **뺀**정수.

분:수² ①제 몸에 알맞은 한도. **예**분수에 알맞은 생활. ②사물을 분별하는 지혜.

분:수³ 물을 뿜어 내는 설비, 또는 그 물.

분식 가루 음식, 또는 가루 음식을 먹음. **예**쌀을 절약하기 위해 분식을 하다. -하다.

분신 어떤 본체에서 갈라져 나간 부분. 【分身】

분실 잃어버림. **예**책을 분실하다. -하다.

분야 어떤 일의 한 부분이나 범위. **예**국문학 분야. **비**영역.

분양 큰 덩이를 갈라서 여럿에게 넘겨 줌. **예**아파트를 분양하다. -하다.

분업 한 가지 제품을 만드는 데 여러 사람이 나누어서 하는 대량생산. **뺀**협업. -하다.

분업화 분업 형태로 되어 감.

분:연 크게 힘을 내는 모양. **예**조국의 독립을 위해 분연히 일어선 겨레. -히. 【奮然】

분열 ①찢겨져 갈라짐. ②단체나 집단이 여러 갈래로 나뉨. **예**나라가 사색 당파로 분열되다. ③생물이 나뉘어 번식함. **예**세포 분열. -하다. 【分裂】

분위기 ①지구를 싸고 있는 공간. ②주위의 환경이나 느낌. **예**분위기가 냉랭하다.

분유 우유에서 물기를 증발시키고 가루 모양으로 만든 것.

분자 ①분수에서 가로 선분의 위쪽에 있는 수. <보기>⅔, ¾에서 2, 3과 같은 수. ②물질을 이루고 있는 가장 작은 알갱이. **예**물의 분자. ③모임을 이루고 있는 각각의 구성원. **예**반동 분자. 열성 분자.

분장 몸을 매만져 꾸밈. -하다.

분쟁 말썽을 일으키어 시끄럽게 다툼. **예**종교 분쟁으로 두 나라가 싸우다. -하다.

분:전 힘을 다하여 싸움. **비**분투. -하다.

분주 아주 바쁨. **예**분주한 나날

을 보내다. 🔵분망. 🔴한가. -
하다. -스럽다. -히. 【奔走】
분지 산이나 고원으로 둘러싸
인 평평한 지역.
분청사기 조선 초기의 자기. 고
려청자를 발전시켜 계승한 것
으로 회청색 또는 회황색의
평민적인 형태미를 지니고 있
음.
분:출 내뿜음. 뿜어 냄. 🟠가스
가 분출하다. -하다. 【噴出】
분:통 분하여 마음이 쓰리고
아픔. -하다.
분:투 ①있는 힘을 다하여 싸
움. ②힘껏 노력함. 🟠승리를
위하여 끝까지 분투하다. -하
다.
분:패 이길 수 있는 것을 분하
게 짐. -하다.
분포 ①여러 곳으로 퍼져 있
음. ②널리 퍼뜨림. ③퍼져 있
는 상태. -하다. 【分布】
분:풀이 분하고 원통한 마음을
풀어 버리는 일. -하다.
분필 탄산 석회나 구운 석고로
만든, 칠판에 글씨를 쓰는 물
건. 🔵백묵.
분:하다 ①억울한 일을 당하여
마음이 언짢다. ②될 듯한 일
이 되지 않아 섭섭하고 아깝
다. 🟠다 이긴 경기를 패하여
분하다.
분할 나누어서 쪼갬. 🟠재산 분
할. ×분활. -하다.
분해 한 덩이를 이루고 있는 것
을 그 구성 요소로 나눔. 🟠
기계를 분해하다. 🔴합성. -하
다.
분해자 죽은 생물체를 물이나
거름·기체 등으로 분해하여
물이나 흙·대기 중으로 되
돌리는 역할을 하는 생물〔곰
팡이·세균 등〕.
분향 부처 또는 죽은 이를 위

하여 향을 불에 피움. 소향.
분:홍 엷고 붉은 고운 빛깔.
🟠분홍 치마. 🔵분홍색.
분:화구 ①화산이 불을 내뿜는
구멍. ②달 표면에 화산의 화
구와 같은 모양을 이루고 있
는 것.
분황사 석탑 신라 선덕 여왕 때
경상 북도 경주시 분황사에
세운 탑. 현재 일부만 남아
있음.
불 ①물질이 열이나 빛을 내면
서 타는 현상. 또는 그때 생
기는 열. 빛. 불꽃. ②어둠을
밝히는 빛. 광명. 🟠불을 밝히
다. ③화재. 🟠큰불이 나다.
불가결 없어서는 아니 됨. 없
어서는 안 될 것.
불가능 할 수 없음. 현대 과학
으로도 불가능한 일. 🔵불능.
🔴가능. -하다. 【不可能】
불가리아〔나라〕 발칸 반도 동
부에 있는 국가. 수도는 소피
아.
불가분 나누려고 해도 도저히
나눌 수가 없음.
불가불 해서는 안 되겠으나 할
수 없이. 🟠불가불 그 일을
하게 되었다. 🔵부득이.
불가사의 인간의 생각으로는
미루어 헤아릴 수 없을 만큼
이상하고 야릇함. 또는 그 일.
🟠세계 7대 불가사의. -하다.
불가침 침범할 수 없음. 🟠상
호 불가침 조약. 【不可侵】
불가피 피할 수 없음. 🟠불가
피한 사정으로 회의에 불참하
다. -하다. 【不可避】
불가항력 인간의 힘으로는 어
찌할 수 없는 힘. 【不可抗力】
불간섭 일에 간섭하지 아니함.
🔴간섭. -하다.
불건전 건전하지 못함. 🔴건전.
-하다.

불결 깨끗하지 못함. 아주 더러움. ⚁청결. -하다. -히.

불경 부처의 설법을 적어 놓은 책. 불교의 경전. 【佛經】

불경기 여러 가지 이유로, 경제 형편이 좋지 않은 상태. 불황. ⑩불경기라 회사 사정이 어렵다. ⚁호경기.

불공 부처 앞에 공양하는 일. ⑩불공을 드리러 절에 가다. ⚂불향. -하다. 【佛供】

불공평 공평하지 않음. 고르지 않음. ⑩대우가 매우 불공평하다. -하다. 【不公平】

불과 어떠한 수량을 나타내는 말 위에 붙어서, 그 수량에 지나지 못함을 가리키는 말. ⑩불과 10여명 정도. -하다.

불교 세계 3대 종교의 하나. 약 2,500년 전 인도에서 석가모니가 일으킨 종교. 우리 나라에는 4세기를 전후한 삼국 시대에 중국에서 들어와, 문화 발달에 많은 영향을 끼쳤음.

불구자 몸의 어느 부분이 온전하지 못한 사람. 모양을 제대로 갖추지 못한 사람. 병신. 지체 부자유자. 【不具者】

불구하고 '-에도 -는데도'의 다음에 붙어 앞의 말뜻을 뒤집어 뒷말에 이어 주는 말. ⑩험한 날씨에도 불구하고 계획대로 여행을 떠났다.

불국사 경상 북도 경주시 남쪽 토함산 기슭에 자리잡은 절. 신라 법흥왕 때(528) 처음 지었고, 경덕왕 때(751) 김대성이 다시 고쳐 지음. 임진왜란 때 불탔으나, 조선 영조 때 다시 지어 대웅전과 극락전이 남아 있고, 최근에 옛 모습대로 복원되었음. 【佛國寺】

불굴 뻗대고 굽히지 아니함. ⑩불굴의 정신으로 북극을 탐험하다. -하다. 【不屈】

불귀 한 번 가면 다시 돌아오지 않는다는 뜻으로, 죽음을 말함.

불규칙 ①규칙이 서지 않음. ⑩불규칙한 생활. ②일정하지 않음. ⑩맥박이 불규칙적이다. ⚁규칙. -하다. 【不規則】

불균등 차별이 있고 고르지 아니함. ⑩불균등한 대우. ⚁균등. -하다.

불균형 균형이 잡히지 않음. ⑩한 반의 남녀의 수가 불균형을 이루다. ⚁균형. -하다.

불그레하다 조금 곱게 불그스름하다. ⑩불이 불그레하다. 〉볼그레하다.

불그스름하다 조금 붉다. ⑩저녁놀이 불그스름하다. ⚂불그름하다. 〉볼그스름하다. ⚅뿔그스름하다. 불그스름히.

불기[불끼] 불을 때서 생기는 따뜻한 기운. ⑩방에 불기가 없어 춥다. ⚂화기.

불기둥[불끼둥] 기둥 모양으로 높이 솟는 불길.

불길[¹] 재수나 운수가 좋지 않음. 좋지 아니한 일이 있음. ⑩불길한 예감이 들다. -하다.

불길[²] [불낄] ①활활 타오르는 불꽃. ⑩불길이 사방으로 번지다. ②'세차게 타오르는 감정이나 정열'을 비유하는 말. ⑩3·1운동의 불길이 방방곡곡으로 번졌다.

불꽃[불꼳] ①쇠붙이나 돌 같은 것이 서로 부딪칠 때 일어나는 불빛. ②기체가 타고 있는 것.

불꽃놀이[불꼳노리] 밤 하늘에 화포를 쏘아올려 불꽃이 일어나게 하는 놀이. 주로 경축이나 기념 행사 때에 함.

불꽃심[불꼳씸] 불꽃 중심의 어

두운 부분. 기체로 변한 물질이 몰려 있는 상태임.

불능 ①능력이 없음. ②할 수 없음. 예조작 불능. 비불가능.

불:다¹ (부니, 부오) ①바람이 일어나다. ②관악기를 연주하다. 예나팔을 불다.

불:다² (부니, 부오) 자기의 죄를 자백하다. 예범행 사실을 불다.

불당[불땅] 부처를 모셔 놓은 대청. 비불전. 【佛堂】

불도[불또] 불교를 가르침. 예절에서 불도를 닦다. 【佛道】

불도저 흙을 밀어 내어 땅을 고르고 평평하게 하는 토목공사용 기계. 트랙터 앞머리에 큰 철판이 달려 있음.

불똥 ①심지의 끝이 다 타서 된 숯불, 또는 그 숯. ②불이 타는 데서 튀어 나온 썩 작은 불덩이.

불량 ①착하지 못하고 행실이 나쁨. 예불량 청소년. 비선량. ②품질이나 성격이 나쁨. 예불량만화. -하다. 【不良】

불량배 나쁜 행동을 일삼는 사람, 또는 그런 무리. 【不良輩】

불량품 품질이 좋지 않은 물건.

불로 늙지 아니함. 예불로 장생하는 약. 【不老】

불로초 먹으면 늙지 않는다는 신령스런 풀. 【不老草】

불룩하다[불루카다] 통통하게 겉으로 쑥 내밀다. 예배가 불룩하다. 〉볼록하다.

불리 이롭지 못함. 해로움. 예불리한 조건. 빤유리. -하다.

불리다 ①물건을 물 속에 담가서 붙게 하다. 예떡을 하기 위해 쌀을 물에 불리다. ②재물을 많아지게 하다. 예주식을 사서 돈을 불리다.

불만 마음에 차지 않거나 마땅하지 않음. 비불평. 빤만족. 图불만족. -스럽다. -하다. -히.

불망 잊지 아니함. -하다.

불면 잠을 자지 아니함. 잠을 못잠. 【不眠】

불멸 사라지지 않음. 예영원 불멸의 업적. -하다.

불명 분명하지 않음. 예행방 불명. 图불분명. -하다.

불명예 명예스럽지 못함. 빤명예. -스럽다. -하다.

불모 땅이 메말라 식물이나 농작물이 자라지 않음, 또는 그런 땅. 예불모의 사막. 【不毛】

불문 ①캐묻지 않음. 예지난 일은 모두 불문에 붙이다. ②가리지 않음. 예지위가 높고 낮음을 불문하고 처벌하다. -하다.

불발탄 쏜 뒤에도 터지지 않은 총탄이나 포탄.

불법 법에 어그러짐. 비위법. 빤합법. -하다. 【不法】

불변 변하지 아니함. 불변의 진리. 빤가변. -하다.

불복 복종하거나 항복하거나 동의하지 아니함. 예명령에 불복하다. 빤복종. -하다.

불복종 복종하지 아니함. 불복.

불붙다 ①불이 붙은 것처럼 어떤 일이 일어나다. 예양팀의 응원전이 불붙다. ②불이 붙어 타오르다.

불사르다 (불사르니, 불살라) 불에 태워 없애다. 예서류를 불사르다.

불사신[불싸신] ①어떤 고통이라도 견디어 내는 강한 신체. ②어떤 어려움이나 실패에도 꺾이지 않고 이겨 내는 일.

불사조 500년마다 스스로 쌓은 제단의 불에 타 죽고는 그 잿속에서 다시 태어난다는 새.

이집트 신화에 나오는 '피닉스'를 이르는 말. 【不死鳥】

불상[불쌍] 부처의 모습을 새긴 형상. 🔵부처.

불손 겸손하지 아니함. 거만함. 🔵오만 불손하다. 🔵거만. 🔴겸손. -하다. -히.

불순[불쑨] 참되지 못함. 순수하지 아니함. 🔵생각이 불순하다. -하다. -히. 【不純】

불순물[불쑨물] 순수하지 못한 물질. 🔵불순물을 걸러 내다.

불시에[불씨에] 뜻하지 아니한 때에. 별안간에. 🔵불시에 습격을 받다.

불신 믿지 아니함. 🔵친구를 불신하다. 🔴신뢰. 【不信】

불신감 믿지 못하는 마음. 미덥지 아니한 느낌.

불쌍하다 가엾고 애처롭다. 🔵추위에 떨고 있는 거지가 불쌍하다. 불쌍히.

불씨 ①불의 씨. 불이 꺼지지 않도록 묻어 두는 불덩이. 🔵불씨가 꺼지다. ②무슨 일을 일으키는 실마리. 🔵사소한 일이 불씨가 되어 큰 싸움이 벌어졌다.

불안 마음이 편안하지 아니함. 🔵혼자 가는 것이 불안하다. 🔴편안. -하다. -스럽다. -히.

불안전 편안하고 온전하지 못함. 🔵자세가 불안전하다. 🔴안전. -하다.

불어넣다 안으로 들어가게 하여서 지니게 하다. 🔵독립 정신을 불어넣다.

불완전 완전하지 못함.

불완전 연소 산소 공급이 완전하지 않은 상태에서의 연소. 🔴완전 연소.

불우하다 불쌍하고 딱하다. 🔵불우한 이웃을 돕다.

불운 운수가 사나움. 🔵불운하게도 대학 입시에 낙방하였다. 🔵비운. 불행. -하다.

불응 응하지 아니함. 듣지 아니함. 🔵음주 측정에 불응하다. -하다. 【不應】

불의¹ 뜻밖에 생각지 아니하던 일. 🔵불의의 사고를 당하다. 🔵의외. 【不意】

불의² 의롭지 못함. 도리에 어긋남. 🔵불의에 항거하다. 🔴정의.

불이익 이익이 되지 아니함.

불찰 똑똑히 살피지 않은 탓으로 생긴 잘못. 🔵이 모든 것이 내 불찰이다.

불참 어떤 자리에 참석하지 않음. 🔴참석, 참가. -하다.

불철 주야 밤낮을 가리지 않고 힘씀. 🔵불철 주야 연구에 몰두하다.

불충분 충분하지 못함. 🔵조건이 불충분하다. 🔴충분. -하다.

불친절 친절하지 아니함. 🔵불친절한 태도. 🔴친절. -하다.

불쾌 기분이 좋지 않음. 🔵오늘은 불쾌지수가 높다. 🔴유쾌. -하다. -히.

불타다 ①불에 타다. ②어떤 생각이나 욕심이 간절하다. 🔵개척의 의욕이 불타다.

불통 통하지 아니함. 🔵소식 불통. -하다.

불편 ①편리하지 못하고 거북스러움. 🔵교통이 불편하다. 🔴편리. 🔵불편리. ②병으로 몸이 편하지 못함. 🔵몸이 편하다. -하다. -스럽다.

불평 마음에 들지 않아서 언짢게 생각함. 🔵불평을 늘어 놓다. 🔵불만. -하다.

불합리 이치나 도리에 어긋남. 🔵불합리한 제도를 고치다. 🔴합리. -하다. 【不合理】

불행 행복하지 못함. 운수가 나쁨. 예불행하게도 몸을 크게 다치다. 凹행복. 다행. -하다. -스럽다. -히. 【不幸】

불허 허락하지 아니함. 예책을 허락없이 복사하는 것을 불허하다. -하다. 【不許】

불현듯 갑자기 생각이 치밀어서 걷잡을 수 없게. 예불현듯 친구 생각이 떠오르다.

불호령 크게 화를 내며 큰 소리로 꾸짖는 일. 예적을 향해 불호령을 치다.

불화 서로 사이가 좋지 못함. 화합하지 못함. 예가정 불화.

불화살 화살 끝에 불을 붙여 쏘는 화살.

불황 경기가 좋지 못함. 불경기. 예근검 절약으로 불황을 이겨내다. 凹호황. 【不況】

불효 어버이를 잘 섬기지 않음. 효도하지 않음. 예불효 자식. 凹효도. -하다. 【不孝】

불후 썩지 않음. 영원히 없어지지 않고 전하여짐. 예불후의 명작. -하다. 【不朽】

붉다[북따] 빛깔이 핏빛이나 저녁놀 빛과 같다.

붉히다[불키다] 성이 나거나 부끄러워 얼굴을 붉게 하다.

붐비다 사람들이 들끓다. 예시장이 몹시 붐비다.

붓 ①가는 대 끝에 다발로 짐승털을 꽂아, 글씨를 쓰거나 그림을 그리는 데 쓰는 문구. ②글씨나 그림에 쓰이는 도구를 두루 이르는 말.

붓:다¹ (부으니, 부어서) ①살 가죽이 부풀어오르다. 예벌에 쏘인 자리가 벌겋게 붓다. ②성이 나다.

붓:다² (부으니, 부어서) 물 같은 것을 그릇에 쏟아 담다. 예장독에 물을 붓다.

붓두껍[붇뚜껍] 붓의 촉에 끼우는 뚜껍. 붓대보다 조금 굵은 대나무 따위로 만듦.

붕괴 허물어져 무너짐. 붕궤. 예둑이 붕괴하다. 【崩壞】

붕대 상처를 싸매는 데에 쓰는, 소독하여 좁고 길게 만든 헝겊이나 가제 따위.

붕산 소독이나 세척 의약품으로 쓰이는 물질 중의 하나. 색이 없고 투명하여 뜨거운 물이나 알코올에 녹음. 예붕산수.

붕:어 냇물이나 못에 사는 잉어과의 민물고기. 몸이 넓적하고 입에 수염이 없음. 몸길이 20~40cm.

붕:어말 얕은 물 속에 나는, 줄기가 가늘고 긴 물풀.

붕우 벗. 친구. 【朋友】

붙들다[붇뜨니, 붙드오] ①손으로 꽉 쥐다. 예팔을 붙들다. ②남을 못 가게 말리다. 예집에 가는 친구를 붙들다.

붙이다[부치다] ①닿게 하다. 예의자를 등에 붙이다. ②서로 맞대어서 떨어지지 않게 하다. 예색종이를 도화지에 붙이다. ③소개하다. 예흥정을 붙이다. ④마음에 당기게 하다. 예재미를 붙이다.

붙임줄[부침쭐] 악보에서 같은 높이의 두 음을 한 음과 같이 소리내라는 표시로 음표와 음표를 건너지른 좁은 줄. 기호는 '⌒'임. 凹결합선.

붙잡다[붇짭따] ①손으로 붙들어 쥐다. ②달아나지 못하게 단단히 붙들어 잡다. 예강도를 붙잡다. ③일자리나 기회를 얻다.

브라운관 진공관의 일종. 전류의 강약을 빛의 강약으로 바꾸는 작용을 하며, 레이더

· 텔레비전 등에 이용됨.

브라질〖나라〗남아메리카의 동부에 있는 연방 공화국. 커피·면화 등 농산물의 생산이 많으며 목축도 성함. 포르투갈의 양토였으나, 1822년에 독립하여 1889년에 공화국이 됨. 수도는 브라질리아.

브람:스〖사람〗[1833~1897] 독일의 신고전파 음악가. 작품에 〈헝가리 춤곡〉〈자장가〉 등이 있음.

브레이크 ①기차·자동차·자전거 따위의 바퀴의 회전을 멈추게 하는 장치. ②어떤 일의 진행이나 활동을 하지 못하게 하거나 방해하는 일.

브로치 여자 웃저고리의 깃이나 가슴에 핀으로 꽂는 장신구의 한가지.

블라디보스토크〖지명〗러시아 동부의 연해주 남쪽에 있는 항구 도시. 【Vladivostok】

블라우스 여자나 아이들의, 겉에 입는 웃옷의 한 가지.

블록 ①덩어리. ②길에 깔거나 벽 등을 쌓는 데 쓰는 벽돌 모양의 콘크리트 덩어리.

비[1] 공기 중의 수증기가 찬 기운을 만나 엉기어 맺혀서 땅에 떨어지는 물방울. 예비가 내린다.

비:[2] 두 개 이상의 수 또는 양에 ':'를 넣어서 두 수의 비율을 나타내는 것. <보기>3:4〔3의 4에 대한 비〕. 【比】

비[3] 먼지나 쓰레기를 쓸어 내는 기구. 예비로 방을 쓸다.

비:겁 ①겁이 많음. ②하는 짓이 떳떳하지 못함. 예비겁한 행동. 圓비굴. 비열. 凹용감. -하다.

비격진천뢰 조선 선조 때 화포공 이장손이 발명한 특수한 폭탄. 임진왜란 때 사용함. 진천뢰.

비:결 숨겨 두고 혼자만이 쓰는 썩 좋은 방법. 예건강의 비결. 圓비법. 【秘訣】

비:경 ①신비스러운 곳. ②사람들에게 거의 알려지지 않은 곳.

비계 짐승, 특히 돼지의 가죽 안쪽에 붙은 허연 기름 덩어리.

비:고 ①참고하기 위하여 준비해 놓음, 또는 그것. ②본문의 부족함을 덧붙여서 보충함, 또는 그 기사. 【備考】

비공개 공개하지 않음.

비관 ①기대에 어긋나 실망함. ②세상을 괴롭고 악한 것으로 봄. 凹낙관.

비:교 둘 이상의 것을 서로 견주어 봄. 예국산품과 수입품의 품질을 비교하다. -하다.

비:굴 비겁하고 용기가 없음. -하다. -스럽다.

비극 ①슬프고 끔찍한 일. 圓참극. ②슬픔으로 끝맺은 연극. 예셰익스피어의 4대 비극. 凹희극. 【悲劇】

비기다[1] 서로 견주어 보다. 예그 어떤 것에 비길 수 없는 업적.

비기다[2] 서로 비금비금하여 승부를 내지 못하다. 예무승부로 비기다.

비:꼬다 ①비틀어서 단단히 꼬다. ②말로는 칭찬하나 속으로는 욕하다. 예약점을 비꼬아 말하다.

비난 남의 잘못이나 잘못된 점을 나무람. -하다. 【非難】

비:너스 ①로마 신화의 아름다움과 사랑의 여신. 그리스 신화의 아프로디테. ②금성을 달리 이르는 말. 【Venus】

비녀 여자의 쪽찐 머리에 꽂는 물건. 예금비녀.

비누 때를 씻어 내는 데 쓰는 세척제.

비누 방울 가는 대롱의 한쪽 끝에 비눗물을 찍어, 반대쪽을 불어서 거품을 나오게 함.

비늘 ①물고기나 뱀 따위의 몸을 덮고 있는 단단한 작은 조각. ②고기비늘 모양의 물건을 통틀어 이르는 말.

비능률적[비능뉼쩍] 능률적이 아닌 모양. 반능률적.

비닐 주로 아세탈렌을 원료로 하여 만든 화합물로 유리·가죽·천 등의 대용품으로 쓰임.

비닐론 비닐 종류의 수지로 만든 합성 섬유의 하나.

비닐 터널 화초나 채소를 일찍 가꾸기 위하여 고랑을 따라 뼈대를 세우고 비닐을 씌운 온상의 한 가지.

비닐 하우스 꽃이나 채소를 추위로부터 보호하며 일찍 기르기 위해 비닐로 온실처럼 만든 집.

비:다 ①속에 들어 있는 것이 없다. 예서랍이 비다. ②그 자리를 차지하고 있는 것이 없다. 예옆자리가 비다. ③머리가 비다. ④액수가 모자라다. 예만 원이 비다.

비단¹ '다만'의 뜻으로 쓰는 말. 예그 일은 비단 네 잘못만은 아니다. 【非但】

비:단² 명주실로 광택이 나게 짠 보드랍고 고운 옷감.

비둘기 성질이 순하여 집에서도 많이 기르는, 평화나 좋은 일을 상징하는 새. 되돌아오는 성질을 이용하여 통신용으로도 쓰임.

비듬 머리의 살갗에서 떨어지는 흰 비늘.

비:등 서로 비슷비슷함. 예실력이 서로 비등하다. 비대등. -하다.

비디오 ①텔레비전에서 음성에 대하여 '화면이 나오는 부분'을 이르는 말. ②'비디오 테이프 리코더'의 준말.

비뚤어지다 ①똑바르지 않고 한쪽으로 기울어지다. 예글씨가 비뚤어지다. ②마음이 바르지 못하다. 예비뚤어진 마음. >배뚤어지다. 센삐뚤어지다.

비렁뱅이 '거지'를 얕잡아 이르는 말.

비:례 물건 각 부분 사이의 비율. 예비례식. -하다. 【比例】

비:례 배:분 어떤 양을 주어진 비의 값에 따라 나누는 셈법.

비:례 상수 비례식에서 비례 관계를 나타내는 데 쓰이는 수.

비:례식 두 개의 비가 같음을 나타내는 식. <보기> 가:나=다:라와 같은 식. 【比例式】

비로봉 금강산에서 가장 높고 아름다운 봉우리. 높이1,638m.

비로소 마침내. 처음으로.

비로자나불 큰 덕의 빛으로 온 세상을 두루 비춘다는 부처. 법신불. 비로자나. 준노자나불.

비록 아무리 그렇다 할지라도. 비설령. 설사.

비롯하다[비로타다] ①여럿 가운데서 첫자리로 하다. 예임금을 비롯한 모든 신하가 한자리에 모였다. ②어떤 일이 처음으로 시작되다. 또는 시작하다.

비:료 식물이 잘 자라도록 주는 거름. 화학 비료와 퇴비 따위가 있음. 비거름. 【肥料】

비루먹다 개·말·나귀 등의 짐승이 살갗이 헐고 털이 빠지는 병에 걸리다.

비리 이치에 어그러짐. 예공직자의 비리를 조사하다.

비리다 ①물고기·날콩·동물의 피에서 나는 냄새나 맛과 같다. ②너무 적어서 마음에 차지 않다. ③하는 짓이 좀스럽고 더럽고 아니꼽다.

비:만 몸이 살지어 뚱뚱함. 예비만한 몸. -하다.

비:망록 잊었을 때를 대비하기 위하여 기록해 두는 책자. 메모.

비매품 팔지 아니하는 물품. 땐매품. 【非賣品】

비명 몹시 위태롭거나 무서움을 느꼈을 때 지르는 외마디 소리. 예놀라 비명을 지르다.

비무장 지대 ①무장을 하지 아니한 지대. ②싸우고 있는 나라끼리 협정에 의하여 무장이 금지된 지역. 약칭은 디엠지(DMZ). 완충 지대.

비문 비석에 새긴 글. 【碑文】

비:밀 숨기어 남에게 공개하지 아니하는 일. 예비밀 서류. 땐기밀. 땐공개. 【秘密】

비:밀 선:거 자기가 누구에게 투표하였는지 남이 알지 못하도록 하는 선거. 땐공개 선거.

비바람 비와 바람, 또는 비를 휘몰아치는 바람.

비방¹ 남을 헐뜯어 욕함. 예친구를 비방하다. -하다.【誹謗】

비방² ①비밀한 방법. ②세상에 알려지지 않은 용한 약방문. 땐비법. 【秘方】

비범 보통이 아니고 매우 뛰어남. 평범하지 아니함. 예비범한 인물. 땐평범. -하다.

비:변사 조선 시대 군사에 대한 일을 맡아 보던 관청. 처음에는 변방의 방비를 목적으로 설립되었고, 임진왜란 후에는 문·무의 최고 결정 기관으로 그 권한이 강화되었다가 고종 때 의정부에 합치었음.

비보 슬픈 소식. 예형님이 돌아가셨다는 비보가 전해졌다.

비분 슬프고 분함. -하다.

비비다 손을 맞대거나, 어디에 무엇을 대고 서로 문지르다.

비비새 본디 이름은 '뱁새'. 우리 나라에만 있는 새로, 굴뚝새와 같이 생겼으나 곱고 예쁘며 꽁지가 긺. 동작이 아주 재빠르며 해충을 잡아먹고 삶. [비비새]

비빔 밥이나 국수에 고기·나물 등을 넣어서 비비는 일. 예비빔국수.

비상구 평상시에는 닫아 두었다가 위급한 일이 생겼을 때에 급히 피할 수 있도록 만든 문.

비석 넓적한 큰 돌에 죽은 사람의 공적이나 내력을 적어 무덤 앞에 세운 돌. 땐빗돌.

비석치기 아이들의 놀이의 한 가지. 손바닥만한 납작하고 네모진 돌을 비석처럼 세우고 좀 떨어진 곳에서 돌을 던지거나 발로 차 쓰러뜨리는 놀이.

비선대 설악산의 외설악에 있는 명소.

비스듬하다 조금 기울어져 있다. 〉배스듬하다. 비스듬히.

비스킷 밀가루에 버터·우유·설탕을 반죽하여 구운 양과자의 한 가지. 【biscuit】

비슷하다¹ 거의 같다. 예형제

들의 얼굴이 비슷하다.

비슷하다² 한쪽으로 조금 비스듬하다. 〉배슷하다. 비슷이.

비ː시(B.C) 서력 기원전. 맨에이디(A.D).

비신사적 신사답지 아니함. 교양이 없고 점잖지 못함.

비실비실 힘이 없어 흐느적흐느적 비틀거리는 모양. 예비실비실한 걸음걸이. -하다.

비싸다 물건값이 정도에 지나치게 많다. 맨싸다.

비애 슬픔과 설움. 【悲哀】

비ː열 하는 짓이나 마음씀씀이가 천하고 용렬함. -하다.

비ː옥 땅이 걸고 기름짐. 예비옥한 평야. -하다.

비올라 현악기의 한 가지. 연주법이 바이올린과 거의 같으나 음률은 바이올린보다 5도씩 낮음. [비올라]

비ː용 물건을 사거나, 어떤 일을 하는 데 드는 돈. 씀씀이. 예여행 비용. 생산 비용.

비우다 ①안에 들어 있는 것을 비게 하다. ②있던 사람이 나가고 그 자리만 남게 하다. 예자리를 비우다.

비ː운 불행한 운명. 【悲運】

비웃다[비욷따] 업신여기어 웃다. 빈정기리며 웃다. 예허황된 꿈을 비웃다.

비웃음[비우슴] 비웃는 일, 또는 그 웃음. 조소.

비ː원 ①서울 창덕궁 안의 공원. ②대궐 안에 있는 동산.

비위¹ 법에 어긋나는 일. 예공무원의 비위를 조사하다.

비ː위² ①음식의 맛이나 그 밖의 좋고 나쁨을 분간하는 기분. 예음식이 비위에 안 맞는다. ②아니꼽거나 언짢은 일을 잘 견디어 내는 힘. 예비

위가 좋다. 【脾胃】

비ː유 다른 비슷한 것에 빗대어서 말함. 예푸른 하늘을 바다에 비유하다. -하다.【比喩】

비ː유법 어떤 것을 알기 쉬운 다른 것에 빗대어서 나타내는 표현 방법〔은유법·직유법·풍유법 따위〕. 【比喩法】

비ː율 두 개의 수나 양을 비교할 때 한쪽이 다른 쪽의 몇 배인가, 또는 몇분의 몇인가의 관계를 나타내는 수의 비의 값. 예전체 인구의 남녀 비율. 준비.

비ː음 ①입 안의 통로를 막고 코로 공기를 내보내면서 내는 소리〔ㄴ·ㅁ·ㅇ등〕. ②코가 막힌 듯이 내는 소리.

비인간 사람답지 못함, 또는 그 사람. 예비인간적인 대우.

비인도적 사람이 지켜야 할 도리에 어긋나는 모양.

비장 슬픔 속에 오히려 씩씩한 기운이 있음. 예비장한 각오.

비정 인간다운 감정을 갖지 않음. 예아이를 학대하는 비정한 어머니. -하다.

비정상 정상이 아닌 것. 예비정상인 몸. 【非正常】

비제〖사람〗[1838~1875] 프랑스의 음악가. 가극 〈카르멘〉으로 유명함. 【Bizet】

비ː좁다 자리가 몹시 좁다. 예방이 비좁다.

비ː준 외국과 조약을 맺을 때 국가 원수가 좋다고 마지막으로 확인하는 일. -하다.

비ː중 ①어떤 물건의 무게가 그와 같은 부피의 섭씨 4도의 물의 무게에 비교한 비. ②다른 사물과 비교했을 때의 중요성의 정도. 예비중이 큰 사건. 【比重】

비ː중계 액체·고체 따위의 비

중을 재는 데 쓰는 기구.

비지 두부를 짠 찌꺼기.

비지땀 힘드는 일을 할 때에 몹시 쏟아지는 땀.

비:집다 좁은 틈을 헤쳐서 넓히다.

비참 차마 눈으로 볼 수 없이 슬프고 끔찍함. 예비참한 교통 사고 현장. -하다. -히.

비척비척 힘이 부쳐서 옆으로 비틀거리는 모양. 볼비치적비치적. -하다.

비:천 지위나 신분 등이 낮고 천함. 예비천한 신분. 반존귀. 고귀.

비추다 ①빛을 보내어 밝게 하다. 예달빛이 밝게 비추다. ②거울이나 물 따위에 모습을 나타내다. 예거울에 온몸을 비추다. ③넌지시 깨우쳐 주다. 예반대의 뜻을 비추다.

비:축 만일을 위하여 미리 저축해 둠. -하다. 【備蓄】

비:취색 비취의 빛깔. 곧 아름다운 푸른 빛깔의 옥.

비:치 갖추어 둠. 예응급 약품을 비치하다. 【備置】

비치다 ①빛을 받아 훤하게 되다. 예햇빛이 비치다. ②속의 물건의 빛이 드러나다. 예살이 비치는 얇은 옷을 입다. ③말을 약간 꺼내다. 예선거에 출마할 뜻을 비치다.

비:커 물을 따르기에 편리하도록 만들어 놓은 입이 달린 원통 모양의 실험용 유리 그릇.

비:키다 있던 곳에서 약간 물러나다.

비타민 동물의 필수 영양소의 하나. 생물체가 올바르게 성장할 수 있게 하고, 또 병이 나지 않게 하는 등 중요한 구실을 하는 영양소〔비타민 A·B·C·D 등 종류가 많음〕.

비탄 슬퍼 탄식함. 예자식을 잃고 비탄에 빠져 있는 어머니. -하다. 【悲嘆】

비탈 ①산이나 언덕의 비스듬하게 기울어진 곳. 예산비탈. ②기울기. 예비탈이 심하다.

비탈밭 비탈진 곳이나 산 중턱에 일구어 놓은 밭.

비탈지다 땅이 매우 가파르게 기울어져 있다. 예비탈진 언덕.

비통 몹시 슬퍼서 마음이 아픔. 예비통하게 울부짖다. -하다. -히. 【悲痛】

비트 컴퓨터의 정보 처리 장치가 저장할 수 있는 이진수의 자릿수〔8비트·16비트 따위〕.

비틀거리다 이리저리 쓰러질 듯이 걷다. >배틀거리다.

비틀다 힘있게 꼬면서 틀다. 예팔을 비틀다.

비:티:비: 용액 약품의 성질을 알아보는 데 쓰는 시험약.

비파 동양 현악기의 하나. 몸은 둥글고 긴 타원형이며 자루는 곧음. 현이 5줄인 향비파와 4줄인 당비파가 있음.

비:판 잘하고 잘못함을 따져 가리어 밝힘. 예어지러워진 사회를 비판하다. -하다.

비:평 사물의 좋고 나쁨, 옳고 그름, 아름다움과 추함을 가려서 말함. 예소설을 비평하다. 비비판. -하다. 【批評】

비:품 학교·관공서·회사 등에서 업무용으로 갖추어 두는 물품. 예비품을 정리하다.

비행[1] 도리나 도덕 또는 법에 어긋나는 행위. 예비행 사실이 드러나다. 【非行】

비행[2] 하늘을 날아다님. 예우주 비행. -하다. 【飛行】

비행기 프로펠러를 돌리거나 가스를 내뿜어 하늘을 나는 탈것.

비호 ①나는 듯이 날쌘 범. ②'움직임이 용맹스럽고 날랜 것'을 비유한 말. 예마치 비호같이 달려간다. 【飛虎】

비:화 세상에 알려지지 않은 이야기. 예궁중 비화. 【秘話】

빅토리아여왕【사람】[1819~1901]영국의 여왕(재위 1837~1901). 영국이 강대해지도록 기초를 이룩했음.

빈곤 가난하고 살기 어려움. 예가정이 빈곤하다. 비가난. 반부유. -하다. -히.

빈궁 가난하고 살기가 구차함. 예빈궁한 가계. 비빈한. 빈곤. 반부유. -하다. -히. 【貧窮】

빈농 가난한 농민. 반부농.

빈대 빈대과의 곤충. 몸길이 5mm정도. 몸은 둥글면서 납작하고 몸빛깔은 적갈색임. 사람의 피를 빨아먹는 해충임.

빈대떡 녹두를 갈아 나물이나 고기 같은 것을 섞어서 부쳐 만든 음식.

빈둥빈둥 하는 일 없이 놀며 게으름을 부리는 모양. 예빈둥빈둥 놀기만 한다. >밴둥밴둥. 쎈삔둥삔둥. 카핀둥핀둥. -하다.

빈:말 실속이 없는 말. 그저 공으로 하는 말. -하다.

빈민 가난하게 사는 사람. 예빈민 구제 사업. 반부자.

빈민 구:제소 가난한 사람을 돕거나 구해 주는 곳.

빈민굴 아주 가난한 사람들이 모여 사는 곳. 비빈민촌.

빈번하다 일이 매우 잦다. 예자동차의 왕래가 빈번하다.

빈부 넉넉함과 가난함을 함께 이르는 말. 예빈부의 격차.

빈:손 아무것도 가진 것이 없

는 손. 예아무 소득도 없이 빈손으로 돌아왔다. 비맨손.

빈약 보잘것 없음. 예내용이 빈약한 작품. -하다. 【貧弱】

빈정거리다 남을 비웃는 태도로 놀리다.

빈:터 비어 있는 땅. 비공터.

빈:털터리 재물을 다 없애고 아무것도 없게 된 사람. >빈탈타리. ×빈털털이.

빈:틈없다 ①허술한 데가 없다. ②비어 있는 부분이 없다. 예빈틈없이 채우다. 빈틈없이.

빈한 가난하여 집안이 쓸쓸함. 예빈한한 가정. -하다.

빈혈 혈액 속에 적혈구나 헤모글로빈이 줄어든 상태.

빌:다(비니, 비오) ①남의 잘못을 용서해 달라고 원하다. 예잘못을 빌다. ②소원대로 되도록 기도드리다. 예행운을 빌다.

빌딩 여러 층으로 된 건축물.

빌리다 ①도로 받기로 하고 남에게 물건을 내어 주다. 예연필을 빌려 주다. ②일정한 기간 동안 삯을 받고 내어 주다. 예자동차를 빌리다. ③남의 물건을 돌려 주기로 하고 얻어다가 쓰다. 예돈을 빌려 쓰다.

빌어먹다 남에게 구걸하여 얻어 먹다. >배라먹다.

빔: 명절이나 잔치 때에 새로 차려 입는 옷. 예설빔.

빗나가다 비뚜로 나가다. 예총알이 빗나가다. 준빗가다.

빗대다[빋때다] 바로 대지 아니하고 엇비슷하게 말하다.

빗맞다[빈맏따] 목표에 어긋나 딴 곳에 맞다. 예화살이 빗맞다.

빗면[빈면] 비스듬하게 경사가 진 면.

빗물[빈물] 비가 와서 괸 물.

빗발[비빨/빈빨] 줄이 죽죽 지는 것처럼 떨어지는 빗줄기.

빗발치다 빗줄기가 새차게 쏟아지다. 예총알이 빗발치다.

빗방울[비방울] 빗물의 방울.

빗줄기[비쭐기] 굵고 세차게 내리치는 빗발.

빙글빙글 잇달아 둥그렇게 자꾸 도는 모양. >뱅글뱅글. 쎈뼁글뼁글. 꽌핑글핑글.

빙긋이 소리 없이 입만 슬쩍 벌리고 웃는 모양. 예대답은 하지 않고 빙긋이 웃기만 한다. >뱅긋이. 쎈삥긋이.

빙빙 ①자꾸 돌거나 돌리는 모양. ②하는 일 없이 이리저리 돌아다니는 모양. >뱅뱅. 쎈삥삥. 꽌핑핑.

빙상 경:기 스케이팅·아이스하키 등 얼음 위에서 하는 여러 가지 운동 경기.

빙설 얼음과 눈.

빙자 ①남의 힘을 빌려 의지함. ②핑계를 댐. 예병을 빙자하여 회의에 불참하다. -하다.

빙점[빙쩜] 물이 얼기 시작할 때, 또는 얼음이 녹기 시작할 때의 온도. 곧 섭씨 0도. 결빙점. 영점. 凹비점. 【氷點】

빙판 얼어붙은 길바닥. 예빙판에서 넘어지다. 【氷板】

빙하 시대 육지의 대부분이 빙하로 덮여 있던 시대. 지금으로부터 70~80만 년 전으로 짐작됨.

빛 갚아야 할 돈. 凹부채.

빚다 ①가루를 반죽하여 경단·만두 등을 만들다. 예송편을 빚다. ②술을 담그다. 예쌀로 막걸리를 빚다. ③만들어 내다. 예전쟁이 빚은 비극.

빛 ①사물을 비추어 밝게 보이게 하는 것. 예햇빛. ②색. 예빨강빛. ③'희망 또는 영광'을 비유하여 이르는 말. 예육상계의 빛.

빛깔 물건의 거죽에 나타나는 빛의 성질. 예빨강 빛깔. 凹색채. 색깔.

빛나다[빈나다] ①빛이 환하게 비치다. ②홀륭하게 드러나다. 예빛나는 전통.

빛에너지 빛이 물질에 흡수되면 열에너지로 변하고, 물건의 색깔을 변하게 하는 등의 일을 할 수 있는 힘.

ㅃ(쌍비읍) 'ㅂ'의 된소리.

빠:뜨리다 ①빼어 놓다. ②빠지게 하다. 예준비물을 빠뜨리다. ③가진 것을 부주의로 잃다. 예지갑을 빠뜨리다.

빠르기표 악곡의 처음 부분에 적어서 그 악곡의 빠르기를 나타내는 표.

빠르다(빨라, 빨라서) ①더디지 않다. 예비행기는 빠르다. ②어떤 일을 하는 동안이 짧다. 예병의 회복이 빠르다. ③어떤 기준보다 이르다. 예시계가 10분이 빠르다. 凹늦다. 느리다.

빠:지다 ①깊은 곳에 떨어지다. ②묻히다. ③물 속에 잠기다. ④어려운 처지에 놓이다. ⑤들어 있어야 할 것이 들어 있지 아니하다. ⑥다른 것에 비하여 좀 못 미치거나 뒤떨지다.

빠:하다 무슨 일의 내용이 속이 환하게 보이듯이 분명하다. 예거짓말이라는 것을 빤히 알면서도 속아 주다. <뻔하다. 빤히.

빨갛다(빨가니, 빨가오) 진하고도 곱게 붉다. <뻘겋다.

빨다(빠니, 빠오) 더러운 물건

을 물 속에 넣어 때를 빼다. **예**손수건을 빨다.

빨래 ①때문은 옷 따위를 물에 빠는 일. ②빨기 위하여 벗어 놓은 옷 따위.

빨랫줄 빨래를 널어 말리는 줄.

빳빳하다 ①물건이 단단하고 꼿꼿하다. ②태도나 성질이 고분고분하지 않고 고집이 세 다.

빵 곡식 가루를 반죽하여 불에 익힌 음식.

빻:다 찧어서 가루로 만들다.

빼꼼이 어떤 물체가 살짝 밖으로 내민 모양.

빼:내다 ①박힌 것을 뽑다. ② 여럿 중에서 필요한 것만을 골라 내다. **예**좋은 것만 빼내 다.

빼:다 ①뽑아 내다. 속에 끼여 있는 것을 겉으로 나오게 하 다. **예**가시를 빼다. ②많은 것 가운데에서 일부를 덜어 내 다. ③목소리를 길게 하다. ④ 행동이나 태도를 짐짓 꾸며서 하다. **예**점잔을 빼다.

빼:먹다 ①빠뜨리다. ②남의 물 건을 돌려 내어 가지다.

빼앗기다 빼앗음을 당하다. **준** 뺏기다.

빼어나다 여럿 중에서 특히 뛰 어나다. **예**빼어난 경치.

빽빽하다 거의 붙을 정도로 사 이가 촘촘하다. **예**숲 속의 나 무가 빽빽하다. <삑삑하다.

뺄셈 빼기로 하는 셈. **비**감산. **반**덧셈.

뺨 얼굴 양옆에 살이 도독한 부분.

뻐꾸기 두견이 과의 새. 낮은 산에서 사는데, 두견이와 비슷 하되 훨씬 큼.

[뻐꾸기]

봄에 남쪽에서 우리 나라에 왔다가 가을에 다시 남쪽으로 날아감. '뻐꾹뻐꾹' 하고 욺.

뻔:하다 ①조금 훤하다. ②우 리가 이길 것이 뻔하다. >빤 하다. **여**번하다.

뻗다 ①펴서 길게 내밀다. **예** 팔을 쭉 뻗다. ②길게 자라 나가다. **예**고구마잎이 뻗다.

뻗치다 ①'뻗다'의 힘줌말. **예** 세게 뻗다. **예**다리를 힘껏 뻗 치다. ②이 끝에서 저 끝까지 닿다.

뻘 진흙이 더러운 물 속에서 검 게 변하여 미끈미끈하게 된 것.

뼈 ①등뼈 동물의 힘살 속에 싸여 몸을 지탱하는 물질. ② 중심 내용. 일의 핵심.

뼈대 ①몸을 이루고 있는 뼈의 크고 작은 생김새. 골격. ②사 물을 이루는 중심이 되는 얼 개.

뼈아프다 뼈가 아플 정도로 마 음 깊이 사무치다. **예**뼈아픈 과거.

뼘: 엄지손가락과 다른 손가락 의 잔뜩 벌린 거리.

뽀:얗다[뽀야타] 연기나 안개 따위가 짙게 낀 것같이 선명 하지 않고 희끄무레 하다. <뿌옇다. **여**보얗다.

뽐내다 우쭐대다. 잘난 체하다. **비**으스대다.

뽑다 ①박힌 것을 뽑아 나오게 하다. **반**박다. ②가려 내다. **예** 대표 선수를 뽑다. ③말소리 를 길게 내다. ④길게 생긴 물건을 만들다. **예**국수를 뽑 다.

뽑히다[뽀피다] ①여럿 가운데 서 가려지다. **예**반 대표로 뽑 히다. ②뽑아지다.

뽕나무 뽕나무과의 갈잎넓은

잎큰키나무, 또는 떨기나무. 밭에서 재배하는 것은 높이 2~3m임. 늦봄에 작은 꽃이 이삭 모양으로 피는 데 화판이 없음. 핵과 오디는 먹으며 잎은 누에의 먹이, 나무는 가구재, 껍질은 종이의 원료로 쓰임.

뽕잎 뽕나무의 잎.

뽀로통하다 토라져서 얼굴에 성난빛이 있다.

뽀족하다 끝이 가늘고 날카롭다. ㉠송곳이 뽀족하다. 〈뾰족하다. ㉳뽀쪽하다.

뿌듯하다 가득 차서 빈틈이 없다. 〉빠듯하다. ㉬부듯하다.

뿌리 ①식물의 줄기 밑에 달려 있는 부분. ②사물의 밑둥과 근본. ㉠병의 뿌리.

뿌리뽑다 잘못된 일의 원인을 없애다. ㉠범죄를 뿌리뽑다.

뿌리치다 ①붙잡은 것을 놓치게 하다. ㉠잡은 손을 뿌리치다. ②말리는 것을 물리치다.

뿌리털 식물의 뿌리 끝에 가늘고 빽빽하게 나는 털. 이것으로 양분과 물을 흡수함.

뿌리혹 고등 식물의 뿌리에 생기는 혹 모양의 것.

뿌리혹 박테리아 콩과 식물의 뿌리에 기생하여 뿌리혹이 생기게 하는 세균[뿌리에 영양을 공급하는 세균임].

뿌옇다 뚜렷하지 않고 희끄무레하다. 연기나 안개가 낀 것 같다. 〉뽀얗다.

뿔 소·염소 등의 머리에 불쑥 불쑥 내민 뾰족하고 단단하게 생긴 부분.

뿔뿔이 서로 따로따로 흩어지는 모양.

뿜다[뿜따] 속에서 불어 내어 보내다. ㉠굴뚝에서 연기를 뿜다.

삐:다 뼈가 퉁기다. ㉠넘어져 발목을 삐다.

삐끗하다 ①일이 잘못해서 어긋나다. ②물건이 어긋나서 맞지 않다. 〉빼끗하다. ㉬비끗하다.

삐뚤어지다 ①중심을 잃고 안쪽으로 기울어지다. ②마음이 바르지 못하다. 〉빼뚤어지다.

삐라 사람들에게 돌리거나 눈에 잘 띄는 곳에 붙이거나 하는 종이. 전단.

삐죽 ①비웃거나 마음에 들지 않을 때 입을 쑥 내미는 모양. ②물건의 끝이 날카롭게 내밀어져 있는 모양. ③잠깐 나타났다 없어지는 모양. ㉠얼굴만 삐죽 내밀다. 〉빼죽. ㉳삐쭉. -하다.

삐:치다 마음이 틀어져 토라지다. ㉠삐쳐서 말도 안 한다.

ㅅ

ㅅ(시옷[시온]) 한글 닿소리(자음)의 일곱째 글자.

사각거리다 연한 사과나 과자 같은 것을 씹을 때 나는 소리가 자꾸 나다. 〈서걱거리다. 웹싸각거리다.

사:각형 네 변으로 이루어진 다각형. 비네모꼴. 준사각.

사:각형그래프 사각형의 가로·세로를 10등분해서 전체 모눈의 수를 100으로 하여 모눈의 수로 전체에 대한 부분의 비율을 나타낸 그래프.

사간원 조선 시대 삼사의 하나. 임금에게 옳지 못한 일을 고치도록 아뢰는 일을 맡아 보던 곳.

사:건[사껀] ①벌어진 일이나 일거리. ②뜻밖에 일어난 일. 예도난 사건. 비사고. 【事件】

사격 대포나 총을 쏨. -하다.

사:경 죽을 지경. 예환자가 사경을 헤매다.

사:계 봄·여름·가을·겨울의 네 계절. 비사철.

사:고¹ 뜻밖의 사건. 예추락 사고. 비변고.

사:고² 조선 시대에, 역사에 관한 중요한 기록이나 책들을 보관하여 두던 곳. 강화 마니산·무주 적상산·봉화 태백산·강릉 오대산에 있었음.

사고³ 생각하고 궁리함. 예사고방식. -하다. 【思考】

사공 배를 부리는 사람. 통뱃사공. 【沙工】

사:과 잘못에 대하여 용서를 빎. 비사죄 -하다.

사관¹ 지난날, 나라에서 일어나는 일을 기록하던 벼슬. 또는 그 관원. 【史官】

사:관² 장교. 보통 소위·중위·대위를 가리킴. 예사관 학교.

사:교 사회 생활에 있어서 사귀며 교제함. -하다. 【社交】

사:군 이:충 신라 시대 화랑도의 세속 오계의 하나. 임금을 충성으로써 섬김. 【事君以忠】

사:군자 〔동양화에서, 군자와 같다는 뜻으로〕매화·난초·국화·대나무를 일컫는 말.

사귀다 서로 가까이 하여 얼굴을 익히고 사이좋게 지내다.

사그라지다 삭아서 없어지다. 예울분이 사그라지다. ×삭으러지다.

사:극 역사 속의 사실을 소재로 하여 꾸민 연극. 통역사극

사근사근하다 ①성질이 부드럽고 싹싹하다. 예사근사근한 성격. ②배나 사과를 씹는 것과 같이 연하다. 〈서근서근하다. 사근사근히.

사글세[사글쎄] 방을 빌려 쓰고 다달이 내는 돈. 월세. 예사글세로 방을 얻다. ×삭월세.

사금 보통 비늘 모양이나 작은 알갱이로 되어 있는 모래같이 작은 금. 【砂金】

사금파리 사기 그릇의 깨어진 작은 조각.

사기¹ 백토를 구워 만든 그릇. 예사기 그릇. 【沙器】

사기² 못된 꾀로 남을 속임. 예

사기꾼. 【詐欺】

사기³ ①군사가 용기를 내는 기운. ②사람이 단결하여 무슨 일을 할 때의 씩씩한 기운. 예사기가 드높다. 【士氣】

사나이 남자. 예행동이 사나이답다. 반계집. 훈사내.

사:납다(사나우니, 사나워서) ①성질이나 생김새가 독하고 험악하다. 예사나운 성질. ②운수·재수 등이 몹시 나쁘다.

사내아이 어린 남자 아이. 예계집아이. 훈사내.

사냥 산이나 들의 짐승이나 새를 활이나 총 등으로 잡는 일. 비수렵. - 하다.

사냥꾼 사냥하는 사람, 또는 사냥을 하여 생활하는 사람.

사:농공상 지난날, 선비·농부·장인·상인의 네 가지 신분을 아울러 이르는 말.

사다리 '사닥다리'의 준말.

사다리꼴 사각형 중에서 한쌍의 대변이 평행한 것.

사닥다리[사닥따리] 높은 곳에 올라갈 수 있도록 나무나 쇠로 만든 가구. 훈사다리.

사단 군대 조직 단위의 하나. 육군에서는 군단의 아래, 연대의 위임. 【師團】

사단장 사단을 이끄는 지휘관.

사:담¹ 역사상에 실제로 있었던 이야기. 【史談】

사담² 사사로이 하는 이야기. 개인적인 이야기. 【私談】

사당 죽은 사람의 신주를 모셔 놓은 집. 사당집. 【祠堂】

사당지기 사당을 지키는 사람.

사:대당 조선 말기에 독립당에 대하여 청나라 세력에 의존하려고 한 보수 세력. 민씨 일파의 노년층이 중심 인물이 되었음.

사:대문 지난날, 서울 둘레를 막은 성벽의 네 대문, 곧 동쪽은 흥인문(동대문), 서쪽은 돈의문(서대문), 남쪽은 숭례문(남대문), 북쪽은 숙정문(북대문) 〔지금은 흥인문과 숭례문만이 남아 있음〕. 훈사대문. 【四大門】

사:대 성:인 세계의 모든 사람들의 스승이 될 만한 네 사람. 보통, 공자·석가·그리스도·소크라테스를 가리키나 소크라테스 대신 마호메트를 넣기도 함.

사:대주의 일정한 자주성이 없이 세력이 강한 나라나 사람을 붙좇아서 자기의 안전을 유지하려는 생각. 【事大主義】

사:도 ①보람 있고 훌륭한 일을 위해 자기를 돌보지 않고 힘쓰는 사람. 예평화의 사도. ②예수가 복음을 널리 전하기 위하여 특별히 뽑은 열두 제자. 십이 사도. 예사도 바울.

사도 세:자 조선 영조의 둘째 아들. 어머니는 영빈 이씨. 부인은 혜경궁 홍씨. 1세때 세자로 책봉되었으나 부왕의 미움을 사서 뒤주 속에 갇혀 8일만에 굶어 죽음.

사돈 결혼한 사람의 양쪽 부모들끼리 또는 그 두 집의 같은 항렬되는 친족끼리 서로 부르는 말.

사들이다 사서 들여오다.

사:또 지난날, 백성이 고을 원님을 높여 이르던 말.

사라지다 모양이나 자취가 없어지다. 보이지 않게 되다. 예별들이 사라지다. <스러지다.

사:람 지구상에서 가장 발달한 동물. 언어를 가지며 도구를 만들어 사용함. 인류. 인간.

사:람답다(사람다우니. 사람다워) 사람으로서 마땅히 해야 할 행동에 어그러짐이 없다.

사랑 ①따뜻한 인정으로 아끼고 위하는 일. 또는 그러한 마음. ②남녀가 서로 정을 들이어 애틋하게 그리는 일. 또는 그 애인. ③사물을 몹시 좋아함. 땐미움. 증오. -하다.

사랑니 보통의 어금니가 다 난 뒤, 새로 나는 작은 어금니. 아예 안 나는 사람도 있음.

사랑방 안채와 따로 떨어진 방. 남자 손님을 맞아들이는 방.

사래 '이랑'의 옛말. 한 고랑과 한 두둑을 아울러 일컫는 말. 예사래 긴 밭.

사:레 음식을 잘못 삼키어 재채기하려는 상태. 예사레 들리다.

사려 여러 가지 일에 대한 깊은 생각이나 근심. 예그 사람은 사려가 깊다. 땐사념.

사:력¹ 목숨을 아끼지 않고 쓰는 힘. 죽을 힘. 예사력을 다하다.

사력² 모래와 자갈. 【砂礫】

사력댐[사력땜] 중심부에 점토를 넣고 양쪽을 자갈과 모래로 다지고 돌을 쌓아서 만든 댐.

사령관 군대의 지휘를 맡아 보는 사령부의 우두머리.

사:례 입은 은혜에 대하여 고마운 뜻을 나타내는 일. 예사례의 뜻을 전하다. -하다.

사:례금 감사하는 뜻으로 주는 돈.

사로잡다 ①산 채로 붙잡다. 예토끼를 사로잡다. ②매혹하여 홀리게 만들다. 예마음을 사로잡다.

사로잡히다 ①산 채로 붙잡히다. 예사로잡힌 포로. ②얽매이어 옴쭉달싹 못하게 되다. 예공포에 사로잡히다.

사료 가축 따위의 먹이.

사리¹ 매달 음력 보름과 그믐날에 밀물이 가장 높이 들어오는 때. 땐만조. 땐조금. 뭘한사리.

사리² 국수·새끼·실 등을 사리어 감은 뭉치. 또는 그것을 세는 단위. 예국수 한 사리.

사:리³ 사물의 이치. 예사리에 닿는 말. 땐이치. 도리. 【事理】

사리⁴ 개인의 이익. 예사리 사욕. 땐공리.

사리다 ①조심하고 주의하다. 만일을 경계하다. 예함정에 빠지지 않으려고 몸을 사리다. ②국수나 새끼따위를 헝클어지지 않게 빙빙 둘러서 포개어 감다. 예사리어 놓은 국수.

사립 사사로이 설립함. 예사립학교. 땐공립.

사립문 잡목·싸리·대 등의 나뭇가지로 엮어 단 작은 문. 줄사립. ×싸리문.

사:마귀¹ 살갗에 도도록하고 납작하게 돋은 군살. 땐흑자.

사:마귀² 사마귀과의 곤충. 풀밭에 살며 앞다리가 길고 큰 것이 특징임. 버마재비.

사막 대부분 모래로 이루어진 넓은 벌판. 예사하라 사막.

사:망 사람이 죽음. 땐출생. 땐작고. -하다. 【死亡】

사:망률[사망뉼] 일 년 동안의 사망자 수의 총인구에 대한 비율.

사:면¹ ①사방. 동·서·남·북의 네 방향. ②네 면. 【四面】

사:면² 죄를 용서하여 형벌을 면제·감면·변경하는 일〔대통령의 권한임〕. -하다.

사:면 초가 중국의 고사에서 나온 말. 사방이 모두 적에게 둘러 싸인 경우와 고립된 경우를 뜻함. 🔟진퇴유곡.

사:명 마땅히 해야 할 일. 또는 지워진 임무. 圓사명감. 🔟임무. 책임. 【使命】

사:명당【사람】[1544~1610] 조선 선조 때의 유명한 승려. 성은 임씨, 승명은 유정. 임진 왜란 때 승병장으로 승병을 이끌고 큰 공을 세웠음.

사모 옛날 관복을 입을 때 쓰던 명주실로 짠 모자. 圓사모 관대.

사:모관대 ①관복을 입을 때 쓰던 사모와 벼슬아치들이 입던 공복. ②정식으로 차린 옷차림.

사모님 ①'스승의 부인'을 높이어 부르는 말. ②'윗사람의 부인'을 높이어 부르는 말.

사모아【지명】 남태평양 중앙에 있는 '사모아 제도'를 이루는 섬. 동사모아(미국령)와 서사모아(독립국)로 나누어짐. 바나나·카카오·코프라 등을 수출함.

사:무 맡아 보는 일. 취급하는 일. 🔟직무.

사:무국 어떤 기관에 딸려서 주로 일반 행정 사무를 맡아 보는 곳. 圓유엔 사무국.

사:무소 어떤 단체나 회사 등에서 사무를 보는 곳. 圓동사무소.

사:무실 사무를 보는 방.

사:무원 사무를 맡아 보는 사람. 🔵사무 직원.

사:무 자동화 기계를 써서 사무를 자동적으로 처리하여 인력·시간을 줄이는 일〔문서 자동 편집기·팩시밀리·전자 우편·원격회의 시스템 등이

있음〕.

사:무직 관청이나 회사에서 사무를 맡아 처리하는 직책.

사무치다 속 깊이 또는 끝까지 미치어 닿다.

사:물[1] 개인이 가지고 있는 물건. 🔟공물. 관물. 【私物】

사:물[2] 일과 물건. 圓사물에 대한 관찰력. 【事物】

사:물놀이 민속 타악기인 사물, 곧 꽹과리·징·북·장구로 하는 농악놀이. 🔵사물.

사발 밥이나 국을 담는 데 쓰이는 사기 그릇.

사:방[1] ①동·서·남·북의 네 방향. ②모든 방향.

사방[2] 산·강가 따위에 흙이나 모래가 빗물에 씻겨 내려가는 것을 막기 위해 시설하는 일.

사:방 팔방 여기저기. 모든 방면. 여러 방면. 【四方八方】

사범 ①스승으로서의 모범이 될 만한 사람. ②학술 및 권투·바둑·유도 등의 기예를 가르치는 사람. 圓태권도 사범.

사법 삼권의 한 가지. 법률에 따라 재판을 하는 일.

사:변 나라의 큰 사건. 전쟁에 비길 만한 큰 일. 圓만주 사변. 🔟난리.

사:별 죽음으로 서로 이별함. 🔟생별.

사:병 장교가 아닌 모든 병사. 🔟장교. 【士兵】

사부 ①스승과 아버지. ②스승을 높여 일컫는 말. 【師父】

사비 개인이 부담하고 지출하는 비용. 🔟관비. 공비.

사:비성 백제의 마지막 서울. 충청 남도 부여의 옛 이름. 백제 제 26대 성왕부터 제31대 의자왕까지의 도읍지였음. 부소산성.

사사 개인적인 일. 반공사.

사:사 건건[사사건껀] 모든 일. 온갖 사건.

사사롭다 (사사로우니, 사사로워) 공적이 아닌 개인적인 성질을 띠고 있는 것.

사:사 오:입 끝수의 4이하는 0으로 하여 떼어 버리고, 5 이상은 10으로 하여 윗자리에 끌어 올려서 계산하는 셈법. 반올림.

사살 총이나 활 등으로 쏘아 죽임. -하다.

사:상¹ 생각. 뜻. 의견. 예사상이 의심스럽다. 【思想】

사:상² 죽음과 다침.

사상가 인생이나 사회 문제에 대하여 깊은 사상을 가진 사람.

사색 사물의 이치나 줄거리를 따지어 깊이 생각함. 예사색에 잠겨 있다. -하다.

사:색 당파 조선 시대에 있었던 네 당파. 즉, 남인·북인·노론·소론을 말함.

사생 실제의 물건이나 자연을 그대로 그려 내는 일. 예사생 대회. -하다. 【寫生】

사:생 결단[사생결딴] 죽고 삶을 생각하지 않고 끝장을 냄. 예사생 결단을 내다. -하다.

사생화 사생하여 그린 그림. 실제의 사물·자연 그대로의 경치를 그림.

사생활 개인의 사사로운 일상 생활.

사:서¹【책명】 유교의 경전인 논어·맹자·중용·대학을 일컬음.

사서² 도서관의 책의 정리·보존·여람을 맡아 보는 일. 또는 그 일을 맡은 사람. 【司書】

사:서 오:경 유교의 경전인 사서(논어·맹자·중용·대학)와 오경(시경·서경·주역·예기·춘추)을 이르는 말.

사서함 우체국에 있는 가입자 전용 우편함. 뭉우편 사서함.

사선 ①비스듬하게 그은 줄. ②하나의 직선이나 평면에 수직이 아닌 선. 빗금.

사설¹ 신문사·잡지사 등에서 특히 자기 회사의 주장을 내세워 싣는 글. 【社說】

사설² 개인이 설립함. 예사설 단체. 반공설. -하다. 【私設】

사설 시조 시조 형식의 하나. 종장 첫구를 제외한 초장·중장 등의 글자 수가 제한 없이 길어진 시조. 장형 시조. 비사슬 시조.

사:성 공자·석가·예수·소크라테스의 네 성인. 【四聖】

사소 매우 적음. 하찮음.

사:수 죽음으로써 지킴. 목숨을 걸고 지킴.

사숙¹ 직접 가르침은 안 받았으나 스스로 그 사람의 덕을 사모하고 본받아서 도나 학문을 닦음.

사숙² 개인이 세운 서당. 글방.

사슬 쇠로 만든 고리를 여러 개 이어서 만든 줄. 뭉쇠사슬.

사슴 사슴과의 짐승. 몸집이 크고 다리는 가늘고 날씬하며 털빛은 밤색에 아름다운 백색 점이 있음. 깊은 산 속에 살며, 성질이 온순함. 수컷에 나는 뿔은 '녹용'이라 하여 귀한 약재로 씀.

사:시 봄·여름·가을·겨울의 네 절기. 비사철.

사시나무 버드나무과의 갈잎 큰키나무. 산에 자라는데, 높이 10m. 잎은 달걀 모양이고 가장자리에 물결모양의 톱니가 있음.

사:신 임금이나 나라의 명령으로 외국에 심부름을 가는 신하.

사:실 실제로 있었던 일, 또는 있는 일. [예]사실대로 말해라. [비]진실. [반]허위.

사심 ①제 욕심을 채우려는 마음. ②개인적인 생각. 【私心】

사:씨남정기〖책명〗 조선 숙종 때 김만중이 지은 한글 소설. 숙종이 인현 왕후를 내쫓고 장희빈을 좋아한 사실을 풍자하여 쓴 것임.

사악 마음이나 생각이 간사하고 악독함. [예]사악한 꾀.

사암 모래가 물 속에 가라앉아 굳어서 된 바위.

[ㅅ]

사양 겸손하게 거절하거나 남에게 양보함. −하다.

사:업 일정한 목적과 계획을 가지고 하는 일. [예]사업을 확장하다. [비]실업. 기업. −하다.

사:업가[사업까] 사업을 경영하는 사람, 또는 사업에 능숙한 사람. 사업자. 【事業家】

사:에이치(4H) 클럽 1914년 미국에서 처음 조직된 후 세계 각국에 전파된 건강·두뇌·양심·근로를 신조로 하는 농촌 청소년 조직. 우리 나라에는 새마을 청소년회가 그 구실을 하고 있음.

사연 편지나 말의 내용.

사열 ①조사하기 위하여 죽 살펴 봄. ②군인들을 세워 놓고 장비와 사기 등을 검사함. [예]부대 사열. −하다.

사:용 ①물건을 씀. [예] 컴퓨터 사용법. ②사람을 부림. [비]이용. −하다.

사:용자 ①물건이나 시설 등을 쓰는 사람. [예]도서관 사용자. ②일을 시키고 그 대가로 보수를 주는 사람. [반]근로자

사우디아라비아〖나라〗 아라비아반도의 대부분을 차지하고 있는 네지드·헤자즈의 두 왕국과 그 영토로 이루어진 나라. 사막과 오아시스가 많음. 산유국으로 유명함. 수도는 리야드, 종교상의 수도는 메카. 【Saudiarabia】

사원 회사에서 일을 보는 사람. [예] 신입 사원. 【社員】

사(4):월 파:일 부처님이 탄생한 날. 음력 4월 8일. 초파일.

사위 딸의 남편. [반]며느리.

사위다 불이 다 타서 재가 됨. [예]숯불이 잘 사위다.

사:유 일의 까닭. [예]결석한 사유를 말하다. [비]이유. 【事由】

사유 재산 국가가 아닌 개인이 소유하는 재산.

사육 짐승을 먹이어 기름. [비]사양. −하다.

사:육신 조선 세조 때 단종의 복위를 꾀하다 죽은 여섯 충신. 이개·하위지·박팽년·유성원·유응부·성삼문을 이름. 【死六臣】

사육장 가축 등을 기르는 장소.

사육제 천주교에서, 사순절에 앞서서 3일 동안 베풀어지는 축제. 여러 사람이 모여서 가면을 쓰고 행렬하여 신나게 떠들고 노는 축제. 카니발.

사:은회 졸업생이 스승의 은혜에 감사하는 뜻으로 베푸는 연회나 다과회를 이름.

사:의 ①감사하는 뜻. ②사과하는 뜻. 【謝意】

사이 ①떨어진 틈이나 공간. ②시간적인 짬이나 동안. [예]잠깐 사이. ③사람과 사람과의 관계.

사이갈이 농작물이 자라는 도중에 겉흙을 얕게 가는 일.

비중경.

사이공【지명】 1949년 월남 공화국 성립 이래 월남의 수도. 월남 패망 후 '호치민'으로 바뀜. 군항·무역항이며, 운하·철도·도로 교통의 중심지임.

사이드라인 정구·축구·농구·배구 등에서 경기장의 경계를 나타내기 위해 그은 금.

사이렌 시간이나 급한 일을 널리 소리내어 알리는 신호 기계.

사:이비 비슷한 것 같으면서 속은 다름. 가짜. **예**사이비 종교. 사이비기자 【似而非】

사이좋다 서로 다정하다. **비**의좋다.

사이즈 크기. 치수. 【size】

사이짓기 주된 농작물을 심은 이랑 사이에 다른 농작물을 심어 가꾸는 일. **비**간작.

사이클 ①순환. 주기. 한 바퀴. ②자전거.

사인 ①기호. ②글 따위에 이름을 써 넣음. ③투수와 포수 사이에 주고받는 투구의 신호.

사인펜 볼펜과 비슷한 필기구. 잉크에 따라 유성과 수성이 있음.

사:일구(4·19) 혁:명 1960년 4월 19일, 12년간에 걸친 이승만 정권의 독재 정치와 3·15정·부통령 부정 선거를 규탄하는 학생 중심의 시위로 말미암아 일어난 일. 사월 혁명.

사임 그 동안 맡고 있던 일자리를 스스로 그만둠.

사잇길 큰 길에서 옆으로 갈라져 나간 좁은 길. 샛길.

사:자¹ 명령을 받고 심부름하는 사람. **비**사신. 【死者】

사자² 고양이과의 포유동물.

몸길이 약2m이며, 수컷은 머리에서 목까지 갈기가 나고 위엄있는 모습임. 사나운 짐승으로, 울음 소리

[사자²]

가 크고 행동이 당당하여 동물의 왕이라 일컬어짐. 밤에 활동하며 얼룩말·기린 등의 큰 짐승을 잡아먹고 삶.

사자놀이[사자노리] 음력 정월 대보름날 사자의 탈을 쓰고 하는 민속놀이. 사자놀음. 사자기.

사자자리 봄철의 대표적인 별자리. 앞발을 쳐들고 선 사자에 빗대어서 붙인 이름.

사장¹ 회사의 우두머리.【社長】

사장² 모래톱. 모래밭.

사:적 역사상의 남은 자취. **예**사적지 보존. 【史蹟】

사:전¹ 여러 가지 사항을 모아 하나하나에 해설을 붙인 책. **예**백과 사전. 【事典】

사:전² 일이 일어나기 전. 일을 시작하기 전. 미리. **예**사전에 양해를 구하다. **반**사후.【事前】

사전³ 말을 모아서 찾기 쉽게 일정한 차례로 벌여 놓고 하나하나 그 발음·뜻·용법 등을 풀이한 책. **예**국어 사전. **비**사서. 【辭典】

사절 ①사양하고 받지 아니함. ②요구하는 것을 거절함. **예**면회 사절. -하다.

사:절단 한 나라를 대표하여, 사명을 띠고 외국에 파견되는 사람들로 조직된 단체.

사:정 ①일이 놓여 있는 형편. **예**경제 사정이 좋지 않다. **비**형편. ②딱한 처지를 하소연하여 용서나 도움을 비는 일. **예**도와 달라고 사정하다. -

하다.
사제 스승과 제자. 【師弟】
사조 어떤 시대에 일반적으로 널리 유행하는 흐름이나 경향. [예]문학 사조. 예술 사조.
사:죄 지은 죄에 대해 용서를 빎. [예]백배 사죄. [비]사과. -하다.
사(4):중주 실내악의 한 가지. 네 개의 악기로 하는 연주.
사:지[1] 사람의 두 팔과 두 다리. [예]사지가 쑤시고 아프다.
사:지[2] 죽게 될 만큼 위험한 곳. [예]사지로 몰아넣다.【死地】
사직 맡은 직무를 놓고 물러남. [예]사직서. -하다.
사진 사진기로 사람이나 물건 또는 어떤 광경 등을 찍은 것.
사진기 사진을 찍는 기계.
사진첩 사진을 붙이거나 끼워 두는 책. 앨범.
사(4):차원 세:계 상대성 이론에서 쓰이는 개념으로, 공간과 시간을 합쳐서 생각한 세계. 시공간의 세계.
사찰 절. 사원 【寺刹】
사:창 조선 시대에 환곡을 저장해 두던 각 고을의 곳집.
사:천〖지명〗 경상 남도 사천군의 군청 소재지. 【泗川】
사:철 ①봄·여름·가을·겨울의 네 철. [비]사계. 사시. ②늘. 항상.
사:체 사람이나 생물의 죽은 몸뚱이. [비]시체.
사:촌 아버지와 어머니의 친형제의 아들딸.
사춘기 청년 초기로 이성을 그리워하는 열다섯에서 스무 살의 나이를 일컫는 말.
사치 분에 넘도록 지나치게 치장을 하거나 호화롭게 지냄. [예]사치스러운 옷차림. [비]호화. [반]검소. -하다. -스럽다.
사칙연산 산수의 덧셈·뺄셈·곱셈·나눗셈의 네 가지 법칙의 계산법.
사:친 이:효 세속 오계의 하나. 어버이를 섬김에는 효도로써 함.
사탕발림 달콤한 말로 비위를 맞추어 살살 달램, 또는 그 말이나 짓. -하다.
사탕수수 포아풀과의 여러해살이풀. 열대·아열대에서 많이 재배함. 높이 2~6m. 대개 수수와 같은데, 마디 사이가 짧음. 사탕의 원료임.
사:태 일의 상태나 되어 가는 형편. [예]긴급 사태. [비]형세.
사택 회사에서 사원들을 위해 마련한 집.
사퇴 어떤 지위에서 물러남. [예]의원직을 사퇴하다. 【辭退】
사:투 죽을 힘을 다하여 싸움. 목숨을 내걸고 싸움. -하다.
사:투리 어느 한 고장에서만 쓰이는 표준말이 아닌 말. [비]방언. [반]표준말.
사:팔뜨기 두 눈의 눈동자가 보는 물체에 바로 향하지 않고 한 쪽은 다른 곳을 향하는 정상적이 아닌 눈을 가진 사람. [비]사시.
사포 헝겊에 금강석 가루나 모래·유리 가루 등을 아교로 붙여 있게 한 것. 샌드페이퍼.
사표 일자리를 물러날 때 내는 문서. 직책에서 물러설 뜻으로 내는 문서. [예]사표를 내다.
사하라 사막〖지명〗 북아프리카의 대부분을 차지한 세계 최대의 사막. 넓이 약 800만 km^2.
사:학[1] 역사를 연구의 대상으로 하는 학문. [본]역사학. 【史學】
사(4):학[2] 조선 때 성균관 밑에

설치된 서울의 중앙과 동·서·남·북, 네 곳에 세운 학교. 곧 중학·동학·남학·서학.

사할린〖지명〗 일본의 북쪽에 있는 독립 국가 연합의 섬. 섬의 남쪽 부분은 원래 일본의 땅이었으나 제2차 세계 대전 이후에 독립 국가 연합의 땅이 됨. 이 곳에 일제 때 끌려갔던 우리 동포들이 많이 살고 있음.

사:항 일의 조항. 일의 조목. 剛주의 사항. 〖事項〗

사:해 ①사방의 바다. ②세계. 온천하. 剛사해 동포.

사헌부 조선 시대 삼사의 하나. 나랏일을 비판하고 벼슬아치의 잘못을 가려내던 관청.

사:형 죄 지은 사람의 목숨을 끊는 형벌. 剛사형 선고. 凾극형.

사:화 조선 시대 양반들의 세력 다툼으로 선비들이 화를 입은 사건. 剛기묘 사화.

사:환 잔 심부름을 시키기 위해 고용한 사람. 凾급사.

사:활 죽음과 삶. 죽느냐 사느냐의 갈림. 剛사활이 걸린 문제.

사회¹ 회의 등의 진행을 맡아 보는 일. -하다. 〖司會〗

사:회² 같은 무리끼리 모여 함께 살아가는 모임. 세상.

사:회과 부도 초등학교와 중·고등학교 사회 교과서에 딸린 지도·도표·그림 등을 모아 엮은 책.

사:회 교:육 학교 교육 이외의, 주로 청소년 및 성인에 대하여 행하는 교육 활동.

사:회 교:육 방:송 학교 교육 이외의 주로 청소년 및 어른들에 대하여 사회의 여러 가지 내용을 교육하기 위한 방송.

사:회 규범 사회 생활과 질서를 유지하기 위하여 요구하는 도덕이나 법. 〖社會規範〗

사:회 보:장 제:도 국민의 건강과 최저의 문화 생활을 보장하기 위하여 국가가 일정한 국민에게 국가 부담으로 물질·의료상의 도움을 주어 그들의 생활 안정을 보장하기 위한 제도.

사:회 복지 국민의 생활 안정과 이익 향상을 추구하여 이루어지는 여러 사회적 정책.

사:회 사:업 사회의 생활 개선과 모든 사람의 이익을 위한 사업.

사:회 생활 여러 형태의 사람들이 서로 어울려서 살아가는 일.

사:회성 집단을 만들어 서로 어울려 생활하려는 사람들의 근본 성질.

사회인 사회의 일원으로 생활을 해 나가는 개인.

사:회적 사회에 영향을 미치는 것. 剛인간은 사회적 동물이다.

사:회적 동물 인간은 사회의 일원으로서 사회를 벗어나서는 살아갈 수 없다는 뜻에서 사람을 달리 이르는 말.

사:회적 지위 한 사회 속에서 소득이나 능력 등에 따라 차지하는 위치.

사:회주의 자본주의에 반대하여 생산 수단과 이익을 공동으로 하는 사회 제도나 그런 사상. 〖社會主義〗

사:회 질서 사회가 올바른 상태를 유지하기 위하여 지켜야 할 일정한 규칙이나 순서.

사흗날[사흔날] 그 달의 셋째 날. 圖초사흗날. ×사흔날.

사흘 ①세 날. ②'초사흘'의 준말.

삭막[상막] 황폐하여 쓸쓸함. 예삭막한 풍경. -하다.

삭발 머리털을 깎음. 예삭발승. -하다.

삭이다 ①먹은 것을 소화시키다. ②흥분된 마음을 가라앉히다. 예흥분을 남몰래 삭이다.

삭정이 산 나무에 붙은 채 말라 죽은 가지.

삭제 지워 버림. 예명단에서 이름을 삭제하다. 凹첨가. -하다.

삭풍 겨울철에 북쪽에서 불어오는 차가운 바람.

삯[삭] ①일을 한 대가로 받는 돈이나 물건. ②어떤 물건이나 시설을 이용하는 대가로 내는 돈. 예찻삯.

산:¹ 푸른 리트머스 종이를 붉은 색으로 변하게 하는 성질을 띤 신맛이 있는 황산·초산·질산 등의 물질. 【酸】

산² 평지보다 높이 솟아있는 땅덩이. 【山】

산간 벽지 산 속에 있는 외진 곳. 凹산간 오지. 【山間僻地】

산:고 아이를 낳는 고통.

산골[산꼴] 산 속의 외지고 으슥한 곳. 예두메 산골.

산골짝[산꼴짝] 산과 산 사이가 깊이 패인 곳. 圖산골짜기.

산귀신 산에 살면서 지나가는 사람들을 괴롭힌다는 귀신.

산기슭[산끼슥] 산의 아랫부분. 凹산록. 산각.

산길[산낄] 산에 있는 좁고 험한 길.

산나물 산에서 나는 나물[고사리·취 등]. 凹산채.

산너머 산의 저쪽. 예산너머에는 작은 마을이 있다. ×산넘어.

산대극 고려 시대부터 조선 시대에 성행하던 우리 나라의 대표적인 가면극. 凹산대놀음. 산대도감극. -하다.

산대도감 지난날, 산대극을 보호하고 장려하기 위하여 둔 관청. 산디도감. 【山臺都監】

산더미[산떠미] 물건이나 일이 썩 많음을 비유한 말. 예할 일이 산더미 같다.

산도둑[산또둑] 산 속에 근거지를 두고 남의 물건을 빼앗는 사람.

산돼지[산뙈지] 멧돼지. 산에 살며 밤에 나와 상수리·고구마 등을 먹는데, 성질이 사나움.

산들바람 시원한 기운을 띠고 가볍게 부는 바람. 〈선들바람. -하다.

산들산들 시원한 바람이 연달아 가볍게 부는 모양. 〈선들선들. -하다.

산등성이[산뜽성이] 산의 등줄기. 圖산등성.

산뜻하다[산뜨타다] 깨끗하고 시원하다. 예옷을 산뜻하게 차려 입다.뜻〈선뜻하다.

산:란¹[살란] 알을 낳음. -하다.

산:란² 어지럽고 어수선함. 예정신이 산란하다. 【散亂】

산림[살림] ①산과 숲. ②산에 있는 숲. 【山林】

산림 녹화[살림노콰] 헐벗은 들과 산에 식목·산림 보호·사방 공사 등을 하여 나무를 무성하게 하는 일.

산림 조합[살림조합] 산림을 보호하고, 산림 자원을 증가시키기 위해 조직된 조합.

산림처사[살림처사] 벼슬이나 속세를 떠나 산골이나 시골에 묻혀 지내는 선비.

산림청 농림 수산부에 딸린 행정 기관. 산림의 보호·육성 등 산림에 관한 여러 사무를 맡아 봄.

산마루 산등성이의 가장 높은 곳. 粵산등성마루.

산:만 정돈되지 않고 흩어져 있음. 예주의가 산만하다. ―하다. ―히 【散漫】

산맥 여러 산이 일정한 방향으로 한 줄 또는 여러 줄로 연이어 길게 뻗은 지대. 산줄기.

산명 수려 자연의 경치가 아름다움. 비산명 수자. ―하다.

산:모 아이를 낳은 지 며칠 안 되는 여자. 비산부. 【産母】

산모퉁이 산기슭의 쑥 내민 귀퉁이의 빙 돌린 곳.

산:문 형식에 얽매이지 않고 자유롭게 쓰는 글. 줄글〔소설·수필·기행문·희곡 등〕. 비운문.

산:물 ①자연에서 저절로 나오거나 만들어 내는 물건. 산출물. 비산품. ②일의 결과로 얻는 것.

산바람[산빠람] 산에서 부는 바람. 비바닷바람.

산:발 머리를 풀어 헤침. 또는 그 머리. ―하다.

산밭 산에 일구어 놓은 밭.

산:보[산뽀] 바람을 쐬기 위하여 이리저리 걸어서 다님. 비산책. ―하다.

산봉우리[산뽕우리] 산의 가장 높이 솟은 부분. 비산봉. 참봉우리. ×산봉오리.

산불[산뿔] 산에 난 불.

산비탈[산삐탈] 산기슭의 몹시 기울어진 곳.

산사 산 속에 있는 절.

산사태 비나 지진 등으로 산비탈이 무너지는 일.

산:산이 여지 없이 깨어지거나 흩어진 모양. 예산산이 깨어진 꿈.

산:산조각 아주 잘게 깨어진 여러 조각.

산삼 깊은 산 속에 저절로 나서 자란 삼. 약효가 썩 좋다고 함. 반가 삼.

[산삼]

산새[산쌔] 산에서 사는 새.

산성[1] 적을 막기 위해 산 위에 높이 쌓은 큰 담. 예남한 산성.

산:성[2] ①신맛이 있는 물질의 성질. ②푸른 리트머스 종이를 붉은색으로 변하게 하는 성질. 반알칼리성.

산성비 산성을 띤 비. 동식물에 피해를 줌.

산소[1] '무덤'을 높여서 이르는 말. 비묘소. 【山所】

산소[2] 물질을 태우는 성질이 있는 기체로 색·냄새·맛이 없고 공기의 약 5분의 1을 차지함. 동식물이 살아가는 데 꼭 필요함.

산수 ①〔산과 물이라는 뜻으로〕 자연의 경치. 풍경. 예아름다운 산수. ②'산수화'의 준말.

산수병 산수화로 꾸민 병풍.

산수화 동양화에서, 자연의 경치를 제재로 하여 그린 그림. 비산수도. 참산수. 【山水畵】

산신령 산을 맡아 지키어 보호한다는 신령. 【山神靈】

산:아 아이를 낳음. 또는 그 아이. 예산아 조절. ―하다.

산:아 제한 아이 낳는 것을 조절하는 일. 비산아 조절. 수태

조절. ㈜산제.

산악[사낙] 산. 크고 작은 모든 산. 예산악 지방. 【山岳】

산악국[사낙꾹] 국토의 대부분이 산으로 이루어진 나라.

산악 기후 산악 지대의 독특한 기후. 산이 높아짐에 따라 기온이 낮아지고 일기 변화가 심하며 바람도 거셈.

산악회 산을 좋아하여, 함께 산에 오르는 사람들로 이루어진 모임.

산야 ①산과 들. ②시골.【山野】

산:업 농업·수산업·임업·광업·공업 등 여러 가지 생산 사업을 통틀어 일컬음.

산:업 공해 공장에서 나오는 매연·폐수·소음 등으로 말미암은 공해.

산:업 박람회[사녑방남회] 생산한 온갖 물건을 모아 벌여 놓고, 여러 사람들에게 구경시키고 팔기도 하는 행사.

산:업 사회 전문적인 지식인과 기술자가 우대받고 기술이 분업화·전문화·조직화된 사회.

산:업 역군 각종 산업을 발전시키기 위해 힘쓰는 사람들. 주로 근로자를 가리킴.

산:업 자금 산업을 유지·발전시키는 데 드는 돈.

산:업 재해 근로자가 일하는 도중에 뜻하지 않게 일어나는 부상이나 사고. ㈜산재.

산:업 철도 산업에 필요한 물자를 주로 실어 나르는 철도.

산:업 폐:수 산업 활동으로 인하여 못쓰게 된 물. 산업 활동을 하고 난 뒤 버리는 물.

산:업 혁명[사녑형명] 영국에서 일어난 것으로, 수공업이 기계 설비에 의하여 공장 공업으로 변하게 된 일.

산열매 산에서 나는 열매.

산울림 골짜기나 산에서 소리를 지르면 소리가 되돌아오는 현상. 또는 그 소리. 비메아리.

산:유국 석유를 생산하는 나라.

산장 산 속에 있는 별장.

산:재 여기저기 흩어져 있음. 예크고 작은 섬들이 산재한 다도해. -하다. 【散在】

산적 산 속에 근거를 두고 사는 도둑.

산전 수전 〔산과 물에서의 싸움이란 뜻으로〕 세상의 온갖 고생을 다 겪음을 이르는 말.

산정 산꼭대기. 비산전. 【山頂】

산:조 우리 전통 음악에서, 가야금·거문고·대금 따위를 장구의 반주로 연주하는 기악 독주악곡. 예가야금 산조. 반병창.

산줄기[산쭐기] 뻗어 나간 산의 줄기. 비산맥.

산중 산 속. 【山中】

산중턱 산허리쯤 되는 곳.

산중 호걸 〔산 속의 호걸이라는 뜻으로〕 호랑이를 이르는 말.

산지[1] 산이 있는 곳. 【山地】

산:지[2] 물건이 생산되는 곳. 비산출지.

산지기 남의 산이나 산소를 맡아 지키는 사람.

산지니 산속에서 오랫동안 자란 매. 반수지니.

산:지식 실지의 생활에 직접 활용할 수 있는 지식.

산:책 바람을 쐬려고 구경도 하며 이리저리 거니는 일. 비산보. -하다. 【散策】

산천 산과 내. 곧 자연. 예그리운 고향 산천. 비강산. 산하.

산천제 산을 맡아 다스린다는 신에게 지내는 제사. 비산신

산천 초목 ①자연. ②산과 내와 풀과 나무. 【山川草木】

산청군[지명] 경상 남도의 서쪽에 있는 한 군. 이 지방의 '단성'에서 문익점이 출생했음.

산촌 산 속에 있는 마을.

산:출[1] ①천연적 또는 인공적으로 물건이 생산되어 나옴. ②물건을 생산해 냄. 예석탄 산출. 삐생산. -하다.

산:출[2] 계산을 해냄. 예산출된 자료. -하다.

산타 클로스 흰 수염에 빨간 외투를 입고 크리스마스 전날 밤, 굴뚝으로 들어와 어린이들에게 선물을 나누어 주러 다닌다고 하는 할아버지. 예 산타.

산토끼 산에 사는 토끼.

산:파 아이를 낳을 때 아이를 받고, 아이 어머니를 보호하는 것을 업으로 삼는 여자. 삐조산원.

산:파역 어떤 일을 잘 주선하여 이루어지게 하는 구실.

산:표현 어떤 사물의 모습이나 움직임을 가장 알맞은 말로 실감나게 잘 나타냄.

산하 산과 강. 자연의 경치. 예 조국의 산하. 【山河】

산해진미 산과 바다의 온갖 산물로 잘 차린 음식.

산허리 산등성이의 잘룩하게 들어간 곳. 산 둘레의 중턱.

산화 어떤 물질이 공기 중의 산소와 화합하는 현상. 예쇠붙이가 산화되어 녹이 슬다. -하다. 【酸化】

살[1] 창문·부채·연 등의 뼈대가 되는 가늘고 긴 나무. 예 창살.

살[2] 동물의 뼈를 싸고 있는 물렁물렁한 것. 예살을 에는 듯한 추위.

살[3] 나이를 세는 말. 예열 살.

살갗 살가죽의 겉면. 예살갗이 검게 그을리다. 삐피부.

살결[살껼] 살가죽의 겉면. 예 곱고 부드러운 살결.

살곶이다리 서울 성동구 성동교 동편 사근동 낮은 지대에 놓인 옛날의 돌다리. 조선 성종 때 건립된 것임.

살구 살구나무의 열매.

살구꽃[살구꼳]
살구나무에 핀
꽃. 4월에 잎보
다 먼저 분홍
빛 깔 의 꽃 이
핌. 행화.

[살구꽃]

살균제 세균을 죽이는 약.

살그머니 남이 모르게 넌지시. 소리를 내지 않고 조용히. 예 살그미. 〈슬그머니.

살금살금 몰래 가만히 하는 모양. 예살살. 〈슬금슬금.

살기 살인이라도 할 것 같은 무서운 분위기. 살벌한 기운. 예살기등등한 얼굴.

살:기 다툼 생물들이 서로 살려고 다투는 일. 삐생존 경쟁.

살:다(사니, 사오) ①목숨을 이어 나가다. 땐죽다. ②살림을 해 나가다.

살대[살때] ①화살대. ②넘어지는 것을 막기 위하여 기둥이나 벽 등을 버티는 나무.

살뜰하다 ①매우 알뜰하다. ②사랑하는 마음이 깊고 세밀하다.

살래살래 몸의 한 부분을 가볍게 가로 흔드는 모양. 〈설레설레. 쎈쌀래쌀래.

살리다 ①목숨을 이어 나가게 하다. ②활용하다. 예배운 지식을 살리다.

살림 한 집을 이루어 살아 나가는 일이나 그 형편. 살림살이. ⓔ살림을 시작하다. -하다.

살림꾼 살림을 알뜰하게 잘 하는 사람.

살림살이 ①살림을 차려서 사는 일. ②살림에 쓰이는 물건. ⓔ살림살이가 늘어나다. -하다.

살며시 가만히. 조용히. 드러나지 않게 너지시. ⓔ살며시 눈을 뜨다. 〈 슬며시.

살벌 거동이 거칠고 무시무시함. ⓔ살벌한 분위기. -하다.

살붙이[살부치] 가까운 혈족.

살살 가볍게 소리나지 않게 가만가만히 하는 모양. ⓔ살살 피하다. ㉿살금살금. 〈 슬슬.

살상[살쌍] 죽이거나 다치게 하는 일. ⓔ인명 살상. -하다.

살생[살쌩] 사람이나 짐승등의 생물을 죽임. -하다.

살생 유택 화랑도의 세속 오계의 하나. 살아 있는 것을 함부로 죽이지 아니함.

살수[살쑤] '청천강'의 옛 이름.

살신 성인[살씬성인] 옳은 일을 위해 자기 몸을 희생함. -하다.

살아가다 ①목숨을 이어 나가다. ②살림을 해 나가다.

살아 생전 이 세상에 살아 있는 동안. ⓔ살아 생전에 효도하다.

살얼음 얇게 언 얼음.

살인[사린] 사람을 죽임. ⓔ살인 사건. -하다.　　【殺人】

살짝 ①남이 모르는 새 재빠르게. ⓔ살짝 집어먹다. ②힘들이지 않고 능숙하게. ⓔ살짝 들어 올리다. ③심하지 않게

약간. ⓔ불에 얼굴을 살짝 데다. 〈 슬쩍.

살찌다 몸에 살이 많아지다. ㉽야위다.

살충 벌레를 죽임. ⓔ살충제. ㉾제충. -하다.

살충제 농작물 등에 해가 되는 벌레를 죽이거나 없애는 약품.

살코기 기름·힘줄기·뼈 등을 가려낸 살로만 된 쇠고기·돼지고기 등. ✕살고기.

살쾡이 고양이과의 짐승. 고양이와 비슷하고 몸 빛깔은 갈색이며 등에 흑갈색 얼룩 무늬와 줄무늬가 있음. 산과 들에 살며 성질이 몹시 사나움. ✕삵괭이.

살펴보다 마음을 쏟아 자세히 보다.

살포 뿌림. ⓔ과수원에 농약을 살포하다. -하다. 　【撒布】

살포시 매우 가볍게 살며시. ⓔ살포시 눈을 감다.

살풀이[살푸리] 좋지 않은 일을 피하려고 하는 굿.

살풍경 ①아주 보잘것 없는 풍경. ②살기를 띤 광경. ⓔ거리가 살풍경이다. -하다.

살피다 ①자세히 알아보다. ⓔ눈치를 살피다. ②잘 미루어 생각하다.

살해 남의 생명을 해침. 사람을 죽임. -하다.

삶:[삼] 사는 일. ㉽죽음.

삶:다[삼따] ①물을 붓고 불에 끓이다. ⓔ삶은 달걀. ②남을 달래거나 으르거나 하여 고분고분하게 만들다.

삼[1] 줄기의 껍질은 섬유의 원료로 삼베·어망 등을 짜는 한해살이 풀. ㉾대마. 마.

삼[2] 인삼과 산삼을 통틀어 이르는 말. 　　　　　【蔘】

삼가다 조심하다. 경계하다.

삼각모 명주로 된 검은 모자. 유럽 지방에서 의식 때 씀.

삼각산 서울 북쪽과 경기도 고양군에 걸쳐 있는 경치가 아름다운 산. 높이 937m. 백운대·국망봉·인수봉의 세 봉이 있어 산의 이름이 지어짐. 북한산.

삼각자 세모 모양으로 된 자.

삼각주 강이 바다로 들어가는 어귀에 강물이 운반해 온 모래가 쌓여서 된 사주. 대개 삼각형을 이루며, 토지가 비옥함. 델타 Ⓑ삼룽주.【三角洲】

삼각 플라스크 밑면이 평평하고 목이 좁은 원뿔 모양의 실험용 플라스크.

삼각형 세 개의 변으로 이루어진 다각형.　　　【三角形】

삼간 초가 〔세 칸밖에 안 되는 초가라는 뜻으로〕 썩 작은 집. Ⓑ초가 삼간.【三間草家】

삼강 유교의 도덕에 있어서 기본이 되는 세 가지 도리. 임금과 신하, 아버지와 자식, 남편과 아내사이에 지켜야 할 떳떳한 도리.

삼강 오:륜 삼강과 오륜을 뜻함. 삼강:군위신강(君爲臣綱), 부위자강(父爲子綱), 부위부강(夫爲婦綱) 오륜:부자유친(父子有親), 군신유의(君臣有義), 부부유별(夫婦有別), 장유유서(長幼有序), 붕우유신(朋友有信).

삼강행:실도【책명】 조선 세종 13년(1431)에 설순 등이 왕명을 받아 편찬한 책. 군신·부자·부부의 도리에 모범이 될 만한 충신·효자·열녀를 서른다섯 명씩 뽑아 그림을 곁들여 그 덕행을 편찬한 책.

삼경 하룻밤을 다섯으로 나눈 셋째 부분. 곧, 밤 열한 시부터 새벽 한 시까지의 사이.

삼고 초려 중국의 유비가 제갈공명의 집을 세 번 찾아가 맞아들인 일에서 나온 말로 훌륭한 인재를 맞아들이기 위해 여러 번 찾아가서 예의를 다하는 일.

삼구의 태양을 중심으로 한 지구·달의 공전 관계를 실험할 수 있게 만든 기구.

삼국 ①세 나라. ②우리 나라의 신라·백제·고구려. ③중국의 위·오·촉.

삼국사:기【책명】 고려 제17대 인종 23년(1145)에 김부식 등이 왕명을 받아 지은 역사책. 신라·백제·고구려 세 나라의 역사를 기록하였음. 지금까지 남아 있는 가장 오래 된 우리 나라 역사책.

삼국 시대 옛날 우리 나라가 고구려·백제·신라의 세 나라로 갈라져 있던 시대. 후에 신라가 통일하였음.

삼국 유사【책명】 고려 제25대 충렬왕 11년(1285)에 승려 일연이 지은 역사책. 고구려·백제·신라 세 나라의 사적을 기록하였음. 단군 신화에 대한 내용이 〈 삼국사기 〉에 빠진 이야기가 실려 있음. 전설·야담 등을 중심으로 엮은 책. 5권 2책.　　【三國遺事】

삼국지【책명】 ①중국 삼국 시대의 역사를 기록한 책. 진나라의 진수가 수집 기록함. ②나관중이 지은 역사 소설. 촉나라 유비·관우·장비가 활약한 사적을 소설로 쓴것. Ⓑ삼국지연의.

삼군 ①전체의 군대. ②옛날 군대의 중군·좌익·우익을 일컫는 말. ③오늘날의 육군·해군·공군을 이르는 말.

삼권 통치권의 세 가지 권리. 곧 입법권·사법권·행정권.

삼권 분립 국가 권력을 입법·사법·행정의 셋으로 나누어 통치하는 것.

삼남 지방 전라 남북도·경상 남북도·충청 남북도를 합쳐서 부르는 말.

삼년상 돌아가신 부모의 상을 당하여 삼년 동안 기리는 일. 삼년초토. 【三年喪】

삼:다1 [삼따] ①자기와 어떤 관계를 맺다. 예제자로 삼다. ②무엇으로 무엇이 되게 하다. 예경쟁 대상으로 삼다.

삼:다2 [삼따] 짚신·미투리 등을 만들다.

삼다도 〔여자·돌·바람이 많은 섬이라는 뜻으로〕 제주도를 가리키는 말. 【三多島】

삼대1 [삼때] 삼의 줄기.

삼대2 아버지·아들·손자의 세대. 예삼대에 걸친 기업.

삼(3)대양 태평양·대서양·인도양의 세 바다. 【三大洋】

삼도 수군 통:제사 충청·전라·경상의 삼도에 딸린 바다를 지키기 위하여 특별히 마련한 군직.

삼등분 셋으로 똑같이 나눔.

삼라 만:상 우주 안에 있는 모든 사물과 현상.

삼랑진 [삼낭진] 【지명】 경상 남도 밀양군의 한 읍. 경부선에서 경전선이 갈라지는 곳.

삼루 야구에서, 이루(세컨드)와 본루(홈) 사이의 누.

삼루수 야구에서, 삼루를 지키는 선수.

삼루타 야구에서, 타자가 삼루까지 갈 수 있는 안타.

삼류 [삼류] 어떤 부류에 있어서 가장 낮은 층. 예삼류 대학. 【三流】

삼림 [삼님] 나무가 많이 우거져 있는 숲. 예삼림지대.

삼:림욕 숲 속에 들어가 거닐면서 맑은 공기를 쐬는 일.

삼매 한 가지에만 마음을 집중시켜 마음이 흔들리지 않는 경지. 예독서 삼매에 빠지다.

삼면 세 방면.

삼무도 〔도둑·거지·대문이 없는 섬이라는 뜻으로〕 제주도를 일컫는 말.

삼발이 철로 만든 둥근 테에 발을 세개 붙여서 설 수 있도록 되어 있는 기구. 과학 실험에서 알코올 램프를 가열할 때 플라스크나 증발 접시 따위를 받쳐 놓는 데 쓰임.

[삼발이]

삼밭 삼을 심어 가꾸는 밭.

삼베 삼 껍질의 실로 짠 옷감. 마포. 〔준〕베.

삼별초 고려 고종 때 생긴 특수 조직의 군대. 최우가 설치한 야별초의 좌·우 부대와 신의군을 통틀어 일컫는 말. 몽고와 끝까지 싸울 것을 주장하고 근거지를 제주도까지 옮기며 저항하였음.

삼복 초복·중복·말복을 함께 일컫는 말로 여름 중 가장 무더운 기간. 【三伏】

삼복 더위 삼복 때의 심한 더위. 〔준〕복더위.

삼부요인 국회·법원·정부의 중요한 지위에 있는 사람.

삼삼 오:오 여럿이 무리지어 다니거나 무슨 일을 하는 모양.

삼삼하다 ①잊혀지지 않아 눈앞에 보는 듯하다. 예고향의 모습이 눈앞에 삼삼하다. ②

음식이 조금 싱겁고 맛이 있다. <심심하다. 삼삼히.

삼(3)성 육(6)부 고려 때 나라 일을 맡아 보았던 최고 기관으로, 내사성·문하성·상서성의 3성은 후에 내사 문하성·상서성의 2성으로 바뀌었으며, 상서성 밑에 이·호·예·병·형·공의 6부를 두었음.

삼신산 신선이 살고 있었다는 세개의 산〔금강산·지리산·한라산을 가리키는 말〕. ⓒ삼산.

삼신 할머니 민속 신앙에서 아기를 점지한다는 세 신령. 삼신.

삼심 제:도 국민의 권리 보호를 위하여 한 사건에 대해, 소송 당사자나 소송 관계인이 재판을 세번 청구할 수 있는 제도.

삼십 ①서른. ②나이 서른 살.

삼십육계 ①서른여섯 가지 계략. ②일이 불리하거나 곤란할 때에 도망가는 것. ㉙삼십육계 줄행랑을 치다.

삼십팔(38)도선 우리 나라 중부를 가로지르고 있는 북위 38°선. 1945년 8·15광복 후부터 1953년 7월 휴전 성립 전까지 남과 북의 정치적 경계선을 이루었음. ⓒ삼팔선.

삼엄 질서가 바로 서고 무서우리만큼 엄숙함. ㉙삼엄한 경계. -하다. -히.

삼원색 다른 색을 섞어서 만들 수 없고, 그 이상 나눌 수도 없는, 바탕이 되는 세 가지 색. 색의 삼원색은 빨강·노랑·파랑, 빛의 삼원색은 빨강·녹색·파랑임.

삼위 크리스트교에서 성부·성자·성신을 일컫는 말.

삼위 일체 ①세 가지 것이 하나로 통일되는 일. ㉙학생·학부모·교사가 삼위 일체가 되다. ②성부·성자·성신이 본래 한 몸이라는 생각.

삼은 고려 말기의 포은 정몽주, 목은 이색, 야은 길재의 세 사람을 아울러 이르는 말.

삼일(3·1)운:동 기미년(1919)에 손병희 등 민족 대표 33인이 미국의 윌슨 대통령이 제창한 민족 자결주의 원칙에 힘입어 그 해 3월 1일 서울 파고다 공원에서 '독립 선언서'를 발표한 것을 시작으로 온 나라의 곳곳에서 일제에 반항한 민족적인 의거. 기미운동. 【三一運動】

삼일장 죽은 지 사흘 만에 지내는 장사. 【三日葬】

삼일(3·1)절 1919년에 일어난 3·1운동을 기념하는 국경일. 3월 1일.

삼일(3·1)정신 3·1 운동을 일으킨 우리 겨레의 민족 정신. 곧 조국의 독립과 자유와 평화를 찾으려는 정신.

삼자 ①이야기하는 사람 이외의 사람이나 사물. 제삼자. ②세사람. ㉙삼자 회담. 【三者】

삼정 조선 시대 국가 재정의 3대 요소인 전부·군정·환곡을 이르는 말. 【三政】

삼정승 조선 때, 영의정·좌의정·우의정을 아울러 이르는 말.

삼족 ①부모·형제·처자. ②부계·모계·처계. ㉙삼족을 멸할 큰 죄. ③아버지·아들·손자. 【三族】

삼종 기도 천주교에서, 아침·정오·저녁에 종을 칠 때마다 외는 기도.

삼종지의 봉건 시대에, 여자는

어렸을 때는 어버이를, 시집 가서는 남편을, 남편이 죽은 후에는 아들을 좇아야 한다는 것. 🔐삼종지덕. 🔐삼종.

삼진 야구에서, 타자가 스트라이크를 세 번 당하여 아웃이 됨.

삼짇날[삼진날] 음력 삼월 초사흗날. 쑥으로 개피떡을 만들어 먹고 즐기던 우리 민족의 민속 행사의 하나. 삼월삼질. 🔐중삼. 🔐삼질.

삼차원 차원이 셋 있는 것. 일반적으로 가로·세로·높이의 셋의 차원을 사용하여 표현되는 공간을 이르는 말.

삼척 동:자 키가 작은 아이. 철부지 어린아이를 이르는 말.

삼천리 우리 나라를 가리킴. 🔐삼천리 방방곡곡.

삼천리 강산 우리 나라. '삼천리'는 우리 나라 북쪽 끝에서 남쪽 끝까지가 삼천리 가량된다하여 이르는 말.

삼천지교 맹자의 어머니가 아들의 교육을 위하여 집을 세 번이나 옮긴 일. 맹모 삼천.

삼촌 아버지의 형제. 【三寸】

삼층밥 밥을 서툴게 지어, 타고 설고 질고 해서 삼층을 이루는 밥.

삼키다 ①물건을 입에 넣어 씹지 않고 목구멍으로 넘기다. 🔐음식을 꿀꺽 삼키다. ②남의 것을 함부로 차지하다. 🔐남의 땅을 삼키다. ③눈물 등을 억지로 참다. 🔐눈물을 삼키고 돌아서다.

삼태기 대오리·짚·싸리 등으로 엮어 흙·쓰레기·거름따위를 담아 나르는 그릇.

[삼태기]

삼판 양:승 승부를 결정할 때 세판에서 두 판을 먼저 이기는 편이 승리하는 일.

삼(三)포[1] 조선 세종 때 왜인의 청을 받아들여 무역을 할 수 있도록 허가한 부산포·제포·염포 세 항구를 일컫는 말.

삼포[2] 인삼을 재배하는 밭. 🔐삼밭.

삼한 사:온 겨울철에 한국·만주·중국 등지에서, 3일 가량 추웠다가 다음 4일 가량 따뜻한 날씨가 되풀이되는 현상.

삼한 시대 상고 때, 우리 나라 남부에 자리잡았던 마한·진한·변한의 세 군장의 국가 시대.

삼합사 세 올로 꼰 실. 삼겹실.

삽 흙을 파거나 떠서 옮기는 농기구.

삽사리[삽싸리] 아주 짧은 시간. 🔐삽시간에 먹어 치우다. 🔐일순간. 🔐삽시.

삽화 책 등의 인쇄물 속에 간간이 그려 넣어 내용·기사의 이해를 돕는 그림. 【挿畵】

삿갓[삳깓] 볕이나 비 등을 가리려고 대나 갈대로 엮어 만든 갓. 🔐삿갓을 쓰다.

[삿갓]

삿갓 구름 외따로 떨어진 산봉우리 꼭대기 부근에 걸리는 갓 모양의 구름.

삿:대 ①물가에서 배를 띄울 때, 물이 얕은 곳에서 배를 밀면서 갈 때에 쓰는 장대. ②'상앗대'의 준말.

삿:대질[삳때질] ①말다툼을 할 때 손가락으로 상대편의 얼굴을 향해 내지르는 짓. ②

'상앗대질'의 준말. -하다.

상1 잘한 일을 칭찬하기 위하여 주는 물건이나 돈. 【賞】

상2 빛의 반사 또는 굴절로 인해 생기는 물체의 형상. 【像】

상3 ①친족의 죽음, 또는 죽음을 추도하는 예. ②'초상'의 준말. [예]상을 당하다. 【喪】

상4 책상·밥상 따위를 통틀어 이르는 말. 【床】

상5 얼굴의 생김새. [예]귀공자 상을 가졌다. 【相】

상가1 상점이 죽 늘어서 있는 거리. [예]지하 상가.

상가2 초상난 집. 초상집.

상감 흙으로 만든 그릇에 원하는 무늬를 새기고, 그 새긴 자리에 다시 검거나 흰 색깔의 흙을 채워 놓고 유약을 발라 구워 만든 도자기. [예]상감 청자.

상감청자 도자기의 겉면에 꽃·과일·새·벌레 등의 무늬를 새기어 그 속에 자개 등의 장식을 박아 넣은 다음, 청자유를 발라 구워낸 자기.

상:경 시골에서 서울로 올라옴. -하다. 【上京】

상:고1 아주 오랜 옛날. 【上古】

상:고2 재판의 판결에 불만이 있을 때, 상급 재판소에 그 변경을 요구하는 일. [예]고등법원에 상고하다. -하다.

상고머리 뒷머리를 치올려 깎은 남자의 머리.

상:공 ①높은 하늘. ②어떤 지역 위의 하늘. [예]서울 상공.

상공업 상업과 공업. 【商工業】

상관1 서로 관련을 가짐. [예]공부와는 상관없는 일이다. -하다.

상:관2 어떤 사람보다 높은 자리에 있는 사람. [예]직속 상관. [반]부하. 【上官】

상극 서로 잘 맞지 않아 충돌하는 상태. 【相剋】

상금 상으로 주는 돈. 【賞金】

상:급생[상급쌩] 학년이 높은 학생. [반]하급생.

상:기1 부끄러움이나 흥분으로 얼굴이 붉어짐. [예]얼굴이 상기되었다. -하다. 【上氣】

상:기2 전에 있었던 일을 다시 생각해 냄. [예]지난 일을 상기하다. -하다. 【想起】

상냥하다 마음씨가 싹싹하고 부드럽다. [예]상냥하게 말하다. [반]퉁명스럽다. 상냥히.

상:념 마음 속에 떠오르는 생각.

상담 어떤 일을 서로 의논함. [예]공부에 대하여 상담을 하다. [비]상의. -하다. 【相談】

상당 ①알맞음. ②서로 어슷비슷함. [예]노력에 상당하는 보수. ③대단한 정도에 가까움. [예]상당한 실력가. -하다. -히

상당수 어지간히 많은 수.

상대 ①서로 마주 봄. ②서로 맞섬. [예]상대 선수. ③'상대자'의 준말. -하다. 【相對】

상대방 상대가 되는 쪽, 또는 그 사람. [비]상대편.

상대 오:차 오차의 한계의 측정값에 대한 비율. [반]절대 오차.

상대자 마주 대하고 있는 사람. 마주 말을 주고받는 사람. 맞선이. [준]상대.

상대편 말이나 어떤 일을 할 때에 서로 마주 보게 되는 편. 맞은 편. [비]상대방.

상도의 상업을 하는데 있어서 지켜야 할 도리.

상동 서로 같음. 【相同】

상등병 군인 계급의 한 가지. 일등병의 위, 병장의 아래.

상례[상녜] 상중에 행하는 모든 예절. 卽흉례.

상록수[상녹쑤] 나뭇잎이 사철 푸른나무. 나뭇잎이 가을이나 겨울에도 떨어지지 않는 나무. 늘 푸른나무[소나무·향나무 따위]. 卽낙엽수.

상:류[상뉴] ①강이 흐르는 위쪽. ②신분·지위·생활 정도가 높은 계층. 卽상류 사회. 卽하류.

상:륙[상뉵] 배에서 내려 육지에 오름. 卽상륙 작전에 성공하다. 卽이륙. ―하다. 【上陸】

상민 지난날의 평민을 말함. 상업·공업·농업·수공업 등에 종사하던 계급. 卽상인. 卽양반.

상반 서로 반대됨. 서로 어긋남. 卽상반된 의견. 【相反】

상:반신 사람 몸에서 허리 위의 부분. 卽상체. 卽하반신.

상벌 잘하는 것은 칭찬하고, 잘못하는 것은 벌을 주는 일.

상법 상업에 관한 권리 관계를 규정한 법률.

상병 부상당한 병사(군인).

상복¹ 보통 때에 입는 옷.

상복² 상중에 입는 예복.

상봉¹ 서로 만남. ―하다.

상봉² 가장 높은 산봉우리.

상부 상조 서로서로 도움.

상비약 병원이나 가정 등에서 언제든지 쓸 수 있도록 항상 마련해 두는 약.

상:사 자기보다 더 높은 사람. 윗사람. 卽상사의 명령.【上司】

상:상 ①마음 속으로 그리며 미루어 생각함. ②공상. 卽추측. 卽확신.

상:상봉 여러 봉우리 가운데 가장 높은 봉우리.

상서롭다 복스럽고 길한 징조가 있는 듯하다. 상서로이.

상:석 높은 사람이 앉은 위의 자리. 卽말석. 【上席】

상선 장사를 하러 다니는 배. 무역선. 화물선.

상설 시:장 쉬는 날이 없이 매일 열리는 시장.

상세 자세함. 卽상세한 설명. 卽소상. ―하다. ―히.

상:소¹ 임금에게 글을 올림. 또는 그 글. 卽진소. 【上疏】

상:소² 법원의 판결·명령·결정 등에 복종하지 않고, 상급 법원에 재심사를 청구하는 일.

상속 재산·권리 등을 물려주거나 물려받음. 卽재산 상속. ―하다.

상:쇠 농악대에서 꽹과리를 가장 잘 치는 사람으로, 농악대를 지휘하는 사람.

상:수도 먹는 물이나 공업에 쓰이는 물을 철관 등을 통해 대어주는 설비. 卽하수도. 윤수도. 상수. 【上水道】

상:수리나무 너도밤나무과의 여러해살이 큰키나무. 5월에 꽃이 피는데, 열매는 '상수리'라 하여 묵을 만들어 먹음.

상:순 초하루부터 초열흘까지의 사이. 卽초순.

상술 장사하는 솜씨. 卽상술이 좋아 많은 돈을 벌다. 【商術】

상스럽다 (상스러우니, 상스러워)말이나 행동이 천하여 점잖지 않다. 卽상스러운 말과 행동. 卽쌍스럽다.

상습 항상 하는 버릇. 卽거짓말을 상습적으로 하다.

상:승 위로 올라감. 卽인기 상승. 卽하강. 하락. ―하다.

상식 누구나 가질 수 있는 보통의 지식이나 판단력.

상실 잃어버림. 卽기억 상실.

자격 상실. -하다.
상심 마음을 상함. [예]시험에 떨어져 상심하다. -하다.
상아 코끼리의 앞니. 여러 가지 기구나 장식품으로 쓰임.
상아탑 속된 세상을 떠나 고요한 학문 연구에 몰두하는 경지. 학자의 연구실.
상앗대 배를 물가나 얕은 곳에서 밀어갈 때 쓰는 장대. [준]삿대.
상업 상품을 사고팔고 하는 영업. 장사. [예]상업 지대.
상여[1] 송장을 묘까지 나르는 제구. [비]행상.
상여[2] 회사 등에서 사원들에게 급료 이외에 특별히 수고의 대가로 금전을 줌. 또는 그 돈.
상:연 연극을 무대에서 펼쳐 보임. 공연.
상:영 영화관에서 영화를 보여 줌. [예]동시 상영. -하다.
상용 늘 씀. 일상적으로 사용함. -하다.
상의 서로 의논함. -하다.
상이 서로 다름. 【相異】
상이 용:사 전투 또는 군사적 공무를 집행하다 몸을 다친 사람.
상인 장사를 하는 사람. [비]장수.
상임 일정한 직무를 계속하여 맡음. 또는 맡은 사람.
상자 나무·대·종이 따위로 만든 그릇. [예]과자 상자.
상장[상짱] 상 주는 뜻을 나타내는 증서. 【賞狀】
상:전 종에 대하여 그 주인을 이르던 말. [반]종.
상점 여러 가지 물건을 파는 집. [비]가게. 점포. 【商店】
상제 ①부모의 거상 중에 있는 사람. ②상중의 복제.
상조 서로 도움. [예]상부 상조. -하다.
상주[1] 늘 머물러 있는 것을 이름. [예]군대가 상주하다. -하다.
상주[2] 장례를 맡아서 이끄는 사람 대개 장자가 됨. 【喪主】
상주 인구 한 지역에 계속해서 살고 있는 인구. 일시적으로 머무는 사람은 제외하고, 잠깐 다른 곳에 다니러 간 사람은 포함함.
상징 모양으로 나타낼 수 없는 것을 모양이 있는 것으로 빗대어서 나타내는 일. 또는 그렇게 나타낸 것.
상:책 제일 좋은 꾀.
상처[1] 몸의 다친 자리. 【傷處】
상:처[2] 아내의 죽음을 당함. [예]상처한 남자. [반]상부. -하다.
상:체 사람의 몸의 윗부분. [비]상반신. [반]하체.
상추 국화과의 두해살이 채소. 잎은 쌈을 싸서 먹음. ×상치.
상:쾌 마음이 시원스럽고 기분이 좋음. [비]유쾌. [반]불쾌. -하다. -히.
상태 모양이 되어 있는 형편. [예]고체 상태. [비]처지.
상투 지난날, 우리 나라 결혼한 남자의 전형적 머리 모양. [본]상두.
상패 상으로 주는 패. 【賞牌】
상평창 고려 성종 때 마련한 일종의 물가 조절 기관. 가을에 곡식을 많이 사들였다가, 봄에 싼값으로 백성들에게 팔았음.
상평 통보 조선 후기 인조 때에 썼던 엽전의 이름.

[상평통보]

상표 다른 상품과 구별하기 위해 자기 상품에 붙이는 고유

의 표지. 브랜드. 트레이드 마
크.

상표권 상표로 사용할 표지를
만들어 낸 데 따르는 권리.

상품 팔고 사는 물건. 【商品】

상품화 팔 수 있는 물건으로
만듦. 또는 물건으로 됨. 예특
허품을 상품화하다. –하다.

상:하 ①위와 아래. ②윗사람
과 아랫사람.

상하다 ①물건이 깨어져 헐거
나 썩다. ②슬픔·노여움 등
으로 마음이 언짢게 되다. 예
꾸중을 듣고 마음이 상하다.
③여위다. 예얼굴이 상하다.

상하이〖지명〗 중국의 장쑤성
동부에 있는 중국 최대의 무
역항인 상공업 도시. 상해
〔일본에 나라를 빼앗겼을 때
우리 나라의 임시 정부가 있
었던 곳임〕.

상해 남의 몸에 상처를 내어서
해를 입힘. –하다.

상:현달[상현딸] 지구에서 볼
때 달의 오른쪽 반이 빛나 보
이는 상태의 반달. 매달 음력
7, 8일의 달. 凹하현달.

상형 문자 물체의
모양을 본떠서
만든 글자. 그
림 글자에서 조
금 발전한 것으
로 한자 따위.

[상형문자]

상호1 서로서로. 피차가 서로.
예상호 계약. 상호 비교. 凹호
상.

상호2 상점이나 회사의 이름.

상:호군 조선 시대 정삼품 벼
슬의 하나. 【上護軍】

상황 일이 되어 가는 형편이나
모양. 예상황 판단.

샅바 씨름할 때에 다리에 걸어
서 상대편의 손잡이로 쓰는,
천으로 만든 줄.

샅샅이[삳싸치] 빈틈없이 모조
리. 예책을 샅샅이 읽다.

새1 새로운. 새로 만든.

새:2 두 개의 날개를 움직여
공중을 날아다니는 날짐승을
통틀어 이르는 말.

새:3 '사이'의 준말.

새4 다른 낱말의 앞에 붙어, 빛
깔이 매우 짙고 산뜻함을 나
타내는 말. 예새파랗다. 새하
얗다.

새겨듣다(새겨들으니, 새겨들어
서) 말하는 뜻을 뚜렷이 밝
히며 듣다. 凰새기어듣다.

새경 지난날, 농촌에서 주인이
머슴에게 주던 곡물이나 돈.

새근거리다 ①화가 치밀거나
배가 부를 때에 계속해서 가
쁜 숨을 쉬다. ②뼈마디가 자
꾸 시다. <시근거리다. 쎈새
근거리다.

새기다1 ①말이나 글의 뜻을
알기 쉽게 풀이하다. ②번역
하다.

새기다2 ①글씨나 그림 또는
어떤 형상을 나무나 돌같은
데에 파다. 예돌에 글씨를 새
기다. ②마음 속에 깊이 간직
하다. 예선생님 말씀을 새기
어듣다.

새김질 소나 양 등이 먹은 것
을 내어 다시 씹어 넘기는
짓. 凹되새김. 반추. –하다.

새끼1 짚으로 꼰 줄.

새끼2 ①짐승의 어린 것. ②'자
식'을 속되게 부르는 말.

새끼손가락 다섯 손가락 중 가
장 작은 손가락.

새끼치다 새끼를 낳거나 알을
까서 번식하다.

새:다 ①날이 밝아 오다. ②조
금씩 흘러나오다. 예가스가
새다. ③'새우다'의 준말.

새달 다음 달. 오는 달.

새:둥지 새의 집. 새의 보금자리. 새둥주리.

새로 '새로이'의 준말.

새로이 ①새롭게 다시. ②전에 없던 것이 처음으로. ❀새로.

새록새록 뜻밖의 일이 잇달아 새로 생기는 모양.

새롭다(새로우니, 새로워서) ①이제까지 있었던 것과 다르다. ❀새로운 기술. ②항상 새 것의 상태로 있다.

새마을 운:동 마을 사람들이 힘을 합하여 부지런히 일함으로써 보다 살기 좋은 마을을 이룩하자는 운동. 근면·자조·협동의 3대정신을 바탕으로 함.

새마을 청소년회 농촌의 청소년들이 농촌의 발전을 위하여 조직한 단체. 그 기본 정신은 머리를 써서 잘 생각하고(지), 착한 마음씨를 기르며(덕), 기술을 익히고(노), 몸을 튼튼히 한다(체)의 네 가지임.

새벽 밤이 거의 새고 날이 밝을 무렵. 먼동이 트기 전.

새벽녘[새벽녁] 새벽이 될 무렵. ❀새벽녘에 일어나 공부하다.

새빨갛다(새빨가니, 새빨가오) 아주 짙게 빨갛고 산뜻하다. <시뻘겋다.

새살림 처음으로 시작하는 살림. -하다.

새삼스럽다(새삼스러우니, 새삼스러워) 지난 일이 다시 생각되어 마치 새로운 일 같다.

새색시 새로 시집 온 여자. 🔠신부. 🔁새신랑.

새소식 여러 사람이 모르는 새로 알려진 일. 뉴스.

새순 새로 나온 순. ❀대나무의 새순이 돋아나다.

새싹 ①씨앗에서 처음으로 나온 어린 잎. ❀새싹이 돋아나다. ②'어린이'를 비유해 이르는 말.

새:알 ①참새의 알. ②새의 알.

새앙 생강과의 여러해살이풀. 매운 맛에 향기가 좋아서 차·양념으로 사용. 생강.

새:야 새:야 파랑새야 전래 동요. 동학 혁명이 실패로 돌아간 뒤부터 불리기 시작했는데, 별명이 '녹두 장군'인 동학당의 우두머리인 전봉준의 죽음을 애석하게 여겨 부른 노래라고 함.

새옹지마 한때의 이로움이 장래에 해가 되기도 하고, 한때의 화가 장래에 복을 가져오기도 함.

새우 절지 동물 중 다섯 쌍의 다리를 가진 갑각류의 총칭. 머리와 가슴은 한

[새우]

개의 등딱지로 덮여 있고 배 부분은 일곱 개의 마디로 이루어져 있어서 자유로이 구부릴 수 있음. 민물 또는 바다에 삶.

새우다 자지 않고 밤을 밝히다.

새우잠 새우같이 모로 몸을 구부리고 자는 잠.

새재 경상 북도 문경군과 충청 북도 괴산군 사이에 있는 고개. 조령. 높이 1,017m.

새:참 일하다가 잠시 쉬는 동안, 또는 때에 먹는 간단한 음식. ❀사이참.

새:치 젊은 사람의 머리에 난 하얗게 센 머리카락.

새:치기 순서를 어기고 남의 자리에 끼어듦.

새침데기[새침떼기] 겉으로만

얌전한 체하는 사람.

새큼하다 매우 신맛이 있다. <시큼하다. 옌새금하다.

새털구름 상층운에 있는 흰 구름. 그늘진 데가 없음. 권운. 털구름.

새파랗다(새파라니, 새파라오) ①매우 파랗다. 옌새파란 하늘. ②썩 젊다. 옌새파랗게 젊은 사람. ③몹시 놀라거나 춥거나 하여 얼굴에 핏기가 없다. 옌새파랗게 질리다. <시퍼렇다.

새파래지다 새파랗게 되다. <시퍼레지다.

새하얗다(새하야니, 새하야오) 몹시 하얗다. 옌새하얀 눈이 내리다. <시허옇다.

새해 새로 맞은 해. 囲신년.

색깔 물체의 거죽에 나타나는 빛의 성질. 囲빛깔. 색채.

색다르다(색 달라, 색 달라서) 종류가 다르다. 흔히 보는 바와 같지 않다. 옌색다른 맛.

색동 저고리 옷소매를 무지개처럼 여러 빛깔의 헝겊으로 줄지어대서 만든 어린아이의 저고리.

색동회 1922년 일본 도쿄에서 방정환을 중심으로 이루어진, 어린이를 위한 문학과 아동 운동을 위한 모임.

색맹 색깔을 구별하지 못하는 상태. 또는 그런 사람. 囲색소경.

색상 빨강·파랑 등 사람의 눈으로 느낄 수 있는 색의 종류. 유채색에만 있음. 【色相】

색상 대:비 색상이 다른 두 색을 서로 이웃에 놓았을 때에 일어나는 효과.

색색 ①여러 가지 빛깔. 옌색색으로 장식하다. ②여러 가지. 가지각색. 【色色】

색소 빛깔을 나타내게 하는 본 바탕이 되는 물질. 【色素】

색:시 ①시집 안 간 여자. 囲규수. ②'색시'의 준말. 곧 새로 시집 온 여자.

색신검사 색채를 식별하는 시각의 정상여부를 검사하는 일.

색약[새갹] 색맹만큼 심하지 않으나 빛의 판별력이 약한 현상. 유전적임.

색연필[생년필] 연필의 심에 광물질 물감을 섞어서 색이 나게 만든 연필.

색인[새긴] 책 속의 내용이나 낱말을 쉽게 찾아볼 수 있도록 벌여놓은 차례. 인덱스.

색조 빛깔의 조화. 색채의 강약·짙음과 옅음 등의 정도.

색종이 물을 들인 종이. 색지.

색채 빛깔. 색깔. 【色彩】

색출 뒤지어 찾아 냄. 옌범인을 색출하다. -하다. 【索出】

색칠 칠을 함. 또는 그 칠. 囲채색. -하다. 【色漆】

색환 색을 색상이 비슷한 차례로 시계 바늘 방향으로 둥글게 늘어 놓은 것. 색상환.

샌:님 '생원님'의 준말. 행동이나 성격이 얌전하거나 고루하고 융통성이 없는 사람을 놀리는 뜻으로 하는 말.

샌드위치 ①얇게 썬 두 조각의 빵 안쪽에 버터를 바르고 사이에 고기·야채 등을 넣은 음식. ②사이에 끼어 있는 상태.

샌들 ①지난날 이집트·그리스·로마 사람이 신던 신발. ②끈이나 밴드로 여미게 되어 있는, 발등 부분이 거의 드러나도록 고안된 구두.

샌프란시스코[지명] 미국의 태평양 연안에 있는 항구 도시.

샐러드　채소·과일 등으로 만든 서양 음식.　【salad】

샐러리　봉급·급료·월급.

샐러리 맨　월급을 받고 일하는 사람. 봉급 생활자.

샘¹　자기보다 나은 사람을 미워함. 또는 그 마음. 예자꾸 샘을 내다. 비시기. 질투. ×새암.

샘:²　물이 땅에서 솟아나오는 자리. 비우물. 暠샘터.

샘:물　샘에서 솟아나오는 물.

샘:솟다　①샘물이 솟아나다. ②힘이나 용기가 힘차게 일어나다. 예힘이 샘솟다.

샘:터　샘물이 솟아나오는 곳. 샘이 있는 곳. 壺샘.

샘플　견본. 표본. 본보기.

샛:길　큰 길로 통하는 작은 길. 예샛길로 가다.

샛노랗다(샛노라니, 샛노라오) 빛깔이 더할 수 없이 노랗다. 예샛노란 개나리. <싯누렇다.

샛눈[샌눈]　감은 듯하면서 살짝 뜨고 보는 눈.

샛:별　새벽에 동쪽 하늘에서 반짝이는 금성. 비명성.

생가　그 사람이 태어난 집.

생가슴　이유 없는 근심이나 걱정으로 아픈 마음.

생각　①마음에 느끼는 의견. 예네 생각이 옳다. ②바라는 마음. ③관념. 사상. 예인간은 생각하는 갈대다. -하다.

생계　살아가는 방도. 예생계가 곤란하다.

생글생글　소리 없이 정답게 눈웃음치는 모양. <싱글싱글. 쎈쌩글쌩글. -하다.

생긋　소리 없이 얼핏 눈만 조금 움직여 정답게 웃는 모양. 예생긋 눈인사하다. <싱긋. 쎈쌩긋.

생기　싱싱한 기운. 활발한 기운. 예기쁨에 넘쳐 생기 가득한 얼굴. 비활기.　【生氣】

생기다　①없던 것이 생기다. ②제 손에 들어오다.

생기 발랄　생기가 있고 성격이 발랄하다. 예생기 발랄한 학생들.

생김새　생긴 모양새.

생년월일　출생한 해와 달과 날.

생도　①학생. ②사관 학교에서 교육을 받는 사람. 예육군 사관 생도.　【生徒】

생동　살아 움직임.　【生動】

생떼　해서는 안 될 일을 하겠다고 억지를 부리는 떼.

생략[생냑]　간단하게 덜어서 줄이거나 뺌. 예이하 생략. -하다.

생로병:사[생노병사]　인간이 겪어야 하는 네 가지 고통. 즉 나고, 늙고, 병들고, 죽는 일.

생리　①생물체의 생명 활동과 관련되는 현상. ②생활의 방식 또는 습성.　【生理】

생리 작용　생물의 생활하는 작용. 곧, 혈액 순환·호흡·소화·배설·생식 등에 관한 모든 작용을 통틀어 일컫는 말.

생매장　①산 채로 사람을 묻음. ②잘못 없는 사람에게 누명을 씌워 명예를 떨어뜨림.

생면　처음으로 만나 봄. 또는 그 사람. 예생면 부지. 비숙면. 暠생면목. -하다.　【生面】

생면 부지　이전에 만나 본 일이 없어 전혀 모르는 사람.

생명　①목숨. ②사물의 중요한 점. 예책의 생명은 충실한 내용이다.　【生命】

생명력[생명녁]　생명의 힘. 목숨을 이어 가려는 힘.

생명 보:험　뜻밖의 죽음을 당

했을 때를 대비하여 드는 보험.

생명체 목숨이 있는 물체.

생모 자기를 낳은 어머니. 凰양모. 【生母】

생목숨 ①살아 있는 목숨. ②죄없는 사람의 목숨.

생무지 어떤 일에 도무지 익숙하지 못한 사람.

생물 생명을 가지고 생활하는 물체. 동물과 식물로 크게 분류함. 凰무생물. 【生物】

생물학자 생물의 구조·기능·발달 등에 관한 학문을 연구하는 사람.

생방송 미리 녹화·녹음한 것의 재생이 아닌, 스튜디오나 현장에서 직접 하는 방송.

생사¹ 사는 일과 죽는 일. 삶과 죽음.

생사² 삶지 않은 명주실.

생사람 살아 있는 사람.

생산 물건을 만들어 냄. 凰소비. -하다.

생산량[생산냥] 일정한 기간에 만들어 낸 물건의 수량. 凰소비량.

생산액 일정한 기간에 만들어 내는 물건의 양이나 값어치. 凰생산고. 砂산액.

생산 요소 물건을 만드는 데 꼭 필요한 요소[노동·자본·토지 등].

생산자 생활에 필요한 물건을 만드는 사람. 凰소비자.

생산지 생산하거나 생산된 곳. 凰소비지.

생색 자기 낯을 내세우는 일.

생생하다 ①눈앞에 또렷하다. 엡아직도 생생한 지난 추억. ②생기가 왕성하다. <싱싱하다. 깬쌩쌩하다. 생생히.

생선 말리거나 소금에 절이지 않은 물고기. 凰선어. 【生鮮】

생성 무엇이 일어나거나 생겨 남. 엡과학은 새로운 물질들을 생성한다. 【生成】

생소 ①낯이 섦. 엡생소한 사이. ②서투름. 엡생소한 업무.

생수 끓이거나 소독하지 않은 맑은 물. 【生水】

생시 ①살아 있는 동안. ②자지 않고 깨어 있을 때. 엡꿈인지 생시인지. 凰평소. 凰꿈.

생식 익히지 아니하고 날로 먹음. 凰화식. -하다. 【生食】

생식 기관 생물이 자기와 동일한 종류의 생물을 낳는 기관. 고등 동물에서는 정소·난소 및 거기에 딸린 수정관이나 교접기 같은 것. 砂생식기.

생신 '생일'을 높여서 하는 말.

생애 살아 있는 동안. 한평생.

생약 한약에서, 천연 그대로 사용하는 식물성의 약.

생업 살아가기 위하여 하는 일. 직업. 【生業】

생육신 조선 시대 조카인 단종을 내쫓고 임금의 자리에 오른 세조에게 불만을 품고 절개를 지키어 끝내 벼슬을 하지 않은 여섯 충신[이맹전·조여·원호·김시습·성담수·남효온].

생이별[생니별] 혈육이나 부부 사이에 살아서 하는 이별. 凰사별. 砂생별. -하다.

생일 세상에 태어난 날, 또는 해마다의 그 달의 그 날. 砂생신. 【生日】

생전 살아 있는 동안. 죽기 전. 凰사후. 【生前】

생존 생명을 유지하고 있음. 엡생존 원리. -하다. 【生前】

생존 경:쟁 서로 악착같이 살려고 다투는 일.

생존권[생존꿘] 사람들이 인간

답게 살아갈 수 있는 권리. 囫민족의 생존권. 【生存權】

생존자 살아남은 사람.

생쥐 쥐 종류 가운데서 가장 작은 쥐인데, 꼬리는 몸의 길이보다 조금 짧음.

생즙 식물을 익히지 아니하고 날 것을 짓찧어서 짜낸 액체.

생지옥 이 세상에서 지옥과 같이 몹시 괴롭거나 고생스러운 일. 또는 그런 상태.

생채기 여기저기 온통 할퀴어 생긴 작은 상처가 나 있는 모양.

생체 살아 있는 몸. 산몸.

생태계 어느 지역 안에 살고 있는 식물의 무리와, 그 생활에 깊은 관계를 가진 환경 요소를 이르는 말. 【生態系】

생트집 아무 까닭도 없이 공연히 잡는 트집.

생포 산 채로 잡음. 囫적을 생포하다. -하다.

생화 산 화초에서 꺾은 살아 있는 생생한 꽃. 囲조화.

생활 ①살아서 활동함. ②생계를 유지하여 살아나감. -하다.

생활고 가난 때문에 겪는 괴로움. 囫생활고에 시달리다.

생활권[생활꿘] 일상 생활에서 왔다갔다 하게 되는 범위에 드는 지역. 囫일일 생활권.

생활력[생활녁] 살아가는 힘.

생활문 우리가 살아가는 중에서 글감을 찾아 형식에 얽매이지 않고 자유롭게 쓴 글.

생활 방식 생활을 해 나가는 방법과 양식.

생활비 생활하는 데 필요한 모든 비용.

생활 수준 살림살이의 정도나 형편. 생활 표준.

생활 양식 살아가는 방법. 생

활하는 데 있어서의 일정한 형식.

생활용품 일상 생활에 사용되는 물품.

생활 일기 하루의 생활을 통하여 겪고·보고·듣고·느끼고 생각한 점을 사실 그대로 쓴 일기.

생활 풍속 옛날부터 전해 오며 지켜지고 있는 생활의 습관.

생활 필수품 일상 생활에 꼭 있어야 하는 물품.

샤:머니즘 원시 종교의 하나. 무당이 죽은 이의 혼을 불러 내어 예언 등을 하는 것 따위.

샬레 과학 실험을 하는 데 쓰는 유리 그릇의 하나.

서간 편지. 囫서간문.

서:거 상대방의 '죽음'을 높이어 이르는 말. -하다.

서경¹〖지명〗고려 시대 4경의 하나. 지금의 평양. 【西京】

서경²〖책명〗고대 중국의 3경 및, 5경의 하나. 공자가 중국의 요순 시대부터 주나라 때까지의 정사에 관한 문서를 모아 엮은 책.

서경덕〖사람〗[1489~1546] 조선 초기의 학자. 호는 화담. 한평생 유학을 깊이 연구하였음. 〔황진이·박연 폭포와 함께 '송도 삼절'이라고 일컬어짐〕. 【徐敬德】

서:경시 자연의 경치를 읊은 시. 囲서정시. 【敍景時】

서:곡 ①가극이나 성극 등의 주요한 부분을 시작하기 전에 연주하는 기악곡. ②일의 시작. 【序曲】

서:광 ①날이 밝으려고 먼동이 트는 빛. ②일의 앞길에 보이는 기대나 희망.

서구 미국과 서유럽을 이름.

땐동구.　　　　　　　【西歐】

서글서글하다 마음이 너그럽고 성질이 부드러우며 친절하다. **예**서글서글한 성격. **>**사글사글하다.

서글프다(서글프니, 서글퍼) 마음이 슬프고 허전하다.

서기[1] ①회의 같은 데서 기록을 맡아 보는 사람. ②상점이나 관공서 등에서 문서와 기록을 맡은 사람. **예**면서기.

서기[2] 그리스도가 난 후 4년째 되는 해를 기원 1년으로 하는 서양의 기원. **예**서기 1996년. **몡**서력 기원.

서까래 도리에서 처마 끝까지 건너지른 나무.

서남 ①서쪽과 남쪽. ②'서남간'의 준말.

서남 아시아 아시아 대륙의 남서부에 해당하는 지역〔이란·이라크·사우디아라비아 등의 나라가 있음〕.

서낭 ①서낭신이 붙어 있다는 나무. ②'서낭신'의 준말. **몡**성황.

서낭신 민간에서 이르는, 토지와 마을의 수호신. **몡**성황신.

서너 셋이나 넷 정도.

서늘하다 약간 쌀쌀하면서 시원하다. **>**사늘하다. **쎈**써늘하다.

서다 ①다리에 힘을 주어 곧은 자세로 있다. **예**차렷 자세로 서다. ②높은 것이 놓여 있다. **예**높게 서 있는 나무. ③줄이 서서 길게 나타나다. **예**무지개가 서다. ④판이 벌어지다. **예**닷새마다 장이 서다.

서당 고려 시대부터 발달하여 조선 시대에 가장 성하였던, 어린이에게 학문을 가르치던 마을의 글방.

서대문 조선 시대에 서울을 에워쌌던 사대문의 하나로 서울 서쪽의 정문이었던 돈의문. 지금은 헐리어 없어졌음. **=**사대문.

서덕출[사람][1906~1940] 경상 남도 출생의 동요 작가. 1925년에 잡지 〈어린이〉에 〈봄편지〉를 발표한 데 이어 70여 편의 동요를 남겼음.

서도[1] 황해도와 평안 남북도 지방을 함께 이르는 말.

서도[2] 글씨를 쓰는 방법을 배우는 일. 붓으로 글씨를 맵시 있게 쓰는 기술. **땐**서예.

서:동요 신라 때 백제 무왕이 지었다는 노래. 신라의 선화 공주를 아내로 맞기 위해 아이들로 하여금 부르게 하였다는 노래.

서두 글의 첫머리.

서두르다(서둘러, 서둘러서) 일을 빨리 하려고 바쁘게 움직이다. **준**서둘다.

서라벌 ①'신라'의 옛 이름. ②'경주'의 옛 이름.

서랍 책상·경대 등에다 끼웠다 빼었다 하게 만들어서, 여러 가지 물건을 담게 된 상자 비슷한 것. **×**설합.

서:러움 서럽게 느껴지는 마음.

서:럽다(서러우니, 서러워서) 언짢은 생각이 들어 마음이 슬프다. **×**설다.

서로 함께. 다 같이.

서:론 본론의 머리말이 되는 글. **땐**서설. **땐**결론.　【序論】

서류 글자로 쓴 문서. 사무에 관한 문서.　　　　　【書類】

서른 열의 세 곱절. 삼십.

서리[1] 맑고 바람 없는 밤에 기온이 내려가 공기 중의 수증기가 땅 표면에 닿아서 얼음의 결정이 된 것.

서리² 떼를 지어서 주인 몰래 훔쳐다 먹는 장난. 예수박 서리. -하다.

서리다 ①김이 엉기어 축축하다. 예유리창에 김이 서리다. ②향기가 풍기다. 예국화 향기 서린 정원. ③어리어 나타나다. 예그리움이 가득 서린 눈망울.

서릿발[서리빨] ①땅속의 수분이 얼어 땅 위로 솟아 오른 것. ②'대단히 엄함'을 비유한 말. 예서릿발 같은 노여움.

서:막 연극의 첫 막. 무슨 일의 시작.

서먹하다 낯익지 아니하여 어색하다.

서면 ①글씨를 쓴 지면. ②문서.

서:명 자기의 이름을 씀. 예서명 운동. 【署名】

서:문 머리말. 【序文】

서:민 ①벼슬이 없는 일반 사람. 평민. ②중류 이하의 넉넉하지 못한 국민.

서방 ①'남편'의 낮춤말. ②벼슬이 없는 사람의 성 밑에 붙여 대신 부르는 말. 예박 서방.

서북쪽 서쪽과 북쪽의 사이가 되는 쪽.

서:브 정구·탁구·배구 등에서 공격측이 먼저 공을 상대편 코트에 쳐넣는 일.

서:비스 ①봉사·사무·심부름·접대. ②시중드는 일. 예서비스 정신. -하다.【service】

서:비스업 남을 위해 봉사하는 사업〔자동차 수리업·미용업·광고업·여관 호텔업 등〕.

서빙고 조선 초기에 설치한 얼음을 보관하던 창고의 하나. 지금의 서울 동부 이촌동 부근에 위치하고 있었음.

서:사시 신화나 전설·역사적 사건·영웅의 일생 같은 것을 읊은 시. 반서정시. 【敍事詩】

서산 해지는 쪽에 있는 산. 서쪽에 있는 산. 【西山】

서산 대:사〔사람〕[1520~1604] 조선 선조 때의 이름난 승려. 본명은 최현웅. 승명은 휴정. 임진왜란이 일어나자, 여러 제자들과 함께 팔도 승병을 일으켜 나라에 큰 공을 세웠음. 〈청허당집〉〈선가귀감〉 등의 저서를 남김. 휴정대사.

서성거리다 한 곳에 있지 않고 왔다 갔다 하다.

서:수 순서를 나타내는 첫째·둘째 등의 수. 【序數】

서:술문 사실이나 자기의 생각을 그대로 나타내는 글. 보통 '이다'로 끝맺음.

서슬 ①말이나 행동의 날카로운 기세. ②칼날이나 물건의 날카로운 곳. 예서슬이 시퍼런 칼.

서슴다[서슴따] 말이나 행동을 머뭇거리며 망설이다.

서슴없다 말이나 행동에 거침이 없다. 망설임이 없다. 예서슴없이 말하다.

서식 동물이 어떤 곳에 삶. 예고래가 서식하는 곳. -하다.

서신 편지. 편지로 전하는 소식. 예서신왕래. 【書信】

서:약 맹세하고 약속함. 예약속대로 하겠다고 서약하다. -하다.

서양 유럽과 아메리카의 여러 나라. 비서구. 반동양. 【西洋】

서:양화 서양에서 발달한 그림으로 그림물감·크레파스·크레용·파스텔 등으로 그린 그림. 반동양화.

서역 지난날. 중국의 서쪽에 있던 나라들을 이르던 말.

서:열 일정한 순서에 따른 높낮이. 예서열을 정하다.【序列】

서예 붓글씨를 맵시 있게 쓰는 예술. 비서도. 【書藝】

서운하다 마음에 부족하여 섭섭한 느낌이 있다. 서운히.

서울 ①한 나라의 정부가 있는 곳. 비수도. ②우리 나라의 수도 이름.

서울내기 서울에서 태어난 사람을 이르는 말. 반시골내기.

서울역 우리 나라 철도의 대표적인 역으로 서울특별시 중구 봉래동에 위치함.

서울 올림픽 1988년 서울에서 열린 제24회 올림픽경기.

서울 특별 시민 헌장 서울 시민이 지켜야 할 사항을 정해 놓은 것.

서원 조선 시대 선비들이 학문을 연구하고, 또 훌륭한 사람들을 제사지내던 곳. 조선 중기부터 각 지방에 세워졌음.

서유견문【책명】 조선 고종 32년(1895)에 유길준이 미국을 다녀와서 보고 들은 것을 쓴 책. 한글과 한문을 섞어서 쓴 문체로 된 최초의 기행문임.

서유구【사람】 [1764~1845] 조선 말기의 학자. 고구마 재배에 관한〈종저보〉등 농업에 관한 책을 지음.

서유기【책명】 중국 명나라 때 오승은이 지은 소설. 당나라의 삼장법사가 손오공·저팔계·사오정의 세 부하를 거느리고 온갖 재난을 극박하고 무사히 불경을 구해 온다는 줄거리. 【西遊記】

서유:럽 유럽 서부에 있는 프랑스·영국 등의 국가가 있는 지역. 서구. 반동유럽.

서인도 ⇨서인도 제도.

서인도 제도【지명】 중앙 아메리카의 동쪽에 있는 여러 섬. 쿠바·아이티·도미니카·자메이카·바하마 등의 나라가 있음.〔콜럼버스가 최초로 발견하였음〕.

서:자 첩에서 난 아들. 비얼자. 반적자.

서재 책을 갖추어 두고 책을 읽거나 글을 쓰는 방.

서재필【사람】 [1863~1951] 독립 운동가·의학박사. 일찍부터 개화 사상에 눈을 떠 독립 협회 고문으로 있으면서, 독립문을 세우고, 독립신문을 발간하는 등의 일을 했음.

서적 책. 서책.

서점 책을 팔거나 사는 가게. 책방. 서림. 【書店】

서:정 사물을 보고 느낀 자기의 감정을 나타내는 일.

서:정시 개인의 주관적 정서를 운율에 맞게 읊은 시. 서사시·극시와 함께 시의 3대 부문을 이룸. 반서사시.

서찰 편지.

서체 ①문자의 모양. ②글씨를 쓰는 여러 가지 방법. 【書體】

서:커스 사람과 짐승이 여러 가지 재주를 부리는 것을 구경시키는 단체. 비곡마단. 곡예단.

서:투르다 (서툴러서, 서툴러) 익숙하지 못하다. 예아직 일이 서투르다. 반익숙하다.

서:푼 아주 보잘것 없는 것. 예서푼어치도 안 되는 물건.

서풍 서쪽에서 불어 오는 바람. 갈바람. 하늬바람. 【西風】

서학 ①옛날 서양의 학문을 이르던 말. ②조선 시대에 천주교를 이르던 말.

서한 편지.

서해 우리 나라 서쪽에 있는 바다. 🔒황해.

서:행 자동차가 천천히 나아감. 예서행 운전.

서화 글씨와 그림.

서희〖사람〗[942~998] 고려 초기의 훌륭한 외교가이며 장군. 고려 성종 12년(993) 거란이 침입하였을 때, 뛰어난 외교적 솜씨로 적장 소손녕과 담판을 벌여 그들을 물러가게 하였으며, 강동 6주의 땅을 다시 차지하는 데 공을 세웠음.

석[1] 곡식 등의 양을 셈하는 단위로 한 말의 열 갑절. 예공양미 300석. 【石】

석[2] 셋(3). 예석 달. 석 돈.

석가모니〖사람〗 불교를 처음 일으킨 사람. 인도에서 태어나, 스물아홉 살에 집을 나와 서른다섯 살에 크게 깨달아 부처가 되었음. 기원전 486년에 여든 살로 입적(죽음)하였다 함. 세계 사성의 한 사람. 🔒석가.

석가탑 불국사 대웅전 앞뜰에 다보탑과 서로 마주보고 있는 탑. 통일 신라 시대에 세워졌는데, '무영탑'이라고도 함. 국보 제21호.

[석가탑]

석간 신문 저녁때에 나오는 신문. 🔄조간 신문. 🔒석간.

석공 돌을 다듬어 물건을 만드는 사람.

석굴암 경주 토함산 동쪽에 있는 돌로 만든 건축물. 신라 제35대 경덕왕 때 김대성이 세웠음. 정면 중앙에 석가 여래상을 앉히고 벽에는 관세음보살상 등 여러 불상을 조각

하였음. 국보 제 24호.

석권 자리를 말 듯이 쉽게 쳐서 빼앗음, 또는 빠르고 널리 세력을 폄. 예국제 시장을 석권하다. -하다.

석기 시대 인류 문화 발달의 첫 단계로 금속 사용의 방법을 알지 못해 돌로 연모를 만들어 쓰던 시대. 구석기 시대와 신석기 시대로 나뉨.

석등 돌로 네모지게 만든 등. 🔒석등롱. 장명등. 【石燈】

석류[성뉴] 석류나무의 열매. 익으면 두꺼운 껍질이 갈라지고 연분홍 빛깔의 투명한 씨가 나옴. 씨는 먹는데 시고 단맛이 있음.

석면[성면] 번쩍번쩍하며 질기고 불에 타지 않으므로 소방수의 옷을 만들며 전기의 절연용으로 쓰이는 섬유. 🔒돌솜. 석융.

석방 법에 의해 구속된 사람을 풀어 자유롭게함. 예죄인을 석방하다. 🔒방면. -하다.

석별 서로 떨어지기를 섭섭히 여김. 이별을 서운하게 여김. 예석별의 정. -하다.

석불 돌로 만든 부처.

석빙고 신라 시대 때 만든 얼음을 저장하던 곳. 지금 경주에 있음.

석쇠 고기나 떡 같은 것을 굽는 기구. 네모지거나 둥근 쇠테에 철사를 그물 뜨듯 하여 구멍이 잘게 만듦.

석수[1] 돌을 다루어 여러 가지 물건을 만드는 사람. 돌장이. 🔒석공. 석장.

석수[2] 무덤 앞에 세우는 돌로 만든 짐승. 【石獸】

석실 고분 상고 시대 무덤 양식의 하나. 관을 들여 놓는 방이 돌로 되어 있는 고분.

석양 저녁때의 해. 【夕陽】

석영 화강암을 이루고 있는 광물 중 유리와 같이 투명해 보이는 것. 🗎차돌.

석유 천연으로 땅 속에서 나오며 특수한 냄새가 남. 물보다 가볍고 불에 잘 타는 기름.

석유 화학 공업 섬유·천연가스 등을 원료로 하여 화학 제품을 만들어 내는 공업.

석차 ①자리의 차례. 석순. ②성적의 차례.

석청 산 속 나무나 돌 사이에 벌이 모아둔 꿀.

석탄 옛날의 식물이 땅 속 깊이 묻혀 탄소로 변한 것. 땔감으로 널리 쓰임. 【石炭】

석탑 돌로 쌓은 탑.

석회 석회석을 불에 구워 만든 흰가루. 🗎회. 【石灰】

석회석 석회분이 바다 밑에 쌓여서 굳은 퇴적암. 회색을 띠며 시멘트의 원료로 많이 쓰임. 석회암. 🗎횟돌. 【石灰石】

석회수 소석회를 물에 녹여서 가만히 두었을 때 위에 있는 무색 투명한 액체.

섞다[석따] 여러 가지 물건을 한데 합치다.

선:1 사람의 좋고 나쁨과 맞고 안 맞음을 가려 보는 일. 🗎 선보다.

선2 그어 놓은 금. 가늘며 길게 뻗쳐 있는 전선이나 선로 등. 🗎경부선. 호남선. 【線】

선:3 착하고 올바름. 어질고 좋음. 🗎악. -하다. 【善】

선각자 남달리 앞서 깨달은 사람. 🗎선각.

선:거 여러 사람 가운데서 뽑아 정함. 🗎선출. -하다.

선:거 관리 위원회 선거에 관한 모든 일을 맡아 보기 위하여 둔 기관. 🗎선위. 선관위.

선:거권[선거꿘] 선거에 참가하여 투표를 행할 수 있는 권리.

선:거 홍보 많은 사람 가운데서 적당한 사람을 대표로 뽑기 전에 일반에게 널리 알리는 일.

선견지명 닥쳐올 일을 미리 아는 슬기로움. 【先見之明】

선고 ①재판관이 법정에서 재판의 결과를 말함. 🗎무죄를 선고하다. ②중대한 사실을 알림. -하다. 【宣告】

선교 종교를 선전하여 널리 폄. 🗎선교 활동. -하다.

선교사 종교를 전도하는 사람.

선구자 어떤 사상이나 일에 어 남보다 일찍 그 필요를 깨닫고, 실행한 사람.

선글라스 여름에 강렬한 햇빛으로부터 눈을 보호하기 위하여 쓰는 색안경.

선금 치러야 할 돈을 미리 치르는 것, 또는 그 돈. 【先金】

선:남 선:녀 착하고 어진 일반 사람들. 【善男善女】

선녀 하늘나라에서 산다고 하는 아름다운 여자. 무지개를 타고 다니기도 하고, 날개옷으로 날아 다니기도 한다고 함.

선단 여러 척의 배로 이루어진 집단.

선대칭도형 도형을 어떤 기준으로 포개어 볼 때, 완전히 겹쳐지는 도형.

선:도 올바르고 좋은 길로 잘 가르쳐 인도함. -하다.

선동 일반 사람들의 감정을 부추기어 움직이게 함.

선두 첫머리. 맨 앞. 🗎선두로 나선 우리 선수. 🗎후미.

선뜻 가볍고 빠르고 시원스럽게. 🗎달라는 것을 선뜻 내주셨다. 〓얼른. >산뜻.

선:량[설량] 착하고 어짊. 예 선량한 시민들. 〓불량. -하다.

선례 앞의 예. 전례. 예선례를 따라 행동하다.

선로¹ 뱃길.

선로² 전차·기차 등이 지나가는 길.

선:망 남을 부러워하고 자기도 그렇게 되기를 바람. 예선망의 대상. -하다.

선명 산뜻하고 밝음. 조촐하고 깨끗함. -하다.-히. 【鮮明】

선:물 남에게 고맙거나 축하하는 뜻을 표시하기 위해 주는 물품.

선박 크고 작은 배들.

선반 물건을 얹어 두기 위하여 까치발을 받치어 벽에 달아놓은 긴 널빤지.

선:발 여럿 가운데서 골라 뽑아 냄. 예선발 시험. -하다.

선발대[선발때] 다른 부대보다 앞서 출발한 부대. 〓후발대.

선배 ①나이나 학문·지위·경험 등이 자기보다 많거나 나은 사람. ②자기 출신 학교를 먼저 졸업한 사람. 〓후배.

선:별 가려서 골라 내거나 추림. 예선수를 선별하다.

선봉 맨 앞장. 【先鋒】

선분 두 점 사이를 가장 가까이 잇는 직선. 【線分】

선불 일이 끝나기 전에 먼저 돈을 냄. 〓후불. -하다.

선비 ①옛날에 학식이 있으되 벼슬하지 아니한 사람. ②학문을 닦은 사람을 예스럽게 일컫는 말. 〓학자.

선:사 남에게 선물로 물건을 주거나 받음. 예입학 기념으로 만년필을 선사하다. -하다.

선사 시대 역사 이전의 시대. 문자가 없던 시대.【先史時代】

선사실 박물관에서 역사 시대 이전의 유물들을 모아 놓은 곳.

선산 조상의 무덤이 있는 곳. 선영.

선생 ①공부를 가르치는 사람. 〓스승. 〓제자. ②남을 공경하여 부르는 말. 〓선생님.

선서 여러 앞에서 맹세를 함. 예대통령 취임 선서. -하다.

선선하다 날씨가 알맞게 서늘하다. 예새벽 공기가 선선하다. >산산하다.

선:수 경기에 출전하기 위하여 대표로 뽑힌 사람.

선:수촌 대표 선수들을 위해 마련된 집단 숙박시설.

선심¹ 야구·축구 등에서 선에 관한 규칙의 위반을 맡아 보는 보조 심판원. 〓선심판.

선:심² ①착한 마음. ②남을 도와 주는 마음. 예선심을 쓰다. 〓악심. 【善心】

선:악 착함과 악함. 【善惡】

선양¹ 드러내어 널리 떨치게 함. 예국위를 선양한 선수들. -하다.

선양²【지명】 중국 만주에 있는 공업 도시.

선어 말리거나 절이지 아니한 물고기. 〓생선.

선언 생각이나 주장을 널리 알리어 말함. 〓선포. -하다.

선언서 선언하는 뜻을 쓴 글. 예독립 선언서. 〓선언문.

선열 정의를 위하여 싸우다 죽은 열사. 예순국 선열. 【先烈】

선:용 알맞게 잘 이용하여 씀. 예여가 선용. 〓악용. -하다.

선:웃음 우습지도 않은데 웃는 웃음.

선원 배에서 일하는 사람. 〓

뱃사람.

선율 규칙적으로 이어지는 소리의 높낮이. 멜로디. 비가락.

선:의 ①착한 마음. ②남을 위해서 생각하는 마음. 예선의의 경쟁. 비호의.

선인 ①뱃사람. ②뱃사공.

선인장 마디가 분명하고 줄기는 둥글넓적하며 전면에 가시가 돋아 있는 [선인장] 식물. 중앙·남아메리카 열대·아열대의 사막에서 많이 자람. 백년초. 패왕수. 사보텐.

선입감 일에 앞서 미리 가지고 있는 느낌. 비선입견. 선입관.

선입관 처음부터 머릿속에 들어 있는 고정적인 관념 및 견해.

선:잠 깊이 들지 못한 잠.

선장 선원의 우두머리.

선재 구성 실·철사·노끈 등과 같은 선을 이루는 재료를 사용하여 직선·곡선 등으로 꾸민 구성.

선적 배에 짐을 실음.

선전 어떤 일이나 생각·주장 등을 많은 사람에게 퍼뜨려 알림. 예선전 광고. 비광고. -하다.

선전탑 선전·계몽을 목적으로 일정기간 동안 세우는 높은 건조물.

선전 포:고 전쟁을 시작한다는 뜻을 나라 안팎에 널리 선언·공포함. -하다.

선:정¹ 바르고 착한 정치. 예선정을 베풀다. 반악정. -하다.

선:정² 가려 뽑아서 정함. 예교재 선정. 비선발. -하다.

선조¹ 한 집안의 조상. 【先祖】

선조² 조선 제14대 임금.

선진 앞서 나아감. 반후진.

선진국 문화와 산업 기술이 ~ 국토 개발이 앞서고, 자립~ 인 경제력이 있는 나라. 반~ 진국.

선착순 먼저 와닿는 차례. ~ 선착.

선착장 배가 와닿는 곳.

선창 배가 닿아 짐을 풀고 ~ 게 된 곳.

선체 선박의 몸체.

선천성 태어날 때부터 가지~ 있는 성질.

선:출 여럿 가운데서 고르거나 뽑음. 예반장을 선출하다. 비~ 선발. -하다.

선:택 골라서 뽑음. -하다.

선포 세상에 널리 펴서 알림 예계엄령 선포. 비공포.

선풍 ①회오리바람. ②사회에 큰 영향을 일으키는 사건. 예 선풍적인 인기.

선풍기 작은 전동기에 날개를 달아 회전시킴으로써 바람을 일으키는 기계.

선:하다¹ 잊혀지지 않아 눈앞에 보이는 듯하다.

선:하다² 착하다. 어질다.

선:행 착한 행실. 반악행.

선:행상 착한 일을 많이 한 사람에게 주는 상.

선회 ①원을 그리며 돎. ②항공기가 곡선을 그리듯 진로를 바꿈.

선후 먼저와 나중. 【先後】

섣:달 음력으로 한 해의 마지막 달. 음력 12월.

섣:달 그믐 음력으로 한 해의 마지막 날. 음력 12월 30일.

섣:불리 어설프게. 서투르게.

설: '설날'의 준말. 새해가 시작되는 날.

설거지 먹고 난 음식 그릇을 씻어 치우는 일. -하다 ×설겆이.

설경 눈 내리는 경치. 눈이 쌓

바람. 갈바람. 하늬바람.【西風】

서학 ①옛날 서양의 학문을 이
르던 말. ②조선 시대에 천주
교를 이르던 말.

서한 편지.
인 경치.

설계 건축 공사나 기계 제작
등의 계획. -하다. 【設計】

설계도 건물이나 기계 등을 만
들 때, 그 내용을 자세히 나
타낸 그림. 🔁마련그림.

설교 ①종교의 가르침을 설명
함. ②단단히 타일러서 가르
침. 🔁설득. -하다. 【設教】

설:날 새해가 시작되는 날. 정
월 초하룻날. 예로부터 조상
께 차례를 지내고 웃어른께
세배를 드리는 날. 🔵설.

설:다(서니, 서오) ①익지 않
다. 덜 익다. 예밥이 설다. ②
익숙하지 못하다. 예낯이 설
다.

설득[설뜩] 설명하여 알아듣게
함. 【說得】

설렁탕 소의 머리·내장·무
릎도가니 등을 푹 삶아서 만
든 국.

설렁하다 ①텅 빈 듯하다. ②
서늘한 바람이 불어 좀 추운
듯하다. >살랑하다. 🔒썰렁하
다.

설레다 마음이 가라앉지 아니
하고 들떠서 두근거리다.

설레설레 머리 등을 가볍게 좌
우로 흔드는 모양. 🔵설설. >
살래살래. 🔒썰레썰레.

설리번【인명】헬렌 켈러를 가
르친 여선생.

설립[설닙] 만들어 세움. 예도
서관을 설립하다. -하다.

설마 아무리 그러하기로. 예설
마가 사람 죽인다.

설명 알기 쉽게 풀어서 밝힘.

🔁해설. -하다. 【說明】

설명문 사물의 내용·뜻·까
닭 등을 알도록 자세히 일러
주는 글.

설명서 어떤 것의 내용·사용
법 등을 설명한 것.

설문 조사 몇 가지 질문을 통
하여 관심 있는 연구 사항을
조사하는 일. -하다.

설법[설뻡] 불교의 도리를 설
명하여 가르침. -하다.

설비 베풀어서 갖춤. 예부족한
기계 설비를 갖추다. -하다.

설:빔 설을 맞이하여 새로 차
려입는 옷. -하다.

설사[설싸] 배탈이 났을 때 누
는 묽은 똥. -하다.

설상 가상 〔눈 위에 또 서리가
덮인다는 뜻으로〕 불행이 연
거푸 일어남을 이르는 말.

설상차[설쌍차] 폭이 넓은 궤
도를 장비하여 눈 위를 달릴
수 있도록 만든 차.

설설 천천히 가는 모양. 예벌
레들이 설설 기어다닌다. >
살살.

설악산 강원도 양양군과 인제
군 사이에 있는 산. 주봉은
대청봉이며 경치가 아름답고
특히 가을 단풍이 뛰어남.
1970년 3월에 국립 공원으로
지정됨. 높이 1,708m.

설욕 전에 패배했던 부끄러움
을 씻어 내고 영광을 되찾음.

설:움 쉽게 느껴지는 마음. 🔁
슬픔.

설익다[설릭따] 덜 익다.

설주[설쭈] ①문의 양쪽에 세
우는 기둥. 🔵문설주. ②얼레
의 기둥이 되는 나무 부분.

설총【사람】신라 시대의 문
신·학자. 강수·최치원과 함
께 신라의 3대 문장가. 원효
대사의 아들로서 이두를 만들

었다고 전함.

설치 갖추어 놓음. 베풀어 놓음.
- 하다. 【設置】

설치다 행동을 거칠게 하면서
날뛰다.

설탕 사탕수수·사탕무 등을
원료로 하여 만들어 내는 단
맛이 매우 강한 식품.

설형 문자 지난
날, 바빌로니아
와 아시리아에
서 쓰던 쐐기
모양의 글자.
[설형문자]

설화 ①이야기. ②신화·전설·
민담 등을 줄거리로 한 사실
과는 먼 옛 이야기.

설:다[설따] 서럽다. 원통하고
슬프다.

섬¹ 곡식 들의 양을 셈하는 단
위. 한 말의 열 갑절. 비석.

섬² 사방이 바다로 둘러싸인
작은 땅. 비도서.

섬기다 윗사람을 잘 모시어 받
들다. 예부모님을 섬기다.

섬:기슭[섬끼슥] 섬의 끝머리.

섬:나라 섬으로 이루어진 일
본·필리핀과 같은 나라.

섬돌 오르내리게 된 돌층계.

섬뜩하다 가슴이 덜컥하도록
무섭고 꺼림칙하다.

섬:마을 사방이 바다로 둘러싸
인 섬에 있는 마을.

섬멸 모조리 무찔러 멸망시킴.
예왜군을 섬멸하다. - 하다.

섬세 ①곱고 가늚. 예섬세한
짜임새. ②감정 또는 행동이
찬찬하고 세밀함. 예성격이
섬세한 사람. - 하다. -히.

섬유 ①생물체의 몸을 이루는
가늘고 긴 실같은 물질. ②직
물이나 종이의 원료가 되는
것. 올실. 예섬유 산업.

섬유 공업 면화·누에고치·
양털 등에서 실을 뽑아 내거

나 옷감을 짜는 공업.

섬진강 전라 북도 진안군에서
시작하여 남해로 흘러들어가
는 강. 길이 212km.

섭섭하다 서로 헤어지기가 마
음에 서운하고 안타깝다. 비
서운하다. 섭섭히.

섭씨 물의 어느 점을 0도, 끓
는 점을 100도로 한 온도계의
눈금의 이름. 기호는 'C'로
표시함.

섭취 양분을 빨아들임. 예충분
한 영양분을 섭취하다. - 하
다.

성¹ 적을 막기 위하여 쌓아 올
린 높은 담. 【城】

성:² 노여워하거나 언짢게 여
기어 왈칵 치미는 감정. 예성
이 머리 끝까지 나다. 흘역정.

성:³ 생물의 암수나 사람의 남
녀 구별. 예남성과 여성. 【性】

성:⁴ 한 줄기의 혈통끼리 가지
는 칭호. 【姓】

성:가 ①신성한 노래. ②천
주·천신·성인을 찬송하는
노래. 예성가대. 비찬송가.

성가시다 자꾸 귀찮게 굴어서
마음에 싫다.

성:격 사람마다 가진 특별한
성질. 예성격이 명랑하다. 비
성품. 【性格】

성:경 종교상 신앙의 최고 법
전이 되는 책. 크리스트교의
신약·구약 성서, 불교의 팔
만 대장경. 유교의 사서 오경.
회교의 코란 등이 있음. 비성
서. 【聖經】

성공 목적이나 뜻을 이룸. 비
성취. 반실패. - 하다. 【成功】

성과[성꽈] 일의 이루어진 결
과.

성곽 성 둘레의 벽.

성:교육 주로 청소년을 대상으
로 성에 대한 과학적인 지식

을 올바르게 지도하기 위한 교육.

성균관 조선 태조 때 서울에 설치한 최고 교육 기관.

성금 정성으로 내는 돈. 예불우 이웃 돕기 성금. 비헌금.

성:급하다 성질이 팔팔하고 몹시 급하다. 오래 참지 못하다. 성급히.

성기다 사이가 배지 아니하고 뜨다. 반배다. >상기다.

성남 경기도의 한 시로, 서울의 남쪽에 있는 신흥 도시.

성:내다 노여움을 드러내다.

성냥 얇은 나뭇개비 끝에 유황을 발라서 마찰에 의해 불을 켜는 물건의 한 가지.

성냥개비 성냥의 낱개비.

성냥팔이 소:녀【책명】 덴마크 출신의 소설가 안데르센이 지은 동화. 눈 내리는 겨울밤에 추위에 얼어서 목숨을 잃게 되는 성냥팔이 소녀의 가엾은 이야기.

성년 만 스무 살 이상이 되어 신체나 지능이 완전히 발달되어 행위 능력이 있다고 보는 나이. 성인. 반미성년.【成年】

성:능 기계의 성질과 능력. 일을 해 내는 힘. 예갈수록 컴퓨터 성능은 좋아지고 있다. 비기능.

성:당 ①천주교의 교회당. 주당. ②공자를 모신 사당. 문묘.

성대¹ 소리를 내는 기관. 목청.

성:대² 일이 아주 크고 훌륭함. 예성대한 결혼식. 반간소. ―하다. ―히.【盛大】

성:덕 대:왕 신라 제33대왕(재위702~737). 휘는 융기.

성량 사람이 낼 수 있는 소리의 크기나 또는 강한 정도. 예성량이 풍부한 성악가.

성리학 중국에서 일어난 유학의 한 종류. 인간의 참다운 모습을 물질적인 것보다 이성적인 측면인 이를 통해 연구하는 학문.

성립[성닙] 일이 이루어짐. 비성취. ―하다.【成立】

성명¹ 여러 사람에게 밝혀서 말함. ―하다.【聲明】

성:명² 성과 이름. 높성함.

성묘 조상의 산소를 찾아가서 살펴 돌봄. 주로 설날·한식날·추석에 행함. ―하다.

성문 성을 드나드는 문. 서울의 남대문·동대문 등.【城門】

성:미 본디 가지고 있는 마음의 바탕.

성:별 남녀의 구별.【性別】

성부 발성이 가능한 높낮이에 따라 구분한 각 목소리의 부분. 소프라노·알토·베이스 따위.

성분 무엇을 이룬 바탕이 되는 것. 예물의 성분.【成分】

성불사 황해도 황주군 주남면 정방리에 있는 절. 노래로 유명함.

성삼문【사람】[1418~1456] 조선 세종 때의 충신이며 학자. 사육신 중의 한 사람. 집현전 학사로 정인지 등과 세종 대왕을 도와 한글을 만드는 데 공을 세웠음. 세조 때 피살됨.

성:서 ⇨ 성경.【聖書】

성:선설 인간의 본성은 본디 착하다는 주장. 반성악설.

성성하다 머리털이 희끗희끗 많이 세다.

성:쇠 성함과 쇠퇴함. 잘 되고 못됨. 예흥망 성쇠.

성:수기 어떤 물건이 한창 쓰이는 시기.【盛需期】

성숙 ①열매가 익음. ②다 자람. 반미숙. ―하다.【成熟】

성:스럽다(성스러우니, 성스러

위서) 거룩하고 고상하며 훌
륭하다.

성실 거짓이 없고 정성스러움.
예성실한 사람은 끝내 성공한
다. 비진실. -하다. -히.

성심껏 정성스러운 마음을 다
하여. 예환자를 성심껏 간호
하다. 비정성껏.

성악가 노래 부르는 것을 전공
하는 음악가. 반기악가.

성:악설 인간의 본성은 악이라
고 주장하는 학설. 중국의 순
자가 제창한 것으로 인간은
타고날 때부터 자기 이익만을
취하려는 마음이 강하다고 주
창함. 반성선설.

성에 추운 겨울에 유리·굴뚝
등에 수증기가 허옇게 얼어붙
은 것. ×성애.

성:역 종교상 신성하여 잘못을
저지르면 안 되는 지역.

성:왕〖사람〗[?~554] 백제 제
26대 왕(재위 523~554). 서울
을 웅진(지금의 공주)에서 사
비성(지금의 부여)으로 옮긴
후 나라의 기틀을 잡고, 잃었
던 한강 유역을 되찾았음.

성우 주로 라디오 방송극을 전
문으로 하는 목소리 배우.

성:웅 뛰어난 영웅. 예성웅 이
순신 장군. 비영웅.

성원 옆에서 힘을 북돋아 주는
응원이나 원조. -하다.〖聲援〗

성은 넘치는 은혜.

성의 참되고 정성스러운 마음.
비성심.

성인1 만 스무 살 이상이 된
남녀. 비어른. 반미성인.

성:인2 슬기와 덕이 뛰어나게
높아 길이길이 우러러 본받을
만한 사람. 세계의 4대 성인
은 석가·예수·공자·소크라
테스임. 비성자.

성:자 지혜와 덕이 뛰어나 길

이 남들이 본받을 만한 사람.
예슈바이처는 아프리카의 성
자로 불린다. 비성인. 〖聖者〗

성장 자라서 점점 커짐. 또는
성숙해짐. 예경제 성장. 비성
숙. 반쇠퇴. -하다.

성장기 체구나 규모가 자라나
는 시기.

성적 ①어떤 일을 치른 뒤에
나타나는 결과. ②시험의 점
수. 예학업 성적. 〖成績〗

성적표 학습이나 훈련의 결과
를 적은 표. 비통지표.

성:전1 ①성인이 쓴 고귀한 책.
②어떤 종교에서 근본이 되는
책〔불교의 경전·기독교의 성
서·이슬람교의 코란 등〕.

성전2 거룩하고 성스러운 곳.

성조기 미국의 국기. 열세줄의
적백색의 가로선과 푸른 바탕
에 주를 상징하는 쉰 개의
흰 별이 있음.

성종1〖사람〗[960~997] 고려
제6대 왕(재위 981~997). 교
육·정치 제도를 정비하였음.

성종2〖사람〗[1457~1494] 조선
제9대 임금(재위 1469~1494).
학문을 즐겼고 〈경국대전〉
을 완성하였으며, 국가의 제
도를 정비하였음.

성주 성의 우두머리. 〖城主〗

성:지 종교상으로 관련이 있는
거룩하게 여겨지는 땅. 예예
루살렘 성지.

성:직자 종교적 직분을 맡은
사람. 목사·신부·승려 등.

성:질 사람이 본디부터 가지고
있는 본바탕이나 타고난 기
질. 비성격. 성미. 〖性質〗

성:찬 풍성하게 잘 차린 음식.
예진수 성찬.

성채 성과 요새.

성취 일을 생각했던 대로 다
이룸. 예소원을 성취하다. -

하다.

성큼성큼 다리가 긴 사람이 걸어가는 모양. 또는 발을 가볍게 높이 들어 걷는 모양. > 상큼상큼.

성:탄 ①성인이나 임금이 태어남. ②'성탄절'의 준말.

성:탄 예배 예수의 탄생을 축하하기 위하여 크리스마스에 드리는 예배.

성:탄절 예수 그리스도가 탄생한 날. 크리스마스. 12월 25일.

성터 성이 있었던 자리. 🄑성지.

성패 성공과 실패. 일의 됨과 아니됨.

성:품 사람의 됨됨이. 성질과 품격. 🄐차분한 성품. 🄑성격.

성하다¹ ①본디대로 온전하다. ②흠이 없다. 🄐성한 데가 없다. ③몸에 병이 없다.

성:하다² ①기운이나 세력이 왕성하다. 🄐나라가 한창 성하다. ②초목이 무성하다. 🄐산에 나무가 성하다.

성:행 매우 성하게 유행함. 🄐독감이 성행하고 있다. ─하다.　　　　　　　【盛行】

성:향 성질의 경향. 🄐남다른 성향의 사람. 🄑기질.

성:현 덕망이 높고 어진 사람.

성호사설【책명】 조선 숙종 때의 실학자 이익이 지은 책. 천지·만물·인사·시문 등으로 나누어 모은 책. 30권 30책.

성:화 ①신에게 바치는 성스러운 불. ②올림픽 대회장에 켜 놓은 불.　　　　　【聖火】

성화같다 몹시 다급하다. 🄐재촉이 성화같다.

성:황 어떤 일이 성대하게 이루어지고 있는 모양. 🄐성황리에 끝난 음악회.

성황당 마을을 지키는 토속신인 서낭신을 모신 곳. 서낭당.

섶¹ 누에가 고치를 짓도록 마련해 놓은 짚이나 잎나무.

섶² 두루마기나 저고리의 깃 아래에 달린 긴 헝겊. 🄫옷섶.

세:¹ 남의 집이나 물건을 빌려 쓰고 그 대가로 내는 돈.【貰】

세:² 셋. 삼(3). 🄐세 사람.

세:간 집안 살림에 쓰는 물건.

세:계 ①지구 위의 모든 나라. 🄑세상. ②무한한 공간. ③같은 종류끼리의 모임.　【世界】

세:계관 세계와 거기에 살고 있는 사람들에 대하여 생각하는 의견. ＊인생관.

세:계 기능 올림픽 대회 국가 간의 직업 훈련·기능 수준 향상·국제 친선을 도모하기 위하여 31개부문의 산업기능을 겨루는 대회.

세:계 기상 기구 국제 연합 전문 기구의 하나. 기상 관측의 국제적 협력과 각국의 기상 정보 교환 및 연구를 하는 기구.

세:계 대전 세계적인 규모의 전쟁〔제1차 세계 대전과 제2차 세계 대전을 이름〕.

세계:명작 동화집 세계의 어린이들이 쉽게 읽을 수 있도록 재미있고 유익한 내용으로 만든 이야기책.

세:계 보건 기구 국제 연합 전문 기구의 하나. 1948년 4월 7일에 설립되었으며, 보건 위생 향상을 위한 국제 협력이 목적임. 본부는 제네바에 있음.

[마크]

세:계사 세계 전체를 체계적으로 통일시킨 인류의 역사.

세:계 인권 선언 1948년 국제 연합총회에서 채택된 선언.

세계의 모든 국민이나 국가가 이룩해야할 인권 존중의 기준을 밝힌 것임. 법적 구속력은 없음.

세:계적 온 세계에 알려지거나 관계된. 예세계적인 우리 문화. 비국제적.　　【國際的】

세:계 지도 세계를 그린 지도. 비만국 지도.

세:공 ①작은 물건을 만드는 수공. ②잔손이 많이 가는 수공.

세:관원 비행장·항구·국경 지대 등에 있는 세관에서 여객이나 수출입 화물에 대한 검사·검역 등의 일을 맡아 보는 사람.

세:균 한 개의 세포로 된 가장 간단한 미생물. 병을 일으키는 것도 있음. 박테리아. 준균.

세:그루갈이 같은 농토에서 1년에 세 번 농작물을 심어 거두어 들이는 일.

세:금 나라에서 쓰는 비용을 마련하기 위하여 국민으로부터 거두어들이는 돈. 비조세.

세:기 ①시대 또는 연대. ②서력에서 100년을 한 묶음으로 한, 연대를 세는 말.　【世紀】

세:뇌 어떤 관념으로 머리가 굳어진 사람에게 선전이나 계몽을 통하여 새로운 사상을 주입함. 예세뇌 교육. -하다

세:다¹ 머리털이 희게 되다.

세:다² 수를 헤아리다.

세:다³ ①힘이 많다. ②세력이 크다. 예물살이 세다. ③견디는 힘이 강하다.

세:대 ①어떤 연대를 갈라서 나눈 층. 여러 대. ②한 시대 사람들. 예청소년 세대.【世代】

세:대 교체 새 세대가 낡은 세대와 바꿈.

세:도 정치 왕의 신임을 받는 사람이 마음대로 하던 정치. 조선 순조 이후 3대에 걸쳐 왕의 외척들이 50년 가까이 세도 정치를 계속하였음.

세레나:데 밤에 연인의 창가에서 부르는 노래. 소야곡.

세:력 ①권세의 힘. 예세력이 날로 커지다. 비권력. 준세. ②일을 하는 데 필요한 힘.

세:련 갈고 다듬어 우아하고 고상하게 함. 예세련된 옷차림.

세:례 ①크리스트교에서 죄악을 씻고 새 사람이 된다는 뜻으로 하는 의식. ②한꺼번에 몰아치는 비난이나 공격. 예폭탄 세례.

세:로 위에서 아래로의 방향. 반가로.

세:로 글씨 위에서 아래로 내려쓰는 글씨. 반가로 글씨.

세:로좌:표 좌표평면 위의 점에서 세로축에 내린 수선이 마주 대하는 세로축 위의 수.

세:로축 좌표평면에서 세로로 놓인 수직선. 반가로축.

세르반테스【사람】[1547~1616] 에스파냐의 소설가. 전쟁과 노예 생활··감옥 생활 등, 기구한 생활을 하다가〈돈키호테〉를 발표하여 이름이 났는데, 폭넓은 공상을 바탕으로 한 뛰어난 작품으로 평가됨.

세:마치 대장간에서 쇠를 불릴 때에 세 사람이 돌려 가며 치는 큰 마치.

세:면 얼굴을 씻음. 비세수. -하다.　　　　　　【洗面】

세:면 도:구 세수하는 데 쓰이는 용품. 비누·수건 따위.

세:모 삼각형의 각 모. 삼각.

세:무 세금을 매기고 거두는 일.

세:무서 국세청에 딸려 있으면

서 각 지방의 세금에 관한 일을 맡아 보는 관청.

세미나 어떤 문제에 대해 여러 사람이 토론·연구하는 것.

세:밀 가늘고 조밀함. 예세밀한 지도. 비정밀. 치밀. -하다. -히. 【細密】

세:배 새해에 옷 어른에게 드리는 인사. -하다.

세:병관 경상 남도 충무시에 있는 조선 시대의 건축물. 보물 제293호.

세:분 잘게 나누거나 자세하게 분류함. 예토론할 내용을 세분하다. -하다. 【細分】

세:상 ①사회. ②모든 사람이 살고 있는 지구 위. 비세계. ③마음대로 할 수 있는 곳. 예제 세상이구나. 【世上】

세:상 만:사 세상의 온갖 일.

세:상살이 세상을 살아가는 일.

세:세하다 자세하다. 상세하다. 예세세한 지도. 세세히.

세:속 이 세상. 속세. 【世俗】

세:속 오:계 신라 시대, 화랑들이 꼭 지키도록 정했던 다섯 가지 가르침. 즉 나라에 충성하고, 부모에 효도하고, 믿음으로 친구를 사귀고, 싸움에 나가서는 물러서지 않으며, 산 것을 함부로 죽이지 않는 것.

세:습[1] 세상의 풍습.

세:습[2] 재산·지위·업무 등을 물려 받는 일. -하다.

세:시 ①새해 설. ②일 년 중의 때때. 예세시 풍속.

세:심 꼼꼼하게 조심하는 마음. 예세심한 배려. -하다. -히.

세:액 세금의 액수. 【稅額】

세우다 ①서게 하다. 예아이를 일으켜 세우다. ②움직임이나

가던 것을 멈추게 하다. 예택시를 세우다. ③계획 등을 짜다. ④날카롭게 하다. 예칼날을 갈아서 세우다. ⑤잃지 않고 보전하다. 예체면을 세우다.

세:월 흘러가는 시간. 예세월이 참 빠르다. 비광음. 【歲月】

세:율 세금을 매기는 비율.

세이프 ①야구에서 주자가 아웃을 면하는 일. ②정구에서 공이 경기장의 규정선 안에 들어가는 일. 반아웃. 【safe】

세:인 세상 사람. 【世人】

세일 판매. 매출. 음바겐 세일.

세일즈맨 판매원. 외판원.

세:자 임금의 자리를 이어받을 아들. 태자. 예세자 책봉. 비태자. 음왕세자. 【世子】

세:자빈 세자의 아내.

세:제 몸이나 의류 따위에 묻은 물질을 씻어 내는 데 쓰이는 약품. 예중성 세제. 【洗劑】

세:제곱미터 한 모서리의 길이가 1m인 정육면체의 부피의 단위〔'1세제곱미터'라고 읽고 '1㎥'로 씀〕.

세:조〖사람〗[1417~1468] 조선 제7대 왕(재위 1455~1468). 왕이 되기 전은 수양 대군. 단종을 몰아내고 왕위에 오름. 【世祖】

세:종〖사람〗[1397~1450] 조선 제4대 왕(재위 1418~1450) 훈민정음을 창제했으며 밖으로는 국토를 정비하고, 안으로는 민족 문화를 크게 일으키는 등 여러 방면에 큰 업적을 남겼음.

세:종 문화 회:관 우리 나라 문화 예술의 대전당. 서울 종로구 세종로에 있음.

세:차 자동차에 묻은 흙이나 먼지 따위를 씻어 내는 일.

세:차다 힘차고 억세다. 거세다. 예불길이 세차다.

세:척 깨끗이 씻음. -하다.

세:탁 빨래. 예세탁소.

세:탁기 전기를 이용하여 빨래하는 데 쓰는 기계.

세:태 세상의 형편이나 상태.

세트 ①식기나 기구 등의 한 벌. 예커피 세트. ②한 시합 중의 한 구분.

세:파 모질고 거센 세상의 어려움.

세:포 생물체를 이루고 있는 기본적인 구성 단위. 예세포 조직.

센:물 칼슘·마그네슘·철분 등의 광물질이 많이 들어있는 물.

센세이션 많은 사람들을 순식간에 크게 감동시키거나 물의를 일으키는 것.

센스 미묘한 의미를 잘 찾아 내는 능력. 감수성. 분별. 【sense】

센터 중심. 복판. 【center】

셀로판 비스코스라는 물질로 만든 종이 같은 물질. 유리처럼 환히 비치며 반짝거림.

셀로판종이 셀로판을 종이처럼 얇게 한 것. 담뱃갑·캐러멜갑 등을 싸는 데 많이 쓰이고 있음.

셀프:서비스 음식점이나 상점에서 손님이 직접 필요한 것을 챙기도록 하는 것.

셈: 주고받을 액수를 서로 따지어 밝히는 일. 예값을 셈하다. 비계산. -하다.

셈:여림표 악곡의 셈여림의 정도를 나타내는 표. 강약 부호.

셋방살이 남의 집 방을 빌려서 사는 살림살이.

셋:집[세찝] 세를 내고 빌려 사는 집. 비세가.

셔:츠 윗도리에 입는 소매가 긴 서양식 옷. 【shirt】

셔틀콕 배드민턴 경기에 쓰이는 깃털 공.

소¹ 소과에 딸린 동물. 힘이 세고 성질이 온순함. 예소 잃고 외양간 고친다.

소² 떡이나 만두 또는 통김치·오리 속에 맛을 내기 위하여 넣는 여러 가지 재료. 예만두 소.

소가족 부부 중심으로 이루어진, 식구가 적은 집안. 비핵가족. 반대가족. 【小家族】

소각 태워 없애 버림.

소:갈머리 '마음속'의 낮춤말. 예소갈머리 없다.

소:감 느낀 바 생각. 예그 책을 읽은 소감을 말하다.

소개 ①모르는 사이를 잘 알도록 관계를 맺어 줌. ②두 사람 사이에 들어서 관계를 맺어 줌. 예집을 소개하다. ③잘 알려지지 않은 것을 알게 해 줌. 예새로 나온 책을 소개하다. -하다.

소개업 소개비를 받고 직업·집·토지 등의 매매나 임대·전세 등 소개를 하는 직업.

소:견 사람이나 사물의 현상을 보고 가지는 바의 의견이나 생각. 예좁은 소견. 비의견.

소:경 ①눈이 보이지 않는 사람. 비봉사. 존장님. ②'사물에 어둡거나 글을 모르는 사람'을 비유한 말.

소:고 농악기의 하나. 얇은 가죽으로 메운. 운도가 낮고 작은 북. [소고]

소:고춤 옛날부터 우리 민족이 즐기던 농악춤의 하나. 소고를 치며 춤.

소곤거리다 남이 못 알아듣게 작은 소리로 이야기하다.

<수근거리다.

:공녀【책명】 미국의 여류 소설가 버네트가 지은 소설. 언제나 용기를 잃지 않고 슬픔을 이겨 나가는 세레아 크루의 이야기.

:공자【책명】 미국의 여류 소설가 버네트가 지은 소설. 착한 어린 소년 센데어의 이야기.

:관¹ 맡아 다스리는 바. 예교육부 소관. 【所管】

:관² 관계되는 바. 예팔자 소관이다. 【所關】

:국 작은 나라. 반대국.

:굴 도둑이나 나쁜 짓을 하는 무리들이 숨어 사는 곳.

:규모 작은 규모. 반대규모.

:극적 무슨 일에 대하여 앞장서서 하지 않는 태도나 남이 시키는 대로 따라서 하는 모양. 예소극적 태도. 반적극적.

:금 음식물에 짠맛을 내는 데 쓰이는 나트륨과 염소의 화합물. 염화나트륨이라고도 하며, 바닷물을 증발시켜서 얻음.

:금물 가림 좋은 볍씨를 가려 내기 위하여 소금물에 볍씨를 넣어 알아보는 것.

:금쟁이 소금쟁이과에 딸린 곤충. 몸은 흑갈색이나 앞가슴 부분에는 갈색의 세로 무늬가 있으며 발이 길고 끝에 털이 있어 물위를 뛰어다님.

:급 과거로 거슬러 올라가서 미침. 예세금을 소급해서 부과하다. -하다.

:꿉장난 아이들이 그릇 등을 가지고 살림살이하는 흉내를 내며 노는 장난.

:나기 갑자기 세차게 쏟아지다 그치는 비.

:나무 늘 푸른 큰 키나무. 껍질은 검붉고 비늘 모양이며,

바늘 모양의 잎이 두 개씩 모여남. 건축 재료·땔감 등으로 많이 쓰임.

소나타 기악곡의 한 형식으로, 보통 네 개의 악장으로 되어 있는 큰 악곡. 【sonata】

소:녀 나이 어린 여자 아이. 예소녀 시절. 반소년. 【少女】

소:년 나이가 어린 사내 아이. 반소녀. 【少年】

소:년단 ⇒보이 스카우트. 반소녀단. 【少年團】

소달구지 소가 끄는 수레.

소담스럽다(소담스러우니, 소담스러워) 탐스럽다. 보기에도 아름답고 먹음직스럽다.

소:대 몇 개의 분대로써 이루어지는 군대의 한 단위.

소:대장 소대를 거느려 나가는 장교. 보통 소위나 중위가 됨.

소독 병균을 죽이는 일. -하다.

소독저 소독한 나무젓가락.

소동 시끄럽게 떠듦. 예소동을 일으키다. 비소란. -하다.

소:득 일의 결과로 얻어지는 이익. 예이번 일은 소득이 많다. 비수입. 반지출. 손실. 준득.

소등 불을 끔. 예소등 시간.

소:라 고등과의 나사 조개. 겉껍질은 짙은 흑갈색. 속은 진줏빛을 내는 조개. 살은 먹고, 껍데기는 세공, 자개·단추의 재료로 씀. [소라]

소:라게 바닷게를 통틀어 이르는 말. 새우와 게의 중간형인데, 다른 조개나 고등 따위의 빈 껍데기 속에 꽁무니를 박고 삶.

소란 시끄럽고 어수선함. 반정숙. -하다. -스럽다.

소:량 적은 분량. 땐다량.

소련〖나라〗 유럽 동부로부터 아시아 북부에 걸쳐 있던 연방 공화국. 공산 국가의 우두머리가 되는 나라였으나, 1991년에 러시아를 비롯한 각 공화국들이 각자 독립됨에 따라 붕괴됨. 수도는 모스크바였음.

소록소록 아기가 귀엽게 자는 모양.

소:론 조선 시대 당파의 하나. 서인에서 윤증 등 소장파가 갈리어 나와 세운 당파. 땐노론.

소르본 대:학 프랑스 파리에 있는 유럽에서 가장 오래된 대학의 하나. 1253년에 성직자 소르본이 세웠음.

소:름 춥거나 무섭거나 징그러울 때 살갗에 도톨도톨하게 돋는 것.

소리 ①음성. ②물체의 떨림에 의하여 일어나는 음파. ③노래.

소리굽쇠 소리의 성질을 연구하는 데 쓰이는 유(U)자 모양의 기구. 망치로 가볍게 치면 맑은 소리를 냄. 땐음차.

소리 글자[소리글짜] 글자 하나하나에 뜻이 없이 소리만 나타내는 글자. 즉 한글·로마 글자 ·일본의 가나 등. 땐표음 문자. 땐뜻글자. ⚫소리글.

소리꾼 판소리나 잡가·민요 따위를 잘 부르는 사람. 소리쟁이.

소리 마디 닿소리와 홀소리가 어울려 소리를 내는 단위. 땐음절. 〈보기〉 (방: 한 개의 소리 마디. 가방 : 두 개의 소리 마디.)

소:망 바라는 일. ⚫소망을 이루다. 땐소원. 희망. -하다.

소매¹ 옷옷의 좌우에 있는 두 팔을 꿰는 부분.

소:매² 소비자에게 직접 팔거나 조금씩 나누어 팖. 땐도매. -하다.

소:매값 물건이 만들어져 도매상과 소매상을 거쳐 사는 사람들에게 이르는 가장 나중의 값.

소:매상 생산 공장이나 도매상에서 물건을 사다가 소비자에게 파는 장사, 또는 그 장수 산매상. 땐도매상. 【小賣商】

소매치기 남의 몸에 지닌 것을 몰래 훔쳐 내는 일.

소맷자락 소매의 드리운 부분. ⚫소맷자락에 매달리다.

소멸 사라져 없어짐. 자취도 남지 않도록 없애 버림. -하다.

소모 써서 없앰. 써서 닳아 없어짐. ⚫체력 소모. 땐소비.

소모품 쓰는 대로 닳아서 없어지거나 못 쓰게 되는 물품. 잉크·종이·연탄 따위.

소몰이 소를 몰고 다니는 일. 또는 소를 모는 사람.

소:묘 어떤 한 가지 색으로 대상물의 윤곽을 그린 그림. 데생.

소:문 여러 사람들 입에 오르내려 전하여 들리는 말. 땐풍문. 【所聞】

소박 꾸밈이나 거짓이 없이 있는 그대로. ⚫소박한 차림을 좋아한다. -하다. 【素朴】

소반 음식을 놓고 먹는 상. 다리가 짧은 작은 상.

소방관 불이 나지 않게 미리 막거나 불을 끄는 일을 맡은 사람. 소방 공무원.

소방서 불이 나지 않도록 단속하고, 난 불을 끄는 일을 맡은 기관.

소방차 불을 끄는 자동차. 🖾 소방 자동차.

소:백 산맥 태백 산맥에서 갈리어 서쪽으로 달리다가 서남쪽으로 뻗어내려 영남 지방과 호남 지방과의 경계를 이루는 산맥.

소:복 상복을 입음. 흰옷을 입음.

소복소복 물건이 많이 담겨 있거나 쌓여 있는 모양. <수북수북. -하다.

소복하다 ①제법 높이 쌓여 있다. 예소복이 쌓인 눈. ②한자리에 배게 많다. 예풀들이 소복하게 돋아나 있다.

소비 돈이나 물품·시간·노력 등을 들이거나 써서 없앰. 🖾생산. 【消費】

소비자 돈이나 물건을 쓰는 사람, 또는 생산에 직접 관계하지 않은 사람. 예소비자 보호 운동. 🖾생산자. 【消費者】

소비재 사람들의 욕망 충족을 위하여, 일상 생활에서 직접 소비하는 물품들.

소비 조합 물건을 사 쓰는 사람, 즉 소비자가 물건을 싸게 사 쓰기 위하여 만든 단체.

소상 똑똑하고 자세함. 예결석한 이유를 소상히 말하다. -하다. -히. 【昭詳】

소생¹ 다시 살아남. 🖾회생. 회소. -하다. 【蘇生】

소:생² '자기'의 낮춤말. 【小生】

소:설 지은이의 생각에 따라 인생이나 인간 세계에 이제까지 있었던 일, 또는 있을 수 있는 일을 새롭게 꾸며 낸 줄글 형식의 문학 작품〔길이에 따라 콩트·단편 소설·중편 소설·장편 소설 등의 구별이 있음〕. 【小說】

소:설가 소설을 짓는 사람.

소:속 어떠한 기관이나 단체에 딸림. -하다.

소손녕〖사람〗 거란의 장수. 993년 50만 대군을 이끌고 고려의 서북 국경을 침범함.

소송 법률상의 재판을 법원에 요구함. 예소송을 걸다. -하다.

소:수¹ 수효가 적음. 적은 수. 예소수의 의견. 🖾다수. 【少數】

소:수² 1보다 작은 수 〔0.1, 0.9 따위〕. 🖾자연수. 【小數】

소수³ 2이상의 정수 중 각각 그 인수가 1과 그 수 자신뿐인 수. 〈보기〉2, 3, 5, 7, …, 이 때 1은 소수가 아님.

소수 서원 조선 중종 38년 (1543) 풍기 군수 주세붕이 백운동에 세운 우리 나라 최초의 서원〔백운동 서원의 고친 이름〕.

소:수점 소수를 나타내는 점.

소:수파 딸린 인원수가 적은 파.

소스라치다 깜짝 놀라 몸을 떠는 듯이 움직이다.

소:승 승려가 남 앞에서 자기를 낮추어 이르는 말.

소:시지 소나 돼지의 창자에 곱게 다져 양념을 한 고기를 채우고 삶은 서양식 순대.

소식 안부나 형편을 알 수 있는 편지나 말. 🖾안부. 기별.

소:신 자기가 믿고 생각하는 바. 예소신껏 일하다.

소:심 마음 씀씀이가 작음. -하다.

소:아 어린아이. 【小兒】

소:아 마비 어린아이의 손발에 마비가 일어나는 병. 처음에는 열이 높다가 열이 내리면서 마비증세를 보임. 생후 2, 3개월부터 예방 주사를 맞아

예방함.

소:야곡 밤에, 사랑하는 사람의 집 창 밑 등에서 남자가 부르거나 연주하던 사랑의 노래. 세레나데. 【小夜曲】

소양 평소에 닦아 쌓은 교양. ⑩문학에 소양이 깊다.【素養】

소양강 북한강의 지류. 강원도 인제군 서화면에서 시작하여 양구를 거쳐 춘천시 북쪽에서 북한강과 합류되는 강. 길이 166.2km

소양강 댐 강원도 춘천시 북한강의 상류를 막아 만든 동양 최대의 다목적 댐. 1973년 10월에 완공.

소외감 주위로부터 따돌림을 받는 것같은 느낌.

소:용 ①쓸 데. ②쓰임. ⑩소용 없는 일은 하지 않는 것이 좋다. 비무용. 【所用】

소용돌이 물이 빙빙 돌며 흘러가는 현상, 또는 그런 곳.

소:우주 우주의 한 부분이면서도 마치 그것이 독립된 하나의 우주처럼 여겨지는 것.

소:원 마음 속으로 꼭 바라는 일. ⑩우리의 소원은 통일. 비소망. -하다.

소:위[1] 장교의 제일 낮은 계급. 중위의 아래 계급. 【少尉】

소:위[2] 이른바. 【所謂】

소:유 가지고 있음, 또는 그 물건. ⑩주식을 소유하다. -하다.

소음 떠들썩한 소리. 시끄러운 소리. ⑩소음 공해.

소인[1] 우체국에서 우표 등에 찍는, 날짜가 나오는 도장.

소:인[2] ①도량이 좁고, 간사한 사람. 수양이 적은 사람. ②윗사람에게 자기를 낮추어 하는 말. 【小人】

소인수[소인쑤] 어떤 수의 인수 중에서 소수인 인수.

소인수 분해 어떤 수를 소수인 인수만의 곱으로 나타내는 것.

소일 ①하는 일 없이 세월을 보냄. ②어떠한 일에 마음을 붙여 세월을 보냄. ⑩바둑으로 소일하다. -하다.

소:임 맡은 바 직책. ⑩소임을 다하다. 【所任】

소:자 부모에 대하여 아들이 자기를 낮추어 이르는 말. ⑩소자 문안올립니다. 【小子】

소:작 일정한 돈을 내고 남의 논밭을 빌려 농사를 지음.

소:장[1] 군인 계급의 하나. 준장의 위. ⑩육군 소장. 【少將】

소:장[2] 장의 한 부분. 먹은 것을 소화하고 영양을 흡수함. 작은 창자.

소:재[1] 있는 곳. ⑩소재가 분명하지 않다. 【所在】

소:재[2] ①어떤 것을 만드는 데 바탕이 되는 재료. ②예술 작품의 재료가 되는 모든 대상. ⑩학교 생활을 소재로 한 소설. 【素材】

소:재지 있는 곳. 있는 지점. ⑩도청 소재지. ➨소재.

소:제 깨끗이 쓸고 닦아 먼지 등이 없게 함. 비청소. -하다.

소:중하다 매우 귀중하다. ⑩선물을 소중하게 보관하다. 비귀중하다. 소중히.

소:지 가지고 있음.

소:질 본디부터 갖추고 있는 바탕. 천성. 비재질. 【素質】

소집 불러서 모음. ⑩임원 소집, 비상 소집. -하다.

소쩍새 올빼미과의 새. '소쩍소쩍' 또는 '소쩍다소쩍다'하고 우는 데 소리가 매우 처절함.

ㄴ:**청** 남에게 무슨 일을 청함.

ㄴ:**청봉** 강원도 설악산에 있는 봉우리. 대청봉을 오르는 길목에 있음.

ㄴ:**총** 들고 다닐 수 있는 총으로 권총보다 큰 것.

ㄴ:**출** 일정한 논밭에서 나는 곡식의 양. 또는 곡식이 생산되는 형편.

ㄴ**켓** 전구를 꽂아 쓰는 접속 기구〔키소켓·쌍소켓 등이 있음〕.

[소켓]

ㄴ**쿠리** 대나 싸리로 엮어 테가 있게 만든 그릇.

ㄴ**크라테스**〖사람〗〔기원전 469~399〕 고대 그리스의 철학자. 아테네에서 활동하였는데, 시민의 도덕의식을 개혁하는 일, 즉 무지를 자각시키고 서로가 참된 인식(지행 일치)에 도달하게 하려고 노력하였음. 그러나 시민들에게 받아들여지지 않고 고발되어 사형을 당함.

ㄴ**탈** 예절과 형식에 얽매이지 않고 수수하고 털털함. 예소탈한 성격. -하다. 〖疏脫〗

ㄴ:**탕** 휩쓸어 모두 없애 버림. 예범죄 소탕. -하다.

ㄴ:**통** ①막히지 않고 잘 통함. 예공기가 잘 소통하다. ②의사가 상대편에게 잘 통함. 예의사 소통이 잘 되다. 〖疏通〗

소파 등을 기댈 수 있고 팔걸이가 있는 긴 안락 의자.

소:포 물품을 싸서 보낼 수 있는 우편물. 훈소포 우편.

소:품 자그마한 제작품.

소풍 ①운동이나 자연의 관찰을 겸하여 야외로 나가는 일. 비원족. ②산책. -하다.

소프라노 여성의 목소리로서 가장 높은 소리. 또는 그 음역의 가수. 판알토.

소프트웨어 컴퓨터에서 기계 부분인 하드웨어를 움직이는 기술. 곧. 프로그램을 통틀어 이르는 말.

소피스트 ①기원전 5세기경 그리스에서 젊은이들에게 웅변술이나 지식·기능을 가르치던 사람. ②궤변학파. 궤변가.

소:학〖책명〗 지난날. 양반의 자제들이 여덟 살이 되면 배우던 유학의 기초가 되는 책.

소:행 한 일. 하는 일. 예누구의 소행이냐?

소:형 물건의 작은 형체. 예소형 컴퓨터. 판대형. 〖小形〗

소홀 아무렇게나 생각함. 예경비가 소홀하다. -하다. -히.

소화[1] ①먹은 음식물을 흡수될 수 있는 상태로 변화시키는 작용. ②읽거나 들은 것을 이해하여 자기 지식으로 만듦. 예소화하기 아직 어려운 책. -하다.

소화[2] 불을 끔. 예불이 나자마자 소화했다. 판방화. -하다.

소화기 불을 끄는 기구.

소화 기관 섭취한 음식물의 소화와 흡수에 관계되는 입·식도·위·창자·간 등을 통틀어 이르는 말. 훈소화기.

소화액 먹은 음식물을 소화시키는 액체.

소화전 불을 끄는 데 쓰는 수도의 급수전.

속: ①깊숙한 안. 예땅 속. ②'뱃속'의 준말. 예속이 더부룩하다. ③마음자리. 심보.

속결 빨리 끝을 맺음. 예속전속결로 일을 마무리짓다.

속국 다른 나라에 매여있는 나라. 비식민지. 판독립국.

속기 ①빨리 적음. ②남의 말

을 속기 부호로 빠르게 받아
적는 일, 또는 그 기술. -하
다. 【速記】

속:끓이다 화나 걱정으로 속을
태우다.

속다 남의 꾀에 넘어가다.

속닥속닥 남이 알아듣지 못하
게 자꾸 소곤거리는 모양.
<숙덕숙덕. ⬚쏙닥쏙닥.

속단 빨리 판단함. 속히 판단
함. 신속하게 결단함. ⬚속단
하기는 아직 이르다. -하다.

속달 속히 배달함. 빨리 도착
함.

속담 옛날부터 일반 사람들 사
이에 널리 전해 내려온, 어떤
가르침을 주는 짧막한 말.

속도 빠른 정도. ⬚속력.【速度】

속독 빨리 읽음.

속되다 품위가 없고 세속적이
다. ⬚속된 표현.

속력[송녁] 빠르기. 일정한 시
간동안에 나아가는 거리로 나
타냄. ⬚최고 속력.

속리산[송니산] 충청 북도에
있는 산. 법주사라는 큰 절이
있으며 경치가 아름다워 국립
공원으로 지정되어 있다. 입
구에는 유명한 정이품송 소나무
가 있음. 높이 1,057m.

속:마음 겉으로 드러나지 않는
참마음

속박[속빡] 얽어 매어 자유를
구속함. ⬚속박된 삶. ⬚구속.
⬚해방. -하다.

속보 사람들에게 빨리 알림.
또는 그 보도. 【速報】

속:불꽃 불꽃의 안쪽에 있는
밝은 부분. 불꽃 중에서 가장
밝은 빛을 냄.

속삭이다[속싸기다] 나지막한
목소리로 정답게 이야기하다.

속:상하다 ①마음이 불편하고
괴롭다. ②화나다.

속성 빨리 이룸. ⬚속성 재배
⬚만성. -하다. 【速性】

속:셈 마음 속으로 하는 계산.

속:속들이 깊은 속까지 샅샅
이. ⬚회사 사정을 속속들이
알다.

속수무책 어찌할 도리가 없어
꼼짝할 수 없음.

속어 통속적인 저속한 말.

속이다 정말이 아닌 것을 정말
인 것처럼 믿게 하다.

속임수[소김쑤] 남을 속이려는
꾀.

속절없다 어찌할 바 없다. ⬚
속절없이 흐르는 세월. 속절
없이.

속출 잇대어 나옴. ⬚신기록이
속출하다. -하다. 【續出】

속하다 무엇과 관계되어 딸리
는 그 범위에 들어가다.

속히 빨리. 빠르게. ⬚속히 전
하고 오너라.

숨음질 배게 난 채소 등을 솎
아 내는 일. -하다.

손¹ 주인을 찾아온 사람. ⬚나
그네. 객. ⬚손님.

손² 사람의 팔목 아래. 손바
닥·손등·손가락으로 이루어
진 부분. ⬚물건을 손에 쥐다.

손가락[손까락] 손끝에 달려
있는 다섯 개의 짧은 가락.

손가락질[손까락찔] ①손가락
으로 가리키는 짓. ②남을 흉
보는 짓. -하다.

손금 손바닥 거죽에 난 줄무늬
의 잔 금. ⬚손금을 보다.

손기정〖사람〗 제 11회 베를린
올림픽에서 우리 나라 사람으
로는 처음으로 마라톤에서 금
메달을 획득한 사람.

손길[손낄] 뻗는 손.

손꼽다 손가락을 꼽아 수를 세
다.

손끝 손가락의 끝.

손녀 아들의 딸. 凹여손.【孫女】

손님 ①주인을 찾아온 사람. ②물건을 사러 온 사람. 悤손.

손들다 ①항복하다. ②도중에 그만두다.

손때 오랫동안 길들이고 만져서 묻은 때.

손떼다 중도에 그만두다.

손목 손과 팔이 서로 잇닿은 부분. 몐손목시계.

손발 손과 발. 凹수족.

손버릇[손뻐릇] ①손에 익은 버릇. ②남의 것을 훔치는 버릇. 몐나쁜 손버릇.

손병희【사람】[1862~1922] 독립 운동가. 3·1운동 때 민족 대표 33인 중의 한 사람. 호는 의암. 동학의 3대 교조. 동학의 이름을 천도교로 바꾸었음.

손뼉 손가락과 손바닥을 합친 전체의 바닥.

손:상 떨어지고 상함. 몐명예 손상. -하다. 【損傷】

손:색 서로 견주어 보아서 못한 점. 【遜色】

손수 남의 힘을 빌리지 아니하고 제 손으로. 몐손수 운전하다. 凹몸소.

손수건[손쑤건] 몸에 지니는 자그마한 수건.

손수레 손으로 밀거나 끌고 다니는 작은 수레. [손수레]

손쉽다(손쉬우니, 손쉬워서) 일을 하기에 어렵지 않다.

손:실 ①축나서 없어짐. 몐태풍으로 큰 손실을 입다. ②밑짐. 凹이익. -하다 【損失】

손쓰다 어떤 일에 대해 필요한 조치를 취하다.

손아귀 어떤 세력이 미치는 범위. 수중. 몐손아귀에 들어가다.

손위 자기보다 나이가 많음. 몐손윗사람. 凹손아래.

손:익 손해와 이익. 【損益】

손자 아들의 아들. 凹손녀.

손재주[손째주] 손으로 물건을 다루는 재주. 몐손재주가 좋다. 凹손재간.

손전등[손쩐등] 가지고 다니는 작은 전등. 몐손재주가 좋다. 凹회중 전등.

손질 손을 대어 잘 매만지는 일. 몐그물을 손질하다. -하다.

손:해 해를 입음. 凹손실. 凹이익. 悤손.

솔가지 소나무의 가지.

솔개 매과의 새. 몸 빛깔은 갈색이며 가슴에 흑색의 세로무늬가 있음. 공중을 맴돌며 지상의 먹이를 노림. ×소리개.

솔거【사람】 신라의 화가. 대표작은 황룡사 벽에 그린 〈노송도〉로 새들이 날아들 정도였다고 하지만 전하지 않음.

솔기 옷 등을 지을 때 두 폭을 맞대고 꿰맨 줄. 悤솔.

솔깃하다 그럴 듯하게 여기어 마음이 쏠리어지다. 솔깃이.

솔로몬【사람】 고대 헤브루 왕국의 제3대 왕.

솔바람 소나무 사이로 불어 오는 바람.

솔선[솔썬] 남보다 앞장서서 함. 몐솔선 수범. -하다.

솔:솔 바람이 부드럽고 가볍게 부는 모양. 몐솔솔 부는 가을 바람. 〈술술.

솔숲 소나무가 우거진 숲. 몐울창한 솔숲. 凹송림.

솔이끼 가장 흔히 볼 수 있는 이끼의 한 가지로, 줄기는 가지 없이 곧게 자라고 그늘진 습지에서 자람.

솔잎[솔립] 소나무의 잎.

솔직[솔찍] 거짓이나 꾸밈이 없이 바르고 곧음. 예솔직한 심정. -하다. -히.

솜: 목화씨에 달라붙어 있는 부드럽고 가벼운 섬유질의 물질. 이불에 넣거나 실을 만들어 옷감을 짜기도 함.

솜씨 ①손을 놀려서 물건을 다루는 재주. 예음식 솜씨. ②일을 해 나가는 수단.

솜:털 보드랍고 고운 털.

솜:틀 쓰던 솜을 부풀려 펴서 타는 기계.

솟다[솓따] ①아래에서 위로, 또는 속에서 겉으로 세차게 나오다. 예해가 솟다. ②느낌이나 기운이 생기다. 예용기가 솟다.

솟:대 민속 신앙을 목적으로, 또는 과거에 급제한 사람을 축하하거나, 이듬 해의 풍년을 기원하는 뜻으로 세우던 긴 대.

솟아오르다 솟아서 위로 오르다.

송:가 찬송하는 노래. 기리는 노래. 예찬송가.

송골송골 땀이나 소름 따위가 자디잘게 잇달아 많이 돋아나는 모양.

송:곳 목재·종이·쇠붙이 등에 구멍을 뚫는 뾰족한 연모.

송:곳니[송곤니] 앞니와 어금니 사이의 뾰족한 이.

송:구[1] 두렵고 미안함. -하다. -스럽다.

송:구[2] 묵은 해를 보냄. 예송구영신. 반영신. -하다.

송:금 돈을 부침. 또는 그 돈. -하다.

송금절목[책명] 조선 정조 때 나무를 함부로 베지 못하도록 하는 법을 만들어 기록한 책.

송:나라[960~1277] 중국 왕조의 하나. 우리 나라와는 학문과 예술에 있어서 활발한 교섭을 하며 가깝게 지냈음.

송:달 편지나 서류 또는 물건 등을 보내어 줌. -하다.

송:덕비 공덕을 기리기 위하여 세운 비석.

송도[지명] 개성의 옛 이름. 송악산 밑에 있는 서울이라는 뜻으로 일컫는 말. 고려 시대에는 도읍지였으나, 지금은 북한 땅에 있음. 특산물은 인삼.

송두리째 있는 것은 죄다. 모조리. 예송두리째 잃어버리다.

송림 소나무 숲. 솔숲. 【松林】

송:별 사람을 떠나 보내는 일. 예송별회. 반유별. -하다.

송:사리 민물에 사는 작은 물고기. 몸 길이는 3~4cm정도. 시 냇물이나 연못 같은 곳에 떼 지어서 헤엄쳐 다님.

[송사리]

송송 ①물건을 아주 잘게 써는 모양. 예파를 송송 썰다. ②아주 작은 구멍이 빈틈없이 뚫린 모양. <숭숭.

송:수 물을 보냄. -하다.

송:수관 상수도의 물을 보내는 땅 속에 묻힌 철관.

송:신 다른 것에 통신을 보냄. 반수신. -하다.

송:신기 신호를 전류로 바꿔 신호를 받을 곳까지 보내는 장치. 반수신기.

송:신소 전파를 내보내는 일을 맡은 곳.

송신탑 통신을 보내는 탑.

송아지 소의 새끼.

송알송알 물이 방울방울 엉긴 모양.

송어 연어과의 바닷물고기. 몸

길이는 약 60cm. 등은 짙은 남색, 배는 흰색이고 알을 낳을 때는 강이나 개울로 거슬러 올라옴.

송여종【사람】[1553~1609] 임진왜란 때 이순신 장군 밑에서 활약했던 장군.

송:영 떠나는 사람을 보내고 오는 사람을 맞음.

송:영대 떠나가는 사람을 보내고 오는 사람을 맞는 곳.

송:월대[송월때] 충청 남도 부여의 부소산 꼭대기에 있는 정자[백제 때 기우는 달을 보며, 술잔을 돌렸다고 하여 송월대라 일컬었다고 전함].

송:유관 석유나 원유 등을 딴 곳으로 보내기 위하여 시설한 관.

송이 꽃이나 눈 같은 것의 따로된 한 덩이. 📧꽃 한 송이.

송이송이 '송이마다'의 뜻을 힘있고 재미있게 나타낸 말. 📧송이송이 눈꽃송이.

송:장 죽은 사람의 몸. 🔁시체. 시신.

송:전 발전기에서 일으킨 전기를 송전선을 통하여 가정이나 공장으로 보냄. -하다.

송:전선 발전소에서 변전소나 배전소로 전기를 보내기 위하여 시설한 전깃줄.

송진 소나무에서 나오는 끈끈한 액체.

송충이 소나무 잎을 먹는 해충. 모양은 누에와 비슷하고 몸색깔은 흑갈색임.

송판 소나무 널빤지. 【松板】

송편 멥쌀 가루를 반죽하여 소를 넣고 반달 모양으로 빚어 솔잎을 깔고 찐 떡.

송:환 도로 돌려 보냄. -하다.

솥 쇠나 양은 등으로 만든, 음식을 끓이는 그릇.

쇄:국 정책 다른 나라와 통상을 하지 않고 내왕도 하지 않으려는 정책[대원군의 쇄국정책이 유명함]. 🔁개방 정책. 🍀쇄국책.

쇄:국 주의 다른 나라와 장사나 교통을 아니하려는 주의. 🔁개국주의.

쇄:도 세차게 몰려서 들어옴. 📧신청엽서가 쇄도하다. -하다.

쇄:신 나쁜 폐단을 없애고 사태를 좋고 새롭게 함. 📧운영 체계를 쇄신하다. -하다.

쇠 ①철. ②쇠붙이를 통틀어 일컫는 말. ③'열쇠·자물쇠'를 줄이어 이르는 말.

쇠:가죽 소의 가죽. 🔁우피.

쇠고랑 죄인의 손에 채우는 '수갑'의 속된 말. 🍀고랑.

쇠다¹ ①채소 같은 것이 너무 자라서 억세다. 📧쑥이 쇠어서 먹을 수 없다. ②병이 오래 되어 고치기 어렵게 되다.

쇠:다² 명절이나 생일 같은 날을 지내다. 📧명절을 쇠다.

쇠마치 못 등을 박는 데 쓰는 연장의 한 가지. 쇠뭉치에 자루가 달렸음.

쇠붙이[쇠부치] 금·은·구리·철 등의 금속 원소나 그런 것들이 섞여서 된 물질. 금속.

쇠:비름 밭이나 길가에 나는 한 해살이풀. 굵고 연한 줄기가 땅 위로 뻗고 붉은 색을 띠며, 메마른 땅에서도 잘 자라는 풀.

[쇠비름]

쇠사슬 ①쇠로 만든 고리를 여러개 이어서 만든 줄. 🍀사슬. ②'자유의 구속'을 비유하여 일컫는 말.

쇠스랑 땅을 파 일구거나 두엄을 쳐내는 농기구.

쇠약 튼튼하지 못하고 약함. 약해져서 전보다 못하여 감. -하다.

쇠자 쇠로 만든 자(길이·높이를 재는 기구).

쇠:죽 소의 먹이로 짚과 콩 등을 섞어서 끓인 죽.

쇠진 약하여 없어짐. 예쇠진된 기력. -하다. 【衰盡】

쇠톱 쇠를 자르는 데 쓰는 톱.

쇠퇴 약해져 전보다 못하여짐. 반발전. -하다. 【衰退】

쇤:네 옛날에, 하인 등이 스스로를 낮추어 일컫던 말.

쇼: ①보임. 전시. 예패션 쇼. ②구경거리. 【show】

쇼팽【사람】[1810~1849] 폴란드의 낭만파 음악가. 작품에는 〈강아지 왈츠〉, 〈군대 폴로네즈〉, 〈이별의 노래〉, 〈즉흥 환상곡〉 등이 있음. 피아노의 시인이라 일컬어짐.

쇼핑센터 여러 가지 상품을 파는 소매점이 집중되어 있는 상점가.

수[1] 일을 해 내는 좋은 도리나 방법. 예무슨 좋은 수가 없을까?

수:[2] 헝겊이나 여러 가지 빛깔의 실로 그림이나 글자를 바늘로 떠놓은 일. 예수를 놓다.

수[3] 시나 노래를 세는 말. 예시조 한 수. 【首】

수감 감옥에 가두어 감금함. 반석방. -하다.

수갑 죄인의 두 손을 채우는 쇠로 만든 도구.

수강 강습이나 강의를 받음. 예수강 신청. -하다. 【受講】

수:건 손·얼굴·몸 등을 닦기위해 너비보다 길이를 길게 만든 헝겊 조각. 타월.

수:고 어떤 일을 하느라고 애를 쓰고 힘을 들임. 반노고. -하다.

수공 손으로 하는 공예. 예수공예품. 【手工】

수공업 손이나 간단한 기구를 써서 물건을 만들어 내는 공업. 반기계 공업. 【手工業】

수교 나라와 나라 사이에 교제를 맺음. -하다. 【修交】

수구파 진보적인 것을 외면하고 낡은 제도나 관습만을 따르려는 파.

수군 옛날 바다를 지키던 군대. 지금의 해군. 【水軍】

수군거리다 남이 알아듣지 못하게 낮은 목소리로 이야기하다. 예학생들이 수군거리다. >소곤거리다. 셴쑤군거리다.

수궁가 판소리 열두 마당의 하나. 〈토끼전〉을 판소리로 엮은 것.

수그루 암수로 구별되는 나무 중 수컷에 해당되는 나무로 열매를 맺지 못함.

수그러지다 ①깊이 숙여지다. 예머리가 수그러지다. ②기세가 차차 줄어들다. 예불길이 수그러지다.

수그리다 깊이 숙이다. 예고개를 수그리다.

수금 받아야 할 돈을 거두어 들임. 집금. -하다.

수긍 그러하다고 고개를 끄덕임.

수기[1] 신호할 때 쓰는 작은 기.

수기[2] 체험을 손수 적음. 또는 그 기록. 예생활 수기. 【手記】

수기 신:호 눈으로 볼 수 있는 거리에서 하는 통신 방법의 하나〔선박에서는 오른손에 빨간 깃발, 왼손에는 하얀 깃발을 들고 신호를 함〕.

수나라[581~618] 한나라가 망

한 후 중국 대륙을 지배한 왕조. 고구려를 여러 번 침략하였으나 번번히 실패했음.

수난 ①어려운 처지를 당함. 圓민족의 수난. ②예수가 십자가에 못박힌 고난.

수납 금품 등을 거두어 들임. 圓세금을 수납하다. 【受納】

수녀 수도하는 여자. 圓수녀원. 圓수사. 【修女】

수:놓다 헝겊 따위에 색실로 그림이나 글씨를 떠서 놓다.

수뇌 어떤 집단 등에서 가장 주요한 자리에 있는 인물.

수:다스럽다 (수다스러우니, 수다스러워) 쓸데없는 말이 많고 수선하다.

수단 ①일을 처리해 나가는 솜씨와 꾀. 圓수단이 뛰어나다. 圓방법. ②목적을 달성하기 위한 방법. 【手段】

수당 정한 월급 이외에 주는 돈.

수덕사 대:웅전 고려 말의 건물. 부석사의 무량수전과 함께 고려시대의 대표적인 목조 건물. 충청 남도 예산군 덕산 면에 있음. 국보 제49호.

수도¹ 한 나라의 중앙 정부가 있는 도시. 서울. 圓수도 서울. 수도 워싱턴.

수도² 물을 소독하여 가정이나 그 밖의 필요한 데에 보내 주는 시설. 圓상수도. 【水道】

수도³ 도를 닦으며 수양을 쌓는 일. -하다. 【修道】

수도권[수도꿘] 서울을 중심으로 한 주변 지역을 말함.

수도 꼭지 수돗물을 나오고 멎게 할 수 있도록 만든 수도의 고동. 圓수도 꼭지를 틀다.

수두룩하다[수두루카다] 매우 흔하고 많다. 圓수둑하다. ＞ 소도록하다. 수두룩히.

수라상[수라쌍] 임금의 끼니 음식을 차린 상.

수라장 뒤범벅이 되어 야단이 난 곳. 싸움으로 비참하게 된 곳. 圓수라장으로 변하다. 圓난장판.

수락 요구를 받아들여 승낙함. 圓제안을 수락하다. 【受諾】

수란 달걀을 끓는 물 속에 넣어서 반쯤 익힌 음식.

수:량 수효나 분량.

수렁 흙물이 괸. 오목하게 빠져 들어간 땅.

수레 바퀴를 달아서 굴러가게 만든 물건.

수려 뛰어나게 아름다움. 圓경치가 수려하다. 용모가 수려하다. 圓미려. -하다. 【秀麗】

수력 물의 힘. 【水力】

수력 발전소[수력발쩐소] 높은 곳에서 흘러 떨어지는 물의 힘으로 발전기를 돌려서 전기를 일으키는 시설. 圓화력 발전소.

수련 수양하고 단련함. 인격·기술·학문 등을 닦아서 단련함. 圓단련. -하다.

수렴¹ ①발을 드리움. 또는 그 발. ②'수렴 청정'의 준말.

수렴² 거두어들임. 圓여론 수렴. 의견 수렴.

수렴 청:정 옛날, 임금이 어릴 경우 왕대비나 대왕 대비가 임금을 대신하여 나라의 일을 돌보던 일. 圓수렴.

수렵도 사냥하는 모습의 그림.

수령¹ 당파나 무리의 우두머리.

수령² 조선 시대 각 고을을 맡아 다스리던 지방관(부사·목사·군수·현감 등). 圓원.

수로 물길. 뱃길. 圓육로.

수록 모아 적은 기록. 圓많은 어휘가 수록된 사전. -하다.

수료 일정한 학업이나 과정을

다 배워 마침. 📷박사 과정을
수료하다. －하다. 【修了】

수루 적의 동정을 살피려고 높
이 쌓아 올려 만든 다락집.

수류탄 적의 가
까이에서 손으
로 던지는 폭탄
의 하나.

수륙 물과 뭍.　　[수류탄]

수리[1] 헐고 무너진 것, 고장난
것 등을 고침. 📷수선. －하
다.　　　　　　　　　【修理】

수리[2] 받아서 처리함. 📷사표
수리. －하다.　　　　【受理】

수리떡 쑥으로 수레바퀴처럼
둥글게 만들어 수릿날(단오
날)에 먹는 떡.

수리 시:설 논밭에 물을 대어
주기 위하여 마련해 놓은 것.
저수지나 물길 따위.

수립 국가·정부·제도·계획
등을 이룩하여 세움. 📷새로
운 계획을 수립하다. －하다.

수릿날[수린날] 단오의 옛이
름.

수마 몹시 심한 수해.

수:많다 수효가 아주 많다. 📷
수많은 사람들.

수면1 물의 겉쪽. 물 위의 면.

수면2 잠자는 일. 📷충분한 수
면을 취하다. －하다.

수명 ①살아 있는 시간의 길
이. 목숨. ②사용할 수 있는
시간의 길이. 📷건전지 수명
이 다하다.

수모 남에게 모욕을 당함.

수묵화 채색을 하지 않고 먹의
짙고 옅음으로 나타내는 그
림.

수문 문을 지킴. －하다.

수미 빼어나게 아름다운 눈썹.

수:박 밭에서 나는 한해살이
덩굴식물. 크고 둥근 열매는
맛이 달고 살과 물이 많음.

수발 시중들며 보살피는 일.

수배 범인 등을 잡기 위해 수
사망을 폄.

수:백 100의 두서너 배. 📷수
백년 된 나무.

수법[수뻡] ①만드는 솜씨. ②
수단과 방법. 📷교묘한 수법.

수병 바다를 지키는 군인. 해
군의 병사.　　　　　　【水兵】

수복 잃었던 땅을 도로 찾음.
📷서울을 수복하다. 📷탈환.
－하다.

수북하다 물건이 두둑하게 놓
여 있거나 쌓여 있다. ＞소복
하다.

수분 물기.　　　　　　【水分】

수비군 어떤 곳을 지키는 군
대. 📷공격군.　　　　【守備軍】

수사1 조선 시대 수군을 통
솔·지휘하기 위하여 둔 정삼
품 벼슬. 📱수군 절도사.

수사2 찾아다니며 조사함. 📷범
인의 행방을 수사하다. －하
다.

수산물 바다·강·호수 등의
물 속에서 나는 산물. 📱수산.

수산업 바다나 강에서 물고기
나 조개·바닷말 등의 수산물
을 얻는 산업.

수산업 협동 조합 어민 및 수
산업자들의 협동과 서로간의
도움을 목적으로 조직된 조
합.

수산 자:원 바다에서 얻어지는
어류·조개류·소금 등의 자
원을 통틀어 이르는 말.

수산제 삼한 시대의 유명한 저
수지의 하나로, 경상 남도 밀
양에 있었음.

수산화나트륨 소금물을 전기
분해하여 얻은 흰색의 고체.
수용액은 강한 알칼리성을 나
타내며, 공업용으로 많이 쓰
임. 가성소다.

수삼 마르지 아니한 인삼. 凹생삼. 凹건삼. 【水蔘】

수상¹ 물의 위. 凹수상 스키.

수상² 상을 받음. -하다.

수상³ 행정부를 이루고 있는 내각의 우두머리. 凹국무 총리.

수상⁴ 보통과 달리 매우 이상함. 凹수상한 사람. -하다. -스럽다. -히. 【殊常】

수상 교통 강이나 바다를 교통로로 하는 물 위의 교통. 凹육상 교통. 【水上交通】

수색 더듬어서 찾음. 凹범죄 수색. -하다.

수색대 적의 위치·병력 등을 살피기 위하여 파견되는 군대.

수석¹ ①물과 돌. ②물 속에 있는 돌. 천석. 【水石】

수석² 맨 윗자리. 凹수석 합격. 凹말석. 【首席】

수선화 수선화과의 여러해살이 풀로 따뜻한 지방에서 자라는 알뿌리 식물. 12~3월에 흰꽃이 핌.

수선¹ 남의 정신을 어지럽게 하는 말이나 행동. 凹수선을 피우다. -하다. -스럽다.

수선² 낡거나 허름한 것을 고침. 凹구두 수선.

수성 태양계의 여러 행성 가운데서 가장 작고 태양에 가장 가까이 있는 별. 【水星】

수세미 설거지할 때 그릇을 씻는 물건.

수세식 화장실에 급수 장치를 하여 오물이 물에 씻겨 내려가도록 처리한 방식.

수소문 떠돌아다니는 소문을 더듬어 살핌. -하다.

수속 일을 치러 가는 데 필요한 순서. -하다. 【手續】

수송 기차·배·자동차 등으로 사람이나 물건을 실어 나름. 凹물자 수송. -하다.

수수 벼과의 한해살이 풀. 높이가 1.5~3m로 크며 잎은 옥수수 잎과 비슷함. 열매는 먹고, [수수] 줄기는 건축의 재료나 빗자루를 만드는 데 쓰임.

수수깡 수수의 줄기. 凹수수깡 안경. 凹수숫대.

수수께끼 어떤 것에 대하여 바로 말하지 않고 빗대어 말하여, 그 사물의 뜻이나 이름을 알아맞히는 놀이.

수수께끼 상자 상자 속에 무엇이 들어 있으며, 또 어떻게 되어 있는가를 알아맞히는 내기에 쓰이는 상자.

수수목 수수 이삭의 목.

수수료 어떠한 일을 맡아 처리해 주는 데 대한 보수.

수수하다 옷 차림새나 성질·태도 같은 것이 그저 무던하다. 凹수수한 옷차림.

수술¹ 살갗·살 등을 째거나 꿰매거나 해서 병을 치료하는 일. 凹편도선 수술. -하다.

수술² 끝에 꽃밥을 달고, 암술 둘레에 둘러서 있는 꽃의 한 기관. 凹수꽃술. 凹암술.

수숫대 ①수수의 줄기. ②'수수깡'의 다른 이름.

수습¹ ①어수선하게 흩어진 것을 다시 주워 거두어 정돈함. 凹재해를 잘 수습하다. ②어지러운 마음을 거두어 바로잡음. 凹민심을 수습하다. -하다.

수습² 정식으로 일을 맡기 전에 배워 익힘. 凹수습 사원.

수시로 때때로. 언제든지.

수식 ①겉모양을 꾸밈. ②그 뜻을 더 자세히 설명함. -하다.

수신 우편이나 전보 등의 통신을 받음. 땐발신. -하다.

수신기 다른 곳에서 보내 오는 통신을 받는 기계 장치.

수신사 조선 고종 때 나라의 명령으로 일본에 심부름 가던 사신. 통신사. 【修信使】

수심¹ 무엇을 몹시 걱정하는 마음. 예수심이 가득한 얼굴.

수심² 물의 깊이. 【水深】

수:십 열의 두서너 갑절되는 수효. 몇십. 예수십 명. 【數十】

수안보 온천 충청 북도 중원군에 있는 온천. 유황 라듐 성분이 많이 포함되어 있어 피부병에 효과가 있다고 함.

수압 물의 누르는 힘. 【水壓】

수양 몸과 마음을 단련하고, 품성이나 지식·도덕을 기름. 예수양을 높이 쌓다. -하다.

수양대군〖사람〗[1417~1468] 조선 제7대 임금인 세조의 왕자 시절의 호칭.

수양딸 남의 딸을 자기 자식으로 삼아 기르는 딸. 땐양녀, 수양녀.

수양버들 버드나무과의 갈잎 큰키나무. 중국이 원산으로 가로수로 많이 심는데, 가지는 길게 드리워짐. 실버들.

수업¹ 학문이나 기술의 가르침을 받음. -하다. 【授業】

수업² 학교 같은 데서 학업이나 기술을 가르쳐 줌. -하다.

수업료 학생이 학교에서 수업을 받는 대가로 내는 돈.

수없이 아주 많아 헤아릴 수 없이.

수에즈 운:하 아프리카 북동부, 지중해와 홍해 사이를 연결하는 운하. 길이 162.5km.

수여 상장이나 상품 또는 훈장 등을 줌. 예훈장을 수여하다.

땐수취. -하다. 【授與】

수염 남자 어른의 턱이나 뺨에 나는 털.

수영 물 위에 몸이 떠다니게 손발을 놀리는 짓. 멘헤엄. 예수영 선수. -하다. 【水泳】

수영복 수영을 할 때에 입는 옷.

수영장 헤엄치고 놀거나 경기를 목적으로 설비한 곳.

수예 손으로 하는 기예. 예수예품 전시회.

수온 물의 온도. 예수온이 적당하다.

수완 일을 꾸미거나 처러 나가는 솜씨. 멘수단. 【手腕】

수요 필요하여 얻고자 함. 땐공급.

수요자 필요해서 물건을 얻고자 하는 사람. 땐공급자.

수용 ①거두어들여 씀. ②거두어서 넣어 둠. 예포로 수용소. -하다.

수용소 많은 사람을 한 곳에 모아 맡거나 가두어 두는 곳.

수용성 어떤 물질이 물에 용해되는 성질. 예수용성 물질.

수용액 어떤 물질을 물에 녹인 용액[설탕물·소금물 등].

수원¹〖지명〗경기도의 도청 소재지. 농업 연구의 중심지임.

수원² 물의 근원. 땐수근.

수원성 경기도 수원시에 있는 성벽. 약 200년 전에 만든 성으로 당시의 과학과 기술을 나타내는 유적임. 사적 제3호.

수원지 상수도에 보낼 물을 모아 두는 곳. 【水源池】

수월하다 힘이 안 들고 하기가 쉽다. 수월히.

수위¹ 강·바다·저수지 등의 수면의 높이. 예위험 수위.

수위² ①지킴. ②주로 지키는 일을 맡아 보는 사람. 예학교

수위 아저씨. -하다. 【守衛】

수은 기압계 유리 대롱에 수은을 넣어서 만든 기압을 잴 수 있는 기구.

수은주 수은 온도계 따위의 온도를 나타내는 가느다란 수은의 기둥.

수의사 동물을 치료하는 의사.

수:의:사 '암행어사'를 달리 이르는 말.

수익 이익을 거두어들임. 또는 그 이익.

수익권 국민이 국가에 대하여 어떠한 일이나 보호를 요구할 수 있는 권리. 국민의 5대 기본권 중의 하나. 【受益權】

수인 옥에 갇힌 사람. 죄수.

수임 임명이나 임무를 받음. -하다.

수입[1] 돈이나 물품 따위를 거두어 들임. 들어오는 돈. 凹지출. 【收入】

수입[2] 외국으로부터 물건을 사들임. 碘수입을 억제하다. 凹수출. -하다.

수자원 농업·공업·발전용 등의 자원으로서의 물.

수작[1] ①말을 서로 주고받음. ②남의 말이나 행동을 업신여기는 말. 碘엉뚱한 수작 부리지 마라. -하다.

수작[2] 뛰어난 작품. 우수 작품.

수재[1] 재주가 뛰어난 사람, 또는 뛰어난 재주. 【秀才】

수재[2] 큰 물로 인한 해. 碘수재의연금. 凹수해. 【水災】

수전노 돈을 모을 줄만 알고 쓸 줄 모르는 지나치게 인색한 사람을 얕잡아 이르는 말. 凹구두쇠.

수절 절의나 정절을 지킴. 凹실절. -하다.

수정[1] 바로 잡아 고침. -하다.

수정[2] 육각기둥 모양의 유리와 같은 빛을 내는 광물. 도장·장식품 등을 만드는 데에 쓰임.

수정과 생강과 계피를 넣고 끓인 물에 설탕이나 꿀을 타고 곶감, 잣을 띄운 음료.

수정체 빛을 꺾어서 물체의 상이 선명하게 망막 위에 생기도록 하는 눈의 한 부분.

수제비 밀가루를 반죽하여 맑은 장국이나, 미역국에 적당한 크기로 떼어 넣어 익힌 음식.

수족 ①손발. 碘수족을 놀리다. ②손발과 같이 마음대로 부리는 사람. 碘수족이 되어 일하다.

수족관 물 속에 사는 동물을 모아 기르고 구경시키는 시설.

수준 사물의 일정한 표준. 碘생활 수준.

수줍다 부끄럽다. 부끄러운 태도가 있다.

수줍어하다 부끄러워하는 기색을 하다.

수중[1] 물 속. 물 한가운데. 碘수중 탐사. 【水中】

수중[2] ①손 안. 碘수중에 있는 돈. ②자신의 힘이 미칠 수 있는 범위. 【手中】

수증기 물이 증발하여 기체 상태로 된 것. 曾증기.

수지 수입과 지출. 입출. 碘수지가 맞다. 【收支】

수직 ①반듯하게 드리움. 또는 그 상태. ②어느 직선 또는 평면에 직각으로 마주치는 직선. 두 직선이 직각을 이룰 때, 그 두 직선을 서로 수직이라고 함.

수질 물의 상태가 좋고 나쁨의 성질. 碘수질 검사. 【水質】

수집[1] 거두어 모음. 碘폐품을

수집하다. -하다. 【收集】

수집[2] 자료나 물건 등을 찾아 모음. 예우표 수집. -하다.

수차 낮은 데의 물을 길어 올리는 기계의 하나. 우리 나라에서는 조선 세종 때부터 이용되었음. 비물레방아. 【水車】

수채 집 안에서 쓰는 허드렛물을 흘러나가게 하는 시설. 예수챗 구멍이 막히다. 비하수구.

수채화 서양화의 한 가지. 그림물감을 물에 풀어서 그린 그림.

수척 몸이 약해져서 얼굴이 몹시 안 되어 보임. 예앓고 나더니 몹시 수척해졌다. -하다.

수첩 몸에 지니고 다니며 여러 가지 일을 적는 조그만 공책. 예기자 수첩. 비필첩.

수초 ①물과 풀. ②물 속이나 물가에서 자라는 풀. 물풀.

수축 물체의 부피가 줄어듦. 예근육 수축. 반팽창. -하다.

수출 외국으로 물건을 팔아 내보냄. 예수출을 장려하다. 반수입. -하다. 【輸出】

수출고 수출한 분량. 수출해서 얻은 돈의 액수. 비수출액.

수출 무:역 국내에서 생산된 상품을 외국에 파는 일.

수출 산:업 공업 단지 정부에서 수출 산업을 장려하기 위해 공장·사무소 따위를 한 곳에 모아 놓은 구역. 우리 나라에는 서울·인천·부평·마산·구미 등이 있음.

수출 자유 지역 정부가 단지 및 설비를 마련해서 외국인 기업체에게 주어, 그들로 하여금 공업 제품을 생산해서, 수출할 수 있는 편의를 주는 공업 단지.

수출품 외국으로 팔려 나가는 상품. 반수입품. 【輸出品】

수취 자기에게 온 것을 받음. 예우편물의 수취. -하다.

수치[1] 부끄러움. -스럽다.

수:치[2] ①계산하여 얻은 수. ②어떤 양의 크기를 나타낸 수.

수컷[수컫] 동물의 수놈. 반암컷.

수탉 닭의 수컷. 반암탉.
[수탉]

수:판 셈을 하는 데 쓰이는 간편한 기구. 주판.

수평 잔잔한 수면처럼 평평한 상태. 【水平】

수평선 바다와 하늘이 맞닿아 보이는 선. 반지평선.

수포 ①물거품. ②헛된 것. 예모든 계획이 수포로 돌아가다.

수표 은행에 예금을 가진 사람이 은행에 지불해 줄 것을 위탁하여 발행하는 금액의 쪽지. 예수표를 발행하다.【手票】

수표교 조선 세종 때 건립된 다리. 서울 청계천에 있다가 1958년 청계천 도로 공사로 자리를 옮김. 현재는 서울 중구 장충단 공원에 있음.

수풀 나무가 꽉 들어찬 곳. 준숲.

수풍 발전소 압록강 하류 평안 북도 삭주군 수풍리에 있는 수력 발전소.

수필 보고·듣고·경험한 일이나 생각한 일들을 형식에 얽매이지 않고 마음이 움직이는 대로 자유스럽게 쓴 글.

수:학 수량이나 도형의 성질에 대하여 연구하는 학문. 산수.

수학 여행 실지로 보고 들어서 지식을 넓히기 위하여 교사가 학생들을 데리고 가는 여행.

수해 큰 물로 말미암아 입는

수행¹ 계획한 대로 해 냄. 예직무를 수행하다 - 하다.【遂行】

수행² 따라서 감. 예대통령을 수행하다. - 하다. 【隨行】

수행원 높은 지위에 있는 사람을 따라다니며, 그 사람을 돕거나 보호하는 사람.【隨行員】

수험 시험을 치름. 예수험생. - 하다. 【受驗】

수혈 피가 모자라는 환자의 혈관에 건강한 사람의 피를 넣는 일. - 하다.

수호 지키어 보호함. 예나라를 수호하다. - 하다. 【守護】

수호신 개인·가정·국가 등을 지켜 보호하는 신.

수화 벙어리가 손을 써서 하는 말. 凹구화. - 하다. 【手話】

수화기 전화기의 일부로서 전화를 받는 장치. 凹송화기.

수확 농작물을 거두어들임. 또는 그 거둔 물건. 예곡식을 수확하다. - 하다.

수:효 사물의 수. 凹수량.

수훈 으뜸가는 특수한 공훈. 예수훈을 세운 선수.

숙고 깊이 잘 생각함. - 하다.

숙녀 교양이 있고 예의와 품격을 갖춘 점잖은 여자. 凹신사.

숙달 어떤 일에 익숙하고 통달함. 예숙달된 피아노 솜씨. 凹미숙. - 하다.

숙련 어떠한 일에 아주 익숙함. 예숙련된 기술자. - 하다.

숙맥 ①콩과 보리. ②'콩과 보리조차 구별하지 못할 정도로 어리석고 못난 사람'을 비유하여 이르는 말. 줄숙맥 불변.

숙면 잠이 깊이 듦.

숙명 날 때부터 정해진 운명.

숙모 숙부의 아내. 작은 어머니.

숙박 여관에 머물러 묵음. 예숙박 시설. - 하다.

숙부 아버지의 동생. 작은 아버지. 삼촌. 【叔父】

숙성 나이에 비해 키가 크거나 일찍이 깨우치다. 예보기보다 숙성하다. 凹조숙. - 하다.

숙소 머물러 묵는 곳.

숙식 잠을 자고 끼니를 먹음. 또는 그 일.

숙연 ①삼가고 두려워하는 모양. ②고요하고 엄숙함. 예분위기가 숙연하다. - 하다. - 히.

숙원 오래 전부터 갖고 있던 소원. 예숙원을 이루다.【宿願】

숙제 ①학교에서 미리 내주어서 해 오게 하는 과제. ②두고 생각할 문제. 예방학 숙제.

숙직실 직장에서 밤에 건물이나 시설 등을 지키는 사람이 교대로 자는 방.

숙질간 아저씨와 조카 사이.

순 식물의 싹. 예나무의 새 순.

순간 아주 짧은 시간. 눈 깜짝할 사이. 잠깐 동안. 삽시간. 凹찰나. 凹영원.

순결 몸과 마음이 아주 깨끗함. 예순결한 사랑. - 하다.

순경 경찰관의 맨 아래 계급.

순교 자기가 믿는 종교를 위하여 목숨을 바침. 예순교자. - 하다.

순국 나라를 위하여 목숨을 바침. - 하다. 【殉國】

순금 다른 것을 섞지 않은 순수한 금. 예순금 반지.

순례[술례] 종교적으로 의미 있는 장소를 종교적인 목적으로 차례로 방문하여 참배함. 예성지 순례. - 하다. 【巡禮】

순:리[술리] 도리에 순종함. 순조로운 이치.

순박 마음이 순하고 진실하며 아무런 꾸밈이 없음. 凹소박.

- 하다.

순발력 어떠한 바깥의 자극에 대하여 순간적으로 몸을 움직이어 힘을 낼 수 있는 능력.

순방 차례로 찾아다님. 예유럽 순방. - 하다.

순백 아주 흼. 티없이 깨끗함.

순색 같은 색상 중에서 빛깔의 선명도가 가장 높은 색.

순:서 차례. 【順序】

순:서도 컴퓨터에서 프로그램을 작성하기 전에 일의 처리 순서를 도표로 나타낸 것.

순:서쌍 두 원소를 짝으로 하여 하나의 새로운 원소를 만든 것.

순수 다른 것이 조금도 섞이지 않음. 예순수한 물질. 반불순. - 하다. 【純粹】

순수비 임금이 나라 안을 돌아다니며 살피던 곳을 기념하여 세운 비석.

순식간 눈 깜짝할 사이. 예순식간에 터진 폭발사고. 비순간.

순:위 어떤 기준에 의한 순번에 따라 정해진 위치나 지위. 예득표 순위. 【順位】

순:응 순순히 따름. 예자연에 순응하며 살다. - 하다.【順應】

순자르기 풀이나 나무·농작물 등의 길게 돋은 싹을 잘라 내는 일.

순정 꾸밈이나 거짓이 없는 순수한 마음.

순:조롭다(순조로우니, 순조로워) 아무 탈없이 일이 잘 되다. 예시작이 순조롭다. 순조로이.

순:종 순순히 복종함. - 하다.

순직 직장에서 일을 하다가 목숨을 잃음. 예순직 공무원.

순진 마음이 꾸밈이 없고 참됨. 예순진한 소년. - 하다.

순찰 여러 곳으로 돌아다니며 사정을 살핌. - 하다.

순찰사 고려·조선 때, 전쟁이 있을 때 지방의 군무를 순찰하던 임시 벼슬.

순:천【지명】 전라 남도에 있는 한 도시. 교통의 요지로 농산물·수산물의 집산지임.

순치기 발육을 좋게 하기 위해 식물의 순을 자르는 일.

순:탄 ①길이 험하지 않고 평탄함. ②탈이 없이 순조로움.

순:풍 ①순하게 부는 바람. ②배가 가는 쪽으로 부는 바람. 예순풍에 돛을 달다. 반역풍.

순:하다 ①성질이 부드럽다. 반까다롭다. ②맛이 독하지 않다.

순화 순수하게 함. 예정신 순화. 국어 순화. - 하다.【純化】

순환 쉬지 않고 잇달아 돎. 예혈액 순환. - 하다.

순환 운동 여러 가지 운동을 잇달아 하여 기초 체력을 기르기 위한 운동.

순회 여러 곳을 차례로 돌아다님.

숟가락 밥이나 국 따위를 떠먹는 기구. 준순갈. 높수저.

술¹ 알코올 성분이 있어 마시면 취하게 되는 음료를 통틀어 이르는 말.

술² 숟가락으로 헤아릴 만한 적은 분량. 예밥 한 술.

술래 술래잡기 놀이에서 숨은 사람을 찾아 내는 사람.

술래잡기 아이들 놀이의 한 가지. 여러 아이가 숨고, 술래가 된 아이가 그들을 찾아 내는 놀이.

술렁거리다 무슨 변이 생겨 세상이 시끄럽게 떠들썩하다.

술주정 술에 취하여 정신없이 마구 하는 말이나 짓. 주정.

술책 일을 벌여 나가는 꾀. 몐 남의 술책에 빠지다. 凹술계.

술회 마음 속에 품고 있는 생각을 말함. -하다.

숨: ①동물이 코 또는 입으로 공기를 들이마시고 내쉬는 기운. 凹호흡. ②채소 같은 것의 빳빳하고 생생한 기운.

숨:결 숨쉬는 속도나 높낮이 따위의 상태. 몐숨결이 고르다.

숨:골[숨꼴] 작은 골 아래에 있으며, 호흡 운동을 비롯하여 몸 속 각 기관이 정 [숨골] 상적으로 운동을 하게 하는 곳. 凹연수.

숨:관 공기가 허파로 드나드는 관. 식도의 앞에 있으며 좌우 두갈래로 갈라져서 허파 속으로 연결됨. 凹기관. 숨통.

숨기다 남이 모르게 보이지 않는 곳에 감추다. 드러나지 않게 하다.

숨:다[숨따] 남이 못 보는 곳에 몸을 감추다.

숨바꼭질 술래가 숨어 있는 사람을 찾아 내는 놀이. 㑇숨박질. 凹술래잡기.

숨:소리[숨쏘리] 숨을 쉬는 소리. 몐숨소리가 크다.

숨:지다 숨이 끊어져 죽다.

숨:차다 숨쉬기가 가쁘다.

숨:표 노래 도중에 숨을 쉬라는 표. 기호는 ˈ, ˈ또는ˈV'.

숫돌[숟똘] 칼 따위를 갈아서 날을 세우는 데 쓰이는 돌.

숭고 훌륭하고 높음. 몐숭고한 정신을 높이 기리다. 凹고상. -하다.

숭늉 밥을 푸고 난 솥에 물을 부어 데운 물. 凹숙랭. 취탕.

숭례문 남대문의 본래 이름. 서울 남쪽에 있는 성문. 사대

문의 하나. 국보 제1호.

숭배 마음 속으로 부터 우러러 공경함. -하다. 【崇拜】

숭상 우러러 높이어 소중히 여김. 몐유교를 숭상하다. -하다.

숭:어 몸의 길이가 80cm 정도가 되는 바닷물고기.

숯[숟] 나무를 숯가마에 넣어서 구워 만든 검은 덩어리. 凹목탄.

술[술] 머리털 같은 것의 분량. 몐술이 많은 머리.

숱하다 ①물건의 부피나 분량이 많다. 몐숱한 사람들. ②흔하다. 몐숱하게 볼 수 있는 광경.

숲[숩] '수풀'의 준말. 나무가 무성하게 들어찬 곳.

쉬:다¹ 숨을 마시었다 내보냈다 하다. 몐한숨을 쉬다.

쉬:다² ①피로를 풀려고 하는 일을 잠깐 멈추다. ②일을 하지 않고 놀다.

쉬:다³ 목청이 탈이 나서 소리가 맑지 않고 흐리게 나다. 몐자주 목이 쉬다.

쉬:쉬하다 소문나지 않도록 비밀 등을 숨기다.

쉬엄쉬엄 쉬어가면서 일하는 모양.

쉬이 ①쉽게. 쉽사리. ②오래지 않은 장래에. 㑇쉬.

쉰: 열의 다섯 갑절. 50을 말함.

쉼:표 악보에서 음의 쉼을 나타내는 기호.

쉽:다(쉬우니, 쉬워서) 어렵지 아니하다. 凹어렵다.

쉽:사리 ①아주 쉽게. 빨리. 몐뜻밖에 일이 쉽사리 풀렸다. ②순조롭게.

슈바이처【사람】독일계 프랑스 철학자·의사·음악가. 아프

리카에서 의료와 전도에 헌신
함.

슈베르트〖사람〗[1797～1828]
오스트리아의 낭만파 음악가.
'가곡의 왕'이라고 불림. 작
품에는 〈마왕〉〈겨울 나그
네〉〈아름다운 물방앗간의
처녀〉〈들장미〉등이 있음.

슈:퍼마:켓 점원은 거의 두지
않고 손님이 물품을 마음대로
골라 계산대에서 물건값을 지
불하는 가게.

슈:퍼맨 보통 사람과는 달리
놀랍고 엄청난 힘을 가진 사
람.

스낵 코:너 가벼운 식사를 할
수 있는 간이 식당.

스냅 단추의 한 가지. 똑딱단
추.

스노모빌 앞바퀴 대신 썰매를
단 눈자동차.

스님 '중'을 높여 부르는 말.

스러지다 모양이나 자취가 없
어지다. 예별이 하나 둘 스러
지다. >사라지다.

스로:인 축구에서, 선 밖으로
나간 공을 두 손으로 잡아 머
리 위에서 던져 안으로 넣는
것.

–**스름하다** 빛깔을 나타내는
말이나 어떤 형상을 나타내는
말. 예불그스름하다. 둥그스름
하다.

스리랑카〖나라〗 인디아 반도
남동쪽의 인도양에 있는 섬나
라. 옛 실론 섬. 차의 생산국
으로 유명함. 수도는 콜롬보.

스마:트 몸가짐이나 모양이 단
정하고 맵시 있음. 예스마트
한 용모. –하다. 【smart】

스며들다 기어 들어가다. 스미
다. 囝스미어들다.

스모그 대도시나 공장 지대에
서, 여러 오염 물질이 공기

중에 안개처럼 끼여 있는 것.

스무 고개 스무 번의 질문으로,
문제로 낸 사물을 알아 맞히
게 하는 놀이.

스미다 ①물·기름 따위가 배
어 들어가다. 예창 틈으로 빗
물이 스미다. ②몸 속 깊이
느껴지다. 예뼛 속까지 스미
는 분노.

스산하다 ①거칠고 쓸쓸하다.
예스산한 바람. ②기분이나
마음이 어수선하다.

스스럼없다 사이가 매우 가까
워 스러운 마음이 없다.

스스로 자진하여. 자기 힘으로.

스승 자기를 가르쳐 주는 사
람. 선생. 凹제자.

스웨터 털실로 두툼하게 짠 자
켓.

스위스〖나라〗 유럽 중남부에
있는 연방 공화국. 영세 중립
국이며, 관광국으로 유명하고,
시계 공업이 성함.

스위치 전기의 흐름을 이었다
끊었다 하는 장치.

스치다 ①서로 살짝 닿으면서
지나가다. 예옷깃을 스치다.
②생각이 문득 떠올랐다 사라
지다.

스카:프 추위를 막거나 장식용
으로 목에 두르거나 머리에
쓰는 보자기 만한 얇은 천.

스칸디나비아 반:도〖지명〗 노
르웨이·스웨덴·핀란드가 있
는 유럽 북서부의 반도.

스커:드 미사일 걸프 전쟁에
서 이라크가 사우디 아라비아
혹은 이스라엘에 발사한 새로
운 미사일.

스컹크 땅 속 구멍에서 사는
동물. 밤에 활동하며 긴 털로
덮임. 항문에서 독한 냄새를
내어 적을 막음.

스케이트 운동 기구의 하나.

구두에 쇠붙이를 붙여서 얼음위를 지치는 운동 기구. [스케이트]

스케이트 보드 위에 올라서서 언덕 등을 미끄러져 내리며 노는, 바퀴 달린 널조각.

스케이팅 스케이트를 신고 얼음 위를 지치는 일. -하다.

스케일 규모. 꾸밈새. 예스케일이 크다. 【scale】

스케줄 ①계획. 일정. ②시간표. 일정표. 【schedule】

스케치 그릴 대상을 직접 보고 그 특징을 잡아 간단히 그림을 그리는 일. 사생화. 예인물 스케치. -하다.

스케치북 스케치를 할 수 있도록 여러 장의 도화지를 매어 놓은 공책. 【sketchbook】

스코어 경기할 때 얻는 점수. 예현재 스코어 2:1이다.

스크랩북 신문·잡지 등에 난 기사 중에서 필요한 부분을 오려내어 붙이는 책.

스크린 영사막. 은막. ②영화의 화면, 또는 영화계.

스키: 눈 위를 지칠 때 쓰이는 가늘고 긴 나무로 만든 기구, 또는 그 기구를 써서 하는 운동.

스키더 밀림에서 통나무 같은 것을 밧줄로 매고 큰길까지 끌어 내는데 쓰이는 자동차.

스타디움 운동 경기장.

스타일 모양. 자태. 형. 예최신 스타일의 옷. 【style】

스타:트 출발. 출발점. 예스타트 라인. -하다. 【start】

스탠드 ①운동장 등의 계단으로 된 관람석. 예스탠드를 꽉 메운 관중. ②물건을 올려 놓는 대. 예잉크 스탠드.

스턴트 맨 영화에서, 위험한 장면을 대신 연기하는 전문 배우.

스테레오 입체 음향. 【stereo】

스테인리스 스틸 녹슬지 않는 철·니켈·크롬의 합금을 통틀어 이르는 말. ❀스테인리스.

스텝 댄스에서, 한 발 한 발의 움직임.

스토:리 소설이나 희곡·영화 등의 줄거리.

스토 부인【사람】[1811~1896] 미국의 여류 소설가. 노예 해방을 부르짖은 사람. 흑인 노예들의 비참한 생활을 보고 소설 〈톰 아저씨의 오두막〉을 썼음.

스톡홀름【지명】스웨덴의 수도. 발트 해안에 있는 항구 도시로 상업·교통의 중심지임.

스톱 하던 일이나 동작을 멈춤.

스튜디오 ①방송을 하는 방. ②영화 촬영을 하는 곳. ③사진사의 작업장.

스튜어디스 비행기 안에서 승객에게 서비스하는 여자 승무원.

스트라이크 야구에서, 투수가 던진 공이 홈 베이스에 서 있는 타자의 겨드랑이와 무릎 사이를 통과하거나 타자가 공을 헛치는 일. 凹볼. 【strike】

스트레스 몸이나 마음에 해가 되는 여러 자극이 주어졌을 때 일어나는 갖가지 반응.

스트렙토마이신 1944년 미국 왁스만에 의해 땅 속 박테리아에서 얻은 결핵 치료용의 항생 물질.

스티로폼 열·습기 등을 막거나 포장 재료로 쓰는 합성 수지의 한 가지.

스티커 상표나 광고, 또는 어

떤 표지로서 붙이는, 풀칠되어 있는 작은 종이.

스틸 영화의 한 장면을 크게 인화한 선전용 사진.

스팀 ①증기. ②증기 난방 장치.

스파:링 권투에서, 실제의 시합처럼 하는 연습 시합.

스파이 적의 비밀을 알아 내는 사람. 囲간첩. 밀정. 【spy】

스파:크 불꽃, 특히 전기가 방출될 때 일어나는 불꽃.

스패너 손잡이의 끝에 볼트나 너트의 머리를 끼워 죄거나 풀 때 사용하는 공구.

스펀지 합성 수지를 성글게 만들어 공기를 많이 품을 수 있도록 푹신하게 만든 것.

스페이스 ①비어 있는 곳. 공간. ②지면에서 글씨나 그림이 없는 부분.

스페인〖나라〗 ⇨에스파냐.

스포이트 고무 주머니가 끝에 달린 유리관으로, 잉크·물약 등을 빨아 내어 한 방울씩 떨어뜨리거나, 다른 곳에 옮기는 데 쓰이는 실험 기구.

스포:츠 육상 경기·야구·테니스·등산·사냥 등으로 여가를 즐기면서 몸을 튼튼히 하기 위한 모든 운동.

스포:츠맨십 운동 선수로서 정정당당하게 행동하는 경기 정신.

스포:츠 소:년 대:회 각 도의 초등학교·중학교 학생 선수들이 모여 체육 실기를 겨루는 경기 대회. 매년 열림.

스프링 ①봄. ②용수철.

스피:드 속력. 속도. 【speed】

스피:커 소리를 크게 하여 멀리 들리게 하는 장치. 囲확성기. 【speaker】

스핑크스 지난날, 이집트에서 왕의 권력을 나타내던 신전·피라미드 등의 어귀에 세웠던 석상. 상반신은 사람, 하반신은 날개 돋친 사자의 모습을 함. 〖스핑크스〗

슬그머니 남이 모르게 넌지시. 훈슬그미. >살그머니.

슬근슬근 물건과 물건이 서로 맞닿아 가볍게 비비는 모양.

슬금슬금 남의 눈치를 살펴 가면서 가만가만하는 모양. 예슬금슬금 도망치다. 훈슬슬. >살금살금.

슬기 사리를 밝게 다스리는 재주. 囲지혜.

슬기롭다(슬기로우니, 슬기로워서) 슬기가 있다. 예슬기로운 우리 조상. 슬기로이.

슬다(스니, 스오) ①물고기나 벌레 따위가 알을 깔기어 놓다. 예벌레가 잎에 알을 슬다. ②쇠붙이에 녹이 생기다. 예철문에 녹이 슬다.

슬라이드 필름 원판을 옆에서 밀어 넣게 된 환등기.

슬라이딩 ①미끄러짐. 활주. ②야구에서, 미끄러지면서 베이스를 밟는일. 【sliding】

슬럼프 일시적으로 몸이 좋지 않거나 사업이 잘 되지 않는 상태. 예슬럼프에 빠지다.

슬래부 철근 따위로 만든 판판한 구조물.

슬랙스 평상복의 느슨한 바지.

슬레이트 지붕을 덮는 데 쓰이는 얇은 판. 시멘트에 석면을 섞고 물을 부은 후, 압력을 가하여 편평한 모양으로 만듦.

슬로:건 주의 주장 따위를 간단하고 짧게 나타낸 말. 표어.

슬로:볼 야구에서, 투수가 던지는 빠르지 않은 공.

슬며시 ①아무도 모르게 슬그머니. 예슬며시 다가와서 놀리다. >살며시. ②속으로 은근히. 예슬며시 화가 나다.

슬쩍 ①남에게 들키지 않게 얼른. 예슬쩍 몸을 피하다. ②힘들이지 않고 익숙하게. >살짝.

슬쩍슬쩍 남의 눈을 피해가면서 연해 재빠르게 하는 모양.

슬프다 마음이 아프고 괴롭다. 예슬픈 사랑 이야기. 빤기쁘다.

슬픔 슬픈 마음이나 느낌. 예분단된 우리 민족의 슬픔. 빤기쁨.

슬하 ①무릎 아래. ②어버이의 따뜻한 사랑 아래. 예부모 슬하.

습격 갑자기 적을 덮치어 공격함. -하다.

습관 전해 오는 버릇. 예좋은 습관을 기르다. 빠관습. 습성.

습기 축축한 기운. 예습기가 많은 방. 【濕氣】

습도 공기의 습한 정도. 공기 중에 포함된 수증기의 양.

습도계 공기 중에 있는 습기가 어느 정도인가를 재는 기구.

습독 글을 스스로 배워 읽음.

습득¹ 남이 잃은 물건을 주워 얻음. 빤분실. -하다. 【拾得】

습득² 익혀서 얻음. 배워서 앎. 예기술 습득. -하다.

습성 ①버릇이 되어 버린 성질. ②어떤 동물이 지니고 있는 특이한 성질.

습지대 습기가 많은 곳.

습진 피부의 표면에 생기는 염증.

습하다[스파다] 축축하다. 물기가 있어 젖을 듯하다.

승강구 기차·자동차·비행기 등을 타고 내리는 출입구.

승강기 전력·증기·수력에 의하여 사람이나 짐을 위아래로 오르내리는 기계. 엘리베이터.

승강이 서로 제 주장을 고집하여 옥신각신함.

승객 배·차·비행기 등에 타거나 탄 손님. 【乘客】

승격 어떤 표준으로 자격이 오름. 예광역시로 승격하다. -하다. 【昇格】

승공 공산주의와 싸워 이김. 예승공 통일. -하다. 【勝共】

승낙 청하는 말을 들어 줌. 빠허락. 빤거절. -하다.

승냥이 개과의 짐승. 이리와 비슷하나 몸집이 작고 꼬리가 길며, 온몸이 황갈색임. 한국·중국·시베리아 및 중앙아시아에 분포함.

승려 불도를 닦는 사람. 빠중.

승리[승니] 싸움이나 경기 등에서 이김. 예승리를 거두다. 빤패배. -하다. 【勝利】

승마 말을 탐. -하다. 【乘馬】

승무 민속 무용의 한가지. 흰 고깔을 쓰고, 흰 장삼을 입고 추는, 불교적 색채가 짙은 무용.

승무원 기차·선박·비행기 등에서 승객 관리에 관한 일을 맡아 보는 사람.

승문원 조선 시대 때 외교 문서를 맡아 보던 관아.

승병 중들로 이루어진 군사. 빠승군. 【僧兵】

승복 ①납득하여 따름. 예판정에 승복하다. ②죄를 스스로 고백함. -하다.

승:부 이김과 짐. 예승부를 겨루다. 빠승패. 【勝敗】

승상 지난날, 중국의 벼슬 이름. 우리 나라의 '정승'에 해당됨.

승선 배를 탐. 凹하선.

승선교 전라 남도 승주군에 있는 돌다리. 보물 제400호.

승소 재판에 이김. 凹패소. -하다.

승승 장구 싸움에서 이긴 여세를 타고 계속 몰아침.

승용차 사람이 타는 자동차.

승인 옳다고 인정하여 승낙함. 凹승낙. 凹거부. -하다.

승:자 총통 임진왜란 때 사용하였던 작은화포. 병사 김지가 발명함. 승자총.

승전 싸움에 이김. 凹승리. 凹패전. -하다. 【勝戰】

승전고 싸움에 이겼을 때에 치던 북.

승지 승정원의 도승지·좌승지·우승지·좌부승지·우부승지·동부승지를 통틀어 이르는 말.

승진 벼슬이나 지위가 오름. 예승진 시험. 凹좌천. -하다.

승차 차를 탐. 凹하차. -하다.

승:패 이김과 짐. 凹승부.

승하 임금이 세상을 떠남.

승화 고체가 액체의 상태를 거치지 않고 바로 기체로 변하는 현상. -하다.

시¹ 문학의 한 부문. 자연과 인생에 대한 생각이나 느낌을 리듬이 있는 짧은 글로 나타낸 글. 형식에 따라 정형시·자유시·산문시로 구분됨.

시² ①때. 예시를 다투다. ②사람이 태어난 시각. 【時】

시:가 도시의 큰 길거리. 예시가 행진. 【市街】

시:가전 도시의 큰 길거리에서 벌어지는 싸움.

시:가지 도시의 번화한 곳.

시:가 행진 도시의 큰 거리를 따라 여러 사람이 줄을 지어 나감.

시각¹ ①시간 중의 한 점. ②정하여진 때. 【時刻】

시:각² 무엇을 보는 각도. 보거나 생각하는 방향. 【視角】

시:각³ 물체의 모양이나 빛깔 등을 분간하는 눈의 감각.

시각 장애 시각의 정상적인 기능에 이상이 생긴 상태.

시간 ①어떤 시각과 시각 사이의 때. 예휴식 시간. ②과거·현재·미래와 연결하여 끊임없이 흐르는 것. 【時間】

시간표 계획대로 하기 위해 시간을 나누어 일감을 정해 놓은 표. 예수업 시간표.

시경¹ 오경의 하나로 중국에서 가장 오래 된 시집.

시:경² 시 경찰국.

시계 시각을 나타내거나 시간을 재는 기계. 【時計】

시계추 시계 등에 매달린 추. 좌우로 흔들리는 데 따라 일정한 속도로 태엽이 풀림.

시계포 시계를 사고 팔거나 고쳐 주는 기계.

시골 ①서울에서 떨어져 있는 작은 고장. 凹촌. 凹서울. 도회지. ②고향.

시골뜨기 '시골 사람'을 낮추어 이르는 말.

시:공 공사를 시행함. 【施工】

시구 구기 경기에서 맨 처음 공을 던짐.

시국 세상 형편. 사회의 안팎 사정. 예시국이 어수선하다.

시궁창 더러운 물이 잘 빠지지 않고 썩어서 질척질척한 도랑창.

시그널 ①신호. ②건널목에 세운 신호기.

시금치 채소의 하나. 뿌리가 붉으며, 잎에는 비타민과 철분이 많이 들어 [시금치]

있음.

시급 때가 몹시 급함. 예시급한 문제. -하다. 【時急】

시기[1] ①정하여진 때. ②어떤 일을 하는 데 가장 적당한 때. 【時期】

시기[2] 자기보다 남이 잘 하거나 잘 되는 것을 미워함. 시새움. 예그의 재능을 시기하다. 비샘.

시기 상:조 때가 덜 되었음.

시끄럽다(시끄러우니, 시끄러워서) 듣기 싫을 만큼 몹시 떠들썩하다.

시끌시끌하다 정신이 어지럽도록 시끄럽다.

시나리오 영화 각본, 영화나 텔레비전 장면의 순서 및 배우의 대사·동작 등 영화를 만들기 위해 쓴 글.

시나위 속악의 하나. 향피리·대금·해금·장구로 편성된 합주. 남도의 무악임.

시:내[1] 골짜기에서 흐르는 작은 내. 비개울.

시:내[2] 도시의 중심을 이루는 곳. 반시외.

시:내 전:화 한 도시 안에서만 통용되는 전화. 반시외 전화.

시:냇물 시내에 흐르는 물.

시:누이 남편의 누이.

시늉 어떠한 모양이나 움직임을 흉내내는 것.

시다 ①초맛과 같다. 예김치가 시다. ②뼈 마디를 삐어서 시근거리다 예무릎이 시고 아프다. ③하는 짓이 비위에 거슬리다. 예눈꼴이 시어 못 보겠다.

시달리다 괴로움을 당하다.

시대 ①일정한 기준에 의하여 구분된 기간. 예조선 시대. ②그 당시. 당대. 【時代】

시댁 시집간 집, 곧 남편의 집

을 높여서 하는 말. 비시가.

시:도 무엇을 실현해 보려고 계획하거나 행동함. 예새로운 시도를 하다. 【試圖】

시:동 기계 따위가 움직이기 시작함. 【始動】

시동생 남편의 남동생.

시들다 ①꽃·잎 등이 물기가 말라 힘없게 되다. 예꽃잎이 시들다. ②기운이 빠져 생기가 없고 풀이 죽다. 예열의가 시들다.

시들시들 약간 시들어 힘이 없는 모양. 예시들시들해진 푸성귀. >새들새들. -하다.

시들 하다 ①대수롭지 않다. ②마음에 차지 않다. 시들히.

시래기 말린 무잎이나 배춧잎. ×씨래기.

시렁 물건을 얹어 놓기 위해 벽에 가로지른 두 개의 긴 나무.

시:력 물체를 보는 눈의 능력.

시:련 무슨 일을 하는 데 겪게 되는 고난.

시루 떡을 찌는 데 쓰는 질그릇.

시름 늘 마음에 걸리는 근심과 걱정.

시름시름 병이 더하지도 낫지도 않고 계속 오래 끄는 모양.

시름없다 근심 걱정으로 맥이 없다. 시름없이.

시리다 몸에 찬 기운을 느끼다. 예발이 시리다.

시리아【나라】 지중해 동해안에 있는 공화국. 농업·목축 등이 성함. 수도는 다마스쿠스.

시리:즈 계속 이어지는 책이나 경기 따위.

시:립 시의 경비로 설립·유지하는 일, 또는 그러한 시설. 예시립 공원.

시멘트 석회암에 찰흙을 섞은 것을 가마에 넣고 구워서 빻은 가루. 🔠양회.

시무룩하다 마음 속에 불만이 있어 아무 말이 없다. 예시무룩한 표정을 짓다. >새무룩하다. 🔠씨무룩하다.

시:민 ①도시에서 사는 사람. 예서울 시민. ②국민. 【市民】

시:민권 시민으로서의 행동·재산·신앙 등의 자유가 보장되며, 국가 정치에도 참여할 수 있는 권리.

시발 맨 처음의 출발. 예시발역. 시발점.

시방 방금. 지금. 금시. 【試放】

시:범 모범을 보임. 예시범 경기.

시베리아【지명】 우랄 산맥에서 베링 해에 이르는 북아시아 지역. 극지형의 대륙성 기후로 몹시 추운 지방임.

시부모 남편의 부모.

시:비 ①옳은 것과 그른 것. 예시비를 가리다. ②다투는 일. -하다. 【是非】

시뻘겋다 더할 수 없이 붉다. 몹시 뻘겋다. >새빨갛다.

시사 그 당시나 요즈음에 생긴 사실. 예시사 문제. 【時事】

시:상 상품이나 상금을 줌.

시상 화:석 예전에 생물이 살았던 당시의 그 지역의 기후나 지형·환경 등을 알 수 있는 화석(고사리 화석이 많은 지층은 고온 다습한 늪 지대에 퇴적하였을 것이라고 생각하는 따위).

시새우다 ①저보다 나은 사람을 시기하다. ②서로 남보다 낮게 하려고 다투다. 🔠시새다.

시샘 '시새움'의 준말. 저보다 나은 사람을 시기하는 마음.

시:선¹ 눈이 가는 길. 눈의 방향. 쳐다보는 곳. 【視線】

시:선² 시를 뽑아 모은 책. 예한용운 시선.

시:설 만들어 놓음. 또는 해 놓은 설비. -하다. 【施設】

시성 역사상 위대한 시인.

시세 ①그 때의 형세. 세상의 형편. 시대의 추세. ②그 때의 물건값.

시:소: 긴 널판의 중심을 받쳐서 양쪽 끝이 교대로 올라갔다 내려갔다 할 수 있게 한 놀이 기구.

시속 1시간을 단위로 하는 속력. 예시속 50km. 【時速】

시시 각각 시각마다.

시시덕거리다 실없이 잘 웃고 몹시 지껄이다. 🔠시시거리다.

시시하다 재미없고 보잘것 없다. 변변하지 못하다.

시:식 맛을 보기 위해 시험삼아 먹어 봄.

시아버지 남편의 아버지.

시아주버니 남편의 형.

시:야 ①눈으로 볼 수 있는 범위. ②지식이나 생각이 미치는 범위.

시:약 화학 분석에서 물질을 검출·정량하는 데 쓰이는 약품.

시어머니 남편의 어머니.

시:외 도시에서 벗어난 곳. 🔠교외. 🔠시내.

시:외 버스 도시의 밖으로 다니는 버스. 🔠시내 버스.

시원스럽다(시원스러우니, 시원스러워서) 시원한 태도나 느낌이 있다.

시원찮다 시원하지 않다.

시원하다 ①알맞게 선선하다. 예시원한 바람. ②마음이 상쾌하다. ③음식의 국물 맛이 탑탑하지 않다. ㉔시원한 김 칫국. ④말이나 행동이 거침 없고 서글서글하다. ㉔시원한 성격. 시원히.

시(10)월 상:달[시월상딸] 음력 시월을 예스럽게 일컫는 말. ㉹상달.

시:위¹ '활시위'의 준말. ㉔시 위를 당기다.

시위² 힘이나 기세를 드러내어 보임. -하다.

시인¹ 시를 전문으로 짓는 사 람.

시:인² 옳다고 인정함. ㉔잘못 을 시인하다. ㉺부인. -하다.

시일 때와 날. 날짜. ㉔시일이 좀 걸리다. ㉻세월. 【時日】

시:작 처음으로 함. ㉻시초. 개 시. ㉺부인. -하다. 【始作】

시장¹ 배가 고픔. -하다.

시:장² 시의 일을 맡은 우두머 리. ㉔서울 시장.

시:장³ 매일 또는 정기적으로 사람이 모여 상품 매매를 하 는 장소. ㉔수산 시장. ㉹장.

시:전 일정한 장소에 허가를 받고 자리잡은 가게. 시중의 상점.

시절 ①철. ②때. ㉔꽃피는 시 절. ③사람의 일생을 몇 단계 로 구분한 동안. ㉔청년 시절.

시:접 속으로 들어간 옷솔기의 한 부분.

시:정 잘못된 것을 바로잡음.

시조¹ 고려 말엽부터 발달하여 온 우리 나라 고유의 정형시. 초장·중장·종장으로 나뉘고 45자 내외로 이루어짐. 평시 조·엇시조·사설 시조 등이 있음.

시:조² 한 겨레의 맨 처음 조 상. ㉔건국의 시조. 【始祖】

시:종 처음과 끝. ㉔시종 자기 자랑만 한다. ㉻시말.

시:종관 조선 말 황태자궁 시 강원의 한 벼슬.

시:종장 임금을 가까이에서 받 들며 여러 가지 일을 맡아 하 는 벼슬아치의 우두머리.

시:주 중이나 절에 돈이나 물 건을 베풀어 주는 사람. 또는 그 일. ㉻화주. -하다.

시중¹ 여러 가지로 보살펴 섬 기는 일. ㉔환자 시중. -하 다.

시:중² 도시의 안. 【市中】

시집¹ 남편의 본집. 시부모가 있는 집. ㉻시가. ㉺친정.

시집² 시를 모아 엮은 책. ㉔시 집을 내다. 【詩集】

시집가다 여자가 결혼하여 남 편을 맞이하다. 남의 아내가 되다. ㉺장가들다.

시차 시간의 차이. 【時差】

시:찰 실지 사정을 돌아다니며 살펴봄. ㉔산업 시찰. ㉻순찰. -하다.

시:찰단 실지 사정을 돌아다니 며 살펴보기 위하여 조직한 단체. 【視察團】

시:책 어떤 일에 대한 계획과 그 일을 실지로 하는 방법. 또는 그것을 베풂. ㉔정부 시 책.

시:청¹ 시의 행정 사무를 맡아 보는 곳. 【市廳】

시:청² 눈으로 보고 귀로 들음. ㉔텔레비전 시청. 【視聽】

시:체 사람이나 짐승의 죽은 몸. ㉻주검. 송장. 【屍體】

시:초 맨 처음. ㉻시작. ㉺종 말.

시추선 바다의 지질, 지반의 조사 등을 위해 땅 속 깊이 구멍을 팔 수 있는 장비를 갖 춘 배.

시치미 떼다 알고도 모르는 체 하다.

시침질 바느질을 할 때, 두 겹 이상의 감을 고정시켜서 임시로 듬성듬성 뜨는 일. [준]시침. -하다.

[시침질]

시카고〖지명〗 미국 제2의 도시. 세계에서 가장 큰 곡물 시장·가축 시장으로 유명함.

시커멓다 ①빛깔이 매우 꺼멓다. [예]연기가 시커멓다. ②마음이 몹시 엉큼하고 음흉하다. [예]마음이 시커멓다.

시큰둥하다 마음에 내키지 않아서 말이나 행동에 성의가 없어 보이다.

시큼하다 맛이 조금 시다.

시:판 시장에서 팖. 시중에서 물건을 판매함. -하다.【市販】

시퍼렇다 ①아주 퍼렇다. ②위품이나 권세가 당당하다. [예]서슬이 시퍼렇다. >새파랗다.

시:피유(CPU) 컴퓨터에 쓰이는 용어로, 중앙처리장치를 말함.

시한 폭탄 일정한 시간이 지나면 저절로 폭발하게 된 폭탄.

시합 서로 재주를 다툼. [예]농구 시합. -하다.【試合】

시:행1 실지로 베풀어 행함. [반]폐지. -하다.【施行】

시:행2 시험적으로 행함. [예]시행 착오. -하다.【試行】

시험 어떠한 일의 성질이나 능력·정도 등을 실지로 따져 알아봄. [예]학기말 시험.【試驗】

시험관 과학 실험에 쓰이는 유리관.

시험대 능력이나 기량을 시험하는 자리.

시화 시와 그림. [예]시화전.

시효 어떤 효력이 지속되는 일정한 기간. [예]시효 기간.

식 일정한 예절이나 형식. [예]결혼식. 졸업식.【式】

식곤증 음식을 먹은 뒤에 몸이 나른하고 졸음이 오는 증세.

식구 한 집안에서 끼니를 함께 하며 사는 사람.

식기 음식을 담는 그릇.

식다 ①더운 기운이 없어지다. [예]국이 식다. ②분위기·정열 등이 누그러지거나 가라앉다.

식단표 일정한 때에 먹을 음식의 종류에 대한 계획표. 메뉴. [비]차림표.

식당 ①음식을 먹도록 마련한 방. ②음식을 파는 집.【食堂】

식도 목구멍에서 위에 이르는 가느다란 관. 음식물이 위로 들어가는 길. [비]밥줄.

식도락 여러 가지 맛있는 음식을 먹는 것을 즐거움으로 삼는 일. [예]식도락가.

식량[싱냥] 먹을 거리. [비]양식.

식료품[싱뇨품] 음식의 재료가 되는 물품. [비]식품.

식목 나무를 심음. [비]식수. [반]벌목. -하다.【植木】

식목일 산을 푸르게 하기 위하여 나라에서 나무 심기를 권장할 목적으로 제정한 날. 매년 4월 5일.

식물 나무나 풀 등과 같이 줄기·뿌리·잎 등으로 되어 있는 생물. [반]동물.【植物】

식물원 여러 사람에게 보이거나 연구를 하기 위하여 여러 가지 풀과 나무를 모아 기르는 곳. [반]동물원.【植物園】

식물 인간 호흡·소화·배설 등의 기능은 유지되나, 생각·운동·지각 등 대뇌 기능이 상실되어 의식 불명인 채 살아 있는 사람.

식물학 식물의 모양·자라남 등 모든 현상과 이용에 대하여 연구하는 학문.

식민지[싱민지] ①다른 나라에

서 옮겨 온 사람에 의하여 개척된 땅. ②나라 밖의 땅으로서 본국이 다스리는 땅.

식민지 정책 자기 나라 세력에 속한, 본국 외의 나라들을 다스리기 위해 마련한 정책.

식민 통치 식민지를 정치적·경제적·사회적으로 지배하는 일.

식별 잘 알아서 구별함. 예식별 능력. 町판별. -하다.

식빵 밀가루에 효모를 넣어 반죽하여 구운 빵.

식사 음식을 먹는 일, 또는 그 음식. -하다. 【食事】

식생활 먹고 사는 생활. 예식생활 개선을 하다. 【食生活】

식성 음식에 대하여 좋아하거나 싫어하는 성미.

식수¹ 먹는 물. 町음료수.

식수² 나무를 심음. 예기념 식수. 町식목. -하다. 【植樹】

식순 의식의 순서. 예식순을 따르다. 【式順】

식습관 음식 먹을 때의 버릇.

식염 소금. 예식염수.

식욕 음식을 먹고 싶은 마음.

식용유 먹을 수 있는 기름〔참기름·콩기름·옥수수기름·들기름 따위〕. 【食用油】

식용 작물 음식의 재료가 되는 채소·곡식 등의 농작물.

식은땀 ①몸이 쇠약하여 저절로 나는 땀. ②정신이 몹시 긴장되어 나는 땀.

식은죽 식어서 먹기 쉽게 된 죽.

식음 먹고 마심, 즉 음식을 먹는 일. 예식음을 전폐하고 드러눕다. -하다.

식인종 사람을 잡아먹는 풍습이 있는 미개인.

식장 식을 올리는 장소. 예결혼식장.

식중독 음식물에 섞인 세균으로 인해 일어나는 병. 복통·설사 등을 일으킴.

식초 음식물에 신맛을 내는 데 쓰는 투명한 액체.

식충이 '밥을 많이 먹는 사람'을 놀리는 뜻으로 하는 말.

식칼 음식을 만드는 데 쓰이는 칼. 町식도.

식탁 여러 사람이 식사할 수 있게 음식물을 벌여 놓는 데 쓰이는 큰 탁자.

식품 사람이 날마다 섭취하는 음식물.

식품군 식품들을 여러 가지 영양소별로 나눈 갈래.

식혜 찹쌀이나 멥쌀로 밥을 되직하게 지어 엿기름가루를 우린 물을 부어 삭힌 음식.

신¹ 사람의 운명을 마음대로 움직이고 우주를 다스린다고 믿는 사람이 아닌 존재.

신² 어떤 일에 으쓱해지는 마음. 예신이 나서 마구 떠들어 대다.

신³ 이름을 나타내는 말 위에 붙어 '새롭다'는 뜻을 나타내는 말. 예신제품. 町구.

신⁴ 걸을 때 발에 신는 물건. 고무신·운동화·구두 등.

신간 새로 펴낸 책. 예신간 서적. 町구간. 町신서. 【新刊】

신경 ①골의 명령을 몸의 각 부분에 전하고, 몸의 각 부분에서 느낀 자극을 골에 전하는 일을 하는 실 모양의 기관. ②사물을 느끼거나 생각하는 힘. 예예민한 신경.

신경 과:민 신경이 예민하여, 조그만 자극에도 쉽게 반응하는 불안정한 상태.

신경질적 성질이 날카롭고 화를 잘 내는 모양.

신고 국민이 법률상의 의무로

서 관청에 일정한 사실을 보고함. 예출생 신고. -하다.

신곡 새로 지은 노래. 【新曲】

신규 새로운 규모나 규정. 예신규 채용. 【新規】

신기 이상하고 묘함. 예신기한 이야기. 비기이. -하다.

신기록 지금까지의 기록보다 뛰어난 새로운 기록.

신기원 획기적인 사실로 말미암아 전개되는 새로운 시대.

신나다 흥이 나서 기분이 매우 좋아지다. 예신나게 놀다.

신년 새해. 예신년 인사.

신:념 굳게 믿는 마음. 예신념이 강한 사람. 【信念】

신단수 단군신화에서, 환웅이 처음 하늘에서 그 밑에 내려왔다는 신령한 나무.

신대륙 ①새로 발견된 대륙. ②아메리카 주와 오세아니아 주를 달리 이르는 말. ③남북 아메리카를 이르는 말.

신데렐라 ①유럽 동화 속의 여주인공 이름. ②하루아침에 유명하게 된 사람을 이르는 말.

신동 여러 가지 재주와 지혜가 남달리 뛰어난 아이. 【神童】

신라【나라】[기원전 57~기원후 935] 지금의 경주 지방을 중심으로 건국한 삼국 시대의 한 나라. 시조는 박혁거세. 제30대 문무왕이 삼국을 통일하였으나, 제56대 경순왕 때 고려 태조 왕건에게 멸망함.

신라관 당나라로 건너간 신라 유학생들과 사신들에게 숙식을 제공하던 곳.

신라방[실라방] 중국 연안 지대에 있었던 신라 사람들이 모여 살던 마을.

신라소[실라소] 실라방에 있던 신라 사람을 다스리기 위한 관청.

신라원[실라원] 신라방에 있던 신라 사람의 사원.

신랄[실랄] ①맛이 대단히 쓰리고 매움. ②수단이 매우 가혹함. 예신랄한 비판. -하다. -히.

신랑[실랑] 갓 결혼한 남자. 반신부.

신령[실령] 신통하고 영묘한 힘을 가지고 있다는 귀신. 준영.

신록 초여름에 새로 나온 잎의 푸른빛. 예신록의 계절.【新綠】

신:뢰[실뢰] 믿고 의지함. 예그를 신뢰하다. -하다.

신립【사람】[1546~1592] 조선 선조 때의 장군. 임진 왜란 때 왜적을 맞아 싸우다가 충청 북도 충주 탄금대에서 최후를 마쳤음.

신맛 먹는 식초와 같은 맛.

신:망 믿음과 덕망. 믿고 바람. 예신망이 두텁다. -하다.

신명¹ 하늘과 땅의 신령. 예천지신명께 비옵니다. 준신.

신명² 흥겨운 신과 멋. 예신명나는 우리의 가락.

신문 새로운 사실을 알려 주려고 정기적으로 박아내는 인쇄물. 조간·석간·주간 따위.

신문고 조선 태종 때부터 백성들이 억울한 일을 왕에게 직접 하소연할 때 치게 한 북. 대궐 문루에 달았음.【申聞鼓】

신문 기자 신문에 실을 기사를 취재·수집·편집하는 사람.

신문명 새 시대의 새로운 문명. 비신문화.

신문사 신문을 박아서 펴내는 일을 하는 회사. 【新聞社】

신문학 우리 나라 19세기 말, 특히 갑오 개혁 이후 개화 사상에 따라 일어난 새로운 경향과 형식의 현대 문학.

신미양요 1871년, 미국 상선인 제너럴 셔먼 호가 대동강을 거슬러 올라가다가 포격당한 것을 문제로, 미국이 함대를 보내어 강화도를 공격해 온 사건.

신바람[신빠람] 흥겹고 신이 나서 우쭐해지는 기분. 예신바람이 절로 나다. 비어깻바람.

신발 걸어다닐 때 발에 신는 물건〔가죽·천·고무 등으로 만듦〕.

신변 몸의 주변. 예신변의 위험을 느끼다.

신:봉 옳다고 믿고 받듦.

신부[1] 천주교·성공회의 교직자로 주교 다음의 성직자. 성사를 집행하고 미사를 드리며 강론함.

신부[2] 갓 결혼한 여자. 비새색시. 반신랑.

신분 개인의 사회적 지위나 계급. 【身分】

신비 사람의 생각으로는 도저히 미루어 헤아릴 수 없이 이상하고 야릇한 비밀. 예우주의 신비스러움. -하다. -스럽다.

신:사 ①배움·예절·인품이 갖추어진 점잖은 남자. ②남자를 좋게 일컫는 말. 예행동이 신사답다. 반숙녀. 【紳士】

신:사용 남자 어른에게 쓰임. 또는 쓰이는 것. 반숙녀용.

신:사 유람단 1880년대의 개화기를 맞아, 박정양 등 신사 10여 명을 일본에 파견하여 그들의 하는 일을 살펴보게 한 시찰단.

신사임당【사람】[1504~1551] 조선 시대의 유학자인 율곡의 어머니. 문장·서화·경학·

자수 등 학문과 예술이 뛰어났으며, 효성이 지극하고 어진 어머니로 이름이 높았음.

신생 새로 생기거나 태어남.

신생아 갓난아이. 【新生兒】

신선[1] 선도를 닦아서 도를 통한 사람. 비선인. 【神仙】

신선[2] 새롭고 깨끗함. 예신선한 공기를 마시다. -하다. 【新鮮】

신설 새로 세움. 새로 마련함. 예신설 학교. -하다.

신성 ①거룩하고 높고 엄숙하여 더럽힐 수 없음. ②신과 같이 성스러운 일. -하다.

신세 ①남에게 도움을 받거나 괴로움을 끼치는 일. ②자기가 처해 있는 형편. 예신세 망치다.

신:속 몹시 빠름. 예신속한 배달. -하다. -히.

신수 사람의 얼굴에 나타나는 건강 상태의 밝은 기운.

신숙주【사람】[1417~1475] 조선 세종 때의 집현전 학자. 한글을 만드는 데 공을 세운 학자이며 정치가. 【申叔舟】

신시가지 이전의 도시에서 새로 뻗어나가 발전한 시가.

신식 옛날과 다른 새로운 형식. 예신식 결혼. 반구식.

신신당부 거듭하여 간곡히 하는 부탁.

신:앙 신을 믿고 받드는 일. 예신앙의 자유. -하다.

신:용 믿고 의심하지 아니함. 예신용을 잃다. -하다. 【信用】

신:용 카:드 개인의 재정 상태를 보증하는 카드. 크래디트 카드.

신윤복【사람】[1758~?] 조선 후기의 화가. 호는 혜원. 인물이나 풍속 그림을 잘 그렸음. 작품에는 〈미인도〉〈주유도〉〈주막도〉 등이 있음.

신음 괴로워서 끙끙거리며 앓는 소리를 냄. -하다.

신:의 믿음과 의리.

신의주 학생 의거 1945년 11월 23일 신의주에서 일어난 북한 학생들의 반공 운동.

신인 새 사람. 새로 나타난 사람. 예신인 배우. 【新人】

신:임 믿고 일을 맡김. 예신임을 받다. -하다. 【信任】

신임장 외교 사절을 파견하는 나라가 사절을 받아들일 나라의 원수 앞으로 그 사절이 정당한 자격을 가졌음을 증명한 공문서. 【信任狀】

신작로[신장노] 큰 길. 한길. 새로 만든 길.

신전 신을 모셔 놓은 커다란 집.

신:중 삼가고 조심스러움. 예신중을 기하다. -하다. -히.

신진 대:사 ①묵은 것이 없어지고 새것이 대신 생김. ②물질 대사. 몸의 새 성분을 만들고, 노폐물을 배설하는 생리 작용.

신채호【사람】[1880~1936] 충청 북도 청주 출생. 대한 제국 말기의 언론인. 호는 단재. 상하이 등지에서 독립 운동을 하였고, 국사 연구에 힘썼음.

신천지 새로운 곳. 새로운 땅.

신청 어떤 일을 청함. 예노래를 신청하다. -하다. 【申請】

신체 사람의 몸. 예신체 검사. 回육체. 앤영혼.

신촌【지명】서울 특별시 서대문구 신촌동 일대를 이름. 연세 대학교와 이화 여자 대학교 등이 있음.

신축[1] 새로 집·다리 등을 세움. 예학교를 신축하다. -하다.

신축[2] 늘어남과 줄어듦. 예신축성이 좋은 바지. -하다.

신축성 늘어나고 줄어드는 성질.

신출내기[신출래기] 어떤 일에 처음으로 나서서 아직 익숙하지 못한 사람.

신:탁 돈이나 그 밖의 재산을 신용 있는 사람에게 관리시킴으로써 이익을 얻는 제도. 예투자 신탁. -하다. 【信託】

신:탁 통:치 국제 연합의 감독 아래, 스스로 나라를 다스릴 능력이 없는 후진국을 다른 나라가 통치하는 일.

신:탁 통:치 이:사회 신탁 통치에 관한 문제를 처리하기 위해 설치된, 국제 연합의 주요 기관의 하나임.

신통 ①모든 일이 헤아릴 수 없이 신기하게 통달함. ②이상하고 묘함. 예신통한 묘기. ③대견함. 回신기. -하다. -스럽다.

신품 새로운 물품. 【新品】

신하 임금을 섬기어 벼슬하는 사람. 【臣下】

신학 크리스트교의 교리나 신앙에 대해서 연구하는 학문.

신학문[신항문] 재래의 한학에 대하여 근래에 서양에서 들어온 새로운 학문. 【新學問】

신형 옛날 것과 다른 새로운 형. 예신형 냉장고.

신:호 떨어져 있는 두 곳 사이에 일정한 부호를 써서 서로 의사를 통하는 방법. 예교통 신호. -하다.

신:호탄 야간 전투에서 자기편끼리 서로 연락하기 위하여 쏘는 신호용 탄알.

신혼 갓 결혼함. 예신혼 생활.

신화 역사가 있기 전의 전설로서 신을 중심으로 한 이야기. 예그리스 신화. 【神話】

신흥 새로 일어남. [예]신흥 종교.

실: ①고치·털·솜·삼 등을 가늘고 길게 자아내어 겹으로 꼰 것. 직물·자수·편물 등에 쓰임.

실감 실제로 느낌. 실제의 감정. 진실한 감정. [예]실감나는 이야기. -하다. 【實感】

실개울 산골짜기에서 흐르는 폭이 좁은 작은 개울.

실격[실껵] 기준에 미치지 못하여 자격을 잃음. -하다.

실:고추 실같이 가늘게 썬 고추.

실권[실꿘] 실제로 행사할 수 있는 권리.

실기 실지로 행하는 기술. [예]실기 시험. 【實技】

실기 대:회 재주나 기술을 실지로 나타내어 겨루는 큰 모임.

실내 방 안. [반]실외. 【室內】

실내악 집이나 좁은 장소에서 연주하기에 알맞은 음악. [본]실내 음악. 【室內樂】

실랑이 남을 못견디게 굴어 시달리게 하는 짓. [예]서로 잘했다고 실랑이를 하다. [본]실랑이질. ×실갱이. -하다.

실력 실제로 가지고 있는 힘.

실력 행사 어떤 일을 이루려고 완력이나 무력 따위를 쓰는 일.

실례 예의에 어그러짐, 또는 그 일. -하다.

실로폰 타악기의 한 가지. 음계의 순서대로 늘어 놓은 나무 토막을 한 개 또는 두 개의 채로 쳐서 소리를 냄.

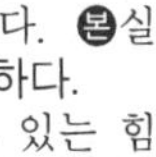

[실로폰]

실록 ①사실을 그대로 적은 기록. [예]제2차 대전 실록. ②한 임금의 재위 기간 동안의 사적을 기록한 것. [예]세종 실록.

실룩거리다 근육의 한 부분을 자꾸 움직이는 모양.

실리 현실적인 이익.

실리카 겔 습기를 방지하기 위하여 사용하는 규산. 흰색의 단단한 알갱이로 되어 있음.

실:마리 ①감았거나 헝클어진 실의 첫머리. ②일의 첫머리. ③해결의 열쇠.

실망 희망을 잃어버림. [비]낙망. [반]희망.

실명 눈이 멂. -하다. 【失明】

실무 실제의 업무. 【實務】

실무자 ①어떤 사무를 맡아 하는 사람. ②실무에 익숙한 사람.

실물[1] 실제로 있는 물건, 또는 사람. [비]현물. 【實物】

실물[2] 물건을 잃어버림, 또는 그 물건. -하다. 【失物】

실바람 솔솔 부는 바람.

실백 껍데기를 벗겨낸 알맹이 잣.

실비 실지로 드는 비용. [예]실비로 사들이다.

실상[실쌍] ①실제의 상태. ②실제의 모양. [비]실지.

실생활 공상이 아닌 실제의 생활. 현실 생활.

실성[실썽] 정신에 이상이 생김. 미침. [예]실성한 사람. -하다.

실속[실쏙] ①실제의 내용. [예]실속 있는 생활. ②겉에 나타나지 않은 이익. [예]실속을 차리다.

실수[실쑤] ①잘못하여 그르침. [예]실수 때문에 일어난 사고. ②실례. -하다. 【失手】

실습[실씁] 실지로 익힘. [예]과학 실습. -하다.

실시[실씨] 실지로 실행함. [비]

시행. -하다. 【實施】

실신[실씬] 정신을 잃음. 의식을 잃은 상태. 【失神】

실업¹ 일자리를 잃어버림. 뗸취업. -하다. 【失業】

실업² 농업·상업·공업과 같은 생산·제작·판매 등을 하는 사업.

실업가 상공업·금융업 등에 관한 사업을 하는 사람.

실업 교:육 상업·공업·수산업·농업 등 실업에 관한 교육을 가르치는 교육.

실업자[시럽짜] 직업이 없는 사람.

실없다 말이나 행동이 참되지 않아 미덥지 못하다. 예실없는 소리만 자꾸 한다. 실없이.

실:오라기 한 가닥의 실. 예실오라기가 가늘다. 뗸실오리.

실용 실제로 이용하여 씀. 실제로 필요함.

실용 신안 특허 이미 나와 있는 물건의 모양이나 구조 등을 전보다 더 좋게 고친 것에 대한 권리의 특허.

실용적 실제로 이용되는 모양. 실제로 쓰는 데 편한 것. 예실용적인 가구.

실용화 실제로 유용하게 쓰이게 됨.

실재 실제로 있음. 예실제의 사건. 뗸가상. 【實在】

실적[실쩍] 실제의 업적이나 성적. 예업무 실적이 좋다.

실정[실쩡] 실제의 사정. 예실정을 살피다. 뗸실태.

실제[실쩨] 실지의 경우나 형편. 뗸사실.

실족 발을 잘못 디딤. -하다.

실존 실제로 존재하는 일. 예실존 인물. 【實存】

실종[실쫑] 종적을 잃음. 행방을 모름. 예전쟁 때 실종되다.

실지[실찌] ①실제의 처지, 또는 경우. ②실제의 장소. 뗸실제.

실지렁이 집 근처의 수채나 늪속에 사는 붉은 실오라기 모양의 지렁이〔물고기의 먹이 등으로 쓰임〕.

실직[실찍] 일자리를 잃어버림.

실질[실찔] ①사물의 실제의 내용이나 성질. ②꾸밈이나 거짓이 없는 본바탕.

실책 잘못된 계책이나 처리.

실천 실지로 이행함. 예이론대로 실천하기는 어렵다. 뗸실행. 뗸이론. -하다. 【實踐】

실체 ①실제의 물체. 예실체를 확인하다. ②성질이나 작용의 본체. 예실험을 통해 실체를 파악한다. 【實體】

실탄 쏘아서 실제의 효력을 나타내는 탄알. 【實彈】

실토 거짓말을 섞지 아니하고 사실대로 말함. -하다.

실:톱 실같이 가는 톱〔널빤지를 둥글게 도려 내는 데 쓰임〕.

실패 일을 잘못하여 그르침. 예실패는 성공의 어머니. 뗸성공. -하다. 【失敗】

실:핏줄[실핃쭐] 동맥의 끝부분과 정맥의 첫부분을 이루는 가느다란 핏줄. 살갗과 힘줄 각 기관 등에 실뿌리처럼 갈라져 퍼져 있음. 뗸모세 혈관.

실학 ①실제로 소용되는 학문 ②조선 시대 영조·정조 때에 일어난 학풍. 학문은 실생활에 이용할 수 있는 것이어야 한다고 주장함. 【實學】

실행 실지로 행함. 뗸실천. 실시. -하다.

실향민 고향을 잃고 타향살이하는 백성. 【失鄕民】

실험 ①실제로 시험함. 예실험 실습. 비실습. ②실지의 경험. 예실험 결과. -하다.

실험 기구 실험을 하는 데 쓰이는 그릇·연장 등을 통틀어서 일컫는 말.

실험실 특별히 실험을 목적으로 만든 방.

실현 실제로 나타남, 또는 나타냄. 예꿈이 드디어 실현되다.

실형 실제로 받는 형벌.【實刑】

실황 실제의 상황. 예실황 방송.

싫다[실타] ①마음이 언짢다. ②하고 싶지 않다. 반좋다.

싫증[실쯩] 몹시 싫은 생각. 예반복되는 일에 싫증을 느끼다. 비염증.

심 연필의 나무 속에 박혀 있어 글씨를 쓸 수 있게 된 부분. 예연필의 심이 잘 부러진다.

심각 정도가 아주 깊고 중대함. 예심각한 표정을 짓다. -하다.

심경 마음의 상태. 예심경을 솔직히 밝히다.【心境】

심기 마음으로 느끼는 기분. 예심기가 불편하다.【心氣】

심기 일전 지금까지의 생활 태도를 버리고 마음의 자세를 완전히 바꿈.

심:다[심따] ①초목의 뿌리를 땅 속에 묻고 흙을 덮다. ②씨앗을 뿌리다. 예고구마를 심다. 반캐다.

심란[심난] 마음이 산란하여 걷잡을 수 없음. 예마음이 심란하다. -하다.【心亂】

심려[심녀] 마음 속으로 걱정함. 예심려치 마십시오. -하다.

심리[심니] 마음의 움직임. 마음의 상태.【心理】

심마니 산삼 캐는 일을 업으로 하는 사람.

심문 자세히 따져서 물음. 예피의자를 심문하다. -하다.

심복 마음놓고 믿을 수 있는 부하. 마음으로 무조건 복종하는 사람. 높심복지인.

심:부름 남의 부탁을 받아 하는 일. -하다.

심:부름꾼 남의 심부름을 하는 사람.

심사 자세히 살펴 조사함. 예서류 심사. -하다.【審査】

심:사 숙고 깊이 잘 생각함.

심사원 심사를 맡은 사람.

심상 대수롭지 않고 예사스러움. 예분위기가 심상치 않다. 비범상. 반비상.

심술 너그럽지 못하고 고집스러운 마음씨.

심술궂다 심술이 몹시 많다.

심술꾸러기 심술이 많은 사람. 남이 잘 되는 것을 방해하기 좋아하는 사람. 비심술쟁이.

심신 마음과 몸. 예심신 단련.

심심풀이 할 일이 없이 시간을 보내기 위하여 무엇을 함.

심심하다 재미도 없고 시간 보내기가 지루하다. 예할 일이 없어 심심하다.

심야 깊은밤. 반백주.【深夜】

심양【지명】 중국 라오링성의 중심 도시. 교통의 요지이며 경제의 중심지. 중국 최대의 공업지대. 옛이름은 봉천.

심오 사물의 뜻이 매우 깊고 오묘함.【深奧】

심의 제출된 안건을 상세히 검토하고 그 가부를 논의함. 예예산안 심의.【審議】

심장 온몸의 핏줄이 모여 있는 복숭아 모양의 기관. 비염통.

심장부 ①심장이 있는 곳. ②

가장 중요한 부분. ⑩적의 심
장부.

심정 마음의 상태. 마음씨. ⑩
울고 싶은 심정.

심중 마음 속. ⑩심중을 안다.

심지 등잔·남포·초·알코올
램프 등의 액체를 빨아올려
불을 붙이게 된 물건.

심청전〖책명〗 조선 시대의 소
설. 심청의 희생적인 효성이
아버지의 눈을 뜨게 한다는
줄거리의 이야기. 지은이와
연대는 알 수 없음. 【沈淸傳】

심취 어떤 것에 깊이 빠져 도
취함. ⑩문학에 심취하다.

심:판 ①법원에서 사건을 심리
하여 판결함. ②운동 경기 등
의 이기고 짐을 가리는 일,
또는 그 사람. -하다.

심포니 교향곡. 교향악.

심:하다 정도에 지나치다.

심혈 있는 대로의 힘. 온 정신.
⑩심혈을 기울이다. 【心血】

심호흡 깊숙이 공기를 들이마
셨다가 내뱉었다 하며 크게
숨을 쉬는 일.

심:훈〖사람〗[1901~1936] 소설
가·영화인. 본명은 대섭. 농
촌 계몽 소설인〈상록수〉를
발표하고 유명해졌음. 주로
대중적이며, 계몽적인 소설을
많이 썼음. 작품으로는〈먼
동이 틀 때〉〈영원의 미
소〉등이 있음.

십만 양병설 율곡 이이 선생이
일본의 침략에 대비하여 국방
을 튼튼히 하자고 한 주장.

십이지장 위 가까이에 있는 작
은 창자의 일부분으로 소화에
필요한 담즙 및 소화액을 장
에 보냄. 샘창자.

십자가 ①지난날, 서양에서 죄
인을 사형할 때 쓰던 십(+)
자 모양의 형틀. ②크리스트

교를 나타내는 십자형의 표
지.

십자매 참새와 비슷하며 몸길
이 12cm가량. 털빛은 갈색과
흰색이 섞인 것이 많으며 잘
자람.

십장생 죽지 않고 오래 산다는
'해·산·물·돌·구름·솔·
불로초·거북·학·사슴'의
열 가지.

십중팔구〔열 가운데 여덟이나
아홉이 된다는 뜻으로〕거의
그러할 것이라는 추측을 이르
는 말.

십(10)진수 수를 10배할 때마다
한 자리씩 위로 올라가는 수.

싱가포르〖나라〗 말레이 반도의
남쪽 끝에 있는 작은 섬나라.
생고무·주석·직물 등의 무
역항이며, 남양 어업의 근거
지임. 수도는 싱가포르.

싱겁다(싱거우니, 싱거워서)
①짜지 않다. ⑩국이 싱겁다.
②말이나 하는 짓이 체격에
어울리지 않고 멋적다. ⑩일
반적으로 키 큰 사람은 성격
이 싱겁다.

싱그럽다(싱그러우니, 싱그러워
서) 생기를 띠고 싱싱하다.

싱글거리다 눈과 입을 슬며시
움직이며 소리 없이 자꾸 웃
다. >생글거리다. ⑳씽글거리
다.

싱글벙글 소리 없이 입으로 웃
는 모양. -하다.

싱글싱글 은근한 태도로 연해
부드럽게 눈웃음치는 모습.
⑩싱글싱글 웃기만 하다. >
생글생글. ⑳씽글씽글. -하
다.

싱숭생숭 마음이 들떠 어수선
하고 갈팡질팡하는 모양.

싱싱하다 ①빛이 맑고 산뜻하
다. 본디 그대로의 생기를 띠

다. 예싱싱한 야채. ②원기가 왕성하다. >생생하다. 셀씽씽하다.

ㅆ다[십따] 말끝 '-고'의 아래에 쓰이어, 하고자 하는 마음이 있음을 나타내는 말. 예먹고 싶다.

ㅆ (쌍시옷[쌍시옫]) 'ㅅ'의 된소리.

ㅆ구려 ①품질이 좋지 않은 값싼 물건. ②시가보다 싸게 파는 물건. ③장수가 싸다는 뜻으로 외치는 소리.

ㅆ늘하다 날씨 같은 것이 매우 산산하고 좀 추운 기운이 있다. 예싸늘한 바람. <써늘하다. 여사늘하다. 싸늘히.

ㅆ다¹ 값이 적다. 뻔비싸다.

ㅆ다² 물건을 보자기나 종이 안에 넣어 보이지 않게 하다.

ㅆ라기 ①부스러진 쌀알. ②'싸라기눈'의 준말.

ㅆ라기눈 빗방울이 내리다가 갑자기 찬 공기에 얼어서 떨어지는 싸라기 같은 눈. 준싸락눈.

ㅆ리나무 콩과의 갈잎넓은잎 떨기나무. 산지에 남. 잎은 세 잎이 나오고 한 여름에 붉은 자주색 꽃이 핌. 나무 껍질은 섬유용으로, 잎은 사료로 쓰임.

ㅆ매다 둘러 말아서 꼭 매다.

ㅆ안다[싸안따] 휘감아 싸서 안다.

ㅆ우다 이기려고 다투다.

ㅆ움터 싸움을 하는 곳. 뻔전장. 전쟁터.

ㅆ전 쌀과 그 밖의 곡식 등을 파는 가게. 뻔미전. 쌀가게.

싹 ①식물의 씨에서 처음으로 돋아난 어린 잎이나 줄기. 예새싹. ②남김없이 죄다. 예피로가 싹 가시다.

싹싹하다 상냥하고 말을 잘 듣는다. 예싹싹한 성격. <썩썩하다.

싹트다 ①식물의 싹이 생겨나다. ②일이 생겨나기 시작하다. 예새로운 기운이 싹트다.

쌀 ①벼의 열매의 껍질을 벗긴 알맹이. ②벼와 곡식의 알맹이를 통틀어 이르는 말〔보리쌀·좁쌀 등〕.

쌀쌀하다 ①날씨가 으스스하도록 차다. 예쌀쌀한 겨울 바람. ②정다운 맛이 없고 냉정하다. 예쌀쌀한 태도. 쌀쌀히.

쌈: 싸우는 일. 본싸움. -하다.

쌈지 담배·부시 등을 담는 주머니. 헝겊 또는 종이로 만듦.

쌉쌀하다 조금 쓴 맛이 있다.

쌍 ①둘씩 짝을 맞춘 것. 예병아리 세 쌍. ②암컷과 수컷. 예한 쌍의 잉꼬.〔雙〕

쌍둥이 한 어머니한테서 한꺼번에 태어난 두 아이. 뻔쌍생아. ✕쌍동이.

쌍방 대립하고 서로 관계되는. 뻔양방. 양쪽. 예쌍방이 처벌을 받았다.〔雙方〕

쌍벽 ①두 개의 구슬. ②여럿 가운데서 특별히 뛰어난, 우열이 없는 둘.

쌍쌍이 둘씩 짝을 지은 모양. 준쌍쌍.

쌓이다[싸이다] 물건이나 일 등이 한데 많이 겹치다. 예눈이 쌓이다. ✕싸이다.

쌔근거리다 숨을 가쁘게 쉬다. <씨근거리다.

쌔근쌔근 어린아이가 깊이 자는 모양. 예쌔근쌔근잠자는 아이. <씨근씨근. -하다.

써늘하다 몹시 찬 느낌이 있다. >싸늘하다. 여서늘하다.

써:레 갈아 놓은 논 바닥을 고르거나 흙덩이를 잘게 하는

데 쓰는 농기구의 하나.

[써레]

써:레질 써레로 흙덩이를 부수고 고르게 펴는 일. 모심기 직전에 함. -하다.

썩다 ①좋은 재주나 능력을 제대로 못 쓰게 되다. ㊀여기서 썩기에는 아까운 재능. ②물건의 성질이 변하다. ㊀생선이 썩다.

썰:다(써니, 써오) 물건을 잘게 동강내어 자르다.

썰매 ①눈 위나 얼음판에서 사람이나 짐을 싣고 다니는 기구. ②아이들이 얼음 위에서 미끄럼타는 놀이 기구.

썰물 바닷물이 빠져서 해면이 낮아지는 현상. 비간조. 반밀물.

쏘다 ①듣는 사람의 마음이 뜨끔하게 느낄 만한 말로 말하다. ㊀따끔하게 쏘아 주다. ②총알을 날아가게 하다. ㊀총을 쏘다.

쏘다니다 갈 데나 안 갈데나, 일이 있으나 없으나 가리지 않고 바쁘게 돌아다니다.

쏘아붙이다 듣는 사람의 마음이 뜨끔하게 느낄 만한 말로 말해 버리다.

쏟다[쏟따] ①그릇에 담긴 물건을 거꾸로 붓다. ②마음을 기울이다. ㊀정성을 쏟다.

쏟아지다 한 꺼번에 많이 떨어지거나 몰려나오거나 생겨나다. ㊀박수 갈채가 쏟아지다.

쏠다 쥐나 좀 등이 물건을 물어 뜯거나 씹어 구멍을 내다.

쏠리다 ①한 쪽으로 치우쳐 몰리다. ㊀시선이 쏠리다. ②솔깃하여 마음이 그 곳으로 내키다. ㊀마음이 쏠리다.

쐐:기 움직이지 못하도록 물건과 물건 틈에 박는 물건. ㊀쐐기를 박다.

쑤근대다 목소리를 낮추어 비밀히 말하다.

쑤다 곡식의 알맹이나 가루를 물에 끓여 익게 하다. ㊀죽을 쑤다.

쑤시다 바늘로 찌르는 것처럼 아프다. ㊀어깨가 쑤시다.

쑥 국화과의 여러 해살이풀. 줄기 높이는 60~90cm로 잎은 국화잎 같고 향기가 있으며, 연한 것은 떡에 넣어 먹고 쇤 것은 약재로 쓰임.

쑥스럽다(쑥스러우니, 쑥스러워서) 하는 짓이나 모양이 어울리지 않아 어색하고 멋적다.

쑨원〖사람〗[1866~1925] '손문'을 중국 음으로 읽은 것. 중국의 정치가. 삼민주의를 주장하고 신해 혁명 후 중화민국의 대총통이 되었으나 위안 스카이(원세개) 일파에게 실권을 빼앗긴 뒤에 국민당을 조직. 1924년 제1차 국공합작에 성공하고 북벌을 단행하였으나 목적을 이루지 못하고 이듬해 병사하였음. 중국의 국부로 추앙됨. 【孫文】

쓰개치마 지난날 여자들이 외출할 때 머리부터 몸의 윗 부분을 가리어 쓰던 치마.

쓰다1(써, 써서) 사용하다.

쓰다2(써, 써서) 글씨를 적다.

쓰다3(써, 써서) 모자 등을 머리에 얹다.

쓰다4 ①맛이 소태의 맛과 같다. ㊀한약은 쓰다. ②마음이 언짢고 싫다.

쓰다듬다[쓰다듬따] 귀여워서 손으로 어루만지다.

쓰라리다 상한 자리가 쓰리고 아프다.

스레질 비로 쓸고 소제하는 일. -하다.

쓰시마【지명】 우리 나라와 일본 큐슈 사이에 있는 섬. '대마도'라고도 함.

스싹싹싹 톱질·줄질 등을 할 때 나는 소리. -하다.

스웃음 기가 막히거나 마지못해 웃는 웃음.

슬개 간에 붙어 있는 작은 고무 풍선 모양의 푸른 주머니. 간에서 만들어진 쓸개즙을 저장해 두었다가 십이지장으로 내보내는 내장. 圓담낭.

슬개즙 간에서 만들어져 쓸개에 저장되었다가 음식물이 지날 때에 십이지장에서 나와서 지방의 소화를 돕는 소화액.

쓸데없다 ①소용이 없다. 예쓸데없는 물건. ②아무 값어치가 없다. 예쓸데없는 말.

슬모 쓰일 만한 가치. 쓰일 자리.

슬쓸하다 마음이 허전하고 적적하다. 圓외롭다. 쓸쓸히.

슴바귀 국화과에 딸린 여러해살이풀. 봄에 뿌리·줄기 및 어린 잎을 먹음.

씀씀이 돈이나 물건 따위를 쓰는 일이나 비용.

씌우다 머리에 쓰게 하다.

씨 식물의 싹이 트는 근본이 되는 알맹이. 圓씨앗.

씨눈 씨앗에 있는 배. 이것이 자라서 싹눈이 됨.

씨름 예로부터 우리 민족이 즐기던 고유의 운동 경기. -하다.

씨실 피류을 가로 건너 짜는 실. 圓날실. 圓북실.

씨아 목화씨를 빼는 기구.

씨앗 곡식이나 채소 등의 씨. 圓종자.

씨족 사:회 핏줄을 같이 하는 사람을 중심으로, 한데 모여 사는 원시 사회.

씨줄 피류의 가로 실. 圓날줄.

씩씩하다 굳세고 위엄이 있다.

씹다 ①입에 넣고 이로 잇달아 자꾸 깨물다. 예껍을 씹다. ②남을 나쁘게 말하다.

씻다 ①물로 더러운 것을 없애다. ②누명을 벗다.

씽긋 가볍게 얼른 웃는 모양. >쌩긋. 圓싱긋.

씽씽하다 썩 생기가 왕성하다. 圓싱싱하다.

ㅇ(이응) 한글 닿소리(자음)의 여덟째 글자.

-아[1] 받침 있는 말 아래 붙어서 부름을 나타내는 말. 예영철아. 길동아.

아:[2] 기쁨·슬픔·칭찬·뉘우침·귀찮음, 또는 강한 느낌을 받았을 때 내는 소리. 예아, 슬프다.

아가 '아기'를 귀엽게 부르는 말.

아가미 물고기나 조개 등의 숨쉬는 기관.

아가씨 아직 결혼하지 않은 여자나 젊은 여자를 일컫는 말.

아가페 인간에 대한 신의 사랑, 또는 신·이웃에 대한 인간의 사랑.

아관 파천 조선 말기인 1896년 2월에 고종과 태자가 러시아 공사관으로 옮겨 가 약 1년간 거처한 사건.

아교 짐승의 가죽·뼈 등을 고아 굳힌 풀. 비갖풀.

아:군 우리 편의 군대. 비우군. 반적군.

아궁이 가마·방·솥 등에 불을 때기 위하여 만든 구멍. 준아궁.

아귀 아귀과의 바닷물고기. 암초가 있는 곳이나 바닷말이 무성한 곳에서 삶. 몸길이는 1m 가량이고, 대가리는 넓적하고 크며 몸통과 꼬리는 짧음.

아귀다툼 '말다툼'을 낮추어 이르는 말. 서로 악을 쓰며 헐뜯고 다투는 짓.

아기 어린 아이를 귀엽게 이르는 말.

아기자기 여러 모로 예쁜 모양. 오순도순 재미있는 모양. - 하다.

아까 조금 전에. 앞서.

아깝다(아까우니, 아까워서) ①마음에 들어 버리거나 잃기가 싫다. 예그냥 버리기에는 아깝다. ②귀하여 함부로 할 수가 없다. 예시간이 아깝다.

아끼다 ①귀하게 여기어 함부로 쓰지 아니하다. 예돈을 아끼다. ②해가 되지 않게 하려고 애쓰다. 예자연을 아끼다. 비절약하다. 반낭비하다.

아낌없이 주는 나무【책명】 미국의 쎌 실버스타인이 지은 동화로, 자신을 다 주면서도 행복해 하는 나무와 그저 받기만 하는 한 소년의 이야기.

아나운서 방송국에서 보도의 일을 맡아 보는 사람.

아낙네 남의 집 부인을 흔히 일컫는 말. 준아낙.

아내 남자의 짝이 되어 사는 여자. 비처. 반남편.

아네모네 미나리 아재비과의 여러 해살이풀. 알뿌리에서 나온 줄기 끝에 3~6cm되는 꽃이 핌.

아녀자 ①'여자'를 낮추어 이르는 말. ②어린아이와 여자. 예아녀자들이나 하는 일. 준아녀.

아늑하다[아느카다] 되바라지지 아니하고 속이 깊어서 좌우가 폭 싸이다. 예산기슭

있는 아늑한 마을. <으늑하
다. 아늑히.

아니꼽다(아니꼬우니, 아니꼬워
서) ①비위에 거슬리어 구역
질이 날 듯하다. ②하는 짓이
나 말이 같잖아 불쾌하다.

아닌밤중[아닌밤쭝] 뜻하지 아
니한 때. 갑자기 불쑥. 느닷없
이. 예아닌 밤중에 홍두깨.

아:담 보기 좋게 말쑥함. 고상
하고 깨끗함. 예아담하게 지
은 한옥. -하다. -스럽다.
-히.

아동 ①어린아이. 예아동들을
위한 동화집. ②초등 학교의
어린이. 【兒童】

아동극 ①어린이가 펼쳐 보이
는 연극. ②어린이를 대상으
로 상연하는 연극.

아동 복지법 아동의 인권과 행
복한 생활을 보장하기 위해
필요한 여러 가지 제도를 정
한 법률.

아둔하다 영리하지 못하고 어
리석다.

아드님 남을 높이어 그의 '아
들'을 이르는 말. 반따님.

아득하다 ①끝없이 멀다. 예갈
길이 아득하다. ②까마득하게
오래다. 예아득한 옛날. 아득
히.

아들 사내 자식. 반딸.

아뜩하다 갑자기 머리가 핑 돌
아 정신을 잃고 쓰러질 듯하
다. 비아찔하다. <어뜩하다.

아라비아 서남 아시아에 있는
세계 최대의 반도. 【Arabia】

아라비아 숫:자 0, 1, 2, 3, 4, 5,
6, 7, 8, 9의 10개의 숫자. '이
10개의 숫자를 십진법으로 맞
추면 어떤 수라도 나타낼 수
있음. 아라비아인이 인도 사
람에게 배워 유럽에 전함.

아라비안 나이트【책명】아라비

아 지방을 중심으로 페르시
아·인도 지방을 무대로 한
약250가지의 이야기를 모은
것. 아라비아의 왕이 왕비에
게 배반당한 뒤 3년간 매일
새로운 왕비를 선택하여 죽였
는데, 셰헤라자데라는 여자가
왕의 마음을 풀어 주기 위해
천 하룻동안 한 이야기라 해
서 '천일야화'라고도 함. 이
중에서 특히 〈 알라딘의 요술
램프 〉 〈 신밧드의 모험 〉
〈 알리바바와 40인의 도둑 〉
등은 잘 알려진 이야기임.

아람 밤·상수리 등이 나무에
달린 채 잘 익은 상태. 또는
그 열매. 예아람이 벌다.

아랍 국가 이슬람교를 믿는 지
역에서 아라비아어를 사용하
는 나라를 통틀어 일컫는 말.
서아시아와 북아프리카에 있
음.

아랑곳없다 남의 일을 알려고
들거나, 간섭할 필요가 없다.

아래 ①물건의 땅으로 향한
쪽. ②지위나 신분이 낮은 쪽.
예아랫사람을 돌봐주다. ③다
른 것보다 못한 쪽. 반위.

아래뜸 아래 쪽에 있는 작은
동네. 반윗뜸.

아랫목[아랜목] 구들을 놓은
방에서 아궁이에 가까운 쪽의
방바닥. 반윗목.

아랫사람 ①손아랫사람. 반웃
어른. ②지위가 낮은 사람. 부
하. 반윗사람.

아:량 너그럽고 깊은 마음씨.

아련하다 생각이나 기억 등이
희미하다. 가물가물하다. 예아
련한 옛추억. 비어렴풋하다.
아련히.

아:령 쇠의 양쪽 끝이 작은 공
모양이며 중간은 손으로 잡을
수 있게 만든 운동 기구.

아로새기다 ①또렷하고 솜씨 좋게 새기다. ②마음 속에 또렷이 기억해 두다.

아롱다롱 점이나 줄이 여기저기 고르지 않게 아롱진 모양. <어룽더룽.

아롱아롱 눈앞에 흐릿하게 아른거리는 모양. <어룽어룽.

아롱지다 아롱아롱한 무늬가 있다. <어룽지다. ⓑ알롱지다.

아뢰다 말씀드리다. '알리다'의 높임말. ⓔ임금님께 아뢰다.

아:르 한변의 길이가 10m인 정사각형의 넓이의 단위. 1아르라 하고 'la'로 씀. [la=100m²].

아르바이트 ①일. 노동. ②본래의 직업 외에 임시로 하는 일.

아르헨티나〖나라〗 남아메리카의 남동부에 있는 공화국. 주요 산업은 농업·목축업이며, 밀·쇠고기의 생산이 세계적으로 유명함. 수도는 부에노스아이레스.

아른거리다 무엇이 조금 보이다 안 보이다 하다. ⓔ희미한 물체가 아른거리다. <어른거리다. ⓑ알른거리다.

아름 두 팔로 껴안은 둘레의 길이. ⓔ나무의 둘레가 두 아름이나 된다.

아름답다(아름다우니, 아름다워) 예쁘고 곱다. ⓔ장미꽃이 아름답다.

아름드리 한 아름이 넘는 큰 나무나 물건. ⓔ아름드리 나무.

아리다 ①음식이 혀끝을 쏙쏙 쏘는 느낌이 있다. ②상처가 찌르는 것같이 아프다.

아리땁다(아리따우니, 아리따워) 마음이나 태도가 썩 아름답다.

아리랑 우리 나라에서 널리 부르는 민요의 하나. ⓑ아리랑 타령.

아리송하다 비슷비슷한 것이 뒤섞여서 또렷하게 알아 내기 어렵다. ⓔ아리송한 대답. ⓒ알쏭하다. <어리숭하다.

아리아 가극에 나오는 아름다운 선율의 독창곡.

아리타〖지명〗 일본의 지방이름. 임진 왜란 때 우리 나라 도공들이 잡혀가 살던 곳.

아리안 인도 유럽 어족에 딸린 인종을 통틀어 이르는 말.

아마 확실히 말할 수 없는 말 앞에 '대개·거의'의 뜻으로 쓰는 말. ⓔ아마 지금쯤 도착했을 것이다.

아마존 강 브라질에 있는 세계 제2의 강. 남아메리카의 안데스 산맥에서 브라질 고원을 거쳐 대서양으로 흘러들어감.

아마추어 ①직업적이 아닌 운동가·기술자·예술가. ⓔ아마추어 바둑. ②어느 일에 익숙하지 못한 사람. ⓟ프로페셔널. ⓒ아마.

아메리고 베스푸치〖사람〗 약 450년 전 아메리카 대륙을 탐험한 이탈리아의 탐험가.

아메리카 대:륙 태평양·대서양·북극해로 둘러싸인 대륙. 파나마 지협에 의하여 남북으로 갈라짐〔발견자인 아메리고 베스푸치의 이름에 의하여 붙여진 이름임〕.

아메:바 단세포의 원생 동물. 가장 원시적인 생물로 큰 것이 0.2mm이며 형태가 일정하지 않음.

아:무렇게 되는 대로. 마구. ⓔ글씨를 아무렇게나 쓰지 말아

라. 웹아무러하게.

아:무리 ①어떻게 하여도 암만 하여도. ②'설마 그럴 리는 없다'는 뜻으로 쓰이는 말.

아:무쪼록 될 수 있는 대로.

아무튼 아무렇게나 하든지. 어떻게나 되었든지. 웹아무러하든. ×아뭏든.

아문센【사람】[1872~1928] 노르웨이의 탐험가. 1911년 처음으로 남극에 도달함.

아물거리다 눈이나 정신이 희미하여 똑똑하게 보이지 않다. 삐아물대다.

아물다(아무니, 아무오) 부스럼이나 상처가 나아서 맞붙다. 예상처가 아물다. 삔덧나다.

아물아물 ①눈이 희미하여 똑똑하게 보이지 않는 모양. ②말이나 행동을 분명하지 않게 하는 모양. 삔또렷또렷. -하다.

아미치스【사람】[1846~1908] 이탈리아의 소설가. 여행을 몹시 즐겨 세계 각지를 돌아다니며 풍속을 조사하기도 하였고 여행기도 썼으며, 1886년 소설 〈쿠오레〉를 써서 유명해짐.

아방궁 ①중국 진시황의 궁. ②아주 크고 화려한 집을 일컫는 말.

아버지 남자 어버이. 삔어머니.

아베 마리아 천주교에서 성모 마리아를 찬양하는 노래.

아부 남의 비위를 맞추고 알랑거림. 삐아첨. -하다.

아비 ①'아버지'를 낮추어 부르는 말. ②아내가 남편을 시부모에게 말할 때 쓰는 말.

아빠 '아버지'의 어린이말.

아뿔싸 잘못되거나 언짢은 일을 뉘우쳐 깨달았을 때 내는

소리. 〈어뿔싸. 꺼하뿔사.

아:사 굶어 죽음. 예아사 직전에 놓인 난민들. 삐기사. -하다.

아사달【지명】 단군 조선을 열때의 도읍지〔대체로 황해도 구월산으로 전해지고 있으나, 지금의 평양 부근의 백악산이라는 설도 있음〕.

아산군【지명】 충청 남도 천안서쪽에 있는 고장(이순신 장군의 묘와 현충사가 있음).

아성 ①우두머리가 있는 성. 본거지. ②아주 중요한 곳. 예적의 아성을 무너뜨리다.

아세테이트 합성 섬유. 물에 강하고 부드러우나 변질하는 결점이 있음. 웹아세테이트 인견.

아수라 불교에서, 싸움을 일삼는 나쁜 귀신.

아쉽다(아쉬우니, 아쉬워서) ①필요할 때에 없거나 모자라서 마음에 만족하지 못하다. ②아깝고 서운하다.

아스완 댐 이집트의 나일 강중류에 건설된 댐으로 .나일 강의 물을 조절하여 사막을 농토로 바꿀 목적으로 건설함. 남쪽에 새로 건설한 아스완 댐은 세계 최대의 댐임.

아스파라거스 백합과의 여러해 살이풀. 어린 줄기는 먹기도 함.

아스팔트 도로 포장·방수에 이용되는 색이 검은 물질.

아슬아슬 ①잘못될까봐 두려워서 조마조마한 모양. ②소름이 끼칠 듯이 조금 추워지는 모양. 〈으슬으슬. ③근심스러운 고비를 맞아 조마조마한 상태. 예승패가 결정지어지는 아슬아슬한 순간. -하다.

ㅇ

아슴푸레하다 기억이 몹시 희미하다. <어슴푸레하다.

아시아 세계 6대주의 하나. 한국·일본·중국·인도·시베리아 등이 포함된 세계에서 가장 큰 대륙. 아시아주.

아시아 경:기 대:회 아시아 여러 나라의 친선과 평화를 목적으로 열리는 운동 경기 대회. 4년에 한 번씩 열리는 데. 1951년 뉴델리에서 제1회가 열린 후 각국에서 순차로 개최함. 제10회 경기가 1986년에 우리 나라 서울에서 개최되었음.

아:씨 지난날, '양반의 젊은 부인'을 높이어 부르는 말.

아:악 고려 때부터 내려오던 궁중 음악. 조선 때 세종 대왕이 박연을 시켜 대성하였음.

아양 귀여움을 받으려고 일부러 하는 애교있는 말이나 몸짓. 예아양을 떨다. -스럽다.

아연 비교적 무른 청백색의 금속. 쓰이는 곳이 많음.

아:열대[아열때] 열대와 온대의 중간이 되는 지대. 예아열대 기후.

아예 ①처음부터. 예아예 그 일은 시작도 하지 마라. ②절대로.

아오지〖지명〗 함경 북도 경흥군 북부에 있는 두만강 연변의 한 읍. 우리 나라, 중국, 소련의 국경에 위치한 무연탄광 지대.

아옹다옹 서로 트집을 잡아 자꾸 다투는 모양.

아우 형제 사이에서 자기보다 나이가 적은 사람. 비동생. 반언니. 형.

아우내 충청 남도 천원군 병천의 다른 이름.

아우성 여러 사람이 기세를 올리며 악써 지르는 소리. 여러 사람이 뒤섞여 지르는 소리.

아우트라인 ①대강의 줄거리. ②윤곽.

아욱 아욱과에 딸린 한해살이풀. 채소의 한 가지로 연한 줄기와 잎으로 국을 끓여 먹음.

아울러 여럿을 한데 합하여. 여럿을 함께. 예나무심기와 아울러 산불 예방에 힘쓰다.

아웃 ①테니스·축구·탁구·배구 등의 경기에서 공이 일정한 선 밖으로 나가는 것. ②야구에서 타자나 주자가 공격할 자격을 잃는 일. 반세이프. 【out】

아이 어린 사람. 준애.

아이디어 생각. 구상.

아이러니 ①풍자. 비꼼. 반어. ②전하려는 생각의 반대되는 말을 써서 효과를 높이는 표현법.

아이맥스 영화 사람의 눈으로 볼 수 있는 최대 크기의 화면의 영화. 가로 25m, 세로 18m의 큰 화면에 웅장한 음향이 특징임. 항공 촬영에 의하여 만들어짐. 서울 여의도 63층 건물 내에 설치되어 있음.

아이스 박스 얼음을 넣어서 쓰는 작은 냉장고, 또는 휴대용 냉장용기.

아이스 쇼: 얼음판에서 스케이트를 타면서 여러 가지 재주를 보이는 일.

아이스 캔디 우유·설탕 등을 넣은 물을 얼려서 만든 과자.

아이스 케이크 꼬챙이를 끼워서 만든 얼음 과자.

아이스크림: 우유·달걀·설탕 등을 녹인 물을 크림 모양으로 얼린 과자.

아이스 하키 빙구. 얼음판에서 스케이트를 지치면서, 끝이 구부러진 막대기로 고무공을 몰아 상대방의 골에 넣는 운동 경기. 한 팀은 6명으로 선수의 교체가 자유로우며 시간은 20분씩 3회임.

아이아ː르시ː 국제 적십자. 적십자 국제 위원회. 【IRC】

아이에이에이ː에이 국제 원자력 기구. 1957년에 창설된 원자력의 평화적 이용을 목적으로 하는 국제 기구. 【IAEA】

아이엠에프 국제 통화 기금. 국제 금융기관의 한 가지.

아이큐ː 지능 검사에 나타난 지능의 발달 정도를 수치로 나타내는 것. 지능 지수.【IQ】

아인슈타인〖사람〗[1879~1955] 독일 태생의 미국 물리학자. 1905년에 특수 상대성 이론, 1916년에 일반 상대성 이론을 발표하였으며, 1921년에 노벨 물리학상을 받았다.

아장아장 어린아이나 키가 작은 사람이 얌전하고 귀엽게 걷는 모양. <어정어정.

아쟁 거문고와 비슷하며, 대쟁보다 조금 작고 7개의 줄로 된 우리 나라 고유의 현악기.

아저씨 ①부모와 같은 항렬의 남자. ②부모와 같은 또래의 사람을 정답게 부르는 말. 뻰아주머니. 뿭아재. 아재비.

아전 지난날, 고을의 관청에 딸린 낮은 벼슬아치.

아좌 태자〖사람〗백제 위덕왕의 아들. 597년 일본으로 가 쇼토쿠 태자의 초상화를 그림.

아주 ①매우. 썩. 대단히. 예아주 잘했다. ②완전히. 영원히. 예일을 아주 망쳤다.

아주머니 ①아저씨의 아내. ②

부녀자를 정답게 부르는 말. 뻰아저씨.

아지랑이 봄이나 여름철, 강한 햇살을 쵠 땅으로부터 아른거리며 피어 오르는 공기의 움직임. ×아지랭이.

아직 ①때가 이르지 못함의 뜻. 채. 예아직 봄이 멀었다. ②전에 있던 일이 달라지지 아니함의 뜻. 예아직까지 자고 있다.

아직기〖사람〗백제의 학자. 근초고왕 때 일본에 건너가 일본 태자의 스승이 됨.

아찔하다 갑자기 어지럽고 눈앞이 캄캄하다. 뻰아뜩하다. <어찔하다.

아첨 남에게 잘 보이기 위하여 비위를 맞추어 알랑거림. 뻰아부. -하다.

아ː치 ①건축 기술의 하나로 창이나 문의 위쪽을 둥글게 쌓아 올린 것. ②축하·환영의 뜻으로 소나무·측백 등의 푸른 나무로 둥글게 만든 것.

아침 ①날이 새어 아침밥을 먹을 때까지의 동안. ② '아침밥'의 준말. 뻰저녁.

아침놀 아침에 해가 뜰 때 하늘이 붉게 보이는 것. 뫁아침노을.

아카데미 ①학문·예술에 관한 지도적이고 믿을 만한 단체. 학술원·예술원 등을 이름. ②대학이나 연구소 따위를 두루 이르는 말.

아카시아 콩과에 딸린 갈잎큰키나무. 미국이 원산지로 높이 12~15m이고 가지에 가시가 있음. 초여름에 흰 꽃이 술 모양으로 늘어져 피며 향기가 좋음.

아킬레스 그리스 신화에 나오는 영웅. 호머의 시 일리아드의 주인공. 불사신이었으나, 약점인 발뒤축에 화살을 맞고 죽었다 함.

아테네【지명】 그리스의 수도. 아티카 반도 서부에 있음. 고대 그리스 문명의 중심지였으며, 유명한 관광 도시로, 파르테논 신전을 비롯하여 수많은 유적과 고대 건축물이 있음.

아틀라스¹ 그리스 신화에서 하늘 나라를 혼란하게 한 죄로, 아프리카 서북안에서 어깨로 하늘을 떠받치고 서 있게 된 거인.

아틀라스²【지명】 아프리카 서북부 튀니지·알제리·모로코에 걸친 지방.

아틀리에 화가나 조각가가 일을 하는 방. 화실.

아파ː트 한 채의 건물 안에 여러 가구가 따로따로 살게 된 주택. ⓑ아파트먼트 하우스.

아편 양귀비 열매에서 나오는 진액을 모아 말린 갈색의 물질. 진통제·설사·이질약으로 널리 쓰임. 중독성이 있음.

아편 전ː쟁 아편 문제를 중심으로 영국과 청나라 간에 일어난 전쟁(1840～1842). 청나라가 영국의 아편 수입을 금지한 것을 구실로 일어났는데 청나라가 패하여 난징 조약을 맺고 홍콩을 영국에 넘겨 줌.

아폴로 십일(11)호 사람을 싣고 처음으로 달에 착륙한 미국의 우주선.

아폴론 고대 그리스 신화 중 태양·예언·궁술·의료·음악 및 시의 신. 凹아폴로.

아프가니스탄【나라】 아시아 남서부의 이란 고원의 북동부를 차지하는 나라. 수도는 카불.

아프로디테 그리스 신화에 나오는 아름다움과 사랑의 여신. 로마 신화의 비너스에 해당함.

아프리카【지명】 유럽의 남쪽에 있는 세계 제2의 대륙.

아픔 몸이나 마음의 고통.

아ː호 문인·학자·화가 등이 본이름 외에 따로 지어 부르는 이름.

아흐렛날 ①아홉째 날. ②'초아흐렛날'의 준말. ⊗아흐레.

악¹ 있는 힘을 다하여 마구 쓰는 기운. 몐악을 쓰고 덤비다.

악² 착하지 않음. 올바르지 아니함. 凹선. 【惡】

악곡 ①음악의 곡조. ②곡조를 나타낸 부호. 【樂曲】

악기 음악을 연주할 때에 쓰이는 기구(현악기·관악기·타악기 등이 있음). 【樂器】

악녀 성질이 모질고 나쁜 여자. 凹선녀. 【惡女】

악단 음악을 연주하는 단체. 몐관현악단. 경음악단. 【樂團】

악담 남을 못되도록 저주하는 나쁜 말. 凹덕담. －하다.

악당 악한 무리. 【惡黨】

악대 음악을 연주하기 위하여 조직된 단체. 음악대. 凹악단.

악독 마음이 모질고 독함. 몐악독한 행동. －하다. －히. －스럽다.

악동 ①행실이 나쁜 아이. ②장난꾸러기.

악랄[악날] 매섭고 표독함. 몐악랄한 수단. －하다. －히.

악마[앙마] ①착한 행동을 방해하는 나쁜 귀신. ②흉악한 사람을 비유하는 말. 凹천사.

악명 악하기로 소문난 이름. 나쁜 평판. 【惡名】

악몽[앙몽] 좋지 못한 꿈. 무서운 꿈. 흉악한 꿈. 凹흉몽. 凹길몽.

악물다(악무니, 악무오) 매우

성이 나거나 아플 때, 또는 무엇을 단단히 결심할 때 아래위의 이를 힘주어 물다. <억물다.

악바리 성미가 깔깔하고 고집이 세며 모진 데가 있는 사람.

악보 음악의 곡조를 일정한 기호로써 나타낸 것. 回음보. 곡보.

악사 극장이나 댄스 홀 따위에 고용되어 악기로 음악을 연주하는 사람. 【樂士】

악상 악곡을 짓기 위한 작곡가의 생각, 또는 그 주제. 【樂想】

악성¹ 뛰어난 음악가. 대음악가. 음악계의 성인. 【樂聖】

악성² ①모질고 독한 성질. ②고치기 어려운 병의 성질. 예악성 종양. 【惡性】

악센트 ①말 가운데서의 어떤 음절, 글 가운데서의 어떤 말을 특히 높이거나 힘주어 발음하는 것. ②어느 한 점을 특히 강조하는 일.

악수 반가운 인사로 서로 손을 마주 잡음. -하다.

악습 나쁜 습관. 못된 버릇.

악쓰다(악쓰니, 악써) 악을 내어 소리 지르거나, 악에 받쳐 행동하다.

악어 악어과의 파충류를 통틀어 이르는 말. 모양 [악어] 이 도마뱀과 비슷하나 훨씬 크며 열대 지방의 호수나 강에 사는 큰 동물.

악연 불행한 인연. 나쁜 인연.

악영향 나쁜 영향.

악용 나쁘게 이용함. 잘못 씀. 回선용.

악의 남을 해치려는 나쁜 마음. 回선의. 호의. 【惡意】

악인 나쁜 사람. 악한 사람.

악장 소나타·교향곡 등과 같이 여러 개의 소곡이 모여서 큰 악곡이 되는 경우의 각 소곡. 두 개 이상의 악절로 구성됨.

악전 박자·속도·음정 등 악보에 사용하는 모든 규칙을 설명한 책, 또는 그 규칙.

악전 고투 어려운 상황에서 죽을 힘을 다하여 고생하며 싸움.

악절 두 개의 악구로 이루어져 하나의 완전한 악상을 표현하는 구절. 두 개 이상의 작은 악절이 모여 악장을 이룸.

악정 국민을 괴롭히고 나라를 그르치는 나쁜 정치. 回선정.

악조건 나쁜 조건. 回호조건.

악질[악찔] ①모질고 독한 성질, 또는 그러한 사람이나 동물. ②좋지 못한 성질이나 바탕. 回양질.

악착같다 성질이 모질고 끈질기다. <억척같다.

악착스럽다(악착스러우니, 악착스러워) 작은 일에 대하여도 끈기 있고 모질다. <억척스럽다.

악처 마음이 부정하고 사나워 남편에게 못되게 구는 나쁜 아내. 回양처.

악취 나쁜 냄새. 불쾌한 냄새.

악취미 남을 괴롭히거나 도덕에 어긋나는 짓을 예사로 하는 일.

악평 ①좋지 않은 평판이나 평가. ②남을 나쁘게 비평함. 回호평.

악하다[아카다] 모질고 독하다. 回착하다. 선하다.

악학궤범〖책명〗 조선 성종 때, 성현·신말평·유자광 등이 왕명에 의하여 장악원에 있던 의궤·악보를 정리하여 편찬한 음악책.

악한 몹시 나쁜 짓을 하는 사람. 비흉한. 【惡漢】

악화 나쁘게 변함. 예병세가 악화되다. 반호전. - 하다.

안 ①어떤 곳이나 물건의 둘레에서 가운데로 향한 쪽, 또는 그 부분. 예방 안. ②어떤 범위를 벗어나지 않는 일. 예한 시간 안에 돌아오다.

안간힘[안깐힘] 불평이나 고통이 있을 때 꾹 참으려고 하나, 저절로 터져 나오는 애쓰는 힘.

안감[안깜] 옷 안에 받치는 감. 물건의 안에 대는 감. 예저고리 안감. 반안집.

안:갚음 부모의 은혜를 갚음. - 하다.

안:개 수증기가 찬 공기를 만나 땅 가까운 공중에 연기처럼 부옇게 떠 있는 것.

안:개꽃 석죽과의 한해살이풀. 높이는 30~45cm, 가늘고 긴 잎이 마주 나고 가지를 많이 침. 여름부터 가을에 걸쳐 잔가지 끝에 자잘한 흰 꽃이 많이 핌.

안:건[안껀] 토의하거나 연구할 사항.

안견[사람] 조선 세종 때의 화가의 한 사람. 산수화를 잘 그렸음. 대표작에 〈몽유도원도〉〈청산백운도〉〈적벽도〉 등이 있음. 【安堅】

안:경 더 잘 보기 위해서, 또는 눈을 보호하기 위해서 눈에 쓰는 기구. 【眼鏡】

안골포 해:전 임진 왜란 때, 이순신 장군이 왜적을 크게 무찌른 싸움. 안골포는 경상 남도 진해만에 있는 포구임.

안:과[안꽈] 눈에 관한 의학의 한 분과, 또는 그 병원.

안기다 남의 품 속에 들다.

안:내 인도하여 일러 줌. 데리고 가서 알려 줌. - 하다.

안:내자 데리고 가서 알려 주는 사람. 이끌어서 알려 주는 사람.

안:내장 ①어떤 일을 알리는 편지. ②어떤 행사가 있음을 알리고 거기 참가해 줄 것을 권하는 편지. 【案內狀】

안녕 ①아무 일 없이 편안함. ②만나거나 헤어질 때에 쓰는 인사말. 비평안. - 하다. - 히.

안:다[안따] ①두 팔로 끼어서 가슴에 붙이다. 예아기를 안다. ②남의 일을 책임지고 맡다. ③새가 알을 품다.

안단테 악보에서, 천천히·느리게 연주하라는 뜻.

안달 조급하게 걱정하면서 속을 태우는 짓. - 하다.

안달뱅이 소견이 좁아 걸핏하면 안달하는 사람을 얕잡아 이르는 말.

안:대 눈병에 걸렸을 때, 눈을 가리는 가제 등의 천 조각.

안데르센[사람][1805~1875] 덴마크출신의 유명한 동화 작가·시인. 아름다운 마음씨를 지닌 약하고 가난한 사람을 그린 동화를 많이 썼음. 작품에는 〈인어 공주〉〈미운 오리새끼〉〈빨간 구두〉〈성냥팔이 소녀〉 등이 있음.

안데스 산맥 남아메리카의 태평양 쪽에 남북으로 뻗어 있는 큰 산맥. 히말라야 다음가는 높은 산맥으로 세계에서 가장 긴 산맥임. 은·구리·주석 등의 광산물이 풍부함.

안도 마음을 놓음. 예안도의 한숨을 쉬다. - 하다.

안도감 불안함이 없어지고 마

음이 푹 놓이는 편안한 느낌.

▶동【지명】 경상북도 북동부에 있는 한 시. 중앙선의 주요 역임. 삼베와 소주가 유명함.

▶동포 경상 북도 안동에서 나는 삼베. 올이 가늘고 고움.

▶락[알락] 마음이 평안하고 걱정이 없어 즐거움. **예**안락한 생활. - 하다.

▶락사 살아날 가망이 없는 병자의 고통을 덜어 주기 위하여 죽음에 이르게 하는 일.

▶마 손으로 몸을 두드리거나 주물러서 피의 순환을 도와 주거나 피로를 풀리게 하는 일.

▶마당 집의 안채에 있는 마당.

▶:면 ①얼굴. ②서로 낯이나 익힐 만한 친분. **예**서로 안면이 있다.

▶면도【지명】 충청 남도 서산군의 서해상에 있는 섬. 김·갈치·새우 등이 많이 남.

▶:목 사물을 보고 분별하는 힘.

▶방[안빵] ①집 안채의 부엌에 붙은 방. ②안주인이 거처하는 방. **반**바깥방.

▶보 위험이 없도록 지킴. **준**안전 보장.

▶부 편안히 잘 있느냐 못 있느냐를 묻는 인사.

▶:색 얼굴에 나타나는 기색. **비**얼굴빛.

▶성맞춤 생각한 대로 잘된 물건이나 때맞추어 잘 된 일〔경기도 안성에다 주문하여 만든 유기 그릇이 제일 좋다는 뜻에서 나온 말〕. ×안성마춤.

▶시성 싸움 고구려 제28대 보장왕 4년(645), 당나라 태종의 공격에 양만춘이 만주 영성자 부근에 있는 안시성에서 적군

을 막아 크게 이긴 싸움.

안식 편안하게 쉼. **예**안식을 취하다. - 하다. 【安息】

안식처 편안하게 쉴 수 있는 곳. **예**집은 우리들의 안식처이다.

안심 근심 걱정이 없어 마음을 놓음. 마음이 편함. **반**걱정. 근심. 불안. - 하다. 【安心】

안쓰럽다 약하거나 가냘픈 사람에게 도움을 받거나 폐를 끼쳤을 때, 또는 그런 사람이 힘에 겨운 일을 할 때 미안하고 가엾다. ×안스럽다.

안압지 신라 30대 문무왕 때 당시의 지도 모양을 본떠 만든, 경북 경주시 북동쪽에 있는 연못.

안:약 눈병을 고치는 데 쓰는 약. 눈약. 【眼藥】

안울림소리 날숨이 목청을 진동시키지 않고 내는 소리. ㅂ·ㅃ·ㅍ·ㄷ·ㄸ·ㅌ·ㄱ·ㄲ·ㅋ·ㅈ·ㅉ·ㅊ·ㅅ·ㅆ·ㅎ이 이에 딸림. 맑은 소리. 무성음. **반**울림소리.

안이 ①근심이 없이 편안함. ②충분히 생각함이 없이 적당히 처리하려는 태도가 있음.

안익태【사람】[1911~1965] 우리 나라의 작곡가·지휘자. 1936년 '애국가'를 작곡함.

안:장 말의 등에 얹어 탈 수 있게 가죽으로 만든 물건.

안전 편안하고 아무 탈이 없음. 위험이 없음. **예**안전한 방법. **비**편안. **반**불안전. 위험. - 하다. - 히. 【安全】

안전규칙 공장·광산·공사장 등에서 작업자의 신체의 안전과 사고의 방치를 위하여 정해 놓은 규칙.

안전띠 자동차나 비행기 따위에서 어떤 충격으로부터 사람

의 몸을 보호하기 위하여 몸을 좌석에 고정시키는 띠.

안전모 공장이나 공사장에서 머리를 보호하기 위하여 쇠나 플라스틱으로 만든 모자.

안전 보:장 이:사회 국제 평화와 안전의 유지를 맡고 있는 국제 연합의 중요 기구. 중국·미국·영국·프랑스·러시아의 다섯 상임 이사국과 총회에서 뽑은 10개의 비 상임 이사국으로 되어 있음.

안전속도 교통 사고를 막기 위하여 정해 놓은 일정한 속도.

안전 지대 거리의 일정한 지역을 도로 표지 등으로 안전한 곳으로 지정하여, 사람이 안전하게 피해 있도록 만든 곳.

안절부절못하다 마음이 안정되지 못하여 애를 태우며 몸까지도 앉았다 일어섰다 하다. ×안절부절하다.

안정1 안전하게 자리잡힘. 큰 변화가 없이 일정한 상태로 자리잡힘. -하다. 【安定】

안정2 마음과 정신이 편안하고 고요함. -하다. 【安靜】

안정감 안전하고 편안한 느낌.

안정복【사람】[1712~1791] 조선 영조 때의 학자. 우리 나라의 역사·지리에 대한 연구를 시작한 대표적인 실학자로 '동사강목'을 지음.

안주 술을 마실 때에 곁들여 먹는 음식.

안중근【사람】[1879~1910] 조선 고종 때의 독립 투사. 황해도 해주 출생. 1909년 만주 하얼빈에서 침략자의 우두머리였던 이토 히로부미를 사살하고, 1910년 3월 뤼순 감옥에서 순국했음.

안:질 눈병.

안착 ①무사히 도착함. [예]예정대로 목적지에 안착하다. ②한 곳에 착실히 자리잡음. -하다.

안창남【사람】[1900~1930] 우리 나라 최초의 비행사. 1920년에 비행사 시험에 합격하여, 이상재 선생 등의 주선으로 중국에 건너가 독립 운동을 하면서 많은 후배를 길러내는 데 힘썼음. 중국의 혁명 전선에 참가했다가 비행기 사고로 죽음. 【安昌男】

안창호【사람】[1878~1938] 독립 운동가. 호는 도산. 1906년 신민회를 조직하여 독립 운동을 폈으며, 1913년 다시 미국에서 흥사단을 조직함. 중국·미국 등에 망명하여 민족의 자주 독립을 위해 몸바침.

안채 안팎 각 채로 된 집에서 안에 있는 집. [반]바깥채.

안치다 찌거나 끓일 물건을 솥이나 시루에 넣다.

안타 야구에서, 타자가 베이스에 나아갈 수 있도록 안전하게 친 공. 히트.

안타깝다(안타까우니, 안타까워서) ①남이 애를 쓰고 괴로워하는 것을 보고 매우 딱한 생각이 나다. ②뜻대로 안 되어 마음이 답답하고 죄다. [예]내 진심을 몰라 주니 정말 안타깝다.

안테나 무선 전신·라디오·텔레비전 등의 전파를 보내거나 받아들이기 위하여 공중에 세우는 기구.

안티몬 청백색의 광택이 나는 무른 금속. 납을 섞어서 활자를 만드는 데 쓰임.

안팎 안과 밖. [예]집 안팎을 청소하다. [비]내외.

안:표 나중에 보아서 알 수 있게 표를 함. -하다. 【眼標】

안향[사람] [1243~1306] 고려 충렬왕 때의 유학자. 생활에서 여러 가지 나쁜 점을 고쳐 살기 좋은 고장을 만들기에 힘씀.

앉다 엉덩이를 바닥에 붙이고 몸을 세우다.

앉은뱅이 일어나 앉기는 해도 서서 걷지 못하는 불구자.

알 ①새·물고기·벌레 등의 새끼가 될 물질이 막이나 껍데기에 싸여 있는 것. ②열매 등의 낱알. **예**콩알. 깨알.

알갱이 아주 작은 조각. **예**모래 알갱이.

알거지 몸에 지닌 것이 아무것도 없는 거지.

알곡 쭉정이나 잡것이 섞이지 아니한 곡식. 알곡식.

알:다 (아니, 아오) ①모르는 것을 깨닫다. ②서로 낯이 익다.

알뜰하다 ①아끼고 위하는 마음이 정성스럽고 참되다. **예**알뜰하게 보살피다. ②살림이 오붓하다. **예**알뜰한 살림. 알뜰히.

알라 이슬람교에서 받드는 유일·절대 전능의 신. 정의·인애·관용 등을 그 이상으로 하고 있음. 교도들은 마호메트를 알라의 사도라고 함.

알랑거리다 교묘한 말을 꾸며 대고 간사하게 아첨하는 짓을 잇달아 하다. <얼렁거리다.

알래스카[지명] 북아메리카의 북서부에 있는 큰 반도. 1958년 마흔 아홉 번째로 미국의 주로 편입되었음. 【Alaska】

알량하다 시시하고 보잘것없다. **예**알량한 솜씨.

알레그로 악보에서 '빠르게 연주하라'는 뜻.

알레르기 주사나 먹은 음식에 의해 체질이 변화하여 그 물질에 대해 이상적으로 과민한 반응을 나타내는 일. 또는 알레르기 현상으로 나타나는 질병[두드러기·페니실린 쇼크 따위].

알렉산더 대:왕[사람] [기원전 356~323] 고대 그리스 문화를 널리 퍼뜨린 마케도니아의 왕. 20세 때 왕위에 올라 그리스를 손아귀에 넣고 페르시아·시리아·이집트를 점령하고 인도까지 쳐들어갔었음. 33세의 젊은 나이로 죽음.

알력 서로 의견이 맞지 않아 자주 충돌함. **비**불화.

알록달록 여러 가지 빛깔이 섞여 있는 모양. <얼룩덜룩. -하다.

알루미늄 도시락·냄비·주전자 등을 만드는 데 많이 쓰이는 흰색의 가벼운 금속. 전기를 잘 통하게 함.

알류 물이 뱅뱅 돌아서 흐르는 물. -하다.

알리다 알게 하다. 통지하다.

알리바바 〈알리바바와 40인의 도적〉에 나오는 주인공. 이 이야기는 〈아라비안 나이트〉중에 나오는 이야기의 하나로, 동굴 속의 보물을 알리바바에게 빼앗긴 도둑들이 알리바바의 집을 찾아 복수를 하려고 하나, 슬기로운 하녀의 꾀에 넘어가 전멸한다는 이야기임.

알리바이 사건이 일어난 시각에 그 장소에 없었다는 사실을 주장하여 무죄를 증명하는 방법.

알림판 여러 사람에게 알리기 위한 내용을 걸거나 붙여 놓은 판. **비**게시판.

알:맞다 정도에 지나치거나 모

자라지 아니하다. 圓적절하다.

알맹이 ①물건의 껍질을 벗기고 남은 속. 圓껍데기. ②사물의 중심이 되는 중요한 부분. 圓핵심.

알밤 ①익은 밤송이에서 발라내거나 떨어진 밤톨. ②주먹으로 머리를 가볍게 쥐어박는 짓.

알부자 실속이 있는 부자.

알뿌리 양파·마늘·감자 등과 같은 덩어리 모양으로 된 뿌리를 통틀어 이르는 말.

알선[알썬] 남의 일을 주선하여 줌. 圓일자리를 알선하여 주다. 圓주선. - 하다.

알쏭달쏭 생각이 자꾸 헛갈리어 얼른 분간할 수 없는 모양. 圓알쏭달쏭한 수수께끼. <얼쑹덜쑹. - 하다.

알씬거리다 눈앞에서 떠나지 않고 뱅뱅 돌다. <얼씬거리다.

알아듣다 남의 말을 듣고 그 뜻을 알다.

알아맞히다 계산·추측 등이 사실과 똑같다. 圓수수께끼의 답을 알아맞히다.

알아 주다 ①남의 좋은 점을 인정하다. ②남의 처지를 이해하다. 圓몰라 주다.

알아채다 일의 낌새를 미리 알다. 알아차리다.

알:알하다 ①맛이 맵거나 독하여 혀끝이 매우 아리다. 圓고추를 먹었더니 입 안이 알알하다. ②상처 같은 데가 따끔따끔하게 아리다. <얼얼하다.

알약 작고 둥글게 만든 약. 圓환약. 圓가루약.

알자스〖지명〗 프랑스 북동쪽에 있는 작은 도시.

알제리〖나라〗 아프리카의 북부에 있는 나라. 지중해성 기후를 이용해 밀·포도주·올리브유 등이 산출되며, 철광·석유 등의 매장량이 많음. 수도는 알제.

알차다 ①속이 단단하고 여물다. 圓알차게 여문 열매. ②좋은 내용이 담기다. 圓내용이 알찬 책.

알칼리 붉은 리트머스 종이를 파랗게 변화시키는 성질을 가진 물질. 염기.

알코올 쌀이나 감자의 녹말을 원료로 하여 만든 의약품. 투명한 액체이며 향기가 있고, 술에 들어 있음. 니스를 녹이거나 알코올 램프의 원료로도 사용됨. 【alcohol】

알코올 램프 알코올을 태워 불꽃을 내는 기구. 그을음이 없고 화력이 세어 화학 실험할 때 쓰임.

알토 여성의 음역 가운데 가장 낮은 음, 또는 그 음의 범위를 가진 가수. 【alto】

알파 ①그리스 글자의 첫자. ②어떤 일의 시작의 뜻. 圓오메가.

알파벳 유럽이나 미국에서 사용되고 있는 로마자. A·B·C…… 등 스물여섯 자로 되어 있음.

알퐁스 도데〖사람〗[1840~1897] 〈마지막 수업〉을 지은 소설가. 근대 프랑스 작가 중 많은 사람들로부터 존경을 받았으며, 많은 작품을 썼음.

알프스 유럽 평원과 지중해 지역 사이에 있는 큰 산맥. 아름다운 빙하와 호수가 많아 관광객이 많이 모임. 【Alps】

알프스의 소:녀〖책명〗 스위스의 요한나 슈피리가 지은 소설. '하이디'라는 마음씨 고운 소녀의 이야기.

알현 지위나 신분이 높은 사람을 찾아뵘. 예임금님을 알현하다.

암:[1] '물론 그렇다'의 뜻을 나타내는 말. 예암, 네 말이 옳다. ❷아무려면. 아무렴.

암:[2] ①몸 속이나 피부에 생기는 병. 둘레의 건강한 세포를 침범하여 상처가 커지는 병으로 사망률이 매우 높음. ②'어떤 조직에서 큰 장애가 되고 있는 것'을 비유하여 이르는 말. 예암적인 존재.

암:거래 법으로 사고 팔지 못하게 된 물건을 몰래 사고 파는 일.

암그루 암수로 구별되는 나무에서 암컷에 해당되는 나무. 열매를 맺음.

암글 〔여자들이나 쓸 글이라는 뜻으로〕지난날, 한글을 업신여겨 이르던 말. ❷수글.

암:기 머리 속에 외어 잊지 아니함. 욈. ―하다.

암:담 ①어두컴컴하고 쓸쓸함. ②희망이 없고 막연함. 예앞날이 암담하다. ―하다.

암모니아 ①수소와 질소가 합쳐져 생긴 물질. 코를 찌르는 심한 냄새를 가진 물질. 이것을 물에 녹인 암모니아수는 의약품으로 쓰임. ②비료의 제조 원료.

암반 땅 속에 있는 큰 암석층.

암벽 벽 모양으로 깎은 듯이 높이 솟은 바위. 예암벽 등반.

암:산 필기 도구나 주판 등을 쓰지 않고 마음 속으로 계산함. ❶속셈. ❷필산. ―하다.

암:살 몰래 사람을 죽임. ❶도살. ―하다. 　　　　　【暗殺】

암석 바위와 돌·광물이 모여서 이루어진 것(화강암·현무암·역암 따위). 　【岩石】

암:송 책을 보지 않고 글을 입으로 욈. 예동시를 암송하다. ―하다.

암수 암컷과 수컷을 통틀어 이르는 말. ❶자웅.

암술 '암꽃술'의 준말. 머리에 붙은 꽃가루를 씨방으로 보내는 역할을 함. ❷수술.

암:시 넌지시 깨우쳐 줌. 힌트. ❷명시. ―하다.

암:실 햇빛이 들어오지 못하도록 어둡게 꾸민 방.

암:약 남의 눈을 피하여 몰래 활동함. 　　　　　【暗躍】

암자 큰 절에 딸린 작은 절. 중이 임시로 거처하는 집.

암:죽 어린아이에게 젖 대신 먹이는 묽은 죽.

암:초 물 속에 잠겨서 보이지 않는 바위. 예배가 암초에 걸리다. ❶초석.

암컷[암컫] 동물의 암놈. ❷수컷.

암탉[암탁] 닭의 암컷. ❷수탉.

암톨쩌귀 문짝에서 수톨쩌귀의 뾰족한 부분을 끼는 구멍. 구멍 뚫린 돌쩌귀.

암:투 겉으로 드러나지 않게 은근히 다툼.

암팡지다 몸이 작아도 힘차고 담이 크다.

암:행 자신의 신분을 숨기고 남 모르게 다님.

암:행 어:사 조선 시대에 지방 정치의 잘못을 조사하기 위하여 임금이 비밀히 파견하던 벼슬 이름. ❷어사.

암:호 비밀을 지키기 위하여 어떤 집단의 구성원들끼리만 아는 신호나 부호.

암:흑 ①어둡고 캄캄함. ②'정신적으로나 사회적으로, 아주 어지럽거나 억압되어 희망을 가질 수 없게 된 상태'를 비

유하여 이르는 말. 예암흑의 일제 시대. 반광명. -하다.

암:흑 시대 도덕·문화가 쇠퇴해져서, 세상이 어지러운 시대. 서양의 역사를 고대·중세·근대로 나눌 때, 봉건 제도와 교회의 압박으로 문화가 쇠퇴하였던 중세를 암흑 시대라 말함.

압도 ①눌러서 넘어뜨림. ②뛰어나서 남을 앞섬. 예상대방을 압도하다. -하다.

압력[암녁] ①누르거나 미는 힘. 예공기의 압력. ②권세로 누르는 힘. 예사회 활동을 못하게 압력을 가하다.

압록강 우리 나라와 중국 만주의 국경을 이루며 황해로 흐르는 강. 우리나라에서 제일 긴 강으로 상류의 원시림을 베어 만든 뗏목이 유명함. 길이 790km.

압박 ①내리 누름. 예가슴을 압박하다. ②기운을 펴지 못하게 억누름. 비속박. 반해방. -하다.

압사 무거운 것에 눌려 죽음. -하다.

압송 죄인을 어떤 곳에서 다른 곳으로 옮김.

압수 법원이나 수사 기관에서 증거물이나 몰수해야 할 물건을 강제로 빼앗아 감. -하다.

압정 손가락 끝으로 눌러 박는 대가리가 둥글 납작하며 길이가 짧은 쇠못.

압제 압박하고 억제함. 예공산 독재의 압제가 심하다. -하다.

압축 눌러서 오그라뜨리거나 부피를 줄임. -하다.

앙감질 한 발을 들고 한 발로만 뛰어가는 짓. -하다.

앙갚음 자기에게 해를 끼친 사람에게 자기도 그 사람에게 해를 끼치는 행동. 비복수. 보복. -하다.

앙고라 토끼 집토끼의 한 품종. 귀는 짧고 털빛은 대개 흰나 갈색·회색·흑색도 있음. 털의 길이는 12~15cm로 한 해에 3~4회 깎음. 털을 이용하기 위해 기름.

앙금 물에 가라앉은 가루 모양의 물질. 비침전물.

앙상하다 뼈만 남도록 바짝 마르다. 예앙상한 나뭇가지. <엉성하다. 앙상히.

앙숙 앙심을 품고 있어 사이가 나쁨.

앙심 원한을 품고 앙갚음하기를 벼르는 마음.

앙양 높이 쳐들어서 드러냄. 높이고 북돋음. 예사기를 앙양하다. -하다.

앙케트 ①신문·잡지 등에서 여러 사람에게 같은 질문을 하여 답을 구하는 조사 방법. ②조사. 질문.

앙코르 〔다시 한 번의 뜻으로〕 연주자 또는 가수에게 다시 해줄 것을 청하는 말. 또는 그 연주. 비재청.

앙큼하다 엉뚱한 욕심을 품고 제 분수에 넘치는 짓을 하고자 하는 태도가 있다. 예앙큼한 생각을 품다. <엉큼하다. -스럽다.

앞길 앞으로 나아갈 길. 또는 살아갈 길.

앞날 앞으로 올 날. 예앞날을 대비하다. 비장래.

앞뒤 앞과 뒤. 전후.

앞뜰 집 앞으로 난 뜰. 앞마당. 반뒤뜰.

앞서다 ①남보다 먼저 나아가다. 앞장을 서다. ②남보다 훌륭하다. 예기술이 앞서다. 반

뒤지다.

앞잡이[압잡이] ①앞에서 이끌어 주는 사람. ②남의 시킴을 받고 움직이는 사람을 이르는 말. ⑩일제의 앞잡이. ×앞잽이.

앞장 여럿이 나아갈 때 맨 앞에 서는 사람. 또는 그 위치.

앞지르다(앞질러, 앞질러서) 빨리 나아가서 남들보다 먼저 앞을 차지하다. ⑩선진국을 앞지르다.

앞치마 부엌일 따위를 할 때 몸의 앞에 입는 겉치마. [앞치마]

애:¹ ①마음과 힘의 수고로움. ⑩돈을 벌려고 애를 쓰다. ②걱정에 싸인 초조한 마음 속. ⑩애를 태우다.

애:² '아이'의 준말.

애:**걸** 애처롭게 하소연함. ⑩살려 달라고 애걸하다. -하다.

애:**교** 남에게 귀엽게 보이는 태도. ⑩선생님께 애교 떨다.

애:**국** 자기 나라를 사랑함. ⑩애국 정신. 凹매국. -하다.

애:**국가** 나라를 사랑하는 내용으로 된, 온 국민이 부르는 그 나라의 노래. 우리 나라의 국가.

애:**국심** 나라를 사랑하고 아끼는 마음.

애:**국자** 나라를 사랑하는 마음이 강한 사람. 凹매국노.

애꾸 한 쪽 눈이 먼 사람. ⑬애꾸눈. 애꾸눈이. 외눈박이.

애꿎다 ①아무런 잘못없이 억울하다. ⑩친구 때문에 애꿎은 봉변을 당하다. ②그 일과는 아무런 상관이 없다. ×애꿋다.

애:**달다**(애다니, 애다오) 마음이 쓰여 속이 달아오르는 듯

하다.

애달프다 ①마음이 아플 정도로 슬프다. ⑩아이를 잃은 어머니의 애달픈 마음. ②몹시 안타깝다.

애덤스 부인〖사람〗[1860~1935] 미국의 사업가이며 평화주의자. 1885년에 스탈 부인과 함께 시카고의 빈민굴에 사랑의 집을 세워 가난한 이웃을 도왔음. 1931년에 노벨 평화상을 받았음.

애도 사람의 죽음을 슬퍼함. ⑩애도의 뜻을 표하다. -하다.

애:**독** 즐겨서 읽음. ⑩위인 전기를 애독하다. -하다.

애:**독자** 신문·잡지·기타의 글을 즐겨 읽는 사람.

애드벌룬: 광고·선전용으로 공중에 띄운 큰 풍선.

애:**림** 숲을 사랑함. 나무를 잘 가꿈. ⑩애림 녹화. -하다.

애:**마** 사랑하고 아끼는 말.

애:**매하다** 아무 잘못이 없이 억울하게 뒤집어쓰거나 꾸지람을 받다. ⑬앰하다. 애매히.

애:**물** 몹시 속을 태우는 물건이나 사람.

애벌 같은 일을 거듭해야 할 때의 첫번째 차례. ⑩애벌 빨래.

애벌레 알에서 깨어나 번데기로 되기까지의 벌레. 凹새끼벌레. ×어린벌레.

애석 슬프고 아깝게 여김. -하다. -히.

애송이 애티가 있어 어려보이는 사람. 또는 생물.

애:**쓰다**(애써, 애써서) 마음과 힘을 다하여 어떤 일을 이루도록 힘쓰다.

애:**완용** 사랑하여 가까이 두고 구경하며 즐기기 위한 것.

애:용 즐겨 씀. 사랑하여 씀. 예국산품을 애용하다. -하다.

애원 슬픈 소리로 간절히 바람. 예도와달라고 애원하다. 비탄원. -하다.

애:인 ①남을 사랑함. ②사랑하는 사람. 비연인.

애절 몹시 슬픔. 예애절한 사연. -하다. -히.

애:정 사랑하는 마음. 다정한 마음. 반증오.

애조 슬픈 가락. 애절한 곡조.

애:족 겨레를 사랑함.

애:착 사랑하고 아끼는 마음에 사로잡혀 그 생각을 버릴 수 없음. -하다.

애:창 노래·시조 등을 즐겨 부름. -하다. 【愛唱】

애:창곡 즐겨 부르는 곡.

애:처 아내를 사랑함. 사랑하는 아내.

애처롭다(애처로우니, 애처로워서) 가련하다. 보기에 딱하고 가엾다. 애처로이.

애초 맨 처음. 비당초. 반끝.

애:칭 본이름 외에 다정하게 부르는 이름.

애:타다 너무 걱정이 되어 속이 타는 듯하다.

애통 몹시 슬퍼함. -하다.

애틋하다[애트타다] ①정을 끄는 알뜰한 맛이 있다. ②좀 아깝고 서운한 느낌이 있다. 애틋이.

애팔래치아 산맥【지명】 북아메리카 동부에 있는 산맥. 북동에서 남서로 뻗어 있음. 석탄·석유·철광 등 매장량이 풍부함.

애프터서비스 상품을 판 뒤에 무료나 실비로 수리 및 기타 여러 가지 봉사를 하는 일.

애:향단 자기 고장을 사랑하고 발전시키기 위하여 모인 모임.

애:호 사랑하고 보호함. 예물을 애호하다. -하다.【愛護】

애:호가 어떤 사물을 몹시 좋아하는 사람.

애호박 덜 자란 어린 호박.

애환 슬픔과 기쁨. 희비.

액면 표면에 내세운 사물의 가치. 예액면 그대로 받아들이다.

액세서리 복장의 조화를 돕기 위한 부속품[넥타이·핸드백·브로치 등].

액션 ①활동·행동·동작. ②배우의 연기 동작. 특히 움직임이 많은 연기.

액수 돈의 머릿수. 금액.

액운 모질고 사나운 운수.

액자[액짜] 글·그림·사진 등을 넣어 벽에 거는 틀.

액체 물·알코올·기름 등과 같이 부피는 일정하나, 모양은 넣는 그릇에 따라 변하는 물질. 반고체. 기체.

액화[애콰] 기체 또는 고체가 액체로 되는 일. -하다.

앨범 사진첩. 예졸업 앨범.

앰뷸런스 ①구급차. ②환자 수송차. 【ambulance】

앳되다 아주 어려 보이다. 예앳된 모습. ×애띠다.

[앵무새]

앵무새 사람의 말을 잘 흉내내는 새. 열대산으로 부리가 굵고 꼬부라졌음. 몸빛깔은 회색이며, 과실이나 곡물을 먹고 삶.

앵커맨 ①라디오나 텔레비전의 종합 뉴스 사회자. ②토론회의 사회자.

야:간 밤 사이. 밤 동안. 예야간 훈련. 반주간.

야:경 밤의 경치. 예서울의 야

경. 🔁야색.

야:광침 밤이나 어둠 속에서 빛을 내는 시계 바늘.

야:광패 밤이면 방사선에 의하여 빛을 내는 조개. 고급 자개의 재료로 쓰임.

야:구 상대방의 투수가 포수에게 던지는 공을 타자가 쳐서 3개의 베이스를 돌아 홈베이스에 오면 득점되는 경기.

야:근 밤에 일함. 🔁야간 근무. - 하다. 【夜勤】

야:금거리다 무엇을 입 안에 넣고 조금씩 씹는 모양. ②조금씩 탐내어 가지거나 소비하는 모양.

야누스 로마 신화에 나오는 두 얼굴을 가진 신.

야:단 ①떠들썩하게 벌어진 일. ②큰 소리로 꾸짖는 일. 🔘선생님께 야단을 맞다. - 하다. -스럽다.

야:단나다 큰 일이 생기다. 큰 걱정거리가 생기다. 🔘차비가 모자라서 야단났다.

야:단 법석 서로 다투고 떠들고 시끄러운 판.

야:당 현재 정권을 잡지 못한 정당. 🔘야당 국회 의원. 🔁여당. 🔺야야.

야들야들 윤이 나고 보드라운 모양. 🔘야들야들한 새싹들. <이들이들. - 하다.

야릇하다[야르타다] 무엇이라 표현할 수 없을 정도로 좀 이상하다.

야:만 ①문화가 깨지 못하고 뒤떨어진 상태, 또는 그 종족. 🔘아프리카 야만인. ②덕이나 의가 없고 교양이 없는 사람. 🔘행동이 야만적이다. 🔁미개. 🔁문명. -스럽다.

야:만인 문화 정도가 낮고 지능이 덜 깬 사람. 🔁미개인.

🔁문화인.

-야말로 받침 없는 말 끝에 붙어서 당연함을 나타내는 말. 🔘이순신 장군이야말로 우리 민족의 영웅이시다.

야:망 바라서는 안 될 일을 바라는 일. 분에 넘치는 큰 희망. 🔘헛된 야망을 품다.

야:맹증[야맹쯩] 밤에는 물건을 보지 못하는 병. 비타민 A(에이)의 부족으로 일어남. 🔁밤소경.

아무지다 모질고 야물다. 조금도 빈틈이 없다. <여무지다

야:박 매정하고 인정이 없음. 🔘인심이 야박하다. - 하다. -스럽다. -히.

야:별초 고려 고종 때 최우가 도적을 막기 위해 조직한 특수 군대. 후에 삼별초로 발전하게 됨.

야:비 성질이나 행동이 교양이 없고 천함. - 하다.

야:사 민간에서 개인적으로 기록한 역사상의 사실. 야승. 🔁외사. 🔁정사.

야:산 들 근처의 나지막한 산.

야:생 동식물이 산이나 들에서 저절로 자람, 또는 그런 동식물. 🔘야생 동물. - 하다.

야:속 인정머리 없고 쌀쌀함. 섭섭하여 언짢음. 🔘야속한 세상 인심. - 하다. -스럽다. -히.

야:습 밤에 갑자기 쳐들어감. 🔁야공. - 하다.

야:시 밤에 벌이는 시장. 밤장. 🔁야시장. 【夜市】

야:심 ①무리한 욕심. 남몰래 품는 소망. 🔘큰 정치가가 되려는 야심. ②야비한 마음.

야:영 ①군대 등이 들에 진을 침. ②들에 천막을 치고 잠. - 하다.

야:외 ①시가지에서 멀리 떨어진 들. 🖽교외. ②집 밖.

야:욕 분에 넘치는 욕심. 🖾북괴의 남침 야욕.

야위다 살이 빠져서 마르다. 🖾살찌다. <여위다.

야:유 남을 빈정거리며 놀림. 또는 그런 말이나 행동. -하다.

야:유회 들놀이를 하는 모임.

야:자나무 종려나무과의 늘푸른큰키나무. 열대 지방에서 자라는 외떡잎 식물로 가지를 내지 않고 높이 24m정도까지 자람. 야자수. [야자나무]

야:적장 물건을 임시로 쌓아 두는 곳. 🖽노적.

야:전 ①산이나 들판에서 하는 전투. 🖾야전군. ②밤에 하는 전투.

야:전 병:원 싸움터에서 군인들을 치료하기 위하여 임시로 마련해 둔 병원.

야:채 밭에 가꾸어 먹는 푸성귀. 채소.

야:하다 상스럽고 천하다. 🖾옷이 너무 야하다.

야:학 ①밤에 공부함. ②밤에 학업을 배우는 과정, 또는 그런 교육 기관.

야:합 좋지 못한 목적 아래 서로 어울림. -하다.

약 병이나 상처를 고치기 위해 먹거나 바르거나 주사하는 물품을 통틀어 일컫는 말.

약간 얼마 안 됨. 얼마쯤. 🖾돈이 약간 부족하다.

약골 몸이 약한 사람. 약한 몸. 🖽약질.

약과 ①우리 나라 고유 과자의 한 가지. 밀가루에 기름과 꿀을 반죽하여 기름에 지져서 만듦. ②감당하기 어렵지 않은 일. 🖾그 정도의 일은 약과다.

약국 약을 지어 파는 곳. 약사가 약을 조제하기도 하고 팔기도 하는 곳. 🖽약방. 【藥局】

약다 꾀가 많다. 🖾약게 행동하다.

약도 줄여서 대충 그린 그림.

약동 생기 있고 활발하게 움직임. 🖾약동하는 젊음. -하다.

약력[양녁] 학력·경력 등을 간략하게 적은 것. 🖽이력.

약령시 지난날, 매년 정기적으로 열려 약재를 팔고 사던 시장.

약분 분수의 분모와 분자를 그들의 공약수로 나누어 간단하게 하는 일. 🖽통약. 맞줄임. -하다.

약사 약사 자격증을 가지고 약을 만들거나 의약품을 파는 사람.

약사전 절에서 약사 여래불을 모신 곳. 【藥師殿】

약소¹ 힘이 약하고 작음. 🖾강대. -하다.

약소² 간략하고 적음. 🖾약소한 선물. -하다.

약소국 땅이 작고 힘이 약한 나라. 🖽강대국.

약소 민족 강한 나라에 의하여 정치적·경제적 지배를 받는 민족. 🖽강대 민족.

약속 앞으로 할 일에 대하여 상대방과 서로 다짐하여 정함. 🖽언약.

약수¹ 곱셈에서의 인수. 〈보기〉12의 약수는 1, 2, 3, 4, 6, 12의 6개임.

약수² 약효가 있는 샘물.

약수터 약수가 나는 곳.

약시 약한 시력, 또는 그런 사람.

약오르다(약올라, 약올라서) 성이 나다. 골나다. 예상대방을 약오르게 하다.

약용 약으로 씀. 예약용 식물.

약육 강식 약한 자는 강한 자에게 먹힘. - 하다.

약자 세력이 약한 사람이나 약한 생물. 판강자.

약점 모자라서 남에게 뒤떨어지는 점. 비결점. 판강점.

약정서 약속하여 정한 내용을 적은 문서. 【約定書】

약제실 병원이나 약국에서, 약사가 약을 만드는 방.

약주 ①약술. ② '술' 의 높임말.

약진 ①뛰어 나감. ②매우 빠르게 진보함. 예날로 약진하는 우리 산업. - 하다. 【躍進】

약초 약이 되는 풀. 비약풀.

약탈 폭력을 써서 무리하게 남의 것을 빼앗음. - 하다.

약품 ①만들어 놓은 약. 의약품. ②화학 변화를 일으키는 데 쓰는 고체나 액체의 물질.

약하다 ①튼튼하지 않다. 강하지 못하다. 예몸이 약하다. ②잘하지 못하다. 예국어가 약하다. ③여리다. 판강하다.

약혼 결혼하기로 약속함. 비혼약. 판파혼. - 하다. 【約婚】

약효 약의 효력. 【藥效】

얄궂다[얄굳따] ①성질이 괴상하다. ②이상야릇하고 짖궂다.

얄:밉다(얄미우니, 얄미워서) 말이나 하는 짓이 매우 밉다.

얄타 회:담 1945년 2월, 미국·영국·소련의 대표들이 얄타에서 맺은 협정. 이 회담으로 한국이 38도선으로 갈라졌음.

얄팍하다 매우 얇다.

얇다[얄따] 두께가 두껍지 아니하다. 판두껍다.

암전하다 성질이 차분하고 말과 행동이 단정하다. 예얌전한 새색시. 얌전히.

양¹ 염소 비슷하며 털·고기·젖을 얻기 위해 기르는 성품이 온순한 동물.

[양]

양² '수량·분량' 등을 통틀어 이르는 말. 예양보다 질이 좋아야 한다.

양감 그림을 볼 때 실물과 같은 부피나 무게를 느끼는 것.

양:계 닭을 기름, 또는 그 닭.

양:계장 닭을 기르기 위해 설비한 곳. 닭을 기르는 곳.

양곡 양식으로 쓰는 곡식〔쌀·보리·밀 등〕.

양곤〔지명〕 미얀마의 수도. 세계적인 쌀 수출항임. 옛 랭군.

양궁 ①서양식의 활. ②서양식 활을 쏘아 일정한 거리에 있는 표적을 맞추어 얻는 점수를 겨루는 경기.

양귀:비 ①중국 당나라 현종의 비. ②주로 약으로 쓰이는 두해살이풀. 꽃이 아름답고 열매에서는 마취제·진통제의 원료인 아편을 얻음.

양:극 ①남극과 북극. ②양극(+)과 음극(-).

양금 국악에 쓰이는 현악기의 한 가지. 네모 모양의 나무판에 열네 개의 쇠줄을 매고, 채로 쳐서 소리를 냄.

양:녀 낳지 않고 데려다가 기른 딸. 비수양딸. 【養女】

양념 음식의 맛을 돕기 위하여 쓰는 재료〔간장·된장·마늘·파 등〕.

양단 명주실로 짜고 색실로 수를 놓은 고급 비단의 한 가지.

양:단간 어찌 되든지. 두 가지 중. 좌우간. 예되고 안 되고 양단간에 결정을 내려라.

ㅇ

양달 볕이 잘 드는 곳. 凹양지. 凹응달.

양도체 전기나 열을 잘 전하는 물질〔은·구리·알루미늄 등〕.

양:돈 돼지를 먹여 기름. -하다.

양동이 함석 따위로 만들어 물을 담아 들고 다니게 만든 원통형의 동이와 같은 그릇.

양력[양녁] 지구가 태양의 둘레를 한 바퀴 도는 데 걸리는 시간(365일)을 기준으로 하여 만든 달력. 凹음력. 图태양력.

양:로[양노] 노인을 편안히 받들어 모시는 일.

양:로 보:험[양노보험] 늙어서 생활비를 벌 수 없을 때를 대비하여 드는 보험.

양:로원[양노원] 의지할 것 없는 노인을 모아 돌보아 주는 사회 복지 시설. 【養老院】

양만춘【사람】 고구려의 명장. 644년 당의 태종이 30만 대군을 이끌고 고구려에 쳐들어왔을 때, 안시성을 결사적으로 지켰음.

양말 서양식 버선. 곧 맨발에 직접 신는 실로 뜬 물건.

양:면 두 면. 양쪽의 면. 몌양면 인쇄. 凹단면.

양모 양의 털. 모직물의 원료가 됨.

양:미 양쪽 눈썹. 【兩眉】

양:미간 두 눈썹 사이.

양민 선량한 백성. 나라의 법을 잘 지키는 착한 국민. 凹양인.

양:반 조선 시대 벼슬아치나 신분이 높은 사람을 가리켜 부르던 말. 凹상민.

양:반전 조선 정조 때 박지원이 지은 한문 소설. 양반의 무능과 허식, 특권 의식을 풍자한 내용.

양배추 십자화과에 속해 있는 두해살이 채소. 유럽이 원산지로 잎은 두껍고 크며 가을에 공 모양으로 고갱이를 겹겹이 에워쌈. 중요한 채소의 하나로 널리 이용되고 있음.

양:변 좌변과 우변을 통틀어서 일컫는 말.

양:병 군사를 양성함.

양:보 남에게 사양하거나 남의 뜻에 따라 줌. 몌노인께 자리를 양보하다. -하다. 【讓步】

양복 서양식의 옷. 凹한복.

양:봉 꿀을 얻기 위하여 꿀벌을 기름. 또는 그 벌. -하다.

양:분¹ 영양이 되는 성분. 몌양분이 많은 식품. 凹영양분. 자양분.

양:분² 둘로 나눔.

양비둘기 비둘기의 한 종류. 몸은 연한 회색. 머리·목·가슴은 녹색. 부리는 검은색.

양사언【사람】[1517~1584] 조선 시대 때의 선비. 호는 봉래. 회양 군수를 지냈음. 금강산 만폭동에 들어가 세상을 잊고 글과 글씨를 쓰며 지냈는데, 특히 글씨로 유명하였음. 조선 시대 4대 명필의 한 사람임.

양산 볕을 가리기 위하여 쓰는 우산같이 만든 물건. 凹우산.

양상 생김새. 모습. 모양. 상태.

양서 좋은 책. 【良書】

양:서류 어류와 파충류의 중간에 위치하는 척추 동물의 한 무리(개구리·도롱뇽 등).

양:성 길러 냄. 몌인재 양성. 凹육성. -하다.

양:성소 어떤 일에 필요한 사람들을 교육하는 곳으로 전문 지식을 짧은 시간에 교육 훈련함.

양속 아름다운 풍속.

양송이 농촌에서 부업으로 지하실이나 창고·움 같은 곳에서 기르는 버섯의 일종.

양수 양의 정수. 또는 양의 유리수[+1, +2, +3, …]. 圓음수.

양수기 모터나 발동기를 이용하여 물을 퍼 올리는 기계. 펌프. 圓무자위.

양순 어질고 온순함. 【良順】

양식¹ 서양 음식. 【洋食】

양식² ①먹고 사는 곡식. 먹을거리. ②지식·사상 등의 원천이 되는 것. 圓마음의 양식. 圓식량.

양:식업 김·굴·조개 등을 인공적으로 길러 수확하는 수산업의 하나.

양심 사람으로서 마땅히 가져야할 바르고 착한 마음.

양양 앞길이 한없이 넓어 발전성이 큰 모양. 圓앞길이 양양하다. -하다. -히.

양:어장 물고기를 인공적으로 알을 까게 하여 새끼를 길러서 큰 물고기로 기르는 곳.

양옥 서양식으로 지은 집. 양옥집. 圓한옥. 【洋屋】

양요 서양 사람들로 인해서 일어난 난리. 조선 고종 3년 (1866)에 프랑스 군함이 강화도에 침입한 난리와 고종 8년 (1871)미국 군함이 강화도에서 침입한 난리를 가리킴.

양:원 이원제 국회의 두 의원. 예를 들면 미국의 상원과 하원, 영국의 귀족원과 중의원이 있으며 한국도 한때 민의원과 참의원의 양원제를 채택했음. 圓단원.

양:위 임금의 자리를 물려줌.

양:육 길러 자라게 함. 圓아이를 양육하다. -하다.

양은 구리·아연·니켈 등을 합금하여 만든 쇠. 은백색으로 단단하고 녹이 안 남.

양:자 아들 없는 집에서 대를 잇기 위하여 같은 성의 친족 중에서 데려다 기르는 아들.

양:자 택일 두 사람 또는 두 사물 중에서 하나를 선택함. -하다.

양:잠 누에를 침. -하다.

양:잠업 누에를 치는 직업. 图잠업.

양장 머리나 옷을 서양식으로 가꾸어 꾸밈. -하다.

양재 구성 흙·모래·돌·나무·블럭 등 덩어리를 이루는 재료를 사용하여 꾸미는 구성.

양잿물 무명 빨래를 삶을 때에 쓰는 수산화나트륨. 图잿물.

양전기 유리 막대를 헝겊에 문지를 때 그 유리에 생기는 전기. '+'부호로 나타냄. 圓음전기. 图양전. 【陽電氣】

양:조 술·간장·초 등을 만드는 일. -하다.

양:조장 술이나 간장·식초 따위를 담그는 공장.

양주 서양에서 들어온 술. 또는 서양의 양조법에 따라 빚은 술[위스키·브랜디·포도주 따위].

양주 별산대놀이 경기도 양주 지방에 전해 내려오는 가면극.

양지 햇볕이 바로 드는 곳. 圓양달. 圓음지.

양질 좋은 바탕. 좋은 품질. 圓양질의 섬유.

양:쪽 왼쪽과 오른쪽. 두 방향.

양쯔강 중국의 중앙부를 동쪽으로 흐르는 아시아에서 제일 큰 강. 세계 3대 하천 중의 하나. 총 길이 5,800km.

양처 어질고 착한 아내. 圓현

모 양처. 🔲현처. 🔲악처.

양철 안팎에 주석을 입힌 얇은 철판. 통조림통·기름통 같은 것을 만드는 데 쓰임. 생철. 🔲함석. 🔳서양철.

양초 서양식의 초. 무명실로 심을 넣고 파라핀·밀랍 등을 원기둥 모양으로 만들어 불을 켤 수 있게 한 것.

양:치 '양치질'의 준말. 소금·치약 등으로 이를 닦고 물로 입 안을 가셔 내는 일. 🔳양치질. -하다.

양:친 아버지와 어머니. 🔳양친을 효성으로 모시다. 🔲부모.

양탄자 짐승의 털을 굵은 베실에 박아 짠 피륙. 흔히 방바닥이나 마룻바닥에 깖.

양파 백합과의 두해살이풀. 잎은 가늘고 길며, 줄기 끝에 꽃이 핌. 주로 여름에 가꾸며 둥근 뿌리는 매운 맛과 특이한 향기가 있어 채소로 널리 식용함. 🔲둥근 파.

양:팔 저울 가로막대의 중심을 받치고 양쪽에 똑같은 접시가 달린 저울. 🔲천칭.

양푼 음식을 담거나 데우는 데 쓰는 놋그릇.

양품 서양에서 수입했거나 서양의 잡화. 특히 옷이나 그에 딸린 물건, 또는 장신구를 이름.

양품점 양품을 파는 상점.

양피 양의 가죽. 【羊皮】

양해 사정을 알아서 잘 이해함. 참뜻을 살펴 너그러이 용납함. -하다.

양호 매우 좋음. 🔳건강 상태가 양호하다. -하다.

양:호실 학교에서 학생의 건강 위생에 관한 일을 맡아보는 방.

양화점 구둣방. 구두를 만들어 파는 가게.

얕다 ①깊지 않다. ②학문이나 지식이 적다. 🔲깊다.

얕보다 업신여겨 깔보다. 실제보다 얕잡아 보다. 넘보다 🔳상대를 얕보고 덤비다 큰코 다쳤다. 🔲깔보다.

어:가 임금이 타는 수레. 대가

어:감 말소리나 말투의 차이에 따라 말이 주는 느낌.

어:구 말의 구절. 【語句】

어귀 드나드는 목의 첫머리. 🔳동네 어귀. 🔲입구.

어금니 송곳니의 안으로 있는 모든 큰 이. 성인은 양쪽 위 아래 각 다섯 개씩 있음.

어긋나다[어근나다] ①서로 꼭 맞지 아니하다. 서로 엇갈리다. 🔳길이 어긋나다. ②맞지 않고 틀리다. 🔳원칙에 어긋나다.

어기다 약속·시간·명령 등 지킬 것을 지키지 아니하다.

어김없다 어기는 일이 없다. 틀림이 없다. 🔳약속을 어김없이 지키다. 어김없이.

어깨 ①팔이 붙은 관절의 윗부분. ②소매와 깃의 사이.

어깨동무 같은 또래의 어린이 친구. 또는 서로 팔을 어깨에 얹어 끼고 노는 일. -하다.

어깨춤 ①신이 나서 어깨를 으쓱거리는 짓. ②어깨를 으쓱거리며 추는 춤.

어느덧 어느 사이에. 🔳어느덧 겨울이 다 지났다.

어느새 어느 틈에. 벌써. 🔳어느새 날이 밝았네.

어둑어둑하다 날이 저물어 물건이 보일락말락 어둡다.

어둠 어두운 상태. 어둡고 캄캄함. 어두움.

어둠 상자 ①빛의 성질을 알아

보는 데 쓰기 위하여 안을 검게 칠한 상자. ②사진기에서, 밖에서 빛이 새어들지 않도록 만든 상자.

어둠침침하다 어둡고 흐리다.

어둡다(어두우니, 어두워서) ①빛이 없어 환하지 않다. 예방안이 어둡다. ②시력이나 청력이 약하다. 예귀가 어둡다. ③어떤 일에 밝지 못하다. 예회사 업무에 어둡다.

어련하다 잘 알아서 하여 틀림없다는 뜻으로 쓰이는 말. 예네가 어련했겠니? 어련히.

어렴풋하다 기억이 똑똑하지 않거나 잘 보이지 않아 희미하다. 예바다 멀리 어렴풋하게 보이는 섬. >아렴풋하다. 어렴풋이.

어렵다(어려우니, 어려워서) ①하기에 힘들거나 괴롭다. 예일이 어렵다. 맨쉽다. ②살림이 가난하다. 예살림이 어렵다. ③성미가 까다롭다.

어로 물고기·조개·바닷말 등을 잡거나 채취함.

어뢰 물 속에서 공격할 목적으로 만든 폭발물. 춘어형 수뢰.

어루만지다 가볍게 쓰다듬으며 만지다.

어류 물고기의 무리. 지느러미로 움직이며, 부레가 있어 물 속에서 헤엄쳐 다니며, 아가미로 호흡하는 척추 동물의 한 무리. 비늘로 덮여 있음.

어르신네 남의 아버지나 나이 많은 사람을 높이어 일컫는 말. 춘어르신.

어:른 ①다 성장한 사람. 비성인. ②나이 많은 사람을 높여서 부르는 말.

어른거리다 보였다 안 보였다 하다. 똑똑하게 보이지 않다. 예창문에 그림자가 어른거리다. >아른거리다. 센얼른거리다.

어른벌레 곤충의 형태를 완전히 갖추고 알을 낳을 수 있게 된 곤충. 맨애벌레. 비성충.

어:른스럽다(어른스러우니, 어른스러워서) 어른이 하는 행동처럼 점잖다.

어름 ①두 물건의 끝이 닿은 자리. ②물건과 물건의 한가운데.

어리광 어른에게 귀여움을 받으려고 또는 남의 환심을 사려고 어리고 예쁜 태도를 보이는 짓. -부리다.

어리다[1] ①눈물이 괴다. 예눈에 눈물이 어리다. ②눈앞에 자꾸 떠오르다.

어리다[2] ①나이가 적다. 예어린 아이. ②경험이 적거나 수준이 낮다.

어리대다 남의 눈앞에서 귀찮게 어정거리다.

어리둥절하다 정신이 얼떨떨하다. 정신을 가다듬지 못하다. 예뜻밖의 소식에 모두 어리둥절해하다. 어리둥절히.

어리석다 일에 어둡고 생각이 모자라다. 똑똑하지 못하다. 맨똑똑하다.

어린 왕자〖책명〗 프랑스인 생텍쥐페리의 소설 제목. 동심을 통해 허위와 가식과 권위주의를 꼬집는 내용.

어린이 '어린아이'를 높여서 부르는 말〔방정환 선생님이 처음으로 쓴 말이라고 전함〕.

어린이날 어린이를 보호하고 행복하게 한다는 뜻에서 정한 어린이들을 위한 날. 1923년 방정환 선생님을 중심으로 '색동회'가 주동이 되어 5월 1일 어린이날로 결정. 후에 5월 5일로 바뀜.

어린이 은행 어린이들의 저축을 맡아 보기 위하여 어린이들 스스로가 학교에다가 만든 은행.

어린이 임원회 초등 학교 어린이회. 각 학년의 반 어린이회의 회장과 부회장을 임원으로 하여 그들이 모여 하는 회의.

어린이 헌:장 인간으로서의 어린이들의 권리와 행복을 보장해 줄 것을 어른들 전체가 서약한 헌장. 1957년 5월 5일에 선포함.

어린이회 어린이들이 스스로 학교 생활을 해 나아가기 위하여 만든 모임.

어린이 회:관 어린이에게 유익한 각종 전시물과 문화 · 오락 따위의 여러 가지 시설을 해 어린이들이 보고 듣고 뛰놀면서 배울 수 있는 환경을 만들어 놓은 집. 서울 어린이 대공원 안에 있음.

어림없다 ①도저히 될 가망이 없다. 예어림없는 일을 하려고 덤비다. ②너무 많거나 커서 대강 짐작도 할 수 없다.

어릿광대 광대가 나오기 전에 먼저 나와서 우습고 재미있는 말과 행동으로 관객을 웃기는 사람. 피에로.

어마마마 임금이나 왕자가 그 어머니를 부르는 말.

어마어마하다 엄청나게 크고 웅장하다. ㉾어마하다.

어머니 자녀를 둔 여성. 자기를 낳은 여자. 비모친.

어:명 임금의 명령. 【御命】

어묵 생선의 살을 으깨어 갈분이나 조미료 등을 섞고, 나무판에 올리거나 여러 가지 모양으로 만들어 익힌 음식. 생선묵.

어물 물고기, 또는 손질하여 말린 해산물.

어물어물 ①말이나 행동을 똑똑하게 하지 않고 흐리는 모양. 예말을 어물어물하지 말고 똑똑하게 해라. ②눈앞에서 보일 듯 말 듯하게 조금씩 움직이는 모양. -하다.

어미 ① '어머니'의 낮춤말. ② 새끼를 낳은 암짐승.

어민 고기잡이를 생업으로 하는 사람. 【漁民】

어버이 아버지와 어머니를 아울러 부르는 말. 비부모.

어버이날 어머니와 아버지의 고마움을 생각하기 위하여 정해진 날. 5월 8일.

어:법 말의 구성이나 쓰는 법칙. 비문법.

어부 물고기를 잡아 팔아서 생활하는 사람. 비고기잡이.

어분 물고기를 말려 빻은 가루. 비료나 사료로 이용함.

어:사 '암행 어사'의 준말.

어:사화 지난날, 임금이 과거에 급제한 사람에게 내리던 종이로 만든 꽃.

어:색하다 열적거나 겸연쩍고 서먹서먹하다. 예어색한 분위기.

어선 고기잡이하는 배. 고깃배.

어:설프다 꼭 짜이지 못하여 갖추어 있지 못한 데가 많다. 탐탁하지 않다.

어:소 임금이 계시는 곳.

어수룩하다 되바라지지 않고 조금 어리석은 듯하다. 예어수룩한 시골 사람. >아수룩하다.

어수선하다 가지런하지 않고 마구 헝클어지다.

어스름 저녁이나 새벽의 어둡고 컴컴한 빛. 또는 그 때.

어슬렁거리다 몸이 크고 다리

가 긴 사람이나 짐승이 천천히 걸어가다.

어슴푸레하다 뚜렷하게 드러나지 않고 희미하다. [예]어슴푸레한 기억. >아슴푸레하다.

어시스트 농구나 축구 경기 등에서, 알맞은 패스로써 직접 득점을 돕는 일. 【assist】

어시장 생선이나 조개·젓갈류를 파는 시장. [준]어시.

어:안이벙벙하다 기가 막히거나 어이가 없어 말이 나오지 아니하다.

어언간 알지 못하는 동안에 어느덧. [준]어언.

어업 물고기를 잡거나 기르는 일.

어여머리 지난날, 부인이 예의를 갖추어 치장할 때 머리에 얹는 큰머리. [준]어염.

[어여머리]

어여쁘다(어여쁘니, 어여뻐서) '예쁘다'의 예스러운 말.

어엿하다 하는 일이 당당하고 떳떳하다. 어엿이.

어우르다(어울러, 어울러서) 여럿이 합쳐지다. 한 덩어리가 되다. >아우르다.

어울리다 한데 섞이어 조화되다. [준]얼리다. >아울리다.

어:원 낱말이 이루어진 본바탕.

어육 생선의 고기와 짐승의 고기. 【魚肉】

어음 일정한 금액을 지정한 날짜와 장소에서 조건 없이 지불할 것을 약속하는 신용 증권.

어이없다 어처구니 없다. 기가 막히다.

어인 '어찌 된'의 옛말.

어장 고기잡이를 하는 데 적당한 곳〔북극해, 베링 해, 뉴펀들랜드 해는 세계 3대 어장임〕. 【漁場】

어:전 임금의 앞. 【御前】

어제 오늘의 하루 전날. 어저께. [비]작일. [반]내일.

어젯밤 [어젣빰]어제의 밤.

어:조 말의 가락. 【語調】

어족 물고기를 통틀어 이르는 말. 아가미로 숨을 쉬고 물속에서 삶. [비]어류.

어중간 거의 중간쯤 되는 데.

어:중이떠중이 여러 방면에서 모인 여러 종류의 탐탁하지 못한 사람들을 얕잡아 이르는 말.

어즈버 '아아'라는 느낌의 옛말.

어지간하다 ①정도가 어떤 표준에 가깝다. [예]실력이 어지간하게 나아졌다. ②무던하다. [예]성질이 어지간하다.

어지럽다(어지러우니, 어지러워서) ①눈이 아뜩아뜩하고 머리가 내둘리다. [예]차가 너무 빨리 달려 어지럽다. ②모든 것이 어수선하여 정신을 차릴 수 없다.

어지르다 너절하게 늘어놓아 어수선하게 만들다.

어질다(어지니, 어지오) 성질이 너그럽고 마음이 인자하다.

어째서 어떤 까닭으로. [예]어째서 이 곳까지 왔느냐? [본]어찌하여서.

어쩌나 어떻게 하나. [예]이 일을 어쩌나.

어쩌다 ①가끔. ②뜻밖에. 우연히. [예]어쩌다 한 번씩 생기는 일. [본]어쩌다가.

어쩌면 '어찌하면'의 준말. 혹, 어떤 경우에는. [예]어쩌면 그가 돌아올지도 모른다.

어쩐지 어찌된 까닭인지.

어찔하다 갑자기 정신이 내둘리어 쓰러질 것 같다. >아찔하다.

어차피 이렇게 하든지 저렇게 하든지. 예어차피 끝난 일이다. 🔁어차어피에.

어처구니없다 일이 너무 뜻밖이어서 기가 막히다. 🔁어이없다.

어청도〖지명〗 전라 북도 서해상에 있는 섬.

어촌 바닷가에서 어업을 주로 하는 사람들이 모여 사는 마을. 🔁갯마을.

어:투 말버릇. 말투.

어패류 식품으로 쓰이는 생선과 조개 종류를 통틀어 이르는 말.

어포 생선을 얇게 저며서 양념을 하여 말린 포.

어:학 언어를 연구하는 학문. 🔁언어학. 〖語學〗

어항¹ 물고기를 넣어 기르는, 유리로 만든 그릇. [어항1]

어항² 어선이 정박하며, 고기잡이에 필요한 설비를 갖추고 있는 항구.

어획량 수산물을 잡은 양.

어:휘 낱말의 수효.

억누르다 (억눌러, 억눌러서) 억지로 마구 내리누르다.

억류[엉뉴] 억지로 머무르게 함. 예억류 생활. -하다.

억만 장:자 헤아릴 수 없을 정도의 많은 재산을 가진 사람. 아주 큰 부자를 가리킴.

억:새 벼과의 여러해살이풀. 산이나 들에 절로 나는데 높이는 1~2m. 잎은 가늘고 긺.

억세다 ①몸이나 뜻이 굳고 세차다. ②식물의 잎이나 줄기가 뻣뻣하고 세다.

억수 물을 퍼붓듯이 세차게 내리는 비. 예비가 억수로 쏟아진다.

억압 힘으로 억누름. 예국민의 자유를 억압하다. -하다.

억양 말이나 글의 뜻에 따라 달라지는 소리의 높낮이와 강약.

억울하다 억제를 받거나 애매한 일을 당해 원통하고 답답하다. -하다.

억제 억눌러서 일어나지 못하게 함. -하다.

억지 자기의 생각이나 행동을 무리하게 내세우려는 고집. -스럽다.

억지 웃음 웃기 싫지만, 억지로 웃는 웃음.

억척스럽다 (억척스러우니, 억척스러워서) 끈기 있고 굳은 태도가 있다. >악착스럽다.

억측 사실에 의하지 않고 제멋대로 짐작함. 또는 제멋대로 하는 짐작.

언급 ①어떤 일에 대해서 말함. 예언급을 회피하다. ②하는 말이 그 곳까지 미침. -하다.

언니 여자 사이에서 '형'을 정답게 부르는 말.

언덕 비탈진 땅. 나지막한 산.

언덕길 언덕으로 오르내리는 비탈진 길.

언덕배기 언덕의 꼭대기. 또는 언덕의 비탈이 심한 곳.

언도 재판의 결과를 선언하는 일.

언동 말과 하는 짓. 예거친 언동을 삼가라. 🔁언어 행동.

언뜻 얼른. 잠깐. 별안간. 예옛 친구가 언뜻 생각나다. ×펀뜻.

언론[얼론] 말이나 글로써 자기의 생각을 발표하는 일. 예언론의 자유.

언론 기관 신문사·잡지사·방송국 등 언론을 담당하는 기관.

언명 말로써 자기의 뜻을 분명히 나타냄. -하다.

언ː문 지난날, 한문을 본문이라고 한 데 대해 한글을 상놈의 글이란 뜻으로 천대하여 부르는 이름.

언변 말솜씨. 말재주.

언성 말소리. 예화가 나서 언성을 높이다. 【言聲】

언약 말로 약속함, 또는 그 약속. 비약속. -하다.

언어 말. 생각이나 느낌을 음성 또는 부호로 전달하는 수단.

언어 공ː동체 같은 말과 같은 글을 사용하는 집단.

언어 장애 말을 바르게 발음하지 못하거나 정확하게 이해하지 못하는 상태.

언쟁 말다툼. 예친구와 언쟁을 벌이다. -하다.

언ː저리 둘레의 근방. 주위의 부근.

언ː제나 ①어느 때에나. 아무 때고. ②끊임없이. 계속해서. 비항상.

언질 어떤 일을 약속하는 말의 꼬투리. 예언질을 받다.

언짢다 마음이 좋지 않다.

언청이 태어날 때부터 윗입술이 찢어진 사람. ×언챙이.

언행 말과 행동. 비언동. 준언어 행동. 【言行】

얹다[언따] 물건을 다른 물건 위에 올려 놓다. 예물건을 선반에 얹다.

얹혀살ː다 남에게 의지하여 붙어 살다.

얻ː다 ①주는 것을 받아 가지다. 예돈을 얻다. ②보고 들어 자기의 것으로 만들다. ③병

에 걸리다. ④남편·아내·사위·며느리 등을 맞다.

얻ː어맞다 남에게 매를 맞다.

얼ː 정신. 넋. 예조상의 빛난 얼.

얼간이 됨됨이가 똑똑지 못하고 모자라는 사람을 낮추어 일컫는 말. 준얼간.

얼ː갈이 논이나 밭을 겨울에 대강 갈아엎는 일. -하다.

얼개 짜임새. 구조.

얼굴 ①눈·입·코가 있는 머리의 앞쪽. 비낯. ②면목. 체면.

얼굴빛 얼굴에 나타나는 기색. 예얼굴빛이 변하다. 비안색.

얼기설기 이리저리 뒤얽혀 있는 모양.

얼다(어니, 어오) 물 등이 찬 기운으로 굳어지다. 반녹다.

얼떨결[어떨결] 여러 가지로 복잡하고 혼란되어 정신이 얼떨떨한 판. 예얼떨결에 저지른 실수. 준얼결.

얼렁뚱땅 남을 교묘히 속이는 모양. >알랑뚱땅. -하다.

얼레 연줄 또는 실을 감는 기구. 비자새.

얼레빗 빗살이 굵고 성긴 큰 빗. 반참빗.

얼루기 ①얼룩얼룩한 점. ②얼룩진 동물. ×얼룩이.

얼룩 본바탕에 다른 빛의 점이나 줄이 뚜렷하게 섞인 자국. 예얼룩 무늬.

얼룩빼기 ①털이 얼룩진 동물이나 겉이 얼룩진 물건. ②옷의 한 부분의 얼룩을 지우는 일.

얼룩소 털빛이 얼룩얼룩한 소.

얼룩지다 ①액체가 스며들어 얼룩이 생기다. ②얼룩얼룩하게 되다.

얼ː리다¹ ① '어울리다' 의 준말.

②한데 섞이다. 서로 얽히게 되다.

얼:리다² 얼게 하다. ⑩물을 냉장고에 넣어 얼리다.

얼:마 ①어떤 수효나 분량이나 정도. ②정하지 않은 수효나 분량이나 정도. ⑩얼마 있으면 방학이다.

얼버무리다 ①음식을 잘 씹지 아니하고 삼키다. ②분명하게 말하지 아니하다.

얼:빠지다 정신이 나가다. 정신이 없어지다. 혼이 나가다.

얼싸안다[얼싸안따] 두 팔을 벌려 껴안다.

얼씨구 흥에 겨워서 떠들 때에 내는 소리. ⑩얼씨구 좋다.

얼씬거리다 자꾸 눈앞에 나타나다. >알씬거리다.

얼어붙다 얼어서 꽉 들러붙다.

얼얼하다 ①맛이 아주 맵거나 독하여 혀끝이 아리고 쓰라리다. ②살을 다치어 몹시 아리다. >알알하다.

얼음 물의 온도가 섭씨 0도 이하로 내려가서 물이 굳어진 상태. ×어름.

얼음 사탕 사탕물에 과실즙이나 향료를 넣어 얼음 조각같이 얼려 만든 사탕.

얼음장[어름짱] 얼음의 넓은 조각.

얼음 주머니 얼음을 넣어 얼음 찜질을 하는 데 쓰는 주머니.

얼음집 얼음이나 눈덩이를 얼려서 벽돌 모양으로 잘라 만든 집. 이글루[에스키모인들의 집].

[얼음집]

얼음찜질 열이 나는 곳에 얼음 주머니를 대어서 식히는 일.

얼음판 얼음이 마당처럼 언 곳.

얼큰하다 매워서 입안이 얼얼하다.

얼토당토아니하다 관계가 전혀 없다. 아주 가당찮다. ⑥얼토당토않다.

얽매이다 ①얽어서 매다. ②자유를 주지 않다. ③속박당하다.

얽히다[얼키다] ①얽힘을 당하다. ②관련되다.

엄격[엄껵] 말이나 행동이 매우 엄하고 딱딱함. ⑩매우 엄격한 규율. -하다. -히.

엄금 엄하게 금지함. 逬권장. 장려. -하다.

엄동 설한 겨울의 심한 추위.

엄두 무엇을 하려는 마음. ⑩감히 엄두도 못내다.

엄마 '어머니'의 어린이 말.

엄밀 ①매우 비밀함. ②엄중하고 세밀함. ⑩엄밀한 조사. -하다. -히.

엄벌 엄하게 벌을 줌. ⑩엄벌에 처하다. -하다.

엄살 아프거나 어려움을 거짓으로 꾸미거나 보태어서 나타내는 태도. ⑩엄살이 심하다. -하다.

엄:선 엄격하고 공정하게 고름.

엄수 어기지 않고 꼭 지킴. ⑩시간을 엄수하다. -하다.

엄숙 정중하고 위엄한 분위기. -하다. -히.

엄:연 ①겉모양이 씩씩하고 점잖은 모양. ②아무리 해도 부인할 수 없는 모양. ⑩엄연한 사실. -하다. -히.

엄정 엄격하고 바름. ⑩엄정한 판결을 내리다. -하다. -히.

엄중 몹시 엄함. ⑩엄중하게 감시하다. -하다. -히.

엄지손가락 손가락 중에서 제일 굵은 손가락. 첫째 손가락. 逬대지. 무지. ⑥엄지.

엄청나다 짐작이나 생각했던 바와는 달리 정도가 대단하다.

엄친 남에게 대하여 자기의 '아버지'를 이르는 말.

엄하다 ①잘못되지 않도록 단속이 심하다. 예규율이 엄하다. ②다스리는 태도 따위가 매우 혹독하다. 예엄한 처벌. 엄히.

업계 같은 산업이나 상업에 종사하는 사람들의 사회.【業界】

업다 ①사람이나 물건을 등에 지다. 예아기를 업다. ②어떤 세력을 배경으로 하다.

업무 직업으로서 하는 일. 맡아서 하는 일.

업:신여기다[업씬녀기다] 뽐내는 마음에서 남을 얕잡아 보다. 예몸이 약한 친구를 업신여기다.

업적 일을 해 놓은 자취. 예세종대왕의 업적.

없:다 ①존재하지 아니하다. 예다 쓰고 없다. ③가지지 아니하다. 예돈이 없다. ④가난하다. 예없는 사람이 있는 체하다. ⑤죽고 살아 있지 아니하다. 예부모가 없다.

엇갈리다 서로 빗나가서 만나지 못하다. 예길이 엇갈리다.

엇비슷하다 어지간하게 거의 같다. 예실력이 엇비슷하여 쉽게 승부가 나지 않는다. 엇비슷이.

엇시조 초장이나 중장이 평시조보다 글자 수가 더 많은 시조. 종장은 변화가 없음.

엉거주춤하다 앉지도 서지도 않고 몸을 굽히고 있다.

엉겁결에 자기도 미처 모르는 사이에 갑자기.

엉금엉금 몸이 큰 사람이나 동물이 느리게 걷거나 기어가는 모양. >앙금앙금.

엉기다 한데 뭉쳐 굳어지다. 예기름이 엉기어 붙다.

엉:덩방아 넘어져 털썩 주저앉는 짓.

엉:덩이 볼기의 윗부분. 둔부.

엉:덩이뼈 척추의 아래 끝부분.

엉뚱하다 ①분수에 지나치는 행동이나 말을 하다. 예엉뚱한 욕심을 품다. ②아무 관계도 없는 말이나 행동을 하다. 예대답이 엉뚱하다. -스럽다.

엉망 일이나 물건이 헝클어지고 뒤섞여서 갈피를 잡을 수 없는 모양. 예방 안이 엉망이다.

엉성하다 ①꼭 짜이지 않다. 갖추어져 있지 못한 데가 많다. ②빽빽하지 못하고 성기다. >앙상하다. 엉성히.

엉클어지다 일이나 물건이 서로 얽혀 풀어지지 않게 되다. 웹엉키다. ㉮헝클어지다.

엉클 톰스 캐빈【책명】 1852년에 나온 미국의 스토 부인이 쓴 소설. 흑인 노예 톰의 비참한 생활을 그려 내어 자유와 사랑의 정신을 일깨움.

엉큼하다 엉뚱한 속셈을 품고 도에 맞지 않는 일을 할 경향이 있다. 예생각이 엉큼하다. >앙큼하다.

엉키다 ⇨엉클어지다.

엉터리 ①터무니없는 말이나 행동을 하는 사람. 예그 사람은 엉터리야. ②허울만 있고 내용이 없는 사람이나 물건.

엊그제 ① '어제 그저께'의 준말. ②이삼 일전. 閉엊그저께.

엎드리다 몸의 앞 부분을 바닥에 가까이 붙이다. 예바닥에 엎드리다. 晉엎디다.

엎어지다 앞으로 넘어지다.

엎지르다(엎질러, 엎질러서) 그릇에 담긴 액체가 쏟아져 나오게 되다. 예국을 엎지르다.

엎친 데 덮친 격 곤란한 일이나 불길한 일이 겹쳐 일어난다는 말. 비설상가상.

에:끼 마음에 마땅하지 않을 때 내는 소리. 예에끼, 못된 녀석같으니라고.

에나멜 광물을 원료로 하여 만든 아름다운 빛이 나는 칠감의 한 가지.

에:너지 ①물체가 가지고 있는 일을 할 수 있는 능력〔형태에 따라 위치·운동·열·전기 등으로 구분함〕. ②인간이 활동하는 데 근원이 되는 힘.

에너지원 에너지의 근원이 되는 것〔석탄·석유·태양열·수력·풍력 따위〕.

에누리 물건값을 더 부르거나 깎는 일. -하다.

에:다 ①날카로운 칼 같은 것으로 도려 내다. 예살을 에는 듯한 추위. ②사람의 마음을 깎아 내듯이 슬픈 감정이 들다. 예가슴을 에다. ③'에우다'의 준말.

에디슨〖사람〗[1847~1931] 미국의 대발명가. 확성기·축음기·전등·영화 촬영기 등 1,000여종을 발명하여 '발명왕'이라고 불림. 1882년 세계 최초의 발전소를 세움.

에러 ①과실·실책·잘못. ②야구에서, 공을 잡거나 던지거나 할때 일어나는 잘못.

에밀레종 경주 박물관에 보관되어 있는 신라 '성덕 대왕 신종'을 흔히 말함. '봉덕사종'이라고도 하며 지름이 2.27m,높이가 3.33m나 되는 우리 나라에서 제일 큰 종.

에베레스트 산 히말라야 산맥에 있는 세계에서 가장 높은 산. 높이는 8,848m.

에비앙〖지명〗 프랑스의 레만호 남쪽에 있는 피서지와 수영장으로 이름난 관광 도시. 이 곳에서 나는 샘물은 유명함.

에스극 자석의 남극. S극.

에스컬레이터 전기의 힘으로 사람을 위층이나 아래층으로 나르는 자동식 계단.

에스키모 북아메리카의 북극해 연안과 그린란드 등지에 살고 있는 몽고 및 인디언 계통의 황색인종. 이글루라는 얼음집에서 살며 고기잡이와 사냥으로 생활함.

에스파냐〖나라〗 남유럽 이베리아 반도의 대부분을 차지한 공화국. 스페인의 다른 이름. 수도는 마드리드.

에스페란토 1887년에 폴란드의 자멘호프가 만든 국제어. 28개의 자음과 모음. 1,900개의 기본 단어로 이루어지며, 문법이 매우 간단함.

에어 ①공기. ②'비행·항공'을 나타내는 말. 【air】

에어내다 칼로 도리어 내다. 깎아 내다. 예가슴을 에어내는 듯한 슬픔.

에어라인 정기 항공로. 정기 항공로를 가진 항공 회사.

에어 컨디셔너 실내의 온도와 습도를 자동적으로 조절하는 기계. 준에어컨.

에어 클리:너 공기 속의 먼지를 없애는 장치. 공기 청정기.

에우다 ①사방을 둘러싸다. ②장부 따위의 필요없는 부분을 지우다.

에워싸다 사방을 빙 둘러싸다. 비둘러싸다.

에이 비: 연필심의 단단한 정도를 나타내는 기호의 한 가지. 별로 단단하지도 무르지도 않은 중간치의 것. 【HB】

에이 엘 케이 에이(HLKA) 한국 방송 공사 중앙 방송국 제1방송의 국제 무선 부호의 이름.

에이프런 서양식 앞치마나 턱받이.

에콰도르〔나라〕 남아메리카의 북서쪽 태평양 연안에 있는 공화국. 수도는 키토.

에티오피아〔나라〕 아프리카 동부에 있는 나라. 수도는 아디스아바바.

에티켓 예의. 예절.

에펠탑 프랑스 파리에 있는 철탑. 1889년 만국 박람회 때에 펠이 설계한 것으로 파리의 유명한 관광 명소이기도 함. 높이는 312m.

에프 비:아이 미국 연방 수사국의 약칭. 【FBI】

에피소:드 이야기·사건 등에서, 본 줄거리와는 직접 관계 없는 이야기. 삽화. 【spisode】

엑스(x) 수학에서 모르는 수(미지수)를 나타내는 데 쓰는 문자. 예3+x=5.

엑스선 눈에는 보이지 않으나 물질을 꿰뚫어 보는 힘이 강한 광선. 이것으로 몸 속의 뼈나 폐의 모양을 찍을 수 있음. 1895년 독일의 뢴트겐이 발명하여 뢴트겐선이라고도 함. 엑스 광선.

엑스레이 엑스선.

엑스(x)축 좌표축에서 가로로 그은 수평선. 빤와이(y)축.

엑스트라 영화나 연극에서, 군중 따위로 나오는 단역의 임시 고용 배우.

엑스포 만국 박람회.

엔드 끝. 마지막. 결말.

엔드 라인 배구·농구 등 코트의 짧은 쪽 구획선.

엔실리지 짐승에게 겨울에 줄먹이를 신선하게 보전하기 위해 풀 따위를 사일로에 저장한 것.

엔지니어 기술자. 기계 기사. 기관사. 【engineer】

엔진 열·전기·증기 등을 써서 일하는 힘을 내는 장치.

엘리베이터 높은 건물을 오르내리는 데 쓰이는 기계. 빤승강기.

엘리트 우수한 사람으로 인정받은 소수의 빼어난 사람.

엘엔지 액화 천연 가스.

엘피지 액화 석유 가스.

엥겔 법칙 소득이 낮은 가족일수록 가계 지출에서 차지하는 식비의 비율이 커진다는 법칙.

여가 겨를. 틈. 【餘暇】

여간 보통으로. 어지간하게.

여객 여행하는 손님. 빤승객.

여객기 여행하는 손님을 태우는 비행기.

여객선 여행하는 사람의 운반을 주요 목적으로 하며, 객실과 기타 유람 시설을 갖춘 배.

여:건〔여껀〕 주어진 조건. 예농사짓기에 좋은 여건이다.

여관 여행하는 사람을 묵게 하는 것을 업으로 하는 집.

여군 여자 군인. 여자로 조직된 군대. 【女軍】

여권¹ 해외 여행자의 신분·국적을 증명하고, 그 나라의 보호를 의뢰하는 문서.

여권² 여자의 사회·정치·법률상의 권리. 예여권 신장 운동.

여기다 마음 속으로 그렇게 인

정하거나 생각하다.

여기저기 이곳 저곳에.

여남은 열 가량으로부터 열 좀 더 되는 어림수.

여념 다른 생각. 예국토 방위에 여념이 없는 우리 국군.

여:닫다 열고 닫고 하다.

여:닫이 ①열고 닫는 일. ②밀거나 당겨서 여는 문.

여담 딴 이야기. 이야기의 본줄기에서 벗어난 잡담.

여:당 정권을 잡고 있는 정당. 예여당 국회 의원. 비집권당. 반야당.

여독 여행으로 말미암아 쌓인 피로.

여동생 여자 동생. 누이 동생. 반남동생.

여드레 여덟 날. 圖여드렛날.

여드름 청소년의 얼굴 등에 나는 작은 종기의 한 가지.

여든 열 의 여덟 갑절. 80.

여러 수효가 많은.

여러 가지 온갖 종류. 이런 것 저런 것.

여러해살이 뿌리나 땅속줄기가 있어 해마다 줄기·잎이 돋아나는 식물. 다년생. 반한해살이.

여럿 많은 사람. 많은 수.

여력 어떤 일을 하고 또 다른 일을 할 수 있는 힘. 【餘力】

여:론 여러 사람의 공통된 의견. 비공론. 중론.

여류 전문적인 일에 능숙한 여성을 이름. 예여류 시인.

여름 봄의 다음, 가을의 앞 철로 달로는 6~8월. 계절의 특징은 몹시 덥고 낮이 길고 밤이 짧음.

여름새 봄이나 초여름에 와서 살다가 겨울에 남쪽으로 날아가는 철새[우리 나라의 여름새에는 제비·뻐꾸기·두견새

등이 있음]. 반겨울새.

여리다 ①질기지 않고 연하다. ②의지나 감정 따위가 야물지 못하거나 모질지 못하고 무르다. >야리다.

여명 날이 샐 무렵. 어둑새벽.

여물 마소를 먹이기 위해 말려서 썬 짚이나 풀.

여물다(여무니, 여무오) ①일이 잘 되어 뒤탈이 없다. ②열매가 잘 익다. 예과일이 잘 여물다. >야물다.

여물 박 [여물 빡] 소나 말의 먹이를 줄 때 쓰는 자루 바가지. 圖여물 바가지.   [여물박]

여미다 옷 등을 단정히 바로 잡다. 예옷깃을 여미다.

여반장 손바닥을 뒤집는 일처럼 '아주 쉬운 일'을 비유하여 이르는 말. 【如反掌】

여백 글씨나 그림이 있는 지면에서 아무것도 없이 하얗게 남아있는 빈 자리. 비공백.

여보 ①자기 아내와 남편을 부르는 소리. ② '여보시오' 의 낮춤.

여봐라 '여기 보아라' 의 준말. 손아랫사람을 부를 때 하는 소리. 예여봐라, 누구 없느냐?

여:부 그러함과 그렇지 않음.

여분 쓰고 남아 있는 분량. 비나머지. 【餘分】

여비 여행하는 데 드는 돈. 비노자. 노비.

여사 ①'시집간 여자' 의 높임말. ②사회적으로 덕망이 있고 이름이 있는 여자의 이름 아래 쓰는 말. 예이 여사.

여생 앞으로 남은 목숨. 예여생을 교육에 힘쓰다. 비여명.

여성 여자. 반남성. 【女性】

여수[지명] 전라 남도의 한 시. 여수 반도 끝에 있는, 여

러 가지 공업이 성한 항구 도시.

여수로 저수지 등에 필요 이상으로 괸 물을 빼내는 수로 시설.

여승 여자 중. 비비구니. 반남승. 높여스님.

여식 딸. 【女息】

여신 여인의 신. 여자 신. 예행운의 여신.

여염집[여염찝] 보통 백성의 살림집. 예여염집 규수. 준염집.

여왕 여자 임금. 【女王】

여왕벌 벌 사회의 우두머리로 알을 낳을 수 있는 능력이 있는 암벌. 비장수벌. 여왕봉.

여우[1] ①개과의 짐승. 꼬리가 길고 다리가 짧으며 털빛은 대개 엷은 적갈색. 마을 가까이 살면서, 쥐·닭 등을 잡아먹음. 성질은 교활함. 털가죽은 깔개나 목도리로 많이 씀. ②매우 교활하고 변덕스러운 여자. 예여우 같은 여자.

여우[2] '여배우'의 준말. 예여우 주연상. 반남우.

여운 ①일이 끝난 뒤에도 가시지 않고 남은 느낌이나 정취. 예기쁨과 환희의 여운이 가시지 않는다. ②떠난 사람이 남겨 놓은 좋은 영향.

여울 강이나 바다에서 물살이 세게 흐르는 곳.

여위다 몸의 살이 빠져서 파리하게 되다. >야위다. ×여의다.

여유 ①쓰고도 남음이 있음. 예저축할 여유. ②성급하지 않고 너그러움. 예여유 있는 태도.

여의다 ①죽어서 이별하다. 예부모를 여의다. ②멀리 떠나 보내다. 시집 보내다. 예딸을 여의다. ×여위다.

여의도〖지명〗 국회 의사당이 있는 서울의 작은 섬.

여인 어른인 여자.

여장부 남자 이상으로 씩씩하고 용기가 있고 강한 의지가 있는 여자. 여걸.

여전 전과 다름이 없음. 그냥 그대로. 예여전히 공부를 잘한다. -하다. -히.

여정 여행하는 길·시간·차례 등을 통틀어 이르는 말.

여지 ①들어설 수 있거나 이용할 수 있는 땅, 또는 공간. ②무슨 일을 하거나 생각하거나 하는 여유. 나위. 예딴 생각할 여지도 없이 일을 시키다.

여지없다 더할 나위가 없다. 예여지없이 쳐부수다.

여진 큰 지진이나 진동이 있은 다음에 그 여파로 일어나는 작은 진동.

여진족 만주와 한반도 북부 지방에서 살던 퉁구스계의 종족. 수·당 때에는 '말갈'로 불림. 가끔 우리 나라 북쪽 국경 지방에서 소란을 피웠음. 후에 청나라를 세워 중국을 통일했음.

여집합 수학에서 전체 집합의 원소 중 주어진 부분 집합에 속하지 않는 원소로 이루어진 집합. 〈보기〉전체 집합 ㅈ= {0, 1, 2, 3, 4, 5, 6, 7, 8, 9}이고, 집합ㄱ={0, 2, 4, 6, 8}, 집합ㄴ={1, 3, 5, 7, 9}일 때, 집합ㄱ의 여집합=집합 ㄴ. 집합ㄴ의 여집합=집합 ㄱ.

여:쭈다 웃어른께 말씀을 아뢰다. 예안부를 여쭈다.

여차하면 무슨 일이 일어나기만 하면.

여:치 여치과의 곤충. 몸길이 3cm. 메뚜기와 비슷하고 촉각

이 길며, 접은 날

개의 등면은 갈

색. 옆면은 갈색

반점이 많은 녹색

임. 한 여름에 들에 많이 남.

수컷은 크게 욺. 📵씨르래기.

[여치]

여태 지금까지. 이제까지. 📵여태까지 소식이 없다. 📵입때.

여파 ①바람이 잔 뒤에도 일고 있는 물결. ②무슨 일이 끝난 뒤에 주위에 미치는 영향.

여하튼 어떻든. 📵여하튼 일을 끝내라.

여한 못다 푼 원한. 📵이제 죽어도 여한이 없다.

여행 볼일이나 구경할 목적으로 다른 고장이나 다른 나라에 가는 일. 📵수학 여행. -하다.

여행기 여행 중에 보고 들은 일이나 느낌 따위를 적은 글.

여행사 일반 손님이나 관광객을 돌봐 주는 일을 업으로 하는 영업 기관.

여행자 여행하는 사람.

역 ①기차가 멎고 떠나는 곳. 📵서울역. 📵정거장. ②지난 날, 나랏일로 다니던 사람에게 말을 제공하던 곳. 【驛】

역겹다(역겨우니, 역겨워서) 거북하다. 📵냄새가 역겹다.

역경 일이 뜻대로 안 되는 불행한 처지. 순조롭지 않은 환경. 📵역경을 이기다. 📵순경.

역군 어떤 분야에서 땀 흘려 일하는 사람. 일꾼.

역귀 돌림병을 일으킨다는 귀신.

역기 역도를 할 때 들어올리는 기구. 철봉의 양 쪽에 추를 끼운 것. 바벨.

역대 지난 여러 대. 📵역대 교장 선생님. 【歷代】

역도 역기 운동을 통하여 몸과

마음을 닦는 운동.

역량[영냥] 능히 해낼 수 있는 힘. 📵역량을 갖춘 장교.

역력하다[영녀카다] 자취가 또렷하다. 분명하다. 역력히.

역류[영뉴] 물 따위가 거슬러 흐름. 또는 그러한 물.

역마 지난날 나라일로 여행하는 관원에게 역에서 내주던 말.

역모[영모] 반역을 모의함.

역사 ①인간이 살아 온 사회의 발자취. 또는 그것을 기록한 학문. ②오늘날에 이르기까지의 변화된 자취.

역사적 역사에 관계 있는. 역사에 남을 만한. 📵역사적 사건.

역설 힘써 말함. 힘을 들여 주장함. 📵국산품 애용을 역설하다. -하다. 【力說】

역성 옳고 그름을 따지지 않고 한 쪽만 편들어 줌. 📵친구를 역성들다. -하다.

역수 두 수의 곱이 1일 때, 두 수를 서로 역수라고 함. 즉, 어떤 수에 대한 1의 비의 값을 말하고, 분수에서는 분자와 분모를 바꾼 수.

역습 적의 공격을 받고 있던 수비측이 거꾸로 공격하는 일.

역시 전에 예상했던 대로.

역신 임금을 반역한 신하.

역암 암석이 깨어져서 생긴 자갈이 진흙과 섞여서 이루어진 암석. 퇴적암의 하나.

역원제 지난날, 여행하는 사람이나 관청의 명령을 지방에 전하는 사람들의 편의를 위해 역과 원을 두던, 일종의 교통 제도.

역임 차례로 여러 관직을 거침. 📵정부의 요직을 역임하다.

역작 애써서 지음. 또는 힘들여 지은 작품. -하다.

역장 역의 책임자. 【驛長】

역적 임금에게 반역을 꾀한 사람.

역전 ①반대로 돎. ②형세가 뒤바뀜. 예다 이긴 경기가 역전되다. ③일이 잘못되어 좋지 않게 벌어져 감. -하다.

역전 경:기 일정한 거리를 각 편의 선수가 이어 달려서, 전체의 시간으로 승부를 겨루는 경기.

역전승 경기 등에서 처음에는 지다가 나중에 가서 도리어 이김. 반역전패. -하다.

역정 '화'의 높임말. 예할아버지께서 역정을 내시다.

역졸 지난날 역에 딸려 심부름하던 사람. 비역부.

역할 각자 맡은 일. 비구실. × 역활.

역행[여캥] 거슬러 올라감. 순서를 바꾸어 행동함.

역효과 얻고자 하던 것과는 정반대로 나타나는 결과.

엮다[역따] ①노끈이나 새끼로 이리저리 여러 가닥으로 어긋매어 묶다. 예발을 엮다. ②책을 만들어 내다. 차례 있게 꾸며내다.

연 댓가지로 뼈대를 만들어 종이를 바르고, 실에 달아 바람을 이용하여 하늘 높이 날리는 장난감.

연간 한 해 동안. 【年間】

연감개 '얼레'의 사투리.

연개소문【사람】[?~665] 고구려 말기의 정치가. 대막리지. 당나라의 침략에 대비하여 장성을 쌓고 국방을 튼튼히 하였으며, 당의 침략을 물리치는데 큰 공을 세웠음.

연거푸 잇달아 여러 번.

연결 서로 이어서 맺음. 예전선을 연결하다. 비결련. 반분리. 단절. -하다. 【連結】

연계 서로 밀접한 관계를 가짐. 또는 그런 관계. 예사건에 연계된 사람들을 조사하다.

연고 ①사유·까닭. ②혈통 등으로 인연이 맺어진 사이.

연관 서로 관계를 맺음.

연:구 어떠한 사물에 대하여 깊이 캐고 생각함. 예과학을 연구하다. 비궁리. -하다.

연:구가 어떤 사물에 대하여 깊이 캐고 생각하는 사람.

연:구실 연구하기 위하여 특별히 꾸민 방.

연:구심 자세하고 깊이 연구하는 마음. 예연구심이 강한 소년.

연:극 극본에 따라 배우가 무대에서 말과 몸짓으로, 나오는 사람의 성격·마음의 움직임 등을 나타내어, 구경하는 사람들에게 하나의 이야기를 보여 주는 것.

연금 국가 또는 공공 단체가 매년 정기적으로 주는 돈. 예국민 연금.

연금 제:도 나라나 사회를 빛낸 특별한 공로가 있거나, 나라의 기관에서 일한 사람이 물러나면 일정한 기간 동안 생활비를 주는 제도.

연기[1] 정한 날짜를 물림. -하다.

연기[2] 물건이 탈 때에 생겨나는 흐릿한 기체. 예담배 연기.

연:기[3] 배우가 무대에서 그럴싸하게 해 보이는 말이나 동작. 예능숙한 연기. -하다.

연길【지명】 중국 만주 길림성 간도 지방의 중심 도시. 청나라 초에는 주로 사냥을 하던 수렵지였으나 중국인과 한국인이 옮겨와 삶으로써 생활의 터전을 이루게 되었음.

연꽃 못·늪·논 등에서 자라는 식물인 연의 꽃. 잎은 물 위에 뜨고 둥글넓적하며, 여름에 연분홍, 또 [연꽃] 는 흰빛의 꽃이 핌. 🔲연화.

연날리기 연을 날리는 놀이.

연:단 연설이나 강연을 하는 사람이 올라서게 만들어 놓은 자리. 🔲연대.

연달다(연다니, 연다오) 잇달다. 뒤를 이어 달다.

연대¹ 지나온 햇수나 시대. 예화석의 연대를 측정하다.

연대² 군대 구성의 하나[사단의 아래, 대대의 위로서 보통 3개 대대로 편성됨]. 【聯隊】

연도 사무·결산 따위를 편리하게 하기 위하여 구분한 일년 동안의 기간. 【年度】

연:두¹ 연한 초록빛. 🔘연둣빛.

연두² 그 해의 첫머리. 예연두 기자 회견. 【年頭】

연두 교:서 대통령이 새해를 맞이하여 국회에 보내는 그해의 중요 정책에 관한 의견서.

연등회 고려 시대부터 내려온 불교 의식의 하나. 집집마다 등불을 달고 부처님에게 정성을 바치고 나라와 개인의 행복을 빌었음. 처음에는 정월 대보름에 하다가 나중에 사월 초파일(부처님 오신 날)로 바뀌었음.

연락[열락] ①서로 사정을 알리는 것. 예자주 연락하다. ②서로 이어지는 것. -하다.

연령[열령] 나이.

연료[열료] 열을 이용하기 위

하여 때는 재료[숯·석탄·석유·나무 등]. 🔲땔감.

연료비 연료를 구하는 데에 드는 비용. 【燃料費】

연루 남이 일으킨 일에 관계되어 죄를 덮어 쓰거나 피해를 입게 됨. 예살인 사건에 연루되다.

연륙교 육지와 섬을 잇는 큰 다리[남해 대교, 거제 대교, 완도 대교 따위].

연륜 ①나이테. ②노력이나 경험에 의한 숙련의 정도.

연:마 학문이나 기술 등을 익히고 닦음. 예심신을 연마하다. -하다. 【研磨】

연맹 같은 목적을 위해 동일한 행동을 취할 것을 맹세하고 약속하여 이루어 놓은 단체. 예국제 연맹. -하다.

연명 목숨을 겨우 이어 살아감. -하다. 【延命】

연모 물건을 감거나 만드는 데 쓰는 기구.

연못 연을 심은 못. 🔲연당.

연민 불쌍하고 가련함. 예연민의 정. -하다.

연발 ①계속하여 일어남. 예실수를 연발하다. ②총포를 잇달아 쏨.

연방 잇달아 곧. 계속하여. 예연방 하품을 하다. ×연신.

연배 서로 비슷한 나이. 나이가 서로 비슷한 사람. 【年輩】

연백 평야[지명] 황해도 예성강 하류에 발달한 평야. 황해도에서 손꼽히는 쌀 생산지임.

연병장 병영의 소재지에 시설하여 군대의 교련 연습 등을 하는 장소. 【練兵場】

연보 그 사람의 한평생에 대하여 연대순으로 적은 기록. 예윤봉길 의사 연보. 【年譜】

†봉 1년을 단위로 정한 봉급.

†분 구(9)등법 조선 세종 때 (1444년)의 세금 제도의 하나. 그 해 농사의 잘되고 못됨에 따라 세금의 기준을 달리하였음.

†:분홍 엷은 분홍빛.

†:붉다[연북따] 연하게 붉다.

†비 수학에서, 세 개 이상의 수의 비.〈보기〉30:60:80.

†:사 연설하는 사람.

†산군【사람】[1476~1506] 조선 10대 왕. 성종의 맏아들. 무오 사화·갑자 사화를 일으켜 많은 학자와 대신을 죽였음.

†상[1] 한 가지 생각에 대해 이와 관련되는 다른 생각이 머리에 떠오르는 일. -하다.

†상[2] 자기보다 나이가 많음. 판연하.　　　　　　　　【年上】

†:설 여러 사람 앞에서 자기의 생각이나 주장을 말함. 예선거 연설.　　　　　　【演說】

견세 '나이'의 높임말. 비춘추.

연소[1] 물질이 빛과 열을 내며 산소와 화합하는 현상. -하다.

연소[2] 나이가 젊음, 또는 어림. 판연로. -하다.

연소자 나이가 젊은 사람, 또는 나이가 어린 사람. 판연장자.

연속 끊이지 아니하고 줄곧 이어짐. -하다.

연쇄 ①서로 이어 맺음. 예연쇄 충돌 사고. ②이어져 있는 사슬. 예먹이 연쇄. -하다.

연쇄점 상품을 구입하거나 광고 따위를 공동으로 하는 소매점의 집단. 체인 스토어.

연:습 몇 번이나 되풀이하여 익힘. -하다.

연승 연달아 이김. 예연전 연승. 판연패. -하다.

연시조 두 수 이상의 평시조가 한 편을 이룬 시조의 형식. 최초의 연시조는 맹사성의 〈강호 사시가〉임.

연싸움 연날리기에서 연줄을 걸고 서로 상대방의 연줄을 끊는 놀이.

연안 강·바다·호수가 육지와 맞닿는 물가.

연안 어업 해안에서 가까운 곳, 또는 그 나라의 영해 안에서 하는 어업. 연해 어업.

연:애 남녀 사이에 서로 애틋하게 그리워하고 사모하는 애정. -하다.

연:약 연하고 약함. 예몸이 연약하다. 판강건. 강인. -하다.

연:연 ①잊혀지지 않고 안타깝게 그리움. ②미련이 남아서 잊지 못함.

연:예 여러 사람 앞에서 연극·음악·무용 등을 보임, 또는 그 재주. 예연예 활동. -하다.

연유 ①유래함. ②까닭. 사유 예무슨 연유로 우느냐?【緣由】

연이율[연니율] 일 년을 단위로 하여 정한 이율.

연:인 사랑하는 사람. 【戀人】

연잇다(연이어, 연이으니) 연달아 이어 있다.

연:자매 말이나 소가 끌어서 돌리어 곡식을 찧거나 빻는 농기구의 하나. 연자방아.

[연자매]

연장[1] 일을 하거나 물건을 만드는데 쓰는 도구. 비도구.

연장[2] 길게 늘임. 늘어남. 예시간이 연장되다. -하다.

연장자 자기보다 나이가 많은 사람. 　　　　　　【年長者】

연장전 경기에서, 예정 시간 안에 승부가 나지 않을 경우에 다시 시간을 늘이어 계속 하는 경기.

연재 신문이나 잡지 따위에, 소설이나 논문, 기사, 만화 따 위를 연속해서 싣는 일.

연ː적 벼룻물을 담아 두는 그 릇. 보통 도자기로 만듦.

연ː주 여러 사람 앞에서 악기 로 음악을 들려 줌. -하다.

연ː주자 여러 사람 앞에서 악 기로 음악을 들려 주는 사람.

연중 무휴 한 해 동안 하루도 쉬지 아니함. 【年中無休】

연중 행사 해마다 정기적으로 행하는 행사. 【年中行事】

연지 여자들이 화장할 때 입 술·볼에 칠하는 붉은빛의 화 장품.

연착 예정보다 늦게 도착함. -하다.

연ː체 동ː물 뼈가 없고 부드러 우며 근육이 풍부한 동물. 물 속에서 생활하는 것이 많음 〔달팽이·조개·문어 등〕.

연ː출 각본을 바탕으로 배우의 연기·음악·무대 장치 등을 종합하여 무대 위에 상연하는 것을 지도하는 일. -하다.

연ː출가 연극·영화·방송극 따위를 연출하는 사람〔영화에 서는 '감독'이라고 함〕.

연ː탄 주원료인 무연탄에다 목 탄·코크스 가루 등을 반죽하여 만든 연료〔구공 탄 등〕.

[연탄]

연통 양철 따위로 둥글게 만들 어서 맞춘 굴뚝.

연패[1] 싸울 때마다 짐. 예연전 연패. 반연승. -하다. 【連敗】

연패[2] 연달아 패권을 잡음. 예 영광의 3연패. -하다. 【連覇】

연평도〔지명〕 경기도 옹진군에 있는 섬. 대연평도와 소연평

도의 두 섬으로 나누어짐.

연표 연대 순서로 그 해에 일 어났던 사실을 적은 표. 예력 사 연표. 비연대표.

연필 필기 도구의 하나. 흑연 가루와 점토를 섞어 개어 가 늘고 길게 만든 심을 가는 나 뭇대에 박은 것.

연하 나이가 적음. 또는 그 사 람. 반연상. 【年下】

연하다[1] ①잇달아 이어 대다. ②계속하다. 예집이 연하여 있다.

연ː하다[2] ①무르고 부드럽다. 예연한 나물. ②빛이 옅고 산 뜻하다. 예빛깔이 연하다.

연하장[연하짱] 새해를 축하하 는 뜻으로 보내는 편지.

연합 두 가지 이상의 사물이 서로 합함. 예연합 국가. -하 다.

연합국 주의·사상 등을 같이 하여 같은 행동을 하기로 약 속한 나라들.

연합군 ①두 나라 이상의 군대 가 합하여 편성된 군대. ②제 2차 세계 대전 때, 연합국의 군대.

연해주〔지명〕 시베리아 남동쪽 끝 동해에 면해 있는 지방.

연행 강제로 데리고 감. 특히 범인이나 수상한 사람 등을 경찰서로 데리고 가는 일.

연ː혁 변천하여 온 내력. 예학 교의 연혁.

연ː화 ①단단한 것이 부드럽고 무르게 됨. ②강경하게 주장 하던 태도를 버리고 좋도록 서로 의논함. 반경화. -하다.

연ː회 여러 사람이 모여 술을 마시거나 음식을 먹으면서 즐 기는 모임. 【宴會】

연ː회색 엷은 회색.

연후 그런 뒤에. 비연후에.

년휴 쉬는 날이 이틀 이상 겹쳐 연달아 노는 일.

연희자 말과 동작으로 재주를 부리거나 연극을 하는 사람.

열[1] 사람·물건이 죽 벌여 선 줄. 예열을 지어 행진하다.

열[2] ①물질의 온도를 높이는 원인이 되는 에너지. 예태양열. 가스열. ②흥분된 마음. 예열을 올리며 다투고 있다. ③무슨 일에 정신을 집중시키다. 예운동에 열을 올리다.

열간 압연 강철 따위의 금속을 가열하여 눌러 폄.

열강 세력이 강한 여러 나라.

열거 하나씩 들어 말함. -하다.

열광적 너무 좋아 미친 듯이 열중하는 모양. 예열광적인 응원.

열기 뜨거운 기운.

열기구 전기·가스·석유 등을 연료로 하는 난로·가스레인지 등의 기구.

열네댓 열넷 내지 열다섯.

열녀[열려] 남편에 대한 절개가 굳은 여자. 예열녀를 표창하다. 비열부. 【烈女】

열대[열때] ①적도를 중심으로 하여 남북 회귀선까지의 더운 지대. ②일 년간 평균 기온이 20℃이상인 지대. 반한대.

열대 기후[열때기후] 일 년 내내 매우 덥고, 사철의 구별이 없으며 비가 많이 내리는 기후.

열대림 열대 지방에 잘 자라고 있는 숲. 【熱帶林】

열대 식물 열대 지방에 잘 자라고 있는 식물. 대체로 잎이 큰 것이 많음[바나나·고무나무·야자수 등].

열대어 ①열대에 사는 물고기를 통틀어 이르는 말. ②열대·아열대 지방이 원산인 물고기. 생김새가 여러 가지로 빛깔이 아름다우며 동작이 재빠름.

열도[열또] 바다 위에 줄을 지은 모양으로 죽 늘어선 여러 개의 섬. 【列島】

열두대 신립 장군이 열두번이나 오르내리며 싸웠다는 뜻으로 붙여진 탄금대의 딴 이름.

열등[열뜽] 보통보다도 등급이 낮음. 반우등. -하다.

열등감 자기가 다른 사람보다 뒤떨어져 있다는 느낌, 또는 그럴 때의 불쾌한 감정. 반우월감.

열등생 성적이 보통보다 뒤떨어지는 학생.

열띠다 열렬한 기운이 있다. 열성을 띠다. 예열띤 응원전.

열람 책이나 신문 따위를 죽 훑어보거나 조사하여 봄. 예도서를 열람하다. -하다.

열량 열을 에너지의 양으로 나타내는 것〔칼로리로 나타냄〕. 예열량이 높은 식품.

열렬 주의·주장·실행·애정 등이 매우 대단함. 예열렬한 애국심. -하다. -히.

열리다 ①열매가 맺히다. ②문화가 개발되다. 예새로운 시대가 열리다. ③모임이 시작되다. 예회의가 열리다. ④닫히거나 덮인 것이 틔다. 예뚜껑이 열리다.

열망 열렬하게 바람. 예남북통일을 열망하다. -하다.

열매 ①과실. ②노력에 의한 성과.

열무 어린 무. 예열무 김치.

열병 열이 심하게 나는 병.

열:복사 열이 중간에 있는 물체에 의하지 않고, 직접 다른 곳으로 옮겨 가는 현상.

열사[열싸] 옳은 일을 지키려는 뜻이 굳은 사람. 【烈士】

열성[열썽] 열렬한 정성.

열세 힘이나 세력 따위가 상대편보다 떨어져 있음, 또는 그런 형세나 상태.

열:쇠[열쐬] ①자물쇠를 여는 쇠. ②문제를 푸는 데 가장 요긴한 것.

열심[열씸] 한 가지 일에 골똘함. 예열심히 노력하다. 비열중. 반태만. -하다.

열어제치다 문이나 창 등을 넓게 열어 놓다.

열에너지 열이 다른 물질에 온도 변화를 일으킬 수 있는 능력.

열연 연극 따위에서 연기를 열심히, 정열적으로 함.

열올리다 ①열중하다. ②무슨 일에 열중하여 흥분하다.

열의 뜨거운 마음. 열렬한 성의.

열전[열쩐] ①무력으로써 하는 맹렬한 싸움. 반냉전. ②운동 경기에서의 맹렬한 싸움. 예양팀이 열전을 벌이다. 【熱戰】

열정[열쩡] 열렬한 애정. 열중하는 마음. 예동물 연구에 열정을 쏟다.

열중[열쭝] 온 마음을 한 곳으로 쏟음. 반태만. -하다.

열중쉬어[열쭝쉬어] 약간 편한 자세를 가지라는 구령.

열차 기관차에 객차·화차 등을 연결하여 화물이나 여객을 실어 나르는 차량. 비기차.

열풍 태양이나 전기 등으로 인한 고온의 바람.

열하일기[책명] 조선 정조 4년에 박지원(호 : 연암)이 청나라에 가는 사신을 따라 열하에 다녀와서 그 곳의 풍속·경제·병사·천문·문학 등에 대한 내용을 적은 기행문. 전 26권으로 된 이 책속에 〈호질〉〈허생전〉등의 소설이 들어 있음.

열흘 열 날. 10일.

엷:다[열따] ①두께가 두껍지 않다. 반두껍다. >얇다. ②빛깔이 진하지 않다. 예엷은 분홍색. 반진하다.

염가[염까] 가격이 쌈. 싼값. 예염가 판매.

염기 알칼리라고도 하며, 붉은 리트머스 종이를 푸른색으로 변화시키는 성질을 가진 물질.

염기성 용액 붉은 리트머스 종이를 푸른색으로 변화게 하는 용액. 비알칼리성 용액.

염낭 아가리에 잔주름을 잡고 끈 두개를 양쪽에 꿰어서 여닫게 된 주머니.

염:두 ①생각의 기초. ②마음 속. 예내 말을 염두에 두고 행동하여라. 【念頭】

염라 대:왕[염나대왕] 죽어서 지옥에 떨어지는 사람이 살았을 때에 행한 죄악을 다스린다는 염라국의 대왕.

염:려[염녀] 마음을 놓지 못함. 걱정하는 마음. 예병이 든 자식을 염려하다. 비근심. 걱정. 반안심. -하다. -스럽다.

염분 물질 속에 포함되어 있는 소금의 양. 【鹽分】

염:불 부처의 모습이나 공덕을 마음 속으로 생각하면서 부처의 이름을 외는 일.

염산 약간 황색을 띤 액체로, 강한 산성이며, 의약품·공업 약품 등으로 쓰임.

염:색 물감을 써서 물을 들임. 반탈색. -하다. 【染色】

염소[1] 소과의 동물. 양과 비슷한데 되새김질을 하며, 뿔이 뒤로 굽고 속이 비 었으며, 꼬리가 짧음. 수컷은 턱 밑에 긴 수염이 있음. 성질이 민첩·활발함. [염소]

소² 황록색으로 악취가 있는 기체 원소의 하나. 표백제. 소독제 등으로 쓰임. 【鹽素】

수 소금물.

:원 늘 간절히 생각하고 바람. ⓔ우리 민족의 염원인 남북 통일. -하다.

전 바닷물을 증발시켜서 소금을 만드는 곳. ⓑ염밭.

증¹[염쯩] 몸의 한 부분이 빨갛게 붓고 진물이 나며 열이 나는 증세. ⓒ염.

:증²[염쯩] 싫증.

초 ①화약의 원료가 되는 초석, 곧 '질산칼륨'을 흔히 이르는 말. ②화약을 흔히 이르는 말.

치 부끄러움을 아는 마음. ⓔ염치가 있다. 【廉恥】

탐 남 모르게 사정을 살펴 조사함. ⓔ적의 사정을 염탐하다. ⓑ염알이. -하다.

통 온몸에 피를 돌리는 구실을 하는 기관. 왼쪽 젖가슴 속에 있음. ⓑ심장.

염화나트륨 소금의 화학명.

염화수소 염소와 수소의 화합물. 소금에 황산을 부어서 만듦. 물에 잘 풀림.

염화칼륨 쓰고 짠맛이 있는 백색의 결정으로 물에 녹음. 비료로 사용함.

염화칼슘 백색의 결정 또는 가루. 습기를 흡수하는 성질이 크므로 건조제로 사용함.

엽록소[염녹쏘] 엽록체 속에서 광합성을 하는 데 촉매의 역할을 하는 녹색의 색소. ⓑ잎파랑이. 클로로필.

엽록체[염녹체] 녹색 식물의 잎이나 줄기의 껍질 속에 있는 녹색의 알갱이. 여기서 광합성 작용을 함.

엽서[엽써] 편지를 적어 보내는 카드. ⓟ우편 엽서.

엽전 놋쇠로 만든 옛날의 돈. 둥글 납작하며 가운데에 네모진 구멍이 있음. [엽전] 【葉錢】

엽차 차나무의 어린잎을 달여서 만든 차. 【葉茶】

엿[엳] 쌀이나 고구마·옥수수 따위의 녹말을 엿기름의 작용으로 당분으로 변하게 해서 만드는 달고 끈끈한 식품.

엿:듣다(엿들으니, 엿들어서) 남 몰래 가만히 듣다.

엿:보다 ①몰래 살피다. ②때를 노려 기다리다. ⓔ기회를 엿보다.

엿새[엳쌔] 여섯 날.

엿치기 엿가래를 부러뜨려서 그 속의 구멍의 크고 작음을 비교하여 승부를 겨루는 내기.

영:감¹ ①나이 많은 남편 또는 나이 많은 남자를 일컫는 말. ②지난날, 대감 다음의 벼슬아치를 높여 부르던 말.

영감² 신의 계시를 받은 것 같은 느낌. ⓔ좋은 영감이 떠올랐다.

영계 병아리보다 조금 큰 닭. 약병아리.

영고 지난날, 부여국에서 추수가 끝난 섣달(12월)에 하늘에 제사 지내던 의식. 이 때에는 날마다 마시고 먹으며 노래와 춤을 즐겼으며, 죄수를 풀어 주기도 했음.

영공 한 나라의 영해와 영토의 상공으로 그 나라의 주권이 미치는 공간.

영광 빛나는 명예. 町영예. 凹수치.

영구¹ 시체를 넣은 관.

영:구² 길고 오램. 例영구 보존. -하다. -히. 【永久】

영구차 시체를 담은 관을 실어 나르는 차.

영:구치 젖니가 빠진 뒤에 나는, 다시 갈지 않는 이. 凹유치.

영국【나라】 유럽의 서부 대서양을 끼고 유럽과 아메리카를 잇는 통로에 자리잡고 있는 섬나라. 수도는 런던.

영글다 '여물다'의 사투리. 씨가 익어서 단단해지다.

영기 지난날, 군중에서 군령을 전하던 사람이 들고 가던 기. 푸른 비단 바탕에 붉게 '令(영)' 자를 새겨 붙였음.

영농 농업을 경영함. 例과학적 영농. -하다. 【營農】

영농 자:금 농사를 짓는 데 쓰이는 돈.

영농 후계자 농촌 출신 젊은이로 고향에 머물러 농삿일을 이어받기를 결심한 희망자 중에서 뽑힌 사람.

영단 ①지혜롭고 용기 있게 내리는 결단. ②과감한 결단. -하다.

영도 거느려 이끎. 앞장서서 지도함. -하다.

영동 고속 도:로 서울과 강릉 경포대 사이를 잇는 고속 도로. 길이 201km. 【嶺東線】

영동선 경상 북도 영주에서 강릉 경포대 사이를 잇는 철도. 길이 199.1km. 【嶺東線】

영:동 지구 서울 특별시에 새로운 도시 지역으로 건설된 한강 남쪽의 넓은 땅.

영동 지방 태백 산맥을 경계로

하는 강원도의 동쪽 지방.

영락 없다[영낙따] 조금도 틀리지 아니하고 번번이 들어 맞다.

영롱[영농] ①눈부시게 빛남. 例영롱한 아침 이슬. ②금구슬이 울리는 것처럼 아름다운 소리. 例영롱한 목소리. -하다. -히.

영릉 조선 시대 세종과 그 비인 소헌왕후의 능. 경기도 여주군 능서면 왕대리에 있음 〔사적 제196호〕.

영리¹[영니] 재산상의 이익을 얻으려고 꾀함.

영:리²[영니] 약고 재빠름. 똑똑함. 凹아둔. -하다. 【怜悧】

영림서[영님서] 주로 나라의 산과 들의 나무와 수풀 등을 보살피는 일을 맡은 관공서.

영문 까닭. 형편. 例우는 영문을 모르겠다.

영부인 지체 높은 사람의 부인을 높이어 이르는 말. 町귀부인. 【令夫人】

영사 외국에 있으면서 자기 나라 무역 이익과 국민 보호에 관한 일을 맡아 보는 공무원.

영사기 영화 필름의 화상을 크게 하여 스크린에 비추는 기계.

영산강 전라 남도의 나주 평야를 지나 서해로 흐르는 강. 길이 116km. 【榮山江】

영상 빛으로 비추어져 나타나는 물체의 모양. 【映像】

영:생 ①영원히 삶. 또는 영원한 생명. ②기독교에서, 천국의 복과 즐거움을 길이 누리는 생활을 이르는 말. 【永生】

영서 지방 태백 산맥을 중심으로 하여 대관령의 서쪽의 지방을 이르는 말. 凹영동 지방.

영선사 1881년 청나라에 파견

된 사절단. 당시 청나라의 과학 기술을 익히고자 69명의 청년 학도들을 뽑아 김윤식을 영선사로 하여 파견하였음.

영세 천주교에서, 신자가 될 때에 받는 의식. 예영세를 받다. 비세례. 【領洗】

영세민 수입이 적어 겨우 살아가는 주민. 【零細民】

영:세 중립국 국제법상 영구히 다른 여러 국가간의 전쟁에 간섭하지 않는 대신, 그 독립과 영토의 보전이 다른 국가들로부터 보장되어 있는 국가(스위스·오스트리아 따위).

영수증 돈이나 물건을 확실히 받았다는 표로 내주는 증서.

영아 젖먹이.

영악 이익과 손해에 대하여 재빠르고 기회를 잘 이용함. -하다. -스럽다.

영양 생물이 자연에서 물질을 얻어 몸을 만들고, 몸 안에서 에너지를 발생시켜 목숨을 이어 나가는 작용. 예영양 부족.

영양분 영양이 되는 물질의 성분.

영양소 생물의 영양이 되는 물질(보통 탄수화물·단백질·지방·무기질·물·비타민 등의 여섯 가지로 구별됨).

영양 실조[영양실쪼] 영양의 부족으로 일어나는 이상 상태. 빈혈이나 몸이 붓고 설사 따위의 증세가 있음.

영어 영국의 언어. 영국·미국 등에서 쓰는 말(세계에서 가장 널리 쓰이고 있음). 【英語】

영업 이익을 얻기 위하여 하는 일. -하다.

영역 ①국가의 주권이 미치는 범위. ②차지하여 세력이 미치는 곳. 예영역을 침범하다.

영연방 영국의 국왕을 형식상의 원수로 하여, 각각 독립되어 영국 본국과 연방 관계를 맺고 있는 나라들의 조직. 본영국 연방.

영:영 영원히. 예영영 볼 수 없게 되었다. 줄영.

영예 영광스러운 명예. 예최우수상이란 영예를 얻었다.

영웅 재주나 용맹이 뛰어나 위대한 일을 해낸 사람. 【英雄】

영:원 세월이 끝이 없이 길고 오램. 비영구. 반순간. -하다. -히.

영월[지명] 강원도 영월군의 군청 소재지. 한국 최대의 화력 발전소가 있음.

영월대[영월때] 충청 남도 부여의 부소산에 있는 고적. 백제 때 임금이 달맞이하던 곳이라 전함.

영위 일을 경영함. 예생활을 영위해 나가다. -하다.

영은문 조선 시대에, 중국에서 오는 사신을 맞아들이던 문. 대한 제국 때, 서재필 등이 그 문을 헐어 내고 그 자리에 독립문을 세웠음. 【迎恩門】

영의정 조선 시대의 최고의 관직. 지금의 국무 총리와 비슷한 벼슬. 영상. 【領議政】

영입 환영하여 받아들임. 예감독을 영입하다. -하다.

영장[영짱] 명령의 뜻을 적은 문서. 예구속 영장.

영재 뛰어난 재주나 지능, 또는 그런 재주나 지능을 가진 사람. 예영재 교육. 비수재.

영적[영쩍] 신령스러움. 정신이나 영혼에 관한 것.

영전 먼저 있던 자리보다 더 좋은 자리나 나은 지위로 옮김. 예영전을 축하하다. 비승전. 반좌천. -하다.

영접 손님을 맞아 대접함. 예
손님을 영접하다. - 하다.

영:정 사람의 모습을 그린 족
자. 예영상. 【影幀】

영조【사람】[1694~1776] 조선
시대 제21대 임금(재위 1724
~1776). 학문을 즐겨 문화의
부흥에 노력했으며, 탕평책을
써서 여러 당파의 인재를 고
루 등용하려 했음.

영:주[1] 한 곳에 영원히 삶. 예
미국에서 영주하다. 【永住】

영주[2] 봉건 제도에서, 영지나
장원의 소유주. 【領主】

영:주권 일정한 자격을 갖춘
외국인에게 주는, 그 나라에
서 영주할 수 있는 권리.

영:창 방을 밝게 하기 위하여
벽 위쪽에 낸 문.

영토 그 나라의 통치권이 미치
는 지역. 예영지. 【領土】

영특 재주가 뛰어남. 예영특한
아이. - 하다.

영하 온도가 섭씨0℃ 아래로
내려감. 빤영상.

영:향 어떤 일로 말미암아 다
른 일에 미치는 결과.

영혼 죽은 사람의 넋. 혼령. 빤
육체. 예영.

영화[1] 귀하게 되어 이름이 세
상에 드러나고 빛남. 예부귀
영화.

영화[2] 여러 토막으로 된 필름
을 잇달아 스크린에 비추어
나타나게 하는 사진.

옆 어떤 것을 기준으로 하여
그 양쪽 곁. 예옆 사람.

옆구리 몸의 양쪽 갈비가 있는
부분.

예:[1] 본보기. 보기. 예예를 들
어 말하다. 【例】

예:[2] 옛적. 오래 전. 예예로부
터 이름난 고장.

예:[3] 사람이 마땅히 지켜야 할

도리. 예예를 다하다. 빤예법.

예:감 무슨 일이 있기 전에 암
시적으로 미리 느끼는 일. 또
는 그런 느낌. 예불길한 예감
이 든다.

예:견 일이 있기 전에 미리
앎. 빤선견. - 하다.

예:고 미리 알림. 예시험 날짜
를 예고하다. - 하다. 【豫告】

예:금 은행이나 우체국에 돈을
맡기는 일. 빤저금. - 하다.

예:기 앞으로 닥쳐올 일에 대
해 미리 기대함. 예예기치 못
했던 일이다. - 하다. 【豫期】

예:능 음악·무용·연극·영
화 등을 모두 가리키는 말.

예닐곱 여섯이나 일곱.

예당 평야【지명】 충청 남도의
삽교천·무한천·곡교천 등 3
개 하천 유역에 형성된 충적
평야.

예:리 ①칼날 등이 날카로워
잘 듦. 예예리한 칼날. ②두뇌
나 판단력이 날카롭고 정확
함. 예예리한 판단. - 하다.

예:매 일정한 시기가 되기 전
에 미리 삶. 예고속 버스 승
차권을 예매하다.

예맥족 지난날, 중국의 동부
변경 밖에 살던 민족으로 우
리 민족의 중심이 되고 있음.

예:명 연예인이 연예 활동을
하면서 본이름 이외에 따로
지어 부르는 이름.

예:물 ①고마운 뜻에서 주는
물건. ②결혼식에서 신랑·신
부가 주고받는 기념품.

예:민 느낌이 날카롭고 빠름.
예신경이 예민하다. 빤영민.
- 하다.

예방[1] 인사차 방문함. 예국가
원수를 예방하다. - 하다.

예:방[2] 무슨 일이나 탈이 있기
전에 미리 막음. 예화재를 예

방하다. -하다.

예:방 주:사 몸 안에 면역이 생겨 전염병에 걸리지 않도록 예방액을 놓아 주는 주사.

예:배 ①신이나 부처 앞에 존경하는 마음으로 공손히 절함. ②기독교에서 성경을 읽고, 기도와 찬송으로 하느님에 대한 숭배와 존경을 나타내는 일. -하다.

예:법[예뻡] 예의나 몸가짐의 방식. ⓒ예. 【禮法】

예:보 앞으로 다가올 일을 미리 알림. ⓐ일기 예보. -하다.

예복 예식 때 입는 옷. 【禮服】

예부 고려 때, 나라를 다스리던 관청의 하나로 의례·제사·조회·학교·과거·외교에 대한 일을 맡았음.

예:비 미리 준비함. 또는 그 준비. 【豫備】

예:비군 예비역으로 짜여진 군대.

예:비역 현역에서 제대한 군인이 일정 기간 복무하는 병역. ⓐ예비역 장군. ⓑ현역.

예:쁘다(예쁘니, 예뻐서) 생긴 모양이나 하는 짓이 아름다워서 보기에 귀엽다. ⓑ밉다.

예:쁘장하다 제법 예쁘다.

예:사 보통으로 있는 일. 흔히 있는 일. ⓑ보통. ⓒ특별.

예:사롭다(예사로우니, 예사로워) 예사로 있을 만하다. 흔한 일이다.

예사말 보통으로 하는 말.

예사 소리 자음(닿소리)의 한 갈래. 예사로 숨쉴 때의 날숨으로 내는 소리[ㄱ·ㅂ·ㅇ·ㅈ이 이에 딸림].

예:산 ①미리 필요한 돈을 계산함. ②국가 또는 공공 단체가 다음 해의 수입과 지출을 미리 계산하는 일. 또는 그

액수. -하다.

예:산서 돈이 들어오고 나가는 내용을 미리 대충 계산하여 적은 문서.

예:삿일[예산닐] 보통으로 있는 일. 흔히 있는 일.

예:상 어떤 일을 당하기 전에 미리 생각함. 또는 그 생각. ⓑ예측. -하다. 【豫想】

예:상외 생각 밖. 뜻밖. ⓐ예상외로 성적이 좋다. 【豫想外】

예:선 본선이나 결선 전에 미리 뽑음. ⓐ좋은 성적으로 예선을 통과하다. ⓑ결선. 본선.

예성강 황해도 언진산에서 시작하여 신계·남천을 지나 경기도와의 경계에서 서해로 흘러드는 강. 길이 174km.

예:속 딸려서 매임. 지배나 지휘를 받음. ⓐ강대국에 예속된 나라. -하다.

예:수 ⇨그리스도.

예:수교 ⇨크리스트교.

예순 열의 여섯 배. 육십.

예:술 아름다움을 찾고 나타내려는 인간의 활동. 또는 그 작품.

예:술가 예술 작품을 만들어 내는 사람[음악가·소설가·시인·건축가 등].

예:술원 예술의 향상 발전을 꾀하고 예술에 관한 일을 심의하는 기관. *학술원.

예:술적[예술쩍] 예술다운 상태. 예술에 관한 그것.

예:술품 예술미가 표현된 작품.

예:술 활동 아름다움을 찾고 나타내는 인간의 활동[그림·조각·문학·음악·무용 등].

예:습 미리 학습함. 미리 익힘. ⓑ복습. -하다.

예:시 예를 들어 보임.

예:식 예법에 따른 의식. 예의

의 법식. 【禮式】

예:**식장** 예식을 하도록 여러 가지 시설을 갖춘 곳. 주로 결혼식장을 말함.

예:**약** 미리 약속함, 또는 그 약속. 📵선약. -하다. 【豫約】

예:**약금** 예약할 때 주는 돈.

예:**언** 앞에 올 일을 미리 말함, 또는 그 말. 📵지구의 종말을 예언하다. -하다.

예:**언자** ①앞으로의 일을 미리 짐작하여 말하는 사람. ②신으로부터 사명을 받아서 인류를 지도하는 사람. 📵선지자.

예:**외** 규칙에서 벗어남. 또는 벗어나는 일. 【例外】

예:**우** 예로써 대접함. 예의를 다하여 대우함.

예:**의** 사람이 지켜야 할 올바른 도리. 📵예의 바른 행동.

예:**전** 퍽 오래 된 지난날. 📵예전에 있었던 일. 📵옛적.

예절 예의에 관한 범절.

예절바르다 말이나 태도가 점잖고 올바르다.

예:**정** 앞으로 할 일을 미리 정함. 📵계획. -하다. 【豫定】

예조 조선 때, 육조의 하나. 예법·외교·제사·학교·과거 따위의 일을 맡아 보던 곳.

예조 판서 조선 때 육조의 하나인 예조의 으뜸 벼슬.

예찬 칭찬하여 높임. 찬양하고 감탄함. 📵세종 대왕의 업적을 예찬하다. -하다. 【禮讚】

예:**측** 미리 헤아려 짐작함. 📵결과를 예측할 수 없다. 📵예상. -하다.

예:**치** 맡겨 둠. 【預置】

예:**컨대** 예를 들건대. 이를 테면.

예포 경의·환영·조의의 뜻을 나타내기 위하여 쏘는 공포〔총이나 대포를 탄알 없이

쏨〕.

예:**행** 미리 행함. -하다.

예:**행 연:습** 무슨 행사를 개최하기 전에 미리 해 봄.

옛: 지나간 때의. 📵옛 친구.

옛:**날**〔옛날〕 옛 시대. 옛적의 날. 📵옛적. 📵지금.

옛:**시조** 옛날의 시조. 📵고시조. 📵현대 시조.

옛:**적** 오랜 옛 시대.

오각형 다섯 모가 진 평면 도형.

오:**감** 보고·듣고·냄새 맡고·맛보고·만져 보는 다섯 가지 감각. 오각. 【五感】

오(5):**거** 조선 시대의 통신 연락망으로 횃불을 올리던 중요한 곳〔서수라·만포진·의주·동래·수천의 다섯 군데〕.

오:**경** 유학의 가르침을 적은 다섯 가지 책〔시경·서경·주역·예기·춘추〕. 【五經】

오:**곡** ①쌀·보리·조·콩·기장의 다섯 가지 곡식. ②곡식을 통틀어 일컫는 말.

오:**곡밥** 다섯 가지 곡식을 섞어 지은 밥〔음력 정월 대보름에 지어 먹음〕.

오:**곡 백과** 온갖 곡식과 과실.

오골계 동남 아시아가 원산인 닭의 한 품종. 깃털·가죽·살·뼈가 검은 빛깔이나 변종도 있음.

오(5):**군영** 임진왜란을 계기로, 국방을 강화할 목적으로 조직된 훈련도감·총융청·수어청·어영청·금위영의 다섯 군영.

오그라들다 점점 오그라지게 하다. <우그러들다.

오그리다 오그라지게 하다. <우그리다.

오금 무릎·팔의 구부러지는

안쪽.

오:기 힘이 달리면서도 남에게 지기 싫어하는 마음. 【傲氣】

오:너 ①소유자. 특히 기업의 소유자. ②선주. 【owner】

오:너 드라이버 자기 차를 운전하는 사람. 【owner driver】

오누이 오라비와 누이. 비남매. 준오뉘.

오:뉴월 오월과 유월.

오늘 ①이 날. 금일. ②오늘날.

오늘날[오늘랄] 지금의 시대.

오다 ①가까이 다가 서다. 빤가다. ②비·눈 등이 내리다. ③잠·졸음·아픔 등이 몸에 닥치다. 예졸음이 오다. ④지금까지 진행되고 있다. 예날이 밝아 오다.

오:대양 지구 표면에 둘러 있는 다섯 바다[태평양·대서양·인도양·남빙양·북빙양]. 【五大洋】

오:대주 지구상에 있는 다섯 대륙[아시아주·유럽주·아프리카주·아메리카주·오세아니아주].

오(5):도 양:계 고려 시대 지방 행정 구역의 하나로, 현종 때 정하였음. 5도는 서해도·교주도·양광도·경상도·전라도, 양계는 북계와 동계.

오돌또기 제주도의 대표적 민요의 한가지.

오동나무 높이는 10~15m. 넓은 잎이 마주 나며, 봄에 보라빛 꽃이 핌. 가볍고 아름다워 가구·악기를 만드는 데 많이 쓰임.

오동도[지명] 여수 앞바다에 있는 섬. 동백꽃과 대나무로 둘러싸여 경치가 아름답고, 섬 꼭대기에 등대가 있음.

오두막집 겨우 들어가 살 만하게 토담 등으로 작게 지은

집. 비오막살이.

오들오들 춥거나 무서워서 몸을 작게 떠는 모양. <우들우들.

오디 뽕나무의 열매.

오:디오 기기 음악을 듣고 즐기기 위한, 음질이 좋은 고급 음향 재생 장치. 준오디오.

오뚝 물건이 높게 솟아 있는 모양. 예콧날이 오뚝하다. 빤옴폭.

오뚝이 아무렇게나 굴려도 오뚝오뚝 서는 아이들의 장난감.

오:라 지난날. 도둑이나 죄인을 묶던 붉고 굵은 줄. 오랏줄. 포승.

오라버니 '오빠'의 높임말.

오:락 쉬는 시간에 재미있게 놀아서 기분을 즐겁게 하는 일. 레크리에이션. -하다.

오락가락 ①잇달아 왔다 갔다 하는 모양. ②비나 눈이 내리다 말다 하는 모양. 예비가 오락가락한다. -하다.

오랑캐 ①옛날 두만강 일대에 살던 여진족. ②미개한 종족.

오랑캐꽃 ⇒제비꽃.

오래 시간이 길게.

오래간만 오래 지난 뒤. 예오래간만에 집에 돌아오다. 준오랜만.

오래오래 오래도록.

오랫동안 오랜 시간 동안.

오렌지 ①감귤 종류의 한 가지. ②오렌지색. 【orange】

오:로라 극광. 지구의 북극과 남극 지방의 높은 하늘에 이따금 나타나는 아름다운 빛의 현상.

오로지 오직. 다만. 예오로지 공부에만 힘쓰다.

오:륜[1] 사람으로서 지켜야 할 다섯 가지의 도리[군신의 의

리, 부자의 친애, 부부의 분별, 장유의 차서, 붕우의 신의를 말함).

오:륜² 올림픽 마크. 청색·황색·흑색·녹색·적색의 순서로 5대륙을 상징하여 'W'자 형으로 연결한 다섯 개의 고리. 【五輪】

오르간 리드 오르간과 파이프 오르간. 풍금. 【organ】

오르내리다 ①올라갔다 내려갔다 하다. ②남의 입에 자주 말거리가 되다. 예사람들 입에 오르내리다.

오르막 올라가는 길. 凹내리막.

오른손 오른쪽 손. 凹왼손.

오:리 물오리와 집오리를 통틀어 이르는 말.

오:리걸음 오리처럼 뒤뚱거리며 걷는 걸음걸이.

오리나무 산과 들에 저절로 나는 나무로, 솔방울 모양의 열매는 가을에 익음.

오:리무:중 짙은 안개 속에 있어 방향을 알 수 없음과 같이 무슨 일에 대해 알 길이 없음을 이르는 말.

오리온 그리스 신화에 나오는 거인 사냥꾼의 이름. 【Orion】

오리온자리 겨울철에 가장 똑똑히 보이는 남쪽 하늘의 별자리. 유난히 빛을 내는 3개의 별이 가운데에 나란히 있고, 그 둘레에 4개의 별이 사각형을 이루고 있음. 준오리온.

오막살이 ①작고 낮은 초가. 오두막집. ②오두막집의 살림살이.

오막살이집 아주 보잘것 없는 집. 凹오두막집.

오:만 거만하고 남을 업신여기는 태도가 있음. 예오만한 태도. 凹겸손. -하다.

오:매불망 자나깨나 잊지 못함.

오:명 ①더러워진 이름이나 명예. ②누명. 예오명을 벗다.

오목다각형 오목폐곡선으로 된 다각형.

오목 렌즈 가운데가 가장자리보다 얇게 된 렌즈. 빛이 중심으로부터 바깥쪽으로 꺾여서 나아가게 하는 성질이 있음. 근시의 교정에 쓰임. 凹볼록 렌즈.

오목판 판의 오목한 부분에 물감을 넣어서 찍어 내는 판화. 凹볼록판.

오목폐곡선 폐곡선 내부의 두점을 이을 때 폐곡선과 만나게 되는 폐곡선.

[오목폐곡선]

오:묘 깊고도 묘함. 예오묘한 진리. -하다. -스럽다.

오:물 지저분하고 더러운 물건. 예오물 처리장.

오:물세 쓰레기·분뇨 등의 오물을 쳐 가는데 내는 돈.

오므리다 가장자리의 끝이 한군데로 모이게 하다. 예다리를 오므리고 앉다. <우므리다.

오미자 오미자나무의 열매로 해수·갈증 등의 약재.

오:발 ①총을 잘못 쏨. 예총기 오발 사고. ②실수로 말을 잘못함. -하다.

오:밤중[오밤쭝] 한밤중. 예오밤중까지 열심히 일하다.

오:버센스 ①지나치게 예민한 생각. ②신경 과민.

오:버타임 ①규정 시간 이외의 노동 시간. 초과 근무. ②운동 경기에서 규정된 횟수나 시간을 넘긴 반칙. 【overtime】

오:보 그릇되게 보도함. 또는

그릇된 보도. 【誤報】

오보에 관현악에서 높은 음을 내는 목관 악기. 소리가 부드러우며 어딘지 슬픈 음조를 냄. 합주 때 기준음이 됨.

오:복 다섯 가지 복[오래 살고, 재산이 넉넉하고, 건강하고, 덕을 닦고, 탈 없이 죽는 일]. 【五福】

오붓하다 허실이 없이 필요한 것만 있다. 예가족끼리 오붓하게 살다.

오빠 여동생이 손위의 오라비를 부르는 말.

오:산 ①잘못 셈함, 또는 잘못된 셈. ②잘못된 추측. 【誤算】

오:색 ①파랑·노랑·빨강·하양·검정의 다섯 가지 빛깔. ②여러 가지 빛깔. 【五色】

오:색실 ①파랑·노랑·빨강·검정·하양의 다섯 가지 빛깔의 실. ②여러 가지 빛깔이 어울려서 알록달록한 실.

오:선지 악보를 그리기 위해 다섯 줄씩 가로로 그린 종이.

오솔길[오솔낄] 좁고 호젓한 길.

오:수 낮잠. 【午睡】

오수덕 고원 평안 북도 중강진에 있는 고원. 옛날부터 토질병이 심하여 사람은 도저히 살 수 없다고 알려져 있음.

오수의 개:이야기 전북 오수 지방의 전설. 불이 나서 주인이 위태롭게 되자, 개가 제 몸에 물을 묻혀다가 불을 꺼서 주인을 구하고는 지쳐서 죽었다는 이야기.

오순도순 의좋게 지내는 모양. ×오손도손.

오스트레일리아〖나라〗 태평양의 남쪽에 있는 나라. 호주. 수도는 캔버라.

오스트리아〖나라〗 중부 유럽에

있는 나라. 암염·흑연 등이 많이 나며, 임업이 특히 발달함. 영세 중립국임. 수도는 빈.

오슬오슬 몸에 소름이 끼칠 듯이 몸이 자꾸 움츠러지면서 추위가 느껴지는 모양. >아슬아슬. <으슬으슬. -하다.

오:심 잘못 심판함, 또는 그 심판. 비오판. 【誤審】

오:십보 백보 차이가 심하지 않고 대체로 비슷함.

오싹오싹 매우 무섭거나 추워서 몸이 자꾸 움츠러드는 모양. -하다.

오아시스 ①사막 가운데서 샘이 솟고 나무가 우거진 곳. ②'삶의 위안이 되는 곳'을 비유하여 이르는 말.

오아시스 농업 사막 지방의 샘이 있는 곳이나 강물이 흐르는 곳에서 밀·대추야자 등 열대 작물을 가꾸는 농업.

오:열¹ 적군에 내통하는 자. 간첩. 스파이. 圈제오열.

오:열² 목이 메도록 우는 일. 예유가족들의 오열 속에서 장례식이 거행되었다. -하다.

오:염 더럽게 물듦. 공기·물·땅같은 곳에 생물이 생활하는 데 해로운 물질이 섞이는 것. 예환경 오염. -하다.

오이 열매를 따먹는 한해살이 채소의 한 가지. 물외. 준외.

오이소박이 김치 꼭지를 딴 오이를 두세 토막으로 나누고, 그 끝을 조금 남기고 +자 모양으로 쪼갠 다음, 그 속에 갖은 양념을 한 소를 넣고 담근 김치. 준오이 소박이.

오:인 잘못 보거나 잘못 인정함. -하다.

오:일륙(5·16) 군사 정변 1961년 5월 16일, 박정희 육군 소장을 중심으로 청년 장교들이

일으킨 군사 정변.

오:일장 닷새에 한번씩 열리는 시골의 장. 🔵오일 시장.

오:자[오짜] 잘못 쓴 글자. 틀린 글자. 【誤字】

오작교 칠월 칠석날 견우와 직녀의 두 별이 만날 수 있도록 까막 까치가 모여 만든다는 전설의 다리.

오:장 다섯 내장. 즉, 폐장·심장·비장·간장·신장.

오:전 밤 12시부터 낮 12시까지의 사이. 자정부터 오정까지. 🔵상오. 🔴오후. 하오.

오:정 낮 12시. 🔵정오. 🔴자정. 🅐오정에 만나자. 【午正】

오존 특유한 냄새가 나는 엷은 청색 기체. 음료수와 목욕탕 물의 소독에 쓰임.

오존층 오존을 많이 포함하고 있는 공기층. 지상에서 약 20~25km위에 있으며, 인체나 생물에 해로운 태양의 자외선을 잘 흡수하는 성질이 있음.

오죽 여간. 얼마나. 🅐오죽 하면 아파서 울까. 🔵여북. 작히나. -하다.

오죽헌 강원도 강릉시 죽헌동에 있는 이율곡이 탄생한 집. 조선 시대 초기에 지은 목조 건물로서 유적·유물·필적 등이 보존되어 있음. 보물 제165호.

오줌 몸 안의 작용으로 생기는 찌꺼기. 방광에서 요도를 통하여 몸 밖으로 나오는 액체.

오줌보 콩팥에서 걸러진 오줌이 괴는 힘살 주머니. 🔵방광.

오줌싸개 오줌을 잘 가리지 못하는 아이.

오:지 해안이나 도시에서 멀리 떨어진 육지 안에 있는 땅.

오지 그릇 붉은 진흙으로 만들어 볕에 말리거나 약간 구운

질그릇. 🔵오지.

오직 다만. 단지.

오:진 잘못 진단함. 또는 그릇된 진단. -하다.

오:진수 오진기수법. 5씩 묶어서 나타내는 수. 〈보기〉 $23_{(5)} = 2 \times 5 + 3 \times 1$.

오징어 오징어과의 연체 동물. 몸은 원통형으로 10개의 다리가 입둘레에 있음.

오징어포 오징어 말린 것을 기계에 넣어서 얇게 편 것.

오:차 참값과 근사값의 차. 🅐오차가 심하다.

오:차의 백분율 상대 오차를 백분율로 나타낸 값.

오:차의 한:계 그 수값으로 반올림하여 얻은 근사값[올림과 버림에 의하여 얻은 값].

오:찬 여느 때보다 잘 차려 먹는 점심. 🔵주찬.

오:케스트라 ①관현악. ②관현악단.

오:케이 ①끝남. 잘됨. 만사 해결. ②인쇄에서 '교정 끝냄'의 뜻으로 쓰이는 말. 【OK】

오:토바이 엔진의 힘으로 달리는 자전거.

오:판 잘못 판단함. 또는 그릇된 판정.

오페라 ⇨가극.

오프 스위치나 기계 등이 꺼졌거나 멈추어 있는 상태. 【off】

오:픈 게임 정식 경기에 앞서서 벌이는 비공식 경기.

오:픈 카: 지붕이 없는 승용차.

오피스텔 먹고 자고 생활할 수 있게 꾸민 사무실.

오하이오주【지명】 미국의 동쪽에 있는 주 이름. 석탄·석유 등 자원이 풍부하여 공업이 성하고, 중부는 옥수수 지대를 이루며 농업 생산도 많음.

오한 몸이 오슬오슬하여 추위 지는 증세.

오:해 잘못 이해하거나 해석 함. 비곡해. -하다.

오:후 낮 12시부터 밤 12시까 지의 사이. 오정부터 자정까 지. 비하오. 반오전. 【午後】

옥¹ 죄 지은 사람을 가두는 곳. 비교도소. 감옥.

옥² 보석의 한 가지. 경옥과 연 옥을 통틀어 이르는 말.

옥니 끝부분이 안으로 조금 고 부라져 난 이.

옥동자 옥같이 예쁜 어린 아 들. 소중한 아들. 【玉童子】

옥사 감옥에서 죽음. -하다.

옥상 ①지붕 위. ②현대식 건 물에서, 지붕 부분을 평평하 게 만들어 놓은 곳.

옥새 임금의 도장. 대보. 국새.

옥수수 벼과의 한해살이 식물. 열매는 둥글고 길쭉한데 낟알 이 여러 줄로 박혀 있음. 열 매는 잡곡의 한 가지로 식량 이나 사료로 많이 이용됨. 강 냉이.

옥신각신 옳으니 그르니 하고 서로 다투는 모양.

옥양목 목화 섬유로 짠 천의 한가지. 발이 고움. 【玉洋木】

옥외 집의 바깥. 건물의 바깥.

옥저 지난날. 함경도 일대에 자리잡았던 고조선의 한 부족 국가.

옥좌 임금이 앉는 자리. 용상 이 있는 자리. 비왕좌. 【玉座】

옥중 죄 지은 사람을 가두어 두는 감옥의 안.

옥체 남을 높이어 그의 몸을 이르는 말.

옥천교 창경궁 안에 있는 돌다 리의 이름.

옥타:브 어떤 음(도)에서 시작 하여 위나 아래로 다음 여덟

째음(도)까지의 음. 또는 그 거리.

옥토 기름진 땅. 예황무지를 옥토로 만들다. 반박토.

옥토끼 ①달 속에 산다는 전설 상의 토끼. ②털이 흰 토끼.

옥편 한자의 음과 새김을 풀어 엮은 책. 비자전. 【玉篇】

옥황 상:제 중국 도가(노자· 장자의 가르침을 따르는 학 파)에서 말하는 하느님. 준옥 제.

온:갖 여러 종류. 갖가지. 비갖 은.

온:건 생각이나 말·행동이 온 당하고 건전함.

온난 전선 따뜻한 공기가 찬 공기를 밀치며 나아갈 때 생 기는 전선. 넓은 지역에 비가 내리고, 비가 그친 뒤에는 기 온이 갑자기 높아짐. 반한랭 전선.

온달[사람][?~590] 고구려 평 원왕 때의 장수. 집이 가난하 여 남루한 옷차림을 하고 구 걸하고 다녀 '바보 온달'이라 고 불렸는 데. 평강 공주와 결혼한 뒤에는 무술을 익혀 장수가 되었음.

온대 한대와 열대 사이의 지 대. 기후가 온화하고 사철의 변화가 뚜렷함. 【溫帶】

온대 기후 사철의 구별이 확실 하며, 추위와 더위의 차가 심 한 기후. 연평균 기온은 10℃ 안팎.

온데간데없다 이제까지 있던 것이 갑자기 없어져 알 수가 없다.

온도 덥고 찬 정도. 온도계가 나타내는 도수. 【溫度】

온도계 차고 더운 정도를 재는 기구. 【溫度計】

온돌방[온돌빵] 구들을 놓아

아궁이에 불을 지펴 방을 덥히는 구조로 꾸며진 방.

온라인 컴퓨터의 입출력 장치가 중앙 연산 장치와 직접 연결되어 자동 처리되는 방법.

온면 따뜻한 장국에 만 국수.

온상 사람의 힘으로 따뜻한 온도를 유지하여 꽃이나 채소를 빨리 자라게 하는 장치를 한 모판.

온수 따뜻한 물. 凹냉수.

온순 마음이 부드럽고 순함. 떼성격이 온순하다. 凹유순. 凹난폭. -하다. -히.

온스 무게의 단위. 1파운드의 16분의 1. 약 28.35g.

온실 ①난방 장치를 한 방. ②추운 때 또는 추운 지방에서 더운 지방의 식물을 기르기 위하여, 또는 꽃을 빨리 피우거나 열매를 빨리 얻을 목적으로 내부 온도를 덥게 장치한 건물. 【溫室】

온실 효:과 대기 중의 수증기나 탄산 가스가 온실의 유리와 같은 작용을 함으로써 지표 부근의 기온이 높아지는 현상.

온양【지명】 충남 아산군에 있는 시. 알칼리천의 좋은 온천장이 있어 관광객이 많이 옴.

온유 온화하고 유순함. -하다.

온:음 음과 음 사이가 반음의 갑절로 되어 있는 음정. 凹전음. 凹반음.

온장고 음식이나 약 등을 넣어 두고 따뜻하게 보관하는 상자 모양의 장치.

온:전 결점이 없고 본디 그대로 완전함. -하다. -히.

온정 따뜻한 인정.

온천 땅 속으로 스며든 지하수가 땅 속 깊은 곳에서 데워져 다시 땅 위로 솟아나오는 물.

여러 가지 병을 치료하는 데 효과가 있음. 凹냉천.

온:통 모두. 모조리.

온풍 따뜻한 바람. 【溫風】

온혈 동:물 체온이 바깥 온도에 관계 없이 항상 같은 온도인 동물. 凹정온 동물. 凹냉혈 동물.

온화 ①날씨가 따뜻하고 화창함. 떼날씨가 온화하다. ②성질이 온순하고 인자함. 떼온화한 성품. -하다. 【溫和】

올¹ '올해'의 준말.

올:² 실이나 줄의 가닥. 떼한 올의 실.

올:가꾸기 농작물을 제철에 앞서 일찍 가꾸는 일.

올가미 ①새끼·철사 등으로 옭아서 고를 내어 짐승을 잡는 장치. ②사람이 걸려들게 만든 꾀. 떼남에게 올가미를 씌우다.

올동말동[올똥말똥] 올지 안 올지. -하다.

올:드 미스 결혼할 나이가 훨씬 지난 처녀. 노처녀.

올라가다 ①낮은 데서 높은 데로, 아래에서 위로 움직이어 가다. 떼산에 올라가다. ②탈것에 타다. ③지위·계급·정도 등이 보다 높아지다. 떼계급이 올라가다. ④물가가 비싸지다. 凹내려가다.

올려본각 나무의 높이나 건물의 높이를 잴 때, 올려다보는 방향과 수평면이 이루는 각.

[올려본각]

올리다 ①웃어른에게 바치다. 떼진짓상을 올리다. ②올라가게 하다. 凹내리다.

올리브 물푸레나무과의 늘푸른큰키나무. 높이 5~10m. 매로는 기름(올리브유)을 짬.

올림¹ 윗사람에게 편지를 쓸

때 자기 이름 밑에 쓰는 말.

올림[2] 근삿값을 구하는 경우에, 구하는 자리의 숫자를 1만큼 크게 하고 그것보다 아랫자리의 숫자는 모두 0으로 하는 방법. 倒버림.

올림포스 산 그리스에서 제일 높은 산. 그리스 신화에 나오는 신들이 사는 곳이라는 전설이 있음. 높이 2,918m.

올림피아〖지명〗 그리스에 있는 들판으로, 제우스 신전이 있던 곳. 이곳에서 고대 올림픽 경기가 처음으로 개최되었음.

올림픽 경기 ①고대 그리스에서 제우스 신의 제사를 지낼 때 5일간 올림피아 언덕에서 시행한 경기. ②1896년부터 4년마다 세계 각국이 참가한 가운데 열리는 운동 경기.

올림픽 공원 서울 올림픽을 기념하기 위하여 서울 송파구에 세운 공원.

올망졸망 귀엽게 생긴 작고 또렷한 여러 개의 덩어리들이 고르지 않게 벌여 있는 모양. <울멍줄멍. -하다.

올바르다(올바르니, 올발라서) 옳고 바르다. 예자세를 올바르게 하다. ×옳바르다.

올:벼 벼의 한 종류. 철 이르게 익은 벼. 倒늦벼.

올봄[올뽐] 올해의 봄.

올빼미 올빼미과의 새. 나무굴이나 숲 속에 삶. 몸길이 38cm정도. 부엉이와 비슷하나 머리와 눈이 큼. [올빼미] 깃털에는 황갈색의 세로무늬가 있음. 낮에는 쉬고 밤에는 활동하여 작은 새나 쥐 등을 잡아먹음.

올챙이 개구리의 어린 새끼.

물 속에서 아가미로 숨을 쉼.

올해 금년. 이 해. 倒올.

옭매다[옹매다] ①잘 풀리지 않도록 고를 내지 않고 매다. ②행동이 자유롭지 못하게 하다.

옭아매다 꾸미어 씌우다.

옮기다[옴기다] ①자리를 바꾸어 정하다. 예책상을 창가로 옮기다. ②들은 말을 다른 데에 전하다. ③병을 전염시키다.

옳다[올타] ①무엇을 옳게 여길 때 내는 소리. 예옳다. 그렇게 하도록 하자. ②이치에 맞다. 예네 말이 옳다. ③사실이나 진리에 맞다.

옴짝달싹 극히 조금 움직이는 모양. 예방이 너무 좁아서 옴짝달싹 할 수가 없다. <움쭉달싹. 倒꼼짝달싹. -하다.

옴츠러지다 ①춥거나 무서워서 몸이 작아지다. 예날씨가 너무 추워서 몸이 옴츠러지다. ②겁을 먹고 용기를 잃어버리다. <움츠러지다.

옴폭 속으로 폭 들어가 오목한 모양. <움푹. -하다.

옵서:버 ①관찰자. ②국제 회의에서 의견을 말할 수 있으나 표결권이 없는 사람.

옷 몸을 가리거나 꾸미기 위하여 몸에 걸치거나 입는 물건. 의복.

옷가지 몇 가지의 옷.

옷감 옷을 만드는 데 쓰는 감.

옷고름 저고리·두루마기 등의 앞에 달아 양편 옷자락을 여미어 매는 끈. 倒고름.

옷깃 저고리나 웃옷의 목에 둘러 대어 앞으로 여미는 부분. 예옷깃을 여미다. 倒깃.

옷매무시 옷을 입을 때 매고

여미고 하는 뒷단 속.

옷맵시[온맵씨] 옷을 입은 맵시.

옷자락 옷의 깃이나 앞뒤의 늘어진 부분.

옷장 옷을 넣어 두는 장. 🖪의 장. 📵옷장을 정리하다.

옷차림 옷을 입은 모양. 📵가벼운 옷차림.

옹:고집 성질이 빡빡하고 억지가 매우 심한 고집.

옹기 질그릇과 오지 그릇을 통틀어 일컫는 말. 옹기 그릇.

옹기종기 한 곳에 같은 또래가 많이 모인 모양. <웅기중기. -하다.

옹달샘 작고 오목한 샘.

옹:색 ①생활이 매우 어려움. 📵생활이 옹색하다. ②매우 비좁음. 📵방이 옹색하다. -하다.

옹이 나무의 몸에 박힌 가지의 그루터기.

옹:졸하다 성질이 너그럽지 못하고 생각이 좁다. 🖪너그럽다. 🖑옹졸하다.

옹:호 지지하여 유리하도록 보호함. 📵약한 사람을 옹호하다. -하다.

옻[옫] 옻나무에서 나는 독한 진. 살갗에 닿으면 몹시 가렵고 부어 오름.

와글와글 많은 사람들이 모여 북적거리는 모양이나 소리. <워글워글. -하다.

와이더블유시:에이 기독교 여자 청년회. 【YWCA】

와이셔츠 양복 저고리 속에 입는 넥타이를 매게 되어 있는 소매가 달린 서양식 셔츠.

와이엠시:에이(YMCA) 기독교 청년회.

와이(y) 좌:표 ⇨세로 좌표.

와이(y)축 좌표축에서 세로로

그은 수직선. 🖪엑스(x)축.

와:전 그릇되게 전함. 【訛傳】

와중 복잡한 일이 벌어진 가운데.

와트¹【사람】[1736~1819] 증기 기관을 발명하여 산업 혁명에 공헌한 영국의 기계 기술자.

와트² 전력의 세기를 재는 단위. 기호는 W.

왁자지껄하다 여러 사람이 한데 모여 정신이 없도록 소리 높여 지껄이다.

왁자하다 몹시 떠들썩하다.

완강 태도나 성질이 굳고 의지가 굳셈. -하다. -히.

완결 완전하게 끝마침. -하다.

완고 생각이 새롭지 못하고 고집이 셈. -하다. -히.

완공 공사를 완성함. 📵댐을 완공하다. 🖪준공. -하다.

완:구 장난감.

완납 남김이 없이 완전히 납부함. 📵밀린 세금을 완납하다. 🖪미납. -하다. 【完納】

완도【지명】 전라 남도에 위치한 큰 섬. 김·미역 등의 해산물이 많이 남. 【莞島】

완도 대:교 전라 남도의 해남 반도와 완도를 연결하는 다리.

완:두콩 5월경에 나비 모양의 흰 빛이나 자줏빛 꽃이 피었다 지면 꼬투리로 된 열매를 맺는 콩.

[완두콩]

완:력[왈력] ①주먹심. 📵완력이 세다. ②육체적으로 억누르는 힘.

완료 완전히 끝을 냄. 📵여행 준비를 완료하다. -하다.

완만 ①가파르지 않음. 📵완만한 경사. ②행동이 느릿느릿함. -하다. -히. 【緩慢】

완벽 결점이 없이 훌륭함. **예**일처리가 완벽하다. -하다.

완불 남김없이 완전히 지불함.

완성 본디의 계획대로 다 이룸. **비**완료. **반**미완성. -하다.

완수 목적을 완전히 달성함. 완전히 수행함. -하다.【完遂】

완숙 완전히 익음. -하다.

완:연 아주 뚜렷함. **예**완연한 여름 날씨. -하다. -히.

완:장 팔에 두르는 헝겊 따위로 만든 표시. **예**주번 완장.

완전 빠지거나 모자람이 없음. **반**불완전. -하다. -히.

완전 무결 부족함이 없고 결점이 없음. **비**완전 무흠. -하다.

완전 식품 사람에게 필요한 영양소를 모두 갖춘 식품[우유 등].

완제품 일정한 조건에 맞추어 완전하게 만든 물품.

완:충 지대 두 나라 또는 몇 나라 사이의 충돌을 막을 목적으로 그 접경 지대에 설치한 중립 지대.

완쾌 병이 완전히 나음. **예**병이 완쾌되다. **비**쾌유. -하다.

완패 여지없이 패함. **반**완승. -하다.

완:행 느리게 다님. **예**완행 버스. **반**급행. -하다.

완:화 긴장되거나 급박한 것을 느슨하게 함. **예**처벌 규정을 완화하다. **반**강화. -하다.

왈츠 4분의 3박자로 약간 빠르고 경쾌한 춤곡. 【waltz】

왈칵 격한 감정이 갑자기 치밀어 오르는 모양. **예**눈물이 왈칵 쏟아지다. <월컥.

왕 ①임금. ②우두머리. ③으뜸.

왕건[사람][877~943] 고려의 태조(재위 918~943). 원래 태봉의 왕인 궁예의 신하였으나, 궁예의 부하들이 왕건을 왕으로 세웠음. 【王建】

왕겨 벼를 찧을 때 처음 생기는 굵은 겨.

왕골 사초과의 한해살이풀. 높이는 90~150m. 질긴 줄기를 쪼개어 방석·돗자리·모자 등의 공예품을 만듦. **비**완초.

왕관 임금이 머리에 쓰는 관.

왕국 임금이 국민을 다스리는 나라. **비**군주국. 【王國】

왕:래[왕내] 오고 감. **예**왕래가 잦다. **비**왕복. 내왕. -하다.

왕릉[왕능] 임금의 무덤.

왕:림[왕님] 남이 자기를 찾아옴을 높이어 이르는 말.

왕명 ①임금의 명령. 왕령. 어명. ②임금의 목숨. 【王命】

왕모래 알이 굵은 모래.

왕방울 큰 방울.

왕:복 갔다가 돌아옴. **예**왕복 승차권. -하다. 【往復】

왕비 임금의 아내. 【王妃】

왕사 임금의 스승. 【王師】

왕산악[사람] 고구려 때의 음악가. 우리 나라의 3대 악성 중의 한 사람으로 진의 7현금을 개량하여 거문고를 만들었음. *우륵. 박연.

왕:성 한창 성함. **예**식욕이 왕성하다. -하다. -히.

왕세자 왕위를 이을 왕자. 동궁. ❨세자. 【王世子】

왕실 임금의 집안. **비**황실.

왕:오천축국전[책명] 신라의 승려 혜초가 인도와 그 부근의 여러 나라를 순례하고 적은 기행문.

왕위 임금의 자리. 【王位】

왕인[사람] 백제 근구수왕 때의 학자. 일본으로 건너가〈천자문〉〈논어〉등을 전달·교육함. 일본 고대 문화 발전에 공헌이 컸다.

왕자 임금의 아들. 凹공주.

왕정 임금이나 황제가 정치의 중심이 되어 나라를 다스리는 정치. 凹군주 정치. 【王政】

왕조 한 왕가가 다스리는 동안. 例조선 왕조. 【王朝】

왕좌 ①임금이 앉는 자리. ② 어떤 분야에서 으뜸가는 자리. 凹왕위. 【王座】

왕:진 의사가 환자의 집에 가서 진찰함. -하다. 【往診】

왕초 거지·넝마주이 따위의 우두머리. 例거지 왕초.

왕후 임금의 아내. 凹왕비.

왕희지〖사람〗[307~365] 중국 진나라 때의 유명한 명필. 힘차고 아름다운 글씨체로 서예의 성인으로 존경받음.

왜가리 백로과의 철새. 몸 길이 90~100cm. 등은 잿빛이고 아랫면 은 흰색이며, 가 슴 옆구리에는 잿빛 세로줄 무늬가 있음. 물가에 살며 개 구리·물고기 따위를 잡아먹 음. 우리 나라의 여름새임.

[왜가리]

왜간장 일본 간장. 집에서 만 든 간장이 아닌 양조장 등에 서 만든 간장.

왜곡 비틀어서 구부러지게 함. 사실과 다르게 해석함. 例우 리의 역사를 왜곡하다. -하 다.

왜구 고려 시대부터 조선 초기 에 이르는 동안 우리 나라와 중국 해안을 돌아다니며 노략 질하던 일본의 해적 떼.

왜군 지난날. 일본의 군대. 또 는 일본의 군사를 이르는 말.

왜놈 지난날. '일본 사람'을 얕잡아 이르던 말.

왜병 지난날. 일본의 군인.

왜선 지난날. 일본 군대의 배.

왜소 짧고 키가 작음. 例왜소 한 체격. -하다. 【矮小】

왜인 지난날. '일본 사람'을 얕잡아 이르던 말.

왜장 일본 군대의 장수.

왜적 지난날. '적으로서의 일본'을 이르는 말. 凹왜구.

외:가 어머니의 친정. 곧 어머니가 태어나서 자란 집. 凹외갓집.

외겹 겹으로 되어 있지 않은 단 한 켜.

외:계인 지구 밖의 다른 별에서 온 사람. 【外界人】

외:과[외꽈] 몸의 외부의 상처나 내장 기관의 병을 수술에 의하여 고치고 치료하는 의학의 한 분과. 凹내과. 【外科】

외:관 겉으로 본 모양. 例외관을 아름답게 꾸미다. 凹외견.

외:교 ①외국과의 교제. 例우리 나라와 외교를 맺으는 나라. ②바깥 사람과의 교제.

외:교관 외무부 장관의 감독 아래 사무를 맡아 보는 공무원을 통틀어 이르는 말.

외:교권 다른 나라의 간섭을 받지 않고 외국과 국교를 맺을 수 있는 국가 주권의 하나.

외:교 정책 한 나라가 그의 정치 목적이나 국가 이익을 달성하기 위하여 다른 나라에 대하여 취하는 정책.

외:국 다른 나라. 例외국 문화. 凹타국. 凹내국. 【外國】

외:국산 외국에서 나는 물건. 凹국산.

외:국어 다른 나라의 말. 凹모국어. 凹외래어. 【外國語】

외:국 영화 다른 나라에서 제작한 영화. 凹국산 영화. ●준외

화.

:국인 다른 나라의 사람. 🔵타국인. 🔴내국인. 🔵외인.

:금강 금강산의 일부분. 이곳에 만물상·구룡연 등이 있음.

기러기 짝이 없는 한 마리의 기러기.

길 한 군데로만 난 길.

나무다리 한 개의 통나무로 놓은 다리.

:다 보지 않고 알 수 있도록 머릿 속에 익히다. 🔵외우다.

동딸 하나뿐인 딸을 귀엽게 이르는 말. 🔴외동아들.

따로 외로이. 오직 홀로. 🔵산 속에 외따로 있는 집.

따길 마을이나 큰 길에서 따로 떨어져 있는 작은 길.

떡잎 식물 밑씨가 한 장의 떡잎을 가진 식물〔벼·보리 따위〕. 🔴쌍떡잎 식물.

:람 하는 짓이 분수에 넘쳐 죄송함. 🔵외람된 말씀. -하다. -스럽다. 【猥濫】

:래 ①밖에서 옴. ②외국에서 옴. 【外來】

:래 문화 외국에서 들어온 문화. 【外來文化】

:래어 외국에서 들어와 우리 말처럼 쓰이는 말. 곧 국어화한 외국어. 【外來語】

:래품 외국에서 드러온 물품. 🔴국산품.

외로이 외롭게. 쓸쓸하게.

외롭다(외로우니, 외로워서) 혼자 있거나 의지할 곳이 없어서 쓸쓸하다. 🔵고독하다.

외:면 마주보기를 꺼려 얼굴을 돌려 버림. 🔵친구를 외면하고 지나가다. -하다. 【外面】

외:모 겉모양. 겉모습.

외:무부 외국과의 교제에 관한 일을 맡아 보는 정부 기관.

외:박 집을 나가서 다른 곳에서 잠. -하다.

외:부 테두리 밖. 🔵건물의 외부. 🔴내부. 【外部】

외:사촌 외삼촌의 아들이나 딸.

외:삼촌 어머니의 남형제. 외숙. 외숙부.

외:상 값은 나중에 주기로 하고 물건을 먼저 가져가는 일. 🔴맞돈.

외:세 외국의 세력. 밖의 형세.

외:손자 딸이 낳은 아들.

외:숙모 외삼촌의 아내.

외:식 자기 집이 아닌 밖에서 먹는 일. 또는 그 음식. -하다. 【外食】

외:신 외국에서 들어온 통신. 🔵외신 보도. 🔴내신. 【外信】

외아들 형제가 없이 단 하나만 있는 아들. 🔵독자. 🔴외딸.

외:야수 야구에서, 외야를 지키는 선수들을 통틀어 이르는 말. 🔴내야수.

외양간[외양깐] 말이나 소를 먹여 기르는 곳. 🔵마굿간.

외우다 ①글이나 말을 기억하여 그대로 말하다. ②마음에 새겨 잊지 아니하다. 🔵외다.

외:유 내강 겉으로는 부드럽고 순하게 보이나 마음 속은 단단하고 굳셈. 【外柔內剛】

외:인 ①다른 사람. 남. ②외인 출입 금지. 【外人】

외:자 외국으로부터 들어오는 자금이나 물자. 🔵외국 자본.

외:적 외부로부터 쳐들어오는 적.

외:족 ①외국 민족. 🔴동족. ②어머니편의 일가. 🔴친족.

외지다 사람의 왕래가 적어서 으슥하고 후미지다.

외:출 집이나 직장 등에서 잠시 볼일을 보러 나감. 🔵나들

이. -하다.

외:출복 바깥에 나갈 때 입는 옷. 나들이옷. 【外出服】

외:치다 매우 큰 소리로 부르짖다. ⓔ만세를 외치다.

외톨이 의지할 데 없이 혼자 외따로 행동하는 사람. 働외돌토리. 외톨. ×외토리.

외:투 겨울에 추위를 막기 위해 양복 위에 입는 겉옷.

외:풍 ①외국에서 들어오는 풍속. ②밖에서 방 안으로 새어 들어오는 찬바람.

외:할머니 어머니의 친정 어머니. 외조모.

외:할아버지 어머니의 친정 아버지. 외조부.

외:항 선박이 입항하기 전에 잠깐 머무르는 바깥쪽의 항구. 働내항.

외:항선 많은 물자를 싣고 외국으로 드나드는 배.

외:해 육지에서 멀리 떨어진 넓은 바다. 働내해. 【外海】

외:형 겉으로 드러난 모양. 겉에서 본 모양. 働외모. 働내면.

외:화 다른 나라의 돈. 【外貨】

왼:쪽 왼편. 좌측. 働오른쪽.

요 사람이 누울 때 방바닥에 까는 이부자리.

요가 인도 고유의 심신 단련법의 한 가지. 자세를 바르게 하여 호흡을 고르고, 감정을 억제하여 마음과 몸을 닦는 법.

요건 꼭 소용되는 일이나 조건.

요구 필요하여 달라고 청함. ⓔ피해 보상을 요구하다. 働요청. -하다.

요구르트 우유에 젖산균을 넣고 발효시킨 영양 식품.

요금 대가로 지불하는 돈. ⓔ버스 요금이 인상되다. 【料金】

요기 조금 먹어서 배고픔을 함. -하다.

요긴 중요하고도 꼭 필요함. ⓔ요긴한 물건. 働긴요. -다. -히.

요나라[916~1125] 거란족이 세운 나라인데 여진족이 세운 금나라에 멸망했음. 3차에 쳐 고려에 침입하였으나, 희의 외교와 강감찬의 공격으로 물리쳤음.

요다음 뒤에 잇달아 오는 때나 자리. 働요담. <이다음.

요동 흔들림. 흔들리어 움직임. -하다.

요란 시끄럽고 떠들썩함. ⓔ음 소리가 요란하다. 働소란. -하다. -스럽다.

요람 ①젖먹이 어린애를 눕히거나 앉혀서 흔들어 유쾌하게 하거나 잠재우는 채롱. ②고향 또는 어린 시절. ③사물이 발달하는 처음. ④사업이 발전하는 시작.

요량 앞일에 대하여 잘 생각하여 헤아림. 働짐작. -하다.

요령 ①사물의 요긴하고 으뜸되는 줄거리. ②적당히 꾀를 부려 하는 짓.

요르단[나라] 서남 아시아의 이스라엘과 사우디아라비아의 사이에 있는 나라. 농업과 광업이 주요 산업임. 수도는 암만.

요리 ①음식을 만드는 일, 또는 그 음식. ②일을 적당히 처리함. -하다.

요리사 요리 만드는 일을 업으로 하는 사람.

요리조리 방향이 일정하지 않고 요곳으로 조곳으로. <이리저리.

요망 어떤 일이 꼭 그리하여 주기를 바람. -하다.

요모조모 요런 면 조런 면. 여러 방면. <이모저모.

요사 행동이 바르지 못하고 남을 속임. 간사함. -하다. -스럽다.

요새[1] 이제까지의 아주 가까운 동안. 🔢요즘. 🔁요사이.

요새[2] 적의 침입을 막기 위하여 국방상 중요한 지점에 구축하여 놓은 군사적 방어 시설.

요소 어떤 일에 꼭 필요한 근본적인 조건. 🔢요건.

요소 비료 질소 성분이 가장 많이 들어 있는 비료.

요소요소 어떤 위치상의 중요한 지점들.

요술 사람의 눈을 어리게 하는 괴상한 술법. 🔢마술. -하다.

요술쟁이 요술을 부리는 재주가 있는 사람. 🔢마술사. 마법사. ✕요술장이.

요약 요점을 추려 냄. 🔘줄거리를 요약하다. -하다.

요양 병을 치료하고 조리함. 🔘요양소. -하다. 【療養】

요양소 요양에 필요한 시설이 갖추어진 곳.

요업 기와·벽돌·사기·질그릇 등을 만드는 일.

요염 사람을 홀릴 만큼 아리따움. 🔘요염한 태도. -하다.

요오드 해초나 해산 동물에 있는 물질의 하나로 알코올에 녹여 요오드 용액을 만드는 데 쓰임.

요오드 용액 요오드를 알코올에 녹여 만든 것으로 피부 살균이나 소독약으로 많이 쓰임. 옥도정기.

요인 중요한 자리에 있는 사람.

요일 한 주일의 7일인 일·월·화·수·목·금·토의 끝에 붙는 말.

요전 요새의 며칠 전. 🔘요전에 부탁한 일. <이전.

요:절 젊은 나이에 죽음.

요점[요쩜] 가장 중요한 점. 🔘요점만 간단히 말해라. 🔢중점.

요정 서양의 전설이나 옛날 이야기에 많이 나오는 정령으로, 사람의 생각으로 미루어 헤아릴 수 없는 여러 가지 이상 야릇한 일을 함.

요주의 주의를 필요로 함.

요즈음 요사이. 오늘을 중심으로 한 며칠 사이. 🔁요즘. <이즈음.

요지 정치·문화·교통·군사 등의 핵심이 되는 중요한 곳.

요지경 확대경을 대고 그 속의 여러 가지 재미있는 그림을 돌리면서 들여다보는 장난감.

요지부동 흔들어도 조금도 움직이지 않음.

요직 중요한 직위. 중요한 직업.

요청 필요한 일이나 물건을 요청하다. -하다. 【要請】

요컨대 중요한 점을 말하자면.

요:크셔 영국 요크셔 지방에서 개량된 돼지 품종의 하나.

요트 놀이나 경기에서 쓰이는 서양식의 돛단배.

요한 슈트라우스【사람】 [1825~1899] 오스트리아의 낭만파 음악가. '왈츠의 왕'이라고도 불림. 작품에는 〈예술가의 생애〉〈아름답고 푸른 다뉴브 강〉〈봄의 소리 왈츠〉 등이 있음.

요행 뜻밖의 행운. 또는 거의 이루어질 수 없는 일이 뜻밖에 이루어지는 일. -하다.

욕 ①남을 미워하는 말. 🔁욕설. ②명예스럽지 못한 일. 🔘욕을 당하다. -하다.

욕구 무엇을 얻거나 무슨 일을 하고자 바라고 원함. 또는 그 마음.

욕망 갖고자 하는 마음이나 하고자 하는 마음이 간절함. 또는 그 바라는 마음. 🔟욕심.

욕설 남을 미워하는 말. 남의 명예를 더럽히는 말. 🔵욕. ─하다.

욕심 자기만을 이롭게 하려는 마음. 탐내는 마음. 🔟욕망.

욕심꾸러기 욕심이 많은 사람의 별명. 욕심쟁이.

용¹ 큰 구렁이 같고 발톱과 뿔이 있다는 전설상의 동물. 동양에서는 상서로운 것으로 믿으며 천자나 왕에 비유함.

-용² 어떤 말 아래에 붙어 '쓰임 또는 쓰이는 물건'의 뜻을 나타내는 말. 🔴학생용 책상.

용:감 씩씩하고 겁이 없으며 기운참. 🔟용맹. 🔺비겁. ─하다. ─히. ─스럽다. 【勇敢】

용:건 볼일. 해야 할 일. 🔟용무. 【用件】

용광로[용광노] 높은 온도로 광석을 불로 녹여 금속을 뽑아 내는 가마.

용:구 무엇을 하거나 만드는 데 쓰이는 도구.

용궁 바닷속의 용왕이 살고 있다는 전설 속의 궁전.

용:기¹ 씩씩하고 굳센 기운. 사물을 무서워하지 않는 기개. 🔴용기를 내다. 🔺비겁.

용기² 물건을 담는 그릇.

용납 남의 말을 너그러운 마음으로 들어 줌. 너그럽게 받아들임. 🔟용인. ─하다.

용:단 용기 있게 결단함. 🔴그 일을 시작하기로 용단을 내리다. 🔟과단. ─하다. 【勇斷】

용:달차 손님의 요구에 따라 물건을 배달하는 일을 전문적으로 하는 화물 자동차.

용담 용담과의 여러해살이풀. 줄기는 20~60cm. 들과 산에 남. 가을에 청자색의 꽃이 줄기 끝이나 그 잎 사이에 남. 뿌리의 말린 것은 한약재로 씀.

[용담]

용:도 쓰이는 곳. 【用途】

용:돈[용똔] 개인의 자질구레한 일에 쓰이는 잡비.

용량 물건이 담기는 분량. 🔴용량이 큰 냉장고. 【容量】

용렬 평범하고 재주가 남보다 못함. ─하다. ─스럽다.

용:례[용녜] 쓰고 있는 예. 쓰이는 본보기.

용매 물질을 녹여 용액으로 만드는 물질. 🔺용질. 【溶媒】

용:맹 씩씩하고 사나움. 🔴용맹스러운 우리 국군. 🔟용감. 🔺비겁. ─하다. ─스럽다.

용모 사람의 얼굴 모양.【容貌】

용:무 볼일. 🔴긴급한 용무. 🔟용건. 【用務】

용:법 무엇을 쓰는 방법.

용:변 똥이나 오줌을 눔.

용비어:천가[책명] 한글로 된 최초의 대표적 문헌으로, 조선의 건국을 찬양한 노래[세종 27년에 완성됨. 모두 125장의 노래가 실려 있음].

용:사 용기 있는 사나이. 용맹스러운 병사. 🔴국군 용사.

용상 임금이 앉는 자리.

용서 잘못을 꾸짖거나 벌을 주지 아니하고 너그럽게 대함. ─하다.

용소 폭포가 떨어지는 바로 밑에 있는 웅덩이.

용솟음치다 물이 끓어오르는 것처럼 힘차게 솟아오르다.

용:수 쓰기 위하여 저장한 물.

용수철 강한 철사를 나사 모양

으로 감은 것. 기계의 어느 부품을 당기거나 미는 데 쓰임. 스프링.

용안 '임금의 얼굴'을 높이어 이르는 말.

용암 화산이 폭발할 때 화구에서 흘러나온 마그마, 또는 그것이 식어 굳어진 바위.

용액 물질이 녹아 있는 액체〔설탕물·소금물 등〕. 【溶液】

용:어 ①사용하는 말. 예용어 사전. ②일정한 분야에서만 쓰는 말. 예컴퓨터 용어.

용:역 물자 생산 이외에 우리 사회 생활에 필요한 일을 위해 노동력을 제공하는 일. 서비스. 예용역 회사.

용왕 바닷속에 있다고 상상하는 용궁의 임금. 비용신.

용용〔용늉〕 어린아이들이 양쪽 엄지손가락을 자기 볼에 대고, 나머지 손가락을 흔들며 남을 약올리는 짓, 또는 그때 하는 소리.

용:의 ①마음을 씀, 또는 그 생각. ②마음의 준비. -하다.

용의자 범행의 의심을 받고 있는 사람. 비피의자. 반피해자.

용이 어렵지 않음. 쉬움. 비경이. 반난해. -하다.

용적 물건을 담을 수 있는 부피. 비들이. 용량. 【容積】

용접 두 금속을 높은 전열이나 가스열을 주어 녹여 붙임.

용:지 어떤 일에 쓰이는 종이. 예서류 용지. 【用紙】

용트림 거드름으로 일부러 힘을 들여 하는 트림. -하다.

용:품 일용에 쓰이는 온갖 물품. 예주방 용품.

용:하다 ①재주가 뛰어나다. 예용한 의사. ②기특하고 장하다. 착하고 훌륭하다. 예어려운 일을 용하게도 끝마쳤구

나. ③너무 온순하다. 용히.

용호 상박 〔용과 호랑이가 서로 싸운다는 뜻으로〕 두 강한 자끼리 서로 싸우는 것을 말함.

우:거 남의 집에 임시로 삶.

우거지 푸성귀에서 뜯어 낸 떡잎이나 겉대.

우거지다 나무나 풀이 빽빽하게 들어차다. 비무성하다.

우겨대다 계속해서 우기고 주장하다.

우국 지사 나라일이나 나라의 장래에 대하여 걱정하는 사람.

우군 자기 편의 군대. 비아군. 반적군. 【友軍】

우그러지다 물건의 거죽이 쭈그러지다. >오그라지다.

우글거리다 한 곳에 많이 모여 움직이며 들끓다. 예벌레가 우글거리다. >오글거리다.

우글쭈글 주름이 우글우글하고 쭈글쭈글한 모양. >오글쪼글. -하다.

우:기 일 년 중 비가 가장 많이 오는 시기. 반건기. 【雨期】

우기다 억지를 쓰다. 고집을 부리다.

우대 특별히 잘 대우함. -하다.

우덕순〔사람〕[1876~?] 애국 지사. 충청 북도 제천 출신. 안중근 의사와 함께, 이토 히로부미를 죽이러 하얼빈으로 갔다가 이토 히로부미를 죽인 후 안 의사와 같이 3년 동안 옥살이를 하였음.

우두 천연두를 예방하기 위하여 접종하는 약.

우두머리 여러 사람을 거느리는 단체의 수령. 비두목. 반졸개.

우두커니 정신 없이 멀거니 있

는 모양. 비명하니. >오도카니.

우둔 어리석고 둔함. 예우둔한 생각. -하다. 【愚鈍】

우등 ①어떤 일에 있어서 훌륭하게 빼어난 등급. ②성적이 뛰어남. 예우등상. 비우수. 반열등. -하다.

우등상 공부와 행실이 남보다 뛰어나서 주는 상. 【優等賞】

우뚝 높이 솟은 모양. 똑바로 서 있는 모양. >오똑. -하다.

우뚝우뚝 군데군데 높이 솟은 모양. >오똑오똑. -하다.

우라늄 방사성 원소의 하나로 원자 폭탄을 만드는 데 쓰임.

우락부락 몸집이 크고 험상궂게 생긴 모양, 또는 행동이 다소곳하고 공손하지 않은 모양. -하다.

우랄 산맥 아시아와 유럽의 경계를 이루는 러시아에 있는 나지막한 산맥. 길이 2,600km. 석탄·철·금·구리·망간 등의 지하 자원이 풍부함.

우람하다 매우 덩치가 커 웅장하고 위엄이 있다.

우람¹ 뛰어나게 좋음. 예우람 상품. 우람 기업. -하다.

우:람² 비가 온 분량. 비강우량.

우:량계 비가 내린 후에 온 비의 양을 재는 기계.

우러나오다 어떤 생각이 마음 속에서 스스로 생겨나다.

우러러보다 ①높은 곳을 쳐다보다. 예하늘을 우러러보다. ②공경하는 마음을 가지다. 예선생님을 우러러보다.

우렁이 우렁이과의 고둥. 논이나 연못 등의 바닥에 사는 조개의 일종. 알맹이는 먹을 수 있음.

[우렁이]

우렁차다 소리가 크고 힘차다.

우레 천둥. ×우뢰.

우려 근심하거나 걱정함. 예교통 사고를 우려하다. -하다.

우루과이[나라] 남아메리카 남동쪽 대서양 연안에 위치한 공화국. 주요 산업은 농업·목축업임. 수도는 몬테비데오.

우루과이 라운드 1986년 9월 남아메리카 우루과이에서 시작된 무역 협상. 미국 등이 농업·서비스 산업 분야에서 유리한 위치를 차지하려는 의도였으나 농산물 분야에서 여러 나라가 반대하고 있음.

우륵[사람] 우리 나라 3대 악성 중의 한 사람. 원래는 가야 사람이었으나, 신라로 가서 가야금을 만들었음.【于勒】

우리 짐승을 가두어 두는 곳. 예돼지 우리.

우리다 물건을 물에 담가서 맛이나 빛깔을 빼다. 예떫은 감을 우리다.

우마 소나 말. 마소. 【牛馬】

우마차 소나 말이 끄는 마차.

우매 어리석고 사리에 어두움. 반현명. -하다.

우묵하다[우무카다] 가운데가 깊숙하게 들어가다. 예땅이 우묵하게 패어 있다. >오목하다.

우물 땅을 파서 맑은 지하수를 괴게 한 것.

우물가 우물의 가장자리.

우물쭈물 말이나 행동을 우물거리며 흐리멍텅하게 하는 모양. -하다.

우뭇가사리 우뭇가사리과의 바닷말. 높이 7~9cm. 검붉은 깃모양의 가지가 많음. 바닷속의 모래나 암석에 붙어 삶. 준우뭇가시.

우:박 큰 물방울이 공중에서

갑자기 찬 기운을 만나 얼어 떨어지는 것. 【雨雹】

우:발 우연히 일어남, 또는 그 일. 예우발적인 사고.

우:방 서로 친밀한 관계를 맺고 있는 나라. 우방국. 【友邦】

우범 성격이나 환경 등으로 죄를 저지를 우려가 있음. 예우범 청소년. 【虞犯】

우:비 비를 맞지 않게 가리는 여러 가지 기구〔삿갓·우산 등〕.

우:산 펴고 접을 수 있게 만들어 비가 올 때 머리에 받쳐 쓰는 것.

우산국【지명】 '울릉도'의 옛이름.

우:상 나무나 돌·쇠붙이 따위로 만든 사람이나 신의 형상. 예우상 숭배. 【偶像】

우선 무엇보다도 앞서. 비먼저. 반나중. -하다.

우선권 남보다 먼저 할 수 있는 권리.

우세 세력이 남보다 뛰어남. 반열세. -하다.

우수¹ 여럿 가운데 뛰어나고 빼어남. 예성적이 우수하다. 비우월. 반열등. -하다

우:수² 2로 나누어 남지 않는 수. 비짝수. 반기수.

우수리 ①물건값을 셈하고 거슬러 받는 잔돈. ②일정한 수효를 채우고 남은 수.

우수사 조선 때 우수영의 우두머리, 또는 그 직책.

우수성[우수썽] 여럿 가운데 가장 빼어난 성질. 【優秀性】

우수수 물건이 떨어져 쏟아지는 모양이나 소리. >오소소.

우스개 남을 웃기려고 하는 농이나 장난.

우스꽝스럽다(우스꽝스러우니, 우스꽝스러워) 꼴이 어울리

지 않고 웃습다.

우:습다 ①웃음이 나올 만하다. ②하찮다. 가소롭다.

우승 경기나 경쟁에서 첫째가는 성적으로 이김. 비승리. 반참패. -하다. 【優勝】

우승자 경기에서 이긴 사람.

우아하다 고상하고 기품이 있으며 아름답다.

우애 ①친구 사이의 깊은 정. ②형제간의 따뜻한 사랑. 예우애가 두텁다. 비우의. -하다.

우엉 국화과의 두해살이풀. 뿌리는 길쭉하고 살이 많으며, 높이는 1.5m 가량. 잎은 뿌리에서 무더기로 나며, 먹음.

우여곡절 뒤얽힌 복잡한 사정.

우연히 뜻하지 않게. 예우연히 마주친 친구.

우열 나음과 못함. 예우열을 가리기 어렵다. 【優劣】

우:왕 좌:왕 ①이리저리 오락가락함. ②결정을 짓지 못하고 망설임. 【右往左往】

우울 마음이 개운하지 않고 답답함. -하다.

우월 남보다 뛰어나게 나음. 반열등. 예우월감. -하다.

우월성 우월한 성질이나 특성.

우위 남보다 우세한 자리.

우유 암소의 젖. 밀크. 【牛乳】

우장춘【사람】[1898~1959] 우리 나라의 농학자. 육종학을 연구. 특히 씨 없는 수박과 벼를 한 번 심어 두 번 거두기를 연구하는 등 많은 공로를 세웠음.

우정 친구 사이에 오가는 정. 비우의.

우정국 조선 말기의 우편 사무를 맡아 보았던 관청.

우:주 지구·태양·별 등이 있는 끝없이 넓은 세계.

우:주 개발 로켓·인공위성·우주선 등을 수단으로 하여, 우주 공간을 우리 생활에 도움이 되게 하는 일.

우:주 비행사 우주선을 타고 우주를 비행하기 위해 특별히 훈련된 비행사.

우:주선 사람을 태우고 우주를 날 수 있게 만든 비행기.

우:주 여행 사람이 우주선을 타고 달이나 별과 같은 다른 천체로 가는 여행.

우:주인 ①우주선을 타고 우주를 비행하는 사람. ②외계인.

우:주 정류장 우주 여행의 중간 기지로서, 지구 둘레의 궤도에 만들어지는 큰 인공위성.

우지 소의 살이나 뼈에서 녹여 낸 지방. 쇠기름. 【牛脂】

우지지다 '우짖다'의 옛말. 새 따위가 지저귀다. 예동창이 밝았느냐 노고지리 우지진다.

우쭐거리다 온몸을 율동적으로 멋있게 움직이다. >오쫄거리다.

우쭐하다 자기가 잘난 듯이 생각되어 자꾸 뽐내고 싶은 느낌이 들다.

우체국 우편·우편 저금·전신 등의 사무를 맡아보는 체신부에 딸린 관청.

우체부 '우편 집배원'을 이전에 이르던 말로, 편지·소포 등을 배달하는 사람.

우체통 부칠 편지 등의 우편물을 넣도록 거리에 설치된 통.

우크라이나【나라】 유럽의 흑해 북쪽에 위치한 공화국. 옛 소련에 속했으나, 소련 붕괴 후 독립함. 유럽의 곡창 지대로 유명함. 수도는 키예프.

우편 일반 사람의 부탁을 받아, 편지나 그 밖의 물건을

받을 사람이나 장소에 전달하는 제도.

우편물 우편으로 부치는 편지나 물품.

우편 번호 우편물의 보내고 받을 곳을 지역에 따라 정한 숫자.

우편 저:금 우체국에서 맡아 하는 저축 제도.

우표 우편 요금을 낸 표시로 우편물에 붙이는 조그만 표.

우:호 개인이나 나라 사이가 친함. 예우호 관계를 맺다. 반적대.

우:화 어떤 동식물에 비겨서 교훈의 뜻을 나타낸 이야기. 예이솝 우화. 【寓話】

우회 멀리 돌아서 감. 예위험 지역을 우회하다.

욱하다[우카다] 앞뒤의 헤아림도 없이 발끈하는 성질이 있다.

운: 인간에게 일어나는 모든 행복과 불행이 인간적인 힘을 벗어나 어떤 커다란 힘에 의해 좌우되어 가는 형편. 예운이 나쁘다. 빤운수.

운고계 구름의 높이를 측정하는 기계.

운:동 ①몸을 움직이는 일. ②여러 가지의 경기. ③어떤 목적을 이루기 위하여 힘씀. 예자연 보호 운동. -하다.

운:동 경:기 일정한 규칙에 따라 운동의 재주를 서로 겨루는 일.

운:동 에너지 운동을 하고 있는 물체가 가지고 있는 에너지.

운:동장 운동을 하거나 뛰놀 수 있게 닦아 놓은 넓은 땅. 예종합 운동장. 【運動場】

운:동 정신 운동을 할 때, 정정당당히 싸우는 아름다운 정

신.

운:동회 여러 가지의 운동 경기를 하는 모임. 【運動會】

운두 그릇·신 등의 둘레의 높이. 예운도가 낮은 그릇.

운:명[1] 사람의 목숨이 끊어짐. 죽음. -하다. 【殞命】

운:명[2] 사람에게 닥쳐오는 좋은 일과 나쁜 일. 타고난 운수. 비숙명. 운수.

운모 돌비늘. 비늘처럼 얇게 쪼개지고 탄력이 있는 광물. 화강암이나 화성암에 많이 들어 있음.

운무 구름과 안개.

운:반 물건을 옮겨 나름. 비수송. 운송. -하다. 【運搬】

운:반비 운반하는 데 드는 비용.

운:반 작용 물이나 바람이 흙이나 돌 같은 것을 운반하는 작용.

운봉 목장 지리산에 있는, 우리 나라에서 제일 큰 면양 목장이며, 양털을 생산함.

운:송 물건 등을 운반하여 보냄. -하다.

운:송업 일정한 삯을 받고 여객이나 짐을 실어 나르는 사업.

운:수[1] 사람에게 돌아오는 좋은 일과 나쁜 일. 비재수. 준운.

운:수[2] 운반이나 운송보다는 규모가 크게 화물이나 여객을 나르는 일. 예운수 회사. -하다.

운:수업 비교적 규모가 크게, 여객·화물을 나르는 사업.

운:영 일을 맡아서 해 나아감. 예학생회를 운영하다. 비경영. -하다. 【運營】

운요호 사건 1875년, 일본 군함 운요호와 우리 나라 강화도 포대 간에 일어난 포격 사건. 일본은 운요호의 보상을 요구, 결국 일본의 조선 침략에 이용된 강화도 조약을 맺게 되었음.

운:용 돈이나 법률 등을 유용하게 잘 씀. -하다. 【運用】

운율 시에서 느껴지는 말의 가락. 리듬〔우리 나라 시가에는 3·4조, 4·4조, 7·5조의 운율이 대표적임〕.

운:임 물건을 나른 삯으로 받는 돈.

운:전 기계나 수레 등을 움직이어 굴림. 예자동차를 운전하다. -하다.

운:전 기사 자동차나 기차·선박·기계 따위를 운전하는 사람.

운주봉 설악산 대청봉에 오르는 길에 있는 봉우리.

운:집 구름처럼 많이 모임. 예사람들이 운집한 거리.

운:하 육지를 파서 배가 다닐 수 있게 만든 물길. 예수에즈 운하.

운:항 배나 항공기가 정해진 항로를 따라 오고감. -하다.

운:행 운전하여 다님. 예여객선을 운행하다. -하다.

울 '울타리'의 준말.

울긋불긋 여러 가지 빛깔이 한데 어울려 고운 모양. >올긋볼긋. -하다.

울:다(우니, 우오) ①기쁘거나 슬프거나 아파서 눈물을 흘리면서 소리를 내다. ②새나 짐승·벌레 따위가 소리를 내거나 부르짖다.

울돌목[지명] 전라 남도 해남군 문내면 앞바다의 수로. '명량'의 우리말 이름. 물살이 빠름. 이 곳에서 이순신 장군이 왜의 수군을 격멸함. 명량 대첩.

울렁거리다 놀란 일이나 두려

운 일이 있어서 가슴이 자꾸 두근거리다.

울릉도〖지명〗 우리 나라 동해상에 있는 화산으로 이루어진 섬으로 경상 북도에 속함. 오징어 · 고등어 등이 많이 잡힘.

울리다 ①소리가 널리 퍼져 나가다. 예나팔 소리가 울리다. ②울게 하다. 예아이를 울리다.

울림 소리가 무엇에 부딪쳐 되울려 나오는 일, 또는 그 소리.

울림 마이크 소리가 되울려 오도록 장치가 된 마이크. 방송극이나 연극에서, 유령이나 산울림 소리를 낼 때 사용함.

울림통 기타의 통과 같이 소리를 더욱 크게 울리게 하는 구실을 하는 통.

울먹이다 금방이라도 울음이 터질 듯하다.

울부짖다 크게 소리를 내어 울며 부르짖다.

울분 가슴에 쌓인 분한 마음. 예울분을 터뜨리다. -하다.

울산[울싼]〖지명〗 경상 남도의 한 시. 현재는 우리 나라의 가장 대표적인 공업 도시의 하나로, 큰 공업 단지가 이루어진 이후 눈부시게 발전되었음.

울:상[울쌍] 울려고 하는 얼굴 모양.

울음 ①우는 소리나 동작. 예울음을 그쳐라. ②우는 일.

울음보[울음뽀] 꾹 참고 있는 울음.

울적[울쩍] 마음이 답답하고 쓸쓸함. -하다.

울창 나무가 빽빽하게 들어선 모양. 옙울울창창. -하다.

울타리 담 대신에 풀 · 나무 따위를 얽어서 집을 둘러막은 것. 예울타리를 치다. 畚울.

울퉁불퉁 물건의 거죽 모양이 고르지 않게 나오고 들어간 모양. 예울퉁불퉁한 시골길을 걷다. >올통볼통. -하다.

울화 속이 답답하여 나는 화.

움:[1] 땅을 파고 거적 따위로 위를 덮어 비바람과 추위를 막게 한 곳. 보통 겨울에 채소나 화초를 넣어 둠.

움:[2] ①풀이나 나무의 싹. 예봄이 되어 움이 트다. ②나무를 베어 낸 뿌리에서 나오는 싹.

움:막집 짚 · 풀 따위로 지은 허술한 집.

움직 도르래 바퀴가 돌아감에 따라 축의 위치가 자유롭게 바뀌는 도르래. 무거운 것을 작은 힘으로 끌어 올릴 수 있어 편리함.

움직이다 ①자리를 옮기다. ②공장 등을 경영하다. 예회사를 움직이다. ③마음이 끌리게 하다. 예마음이 움직이다.

움:집[움찜] 원시 시대의 집. 땅 속에 큰 구덩이를 파고 위를 나뭇잎 같은 것으로 덮었음.

움츠리다 ①몸을 오그려 작게 하다. 예추위에 몸을 움츠리다. ②겁을 먹고 몸을 뒤로 조금 물리다. 예겁에 질려 몸을 움츠리다. 畚움치다. >옴츠리다.

움켜잡다 손가락을 오므리어 힘있게 쥐다. 예주먹을 움켜쥐다. >옴켜쥐다.

움트다 풀이나 나무의 움이 돋기 시작하다.

움푹움푹 군데군데 겉이 넓고 깊게 들어간 모양. 예땅이 움푹움푹 패이다. >옴폭옴폭. -하다.

웃거름[운거름] 씨앗을 뿌린 뒤나 옮겨 심은 뒤에 주는 거름. 凹밑거름. -하다.

웃국 간장·술 등을 담가서 익은 뒤에 맨 처음 떠내는 진한 국물.

웃기 떡·과일·포 등을 권 위에 보기 좋게 올려 놓는 재료.

웃기다[운끼다] 웃게 하다.

웃:다[운따] ①기쁜 빛을 얼굴에 나타내다. 예활짝 웃다. ②입을 벌리고 소리 내어 기뻐하다.

웃어른 나이나 지위 등이 자기보다 위인 사람. ×윗어른.

웃옷[우돋] ①겉에 입는 옷〔겉옷·두루마기 등〕. ②위통에 입는 옷.

웃음[우슴] 웃는 모양이나 소리.

웃음꽃[우슴꼳] 아주 활짝 웃는 웃음을 꽃에 비유하여 재미있게 나타낸 말.

웃음보[우슴뽀] 잔뜩 참고 있는 웃음.

웃자라다[우짜라다] 식물이 정상을 지나쳐 너무 자라다.

웅녀 전설상의 단군의 어머니. 곰이 변해서 되었다고 함.

웅담 바람에 말린 곰의 쓸개를 약재로 이르는 말.

웅대 으리으리하게 큼. 凹웅장. 凹빈약. -하다.

웅덩이 움푹 패어 물이 괸 곳.

웅변 힘차고 거침없이 조리 있게 잘 하는 말. 凹눌변.

웅성거리다 많은 사람이 모여서 수군거리다. 예구경꾼들이 모여 웅성거리다.

웅장 크고 굉장함. 예웅장한 박물관. 凹웅대. 凹빈약. -하다.

웅진[지명] 충청 남도 '공주'의 옛 이름. 곰나루.

웅크리다 춥거나 겁이 날 때 몸을 우그려 들이다. 예너무 추워서 몸을 웅크리다. 例웅그리다.

워:드 프로세서 타자기에 컴퓨터를 부착한 문서 작성기.

워싱턴[지명] 미국의 수도로서 백악관과 의사당, 각국의 대사관이 있는 정치·교육·문화의 중심지임.

원¹ 조선 시대에 고을을 다스리던 수령. 逊원님.   【員】

원:² 마음에 바라는 일. 예남북통일을 간절히 원하다. 凹소망. -하다.   【願】

원가[원까] 본래의 값. 처음 사들일 때의 값.   【原價】

원각사 우리 나라 최초의 국립 극장.

원:거리 멀고 긴 거리. 장거리. 凹근거리.

원:격 조정 기계로부터 떨어진 곳에서 전파 등을 이용한 기구로 기계를 움직이게 하는 것.

원고¹ 인쇄물을 만들기 위해 쓴 글이나 그림.

원고² 법원에 재판을 걸어 온 사람. 凹피고.   【原告】

원고지 글을 쓰기 알맞게 가로·세로 줄을 쳐서 칸을 만들어 놓은 종이. 逊원고 용지.

원광 법사[사람][542~640] 신라 진평왕 때의 승려. 세속오계를 지어 화랑도의 기본정신으로 삼게 하였음.

원구단 고려 때부터 하늘과 땅에 제사를 지내기 위하여 쌓은 단. 현재는 조선 호텔 안에 그 부속 건물인 황궁우만 남아 있음.

원:귀 원통하게 죽은 사람의 귀신.

원균[사람][?~1597] 조선 선

조 때의 장수. 임진 왜란 때 이순신 장군의 후임으로 삼도 수군 통제사가 되었다가 정유 재란 때 전사하였음.

원그래프 원 전체를 1로 보고 전체에 대한 각 부분의 비율로 중심각을 나누어 부채꼴 모양으로 그린 그래프. 전체에 대한 각 부분의 비율을 알아보기 쉽도록 나타내는 데 알맞음.

원:근 멀고 가까움. 또는 먼 곳과 가까운 곳. 【遠近】

원:근법[원근뻡] 미술에서 멀고 가까운 느낌을 그림에 나타내는 방법.

원금 ①밑천. 본전. 예이익은 커녕 원금까지 잃었다. ②꾸어 준 돈에서 이자를 붙이지 아니한 본디의 돈. 빤이자.

원기 ①본디 타고난 기운. ②마음과 몸의 정력. 예원기가 왕성하다.

원기둥 원으로 된 두 평면과 곡면으로 이루어진 도형.

원나라[1271~1368] 중국 왕조의 하나. 몽고 제국의 제5대 황제인 칭기즈칸이 중국을 정복하고 세운 나라.

원님 옛날 한 고을을 맡아 다스리던 벼슬아치를 높여 부른 말.

원단 아직 가공하지 않은, 짠 그대로의 옷감.

원:대 생각이나 계획이 깊고 큼. 예원대한 꿈. -하다.

원동력[원동녁] 사물을 활동시키는 근원이 되는 힘. 예노력은 성공의 원동력이다.

원두막 참외·수박 따위를 심어 놓은 밭을 지키기 위해 임시로 지어 놓은 다락집. [원두막]

원래[월래] 본디. 전부터. 예그 는 원래 착한 사람이다. 비본래.

원로 어떤 분야에 오래 종사하여 공로가 많고 덕망이 높은 사람. 예예술계의 원로.

원료[월료] 어떤 물건을 만드는 바탕이 되는 재료. 비밑감 圓원재료. 빤제품. 【原料】

원리¹ ①모든 일이 이루어지는 근본 이치. ②존재의 근본 원인. 비원칙. 【原理】

원리²[월리] 원금과 이자.

원리 합계[월리합계] 원금과 이자를 합한 것. 원리 합계 = 원금 + 이자 = 원금 × (1 + 이율 × 기간).

원만 ①성격이 모나지 않고 두루 좋음. 예원만한 성격. ②서로 의가 좋음. 예친구 관계가 원만하다. ③마음에 흡족함 예어려웠던 일이 원만하게 해결되다. -하다. -스럽다. -히.

원:망 남을 못마땅하게 여기어 탓함. 예약속을 지키지 않은 친구를 원망하다. 빤감사. -하다. -스럽다.

원면 면사(무명실)나 광목의 원료가 되는 면화.

원목 가공하지 않은 통나무.

원반던지기 원반을 멀리 던지는 것을 겨루는 경기.

원:병 도와 주는 군사. 예구원병을 파견하다. 비원군.

원불교 1916년 박중빈이 세운 불교의 한 파. 불교의 현대화·생활화를 주장함. 시주·동냥·불공 등을 폐지하고 각자 적당한 직업을 갖고 교화 사업을 시행하는 것이 특징임.

원뿔 원으로 된 한 평면과 곡면으로 이루어진 도형.

원산지 ①물건의 처음 생산 또

는 제조된 곳. [예]화문석의 원산지는 강화도이다. ②동식물의 본디 난 땅.

원상 본래의 형편이나 상태. [예]건물을 원상 복귀하다.

원색 ①모든 색의 기본이 되는 색(빨강·노랑·파랑). 삼원색. ②본래의 색.

원:서 청원하거나 지원하는 내용을 쓴 서류. [예]입학 원서를 제출하다. 【願書】

원:성 원망의 소리. [예]국민의 원성이 자자하다. 【怨聲】

원성왕〖사람〗 신라 제38대 임금(재위 785~798). 선덕왕의 별세 후 즉위. 독서 출신과를 두어 관리를 선발했으며, 전라 북도 김제에 저수지인 벽골제를 증축했음.

원세개〖사람〗 ⇨위안 스카이.

원소 ①화학적 방법으로는 더 이상 나눌 수 없는 물질〔산소·수소 등 103종류가 있음〕. ②집합을 이루는 낱낱의 것. 【元素】

원수1 한 나라를 대표하는 임금이나 대통령.

원수2 군인의 가장 높은 계급. 대장의 위. 별이 다섯 개란 뜻에서 오성 장군이라 함.

원수3 자기 또는 자기 나라에 해를 끼친 사람. [반]은인.

원:숭이 더운 지방의 산 속에 살며, 열매·벌레 등을 먹고 나무에서 자유로이 활동하는 짐승. 사람과 비슷하게 생겼음.

원:시 가까운 데 있는 것이 잘 보이지 않는 시력, 또는 그러한 사람. [반]근시.

원시림 사람의 손이 가지 아니한 자연 그대로 있는 무성한 숲. [비]처녀림. 【原始林】

원시 산:업 원시 시대의 산업. 수렵이나 어로, 또는 기초적인 농목축업 따위.

원시 시대 사람이 아직 농사를 짓지 못하고, 자연에서 먹을 것을 얻어 살아가던 미개한 시대.

원시인 원시 시대나 미개 사회의 사람. 미개인. 【原始人】

원시적 자연 그대로인, 미개한 그대로인 것. 【原始的】

원:심력[원심녁] 물체가 돌아갈 때 중심으로부터 떨어져 나가려고 하는 힘. [반]구심력.

원:아 유치원에 다니는 아이.

원:양 어선 육지에서 멀리 떨어진 넓은 바다에서 고기잡이를 하는 배.

원:양 어업 잡은 물고기를 오래 간수할 수 있는 냉장·냉동 시설과 가공 시설을 갖춘 큰 배로 먼 바다에 나가 고기잡이를 하는 어업. [반]근해 어업. 연안 어업.

원예 채소·화초·과수 등을 심어 가꾸는 일. 【園藝】

원예사 원예를 직업으로 하거나 원예 기술이 뛰어난 사람.

원예 작물[워녜장물] 화초·채소·과수 등의 농작물.

원유 땅 속에서 퍼낸 짙은 갈색의 광물성의 기름. 【原油】

원이름 본디의 이름. 원명. [비]본명.

원인 무슨 일이 일어난 까닭. [예]원인 분석. [반]결과. 【原因】

원자 어떤 물질에서 더 이상 갈라지지 않는 가장 작은 알갱이. [예]원자 폭탄. 【原子】

원자 기호 원자의 종류를 나타내는 기호. 원소 기호.

원자력 원자핵이 붕괴되거나 핵반응 때에 나오는 에너지.

원자력 발전소 원자로 내에서, 핵반응 결과로 나오는 에너지로 수증기를 만들고, 이것으로 터빈 발전기를 돌려 전기를 일으키는 곳.

원자재 공업의 원료가 되는 재료. 예원자재를 수출하다.

원자탄 원자의 중심 부분이 터질 때 나오는 힘을 이용하여 만든 아주 무서운 힘을 가진 폭탄. 图원자 폭탄.

원작 번역하거나 고쳐 쓰기 전의 본디의 작품. 【原作】

원장 병원·서원·학원 등 '원'자가 붙은 시설의 우두머리. 예병원 원장.

원점[원쩜] ①점의 위치를 좌표로 나타낼 때 기준이 되는 점. 원점의 좌표는 (0, 0). ②시작되는 점. 凹기점.

원:정 먼 데로 경기나 조사·답사·탐험 따위를 하러 감.

원:조 도와줌. 예다른 나라로부터 경제 원조를 받다.

원주 원의 둘레.

원주민 그 땅에 본디부터 살고 있는 사람. 凹이주민.

원주율 지름의 길이에 대한 원주의 비율. 보통 3.14를 원주율로 사용함. 〈보기〉원주율 = 원주÷지름의 길이.

원천 ①물이 솟아나오는 근원. ②사물이 나거나 생기는 근원. 예국가 발전의 원천은 기술의 개발이다. 【源泉】

원칙 여러 가지 경우에 공통되는 근본적인 법칙. 凹원리.

원:컨대 바라건대.

원탁 둥근 탁자.

원통[1] 위아래 어느 쪽도 막히지 않은 둥근 통.

원통[2] 몹시 분하고 억울함. 예원통하게도 경기에 지다. -하다. -히.

원:하다 바라다. 하고자 하다.

원:한 몹시 원망스럽고 한이

되는 생각. 예원한이 가슴에 사무치다. 图원.

원형[1] 본디의 모양. 예원형 그대로 보존하다. 【原形】

원형[2] 둥근 모양. 원 모양.

원:호 도와 주며 보살핌. -하다.

원혼 원통하게 죽은 사람의 넋.

원활 일이 거침없이 잘 되어 나감. 예일이 원활하게 처리되다. -하다. -히.

원효 대:사【사람】[617~686] 신라 시대의 고승. 성은 설, 이름은 서당. 당나라로 유학 가다가 도중에서 깨달은 바가 있어서 뒤돌아와 불교를 위하여 크게 활동하였음. 저서에 〈금강삼매경론〉〈대승기신론소〉등이 있음.

월간 한 달에 한 번씩 펴냄, 또는 그 펴낸 것. 예월간 잡지.

월경 성숙한 여자의 자궁에서 정기적으로 출혈하는 생리적 현상.

월계관 ①월계수의 가지와 잎으로 엮어 만든 관. 지난날 그리스에서, 경기에 우승한 사람에게 씌워 주었음. ②우승의 영예. 예승리의 월계관.

월계수 지중해 연안이 원산지인 높이 10~20m의 늘푸른큰키나무. 图월계.

월광 달빛. 【月光】

월광곡 베토벤이 작곡한 피아노 소나타 제14번. 달빛을 주제로 하여 어느 가난하고 눈먼 소녀를 위하여 즉흥적으로 작곡하였다고 함. 【月光曲】

월급 일한 삯으로 다달이 받는 돈. 凹봉급. 【月給】

월남 남쪽으로 넘어옴. 삼팔선 또는 휴전선 이남으로 넘어옴. 凹월북. -하다.

월동[월똥] 겨울을 넘김.

월등[월뜽] 비교가 되지 않을 만큼 훨씬 뛰어남. [예]실력이 월등하다. -하다. -히.

월말 그 달의 마지막. [예]월말 시험. [반]월초.

월미도〖지명〗 인천 광역시의 앞바다에 있던 섬. 지금은 육지와 연결되어 있음.

월반 학생의 학습 능력이 높아서 학년의 차례를 걸러서 상급반으로 오르는 일.

월부 물건 값이나 빚을 다달이 얼마씩 갚아 가는 일.

월북 어떤 경계선을 지나 북쪽으로 넘어감. [반]월남.

월식[월씩] 지구가 태양과 달 사이에 들어가서 달의 한 쪽 또는 전체가 지구의 그림자에 가려지는 현상. [예]개기 월식.

월이율[월이율] 기간의 단위가 1개월일 때의 이율.

월인천강지곡〖책명〗 조선 세종대왕이 석가모니를 기리어 지은 노래, 또는 그것을 실은 책.

월정사 구(9)층 석탑 고려 시대의 대표적인 석탑. 강원도 오대산에 있음. 높이 15.2m. 국보 제48호.

월진회 윤봉길 의사가 농촌의 부흥을 위하여 만든 단체.

월척 낚시에서, 잡은 물고기의 길이가 한 자 남짓함, 또는 그 물고기. [예]월척을 낚다.

월초 그 달의 처음. [반]월말.

월출 달이 떠오름. 【月出】

웨딩 드레스 신부가 입는 서양식 혼례복.

웨딩 마:치 결혼 행진곡.

웬만하다 어지간하다. 그리 대단치 않다. [예]상처가 웬만하다. [본]우연만하다.

웬:일[웬닐] 어찌 된 일. [예]네가 여기까지 웬일이냐?

위[1] ①높은 곳. 높은 쪽. [예]벼랑 위에 매달리다. ②수가 어떤 것에 비하여 많은 편. [예]나는 동생보다 한 살 위이다.

위[2] 식도와 십이지장 사이에 있는, 주머니 모양의 소화 기관.

위[3] 차례나 등급을 나타내는 말. [예]1위. 2위. 【位】

위급 위태롭고 급함. 위험이 곧 닥쳐올 것 같음. [예]위급한 일이 발생하다. -하다.

위기 위험한 순간. 위급한 시기.

위대 힘이나 업적 등이 뛰어나고 훌륭함. [예]위대한 업적을 남기다. -하다. 【偉大】

위도 적도를 0°로 하여 남북으로 각각 평행하게 90°로 나누어 지구의 위치를 나타내는 선(좌표). [반]경도. [준]위.

위독 병세가 매우 중하여 생명이 위태로움. [예]생명이 위독하다. [비]위태. 위급. -하다.

위력 남을 복종시키는 강한 힘. 떨치는 힘. [예]무서운 위력을 가진 핵폭탄.

위령탑 죽은 사람의 혼령을 위로하고 추모하기 위해 세운 탑.

위례성 백제 초기의 도읍지. 온조왕이 부여로부터 내려와 처음으로 도읍을 정한 곳. 지금의 남한산성으로 예상됨.

위로 수고나 괴로움을 잊게 하여 마음을 편하게 함. [예]일꾼들을 위로하다. [비]위안. -하다.

위만〖사람〗 단군과 기자의 뒤를 이은 고조선의 새 지도자.

위문 재난·병 등으로 고통을 당하는 사람이나 수고하는 사람을 찾아가서 위로함. [예]고아원에 위문가다. -하다.

위문 편지 위로하는 뜻으로 보내는 편지.

위문품 위문에 쓰이는 물품.

위반 정한 것을 어김. 예교칙을 위반한다. 비위배. –하다.

위법 법을 위반함. 불법. 반적법. 합법. 【違法】

위생 건강을 지키고 병의 예방과 치료에 힘쓰는 일. 예위생 검사를 실시하다. 【衛生】

위생병 병이나 상처를 치료하는 일을 맡은 병사.

위생비 위생을 위한 설비나 예방·치료에 쓰이는 비용.

위:선[1] 지도 위에 가로로 그어져 있는 선. 위도. 반경선.

위선[2] 겉으로만 착한 체함, 또는 겉치레로 보이는 선행. 반위악. –하다. 【僞善】

위선자 겉으로 착한 체하는 사람.

위성 행성의 둘레를 도는 별.

위성 관측소 태양계의 행성이나 천체를 살펴 헤아리는 곳.

위성국 '위성 국가'의 준말.

위성 국가 강대국의 주위에 있어 그 나라의 보호·지배를 받고 있는 국력이 작은 나라. 준위성국.

위성 도시 대도시 주변에 있으면서 대도시와 깊은 관계를 맺고 있는 작은 도시. 수도의 경우에는 그 위성 도시를 포함해서 수도권이라 함[의정부시·과천시·안양시·성남시·안산시 등은 서울의 위성 도시임].

위성 중계 방:송 어떤 나라의 방송국에서 방송되는 내용을 통신위성이 중간에서 다른 나라의 방송국에 이어 주는 방법에 의해 방송되는 것.

위성 통신 인공 위성이 중계소 구실을 하는 장거리 통신 방법.

위세 ①사람을 두렵게 여기게 하고 복종시키는 힘. 예그 사람의 위세에 꺾이다. ②맹렬한 세력. 예위세 당당하다.

위신 두려워하면서도 믿게 하는 힘. 예위신을 세우다.

위안 마음을 즐겁고 편하게 함. 예친구의 따뜻한 위안을 받다. 비위로. –하다.

위안 스카이[사람][1859～1916] 청나라의 총리대신을 지내고, 청나라가 망한 후 중국의 초대 대총통을 지낸 정치가. 1882년 조선에 머물러 있으면서 우리 나라 정치에 간섭했음. 원세개.

위압 힘으로써 강제로 억누름. –하다.

위엄 존경하고 어려워할 만큼 듬직한 겉모습. 예위엄있게 타이르다.

위업 위대한 사업이나 업적.

위원 단체에서 선거 또는 지명에 의하여 어떤 사무를 맡은 사람.

위원회 어떤 일에 대하여 그 처리를 맡은 사람들의 모임. 예사건 조사 위원회.

위인 뛰어난 사람. 훌륭한 일을 한 사람. 【偉人】

위인전 훌륭한 일을 한 사람의 일생에 대하여 써 놓은 책. 예위인전을 읽다. 【偉人傳】

위임 일이나 처리를 남에게 맡김.

위임장 어떤 사람에게 일정한 일을 위임한다는 뜻을 적은 서류.

위장[1] 위와 장.

위장[2] 본래의 속셈이나 모습이 드러나지 않도록 거짓으로 꾸밈.

위조 거짓을 진짜처럼 만듦.

예서류를 위조하다. -하다.

중 병의 증세가 위험할 정도로 대단함. 예병이 매우 위중한 상태다. -하다.

증 거짓으로 증명하거나 허위로 증언하는 일.

축 ①시들어서 우그러지고 쪼그라듦. 예추위에 식물이 위축되다. ②졸아들고 펴지지 못함. 예잘못을 저질러 마음이 위축되다. -하다.

치 ①자리. 지위. 예직장에서 높은 위치에 있다. ②곳. 장소. 예도서관의 위치. -하다.

치 에너지 높은 곳에 있는 물체가 떨어질 때까지 일을 할 수 있는 힘.

탁 남에게 맡김. 예물건을 위탁하다. -하다. 【委託】

태 마음을 놓을 수 없는 어려운 형편. -하다.

:하다 ①잘 되도록 도우려 생각하다. ②이롭게 하다. 예성공하기 위하여 열심히 노력하다. ③소중하게 여기어 보호하거나 사랑하다.

험 위태로움. 안전하지 못함. 비위태. 반안전. -하다. -스럽다.

험 수위 강이나 바다가 물이 넘쳐 홍수가 일어날 우려가 있을 정도의 물 높이.

협 힘으로 으르고 두려움을 갖게 함. 예강도에게 위협받다. 비협박. -하다.

화감 서로 잘 어울리지 않아서 생기는 어설픈 느낌.

화도 회군 고려 말기(1388)에 이성계가 왕명으로 요동을 치러 가던 도중, 압록강의 위화도에서 군대를 돌이키어 개경으로 쳐들어와 왕을 내쫓고 최영을 유배시킨 사건. 이로써 이성계는 조선 건국의 기

반을 닦음.

윌슨【사람】 [1856~1924] 미국의 제28대 대통령. 제1차 세계 대전 당시 민족자결주의를 부르짖었으며, 국제 연맹 창설과 세계 평화에 기여한 공으로 노벨 평화상을 받았음.

윗동네 위쪽에 있는 동네. 윗마을. 반아랫동네.

윗목[원목] 온돌방의 위쪽. 방에서 굴뚝이 있는 쪽에 가까운 방바닥. 반아랫목.

윗방 잇달아 있는 두 방의 위쪽에 있는 방. 반아랫방.

윗사람 ①친척으로 자기보다 나이나 항렬이 위인 사람. ② 사회생활에서 자기보다 신분이나 지위가 위인 사람. 반아랫사람.

유가족 죽은 사람의 뒤에 살아 남은 가족. 비유족.

유감 ①마음에 섭섭함. 예함께 여행을 못 가서 유감이다. ②언짢게 여기는 마음.

유격수 야구 경기에서, 2루와 3루 사이를 지키는 내야수.

유고슬라비아【나라】 발칸 반도의 서부에 있는 동부 유럽 국가. 산과 고원 지대가 많으며 국민의 80%가 농민임. 밀·보리·담배 등이 생산됨. 수도는 베오그라드.

유골 죽은 사람의 뼈. 비유해.

유:공자 공로가 있는 사람. 예국가 유공자.

유:관순【사람】[1904~1920] 충청 남도 천안에서 출생. 3·1 운동때 독립 만세를 부르다 옥에 갇혀 숨진 소녀. 이화학당 1학년 때 고향에 내려가 독립 운동에 참가했음.

유괴 사람을 속여서 꾀어 내는 일. 예어린이 유괴범. -하다.

유교 공자를 시조로 정치·도

덕의 실천을 주장한 유학의 가르침. 사서 삼경을 경전으로 함.

유구 연대가 아득히 오래 됨. ⓐ유구한 민족 문화 연구. ⓑ유원. -하다. 【悠久】

유:권 권리가 있음. ⓐ유권자.

유기 놋그릇.

유:기물 ①생활체를 구성하고 그 기관을 조직하는 물질. ②유기 화합물.

유:난 보통과 다름. ⓐ달이 유난히도 밝다. -하다. -히.

유네스코 국제 연합 전문 기관의 하나. 교육·과학·문화를 통하여 각 나라 사이의 이해를 깊게 하며 세계 평화에 이바지함을 그 목적으로 함.

유년 나이 어린 때, 또는 어린 사람.

유념 마음에 새기고 생각함.

유:능 재주나 능력이 뛰어남. ⓑ무능. -하다. 【有能】

유니폼 ①교복. 제복. ②선수들의 운동복. 【uniform】

유:단자 검도·유도·태권도·바둑·장기 등에서 초단 이상인 사람을 일컫는 말.

유달산[유달싼]【지명】 전라 남도 목포 시가를 둘러싸고 있는 산. 전라 남도의 소금강으로 알려졌음. 높이 228m.

유대¹ 둘 이상의 관계를 연결시키는 것. ⓐ이웃과의 유대를 강화하다. 【紐帶】

유대²【나라】 기원전 10~6세기경 지금의 팔레스타인 지방에 있었던 유대인 왕국. 유태.

유대교 모세의 가르침을 기초로 기원전 4세기경부터 발달한 유대인의 민족 종교.

유대인 팔레스타인을 원주지로 하는 셈 족의 일파인 아랍족의 일부. 이스라엘 인.

유도 공격·방어하는 기술을 쓰면서 맨손으로 상대자를 넘어뜨리는 무술의 하나. ⓐ유도 선수.

유동성[유동썽] 액체처럼 흘러 움직이는 성질.

유두 음력 유월 보름날로, 우리 나라 명절의 하나. 【流頭】

유라시아 유럽과 아시아 대륙을 함께 일컫는 말.

유람 여러 곳을 두루 돌아다니며 구경함. ⓐ팔도 강산을 유람하다. -하다.

유람선 관광이나 유람용으로 사용되는 여객선.

유랑 일정한 목적 없이 떠돌아다님. -하다. 【流浪】

유래 어떤 일의 내력. ⓐ학교의 유래에 대한 설명. -하다.

유:럽 아시아의 북서쪽에 있는 6대주의 하나.

유:력 ①세력이 있음. ②희망이나 전망이 있음. ⓐ당선이 유력하다. -하다. 【有力】

유령 ①죽은 사람의 혼령. ②이름뿐이고 실제는 없는 것. ⓐ유령 회사. ⓑ망혼.

유:례 같거나 비슷한 예. ⓐ유례없이 성적이 좋다.

유:료 요금을 내게 되어 있는 일. ⓐ유료 주차장. ⓑ무료.

유리¹ 석영(차돌)을 원료로 해서 만든 투명하고 단단하며 잘 깨지는 물건. ⓐ유리 그릇.

유:리² 이익이 있음. ⓐ유리한 싸움. ⓑ불리. -하다. 【有利】

유리 등피 램프에 덧씌워 불을 반사시키는 유리 꺼펑이.

유리 막대 길고 가는 유리로 만든 대의 토막.

유:리수 정수와 분수, 또는 모든 양의 유리수와 0과 모든 음의 유리수를 통틀어 이르는 말. ⓑ무리수. 【有理數】

유리창 유리를 끼운 창.

유리판 유리로 만든 편평한 판.

유린 함부로 남의 권리를 짓밟음.

유:망 희망이 있음. 앞으로 잘 될 듯함. 예앞길이 유망한 학생. -하다.

유:머 남을 웃기는 부드럽고 재치있는 말이나 짓. 비해학.

유:머레스크 익살스럽고 경쾌한 곡[특히 드보르자크의 작품이 유명함].

유:명 이름이 널리 알려져 있음. 예유명한 선수. 비저명. 반무명. -하다. 【有名】

유모 남의 아이를 그 어머니 대신 젖을 먹여 길러 주는 여자. 젖어머니.

유모차 어린아이를 태워서 밀거나 끌고 다니게 만든 자그마한 차. 유아차.

유목민 소·말·양 등의 가축을 기르는 것을 업으로 삼고, 풀과 물이 있는 곳을 찾아다니며 집을 옮겨 사는 사람.

유물 옛 사람이 남긴 물건. 예신라의 유물을 발견하다.

유민 없어진 나라의 남아 있는 백성. 예고구려의 유민.

유:별 구별이 있음. 다름이 있음. -하다. -스럽다. -히.

유복 살림이 넉넉함. 예유복한 가정에서 태어나다. -하다.

유복자 어머니의 뱃속에 있을 때 아버지를 여의고 태어난 자식.

유:사 서로 비슷함. 【類似】

유:사시 비상한 일이 생겼을 때. 예유사시 피난 장소.

유:사품 어떠한 물건과 비슷하게 만든 가짜 물품.

유산[1] 죽은 사람이 남겨 놓은 재산. 예유산을 물려받다.

유산[2] 태아가 달이 차기 전에

죽어서 나옴. -하다.

유:생물 생명이 있는 것.

유:선 통신에 전깃줄을 사용한 것. 반무선. 【有線】

유:선 방:송 전선을 사용하여 하는 방송.

유:선 전:화 전화선이 연결되어 통하는 전화. 반무선 전화.

유선형 물이나 공기 같은 것의 저항을 가장 적게 받기 위하여 곡선으로 앞 부분을 뾰족하게 만든 꼴[자동차·비행기·배 등의 모양에 응용함].

유성 우주 공간을 떠돌던 별 부스러기가 지구로 떨어질 때, 공기와의 마찰로 타서 밝은 빛을 내는 것. 비별똥별.

유:세 자랑삼아 세도를 부림. 예유세부리지 말아라. -하다.

유수 조선 시대에 서울 이외의 개성·강화·광주·수원·춘천 등의 요긴한 곳을 맡아 다스리던 정이품 벼슬. 【留守】

유숙 남의 집에 묵음. 예하룻밤 유숙하고 떠나다. -하다.

유순 성질이 부드럽고 온순함. 예유순한 동물. -하다. -히.

유시 타일러 훈계함. 관청에서 말이나 문서로써 타일러 가르침. -하다.

유:식 지식이 있음. 아는 것이 많음. 예유식한 사람. 반무식. -하다. 【有識】

유실[1] 떠내려가서 없어짐. -하다.

유실[2] 갖고 있던 물건을 잃어버림. 예유실물 보관 장소. 비분실. -하다. 【流失】

유:실수[유실쑤] 열매가 열리는 나무[밤나무·대추나무·사과나무 등].

유:심하다 주의를 기울이다. 예주위를 유심히 관찰하다.

凹무심하다. 유심히.

유아 젖먹이〔태어나서 1년이 안된 아이〕.

유아기 모유나 우유로 양육되는 생후 약 1년간의 시기.

유아등 곤충이 빛에 모여드는 성질을 이용하여 밤에 산이나 들에 불을 켜서 해충을 잡는 등불.

유약 도자기를 구울 때. 도자기의 몸에 광택이 나도록 덧씌우는 약. 잿물.

유언 사람이 죽을 때. 마지막으로 남기는 말. **예**유언을 남기다. -하다. 【遺言】

유언 비어 아무 근거 없이 널리 퍼진 소문. 터무니없이 떠도는 말. 뜬소문.

유·에프오· 확실히 알려지지 않은 비행 물체. 미확인 비행 물체. 비행 접시. 【UFO】

유·엔 ⇨국제 연합. 【UN】

유·엔군 국제 연합에 가입한 나라의 군인들로 이루어진 군대. 국제 연합군.

유·엔 사·무총·장 국제 연합 사무국의 우두머리.

유·엔 총회 국제 연합 총회. 1945년에 미국·영국·중국·러시아 등이 중심이 되어 제2차 세계 대전 후의 세계 평화를 유지하기 위하여 조직된 국제 기구의 가맹국으로 구성되는 총회.

유·엔 한국 위원단 1947년 11월에 유엔에 설립되었던 한국의 통일을 위한 임시 기구. 1948년 5월 10일 총선거 실시와 정부 수립에 이바지하였음.

유역 강이나 내가 흘러가는 언저리의 지역. **예**금강 유역.

유연 부드럽고 연함. **예**체조 선수들은 몸이 유연하다. -하다. -히.

유·용 이용할 데가 있음. 소용이 됨. **예**유용한 지하 자원. **凹**소용. **凹**무용. -하다.

유원지 놀기 좋게 시설된 곳.

유월 유두 ⇨유두.

유유하다 ①한가하고 여유 있다. **예**유유히 흐르는 강물. ②멀고 아득하다. 유유히.

유·의 마음에 두어 조심함. **예**어머님 말씀을 유의해서 듣다. **凹**유념. 유심. -하다.

유·익 이로움이 있음. 도움이 됨. **예**유익한 취미 생활. **凹**무익. -하다. 【有益】

유인 꾀어 냄. **예**어린이를 유인하다. -하다.

유일 오직 하나임. 오직 그것 하나. **예**유일한 고향 친구. -하다.

유적 남은 자취. **예**신라의 유적지. **凹**고적.

유적지 옛날의 건물 따위가 있었던 장소. 고적지. ②패총·고분 등 고고학적 유물이 있는 곳. ③고인이 남긴 영지.

유전[1] 석유가 땅 속에 있거나 생산되는 곳. 【油田】

유전[2] 조상으로부터 자손에게 몸의 모양이나 성질이 전하여지는 현상. -하다.

유점사 금강산에 있는 절 이름.

유정〔사람〕⇨사명당.

유제품 우유를 가공하여 만든 식품〔버터·치즈·연유·분유 등〕.

유조선 석유를 전문적으로 실어 나르는 배.

유족 죽은 사람의 뒤에 남은 가족. **예**유족을 만나다.

유·종 끝을 잘 맺음. **예**유종의 미를 거두다. -하다.

유·죄 죄가 있음. **예**유죄로 판결나다. **凹**무죄. -하다.

유:지 지니어 감. 지탱하여 감. �**예**건강을 유지하다. -하다.

유창 글을 읽거나 하는 말이 거침이 없음. **예**일본어를 유창하게 한다. -하다. -히.

유채 유화구를 써서 그림을 그리는 법, 또는 그 그림. 유화.

유:채색 색을 가진 빛깔〔빨강·노랑·파랑 등〕. **반**무채색.

유채화[1] 기름에 녹인 그림물감으로 그린 그림.

유채화[2] 겨자과에 속하는 식물의 꽃. 유채는 봄에 노란꽃이 피며, 씨는 기름을 짜서 먹음. 평지꽃.

유:축 농업 가축을 길러 노동력을 경작에 이용하고 또 거기서 생기는 거름도 이용하며, 수확의 일부를 먹이로 하는 농업 경영 방법.

유출 밖으로 흘러 나감, 또는 흘러 나옴. **예**폐놀 유출 사건. -하다. 【流出】

유치[1] ①나이가 어림. **예**유치원생. **비**유소. ②정도가 낮거나 미숙함. **예**유치한 행동. -하다.

유치[2] 사람이나 물건을 일정한 곳에 잡아 가둠. **예**유치장에 가두다. -하다.

유치원 국민 학교에 들어가기 전의 어린이들을 보육하여 그 성장발달을 도모하는 교육 시설.

유치장 경찰서에서, 형사 피의자 등을 한동안 가두어 두는 곳.

유쾌 즐겁고 기분이 좋음. **예**기분이 유쾌하다. **비**상쾌. **반**불쾌. -하다. -히.

유통 ①거침없이 흐름. ②세상에 두루 쓰임. -하다. 【流通】

유통 경로 상품이 생산지로부터 소비자에게까지 이동되는 과정.

유틀란트〔지명〕 독일 북쪽에 있는 반도. 반도의 대부분을 덴마크가 차지하고 있음.

유품 살아 생전에 쓰다가 남긴 물건. **비**유물. 【遺品】

유프라테스강〔지명〕 터키와 시리아를 지나 이라크의 메소포타미아 평야를 흐르는 강. 이 유역은 옛 서남 아시아의 문명의 발상지임. 총 길이 2,800km.

유:하다[1] 머무르다. **예**여관에서 유하다.

유하다[2] 부드럽다. **예**마음이 유한 소녀. **반**강하다.

유학[1] 본국을 떠나 외국에 일시 머물러 있으면서 공부함. **예**유학을 가다. -하다.

유학[2] 공자의 사상을 중심으로 지난날 중국의 정치와 도덕을 실천하던 학문.

유한[1] 원한을 남김, 또는 잊을 수 없는 원한. 【遺恨】

유:한[2] 일정한 한도가 있음. **예**유한 숫자. **반**무한. -하다.

유해[1] ①죽은 사람의 몸. ②유골. 죽은 사람의 뼈. 【遺骨】

유:해[2] 비슷한 모양이나 본. 비슷한 유형으로 구분하다.

유:형 문화재 역사적으로나 예술적으로 가치가 큰 문화적 유산으로, 형체가 있어 눈으로 볼 수 있는 문화재〔건축·조각·책·예술품 등〕. **반**무형 문화재.

유형원〔사람〕[1622~1673] 조선 효종 때의 실학자. 〈 반계수록 〉을 지어 토지 제도의 개혁 등을 주장하였음.

유혹 ①남을 꾀어서 정신을 어지럽게 함. **예**물질의 유혹에 빠지지 말라. ②그릇된 길로

꾐.

유:효 효과가 있음. **예**식품의 유효 기간이 지났다. **반**무효.

유회 재미있게 놂.

육각기둥 밑면이 육각형이고 옆면이 여섯 개인 각기둥.

육각형 여섯 개의 직선으로 싸인 평면도형. 육모꼴.

육교 큰길을 건너기 위하여 차도 위에 놓은 다리.

육군 땅에서 전투 및 방어를 맡은 군대.

육(6)대주 아시아·아프리카·유럽·오세아니아·남아메리카·북아메리카의 여섯 주를 이르는 말.

육로[융노] 육지의 길. **반**수로.

육류[융뉴] 먹을 수 있는 짐승의 고기.

육박전 직접 맞붙어서 손이나 주먹 등으로 마주 덤비어 싸우는 전투. **예**육박전이 벌어지다.

육(6)방 조선 시대 지방 관청에 두었던 이방·호방·예방·병방·형방·공방의 여섯 기관. 중앙의 육조와 비슷한 일을 맡아 보았음.

육상교통 도로와 철도를 교통로로 하는 육지의 교통〔자동차·기차 등이 이용됨〕.

육상 경:기 땅 위에서 하는 여러 가지 운동 경기〔달리기·멀리뛰기·높이뛰기·던지기 등〕.

육송[육쏭] 소나무. 【陸松】

육식[육씩] 짐승의 고기를 먹음. **예**육식보다 채식이 좋다. **반**채식.

육식 동:물 사자·범 등과 같이 다른 동물을 먹고 사는 동물.

육신[육씬] 사람의 몸. **비**육체. **반**영혼.

육십(6·10)만:세 운:동 조선 시대 마지막 황제인 순종의 장례식 날(1926년 6월 10일)에 청년 학생들이 일제에 항거해 일으킨 독립 만세 운동.

육아 어린아이를 기름. 【育兒】

육안[유간] 육체에 갖추어져 있는 눈. **반**심안.

육영 공원 1886년 나라에서 세웠던 최초의 근대식 학교.

육의전 조선 시대 서울 종로에 자리잡고 있던 여섯 가지 종류의 가게.

육이:오(6·25) 전쟁 1950년 6월 25일 일요일 새벽, 북한 공산군이 불법 남침함으로써 시작되어 1953년 7월 27일까지 걸쳐 한반도에 있었던 큰 전쟁.

육(6)조 조선 시대 의정부 밑에서 나라의 행정을 맡아 보던 이조·호조·예조·병조·형조·공조의 여섯 관청. 지금의 행정부와 비슷한 기관임.

육종[육쫑] 현재의 품종을 개량하거나, 또는 우수한 개량종을 만드는 일. 【育種】

육중[육쭝] 덩치가 크고 매우 무거움. **예**육중한 몸. -하다.

육지[육찌] 물에 덮이지 않은 땅 덩어리. **예**육지에서 사는 동물. **비**뭍. **반**바다. 【陸地】

육체 사람의 몸. **예**육체가 건강하다. **비**신체. **반**정신. 영혼.

육체 노동 육체를 움직여 그 물리적 힘으로써 하는 노동. **반**정신 노동.

육체적 육체에 관련됨. 육체를 중시함. **반**정신적.

육추 알에서 깐 새끼를 키움, 또는 그 새끼. 【育雛】

육추기 알에서 깐 새끼를 키울 수 있게 만든 기계나 장치.

육풍 밤에 육지에서 바다로 부

는 바람. 圓뭍바람. 圀해풍.

육하 원칙 '누가·언제·어디서·무엇을·왜·어떻게'의, 기사 작성의 여섯 가지 조건.

윤: '윤기'의 준말. 윤택한 기운.

윤곽 ①사물의 대강의 테두리. 圃이야기의 윤곽을 알아 내다. ②둘레의 테두리나 모습.

윤관【사람】[?~1111] 고려 예종 때의 학자·장군. 1107년 함흥 평야의 여진족을 몰아 내고 북동 9성을 쌓았음.

윤극영【사람】[1904~1989] 작곡가. 서울 출생 1923년에 방정환선생과 '색동회'를 조직하였으며, 〈 반달 〉〈 설날 〉〈 할미꽃 〉 등 많은 동요를 작사·작곡 하였음.

윤:기[윤끼] 매끈하고 빛이 나는 기운. 圃윤기 있는 얼굴. 䒑윤.

윤:년 윤달이 든 해. 양력에서는 4년마다 한 번씩 2월이 29일까지 있고, 음력에서는 4년에 두 번씩 한 해가 13개월로 됨. 圀평년.

윤:달 윤년에 드는 달. 양력에서는 29일까지 있는 2월. 음력에서는 한 달이 더 되풀이되는 달.

윤동주【사람】[1917~1945] 시인. 만주 북간도 출생. 일제시대의 억압받는 민족적 슬픔을 지성적이면서도 민족주의적인 시로 씀. 시에 〈 자화상 〉〈 별 헤는 밤 〉 등이 있으며, 시집으로 〈 하늘과 바람과 별과 시 〉가 있음.

윤리[율리] ①사람이 살아가는 데 지켜야 할 도덕상의 의리. 인류. ② '윤리학'의 준말.

윤봉길【사람】[1908~1932] 독립운동가. 1932년 상하이 홍커우 공원에서 폭탄을 던져 시라카와 대장 등 많은 일본 고관들을 죽이고, 24세의 나이로 순국했음.

윤석중【사람】 아동 문학가. 호는 석동. 일본 조치 대학 신문학과 졸업. 13세 때에 이미 동요 〈 오뚝이 〉를 발표했음.

윤전기 인쇄판이 돌아서 짧은 시간에 많은 양을 인쇄할 수 있는 기계.

윤:택 ①넉넉하고 여유가 있음. 圃삶이 윤택하다. ②윤기 있는 광택. -하다. 【潤澤】

윤:활유 기계가 맞닿는 부분의 마찰을 줄이기 위하여 쓰이는 미끈미끈한 기름.

윤회 차례로 돌아감.

율곡【사람】[1536~1584] 조선 선조 때의 학자이며 정치가. 신사임당의 아들로, 본명은 이이, 율곡은 그의 호임. 높은 벼슬에 올라 가난한 백성을 구하기 위해 '사창·대동법' 실시를 주장했으며 왜적의 침입에 대비하여 '십만 양병설'을 제의했고, 향약을 만들어 지방 풍속을 바로잡고 백성을 깨우치는 데 힘썼음.

율동[율똥] 규칙적으로 되풀이되는 운동, 또는 리듬.

율법[율뻡] 종교적·사회적·도덕적 생활에 대하여 신의 이름으로 만든 법. 圓계율.

융성 매우 기운차고 성하게 일어남. 圃불교는 고려 시대에 매우 융성하였다. -하다.

융자 돈을 돌려 줌, 또는 그 돈.

융털 ①작은창자의 안벽에 촘촘하게 나 있는 부드러운 털. 소화된 영양소를 흡수하는 일을 함. 圃융털 돌기. ②융단 거죽의 보드라운 털.

융통성[융통썽] 일을 그때 그 때의 사정에 알맞게 그 자리 에서 해결하는 재주.

융화 정책 의사가 서로 통하여 화목하게 하는 정치상의 방 책.

윷 작고 둥근 통나무 두 개를 반으로 쪼개어 네 쪽으로 만 든, 윷놀이에 쓰는 놀이감. 또 는 그것으로 노는 놀이.

윷:놀이[윤노리] 편을 갈라 윷 으로 승부를 겨루는 일. -하 다.

으깨다 눌러 터뜨리다. 뭉개다.

으뜸 ①첫째. 우두머리. ②기 본·근본의 뜻. 예효도는 윤 리의 으뜸이다.

으뜸꼴 어떤 낱말의 으뜸이 되 는 꼴[울다·울고·울지·우 는·운…에서 '울다'가 으뜸꼴 임]. 비원형. 기본형.

으뜸 화음 음계의 첫째 음으로 음계의 기초가 되는 음 위에 구성된 삼화음.

으레 두말할 것 없이. 당연히. 예으레 하는 행사. 비마땅히. ×으레.

으르다(을러, 을러서) 놀라게 하다. 겁을 주다. 예동생을 을 러 심부름을 시키다. 비위협 하다.

으리으리하다 규모가 굉장하 거나 엄숙한 느낌이 있다. 예 으리으리한 집.

으스대다 어울리지 않게 으쓱 거리며 뽐내다. 예으스대고 다닌다. ×으시대다.

으스스하다 찬 기운이나 싫은 물건이 몸에 닿았을 때처럼 소름이 끼치는 듯하다. 예으 스스한 겨울 날씨. >아스스 하다.

으슥하다[으스카다] 무서운 느 낌이 들 만큼 구석지고 고요

하다. 예으슥한 산길.

욱박지르다(욱박질러, 욱박질러 서) 몹시 억눌러 기를 꺾다. ×욱박지르다.

은 흰빛의 아름다운 광택을 가 진 금속의 하나. 예은반지.

은거 숨어서 사는 일. 비은둔.

은근하다 ①태도가 겸손하고 점잖다. ②서로 오가는 마음 이 남모르게 정답고 알뜰하 다. ③은밀하여 의문스러움. 은근히.

은덕[1] ①은혜와 덕. 은혜를 베 푸는 덕. ②은혜로 입은 신세.

은덕[2] 남이 알지 못하게 베푸 는 덕행. 【隱德】

은돈 은으로 만든 돈. 비은화.

은둔 세상을 등지고 숨음. 예은 둔 생활. -하다.

은밀 숨어 있어서 겉으로 드러 나지 아니함. 예은밀히 뒤따 라가다. -하다. -히.

은박 비단이나 책 등에 은박지 로 글자나 무늬를 박아 넣음.

은박지[은박찌] 은을 망치로 두 드려서 얇은 종이처럼 만들어 놓은 것.

은방울 은으로 만든 방울.

은빛 은과 같은 빛깔. 비은색.

은사 은혜를 많이 입은 스승.

은신 몸을 숨김. 비피신.

은신처 몸을 숨기는 곳.

은연중 남이 모르는 가운데.

은유법[으뉴뻡] 본뜻은 숨기고 겉으로 빗대어 말하는 법. 'A 는 B이다'와 같이 표현함. 반 직유법. 준은유. 〈보기〉내 마 음은 호수요. 나는 한 마리의 어린 짐승.

은은하다 ①겉으로 드러나지 아니하고 어슴프레 흐릿하다. 예은은한 불빛. ②먼 곳에서 울리는 소리가 들릴 듯 말 듯 아주 가늘다. 예은은한 새벽

종소리. 은은히.

은인 자기에게 은혜를 베풀어 준 사람. 【반】원수. 【恩人】

은종이 주석과 납의 합금을 종이처럼 얇게 한 것. 주로 습기를 빨아들여서는 안되는 물건을 싸는 데 쓰임.

은진 미륵 충청 남도 논산군 은진면 관촉사에 있는 석조 미륵 보살의 입상. 동양에서 제일 큰 석불로서, 화강석의 자연석을 조각하였음.

은총 ①높은 사람으로부터 받는 특별한 은혜와 사랑. ②인간에 대한 하느님의 사랑.

은퇴 맡은 직책에서 물러남.

은피리 '아름다운 소리가 나는 피리'라는 뜻으로 쓰인, 동화에 흔히 나오는 피리.

은하수 맑게 갠 날 밤 흰구름 모양으로 남북으로 길게 보이는 별무리. 【銀河水】

은행 여러 사람의 돈을 맡기도 하고, 그것을 필요로 하는 사람에게 빌려 주기도 하는 곳.

은행나무 잎은 부채꼴이며, 열매가 10월경에 노랗게 익는 나무. 관상용 또는 가로수로 심음.[은행나무]

은행원 은행에서 일을 맡아 보는 사람. 【준】행원.

은행잎 은행나무의 잎. 잎은 한 군데서 여러 개가 나고 잎의 가운데가 깊게 또는 얕게 갈라지고 평행맥이 있음.

은혜 베풀어 주는 혜택. 【비】자혜. 【준】은.

은화 은으로 만든 화폐. 은돈.

을미사변 1895년 일본 공사 미우라 등이 민비를 살해하는 등 민비 일파의 친러시아 세력을 없애고 자기네 세력을 키우기 위하여 일으킨 변란.

을사조약[을싸조약] 대한 제국 말, 광무 9년(1905)에 일본 제국이 우리 나라의 외교권을 빼앗기 위하여 조선 정부와 강제로 맺은 다섯 가지 조약. 을사 보호 조약.

을씨년스럽다(을씨년스러우니, 을씨년스러워서) 남이 보기에 퍽 쓸쓸해 보이거나 날씨 등이 스산하고 썰렁하다.

을지 문덕【사람】 고구려 영양왕 때의 장군. 612년 고구려에 쳐들어온 수나라 양제의 대군을 살수(청천강)에서 거의 전멸시켰음.

읊다[읍따] ①소리내어 시를 운에 맞추어 읽거나 외다. ②흥얼거리며 시를 짓다.

음계 음을 높이의 차례대로 늘어 놓은 것(동양 음악의 궁·상·각·치·우와 서양 음악의 도·레·미·파·솔·라·시).

음극 전기가 흘러 들어오는 전극. 마이너스극. 음전극. 전지의 바닥. 【반】양극.

음독 소리내어 읽음. 【예】동화책을 음독하다. 【반】묵독. -하다.

음력[음녁] 달의 차고 이지러짐을 표준으로 하여 만든 달력. 【반】양력.

음:료[음뇨] 마시는 것을 통틀어 이르는 말(물·술·차 등). 【예】음료를 마시다.

음료수[음뇨수] 사람이 그대로 마시거나 음식을 만드는 데 쓸 수 있는 물. 【비】식수.

음률 ①음악의 곡조. 【예】아름다운 음률의 노래. ②음악.

음모 남이 모르게 일을 꾸미는 나쁜 꾀.

음미 ①시·노래 등을 읊어 참 뜻을 맛봄. 【예】시를 음미하다. ②사물의 뜻을 새겨서 깊이

연구함. -하다. 【吟味】

음복 제사를 지내고 난 뒤에 제관들이 제상에 놓인 술이나 기타 음식을 나누어 먹음. -하다.

음산 ①날씨가 흐리고 으스스 추움. ②을씨년스럽고 썰렁함.

음색 어떤 음이 다른 음과 구별되는 특성. 소리의 맵시. 음의 빛깔.

음성 목청을 거쳐서 나는 목소리. [예]전화로 음성을 듣다.

음속 소리의 속도. 15℃의 대기 중에서 1초에 340m를 감.

음수 0보다 작은 수(-1, -2, -3, -4 등). [반]양수.

음:식 사람이 먹고 마시는 것.

음:식물 사람이 먹고 마시는 것을 통틀어 이르는 말.

음:식물비 사람이 먹고 마시는 데 드는 비용.

음악 소리의 가락으로 나타내는 예술. 성악과 기악이 있음.

음악가 ①음악을 전문으로 하는 사람. ②음악 연주에 뛰어난 사람. [예]뛰어난 음악가.

음악회 음악을 연주하여 여러 사람에게 감상하게 하는 모임. [비]콘서트. 【音樂會】

음절 ①낱말을 이루는 발음의 단위. 소리마디. ②음률의 곡조.

음정 높이가 다른 두 음 사이의 간격. [예]음정이 틀리다.

음침하다 ①성질이 명랑하지 못하고 엉큼하다. ②날씨가 흐리고 컴컴하다.

음표 음의 높낮이와 길고 짧음을 나타내는 기호(4분 음표, 8분 음표 등). 【音標】

음향 소리의 울림.

음향 효:과 연극·영화·방송 등에서 장면에 맞추어 실제와 비슷한 소리를 내어 실감을 돋우는 일.

읍 군에 딸린 지방의 조그만 도시. 인구 2만 이상 5만 이하인 곳(우리 나라 최초의 읍은 경기도 장호원읍임).

읍내[음내] 읍의 안. [예]물건을 사러 읍내에 가다. [준]읍.

읍사무소 읍의 행정 사무를 맡아 보는 곳.

읍장 읍사무소의 우두머리.

응고 뭉치어 굳어짐. [예]혈액이 응고하다. -하다.

응:급 급한 대로 우선 처리함. [예]응급 조치. -하다.

응:급 치료 다치거나 병이 났을 때, 급한 고비를 우선 넘기기 위하여 하는 간단한 치료.

응:낙 부탁한 것을 들어 줌. [예]친구의 부탁을 쾌히 응낙하다. [비]승낙. 허락. [반]거절. -하다.

응달 햇빛이 들지 않아 그늘진 곳. [반]양달.

응:답 물음에 대답함. [예]응답 자동 전화기. [반]질의. -하다.

응당 마땅히. 반드시. 당연히. [예]응당 가야 할 곳이다. -하다. -히.

응:모 모집에 응함. [예]사원 모집에 응모하다. -하다.

응:석 윗사람에게 어려워하는 기색이 없이, 일부러 어리광을 부리듯 버릇없이 구는 짓.

응:시 시험을 봄. 시험을 치름. [예]시험에 응시하다. -하다.

응:용 어떤 원리를 실지에 이용함. [예]실험에 응용하다.

응원 뒤에서 힘을 내도록 도와줌. [예]신나는 응원전이 시작되었다. [비]후원. -하다.

응:원가 운동 경기 등에서, 자기편 선수를 응원할 때 합창하는 노래.

응:접실 손님을 접대하는 방.
圓접빈실.

응집 엉기어 모임. 예시멘트는
응집력이 강하다. -하다.

응:하다 ①따르다. ②하라는
대로 하다. 예선생님의 지시
에 응하다. ③대답하다.

의:거 옳은 일을 위하여 큰 일
을 일으킴. 또는 그 일. 예4·
19 의거. -하다.   【義擧】

의:견 마음 속에 지니고 있는
생각. 예좋은 의견을 내놓다.
圓의향. 의사.   【意見】

의결 어떤 일을 서로 의논하여
결정함. 예학급 회의에서 의
결된 사항. -하다.   【議決】

의관 ①옷과 갓. ②예의바른
옷차림. 예의관을 갖춰 입다.

의구 옛 모양과 변함 없음. 예
산천은 의구하되 인걸은 간
데 없다. -하다.

의구심 의심하고 두려워하는
마음. 예의구심을 없애라.

의:군 나라를 구하기 위해 국
민들 스스로 조직한 군대. 圓
의병.

의:금부 조선 시대. 임금의 명
령을 받아 죄인을 심문하던
관청.

의:기 씩씩한 마음. 장한 마음.

의:기 양양 바라는 대로 일이
잘 되어 우쭐하는 빛이 얼굴
에 나타나는 모양. -하다.

의:논 어떤 일에 대하여 서로
이야기함. 圓상의. 논의. -하
다.   【議論】

의:도 ①생각. ②앞으로 하려
고 하는 계획. 예의도하는 대
로 되다. -하다.   【意圖】

의령〖지명〗경상 남도 의령군의
군청 소재지로 읍. 군의 남쪽
에 위치하여 동으로 남강에
임함.

의례 의식을 차리는 예법. 예

국민 의례.

의:롭다(의로우니, 의로워서)
옳은 일을 위하여 자기를 돌
보지 않는 의리가 있다.

의뢰 남에게 의지함. 또는 부
탁함. 예선생님께 의뢰하다.

의료 병을 고치는 일. 예의료
시설을 갖추다.

의료 기관 의술로 병을 치료하
기 위해 설치된 기구.

의료 보:험 개인·기업·정부
가 매달 낸 얼마간의 보험료
를 모아 두었다가, 가입자가
갑자기 병에 걸렸을 때, 그
보험금으로 치료비의 얼마를
혜택받을 수 있게 하는 제도.

의료 보:험 제:도 사회 보험
제도의 하나. 질병·부상·분
만 등을 대상으로 한 보험.
수입에 따라 일정한 보험료를
치르고, 질병이나 부상이 생
기면 그 질병·부상이 나을
때까지 치료를 받을 수 있는
제도.

의료 봉:사단 의료 시설이 없
는 곳을 찾아가서 아픈 환자
들을 돌보아 주는 단체.

의료 시:설 병을 고치기 위해
만들어진 병원 등의 설비.

의류 입는 옷. 의복.

의류비 입는 옷에 드는 비용.

의:리 사람으로서 지켜야 할
바른 도리.

의:림지 충청 북도 제천에 있
는, 삼한 시대의 저수지.

의:무 마땅히 하여야 할 일〔4
대 의무:국방·교육·납세·
근로〕. 圀권리.   【義務】

의:무 교:육 일정한 나이가 된
아동은 누구나 받아야 하는
초등 학교 교육.

의문 ①의심스러운 점이나 문
제. ②의심하여 물음. 예일처
리를 할 수 있을까 의문이다.

비의혹. -하다. -스럽다.

의:미 ①어떤 일의 숨겨진 뜻. ②말이나 글이 가지고 있는 뜻. 비의의. 뜻. -하다.

의:병 나라의 어려움을 구하기 위해 일어난 국민들이 조직한 군대. 비의군. 【義兵】

의:병장 의병을 거느리는 장수.

의복 옷. 예의복이 날개다.

의:분 정의를 위하여 일어나는 노여움.

의사¹ 병든 사람의 진찰과 치료를 직업으로 하는 사람.

의:사² 옳은 일을 위해 뜻을 굽히지 않는 꿋꿋한 사람. 예안중근 의사. 비열사.

의사당 국회 의원들이 모여 회의하는 장소. 예국회 의사당〔우리 나라 국회 의사당은 서울 여의도에 있음〕.

의:상〖사람〗[625~702] 통일 신라 시대의 승려. 당나라에 가서 불교를 연구하였으며, 돌아와서는 신라의 불교에 크게 이바지하였음. 해동 화엄종의 시조.

의상실 ①옷을 두거나 갈아입는 방. ②여자의 옷을 만들어 파는 곳.

의생활 입는 일이나 입는 것에 관한 생활.

의성어 사물의 소리를 흉내내어 만든 말〔뻐꾹뻐꾹·졸졸 등〕.

의술 병을 고치는 기술. 의학의 기술.

의:승 나라를 위해 싸움터에 나가 싸운 승려〔서산 대사·사명 대사 등〕.

의:식 사람이 깨어 있을 때의 마음의 작용이나 상태. 반무의식.

의식주 사람이 살아가는 데 필요한 세 가지 요소, 곧 옷·음식·집.

의심 확실히 알지 못하거나 믿지 못하여 이상하게 생각하는 마음. 예사람을 의심하지 말아라. 비의혹. 의문. 반확신. -하다.

의아 이상하고 의심스럽다. 예의아한 표정을 짓다. -하다. -스럽다.

의안 회의에 내놓은 문제.

의암호 강원도 춘성군 신동면 의암리에 북한강을 가로질러 만든 댐으로 인해 만들어진 호수.

의약품 병을 고치는 데 쓰이는 약품. 【醫藥品】

의:역 개개의 단어나 구절에 너무 구애되지 않고 전체의 뜻을 살리는 번역. 예의역이 잘된 소설. 반직역. -하다.

의연 굳세고 끄떡없다. 예의연한 자세. -하다. -히.

의:외 뜻밖. 생각 밖. 예의외로 일찍 도착했다.

의:욕 어떤 일을 하고자 하는 마음.

의:의 ①뜻. ②가치. 중요한 정도. 예역사적 의의가 큰 일이다. 비의미. 【意義】

의인법 사람이 아닌 것을 사람에 비유하여 말하는 표현법〔'성난 물결·꽃이 웃음짓다' 따위〕.

의자 걸터앉을 수 있도록 만든 물건. 비걸상.

의장 회의를 진행시켜 나가는 사람. 예국회 의장. 【議長】

의:장권 공업 소유권의 하나. 의장을 등록함으로써 얻은 소유권. 등록된 의장을 독점적·배타적으로 제작·사용·판매할 권리. 존속 기간은 등록한 날로부터 8년간임. 의장

전용권.

의젓하다 말과 행동이 점잖고 무게가 있다. 예의젓한 모습.

의:정부 조선 시대 중앙의 최고 관청. 영의정·좌의정·우의정이 임금과 의논하여 나라의 중요한 일을 결정하던 기관.

의제 의논할 문제, 또는 회의에 붙일 문제.

의존 의지하고 있음. 【依存】

의:좋다[의조타] 사이가 좋다. 回정답다. 예의좋은 형제.

의:주【지명】 평안 북도의 압록강 하류에 있는 도시. 예로부터 국방·무역에 중요한 역할을 했음.

의지[1] 남에게 기댐. 예자식에게 의지하고 살다. 回의탁. -하다.

의:지[2] ①마음. 뜻. ②결심하여 실행하려는 마음. 예의지가 굳은 사람. 【意志】

의:창 평시에 곡식을 저장하여 두었다가, 흉년에 생활이 어려운 사람을 도와 주었던 지난날의 빈민 구제 기관.

의:천【사람】[1055~1101] 고려 때의 승려. 시호는 대각 국사. 문종의 넷째 아들. 11세에 중이 되어, 송나라에 유학하고 돌아와서 천태종이라는 새로운 종파를 열었으며,〈속장경〉을 간행하기도 하였음.

의총[1] 나라에 훌륭한 일을 하다 죽은 사람의 무덤. 의사의 무덤. 예칠백 의총.

의총[2] 남이 파헤칠 우려가 있는 무덤을 보호하기 위하여 남의 눈을 가리고자 똑같이 만들어 놓은 여러 개의 무덤.

의타심 남에게 의지하려는 마음. 예의타심을 버려라.

의탁 남에게 맡김. 남에게 부

탁함. -하다.

의태어 어떤 사물의 모양·동작·태도 등을 흉내내어 만든 말〔뒤뚱뒤뚱·방실방실·싱글벙글·오싹오싹 등〕.

의하다 근거하다. 예증거물에 의하여 수사를 하다. 본의거하다.

의학 병을 예방하거나 고치는 데 필요한 지식과 기술을 연구하는 학문. 예의학 기술의 발달.

의:향 무엇을 하려는 생각. 예부모님의 의향에 따르다. 回의사.

의:협심 남을 도우려는 의로운 마음. 예의협심이 강하다.

의:형제 '결의 형제'의 준말. 남남끼리 의리로써 형제 관계를 맺음, 또는 그런 형제.

의혹 의심하여 수상히 여김. 예의혹이 많은 사건.

의회 의원들이 모여서 회의를 하는 기관. 回국회. 【議會】

이 입 속에서 음식을 씹는 구실을 하는 것〔사람은 20개의 젖니가 빠진 뒤 32개의 간니가 남〕.

이:간 두 사람 사이를 서로 멀어지게 함. -하다.

이겨 내다 견뎌 내다. 참아 내다.

이:경 하룻밤을 다섯 경으로 나눈 둘째의 때. 밤 10시를 전후한 두 시간.

이:골나다 어떤 방면에 길이 들어서 그 버릇에 익숙하여지다.

이관명【사람】[1661~1733] 조선 영조 때의 문신. 자는 자빈. 호는 병산. 본관은 전주. 숙종 24년에 등과하여 경종 때에 사화에 관련되어 덕천으로 귀양갔다가, 영조때 돌아와 원년(1725)에 좌의정이 되었음. 시호는 충정. 문집에는 〈병산집〉이 있음.

이:국 다른 나라. 예이국 생활. 비외국. 타국. 만모국.

이:권[이꿘] 이익과 권리.

이:규보〖사람〗[1168~1241] 고려 제23대 고종 때의 유명한 문장가. 자는 춘경. 호는 백운거사. 작품에 〈동국이상국집〉〈백운 소설〉 등이 있음. 【李奎報】

이글루: 얼음과 눈덩이를 쌓아서 만든 에스키모인들의 집.

이글이글 불꽃이 어른어른하며 타오르는 모양. -하다.

이기〖사람〗[1476~1552] 조선 명종 때의 정치가. 을사 사화를 일으켜 윤임 일파를 몰아내고, 그 공으로 영의정까지 올랐음.

이기다 상대편을 누르다. 억누르다. 예경기에서 이기다.

이:기심 자기의 이익만을 생각하는 마음. 만공공심.

이까짓 고작 이 정도밖에 안 되는. 예이까짓 힘든 일은 참을 수 있다. >요까짓.

이끌다(이끄니, 이끄오) 앞장서서 남이 따라오도록 인도하다. 예바른 길로 이끌다.

이끼 습기가 많고 거의 그늘진 곳에서 잘 자라는 민꽃 식물. 매태.

이:남 어떤 한계로부터의 남쪽. 예38선 이남. 만이북.

이내[1] ①그때에 곧. 뒤지거나 멈추는 일 없이 바로. 예수업이 끝나는 대로 이내 집으로 와라. ②그때의 형편대로 내처. 예무슨 말이든지 이내 곧 이튿다.

이:내[2] 어떤 일정한 범위 안. 예일주일 이내. 만이외.

이:념 옳다고 생각하는 이상적인 생각. 예이념이 다르다.

이다[1] 머리 위에 얹다. 예보따리를 머리에 이다.

이:다[2] 기와나 볏짚 등으로 지붕을 덮다. 예지붕에 기와를 이다.

이다음 뒤에 잇달아 오는 때나 자리. 예이다음에 다시 만나자. >요다음. 준이담.

이다지 이러한 정도로 이렇게까지. 예이다지 힘들 줄은 몰랐다. >요다지.

이동 움직이어 자리를 바꿈. 옮기어 다님. 예자리를 이동하다. 비이전. -하다. 【移動】

이:두 신라 이후 한문의 음과 뜻을 빌려 우리말을 적는 데 쓰이던 글자[설총이 만들었다고 함].

이:득 이익을 얻음. 또는 그 이익. 예많은 이득이 되는 일. 비이익. 만손실.

이듬해 다음 해.

이:등변삼각형 두 변의 길이가 같은 삼각형. [이등변삼각형]

이:디:피:에스 컴퓨터를 사용하여 회사 경영·관리를 위한 여러 가지 자료를 기억·분석·분류·확인·판단하여 처리하는 조직. 【EDPS】

이따금 가끔. 때때로.

이라크〖나라〗 고대 메소포타미아의 땅으로서 서남 아시아의 티그리스 강·유프라테스 강 유역의 공화국. 석유는 이 나라 최대의 산업임. 수도는 바그다드. 【Iraq】

이란〖나라〗 서남 아시아에 있는 왕국. 대부분이 불모의 사막 지대임. 세계적인 석유 산출국으로 유명하며, 농업과 목축업이 성함. 수도는 테헤란.

|랑 밭의 한 두둑과 고랑을 아울러 이르는 말.

|:래 그때부터 지금까지.

|럭저럭 ①이같이 하는 일 없이 어름어름하는 가운데. 어느덧. ②되어 가는 대로.

|레 '이렛날'의 준말. 7일.

|:력 지금까지의 학업·직업 등의 경력. 예이력서를 쓰다.

|:론¹ 줄거리를 세워서 생각을 마무린 것. 뻔실천. 【理論】

|:론² 다른 의견. 예이론을 제기하다. 뻔이의. 【異論】

|:롭다(이로우니, 이로워서) 이익이 있다. 예서로에게 이롭다. 뻔해롭다.

|루 있는 것을 모두. 도저히. 예이루 다 말할 수 없다.

|루다 뜻대로 되게 하다.

|록하다 ①이루어 내다. ②나라·도읍·집 등을 새로 세우다.

|륙 비행기가 땅에서 떠오름. 뻔착륙. −하다.

|르다¹(일러, 일러서) 알아듣게 말하다. 예잘못을 일러 주다.

|르다²(이르니, 이르러서) 장소나 시간에 닿다.

|르다³(일러, 일러서) 더디지 않고 빠르다. 예등교 시간이 너무 이르다. 뻔늦다.

|른바 세상에서 말하는 바와 같이. 예이른바 한국인의 성실한 면을 보여 준 것이다. 뻔소위.

이를테면 가령 말하자면. 뿐이를터이면.

이름 다른 것과 구별하기 위하여 사람·생물·물건·장소 등에 붙여서 부르는 말.

이름나다 이름이 세상에 널리 알려지다. 유명해지다. 예음악

가로 이름나다.

이름표 성명·소속 등을 적어 가슴에 다는 표. 뻔명패. 명찰.

이리 개와 비슷한 짐승으로 늑대나 승냥이보다 크며, 성질이 사나워서 사람이나 다른 동물을 해침. 시랑.

이리저리 이쪽으로 저쪽으로.

이마 얼굴의 눈썹 위로부터 머리털이 난 아래까지의 부분.

이만저만하다 이만하고 저만하다. 예이만저만하게 힘든 일. >요만조만하다.

이만하다 이것만하다. 정도가 이것과 같다. 예크기가 이만하다. >요만하다.

이맛살 이마에 잡힌 주름살.

이:면 ①안쪽. 속. ②사물의 겉에 나타나지 아니하는 사실. 예또 다른 이면을 발견하다.

이모 어머니의 여자 형제.

이:모작 한 해에 같은 땅에서 두차례 곡식을 거두어들이는 것. 뻔그루갈이. 뻔일모작.

이모저모 사물의 이런 면 저런 면. 이쪽 저쪽의 여러 방면. >요모조모.

이:목 ①귀와 눈. ②남들의 주의. 남들의 눈. 【耳目】

이목구비 ①눈·코·입·귀를 중심으로 본 얼굴의 생김새. ②눈·코·입·귀를 아울러 이르는 말.

이:문 이가 남은 돈. 예장사는 이문이 남아야 한다. 뻔이전.

이:미 벌써. 앞서. 이왕에. 예이미 때는 지났다.

이민 자기 나라를 떠나 다른 나라로 옮아 가서 삶. 또는 그 사람. 【移民】

이바지하다 이익이 되는 좋은 일을 하다. 예조국 통일에 이바지하다. 뻔공헌하다.

이:발사[이발싸] 남의 머리털

을 깎아 주는 일을 직업으로 하는 사람. 🔢이용사.

이:방인 다른 나라 사람. 이국인.

이번 이제 돌아온 바로 이 차례. 🔵이번 기차를 타야 한다.

이:변 예상하지 못한 사태. 🔵이변의 사건이 벌어졌다.

이별 서로 갈리어 떨어짐. 🔵아쉬운 이별. 🔢작별. 🔄상봉. -하다.

이병기【사람】[1891~1968] 국문학자·시조 작가. 호는 가람. 전라 북도 익산 출생. 현대 시조를 개척하고 옛 문학 작품을 많이 풀이했음. 저서에 <가람 시조집> <가람 문선> <국문학 개론> 등이 있음. 【李秉岐】

이봉창【사람】[1901~1932] 항일 독립 운동가. 서울 출신. 일본 천황에게 폭탄을 던졌으나 실패한 후 붙잡혀 1932년 10월 10일 순국함. 【李奉昌】

이:부제 수업 교실 부족 관계로 학생들을 오전·오후의 2부로 나누어서 하는 수업 방식.

이:북 어떤 한계로부터의 북쪽. 🔄이남. 【以北】

이:북오:도 1945년 8월 15일 현재 행정 구역상의 도. 황해도·함경 남도·함경 북도·평안 남도·평안 북도를 말함.

이:분 ①둘로 나눔. ②춘분과 추분. -하다. 【二分】

이불 잘 때에 몸을 덮는 물건.

이비인후과 귀·코·목구멍·기관 및 식도의 질병 치료를 전문으로 하는 의학의 한 분야나 그 병원.

이사 살던 곳에서 다른 곳으로 살림을 옮김. 🔵시골로 이사

가다. 🔢이주. -하다.

이사벨라【사람】[1451~1504] 카스틸랴 여왕. 아라곤의 왕자 페르난도와 결혼. 이 결혼로 1479년에 두 나라가 합병하여 에스파냐 왕국이 성립. 콜럼버스를 원조하여 신대륙 발견을 달성시킨 일로도 유명함.

이삭 ①벼나 풀 등의 끝에 열매가 열리는 부분. 🔵벼이삭. 줄기. ②농작물을 거둔 뒤 땅에 떨어진 곡식.

이삭줍기 곡식을 거두고 난 뒤에 땅에 떨어진 이삭을 줍는 일.

이산 가족 헤어져 흩어진 가구. 특히 국토가 분단되어 남한과 북한으로 헤어져 살고 있는 가족을 가리킴. 🔵이산 가족 찾기 운동.

이:산화망간 검은 회색의 가루. 물에는 녹지 않고 열을 가하면 분해하여 산소를 냄. 산화제·염료 제조 등에 쓰임.

이:산화탄소 물질이 탈 때에 생기는 기체. 탄소와 산소의 화합물이며 공기보다 무거움.

이:산화황 황이 공기 중에서 탈 때 발생되는 유독성 기체. 독한 냄새가 남.

이삿짐 [이삳찜] 이사할 때 살 집으로 옮기는 가재 도구들의 짐.

이:상¹ 그보다 더 위. 🔵5이상의 자연수. 🔄이하.

이:상² 각자가 생각할 수 있는 범위 안에서 가장 좋다고 생각되는 상태. 🔄현실. 【理想】

이:상³ 평소와 다른 상태. 보통이 아님. 🔵이상 기온 현상이 발생하다. 🔄정상. -하다. -스럽다. -히.

상설【사람】[1871~1917] 조선 고종 때 의정부 참찬. 독립 운동가. 헤이그 특사의 한 사람이며 1910년 일본에게 주권을 빼앗기는 것을 반대하는 성명서를 세계 여러 나라에 보내는 등 독립 운동에 크게 이바지했음.

상재【사람】[1850~1927] 조선 말의 정치가이며, 종교가. 호는 월남. 일찍이 신앙 생활을 통하여 국민의 민족 정신을 일깨워 주었고, 서재필과 함께 독립협회를 조직하여 민중 계몽에 힘썼음. 【李相宰】

이:상적 사물의 상태가 이상에 맞는 것. ◉이상적인 공원.

이:색 다른 빛깔. 색다름. ◉이색적인 분위기.

이생규장전【책명】 김시습이 엮은 <금오신화> 가운데 실린 한문 소설.

이:성 ①성질이 다름. ②남자와 여자로 구별짓는 말. ◉이성 친구. ⮂동성. 【異性】

이성계【사람】[1335~1408] 조선의 제1대 임금(재위 1392~1398). 고려 말의 장군이었으나, 위화도에서 회군한 후 1392년 군신에게 추대되어 왕위에 오르고 이어 새로운 정책을 세워 조선의 기반을 닦았음. 태조.

이:세대 가정 부모와 그 자녀가 한 집에 모여 사는 가정.

이:솝【사람】 고대 그리스의 우화 작가. ◉이솝 우화.

이수광【사람】[1563~1628] 조선 중기의 학자. 실학의 학풍을 처음 일으킨 학자. <지봉유설>이란 책을 남김.

이순신【사람】[1545~1598] 조선 선조 때의 장군. 시호는 충무. 임진왜란 때 거북선을 만들어 옥포·부산·한산도 등의 싸움에서 큰 승리를 거두고 노량 해전에서 공격하다가 유탄에 맞아 전사함.

이스라엘【나라】 서남 아시아에 있는 유대 민족의 나라. 1948년에 독립한 공화국임. 영토 문제로 아랍 민족과 분쟁이 끊이지 아니함. 수도는 예루살렘.

이:스트 효모(세균)의 한 가지로 빵을 만들 때에 넣어 빵을 부풀게 하는 것.

이슥하다[이스카다] 밤이 매우 깊다. ◉밤이 이슥하도록 불이 켜져 있다. 이슥히.

이슬 ①공기 중의 수증기가 풀잎같은 곳에 닿아 식어서 엉기어 작은 물방울로 된 것. ◉아침 이슬. ② '덧없는 목숨'에 비유한 말. ◉형장의 이슬로 사라지다.

이슬람교 마호메트가 일으킨 세계 3대 종교의 하나. 회교.

이슬비 아주 가늘게 오는 비. 안개보다 굵고 가랑비보다 가늚.

이승 불교에서 말하는 살아 있는 동안. 이 세상. ⮂저승. ⮂이생.

이승만【사람】[1875~1965] 독립 운동가이며 정치가. 일찍부터 국내와 해외에서 독립운동에 힘썼으며, 대한 민국 초대 및 2대·3대 대통령을 지내다가 3·15 부정선거 후 1960년 4·19의거로 대통령 자리에서 물러나 하와이로 망명.

이승훈[1]【사람】[1756~1801] 우리 나라에서 처음으로 천주교 영세를 받은 사람.

이승훈[2]【사람】[1864~1930] 3·1 운동 때 민족 대표의 한 사

람. 교육자. 신민회를 만들고 오산 중학교를 설립하여 인재 양성에 힘썼음. 【李昇薰】

이승휴〖사람〗[1224~1300] 고려 말기의 학자·문인. 한시로 중국과 우리 나라의 역대 사적을 적은 <제왕운기>를 지었음.

이식 농작물이나 나무를 다른 데로 옮겨 심음. —하다.

이:심전심 말이나 글에 의하지 않고 마음에서 마음으로 전함. 예이심전심으로 통한다.

이암 퇴적암의 하나로 진흙이 굳어서 된 바위.

이앙기 모를 내는 기계.

이야기 ①실제로 있던 일. 또는 꾸민 일을 재미있게 하는 말. 예소설같은 이야기. ②서로가 주고받는 말. 예친구와 이야기하다. ❀얘기. —하다.

이야깃거리 이야기할 만한 거리. 이야기가 될 만한 자료.

이양 남에게 넘기어 줌. 예정권을 이양하다. 【移讓】

이:양선 개화기 때 우리 나라에 온 서양의 배를 이르던 말.

이어달리기 릴레이 경주.

이어받다 물려받다. 계승하다. 예삼대째 가업을 이어받다.

이어지다 끊어졌던 것이 서로 잇대어지다.

이어짓기 한 땅에 같은 작물을 해마다 이어서 심음. 연작. 이어갈이. 凹돌려짓기. 윤작.

이엉 초가의 지붕이나 담을 잇기 위해 짚·새 따위로 엮은 물건.

이:역 제 고장이 아닌 딴 곳. 외국 땅. 예이역 하늘. 【異域】

이완 느즈러짐. 맥이 풀리고 힘이 늦추어짐. 예이완 작용. 凹긴장. —하다.

이:왕 이미 그렇게 된 바. 기왕. 예이왕 늦었으니, 천천히 가자. ❀이왕에. 【已往】

이:왕이면 이왕 할 바에는. 예이왕이면 맛있는 것으로 먹자. 凹기왕이면.

이:왕지사 이미 지나간 일. 기왕지사.

이:외 이 밖. 그 밖. 어떤 범위의 밖. 예우리 이외에는 아무도 없다. 凹이내.

이:용 이롭게 씀. 가치 있게 씀. 예이용 가치가 있다. 凹이용. —하다.

이웃 ①가까이 사는 집. 예이웃끼리 친하다. ②가까이 있는 곳. 예일본은 우리와 이웃한 나라다. —하다.

이웃 사:촌 이웃에 사는 사람이 먼 친척보다는 살아가는데 더 가까움을 이르는 말.

이웃집[이욷찝] 이웃에 있는 집. 인가.

이원수〖사람〗[1911~1981] 아동 문학가. 경상 남도 양산출생. 마산 상업 학교 졸업. 1926년 열 다섯 살 때 <어린이>라는 잡지에 동시 <고향의 봄>이 당선된 후 평생을 아동 문학에 바쳐 동화집 <숲속의 나라>, 동시집 <빨간 열매><종달새> 등많은 작품을 남김.

이:유 까닭. 예지각한 이유를 말하다. 凹사유. 【理由】

이유기 젖먹이의 젖을 떼는 시기. 보통 난 지 6, 7개월부터 시작함.

이유식 젖먹이의 이유기에 먹이는 젖 이외의 음식.

이:윤 장사하여 남은 돈. 이익. 예이윤을 남기다.

이:율 1년 또는 1개월 등의 기간에 붙는 원금에 대한 이자

의 비율[이율＝단위 기간의 이자÷원금]. 비변리.

이윽고 한참 만에. 얼마 있다가. 예이윽고 기차가 도착했다.

이은상〖사람〗[1903~1982] 시인. 호는 노산. 경상 남도 마산 출생.〈가고파〉〈성불사〉〈고향 생각〉〈봄처녀〉등의 시로 알려짐. 저서로는〈노산시조집〉〈이충무공의 일대기〉등이 있음.

이음줄[이음쭐] 높이가 다른 둘 또는 그 이상의 음을 끊지 말고 부드럽게 이어서 연주하라는 뜻으로, 음표의 위나 아래에 그리는 활 모양의 줄.

이:의 남과 의견이나 주장을 달리함. 예이의를 제기한다.

이이〖사람〗 ⇨율곡.　【李珥】

이:익¹ 보탬이나 도움이 되는 것. 예이익을 절반으로 나누다. 비이득. 반손해. 손실.

이익²〖사람〗[1681~1763] 조선 때의 실학자. 유형원의 학풍을 이어받아 실학의 대가가 되었으며, 특히 천문·지리·의약·역사 등에 많은 업적을 남겼음.

이인호〖사람〗[1933~1966] 베트남 전선에서 자기 목숨을 희생하고 부하 사병을 건진 청룡 부대의 한 장교.

이:자 저금으로 맡은 돈이나 꾸어 쓴 돈에 대해 붙여 주는 일정한 비율의 돈. 비변리. 반원금.

이자겸의 난 고려 인종때 이자겸이 일으킨 난. 이자겸은 왕의 외척으로 권세를 누리다가 왕이 되려고 난을 일으켰으나 실패하였음.

이:장¹ 행정 구역의 하나인 이의 사무를 맡아 보는 사람.

이:장² 무덤을 다른 데로 옮김. 개장. -하다.

이재민 화재·홍수 등의 재난을 당한 사람. 예이재민을 도와 주다. 준재민.

이:적 신의 힘으로 되는 이상야릇한 일.

이:전¹ 이제보다 전. 그전. 예9시 이전에 오너라.

이전² 장소나 주소나 권리 등을 다른 데로 옮김. 예주소를 이전하다.

이:점[이쩜] 이로운 점.

이:정표 육로의 거리, 방향을 기록한 일람표. 정리표. 예이정표를 따라 가다.

이제 바로 이때. 지금. 예이제 시작하다. 튄이제는.

이제껏 지금에 이르기까지. 여태껏. 입때껏.

이제야 이제 겨우. 이제 비로소. 예이제야 그 뜻을 알겠다.

이종 사:촌 이모의 아들과 딸. 춘이종.

이주 집을 옮겨서 삶. 예부산으로 이주하다. -하다.

이준〖사람〗[1859~1907] 조선 말 고종 때의 열사. 1907년 고종 황제의 특명으로 이상설·이위종 등과 함께 만국평화 회의에 참석하였으나, 일본의 방해로 뜻을 이루지 못하게 되자, 그 곳에서 분함을 참지 못하여 스스로 목숨을 끊어 죽었음.

이:중 두 겹. 중복.　【二重】

이:중문 두 겹으로 된 문.

이중섭〖사람〗[1916~1956] 서양 화가. 호는 대향. 평양 출신. 일본 문화 학원을 졸업. 1937년 일본 자유 미술 협회 전람회에 출품한 이래, 야수파의 영향을 받은 작품으로 소·게 등 향토적인 그림을 남겼음.

이:중주 두 사람이 서로 다른 두 개의 악기로 합주하는 일. 듀엣. 이부 합주.

이:중창[1] 두 사람이 두 개의 성부로 동시에 또는 교대로 노래를 부름. 이부 합창. 듀엣.

이:중창[2] 미닫이의 한 가지. 추위나 빛이 지나치게 밝은 빛을 막으려고 안팎으로 두껍고 어둡게 발라서 미닫이 안쪽에 덧끼워 달음.

이중환〖사람〗[1690~?] 조선 영조 때의 실학자. 우리 나라 인문 지리서인 〈택리지〉를 지어서 전국의 지형과 풍습 등을 소개하였음. 【李重煥】

이즈음 이때. 이 사이. 㑇이즘. >요즈음.

이지러지다 한 귀퉁이가 떨어져 없어지다. 기울어지다. 㑐달이 이지러지다. >야지러지다.

이직〖사람〗[1362~1431] 시조 '까마귀 검다 하고…'를 지은 사람. 조선의 개국 공신으로 영의정을 지냈음. 【李稷】

이:진수 2씩 묶어서 나타내는 수. 0, 1 두 가지 숫자를 써서 나타내는 수. 〈보기〉11(2)=1×2+1×1.

이:질 성질이 다름. 㑐이질적인 문화. 㕣동질.

이집트〖나라〗 아프리카의 북동부 나일강 유역 중심지에 있는 나라. 수도는 카이로.

이집트자 고대 이집트에서 사용했던 상형 문자. 로마자의 바탕이 됨.

이쯤 이만한 정도. 㑐이쯤에서 끝내자. >요쯤.

이차돈〖사람〗[506~527] 신라 법흥왕 때 불교를 일으키기 위하여 순교한 사람. 성은 박씨. 자는 염촉. 그의 순교로 신라에서는 불교를 인정하게 되었음〔이것을 '이차돈의 순교'라 함〕.

이(2):차 소비자 풀을 뜯어먹고 사는 토끼·노루 등의 약한 동물을 잡아먹고 사는 동물〔사자·표범 등〕.

이처럼 이와 같이. 㑐이처럼 아름다울 수가! >요처럼.

이천〖사람〗[1376~1451] 조선 초기의 무관. 장영실과 함께 해시계·물시계 등의 과학 기구를 제작함.

이:치 도리나 뜻. 마땅한 까닭. 㑐이치에 맞게 행동하라.

이탈 떨어져 나감. 관계를 끊음. 㑐이탈 행위를 하다. -하다.

이탈리아〖나라〗 유럽 남부에 있는 반도로 된 나라. 로마 시대 이래로 그리스와 더불어 서양 문명의 원천이었음. 아름다운 풍경과 유적이 많아 관광국으로 유명하며, 유럽 제1의 농업국임. 수도는 로마.

이토 히로부미〖사람〗[1841~1909] 1905년 고종 때에 맺은 을사 조약을 비롯하여, 우리 나라 침략에 주동적인 역할을 했던 일본의 정치가. 안중근 의사에게 하얼빈에서 사살됨.

이튿날[이튼날] ①다음 날. 㑐이튿날 다시 만나자. ②'초이튿날'의 준말.

이틀 ①두 날. 양일. ②'초이틀'의 준말.

이판암 진흙이 물 속에서 쌓여 굳어진 바위.

이:팔 청춘 열여섯 살 전후의 젊은이.

이:하 일정한 한도의 아래. 㑐10이하의 숫자. 㕣이상.

이(2):학기 9월부터 다음 해 2월까지의 학기. 【二學期】

이항 방정식에서 항을 다른 변으로 옮기는 것.

이항복〖사람〗[1556~1618] 조선 시대의 이름난 정치가. 호는 백사. 임진왜란 때 선조 임금을 모시고 피난을 갔으며, 국난을 수습하는 데 공훈을 세워 오성군에 봉해짐.

이:해[1] 이익과 손해. 예이해 관계가 좁다. 町손익.

이:해[2] ①사리를 깨달아서 앎. 예문제를 잘 이해하고 풀어라. 町오해. ②남의 마음이나 사정을 알아 줌. 예상대편을 이해할 줄 아는 마음. -하다.

이:해 타:산 이익과 손해를 이 모저모 따져 셈함.

이:행 실제로 행함. 예의무를 이행하다. -하다. 【履行】

이·호·예·병·형·공 고려 시대와 조선 시대의 행정부의 기구. 고려 시대에는 '부'라 불렸으며, 조선 시대에는 '조'라 불렸음(6부·6조).

이:화명충 한 해에 두 번 우화하는 명충. 벼의 큰 해충임.

이화 학당 1886년 미국인 선교사 스크랜튼 여사가 세운 우리나라 최초의 여성 교육 기관. 현재의 이화 여자대학교.

이황〖사람〗[1501~1570] 조선 중기의 유학자. 호는 퇴계. 관직을 버리고 고향에 내려가 주자학 연구에 힘썼으며, 도산 서원을 세워 많은 제자를 양성했음. 저서는 〈이학록〉〈주자서절요〉〈퇴계 전서〉등이 있음.

이:후 어느 때부터의 뒤. 그 후. 이 다음. 예70년 이후 전격적으로 발전했다. 町이전.

이흥렬〖사람〗[1909~1980] 작곡가. 함경 남도 원산 출생. 일본 도쿄 음악 학교 피아노과를 졸업하고 서라벌 예술대학교 음악 과장·숙명 여자대학교 음악 대학장·예술원 회원을 지냄. 가곡 〈바위 고개〉〈어머니 마음〉등 많은 작곡을 했음.

익다[1][익따] 열매나 씨가 충분히 여물다. 예감이 익다.

익다[2][익따] ①잘 아는 사이가 되다. ②여러 번 하여 서투르지 않게 하다. 예손에 익다.

익명[잉명] 본이름을 숨김.

익반죽[익빤죽] 가루에 끓는 물을 부어 가며 하는 반죽. -하다.

익사[익싸] 물에 빠져 죽음. -하다.

익살[익쌀] 남을 웃기려고 일부러 우습게 하는 말이나 짓. 해학. 예익살이 심하다. -스럽다. -부리다.

익숙하다 여러 번 거듭해서 손에 익다. 예바느질에 익숙하다. 町능숙하다. 町서투르다. 익숙히.

익조[익쪼] 농사에 해가 되는 벌레를 잡아먹는 이로운 새〔제비·딱다구리 등〕. 町해조.

익충 사람에게 이로운 벌레〔꿀벌·잠자리·누에나방〕. 町해충.

익히다[이키다] ①배우고 연습하다. 예기술을 익히다. ②익게 하다. 예감자를 익히다.

인 질소족 원소의 한 가지. 황린·백린·자린·흑린 따위가 있는데, 백린은 습한 공기 속에서 빛을 냄. 황린은 쥐약, 적린은 성냥 제조, 농약의 합성 등에 쓰임.

인가[1] 사람이 사는 집.

인가[2] 인정하여 허락함. 예영

업 인가. 圓허가. -하다.

인간 사람. 인류. 【人間】

인간 문화재 중요한 무형 문화 재를 지니고 있는 사람을 통틀어 이르는 말.

인간 사:회 서로가 힘을 모아서 함께 도우며 살아가는 사람들의 모임. 圓인류 사회.

인간 상록수 고장의 발전을 위해서 남에게 모범이 될만한 일을 하여 사람들의 존경을 받는 사람을 빗대어 나타낸 말.

인간성[인간썽] ①사람으로서 본디부터 가지고 있는 바탕. ②사람다운 마음의 본바탕. ⑩인간성이 좋다. 【人間性】

인건비[인건비] 공공기관이나 기업·단체에서 사람을 쓰는 데 드는 경비.

인걸 뛰어나게 잘난 사람. 훌륭한 사람.

인격 사람의 품격. 사람의 됨됨이. ⑩어린이에게도 인격이 있다. 圓인품. 凹신격.

인격 수양 사람의 품격을 닦고 기르는 일. 즉 인품을 단련하여 지덕을 계발함.

인격자[인껵짜] 훌륭한 인격을 갖춘 사람.

인계 하는 일을 넘겨 줌, 또는 이어 받음.

인고 괴로움을 참음. -하다.

인공 ①사람이 하는 일. ②사람이 자연물에 손을 대어 만드는 일. ⑩인공 폭포. 凹자연. 천연.

인공 가루받이[인공 가루바지] 사람의 힘으로 수꽃의 꽃가루를 암술 머리에 묻혀 주어 씨의 열매를 맺게 하는 일.

인공 위성 지구에서 쏘아 올려 지구의 둘레를 마치 위성과 같이 돌게 한 인공적으로 만든 물체. 1957년 10월 4일 소련의 스푸트니크 1호가 사상 최초의 인공 위성이며, 사람이 탑승한 유인 위성은 1961년 4월 12일 소련의 가가린이 탔던 보스토크 1호가 최초임. 목적과 용도에 따라 과학 위성·통신 위성·기상 위성 등으로 나뉨. ⑳위성.

인공 호흡 인사 불성 상태인 몸의 흉곽을 확장 수축시켜 호흡 작용을 다시 일으켜 소생시키는 구급법.

인과 ①원인과 결과. ②불교에서, 선악의 업에 따르는 과보. ⑩인과 응보.

인구 일정한 지역 안에 사는 사람의 수효. 【人口】

인구 밀도[인구밀또] 일정한 지역 안에 분포되어 있는 인구수의 정도.

인구 집중 일정한 지역 안에 사람들이 많이 모임.

인권 인간으로서 당연히 가지는 기본적인 권리. ⑩인권을 보장하다. 【人權】

인근 이웃. 근처. ⑩인근 마을에 살다.

인기[인끼] 세상 사람들의 좋은 평판. ⑩인기 있는 소설.

인기척[인끼척] 사람이 나타남을 느끼게 하는 자취나 소리.

인내 참고 견딤. ⑩인내는 성공의 어머니. -하다. 【忍耐】

인내력 참고 견디는 힘.

인당수 고대 소설인 심청전에 나오는 깊은 물 이름.

인대 관절을 강하고 튼튼하게 하거나, 또는 그 운동을 억제하는 작용을 하는 조직 섬유.

인더스 강 파키스탄의 중앙부를 남서로 흐르는 강. 인도의 3대 강의 하나. 하류 지방에 기원전 3,000년경 고대 도시

문화가 번성함. 고대 문명의 발상지임.

인도¹ ①사람으로서 마땅히 지켜야 할 도리. 예인도적으로 처리하다. ②사람이 다니는 길. 예인도로 다니다. 回보도.

인ː도² 가는 길을 이끌어 줌. 예바른 길로 인도하다. 回안내. —하다. 【引導】

인도³【나라】 인디아 반도의 대부분을 차지하고 있는 공화국. 인구의 70%가 농업에 종사하며 쌀의 생산은 세계에서 둘째임. 농업과 축산을 주로 하며 지하 자원이 풍부함. 고대 문명과 불교의 발상지로 현재는 힌두교를 많이 믿음. 수도는 뉴델리.

인도⁴ 넘겨 줌. 예포로를 인도하다. 回인수. —하다.

인도네시아【나라】 동남 아시아의 적도 부근에 있는 많은 섬으로 된 공화국. 천연 고무·쌀·사탕수수 등이 많이 나며, 석유·주석·니켈·목재 등의 지하 자원이 풍부함. 수도는 자카르타.

인도양 3대양 또는 5대양의 하나로 아시아·아프리카·오스트레일리아의 세 대륙에 둘러싸여 있는 바다. 【印度洋】

인도자 길을 이끌어 주는 사람. 回안내자.

인도주의 모든 사람들이 인종이나 계급의 차별 없이 행복하고 평화로이 살자는 주의.

인도차이나 반ː도 아시아 대륙 남동부에 있는 반도〔라오스·버마·타이·베트남·캄보디아 등의 나라가 있음〕.

인두 재래식 바느질 도구의 한가지. 바느질할 때 불에 달구어 구김살을 펴는 데 쓰는 기구.

인디아【나라】 ⇨인도.

인디언 남북 아메리카에 본디부터 살고 있던 원주민. 回아메리칸 인디언. 【Indian】

인력¹[일력] ①사람의 힘. 예인력으로 안 되는 일. ②인원. 인적 자원. 사람의 노동력. 예인력이 부족하다. 【人力】

인력²[일력] 물체와 물체가 서로 끌어당기는 힘. 예만유 인력. 回척력. 【引力】

인력 개발 사회 구성원 개개인에게 교육·훈련 등을 통하여 기술과 지식을 습득시킴으로써, 국민 경제의 근대화 과정의 원동력이 될 수 있도록 추진하는 일.

인력거[일력꺼] 사람을 태우고 사람이 끌도록 만든 수레.

[인력거]

인력난 인력이 없어 겪는 어려움.

인력 수출[일력수출] 의사·간호사·기술자·노동자 등을 외국에 보내어 일자리를 갖게하는 일. —하다.

인류[일류] 사람. 지구 위에사는 모든 사람. 回인간.

인류 공ː영[일류공영] 모든 사람이 함께 번영함.

인류 보ː건 지구상에 사는 모든 사람들의 건강을 지키는일.

인류애 세상 모든 사람에 대한사랑. 인류를 사랑하는 일.

인류 평화 온 세계의 모든 사람들이 전쟁이나 무력 충돌이없이 국내적·국제적으로 평온하고 화목하게 지내는 상태. 【人類平和】

인륜[일륜] 사람이 지켜야 할떳떳한 도리. 【人倫】

인명 사람의 목숨.

인물 ①쓸모 있는 사람. 뛰어난 사람. 비인걸. 인재. ②사람의 됨됨이. 예그만한 인물도 흔치 않다. 비인품. 【人物】

인물화 사람을 대상으로 해서 그린 그림.

인민 사회를 구성하는 사람. 비국민. 【人民】

인민 재판 공산주의 국가에서, 민중을 배심으로 하여 직접 행하여지는 재판 형식.

인보관 이웃끼리 서로 돕고 협력하며 빈민구제를 위해서 세운 단체. 또는 그집.

인부 품삯을 받고 일하는 사람. 막벌이꾼. 비일꾼. 【人夫】

인사 ①만나거나 헤어질 때 서로 주고받는 말이나 동작. ②처음 만나는 사람끼리 서로 이름을 통하여 자기를 소개하는 일.

인사말 안부를 묻거나 상대편을 높이는 뜻으로 하는 말.

인사 불성 정신을 잃어 의식이 없음.

인산 비:료 열매를 잘 맺게 하는 비료.

인산 인해 사람이 헤아릴 수 없이 많이 모인 상태.

인삼 두릅나무과의 여러해살이풀. 예로부터 약용으로 많이 재배해 오는 식물. 줄기 높이는 60cm 가량. 뿌리는 희고 살이 많으며 가지를 많이 침. 줄기 끝에 손바닥 모양의 잎이 서너 잎 돌려 나며 여름에 연한 녹색 꽃이 피고 길쭉한 열매가 붉게 익음. 4~6년 만에 수확함. 준삼.

인상¹ ①끌어 올림. ②물건값이나 요금·월급 따위를 올림. 반인하. -하다. 【引上】

인상² 보거나 듣거나 해서 마음에 강하게 받는 느낌. 예인상 깊게 읽었던 소설. 【印象】

인상³ 사람의 얼굴 생김새. 예인상이 참 좋다.

인상적 마음 속에 깊이 남아서 잊혀지지 않는 것.

인색 도리와 체면을 돌아보지 아니하고 재물만 아낌. 예너무 인색하다. -하다.

인생 사람이 세상에 나서 살아가는 동안.

인생관 인생의 존재 가치·의미·목적 등에 관하여 가지고 있는 전체적인 사고 방식.

인솔 사람을 이끌어 거느리고 감. 비인도. -하다.

인쇄 판면에 잉크를 묻히고 글자나 그림을 종이나 헝겊 등에 박아 내는 일. -하다.

인쇄소 인쇄 설비를 갖추고 전문적으로 인쇄 일을 하는 곳.

인쇄술 활자로써 글자를 박아 내는 기술. 【印刷術】

인수¹ 어떤 수를 두 수 이상의 수의 곱으로 나타내었을 때 본디의 수에 대하여 각 수를 일컫는 말. 〈보기〉12=1×12, 12=2×6, 12=3×4에서 1, 2, 3, 4, 6, 12는 모두 12의 인수임.

인수² 물건이나 권리를 넘기어 받음. 예가게를 인수하다. 비인도. -하다. 【引受】

인스턴트 식품 시간에 쫓기는 현대 생활에 편리하도록 즉석에서 조리할 수 있고 저장·운반이 간편한 식품.

인습 이전부터 전하여 몸에 젖은 풍습.

인식 어떤 일에 대하여 확실히 알고 그 뜻을 깨닫는 일. -하다.

인신 ①사람의 몸. ②개인의 신분. 예인신 공격은 피해라.

인신 공:격 남의 일신상에 관

한 일을 들어 비난함.

인신 매매 사람을 팔고 삼.

인심 사람의 마음. 예인심이 좋은 사람. 町인정. 【人心】

인어 윗몸은 사람, 아랫몸은 물고기 모양을 하고 호수 나 바다에 산다고 하는 상상의 동물. [인어] 【人魚】

인연 사람과 사람과의 어떤 관계. 町연분.

인왕산【지명】 서울의 서쪽에 있는 산. 옛 절터·기암 괴석·맑은 석간수 등이 있어 풍치가 뛰어남. 높이 338m.

인왕제색도 고려 시대의 화가 정선이 인왕산을 배경으로 하여 그린 그림.

인용 다른 글 가운데서 한 부분을 끌어다 씀. 예남의 말을 인용하다. -하다. 【引用】

인용어 남의 말이나 다른 글에서 끌어다 쓴 말.

인원 사람의 수효. 예인원이 한정되다. 【人員】

인의 어질고 의로움.

인의예지신 사람으로서 갖추어야 할 다섯 가지 덕, 곧 어짐과 의로움과 예의와 지혜와 믿음.

인자 어질고 인정이 많음. -하다. -스럽다. 【仁慈】

인재 학식과 능력이 뛰어나 큰 일을 할 수 있는 사람.

인적 사람의 발자취. 예인적이 없는 산 속.

인접 이웃하여 있음. 예인접 마을에 살다.

인정[1] 사람이 본래부터 가지고 있는 마음씨. ②남을 도와 주는 갸륵한 마음씨. 예인정이 많은 사람. 町인심. -스럽다.

인정[2] 옳다고 믿고 정함. 알아 줌. 예자기의 단점을 인정하다. 町승인. -하다.

인제【지명】 강원도 인제군의 군청 소재지. 우리 나라 제1의 꿀의 산출지이고 임산물·목재의 산출도 많음. 명승 고적으로는 대승 폭포·백담사·오세암 등이 있음.

인조 사람이 만듦, 또는 그 물건. 예인조 가죽. 【人造】

인조견 펄프를 원료로 하여 만든 비단. 즉인견.

인조 반:정 광해군 15년(1623)에 이서·이귀·이괄 등이 김후와 합세하여 광해군을 몰아내고, 능양군인 인조를 왕으로 세운 일.

인종 몸매·피부의 빛깔·말·습관 등으로 나눈 인간의 종류〔황인종·백인종·흑인종 등〕. 【人種】

인주 도장을 찍을 때 묻혀 쓰는 붉은 빛깔의 재료.

인지[인찌] 세금·수수료 따위를 징수하기 위하여 정부에서 발행하는 증표. 예수입 인지.

인지의 조선 세조 때 토지를 측량하기 위하여 만든 기계.

인천 광역시【지명】 경기도 중서부에 위치한 항구 도시. 앞바다에는 월미도와 소월미도가 자연 방파제 구실을 하며 간만의 차가 심하여 갑문을 시설함. 옛 이름은 제물포임.

인천 상:륙 작전[인천상뉴작전] 6·25 전쟁이 일어난 1950년 9월 15일, 유엔군 총사령관인 맥아더 장군의 지휘 아래 인천에서 감행된 작전. 6·25 전쟁에서 가장 큰 반격 작전으로 성공을 거두었음.

인체 사람의 몸. 예인체를 해부하다. 【人體】

인출 예금을 찾아 냄. 【引出】

인치 영국식 도량형의 길이의 단위. 피트의 12분의 1[1인치는 2.54cm]. 【inch】

인터뷰 면회. 담화. 만나서 이야기하는 일. 특히 신문이나 잡지사 등의 기자가 취재 기사를 얻기 위하여 사람을 만나 회견하는 일. -하다.

인터체인지 고속 도로의 출입구. 고속 도로와 일반 도로의 속도의 차이에서 오는 위험을 줄이기 위하여 원형으로 만들어 입체적으로 이어서 자동차가 드나들게 만든 길.

인터폰 옥내의 통화에 쓰이는 간단한 유선 장치. 건물이나 열차·선박 등의 안에서 내부 연락용으로 사용함. 구내 전화.

인턴: 학교를 졸업한 후 일 년 동안 병원에서 실습 겸 조수로 근무하는 수련의. 실습 의학생.

인파 많은 사람이 움직여 그 모양이 물결처럼 보이는 상태.

인편 사람이 오고 가는 편.

인품 사람의 됨됨이. 사람의 성격. 凹인격. 【人品】

인풋 정보를 코드화하여 컴퓨터에 넣는 것. 또는 그 정보 입력.

인플레 돈의 가치가 떨어지고 물건값이 오르는 현상. 凾인플레를 억제하다. 凹디플레. 凰인플레이션.

인필:더 야구에서 내야수. 凹아웃필더.

인:하 끌어내림. 凾가격 인하. 凹인상. 【引下】

인해 전:술 전쟁에서 공격할 때 무기에만 의지하지 않고 엄청난 인원으로써 적을 누르는 원시적인 전술.

인형 흙·나무·헝겊 등으로 사람 모양을 흉내내어 만든 장난감.

인형극 인형들을 놀려서 하는 연극. 꼭두각시놀이. 사람이 인형을 무대 뒤에서나 옆에서 조종하여 놀리는 것과 인형 속에 손가락을 넣어서 놀리는 것의 두 가지가 있음.

인화 불이 옮아 붙음. 凾인화가 잘 되는 물질. -하다.

일: ①업으로 삼고 하는 모든 노동. 벌이. 凾일하면서 공부하다. ②용무. 凾무슨 일로 왔니?

일가 한집안. 凾일가 친척이 모두 모였다.

일간 ①날마다 펴냄. ②'일간 신문'의 준말. 【日刊】

일:거리[일꺼리] 하여야 할 일. 凹일감.

일거수 일투족 사소한 하나하나의 동작이나 행동을 이름.

일거 양득 한 가지의 일을 하여 두 가지의 이익을 얻음. 凹일석 이조. 【一擧兩得】

일거 일동[일거일똥] 하나하나의 동작. 凾일거 일동을 관찰하다.

일과 날마다 정해 놓고 하는 일. 凾일과가 끝난 후.

일과표 날마다 하는 일을 정하여 놓은 시간표. 【日課表】

일관 태도나 방법 등을 처음부터 끝까지 한결같이 함.

일괄 한데 묶음. 凾일괄하여 처리하다. -하다.

일광욕[일광뇩] 치료나 건강을 위해서 몸을 드러내고 햇빛을 쬐는 일. 凾일광욕으로 살을 태우다. -하다.

일교차 하루 중 가장 높은 기온과 가장 낮은 기온의 차이.

일구다 논이나 밭을 만들려고

황무지를 파 일으키다. 예채
소밭을 일구다. ×일다.

일구 이언 한 입으로 두 가지
말을 함. 말을 이랬다 저랬다
함. -하다.

일기¹ 그날 그날 겪고·보고·
듣고·느끼고·생각한 것을
그대로 적은 글. 【日記】

일기² 날씨. 예일기가 고르지
못하다. 삐천기. 【日氣】

일기도 여러 곳의 기압·날
씨·바람 등을 기호로써 나타
낸 지도. 삐기상도.

일기 예:보 날씨의 변화를 미
리 알림. 삐기상 통보. -하
다.

일깨우다 가르쳐서 깨닫게 하
다. 예학생들을 일깨우다.

일:꾼 ①품팔이하는 사람. ②
일을 맡아서 잘 처리하는 사
람. 예향토의 일꾼. ×일군.

일:내다 말썽을 일으키다. 사
고를 저지르다.

일년감 토마토.

일념 한결같은 마음. 【一念】

일단 [일딴] 한번. 잠깐. 우선.
예일단 차를 멈추어라.

일당 [일땅] 하루 몫의 수당이
나 보수. 【日當】

일대¹ [일때] 그 지역 전체. 예
마을 일대가 물에 잠겼다.

일대² [일때] 어떤 말 위에 붙
어 '굉장한·중대한'의 뜻을
나타냄. 예일대 사건. 【一大】

일대일 대:응 집합
ㄱ의 각각 원소에
대응되는 집합 ㄴ
의 원소가 1개뿐
이고, 집합 ㄴ의 [일대일대응]
원소에 대응하는 집합 ㄱ의원
소가 1개뿐일 때의 집합 ㄱ과
집합 ㄴ의 대응 관계.

일동 [일똥] 전체의 사람. 모두.
예일동 경례. 【一同】

일등 [일뜽] 첫째 등급. 또는
으뜸. 제일. 【一等】

일러두기 책의 첫머리에 그 책
의 내용이나 쓰이는 방법 같
은 것을 설명한 글.

일러 주다 잘 알아듣도록 이야
기하다.

일렁이다 물 위에 뜬 물건이
물결에 따라 이리저리 흔들리
어 움직이다. >얄랑이다.

일렬 종대 세로로 한 줄로 늘
어 선 대형.

일류 첫째가는 자리나 갈래.
예일류 디자이너. 【一流】

일망 타:진 한꺼번에 모조리
다잡음. 예폭력배를 일망 타
진하다. -하다.

일면 한쪽. 예면만 보지 말
고 전체를 보라.

일미 가장 좋은 맛. 예물고기
는 머리가 일미라고 한다.

일박 하룻밤을 묵음. 예일박
이일의 여행. -하다. 【一泊】

일반 ①보통 사람들. 예일반
대중. ②전체에 두루 해당하
는 것. 예일반 상식. 【一般】

일반 은행 은행법에 의하여 주
식회사로 설립된 보통 은행
〔조흥 은행·상업 은행·한일
은행·제일 은행·서울 은행
등〕. 삐특수 은행.

일반적 전체적으로 해당하는
것. 삐국부적.

일방 어느 한편에만 치우치는
것.

일방 통행 사람이나 차량이 도
로의 한쪽 방향으로만 다님.

일:벌 꿀벌 중 애벌레 기르기
와 꿀 모으는 일을 맡아 하는
벌.

일:보다 ①일을 맡아서 처리하
다. ②볼일을 보다.

일본〖나라〗 우리 나라의 동해
를 사이에 두고 있는 나라. 4

개의 큰 섬과 수백 개의 작은 섬들로 이루어졌으며, 화산이 많기로 유명하며 강우량이 많음. 1910년에 한국을 침략하고 중국까지 손을 뻗치다가 1945년 연합군에게 패전하였으나 다시 부흥하였음. 수도는 도쿄.

일본 뇌염 바이러스의 감염으로 일어나는 유행성 뇌염. 늦여름에 퍼지고, 전국적으로 대개 10년의 주기를 가지고 대유행하며 10세 이하의 어린이가 많이 걸림.

일부 한 부분. 예일부 학생만이 집에 가다. 반전부. 【一部】

일부러 ①특히 일삼아. 예일부러 찾아 주셔서 감사합니다. ②알면서 굳이. 예일부러 늦게 집에 갔다.

일사병[일싸뼝] 한 여름에 되약볕 아래에서 오랫동안 햇볕을 직접 받을 때 눈이 아찔하고 머리가 어지러운 증세. 예일사병으로 쓰러졌다.

일사(1·4) 후퇴 6·25 전쟁 때 북진했던 유엔군과 국군이 1951년 1월 4일 중공군의 침입으로 다시 서울을 버리고 후퇴한 일.

일산화탄소 물체가 산소가 부족한 상태에서 탈 때 생기는 독한 기체. 맛·냄새·빛깔이 없으며, 연탄 가스 중독의 원인이 됨.

일:삼다[일삼따] ①일로 여기어 하다. ②자기가 맡은 일로 알다.

일상[일쌍] 매일 매일. 그날 그날. 예일상 생활. 【日常】

일상 생활[일쌍생활] 평소의 생활.

일생[일쌩] 태어나서 죽을 때까지의 동안. 비평생.

일석 이:조[일썩이조] 일거 양득. 예일석 이조의 효과.

일선[일썬] 전쟁 중 가장 적과 가까운 곳. 예일선에 계신 국군 아저씨. 비전선. 전방. 반후방.

일성 한 마디의 소리.

일성 호가[일썽호가] 한 가락의 피리 소리. '호가'는 날라리, 또는 풀잎 피리.

일세대 가정 남자와 여자가 결혼을 하여 새 살림을 차린 것.

일소[일쏘] 남김없이 쓸어 버림. 예부정 부패를 일소하다.

일:손[일쏜] ①일하는 솜씨. ②일하는 사람. 예농사일에 일손이 부족하다.

일순간 눈 깜짝할 사이. 아주 짧은 시간 동안. 삽시간.

일시[일씨] ①같은 때. 예일시에 일어나다. ②한동안. 잠시.

일식[일씩] 태양과 지구와의 사이에 달이 들어와 태양의 일부 또는 전부가 가려지는 현상. 예개기 일식. 【日蝕】

일심[일씸] 여러 사람이 한 가지 마음을 가짐. 예모두가 일심 단결하면서 살자.

일어나다 ①누웠다가 앉거나, 앉았다가 서다. ②잠에서 깨어 몸을 일으키다. ③없던 현상이 생겨나다. 발생하다. 예지진이 일어나다.

일억 1만의 만 배인 수.

일언 ①한 마디 말. ②간단한 말. 【一言】

일:없다 필요가 없다.

일연〖사람〗[1206~1289] 고려 충렬왕 때의 승려. 보각 국사. 한문에 조예가 깊고 학식이 높아 많은 저서를 남김. 저서에 〈삼국유사〉 등이 있음.

일요일 칠요일 중 첫째 날.

일용품 날마다 쓰는 물품.

일원 단체를 이루는 한 사람.

일월 ①해와 달. ②[날과 달의 뜻으로] '세월'을 이르는 말.

일으키다 ①일어나게 하다. 예몸을 일으키다. ②번성하게 하다. 예집안을 다시 일으키다. 맨넘어뜨리다.

일인당 국민 소:득 그 나라의 국민 한 사람마다 일정한 기간에 생산·획득하는 재화를 화폐로 환산·평가한 총액.

일일 매일매일. 나날이. 날마다. 예일일 가정 교사.

일일 생활권[이릴생활꿘] 하루 동안에 오가며 살 수 있는 지리적 범위.

일일이[일리리] 하나하나. 낱낱이. 예일일이 살펴보다.

일:자리[일짜리] 일터. 예일자리를 구하다. 비직장.

일장기[일짱기] 일본의 국기.

일절[일쩔] '아주·도무지'의 뜻. 주로 사물을 부인하거나 금지할 때 씀. 【一切】

일정[일쩡] 어떤 모양이나 범위가 한 가지로 정해짐. 예일정 기간 동안. -하다. 【一定】

일정표 일정을 적어 놓은 표.

일제[일쩨] 천황이 다스리는 일본 제국. 묻일본 제국주의.

일제 사격 여러 사람이 한꺼번에 총이나 대포 등을 쏨.

일제 시대 우리 나라가 일본 제국주의의 지배를 받던 그 당시.

일제 침략기 일본이 우리 나라에 쳐들어와 지배하던 1910년부터 1945년까지의 기간.

일제히[일쩨히] 한꺼번에. 같은 때에. 예일제히 손을 들다.

일주 운:동[일쭈운동] 별·태양·달 등이 하루에 한 바퀴씩 지구의 둘레를 도는 것처럼 보이는 운동. 지구가 자전하기 때문임.

일주일[일쭈일] 일요일부터 토요일까지의 이레 동안.

일지 그날 그날의 직무상의 기록을 적은 책.

일직선[인찍썬] ①하나의 직선. ②쪽 곧음.

일찍이 ①이르게. 늦지 아니하게. ②이전까지. 이전에. 예일찍이 없었던 일이다. 會일찍. ×일찌기.

일(1)차 소비자 주로 풀을 뜯어 먹고 사는 동물[소·양·노루·얼룩말 등].

일착 ①맨 먼저 닿음. ②맨 처음 시작함.

일체 온갖 것. 모든 것. 【一切】

일출 해가 돋음. 해돋이. 예일출봉. 맨일몰. -하다. 【日出】

일치 서로 들어맞음. 예서로의 생각이 일치되다. 비합치. 부합. 맨상반. -하다. 【一致】

일치 단결 여럿이 한 덩어리로 굳게 뭉침. -하다.

일컫다(일컬으니, 일컬어서) 이름지어 부르다. 예남대문을 옛날에는 숭례문이라 일컬었다.

일:터 일을 하는 곳. 비작업장. 직장.

일편 단심 진정에서 우러나오는 변하지 않는 참된 마음.

일평생 살아 있는 동안. 일생. 비한평생. 【一平生】

일품 썩 뛰어난 품질, 또는 물건. 예일품 가는 음식 솜씨.

일(1)학기 한 학년을 둘로 나눈 앞의 기간[3월부터 8월까지의 학기]. 【一學期】

일(1)할 전체의 십분의 일. 10퍼센트(%).

일행 ①길을 함께 가는 사람. ②목적이 같은 사람들의 한

패를 이룬 무리.

일화 세상에 널리 알려지지 아니한 이야기. 【逸話】

일확 천금 힘들이지 않고 단번에 많은 재물을 얻음.

일흔 열의 일곱 곱절. 칠십.

읽다[익따] ①눈으로 글자를 살펴 가며 글을 읽다. ②소리를 내어 글을 보다. [예]쇠귀에 경읽기. ③뜻을 알아 내다. ④불경 등을 소리 내어 외다.

잃다[일타] 물건이 자기도 모르게 없어지다. [예]지갑을 잃다. [반]얻다.

임 마음 속에 그리며 생각하는 사람. [예]임 생각에 잠못 이루다.

임경업【사람】[1594~1646] 조선 인조 때의 명장. 병자호란 때에 명과 합세하여 청을 치고자 했으나 뜻을 이루지 못하고 도리어 김자점의 모함으로 죽음.

임:관 ①관직에 임명됨. ②장교로 임명됨. [예]대위로 임관되다. -하다. 【任官】

임:금[1] 왕국에서 나라를 다스리는 으뜸가는 사람. [비]왕. 군주. [반]신하.

임:금[2] 일한 대가로 받는 돈. [예]한 달 임금을 받다. [비]노임.

임:기 일정한 임무를 맡아 보는 기간. [예]대통령 임기.

임기 응:변 그때 그때의 형편에 따라 알맞게 일을 처리함. 기변. [준]응변.

임:대 돈을 받고 자기의 물건을 빌려 줌. -하다. 【賃貸】

임:명 벼슬이나 일을 맡게 함. [예]장관으로 임명되다. -하다.

임:무 맡은 일. 맡은 구실. [예]임무에 충실하다. [비]책무.

임:산부 임신중의 부인 및 출산 전후의 부인을 이르는 말. 임부와 산부.

임산 자:원 산이나 산림에서 얻어지는 자원〔나무·약초 등〕.

임시 정하지 아니한 일시적인 기간.

임시 정부 아직 적합한 정부로는 인정할 수 없는 사실상의 정부. 그 권력이 확립된 후 여러 외국의 승인을 얻음으로써 국제법상의 적합한 정부로 됨. 가정부. [예]대한 민국 임시 정부.

임야 나무가 들어서 있는 넓은 땅. 숲과 벌판. 【林野】

임업 인간 생활에 이용할 수 있는 나무를 가꾸고 베어 내는 산업. 산림업. 【林業】

임:오군란[이모굴란] 조선 고종 19년(1882)에 신식 군대인 별기군이 특별한 대우를 받는데 대한 반발로 구식 군인들이 일으킨 난리. 개화에 반대하는 보수 세력이 주동이 되었음.

임:원 어떤 모임의 일을 맡아 처리하는 사람. [예]임원 선출.

임:의 제한 없이 마음 내키는 대로 하는 일. [예]자기 임의대로 결정하다. 【任意】

임:자 물건을 차지하고 있는 사람. [비]주인.

임:자말 문장 속에서 '무엇이·무엇은'에 해당하는 말〔'노력은 성공의 어머니다'에서 임자말은 '노력은'임〕 [비]주어.

임종 죽게 된 때를 당함. 죽음에 이름.

임:진 왜란 1592년부터 1598년까지 2차에 걸쳐 우리 나라에 쳐들어온 일본과의 싸움. 임진년에 일어났으므로 '임진 왜란'이라함.

임해 바다에 면해 있음. -하다.

임해 공업 도시 바닷가에 있는 공업이 성한 도시〔울산·여수·포항·진해 등〕.

입 ①입술에서 후두까지의 부분. 체내에 먹이를 섭취하고 소리를 내는 기관임. ②'사람'이나 '식구'를 비유하는 말. ③'말솜씨'를 비유하는 말.

입교 어떤 종교를 믿기 시작함. -하다. 【入教】

입구 들어가는 문. 凰출구.

입국 어떤 나라에 들어감. 凰출국. -하다. 【入國】

입금 ①돈이 들어오거나, 들어온 그 돈. ②은행 같은 금융 기관에 예금, 또는 빚을 갚기 위하여 돈을 들여놓음. 또는 그러한 돈. 凰출금. 【入金】

입금표 은행·회사 등에서 들어오는 돈의 내용을 적은 쪽지. 凰출금표. 【入金表】

입김 입에서 나오는 김.

입다 ①옷 따위를 몸에 꿰거나 두르거나 하다. 예바지를 입다. ②욕이나 손해·도움 따위를 당하거나 받거나 하다.

입대 군대에 들어가 군인이 됨. 예해군에 입대하다. 凰제대. -하다.

입동 이십사 절기의 열아홉째. 양력으로 11월 7일·8일경. 상강과 소설 사이에 있음.

입력[임녁] 컴퓨터에서, 문자나 숫자를 기억하게 하는 일. 凰출력. -하다. -되다.

입맛[임맏] 입이 받는 음식의 자극이나 맛. 구미.

입버릇[입뻐른] 자주 말해서 버릇이 되어 버린 말이나 말투.

입법 법률을 제정함〔삼권 중의 하나〕. -하다. 【立法】

입사[입싸] 회사에 일자리를 얻어 들어감. 凰퇴사. -하다.

입상 상을 타게 됨. 예미술 대회에 입상하다. -하다.

입선 잘 되어 뽑힘 예사생 대회에 입선하다. -하다.

입시 '입학 시험'의 준말. 예입시 준비. 【入試】

입원 환자가 병을 고치기 위하여 한동안 병원에 들어감. 凰퇴원. -하다. 【入院】

입장[입짱] 식장·경기장 등에 들어감. 凰퇴장. -하다.

입장권 입장을 할 때에 필요로 하는 표. 입장을 허가하는 표. 입장표.

입증 증거를 댐. 증명을 함. 凰거증. 예무죄가 입증되다. -하다.

입체 상자 등과 같이 길이·폭·두께가 있는 물체. 예입체 교차로. 凰평면. 【立體】

입체 구성 어떤 재료를 가지고 입체적인 모양을 아름답게 꾸민 구성.

입체 도형 한 평면 위에 있지 않고 공간적인 넓이를 가지는 도형. 공간 도형.

입추 이십사 절기의 열셋째. 양력 8월 4일경. 대서와 처서 사이에 있음. 【立秋】

입춘 이십사 절기의 첫째. 양력 2월 4일경. 대한과 우수 사이에 있음. 【立春】

입하 이십사 절기의 일곱째. 여름이 시작된다는 날로, 양력 5월 5·6일경. 곡우와 소만 사이에 들어 있음.

입학[이팍] 학교에 들어가 학생이 됨. 입교. -하다. 【入學】

입항[이팡] 배가 항구에 들어옴. 예부산 앞바다에 입항하다. 凰출항. -하다. 【入港】

입헌 정치[이편정치] 헌법에 의하여 하는 정치.

입후보[이푸보] 선거에 후보자로 나섬. -하다.

잇:다(이으니, 이어서) 마주 붙이다. 연결하다. 예줄을 잇다.

잇:달다(잇다니, 잇다오) 끊이지 않게 뒤를 이어 달다. 예손님들이 잇달아 들어온다.

잇:속 이익이 있는 실속. 예장사의 기본은 잇속이다.

있다 ①어떤 것이 시간적으로나 공간적으로 또는 실제로 존재하다. ②스스로 가지거나 지니거나 갖추거나 하다. ③머무른 상태를 지속하다.

잉글리시 호른 음높이가 오보에보다 5도 낮은 목관 악기.

잉꼬 앵무새과에 속하는 새. 몸길이 21~26cm, 머리 위는 노란 빛, 뺨에는 푸른 빛의 굵고 짧은 점이 한 쌍이 [잉꼬] 있으며 그 사이에 둥근 점이 두 쌍이 있음. 사랑새.

잉여 다 쓰고 난 나머지. 예잉여 시간을 잘 활용하자.

잉카 문명 16세기 초까지 남아메리카의 안데스 산맥을 중심으로 잉카족이 이룩한 고대 문명.

잉카 제:국〖나라〗 15~16세기에 남아메리카의 페루를 중심으로 잉카족이 세운 왕국, 에스파냐의 침략으로 망함.

잉:태 아기를 가짐. 임신. -하다.

잊다 생각해 내지 못하게 되다. 예심부름을 깜박 잊다.

잊어버리다[이저버리다] 아주 잊다. 모두 잊다.

잎[입] 고등 식물의 영양 기관의 하나. 풀과 나무의 가지나 줄기의 마디에서 나서 엽록소를 지니며, 광합성·증산·호흡 등의 작용을 함.

잎눈[임눈] 자라서 잎이나 줄기가 될 식물의 눈.

잎맥[임맥] 수분과 양분의 통로가 되는 잎 속의 관.

잎자루[입짜루] 잎의 일부분. 잎줄기가 나무의 줄기에 붙는 부분. 물과 양분의 통로가 됨.

ㅈ

ㅈ(지읒[지은]) 한글 닿소리(자음)의 아홉째 글자.

자[1] ①길이를 재는 기구[삼각자·대자 등]. ②길이의 단위의 하나[한 자는 약 30.3cm].

자[2] 앞말에 붙어서 '어떠한 사람·어떤 방면에 능통한 사람'이라는 뜻. 예과학자.

자가 자기 집. 【自家】

자가 수분 같은 그루에 핀 꽃끼리 수분이 되는 일. 제꽃가루받이. 반타가 수분.

자가용 ①오로지 자기 집에서만 쓰는 물건. 준가용. ②자가용차. 예자가용을 타고 등교를 하다. 반영업용. 【自家用】

자가 운:전 자기 차를 자기가 직접 운전함.

자각 스스로 깨달음. 예잘못을 자각하다. -하다. 【自覺】

자갈 강이나 바다에서 오래 갈리어 반들반들하게 된 자질구레한 잔돌.

자개 금조개의 껍데기를 잘게 썰어 낸 조각. 빛깔이 아름다워 가구 등을 장식하는 데 쓰임.

자격 ①어떠한 신분이나 지위를 가지는 데에 필요한 조건이나 능력. 예자격 시험을 보다. ②신분이나 지위. 예교사 자격.

자격루 조선 세종 20년(1438) 장영실·김빈 등이 만든 것으로, 물이 흐르는 것을 이용, 스스로 시간을 쳐서 알리도록 만든 시계.

[자격루]

자격증[자격쯩] 일정한 자격을 인정하여 주는 증서. 예교사 자격증.

자결 ①자기의 일을 스스로의 힘으로 해결함. 예민족 자결주의. ②스스로 자기의 목숨을 끊음. 비자살. -하다.

자고로 예로부터 내려오면서. 본자고 이래로.

자국[1] 닿거나 지나간 자리. 예발자국이 생기다. 비흔적. ×자욱.

자국[2] 자기의 나라. 예자국의 시장 보호. 반타국.

자그마치 ①자그마하게. ②생각했던 것보다 훨씬 많은 때 쓰는 말. 예자그마치 10년이 지났다.

자:극[1] ①흥분시키는 일. ②눈·귀·코·살갗의 신경에 강한 느낌을 주는 일. -하다.

자극[2] 자석의 힘이 가장 센 남(S)극과 북(N)극, 곧 자석의 양 끝 부분을 이름. 【磁極】

자:금 무슨 일에 꼭 있어야 하는 돈. 예사업 자금을 빌리다. 본자본금.

자:금난 자금이 부족한 데서 생기는 어려움. 예자금난을 겪다.

자급 자족 자기의 생활에 필요한 물건을 자기 손으로 만들어 씀. -하다. 【自給自足】

자기[1] 어떤 사람을 말할 때, 그를 도로 가리키는 말. 제 몸. 비자신. 반타인. 【自己】

자기[2] 사기 그릇. 【磁器】

자기력 자석의 서로 당기고 미는 힘. 또는 이와 같은 종류의 힘. 逐자력.

자기력선 자기력이 작용하는 방향을 나타내는 선. 자석의 북극에서 나와 남극으로 들어가는 방향으로 나타남. 逐자력선.

자:기장 자극이나 전류가 흐르는 주위에 생기는, 자기력의 영향이 미치는 장소와 공간.

자나 깨:나 잠을 잘 때나 깨어 있을 때나 늘. 언제나.

자네 친구나 손아랫사람을 가리키어 부르는 말.

자녀 아들과 딸. 【子女】

자다 ①잠이 들다. 예새근새근 잠을 자다. ②움직이던 것이 멈추다. 예시계가 자다.

자당 남의 어머니를 높이어 이르는 말. 【慈堂】

자동 ①기계 따위가 사람의 지시나 지휘에 따라 제 힘으로 움직임. 예자동 응답 전화기. ②스스로 활동함. 예자동으로 움직이는 엘리베이터. 맨수동.

자동 개폐기 스스로 움직여서 전기 회로를 열고 닫는 장치.

자동 관측 시:설 어떤 일이나 모양의 변화를 기계로 살피고 재는 장치.

자몽 수위 측정기 자동적으로 강물의 높이를 재는 기계.

자동식 스스로 움직이게 된 방식. 맨수동식. 【自動式】

자동식 전:화 교환을 통하지 않고 직접 통화하는 전화. 逐자동 전화.

자동 접시 저울 접시같이 생긴 저울대에 물건을 올려놓으면 지침이 회전하여 그 무게를 가리키게 만든 저울.

자동차 가스·휘발유·증유 등을 연료로 하는 발동기의 동력으로 바퀴를 돌려서 달리게 만든 차. 모터카.

자동차 보:험 자동차 사고로 재산상의 손해를 보았을 때에 보상해 주는 보험.

자동 판매기 돈을 넣고 스위치만 누르면 물건이 나오는 기계. 逐자판기. 【自動販賣機】

자동화 자동적으로 됨. 자동적으로 되게 함. 【自動化】

자동화 장치 자동으로 되게 하는 시설이나 기계의 장치.

자라다 ①차차 커지거나 많아지다. 예꽃나무가 점점 자라다. ②능력이 많아지거나 발전하다.

자락 옷·피륙 등의 아래로 드리운 넓은 조각.

자랑 자기와 관계되는 물건이나 일을 드러내어 뽐내는 일. 예새 옷을 자랑하다. -하다.

자랑거리[자랑꺼리] 남에게 뽐낼 만한 거리.

자랑스럽다(자랑스러우니, 자랑스러워서) 자랑할 만하여 마음이 흐뭇하다.

자력[自力] 스스로의 힘. 예자력으로 성공하다. 맨타력. 【自力】

자:력[資力] 자석의 서로 끌고 미는 힘. 쇠끌림. 【資力】

자:료 연구·조사 등의 바탕이 되는 재료. 【資料】

자루[自루] 곡식 등을 담을 수 있게 헝겊 등으로 길고 크게 만든 주머니. 또는 자루에 담긴 물건의 수를 세는 단위. 예콩한 자루.

자루[자루] 연장 등에 딸린 손잡이. 예호미 자루.

자루[자루] 연필·칼 같은 것을 세는 단위. 예볼펜 두 자루.

자르다 동강이를 내다. 끊어내다. 예생선을 자르다.

자리 ①앉거나 서거나 누울 장

소. **예**서 있을 자리. ②물건을 두거나 놓을 위치. ③직위나 지위. **예**사장 자리가 바뀌었다. ④십진법에 의한 숫자의 위치. **예**소수 둘째 자리까지 계산하다.

자리잡다 ①일할 곳이나 의지할 곳을 얻다. ②자리를 정하여 머무르게 되다. **예**시골에서 자리잡고 살다.

자립 남의 힘에 의지하지 않고 스스로 행동할 수 있는 지위에 섬. -하다. 【自立】

자립 경제 남에게 예속되지 않은 자주적인 경제. **반**의존 경제.

자립 정신 자기 힘으로 해 나가려는 정신. 【自立精神】

자릿그물 그물을 바다에 고정시켜 놓고 물고기가 그 안에 들어오게 하여 잡는 그물.

자만 스스로 잘난 체함. **비**오만. **반**겸손. -하다.

자매 ①손윗누이와 손아랫누이. ②여자끼리 언니와 아우. **예**자매끼리 살다. 【姉妹】

자매 결연 ①자매의 관계를 맺는 일. ②어떤 단체나 집단이 다른 단체나 집단과 친선이나 협조를 목적으로 서로 밀접한 관계를 맺는 일. **예**학교끼리 자매 결연을 맺다. -하다.

자맥질 물 속에 들어가서 떴다 잠겼다 하며 팔다리를 놀리는 짓. **발**무자맥질. -하다.

자멘호프〖사람〗[1859~1917] 유대인으로 폴란드의 안과 의사. 1887년 국제어 에스페란토를 창안 발표하고, 1905년 제1회 에스페란토 만국 대회를 열었으며, 그 후 이의 보급에 힘썼음.

자멸 ①제 탓으로 망함. ②자연히 멸망함. -하다. 【自滅】

자명고 지난날에, 낙랑이라는 나라에 있었다고 하는 북으로 적이 침입하면 저절로 울렸다 함.

자명종 때가 되면 저절로 울려서 시간을 알려 주는 시계.

자모 하나의 글자를 이루는 단위인 낱낱의 글자〔ㄱ, ㄴ, ㅏ, ㅑ 등〕. 【字母】

자문 스스로 자신에게 물음.

자문자답 자기가 묻고 자기가 대답함. -하다. 【自問自答】

자물쇠[자물쐬] 여닫는 물건에 열지 못하도록 채워서 잠그는 쇠. **준**쇠. **비**자물통.

자바 해 인도네시아 공화국의 자바·수마트라·보르네오·셀레베스 등의 섬으로 둘러싸인 바다.

자:반 생선을 소금에 절인 굴비·고등어·준치 등의 반찬. 또는 콩·미역·쇠고기 등을 간장에 조리거나 튀겨서 만든 반찬.

자발적[자발쩍] 제 스스로 행동하는 모양. 【自發的】

자백 자기의 허물이나 죄를 스스로 말함. -하다. 【自白】

자벌레 자벌레나방과의 애벌레로 가슴과 배에 각각 세 쌍과 한 쌍의 발이 있고, 그 사이가 매우 떨어져 있음.

자:본 사업을 하는 데 기본이 되는 돈. 밑천. 【資本】

자:본주의 생산 수단을 가진 자본가 계급이 노동자 계급으로부터 노동력을 사서 생산 활동을 함으로써 이익을 추구해 나가는 경제 구조, 또는 그 바탕 위에 이루어진 사회 제도. 【資本主義】

자부 며느리.

자부심 자기의 능력을 믿는 마음.

자비[1] 스스로 부담하는 비용.

자비[2] 고통받는 이를 크게 사랑하고 가엾게 여김. 예부처님의 자비를 빌다. -스럽다.

자비령〖지명〗 황해도 황주군 구락면·봉산군 산수면·서흥군 소사면·목감면 등 3군 4면의 접경에 있는 고개.

자비롭다(자비로우니, 자비로워) 사랑하고 불쌍히 여기는 마음이 깊다. 자비로이.

자비심 사랑하고 가엾게 여기는 마음.

자살 스스로 자기의 생명을 끊음. 반타살. -하다. 【自殺】

자상 성질이 자세하고 찬찬함. 비상세. 세밀. -하다. -히.

자새 새끼나 바 같은 것을 꼬는 데 쓰거나 실을 감는 얼레. 모양은 여러 가지임.

자서전 자기가 쓴 자신의 전기. 예자서전을 쓰다.【自敍傳】

자:석 철을 끌어당기는 성질의 물체. 양쪽에 북(N)극과 남(S)극이 있어 자침을 만들어 자유로이 돌게 하면 남북을 가리키고 섬. 비지남철. [자석]

자:석식 전:화 전화기의 핸들을 돌리면 교환대로 신호가 가는 수동식 전화.

자선 남에게 은혜를 베풀어 착한 일을 함. -하다.

자선 기관 남에게 은혜를 베풀어 착한 일을 하는 기관.

자선 냄비 연말에 크리스트교의 한 파인 구세군에서 어려운 사람을 도울 목적으로 길가에 놓고 성금을 걷는 그릇.

자선 사:업 가난하고 불쌍한 사람들을 도와 주고 구제하는 일.

자:세[1] ①몸가짐. 몸을 가진 모양. 예부동 자세.

자세하다 빠짐없이 분명하다. 비상세하다. 자세히.

자손 ①아들과 손자. ②후손. 예자손이 많다. 춘손. 【子孫】

자손 만:대 아들·손자·증손·현손 등 후손 대대.

자:수[1] 수를 놓음. 또는 그 수.

자수[2] 죄진 사람이 스스로 잘못을 알림. 【自首】

자수 성가 물려받은 재산 없이 혼자만의 힘으로 한 살림을 이루는 일. -하다.

자습 자기 스스로 배워 익힘. 예자습 시간. -하다.

자승 '제곱'의 이전에 쓰던 말. 같은 수를 두 번 곱함.

자식 ①자기의 아들이나 딸. 비자녀. ②남자를 욕할 때 이르는 말. ③어린아이를 귀여워해서 하는 말. 【子息】

자신[1] 자기. 제 몸. 반남. 타인.

자신[2] 자기의 능력이나 가치 또는 어떤 일의 보람에 대하여 자기 스스로 믿음. 예자신 있게 나서다. 비자부. -하다.

자신감 자신의 능력이나 가치를 스스로 믿는 느낌.

자신 만:만 자신감이 넘쳐 있음. 매우 자신이 있음.

자아내다 ①실을 뽑아 내다. ②생각을 일으켜 내다.

자애 아랫사람에게 베푸는 도타운 사랑. -롭다. 【慈愛】

자양분 몸에 영양이 되어 건강을 좋게 하는 음식의 성분. 비영양분.

자업자득 자기가 저지른 일의 과보를 자기 자신이 받는 일. 비자업자박. -하다.

자연 ①사람의 힘을 들이지 않은 천연 그대로의 모든 존재. 또는 사람의 힘으로 어찌할 수 없는 상태. 비천연. 반인공.

②지리적 또는 지질적 환경 조건. ③저절로.　【自然】

자연계 천지 만물이 존재하고 있는 범위.

자연 과학 자연에 속하는 모든 대상을 다루어 그 법칙을 밝히는 학문.　【自然科學】

자연 관찰 자연의 법칙이나 움직임 등의 상태를 잘 살펴보는 일. -하다.

자연림 자연적으로 이루어진 수풀. 圓원시림. 圖인공림.

자연미 꾸밈이 없는 자연 그대로의 아름다움. 圓천연미.

자연 보:호 운:동 1978년 10월 5일에 선포된 자연 보호 헌장을 계기로 시작된 우리 나라의 국민 운동으로, 자연을 아끼고 공해를 없애며, 자연의 질서와 조화를 지키자는 운동.

자연석 사람의 힘을 가하지 않은 천연 그대로의 돌. 圓천연석. 圖인조석.　【自然石】

자연수 정수를 통틀어 이르는 말[1·2·3…따위].

자연스럽다(자연스러우니, 자연스러워) 보기에 꾸밈이 없어 어색하지 않다.

자연식 사람이 만든 색소나 방부제 등을 첨가하는 따위의 가공을 하지 않은 자연 그대로의 식품.

자연의 평형 일정한 지역 안에서 생물들간에 생산자와 1차 소비자 및 2차 소비자가 양적으로 자연히 서로 균형을 이루게 되는 현상.

자연 재해 홍수·가뭄과 같이 자연 현상에서 오는 재난으로 입는 손해.

자연적 자연 그대로의 모양이나 성질. 圓자연적인 변화. 圖인위적. 인공적. 圓천연적.

자연 환경 우리가 살고 있는 둘레의 지리·자원·기후 등의 형편.

자연히 저절로.

자오선 날줄. 지구의 남북으로 그은 상상의 줄.　【子午線】

자외선 파장이 가시 광선보다 짧고 엑스선보다 긴. 눈에 보이지 않는 복사선.

자욱하다 연기나 안개가 잔뜩 끼어 흐릿함. 圓아침에 안개가 자욱하게 끼었다. ＞자옥하다.

자웅 ①암컷과 수컷. ②'승부·우열·강약' 등을 비유하는 말. 圓실력의 자웅을 겨루다.

자원[1] 어떤 일을 스스로 하고 싶어 바람. 스스로 지원함. 圓자원 봉사. -하다.　【自願】

자:원[2] 자연에서 얻어지는 여러 가지 물자. 자료의 근원. 圓자원이 부족한 우리 나라.

자원 봉사자 스스로 원하여 봉사하는 사람.

자유 남의 억눌림이나 간섭을 받지 않고 마음대로 함. 圖구속.　【自由】

자유 경제 국가의 간섭이나 통제없이, 기업이나 개인의 경제 활동의 자유가 인정되는 경제.

자유 공원 6·25 전쟁 때의 인천 상륙을 기념하기 위하여 인천 광역시 응봉산에 만든 공원.

자유 국가 ①다른 나라의 지배나 영향을 받지 않는 독립 국가. ②모든 사람이 자유롭게 살 수 있는 국민의 자유가 보장된 나라. 圖공산 국가.

자유권 억눌림을 받지 않고 자유롭게 살 수 있는 권리.

자유롭다(자유로우니, 자유로워

서) 자유가 있다. 아무런 규제나 구속 따위가 없이 자기 마음대로 활동할 수 있다. 자유로이.

자유 무:역 국가가 간섭하지 않고 수출입을 자유로이 하는 무역. 凹보호 무역.

자유 민주 국가 자유와 민주주의 정신에 입각하여 세운 국가.

자유 민주 사회 자유롭고 민주적인 사회. 【自由民主社會】

자유 분방 누구에게도 구속되지 않고 마음대로임.

자유 세계 ①자유로운 세계. ②공산 국가에 대하여 미국·한국과 같은 민주주의 국가를 일컫는 말. 凹공산 세계.

자유시 글자의 놓임이 어떤 형식에 구애받지 않고 자유롭게 표현된 시. 【自由詩】

자유의 마을 휴전선 안 중립지대에 있는 마을. 판문점에서 서남 쪽 2km 지점.

자유의 집 자유를 지키려고 싸운 국군과 유엔군을 기념하기 위해 1965년 9월 판문점에 지은 집.

자유 자재 어떤 범위 안에서 구속이나 제한을 받음이 없이 마음대로 할 수 있음.

자유 정신 누구의 간섭 없이 자기 의사대로 살고자 하는 생각.

자유 진영 개인의 자유를 존중하는 민주주의 국가들.

자율 스스로의 의지로 자기를 억제함. 凹타율. 【自律】

자율 학습 스스로 하는 공부. -하다.

자음 우리가 내는 소리 중에서 목 안 또는 입 안을 통과할 때 어떤 장애를 받고 나는 소리. 닿소리〔ㄱ, ㄴ, ㄷ…따위〕.

凹모음. 【子音】

자의식 자기 자신에 관한 의식.

자이르〖나라〗중부 아프리카에 있는 나라. 금강석·우라늄·구리 등이 많이 남. 세계 제1의 공업용 다이아몬드 생산국. 수도는 킨샤사.

자인 스스로 그렇다고 인정함. 자신이 시인함. ⒠실수를 자인했다. -하다. 【自認】

자일 등산용 밧줄.

자자 손손 자손의 여러 대. 자손 만대. 【子子孫孫】

자자하다 소문이나 칭찬 따위가 여러 사람의 입에 오르내려 떠들썩하다. 자자히.

자작 스스로 무엇을 만듦. 또는 그 물건. -하다. 【自作】

자작나무 키 가 20~30m의 잎이 넓은 나무. 재목은 기둥·가구의 재료·땔감 등으로 쓰임. 백단.

[자작나무]

자작농 자기 땅을 자기가 직접 경작함. 또는 그 농가. 凹소작농. 임대농.

자잘하다 여러 개가 다 잘다.

자장〖사람〗신라 선덕 여왕 때의 승려. 통도사를 세웠고, 태백산에 정암사를 세우는 등 불교에 많은 업적을 남겼음.

자장가 어린아이를 재울 때 부르는 노래. 또는 그런 성격의 기악곡.

자재 물자와 재료. 【資材】

자전[1] ①저절로 돌아감. ②지구·달·태양 등이 축을 중심으로 일정한 속도로 회전하는 것. 凹공전. -하다.

자전[2] 한자를 모아 낱낱이 그 뜻을 풀이한 책. 凹옥편.

자전거 타고 있는 사람이 양발로 페달을 밟아 바퀴를 돌려서 앞으로 나아가게 장치한 수레.

자전축 천체가 자전할 때의 중심이 되는 가상의 축.

자정 밤 열두 시. 곧 영(0)시. 𝔹오정. 【子正】

자제 '남의 아들'의 높임말. 남의 집의 젊은 사람. 예댁의 자제는 몇입니까? 【子弟】

자제력 스스로 억제하는 힘.

자조 남의 도움을 빌리지 않고 자기 힘으로 자기를 도움. 예자조 정신. -하다. 【自助】

자족 ①스스로 넉넉함을 느낌. ②자기가 가진 것으로써 충분함. 예자급 자족. -하다.

자존심 남에게 굽히지 않고 스스로를 높이는 마음. 예자존심이 강하다.

자주[1] 여러 번 되풀이하여. 예자주 등산을 간다. 𝔹종종. 𝔹이따끔. 가끔.

자주[2] 남에게 의지하거나 간섭을 받지 않고 스스로의 힘으로 행동함. 예자주 정신.

자주 국방 스스로의 힘으로 나라를 지킴. 【自主國防】

자주 독립[자주동닙] 남의 간섭을 받거나 남에게 의지하지 않고 스스로의 힘으로 일을 할 수 있는 완전한 독립. -하다. 【自主獨立】

자주력 남의 보호나 간섭을 받지 않고 독립적으로 할 수 있는 힘.

자주색 푸른빛에 붉은빛이 조금 섞인 빛깔. 𝔹자줏빛.

자주성 남에게 의지함이 없이 자기 힘으로 처리하려는 정신.

자주적 남의 간섭 없이 스스로의 힘으로 해나가는 것.

자주 정신 자주적으로 일을 처리하려는 정신.

자중 ①자기 스스로를 소중하게 여김. ②자기 행실을 삼가함. -하다. 【自重】

자지러지다 ①놀라서 몸이 움츠러지다. ②웃음·울음·장단·소리 등이 빨라서 잦아지다.

자진 무슨 일에 남의 시킴이 없이 스스로 나섬. 예자진해서 일어서다. -하다. 【自進】

자진모리 장단 국악에서 쓰는 장단법의 하나, 또는 자진모리 장단에 의한 악장의 이름. 매우 빠른 12박으로 1박을 8분음표로 나타내면 8분의 12박자가 되나 일반적으로 3박을 묶어 1박으로 치기 때문에 4박이 1장단이 됨.

자:질 타고난 성품과 바탕. 예무용에 자질이 있다. 𝔹자성. 천성.

자찬 스스로 자신을 칭찬함. 예자화 자찬. -하다.

자책 양심에 걸리어 스스로 자기를 꾸짖음. -하다.

자청 자기 스스로 청함. 예힘든 일도 자청해서 하다. -하다.

자체 ①그 자신. 예자체적으로 준비하다. ②사물의 본체. 예물건 자체가 좋다. 【自體】

자초지종 처음부터 마지막까지 이르는 동안, 또는 그 사실.

자취 무엇이 남기고 간 흔적.

자치적 제 일은 제 스스로가 다스리는 것.

자치제 중앙 정부의 지시를 받지 않고 지역 스스로 행정을 보는 제도. 자치 제도.

자칫하면 조금이라도 잘못하면.

자칭 ①남에게 대하여 스스로 자기를 일컬음. ②남에게 자기를 무엇으로 여기게 하여 일컫거나 뽐냄. 예자칭 우등생이라고 한다.

자카르타〖지명〗 인도네시아 공화국의 수도이며, 자바섬 서북 해안에 있는 항구 도시. 커피·차 등을 수출함.

자:태 모양. 맵시. 예아름다운 여인의 자태. 비자세. 【姿態】

자택 자기의 집. 비자가.

자퇴 스스로 물러남. 예학교를 자퇴하다. -하다. 【自退】

자투리 팔거나 쓰다 남은 천조각. ×짜투리.

자포 자기 희망을 잃고 스스로 자신을 버려서 돌보지 않음. -하다.

자필 글씨를 자기 손으로 직접 씀. 또는 그 글씨. 【自筆】

자학 스스로 자기를 학대함.

자혜 의원 빈민의 병을 치료할 목적으로 1909년에 설립된 병원.

자화상 자기가 자신의 모습을 그린 그림.

자활 제 스스로의 힘으로 독립하여 살아감. -하다.

작가 예술품을 만드는 사람. 특히 소설가를 말함.

작고 '사망'의 높임말. -하다.

작곡〔작꼭〕 악곡을 지음. 또는 그 악곡.

작곡가 음악을 지어 내는 일을 전문으로 하는 사람. 비작곡자.

작년〔장년〕 지난 해. 전년. 반내년. 명년. 【昨年】

작:다〔작따〕 ①부피가 얼마 안 되다. ②인물이나 도량이 부족하거나 좁다. 예그 일을 하기에 그는 인물이 작다. 반크다.

작대기〔작때기〕 긴 막대기.

작동〔작똥〕 기계가 움직이거나

기계를 움직이게 함. -하다.

작두〔작뚜〕 소나 말에게 먹일 풀·짚 따위를 써는 연장.

작렬〔장녈〕 폭발물이 터져서 산산이 퍼짐. 【炸裂】

작문〔장문〕 글을 지음. 또는 그 글. 예작문 실력이 늘다. 비글짓기. -하다. 【作文】

작물〔장물〕 사람이 생활하여 가는 데 필요한 것을 얻기 위해서 논밭에서 가꾸는 식물. 묵농작물. 【作物】

작별 같이 있던 사람이 서로 헤어짐. 예작별 인사를 나누다. 비이별. 반상봉. -하다.

작사 노랫말을 지음. 예작사 작곡. -하다.

작살 작대기 끝에 뾰족한 쇠를 두세 개 박아, 짐승이나 물고기를 찔러 잡는 기구.

작성 만들어 이룸. 예서류를 작성하다. -하다. 【作成】

작시 시를 지음. -하다.

작심 삼일 〔어떤 일을 결심해 봤자 겨우 사흘이라는 뜻으로〕 '결심이 굳지 못함'을 빗대어 이르는 말. 【作心三日】

작약 꽃밭에 가꾸는 여러해살이풀. 초여름에 줄기와 잎 사이에 흰색이나 붉은색의 큰 꽃 이 피는데, 함박꽃이라고도 함. 꽃이 크고 아름다워 정원에 관상용으로 심음.
[작약]

작약도〖지명〗 인천 앞바다에 있는 섬 이름.

작업 일터에서 연장이나 기계 등을 가지고 일을 함. 또는 그 일. -하다. 【作業】

작업대 작업을 하기에 편리하도록 만든 대.

작업모 일을 할 때 쓰는 모자.

작업복 일을 할 때 입는 옷.

작업자 ①작업을 하는 사람. ②작업에 필요한 사람.

작업장 일을 하는 곳〔공장이나 공사장 등〕. 【作業場】

작용 힘이 미쳐서 어떠한 영향을 줌. - 하다. 【作用】

작은골 큰골의 뒤쪽에 있음. 운동을 바르게 하는 일과 몸의 균형을 잡는 일 등을 맡아 함. 소뇌.

작은곰자리 북쪽 하늘 별자리의 하나. 북두칠성 옆에 있으며, 북극성이 그 주성임.

작은댁 작은아버지와 그 식구들이 사는 집. 땐큰댁. 놧작은집.

작은말 어떤 말과 뜻은 같으면서도 작고 가볍고 밝은 느낌을 주는 말〔'설렁설렁'의 작은말은 '살랑살랑'임〕. 땐큰말.

작은방 집안의 큰방과 나란히 딸려 있는 방. 땐큰방.

작은아버지 아버지의 동생되는 사람. 삼촌. 숙부.

작은악절 음악에서, 네 마디로 이루어진 악절. 땐큰악절.

작은어머니 ①작은아버지의 아내. ②서모를 자기 어머니와 구별하여 부르는 말.

작은창자 위와 큰창자의 사이에 있으며, 먹을 것을 소화하고 영양을 흡수함. 길이 6~7m. 田소장. 땐큰창자.

작자 ①문예 작품을 지은 사람. 놧저작자. ②남을 업신여겨 낮추어 이르는 말. 【作者】

작전 싸움하는 데 필요한 방법을 세움. - 하다. 【作戰】

작정 일을 어떻게 하기로 결정함. 예여행을 갈 작정이다. 田예정. 땐미정. - 하다.

작품 ①만든 물건. ②문학·미술 등의 창작물. 【作品】

작품란〔작품난〕 신문이나 잡지에서 문예 작품을 싣는 난.

작품집 문학·미술 등의 작품을 모아서 엮은 책. 【作品集】

잔 물·차 따위를 따라먹는 작은 그릇.

잔고 돈이나 물품 등의 나머지 수량.

잔꾀 약고도 작은 꾀. 예놀기 위해 잔꾀를 부리다.

잔금 ①쓰고 남은 돈. ②갚다가 덜 갚은 돈. 【殘金】

잔기침 작은 소리로 자주 하는 기침. 땐큰기침.

잔돈 ①몇 푼 안되는 적은 돈. ②우수리. 예잔돈을 받다. 田푼돈. 땐큰돈.

잔등이 '등'의 낮춤말.

잔디 정원·광장·둑 같은 데에 심는 작은 풀. 줄기에서 뿌리가 내려 사방으로 뻗음.

잔디밭 잔디가 많이 난 곳.

잔뜩 더할 수가 없는 데까지. 꽉차게. 예눈을 잔뜩 맞았다.

잔말 쓸데없이 자질구레하게 되풀이하는 말. 田잔소리. - 하다.

잔물결〔잔물껼〕 잔잔한 물결. 조그만 물결.

잔병 자주 앓는 여러 가지 가벼운 병. 예잔병이 잦다.

잔설 겨울에 내린 눈이 봄이 되어도 미처 녹지 않고 남아 있는 눈.

잔소리 ①쓸데없이 늘어놓는 잔말. ②꾸중으로 하는 여러 말.

잔손질 큰 수고는 들지 않으나, 자질구레하게 손을 많이 놀리어 매만지는 짓. - 하다.

잔심부름 자질구레한 심부름.

잔씨앗 작은 씨앗.

잔악 몹시 잔인하고 악독함. 예잔악한 살인범. 田포악. -

하다. -스럽다. -히.

잔액 나머지 돈의 액수. 【殘額】

잔인 인정이 없고 모짊. 예짐승을 잔인하게 때리다. -하다.

잔잔하다 ①바람이나 물결, 병이나 형세 등이 가라앉아 조용하다. 예잔잔한 바다. ②소리가 나지막하다. 잔잔히.

잔재 남아 있는 찌꺼기. 남아 있는 것. -하다. 【殘滓】

잔치 기쁜 일이 있을 때 음식을 차려 놓고 손님을 초청하여 즐기는 일. 또는 그 모임. 예회갑 축하 잔치. -하다.

잔학 잔인하고 포악함. 예잔학한 행동. 비잔혹. -하다.

잔해 부서지고 남아 있는 물건. 예비행기의 잔해.

잔혹 잔인하고 혹독함. 예잔혹한 영화. -하다. 【殘酷】

잘나다 똑똑하고 뛰어나다. 반못나다.

잘리다 ①끊어지게 되다. ②자기의 몫을 남에게 가로채이다. 예빌려 준 돈을 잘리다.

잘못 제대로 잘 하지 못한 짓. 잘 되지 않은 일. 예내 잘못으로 큰 손해를 입다. 비실수. -하다.

잘살다 ①넉넉하게 살아가다. ②탈이 없이 무사히 지내다.

잘생기다 모양이 훌륭하게 생기다. 얼굴이 예쁘게 생기다. 반못 생기다.

잘잘못 옳음과 그름. 예잘잘못을 가리다.

잠 눈을 감고 아무 것도 느끼는 것이 없이 쉬는 일.

잠결[잠껼] 자다가 의식이 흐릿한 겨를. 또는 잠이 막 깨려고 할 즈음.

잠그다(잠가, 잠가서) 여닫는 물건을 열지 못하게 무엇을 걸거나 꽂거나 채우다. 예대문을 잠그다. ×장그다.

잠금 장치 문을 열지 못하게 무엇을 걸거나 꽂거나 하는 장치.

잠기다[1] ①여닫는 물건이 잠가지다. 예방문이 잠기다. 반열리다. ②목이 쉬어 소리가 제대로 나오지 않다. 예감기로 목이 잠기다.

잠기다[2] ①물 속에 들어가 가라앉다. ②한 가지 일에만 정신이 쏠리다. 예생각에 잠기다.

잠깐 매우 짧은 동안. 비잠시. 반영원.

잠꼬대 ①잠을 자면서 자기도 모르게 중얼거리는 헛소리. ②엉뚱한 말. -하다.

잠꾸러기 잠이 썩 많은 사람. 잠을 많이 자는 사람. 비잠보.

잠들다(잠드니, 잠드오) ①자게 되다. 예거실에서 잠들다. ②죽다. 묻히다.

잠망경 숨어 있는 곳이나 물 속에 잠긴 잠수함에서 바깥을 내다 보는 데 쓰는 기구. 거울·프리즘·렌즈 등을 이용하여 만듦.

잠복 겉으로 드러나지 않게 숨어 있음. 예경찰이 잠복 근무를 한다. -하다. 【潛伏】

잠수 물 속에 들어감. -하다.

잠수 도구 물 속에 잠겨 들어갈 때에 쓰이는 물건.

잠수부 물 속에 들어가 일하는 사람. 【潛水夫】

잠수함 주로 물 속으로 다니며 적의 배를 공격하고 때로는 적지의 포격·정찰 등을 하는 배. 준잠함. 【潛水艦】

잠:시 짧은 시간. 오래지 않은 동안. 비잠깐. 반오래. 【暫時】

잠실 누에를 치는 방.

잠실벌 서울 특별시 한강 이남을 일컫는 말. 지금의 송파구 일대의 넓은 벌판.

잠옷 잠을 잘 때에 입는 옷.

잠입 몰래 숨어 들어옴. 예집에 도둑이 잠입했다. -하다.

잠자다 ①심신의 활동이 정지되어 무의식의 상태로 들어가다. ②사물이 기능을 잃고 침체 상태에 빠져 있다. 예잠자고 있는 천연 자원.

잠자리¹ 몸이 가늘고 길며, 옆으로 펼친 네 개의 날개로 하늘을 가볍게 날아다니는 곤충.

잠자리²[잠짜리] 잠을 자는 곳. 예잠자리가 편하다.

잠자코 아무 말이 없이. 예잠자코 앉아 있다.

잠잠하다 아무 소리도 없이 조용하다. 잠잠히.

잠재 드러나지 않고 속에 잠겨 있거나 숨어 있음. 예잠재 능력. -하다.

잠재력 겉으로 드러나지 않고 속에 숨어 있는 힘. 【潛在力】

잠적 종적을 아주 감춤. 예범인이 잠적했다. -하다.

잠:정 잠깐 임시로 정함.

잡곡 쌀 이외의 보리·콩·팥·밀·조·옥수수·기장 등의 여러 가지 곡식.

잡곡밥 잡곡을 섞어 지은 밥.

잡기장 여러 가지를 적는 공책.

잡념 여러 가지 쓸데없는 생각. 【雜念】

잡담 쓸데없이 지껄이는 말.

잡비 자질구레하게 쓰이는 돈.

잡수시다 '먹다'를 높이어 이르는 말. 준잡숫다.

잡아당기다 잡아서 자기 쪽으로 끌다.

잡아떼다 ①한 일이나 아는 일을 아니라거나 모른다고 말하다. ②붙은 것을 잡아당겨 떨어지게 하다.

잡음 ①시끄러운 소리. ②전신·라디오 등의 청취를 방해하는 소리. 비소음.

잡종 순수하지 않고 온갖 것이 뒤섞인 종류. 【雜種】

잡지 여러 내용의 글을 모은 후 때를 일정하게 지켜 계속하여 펴내는 출판물〔주간·월간·계간 잡지 등이 있음〕.

잡지 구독료 정기적으로 출판되는 잡지를 보는 값으로 치르는 비용.

잡지사 잡지를 만드는 출판사.

잡채 당면에 고기와 채소를 넣고 양념하여 볶은 음식.

잡초 저절로 나서 자라는 여러 가지 풀. 잡풀. 【雜草】

잡치다 ①일을 그르치다. 예계획을 잡치다. ②기분을 상하다. 예기분을 잡치다.

잡학 조선 시대 중인 계급의 자제가 배우던 기술 교육 기관〔전의감·관상감·소격서 등〕.

잡화점 여러 가지 일용품을 파는 상점. 【雜貨店】

잡히다¹ ①움키어 잡음을 당하다. 붙들리다. 예도둑이 잡히다. ②의복 등에 주름이 서다.

잡히다² 담보로 맡게 하다. 예외상값으로 시계를 잡히다.

잣 잣나무의 열매. 솔방울같이 생긴 단단한 송이에 들어 있음.

잣:나무[잔나무] 잣이 열리는 나무. 높이가 10m 이상 자라고 잎은 바늘 모양이며, 씨앗은 고소하여 식용으로 함.

장¹ 연극 구성의 한 단위. 한 막 중에서 무대 정경의 변화 없이 한 장면으로 구분한 부분. 예2막 3장.

장² 많은 사람이 모여서 물건을 사고 파는 곳. 예5일장이 서다. 준시장. 【場】

장³ 단체나 각 부서의 우두머리. 예부장. 교장. 【長】

장⁴ 문장을 몇 부분으로 크게 나눈 단락. 예제1장. 【章】

장⁵ 종이를 세는 단위. 매. 예편지지 한 장. 【張】

장:⁶ 음식의 간을 맞추는 맛이 짠 액체. 예간장. 【醬】

장:⁷ 물건을 넣는 기구. 예옷장.

장:가 사내가 아내를 맞아들이는 일. 예장가를 가다.

장:갑 추위를 막거나 또는 장식용으로 손에 끼는 물건.

장거리 멀고 긴 거리. 예장거리 전화를 걸다.

장거리 달리기 육상 경기 종목의 한 가지〔주로 5,000m와 10,000m를 가리킴〕.

장:계 지방에 나간 관원이 임금이나 조정에 글로 써서 올리는 보고문.

장고 ⇨장구.

장:관¹ 굉장하여 볼 만한 광경. 예설경이 장관이다.

장:관² 나라일을 맡은 행정 각부의 우두머리. 예내무부 장관.

장:교 육·해·공군의 소위 이상의 군인. 반사병. 【將校】

장구 북의 한 가지. 가운데가 잘록하고 양쪽 옆에 가죽을 붙여 치도록 만든 것. [장구]

장구벌레 모기의 애벌레. 여름철 물 속에서 깨어 번데기가 되었다가 모기가 됨.

장구애비 몸 빛깔이 흑갈색이며 배 부분에 한 쌍의 긴 숨구멍이 있고 논이나 늪에 사는 곤충.

장군 군대의 우두머리. 비장수. 반졸병. 【將軍】

장군총 만주에 있는 고구려 시대의 무덤. 크고 모양이 단정하며 광개토대왕비가 있음.

장기¹[장끼] 가장 잘 하는 재주. 예장기 자랑. 비특기.

장:기² 두 사람이 각각 16개씩 말을 움직여 싸우는 놀이의 하나.

장기³ 오랜 기간. 예장기 신탁. 반단기. 【長期】

장기간 오랜 동안. 긴 기간. 반단기간.

장꾼 ①장에 모인 장사치들. ②장보러 모여든 사람들.

장끼 수꿩의 딴이름. 꿩의 수컷. 반까투리.

장난 ①실없이 하는 일. 예장난 삼아 말하다. ②아이들의 여러 가지 놀이. -하다.

장난감[장난깜] 아이들이 가지고 놀 수 있도록 만든 여러 가지 물건. 비완구.

장난꾸러기 장난이 심한 사람.

장난꾼 장난을 잘 하는 사람.

장난말 장난으로 하는 말. 비농담. -하다.

장난질 아이들의 놀음. 못된 희롱을 하는 짓.

장날 장이 서는 날〔보통 닷새만에 섬〕. 준장.

장:남 맏아들. 큰아들. 【長男】

장내 어떠한 장소의 안. 회의장의 안. 반장외.

장:녀 맏딸. 큰딸. 【長女】

장:년 나이가 서른 살에서 마흔 살 안팎의 기운이 넘치는 시기, 또는 그러한 사람.

장:님 눈먼 사람. 맹인. 비맹인.

장다리꽃 배추나 무 등의 꽃줄기가 커 올라서 피는 꽃.

장단 ①긴 것과 짧은 것. ②좋은 점과 나쁜 점. 장점과 단점. ③노래·춤·풍악 등의 길고 짧은 박자.

장:담 아주 자신 있게 말함. 또는 그런 말. -하다. 【壯談】

장대[장때] 대나무로 다듬은 긴 막대기.

장대비[장때비] 장대처럼 굵고 거센 비.

장:도리 못을 박거나 빼는 데 쓰는 연모.

장:독[장똑] 간장이나 된장 따위를 담아 두거나 담그는 독.

장:독간[장똑깐] 장독을 두는 곳. 비장독대.

장:독대[장똑때] 장독을 놓을 수 있도록 좀 높게 만든 곳. 비장독간.

장래[장내] 앞으로 닥쳐올 날. 앞날. 비미래. 반과거.

장:려[장녀] 좋은 일에 힘쓰도록 권하여 북돋아 줌. 예저축을 장려하다. 비권장. -하다.

장:렬[장녈] 의기가 씩씩하고 열렬함. 예전투에서 장렬하게 싸우다. -하다. -히. 【壯烈】

장:례[장녜] 죽은 사람의 시체를 묻거나 화장하는 일을 하는 예절. 예장례식에 참석하다. 비장의. 장사. 【葬禮】

장:례식[장녜식] 장사를 지내는 예식. 【葬禮式】

장:로[장노] ①나이가 많고 덕이 높은 사람. ②기독교의 교직의 하나. 【長老】

장:로교[장노교] 크리스트교의 한 교파. 예장로 교회.

장:롱[장농] 자그마하게 만든 옷을 넣는 장. 예장롱을 새로 사다. 書농.

장마 계속해서 많이 오는 비. 반가물. 가뭄.

장마철 비가 계속하여 많이 내리는 시기.

장막 ①한데에서 볕 또는 비를 피하여 사람이 들어가 있도록 둘러치는 막. ②속을 보지 못하게 둘러치는 막. 또는 그러한 조처. 【帳幕】

장만 ①만들거나 사들여 준비함. 예음식을 장만하다. ②갖추어 만듦. 비준비. -하다.

장만영【사람】[1914~1975] 시인. 황해도 연백에서 태어남. 호는 초애. 〈봄 노래〉〈잠자리〉〈감자〉를 지음. 〈양〉〈밤의 서정〉 등의 시집이 있음. 【張萬榮】

장면 ①어떤 일이 벌어지는 광경. ②연극이나 영화 등의 한 정경.

장:모 아내의 친정 어머니. 예사위 사랑은 장모. 비빙모. 반장인.

장미 장미과의 갈잎떨기나무. 5~6월에 여러 빛깔의 꽃이 피는 데 가시가 많음.

장미빛 장미꽃 빛깔. 흔히 붉은 빛을 가리킬 때 쓰는 말.

장바구니[장빠구니] 시장에 다닐 때 쓰는 바구니.

장발 길게 기른 머리털. 또는 그런 사람. 반단발. 【長髮】

장발장 빅토르 위고의 소설인 〈레미 제라블〉의 주인공.

장방형 가로와 세로의 길이가 같지 않은 사각형. 직사각형.

장백산【지명】백두산.

장백 산맥 중국과 경계를 이루고 있는 산맥.

장:병 장교와 사병을 아울러 이르는 말. 예국군 장병 아저씨. 비장졸. 【將兵】

장보고【사람】[?~846] 신라 말의 장수. 흥덕왕 때 당나라 수군에서 활약하다가 귀국. 황해와 남해의 해적을 없애기 위해 완도에 청해진을 베풀고 청해진 대사가 되어 해상권을 잡아 신라와 당나라와의 무역을 활발하게 하였음.【張保皐】

장보기 장에 가서 물건을 팔거나 사 오는 일.

장본인 어떠한 일의 근본이 되는 사람.

장부¹ 돈이나 물건이 들어오고 나감을 적는 책. －하다.

장:부² 사내답고 씩씩한 남자. 장성한 남자. ⓤ대장부.

장비 ①부속품·비품 등을 장치함. ②군대나 함정 등의 무장.

장사¹ 이익을 얻기 위하여 물건을 파고 사는 일. ⓑ상업. －하다. ×장수.

장:사² 죽은 사람을 땅에 묻거나 불에 태우는 일. ⓑ장례. －하다.

장:사³ 힘이 세고 체격이 굳센 사람. ⓔ천하 장사 씨름 대회.

장사꾼 장사에 수단이 있는 사람. ⓑ장사치.

장사진 많은 사람이 줄을 지어 늘어선 모양.

장사치 '장사를 하는 사람'을 낮게 이르는 말.

장삼 검은 베로 만든, 길이가 길고 품과 소매가 넓게 만든 승려의 웃옷.

장삼 이:사 신분도 없고 이름도 나지 않은 평범한 사람.

장삿길 장사를 하려고 나선 길.

장서 책을 간직하여 둠, 또는 그 책.

장서각 지난날, 궁 안에 많은 책을 간직해 두었던 서고.

장석 화강암을 이루고 있는 광물 중 흰빛·잿빛 등으로 반짝이는 것. ⓑ질돌.　【長石】

장:성 자라서 어른이 됨.

장성댐 영산강 농업 개발 사업으로 이루어진 네 개의 댐 중의 하나. 전라 남도 장성군 호남 고속 도로변 영산강 상류 지류인 황룡강에 위치한 댐.

장소 곳. 자리. ⓔ넓은 장소. ⓑ처소.　【場所】

장송 높이 자란 큰 나무.

장수¹ 물건을 사고 파는 것을 직업으로 삼는 사람. ⓑ상인. ×장사.

장수² 목숨이 길. 오래 삶.

장:수³ 군사를 거느리고 지휘하는 우두머리. ⓑ장군. ⓦ졸병.

장수왕〖사람〗[394~491] 고구려의 제20대 왕. 광개토대왕의 맏아들로, 남하 정책에 뜻을 두어 서울을 국내성에서 평양으로 옮기고 북서쪽으로는 만주 지방의 대부분을 차지하여 우리 나라 역사상 가장 많이 영토를 넓혔으며 고구려의 전성기를 이룩하였음.

장승 마을이나 절 입구 같은 데에 세워 놓은, 사람의 얼굴 모양을 새긴 기둥.

장식 보기 좋게 꾸미는 일, 또는 그 꾸밈새. ⓑ치장. －하다.

장식용 치장을 하기 위한 용구.

장식품 장식에 쓰이는 물품.

장신구 비녀·목걸이·반지·귀걸이 등 몸치장에 쓰이는 미술 공예품.　【裝身具】

장아찌 무·오이 등을 썰어 말려서 간장에 절이고 갖은 양념을 넣어 묵혀 두고 먹는 반찬. ⓔ무 장아찌.

장:악 손 안에 잡아서 쥠. 권세 등을 모두 손에 넣음. －하다.　【掌握】

장애물 가로막아서 거치적거리는 것. ⓔ장애물을 없애다.

장애물달리기 달리는 길에에 여러 개의 장애물을 놓고 달리며서 뛰어넘는 육상 운동.

장애인 몸을 상해 영구적으로 불편한 사람.

장애인 올림픽 대:회 세계 장애인들이 4년마다 한 곳에 모여 여러 가지 경기를 여는 모임. 1960년 제17회 올림픽 대회가 열린 로마 대회에서 제1회 장애인 올림픽 대회가 열렸음.

장엄 규모가 크고 엄숙함. ⓔ장엄하게 울려 퍼진 애국가. ⓑ웅장. -하다.

장영실〖사람〗 조선 세종 때의 과학자. 세종의 명을 받아 측우기·해시계·물시계 등을 만들었음.   【蔣英實】

장옷 지난날, 부녀자들이 나들이할 때에 얼굴을 가리기 위하여 머리에서부터 길게 내리쓰던 두루마기 모양의 옷.

장:원 ①과거 시험의 문과·갑과에 일등으로 뽑힘, 또는 그 사람. ②시험 성적이 첫째로 뛰어난 사람. -하다.

장:원 급제 과거에 장원으로 급제함.

장음 길게 나는 소리. 긴소리. ⓑ단음.   【長音】

장음계 서양 음악에서, 셋째와 넷째 음 사이의 음정과, 일곱째와 여덟째 음 사이의 음정이 반음인 음계. ⓑ단음계.

장:의사 장례에 필요한 물건을 팔거나 세놓는 집.

-장이 어떠한 기술을 가진 사람을 가리켜 낮게 이르는 말. ⓔ대장이.

장인[1] 지난날, 손으로 공업 제품을 생산하던 기술자.

장:인[2] 아내의 친정 아버지. 빙부. 악부. ⓞ빙장. ⓑ장모.

장:자 맏아들.   【長子】

장작 통나무를 쪼개어 만든 길쭉길쭉한 땔나무.

장작더미 장작을 쌓아올린 더미.

장점[장쩜] 특히 뛰어난 점. ⓔ장점을 말하다. ⓑ단점.

장:정 ①기운이 좋은 젊은 남자. ②군에 입대할 나이가 된 젊은 남자.

장제스〖사람〗[1887~1975] 타이완섬에 있는 자유 중국의 총통을 지낸 사람. 1927년부터 중국 공산당(중공)과 중일 전쟁에서는 일본의 침략에 대항해서 싸웠으나, 1949년에 공산군에 쫓겨 타이완 섬으로 건너감.   【張介石】

장조[장쪼] 음악에서, 장음계로 된 곡조. ⓑ단조.

장:조림 간장에 쇠고기를 넣고 졸인 반찬.

장지 가운뎃손가락.   【長指】

장지문 지게문에 장지 짝을 덧들인 문.

장지연〖사람〗[1864~1921] 조선 고종 때의 언론인. 을사조약 때〈시일야 방성 대곡〉이라는 논설을 쓰고 비분강개하였음.

장진강 함경 남도의 장진군·삼수군을 꿰뚫어 압록강으로 흘러 들어가는 강.   【長津江】

장차 차차. 앞으로. ⓑ장래.

장춘〖지명〗 중국 지린성 남서부의 도시. 한때 만주국의 수도로서 신경이라고 불렀음. 중국 최대의 자동차 및 철도용 객차 공장이 있으며, 만주 지방의 교육 문화의 중심 도시임.

장충 체육관 서울특별시 중구

장충동에 있는, 실내에서 운동을 할 수 있도록 지은 체육관.

장치 ①차리어 둠. 만들어 둠. [예]연극의 무대 장치. ②기계 따위를 설비함. -하다.

장타 야구에서, 공을 멀리 쳐 보내는 것. [반]단타. 【長打】

장터 장이 서는 곳. 장을 보는 곳. [예]물건을 사러 장터에 나가다. [비]시장터.

장티푸스 장티푸스균이 장에 들어감으로써 일어나는 급성 법정 전염병. 장질부사.

장판지 방바닥을 바르는 기름 먹인 두꺼운 종이. [준]장판.

장편 소:설 나오는 사람도 많고, 그 양에 있어서도 긴 소설. [반]단편 소설. [준]장편.

장:하다 하는 일이 매우 훌륭하다. 하는 일이 착하고 기특하다. [비]훌륭하다.

ㅈ

장:학관 교육부에 딸린 교육 공무원의 하나〔교육의 지도·조사·감독 등의 일을 맡아 봄〕.

장:학금 가난한 학생이나 공부를 잘하는 학생에게 주는 학비 보조금. 【奬學金】

장:학 사업 학문을 장려하고 원조하기 위하여 장학금을 지급하는 일.

장항선 천안에서 장항 사이의 철도. 길이 약 144km.

장해 무슨 일을 하는데 방해가 됨. 또는 그것. [비]장애.

장호원【지명】 경기도 이천군의 남동쪽의 한 읍. 충청 북도와 경계를 이루고 있음〔우리 나라 최초의 읍〕.

장화 목이 무릎 밑까지 올라오는 가죽신이나 고무신.

장화홍련전【책명】 조선 시대의 고대 한글 소설의 하나. 계모의 학대로 인한 가정 비극을 그렸음. 지은이는 모름.

장황 번거롭고 너절하게 긺. -하다. -히. 【張皇】

잦다 여러 차례로 자주 거듭하다. [반]드물다.

재 물건이 완전히 타고 난 뒤에 남는 가루.

재간 일을 잘 처리하는 재주와 능력. [비]재능. 【才幹】

재갈 말의 입에 물리는 쇠로 만든 물건.

재:건 무너진 것을 다시 일으켜 세움. ②단체 같은 것을 다시 조직함. -하다. 【再建】

재:고 다시 생각함. 고쳐서 생각함. -하다.

재:고품 ①창고에 있는 물품. ②아직 상점에 내놓지 않았거나, 팔고 남아서 창고에 쌓아 둔 상품. [준]재고. 【在庫品】

재기 능력이나 힘을 모아서 다시 일어남. [예]재기의 기회를 기다리다. 【再起】

재난 뜻밖에 일어난 불행한 일. [비]재앙.

재능 재주와 능력. [예]재능이 많다. [비]재간.

재:다 ①물건의 길이를 자로 헤아리다. [예]길이를 재다. ②집어 넣다. [예]총에 탄약을 재다. ③일의 앞뒤를 헤아리다.

재단 마름질. [예]양복을 재단하다.

재담 재치 있게 하는 재미있는 말.

재:래 공업 집안이나 좁은 일터에서 간단한 연모나 손으로 물건을 만들어 온 공업.

재:래식 전부터 내려 오는 식. [반]개량식.

재:래종 어떤 지방에서 오랜 세월 동안 재배되어 다른 지방의 가축·작물 등과 교배한

일 없이 그 지방의 풍토에 적응한 종자. 예재래종 수박. 団개량종.

재력 ①재물의 힘. ②비용을 댈 수 있는 힘. 【財力】

재:령 평야【지명】 황해도 재령강 하류에 발달한 평야.

재롱 어린아이의 슬기로운 말과 귀여운 짓.

재료 ①물건을 만드는 데 드는 원료. 団자재. ②예술적 표현의 제재. 【材料】

재목 ①건축·기구 등을 만드는 데 재료로 쓰는 나무. 団목재. ②어떤 직위에 합당한 인물.

재무 재정에 관한 사무.

재물 돈이나 그 밖의 값나가는 물건. 【財物】

재물대 현미경에 딸린 것으로 관찰 재료를 얹어 놓는 수평한 대.

재미 아기자기하게 즐거운 기분이나 맛.

재:발 한 번 일어났던 일이나 병 따위가 다시 일어남.

재:배 풀이나 나무·곡식·채소 등을 심어 가꿈. 예버섯을 재배하다. -하다.

재벌 재계에서 세력 있는 자본가나 기업가의 무리, 또는 대자본가의 일가나 일족으로 된 투자 기구. 예신흥 재벌.

재:벌구이 도자기 등을 두 번째 굽는 일.

재봉 바느질. 옷감으로 옷을 만드는 일. -하다.

재봉틀 바느질 또는 물건을 꿰매는 데 쓰는 기계. 団미싱.

재빠르다(재빨라, 재빨라서) 움직임이 재치 있고 빠르다.

재산 개인이나 단체가 소유하는 재물.

재산세[재산쎄] 재산의 소유,

또는 재산의 이전 사실에 대하여 부과하는 조세.

재:삼재:사 몇 번씩 되풀이하여. 거듭거듭.

재색 여자의 재주와 용모. 예재색을 겸비한 여인.

재:생 ①다시 살아남. 희망이 없거나 타락한 사람이 다시 올바른 길로 살아남. ②폐품을 다시 쓸 수 있는 물건으로 만들어 냄. 예폐지를 재생하다. -하다. 【再生】

재:생 섬유 목재·펄프 등의 섬유소를 약품에 녹인 것을 섬유 상태로 뽑아 내어 약액으로 처리하여 만든 섬유.

재수 재물이나 좋은 일이 생길 운수.

재앙 폭풍우·지진·홍수 등에 의한 몹시 불행한 사고. 団재난.

재:연 ①영화 등을 다시 보여 줌. ②한번 행했던 일을 다시 되풀이함. -하다.

재우다 자게 하다. 団깨우다.

재:위 임금의 자리에 있음.

재일 동포 일본에서 살고 있는 한국인. 【在日同胞】

재:임 직무에 있음, 또는 그 자리에 있는 동안. 예재임 동안 최선을 다하다. -하다.

재:작년[재장년] 그러께. 2년 전의 해. 지지난 해. 【再昨年】

재잘거리다 빠른 말로 잇달아서 지껄이다. 예아이들이 재잘거리다. <지절거리다.

재잘재잘 여러 사람이 작은 소리로 지껄이는 소리, 또는 그 모양. <지절지절.

재:적 ①학적·호적·병적 등에 적혀 있음. ②어떤 단체에 적이 있음. -하다.

재정 ①국가 또는 공공 단체가 일을 달성하는 데 필요한 경

비. ②개인이나 가정·기업의 경제 상태. 【財政】

재정 경제원 국가 재정의 운영과 경제 사회 발전을 위한 정책의 수립 및 조정 등의 일을 하는 중앙 행정 기관.

재주 타고난 솜씨. 묘한 솜씨.

재:직 직장에서 일하고 있음.

재질 재주와 기질. 예무용에 재질이 있다. 【才質】

재질감 물건 자체가 지니고 있는 독특한 재료의 느낌.

재:차 두 번째. 두 차례째. 또 다시. 예재차 다짐을 했다.

재:창 다시 노래 부름. -하다.

재:청 ①다시 청함. ②회의에서, 동의에 찬성한다는 뜻으로 거듭 청함. -하다. 【再請】

재촉 빨리 하라고 조름. 비독촉. 독려. -하다.

재치 눈치 빠른 재주. 익숙한 솜씨. 날샌 재주. 【才致】

재:탕 한 번 달여서 먹은 약재를 다시 달임. 예한약을 재탕하다.

재판[1] ①옳고 그름을 살피어서 판단함. ②재판관이 내리는 판단. 민사·형사·행정 재판의 세 가지가 있음. -하다.

재:판[2] ①이미 낸 책 등을 다시 찍어 냄, 또는 그 책. ②지난 일이 다시 되살아남. -하다.

재판관 재판에 관한 사무를 맡아 보는 사람.

재판소 민사·형사 등의 재판할 수 있는 권한을 가진 기관.

재판정 법관이 재판을 행하는 장소. 법정.

재:학생 현재 학교에서 공부하고 있는 학생. 【在學生】

재해 재앙으로 인하여 입은 피해. 예재해 대책을 세우다.

재:향 군인 현역에서 물러나와 사회에 돌아와 있는 군인〔예비역 등〕. 준향군.

재:활 다시 활동함. 예직업 재활원.

재:활용 쓰레기 따위를 재생하여 사용함. -하다.

재:회 ①두 번째 만남. ②헤어졌다 다시 만남. -하다

잭 기중기의 한 가지. 【jack】

잼버리 보이 스카우트의 대회 〔캠핑·작업·경기 등을 함〕.

잽싸다 매우 재빠르고 날래다.

잿더미[재떠미] ①재를 모아 쌓은 무더기. ②불에 타서 못 쓰게 된 자리.

잿물[잰물] 재에 물을 부어 우려낸 물. 이 액체의 염기성을 빨래하는 데 이용함. 뭉양잿물.

잿빛 재와 같은 빛깔. 회색. 예잿빛 하늘.

쟁기 논밭을 가는 데 쓰는 연장의 한 가지.

쟁기질 쟁기를 부리어 논밭을 가는 일. -하다.

쟁반 사기·나무·플라스틱 등으로 얇고 둥글납작하게 만든 그릇. [쟁기]

쟁탈 다투어서 빼앗음. 【爭奪】

쟁탈전 서로 다투어 어떤 사물이나 권리 등을 빼앗는 싸움.

쟁투 서로 다투며 싸움. 비투쟁.

쟁패 ①지배자가 되려고 다툼. 패권을 다툼. ②운동 경기에서 우승을 다툼. -하다.

저:격 어떤 대상을 노려서 쏨. 날새게 습격함. 예김구 선생님을 저격한 사람. -하다.

저고리 ①윗부분에 입는 옷. ②윗도리에 입는 한복의 겉옷. 반바지.

저고릿감 저고리를 만들 감.

저:금 돈을 쓰지 않고 모아 둠. 은행·우체국 등에 돈을 맡겨 둠. 비저축. 예금. -하다.

저:금통 돈을 집어 넣어 모아 둘 수 있도록 만든 통.

저:금 통장 은행 등에 돈을 맡긴 내용을 적은 작은 책.

저:급 언어 컴퓨터에서 프로그램 언어의 한 가지로 기계 중심으로 작성된 언어[기계어·어셈블리어 등이 있음].

저:기압 ①주위의 기압에 비하여 낮은 기압. 반고기압. ②사람의 기분이 좋지 못한 상태를 비유하여 이르는 말.

저녁 ①해가 지고 밤이 되어 오는 때. ②'저녁밥'의 준말.

저녁놀 '저녁노을'의 준말. 저녁에 해가 진 다음 서쪽 하늘이 붉어 보이는 기운.

저:능아 뇌의 발육이 나빠 보통 아이보다 지능이 낮은 아이. 정신 박약아. 【低能兒】

저:당 일정한 동산이나 부동산 따위를 재산상의 처리 문제로 담보로 삼음.

저러하다 저 모양과 다름없다. 준저렇다. >조러하다.

저:력 겉으로 드러나지 않고, 속에 간직하고 있는 끈기 있는 힘.

저:렴 물건값이 쌈. 품삯이 적음. 예저렴한 가격으로 옷을 사다. -하다.

저리다 살이나 뼈마디가 오래 눌려 있어 피가 잘 돌지 못하여 힘이나 감각이 없다.

저마다 사람마다. 각자.

저만치 저만한 거리를 두고 떨어져서.

저:명 세상에 이름이 널리 알려짐. 예저명한 작가 선생님.

비유명. -하다. 【著名】

저물다(저무니, 저무오) 해가 져서 어두워지다. 예날이 저물다. 반날새다.

저미다 얇게 베다. 여러 개의 작은 조각으로 깎아 내다. 예생선을 얇게 저미다.

저버리다 ①약속을 어기다. ②은혜를 마음에 두지 아니하다.

저:번 요전의 그 때. 비지난번.

저:변 확대 어떤 특정 분야의 인력 확보를 위해 새로운 인력 수를 늘리어 가는 일. 예기술 인력의 저변확대.

저서 책을 지음. 또는 지은 책. 예아버지가 남긴 저서.

저:술 논문이나 책등을 씀. 또는 그 책. 비저작. -하다.

저승 사람이 죽은 뒤에 혼령이 산다고 하는 곳. 황천. 반이승.

저어하다 두려워하다.

저울 물건의 무게를 다는 기구[대저울·접시 저울·자동 접시 저울 등이 있음].

저울대[저울때] 저울판과 저울추를 거는 가느스름한 막대기. 눈금이 새겨져 있음.

저울질 ①저울로 물건을 달아보는 일. ②사람의 마음이나 인품 등을 이리저리 헤아림.

저:음 낮게 내는 소리, 낮은 소리. 반고음. 【低音】

저:의 드러내지 않고 속에 품고 있는 뜻.

저자 책을 지은이. 【著者】

저:작 책을 지음. -하다.

저:작권 저작물의 저작자가 그 저작물의 복제·번역·방송·상연 등을 독점하는 권리.

저:장 물건을 쌓아서 간직하여 둠. -하다.

저절로 제 스스로. 자연히. 예저절로 문이 열리다. 준절로.

저:조 능률이 오르지 아니함.

저:주 남이 잘못 되기를 빌고 바람. -하다. 【詛呪】

저:지 막아서 그치게 함. -하다.

저지르다(저질러, 저질러서) 잘못하여 일을 그르치다.

저:촉 ①서로 부딪침. 서로 모순됨. 서로 충돌함. ②거슬리거나 위반되거나 함. 예법에 저촉되는 일은 삼가하라. -하다.

저:축 절약하여 모아 둠. 또는 모아 둔 돈. 비저금. 반낭비. -하다. 【貯蓄】

저:축 예:금 개인이 저축 및 이자를 늘리는 것을 목적으로 하는 은행 예금의 한 가지.

저:택 규모가 큰 집. 【邸宅】

저편 ①저 쪽. ②저 쪽의 사람들. 반이편.

저:하 ①높게 있던 것이 낮아짐. ②수준·물가·능률 따위가 떨어져 낮아짐. 예기능이 저하되다. 반향상. -하다.

저:항 ①힘의 작용에 대하여 그 방향과 반대의 방향으로 작용하는 힘. 예전류의 저항. ②맞서 싸움. 대항. -하다.

저:항력[저항녁] 외부의 힘에 반항하는 힘. 【抵抗力】

저:혈압 혈압이 정상보다 낮은 현상. 반고혈압.

적 싸움의 상대. 비원수. 【敵】

적개심 적에 대한 마음 속의 분노. 예적개심을 품다.

적군 마주 싸우는 적의 군사. 비적병. 반아군. 【赤軍】

적극적 어떤 일을 바싹 다잡아 힘을 기울이는 모양. 반소극적.

적금 은행 예금의 한 가지로서, 일정한 기간 동안 푼돈을 넣었다가 몫돈을 타는 일. 예

3년짜리 적금. -하다. 【積金】

적기 적당한 시기. 【適期】

적다 ①글로 쓰다. 예선생님의 말씀을 적다. ②많지 않다. 예양이 적다.

적당 ①꼭 알맞음. 예밥을 적당히 먹다. ②요령이 있음. 예일처리를 적당히 하다. 비적당. 반부적당. -하다. -히.

적당량 정도에 알맞은 양.

적도 위도의 기준이 되는 위선. 남북 양극으로부터 90도. 예적도 지방. 【赤道】

적독 필요한 곳만 골라 자세히 읽음. 사전 따위를 읽을 때의 독서법. -하다.

적막[정막] 고요하고 쓸쓸함. 예적막한 겨울 밤. 비정적. -하다.

적반하장 잘못한 사람이 도리어 잘한 사람을 나무라는 경우를 이르는 말.

적발[적빨] 숨어 드러나지 않은 것을 들추어 냄. -하다.

적벽가 판소리의 하나. 조선 때 신재효가 지은 것임.

적병 서로 대적하여 싸우는 상대편 병사. 비적군.

적색 붉은빛의 색. 【赤色】

적선 적군의 군함이나 선박. 비적함.

적성 알맞은 성질. 【適性】

적시다 액체를 묻혀서 젖게 하다.

적십자 흰 바탕에 붉게 십자형을 그린 휘장. 【赤十字】

적십자 국제 위원회 1863년 앙리 뒤낭에 의해 창설. 불행과 재난을 당한 사람들에 대한 차별없는 인도적 구호 활동을 목적으로 하는 단체.

적십자사 전시에는 아군·적군의 구별 없이 부상병을 구호 [마크]

하고, 평시에는 병들고 가난한 사람들을 돕기 위하여 세계 각국이 모여 이룬 국제적 기구.

적십자 정신 적십자사의 뜻에 따라 모든 사람을 사랑하고 서로 도와주자는 정신.

적십자 회담 남과 북의 적십자 대표들이 모여서 통일 문제나 경제·체육 교류 등의 문제를 의논하는 모임.

적용 무엇을 어디에 맞추어 씀. -하다. 【適用】

적응 생물의 생김새나 기능이 주위의 사정에 알맞게 되는 것. 웹부적응. -하다.

적:이 약간. 다소. 얼마간.

적임 어떤 일을 맡기에 알맞음. 적격. 웹적임자.

적자 수입보다 지출이 많은 상태. 웹흑자. 【赤字】

적장 적군 군대의 우두머리. 적국의 장수. 【敵將】

적재 물건을 실음. 웹배에 물건을 적재하다. -하다.

적재 적소 알맞은 인재를 알맞은 장소에 씀. 【適材適所】

적적하다 외롭고 쓸쓸하다. 웹한적하다. 적적히.

적절 ①꼭 알맞음. 웹적절한 방법. ②적당하고 절실함. 웹적당. -하다. -히. 【適切】

적정 적군의 형편이나 정세.

적중 무엇에 꼭 들어맞음. 웹예상 문제가 적중했다. -하다.

적중률[적쭝뉼] 목표에 어김없이 들어맞는 비율.

적진 적군이 머물러 있는 곳.

적탄 적군이 쏜 탄알.

적합[저캅] 꼭 알맞음. 알맞게 들어맞음. 꼭 합당함. 웹적절.

적혈구 혈구의 한 가지. 골수에서 생산되며, 산소를 운반하는 헤모글로빈이 있음.

전[1] 앞. 앞의 때. 웹이전. 웹후.

전[2] 모든. 웹전국토. 【全】

-전[3] '전기'의 뜻을 나타냄. 웹이순신전. 위인전. 【傳】

전:가 죄나 책임을 남에게 넘기다.

전:각 나무나 돌 또는 금·옥 등에 글자를 새기는 것. 또는 그 새긴 글자.

전갈[1] 사람을 시켜서 남의 안부를 묻거나 말을 전하는 일. -하다.

전갈[2] 독이 있는 동물의 하나로, 몸은 가재와 비슷하며 사막에서 많이 삶.

전갈자리 7월 하순의 저녁 때 남쪽 하늘에 보이는 별자리. '전갈'이라는 동물의 모양과 같다고 해서 붙여진 이름임.

전:개 ①벌이어 일으킴. 웹금연 운동을 전개하다. ②소설·극 등에서 사건이 차차 재미있게 얽히고 펼쳐져 나가는 부분. 【展開】

전개 과정 내용이 펼쳐지는 순서.

전:개도 입체도형을 펼쳐서 그린 그림.

전경 전체의 경치. 웹밤의 전경이 아름답다. 【全景】

전:공[1] 싸움에 이긴 공로. 웹전공을 세워 표창을 받다.

전공[2] 전문적으로 연구함. 웹의학을 전공하다.

전과[전꽈] ①학교에서 규정한 모든 교과, 또는 모든 학과. ②초등 학교의 학년별 전과목에 걸친 학습 참고서의 이름.

전교 한 학교의 전체.

전교생 한 학교의 모든 학생.

전:구 전기가 흐르면 밝은 빛을 내도록 마련된 것. 유리구 속의 공기를 빼고, 필라멘트

를 넣어 여기에 전기가 흐르면 높은 온도로 달구어져서 빛을 냄. **예**꼬마 전구. 【電球】

전국 한 나라 전체. 온 나라. **예**전국 체전. 【全國】

전국 각지 온 나라 구석구석.

전국구 전국을 한 단위로 한 선거구.

전국 체전 우리 나라 각 시·도의 대표 선수들이 해마다 가을에 모여 자기 고장의 명예를 걸고 힘을 겨루는 종합 경기 대회.

전:근 일하고 있는 곳을 옮김. **비**전출. —하다.

전기¹ 어떤 사람의 나서 죽기까지의 한 일을 이야기식으로 적은 글. 【傳記】

전:기² 빛과 열을 내고 여러 가지 기계를 움직이게 하는 에너지.

전:기 기구 전력을 사용하는 데 쓰이는 기구.

전:기 기호 전기 기구나 부속품 등을 나타내는 간단한 기호.

전기문 살아 있었던 실제 인물이나, 오늘날 살고 있는 훌륭한 인물에 대하여, 그에게서 본받을 만한 일이나 가르침 등을 이야기식으로 적어 놓은 글. **예**전기문을 기록하다.

전:기 문명 전기를 이용하여 여러 가지 물건을 만들어 생활을 편리하게 만든 모든 일을 통틀어 일컬음.

전:기 밥솥 밥이 다되면 자동적으로 스위치가 꺼지는 전열 이용의 밥솥.

전:기 안전기 전기 기계의 회로에 일정량 이상의 전류가 흐를 때 전기 기계의 파손 및 화재를 막기 위하여 전기 회로 가운데에 끼우는 기구.

〔안전 개폐기. 두꺼비집 등〕.

전:기 요금 전기를 쓰고 내는 돈.

전기장 대전체의 주위에 전기적인 힘이 미치는 공간. **준**전장.

전:기 회로 전기가 일정한 방향으로 흐를 수 있도록 마련된 길. **준**회로.

전:나무 소나무와 비슷한 바늘잎의 상록수. 줄기의 높이는 20~40m나 되며, 재목·펄프에 이용됨.

[전나무]

전남 평야 전라 남도 북서부의 영산강 유역에 전개된 평야. 쌀·면화·보리 등이 생산됨.

전념 한 가지에만 마음을 씀.

전단 선전 광고의 취지를 적은 종이. **비**삐라. 【傳單】

전달 전하여 이르게 함. **예**선물을 전달하다. —하다.

전달 사항 전하여 이르게 하는 내용.

전담 어떤 일을 혼자서 다 담당함. —하다.

전답 밭과 논. 【田畓】

전도¹ ①앞으로 갈 길. ②장래. 앞길. **예**전도가 유망한 학생.

전도² 열이나 전기가 물체의 한 부분으로부터 점차 다른 곳으로 옮겨가는 현상. —하다.

전도사 기독교의 교리를 전하여 기독교를 믿지 않는 사람에게 신앙을 갖게 하는 사람.

전도회 신앙이 없는 사람에게 신앙을 갖게 권유하는 모임.

전:동 화살을 넣어 메고 다닐 수 있게 만든 둥근 통. **비**전통.

전:동기 전류가 흐르면 빠른 속도로 회전 운동을 하여 다른 기계들을 움직여 일을 할

수 있도록 만든 기계. 모터.

전:동차 전동기의 힘으로 움직이는 차. 【電動車】

전:등 전기를 이용하여 빛을 내는 기구.

전:등갓 전등 위에 씌우는 갓.

전등사 경기도 강화도 남쪽의 삼랑성 안에 있는 절.

전라도[절라도] 우리 나라 행정 구역의 하나. 전라 남도와 전라 북도를 함께 이르는 말. 호남. ◉전라.

전라선[절라선] 이리에서 여수에 이르는 철도.

전:락[절락] ①굴러 떨어짐. ②보잘것없는 지경에 빠짐. -하다.

전:란[절란] 전쟁으로 질서가 어지러워진 형편. 【戰亂】

전:람회[절람회] 여러 가지 물품 또는 작품을 진열해 놓고 보이는 모임. ◉골동품 전람회. ㉯전시회.

전래[절래] 옛날부터 전하여 내려옴. ◉전래 동화. -하다.

전래 동요 옛날부터 전해 내려오는 동요.

전래 동화 옛날부터 전해 내려오는 어린이를 위한 이야기.

전략[절략] 싸움하는 꾀. ◉전략을 잘 세워 승리하였다.

전력¹[절력] 모든 힘. 있는 힘. ◉전력을 다하여 뛰다. 【全力】

전:력² 전류에 의하여 생겨나는 동력. '전기력'의 준말. 단위는 와트(W). 【電力】

전:류[절류] 전기의 흐름.

전:리층 대기의 상층부에 현저히 전리되어 있어 전파를 반사하는 공기의 층.

전:립 옛날 군인이 쓰던 모자. 붉은 털을 달고, 둘레에 끈 [전립]

을 꼬아 두름.

전말 일의 처음부터 마지막까지의 과정. 【顚末】

전:망 ①경치 같은 것을 멀리 바라봄. ②앞날에 있어서의 일의 형세. ◉사업의 전망이 밝아지다. -하다.

전:망대 경치 같은 것을 먼 곳까지 볼 수 있게 쌓은 높은 대.

전매 ①어떤 물건을 혼자서만 맡아 놓고 팖. ②국가가 행정상의 목적으로 어떤 물품의 생산·판매를 독차지하는 일 [담배·인삼 등의 작물을 생산·판매함]. -하다. 【專賣】

전멸 죄다 없어짐. 모조리 망해버림. ◉적을 전멸시키다. ㉯몰살. -하다.

전문¹ ①문장의 전체. ◉조약의 전문. ②앞에 쓴 글. ◉헌법 전문.

전문² 어떤 한 가지 일을 오로지 연구하거나 한 가지 일에 마음을 쏟아서 함. 【專門】

전문가 어떤 특정한 부문을 오로지 연구하여 특히 그 부분을 잘 아는 사람. 【專門家】

전문 연구원 한 가지 일만을 오로지 연구하는 사람.

전문적 어떤 한 가지에 대해서 깊이 공부하여 아는 바가 많음.

전문점 옷·모자·금·은 등의 일정한 물건만을 파는 상점. ◉모자 전문점. 【專門店】

전문직 한 가지 일에 오로지 연구하거나 기술을 갖고 있는 직업[학자·과학 기술자·건축 기사·의사·변호사 등].

전반전 운동 경기에 있어서 전체 경기 과정의 앞 절반의 경기. ㉫후반전.

전방 전쟁터에서 적에 가까운

곳. 예전방으로 배치되다. 비일선. 전선. 반후방. 【前方】

전번 지난번. 반금번.

전:별 잔치를 베풀어 이별하여 보냄. 비전송. 반영접. -하다.

전:보 전신으로 보내거나 받거나 하는 통신이나 통보. -하다.

전복[1] 바다에서 나는 커다란 조개. 몸은 갈색 또는 푸른빛을 띤 자갈색임. 살은 식용하며 껍데기는 세공의 재료 또는 약재로 씀.

전:복[2] 뒤집혀 엎어짐. 예열차가 전복되다.

전:봇줄 전기가 통할 수 있도록 늘여 놓은 줄. 비전선.

전봉준[사람][1853~1895] 조선 고종 때 동학 운동의 지도자. 녹두장군이라고도 불렸는데, 백성을 구하고자 전라도 지방에서부터 시작하였으나 청·일군의 출동으로 뜻을 못 이루고 체포되어 서울에서 처형됨.

전부 모두. 하나도 빠짐없이 온통. 비전체. 반일부.

전:분 쌀·보리·감자 등에 많이 포함되어 있는 흰색 가루. 탄수화물의 한 가지. 녹말.

전분 육(6)등 조선 시대 세금 제도의 하나. 세종 26년(1444) 토지를 6등급으로 나누어 세금의 기준을 정하였음.

전:사 전쟁터에서 싸우다가 죽음. 비전몰. -하다. 【戰死】

전:산실 전산 처리 시설이 설치되어 있는 곳.

전:산 처리 어떤 일이나 업무를 컴퓨터로 처리함.

전:산 처리 시스템 어떤 일이나 업무를 컴퓨터로 할 수 있도록 짜여진 조직.

전생 불교에서 말하는 세 가지

의 세계 중 하나로, 이 세상에 나오기 이전에 태어났던 세상. 반내세. 이세. 【前生】

전선[1] ①적과 마주 대하고 있는 지역. 예서부 전선. 비일선. ②따뜻한 공기와 찬 공기의 경계면이 땅과 닿는 곳. 예온난 전선.

전:선[2] 전원과 전기 기기를 이어서 전기가 흐르도록 하는 데 쓰이는 구리줄. 또는 알루미늄선 등의 금속선. 전깃줄.

전:선[3] 전쟁에 사용하는 배. 비전함. 병선.

전설 오래 전부터 전하여 내려오는 말이나 이야기. 【傳說】

전성 시대 한창 왕성한 시대.

전:세[1] 전쟁이 되어 가는 형편. 예전세가 유리하다. 비전황.

전세[2] 일정 금액을 맡기고, 부동산을 빌려 쓰는 일. 예집을 전세 들다. 【傳貰】

전세계 세계의 전체. 온 세계. 모든 나라. 예전세계의 평화를 위해 싸우다. 【全世界】

전속 어떤 단체에 오로지 딸리어 있음. 예전속 합창단. -하다.

전속 단체 어떤 한 곳에 딸리어 있는 단체.

전속력[전송녁] 힘껏 다 낸 속력. 【全速力】

전:송[1] 사진 따위를 전류 또는 전파를 이용하여 멀리 떨어진 곳으로 보냄. -하다.

전:송[2] 떠나는 사람을 바래어 줌. 예친구를 전송하다. 비작별. 반마중. -하다.

전:송 사진 전송된 사진. 사진의 밝고 어둠을 전류의 세고 약함으로 바꾸어서 전파에 실어 먼 곳으로 보내어 그것을 다시 사진으로 찍어낸 것.

전수 전하여 받음. 예비법을

전수하다. -하다. 【傳受】

전:술 ①전쟁에 대한 술법, 또는 그 기술. ②어떠한 목적을 효과적으로 이루기 위한 방법.

전:승¹ 싸움에서 이김. 凡전패.

전승² 계통을 전하여 받아 이음. 예기술을 전승하다. -하다. 【傳承】

전:시 늘어놓아 보임.

전:시장 여러 가지 물품을 한데 늘어놓고 보이는 곳.

전:시회 우수한 그림·글씨·상품·학술적인 표본 등을 많은 사람들이 보도록 하는 모임.

전신¹ 몸의 전체. 온 몸. 【全身】

전:신² 변하기 전의 본체. 바뀌기 전의 신분. 【前身】

전:신³ 전류를 이용하여 문자나 부호로 주고 받는 통신.

전:신기 전자석에 전류를 통하면 앞에 있는 철편을 끌어 붙이고, 전류를 끊으면 철편을 놓는 성질을 이용하여 통신하는 장치. 송신기와 수신기가 전선으로 연결됨.

전:신사 전신기를 써서 통신을 하는 사람.

전:신 전:화국 전화·전보 등의 통신을 맡아 일을 처리하는 기관.

전심 마음을 오로지 한 곳에만 집중함. 예수출 증대에 전심하다. -하다. 【全心】

전:압 전장이나 도체 내에 있는 두 점 사이의 전위 차. 단위는 볼트(V).

전액 전체의 액수.

전야 어젯밤. 전날 밤.

전연 아주. 도무지. 전혀. 예전연 몰랐던 사실.

전:열 전류에 의하여 생기는 열. 예전열을 이용한 기구.

전:열기 전류에 의해 열을 생기게 하는 기구.

전:열선 전류를 통해 전열을 발생시키는 도선.

전염 ①병균이 남에게 옮음. ②좋지 않은 버릇이나 태도 등이 전하여 물이 듦. -하다.

전염병[저념뼝] 병균이 공기·음식 등을 통해 다른 사람에게 옮는 병〔콜레라·장티푸스 등〕.

전용 ①혼자서 씀. 예사장님 전용 승용차. ②한 가지만을 씀. 예한글 전용. 凡공용.

전:우 같은 부대 또는 전쟁터에서 같이 지내는 벗. 예전우들의 모임. 【戰友】

전원¹ ①논밭과 동산. ②시골. 교외. 예전원 생활. 【田園】

전원² 전체의 사람. 예전원 출석하다. 【全員】

전:원 스위치 전력을 공급하는 버튼.

전:율[전뉼] 놀랍거나 두려워서 몸이 벌벌 떨림. -하다.

전인 교:육 지식에만 치우친 교육이 아니고, 성격 교육·정서 교육 등도 중요하게 여기는 교육.

전:입 ①이 학교에서 저 학교로 옮기어 들어감. ②사는 곳을 옮기어 들어감. 凡전출.

전:자 물질의 원자를 구성하고 있는 소립자. 음전기〔-〕를 띠고 원자핵의 주위를 돎.

전:자 레인지 고주파로 가열하는 조리 기구. 고주파 전자 중의 분자가 심하게 진동하여 열을 발생하는 것을 이용하는 것임.

전:자석 철심에 코일을 여러 번 감아 이 코일에 전류를 통하면 자석의 성질을 띠고, 전류를 끊으면 자석의 성질을

잃도록 해놓은 자석. **및**전기
자석.

전:자 오락기 소형 컴퓨터를
가정용 텔레비전에 부착하여
만든 오락용 기기.

전:장 전쟁이 일어난 곳. 싸움
터.

전:쟁 나라와 나라 사이의 싸
움. **비**전투. **반**평화. -하다.

전:쟁 고아 전쟁으로 말미암아
부모를 잃은 고아.

전:쟁 놀이 전쟁 흉내를 내며
노는 놀이. -하다.

전:쟁 물자 나라와 나라 사이
의 싸움에 쓰이는 물품.

전:쟁시 전쟁을 할 때. **반**평화
시. **준**전시.

전:쟁터 전쟁이 벌어지고 있는
곳. **비**싸움터. 전장.

전적지 전쟁 뒤에 그 자취가
남아 있는 곳. **【戰跡地】**

전:정 나무 모양 따위를 좋게
하거나 열매를 잘 맺게 하려
고 나뭇가지의 일부를 자름.
가지치기.

전:정 가위 나뭇 가지를 자를
때에 쓰는 가위.

전제주의 국민의 의사를 존중
하지 아니하고 지배자에 의하
여 정치가 행하여지는 주의.
반민주주의. 입헌주의.

전조등 자동차나 기관차의 앞
에 단 등. 헤드라이트.

전주【지명**】** 전라 북도의 도청
소재지. **【全州】**

전주곡 ①어떤 곡의 앞에 붙어
서 연주되는 곡. ②어떤 일이
벌어지기 전에 미리 짐작하게
해 주는 일.

전:지 화학 에너지를 전기 에
너지로 바꾸어서 이용할 수
있도록 한 전기 기구. 배터리.

전:지 끼우개 전지를 끼워 고
정 시키고, 양극과 음극에서

전선을 끌어 낸 전기 기구.
전지 홀더.

전진 앞으로 나아감. **반**후퇴.
후진. -하다. **【前進】**

전집 같은 종류의 책을 모은
것. **예**세계 동화 전집. **【全集】**

전:차¹ 전기의 힘으로 철로 위
를 달리는 차. **【電車】**

전:차² ⇨탱크. **【戰車】**

전천후 어떠한 기상 조건에서
도 사용, 또는 활용할 수 있
는 것. **예**전천후 전투기.

전:철 '전기 철도'의 준말.

전체 온통. 전부. **반**부분.

전통 이어받은 여러 계통. 역
사적으로 이어온 습관.**【傳統】**

전통 문화 조상들로부터 전해
져 내려온 문화. **【傳統文化】**

전통 예:술품 역사적으로 이어
온 예술미를 표현한 작품.

전:투 군대의 힘으로 적과 싸
우는 일. **예**전투에서 승리하
다. **비**전쟁. -하다.

전:투기 적기를 쳐부수거나 아
군의 폭격기를 엄호하는 비행
기를 이르는 말.

전파¹ 널리 퍼뜨림. 퍼뜨리거
나 퍼져 감. -하다. **【傳播】**

전:파² 전자파 중 전기 통신용
으로 알맞은 파장〔무선 통
신·라디오 등에 쓰임〕.

전:파 망:원경 천체로부터 전
파를 수신하여 관측하는 장
치.

전:파 탐지기 ⇨레이더.

전표 은행·회사 등에서 금전
출납 내용을 간단히 적어서
책임을 분명히 하는 쪽지.

전:하 ①지난날, 왕이나 왕비
를 높여 부르던 말. ②천주교
에서, 추기경을 높이어 이르
는 말.

전하다 ①물려 내려 주다. ②
이어 받아 가다. ③이 곳에서

저 곳으로 옮겨 주다. ④소식을 알려 주다. 예안부를 전하다.

전:학 다니던 학교에서 다른 학교로 옮겨 가서 배움. -하다.

전:함 전쟁할 때 쓰이는 배. 凹군함. 쁜전투함.

전항 ①앞에 적혀 있는 사항. ②산수에서 둘 이상의 수나 부호 중의 앞에 있는 항. 凹후항. 〈보기〉2:3에서 2가 전항, 3이 후항임.

전혀 도무지.

전:형 인물의 됨됨이나 재능을 시험하여 뽑음. 예신입생을 전형하다. -하다. 【銓衡】

전:화 ①전화기로 말을 주고받는 일. ②'전화기'의 준말. -하다.

전:화국 전화 가입자들의 전화 회선을 집중시켜 교환·중계 또는 새로운 가설 등의 업무를 맡아 보는 곳.

전:화기 말을 전파나 전류로 바꾸었다가 다시 말로 바꾸어 전하는 기계. 쁜전화.

전:화 위복 불행한 일이 바뀌어서 도리어 복이 됨. -하다.

전:환 이리저리 바뀜. 예기분 전환으로 여행을 가다. -하다.

전:황 전쟁이 되어 가는 형편이나 모양. 【戰況】

전후 ①앞과 뒤. ②처음과 마지막. ③어떤 수량의 안팎.

절[1] 남을 높이는 뜻으로, 또는 제사의 의식으로 몸을 굽혀 보이는 몸짓. -하다.

절[2] 여러 개의 문단이 모여 하나의 노래나 글을 이루는 경우의 그 한 문단. 예애국가 1절.

절[3] 불상을 모셔 놓고 불도록

닦기 위하여 중들이 거처하는 곳. 凹사찰.

절감 절약하여 줄임. 예경비를 절감시키다. -하다.

절개 옳은 일을 지키어 뜻을 굽히지 아니하는 굳은 마음씨와 굳건한 기개. 예춘향의 절개. 【節槪】

절경 더할 수 없이 아름다운 경치. 凹가경.

절교 서로 사귐을 끊음. 교제를 끊음. -하다.

절구 곡식을 찧거나 빻고 떡을 치는 데 쓰는 기구.

절구통 곡식을 찧거나 빻는 데 쓰기 위해 통나무나 돌의 속을 파내어 우묵하게 만든 기구.

절규 힘을 다하여 부르짖음. -하다.

절기 ①한 해를 24등분하여 나타낸 그 하나. ②절기 가운데 양력 매월 상순에 드는 절기〔입춘·경칩·청명 등〕.

절:다(저니, 저오) 걸음을 절뚝거리다. 예다리를 절다.

절단[절딴] 잘라 냄. 예나무를 절단하다. -하다.

절대[절때] 상대하여 비교될 만한 것이 없음.

절대로[절때로] 어떤 일이 있어도. 도무지. 아주. 조금도.

절대 왕권 시대 나라의 모든 권력을 왕이나 황제가 쥐고 있던 시대.

절대적[절때적] 다른 것과 비교하거나 같은 것으로 취급할 수 없는. 凹상대적.

절도[절또] 남의 물건을 몰래 훔침. 또는 그런 짓을 한 사람.

절뚝절뚝 한쪽 다리가 짧거나 탈이 나서, 걸을 때 기우뚱거리는 모습. -하다.

절로 ①'저절로'의 준말. 예절로 웃음이 나온다. ②'저리로'의 준말.

절룩거리다 다리를 절면서 걷다. 쎈쩔룩거리다.

절망 희망이 끊어짐. 희망을 버리고 단념함. 비실망. 반희망. -하다.

절묘 매우 신기함. 예절묘한 솜씨. -하다.

절미 쌀을 절약함. -하다.

절박 ①시기나 기일 등이 매우 가까이 닥침. ②여유가 없이 됨. 예절박한 상황. -하다.

절반 하나의 반.

절벽 ①낭떠러지. ②아주 귀가 먹었거나 또는 사리에 어두운 사람을 얕잡아 이르는 말.

절색[절쌕] 빼어난 미인.

절수[절쑤] 수돗물을 아껴 씀. -하다.

절실[절씰] ①마음 속 깊이 파고들다. 비간절. ②실제에 꼭 들어맞음. ③아주 긴요함. 예절실한 요구. -하다. -히.

절약 아껴 씀. 함부로 쓰지 않고 꼭 필요한 데에만 씀. 비검약. 반낭비. -하다.

절연체 전기나 열이 잘 통하지 않는 물체.

절이다 소금을 뿌려서 절게 하다. 예무를 소금에 절이다.

절전 전기를 아껴 씀.

절정[절쩡] ①산의 맨 꼭대기. ②어떤 일의 최고의 정도. 정점.

절제[절쩨] ①정도에 맞추어 알맞게 조절함. ②알맞도록 스스로 억누름. 비극기. -하다.

절차 일을 치르는 데 거쳐야 하는 순서나 방법. 수속. 예입국 절차를 밟다.

절찬 지극히 칭찬함, 또는 그 칭찬. -하다.

절충 어느 한편에도 치우치지 아니하고 이것과 저것을 취하여 알맞은 것을 얻음. -하다.

절친 아주 친근함. 예절친한 사이. -하다.

절통 지극히 원통함. -하다.

절호 더할 나위 없이 좋음.

젊:다[점따] 나이가 적고 혈기가 왕성하다. 반늙다.

젊은이 나이가 젊은 사람. 비청년. 반늙은이.

점 ①작고 둥글게 찍힌 표나 자리. ②문장의 구절을 구별하기 위하여 찍는 표. 구두점.

점:검 자세히 조사하거나 낱낱이 검사함. -하다.

점그래프 통계 도표의 한 가지. 점의 개수로 양의 많고 적음을 나타냄.

점대칭도형 도형의 한 점을 중심으로 하여 180°만큼 회전시켰을 때, 처음 도형과 꼭 맞아 포개지는 도형. 반선대칭도형.

점령[점녕] 일정한 땅이나 지역을 차지하여 제 것으로 함. 비점거. -하다. 【占領】

점막 소화관·기도·비뇨기 등의 내면을 덮는 끈끈하고 부드러운 막을 통틀어 이르는 말.

점보 제트기 초대형 제트 여객기를 이르는 말. 한꺼번에 400명의 사람을 태울 수 있으며, 몸체 길이는 70m. 날개 길이는 60m나 됨('점보'란 '보잉747'을 달리 부르는 말로 '매우 크다' 또는 '거대하다'의 뜻임).

점뿌림 씨앗을 한 곳에 한 개 또는 몇 개씩을 일정한 사이를 두고 뿌리는 방법. -하다.

점선 점을 이어서 찍어 놓은

줄. 例점선으로 원을 그리다.

점성술 별의 빛이나 위치를 보고 점을 치는 방법.

점수[점쑤] ①성적을 나타내는 숫자. ②점의 수효. 【點數】

점:심 낮에 먹는 끼니.

점:원 상점에서 물건을 팔거나 심부름을 하는 사람.

점자책 두꺼운 종이에 도드라진 점들을 일정한 방식으로 나타내어, 맹인들이 손가락으로 더듬어 읽도록 만든 책.

점:잖다 말이나 행동이 무게가 있고 의젓하다.

점:점 조금씩 덜하거나 더하여지는 모양. 例비가 점점 많이 내린다. 비점차. 【漸漸】

점:차 차례를 따라 점점.

점토 물에 이기면 차지고 끈끈해지며, 수분을 잘 흡수하는 성질이 있는 흙. 도자기, 벽돌 등의 원료가 됨. 비찰흙.

점판암 점토가 굳어서 된 검은 빛의 돌. 넓게 쪼개지는 성질이 있음.

점프 뛰어오름[육상 경기의 멀리 뛰기·높이뛰기·삼단뛰기·장대뛰기 등]. -하다.

점화 불을 켬. 불을 붙임. 반소화. -하다.

접견 직접 대하여 봄. 例외국사절을 접견하다. -하다.

접골 어그러지거나 부러진 뼈를 이어 맞춤. -하다.

접근 가까이 다가옴. 바싹 다가붙음. -하다. 【接近】

접눈[점눈] 접붙이기를 할 때에 접가지에 같이 붙여서 자른 눈.

접다 ①꺾어서 겹치다. 例종이를 접다. ②폈던 것을 본디의 모양이 되게 하다. 例우산을 접다.

접대 손님을 대접함. -하다.

접붙이기 한 나무에 다른 나무의 가지나 눈을 따다 붙이는 방법. 접목.

접속 서로 맞대어 이음. -하다.

접수 받아들임. 例원서를 접수하다. -하다. 【接受】

접시 반찬이나 과일 따위를 담는 얇고 납작한 그릇.

접안 렌즈 현미경·망원경 따위의 눈을 대는 쪽의 렌즈.

접전 ①서로 어울려 싸움. 맞붙어 싸움. ②서로 힘이 비슷하여 승부가 쉽게 나지 않는 싸움. -하다. 【接戰】

접종 병을 미리 예방하기 위해 병원균이나 독소를 몸에 집어 넣는 일. 例간염 예방 접종. -하다.

접착 달라붙음. 붙임.

접착제 금속·목재·플라스틱 따위를 붙이는 데 쓰이는 약품이나 풀 종류. 【接着劑】

접촉 ①맞붙어서 닿음. ②서로 사귐. 例외국인과 자주 접촉함. 【接觸】

접합 한데 대어 붙임. 【接合】

젓 새우·멸치 등의 생선을 소금에 짜게 절여 맛들인 반찬.

젓가락 음식이나 그 밖의 다른 물건을 집는 데 쓰는 한 벌의 막대기.

젓갈 젓으로 담근 음식.

젓:다(저으니, 저어서) ①배를 움직이려고 노를 휘두르다. ②액체를 고르게 하기 위하여 섞다. ③거절하거나 싫은 뜻을 말대신 손이나 머리를 흔들어 나타냄. 例고개를 가로 젓다.

젓대 가로 대고 부는 악기를 통틀어 이르는 말. 저.

정[1] ①느끼어 일어나는 생각이나 마음. ②사랑하는 마음.

정:² 돌에 구멍을 뚫거나 쪼아서 다듬는 데 쓰는 쇠로 만든 연장.

정가[정까] 정하여진 값. 일정한 가격. 값을 매김. 【定價】

정:각 조금도 틀림이 없는 바로 그 시각. 예9시 정각에 수업을 시작한다.

정:각뿔 밑면이 정다각형이고, 옆면이 모두 합동인 이등변삼각형으로 이루어진 각뿔.

정갈하다 모양이나 옷따위가 깨끗하고 말쑥하다. 예정갈한 옷차림. -스럽다. -히.

정감 사람의 마음에 호소해 오는 것 같은 느낌. 예정감이 넘치다.

정강이 아랫다리의 앞쪽에 뼈가 있는 부분. ×정갱이.

정거장 기차가 머물러 사람이 타고 내리거나 짐을 싣고 내릴 수 있도록 설비를 갖춘 곳.

정결 깨끗하고 조촐함. 예아이들 방이 정결하다. -하다. -스럽다. -히.

정겹다(정겨우니, 정겨워서) 정에 넘치는 듯하다. 아주 다정하다.

정경 ①광경. ②가엾은 처지에 놓여 있는 딱한 모습.

정계 정치 및 정치가의 세계. 예정계에 입문하다. 【政界】

정교 촘촘하고 자세하며 교묘함. 예정교한 바느질 솜씨. -하다. -히. 【精巧】

정구 ①테니스. ②'연식 정구'의 준말.

정권[정꿘] 정치를 행하는 권력. 예정권을 잡다. 【政權】

정글 열대의 밀림.

정글 짐 어린이들의 운동 시설. 둥근 쇠파이프를 가로 세로로 짜 맞춘 것으로 어린이들의 놀이 기구.

정:기 정한 기한, 또는 기간. 맨부정기. 【定期】

정:기 시:장 일정한 날짜를 정하여 일정한 장소에서 정기적으로 서는 시장.

정:기 예:금 미리 일정한 기간을 정하여 그 기간 중에는 찾을 수 없는 예금.

정:기 적금 일정한 기간에 다달이 조금씩 저금을 하여, 만기가 되면 처음에 정해 놓은 액수를 한꺼번에 찾는 예금.

정년 공무원이나 회사 직원이 그 직에서 물러나도록 정해져 있는 나이. 예정년 퇴직.

정녕 틀림없이. 꼭.

정:다각형 다각형 가운데서 변의 길이와 각의 크기가 모두 같은 다각형.

정:단층 강한 횡압력으로 지각에 틈이 생겨 이에 따라 지반이 깨어져 된 층.

정:답 옳은 답. 바른 답. 맨오답.

정답다(정다우니, 정다워서) 의가 좋다. 사이가 가깝다.

정당¹ 나라를 다스리는 데 어 같은 생각이나 주장을 갖는 사람들끼리 모인 단체.

정당² 바르고 옳음. 이치에 알맞음. 예정당한 주장. 맨타당. 맨부당. -하다. -히. 【正當】

정도 ①알맞은 한도. ②얼마가량의 분량.

정도전【사람】[1337~1398] 조선을 세우는 데 큰 공을 세운 정치가이며 학자.

정독 내용을 여러모로 따져 가며 읽음. 새겨 읽음. 맨다독. -하다. 【精讀】

정:돈 가지런히 정리하여 바로 잡음. 맨정리. -하다.

정동【지명】 서울 특별시 종로

구에 있는 동의 이름.

정들다(정드니, 정드오) 정이 깊어지다. 예정든 고향.

정력[정녁] 활동할 수 있는 힘. 정신과 기력. 비원기.

정:렬[정녈] 가지런히 줄지어 벌여 섬. -하다.

정류장[정뉴장] 손님이 오르내리도록 버스나 전차가 머무는 곳. 비정류소.

정:리[정니] 가지런하게 바로 잡음. 비정돈. -하다. 【整理】

정림사지 오(5):층 석탑 충남 부여 정림사에 세워진 백제의 대표적인 탑. 단조로우면서도 균형잡힌 점이 특색임.

정:말 거짓이 없는 참말. 비사실. 반거짓말.

정맥 피가 온몸을 돌아서 심장으로 들어오는 핏줄. 반동맥.

정:면 ①바로 마주 보이는 앞쪽 면. ②직접 마주함. 반후면. 측면. 【正面】

정몽주[사람][1337~1392] 고려 말의 충신·학자. 지방에 향교를 세워 유학의 발전을 꾀함. 이방원이 보낸 자객 조영규에게 선죽교에서 피살되었음.

정묘 호란 1627년 인조 때, 후금의 침입으로 일어난 우리나라와 후금 사이의 싸움.

정:문 건물의 앞쪽 면에 있는 문. 반후문. 【正門】

정문부[사람][1565~1624] 조선 때의 의사. 임진왜란 때 경성에서 의병을 일으켜 공을 세움.

정:물 ①정지하여 움직이지 않는 물건. 생명이 없는 물건. ②'정물화'의 준말. 【靜物】

정물화 꽃·과일·그릇 등 움직이지 않는 것을 배치하여 놓고 그린 그림. 축정물.

정미소 동력을 이용하여 곡식을 찧거나 빻는 곳. 방앗간.

정밀 ①가늘고 촘촘함. ②아주 잘고 자세함. 예정밀하게 설계된 집. 반조잡. -하다.

정밀도[정밀또] 측량의 정밀함을 나타내는 정도. 상대 오차가 작을수록 정밀도가 큼.

정밀 묘:사 대상물을 세밀하게 나타내는 일. -하다.

정밀화 대상물의 자세한 부분까지 세밀하게 그린 그림.

정박 배가 닻을 내리고 머무름. -하다. 【碇泊】

정박아 '정신 박약아'의 준말. 지능 발달이 매우 낮은 아이.

정벌 적이나 죄 있는 무리를 군대로써 침. 비정토. -하다.

정보 사정이나 정황에 관한 자세한 소식, 또는 그 내용이나 자료. 예정확한 정보.

정보 산:업 정보의 취급에 관한 산업.

정보 통신부 정보 통신·우편 대체·체신 예금 등의 일을 맡아 보는 중앙 행정 기구의 하나.

정복 ①어려운 일을 겪어 이겨냄. 예산을 정복하다. ②남의 나라를 쳐서 빼앗음. 비정벌. -하다. 【征服】

정부 ①정치를 하는 곳. ②국가의 통치권을 행사하는 국가 기관. 【政府】

정부미 쌀값 조절 및 군수용이나 구호용으로 충당하기 위하여 정부가 보유하고 있는 쌀.

정:비 뒤섞이거나 흩어진 것을 가다듬고 정리하여 바로 갖춤. -하다. 【整備】

정:비 공장 차량·비행기 따위를 정비하여 고치기 위한 공장.

정:비례 한쪽의 양이 2배, 3

배,…로 되면 다른 쪽의 양도 2배, 3배, …가 될 때, 두 양의 관계. 📵반비례. -하다.

정:사각형 네 각이 모두 직각이고 네 변의 길이가 모두 같은 사각형. 📵정방형. 정사변형.

정:삼각형 세 변의 길이와 세 각의 크기가 모두 같은 삼각형.

정상 ①산 위의 맨 꼭대기. ②그 위에 다시 없는 것. 【頂上】

정상 회:담 두 나라 이상의 최고 지도자끼리 모여 하는 회담.

정:색 얼굴빛을 엄정하게 가짐. 예정색을 하고 말하다. -하다.

정서 사물에 부딪쳐서 일어나는 온갖 감정.

정선【사람】[1676~1759] 조선 영조 때의 화가. 호는 겸재. 국내 명승 고적을 두루 돌아다닌 뒤 한국적 산수화풍을 세웠음. 작품으로는 〈여산 초당도〉〈금강산 만폭동도〉등이 있음.

정성 참되어 거짓이 없는 마음. 📵지성. 【精誠】

정성껏 정성을 다하여. 예부모님을 정성껏 모시다.

정세 사정과 형세. 일이 되어 가는 형편. 예세계 정세.

정:수¹ …-3, -2, -1, 0, 1, 2, 3, …과 같은 수. 즉 0과 자연수, 음의 정수를 통틀어 일컫는 수.

정수² 깨끗한 물. 또는 물을 깨끗하게 하는 일. 【淨水】

정수기 더러운 물에서 깨끗하고 맑은 물로 걸러 내는 기구.

정수리 머리 위에 숫구멍이 있는 자리.

정숙 고요하고 엄숙함. -하다. -히.

정:식 일정한 격식이나 의식. 📵약식. 【定式】

정신 마음이나 생각. 예정신을 집중하다. 📵영혼. 📵육체.

정신 노동 주로 두뇌를 쓰는 노동. 📵육체 노동.

정신력[정신녁] 정신적인 힘. 예강한 정신력으로 어려움을 이겨내다. 【精神力】

정신차리다 ①정신을 가다듬다. ②어떤 일의 실패의 원인을 알아서 반성하다.

정:악 속되지 않은 정통의 바른 음악. 📵속악. 【正樂】

정약용【사람】[1762~1836] 조선 정조 때의 대학자. 호는 다산. 유형원·이익을 통해 내려온 실학 사상을 모아 성취하였음. 【丁若鏞】

정어리 청어과의 바닷물고기. 몸빛은 등이 암청색, 옆과 배는 은백색임. 겨울철에 특히 맛이 좋음.

정연하다 짜임새가 있고 가지런하다. 질서 있다. 예질서 정연하게 서 있다. 정연히.

정열[정녈] 불이 일 듯 맹렬하게 일어나는 감정. 예정열적인 음악. 📵열정.

정:오 낮의 열두 시. 📵오정. 📵자정. 【正午】

정원¹ 집 안에 나무·꽃 등을 가꾸어 놓은 마당. 【庭園】

정:원² 정해진 인원. 【定員】

정월 한 해의 첫째 달. 1월.

정유 원유에서 증유·경유 등의 기름을 만드는 일.

정유 공장 원유에서 여러 가지 기름을 만들어 내는 공장.

정유 재란 임진 왜란 뒤인 1597년 조선 선조 때, 가토 기요마사가 왜군 14만 명을 이끌고 우리 나라를 다시 침략해 온 난리.

정육 지방이나 뼈 따위를 발라 낸 살코기. 【精肉】

정:육각형 각 변의 길이와 각 내각이 모두 같은 육각형.

정:육면체 여섯 개의 똑같은 정사각형으로 된 면으로 둘러싸인 육면체.

정육점 돼지고기나 쇠고기 등 살코기를 파는 가게. 凹푸주.

정:음 우리 나라 글자의 본디 이름이자, 그 원리와 풀이를 적은 책의 이름. 昌훈민정음.

정:음청 세종 25년 훈민정음을 만들기 위하여 대궐 안에 설치하였던 기관. '언문청'이라고도 함.

정:의¹ ①올바른 도리. 凹불의. ②바른 의의. 【正義】

정:의² 어떤 뜻을 뚜렷이 밝힌 것. 말의 뜻을 결정함. 【定義】

정:의감 올바른 도리를 지키려는 마음. 凹정의심. 【正義感】

정:이품 지난날, 관직의 하나. 조선 시대 벼슬을 18품계로 나눈 것 중의 3번째의 품계.

정:이품 소나무 충청 북도 보은군의 속리산 법주사 입구에 있는 소나무.

정인지【사람】[1396~1478] 조선 세종 때의 학자이며 정치가. 호는 학역재. 집현전 학사로 한글을 만드는 데 힘썼으며, 권제·안지·최항 등과 〈용비어천가〉를. 김종서와 함께 〈고려사〉를 지음.

정인홍【사람】[1535~1623] 조선 광해군 때의 권신. 인조반정 때 참형당함.

정:일품 고려·조선 때의 문무관의 벼슬의 첫째 등급.

정자 경치가 좋은 곳에 놀기 위하여 지은 작은 집. 정각.

정자나무 집 근처나 길가에 있는 큰 나무.

정적 아무 소리 없이 고요함. 凹적막.

정전¹ 전기가 한때 끊김.

정전² 양편의 합의에 따라서 싸움을 멈춤. 예정전 회담. 凹휴전. －하다. 【停戰】

정절 여자의 곧은 절개. 예정절을 지킨 열녀.

정:정 잘못을 고쳐서 바로잡음. 【訂正】

정:정 당당 바르고 떳떳함. 예정정당당한 대결. －하다.

정제 잘 골라 깨끗이 만듦. 정성들여 잘 만듦.

정조【사람】[1752~1800] 조선 제22대 임금(재위 1776~1800). 영조의 뜻을 이어 탕평책을 썼으며, 규장각을 설치하여 학문의 연구와 서적의 편찬에도 힘썼음.

정:조식 농작물을 심을 때 간격을 일정하게 두고 줄을 맞추어 심는 방법. 줄모.

정족 산성 경기도의 강화도 남쪽에 있는 산성. 프랑스 군대가 강화도로 쳐들어왔을 때 이들을 쳐부순 장소로 유명함.

정:족수 의사의 의결에 필요한 구성원의 출석수.

정좌 조용히 앉음. 마음을 가라앉히고 몸을 바르게 하여 앉음. －하다. 【靜坐】

정:중 점잖고 무게 있음. 예정중히 인사를 하다. 凹공손. 凹경솔. －하다. －히. 【鄭重】

정중부의 난 고려 의종 때 정중부·이의방 등을 중심으로 하여 일어난 무신의 난(1170). 무신을 멸시한 데 불만을 품고 보현원에서 난을 일으켜 문신들을 죽이고 왕을 새로이 세워 정권을 잡았음. 그후 무신의 세상이 되었음.

정지 중도에서 멎거나 그침. 예동작을 정지하다. 반진행. -하다.

정:직 거짓이나 꾸밈이 없이 마음이 바르고 곧음. 비솔직. 반거짓. -하다. -히.

정진 ①힘을 다하여 나아감. ②몸을 깨끗이 하고 마음을 가다듬음. -하다.

정차 차가 멎음. 비정거. 반발차. -하다.

정:착 한 곳에 자리잡음. 예시골에 정착하여 살다. 비정주. 반유랑. -하다. 【定着】

정:착 생활 한 곳에 오래 자리를 잡고 생활함.

정찰 ①살펴서 알아 냄. ②몰래 적의 정세를 살핌. 예적진을 정찰하다. -하다.

정찰병 몰래 적의 정세를 살펴서 알아 내게 하기 위해서 보내는 병사.

정찰제 물건을 에누리 없는 정당한 가격으로 파는 제도.

정책 나라를 다스리는 목표나 방법. 예경제 정책. 【政策】

정:처 정한 곳. 일정한 곳. 예정처 없이 떠돌다.

정철【사람】[1536~1593] 조선 선조 때의 정치가이며 학자. 호는 송강. 우의정까지 지냈으나 당파 싸움에 몰려 오랜 기간을 귀양살이로 보냈음. 우리 나라 가사의 으뜸가는 대가로〈관동별곡〉〈사미인곡〉등 많은 작품을 남겼음.

정:체[1] 참된 모양. 본디의 모양. 예정체를 숨기다. 【正體】

정체[2] 더 나아가지 못하고 한 곳에 머물러 막힘. 【停滯】

정초 ①정월의 처음 며칠. ②그 해의 맨 처음. 【正初】

정취 감정과 흥취.

정치 나라를 다스리는 일. 예국민을 위한 정치. -하다.

정치가 한 나라의 정치를 맡아 하는 사람. 비위정자.

정치계 정치 활동이 행하여지는 사회. 정치 사회.

정탐 남의 형편을 몰래 살핌. 예적을 정탐하다. -하다.

정:통[1] ①바른 계통. ②정당한 혈통. 【正統】

정통[2] 사물에 밝고 자세히 통함. -하다. 【精通】

정:평 모든 사람이 다같이 그렇다고 하는 평판. 【定評】

정하다[1] 맑고 깨끗하다. 때가 없이 조촐하다. 예마음을 정하게 하다. 정히.

정:하다[2] ①자리를 잡다. ②일을 결정하다. ③뜻을 한 가지로 세우다. ④마음을 헤아려 잡다.

정:해 바르게 풀이함. 또는 그 풀이. 바른 해답.

정:형시 글자 수와 행·절이 일정한 형식으로 되어 있는 시〔시조·동요 등〕. 반자유시.

정:혼 혼인을 정함. -하다.

정화조 오물이나 더러운 물을 깨끗하게 하여 하수도로 흐르게 하기 위한 수조.

정:확 바르고 확실함. 틀림이 없음. 비확실. 반부정확. -하다. -히. 【正確】

젖 사람이나 포유 동물에게서 분비되는 새끼의 먹이가 되는 뿌연 액체.

젖니 처음 나서 아직 갈지 않은 이. 비유치. 배냇니. 반간니.

젖다 ①물이 묻다. ②무슨 일에 버릇이 되다. ③깊이 잠기다. 예슬픔에 젖다.

젖병 우유를 담아 두는 병.

젖소 우유를 짜려고 기르는 소.
젖히다 ①몸의 윗부분을 뒤로 기울어지게 하다. ②물건의 안쪽이 겉으로 드러나게 하다. [예]창문을 열어 젖히다. > 잦히다.
젖힘상추 상추의 한 종류로 밑에서부터 차례로 잎을 따서 먹는 상추.
제각각 여럿이 모두 각각.
제각기 여럿이 모두 저마다. [예]제각기 준비해 오다. [비]각자. 제가끔.
제:강 시우쇠를 불려서 강철을 만듦. 또는 그런 강철.
제거 없애 버림. [예]불순물을 제거하다. -하다. 【除去】
제곱 같은 수를 두번 곱함. [예] 3의 제곱은 9. -하다.
제곱 미터 넓이의 단위. 한 변의 길이가 1m인 정사각형의 넓이를 1제곱 미터라고 읽고, '$1m^2$'라고 쓴다.
제곱 센티미터 넓이의 단위. 한 변의 길이가 1cm인 정사각형의 넓이를 1제곱 센티미터라고 읽고, '$1cm^2$'라고 쓴다.
제곱 킬로미터 넓이의 단위. 한 변의 길이가 1km인 정사각형의 넓이를 1제곱 킬로미터라고 읽고, '$1km^2$'라고 쓴다.
제공 바치어 이바지함. [예]선물을 제공하다. -하다. 【提供】
제:과 과자를 만듦. -하다.
제국[1] 여러 나라.
제:국[2] 황제가 다스리는 나라.
제:국주의 군사적 · 경제적으로 다른 나라나 또는 후진 민족을 정복하여 큰 나라를 건설하려고 하는 침략주의.
제군 '여러분'의 뜻으로 손아랫 사람에게 대하여 쓰는 말. [예]제군들과 만나서 반갑다.
제기 엽전을 종이나 헝겊 등으로 싸서 발로 차는 아이들의 장난감. 또는 그 장난.
제기차기 제기를 차는 놀이. 땅에 떨어뜨리지 않고 발로 많이 차는 쪽이 이김.
제네바〖지명〗 스위스의 남서부 레만 호숫가에 있는 세계적인 관광 도시. 시계를 비롯한 정밀 공업이 성함. 노동 기구가 있는 등 국제 도시의 성격을 띠고 있음.
제:단 제사나 의식을 지내기 위하여 만들어 놓은 단.
제:당 사탕을 만듦.
제대로 ①제 격식대로. [예]제대로 만든 음식. ②마음 먹은 대로. ③당연한 정도로. [예]비가 제대로 와야 농사가 잘 될 텐데.
제:도[1] 지켜 나가도록 마련된 법이나 조직. 제정된 법규.
제:도[2] 기계 · 건축물 · 공작물 등의 도면을 그림. -하다.
제:도기 도면을 그리는 데 쓰이는 기구〔먹줄펜 · 컴퍼스 등〕.
제독 함대의 사령관. 해군 장군.
제:동 운동을 멈추게함. -하다. 【制動】
제등 행렬 축하하는 뜻을 표하기 위해 여러 사람이 등불을 들고 줄을 서서 돌아다니는 일.
제라늄 여러해살이 화초의 한 가지. 흰색 · 붉은색 등의 꽃이 핌.
제:련소 광석을 용광로에 녹여서 함유 금속을 뽑아 내어 순수하게 만드는 곳. 정련소.
제:례 제사의 절차나 예절.

제멋대로 제 마음대로.

제목 ①글이나 책·그림·노래 등의 이름. ②겉장에 쓴 책의 이름. 🔁표제. 【題目】

제:문 죽은 사람을 조상하여 읽는 글. 【祭文】

제:물 제사에 쓰이는 음식. 제수. 예제물을 장만하다.

제물포 조약 조선 26대 고종 19년(1882)에 임오군란으로 인한 일본 측의 피해 보상 문제를 협상하고 체결한 조약.

제:발 꼭 바라건대. 아무쪼록. 예제발 공부 좀 열심히 하여라.

제방 홍수를 막기 위해서 흙으로 쌓은 둑. 예수해에 대비하여 제방을 쌓다. 【堤防】

제법 꽤. 무던한 모양을 얕잡아 하는 말. 예제법 많이 자랐다.

제:복 어느 단체나 기관에서 일정하게 만들어 입는 복장.

제:본 ①만든 물건의 본보기. ②책을 만듦. -하다.

제:분 곡식 등을 가루로 만듦. 특히, 밀가루를 만드는 일. -하다.

제:비1 겨울에는 따뜻한 남쪽 지방에 갔다가 봄에 다시 돌아와 사는 철새.

제비2 종이 조각 따위에 적은 기호로 차례나 승패 등을 결정하는 방법. 예제비 뽑기로 결정하다. 🔁추첨.

제:비꽃 보랏빛의 꽃이 피는, 들에서 자라는 여러해살이풀. 🔁오랑캐꽃.

제:빙 얼음을 만듦. -하다.

제:사 신령이나 조상에게 음식을 바치어 정성을 표하는 예절. 🔁향사. 🔵제.

제:사(4) 공:화국 1972년 12월의 제7차 개헌 이후 1980년

10월의 제8차 개헌(제5공화국 헌법)까지의 우리 나라 정부.

제:사장 유대교에서 예루살렘 성전의 일을 맡아 보던 우두머리.

제:사(4)차 경제 개발 계:획 자립 구조의 확립, 사회 개발, 기술·능력의 향상을 이루기 위해 세운 계획. 기간은 1977년부터 1981년까지였음.

제:삼(3) 공:화국 1963년 12월에 성립된 공화국으로 1972년 유신 헌법으로 개정되기까지의 우리 나라 정부.

제:삼(3)의 불 인류가 세 번째로 발견했다는 불로 원자력을 일컫는 말. 제1은 불, 제2는 전기임.

제:삼자 나와 너 이외의 다른 사람. 🔁당사자. 🔵삼자.

제:사(3)차 경제 개발 계:획 농어촌의 개발, 수출의 증대, 중화학 공업의 건설, 4대강 유역 개발, 국민 복지와 생활 향상을 위해 세웠던 계획[기간은 1972년부터 1976년까지였음].

제삿:날 제사 지내는 날.

제설 쌓인 눈을 치우는 일. 예제설 작업을 하다. -하다.

제:수1 제사에 쓰이는 여러 가지 음식이나 재료. 🔁제물.

제수2 어떤 수를 다른 어떤 수로 나눌 때, 그 나누는 수[4÷2에서 2가 제수임].

제승당 경상 남도 통영군 한산면에 있는 1593~1597년까지 삼도수군의 본영. 사적 113호. 이순신 장군이 수군을 지휘했던 곳.

제시 어떠한 뜻을 글이나 말로 써 나타내어 보임. 예증거물을 제시하다. -하다.

제안 어떤 생각이나 문제를 내

놓음. 〔비〕제의. -하다.

제암리 학살 사건 3·1운동 당시 일본 군대가 경기도 화성군 향남면 제암리에서 주민을 집단적으로 학살한 만행 사건.

제야 섣달 그믐날. 〔예〕제야의 종소리.

제약[1] ①사물의 성립에 필요한 조건이나 규정. 〔예〕법규의 제약이 많다. ②어떤 조건을 붙이어 제한함.

제약[2] 약을 만듦. 또는 그 약.

제약 회사 약을 만드는 것을 전문으로 하는 회사.

제:오(5) 공:화국 1980년 10월의 제8차 개헌에 의하여 탄생. 1987년까지의 우리 나라 정부.

제:왕운기【책명】 고려 시대 이승휴가 지은 역사책. 상권에는 중국 왕조의 이야기를, 하권에는 우리 나라 왕조의 이야기가 씌어 있음.

제외 어느 범위 밖에 두어 빼어 놓음. -하다. 【除外】

제우스 그리스 신화에 나오는 가장 높은 신. 【Zeus】

제의 어떤 의논을 제출함. 〔예〕만날 것을 제의했다. -하다.

제:이(2) 공:화국 4·19의거 후 5·16 혁명 이전까지의 우리 나라 정부. 민주당 집권 시대.

제:이(2)차 경제 개발 계:획 산업 구조의 근대화와 자립 경제 확립을 위해 세웠던 계획. 1967년부터 1971년까지를 말하며, 연평균 경제 성장률 11.4%를 달성하였음.

제:이(2)차 세:계 대:전 1939년에서 1945년 사이에 걸친 세계적인 큰 전쟁. 미국·영국·프랑스·소련의 연합군이 독일·이탈리아·일본과 싸워

승리하였음.

제:일 가장 먼저. 첫째. 〔비〕가장.

제:일(1) 공:화국 1948년 8월 15일 정부 수립 후부터 1960년 4·19 의거 이전까지의 우리 나라 정부. 자유당 집권 시대.

제:일인자 어느 사회나 분야에서 견줄 이가 없을 만큼 뛰어난 사람. 〔준〕일인자.

제:일(1)차 경제 개발 계:획 자립 경제의 달성을 위한 기반 조성을 목표로 세웠던 계획. 기간은 1962년부터 1966년까지였는데, 연평균 성장율은 8.3%를 달성하였음.

제:일(1)차 세:계 대:전 1914년부터 1918년에 걸쳐 일어난 세계적인 큰 전쟁. 영국·프랑스의 연합군과 독일·터키 등이 싸웠는 데, 독일의 항복으로 끝남.

제:자 스승의 가르침을 받거나 받은 사람. 〔비〕생도. 문인. 〔반〕스승. 선생.

제자리 본디 있던 자리. 거기에 마땅히 있어야 할 자리.

제자리걸음 ①한 자리에서 한 발씩 올렸다 내렸다 하는 동작. ②일이 진전되지 않음. 〔예〕성적이 언제나 제자리걸음이다.

제:작 재료를 가지고 물건을 만듦. 〔비〕제조. -하다. 【製作】

제:작법 물건을 만드는 방법.

제:재 잘못한 것에 대하여 나무라거나 처벌함. 〔예〕법적인 제재를 가하다. -하다.

제:재소 베어낸 나무로 재목이나 판자를 만드는 곳.

제:전 ①제사를 지내는 의식. ②성대히 열리는 음악회나 체육회 등을 뜻하는 말.

제:정 제도 따위를 만들어서 정함. -하다.　【制定】

제:정 일치 제사와 정치가 일치하는 사상, 또는 그러한 정치 형태. 고대 사회의 특징이었음. 정교 일치.

제:조 큰 규모로 물건을 만들어 냄. 예자동차 제조. 비제작. -하다.　【製造】

제:조 기술 공장·기업 등에서 큰 규모로 만드는 기술.

제:조업 원료를 가공하여 물품을 만들어 내는 영업.

제:주도 우리 나라 서남 해상에 자리잡고 있는 큰 섬이며, 우리 나라에서 제일 작은 도. 특히, 바람·돌·여자가 많다 하여 '삼다도'라고 부르며, 지난날에는 '탐라'라고 불렀음. 우리 나라 제일의 관광지임.　【濟州島】

제:주 해:협 제주도와 추자도 사이에 있는 바다.

제:중원 우리 나라에 세워진 최초의 근대식 병원. 처음 이름은 광혜원이었으나 1886년 고종이 백성의 치료에 공이 크다 하여 제중원으로 고쳤음.

제지 하려고 하는 일을 말리어서 못하게 함. -하다.

제창[1] ①같은 노래의 가락을 두 사람 이상이 함께 부름. ②여러 사람이 다 같이 일제히 소리를 질러 부름. 예애국가를 제창하다. -하다.

제창[2] 의견을 들고 나와서 내세움. 비주창. -하다.　【提唱】

제:천 행사 하늘을 숭배하고 제사드리는 초기 국가 시대의 원시적인 종교 행사.

제철[1] 옷·음식 따위의 마땅한 시절. 예제철 음식이 건강에 좋다.

제:철[2] 철광석을 녹여 무쇠를 뽑음. 예제철 공장.　【製鐵】

제:철 공업 철광석으로부터 철을 뽑아 내거나, 고철로부터 좋은 철을 가려 내는 일을 하는 공업.

제:철소[제철쏘] 제철하는 공장.

제쳐놓다 ①어떤 일을 뒤에 하려고 미루어 놓다. ②거치적거리지 않게 따로 치워 놓다.

제초 잡초를 뽑아 없앰. 김매기. -하다.　【除草】

제초기 잡초를 뽑아 없애는 기계. 김매기틀.

제출 의견이나 안건 등을 내어 놓음. -하다.

제충국 국화과의 여러해살이풀. 진딧물·배추 벌레 등 농작물의 해충을 죽이는 농약으로 쓰임.

제트기 제트 엔진을 장치한 속력이 빠른 비행기.

제:패 어떤 분야에서 으뜸가는 세력을 차지함. -하다.

제:품 원료를 가지고 만들어 낸 물건, 또는 물건을 만듦. 예섬유 제품. 만원료. -하다.

제하다 ①줄 것에서 받을 것을 빼다, 또는 없애거나 빼 버리다. ②나누다.

제:한 정해진 한계, 또는 한계를 정함. 예자동차의 속도를 제한하다. -하다.　【制限】

제:헌 헌법을 제정함. -하다.

제:헌절 국경일의 하나. 1948년 7월 17일 대한 민국 헌법이 공포·시행된 것을 기념하는 날.

조[1] 곡식의 한 가지로 9월경에 작고 누런 열매가 맺음.

조[2] 수의 단위. 억의 만 곱절.

조각[1] 넓적하거나 얇은 물건에서 떼어낸 작은 부분. 예나무

조각.

조각² 나무나 돌 같은 것에 그림이나 글씨를 새김. -하다.

조각가 나무나 돌 등에 그림이나 글씨를 새기거나, 사람·동물 같은 입체적인 모양을 만드는 일을 전문으로 하는 사람. 【彫刻家】

조각배[조각빼] 작은 배.

조각칼 조각을 할 때 쓰는 칼 〔창칼·끌칼·둥근칼·세모칼 따위가 있음〕.

조각품 나무·돌 같은 것에 그림이나 글씨 같은 것을 새긴 것.

조간 신문 일간 신문 가운데서 아침에 펴내는 신문. 조간지. ❸조간. ❹석간 신문.

조감도 ①건물을 건축하기 전에 종이에다 모형을 뜬 것. ②높은 곳에서 아래를 내려다 본 상태의 도면. 【鳥瞰圖】

조개 민물이나 바닷물에 살며 석회질 성분의 단단한 껍데기로 싸여 있는 연체동물. 속살은 먹음.

조개무지 ⇨패총.

조건[조껀] ①무슨 일을 어떻게 정한 조목. ❹조항. ②일정한 일이 이루어지거나 생기는데 필요한 그 기본이 되는 사항. 【條件】

조계종 ①고려 때 신라의 구산 선문을 합친 종파로 천태종에 대하여 이르는 말. ②태고 국사를 종조로 삼은 우리 나라 불교의 한 종파.

조광조〖사람〗[1482~1519] 조선 중종 때의 성리학자. 호는 정암. 기묘사화로 죽임을 당함.

조국 자기의 조상 때부터 살아 온 나라. ❹고국. 모국. ❹타국.

조그맣다(조그마니, 조그마오) 그리 크거나 많지 않을 만큼 조금 작거나 적다. ❹손이 조그맣다. ❹커다랗다. ❸조그마하다.

조금 ①수효나 분량이 적게. ②시간으로 잠깐. ❹조금만 더 기다리자. ❸좀. ❹조끔.

조금씩 정도나 분량이 작게.

조급히 참을성이 없이 매우 급함. ❹조급히 행동하다. ❹성급히.

조:기¹ 아침 일찍 일어남. ❹조기 축구. 【早起】

조:기² 이른 시기. ❹암을 조기에 발견했다. 【早期】

조기³ 우리 나라 서해안에서 많이 잡히는 물고기. 참조기·보구치·석수어·석어 등으로 불리기도 함.

조끼 저고리나 와이셔츠 위에 덧 입는 소매가 없는 옷.

조:난 재난을 만남. ❹태풍으로 배가 조난을 당했다. -하다.

조달 자금이나 물자를 갖추어서 대어 줌. -하다.

조랑말 몸체가 작은 종자의 말. ❹왜마.

조:력 힘을 써 도와 줌, 또는 그 도와주는 힘. 도움. -하다.

조력 발전소 밀물과 썰물의 차를 이용하여 전기를 일으키는 발전소.

조련사 동물에게 곡예 따위의 재주를 훈련시키는 사람.

조령〖지명〗 경상 북도 문경군과 충청 북도 괴산군 사이의 소백 산맥에 있는 고개. 새재.

조례 학교에서 담임 선생님이 수업하기 전에 학생들과 행하는 아침 인사. ❹조회. ❹종례.

조롱 비웃거나 얕보고 놀림.

⑩못생겼다고 조롱하다. 🔵희롱.

조롱박 재배 식물로, 7월경에 흰 꽃이 핌. 열매는 길둥글고 가운데가 잘록함. 껍질은 말려서 그릇으로 씀. 호리병박.

조:롱대 백마강 가에 있는 바위 이름. 당나라 장수 소정방이 이 곳에서 용을 낚았다는 전설이 전해 옴.

조류¹ ①밀물·썰물에 의하여 일어나는 바닷물의 흐름. ②세상의 흐름. 시대의 경향이나 동향. ⑩시대의 조류를 타다. 【潮流】

조류² 새 종류. 날짐승 종류.

조류 도감 날짐승에 대하여 그림을 중심으로 모양·성질 등을 풀이하여 엮은 책.

조류학자 새에 관한 모든 것을 연구하는 사람. 【鳥類學者】

조르다(조르니, 졸라) ①무엇을 요구하다. ⑩달라고 조르다. ②끈을 동이거나 죄어 매다. ③재촉하다.

조리¹ 앞뒤가 들어 맞고 체계가 서는 갈피. ⑩조리있게 설명하다.

조:리² 쌀을 이는
데 쓰이는 도구. [조리²]

조리개 사진기에 있어서 빛이 렌즈 속으로 통과할 때 빛의 양을 조절하는 장치.

조리 기구 음식을 만들 때에 쓰이는 도구.

조리다 고기·채소 등을 양념을 하여 국물이 적어지도록 바특하게 끓이다.

조리대 음식 등을 만드는 대.

조:림 나무를 심어 숲을 만듦. ⑩조림 사업. -하다.

조립 여러 부분품들을 하나의 구조물로 모아 맞추어 짬. ⑩컴퓨터 부품 조립. 【組立】

조립도 제작물의 조립을 나타낸 도면. 【組立圖】

조립식 어떤 물건을 만드는 데 필요한 작은 부품을 끼워 맞추는 방법.

조마조마하다 위태롭고 두려운 생각을 가지다.

조:만간 멀지 않아. 이르든지 늦든지. 어느 때든지. ⑩조만간 돌아오겠다.

조만식【사람】[1882~?] 독립 운동가·정치가. 호는 고당. 평안 남도 강서에서 태어남. 1913년 일본 메이지 대학 졸업. 3·1 운동에 참가하였고 오산 학교 교장. 1932년 조선 일보사 사장을 역임함. 6·25 전쟁 때 공산당에게 총살당한 것으로 알려짐.

조:명 ①빛을 밝게 비춤. ②무대 효과를 높이기 위하여 무대를 밝게 또는 어둡게 하거나, 여러 색깔의 빛을 비추는 일. ⑩조명 효과. -하다.

조:명등 조명하는 데 쓰이는 촉수 높은 등.

조:명탄 야간 전투에서 적군의 모습을 밝게 드러내기 위하여 땅위를 대낮같이 밝히는 탄환.

조모 할머니. 🔵조부. 【祖母】

조목 한 개 한 개 벌인 일의 가닥. ⑩이야기를 조목별로 잘하다. 🔵조항. 항목. 【條目】

조목조목 한 개 한 개 벌인 일의 가닥마다. ⑩조목조목 말씀 드려라. 🔵조항조항.

조무래기 ①자질구레한 물건. ②작고 고만고만한 아이들.

조:물주 우주 만물을 창조하고 다스리는 신. 【造物主】

조미료 음식의 맛을 내는 데 쓰는 재료. 양념. 【調味料】

조밀 촘촘하고 빽빽함. ⑩산이

나무가 조밀하다.

조반 아침밥.

조부 할아버지. 빤조모. 【祖父】

조사¹ 일이나 물건에 대한 내용을 자세히 살펴 알아 봄. 예인구 조사. 비검사. ─하다.

조:사² 죽은 이를 슬퍼하는 뜻을 나타낸 글. 【弔詞】

조사 기록문 조사하여 기록해 놓은 글.

조:산 아이를 달이 차기 전에 미리 낳음.

조상¹ 한 갈래의 핏줄을 받아 온 돌아가신 어른. 비선조. 빤 자손.

조상² 사람의 죽음에 대하여 슬픈 뜻을 표함. 비문상. ─하다.

조상신 ①초기 국가 시대에 숭배하여 제사지내던 조상의 신. ②민간 신앙에서 나온, 집안에서 지내는 제사의 조상들.

조서 조사한 사실을 적은 문서. 예조서를 작성하다.

조석 아침과 저녁. 예조석으로 안부 전화를 하다. ⓒ조석반.

조선[1392~1910] 고려가 망한 뒤, 이성계에 의해 새로이 세워진 우리 나라의 왕조. 고종 때 대한 제국으로 바뀜.

조:선 공업 배를 만드는 공업.

조선 물산 장려회 1922년에 일어난 민족 운동의 하나로 조만식을 중심으로 일어남. 일제에 반대하여 국산품 애용, 민족 기업의 육성 등을 내걸고 강연회와 시위 선전을 벌이기 위해 모인 단체.

조:선소 배를 만들거나, 고치는 곳. 선창.

조:선술 선박을 설계하여 건조하는 기술.

조선시대 고려와 대한 제국 사이에 있던 시대.

조선어 학회 ⇨한글 학회.

조선 왕조 실록【책명】 조선 시대 500여 년 동안 꾸준히 만들어 온 역사책으로, 오늘날까지 전해오고 있음.

조선 일보 우리 나라 신문의 하나. 1920년 3월 5일 창간됨.

조선 총:독부 일본이 1910년 8월 29일 국권 침탈 후부터 1945년 광복 때까지 36년간에 걸쳐 우리 나라에서 입법·행정·사법권 및 군대 통솔권을 장악하여 식민지 정치를 폈던 통치 기관.

조선 팔도[조선팔또] 조선 시대 우리 나라 전체를 여덟 개의 도로 나누어 다스렸던 지방 행정 구역.

조세 국가 또는 지방 자치 단체가 일반 경비를 쓰기 위하여 국민으로부터 받아들이는 돈. ⓒ세.

조소¹ 찰흙으로 만든 인물이나 그 밖의 모형. 또는 그러한 일.

조소² 조롱하여 비웃는 웃음. 예조소하는 눈빛으로 쳐다보다. ─하다. 【嘲笑】

조수¹ 일정한 시간을 두고 밀려 들어왔다가 나가는 바닷물. 밀물과 썰물. 【潮水】

조:수² 일을 도와 주고 거들어 주는 사람. 【助手】

조:숙 ①곡식·과일 등이 일찍 익음. 빤만숙. ②일찍 깨달아 앎. 예나이에 비해 조숙하다. ─하다.

조식¹ 아침밥. 【朝食】

조식²【사람】[1501~1572] 조선 명종 때의 학자·처사. 자는 건중. 호는 남명. 세상에 나오지 않고 두류산의 산천재에서 성리학의 연구와 후진 양성에 전념하여 명망이 높았음.

조실부모 어려서 부모를 여읨.

조:심 마음을 써서 잘못이 없도록 함. 또는 그러한 마음. 비주의. -하다.

조:심성[조심썽] 그릇되거나 잘못이 없도록 조심하는 태도. 예어른 앞에서는 조심성 있게 행동해야 한다.【操心性】

조:심스럽다(조심스러우니, 조심스러워서) 조심하는 태도가 있어 보이다.

조:심조:심 마음을 써서 행동하는 모양.

조아리다 이마가 바닥에 닿을 정도로 고개를 숙이다.

조약 ①문서에 의한 국가간의 합의. 예국제 조약. ②조문으로 맺은 약속. 비약조.【條約】

조약돌 냇가나 바닷가에 있는 잘고 둥근 돌.

조:언 남의 옆에서 말을 도움. 또는 돕는 말. 예선생님께서 조언해 주시다. -하다.

조:연 연극·영화에서 주역을 도와 연기하는 사람. 또는 그 일.

조:예 학문이나 기술 등이 깊은 경지에 이른 정도. 예미술에 조예가 깊다.【造詣】

조옮김 악곡 전체의 형태는 바꾸지 않고 다른 조로 옮기는 것.

조용하다 ①시끄럽지 않고 고요하다. ②언행이나 성격 따위가 수선스럽지 아니하고 차분하고 얌전하다.

조율 악기의 음을 일정한 기준음에 맞추어 고름. 조음. 예피아노를 조율하다.

조:의 죽은 이를 슬퍼하는 마음. 예조의를 표하다.【弔意】

조인 약속하는 서류에 도장을 찍음. -하다.【調印】

조:작 ①지어서 만듦. ②일부러 무엇과 비슷하게 만듦. 예서류를 조작하다. -하다.

조잘거리다 ①낮은 목소리로 종알거리다. ②참새 등이 쉴 새 없이 자꾸 지저귀다. <주절거리다.

조절 잘 골라서 알맞게 함. 예온도 조절. 비조정. -하다.

조절제 식물이 자라는 속도를 조절해 주는 약품.

조정[1] 고르지 못한 것을 알맞게 조절함. -하다. 【調整】

조정[2] 다투는 중간에 서서 화해시킴. 비중재. -하다.

조정[3] 지난날, 임금이 나라의 정치를 의논 또는 집행하는 곳. 【朝廷】

조정력[조정녁] 몸을 가누고 지탱할 수 있는 힘.

조제 여러 가지 약을 조합하여 만듦. 예약을 조제하다.

조종 ①기계류 따위를 마음대로 다루어 부림. ②사람을 마음대로 교묘하게 부림. -하다.

조종도〖사람〗[1537~1597] 조선 선조 때의 문신. 조식의 문인. 양지 현감으로 선정을 베풀어 옷감을 하사받았음. 정유재란때 의병을 규합, 안음 현감 곽준과 함께 황석산성에서 왜장 가토 기요마사의 군사와 싸우다가 전사함. 시호는 충의.

조종사 비행기를 조종하는 사람. 비항공사.

조직 얽어서 만듦. 짜서 이룸. 비편성. -하다. 【組織】

조직체 조직적으로 구성된 체제나 단체.

조짐 어떤 일이 생길 기미가 보이는 현상. 예불길한 조짐.

조차 〔도·가지도·마저의 뜻

으로) 앞의 말을 강조할 때 쓰는 말. 예너조차 떠나려 하느냐?

조창 고려 시대부터 두었던, 지방에서 세금으로 거두어들인 쌀이나 특산물의 수송을 위해 나루터 근처에 두었던 창고.

조처 사물을 잘 살펴서 알맞게 처리함. 예임시 조처하다. 回조치. -하다. 【措處】

조촐하다 ①아주 아담하고 깨끗하다. 예방이 조촐하다. ②맵시가 깔끔하고 얌전하다. 조촐히.

조총 ①새총. ②화승총의 옛 이름〔임진왜란 때 썼음〕.

조치원〖지명〗충남 연기군의 군청 소재지로 읍·군의 동부, 충청 북도와의 경계에 가까운 곳에 위치한 경부선의 중요한 역이며 충북선의 분기점임.

조카 형이나 아우나 누이들이 낳은 아들이나 딸.

조ː퇴 학교나 직장에서, 정해진 시간보다 일찍 돌아감. 예몸이 아파 조퇴를 하다. -하다.

조판 원고지에 쓴 글자를 원고의 지시대로 맞추어 판을 짜는 일. -하다. 【組版】

조ː폐 공사 화폐·은행권·국채 및 증권 따위를 만들어 내는 법인 기관.

조표 악보 첫머리의 음자리표 다음에 '#(올림표) '나 'b (내림표) '를 붙여 음계를 달리하는 것.

조합 ①여럿을 모아 합하여 한 덩이가 되게 함. ②같은 목적을 가진 사람들이 서로 힘을 합쳐 어떤 사업을 할 때에 조직되는 단체. 예농업 협동 조합. -하다.

조합원 조합에 가입한 사람.

조ː헌〖사람〗[1544~1592] 조선 선조 때의 학자. 호는 중봉. 임진 왜란 때 의병을 일으켜 싸우다가 충남 금산 전투에서 700명의 의병과 함께 전사함.

조ː혈 몸 안에서 피를 만듦.

조ː형 형체를 이루어 만듦. 예조형 미술. 【造形】

조ː형물 형체를 이루어서 만든 물건.

조ː형미 사람의 힘으로 만든 물건의 아름다움. 【造形美】

조화¹ 서로 잘 어울리게 함. 예조화를 이루다. -하다.

조ː화² 종이나 헝겊 등으로 만든 꽃. 回생화. 【造花】

초회 학교·관청 등에서 일을 시작하기 전에 인사나 그 밖의 주의할 일 등을 이르는 아침의 모임. 回조례. 回종례. -하다. 【朝會】

족 '겨레 '의 뜻을 나타내는 말. 예한민족.

족두리 부녀자가 예복을 입을 때에 머리에 얹던 비단으로 만든 관의 한 가지.

족보 한 집안의 대대로 내려온 계통을 적은 책.

족자 글씨나 그림 등을 꾸며서 벽에 걸게 만든 물건.

족장 한 겨레붙이의 우두머리.

족제비 족제비과에 속하는 젖먹이 동물을 통틀어 이르는 말. 야산이나 물가에 살며, 몸 길이는 16~32cm. 털빛은 갈색.

존경 높이어 공손히 섬김. 예웃어른을 존경하다. 回공경. 존대. 回멸시. 천시. -하다.

존경심 높이어 공손히 받드는 마음. 回공경심. 【尊敬心】

존귀 지위가 높고 귀함. 예존귀한 신분. 回비천. -하다.

존대말 존대하는 뜻을 나타내는 말. 높임말.

존립 생존하여 자립함. -하다.

존속 그대로 계속함. 또는 계속하여 있음. 예100여 년간 존속하다. -하다. 【存續】

존엄성 [존엄썽] 높고 엄숙한 성질. 예인간의 존엄성.

존재 ①현재 있음. 또는 있는 것. 예생물이 존재하다. 비실존. ②세상에 알려질 만하게 이름이 있음. 예위대한 존재. -하다.

존중 높이 받들고 중하게 여김. 예상대방을 존중하다. 비존경. 반경멸. -하다. -히.

존칭 존경하는 뜻으로 높여 일컬음. 반비칭. -하다.

존호 왕이나 왕비에게 그 덕을 기리어 높여 부르던 칭호.

졸개 남에게 매인 부하를 얕잡아 이르는 말.

졸:다(조니, 조오) 졸음으로 꾸벅꾸벅 잠드는 상태로 들어가다. 예책을 읽다가 졸다.

졸도 [졸또] 심한 충격이나 피로, 뇌빈혈·일사병 등으로 인해 갑자기 정신을 잃고 쓰러지는 일. -하다. 【卒倒】

졸라매다 느슨하지 않도록 단단히 동여매다.

졸:리다[1] ①남에게 조름을 당하다. 예동생에게 졸리다. ②단단하게 매어지다. 예발목이 졸리다. 센쫄리다.

졸리:다[2] 졸음이 와서 자고 싶은 느낌이 들다.

졸망졸망 ①고르지 않게 울퉁불퉁 내민 모양. ②자질구레한 물건이 많이 모여 있어 보기 좋은 모양. <줄멍줄멍. -하다.

졸병 계급이 낮은 병사. 【卒兵】

졸본천 고구려의 시조 주몽이 나라의 터를 처음 잡았다는 졸본성 부근의 내. 지금의 훈강 유역.

졸업 ①학교에서의 정해진 공부를 다 마침. 반입학. ②일정한 단계를 지나 익숙하게 됨을 비유하는 말.

졸:음 자고 싶은 느낌. 예졸음이 쏟아지다.

졸이다 ①졸아들게 하다. 예찌개를 졸이다. ②속을 태우며 조마조마하여 애를 쓰다.

졸장부 쾌활하지 못한 남자. 옹졸한 사내. 반대장부.

졸:졸 ①가는 물줄기가 끊임없이 흐르는 소리. 예시냇물이 졸졸 흐른다. ②줄곧 뒤를 라다니는 모양. 예선생님 뒤만 졸졸 따라다닌다. <줄줄. 쩬쫄쫄.

좀더 조금 더. 그보다는 더. 예좀 더 많이 가져와라.

좀도둑 사소한 물건을 훔쳐 가는 도둑.

좀먹다 ①좀이 물건을 쏠다. ②어떤 일에 대하여 모르는 가운데에 손해를 입다. 예나라를 좀먹는 밀수업자들.

좀:처럼 여간해서는. 쉽게. 예좀처럼 보기 어려운 동물이.

좁다 ①면적이 작다. 예방이 좁다. ②도량이나 소견이 작다. 예마음이 좁다. 반넓다.

좁다랗다(좁다라니, 좁다라오) ①넓이가 매우 좁다. 예마을 앞길이 좁다랗다. ②생각보다 너무 좁다. 반널따랗다.

좁쌀 ①조의 열매인 쌀. ②열매가 아주 작기 때문에 작고 좀스러운 사람이나 물건에 비유하기도 함.

종:[1] 다른 사람 밑에 매여서 부림을 당하는 사람. 비예속.

떈주인. 상전.

종² 달아 놓고 나무 같은 것으로 쳐서 소리를 내게 하는, 쇠로 만든 물건. 예새벽 종소리. 【鍾】

종가 한 문중에서 맏이로만 이어 온 큰집. 【宗家】

종각 큰 종을 달아 두는 집.

종강 강의를 끝마침. 또는 그 강의. **떈**개강.

종결 일을 끝냄.

종교 신이나 절대자를 믿어 선악을 권계하고 마음의 평안과 행복을 얻으려는 일(기독교·불교·천주교 등).

종국 ①끝판. 마지막판. 예종국에는 실패하고 말 것이다. ②바둑을 다 둠.

종:기 커다란 부스럼.

종내 마침내. 끝끝내. 예종내 돌아오지 않았다.

종달새 몸은 참새보다 조금 큰 새. 몸빛은 붉은 갈색에 거무스름한 가로 무늬가 있으며, 뒷머리의 깃은 길어서 뻗쳐 보임. 종다리.

[종달새]

종대 세로로 줄을 지어서 늘어선 모양. **떈**횡대.

종두 병원체를 소에 심어 소에서 생긴 고름을 사람 몸에 접종함으로써 천연두(마마)를 예방하는 접종 방법. 영국의 의사 제너가 1976년에 발견하였음. **떈**우두.

종려나무[종녀나무] 야자나무와 비슷한 늘푸른큰키나무. 높이 3~7m로, 잎이 매우 크고 부채꼴 모양을 하고 노란 꽃이 핌.

종렬 세로로 줄지음, 또는 그 줄. -하다. 【縱列】

종례 학교 공부를 마친 뒤에, 담임 선생님과 학생들이 교실에 모여서 하는 인사. **떈**조례.

종로[종노] 서울의 중심 상점 거리의 하나. 세종로에서 동대문까지의 거리.

종료 일을 마침. 끝냄.

종:류[종뉴] 물건의 상태나 성질을 어떤 기준에 따라 나눈 갈래. **떈**종목. 종별. 【種類】

종말 끝판. 나중의 끝. 예인생의 종말. **떈**최후. 끝판.

종:목 종류의 이름. 예경기 종목. **떈**항목. 【種目】

종묘 조선 시대 역대 임금의 위패〔죽은 이의 이름을 적은 나무조각〕를 모시는 사당. 서울특별시 종로 3가에 있음.

종반 ①장기·바둑·경기 따위에서 승부가 끝판에 이름. ②사물의 끝판에 가까운 단계. **떈**초반.

종사 어떤 일을 함. 예교사직에 종사하다. -하다.

종성 받침. 끝소리 글자.

종신 ①한 평생을 마침. ②명을 다할 때까지의 동안. 예종신 대통령. -하다.

종신형 죽을 때까지 감옥에서 옥살이를 하도록 하는 형벌. **떈**무기형.

종:아리 다리에서 무릎과 발목 사이의 뒤쪽 부분.

종알종알 ①혼잣말로 자꾸 불평을 말하는 소리나 모양. ②자꾸 재깔이는 소리, 또는 모양. 〈중얼중얼.

종업 ①하던 일을 끝마침. ②학교에서 학업을 마침. 예종업식. **떈**시업. -하다. 【從業】

종이 주로 식물성 섬유를 재료로 하고, 가성 소다나 석회를 가하여 끓인 다음 짓찧어서 연한 덩어리를 짓고, 수지 또는 풀을 가해서 뜬 얇은 물건.

종이죽 종이를 찢어 풀어 이긴 공작용 찰흙.

종일 아침부터 저녁까지.

종잇장 종이의 낱장.

종자 채소나 곡식의 씨. 씨앗. 예종자를 뿌린다. 【種子】

종잡다 대중으로 헤아려 잡다.

종장 시조나 노래의 마지막 장.

종적 드러난 형상과 자취. 또는 흔적. 예범인의 종적을 추적하다. 비흔적.

종전[1] 전쟁이 끝남, 또는 끝냄. 반개전. -하다.

종전[2] 이전부터의 그대로. 예종전보다 값이 내렸다.

종점[종쩜] 기차·전철·버스 등의 마지막 도착점. 예버스 종점. 반기점.

종:조부 할아버지의 형이나 아우. 수종조.

종족 ①조상이 같고 공통되는 언어·풍습·문화 등을 가지고 있는 사람들의 집단. ②생물의 같은 종류의 것.

종:종 가끔. 이따금.

종종걸음 발을 짧게 자주 떼며 바삐 걷는 걸음. 카총총걸음.

종지 간장·고추장 같은 것을 담아서 상에 놓는 작은 그릇.

종착역[종창녁] 기차·전철 등 의 마지막 도착역. 비종점. 반시발역.

종파 ①종가의 계통. ②같은 종교를 믿으면서도 주장하는 교리가 다른 갈래.

종합 한데 합함. 예내용을 종합하다. -하다.

종합 병:원 각종 질병을 고칠 수 있도록 여러 종류의 의원을 한곳에 모아 둔 병원.

종합 예:술 개개의 예술을 종합한 대규모의 통일적 예술.

종합 청사 정부의 여러 부처가 한 곳에서 일을 볼 수 있도록 큰 규모로 지은 관청.

좇다 ①뒤를 따르다. ②복종하다. 예어른들의 뜻을 좇다.

좋:다 ①마음에 들다. ②흐뭇하여 기뻐할 만하다. ③말씨나 태도가 부드럽고 순하다.

좌:고 북의 한 가지. 나무로 된 나지막한 틀에 매달고 나무 채로 앉아서 침. 【座鼓】

좌:담 몇 사람이 자리를 마주 잡고 앉아서 자유롭게 주고받는 이야기. -하다. 【座談】

좌:담회 어떤 문제를 중심으로 의견을 주고받는 모임.

좌:변 ①왼편짝. ②왼편 가장자리. ③등식에서, 등호(=)의 왼쪽 부분. 반우변.

좌:석 ①앉는 자리. ②깔고 앉는 물건을 통틀어 이르는 말.

좌수사 조선 때, 바다를 지키던 좌수영의 우두머리 벼슬 이름.

좌:수영 조선 때, 수군의 군영. 〔동래에 경상 좌수영과 여수에 전라 좌수영이 있었음〕.

좌:우 ①왼쪽과 오른쪽. 양쪽. ②어떤 힘에 의하여 움직임. 예승진이 좌우된다. 【左右】

좌:우간 ①이렇든 저렇든 간에. 어떻게 되는지 간에. 예좌우간 일부터 하자. ②두 가지 가운데. 어찌하든지.

좌:우명 늘 가까이 적어 두고, 일상의 경계로 삼는 말이나 글.

좌:의정 조선 때, 의정부의 정일품 벼슬. 비좌상. 【左議政】

좌:익수 야구 경기에 있어서 외야의 왼쪽 수비를 맡아 지키는 선수. 수좌익.

좌:절 ①마음과 기운이 꺾임. ②어떤 계획이나 운동이 실패로 돌아감. -하다. 【挫折】

좌:천 높은 직위에서 낮은 직위로 떨어짐. 凹영전. 【左遷】

좌:측 통행 교통 질서를 유지하기 위하여 사람은 왼쪽 길로 통행하는 일.

좌:표 어떤 위치나 점의 자리를 나타내는 데 표준이 되는 표.

좌:표축 좌표의 기준이 되는 가로·세로의 선.

좌:표 평면 좌표축이 있는 평면.

좌:회전 왼쪽으로 돎. 凹우회전.

쟁:이 원추형 모양으로 생긴, 물고기를 잡는 그물의 한 가지.

죄: ①양심을 속이는 일. ②벌을 받을 만한 짓. 그른 짓.

죄:명 죄의 이름. 예죄명이 살인죄이다. 凹죄목. 【罪名】

죄:목 범죄 행위의 종류.

죄:송 죄스럽고 미안함. 예늦어서 죄송합니다. 凹황송. 송구. -하다. -스럽다.

죄:수 교도소에 수감된 죄인.

죄:악 ①죄가 될 만한 나쁜 짓. ②도덕이나 종교의 교리나 가르침을 어기는 짓. 【罪惡】

죄:인 죄를 저지른 사람.

주¹ ①지난날, 지방 행정 구역의 하나. ②미국의 지방 행정 구역의 하나. 예워싱턴 주. ③대부분이 바다로 둘러싸인 큰 육지. 예아시아 주. 【州】

주² 일·월·화·수·목·금·토의 7일동안을 일컬음. 【週】

주간¹ 한 주일마다 한 번씩 신문 등을 펴냄. 예주간 잡지.

주간² 한 주일 동안. 예불조심 강조 주간. 【週間】

주간³ 낮. 낮 동안. 예주간에만 장사를 하다. 凹야간. 【晝間】

주:거 어떤 곳에 머물러 삶. 凹거주. -하다. 【住居】

주걱 밥 등을 그릇에 담는 데 쓰이는, 나무나 플라스틱 등으로 만든 물건.

주검 죽어 있는 몸. 凹송장. 시체. ×죽음.

주경기장 경기나 시합 등을 할 때에 중심이 되는 곳.

주경 야:독 〔낮에는 농사를 짓고 밤에는 글을 읽는다는 뜻으로〕 곧 바쁜 틈에서도 공부함을 이르는 말. -하다.

주관 자기대로의 생각. 예주관대로 행동하다. 凹객관.

주교 천주교에서, 일정한 구역(교구)을 관할하는 교직.

주권 ①주되는 권리. ②국가를 이루는 가장 중요하고 중심이 되는 권리. 【主權】

주기 한 바퀴 도는 시기.

주기도문 예수가 제자들에게 가르친 모범 기도문〔〈신약 성서〉 마태 복음 6장9~13절 및 누가복음 11장 2~4절에 있음〕.

주낙 낚싯줄에 여러 개의 낚시를 달아 물살을 따라서 얼레를 감았다 풀었다 하여 물고기를 잡는 기구.

주:눅 윗사람이나 여러 사람 앞에서 기가 죽어 움츠러드는 일.

주다 ①남에게 가지게 하다. ②마음이나 정신을 기울이거나 드러내 보이다. 凹드리다.

주동 어떠한 일에 주장이 되어 행동함.

주동자 어떠한 일에 주장이 되어 행동하는 사람.

주:둔 군대가 어떤 지역에 머물러 있음. -하다.

주둥이 '입 부리'의 낮은말. 凹주둥아리. >조동이.

주렁주렁 열매 같은 것이 많이 매달려 있는 모양. 예감이 주렁주렁 열렸다. 〉조랑조랑.

주력 중심이 되는 힘. 【主力】

주례 예식을 맡아 진행하는 일, 또는 그 사람. 【主禮】

주룩주룩 잇달아 나는 주룩 소리. 예봄비가 주룩주룩 내린다. 〉조록조록. 솅쭈룩쭈룩.

주름 ①살갗 등이 느즈러져서 생긴 잔 줄. ②종이·옷감 등이 쭈그러져서 생긴 구김살. ③치마폭 등을 줄여 접은 금. 예주름치마.

주름살[주름쌀] 주름이 잡힌 금. 예이마의 주름살.

주ː리다 ①먹지 못하여 배를 곯다. ②바라는 것이 잘 되지 못하여 마음에 허기가 생기다.

주막 지난날, 시골의 길가에서 술과 밥을 팔고, 나그네도 재우는 집. 주막집. 【酒幕】

주말 한 주일의 끝. 토요일 또는 토요일 오후부터 일요일에 걸치는 동안. 【週末】

주머니 옷에 달아 물건을 넣어 두게 한 것.

주먹 다섯 손가락을 오그려 쥔 손.

주먹밥 주먹처럼 뭉친 밥덩이.

주모 술집에서 술을 파는 여자.

주모자 우두머리가 되어 나쁜 짓을 꾸미는 사람.

주ː목 ①어떤 일에 특별히 관심을 가지고 자세히 봄. ②한 곳에다 시선을 모아 봄. 예선생님께 주목하다. 비주시.

주몽 고구려의 시조. 동명 성왕의 이름.

주무 ①사무를 주장하여 맡음. 예교육을 주무하는 관청. ②주무자. -하다. 【主務】

주무르다(주무르니, 주물러서) ①손으로 자꾸 만지다. 예아버지 다리를 주무르다. ②사

람을 제 마음대로 놀리거나 다루다.

주무시다 '잠을 자다'의 높임말.

주ː문 ①남에게 상품을 쓰겠다고 부탁하여 청구함. 예상품을 주문하다. ②이렇게 해달라고 부탁함. 예주문이 까다롭다. -하다. 【注文】

주물럭거리다 물건을 자꾸 주무르다.

주ː민 그 땅에 사는 사람. 畏거주민. 【住民】

주ː민세 그 땅에 사는 백성이 내는 세.

주방 음식을 만들거나 차릴 때에 쓰도록 정해진 방. 부엌.

주방장 주방에서 우두머리가 되는 사람.

주번 군대나 학교 같은 곳에서 한주일씩 교대해 가며, 생활 지도·풍기 단속·규율의 시행 등을 감독하는 임무.

주변1 둘레의 가장자리. 부근.

주ː변2 일을 주선하거나 변통하는 재간. 비수완. 냧주변머리.

주보 한 주일에 한 번씩 펴내는 신문이나 잡지 등.

주부 한 집안의 주인의 아내.

주ː사 기기로 액체 약물을 근육이나 혈관 등에 넣는 일. -하다.

주ː사기 약물을 근육이나 혈관 등에 넣는 기구.

주사위 단단한 나무나 짐승의 뼈로 만든 장난감의 한가지. 이를 굴려 점수의 많고 적음을 겨룸.

주산 수판으로 하는 셈. 【珠算】

주석 은백색이 나는 금속 원소의 하나. 공기 중에 잘 변하지 않아 도금 및 합금에 많이 이용됨.

주선 일이 잘 되도록 이리저리 힘을 씀. -하다.

주섬주섬 여기저기 흩어져 있는 물건을 하나하나 주위 거두는 모양.

주성분 어떤 물질 속의 가장 중요한 성분. 【主成分】

주세붕【사람】[1495~1554] 조선시대 제11대 중종 때의 학자. 중종 때(1543)에 풍기 군수로 있으면서 우리 나라 최초의 서원인 백운동 서원을 세웠음.

주:소 살고 있는 곳. 圖거주소.

주:스 식물의 즙. 특히 과일의 즙을 말할 때가 많음.

주시경【사람】[1876~1914] 한글 학자. 호는 한힌샘. 한글을 과학적으로 연구하여 체계를 세우고, 우리말과 글의 보급에 일생을 바쳤으며, 많은 제자들을 길러 내었음.

주식¹ 밥·빵 등과 같이 평소 끼니에서 주가 되는 음식. 凹부식.

주식² 주식 회사의 자본을 이루는 단위. 图주. 【株式】

주식 회:사 주식의 발행을 통해 여러 사람으로부터 자본을 만들어, 모든 주주가 소유 주식의 금액 이상으로는 책임을 지지 않는 종류의 회사.

주심 운동 경기에서, 주장으로 심판을 하는 일. 또는 그 사람. 图주심판. 【主審】

주안상 술과 안주를 차린 상.

주야 밤낮. 【晝夜】

주역 ①주되는 구실. 주인 구실. 중심이 되는 구실을 하는 사람. ②연극이나 영화 따위의 중심이 되는 역할. 【主役】

주연 연극이나 영화에서 중심이 되어 연기하는 일. 예주연상을 받다. -하다. 【主演】

주옥 ①진주와 구슬. ②아름답고 귀한 것. ③아름다운 문장이나 시. 예주옥 같은 글귀.

주요 가장 소중하고 긴요함. 凹중대. 중요. 凹사소.

주요 내:용 중심이 되는 내용.

주원료 주되는 원료. 【主原料】

주위 어떤 곳의 바깥 둘레. 예화단 주위. 凹주변. 凹중심.

주위 환경 어떤 것을 둘러싸고 있는 바깥 둘레의 사정.

주:유소 거리의 요소 요소에 특별한 장치를 차리고 자동차에 경유·휘발유 등을 넣어 주는 곳.

주:유탑 선박이나 차량 등에 기름을 넣을 수 있도록 세운 탑.

주의¹ 굳게 지키어 변하지 않는 일정한 생각이나 주장. 예민주주의. 【主義】

주:의² ①마음에 새겨 두어 조심함. ②잘 알아듣도록 타이름. -하다.

주:의력 마음에 새겨 두어 조심하는 능력.

주인 ①한 집안의 우두머리가 되는 사람. ②물건의 임자. 예땅주인. 【主人】

주인공 이야기·연극·영화 등에서 중심이 되는 사람.

주일 ①일요일부터 토요일까지에 이르는 동안의 날. ②어떤 날부터 7일 동안.

주자¹ 지난날, 중국의 유학자 주희를 높임말. 【朱子】

주자² ①달리는 사람. ②야구에서, 아웃되지 않고 누에 나가 있는 사람.

주자학 중국 송나라 때의 학문. 주자가 완성했으므로 주자학이라 하는데, 성리학 또는 도학이라고도 일컬음. 조선 후기에는 헛된 이론과 형식에 치우친 학문으로 비판되었음. 【朱子學】

주장1 자기의 생각을 내세움. 자기의 주장을 굽히지 않음. 비주창. -하다. 【主張】

주장2 어떤 일을 책임지고 맡아함. 비주동. -하다. 【主掌】

주장3 운동 경기에서, 팀의 우두머리. 【主將】

주장강 중국의 화남 지방에 있는 강. 강어귀에 홍콩이 있음.

주저 머뭇거림. 망설임. 예주저하지 말고 말해라. -하다.

주저앉다 ①섰던 자리에 기운 없이 그대로 내려앉다. ②하던 일을 그만두고 물러나다.

주전자 물을 데우기도 하고, 물을 담아 잔에 따르기도 하는 그릇을 통틀이 일컬음.

주정 술에 취하여 정신 없이 함부로 하는 말이나 짓.

주정꾼 술에 취하여 말이나 행동을 함부로 하는 사람.

주제 ①중요한 문제. 주장이 되는 문제. ②문학 작품 등의 작자가 그 작품에서 나타내는 중심이 되는 생각. 중심 생각. ③음악에서, 중심이 되는 가락. 【主題】

주제넘다[주제넘따] 제 분수에 넘게 건방지다.

주:조 쇠붙이를 녹여서 물건을 만듦. -하다.

주조정실 방송국에서 부조정실을 거쳐 나온 방송을 고르게 조정하여 송신소로 보내는 곳.

주종 주인과 부하. 【主從】

주차장 자동차를 세워 두도록 마련해 놓은 곳.

주창 앞장 서서 부르짖음. 중심인물이 되어 주장함. -하다.

주책없다 자주 이랬다 저랬다 하여 도무지 요량이 없다.

주체 ①사물의 주되는 부분. ②마음 또는 주관. ③단체나

기계 등의 주요한 부분.

주체성[주체썽] 자기의 자유로운 의지에 따라서 행동하는 성질.

주최 어떠한 행사나 회합을 앞장서서 내세워 엶. -하다.

주최국 어떤 행사나 회의를 주최하는 나라. 【主催國】

주춤 ①걸어가다가 갑자기 멈추고 머뭇거리는 모양. ②일을 하다가 갑자가 멈추고 망설이는 모양. -하다.

주춧돌[주추똘] 기둥 밑에 과어 놓은 돌. 비초석.

주치의 어떤 사람의 병을 맡아 치료하는 것을 책임진 의사.

주:택 사람이 살 수 있게 지은 집. 거택. 주가.

주:택 단지 주택이 들어선 곳.

주:파 정해진 거리를 끝까지 달림.

주:판 수판. 셈을 놓는 데에 쓰는 기구. 중국에서 발명되었음.

주홍빛 누른빛과 붉은빛의 중간빛으로 붉은빛에 가까운 깔.

주황 빨강과 노랑의 중간 색. 주황빛. 자황색.

주행 자동차 따위 바퀴가 달린 탈것이 달려감. 【走行】

죽 곡식을 물에 묽게 풀어 익혀 먹는 음식. 예팥죽. 【粥】

죽다 ①숨이 끊어지다. ②동작을 그치다. ③성질이나 기세가 꺾이다. ④빳빳한 기운이 없어지다. 예옷의 풀기가 죽다.

죽령[중녕] 경상 북도 영주군과 충청 북도 단양군의 경계에 있는 고개. 소백 산맥의 가운데에 있음. 높이 689m.

죽림 대숲. 【竹林】

죽마 고:우[중마고우] 어릴 때

부터 같이 놀며 자란 친구. 圓죽마지우. 【竹馬故友】

죽부인 대오리로 길고 둥글게 만든 제구. 여름밤에 끼고 자면서 서늘한 기운을 취함.

죽서루 관동 팔경의 하나. 강원도 삼척에 있는 다락집.

죽세공 대를 재료로 써서 작은 물건을 만드는 일.

죽세공품 바구니·부채 따위와 같이 대로 자잘하게 만든 물건.

죽순 대나무의 땅속줄기에서 돋아나는 어리고 연한 싹.

죽음 죽는 일. 생물의 생명이 없어지는 현상. 사망. 사. 圓삶. ×주검.

죽음의 세:계 생물이라고는 아무것도 살고 있지 않는 곳.

죽의 장막 지난날. 중공과 자유주의 국가 사이에 가로놓인 장벽을, 중공에서 많이 나는 대나무에 비유하여 이르는 말.

죽이다 ①목숨을 빼앗다. ②기운이나 소리를 줄이거나 작아지게 하다.

죽장[죽짱] 대로 만든 지팡이. 대지팡이. 【竹杖】

죽통 ①굵은 대로 만들어 술·간장·기름 등을 담는 긴 통. ②마소의 먹이를 담는 통. 圓구유.

준:공 건축 등의 일을 모두 마침. 圓기공. 착공. -하다.

준:공 기념탑 어떤 일의 공사를 다 완성하였음을 길이 기념하는 뜻에서 세우는 탑.

준:공식 준공을 알리고 축하하는 의식. 【竣工式】

준:령[줄령] 높고 험한 고개.

준:마 잘 달리는 말. 【駿馬】

준:말 긴 말을 줄인 간단한 말.

준법 법을 지킴. 법을 따름. 圓

위법. -하다.

준법 정신 법률에 위배하지 않고 그 법을 올바로 지켜서 실천하는 정신.

준:비 미리 필요한 것을 마련하여 갖춤. 圓차비. -하다.

준:비물 미리 필요한 것을 마련하여 갖추어 놓은 물건.

준:비 운:동 운동을 하기 전에 가벼운 동작으로 온몸을 고르게 푸는 운동. 【準備運動】

준수 규칙이나 명령 등을 그대로 좇아서 지킴. 예교칙을 준수하다. -하다. 【遵守】

준:엄 매우 엄격함. -하다.

준:우승 운동 경기에서 우승 다음 가는 성적. 【準優勝】

준:치 청어과의 바닷물고기. 몸길이 50cm 남짓한데 몸은 옆으로 납작하여 밴댕이와 비슷하나 더 큼. 몸 빛깔은 등쪽이 청황색이고 배쪽은 백색임. 6~7월경에 큰 강 하류나 하구 부근에 알을 낳음. 우리나라 연해와 동지나해 인도양 등에 분포함. 전어.

준:하다 어떤 본보기에 비추어 그대로 좇다.

줄[1] ①노끈·새끼 등. 무엇을 묶거나 동이는 데 쓰임. ②가로나 세로로 그은 선. ③펼쳐 놓은 노끈처럼 길게 된 모습.

줄[2] 쇠붙이를 쓸거나 깎는 데 쓰는 강철로 된 연장.

줄거리 ①내용을 간추린 대강의 골자. 예영화의 줄거리. ②잎이 다 떨어진 가지.

줄곧 끊임없이 잇달아. 예줄곧 이야기만 했다. 圓내처.

줄기 ①식물의 가장 중심이 되는 부분. ②산이 갈라져 나간 갈래. 예산줄기. ③물이 줄대어 흐르는 선. 예물줄기.

줄기차다 억세게 나가서 조금

도 쉬지 않다.

줄넘기[줄넘끼] 쳐 놓은 줄을 넘거나, 두 손에 줄의 두 끝을 잡고 발 아래서부터 머리 위로 넘기면서 뛰어넘거나, 또는 줄의 두 끝을 각각 다른 두 사람이 잡고 길게 휘두르는 줄 속을 다른 사람이 뛰어넘는 놀이. -하다.

줄:다(주니, 주오) 수효나 분량이 작아지거나 적어지다. 감하다. **凹**늘다. ＞졸다.

줄다리기 여러 사람이 편을 갈라서 줄을 당겨, 많이 잡아당긴 쪽이 이기는 놀이. -하다.

줄달음질 단숨에 내쳐 달리는 달음박질. **쥰**줄달음. -하다.

줄무늬 실을 차례로 놓은 것같이 줄로 된 무늬.

줄뿌림 논밭에 일정한 거리를 두고 평행하게 고랑을 내어 한 줄로 죽 씨를 뿌려 흙을 덮는 씨뿌리기의 한 가지.

줄어지다 점점 줄게 되다. **凹**늘어지다. ＞졸아지다.

줄인자 축척. 실물보다 줄여서 그릴 때의 줄이는 비율.

줄임표 문장에 쓰이는 부호의 한 가지. 문장이 생략되었거나, 말이 없음을 나타내는 부호 '……'의 이름. **凹**생략표.

줄자 헝겊·노끈·강철 등의 줄로 길게 만든 자.

줄:잡다 실제의 표준보다 줄이어 헤아려 보다.

줄줄이 ①줄마다 모두. ②여러 줄로.

줄행랑치다 ①쫓기어 도망하다. ②낌새를 알고 그 자리를 피하여 달아나다.

줍:다(주우니, 주워서) 떨어진 것을 집다. 흩어진 물건을 거두다. **예**휴지를 줍다.

줏대[줃때] 먹은 마음의 중심.

예줏대가 있다. **凹**중심.

중[１] ①무엇을 하는 동안. **예**수업중에는 떠들지 마라. ②가운데. ③속. 안. 【中】

중:[２] 절에서 불경을 공부하고 불교의 도리를 닦는 사람. **凹**승려. **슌**스님.

중간 ①아직 끝나지 않은 때나 장소를 말함. ②두 물건의 사이. ③한가운데. 중앙.

중강진〖지명〗 평안 북도 자성군의 한 읍. 콩·옥수수·꿀·산삼 등의 농산물이 남. 우리 나라에서 가장 기온이 낮은 곳으로 최저 기온은 영하 43.6℃임.

중개인 상품 매매를 중간에서 중개하는 사람. 【仲介人】

중거리 ①짧지도 길지도 않은 중간 정도의 거리. ②'중거리 달리기'의 준말. 400～1,500m 육상 경기.

중견 어떤 단체나 사회에서 중심이 되는 중요한 사람들.

중경〖지명〗 고려 때 서울이던 개성을 서경·남경·동경에 대하여 사경의 하나로 일컫던 이름.

중:경상 중상과 경상.

중:계 ①중간에서 받아 이어 줌. **예**중계 무역. ②'중계 방송'의 준말. -하다.

중계 방:송 극장·경기장·야외 등의 현장에서 하는 광경을 방송국에서 아나운서와 기술자가 나가 일반 청취자나 시청자에게 보내는 방송. -하다.

중계소 어떤 사물을 중계하는 장소나 영조물. 【中繼所】

중고 약간 낡은 물건. **예**중고 텔레비전. **凹**중고품. 【中古】

중공 중화 민국의 본토를 차지하고 있는 중국 공산당. 중화

인민공화국.

중공군 중국 공산당의 지휘를 받는 군대. 【中共軍】

중:공업 부피에 비해 비교적 무게가 큰 제품을 생산하는 공업〔제철 공업·금속 공업·조선 공업·기계 공업 등〕. 생산재를 생산하는 공업. 반경공업.

중공 정권 1947년부터 중국에서 내란을 일으켜, 1949년 2월에 중화 민국 정부를 본토에서 내몰아 타이완으로 옮기게 한 뒤, 수립한 중국 공산당 정권.

중국〔나라〕 동부 아시아에 있는 큰 나라. 1912년 중화 민국이 성립되고, 1949년 중국 공산당을 중심으로 하는 중화 인민공화국이 성립되어 대륙을 장악하자, 중화민국의 국민 정부는 타이완으로 옮김. 수도는 베이징. 【中國】

중군 지난날, 좌우 또는 전후의 양 부대의 중간에 있어, 대개는 대장이 직접 통솔함.

중근동 중동 지방과 근동 지방을 합쳐서 부르는 말. 서남 아시아.

중:금속 비중이 큰 금속. 금·은·동·수은·철 따위가 있음. 반경금속. 【重金屬】

중년 마흔 살 안팎의 나이. 예중년 부인. 【中年】

중:노동 육체적으로 몹시 힘이 드는 노동. 반경노동.

중노미 음식점이나 여관 등에서 허드렛일을 하는 남자.

중뇌 간뇌와 소뇌 사이에 있는 뇌의 한 부분. 시각 및 청각에 관계하는 외에 몸의 자세를 바로 갖게 하는 작용을 맡아 봄.

중단 중도에서 그만둠. 비중지. 반계속. -하다. 【中斷】

중대[1] 부대를 구성하는 단위의 하나로, 몇 개의 소대가 모여서 이루어짐. 보통 대위나 소령이 지휘함.

중:대[2] 매우 중요함. 비중요. 반경미. -하다. -히. 【重大】

중대장 중대를 지휘 통솔하는 지휘관〔보통 대위로 임명함〕.

중도 일의 되어 가는 중간. 하던 일의 중간. 예학교를 중도에서 그만 두었다. 비중간.

중독 음식물이나 약의 독성에 치어서 몸의 한 부분 또는 여러 곳에 기능 장애가 생기는 일. 예약물 중독. 【中毒】

중동 지역 서남 아시아와 북아프리카에 걸쳐 있는 지역으로, 석유가 발견되고서부터 세계의 관심이 집중되고 있음.

중략[중냑] 말이나 글의 중간을 줄임. 비하락. 상략.

중:량[중냥] ①물체의 무게. 예중량이 많이 나간다. ②지구가 물체에 작용하는 중력의 크기.

중:력[중녁] 지구가 그 표면에 있는 물건을 지구 중심 쪽으로 당기는 힘. 【重力】

중:론[중논] 여러 사람의 의논·의견.

중류[중뉴] ①강의 상류와 하류 사이. ②중간쯤 되는 정도나 계급. 【中流】

중립국[중닙꾹] 전쟁하고 있는 어느 쪽에도 참가하지 않은 나라. <보기>스위스.

중립주의 다른 나라에 대하여 어느 쪽에도 치우치지 않고 중간적인 입장을 지키자는 태도.

중립 지대[중닙찌대] ①전쟁 행위가 금지된 지대. ②임진강과 한강 어귀에서 동해에 이르는 155마일의 휴전선을 중심으로 남북 각각 2km 폭 안의 지대. 🔲비무장 지대.

중매 남자 쪽과 여자 쪽 사이에 들어 혼인이 되게 하는 일. 또는 그 사람. 🔴중매 결혼. 🔲중신. -하다.

중:벌 무거운 형벌, 중한 형벌.

중복¹ 거듭함. 겹침. -하다.

중복² 삼복의 하나. 하지 뒤의 넷째 경일. 【中伏】

중부 어떤 지역의 가운데 부분. 🔴중부 지방. 【中部】

중부 고속 도로 서울에서 대전간의 고속도로.

중부 전:선 ①어떤 지역의 중앙에 위치한 전선. ②6·25 전쟁 때의 김화·철원·평강 등지를 중심으로 하였던 전선으로, 전투가 치열했던 곳으로 유명함.

중부 지방 어떤 지역의 중앙에 자리잡고 있는 지방. 우리 나라에서는 서울 특별시·인천 광역시·경기·강원·충청도를 포함한 지역을 이름.

중상¹ 사실이 아닌 좋지 못한 말을 꾸며 대어 남의 명예를 상하게 하는 일. 🔴중상 모략.

중:상² 큰 상처를 입음. 🔴중상을 입다. 🔲경상. 【重傷】

중:생 ①생명이 있는 것들. ②불교에서, 부처의 구제 대상이 되는 인간과 그 밖의 일체의 생물.

중:석 텅스텐. 아주 단단하고 질긴 쇠붙이 원소의 하나.

중성 산성과 알칼리성의 중간 상태.

중성 세:제 합성 세제의 한 가지. 물에 녹아서 중성을 나타내기 때문에 섬유를 상하게 하지 않으며 산성 속에서도 때를 씻어 내는 성질이 있음.

중성 용액 산성도 아니고, 알칼리성도 아닌 용액. 푸른 리트머스종이와 붉은 리트머스 종이를 다같이 변화시키지 않는 용액〔물·설탕물·소금물 등〕.

중성자 소립자의 하나. 양자와 거의 같은 질량을 가지며, 전하는 없고 물질 속을 뚫고 나가는 투과성이 강함. 뉴트론.

중세기 ①고대에서 근대에 이르는 중간의 시대. ②우리 나라에서는 고려 초기부터 고려 멸망까지의 시기에 해당되는 시기. 시대 구분의 하나.

중소 규모나 수준 등이 중치 또는 그 아래의 것.

중소 기업 은행 적은 자본으로 사업을 하는 중소 기업에 사업자금을 빌려 주는 특수 은행.

중소 기업 협동 조합 비교적 규모가 작은 공업·광업 등을 하는 사람들로 조직된 모임.

중순 한 달의 11일부터 20일까지의 열흘 동안. 🔴5월 중순. 🔲상순. 하순. 【中旬】

중:시 중대하게 봄. '중요시'의 준말. 🔲경시. -하다.

중심 ①한가운데. 한복판. 🔲중앙. ②매우 중요한 지위.

중심각 원의 중심에서 두 반지름이 이루는 각. 【中心角】

중심부 한가운데가 되는 곳.

중심지 중심이 되는 지점.

중:압 ①무겁게 내리누름. 강한 압력. ②센 힘으로 억누름.

중앙 ①사방의 한가운데. ②어떤 사물의 중요한 곳. 【中央】

중앙 관청 전국에 그 권한이 미치는 행정 관청.

중앙선 서울 청량리와 경주 사이의 철도. 1942년에 개통되었음. 길이 382.7km. 【中央線】

중앙 처:리 장치 전자 계산기에서, 두뇌에 해당하는 작용을 하는 부분〔기억 장치·제어 장치·연산 장치 따위로 이루어짐〕. 시피유(CPU).

중앙청 예전의 중앙 행정 관청. 또는 그 청사.

중양절 우리 나라 옛 명절의 하나로 음력 9월 9일임.

중얼거리다 남이 잘 알아듣지 못하게 낮은 목소리로 자꾸 말하다. >종알거리다. ㉠쭝얼거리다.

중:역 은행·회사 등의 중요한 일을 맡고 있는 임원. 책임이 무거운 역할. 【重役】

중엽 어느 시대 가운데 그 중간쯤 되는 시대. 예고려 중엽.

중:요 소중하고 요긴함. 예중요한 서류. 비긴요. 반사소.

중용 어느 한쪽으로도 치우침이 없는 알맞은 상태.

중원 고구려비 충청 북도 중원군 가금면 용전리 선돌 마을에서 1979년에 발견된 고구려 때의 비석. 높이 135cm, 폭 56cm, 두께 33cm의 경질 화강암에, 글씨가 1행 23자꼴로 528자가 새겨 있음.

중:유 원유에서 휘발유·등유·경유 등을 뽑아 내고 난 뒤에 얻어내는 검은 빛깔의 기름.

중이염 병원균에 의하여 귓청 속에 생기는 염증. 귀와 머리가 아프고 열이 남.

중인 조선 시대 양반과 상민의 중간 계급. 낮은 관리직·기술직 등을 맡았음. 【中人】

중일 전:쟁 1937년 일본이 중국을 침략한 전쟁으로 1941년의 태평양 전쟁으로 발전하였음.

중임 ①중대한 임무. 예중임을 맡다. ②먼저 근무했던 직위나 임무를 거듭 맡게 됨. -하다.

중장¹ 군인 계급의 하나로 대장과 소장의 사이. 【中將】

중장² 시조나 노래 따위를 초장·중장·종장의 세 개로 나눈 장에서 가운데의 장.

중:장비 토목·건축에 쓰이는 중량이 큰 기계를 통틀어 이름.

중점¹〔중쩜〕 선분상에서 그 양쪽 끝까지의 거리가 같은 가운뎃점.

중점²〔중쩜〕 중요한 곳. 중시해야 할 점.

중주 둘 이상의 성부를 한 사람이 하나씩 맡아 동시에 악기로 연주하는 일. 【重奏】

중지 중도에서 그만둠. 비중단. 반계속. -하다. 【中止】

중진국 문화의 발달 정도가 선진국과 후진국의 중간쯤인 나라. 개발 도상국. 【中進國】

중창 둘 이상의 성부를 한 사람이 한 성부씩 동시에 노래함. 또는 그 노래.

중천 하늘의 한복판. 예해가 중천에 떴다. 비하늘. 【中天】

중:천금 가치가 매우 귀함. 예장부 일언이 중천금이라.

중추 신경계 동물의 신경계에서 신경 섬유와 신경 세포가 모여 뚜렷한 중심부를 이루는 부분.

중추적 중심이 되는 중요한 것. 예직장에서 중추적인 역할을 하다.

중탕 물질이 든 그릇을 직접 가열하지 않고 그릇을 물에 담가 놓고, 물을 가열함으로써 물질이 서서히 일정한 온도까지 가열되도록 하는 일.

중:태 병이 위험한 상태에 있

음.

중턱 산이나 고개 등의 허리쯤 되는 곳.

중퇴 학업을 마치기 전에 학교를 그만 다님.

중:하다 ①병이 심하다. ②일이 소중하다. ③책임이 크다. 뛴경하다.

중학교 초등 학교의 교육을 기초로 하여, 중등 보통 교육을 실시하는 학교. 【中學校】

중화 산성 용액과 염기성 용액이 알맞게 섞여서 중성 용액이 되는 일. -하다.

중화 민국〖나라〗 1911년 신해 혁명으로 청나라가 무너지고 다음해 1월 공화국이 성립된 후부터의 중국을 말함. 지금은 흔히 자유 중국 또는 타이완이라 일컬음. 수도는 타이베이.

중:화학 공업 중공업과 화학 공업을 함께 일컫는 말.

중:환자 크게 앓아 병세가 위독한 환자. 【重患者】

중흥 쇠퇴하던 나라나 집 따위가 중간에서 다시 발전함. 예민족중흥. -하다. 【中興】

쥐[1] 집이나 들에 살며 사람에게 큰 해를 끼치는 동물.

쥐[2] 몸의 어느 한곳이 자기 생각대로 움직여지지 않는 현상. 예수영을 하다가 발에 쥐가 났다.

쥐구멍 ①쥐가 드나드는 작은 구멍. ②몸을 숨길 만한 아주 좁은 장소를 이르는 말.

쥐:다 ①손가락을 구부리어 주먹을 쥐거나 주먹 안에 움켜잡다. ②제 마음대로 남을 휘어잡다. ③권리 따위를 손아귀에 넣다.

쥐며느리 좀벌레와 비슷한 벌레. 햇빛을 싫어하여 마루 밑이나 음침한 곳의 돌 밑 또는 썩은 나뭇잎 같은 곳에 삶.

쥐불놀이 음력 정월에 논둑과 밭둑과 잔디의 잡초 속에 있는 해충을 태우기 위하여 불을 놓는 민속 놀이. -하다.

쥐어박다 주먹으로 내지르듯이 때리다.

쥐어짜다 손으로 꼭 쥐어 물기를 짜내다.

쥐죽은듯하다 ①시끄럽던 것이 갑자기 조용하여지다. ②무서워서 꼼짝도 못하다.

즈음 일이 어찌 될 때. 예퇴근할즈음 만나자. 뛴무렵. 圈즘.

즉결[즉껼] 그 자리에서 곧 의결하거나 결정함.

즉사 그 자리에서 곧바로 죽음. 예심장마비로 즉사하다. 뛴직사. -하다.

즉석[즉썩] ①일이 진행되는 그 자리. 앉은 자리. ②그 자리에서 곧 무슨 일을 하거나 무슨 일을 만드는 일.

즉시[즉씨] 곧. 바로 그 때. 뛴즉각. 예즉시 돌아오라.

즉위 임금될 이가 정해진 의식을 행한 뒤에 임금의 자리에 오르는 일. 뛴등극. -하다.

즉효 ①약 따위의 효험이 즉시에 나타나는 것. ②어떤 일의 즉시에 나타나는 좋은 반응. 【卽效】

즉흥 그 자리에서 일어나는 흥취. 예즉흥적으로 일을 결정했다.

즐겁다 (즐거우니, 즐거워서) 흐뭇하고 기쁘다. 예즐거운 여름방학. 뛴괴롭다.

즐기다 ①즐거움을 누리다. ②좋아하다. ③어떤 일에 취미를 붙이다.

즐비하다 많은 것이 빗살과 같이 가지런하고 빽빽이 늘어서

다. 예빌딩들이 즐비하게 서 있다.

즙 과실 따위에서 배어 나오거나 짜낸 물. 예사과즙.

증가 더 늘어 많아짐. 반감소. -하다. 【增加】

증감 많아짐과 적어짐. 늘임과 줄임. -하다.

증강 더하여 굳세게 함. 예국력을 증강시키다. -하다.

증거 어떤 사실을 증명할 만한 근거.

증권 정부에서 발행하는 국채나 회사의 주권 등과 같이 돈과 같은 가치를 지니는 것. 시세에 따라 오르내림이 있음.

증권 시:장 돈의 가치를 지니고 있는 증권을 사고 팔고 하는 시장.

증권 회:사 증권의 인수·매매 따위를 업무로 삼는 주식 회사.

증기 ①김. 수증기. ②액체가 증발하여 생기는 기체.

증기 기관 열 기관의 하나로 수증기의 압력을 이용하여 기계를 움직이는 장치. 스팀 엔진. 예증기 기관차.

증대 더하여 커짐. 더하여 많게 함. 예수출을 증대시키다. 반감소. -하다. 【增大】

증량[증냥] 수량이 늚. 또는 늘임. 【增量】

증류[증뉴] 액체를 가열하여 생긴 증기를 다시 냉각시켜 액체로 만드는 일. -하다.

증류수 보통 물을 증류시켜 다른 물질을 제거한 깨끗한 물.

증명 어떤 일을 증거를 들어 밝힘. 참과 거짓을 밝힘. -하다.

증명서 어떠한 사실을 증명하는 문서. 【證明書】

증발 액체가 그 표면으로부터 기체로 변하여 달아나는 현상.

증발계 물의 증발량을 측정하는 기상 관측 기계. 【蒸發計】

증발 접시 용액 중의 수분을 증발시켜 결정을 얻고자 할 때에 용액을 담고 가열하는 데 쓰는 접시 모양의 기구.

증산 생산하는 양을 늘림. 예식량을 증산하다. 반감산. -하다.

증산 작용 식물체 안의 수분이 수증기가 되어 몸 밖으로 배출되는 현상. 【增産作用】

증서 어떤 사실을 밝혀 주는 문서. 예졸업 증서.

증세 병이나 상처로 나타나는 현상.

증손 손자의 아들. 증손자.

증식 ①더욱 늚. ②생물 또는 그 조직 세포 따위가 생식이나 분열에 의하여 그 수가 늘어남.

증언 ①사실을 증명하는 말. 증거가 되는 말. ②증인으로서 하는 말. 예재판에서 증언하다. -하다.

증오 몹시 미워함. -하다.

증오심 몹시 미워하는 마음.

증원 사람 수를 늘림. 예사원을 증원하다. 반감원. -하다.

증인 어떠한 일을 증명하기 위해 나서는 사람. 【證人】

증조 할아버지의 아버지. 삼대 위의 조상. 높증조부.

증진 더하여 나아가게 함. 더하여 나아감. 반감퇴.

증축 지금 있는 건물에 더 늘려서 지음.

지각[1] 정한 시각보다 늦음. 예학교에 지각하다. -하다.

지각[2] 알아서 깨달음. 또는 그 능력. -하다.

지각 변:동 지구 내부의 원인 때문에 땅 위에 일어나는 여러 가지 운동.

지각없다 하는 짓이 어리고 철이 없다. 분별력이 없다.

지갑 가죽·헝겊 등으로 돈을 넣을 수 있게 만든 물건.

지게 짐을 얹어 사람이 등에 지는 기구.

지게차 차의 앞 부분에 두 개의 철판이 나와 있어 이것을 위아래로 움직여 짐을 운반하거나 내리는 차. 포크리프트.

지겹다(지겨우니, 지겨워서) 몸서리가 쳐지도록 싫다.

지경 어떠한 처지나 경우. 예힘들어 죽을 지경이다. 回형편.

지고 지극히 높음. -하다.

지구¹ 인류가 살고 있는 땅덩이. 태양계의 세 번째 행성.

지구² ①어떠한 땅의 한 구역. ②일정한 목적에 의하여 지정된 지역. 예개발 지구. 【地區】

지구력 오래 견디어 내는 힘.

지구본 지구의 모양을 본떠 만든 작은 모형. 回지구의.

지구의 지구의 모양을 본떠 둥근 원형에 새긴 것. 回지구본.

지구촌 교통 통신의 발달로 지구를 한 마을처럼 생각하여 이르는 말. 예지구촌 소식.

지극 더할 수 없이 마음과 힘을 다함. 예효성이 지극하다. 回극진. -하다. -히. 【至極】

지글지글 계속하여 소리를 내면서 끓는 모양. 倒찌글찌글.

지금 바로 이 때. 이제. 예지금 곧 떠나자.　　　　【只今】

지급¹ 물품 따위를 내어 줌. 예월급을 지급하다.

지급² 매우 급함. 예전보를 지급으로 보내다. -하다. 【支急】

지긋지긋하다 ①몹시 싫거나

괴로워서 몸서리나다. 예고생이 지긋지긋하다. ②보기에 몹시 잔인하다.

지긋하다 나이가 비교적 많고 듬직하다. 지긋이.

지껄이다 조금 떠들썩한 목소리로 이야기하다. >재깔이다.

지끈지끈 골치가 쑤시며 몹시 아픈 상태. -하다.

지:나다 ①정도나 한도를 넘다. ②어디를 거쳐 가거나 오다. 예우체국을 지나서 가다. ③시간이 경과하다. 세월이 흐르다.

지나치다 ①표준이 될 만한 정도를 넘다. 예장난이 지나치다. ②지나가거나 오다. 예가게 앞을 지나치다.

지난날 이미 지나 버린 오늘 이전의 날. 그리 멀지 않은 과거의 어느 무렵.

지남철 쇠붙이를 끌어당기는 성질이 있는 쇠. 回자석.

지내다 ①살아가다. ②서로 사귀다. 예사이좋게 지내다. ③어떤 일을 겪다.

지네 발이 많이 달려 있으며, 독즙을 내어 작은 벌레를 잡아먹고 사는 벌레.

지눌【사람**】**[1158~1210] 고려 때의 유명한 승려. 성은 정. 보조국사. 저서로는 〈진심직설〉〈수심결〉 등이 전함. 조계종의 창시자.

지느러미 물고기가 물 속에서 몸의 균형을 유지하고 헤엄치는 데 소용되는 몸의 부분[가슴지느러미·배지느러미·등지느러미·뒷지느러미·꼬리지느러미 따위].

지능 새로운 사물이나 현상에 부딪쳐 그 의미를 이해하고, 스스로 가지고 있는 지식을 이용하여 해결하는 능력이나

지식의 힘. 【知能】

지능 지수 지능 검사의 결과로 얻은 정신 연령을 실제 연령으로 나눈 뒤 100을 곱한 수. 아이큐(IQ).

지니다 ①몸에 간직하여 가지다. ②어떤 현상이나 상태를 가지다. 예자연 그대로의 모습을 지니다.

지다¹ 힘이나 재주를 겨루다가 상대를 이기지 못하다. 예시합에 지다. 빤이기다.

지다² ①물건을 등에 얹다. ②어떤 책임을 맡다. 예일에 책임을 지다.

지다³ ①해나 달이 넘어가다. ②꽃이나 잎이 시들어 떨어지다. 예꽃잎이 지다.

지당 이치에 꼭 맞음. 아주 적당함. 예지당하신 말씀입니다. 빤타당. -하다. 【至當】

지대 한정된 땅의 구역.

지덕 지식과 어진 품성.【知德】

지도¹ 가르치거나 이끌어 인도함.

지도² 지구 표면의 일부, 또는 전부를 축척에 의하여 평면상에 나타낸 그림. 【地圖】

지도력 남을 가르치거나 이끌어 가는 능력. 【指導力】

지도자 남을 가르치고 이끄는 사람. 【指導者】

지독 몹시 독함. 매우 심하거나 모짊. 예지독한 감기 몸살. -하다. -히. -스럽다.

지동설 다른 별과 같이 지구가 태양의 둘레를 돌고 있다고 하는 학설. 빤천동설.

지략 슬기로운 계책. 슬기로운 꾀. 【智略】

지:렁이 흙 속에 사는 가늘고 긴 붉은빛의 동물. 밭의 흙을 기름지게 함.

지레 받침점의 둘레를 자유로이 회전하여, 작은 힘으로 무거운 물체를 움직이거나 작은 운동을 큰 운동으로 바꾸는 장치.

지레 짐작 미리 넘겨짚어 어림으로 헤아림.

지렛대[지레때] 무거운 물건을 움직일 때 쓰는 길고 튼튼한 막대기. 지레. 레버.

지렛목 지레를 받치는 점.

[지레]

지뢰 땅 속에 얕게 묻어 놓고, 적군이나 적의 탱크 등이 지나갈 때 폭발하게 하는 폭약.

지루하다 싫증이 날 만큼 오래 계속되다. ×지리하다.

지류 강의 원줄기로부터 갈려 흐르는 물줄기. 또는 원줄기로 흘러들어가는 물줄기. 빤본류. 원류.

지름 원둘레에서 원의 중심을 지나는 선분. 빤직경.

지름길[지름낄] ①가깝게 통하는 길. 거리가 가까운 길. ②빨리 하는 방법. 빤첩경. 빤두름길.

지리 바다·육지·산·하천·인구·산업·교통·기후 등의 상태. 또는 그것을 연구하는 학문.

지리산 경상 남도 함양군·산청군과 전라 북도 남원군과 전라남도 구례군에 걸쳐 있는 산. 산 기슭에 신라때 창건한 화엄사가 있고, 남서쪽의 노고단 일대의 삼림은 자연림을 이루어 식물학·임학의 좋은 연구지임. 가장 높은 봉우리는 천왕봉. 국립 공원으로 지정됨. 예로부터 금강산·한라산과 함께 삼신산으로 일컬음. 높이 1,915m. 【智異山】

지리학자 지구 표면의 온갖 상

지면¹ 땅의 표면. 예지면이 평평하다.

지면² ①종이의 겉면. 예지면이 부드럽다. ②신문·잡지 등의 인쇄가 된 쪽. 【紙面】

지명¹ 마을·지방·산이나 하천 등의 이름. 【地名】

지명² 여러 사람 가운데서 어떠한 사람을 지정함. 예지명을 받다.

지모 슬기있는 꾀. 비지략.

지목 사람이나 사물이 어떠하다고 가리키어 정함. -하다.

지문 손가락 끝마디 안쪽에 있는 피부의 무늬.

지물포 여러 가지 종이를 파는 가게.

지반 ①땅의 겉면. 예지반이 튼튼하다. ②일을 이루는 근거지.

지방¹ ①나라 안의 어떤 넓은 지역. 예남부 지방. ②서울 밖의 시골. 반중앙. 【地方】

지방² 동물 및 식물에 들어 있는 보통 온도에서 굳는 기름기. 우리 몸에서 열과 힘을 내는 데 쓰이는 중요한 영양소. 굳기름.

지방 검:찰청 각 지방의 지방 법원에 대응하여 설치된 하급 검찰청. 준지검.

지방관 ①각 지방에 주재하면서 일반 행정 사무를 맡아 보는 국가 공무원. ②지난날, 주·부·군현 등의 으뜸 벼슬. 【地方官】

지방 문화재 국유 문화재 이외의 문화재 가운데 향토 문화 보존상 필요하다고 인정되는 문화재.

지방 법원 제1심 판결을 담당하는 하급 법원. 준지법.

지방색 어떤 지방의 자연·인정·풍속 등에서 풍기는 고유한 특색. 향토색.

지방시 어떤 지방에서 그 지점을 통과하는 자오선을 기준으로 하여 정한 시간. 【地方詩】

지방 자치 고장의 특성을 살리고 이익이 되도록 고장의 실정에 알맞게 정치를 고장 스스로가 하는 정치.

지방 자치 단체 지방 자치 행정을 하는 시·도·군 등 지방 공공단체.

지방 자치 제도 헌법의 지방 자치에 관한 규정을 받아, 지방 공공 단체의 자주성·자율성을 높이고 민주화를 철저히 하기 위하여 도지사나 시·읍·면의 장 등의 직접 선거, 지방 의회의 권한 강화 같은 것을 주안으로 한 지방 자치의 기본법.

지배 힘으로 다스려 자기 마음대로 처리함. 비통치. 반복종.

지봉유설[지봉뉴설]【책명】 조선 광해군 때 이수광이 지은 일종의 백과 사전으로, 서양의 사정과 천주교에 대한 자기의 주장을 곁들여 소개한 책. 【芝峯類說】

지불 ①물건값을 내어 줌. 예책값을 지불하다. ②돈을 치러 줌.

지붕 비·눈·햇빛·바람·추위를 막기 위해 집 위에 씌우는 덮개.

지사¹ 본사에 딸리어 그 곳의 일을 맡은 곳. 반본사. 【支社】

지사² 기개가 높고 포부가 큰 사람. 【志士】

지상 땅의 위. 【地上】

지상 낙원 ⇒ 지상 천국.

지상 천국 이 세상에서 이룩되는 다시없이 자유롭고 풍족하

지새우다 고스란히 밤을 새우다. 예병간호로 밤을 지새우다.

지서 본서에서 갈라져 나가 그 지역의 업무를 맡아 보는 곳. 관서.

지석 죽은 사람의 이름이나 행적 등을 기록하여 무덤 앞에 묻는 널조각 같은 돌.

지석영〖사람〗[1855~1935] 조선 말기의 학자. 1880년 수신사 김홍집을 따라 일본에 건너가 종두약 제조법을 배워 가지고 돌아와서, 종두법의 보급에 힘썼음. 국어 연구에도 힘써 저서로는 <신정 국문> <자전 석요> 등이 있음.

지성¹ ①정성이 지극함. 凹정성. ②지극히 성실함. -스럽다.

지성² 이성적인 사고나 판단의 능력. 卽지성인. 【知性】

지속 유지하여 계속함. 예피로가 계속 지속되다. -하다.

지수 거듭 제곱을 나타내는 숫자나 문자. 예를 들어 5^3(5의 세제곱)에서 3을 가리키는 말.

지시 ①가리키어 보임. ②어떤 일을 시킴. -하다. 【指示】

지시약 용액의 분석이나 성질을 알아보는 데 쓰이는 시약을 통틀어 이르는 말.

지식 ①사물을 아는 마음의 작용. ②알고 있는 내용, 또는 알고 있는 범위. 예지식을 쌓다. 卽학식. 【知識】

지신 땅을 맡아 다스린다는 신령.

지신밟:기[지신밟끼] 영남 지방에서 음력 정월 보름 무렵에 행하여지는 민간 행사의 하나. 농악을 울리며 마을 집을 찾아다니면서 집의 앞뒤를 한 바퀴 돌고 지신을 달래어 한 해가 무사하기를 비는 풍속.

지신사 조선 초기 승정원의 으뜸 벼슬.

지압 아픈 곳을 손바닥이나 손가락 끝으로 누르거나 또는 두드리는 일. -하다.

지엄 매우 엄함. 예지엄하신 분부. -하다. 【至嚴】

지역 어떤 성질이나 표준에 의하여 나누인 땅. 예농업 지역. 卽지대. 구역. 【地域】

지역구 시·군·구 따위 일정한 지역을 한 단위로 하여 설정한 선거구. 【地域區】

지역 사:회 일정한 지역 안에 성립되어 있는 생활 공동체.

지연¹ 예정보다 늦추어짐. 예기차가 지연되었다. -하다.

지연² 살고 있는 지역을 근거로 하는 연고 관계. 【地緣】

지옥 ①살아서 나쁜 짓을 한 사람이 죽어서 간다는, 무섭고 고통스러운 곳. 卽천국. 천당. 극락. ②아주 처참한 곳의 비유. 예교통 지옥. 【地獄】

지온 지면 또는 땅 속의 온기, 또는 그 온도. 【地溫】

지우개 ①연필로 쓴 글씨를 지우는 데 쓰이는 고무로 만든 물건. ②칠판에 쓴 분필 글씨를 지우는 도구.

지우다 나타나 있는 것을 없애다. 예낙서를 지우다.

지원¹ 지지하여 도움. 힘을 보태줌. 卽원조. 후원. 【支援】

지원² 바라서 원함. 예군대에 지원하다. 卽지망. 【志願】

지원병 의무 또는 고용에 의하지 아니하고 현역을 자원하여 복무하는 병사.

지위 개인의 사회적인 신분에 따르는 어떠한 자리나 계급.

지은이 책을 지어 낸 사람.

지장[1] 일을 해 나가는데 있어서 거치적거리며 방해가 되는 것. 凪장애. 【支障】

지장[2] 손도장. 예지장을 찍다.

지저귀다 새가 계속하여 소리 내어 우짖다.

지저분하다 거칠고 깨끗하지 못하며, 어수선하고 더럽다.

지적 손가락으로 가리킴. 잘못된 일이나 잘된 일을 가려서 가리킴. 예선생님의 지적을 받다. 凪지목. -하다.

지절거리다 여러 소리로 잇달아 지껄이다. >재잘거리다.

지점[1] 땅 위의 일정한 점.

지점[2] ①본점에서 갈리어 나온 가게. ②본점에 딸리어 그 지휘 명령에 따르는 영업소. 閏본점. 【支店】

지정 ①어떠한 일의 방법을 가리켜 정함. ②여럿 가운데서 하나만을 가려 내어 정함. 예지정 교실. ③행정 관청이 법령이 정하는 바에 의하여 어떤 자격을 줌. 예지정 유치원. -하다. 【指定】

지조 굳은 의지.

지주 땅을 가지고 있는 사람.

지중해 유럽·아프리카·아시아 대륙에 둘러싸인 바다.

지중해성 기후 겨울이 따뜻하며, 여름보다 겨울에 강수량이 많은 기후.

지지 찬동하여 힘써 뒷받침함. 예국민의 지지를 받다. -하다.

지진 땅 속의 급격한 변화에 의하여 땅이 크게 울리고 갈라지는 현상. 凪지동. 【地震】

지진계 지면의 진동을 탐지하여 기록하는 장치. 검진기.

지진파 지진으로 말미암아 진원 또는 진앙에서 사방으로 퍼지는 파동. 【地震波】

지질 지각을 이루고 있는 암석이나 지층의 성질.

지참 무엇을 가지고 참석함. 예필기구를 지참하다. -하다.

지척 서로 떨어진 사이가 아주 가까움. 【咫尺】

지체 시간이 늦어짐, 또는 기일에 뒤짐.

지축 지구가 자전 운동을 하는 데 중심이 되는 축. 【地軸】

지출 어떤 목적을 위하여 돈을 치르는 일. 閏수입. 【支出】

지층 층을 이루고 쌓여 있는 땅. 물·바람 등의 작용에 의하여 운반된 진흙·모래·자갈·돌 등이 땅 또는 바다 밑에 차례로 쌓여 이루어짐.

지:치다[1] 시달려 기운이 다 빠지다. 예울다가 지치다.

지:치다[2] 얼음 위를 미끄러져 달리다. 예썰매를 지치다.

지침 생활이나 행동 등 방향과 방법 같은 것을 인도하여 주는 길잡이.

지침서 지침이 된 내용이 담긴 글이나 책. 【指針書】

지켜보다 눈을 떼지 않고 줄곧 보다. 잘 살펴보다.

지키다 ①약속 따위를 어기지 아니하고 그대로 실행하다. ②잃지 않도록 살피다. 예나라를 지키다.

지탱 버티어 나감. -하다.

지팡이 ①걷는 것을 도우려고 짚는 대나 나무의 막대기. ②국가나 사회의 심부름꾼으로서의 공무원. ×지팽이.

지퍼 서로 이가 맞는 금속 조각 따위를 헝겊 테이프에 박아, 두줄을 쇠고리로 밀고 당겨 여닫을 수 있도록 만든 것.

지평면 지구 위의 어떤 지점에서 연직선에 수직한 평면.

지평선 땅과 하늘이 맞닿아 보이는 넓고 평평한 경계선. 쨉수평선. 쩐지평. 【地平線】

지폐 종이로 만든 돈.

지표¹ 지구의 표면. 땅의 겉면.

지표² 방향·목적 등을 가리키는 표지. 【指標】

지표면 땅의 표면.

지푸라기 짚의 부스러기.

지:프 4분의 1톤의 소형 4인승 자동차[군대나 작업장에서 많이 사용함].

지피다 아궁이나 화덕 같은 곳에 땔나무나 연탄을 넣어서 불을 붙이다.

지필묵 종이와 붓과 먹을 아울러 이르는 말.

지하도 땅 속을 깊숙히 뚫어 사람이나 차들이 다니게 해 놓은 도로.

지하수 땅 속에 스며든 물. 땅 속에 있는 흙·돌 등의 빈틈을 채우고 있는 물. 쨉지표수.

지하실 땅의 표면보다 낮게 만들어 놓은 공간.

지하 자:원 땅 속에서 얻어지는 자원[석탄·석유·철광 등].

지하철 ①땅 밑에 터널을 만들고 깔아 놓은 철도. ②교통 수단의 한가지.

지향 ①뜻하여 향함. ②지정하여 그 쪽으로 향하게 함, 또는 그 방향. -하다.

지혈 피가 나오다 그침. 나오는 피를 그치게 함. -하다.

지형 땅의 생긴 모양. 【地形】

지형도 땅의 생긴 모양을 나타낸 지도.

지혜 사물의 이치를 밝히고 옳은 것과 그른 것·선한 것과 악한 것을 구별하는 능력. 쨉슬기. -롭다.

지휘 지시하여 일을 하도록 시킴. 쨉지시.

지휘관 군대에서, 중대나 포대 이상의 부대를 지휘하는 장교.

지휘자 ①지시하여 시키며 이끌어 주는 사람. ②음악에서 합주나 합창을 이끌어 가는 사람.

직각 직선과 직선이 90°를 이루는 각. 【直角】

직각삼각형 직각이 들어 있는 삼각형.

직감 설명이나 증명을 거치지 않고 사물을 접촉함으로써 느껴지는 감각. -하다. 【直感】

직결 사이에 다른 사물을 두지 않고 직접 연결함. -하다.

직경 어떤 원의 중심을 지나는 선. 쨉지름.

직계 친족 사이의 핏줄이, 할아버지·아버지·아들·손자 등으로 곧게 이어지는 계통. 쨉방계.

직공 공장에서 일하는 사람. 쨉공원. 【職工】

직권 관직상의 자격으로 명령·처분할 수 있는 권한.

직기 옷감을 짜는 기계.

직녀성 칠석날 밤에 은하수 건너에 있는 견우성과 만난다는 전설의 별임. 쩐직녀.

직렬[징녈] 전지를 다른 극끼리 이은 것. 즉 전지의 양극(+)에 다른 전지의 음극(-)을 이은 것. 쩐직렬 연결. 쨉병렬.

직류 곧게 흐르는 줄기. 쨉교류.

직매[징매] 생산자가 중간 상인을 거치지 않고 소비자에게 직접 파는 일. 【直賣】

직매장 직매를 하는 곳.

직물[징물] 옷감 등의 실로 짠 천을 통틀어 이르는 말.

직분 자기가 마땅히 해야할 일. [예]선생님의 직분. 【職分】
직사각형 네 각이 모두 직각인 사각형. [본]직각사각형.
직사광선 광선이 직선으로 곧게 비침.
직사포 낮고도 곧게 나가는 대포.
직선[직썬] ①곧은 선. ②두 점 사이를 가장 짧은 거리로 연결한 선. [반]곡선. 【直線】
직업 일자리. 생활을 꾸려 나가기 위하여 매일 하는 일.
직업병[지겁뼝] 그 직업의 특수한 환경이나 작업 상태가 원인이 되어 일어나는 병.
직업인 어떤 직업에 종사하고 있는 사람.
직원 일을 맡은 사람. 【職員】
직위 직무상의 지위. [준]직.
직육면체[징뉵면체] 서로 이웃하는 두면이 모두 수직으로 교차할 때의 육면체. 각 면이 모두 직사각형임.
직인 공무원이나 회사원이 직무상 쓰는 도장. 직인 도장.
직장 공장·회사·관청 등에서 맡은 일을 하는 일자리.
직전 일이 생기기 바로 전. [반]직후. 【直前】
직접 곧바로. 중간에 다른 것을 끼우거나 거치지 않음. [반]간접.
직접 선:거 선거 원칙의 하나로, 국민이 직접 입후보자에게 투표하고 대리인에 의한 선거를 할 수 없는 제도. [반]간접 선거.
직접세 세금의 부담이 직접 납입자의 부담에 속하여 다른 사람에게 떠맡길 수 없는 세금. [반]간접세. [준]직세.
직조 피륙 등을 기계로 짜는 일.
직종 직업이나 직무의 종류.
직지심경〖책명〗 고려 말, 절에서 찍어 낸 책으로 현존하는 세계 최초의 금속 활자본.
직진 곧게 나아감. [예]직진해서 달리다. -하다. 【直進】
직책 직무상의 책임.
직할시 ①정부에서 직접 관할하는, 도와 동격인 인구 100만 명 이상의 도시〔부산·대구·인천·광주·대전〕. ②광역시의 이전 명칭.
직행 열차 중도에서 지체하지 않고 목적지로 바로 가는 열차.
직후 바로 뒤. [반]직전. 【直後】
진: ①병사의 대열. ②군대가 머물러 있는 곳. [예]강 근처에 진을 치다. ③무리. 집단. [예]보도진.
진가[진까] 참된 값어치.
진:격 앞으로 나가서 적을 침. [반]후퇴. [비]전진.
진공 공기 등의 기체가 전혀 없이 비어 있는 공간.
진공 청소기 배기기 등으로 저압부가 생기게 하고 거기서 먼지 등을 흡수시키는 장치를 한 청소기구.
진:군 군대가 전진함. 【進軍】
진:급 등급·계급·학년 따위가 올라감. -하다.
진기 귀하고 이상함. [예]진기한 물건. [비]신기. -하다.
진나라〖나라〗 춘추 전국 시대의 중국의 한 나라. 비자를 시조로 주나라의 효왕으로부터 진, 곧 지금의 간쑤 지방을 하사받아 양공 때 비로소 제후가 되었으며 시황제에 이르러 주나라 및 6국을 멸망시키어 천하를 통일함. 3세 15년만에 한 고조에게 멸망.
진노 성내어 노여워함. -하다.

진눈깨비 비가 섞여 내리는 눈. 땐마른 눈.

진:단 의사가 환자의 병의 상태를 진찰하여 판단함. 예건강 진단서. -하다.

진:단서 병을 진찰한 결과를 적은 서류.

진달래 철쭉과에 딸린 갈잎떨기나무. 키는 30cm〜2m. 우리 나라 및 중국·일본 등지에서 자라며, 4〜5월에 연분홍색 꽃이 핌.

진:대법 고구려 때 가난한 사람을 도와 주기 위하여 실시하였던 빈민 구제 제도. 봄에 곡식을 나누어 주었다가 가을에 받아 들이는 제도.

진:도¹ 일이 되어 가는 정도. 예일의 진도가 빠르다. 【進度】

진:도² 지진이 일어났을 때 몸에 느껴지는 강도나, 건물이 받는 영향 등의 정도에 따라 등급으로 나눈 것(0°에서 7°까지 8등급으로 나눔).

진돗개 우리 나라 재래종으로 몸빛깔은 황갈색 또는 백색이고, 귀는 뾰족하게 서며, 꼬리는 짧고 왼편으로 말아 등에 붙임. 몸 [진돗개] 이 빠르고 용맹스러우며, 꾀가 있음. 사냥·경비·애완용으로 기름. 우리 나라 특산으로 전라 남도 진도군 지산면에 원종이 있고, 천연 기념물 제53호로 지정하여 보호하고 있음.

진:동 ①흔들려 움직임. ②큰 물체가 몹시 울려서 흔들림 -하다.

진딧물[진딘물] 초록빛 몸에 검정 무늬가 있는 잔디의 떼. 화초나 채소 등의 잎과 줄기에 붙어 식물의 진을 빨아먹는 해충.

진땀 무서운 생각이나 어려운 일을 당하여 흘리는 땀.

진:력[질력] ①있는 힘을 다함. 예금연 운동에 진력하다. ②지쳐서 나는 싫증. 예진력이 나도록 공부했다. -하다.

진:로[질로] 앞으로 나아가는 길, 또는 나아갈 길. 땐퇴로.

진:료[질료] 진찰하고 치료함.

진:료소[질료소] 진료 시설을 갖춘 곳. 일반적으로 보건소를 이름.

진리[질리] ①참된 도리. 참된 이치. ②누구나 인정하여야할 보편 타당한 지식. 【眞理】

진맥 손목의 맥을 짚어 보아 진찰함. 검맥. 맥진.

진미 음식의 썩 좋은 맛.

진배없다 못할 것이 없다. 다를 것이 없다.

진:보 점점 잘되어 나아감. 차차 발달함. 땐퇴보.

진분수[진분쑤] 분자가 분모보다 작은 분수. 땐가분수.

진:사 조선 시대의 과거 제도의 하나인 소과의 첫시험에 합격한 사람의 칭호. 【進士】

진상¹ ①사물의 참된 모습. ②실제의 내용이나 형편. 예진상 조사를 나가다. 【眞相】

진:상² 지방에서 나는 귀한 물건을 고관이나 임금에게 바침.

진수 성:찬 맛이 좋고 많이 잘 차린 음식.

진:술 자세하게 말함. 예피고의 진술을 듣다. -하다.

진실 ①참되고 거짓이 없음. ②헛되지 아니함. 땐허위. 거짓. -하다.

진실성 거짓이 없는 참된 성질.

진심 거짓이 없는 참된 마음. 참마음. 예진심으로 미안하다. 回진정. 【眞心】

진:압 억눌러서 가라앉힘. 예시위를 진압하다. -하다.

진:열 여러 사람에게 보이려고 물건을 죽 벌여 놓음. -하다.

진:열대 여러 사람이 볼 수 있게 상품 따위를 죽 벌여 놓은 대.

진:열장 상점 등에서 상품을 늘 어놓는 데 쓰이는 장.

진작 ①바로 그 때에. ②좀더 일찍이.

진저리 지긋지긋하거나 찬 것이 살갗에 닿을 때 떨리는 몸짓.

진정[1] 참되고 바름. 거짓이 없음. 回진실. 凹거짓. -하다.

진:정[2] 요란하던 것이 가라앉음. 예화내는 것을 진정시키다.

진정서 관청이나 웃어른에게 내기 위해 사정을 밝혀 적은 서면.

진정제 신경 작용을 진정시키는 데 쓰이는 약제.

진주 조개 껍데기나 그 살 속에 붙은 구슬.

진주성【지명】 경상 남도 진주의 진주 공원 일대와 내성동에 걸쳐 있는 조선 시대의 읍성. 고려 말기에 왜구를 막기 위하여 축성한 것이라 하며 임진왜란 때 이 성에서 장렬한 항전이 있었음. 성내에 촉석루가 있음.

진:주 촉석루 경상 남도 진주성에 있는 누각. 남강에 자리잡은 웅장한 건물로 고려 말의 부사 김춘광이 창건하였음.

진지[1] 싸움터에서 군대가 자리잡은 곳.

진:지[2] '밥'을 높여 이르는 말.

진짜 가짜가 아닌 참된 것. 凹가짜.

진찰 의사가 아픈 사람의 병의 종류·정도·원인 등을 살펴보는 일. 예진찰을 받다. 回진맥. 진단. -하다.

진찰실 의사가 의학의 원리·경험 등을 바탕으로 하여 병의 유무·질병의 상태 등을 살피는 방.

진:척 일이 잘 되어 감. 예일의 진척이 빠르다. -하다.

진:출 ①앞으로 나아감. ②어떠한 방면으로 나섬. 예세계로 진출하다. -하다. 【進出】

진:취 어려움을 무릅쓰고 힘껏 앞으로 나아감. 凹퇴영. -하다.

진탕 실컷. 마음껏.

진토 먼지와 흙.

진:통 아픈 것을 진정시킴.

진:통제 중추 신경에 작용하여 환부의 아픔을 멎게 하는 약제.

진:퇴 나아감과 물러섬. 예진퇴양난의 어려움. -하다.

진하다 ①빛깔이 짙다. 예색깔이 진하다. ②액체의 농도가 높다.

진:학 상급 학교에 들어감.

진한【나라】 삼한의 하나. 3세기경까지 경상 남북도에 걸쳐 있었던 초기의 국가. 【辰韓】

진해【지명】 경상 남도에 있는 한 시. 창원군의 남쪽 진해만 안에 위치함. 우리 나라의 군항으로 유명함.

진:행 ①앞으로 나아감. ②일을 처리하여 나아감. 예회의의 진행을 담당하다. 回진척. 凹중지.

진형 진지의 모양. 전투의 대형.

진:화[1] 생물이 외부의 영향과 내부의 발전에 따라, 간단했

던 것이 복잡해지거나, 하등
이었던 것이 고등으로 변화하
면서 점점 발전해 감을 이르
는 말. 凹퇴화.   【進化】

진:화2 ①불이 꺼짐. ②불을 끔.
예진화작업. -하다.   【鎮火】

진흙[진흑] 대부분이 찰흙이고,
모래가 매우 적게 섞인 흙.

진:흥 ①일이 잘 되지 않는 상
태에서 떨치어 일으킴. 예기
술을 진흥시키다. ②정신을
가다듬어서 일어나게 함. 凹
흥진. -하다.

진흥왕【사람】[534～576] 신라
제24대 임금(재위 540～576).
영토를 넓혀 삼국 통일의 터
전을 닦았음. 신라 불교의
총본산인 황룡사를 짓는 등
불교의 번창에 힘썼으며, 화
랑 제도를 두어 화랑 정신을
장려했음.

진흥왕 순수비 신라 진흥왕이
국토를 넓힌 뒤 국가의 위세
를 떨치기 위해 국경을 돌아
보고 기념으로 세운 비석. 북
한산·창녕·황초령·마운령
의 네 곳에 지금 남아 있음.

진흥청 어떤 사업을 발전시키
기 위해서 둔 관청.

질1 여러 권으로 되어 있는 책
의 한 벌. 예위인전을 한 질
샀다.

질2 ①물건이 성립하는 근본
바탕. 예상품의 질이 좋아야
한다. ②타고난 성질. 예질이
좋은 친구를 사귀다.   【質】

질경이 질경이과에 딸린 여러
해살이풀. 어린잎은 삶아서
먹음.

질그릇 진흙을 원료로 해서 잿
물을 입히지 않고 구워 만든
그릇. 凹토기.

질기다 오래 견디어 낼 힘이 있
다. 예끈이 질기다.

질녀 조카딸.   【姪女】

질량 물체가 갖는 물질의 양.

질리다 ①몹시 놀라거나 무서
워서 얼굴빛이 변한다. ②기
가 막히다. ③진력이 나서
귀찮은 느낌이 들다.

질문 모르거나 의심나는 점을
캐어 물음. 凹질의. 凹대답. 응
답.

질병 몸의 기능 장애로 생기는
병. 예질병을 예방하다. 凹질
환.

질서[질써] 사물이 혼란 없이
올바르게 행하여지도록 하기 위
하여 정하여진 순서나 절차.
예질서를 지키다.   【秩序】

질서 의식 규칙·준법 따위를
지키려는 생각.

질소[질쏘] 2원자 분자로서 공
기 체적의 5분의 4를 차지하
는 기체 원소.

질소 비:료[질쏘비료] 질소의
성분이 많이 들어 있는 비료.
농작물의 잎줄기를 자라게
함.

질식[질씩] 숨이 막힘. 예연기
에 질식되다. -하다.   【窒息】

질질 바닥에 축 늘어져서 끌리
는 모양. 〉잘잘.

질책 꾸짖어서 나무람. -하다.

질척질척하다 진흙 따위가 차
지게 질다. 〉질착질착하다.

질투 자기보다 나은 사람을 시
기하여 미워함. 예친구를 질
투하다. -하다.   【嫉妬】

질풍 몹시 빠르게 부는 바람.

질환 질병.   【疾患】

짊어지다[질머지다] ①짐을 등
에 메다. ②빚을 지다. ③책임
이나 부담을 맡아지다.

짐 ①들거나 지거나, 또는 나
르도록 만든 물품. 예짐을 운
반하다. 凹하물. ②맡겨진 부
담이나 책임. 예그 일이 큰

짐이 되다.

짐꾼 짐을 져서 나르는 사람. ×짐군.

짐수레 짐을 싣는 수레.

짐스럽다(짐스러우니, 짐스러워서) 책임을 느껴 마음이 편치 않다.

짐승 ①몸에 털이 나고 네 발을 가진 동물. ②날짐승·길짐승을 모두 이르는 말.

짐작 어림으로 헤아림. 예짐작으로 알아맞히다. 비추측. -하다.

짐짓[짐진] 마음은 그렇지 않으나 일부러 그렇게. 고의로.

집 비바람과 추위·더위를 막아 사람이 살기 위해 지은 것.

집게 물건을 집는 데 쓰는, 끝이 두 가닥으로 갈라진 연장.

집게발 게나 가재 등의 끝이 집게처럼 생긴 큰 발.

집게손가락 엄지손가락과 가운뎃손가락 사이의 둘째 손가락.

집권[1] 권력을 한 군데로 모음. 반분권. -하다.

집권[2] ①정권을 잡음. ②권력을 가짐. -하다. 【執權】

집권자 정권을 잡은 사람.

집기병[집끼병] 과학 실험을 할 때에 기체를 모으는 데 쓰이는 입이 큰 병.

집념[짐념] 한 사물에만 끈덕지게 정신을 쏟음. 예집념이 강하다. -하다. 【執念】

집다 ①손으로 물건을 잡다. ②떨어진 것을 주워 가지다. ③사이에 물건을 끼워서 들다.

집단 한 장소에 모인 무리. 비단체. 모임.

집단 농장 여러 사람이 협동하여 조직적으로 경영하는 큰 규모의 농장. 【集團農場】

집단 생활 상호간에 결합하여 함께 영위하는 생활.

집배원 우편물을 모아서 배달하는 일을 직업으로 하는 사람. 图우편 집배원.

집산지 생산지로부터 산물이 모여들고, 또 다른 지방으로 내어 보내지는 곳. 【集散地】

집안 가까운 살붙이. 비가정.

집안일[지반닐] 집 안에서 일어나는 일. 집에서 해야 할 일.

집어먹다 손이나 젓가락 따위로 집어서 먹다.

집어치우다 하던 일을 그만두어 아주 치워 버리다.

집 없는 천사〖책명〗 프랑스의 엑토르 말로가 지은 소설(사랑·슬기·참을성으로써 어려움을 이겨나가는 한 소년의 이야기를 그렸음).

집오리 집에서 기르는 오리과의 새. 몸은 물오리보다 크며 날개는 약함. 살이나 알은 먹으며 깃털은 이불솜으로 쓰임.

집요 ①자기 의견을 우겨대는 고집이 매우 셈. ②성가시게 따라 붙어 떨어지지 않음. 예집요하게 쫓아다니다. -하다. 【執拗】

집중 한 곳을 중심으로 모이거나 모음. -하다. 【集中】

집중 연구 하나의 대상만을 깊게 관찰하는 것.

집중 호우 어느 한 지역에 집중적으로 내리는 큰 비.

집짐승 집에서 기르는 짐승. 비가축. 반들짐승.

집착하다 마음이 한 곳에 쏠리어 잊혀지지 않다.

집채 집의 한 채.

집채만하다 부피가 집채처럼 아주 크다.

집치장 집을 손질하여 잘 꾸미는 일. 집치레.

집필 붓을 들어 글씨나 글을 씀. 원고를 씀. [예]소설을 집필 중이다. -하다. 【執筆】

집합 ①한 곳으로 모임. ②한 군데로 모아 합침. ③범위가 정해져 있는 것의 모임. 같은 성질을 가진 것의 모임. [예]자연수 집합. [반]분산.

집행 실제로 일을 함. [예]행사를 집행하다. -하다.

집현전 조선 초기에 설치되었던 왕립 학술 연구 기관의 하나. 이 곳에서 훈민정음 창제 등 많은 문화 사업이 이루어졌음.

집회 어떠한 목적으로 여러 사람이 모임. [예]집회 장소. [반]산회. -하다.

짓궂다[짇꾿따] 남을 일부러 놀려 괴롭히다. [예]짓궂은 장난을 하다. [비]심술궂다.

짓누르다[진누르다](짓누르니, 짓눌러서) 마구 누르다.

짓:다[짇따](지으니, 지어서) ①무슨 거리나 감을 가지고 만들어내다. [예]밥을 짓다. ②건물 등을 세우다.

짓밟다[짇밥따] 짓이기다시피 하여 함부로 마구 밟다.

짓밟히다 짓밟음을 당하다.

짓자 총통 화승(화약이 터지도록 불을 붙이는 심지)의 불로 터지게 하여 쏘는 지난날 대포의 한 가지.

징 놋쇠로 대야같이 만든 악기의 한 가지. 채로 쳐서 소리를 냄.

[징]

징검다리 개울에 돌덩이나 흙더미를 드문드문 띄워 놓아 그것을 딛고 건너게 해 놓은 것.

징계 허물을 뉘우치게 경계하고 나무람. [예]죄인을 징계하다.

징발 ①남으로부터 물품을 강제로 끌어 냄. ②전쟁 때 필요한 사람이나 물품 등을 모아 거둠.

징벌 ①뒷일을 경계하기 위하여 벌을 줌. ②부당한 행위에 대하여 제재를 가함. -하다.

징역 형벌의 한 가지. 교도소에 가두어 두고 노동을 하게 하는 형.

징용 국가의 권력으로 국민을 불러다가 강제로 일정한 일을 시키는 일. -하다. 【徵用】

징집 ①물품을 거두어 모음. ②국가가 일정한 나이가 된 장정에게 국방의 의무를 주는 처분. [예]징집 영장. -하다.

징후 겉으로 나타나는 조짐. [비]낌새.

짖다 개가 큰소리로 울다.

짙다 ①빛깔이 진하다. [반]옅다. ②안개·연기 등이 자욱하다. ③농도가 높다. [반]묽다.

짚[집] 벼·밀·조·메밀 등의 이삭을 떨어 낸 줄기. [예]볏짚.

짚다 ①지팡이나 손 같은 것을 바닥에 대고 버티어 몸을 의지하다. ②손을 얹어 살며시 누르다. [예]이마를 짚다. ③요량해서 짐작하다. [예]날자를 짚어 보다.

짚더미 벼·밀·조 등의 이삭을 떨어 낸 줄기의 무더기.

짚둥지 볏짚으로 만든 둥우리.

짚신[집씬] 볏짚으로 만든 신.

짜다[1] ①조직하다. [예]조를 짜다. ②비틀거나 눌러 물기를 내다. [예]약을 짜다. ③나오지 않는 생각 등을 억지로 내다. [예]지혜를 짜다. ④옷감을 만들다.

짜다² ①소금 맛이 진하다. 예 국이 짜다. ②인색하다.

짜릿짜릿하다 마음 속 깊이 아주 생생하다. 아주 실감이 나다. 〈쩌릿쩌릿하다.

짜임 만들어져 있는 모양. 비 구성. 조직.

짜임새 짜인 모양새.

짜증 기분이 언짢거나 싫증이 나서 역정을 내는 짓.

짝 두 개 이상이 모여 한 벌이 되는 물건의 낱개.

짝그네 두 사람이 옆으로 나란히 서서 한 손으로 짝의 허리를 끼고 또 한 손으로는 그 넷줄을 쥐고 뛰는 그네.

짝수 2로 나누어 나머지가 생기지 않는 수[2, 4, 6, 8, … 등]. 비우수. 반홀수.

짝자꿍 젖먹이가 손뼉을 치는 재롱. -하다.

짝짝이 제 짝이 아닌 다른 짝끼리 모여서 이루어진 것. 한 쌍이 똑같지 않고, 크고 거나 하여 어울리지 않는다는 뜻. 예양말이 짝짝이다.

짠지 무나 오이 등을 통으로 소금에 짜게 절여 두고 먹는 김치.

짤랑짤랑 작은 방울이 자꾸 흔들려서 어지럽게 나는 소리. 〈쩔렁쩔렁. 예잘랑잘랑. 게찰랑찰랑. -하다.

짤록하다 긴 물건의 한 군데가 패어 들어가 오목하다. 〈찔룩하다. 예잘록하다.

짤막하다 길이가 조금 짧다.

짧다[짤따] ①길이가 작다. 예소매가 짧다. ②모자라다. 예배움이 짧다.

째:지다 터져서 갈라지다. 터져서 벌어지다.

쨍쨍 햇볕이 몹시 내리쬐는 모양.

쩔쩔매다 일에 부닥쳐 어쩔 줄을 모르고 엄벙덤벙거리다.

쪼개다 ①둘 이상으로 나누다. 예사과를 쪼개다. ②조각이 나게 부수거나 가르다. 예나무를 쪼개다.

쪼:다 뾰족한 끝으로 찍다. 예병아리가 모이를 쪼다.

쪼들리다 어떤 일에 오래 부대끼어 지내다. 시달림을 받다. 예돈에 쪼들리다.

쪼아먹다 부리로 콕콕 집어먹다.

쪽¹ 시집간 여자가 뒤통수에 땋아서 틀어 올려 비녀를 꽂은 머리.

쪽² 책의 면. 예9쪽을 펴라. 비페이지. [쪽]

쪽문 사람이 드나들 수 있도록 대문짝 가운데나 한 쪽에 작게 따로 낸 문.

쪽배 통나무를 쪼개어 속을 파서 만든 작은 배.

쪽빛[쪽삗] 쪽의 빛깔. 곧 남빛. 예쪽빛 가을 하늘.

쪽지[쪽찌] ①작은 종이 조각. ②작은 종이 조각에 쓴 글. 예쪽지를 보내다.

쫑긋 ①말을 하려고 입술을 한 번 달싹이는 모양. ②짐승이 귀를 한 번 쫑그리는 모양.

쫓아오다 ①뒤에서 바싹 따라오다. ②급하게 달음질하여 따라오다. 예빨리 쫓아오다.

쬐:다 해의 볕이나 불기운 등을 몸에 받다.

쭈그러지다 구겨지거나 욱어들어서 부피가 몹시 작아지다. 〉쪼그라지다.

쭈그리다 ①팔다리를 우그리어 앉거나 눕다. 예쭈그리고 앉다. ②누르거나 욱여서 부피를 작게 하다. 〉쪼그리다. 게쭈크리다. ×쭈구리다.

쭈글쭈글 물체가 쭈그러져서 주름이 고르지 않게 많이 잡힌 모양. >쪼글쪼글. -하다.

쭈뼛쭈뼛 거침새 없이 내닫지 못하고 부끄러운 태도로 머뭇거리는 모양. >쪼뼛쪼뼛.

쭉정이 껍질만 있고 속에 알맹이가 들어 있지 않은 곡식 과일 등의 열매.

찌 낚시의 위치와 물고기가 미끼를 먹는 상태를 알기 위해 낚시줄에 단 물건. ⑧낚시찌.

찌개 고기나 채소에 된장이나 고추장 등을 풀어 넣고 바특하게 끓인 반찬. ⑩김치 찌개 백반.

찌꺼기 좋은 것을 골라 내거나 떼어 낸 나머지. ⑩음식 찌꺼기. ㉾찌끼. ×찌꺽지.

찌다 ①몹시 덥다. ⑩찌는 듯한 무더위. ②음식물을 솥 등에 넣어 뜨거운 김을 올려 익히다. ⑩감자를 찌다.

찌들다 (찌드니, 찌드오) ①물건이 오래 되어 때가 끼고 더럽게 되다. ②많은 어려운 일을 겪느라고 몹시 시달리다. >짜들다.

찌푸리다 ①몹시 찡그리다. ②날이 흐리다.

찍다 날이 있는 연장을 내리쳐서 무엇을 베다.

찐득찐득 ①연해 검질기게 들어붙다. ②검질겨서 연방 자르려고 해도 끊어지지 않다. ⑰진득진득.

찐빵 밀가루에 팥 등으로 속을 넣고 쪄서 만든 음식.

찜 고기나 채소에 갖은 양념을 하여 국물이 바특하도록 삶거나 쪄서 만든 음식. ⑩갈비찜.

찜질 약물이나 더운물, 또는 얼음덩이를 헝겊에 적시거나 싸서 아픈 자리에 대어 치료하는 방법. -하다.

찜찜하다 마음에 꺼림칙한 느낌이 있다.

찡그리다 근심스럽거나 언짢을 때 이마나 눈살을 주름지게 하다. ⑩쨍그리다.

찡얼거리다 어린아이가 자꾸 보채다. >짱알거리다.

찡하다 마음에 걸려 강한 느낌을 받다.

찢다[찓따] 물건을 갈라지게 하다. ⑩종이를 찢다.

찧다 ①곡식 등을 빻기 위하여 절구에 담고 공이로 내리치다. ⑩보리를 찧다. ②마주 부딪다. ⑩엉덩방아를 찧다.

ㅊ(치읓[치은]) 한글 닿소리
(자음)의 열째 글자.

차[1] 수레 종류의 대부분을 통
틀어 이르는 말. 예고향에 차
를 타고 가다. 【車】

차[2] ①성질·상태 등이 서로
틀리는 것. ②어떤 수량에서
다른 수량을 덜어 내고 남은
것. 【差】

차[3] 차나무의 어린 잎을 따서
만든 음료. 물에 타거나 달여
마실 것을 만드는 재료. 【茶】

차갑다(차가우니, 차가워서)
①살갗에 닿는 느낌이 차다.
예발이 차갑다. ②냉정하다.
쌀쌀하다. 예차가운 눈초리.

차고 차를 넣어 두는 곳간.

차곡차곡 물건을 가지런하게
포개거나 겹치는 모양.

차관[1] 행정부에서 장관을 도우
며, 그 장관을 대리할 수 있
는 관직, 또는 그 관직에 있
는 사람. 예교통부 차관.

차:관[2] 나라 사이에서 돈을 빌
려 주거나 빌려오는 일, 또는
그 돈. -하다.

차근차근 일을 조리 있고 서두
르지 않으며 차례가 있게 하
는 모양. -하다. -히.

차남 둘째 아들. 【次男】

차녀 둘째 딸. 【次女】

차다[1] ①온도가 낮다. 예물이
차다. ②냉정하다. 매정하다.

차다[2] ①가득하게 되다. ②정한
기한에 이르다. 예약속한 날
수가 차다.

차다[3] 몸의 어디엔가 걸거나
끼우거나 늘어뜨려 지니고 다

니다. 예시계를 차다.

차다[4] ①발로 내어 지르다. 예
엉덩이를 걷어차다. ②혀끝을
입천장에 붙였다 떼어 소리를
내다. 예혀를 끌끌 차다.

차:단 길을 막아 못 다니게 함.
-하다.

차:단기 철도 선로의 건널목 등
에 설치하여 잠시 내왕을 막
는 장치.

차도[1] 차가 다니는 길. 찻길. 凹
인도. 【車道】

차도[2] 병이 조금씩 나아지는 정
도. 예환자의 병에 차도가 있
다.

차돌 ①유리와 같은 광택이 있
고 매우 단단한 돌. 석영. ②
야무진 사람을 비유하여 이르
는 말.

차디차다 아주 차다. 몹시 차
다. 예얼음이 차디차다.

차라리 이것보다는 저것을 택
하는 것이 나음을 나타내는
말. 예빵을 먹느니 차라리 굶
겠다. 凹도리어.

차량 ①기차의 한 칸. ②여러
가지 '차 종류'를 두루 일컫는
말.

차려 구령의 하나. 몸과 정신을
바로 차리어 똑바른 자세를
가지라는 구령.

차려놓다 장만하여 베풀어 놓
다. 예밥상을 차려놓다.

차례[1] 일정하게 하나씩 하나씩
일을 벌여 나가는 순서. 예차
례를 지켜 버스에 올라타다.
凹순서.

차례[2] 음력 매달 초하룻날과 보

름날, 또는 명절날·조상 생일 등의 낮에 지내는 제사. 예차례를 지내다. 비다례.

차례차례 차례를 따라서 순서대로 하나씩 하나씩.

차리다 ①장만하여 갖추다. 예잔칫상을 차리다. ②마음을 가다듬다. ③짐작으로 속마음을 알아 내다. 예눈치를 알아차리다.

차림 겉으로 꾸민 모양. 예단정한 옷차림. 비치장.

차림새 차려 입은 모양새.

차마 '애틋하고 안타까워 감히'의 뜻을 나타내는 말. 예차마 웃을 수 없었다.

차멀미 차를 타면 나타나는 속이 메스껍고 머리가 어지러운 증세. -하다.

차별 등급이 있게 구별함. 예사람을 차별하다. 비구별. 반평등. -하다.

차별 대:우 차별을 두고 하는 대우. 예여자라고 차별 대우를 받다. 준차대.

차분하다 마음이 가라앉아 조용하다.

차비[1] 차를 타고 내는 돈. 찻삯.

차비[2] 준비를 갖추어 차림. 채비. -하다.

차석 수석의 다음 자리, 또는 그 자리의 사람. 비차위.

차선 도로에서 자동차 한 대씩만 지나갈 수 있도록 그어 둔 선. 예차선을 지키자. 【車線】

차양 처마 끝에 달아 볕이나 비따위를 막는 작은 지붕. 준챙.

차:용 물건을 빌리거나 돈을 빌려 씀. 예차용 증명서. -하다.

차이 서로 같지 않고 틀림. 예차이가 크다. 【差異】

차이점 차이가 나는 점. 반공통점.

차이코프스키【사람】 [1840~1893] 러시아의 국민악파 음악가. 슬라브적 우수와 정열, 그리고 서정적인 아름다운 작품을 남김. 작품에는 〈백조의 호수〉〈호두까기 인형〉〈비창 교향곡〉 등이 있음.

차임 타악기의 하나. 다섯 내지 열두 개의 긴 금속관이나 판이 한 벌이 되어 있는, 여러 가지 소리를 낼 수 있는 종.

차:입 돈이나 물건을 빌림. 예많은 돈을 차입하다. 비대출. -하다.

차장 회사나 어떤 단체에서 부장 다음의 직위, 또는 그 사람.

차전놀이 예로부터 전해 내려오는, 음력 정월 보름날에 노는 민속놀이. 동채에 탄 사람의 지휘를 받아 동채를 밀었다 잡아당겼다 하다가 상대편 동채의 머리를 땅에 닿게 하는 놀이로, 경상 북도 안동 등지에서 성행하였음.

차점[차쩜] 최고 점수의 다음 가는 점수. 【次點】

차주 차 주인. 【車主】

차지 ①어떤 사람이 가질 수 있는 몫. ②지위나 영예를 획득함. 예수석의 영광을 차지하다. -하다.

차창 기차·버스 등의 창문. 예차창 밖으로 보이는 풍경.

차체 차의 몸체. 곧 승객이나 화물을 싣는 부분.

차츰차츰 갑작스럽지 않게 조금씩 나아가는 모양.

차표 차를 타기 위하여 찻삯을 주고 산 표. 비승차권. 【車票】

착각[착깍] 잘못 깨닫거나 잘못 생각함. -하다.

착공 공사를 시작하다. 🖪완공. 준공.

착륙[창뉵] 비행기가 땅에 내림. 📵공항에 착륙하다. 🖪착지. 🖪이륙. -하다. 【着陸】

착륙선[창뉵선] 우주선에서 떨어져 나와 우주 비행사를 태우고 달에 내려앉는 비행체.

착상 ①일의 실마리가 될 만한 생각. ②예술 작품을 창작할 때 그 내용을 머릿속에서 구성하는 일. 🖪착의. -하다.

착수 어떤 일에 손을 대어 시작함. 📵도로 건설에 착수하다. -하다. 【着手】

착실 침착하고 충실함. 들뜨지 않고 거짓이 없이 진실함. -하다. -히.

착안 어떤 일을 주의 깊게 눈여겨 보아 그 일을 성취할 기틀을 잡음. -하다. 【着眼】

착오 잘못 생각하여 사실과 맞지 않음, 또는 그 잘못. 📵계산 착오. -하다.

착용 ①옷을 입음. ②물건을 몸에 붙이거나 닮.

착잡 갈피를 잡지 못하게 뒤섞이어 복잡하고 어수선하다. 📵친구와 헤어져 마음이 착잡하다. -하다. -히.

착지 체조에서, 체조 동작을 마치고 땅바닥에 내려서는 일.

착취 근로자나 농민에게 일할 만큼의 임금을 지급하지 않고 나머지 이익 부분을 자본가나 지주가 가로채는 일. -하다.

착하다 마음씨나 행동이 바르고 어질다. 🖪선하다. 🖪악하다.

찬: '반찬'의 준말.

찬:동 찬성하여 모두 뜻을 같이함. 📵내 의견에 모두 찬동하다. 🖪찬성. 【贊同】

찬:란[찰란] ①눈이 부실 만큼 아름답게 빛남. 📵찬란한 태양 ②훌륭하고 빛남. -하다. -히.

찬물 데우거나 끓이지 않은 맹물. 🖪냉수. 🖪더운물.

찬:미 아름다운 덕을 기림. 기리어 칭송함. 📵신의 은총을 찬미하다. 🖪찬송. -하다.

찬:사 기리어 칭찬하는 말이나 글. 📵찬사를 보내다.

찬:성 자기도 그렇게 하는 것이 좋다고 함. 옳다고 동의함. 🖪동의. 🖪반대. -하다.

찬:송 칭찬하여 기림. 훌륭한 덕을 기림. 🖪찬미. -하다.

찬:송가 하느님이나 예수의 덕을 기리는 뜻으로 부르는 노래. 🖪찬미가.

찬:스 알맞은 때. 기회. 호기.

찬:양 아름다움과 착함을 드러내어 칭찬함. 🖪비난. -하다.

찬:장[찬짱] 그릇이나 음식 등을 넣어 두는 장.

찬:조 찬성하여 도움. 뜻을 같이 하여 도움. -하다.

찬:조금 찬조의 뜻으로 내는 돈.

찬찬하다 ①성질이 조용하고 꼼꼼하다. 차분하고 자상하다. ②행동이 조용하며 느리다.

찬:탄 ①몹시 칭찬함. 📵피아노 연주에 모두 찬탄하다. ②마음에 아름답게 여김. -하다.

찰거머리 ①몸이 비교적 작고 흡반이 잘 발달되어, 몸에 붙으면 떨어지지 않는 거머리. ②남에게 달라붙어 귀찮게 구는 사람을 비유하여 이르는 말.

찰나[찰라] 매우 짧은 동안. 🖪순간. 🖪영원. 영겁.

찰방찰방 냇물의 얕은 곳을 걸어다닐때 나는 소리. 〈철벙철

병.

찰흙[찰흑] 차진 기운이 있는 흙. ×찬흙.

참¹ ①거짓이 없음. ②옳고 바른 일. 凱진실. 凰거짓.

참:² 일을 하다가 쉬는 시간, 또는 그때 먹는 음식.

참:³ 조선 시대에, 급한 소식을 전할 때 말과 사람을 대기시켜 교대하던 곳. 【站】

참가 어떤 모임에 참여함. 凱참석. 참여. 凰불참. -하다.

참값[참깝] 원래의 값.

참견 남의 일에 끼어들어 아는 체하거나 간섭함. -하다.

참고 ①도움이 될 만한 자료로 삼음. ②살펴서 생각함. 凱참작. -하다.

참고서 ①참고로 삼는 책. ②참고가 되는 내용을 모아 엮은 책.

참관 가거나 와서 봄. 䫐회의를 참관하다. 凱관람. -하다.

참극 ①잔인하고 끔찍하게 벌어진 일. ②비참한 내용을 줄거리로 한 연극. 【慘劇】

참기름 참깨에서 짜 낸 기름.

참깨 밭에 심어 가꾸는 농작물로, 온 몸에 짧은 털이 나고 향기가 있음. 씨는 기름을 짜서 먹는다. 고소한 맛을 냄.

[참깨]

참나무 ①상수리나무 ②갈참나무·굴참나무 등의 나무들.

참:**다**[참따] ①굳은 마음으로 어려운 고비를 잘 견디어 낸다. ②때를 기다리다. ③억지로 하지 않다. 䫐울음을 참다.

참담 ①참혹하고 암담함. ②가슴이 아플 정도로 괴롭고 비참함. -하다.

참되다 거짓이 없고 진실하다.

참뜻 거짓이 없는 참된 뜻.

참말 사실과 조금도 틀림이 없는 말. 凱정말. 凰거짓말.

참모 ①일을 계획하고 꾸미는 데에 참여하는 일. 또는 그 일을 맡은 사람. ②군에서 작전·교육·보급 따위의 계획을 맡아 보는 장교.

참모습 거짓이나 과장이 없이 생긴 대로의 본디 모습.

참모 총:장 대장의 계급인. 육·해·공 각 군의 최고 지휘관.

참배 ①신이나 부처에게 절하고 빎. ②무덤이나 기념비 등의 앞에서 경의·추모의 뜻을 나타내는 일. -하다.

참변 아주 끔찍한 사고.

참비름 비름과의 한해살이풀. 어린 잎은 연하고 맛이 좋아 나물로 무쳐 먹음.

참빗 빗살이 아주 가늘고 촘촘한 대빗. 凱얼레빗.

[참빗]

참상 참혹한 상태. 보기에 끔찍한 모양. 䫐전쟁으로 인한 참상.

참새 마을에서 흔히 볼 수 있는 작은 새. 곡식을 해치지만, 해충도 잡아먹음. 짹짹거리며 욺.

참석 어떤 자리에 나감. 䫐회의에 참석하다. 凱출석. 凰불참. 결석. -하다. 【參席】

참성단 단군이 처음 나라를 세우고 온 겨레와 나라를 위해 하늘에 제사를 지내던 제단. 강화도 마니산에 있음.

참:**수** 목을 뱀. -하다.

참신 처음 이루어져 새롭고 산뜻함. 가장 새로움. 䫐참신한 계획이다. -하다.

참여 참가하여 관계함. 䫐봉사 활동에 참여하다. 凱참가. 참

예. -하다.　　　　　　【參與】

참외 잎이 오이 같고 꽃은 누른빛을 띠며 단맛이 나는 타원형의 열매가 열리는 한해살이 식물.

참으로 거짓이 없고 진심으로. 정말로. 예참으로 행복하다.

참을성 잘 참고 견디는 성질.

참작 이리저리 비추어 알맞게 헤아림. -하다.

참전 전쟁에 참가함. 예참전 용사. -하다.　　　　　【參戰】

참정권 국민의 기본권의 하나. 나라의 정치에 직접 간접으로 참여할 수 있는 권리.

참판 조선 시대 6조의 판서 다음가는 벼슬로, 지금의 차관에 해당되는 관직.

참패 비참하고 혹독하게 실패하거나 패배함. 예싸움에서 참패를 당하다. -하다.

참:하다 ①생김새가 조촐하고 말쑥하다. ②얌전하다.

참혹 비참하고 끔찍함. 잔인하고 무자비함. 비처참. -하다. -히.

참회 잘못을 깊이 뉘우쳐 마음을 고침. -하다.

참흙[참흑] 찰흙과 모래가 알맞게 섞여서 농작물을 가꾸는 데 알맞은 흙.

찹쌀 찰벼를 찧은 쌀.

찻간 기차나 전차 따위의 사람이 타거나 짐을 싣게 되어 있는 칸.

찻길 자동차나 수레 따위가 다니는 길.

찻삯 기차나 자동차를 타는 데 내는 돈.

창¹ 지난날, 무기의 한 가지. 긴 나무 자루 끝에 날이 선 뾰족한 쇠붙이가 달려 있음.

창:² ①가락에 맞추어 노래를 부름. ②가곡 곡조·잡가조·

판소리 조 등으로 노래나 소리를 함.

창³ '창문'의 준말.

창가 ①창문의 가장자리. ②창문에 가까운 곳.

창:간 신문·잡지·사보 등을 처음으로 펴냄. 반폐간. -하다.

창:건 건물 따위를 처음으로 세우거나 건설함.

창경궁 서울 종로구에 있는 궁궐. 1907년 조선 순종이 창덕궁으로 옮긴 뒤, 동물원과 식물원을 시설하여 창경원이라고도 했음.

창고[창꼬] 물건을 간직하여 두는 집. 비곳간. 곳집.

창공 맑고 갠 푸른 하늘. 예창공을 나는 갈매기. 비창천.

창구 사무실에서 바깥 손님을 상대하여 돈이나 문서 등을 주고 받는 곳.　　　　【窓口】

창:극 우리 나라 고유의 음악인 판소리를 가극으로 꾸민 것.

창덕궁 조선 초기(1405)에 세워진 대궐. 조선 왕조의 역대 왕들이 정치를 하던 곳임〔국보인 돈화문 등이 있음〕.

창던지기 창을 가지고 누가 더 멀리 던지는가를 겨루는 경기. 비투창. -하다.

창:립[창닙] 학교나 회사 등을 처음으로 세움. 비창설. -하다.

창문 바람이나 빛이 들어올 수 있도록 벽, 또는 지붕 위에 만든 작은 문. 준창. 【窓門】

창백 얼굴빛이 핏기 없이 해쓱함. -하다. -히.

창살[창쌀] 창문에 가로 세로 지른 가는 나무 조각.

창:설 처음으로 설치하거나 설립함. 비창립. -하다.

창:씨 개:명 우리 민족의 고

유한 문화와 전통을 없애려고 일제가 강제로 우리 나라 사람의 성과 이름을 일본식으로 바꾸어 짓도록 한 일.

창:안 없었던 것을 처음으로 생각하여 냄, 또는 그 고안. -하다.

창연 ①빛깔이 푸름. ②오래되어 예스러운 모양. ③저녁녘의 어둑어둑함. -하다. -히.

창:의 궁리해 낸 새로운 생각이나 의견. -하다.

창:의성 새로운 의견을 생각해 내는 성질.

창자 소장과 대장을 아울러 이르는 말. 卽장.

창자샘 작은창자의 안벽 융털 사이에 많이 퍼져 있으면서 창자액을 내는 샘.

창자액 작은창자의 창자샘에서 나오는 소화액.

창:작 ①처음으로 생각하여 만듦. ②문예·그림·음악 등의 예술 작품을 자신이 궁리해서 만들거나 표현하는 일. 卽모방. -하다. 【創作】

창:제 전에 없던 것을 처음으로 만들거나 제정함. 예한글을 창제하다. -하다.

창:조 처음으로 만들어 냄. 예천지를 창조하다. 卽창작. 卽모방. -하다. 【創造】

창창하다 ①풀과 나무가 무성하거나, 하늘·바다·호수 따위가 파란 모양. ②멀리서 아득하다. 예앞날이 창창한 청소년. 창창히.

창틀 창문을 달거나 여닫기 위해 만든 틀.

창파 푸른 물결.

창포 적갈색이며 특이한 향기가 있는 여러해살이풀. 연못이나 습한 땅에서 자람.

창포물 창포의 잎과 뿌리를 우

려낸 물. 5월 단오에 이 물에 머리를 감고 몸을 씻으면 나쁜 귀신을 쫓는다고 함.

창피하다 ①부끄럽다. ②모양새가 좋지 않다.

창호지 문을 바르는 종이의 한 가지. 卽문종이.

찾다 ①감춘 것이나 잃은 것이 나타나도록 뒤지거나 살펴서 발견해 내다. ②보거나 만나기 위해 가거나 오다. 예같이 놀러 갈 친구를 찾다.

채¹ ①'채찍'의 준말. ②회초리. ③북·장구 등을 쳐서 소리를 내는 도구.

채² 집이나 큰 기구의 덩이를 세는 데에 쓰는 말. 예집 한 채.

채:³ 무·오이 같은 것을 가늘고 잘게 썬 것. 예오이냉채.

채:광 창문 같은 것을 내어 햇빛을 받아들여 방을 밝게 함.

채:굴 땅을 파서 속에 묻혀 있는 광물 등을 파냄. 예석탄을 채굴하다. -하다.

채:권 빚 준 사람의 빚 받을 권리. 卽채무.

채널 라디오나 텔레비전 방송 등에 할당된 전파의 주파수.

채다¹ 슬쩍 보고 재빨리 짐작하다. 예눈치를 채다.

채다² 갑자기 탁 치듯 잡아당기다. 예목덜미를 잡아채다.

채:다³ '차이다'의 준말.

채:도 빛깔의 정도.

채:도 대:비 채도의 차이가 큰 색을 함께 놓아 두었을 때 일어나는 효과.

채:독 채소를 날것으로 먹어서 생기는 중독증.

채롱 껍질을 벗긴 싸릿개비를 함처럼 엮어 만든 둘레가 높은 그릇.

채:마밭 채소를 심는 밭.

채:무 남에게 빚을 갚아 주어야 할 의무. 凹채권.

채:보 노래를 듣고 그것을 악보로 적음.

채비 준비를 갖추어 차림, 또는 그 준비. 예학교갈 채비를 하다. -하다.

채:색 ①그림에 색을 칠함. ②여러 가지 고운 빛깔. -하다.

채:석장 건축 등 여러 가지 공사에 쓰일 돌을 캐내는 곳.

채:소 밭에 가꾸어 먹을 수 있는 온갖 푸성귀. 남새.

채:송화 쇠비름과의 한해살이풀. 솔잎 모양의 잎은 살이 많으며, 길 이 는 10~20cm. 여름에서 가을에 걸쳐 자주·분홍·노랑·하양 등 여러가지 빛깔의 꽃이 핌.

[채송화]

채:식 푸성귀로 만든 반찬만을 먹음. 凹초식. 凹육식.

채:용 ①사람을 받아들여 씀. ②등용함. 예신입사원을 채용하다. ③의견·방법 등을 채택하여 씀. -하다.

채우다 ①자물쇠로 잠그다. ②상하기 쉬운 음식물을 찬물이나 얼음 등에 담그다. ③모자라는 것을 보내다.

채:점[채쩜] ①점수를 매김. ②성적에 따라 점수를 주는 일.

채:집 ①찾아서 모음. ②식물·동물 등의 표본을 캐거나 잡아서 모음. -하다.

채찍 말이나 소를 모는 데 쓰이는 물건. 준채.

채:취 ①풀·나무 등을 찾아서 캐내거나 뜯어 냄. ②연구나 조사를 위하여 필요한 것을 찾거나 골라서 챙김. -하다.

채:택 골라서 가려 냄. 가려서 뽑음. 凹채용. -하다.

채:혈 수혈을 하기 위하여 피를 뽑음. -하다.

책 어떤 생각이나 사실을 글이나 그림으로 표현한 종이를 겹쳐서 만든 물건을 통틀어 이르는 말. 凹도서. 서적.

책가방 책을 넣어 가지고 다니는 가방.

책갈피 책의 낱장과 낱장과의 사이.

책꽂이 책을 세워 꽂아 두는 곳.

책략[챙냑] 어떤 일을 처리하는 꾀와 방법.

책망[챙망] 잘못을 나무람. 허물을 들어 꾸짖음. -하다.

책받침 글씨를 쓸 때 종이 밑에 받치는 물건.

책방 책을 파는 상점. 凹서점.

책벌레 책 읽는 것을 몹시 좋아하는 사람을 빗대어 이르는 말.

책상 책을 올려 놓거나 공부를 할 때 쓰이는 상.

책임[채김] 맡아서 해야할 임무나 의무. 예책임이 무겁다. 凹임무. 준책. 【責任】

책임감 책임을 중요하게 생각하는 마음. 【責任感】

책임자 어떤 일을 책임지고 도맡아 하거나 주장하는 사람.

책장¹ 책의 낱낱의 장.

책장² 책을 넣어 두는 장.

챔피언 선수권을 가진 사람. 우승자.

챙기다 어떤 일에 쓰일 물건을 찾아 한데 모아 두다.

처 아내. 부인. 【妻】

처가 아내의 본집.

처남 아내의 오빠나 남동생.

처:녀 ①아직 결혼하지 않은 여자. 凹총각. ②'최초의' '처음으로 하는'의 뜻을 나타내는

말. **예**처녀작.

처량 초라하고 구슬픔. **예**혼자 남아 처량한 신세가 되다. -하다. -히.

처:리 정리하여 치움. 일을 다스려 처리 감. **예**일처리를 빨리 하다. -하다. 【處理】

처마 지붕이 도리 밖으로 길게 내민 부분.

처매다 다친 곳 등을 붕대 같은 것으로 감아 매다.

처:방 ①병을 다스리기 위해 약을 조제하는 방법. ②잘못이나 결함을 고쳐서 바로잡기 위한 대책.

처:벌 저지른 잘못에 대하여 벌을 줌. -하다.

처:분 명령을 받거나 내려 일을 처리함. **예**관대한 처분을 바라다. -하다. 【處分】

처:세 사람과 사귀면서 세상을 살아가는 일. **예**처세에 능하다. -하다. 【處世】

처:신 세상을 살아감에 있어서의 몸가짐이나 행동. **예**처신을 바르게 해라. -하다.

처음 시작. 일의 첫머리. 맨 앞. 비로소. **반**끝. 마지막.

처자 아내와 자식. 【妻子】

처절 더없이 애처롭고 구슬픔. **예**처절하게 울다. -하다.

처제 아내의 여동생. 【妻弟】

처:지 자기가 놓여 있는 형편이나 사정. **비**형편.

처:지다 ①바닥으로 잠기어 가라앉다. ②한 무리에서 뒤떨어져 남다. ③팽팽하던 것이 아래로 늘어지다. **예**땅에 닿을 듯이 처진 나뭇가지.

처참 슬프고 끔찍함. -하다.

처:치 일을 처리하여 치움.

처칠〖사람〗[1874~1965] 영국의 수상으로 제2차 세계 대전을 승리로 이끈 정치가. 그림과 문장에도 뛰어나 제2차 대전의 〈회고록〉으로 1953년 노벨 문학상을 받았음.

처:하다 ①어떠한 처지에 놓이다. **예**어려운 일에 처하다. ②어떠한 형벌을 내리다. **예**사형에 처하다.

처:형[1] ①형벌에 처함. ②사형에 처함. -하다. 【處刑】

처형[2] 아내의 언니. 【妻兄】

척 배의 수효를 세는 말. **예**항공 모함 두 척.

척관법 길이의 단위를 자, 양의 단위를 되, 무게의 단위를 관으로 나타내는 도량형법.

척도 ①측정하거나 평가하는 기준. ②자로 재는 길이의 표준. 【尺度】

척수 척추의 관 속에 들어 있는 신경 계통으로, 뇌와 말초 신경 사이의 자극 전달과 반사 기능을 맡음.

척추 등골뼈. 【脊椎】

척화비 조선 고종 때 병인 양요·신미 양요를 치른 후 대원군이 서양인을 배척하기 위하여 서울 종로 네거리를 비롯하여 전국 각지에 세운 비석.

천:[1] 옷·이불 따위의 감이 되는 피륙.

천[2] 백(百)의 열 배. 【千】

천:거 재주가 뛰어난 사람을 어떤 자리에 추천함. -하다.

천고 마:비 〔하늘이 높고 말이 살찐다는 뜻으로〕 가을이 썩 좋은 계절임을 이르는 말.

천공 ①하늘의 조화로 이루어진 일. ②자연의 작용. **반**인공.

천국 ①세상에서 가장 살기 좋은 나라. ②죽은 후에 갈 수 있다고 하는, 영혼이 축복받은 나라. **비**천당. **반**지옥.

천근 ①백 근의 열배. ② '아주

무거운'을 이르는 말.

천냥 매우 많은 돈.

천당 ①하늘 위에 있는 신의 전당. ②천국. ③극락 세계인 정토. 凹지옥.

천:대 업신여기어 푸대접함. 凹천시. 凹우대. -하다.

천:도 도읍을 옮김. -하다.

천도교 조선 말기의 동학을 이어받은 우리 나라 고유의 종교. 최제우를 교조로 함. '사람이 곧 하늘'이라는 인내천 사상을 중요시함. 【天道教】

천동설 지구는 우주의 중앙에 있고, 모든 천체가 지구 주위를 돈다고 하던 설. 凹지동설.

천둥 번개가 칠 때에 일어나는 소리. 凹우레.

천리[철리] ①십 리의 백 갑절. ②아주 먼 길.

천리마[철리마] 〔하루에 천 리를 달리는 말이라는 뜻으로〕 잘 달리는 좋은 말을 가리키는 말.

천리마 운:동[철리마운동] 북한 공산당이 북한 동포들에게 강제 노동을 시키기 위해 짜낸 계획.

천리 장성[철리장성] 고려 덕종 때 유소에게 명하여 쌓게한 장성. 압록강 어귀로부터 함흥에 이르는 천여 리의 긴 성벽. 거란과 여진족의 침입에 대비하여 쌓았음. 고장성. 【千里長城】

천마총 경주시 황남동에 있는 신라 고분의 하나.

천막 천으로 비나 햇볕을 가리기 위하여 치는 장막. 텐트.

천만 ①만의 천 곱절. ② '썩 많은 수'를 이르는 말. ③ '비길데 없음'의 뜻. 예천만 다행이다.

천명 ①하늘로부터 받은 목숨.

凹천수. ②하늘의 명령. ③타고난 운명. 【天命】

천문 ①천체의 온갖 현상. 예천문 관측. ②천문학의 줄임말.

천문대 천체에서 일어나는 일들을 관측하고 연구하는 시설.

천문학 천체에 대하여 연구하는 학문. 해·달·별 등의 본바탕. 운동·크기 등에 대하여 관찰 연구함. 全천문.

천:민 지난날, 사회에서 가장 낮았던 계층의 사람들. 노비·광대·백정·무당 등이 이에 속했음.

천:박 학문 또는 생각이 얕음. 예천박한 행동. -하다.

천벌 하늘이 내리는 벌. 凹형.

천사 ①하늘 나라에서 인간 세계로 내려온다는 아름다운 사람. ②깨끗하고 고결한 사람을 이르는 말. 凹악마.

천생 세상에 태어날 때부터 타고난 본바탕.

천석꾼 천석의 추수를 할 만큼 땅이 많은 부자.

천성 선천적으로 타고난 성질. 본성. 천질. 【天性】

천수답 비가 와야만 모를 내고 기를 수 있는 논. 凹수리답.

천:시 천하게 여김. 깔봄.

천연 사람이 손대거나 만들지 아니한, 자연 그대로의 상태. 凹자연. 凹인공. 【天然】

천연 가스 자연적으로 발생한 가스. 불이 붙은 성질이 있어 연료로 쓰임. 메탄 가스·프로판 가스 등. 자연 가스.

천연 기념물 드물고 귀하여 나라에서 특히 법으로써 정하여 보호하는 동물이나 식물.

천연두 갑자기 열이 나고 머리가 아프며 잘못하면 얼굴이 얽게 되는 전염병. 마마.

천연색 자연 그대로의 빛깔. 예 천연색 사진. 【天然色】

천연스럽다(천연스러우니, 천연 스러워) 꾸밈이 없이 태연스 럽다. 천연스레.

천연 자:원 자연에서 얻는 모 든 자원.

천왕성 태양계의 안쪽에서 7번 째 떠돌이별. 둘레에 100개 가까운 위성들로 이루어진 위 성군이 있음. 약 84년 걸려서 태양을 한바퀴 돎. 【天王星】

천우 신조 하늘과 신의 도움.

천운 하늘이 정한 운수. 자연 히 돌아오는 운수. 비천수.

천자문 지난날, 한문을 처음 배우는 사람을 위하여 교과서 로 쓰이던 책. 【千字文】

천장 마루나 방의 위가 되는 곳. ×천정.

천재[1] 태어날 때부터 갖춘 뛰 어난 재주와 재능, 또는 그런 재능을 가진 사람. 반둔재.

천재[2] 지진·홍수 등 자연 현 상에 의하여 일어나는 재해.

천재지변 자연 현상으로 일어 나는 재앙이나 괴변.

천적 먹이 사슬 관계에서 잡아 먹는 생물. 꿩에 대한 매, 쥐 에 대한 고양이 등.

천제연폭포 제주도 서귀포 서 쪽에 있는 폭포. 남한 제일의 폭포.

천주교 로마 카톨릭교.

천지[1] 하늘과 땅. 온 세상.

천지[2] 백두산 꼭대기의 화산이 터진 구멍에 물이 괴어서 이 루어진 호수. 【天池】

천지 신명 하늘과 땅에 있는 모든 신령.

천직 ①마땅히 해야 할 직분. ②그 사람의 천성에 알맞은 직업.

천진 난:만 말이나 행동에 조 금도 꾸밈이 없고, 순진하고 착함. -하다. -스럽다.

천차 만:별 여러 가지 사물에 제각기 서로 차이와 구별이 많이 있음. -하다.

천체 우주 공간에 있는 모든 물체. 해·달·지구·별 등 모든 것을 통틀어 일컫는 말.

천치 태어날 때부터 어리석고 못난 사람. 비백치.

천태종 대승 불교의 한 갈래. 우리 나라에는 고려 때 대각 국사 의천이 소개함.【天台宗】

천하 ①하늘 아래. ②온 세상. ③'세상에 둘도 없는'의 뜻을 나타내는 말. 예천하에 못된 놈.

천:하다 ①직업이나 지위 따위 가 매우 낮다. ②너무 많고 흔하여 귀중하지 않다. 반귀 하다.

천행 하늘이 준 은혜나 다행.

철[1] 옳고 그름을 분별하여 판 단할 줄 아는 힘. 예철이 들 다.

철[2] ①가장 많이 쓰이는 금속 의 하나. 비쇠. ②'강함·굳셈' 을 비유하여 이르는 말. 예철 의 사나이.

철[3] 한 해를 봄·여름·가을· 겨울로 나눈 그 중의 한 시 기. 예가을철. 비계절.

철갑 쇠로 만든 갑옷.

철갑선 쇠로 거죽을 싼, 전쟁에 쓰이는 배.

철강 강철.

철거 시설 등을 걷어 치움. 예 건물을 철거하다. -하다.

철공소 쇠를 가지고 갖가지 기 구를 만드는 작은 규모의 기 업소.

철관 쇠로 만든 둥글고 속이 비어 있는 대롱.

철광 ①쇠로 파내는 광산. ②쇠의 원료가 되는 광석. 적철광·갈철광·자철광 등. ❀철광석.

철광석 철을 포함하고 있는 광석. ❀철광.

철교 ①쇠로 만들어 놓은 다리. 예한강 철교. ②철도가 지나는 다리. ❀철도교.

철근 건물을 지을 때 콘크리트 속에 넣는 가늘고 긴 철봉.

철금 실로폰과 생김새가 비슷한 타악기의 하나.

철기 시대 청동기 시대보다 더 발달한 시대로서, 철을 이용한 연모를 만들어 쓰던 시대.

철도[철또] 선로 위로 열차를 운행하여 사람과 화물을 운반하는 교통 운수 시설. 凹철로.

철도청[철또청] 철도에 관한 사무를 맡아 보는 관청.

철두 철미[철뚜철미] 처음부터 끝까지 철저함. -하다.

철로 기차가 다닐 수 있게 레일을 깔아 놓은 길. 凹철도.

철망 철사로 그물같이 얽은 것.

철면피 부끄러운 줄을 모르는 뻔뻔스러운 사람.

철모 전투할 때 쓰는, 쇠로 만든 모자.

철벅철벅 얕은 물 위를 밟는 모양이나 소리. 〉찰박찰박. 예절벅절벅.

철봉 ①쇠로 길게 만든 몽둥이. ②기계 체조 기구의 한 가지. 좌우 두 기둥에 쇠막대기를 가로 걸친 기구.

철부지 ①철이 없는 어리석은 사람. ②철이 없는 아이.

철분 어떤 물질 속에 섞이어 있는 쇠의 성분.

철사[철싸] 쇠붙이로 만든 가는 줄. 凹철선.

철새[철쌔] 철에 따라 이리저

리 자리를 옮겨 사는 새. 제비·두견새·기러기 등. 凹텃새.

철석[철썩] ①쇠와 돌. ②굳고 단단함을 비유한 말. 예철석같이 믿다.

철수[철쑤] ①거두어 들임. 걷어 치움. ②진지 따위를 걷어 치우고 군대가 물러남. 예군대를 철수시키다. -하다.

철야 잠을 자지 않고 밤을 샘.

철원 평야 강원도 철원군에 있는 넓은 들.

철의 삼각 지대 6.25전쟁 때의 격전지였던 김화·철원·평강을 연결하는 지대.

철의 장막 [자유 세계와 공산 국가 사이의 장벽이란 뜻으로]1946년 영국의 수상 처칠이 미국을 방문했을 때 행한 연설에서 처음으로 사용한 말로, 공산주의 나라의 정치적 비밀주의, 곧 폐쇄성을 비유한 말.

철인 몸이나 힘이 무쇠처럼 강한 사나이. 【鐵人】

철재[철째] 철로 된 건축 재료.

철저하다[철쩌하다] 속속들이 빈틈이 없다. 철저히.

철제[철쩨] 쇠를 재료로 하여 만듦, 또는 그 물건. 【鐵製】

철조망[철쪼망] 가시철로 된 철조를 늘여서 쳐 놓은 울타리.

철쭉 정원에 관상용으로 많이 심는 갈잎떨기나무. 진달래와 비슷하나 꽃과 잎이 더 큼.

철책 쇠로 만든 우리나 울타리.

철칙 고치거나 어길 수 없는 굳은 규칙.

철탑 ①전선을 지탱하기 위해 세운 쇠기둥. ②철근이나 철골을 사용해서 만든 탑.

철퇴[1] 거두어 물러남. -하다.

철퇴[2] 쇠몽둥이.

철판 쇠로 얇고 넓게 만든 판.

철폐 어떤 제도나 규정 따위를 폐지함. -하다.

철학 자연·인생·사회 등에 관한 근본 원리를 연구하는 학문.

철학자 철학을 전문적으로 연구하는 사람.

철회 이미 한 것을 도로 거두어 들임. 예사표를 철회하다.

첨가 이미 있는 것에 덧붙임. 반삭감. 삭제. -하다.

첨단 ①뾰족한 끝. ②시대·유행 등의 맨 앞장. 예첨단 과학.

첨부 더 보태거나 덧붙임. -하다.

첨성대 신라 선덕여왕 때 (647) 만든 천문 관측시설의 하나. 동양에서 가장 오래 된 천문대. 국보 제31호. 경상 북도 경주시 인왕동에 있음. 높이 9m.

[첨성대]

첩[1] 펼치면 기다란 종이가 되는, 여러 겹으로 접어서 만든 책. 예사진첩을 꺼내보다.

첩[2] 약의 봉지수를 세는 말. 예보약 한 첩을 지어오다.

첩자 상대방의 내부에 침입하여 비밀을 알아내는 사람. 비간첩.

첩첩 여러 겹으로 겹침.

첩첩산중 산이 첩첩이 둘러싸인 깊은 산 속.

첫마디 맨 처음에 하는 한 마디의 말.

첫머리 어떤 일이 시작되는 맨 앞 부분. 예글의 첫머리.

첫인상[처딘상] 첫눈에 뜨이는 인상. 첫눈에 느낀 인상.

첫째 ①으뜸. 제일. ②맨 처음

의 차례.

청 무슨 일을 하여 주기를 남에게 부탁함. 비부탁. -하다.

청:각 귀로 소리를 듣는 감각.

청개구리 등은 초록색이고 배는 희며 다리에는 갈색 무늬가 있는 개구리. 환경에 따라 몸빛이 바뀌는 보호색을 지님. 비가 오려고 할 때 나뭇가지 같은 데서 욺.

청결 맑고 깨끗함. 예청결한 교실. 반불결. -하다. -히.

청과물 시:장 무·배추 등의 채소와 사과·배 같은 과일을 전문으로 팔고 사는 시장.

청구 무엇을 내놓거나 주기를 요구함.

청구권 어떤 사건으로 손해를 입은 사람이 손해를 입힌 상대방에게 법률이 정하는 바에 의하여 배상을 청구할 수 있는 권리[손해 배상 청구권·형사 보상 청구권 따위].

청구도 조선 순조때 김정호가 만든 조선 지도. 세로와 가로 줄을 전문으로 넣어서 만든 신식 지도임. 볼청구 선풍도.

청나라 중국 최후의 왕국(1616~1912) 명나라를 멸망시킨 만주족이 세운 나라. 1636년에 나라 이름을 청이라 고침.

청년 젊은 사람. 특히 남자를 말함. 비청춘.

청동 구리와 주석을 녹여서 만든 쇠붙이. 【青銅】

청동기 시대 석기와 철기의 중간 시대. 청동으로 연모를 만들어 썼음.

청둥오리 물오리. 추운 지방에서 번식하고 가을에 우리 나라에 내려와 겨울을 지내는 철새.

청량[청냥] 맑고 서늘함. 예청량 음료. -하다.

청:력[청녁] 귀로 소리를 듣는 힘.

청렴 결백[청념결백] 욕심이 없고 마음이 깨끗함. -하다.

청명하다 날씨가 맑고 밝다.

청백리[청뱅니] 부정이 없는 아주 결백한 관리. 【清白吏】

청사¹ 관청의 사무실로 되어 있는 건물. 예정부 종합 청사.

청사² 역사를 기록. 예청사에 길이 남을 이름. 【青史】

청사진 ①선·글자·물체의 모양 등이 청색 바탕에 흰색으로 나타나도록 한 도면. 건물이나 기계의 설계도를 여러 장 만들어 쓸때 이용함. ②설계도. 미래도. 🔁청색 사진.

청산리 싸움[청살리싸움] 1920년 만주의 청산리에서 김좌진 장군이 이끄는 독립군이 일본군을 크게 무찌른 싸움.

청산 유수 막힘 없이 말을 썩 잘함을 비유하여 이르는 말.

청산하다 셈이나 빚 따위를 깨끗이 정리하다.

청소 더러운 것을 없애어 깨끗하게 함. -하다.

청소년 청년과 소년. 젊음이. 예청소년은 국가의 기둥이다.

청소함 비·걸레·양동이 등의 청소 용구를 넣어 두는 상자.

청순 깨끗하고 순박하거나 순수함. 예청순한 아가씨.

청승 어렵고 궁한 상태. 또는 궁상스럽고 처량한 태도. -스럽다.

청심환 심경의 열을 푸는 데 쓰는 알약.

청아하다 맑고 아담하여 속되지 않다. 예청아한 얼굴.

청와대 대한 민국 대통령의 관저. 예전에는 '경무대'라고 불렀음.

청원 ①원하고 바람. ②어떤 손해를 구제나 일의 허가 따위를 내주기를 관공서나 공공 단체에 청구하는 일. -하다.

청음 맑고 깨끗한 음성. 🔁탁음.

청일 전:쟁 청나라와 일본과의 사이에서 벌어진 전쟁(1894~1895). 이 전쟁의 결과 일본은 우리 땅에서 청나라의 세력을 쫓아 내고 우리 나라 내정에 본격적으로 간섭하게 되었음.

청자 철분을 함유한 청록색, 또는 담황색의 유약을 입힌 자기. 예고려 청자.

청정 맑고 깨끗함. 또는 깨끗하여 더러움이 없음.

청:중 강연·설교·음악 등을 듣는 사람들.

청:진기 환자의 가슴과 뱃속에서 나는 소리를 듣는 진찰 기구.

청천강 평안 북도·남도 사이를 흐르는 강. 옛 이름은 살수. 길이 199km.

청천 벽력 ①맑게 갠 하늘에서 치는 벼락. ②뜻밖에 일어난 사변이나 타격.

청첩장 경사스러운 일이 있을 때 남을 청하는 편지. 🔁청첩.

청초 깨끗하고 고움. 예청초한 아침 이슬. -하다. -히.

청춘 ①한창 젊은 스무 살 전후의 젊은이. ②만물이 푸른 '봄'을 이르는 말. 【青春】

청:취 ①사정을 자세히 들음. ②라디오 방송을 들음.

청탁 청하여 부탁함. 또는 그 부탁. -하다.

청패 속껍질이 푸른빛을 띠고 있는 삿갓 모양의 작은 조개. 자개의 재료로 많이 쓰임.

청포 물에 불린 녹두를 갈아서 가라앉힌 것을 말린 가루로 쑨 묵. 녹말묵.

청풍 부드럽고 맑게 부는 바람.

청하다 ①일을 남에게 부탁하다. ②잠이 들도록 애쓰다. **예**잠을 청하다. ③남을 오라고 부르다. **예**잔치에 손님을 청하다.

청해진〖지명〗신라 시대에 장보고가 전라 남도 완도에 설치했던 해군 군사 기지.

청혼 결혼하기를 청함. **비**구혼. -하다.

체¹ 가루를 곱게 쳐 내거나 액체를 거르는 데 쓰는 도구.

체² 먹은 것이 잘 삭지 아니하고 위 속에 답답하게 처져 있음. **물**체증. -하다.

체³ 그럴 듯하게 꾸미는 거짓 태도. **예**잘난 체하다. -하다.

체감 온도 사람의 몸으로 느끼는 추위·더위의 온도. 기온·습도·풍속 등에 영향을 받음.

체격 몸의 생김새나 뼈대.

체결 ①계약이나 조약 등을 맺음. **예**국제 조약이 체결되다. ②얽어서 맴. -하다.

체계 낱낱의 것을 계통이 서게 통일한 조직.

체급 권투·레슬링 등에서 선수의 몸무게에 따라 매긴 등급.

체념 ①도리를 깨닫는 마음. ②희망을 버리고 생각지 않음. -하다.

체능 어떤 일을 해낼 만한 몸의 능력.

체득 ①몸소 체험하여 얻음. ②체험하여 진리를 터득함. -하다.

체력 몸의 힘. 몸의 작업 능력. **예**체력은 국력. 【體力】

체면 남을 대하는 얼굴. **비**면목. 체모. **준**면. 【體面】

체신부 우리 나라 행정 각 부의 하나. 우편·전신·전화 등에 관한 일을 맡아 봄. 정보 통신부로 바뀜.

체온 사람이나 동물의 몸의 온도. 【體溫】

체육 몸을 튼튼히 하기 위한 교육. **예**체육 대회. 【體育】

체육관 여러 사람이 모여서 체조나 경기 등을 할 수 있게 만든 건물.

체육회 체육의 발전과 향상을 위하여 조직된 단체. **예**대한 체육회.

체전 ①체육 제전. ②'전국 체육대회'를 달리 이르는 말.

체조 몸을 튼튼히 하기 위하여 일정한 규칙에 따라 하는 운동. **예**기계 체조. -하다.

체중 몸의 무게.

체질 타고난 몸의 바탕. 몸의 성질. **예**체질이 허약하다.

체코슬로바키아〖나라〗동부 유럽에 있는 나라. 사탕무의 수출은 세계 2위를 차지하며, 철제·유리 공업도 발달했음. 수도는 프라하.

체통 〔지위나 신분에 알맞은 체면이란 뜻으로〕점잖은 체면을 이르는 말. **예**체통을 지키다.

체포 죄인을 쫓아가서 잡음. **예**범인을 체포하다. -하다.

체하다 먹은 음식이 잘 삭지 않고 위 속에 답답하게 처져 있다.

체험 몸소 경험함, 또는 그 경험. **비**경험. -하다.

첼레스타 피아노와 비슷하게 생겼으며 건반을 때려서 소리를 내는, 타악기와 건반악기를 겸한 악기.

첼로 바이올린과 비슷하나 좀더 크며 낮은 음을 내는 현

[첼로]

악기. 줄이 4개임.

쳐내다 ①더러운 것들을 모아서 한 곳으로 옮기다. ②힘껏 쳐서 멀리 보내다. [예]야구공을 쳐내다.

쳐:다보다 얼굴을 들고 치떠보다. [본]치어다보다.

쳐:들다(쳐드니, 쳐드오) 들어 올리다. [예]고개를 쳐들다.

초1 불을 켜는 데 쓰는 물건.

초2 신맛이 나는 조미료. 식초.

초3 시간 단위의 한 가지. 1분의 60분의 1.

초가을 이른 가을. [반]늦가을.

초가집 볏짚·밀짚 등으로 이엉을 엮어 지붕을 이은 집.

초과 일정한 수를 넘음. 또는 예정한 것보다 지나침. [예]목표 달성을 초과하다. -하다.

초기 맨 처음으로 시작되는 때나 그 동안. [반]말기.

초능력 현재의 과학적 지식으로는 설명하기 어렵다고 일반적으로 생각되고 있는, 기묘한 현상을 일으키는 능력.

초대1 어떤 일의 첫번째 사람. 또는 그 사람의 시대. [예]초대 학생 회장. 【初代】

초대2 사람을 불러서 대접함. [예]생일 초대를 받다. [비]초청.

초대권 공연장이나 극장에 오도록 초대하는 표.

초대장[초대짱] 초대하는 뜻을 적은 편지. [예]결혼 초대장.

초등 학교 학교 교육의 맨 처음 단계로서 초보적·기초적인 교육. 6년동안 생활에 필요한 기초지식을 배움. 의무 교육임.

초라하다 겉모양이 허술하여 보잘것 없다.

초래 불러옴. 어떤 결과가 오게 함. -하다.

초로 풀 끝에 맺힌 이슬.

초록빛 푸른 빛깔과 누른 빛깔의 중간 빛. 풀빛. 초록색. [준]초록.

초롱 대·쇠 등으로 테를 만들고 비단이나 종이를 씌워 불을 켜는 등. [예]초롱불.

초롱초롱 눈에 졸리운 기가 없이 맑고 영롱하게 빛나는 모양. -하다.

초면 처음으로 대하는 얼굴이나 처지. [반]구면. 【初面】

초목 풀과 나무. 【草木】

초벌 한 물건에 같은 일을 되풀이 할 때에 맨 첫번으로 하는 차례. [비]애벌.

초벌구이 도자기를 초벌(첫번) 굽는 일.

초보 학문·기술 등을 배우는 가장 낮고 쉬운 정도의 단계. [예]초보 운전자.

초본 원본 내용에서 필요한 일부분만을 베끼거나 발췌한 문서. [예]주민 등록 초본.

초빙 예를 갖춰 불러 맞아 들임. [예]교수를 초빙하여 연설을 듣다. -하다.

초사흘 그 달의 셋째 날. 초삼일. 사흗날. [본]초사흗날.

초상 사람이 죽어서 장사 지낼 때까지의 동안.

초상화 사람의 얼굴이나 모습을 그린 그림.

초성 첫소리. [반]종성.

초속 1초 동안에 간 거리.

초순 초하루부터 초열흘까지의 동안. [비]상순. [반]하순.

초승달 초승에 돋는, 눈썹처럼 가는 조각달.

초식 동:물 풀을 먹고 사는 동물을 통틀어 이르는 말. 소·말·기린·사슴 따위.

초안 어떤 글을 짓기 위해 줄거리를 짠 글. [예]연설문의 초안을 잡다. -하다. 【草案】

초옥 풀로 이엉을 엮어 지붕을 이은 집. 초가집.

초원 풀이 자라는 넓은 평지.

초월 어떤 한계를 넘음.

초인 보통 사람으로는 생각할 수 없을 만큼 뛰어난 능력을 가진 사람. 【超人】

초인종 사람을 부르는 신호로 울리는 종. 【超人鐘】

초장 3장으로 된 시조에 있어 첫째 장.

초저녁 날이 어두워진 지 얼마 되지 않은 때.

초점[초쩜] ①사물의 가장 중요한 곳. ②빛이 한 곳에 모이는 점.

초정【지명】 충청 북도에 있는 지방으로, 세종 대왕이 눈병을 치료하였다는 약수터가 있음.

초조 불안하거나 애를 태우며 마음을 졸임. 예초조한 마음. 반태연. -하다. -히.

초지진 조선 시대 강화도 남쪽에서 한강 어귀 쪽으로 올라 오는 수로에 있던 바다를 지키던 포대를 말함.

초청 청하여 부름. 비초대. 비빙. -하다. 【招請】

초콜릿 코코아 가루에 설탕·향료·우유를 넣어서 굳힌 서양 과자의 한 가지.

초크 헝겊에 바느질선이나 자르는 선을 표시하는데 쓰는 분필류의 한가지. 【chalk】

초하루 그 달의 첫째 날. 반그믐. ❷초하룻날.

초행 처음 감, 또는 그 길. 첫길. -하다. 【初行】

촉각 먹이를 찾거나 냄새를 맡고, 적을 막는 데에 쓰이는 절지 동물의 머리에 있는 감각 기관. 더듬이.

촉감 살갗에 닿는 느낌. 손끝으로 만져 본 느낌.

촉박 어떤 정한 날짜나 시간이 바짝 다가와서 매우 급함. -하다.

촉진 재촉하여 빨리 진행하도록 함. -하다. 【促進】

촉촉하다 조금 젖은 듯이 물기가 있다. 〈축축하다. 촉촉히.

촌: 도시에서 멀리 떨어진 시골의 마을. 비시골. 【村】

촌:락[촐락] 시골의 작은 마을. 비촌리. 반도시.

촌:수[촌쑤] 친족간의 멀고 가까운 관계를 나타내는 수.

촌:음 몹시 짧은 시간. 【寸陰】

촌:충 작은창자에서 기생하는 기생충의 한 가지. 몸이 납작하고 길어서 1m로부터 10m에 이르는 것도 있고 많은 마디가 있음.

촘촘하다 빽빽하고 빈틈이 없다. 촘촘히.

촛농[촌농] 초가 탈 때에 녹아서 흘러 엉기는 것.

촛불 양초에 켜 놓은 불.

총[1] 사냥할 때나 싸움에서 쓰는 무기.

총:[2] '온통 한데 모아서' 등의 뜻을 나타내는 말. 예학급 문고가 총 50권이다.

총:각 장가들 나이에 아직 장가들지 않은 남자. 반처녀.

총:각김치 총각무로 담근 김치의 한 가지.

총:각무 무청이 달린 채로 김치를 담그는, 뿌리의 밑동이 윗부분보다 굵은 작은 무.

총:계 한데 통틀어서 계산함, 또는 그 계산. 비합계. -하다.

총:공격 모두가 한꺼번에 힘을 합하여 쳐들어감. -하다.

총:괄 여러 가지를 한데로 모아서 뭉침. 비종합. -하다.

총기 총명한 기운. 예눈에 총

기가 가득하다.

총:독 남의 나라를 빼앗아 그 나라를 다스리는 우두머리.

총:독부 빼앗은 나라를 다스리려고 그 땅에 세운 관청. 예조선 총독부.

총:력 안보 나라의 모든 힘을 국가의 안전 보장에 쏟음. 국민 모두가 국방에 힘씀.

총:리[총니] ①국무 위원의 우두머리가 되는 관직. 국무 총리. ②전체를 모두 관리함. ③지난날의 '내각 총리 대신'의 준말.

총명 ①영리하고 재주가 있음. 밴우둔. ②보고 들은 것에 대한 기억력이 좋음. 예머리가 총명하다. -하다.

총:무처 나라 안의 모든 행정 사무를 전체적으로 맡아 보는 중앙 행정부 기관의 하나.

총부리[총뿌리] 총의 탄알을 내쏘게 된 주둥이 부분. 비총구.

총:사령관 전체의 군대를 이끌어 나가는 제일 높은 군인.

총살 총으로 쏘아 죽임. 비총살형. -하다.

총상 총에 맞아 다친 상처, 또는 그 부상.

총:선거 국회 의원 전체를 한꺼번에 뽑는 선거. 준총선. -하다.

총성 총 소리.

총알 총에 재어 쏘아 내보내는 탄알. 비총탄.

총:애 남달리 귀엽게 여겨 사랑함. -하다,

총:액 모두를 합한 액수.

총:연습 통틀어서 하는 연습. 예체육 대회 총연습. -하다.

총:영사[총녕사] 영사 중에서 가장 높은 관직. 총영사관의 우두머리가 되는 외교관.

총:원 전체의 인원. 총인원.

총:장 종합 대학의 최고 책임자. 예서울 대학교 총장.

총:재 사무를 총괄하여 결재하는 일, 또는 단체나 기관의 최고의 자리에 있는 사람.

총:점[총쩜] 전체의 점수.

총총[1] 일이 매우 급하고 바쁜 모양. 예총총걸음. 총총히.

총총[2] 많은 것이 빽빽이 드러선 모양. -하다. -히.

총탄 총알. 탄환. 【銃彈】

총:통 ①총괄하여 거느리고 다스림. ②자유 중국의 최고 관직.

총:화 전체의 수나 양을 합함, 또는 의사를 합함. 예국민의 총화단결로 경제 발전을 이룩하자. 비총계. -하다. 【總和】

총:회 어떤 기관이나 단체에 회원 전체가 모이는 모임. 예주주 총회.

촬영 사진이나 영화를 찍음. 예영화 촬영. -하다.

최:고[1] 가장 오래 됨. 예최고의 문화. 밴최신. 【最古】

최:고[2] ①가장 높음. ②가장 나음. 좋음. 예내가 최고다. 밴최저. 【最高】

최:고봉 ①가장 높은 봉우리. ②어떤 분야에서 '가장 뛰어난 사람'을 비유하며 이르는 말.

최:근 ①가장 가까움. ②얼마 안 되는 지나간 날. 비요즘.

최남선〖사람〗[1890~1957] 사학가·문학가. 호는 육당. 신문학 운동의 선구자로 잡지 〈소년〉〈샛별〉〈청춘〉 등을 간행하였고, 독립 선언문의 초안을 썼음. 최초의 신체시 〈해에게서 소년에게〉를 발표함.

최:단 가장 짧음. 예최단 거리. 밴최장. 【最短】

최:대 가장 큼. 凰최소.

최:대 공약수 공약수 가운데 가장 큰 수. 凰최소 공배수.

최루탄 눈물샘을 자극하여 눈물이 나오도록 하는 최루가스를 넣은 탄환.

최면술 암시나 명령으로 잠이 오게 하는 술법. 병이나 나쁜 버릇을 치료함. 【催眠術】

최무선〖사람〗[?~1395] 고려 말의 장군. 왜구를 토벌하는 데 큰 공을 세웠음. 특히 화약을 이용한 새로운 무기인 화통과 화포를 만들어 왜구의 배 500척을 쳐부수었음.

최:선 ①모든 힘. 예최선을 다하다. 凰전력. ②가장 좋거나 훌륭한 것. 예최선의 방법을 선택하다. 凰최악.

최:소 가장 작음. 凰최대.

최:소 공배수 공배수 중 0을 제외한 공배수로서 가장 작은 수. 凰최대 공약수.

최시형〖사람〗[1827~1898] 조선말 동학의 제2대 교주. 전봉준의 난 이후 동학을 다시 일으키려다 체포되어 처형됨.

최:신 가장 새로움. 예최신 유행. 凰최고. 【最新】

최:악 어떤 조건이나 상태 따위가 가장 나쁨.

최영〖사람〗[1316~1388] 고려 말의 장군. 랴오둥 정벌을 주장하다가 이성계와 대립하여 이성계 일파에게 붙잡혀 귀양갔다가 죽음을 당하였음.

최:우수 가장 뛰어남. 가장 우수함. 예최우수상.

최윤덕〖사람〗[1376~1445] 조선 초기의 장수. 1419년에 수군을 이끌고 대마도를 정벌하였고, 세종 대왕 때에는 강순과 함께 여진족을 정벌하여 압록강을 경계로 4군을 개척

하였음.

최:장 가장 긺. 예최장 거리. 凰최단. 【最長】

최:저 가장 낮음. 예최저 임금. 凰최고. 【最低】

최:전방 적과 가장 가까운 전방. 凰제일선. 최전선.

최제우〖사람〗[1824~1864] 동학의 창설자. 호는 수운. 천도교 제1대 교주. 서른일곱 살에 동학을 창도하였는데, 동학을 전도한 지 5년만에 간사한 도로서 세상을 어지럽힌다는 죄목으로 체포되어 참형되었음.

최:종 맨 나중. 마지막.

최:첨단 유행이나 시대 사조에 가장 앞섬.

최:초 맨 처음. 凰최종. 최후.

최충〖사람〗[984~1068] 고려 문종 때의 학자로 '해동 공자'라고 불림. 9재 학당을 세워 많은 제자를 길러 내었음.

최충헌〖사람〗[1149~1219] 고려 시대의 무신. 무신간의 싸움에서 최후의 승리자가 되어 정권을 잡고 독재 정치를 실시하였음.

최치원〖사람〗[857~?] 통일 신라 말의 유학자이며 대문장가. 자는 고운. 열두 살에 당나라에 건너가 열일곱 살에 그 곳 과거에 합격하고, 한림 학사를 지낸바 있음.

최:하 맨 아래. 凰최상. 최고.

최항〖사람〗[1409~1474] 조선 4대 세종 대왕 때의 학자이자 정치가. 훈민 정음을 만들 때 공이 많았음. 【崔恒】

최:후 맨 마지막. 맨 끝. 凰최종. 凰최초. 【最後】

최:후의 만:찬 예수가 십자가에 못박히기 전날 밤에 제자들과 같이 한 저녁 식사.

최:후의 심판 크리스트교에서, 세계의 종말에 인류가 신에 의하여 심판을 받는다는 것.

추 저울추처럼 끈에 달려 흔들리게 된 물건. 예시계추. 【錘】

추가 나중에 더 넣거나 보탬. -하다.

추격 도망가는 적을 뒤쫓아 가면서 공격함. -하다.

추구 목적한 것을 이루고자 끝까지 쫓아 구함. 예행복을 추구하다. -하다.

추궁 잘못한 일을 엄하게 따짐. 끝까지 따져서 밝힘.

추기경 천주교에서, 교황의 바로 아래 성직.

추남 보기 흉하게 생긴 남자. 반추녀.

추녀¹ 한식 기와집에서, 처마네귀의 기둥 위에 끝이 위로 들린 큰 서까래. 또는 그 부분의 처마.

추녀² 보기 흉하게 생긴 여자. 반추남.

추대 윗사람으로 떠받듦.

추도 죽은 사람을 생각하여 슬퍼함. 비애도. -하다.

추락 높은 곳에서 아래로 떨어짐. -하다.

추리 이미 아는 사실을 근거로 아직 모르는 사실을 미루어 알아냄. -하다.

추리다 여러 가지 많은 가운데서 골라 뽑아 내다.

추모 죽은 사람을 생각하고 그리워함. 예돌아가신 부모님을 추모하다. -하다. 【追慕】

추방 ①나쁜 것이나 잘못된 것을 그 사회에서 몰아냄. ②쓸모없는 사람을 그 직장이나 직위에서 쫓아 냄. -하다.

추분 태양이 적도 위를 직각으로 비추는 날. 양력 9월 20일경이며, 낮과 밤의 길이가 같

음. 반춘분.

추사체 조선 말기의 명필인 추사 김정희의 독특한 글씨체.

추산 짐작으로 미루어서 계산함. 또는 그 계산. -하다.

추상 지나간 일을 생각하고 그리워함. 비추억. 회상. 【追想】

추상화 사물을 실제 모양으로 그리지 않고 자신의 생각이나 느낌대로 그리는 그림.

추석 우리 나라 명절의 하나인음력 8월 15일. 햅쌀로 송편을 빚고 햇과일 등의 음식을 장만하여 차례를 지내고 벌초·성묘 등을 함. 비한가위. 중추절. 【秋夕】

추수 가을에 익은 곡식을 거두어 들이는 일. 비가을걷이. -하다.

추수 감:사절 추수 감사일. 크리스트교 신자들이 1년에 한번씩 가을 곡식을 거둔 뒤에 하느님께 감사하는 예배를 올리는 날.

추신 편지 등에서 글을 추가할 때 덧붙이는 글의 머리에 쓰는 말. 비추백. -하다.

추악 마음씨나 용모 행동 따위가 몹시 흉하고 추함. -하다.

추억 지나간 일을 돌이켜 생각함. 또는 그 생각. 비회상. -하다.

추월 뒤따라 가서 앞지름. 예앞차를 추월하다.

추위 겨울의 찬 기운. 반더위.

추잡 말이나 행동 등이 지저분하고 더러움을 이르는 말. -하다. -스럽다.

추장 미개한 종족이 사는 마을의 우두머리. 예인디언 추장.

추적 도망치는 사람이나 비행기 따위의 뒤를 밟아 쫓음. 예범인을 추적하다. -하다.

추정 미루어 헤아려서 판정함.

-하다. 【推定】

추진 앞으로 나아감. 힘을 써서 어떤 일이 잘 되도록 힘씀. 예주택 사업을 추진하다.

추천 ①좋거나 알맞다고 생각되는 물건을 남에게 권함. ②알맞은 사람을 소개함. 예회장으로 추천하다. 비천거. -하다.

추첨 제비를 뽑음. 예복권 추첨. -하다.

추측 미루어 헤아림. 예비가 올것이라 추측하다. -하다.

추켜들다(추켜드니, 추켜드오) 힘있게 위로 올리다.

추태 더러운 꼴. 부끄러운 태도. 예추태를 부리다.

추풍령【지명】경상 북도 김천과 충청 북도 영동 사이에 있는 고개. 우리 나라 중부와 남부의 경계를 이름. 높이 200m.

추하다 지저분하고 더럽다.

추후 나중. 뒤. 다음. 예합격자 발표는 추후에 함. 图후.

축[1] 같은 무리나 또래의 '동아리'를 속되게 이르는 말. 예공부를 잘하는 축에 끼이다.

축[2] 도형 또는 물체의 중심이 되는 부분. 굴대.

축구 구기의 한가지. 11사람씩 두 패로 갈려 공을 발로 차거나 머리로 받아서 상대방 골 속에 넣어 승부를 겨루는 운동 경기.

축나다 ①병으로 몸이 약해지다. ②부족이 생기다.

축농증 코의 안에 고름이 고여 생긴 병. 코로 숨쉬기가 어렵고 머리가 아프며, 건망증이 생김.

축대 높게 쌓아 올린 대.

축도 어떤 도형을 모양은 그대로 두고 크기만 줄여서 그린

그림. 줄인 그림.

축배 축하하는 뜻으로 드는 술. 또는 그 술잔. 【祝杯】

축복 앞날의 행복을 빎. 예결혼을 축복해 주다. 비축하. 반저주. -하다. 【祝福】

축사 축하하는 말이나 글. 반조사. -하다.

축산물 고기·가죽·우유·달걀 등 가축에서 얻는 생산물.

축산업 가축을 기르거나 그것에 의한 생산이나 가공을 업으로 하는 일.

축산업 협동 조합 축산물의 공동 구입 판매 및 보관, 사료의 수급 등을 위하여 축산업자들이 조직한 협동 조합 图축협.

축성 ①성을 쌓음. ②요새·포대·참호 등의 구조물을 통틀어 이르는 말.

축소 큰 것을 줄여 작게 함. 비단축. 반확대. -하다. 【縮小】

축원 ①희망하는 대로 이루어지기를 마음 속으로 바람. ②부처나 신에게 바라는 일이 되게 해 주기를 빎. -하다.

축음기 음성을 소리판(레코드) 속에 새겨 두었다가 필요에 따라 같은 음성을 재생하는 장치. 유성기.

축이다 물에 적셔 축축하게 하다. 예냉수로 목을 축이다.

축재 재물을 모아 쌓음. 또는 모은 재산. -하다.

축적 많이 모아서 쌓아 둠. 예에너지를 축적하다. -하다.

축전 축하하는 전보.

축제 ①축하하여 벌이는 큰 규모의 행사. 예올림픽 개막 축제. ②축하와 제사. 【祝祭】

축지법 먼 거리를 매우 가깝게 하는 술법.

축척 어떤 도형을 줄여서 그릴

때의 줄이는 비율. 줄인자.

축축하다 물기가 있어 젖은 듯 하다. >촉촉하다. 축축히.

축출 쫓아 냄. 몰아 냄. 예국외 로 축출당하다. -하다.

축하 기쁘고 즐겁다는 뜻으로 인사함. 또는 그 인사. 예축하 인사를 하다. 비축복.

춘궁기 봄철에 농가에서 양식 이 떨어져 궁하게 지낼 때. 곧 음력 3~4월경. 비보릿고 개.

춘부장 남의 아버지를 높이어 이르는 말.

춘분 24절기의 하나. 태양이 적도위를 직각으로 비추는 날 로, 3월 21일경이며, 낮과 밤 의 길이가 같다. 비추분.

춘추 ①봄과 가을. ②어른의 나이를 높여 이르는 말.

춘하추동 봄·여름·가을·겨 울. 곧, 4계절을 아울러 이르 는 말.

춘향가 '춘향전'을 창극조로 엮 어 부르는 판소리의 한 가지.

춘향전【책명】 조선 영조·정조 무렵에 이루어진 것으로 짐작 되는 고대 한글 소설. 남녀의 애정과 계급의 타파 등을 주 제로 한 작품임. 가장 널리 읽히는 고대 소설의 하나임.

출가 처녀가 시집을 감. 예딸을 출가시키다. -하다.

출구 ①나가는 어귀. 예비상 출 구. 비입구. ②빠져 나갈 길. 비출로. 【出口】

출국 다른 나라로 가기 위하여 밖으로 나감. 비입국. 【出國】

출근 일을 하러 일터로 나감. 비퇴근. 결근. -하다.

출납 돈이나 물건을 내어 주거 나 받아들임. -하다 【出納】

출동 부대 따위가 활동하기 위 하여 목적지로 떠남. 【出動】

출렁거리다 깊고 큰 곳에 담긴 물이 흔들려 자꾸 소리가 나 다. >촐랑거리다.

출력 엔진·전동기·발전기 등 이 1초 동안에 내는 쓸 수 있 는 에너지. 예최대 출력. 반입 력.

출마 선거 등에 후보자로 나섬.

출발 ①길을 떠남. ②어떤 일 을 시작함. 반도착. -하다.

출생[출쌩] ①태아가 어머니의 몸에서 태어남. ②태생. 비출 산. 반사망. -하다.

출생 신고 출생한 사실을 관청 에 알리는 일.

출석[출썩] 수업·회합·모임 따위에 나가거나 참석함. 비 참석. 반결석. -하다.

출세[출쎄] ①숨어 살던 사람 이 세상에 나옴. ②높은 자리 에 오르거나 유명해짐. -하다.

출신[출씬] ①어떤 직업이나 학업으로부터 나온 신분. 예 서울대 출신. ②출생 당시의 가정이나 지역적 관계. 예경 기도 출신.

출연 연극·영화·방송 따위 에 나와 연기함. -하다.

출입 나가고 들어옴. 드나드는 일. -하다.

출장[출짱] 직무를 띠고 임시 로 다른 곳으로 나감.

출전[출쩐] ①전쟁터로 싸우러 나감. ②시합·경기에 나감. 예축구 경기에 출전하다. -하 다.

출정[출쩡] 군대에 들어가 싸 움터로 나감.

출제 시험 문제를 냄. 【出題】

출중[출쭝] 뭇사람 가운데에서 뛰어남. -하다.

출출하다 배가 조금 고프다. 약 간 시장기가 있다.

출토 고대의 유물·유적이 땅

속에서 나옴. 예신라 시대의 유물이 출토되다. -하다.

출판 책·그림·악보 등을 여러 사람에게 알리거나 팔 목적으로 인쇄하여 세상에 내놓음. 비출간. -하다. 【出版】

출품 전람회나 전시회 같은 곳에 물건·작품을 내놓음, 또는 그 물건. -하다. 【出品】

출하 짐을 실어 냄. 반입하.

출현 ①나타남. 나타나서 보임. ②가려졌던 천체가 다시 드러남. -하다. 【出現】

출혈 ①피가 혈관 밖으로 나옴. ②금전이나 인명 등이 지나치게 손해를 당함. -하다.

춤 음악에 맞추거나 절로 흥에 겨워서 몸과 팔다리를 아름답게 놀리며 어떤 감정을 나타내는 동작. 무용.

춤사위 민속춤을 출때 손이나 발 등의 일정한 동작.

춥다 ①날씨가 차다. ②찬 기운이 느껴지다.

충격 ①갑자기 부딪쳤을 때의 심한 타격. ②물체에 대하여 급격히 가해지는 힘. 【衝擊】

충고 참된 마음으로 남의 잘못을 타이름. -하다. 【忠告】

충당 모자라는 것을 알맞게 채워'메움. -하다. 【充當】

충돌 ①서로 부딪침. ②의견이나 이해 관계의 대립으로 서로 맞섬. 예의견 충돌이 일어나다. -하다.

충동 마음을 들쑤시어 움직이게 함. -하다.

충렬사[충녈사] 충성을 다하여 바른 도리와 절개를 지킨 사람의 영을 모신 사당.

충만 가득하게 참. -하다. -히.

충매화 곤충이 꽃가루를 옮겨주어 열매를 맺는 꽃〔분꽃·호박꽃·무꽃 따위〕.

충무공 이순신 장군이 죽은 뒤 그 공을 기리는 뜻으로 임금이 내린 호. 【忠武公】

충분 분량이 넉넉하여 모자람이 없음. 반불충분. 부족. -하다.

충성 참마음에서 우러나오는 정성. 국가나 임금 등을 위하여 거역하지 않고 몸 바침. 또는 그러한 마음가짐. 비충절. 충의. 반불충. -하다. -스럽다.

충수 맹장의 아래 끝에 붙어있는 작은 돌기.

충신 나라와 임금을 위하여 정성을 다하여 섬기는 신하. 반역신. 역적. 【忠臣】

충실[1] ①내용 따위가 잘 갖추어지고 알참. ②몸이 굳세고 튼튼함. -하다. 【忠實】

충실[2] 충직하고 성실함. 비착실. -하다. -히. 【忠實】

충전 전력이 없는 축전지 등에 전력을 채우는 일. 비방전. -하다.

충절 충성스런 절개와 의리.

충족 분량에 차서 모자람이 없음. -하다. -히.

충주【지명】 충청 북도 북동부에 위치한 곳. 수력 발전소가 있고, 담배 재배지로 유명함.

충천 ①하늘을 찌를 듯이 높이 솟음. ②기세 따위가 북받쳐 오름. 예군인들의 사기가 충천하다. -하다. 【衝天】

충청도 오늘날의 충청 남·북도를 합해 부르던 옛날의 행정 구역.

충치 세균에 의하여 상하게 된 이. 벌레 먹은 이. 【蟲齒】

충해 해충으로 인하여 입은 농작물의 피해.

충혼탑 나라에 충성을 다하다 죽은 사람들의 넋을 기리기 위해 세운 탑.

충효 나라를 위한 정성과 부모를 잘 섬기는 도리.

취 단풍 취·참 취·곰 취 따위로 '취'가 붙는 산나물을 통틀어 일컫는 말.

취:급 ①일을 다루어 처리함. ②물건을 다루어 처리함. ③사람을 어떤 품으로 대함. 예바보 취급을 하다. -하다.

취:득 자기 소유로 만들거나 수중에 넣음. 예운전 면허증을 취득하다. -하다. 【取得】

취:미 ①직업적으로나 전문적으로 하는 것이 아니라, 즐기거나 좋아하여 하는 일. 예나의 취미는 독서이다. ②아름다움이나 멋을 이해하고 감상하는 능력.

취:사반 군대에서 부엌일을 하는 곳.

취:소 약속하거나 발표했던 것을 나중에 없었던 것으로 함. 예계약을 취소하다. -하다.

취:수탑 강이나 저수지 등에서 물을 끌어들이기 위한 관이나 수문의 설비가 되어 있는 탑모양의 구조물 【取水塔】

취약 무르고 약함. 가냘픔. -하다.

취:임 맡은 자리에 나아가 임무를 봄. 예장관으로 취임하다. 凷이임. -하다.

취:재 어떤 사물이나 작품이나 기사의 재료를 얻음. 예취재 기자. -하다.

취:조 범죄 사실을 알아내기 위하여 자세히 조사함.

취:주악 관악기와 타악기로 구성하여 연주하는 음악.

취:지 ①어떤 일을 하려고 하는 의도. ②말이나 글의 요점.

취:직 일자리를 얻음. 직업을 얻음. 예취직 시험에 합격하다. 凷취업. 凹실직. -하다.

취:침 잠을 잠. 잠자리에 듦. 凹기상. -하다.

취:타 지난날, 군중에서 나발·소라·대각 등을 불고, 징·북·바라를 치던 군악.

취:하다¹ ①술 기운이 온몸에 돌다. ②어떤 냄새나 맛에 젖다. ③한 가지 일에 열중하여 정신을 빼앗기다. 예잠에 취하다.

취:하다² 골라 잡다. 버리지 않고 가지다. 예좋은 책을 취하다.

측근 ①곁의 가까운 곳. ②곁에서 가까이 모시는 사람.

측량[측냥] ①물건의 높이·길이·넓이 등을 잼. ②땅 위의 어떤 위치·각도·거리·방향 따위를 재어 표시함. 또는 그런 일. 凷측정. -하다.

측면 어떤 물체의 상하 전후 이외의 좌우의 면. 옆면.

측우기 비가 내린 양을 재는 기구. 조선 세종 때 (1442) 장영실이 발명한 것으로서 양보다 200년이나 앞서 만들어졌음.

[측우기]

측은 형편이 딱하고 가엾음. -하다. -히.

측정 길이·무게·속도나 그 밖의 양이나 가치 등을 헤아려 잼. -하다.

측정기 배의 속력이나 항해 거리를 재는 기계.

측후소 중앙 기상청의 지방 출장소로, 그 지방의 기상을 관측하여 일기 예보 및 폭풍우 경보 등을 알리며, 지진을 조사 관측하는 기관.

층 ①거듭 포개진 것. ②여러 층으로 지은 건물에 있어서의 한 켜. ⓔ우리 학교는 5층으로 되어 있다.

층계 층층이 높이 오르내리게 만들어 놓은 설비. ⓑ계단. 층 층대.

치¹ ①'이 사람'의 속된 말. ⓔ이 치. 저 치. ②어느 지방, 또는 어느 시기의 것임을 나타내는 말. ⓔ내일 치의 신문. ③'몫'이나 '분량'의 뜻을 나타냄. ⓔ한 달치의 봉급.

치² 길이의 단위. 한 자의 10분의 1. 약 3cm임. ⓔ한 자 세치의 길이.

치가 떨리다 매우 분하거나 지긋지긋하여 이가 떨린다.

치과 이를 전문적으로 치료하거나 연구하는 의학의 한 부분. ⓔ치과 의사. 【齒科】

치다¹ 바람·눈보라·물결·벼락 등이 몹시 일어나거나 때리다.

치다² ①손이나 물건을 가지고 때리다. ⓔ주먹으로 치다. ②적을 공격하다.

치다³ ①점이나 선을 찍거나 긋다. ②선이나 그림을 그리다. ⓔ밑줄을 치다.

치다꺼리 ①일을 치러 내는 일. ②남을 도와서 바라지하여 주는 일. -하다.

치닫다(치달아, 치달아서) 위로 향해 달리다.

치료 병이나 다친 데를 고치기 위하여 손을 씀. 병을 다스려 낫게 함. ⓑ치병. -하다.

치르다(치르어, 치러서) ①주어야 할 돈을 내어 주다. ⓔ학용품 값을 치르다. ②무슨 일을 겪어 내다. ⓔ회갑 잔치를 치르다.

치마 여자의 아랫도리에 입는 겉옷. ⓜ저고리.

치:명상 죽을 지경에 이르게

하는 큰 상처.

치밀 ①성격이나 계획 따위가 자세하고 꼼꼼함. ⓔ치밀한 성격. ②피륙 같은 것이 곱고 빽빽함. -하다. -히.

치밀다 ①아래로부터 위로 힘 있게 솟아 오르다. ②밑에서 위로 밀어 올리다. ⓜ내리밀다. ③어떤 감정이 세게 일어나다. ⓔ화가 치밀다.

치받치다 ①위로 치받아 힘껏 버티다. ②분노나 노여움 등이 속에서 치밀어오르다.

치:부 재물을 모아 부자가 됨. -하다. 【致富】

치사¹ 격에 떨어져 창피하고 남부끄러운 일. ⓔ치사한 녀석. -하다. -스럽다.

치:사² 감사하는 뜻을 표함. ⓔ그의 행동에 치사하다. -하다.

치솟다 ①위를 향하여 힘차게 솟다. ②느낌·생각등이 세차게 복받쳐 오르다. ⓔ설움이 치솟다.

치수 길이에 대한 몇 자 몇 치의 수. ⓔ가슴 둘레의 치수를 재다.

치수선 ①도면에 치수를 적어 넣기 위해 물체의 외형선에 나란하게 그은 선. ②설계도에서 길이를 나타내는 선.

치아 사람의 '이'를 점잖게 이르는 말. 【齒牙】

치안 ①나라를 편하게 다스림, 또는 나라가 편안히 다스려 짐. ②국가 사회의 안녕 질서를 보전함. ⓔ치안 유지에 힘쓰다. -하다. 【治安】

치열 세력이 불길같이 아주 세차고 사나움. ⓑ극렬. 맹렬. -하다. -히.

치욕 부끄러움과 욕됨.

치우다 ①물건을 다른 자리로 옮기거나 버리다. ⓔ쓰레기를 치우다. ②흩어진 것을 잘 정리하다. [예]방을 치우다. [준]치다.

치우치다 한쪽으로 쏠리거나 기울어지다. [예]감정에 치우치다. [비]쏠리다.

치유 치료로 병이 나음.

치장 더 보기 좋게 꾸밈. 아름답게 꾸밈. [예]얼굴을 치장하다. [반]단장. 화장. -하다.

치:중 어떤 일에 정신을 모으다. -하다.

치:즈 우유 중의 단백질을 굳혀 발효시킨 식품.

치켜세우다 정도 이상으로 칭찬하여 주다. 〈 추켜세우다.

치키다 위로 끌어올리다. [예]바지를 치키다.

치통 이가 아픈 증세.

친구 오래 두고 가깝게 사귄 벗. [비]동무. 벗.

친근 사이가 아주 가깝고 정이 두터움. -하다. -히.

친목 서로 친하여 뜻이 맞고 정다움. -하다.

친밀 지내는 사이가 아주 친하고 가까움. -하다. -히.

친선 서로 친밀하여 사이가 좋음.

친숙 친하여 서로 흉허물이 없음.

친일파 일제 때, 일본 앞잡이가 되어 우리 겨레에 해를 끼쳤던 사람을 비유한 말.

친절 태도가 성의 있으며 매우 정답고 고분고분함. [예]남에게 친절을 베풀다. [반]불친절. -하다. -히.

친정 시집간 여자의 본집. [반]시가. 시댁

친족 촌수가 가까운 일가. 흔히 사촌 이내를 말함. [비]친척.

친척 같은 조상의 피를 받은 친족과 외가 쪽의 사람들. [예]명절엔 일가 친척이 다 모인다. [비]친족.

친친하다 축축하고 끈끈하여 불쾌한 느낌이 있다.

친필 손수 쓴 글씨. [비]진필.

친하다 ①사귀는 사이가 썩 가깝고 정이 두텁다. ②가까이하다. 친히.

칠 빛깔이나 광택을 내는 데 쓰이는 물감. [예]벽에 페인트 칠을 하다. [비]도료. -하다.

칠레〖나라〗 남아메리카의 남서부, 태평양 쪽에 있는 공화국. 기후는 온난하고 산지가 많으며, 동·금·은 등의 광산물이 풍부함. 수도는 산티아고.

칠면조 닭과 비슷한 새. 목에 털이 없으며, 꼬리를 벌리면 부채 모양으로 되고 때때로 빨강·파랑 등 여러 색으로 변함.

칠순[칠쑨] 일흔 살. 【七旬】

칠월칠석[칠월칠썩] 명일의 하나. 음력 칠월 초이렛날의 밤. 해마다 이 날 은하 동쪽에 있는 견우성과 서쪽에 있는 직녀성이 오작교에서 만난다는 전설이 있음. [준]칠석날.

칠전 팔기[칠쩐팔기] 〔일곱 번 넘어져도 여덟 번 일어난다는 뜻으로〕 여러 번 실패하여도 굽히지 않고 꾸준히 일어서서 분투함을 이르는 말. -하다.

칠판 검정이나 녹색 칠을 하여 분필로 글씨를 쓰게 만든 판. 흑판.

칠흑 옻칠과 같이 검고 광택이 있음. 또는 그 빛깔. [예]칠흑같이 어두운 밤.

칡 콩과의 여러해살이풀. 덩굴지어 뻗어 나가며 뿌리는 식용이 되고, 껍질로는 피륙을 짬.

침[1] 입 안에 괴는 끈끈한 액체. 입안의 침샘에서 분비되는 소화액의 한 가지임.

침[2] 병을 고치는 데 쓰는 바늘.

침공 남의 나라를 침범하여 쳐 들어감. -하다.

침:구 잠을 자는 데 쓰는 이부 자리나 베개 따위.

침:대 누워 자도록 만든 서양 식의 잠자리.

침략[침냑] 남의 영토를 침범 하여 빼앗음. 圓침범. -하다.

침몰 물 속에 가라앉음. 圓배 가 침몰. -하다.

침묵 아무 말 없이 가만히 있 음. 圓침묵은 금이다. -하다.

침범 남의 영토·권리 따위를 범함. 圓침노. 침략. -하다.

침:상 누워 잘 수 있게 만든 평상. 圓침대.

침수 물이 들거나 물에 잠김. 圓침수지역. -하다.

침술 침을 놓아 병을 치료하는 한방의 의술.

침식[1] 흐르는 물이 땅을 깎아 내거나 무너뜨리거나 하는 작 용. 圓퇴적. -하다.

침식[2] 차츰 먹어 들어감. -하 다.

침:식[3] 잠을 자는 일과 음식을 먹는 일. 圓숙식.

침:실 잠을 잘 수 있게 마련한 방.

침엽수 바늘잎나무(잣나무· 소나무·전나무 등).

침울 마음이나 생각이 근심 걱 정으로 맑지 못하고 우울함.

침입 침범하여 들어오거나 들 어감. -하다.

침전 액체 속에 섞인 작은 고 체가 바닥에 가라앉음. 또는 그 앙금.

침착 어떠한 일에 당황하지 않 고 마음이 가라앉아 있음. -하다. -히.

침침하다 ①어둡거나 흐리다. ②눈이 어두워서 물건이 똑똑 히 보이지 않다. 침침히.

침통 슬픔이나 근심 때문에 마 음이 아프고 괴로움. 圓침통 한 분위기. -하다. -히.

침해 침범하여 해를 입힘. -하 다.

칭기즈 칸[사람][1162~1227] 몽골을 세운 중국 원나라의 태조. 본이름은 테무진. 몽골 을 통일하고 제위에 올라 칭 기즈 칸이라 이르게 했음. 유럽·인도에까지 원정하여 동서양에 걸친 대제국을 건설 하였음.

칭송 칭찬하여 일컬음. 공덕을 일컬어 기림. 圓칭송이 자자 하다. -하다.

칭얼거리다 어린애가 몸이 불 편하거나 마음에 못마땅하여 짜증을 내며 연해 보채다.

칭찬 잘한다고 추어 줌. 좋은 점을 일컬어 기림. 圓칭송. 圓 꾸중. -하다.

칭칭 꼭꼭 감거나 몸에 매는 모양. 圓붕대를 칭칭 감다.

ㅋ(키읔[키윽]) 한글 닿소리 (자음)의 열한째 글자.

카나리아 되새과의 새. 종달새와 비슷함. 몸빛은 회황갈색에 흑색 얼룩 무늬가 있음. 아프리카 카나리아 섬이 원산지임. 울음소리가 아름다움.

카:네이션 석죽과에 딸린 여러해살이풀. 여름에 향기 있는 붉은색·흰색의 고운 겹꽃이 핌. 어버이날에 이 꽃을 가슴에 다는 풍습이 있음.

카누: 나무 껍질, 짐승의 가죽, 통나무 등으로 만든 길쭉한 작은 배.

카:드 ①조그맣게 자른 두꺼운 종이. 엽서·연하장 등. ②여러 가지 사항을 적어 두는, 네모난 종이.

카메라 사진을 찍는 기계. 사진기. 촬영기.

카세트 ①녹음할 수 있는, 또는 녹음된 테이프를 감아 담은 작은 갑. ②'카세트 테이프'의 준말.

카시오페이아자리 북쪽 하늘에 다섯 개의 별이 W자 모양으로 늘어 서 있는 별자리. 북극성을 중심으로 북두칠성과 맞선 위치에 있음.

카운트 ①수를 세는 일. 셈 ②운동 경기 등의 득점 계산. ③권투에서, 녹다운 한 경우에 초를 재는 일. -하다.

카이로 선언 1943년 11월 27일 루스벨트 미국 대통령, 처칠 영국 수상, 장제스 중국 총통이 이집트의 수도 카이로에 모여 회담하고 발표한 공동 선언. 이 선언에서 우리 나라의 독립이 약속되었음.

카이저 황제〖사람〗[1859~1941] 빌헤름 2세. 제1차 세계대전을 일으킨 독일의 황제.

카카오 코코아를 얻기 위해 열대 지방에서 재배하는 늘푸른나무. 씨는 코코아와 초콜릿을 만드는 원료로 씀.

[카카오]

카탈로그 상품 목록. 도서목록

카톨릭교 천주교. '로마 카톨릭교'를 이르는 말.

칸트〖인명〗[1724~1804] 독일의 철학자. 저서에 〈순수이성비판〉〈실천이성비판〉〈판단력비판〉등이 있으며 근대 철학의 아버지로 불리움.

칼 물건을 베거나 써는 데 쓰이는 연장.

칼국수 밀가루를 반죽하여 방망이로 얇게 민 후 가늘게 썰어 만든 국수. 손국수.

칼날[칼랄] 칼의 얇고 날카로운 부분으로 물건을 베는 쪽.

칼데라 화산의 중심부에 생긴, 분화구 모양으로 크게 움푹 팬 곳.

칼로리 열량의 단위. 물 1g의 온도를 1기압에서 1℃ 높이는 데 드는 열량. 기호는 'cal'

칼륨 은백색의 연한 알칼리 금속원소. 물과 작용하여 수소를 발생시키면서 열을 발하여 폭발음을 내고, 자색의 불꽃을 내며 연소함.

칼륨 비:료 농작물의 뿌리와 줄기를 튼튼하게 하며, 병과 벌레에 잘 견디게 하는 비료.

칼슘 산에 잘 녹는 은백색의 가벼운 금속 원소. 석회암·뼈·조개껍데기 등의 주성분이 됨.

캄보디아〖나라〗동남 아시아 인도차이나 반도에 있는 공화국. 주산업은 농업이며 쌀·고무가 많이 나고, 옥수수·후추·담배 등을 산출함. 수도는 프놈펜.

캄캄하다 ①몹시 어둡다. 〈컴컴하다. ②희망이 없어 앞길이 까마아득하다. ③아무것도 모르다. 예세상 물정에 캄캄한 사람. ×캉캄하다.

캐나다〖나라〗북아메리카 북부에 있는 영연방. 니켈·석면·연어·대구·청어 등의 생산고가 세계적임. 수력 발전량이 많아 공업이 발전되어 국민 총생산도 높음. 수도는 오타와. 〖canada〗

캐:다 ①땅에 묻힌 물건을 파내다. ②드러나 밝혀지지 않은 사실을 알려고 따지다. 예비밀을 캐다.

캐스터네츠 스페인의 타악기. 두 짝의 나무쪽을 손가락에 끼워 마주 때리면서 소리를 냄.

캐시미어 인도의 서북부 캐시미르 지방에서 나는 산양의 털로 짠 피륙. 윤기가 있고 질겨서 담요나 외투감으로 많이 쓰임.

캐어묻다 어떤 일을 밝히려고, 자꾸 다짐하여 묻다. 자세히 파고들어 묻다. 준캐묻다.

캐주얼 옷 따위를 간편하게 입는 일.

캐처 야구의 포수. 반피처.

캘린더 달력. ×카렌다.

캠페인 사회적·정치적 목적을 위해 조직적으로 행하여지는 운동. 예교통 질서 캠페인.

캠프 산이나 들에 지은 임시 막사, 또는 거기서 지내는 생활. 야영하는 일.

캠핑 산·들·바닷가에서의 천막생활. 야영. -하다.

캥거루: 캥거루과의 포유동물. 앞다리가 짧고 뒷다리와 꼬리가 길며, 복부에 새끼를 기르는 주머니가 있음.

커녕 '그것은 고사하고 도리어'의 뜻을 나타내는 말. 예밥은 커녕 물도 못 먹었다.

커:다랗다(커다라니, 커다라오) 매우 크다. 반조그맣다.

커버 덧씌우는 물건. 덮개. 뚜껑. 예의자에 커버를 씌우다.

커서 컴퓨터가 명령을 받아들일 준비가 되어 있음을 알리는 것.

커:튼 햇빛을 가리거나 방 안을 아늑하게 하기 위하여 창문 따위에 치는 휘장.

컨디션 ①환경이나 조건 따위. ②몸의 상태. 예컨디션을 조절하다. ③주위의 형편.

컨베이어 제품 공장 등에서 재료나 제품 등을 자동적·연속적으로 운반하는 기계 장치.

컬러 색채. 빛깔. 색. 예컬러 사진.

컬컬하다 목이 몹시 말라서 시원한 물이나 술 등을 마시고 싶은 생각이 간절하다. 〈칼칼하다.

컴백 다시 돌아옴. 비복귀. 회복. -하다.

컴컴하다 침침하고 아주 어둡다. 예방 안이 컴컴하다. 〉캄캄하다. 센껌껌하다.

컴퍼스 제도 용구. 선의 길이를 재거나 나누거나, 또는 원을 그리는 데 쓰임.

컴퓨터 전자 장치를 이용하여 복잡한 계산을 하며, 많은 자료를 기억하고, 판단 능력이 있는 기계.

케이블 카: 공중을 건너지른 강철선에 운반차를 달고 사람이나 짐을 나르는 장치. 현수 철도. [준]케이블. 【cabel car】

케이비:에스 '한국 방송 공사'란 영어의 준말. 【KBS】

케이에스 마:크 한국 공업 규격. 공업 진흥청이 그 제품의 규격을 인정한다는 표시.

[케이에스마크]

케이오: 녹아웃. 권투 시합에서 상대자를 10초 안에 다시 일어나지 못하도록 때려 눕히는 일. 【KO】

케첩 소스의 한 가지. 토마토·양송이·호두 따위를 갈아서 거른 다음, 설탕·소금·식초·향신료를 섞어 졸여서 만듦.

케케묵다 일이나 물건이 매우 오래 묵어서 그리 쓸모가 없다. [예]케케묵은 책.

켄트지 그림·제도·인쇄용으로 쓰이는 종이.

켕기다 ①팽팽하게 되다. ②마음에 거리끼다.

켜다 ①불을 붙여 밝게 하다. ②기지개를 하다. ③톱으로 나무를 세로로 썰다.

켤레 신·버선 등의 두 짝으로 된것의 한 벌로 세는 단위.

코 척추 동물의 오관의 하나. 숨을 쉬고 냄새를 맡고, 소리를 내는 데에도 관계됨.

코끼리 육지에서 사는 동물 중 제일 큰 짐승. 인도·타이·미얀마 등에서 사는 인도 코끼리와 아프리카에 사는 아프리카 코끼리가 있음. 코끼리의 기다란 코는 짐승을 쓰러뜨리거나 물이나 먹이를 입에 넣거나 나무를 뽑는 데 쓰임.

코:너 킥 축구에서, 수비측이 자기네 골 라인 밖으로 공을 내 보냈을 때에 공격 측이 코너에 공을 놓고 차는 일.

코:드 전등이나 작은 전기 기구에 쓰이는 전선. 【cord】

코뚜레 소의 코청을 꿰뚫어 끼는 고리 모양의 나무. 다 자란 송아지의 고삐를 매는 데 씀. [본]쇠코뚜레.

[코뚜레]

코:란 이슬람교의 성전. 마호메트가 신의 계시를 받아 적었다는 글로, 종교를 믿는 사람들의 생활 방법과 지켜야 될 일이 114장에 걸쳐 기록되어 있음. 코란경.

코:러스 ①합창. ②합창곡. ③합창단. 【chorus】

코르크 코르크참나무의 겉껍질과 속껍질 사이의 두꺼운 껍질. 가볍고 탄력성이 있어 병마개로 쓰임.

코리아 한국. 대한 민국.

코미디 희극. ×희곡.

코미디언 희극 배우.

코바늘 뜨개질을 할 때 쓰이는 끝이 갈퀴 모양으로 된 바늘. [비]귀바늘.

코방귀 코로 나오는 숨을 막았다가 갑자기 터뜨리면서 '흥' 하고 불어내는 소리.

코브라 코브라과의 뱀을 통틀어 이르는 말. 적을 위협할 때 몸의 앞 부분을 세워 목 부분을 국자 모양으로 만드는 종류의 뱀. 독을 가지고 있음.

코뿔소 코에 뿔이 있는 소.

코:스 ①방향. 진로. ②경주 등에서 선수가 나아가는 길.

코스모스 국화과의 한해살이풀. 높이는 1∼2m. 잎은 가늘게 깃모양으로 갈라졌으며, 가을철에 분홍·하양·자주빛의 꽃이 핌. [코스모스]

코웃음 비웃는 뜻으로 콧소리로 '흥'하며 가볍게 웃는 웃음.

코일 나사 모양이나 원형으로 여러 번 감은 전선. 【coil】

코주부 코가 큰 사람. ×코보.

코:치 운동의 기술 등을 지도·훈련시키는 일. 또는 그 사람. ⑩농구 코치. -하다.

코트 정구·농구·배구 등의 경기장.

코:팅 물체의 겉면을 비닐 따위의 얇은 막으로 씌우는 일.

코펜하겐〖지명〗 덴마크의 수도. 북부 유럽에서 제일 큰 도시로 무역과 조선업이 성함.

코펠 등산용 취사 도구.

코피 코 안에서 나오는 피.

코흘리개 ①콧물을 잘 흘리는 아이를 놀림조로 이르는 말. ②철없는 어린아이를 이르는 말.

콘사이스 휴대용 사전. 소형 사전.

콘서:트 ①음악회. 연주회. ②연주 단체. 【concert】

콘센트 옥내 배선에서 실내에 사용하는 코드를 접속하기 위해 쓰이는 전기 기구.

콘크리:트 시멘트에 모래와 자갈등을 섞어 물에 반죽하여 굳힌 것. 집 짓는 데 많이 쓰임.

콘택트 렌즈 렌즈를 눈동자에 직접 붙일 수 있게 만든 안경.

콘테스트 ①서로 겨룸. 경쟁. ②선발 대회.

콜더〖사람〗[1898∼1976] 미국의 추상 조각가. 움직이는 조각인 모빌의 창시자로 널리 알려짐. 대표작으로 '강철 물고기' '새우와 물고기의 꼬리' 등이 있음.

콜럼버스〖사람〗[1451∼1506] 아메리카 대륙을 발견한 이탈리아의 탐험가이며 항해가.

콜레라 콜레라균이 창자에 침입해 일으키는 급성전염병. 열이 몹시 나고 설사를 하며 토한 끝에 죽게 되는 무서운 병임.

콜롬보〖지명〗 스리랑카의 수도. 인도 항로의 중심지이며 차·고무 등을 수출함.

콜롬비아〖나라〗 남아메리카의 북서부에 있는 공화국. 세계 제2의 커피 산지이며, 옥수수·담배 등을 산출함. 수도는 보고타.

콤바인 수확과 탈곡을 아울러 할 수 있는 농업 기계.

콤비 무슨 일을 하는 데 있어서의 단짝.

콤비나:트 같은 종류의 공장을 한 곳에 모은 공장의 집단.

콤플렉스 ①억압되어 있는 의식속에 잠겨 있는 관념. 강한 감정과 연결되어 모든 순간에 의식적인 행동을 방해하거나 촉진함. ②열등감.

콧구멍 코의 두 구멍.

콧날[콘날] 콧등의 날카로운 줄. ⑩콧날이 오똑하다.

콧노래[콘노래] 기분이 좋아 흥겨울 때 콧소리로 부르는 노래.

콧소리 ①콧구멍으로 나오는 소리. 비성. ②코 안을 울리면

서 내는 소리
콩 콩과의 식물. 된장·두부의 원료가 됨.
콩가루[콩까루] 콩을 빻아서 만든 가루.
콩국수 콩국에 밀국수를 말아 소금으로 간을 한 음식.
콩기름 콩에서 짜낸 기름.
콩깍지 콩을 떨어 낸 껍질.
콩꼬투리 콩알이 들어 있는 콩의 꼬투리. '꼬뚜리'는 콩알을 싸고 있는 껍질임.
콩나물 콩을 시루 따위의 구멍이 있는 그릇에 담아 그늘에 두고 물을 주어 뿌리를 내리게 한 식료품.
콩자반 콩을 간장에 끓여서 설탕을 넣고 바싹 조린 반찬.
콩쥐팥쥐【책명】 지은이와 지은 연대를 모르는 조선 시대의 한글소설. 신데렐라와 비슷한 이야기로, 계모의 학대를 그렸음.
콩쿠:르 음악·무용·연극 등의 재주를 서로 견주는 일. 경연회. [예]피아노 콩쿠르.
콩트 짧고 재치 있게 쓴 단편.
콩팥 오줌을 걸러 내는 기관. 핏속에서 남는 수분과 쓸데없는 물질을 걸러 내어 오줌보로 보냄. [비]신장.
쾌감 기쁜 마음. 상쾌하고 즐거운 느낌. [준]쾌. 【快感】
쾌남아 쾌활하고 시원스러운 남자.
쾌락 기분이 좋고 즐거움. [반]고통. -하다. 【快樂】
쾌속선 속도가 매우 빠른 배.
쾌유 병이 개운하게 다 나음.
쾌적 몸과 마음에 알맞아 기분이 썩 좋음. -하다.
쾌청 날씨가 좋음.
쾌활 싹싹하고 활발함. [예]쾌활한 성격. -하다. -히.
쾌히 시원스럽게. 거침없이. [예]쾌히 승락하다.
쿠데타 무력이나 좋지 않은 방법으로 정권을 빼앗으려 하는 기습적인 정치 행동.
쿠바【나라】 서인도 제도에서 가장 큰 섬나라로 공산 국가임. 스페인어를 사용하며 천주교를 믿음. 사탕수수·바나나·담배의 명산지임. 수도는 아바나. 【Cuba】
쿠베르탱【사람】[1863~1937] 근대 올림픽 경기를 부흥시킨 프랑스의 체육가. 교육자. 남작. 올림픽의 부활을 계획하여 1896년에 그리스의 아테네에서 제1회 대회를 여는데 성공하였으며, 문화 공로자로 노벨상을 받았음.
쿠오레【책명】 이탈리아의 아미치스가 지은 아동 문학 작품. 엔리코라는 국민 학교 4학년 어린이와 자기 아들의 교육을 위해서 온 정성을 기울이는 아버지와의 사이에 가정과 학교를 배경으로 벌어지는 갖가지 이야기를 일기체로 나타내었음. 우리 나라에서는 〈사랑의 학교〉로 번역되었음.
쿠웨이트【나라】 중동 페르시아만 북서쪽에 있는 나라. 국민의 대부분은 아랍인이며, 석유의 매장량이 많음. 수도는 쿠웨이트.
쿵덕쿵덕 꽤 무거운 물건 또는 방앗공이 따위가 떨어져서 크게 울리는 소리. 〉콩닥콩닥.
퀴리 부부 폴란드 출신의 물리학자 마리 퀴리와 프랑스의 물리학자 피에르 퀴리. 우라늄으로부터 라듐·폴로늄을 발견하여 1903년에 노벨 물리학상을 받음.

ㅋ

퀴즈 물음을 알아맞히는 놀이, 또는 그 물음.
큐피드 로마의 신화에 나오는 사랑의 신.
크기 큰 정도. [예]주먹만한 크기의 사과.
크낙새 딱따구리과의 새. 몸빛깔은 흑색. 우는 소리가 크고 주둥이로 나무를 쪼는 소리가 요란함. 천연기념물 제11호.
크다 ①부피·넓이·길이·키 따위가 보통을 넘다: ②수, 또는 수량이 많다. [예]6은 5보다 크다. ③죄나 잘못 따위가 무겁고 심하다. [예]너의 잘못이 더 크다.
크레용 그림을 그릴 때 색깔을 내는 데 쓰이는 재료.
크레인 무거운 물건을 들어올리거나 옮기는 데 쓰이는 기계. 기중기.
크레졸 비눗물 크레졸 50%를 포함한 비눗물. 살갗·변소·쓰레기통 등의 소독에 쓰임.
크레파스 그림을 그리는 재료의 한 가지. 크레용보다 색의 효과가 큼.
크로노스 그리스 신화에 나오는 농사와 계절의 신. 제우스의 아버지였으나, 자기의 자리를 자식에게 빼앗길까 보아 자식들을 잡아먹다가 제우스에게 죽음을 당하였다고 함.
크리스마스 예수 그리스도가 탄생한 날로 12월 25일. 성탄절.
크리스마스 실: 결핵을 치료하고 예방하는 데 쓰기 위한 돈을 마련하기 위하여 크리스마스 전후에 발행되는 증표.
크리스마스 이:브 크리스마스 전날 밤. 12월 24일 밤.
크리스마스 캐럴 크리스마스를 축복하는 찬송가.
크리스마스 트리: 크리스마스에 장식으로 세우는 나무. 전구·종·촛불·별 등을 달아 아름답게 꾸며서 세움.
크리스천 크리스트교를 믿는 사람을 이르는 말.
크리스털 ①수정. 수정 제품. ②크리스털 글라스. ③결정. 결정체. ④원자가 규칙성을 가지고 배열된 고체 물질.
크리스트교 예수 그리스도가 창시한 종교. 그리스도의 신앙과 사랑을 따름으로 영혼의 구원을 얻음을 목적으로 함. 기독교.
크림: 우유에서 뽑아 낸 노르무레한 지방질. 버터나 양과자의 원료나 요리에 쓰임.
크림 전:쟁 터키가 영국·프랑스 등의 원조로 1853년에서 1856년까지 크림 반도에서 러시아와 싸운 전쟁. 러시아는 패하고, 터키도 큰 피해를 입었음.
큰골 골 중에서 주로 생각하고·외우고·명령을 내리고·보고·듣고 하는 일 등을 맡아하는 부분. 골의 대부분을 차지함. 대뇌.
큰곰자리 북두칠성을 포함하는 큰별자리. 북두칠성은 이 별자리의 꼬리와 허리에 해당함.
큰기침 남에게 위엄을 보이거나 또는 자기 마음을 가다듬기 위하여 소리를 크게 내어 하는 기침. [반]잔기침. -하다.
큰길 넓은 길. 대로.(大路).
큰댁 아우나 그 자손이 맏형이나 그 자손의 집을 높여 이르는 말. [비]큰집. [반]작은댁.
큰물 비가 많이 와서 내나 강이 크게 불은 물. 홍수.

큰불 크게 일어난 불. 큰 화재.

큰비 오래도록 많이 오는 비.

큰소리 ①목청을 크게 하여 내는 소리. 예큰소리로 말해라. ②야단치는 소리. ③일이 될지 안 될지 모르면서 자신 있게 하는 말.

큰아버지 아버지의 맏형. 백부.

큰악절 2개의 작은 악절로 이루어진 악절. 보통 8소절 또는 12소절로 이루어짐.

큰어머니 큰아버지의 아내. 백모.

큰일[크닐] ①힘이 많이 들고 범위가 넓은 일. ②감당하기 어려운 일. 큰 탈. ③큰 예식이나 잔치를 치르는 일. 예큰일을 치르다. 비대사. 판잔일.

큰절 가장 존경하는 예를 갖출 때 하는 절.

큰집 아우나 그 자손이 '맏형이나 그 자손의 집'을 이르는 말.

큰창자 작은 창자의 끝으로부터 항문에 이르는 소화 기관. 길이는 1.5m 가량됨.

큰키나무 줄기가 굵고 굵으며 높이 자라고 비교적 위쪽에서 가지가 퍼지는 나무. 감나무·느티나무·소나무 따위.

클라리넷 목관악기의 하나. 음색의 변화가 많고 부드러움.

[클라리넷]

클라이맥스 흥분·긴장·감정 등이 최고점에 이른 상태. 또는 그 장면.

클래식 ①고전적. 전형적. ②고전 음악. 예클래식 음악.

클럽 ①취미·오락 등의 같은 목적으로 모인 사람들의 단체. 예펜 클럽. ②골프 채.

클로:버 토끼풀. 【clover】

클립 종이나 서류 따위를 묶음으로 끼우는 철사로 된 기구.

큼직하다 꽤 크다. 아주 크다.

키[1] ①선 몸의 길이. 비신장. ②물건의 높이.

키[2] 배의 방향을 조절하는 기구. 예키를 잡다.

키[3] 곡식 따위를 까불러 쭉정이·티끌·검부러기 등을 골라 내는 그릇.

키:[4] ①열쇠. ②어떤 문제를 해결할 수 있는 열쇠. 【key】

키다리 키가 큰 사람의 별명. 예키다리 아저씨. 판난쟁이.

키우다 크게 하다. 자라게 하다. 예나무를 키우다.

키위 과일의 한 가지. 중국이 원산이며 뉴질랜드에서 개량된 덩굴식물의 열매. 거죽은 녹갈색이며, 잔털이 있음.

키질 키로 곡식 등을 까부르는 짓.

킬로 천의 뜻으로, 미터법의 기본 단위 이름 앞에 붙어 그 1,000배의 단위를 나타냄.

킬로그램 미터법에 따른 질량의 기본 단위. 1kg은 1,000g임.

킬로미터 미터법의 길이 단위의 한 가지. 1km는 1,000m임.

킬로와트 전기의 세기를 나타내는 단위. 1와트의 천 배. 'kW'로 표시함.

킹조지 섬 남극에 있는 섬. 비교적 기후 조건이 좋아 남극의 낙원이라 불림.

킹킹거리다 어린아이가 울음 섞인 소리로 응석을 피우거나 무엇을 달라고 계속해서 조르다.

ㅌ

ㅌ(티읕[티은]) 한글 닿소리(자음)의 열두째 글자.

타:개 얽히고 막혀 있는 일을 잘 처리함. -하다. 【打開】

타:격 ①손해. 손실. ②때려침. ③야구에서, 투수가 던지는 공을 배트로 침. 배팅.

타고르〖사람〗[1861~1941] 인도의 유명한 시인·사상가. 종교와 문학에 뛰어났음. 시집 〈기탄잘리〉로 세계적인 시인이 되어 동양에서는 최초로 1913년 노벨문학상을 받음.

타:구 야구에서, 배트로 공을 치는 일, 또는 그 공. 【打球】

타국 남의 나라. 예타국에 계신 아버지. 비외국. 반고국. 본국.

타다¹ ①불이 붙다. ②가슴 속에 불이 붙는 듯하다. 예속이 타다.

타다² ①몸을 싣다. 예버스를 타다. ②때를 이용하다. 예시대를 타다. ③얼음 위를 미끄러져 닫다. 예썰매를 타다.

타다³ 많은 양의 액체에 적은 양의 액체나 가루 등을 섞다. 예물에 설탕을 타다.

타다⁴ 돈이나 상 등을 받다.

타다⁵ ①머리를 갈라 가리마를 내다. ②박 등을 두 쪽으로 가르거나 쪼개다.

타다⁶ 악기를 퉁겨 소리를 내다. 예가야금을 타다.

타다⁷ 부끄러움이나 간지럼을 쉽게 느끼다.

타:당 형편이나 이치에 마땅함. -하다.

타:도 쳐서 거꾸러뜨림. 쳐서 부수어 버림. 예적을 타도하자. -하다. 【打倒】

타:락 품행이 바르지 못하여 나쁜 곳에 빠짐. -하다.

타래 실·고삐 같은 것을 감아서 틀어 놓은 것, 또는 그렇게 묶은 분량의 단위. 예실 한 타래.

타:력 야구에서, 타자가 공을 때리는 힘이나 능력. 【打力】

타:령 ①조선 시대 음악 곡조의 한 가지. ②광대의 판소리나 잡가를 함께 이르는 말. 예방아 타령. ③어떤 것에 대해 자꾸 이야기하거나 뇌까리는 일. 예돈 타령. -하다.

타:박 사람이나 동물을 때리고 침. -하다.

타:박상 맞거나 부딪쳐서 생긴 상처.

타박타박 지친 다리로 힘없는 발걸음을 천천히 떼어 놓는 모양. 〈터벅터벅.

타:산 이익과 손해를 셈하여 봄. 예이해 타산. -하다.

타:성 오래 되어 굳어진 버릇. 예타성에 젖은 행동. 【惰性】

타:악기 손이나 채로 두드리거나 서로 부딪쳐서 소리내는 악기를 통틀어 이르는 말〔북·징·탬버린 따위〕.

타오르다(타올라, 타올라서) 불이 붙어 타기 시작하다.

타:원형 길쭉하게 둥근 모양. 달걀 모양.

타월 수건. 【towel】

타:율 야구에서, 타격수에 대

한 안타수의 비율. 타격률.

타이¹ ① '넥타이'의 준말. ② '타이 스코어'의 준말. 📵동점.

타이²『나라』 인도차이나 반도의 중앙부에 있는 왕국. 타이 왕국의 90% 이상이 불교도임. 쌀·티크·주석이 이 나라의 3대 산물임. 수도는 방콕.

타이르다(타일러, 타일러서) 사물의 이치를 밝혀 알아듣도록 말하다.

타이어 차바퀴의 바깥 둘레에 끼는 쇠, 또는 고무로 만든 테. 고무로 된 것은 보통 그 속에 튜브를 넣음.

타이완『지명』 중국 화남 지방의 동쪽에 있는 큰 섬. 현재 중화 민국이 자리잡고 있음. 대만.

타이타닉호 1922년 4월 14일 밤에 뉴펀들랜드 남방의 북대서양 해상에서 침몰한 영국의 여객선.

타이틀 ①제목. 책 이름. ②선수권. 📵타이틀 방어. 【title】

타이틀 매치 스포츠의 개인 경기에서, 선수권을 걸고 벌이는 경기. 📵논타이틀 매치.

타이프라이터 ⇨ 타자기.

타이피스트 타자기로 글자를 찍는 일을 하는 사람. 타자수.

타인 다른 사람. 남. 【他人】

타일 점토를 구워서 만든 얇은 판. 벽이나 바닥에 붙이는데, 색깔이 여러 가지임.

타임 ①때. 시간. ②운동 경기에 걸리는 시간. ③운동 경기 중 일시 중지하는 시간.

타임 머신 과거나 미래로 갈 수 있다는 공상의 기계.

타:자 야구에서, 배트로 공을 치는 공격진의 선수. 배터. 📵4번 타자. 【打者】

타:자기 손가락으로 키를 눌러서 종이 위에 글자를 찍는 기계.

타:작 곡식의 이삭을 떨어서 그 알을 거두는 일. 📵벼타작. 📵마당질. -하다. 【打作】

타:조 아프리카·아라비아 사막에 사는 큰 새. 키는 2m 가량이고, 날지는 못하나 매우 잘 달리어 시속 90km를 낼 수 있음.

타:진 모조리 잡음. 📵범인들을 일망 타진하다. -하다.

타향 고향이 아닌 다른 고장. 📵타향살이가 힘들다. 📵객지. 타관. 📭고향. 【他鄕】

타:협 양쪽이 서로 의논하여 좋도록 협의함. 또는 그러는 일. -하다.

탁구 탁상에 네트를 치고 마주 서서 작은 공을 라켓으로 치는 실내 경기. 핑퐁.

탁류[탕뉴] ①흐린 물. ②불량한 무리, 또는 나쁜 풍조.

탁본 쇠붙이·돌 등에 새긴 글씨나 그림을 종이에 그대로 박아낸 것. 📵탑본. -하다.

탁상 책상이나 식탁 등 탁자의 위 【卓上】

탁상 시계 책상 위에 올려 놓고 보는 시계. 【卓上時計】

탁색 순색에 회색을 섞어 만든 색.

탁아소 부모들이 일터에 나가 일을 하는 동안 아이들을 맡아서 보호해 주는 사회 시설.

탁월 남보다 훨씬 뛰어남. 📵운동 실력이 탁월하다. -하다.

탁자 물건을 올려 놓는 가구를 통틀어 이르는 말〔식탁·원탁·다탁 따위〕.

탁하다 액체나 공기 따위가 맑지않고 흐리다.

탄:광 석탄을 캐어 내는 광산.

석탄광. 예탄광촌.

탄:금대〖지명〗 충북 충주시 북서쪽 4km 지점에 있는 명승지. 우륵이 가야금을 타던 곳이라고 전하여짐. 임진왜란 때 신립 장군이 왜장과 싸워 전사한 곳임.

탄:력〔탄력〕 용수철처럼 튀기는 힘. 팽팽하게 버티는 힘.

탄:로〔탄로〕 비밀이 드러남. 비밀이 알려짐.

탄:복 깊이 감탄하여 마음을 굽힘. 예훌륭한 솜씨에 탄복하다. -하다. 【歎服】

탄:산 이산화 탄소가 물에 녹아서 생기는 약한 산. 【炭酸】

탄:산 나트륨 나트륨의 탄산염. 하얀 가루로 물에 잘 녹으며, 수용액은 알칼리성을 나타냄.

탄:생 사람이 태어남. 특히 귀한 사람이 '태어남'을 높여 이르는 말. -하다. 【誕生】

탄:성 ①탄식하는 소리. ②깊이 느끼어 감탄하는 소리.

탄:소 냄새와 색이 없고 맛이 없는 고체 원소. 【炭素】

탄:소 동화 작용 녹색 식물이나 어떤 세균류가 이산화탄소와 물로 탄수화물을 만드는 작용. 탄산 동화 작용. 쭉동화 작용.

탄:수화물 탄소·수소·산소로 이루어진 화합물. 녹말·설탕 따위가 이에 속하며, 단백질·지방과 더불어 3대 영양소의 하나임.

탄:식 원통한 일이 있거나 스스로 뉘우칠 때 한숨을 쉬며 한탄함. 비한탄. -하다.

탄:압 무력이나 권력을 써서 강제로 억눌러 꼼짝 못하게 함. 예언론 탄압. -하다.

탄:약 총알과 화약.

탄연〖사람〗〔1069~1158〕 고려 때의 명필로 신품 사현의 한 사람.

탄:원 사정을 하소연하여 도와 주기를 몹시 바람. 비애원. -하다. 【歎願】

탄:일종 성탄절에 교회에서 치는 종.

탄탄하다 ①됨됨이나 생김새가 굳고 단단하다. ②몸이 건강하고 다부지다. 〈튼튼하다.

탈:1 ①뜻밖에 일어난 궂은 일. 사고. ②몸에 생긴 병. 예배탈이 나다.

탈:2 나무·흙·종이 등으로 사람이나 짐승의 얼굴 모양을 만든 물건. 마스크. 비가면.

[탈2]

탈곡기 곡식의 낟알을 떨어 내는 데에 쓰이는 농기구.

탈:나다 ①일에 사고가 생기거나 잘못 되다. ②건강에 이상이 생기다.

탈당〔탈땅〕 소속하였던 정당에서 떠남. 반입당. -하다.

탈락 어떤 데에 끼지 못하고 떨어져 나가거나 빠짐. 예선 탈락. -하다. 【脫落】

탈모 털이 빠짐, 또는 그 털.

탈:무드 교훈·교의의 뜻으로 유대인의 생활 규범과 삶의 지혜를 담은 책. 오늘날까지도 성서에 다음가는 유대인의 정신 문화의 근원으로서 높이 평가되고 있음.

탈:바가지〔탈빠가지〕 ①바가지로 만든 탈. ②'탈'의 낮춤말.

탈상〔탈쌍〕 아버지·어머니의 삼년상을 마침. -하다. 【脫喪】

탈색〔탈쌕〕 빛이 바래어 엷어짐.

탈선〔탈썬〕 ①기차나 전동차

등이 선로를 벗어남. ②말이나 행실이 규칙을 위반함. -하다. 【脫線】

탈세[탈쎄] 세금의 일부 또는 전부를 내지 않는 일. -하다.

탈수[탈쑤] 물질 속에 들어 있는 수분을 제거함. -하다.

탈옥 죄인이 감옥을 빠져나와 도망함. -하다.

탈의 옷을 벗음. 밴착의. 착복. -하다. 【脫衣】

탈주[탈쭈] 벗어나서 달아남. 예포로 수용소에서 탈주하다. 비도망. -하다.

탈지면[탈찌면] 지방분과 불순물을 빼고 소독한 솜. 비약솜.

탈진 기운이 다 빠져 없어짐. -하다. 【脫盡】

탈출 일정한 곳에서 도망함. 비탈주. -하다. 【脫出】

탈:춤놀이 얼굴에 탈을 쓰고 춤을 추는 놀이. -하다.

탈퇴 가입한 정당이나 단체에서 관계를 끊고 물러남. 밴가입. -하다.

탈피 ①곤충류·파충류 등이 자람에 따라 낡은 껍질이나 허물을 벗는 일. ②낡은 사고 방식에서 벗어나 새로워짐. -하다.

탈환 빼앗겼던 것을 도로 빼앗아 찾음. 예수도를 탈환하다. -하다.

탐관오:리 탐욕이 많고 깨끗하지 못한 관리.

탐구 진리나 법칙 따위를 조사하여 연구함. 예학문 탐구. -하다. 【探究】

탐구심 깊이 살펴 연구하려는 마음. 예탐구심이 많은 어린이.

탐내다 마음에 들어서 가지고 싶은 욕심을 내다. 예남의 물건을 탐내다.

탐라〖지명〗제주도의 옛이름.

탐방 어떤 일의 진상을 알아 보기 위하여 사람이나 장소를 탐문하여 찾아봄. -하다.

탐사 더듬어 살펴 조사함. 예석유 탐사 작업.

탐색 ①감추어진 사물을 이리저리 더듬어 찾음. ②범죄 사건에 관계된 사람이나 물건 따위를 더듬어 샅샅이 찾음. 예지문을 탐색하다. -하다.

탐스럽다(탐스러우니, 탐스러워서) 마음이 몹시 끌리도록 보기에 아주 좋다. 예탐스럽게 익은 포도 송이.

탐정 어떠한 사실의 해결을 부탁받아 비밀리에 살펴 알아냄, 또는 그 사람.

탐지 더듬어 살펴서 알아냄. 캐어 알아냄. -하다.

탐탁하다 모양이나 태도가 마음에 들고 믿음직하다.

탐하다 지나치게 욕심을 부려 제것으로 만들고 싶어하다.

탐험 위험을 무릅쓰고 알지 못하는 곳을 두루 찾아다니며 조사함. 비모험. -하다.

탐험가 전문적으로 탐험에 종사하는 사람. 비탐험자.

탐험대 탐험을 목적으로 여러 사람으로 조직된 무리.

탑 깎은 돌이나 벽돌로 여러 층으로 높고 뾰족하게 세운 건축. 예다보탑. 석가탑.

탑본 금석에 새긴 글씨나 그림을 그대로 박아 냄, 또는 그 종이. 비탁본. -하다. 【榻本】

탑승 배나 비행기 등에 올라 탐. -하다.

탓 ①일이 그릇된 원인. 잘못된 까닭. 예이번 실패는 다 내탓이오. ②잘못된 것을 원망하는 짓. -하다.

탕 폭약 따위가 터지면서 올리

어 나는 소리. 예총을 탕 쏘
았.

탕:진 재물 따위를 다 써서 없
앰. 예재산을 탕진하다.

탕:평책 조선 제21대 영조가
당파 싸움을 없애기 위하여,
고르게 사람을 뽑아 쓰게 한
정책.

태고 아주 오랜 옛날. 【太古】

태권도 손으로 치고 발로 차서
상대편을 넘어뜨리는 우리 나
라 고유의 무술.

태극 ①태극기 중앙의 둥근 모
양. 예태극 마크. ②우주 만
물이 생긴 근원. 역학에서, 하
늘과 땅이 나뉘기 전의 세상
만물의 원시 상태. 【太極】

태극기 우리 나라의 국기. 흰
바탕의 한가운데 양은 붉은
빛, 음은 남빛의 태극을 그리
고, 검은빛으로 건·곤·감·
이의 네 괘를 사방 대각선상
에 그렸음. 【太極旗】

태극 무:공 훈장 우리 나라의
최고 훈장. 적과 싸워 큰 공
을 세운 사람에게 줌.

태극선[태극썬] 태
극모양을 그린 둥
근 부채. 비태극
부채.

[태극선]

태:도 ①몸을 가지
는 모양. 예단정한 태도. ②속
의 뜻이 드러나 보이는 겉모
양.

태동 ①모체 안에서 태아가 움
직이는 일. ②무슨 일이 생기
려는 기운이 싹틈. -하다.

태두 ①'태산 북두'의 준말. ②
그 방면에 썩 권위 있는 사
람.

태릉 조선 제11대 중종의 왕비
문정 왕후의 능. 서울시 노원
구 공릉동에 있음. ×태능.

태만 게으르고 느림. 예근무

태만. -하다. -히. 【怠慢】

태몽 어머니가 아기를 가질 징
조의 꿈. 【胎夢】

태반 절반이 지남. 거의 절반.

태백산 경상 북도 봉화군과 강
원도 삼척시 사이에 있는 산.
높이 1,567m. 【太伯山】

태백 산:맥 철령 부근에서 낙동
강 어귀에 이르는 우리 나라
에서 제일 긴 산맥. 길이 600
km가량임.

태백성 저녁 때 서쪽 하늘에
빛나는 '금성'을 이르는 말.

태봉〖나라〗[901~918] 후삼국
의 하나. 신라 말기 궁예가
세운 나라로, 도읍을 철원으
로 옮긴 뒤 '태봉'이라 고쳤
으며, 후에 부하인 왕건에게
망함.

태산 ①높고 큰 산. 예태산 같
은 높은 뫼. ②크고 많음을
가리키는 말. 예태산 같은 어
버이의 은혜.

태생 ①사람이 어떤 곳에 태
어남. 예서울 태생. ②포유 동
물과 물고기가 어미의 뱃속에
서 어느 정도 발육한 다음
태어나는 일.

태세 어떤 일을 앞두고 갖추어
진 모양이나 몸가짐. 예전투
태세를 갖추다. 비자세.

태양 ①하늘에 떠 있는 해를
다르게 부르는 이름. 지구와
의 거리는 1억 4,945만km. 크
기는 지구의 약 130만 배. 표
면 온도는 약 6,000℃임. 해.
②언제나 빛나고 만물을 육성
하며 희망을 주는 것. 예민족
의 태양. 【太陽】

태양계 태양과 그 둘레를 돌고
있는 모든 별들. 【太陽系】

태양력[태양녁] 지구가 태양을
한바퀴 도는 시간을 1년으로
한 달력. 준양력. 반태음력.

태양 에너지 태양의 열과 빛 속에 들어 있는 힘.

태양열[태양녈] 태양으로부터 나오는 열.

태양의 고도 태양이 떠 있는 높이. 태양이 떠 있는 높은 위치가 수평면과 이루는 각도로 나타냄.

태양의 남중 태양이 정남쪽에 있게 되는 것.

태양 전:지 태양 광선으로 직접 전기를 일으키는 전지.

태양 흑점 태양 표면에 나타나는 어두운 무늬. 지구상의 기온·기후에 여러 가지 영향을 끼친다고 함. 준흑점.

태어나다 처음으로 세상에 나오다. 준태나다.

태연 놀랄 만한 일을 당하여도 동요 없이 침착함. -하다. -스럽다. -히.

태엽 시계나 장난감 따위의 기계에서, 탄력을 이용하여 동력으로 쓰는 부속품. 【胎葉】

태우다¹ ①불을 붙여 타들어가게 하다. ②마음이 조리어 몹시 걱정하게 하다. 예약속 시간에 늦어 애를 태우다.

태우다² 탈것에 몸을 얹게 하다. 예차에 손님을 태우다.

태자 '황태자'의 준말. 왕위를 계승할 왕자.

태조【사람】한 왕조의 첫 대의 임금. 【太祖】

태종【사람】[1367~1423] 조선 제3대 왕. 태조 이성계의 다섯째 왕자로 이름은 방원. 조선 왕조를 세우는 데 공로가 컸으며, 신문고 설치 등 많은 업적을 남겼음. 【太宗】

태종 무:열왕【사람】[604~661] 신라 제29대 임금. 성은 김. 이름은 춘추. 나당 연합군을 조직하여 백제를 쳐부수고 삼

국 통일의 기반을 닦았음.

태초 하늘과 땅이 맨 처음 생겨났을 때. 비태고.

태평¹ 세상이 안정되고 해마다 풍년이 들어 평안함. 예태평성대. -하다. 【太平】

태평² ①성격이 느긋하여 근심 걱정 없이 태연함. ②몸이나 마음이나 집안이 평안함. -하다. -스럽다. 【泰平】

태평양 삼대양의 하나. 아시아와 남·북 아메리카 및 오스트레일리아에 둘러싸인 세계 최대의 바다. 세계 해양의 절반을 차지하고 있음.

태평양 전:쟁 제2차 세계 대전의 일부를 이루는, 1941년부터 1945년까지의 연합국 대 일본의 전쟁. 1941년 일본이 하와이의 진주만을 기습함으로써 시작됨. 히로시마와 나가사키에 원자탄이 투하됨에 따라 1945년 8월 15일 일본이 무조건 항복했음. 이 전쟁의 결과로 한국은 일제에서 해방되었음.

태평 연월 평화스럽고 살기 좋은 시절. 【太平烟月】

태평 천국 ①태평하고 안락한 나라. ②1851년, 중국 청나라 때 장발적 두목 홍수전이 세웠던 나라 이름. 【太平 天國】

태풍 북태평양 남서부에서 일어나서 아시아 대륙·일본 열도·동지나해 등지를 덮치어 오는 열대성 저기압을 수반한 폭풍우. 흔히 7~9월경에 내습하여 때때로 해난·폭풍우로 인한 풍수해를 일으킴.

태학 ①고구려 소수림왕 때 중앙에 세운 국립 학교. 주로 벼슬아치들의 자제에게 유학과 역사를 가르쳤음. ②조선 시대의 '성균관'의 딴 이름.

태형 매로 볼기를 치는 형벌.

태화강 경상 남도 울주군에서 시작하여 울산시를 거쳐 동해로 흐르는 강. 길이 41.5km.

택리지[탱니지]【책명】 조선 후기 영조 때 이중환이 지은 지리책. 우리 나라 전국의 지형·풍습·교통 등이 실려 있음.

택시 거리를 운전하고 다니면서 손님의 요구에 따라 돈을 받고 목적지까지 태워다 주는 영업용 승용차. 【taxi】

택일 여럿 중에서 하나만 고름. -하다. 【擇一】

택하다 고르다. 예좋은 물건을 택하다. 逊선택하다.

탤런트 ①재능. 수완. ②라디오·텔레비전에 나오는 가수·배우등의 연예인.

탬버린 금속 또는 나무로 만든 테의 한쪽에 가죽을 입히고 둘레에는 작은 방울을 단 타악기. 손에 들고 흔들어 방울을 울림. [탬버린]

탱크¹ 전쟁에 쓰이는 차의 하나. 전차. 공격할 수 있는 화포를 갖추고 있고, 탄환을 막을 수 있도록 만들어져 있음.

탱크² 물·기름·가스 등을 넣어 두는 큰 통. 예기름 탱크.

터 ①건축물을 지을 자리. 예학교를 지을 터. ②일이 이루어진 밑자리. ③곳. 예놀이터.

터널 차나 사람이 다닐 수 있도록 산허리나 땅 밑을 뚫어 만든 길. 예터널을 뚫다. 逊굴.

터놓다 ①막은 물건을 치워 놓다. ②서로 존경하는 말씨를 버리고 트고 지내다.

터덜터덜 걸음을 몹시 무겁고 기운없이 걷는 모양. >타달타달. -하다.

터:득 생각하여 이치를 깨달아 앎. -하다.

터:뜨리다 터지게 하다. 터뜨리다. 예풍선을 터뜨리다.

터럭 사람이나 길짐승의 몸에 난 길고 굵은 털.

터무니없다 ①근거가 없다. 예그 소문은 터무니없는 거짓말이다. ②이치나 도리에 맞지 않다. 터무니없이.

터미널 버스·열차 등의 노선의 시발점이나 종점.

터벅터벅 지친 다리로 무거운 발걸음을 힘없이 천천히 떼어 놓는 모양. >타박타박.

터울 한 어머니가 낳은 자녀의 나이의 차이. 예동생과는 세 살 터울이다.

터전 ①집터가 되는 땅. ②생활의 근거지가 되는 곳. 예생활의 터전을 잡다. 逊기반.

터:지다 ①일이 갑자기 벌어지다. 예사건이 터지다. ②거죽이나 피부 따위가 벌어져 갈라지다. ③쌓였던 감정이 갑자기 쏟아져 나오다. 예웃음이 터지다.

터키【나라】 서남 아시아의 북쪽에 있는 공화국. 농업·목축업을 주로 하여 양모·담배·면화·보리등을 생산함. 수도는 앙카라.

턱 사람이나 동물의 입의 위아래에 있어서, 소리를 내거나 씹는 일을 하는 기관.

턱걸이 철봉을 손으로 잡고 몸을 올리어 턱이 그 위까지 올라가게 하는 운동. -하다.

털 ①동물의 피부나 식물의 표면에 나는 실 모양의 것, 또는 그와 비슷한 것. ②새의 깃털.

털가죽 털이 붙은 채 벗긴 짐승의 가죽. 모피.

털:다(터니, 터오) ①차거나 흔들어 붙은 물건이 떨어지게 하다. 예먼지를 털다. ②지닌 물건을 모조리 내다. 예밑천을 털다.

털보 수염이 매우 많이 났거나, 몸에 털이 많은 사람을 별명으로 이르는 말.

털썩 사람이나 큰 물건이 갑자기 주저앉거나 내려앉는 모양. 예의자에 털썩 주저앉았다. 〉탈싹.

털어놓다 마음 속에 있는 생각이나 걱정 따위를 남에게 숨기지 않고 모두 이야기하다.

텀블링 ①두 손을 땅에 짚고 한바퀴 넘는 재주. 공중제비. ②여러 사람이 손을 맞잡거나 어깨에 올라 타 여러 가지 모양을 만드는 체조. -하다.

텁석부리 귀 밑에서 턱까지 수염이 많이 난 사람. 〉탑삭부리.

텃밭 집터에 딸리거나 집 가까이에 있는 밭.

텃새 일 년 중 거의 한 고장에 머물러 사는 새. 참새·까마귀·꿩 등. 빤철새.

텅스텐 ⇨ 중석.

테너 남자의 목소리에서 가장 높은 소리.

테니스 구기의 한 가지. 중앙에 네트를 치고 코트의 양쪽에 서서 공을 라켓으로 치고 받는 경기.

테두리 ①둘레의 줄. ②범위. 한계. 비테.

테라스 집의 바깥쪽에 마당보다 약간 높게 콘크리트를 하거나 타일을 입힌 곳.

테러 ①온갖 폭력 수단을 써서 사회적 공포 상태를 일으키는 행위. ②'테러리스트·테러리즘'의 준말.

테:마 ①제목. ②문학 작품이나 음악에서의 주제. 【thema】

테스트 시험. 검사. 예테스트를 받다. -하다.

테이블 서양식의 탁자나 식탁.

테이프 ①가늘고 길게 만든 종이나 헝겊의 오라기. ②전선에 감아서 전기가 통하지 않게 하는데 쓰는 고무를 먹인 좁고 긴 종이나 헝겊. ③녹음기의 녹음하는 데 쓰이는 좁고 긴 필름.

텐트 야영할 때 사용하는 작은 천막.

텔레비전 실제의 광경을 전파를 통해서 먼 곳에 보낸 것을 그대로 받아 볼 수 있는 장치, 또는 그 기계.

텔레텍스 통신 내용을 자동으로 기록해 주는 통신기.

텔레파시 감각 기관에 자극을 주지 않고, 어느 한 생명체로부터 다른 생명체에로 관념이나 인상이 전달되는 능력.

텔렉스 다이얼로 상대방을 불러서 텔레타이프로 정보를 교환하는 장치. 【telex】

템포 ①악곡의 진행 속도, 또는 박자. 예빠른 템포. ②사물의 진행 속도나 진도.

토공 흙을 다루는 일, 또는 그 일을 하는 사람. 【土工】

토기 진흙으로 만들어 볕에 말리거나 불에 구운 오지그릇. 흙으로 만든 그릇을 통틀어 이르는말. 비옹기.

토끼 귀가 긴, 크기가 고양이만한 온순한 동물. 집에서 기르는 집토끼와 산에 사는 산토끼로 나눔.

토끼와 거북 이솝이 지은 이야기의 하나. 거북이와 토끼가 달리기 내기를 하였는데 토끼가 거북을 얕보고 낮잠을 자다 지고 말았다는 이야기.

토끼전【책명】 우리 나라 고대 소설의 하나. 용왕의 명을 받은 거북이가 토끼의 간을 약으로 쓰려고 토끼를 속여 용궁으로 끌고 갔으나 오히려 토끼에게 속아 넘어갔다는 이야기.〈토생원전〉〈별주부전〉으로 널리 알려짐.

토끼풀 잎꼭지 끝에 3~4개의 작은 잎이 붙고 여름에 나비 모양의 흰 꽃이 피는 여러해살이풀. 클로버.

토:너먼트 운동 경기에서 진 편이 떨어져 나가고 마지막 남은 두 편이 우승을 겨루는 시합. 또는 그 경기 방법. 🔴리그전.

토닥거리다 자꾸 토닥토닥하며 다투다. 예친구들끼리 서로 토닥거리다.

토담 흙으로 쌓아 만든 담.

토담집 나무는 거의 쓰지 않고 토담을 쌓아서 그 위에 지붕을 덮어 지은 집.

토대 ①집·다리 등의 맨 아래에서 위의 무게를 떠받들고 있는 밑바탕. ②온갖 사물의 근본이나 기초.　【土臺】

토라지다 자기가 마음먹은 것과 틀려서 싹 돌아서다. 예놀림을 받고 토라지다.

토:로 속마음을 죄다 드러내어 말함.

토:론 어떤 문제를 두고, 여러 사람의 의견을 말하여 옳고 그름을 따져 논의함. 🔵토의. -하다.

토마토 높이가 1~1.5m가량이며, 여름에 노란꽃이 피고 붉은 열매가

[토마토]

열림.

토막 ①크고 덩어리진 도막. 예나무 토막. ②말이나 글·노래 따위의 짧은 한 부분.

토목 '토목 공사'의 준말.

토목 공사 흙·모래·나무·돌로써 하는 공사. 예건축 토목 공사. 🔴토목. 【土木工事】

토박 땅이 메말라 기름지지 못함. 🔴비옥. -하다.

토박이 일정한 곳에서, 대대로 오래도록 살아 내려오는 사람. 🔴본토박이.

토박이말 대대로 그 땅에서 살아온 사람들이 쓰는 말.

토벌 군대를 보내어 도둑이나 반란자의 무리를 쳐서 무찌름. -하다.

토분 흙을 모아 임시로 간단하게 만든 무덤.　【土墳】

토사 흙과 모래.

토산물 그 고장에서만 생산되는 특수한 물건. 강화의 화문석·담양의 죽세공품 등. 🔴토산품.

토성¹ 흙으로 쌓은 성.

토성² 태양에서 여섯 번째로 먼 행성. 둘레에 고리 모양의 아름다운 테가 있음.

토속 그 지방의 특유한 풍속. 예토속 신앙.　【土俗】

토:스트 식빵을 얇게 잘라 살짝 구워서 버터·잼 등을 바른 것.

토실토실 살이 알맞게 찐 모양. 예토실토실한 아기의 얼굴.〈투실투실. -하다.

토씨 말에 붙어 그 관계를 나타내는 말. 🔴조사. 🔵토.

토양 ①흙. ②식물, 특히 농작물을 자라게 하는 흙.

토역 집을 지을 때 흙을 바르는 일. 🔴흙일.　【土役】

토요일 칠요일의 하나로, 일요

일의 전날.　　　　【土曜日】

토:의 어떤 문제에 대하여 여러 사람이 의견을 내놓고 의논함. 예질서에 대해서 토의하다. 비토론. -하다. 【討議】

토인 ①대대로 그 지방에 사는 미개인. ②흑인.　　　【土人】

토정 비결【책명】 토정 이지함이 지은 책으로, 그 해의 운수를 풀어 보는 데에 씀.

토종 그 땅에서 나는 종자. 비재래종. 토산종.　　　【土種】

토지 ①땅. 흙. ②논밭. 터. ③고장. 곳.　　　　　【土地】

토질 땅의 성질. 흙의 성질. 흙바탕. 비토성.

토질병[토질뼝] 어떤 지방의 물이나 땅의 성질에 의해 생기는 병. 비풍토병.

토착 조상 대대로 그 땅에서 삶. -하다.　　　　　【土着】

토착민 대대로 그 지방에 살고 있는 백성.　　　【土着民】

토:치카 군사상 중요한 지점에 굴을 파서 튼튼하게 한 다음 전투 장비를 준비해 두고 적과 싸울 수 있게 만든 진지.

토:큰 버스 요금이나 자동 판매기 등에 사용하기 위하여 만든 동전 모양의 물건.

토픽 화제가 될 수 있는 이야기. 예해외 토픽.

토하다 ①게우다. 예먹은 음식을 토하다. ②속에 있는 말을 하다. 예열변을 토하다.

토:함산 경상 북도 경주시 동남쪽 불국사 뒤에 있는 산. 높이 745m. 석굴암이 있음.

톤¹ 무게의 단위. 1000kg을 1톤이라 하며, 't'로 표시함.

톤:² ①소리. 음조. 음색. ②어조. 억양.

톨 밤·도토리 같은 씨앗의 개수를 셀 때 쓰는 말. 예밤 한

톨.

톨:게이트 고속 도로나 유료 도로에서, 통행료를 받는 곳.

톰소여의 모:험【책명】 미국의 소설가 마크 트웨인이 지은 모험 소설. 장난꾸러기이며 명랑한 톰이 그의 친구 허크·조 등과 함께 어떤 섬에 놀러 갔다 옛날 도적들이 감추었던 많은 보물을 얻어 가지고 돌아오는 이야기.

톰아저씨의 오두막집【책명】 원 이름은 〈엉클 톰스 캐빈〉. 미국의 스토 부인이 1852년에 지은 소설. 흑인 톰과 그를 둘러싼 노예의 비참한 생활을 그린 것으로, 읽는 이의 마음을 감동시켜 노예 폐지 운동을 일으키는 데 밑바탕이 되었음.

톱 나무나 쇠붙이 같은 것을 자르거나 켜는 데 쓰는 기구의 하나. 강철로 되어 있으며 날 [톱] 카로운 이가 여럿 있음.

톱날[톱날] 톱 양끝에 새운 날카로운 이.

톱니[톱니] 톱의 날을 이룬 이.

톱니바퀴 둘레에 톱니를 낸 바퀴[기계 장치의 한 가지로, 이와 이가 맞물려 돌아감으로써 한 축에서 다른 축으로 힘을 전달함].

톱밥 톱질할 때에 나무 등에서 쓸려 나오는 가루.

톱질 톱으로 나무나 쇠붙이 따위를 켜거나 자르거나 오리는 짓.

톳 김 백 장씩을 한 묶음으로 묶은 덩어리, 또는 그것을 세는 단위. 예김 한 톳.

통¹ 편지·서류 등을 세는 말.

예편지 두 통. 【通】

통² 물건을 담기 위해 둥글게 만든 그릇. 예밥통. 물통.

통³ 소매나 바짓가랑이 따위의 속의 넓이. 예통이 넓은 바지.

통⁴ ① '온통'의 준말. ②전혀 도무지. 예친구의 소식을 통 알 수 없다.

통:계 한데 몰아서 셈함.

통고 서면이나 말로 통지하여 알림. 【通告】

통:곡 소리를 높여 슬피 욺.

통과 ①지나감. 예터널을 통과 하다. ②결정이 됨. -하다.

통과세 통과하는 화물에 대하 여 매기는 세금.

통근 집에서 일자리로 매일 다 니며 근무함. 예통근 버스로 출근하다. -하다. 【通勤】

통꽃 꽃잎이 서로 붙어서 통꽃 부리를 이룬 꽃[진달래꽃·도 라지꽃 따위]. 만갈래꽃.

통나무 켜거나 짜개지 않은 통 째의 나무. 껍질만 벗긴 둥근 재목. 예통나무집. 비원목. 만 각재.

통나무배 켜거나 짜개지 않은 생긴 그대로의 통나무 속을 파서 만든 배.

통념 일반에 두루 통하는 개 념. 일반적인 생각. 【通念】

통달 막힘이 없이 환히 앎. 예 음악에 통달하다. -하다.

통독 책이나 문장 따위를 처음 부터 끝까지 죽 내리 읽음. 비정독.

통례[통녜] 일반적으로 통하여 쓰이는 예. 비상례.

통로[통노] 통해서 다닐 수 있 게 트인 길. 예넓은 통로.

통:리 기무 아:문[통니기무아 문] 조선말의 관청. 1880년 청 나라의 제도를 본떠 설치한 중앙 행정 기관으로 장관을

총리 대신이라 하였으나, 설 치된 지 1년 만에 대원군에 의하여 폐지되었음.

통발 가는 댓조각을 엮어서 통 같이 만든 고기잡이 도구의 하나.

통보 어떤 자료나 소식 따위를 통지하여 보고함. 또는 그 보 고. -하다. 【通報】

통분 분모가 다른 두 개 이상 의 분수의 각 분모를 그 최소 공배수를 만들어 같은 분모 로 만드는 일. -하다.

통사정 자기의 딱한 사정을 남 에게 털어놓고 말함. -하다.

통상¹ 특별하지 않고 보통임. 비보통. 【普通】

통상² 나라 사이에 서로 교통 하며 거래함. 비무역. 【通商】

통상 산:업부 중앙 행정 기관 의 하나. 우리 나라의 상업· 공업·광업의 발전과 무역에 관한 일을 맡아 보는 기관.

통성명 처음 인사할 때 서로 성과 이름을 일러줌.

통:솔 온통 몰아서 거느림. 예 부대를 통솔하다. -하다.

통신 ①소식을 전함. ②우편· 전신·전화 등을 사용하여 서 로 소식을 전하는 일. 【通信】

통신 교:육 우편·방송 등을 이용하여 일정한 교육 과정을 마칠 수 있게 하는 교육 활 동.

통신망 소식을 보내는 사람을 여러 곳에 파견하여 통신을 하도록 하는 조직이나 설비.

통신사 여러 곳에서 뉴스를 모 아 각 신문사나 방속국 등에 전해 주는 일을 하는 보도 기관의 한 가지. 【通信社】

통신 위성 먼 거리 사이의 전 파통신을 이어 주는 데 쓰이 는 인공 위성.

통역 서로 통하지 않는 양쪽의 말을 옮겨 주어 뜻이 통하게 해주는 일. 또는 그 사람.

통용 널리 두루 쓰임. 예영어는 세계적으로 통용되는 언어이다. -하다. 【通用】

통운 물건을 실어서 운반함. 예통운 회사. -하다.

통:일 ①여럿을 몰아서 하나의 조직·체계로 만듦. 예우리의 소원은 통일이다. ②서로 관련되어 떨어질 수 없게 함. 예말과 행동은 통일되어야 한다. 비통합. 반분산. 분열. -하다.

통:일 신라 시대 신라가 삼국을 통일하여 단일 민족 국가로 출발한 후, 후삼국으로 나뉘지기까지의 시대.

통:일 아랍 공:화국『나라』 시리아와 이집트가 합병하여 이룩하였던 공화국. 지금은 각기 분리 독립하여 있음. 수도는 카이로.

통장 은행 등 예금을 받는 곳에서 예금한 사람에게 예금한 내용을 적어 주는 조그만 장부. 예적금 통장. 【通帳】

통:제 일정한 규칙에 따라 여러 부분을 제한하거나 제약함. 예출입 통제 구역. -하다.

통조림 고기·과실 등의 음식물이나 음료수 등을 오래 저장하기 위해 양철통에 넣고 가열·살균하여 봉한 식품.

통:증 아픈 증세. 【痛症】

통지 기별하여 알림. -하다.

통지서 어떤 일을 알려 주는 문서. 예합격 통지서.

통지 예:금 30일 이상 예입해 두고 찾을 때에는, 며칠 전에 얼마를 찾겠다는 것을 은행에 통지해 주어야 하는 은행 예금.

통지표 학습자의 성적·건강상태·품행 등을 기재하여 가정에 보내거나 참고로 하는 장부.

통째 나누지 않고 덩어리로 있는 그대로. 예통째로 구워 먹다.

통:찰력 사물을 환히 꿰뚫어 보는 능력. 예뛰어난 통찰력.

통첩 관청 또는 단체 등에서 문서로 통지함. 또는 그 글월. 예최후 통첩. -하다.

통:치 ①도맡아 다스림. ②주권을 가지고 국토 및 국민을 지배하고 다스림. 예국가를 통치하다. -하다. 【統治】

통:쾌 ①아주 유쾌함. 예통쾌한 웃음. ②마음이 매우 시원함. 예통쾌한 승리를 거두다. -하다.

통:탄 몹시 탄식함.

통통 몸이 붓거나 살지거나 불어서 굵은 모양. 예손목이 통통 부었다. 〈퉁퉁. -하다. -히.

통통배 발동기를 돌려 통통거리며 가는 작은 배. 똑딱선.

통풍 바람을 통하게 함. 공기를 잘 드나들 수 있게 함.

통풍기 바람이 잘 통하도록 하기 위하여 장치한 기계.

통하다 ①서로의 뜻을 알다. ②막힘이 없이 트이다. 예사방으로 통하는 길. ③말이나 문장 따위가 막힘이 없다. 예문맥이 통하다.

통학 학교에 다님. 예기차로 통학하다. -하다. 【通學】

통:합 모두 합쳐 하나로 모음. 반구분. 예회사를 하나로 통합하다. 비통일. -하다. 【統合】

통행 길로 통하여 다님. 예좌측통행. 비왕래. -하다. 【通行】

통화¹ ①말을 서로 주고 받음. ②전화 등으로 말을 서로 통함. -하다.

통화² 한 나라 안에서 통용되고 있는 화폐를 통틀어 이르는 말.

퇴:근 직장에서, 근무를 마치고 나옴. 凹출근. -하다.

퇴:보 ①뒤로 물러감. ②재주·능력 등이 전보다 못하게 됨. 예산수 실력이 퇴보하다. 凹진보. -하다. 【退步】

퇴비 짚이나 풀 따위를 썩혀서 만든 거름. 凹두엄.

퇴:색 빛이 바램.

퇴:원 입원했던 환자가 건강을 회복하고 병원에서 나옴. 凹입원. -하다. 【退院】

퇴:장 회의장·경기장·극장·무대 등에서 물러남. 凹입장. 등장. -하다. 【退場】

퇴적 많이 모여 쌓임. 예강 하류에 퇴적된 모래. 凹침식. -하다.

퇴적암 지층을 이루고 있는 암석. 물에 떠내려간 진흙·모래·자갈들이 바다 밑에 쌓인 다음에 큰 압력을 받아 암석으로 변한 것. 凹수성암.

퇴적 작용 흐르는 물에 운반된 흙이나 돌이 쌓이는 현상.

퇴:직 직장을 그만둠. 현직에서 물러남. 凹퇴임. 凹취직. -하다. 【退職】

퇴:진 하던 일을 그만두고 물러남. 【退陣】

퇴:치 물리쳐서 없애 버림. 예병균을 퇴치하다. -하다.

퇴폐 ①도덕이나 건전한 풍습 따위가 문란해짐. 예퇴폐 풍조. ②쇠퇴하여 문란함.

퇴:학 다니던 학교를 그만두거나 학교에서 쫓겨남. 예행동이 불량하여 퇴학을 당하다. 凹퇴교. -하다. 【退學】

툇:마루 방의 앞에 달아 놓은 좁은 마루.

투견 주로 싸움을 시키기 위하여 기르는 개. 凹투구.

투고 신문·잡지·논문집 등에 실을 원고를 보냄. 또는 그 원고. 凹기고. -하다.

투과 꿰뚫고 지나감. 예벽을 투과한 빛. -하다.

투구 옛날 군인이 전쟁할 때에 머리와 얼굴을 보호하기 위해 쓰던 쇠로 만든 모자.

[투구]

투기 기회를 엿보아 큰 이익을 보려고 하는 짓. 예부동산 투기. -하다.

투덜거리다 혼자 자꾸 불평의 말을 중얼거리다.

투망 물고기를 잡기 위해 그물을 던지는 일.

투명 ①환히 트여 속까지 비쳐보임. 예투명한 유리. ②조금도 흐리거나 탁한 데가 없이 속까지 환히 트여 맑음. 예투명한 하늘 -하다. 【透明】

투명 반구 투명한 공을 반으로 쪼갠 것과 같은 모양.

투박하다 ①생김생김이 맵시가 없이 선이 굵고 거칠다. 예투박한 그릇. ②말이나 행동이 다소곳하지 못하고 거칠다. 예투박한 행동.

투베르쿨린 반:응 결핵균을 길러 열로 살균하여 만든 백신을 주사하여 나타나는 반응으로 결핵을 진단하는 검사법.

투병 적극적으로 질병과 싸움. 예투병 생활. -하다.

투사 ①전쟁터나 경기장에 싸우려고 나선 사람. ②나라나 사회를 위해 활동하는 사람. 예독립투사.

투사지 비치는 종이로서 그림

을 밑에 받쳐 놓고 그대로 옮겨 그릴 때 쓰이는 얇은 종이의 한 가지. 트레이싱 페이퍼.

투서 자기의 생각이나 남의 잘못을 알리기 위해 글로 적어 몰래 보냄. -하다.

투석 돌을 던짐. -하다.

-투성이 〔일부 명사 밑에 붙어〕 ①앞의 명사가 뜻하는 물질이 묻어 더러워진 상태임을 나타내는 말. 예진흙투성이·먼지투성이 ②앞의 명사가 뜻하는 것이 매우 많음을 나타냄. 예실수투성이·주름살 투성이.

투수 야구에서, 내야의 중앙에서 타자에게 공을 던지는 사람. 피처. 世포수. 【投手】

투시도 어떤 시점에서 본 물체의 형태를 눈에 보이는 그대로 나타낸 그림.

투여 의사가 환자에게 약 같은 것을 줌. 예진통제를 투여하다. -하다.

투옥 옥에 가둠. -하다.

투우 투우사가 사나운 소와 겨루는 결사적인 투기. 또는 그 투기에 나오는 소.

투우사 투우 경기에 나오는 소와 싸우는 사람. 【鬪牛士】

투입 ①던져 넣음. ②사람이나 물자를 어떤 일에 쓰이도록 충당해 넣음. 예보충 인력을 투입하다. -하다. 【投入】

투자 이익을 목적으로 사업의 밑천을 댐. 예컴퓨터 산업에 투자하다. 世출자. -하다.

투쟁 다투어 싸움. -하다.

투정 어린아이가 무엇이 마음에 들지 않거나 불만이 있을 때 때를 쓰며 조르는 일. 본투정질.

투지 싸우고자 하는 의지. 예투지가 강하다. 世투쟁심.

투철 사리가 밝고 확실함. 예투철한 정신. -하다. -히.

투표 선거나 어떤 일을 결정할 때 각 사람의 뜻을 나타내기 위하여 용지에 이름·부호·의견 등을 기입하여 일정한 장소에 내는 일. 예투표로 반장을 뽑다. -하다.

투표권 투표를 할 수 있는 권리.

투표소 투표를 할 수 있게 만든 일정한 장소. 예투표장.

투호 화살을 항아리 속에 던져 넣어서 승부를 겨루는 놀이.

투혼 끝까지 투쟁하려는 정신.

툭하면 무슨 일이 있을라치면 버릇처럼 곧. 걸핏하면. 예툭하면 시비를 걸다.

툰드라 북극에 가까운 지역으로 일 년 내내 얼음이 얼고 여름이 짧으며, 이끼가 끼는 넓은 들판.

퉁명스럽다(퉁명스러우니, 퉁명스러워서) 불쑥 하는 말이 정답지 못하거나 얼굴빛이 불쾌하다.

퉁소 대로 만든 악기의 한 가지. 앞에 구멍이 다섯 개 있고 뒤에 하나가 있으며 세로로 붊.

퉁퉁 큰 몸피가 불룩하게 붓거나 살진 모양. 예눈이 퉁퉁 붓다. 〉통통.

튀김 요리의 한 가지. 생선이나 고기 따위에 밀가루를 묻혀 끓는 기름에 튀긴 것.

튀다 ①갑자기 불꽃 등이 생기면서 세차게 퍼지다. 예불똥이 튀다. ②공 따위가 부딪쳐서 세게 뜨다. 예공이 튀다.

튜:바 금관 악기의 하나. 3~5개의 밸브가 있는 큰 나팔. 가장 낮고 장중한 음을 냄.

튤:립 꽃밭에 심는 화초. 알뿌

리를 가진 여러해 살이풀. 4∼5월에 여러 색깔의 종 모 양의 꽃이 피며 키 는 40㎝가량임. [튤립]

트다¹ (터, 터서) ①싹이나 꽃 봉오리가 벌어지다. 예싹이 트다. ②새벽에 동쪽이 환해 지다. 예동이 트다. ③살가죽 이 갈라지다. 예손발이 트다.

트다² (터, 터서) 막힌 것을 통 하게 하다. 예벽을 트다.

트라이앵글 관현악에 쓰는 타 악기의 한 가지. 삼각형으로 구부린 강철봉을 쇠막대로 침.

트라코마 전염되는 눈병. 눈앞 이 빨개지며 눈꼽이 끼고 심 하면 시력을 잃게 됨.

트랙 육상 경기장 또는 경마장 의 달리는 길.

트랙터 아주 무거운 물건을 트 레일러에 싣고 이를 끌고 나 르는 특수한 자동차.

트랜지스터 라디오 게르마늄 이라는 물질의 반도체를 쓴 작은 라디오.

트랩 비행기나 배 등의 타고 내리는 데 쓰이는 사다리.

트럭 짐을 실어 나르는 자동차.

트럼펫 금관 악기의 한가지. 소 형 나팔의 일종으로 소리가 날카로우며 명쾌함.

트럼프 그림 딱지 로 된 서양식 놀 이 의 하 나 . [트럼펫]

트렁크 ①손에 들고 다닐 수 있는 네모진 커다란 가방. ② 자동차 뒤에 짐을 넣게 만든 곳.

트레머리 가리마를 타지 않고 머리를 뒤에다 틀어서 붙인 여자의 머리.

트로피 우승한 사람이나 단체 에게 주는 영예의 우승컵. 우 승트로피. 우승배.

트롬본 금관 악기의 하나. 긴U 자형의 관을 맞추어 만듦. 낮은 음을 내며 관을 늘였다 줄였다 하여 음을 변화시킴.

트리오 ①삼중주. 예피아노 트 리오. ②삼인조. ③삼중창.

트이다 ①막혔던 것이 통하다. 예고속 도로가 트이다. ②마 음이나 생각이 환히 얼리다. ③일이 잘 되어 가다. 준틔다.

트집 괜히 조그만 흠을 들추어 서 괴롭힘.

특공대 특수 임무나 기습 공격 을 하기 위하여 특별히 훈련 된 부대.

특권 특별한 권리. 어떤 사람 에게 특별히 주어진 권리.

특근 근무 시간 이외에 특별히 더 하는 근무. -하다.

특근 수당 특근에 대한 보수로 주는 수당.

특급 열차 특별히 빠른 속력으 로 달리는 기차. 반완행 열차. 비특별 급행 열차.

특기 특별한 기능이나 기술. 비장기.

특대¹ 물품·옷 등이 특별하 게 아주 큰 것. 【特大】

특대² 특별한 대우. -하다.

특등 일등보다 더 나은 것.

특명[특명] ①특별한 명령. 예 특명을 받다. ②특별히 임명 함. -하다. 【特命】

특별 ①보통보다 훨씬 뛰어남. ②보통과 아주 다름. 예우리 는 특별한 관계이다. 비특수. 반보통. 일반 -하다. -히.

특별시 도와 똑같이 직접 중앙 의 감독을 받는 지방 자치단 체의 하나. 예서울 특별시.

특사 나라의 특별한 임무를 띠

고 파견되는 사절. 【特使】

특산물 그 지방에서만 나는 독특한 산물. 예강화도의 특산물은 화문석이다.

특색[특쌕] 보통의 것과는 다른 특별한 점, 또는 뛰어난 점. 예특색 있는 글.

특선[특썬] ①재료 등을 특별히 고름, 또는 고른 물건. ②전람회 등에서 특히 우수하다고 뽑힌 작품. -하다. 【特選】

특성 일반 사물에만 있는 특수한 성질. 특이성. 특질. 【特性】

특수 보통과 특별히 다름. 예특수한 지형. 비특별. 특이. 반일반. 보통. -하다.

특수 은행 법률에 의하여 특별한 일을 맡아 보는 은행. 한국 은행·한국 산업 은행·중소 기업 은행·주택 은행 등. 비특별 은행. 반일반 은행.

특수 학교 ①일반 학교와는 다른 교육을 담당하는 학교. 맹아 학교 따위. ②영재 교육을 담당하는 학교.

특약 ①특별한 조건을 붙인 약속. ②특별한 편의나 이익이 있는 계약. 예특약 판매점. -하다.

특용 작물 목화·삼·담배·인삼·박하 등과 같이 식용 이외의 특별한 데에 쓰이는 농작물. 공예작물 【特用作物】

특유 일정한 사물에게만 특별히 갖추어져 있음. 예그 사람 특유의 성질. -하다.

특이 다른 것과 특별히 다름. 예특이한 행동을 하다. 비특수. 반보편. -하다. 【特異】

특정 ①특별히 가리키어 정함. 반불특정. -하다.

특종 기사 신문·잡지 따위에서, 그 회사에서만 특별히 취재하여 보도한 중대한 기사.

춘특종.

특질 ①특별한 기질. ②특별한 품질. 예우리글의 특질.

특집[특찝] 신문·잡지 따위에서, 특별한 문제를 중심으로 엮음. 예특집 기사.

특징 다른 것에 비교해 눈에 띄게 다른 점. 비특색. 【特徵】

특파 특별한 임무를 띠고 다른 곳으로 보냄. -하다.

특파원 ①어떤 특별한 임무를 띠고 일정한 곳에 보내어진 사람. ②외국에 가서 해외 뉴스 보도의 임무를 맡은 기자.

특허 ①특별히 허가함. ②어떤 사람의 발명품에 대하여 그 사람에게 특정한 권리를 주는 행정 행위. -하다.

특허청 상공부에 딸린 행정 기관. 특허·실용·신안·의장 및 상표에 관한 사무와 이에 대한 심사·심판 및 변리사에 관한 사무를 관장함.

특허품 특허를 얻어 만든 제품. 다른 사람은 팔 수 없도록 특별히 허가된 물건.

특혜[트케] 특별한 은혜. 혜택. 예특혜를 받다. 【特惠】

특효약 어떤 병에 대해 특별히 효험이 있는 약.

특히 '특별히'의 준말.

틀 ①물건을 만드는 데 판이나 꼴이 되는 물건. ②'재봉틀'의 준말. ③낡고 융통성이 없는 상투적인 투. 예틀에 박힌 말.

틀니 잇몸에 끼웠다 뗐다 할 수 있도록 만든 이. ×틀이.

틀림없다 다름이 없다. 꼭 같다. 예우리 나라의 꽃은 무궁화가 틀림없다. 틀림없이.

틀어지다 ①꾀하는 일이 어긋나다. 예계획이 틀어지다. ②사이가 벌어지다. 예사소한 말다툼으로 사이가 틀어지다.

틈 ①벌어져 사이가 뜬 자리. **예**창문 틈으로 불어오는 바람. **비**간격. ②겨를. 일을 하다가 쉬게 되는 시간. **예**바빠서 거기에 갈 틈이 없다.

틈틈이 시간이 날 때마다. **예**틈틈이 수영을 배우다. ×틈틈히.

틔우다[티우다] 트이게 하다.

티 ①재나 흙, 그 밖의 모든 물건의 잔부스러기나 찌꺼기. ②조그마한 흠집을 이르는 말. **예**옥에도 티가 있다.

티격태격 서로 뜻이 맞지 않아 시비하는 모양.

티끌 ①'아주 작거나 적음'을 비유하여 이르는 말. **예**티끌 모아 태산. ②공기 중에 날리거나 물체 위에 쌓이는 아주 작고 가벼운 물질.

티눈 발가락 사이에 생기는 무사마귀 비슷한 굳은 살.

티베트 고원【지명】 중국 남서부를 차지하는 해발 4,000m에 가까운 건조한 고원 지대.

티:셔츠 목 자리가 둥글게 패인 'T'자 모양의 셔츠.

티켓 차표·입장권·허가장. **예**극장 티켓. 【ticket】

팀: 운동 경기의 단체. 즉, 두 패로 나누어서 행하는 경기의 한편 짝. **예**청팀. 백팀.

팀:장 팀의 우두머리. 팀의 책임자.

팀파니 냄비 모양의 북. 수평으로 쇠가죽을 붙이고 둘레에 있는 나사로써 소리를 조절하는 타악기. 낮은 소리가 나며, 대·중·소형이 있음. 한 개 또는 여러 개를 동시에 사용함.

팁 시중 드는 사람에게 일정한 품삯 이외에 따로 주는 돈.

ㅍ

ㅍ(피읖[피읍]) 한글 닿소리(자음)의 열셋째 글자.

파:격 일정한 격식을 깨뜨림. 또는 그렇게 깨뜨려진 격식. 예파격적인 대우. 【破格】

파견 어떤 임무를 맡겨서 사람을 보냄. 예외국으로 파견 근무를 가다. 비파송. -하다.

파:계승 규율을 지키지 않는 승려.

파고다 공원 1897년 영국인 브라운이 설계하여 건설함. 서울 종로2가에 있는 공원. 탑골공원.

파고들다 ①안으로 헤집고 들어가다. 예많은 사람들 속으로 파고들다. ②속사정이나 비밀을 알아내려고 조직이나 사건의 내부로 비집고 들어가다. 예적의 소굴로 파고들다.

파고토 오보에보다 두 옥타브 낮은 음을 내는 목관 악기. 관현악에서 매우 중요한 자리를 차지함. 바순. 【fagotto】

파:괴 깨뜨리어 헐어 버림. 예다리를 파괴하다. 반건설. -하다.

파:국 어떤 판국이 결딴나는 일, 또는 그 판국.

파급 어떤 일의 영향이 퍼져 멀리 미침. 예절약 운동이 전국적으로 파급되다. -하다.

파:기 깨뜨리거나 찢어서 없앰. 예약속 파기.

파나마 운하 중앙 아메리카의 파나마 지협에 있는 태평양과 대서양을 잇는 운하. 길이 93km.

파내다 박히거나 묻힌 것을 파서 꺼내다.

파다 ①구멍이나 구덩이를 만들다. 예땅을 파다. ②그림이나 글씨를 새기다. 예도장을 파다.

파도 물이 출렁거려 일어난 큰 물결. 예파도가 밀려오다. 비물결.

파동 ①물결의 움직임. ②사회적으로 일어난 큰 변동. 예물가 파동. 정치 파동. 【波動】

파라과이〔나라〕 남아메리카 대륙 브라질 남서쪽에 위치한 공화국. 목축업과 임업을 주로 하는 농업국임. 열대성 기후로 목화·옥수수·담배 등을 산출함. 수도는 아순시온.

파라티온 이화명충 볏짚굴파리·진딧물·나방 등의 농작물 해충을 죽이는 농약.

파란 ①작은 물결과 큰 물결. ②어수선한 일의 실마리. 예행복했던 가정에 파란이 일다. ③일이 평범하지 않고 기복·변화가 있음. 【波瀾】

파랑새 푸른 빛깔을 띤 여름새. 날개 길이 18~20cm. 모기·매미·잠자리 등을 잡아먹음. 우리나라·중국·일본 등지에서 살고 겨울에는 남쪽에서 지냄.

파:랗다(파라니, 파라서) 매우 푸르다. 예가을 하늘이 파랗다. <퍼렇다.

파르스름하다 약간 파랗다. <푸르스름하다.

파릇파릇 산뜻하게 군데군데

파란 모양. 예파릇파릇 돋아
난 새싹. <푸릇푸릇. -하다.

파리〖지명〗 프랑스의 수도. 유
럽의 경제 문화의 중심지. 예
술의 도시, 유행의 도시라고
도 함.

파리하다 몸이 마르고 핏기 없
이 해쓱하다. 예얼굴이 파리
하다.

파:면 일자리에서 쫓아냄. 예
회사에서 파면당하다. -하다.

파:멸 사람의 인격이나 집안
·나라 등이 깨어져 멸망함.
-하다.　　　　　　【破滅】

파문 ①잔물결. ②어떤 일의
영향. 예뜻하지 않은 사건으
로 사회에 파문을 일으키다.

파묻다 ①땅을 파고 그 속에
묻다. 예김칫독을 파묻다. ②
남몰래 숨기어 감추다. 예비
밀 문서를 파묻다.

파미르 고원 아시아 대륙의 중
앙 부분에 있는 '세계의 지붕
'이라고 불리는 높은 지대. 평
균 표고 5,000m.

파발 조선 시대의 공문서를 급
히 보내기 위하여 설치했던,
역마를 갈아 타는 곳. 역참.

파발마 조선 때, 공무로 다른
지방으로 가는 사람이 타던
말.

파병 군대를 파견함. 예월남전
에 파병하다. -하다.

파브르〖사람〗[1823~1915] 프
랑스의 곤충학자. 곤충에 대
하여 재미를 느껴 일생 동안
많은 연구를 하였음. 그가 연
구한 것을 적은 책〈곤충기〉
10권은 세계적으로 유명함.

파:산 재산을 모두 잃어버림.
回도산. -하다.

파:손 깨어져 못쓰게 됨, 또는
깨뜨려 못쓰게 함. 예학교 물
건을 파손하다.

파수 경계하여 지킴, 또는 지
키는 사람. -하다. 【把守】

파시 고기가 한창 잡힐 때 바
다 위에서 열리는 생선 시장.

파악 어떠한 일을 잘 이해하여
확실하게 바로 앎. 예사고의
원인을 파악하다. -하다.

파:업 하던 일을 중지함. 回동
맹 파업. -하다.

파:열 깨어지거나 갈라져서 터
짐. 예추위로 수도관이 파열
되다. -하다.

파운드 ①영국의 무게 단위. ②
영국 돈의 단위.

파울 경기할 때 규칙에 어긋난
행동. 규칙 위반. 回반칙.

파이 밀가루와 버터를 반죽하
여 과실·고기 등을 넣어서
구운 서양 과자. 예피자 파이.

파이렉스 유리 내열 유리 제
품. 열팽창 계수가 보통 유리
보다 매우 적어서 특수 진공
관, 전기 절연용, 내열용 등으
로 쓰임.

파이프 오르간 음계에 따라 배
열된 여러 관에 동력으로 공
기를 보내 소리를 내게 한 건
반 악기.

파인애플 더운 지
방에서 나는 아
나나스라는 식물
의 열매. 통조림 [파인애플]
을 만듦.

파인 플레이 ①훌륭한 경기.
묘기. ②어떤 경쟁 따위에서,
정정당당한 싸움. 回페어 플
레이. 回더티 플레이.

파일럿 비행기를 조종하는 사
람. 비행사. 【pilot】

파자마 위아래 한 벌로 되어
있는, 헐렁한 서양식 잠옷.

파:종 논밭에 곡식의 씨앗을
뿌림. 예파종 시기. -하다.

파:지 인쇄나 제본 과정 등에

서 구겨지거나 찢어져서 못쓰게 된 종이.

파:직 관직에서 물러나게 함. -하다.

파초 잎이 넓고 길며 노란꽃이 피고 바나나 비슷한 열매를 맺는 풀.

파출부 임시로 나가 집안 일 따위를 돌봐 주는 직업 여성.

파출소[파출쏘] 도시에서 경찰관이 파견되어 관할 구역의 치안을 맡아 보는 곳.

파충류 척추 동물의 한 종류. 냉혈이며 허파로 호흡함. 대개 난생임. 거북·뱀·악어 등.

파키스탄〖나라〗 인도 서쪽에 있는 공화국. 석유·천연 가스·크롬 등의 매장량이 풍부하기는 하나 공업 개발이 뒤져 있음. 수도는 이슬라마바드.

파:탄 일이 잘 되지 못하고 그릇됨. ⑩무역 적자로 경제가 파탄에 이르다. 【破綻】

파:편 깨어져 부서진 조각.

파:하다 일을 다하다. 마치다. ⑩학교가 파하다.

파헤치다 ①속에 있는 것을 파서 흩어지게 하다. ②남의 비밀 등을 들추어 세상에 드러내다. ⑩숨겨진 비밀을 파헤치다.

파:혼 약혼한 것을 깨뜨림.

판 그림이나 글씨 등을 새기어 인쇄에 사용하는, 나무나 쇠의 조각. ⑩인쇄판. 【版】

판가름 옳고 그림이나, 낫고 못함 따위를 가름. -하다.

판결 ①일의 옳고 그름을 가리어 결정함. ②재판소가 법률을 적용하여 소송 사건에 대해 결정함. ⑩무죄 판결. -하다.

판국 어느 사건이 벌어져 있는 형편. ⑩나라가 어수선한 판국에 과소비를 하다니.

판단 어떤 사물에 대한 자기의 생각을 마음 속으로 정함, 또는 그렇게 정한 내용. ⑩정확한 판단. ⑮판별. -하다.

판단력[판단녁] 사물을 정확히 판단하는 힘.

판도 ①한 나라의 영토. ⑩신라의 판도. ②어떤 세력이 미치는 영역 범위. ⑩한순간 실수하면 인생의 판도가 뒤바뀐다. 【版圖】

판로[팔로] 상품이 팔려 나가는 곳. ⑩판로를 개척하다.

판막음[판마금] 그 판에서의 마지막 승리. -하다.

판매 물건을 팖. ⑩저렴한 가격으로 판매하다. ⑮구입. 구매. -하다.

판매 가격 상품을 파는 값. ⓤ판가. 판매가. 【販賣價格】

판매량 일정한 기간 동안 판매한 양.

판명 사실이나 진실 따위가 명백히 밝혀짐. ⑩사건의 진상이 판명되다. -하다.

판문점〖지명〗 경기도 개성 동쪽 10km 지점에 있는 마을. 유엔군과 북한 공산군의 군사 정전위원회와 군사 연락 장교 회의장 등이 있음.

판별 판단하여 구별함. 분명히 가름. -하다.

판본체 훈민정음이나 용비어천가를 판에 새긴 글씨체로, 한문 서예의 전서나 예서의 필법으로 쓴 글씨.

판사 재판을 맡아 보는, 대법관 이외의 법관.

판서 조선 시대 육조의 으뜸 벼슬. 육조의 책임자로 지금의 장관에 해당함.

판소리[판쏘리] 조선 중기 이후에 발달한 민속 예술 형태의 하나. 광대 한 사람이 북 장단에 맞추어 줄거리가 있는 이야기를 노래로 부르는 형식임.

판수 점치는 것을 일로 삼는 소경. 凰소경.

판을 치다 제 마음대로 활개를 치다.

판이 아주 다름. 囫성격이 판이하다. -하다.

판자 나무를 깎아서 얇고 판하게 만든 것. 凰널빤지.

판자촌 판잣집이 모여 있는 동네.

판잣집[판자찝] 널빤지로 허름하게 지은 집.

판정 ①옳고 그름을 가려서 결정함, 또는 그 결정. ②권투나 레슬링 따위의 경기에서, 심판이 승패를 결정함. 또는 그 결정. 凰판단. -하다.

판정승 권투·레슬링 등의 경기에서 심판의 판정으로 이김.

판지 널빤지처럼 단단하고 두껍게 만든 종이. 【板紙】

판판하다 높고 낮은 데가 없이 고르고 넓다. 囫운동장이 판판하다. <펀펀하다. 판판히.

판화 판을 새겨서 먹물이나 그림물감 등을 묻혀 찍어 내는 그림. 囫목판화. 【版畵】

팔 손목과 어깨 사이의 부분.

팔가락지 여자의 손목에 끼는 금·은 등으로 만든 고리 모양의 장식품. 쥰팔찌.

팔각형 여덟 개의 변으로 이루어진 다각형. 【八角形】

팔관회 고려 시대에 신에게 제사지내던 국가적인 행사의 하나. 등불을 밝히고 잔치를 베풀며 나라의 행운을 빌었음.

팔꿈치 팔을 굽힐 때에 밖으로 내미는 부분. ×팔굼치.

팔다(파니, 파오) ①값을 받고 물건을 주거나 노력을 들이다. 凰사다. ②정신이나 눈을 다른 곳으로 돌리다. 囫공부 시간에 한눈을 팔다. ③이름 따위를 빙자하다. 囫친구의 이름을 팔고 부정을 저지르다.

팔다리 팔과 다리.

팔당댐[팔땅땜] 1974년 경기도 양주군 팔당(북한강과 남한강이 만나는 곳)에 건설된 댐. 길이 574m, 높이 32m. 7년 6개월 만에 완공. 경인 지구의 상수도 및 농업 용수, 공업 용수, 수력 발전, 관광 개발 등에 이용됨.

팔도강산[팔또강산] 우리 나라 전국의 산수.

팔도지리지〖책명〗 조선 시대의 우리 나라 지도책. 세종 때 왕명으로 윤회·신색·맹사성 등이 8도의 지리를 비롯하여 인구·토질 등을 기록함.

팔랑개비 어린이 장난감의 한 가지. 종이 따위로 바람을 받아 잘 돌게 만든 장난감. 바람개비.

팔리다 ①물건 따위를 다른 사람이 사 가게 되다. 囫땅이 팔리다. ②정신이 한쪽으로 쏠리다.

팔(8)만 대:장경 고려 시대 최우가 15년만에 완성을 보아 간행한 불경. 판목이 총 8만여 장이나 되는데, 경남 합천 해인사에 보관되어 있음.

팔베개 팔을 베개 삼아 베는 일.

팔불출 몹시 어리석은 사람을 이르는 말. 【八不出】

팔일오(8·15) 광복 제2차 세계

대전이 연합군의 승리로 끝난 1945년 8월 15일, 우리 민족이 36년간의 일본 통치에서 벗어나 자유를 되찾은 일.

팔짝팔짝 갑자기 가볍게 날거나 뛰어 오르는 모양. 예개구리가 팔짝팔짝 뛰다. <펄쩍펄쩍.

팔짱 두 팔을 엇걸쳐 손을 겨드랑 밑에 넣어 끼는 짓.

팔팔(88) 올림픽 제24회 서울 올림픽이 1988년도에 개최되었다고 하여 이르는 이름.

팜플렛 간단하게 엮은 작은 책자. 예상품 광고 팜플렛

팥 콩과 같이 열매는 꼬투리이며, 씨는 밥에 넣거나 죽을 쑤거나 떡을 만들어 먹음. [팥]

팥죽 팥을 삶아 으깨어 거른 물에 쌀을 넣고 쑨 죽.

패:가 집·재산을 다 탕진하여 없앰. -하다. 【敗家】

패:권 우두머리나 으뜸의 자리를 차지한 사람이 가지는 권력.

패:기 어떤 어려운 일을 해내겠다는 자신을 보이는 정신. 예패기가 넘쳐 흐르다. 【覇氣】

패다¹ 사정 없이 마구 때리다.

패:다² 도끼로 장작 등을 쪼개다. 예장작을 패다.

패랭이 천한 사람이나 상제가 쓰던 댓개비로 엮어 만든 갓. [패랭이]

패:륜아 사람으로 마땅히 지켜야할 도리에 어긋난 짓을 한 사람.

패:망 싸움에 져서 망함. 예패망한 나라. 빤승리. -하다.

패:물 사람의 몸에 차는 장식물. 비노리개.

패:배 싸움에 짐. 빤승리.

패스 ①통과. 합격. 예대학 입시에 패스하다. ②무료 입장권. 정기권. ③축구·농구 등에서 같은 편끼리 공을 주고받아 연락하는 일. 예정확한 패스를 하다.

패스포:트 ①외국 여행자에게 나라에서 주는 증명서. ②통행증 등의 증명서. ❀패스.

패:습 못된 풍습. 좋지 못한 버릇.

패:인 싸움에 진 원인.

패:자 싸움이나 경기에 진 사람. 빤승자. 【敗者】

패:잔병 전쟁에 지고 살아남은 군사. 【敗殘兵】

패:전 싸움에 짐. 빤승전. -하다.

패:총 지난날 원시인들이 먹고 버린 조개 껍데기가 쌓여 층을 이루고 있는 유적. 웅기·김해의 패총이 유명함. 조개무지.

패킹 ①관의 이음매 등에 공기나 물의 침입을 막기 위해 넣는 재료. ②짐을 꾸리는 일. 포장.

패턴 ①본보기가 되는 일정한 형태. 예미개 민족의 사회 패턴. ②모범. 견본.

패:하다 싸움에 지다. 빤승리하다.

팩시밀리 전기를 이용하여 문서를 먼 곳으로 보낼 수 있는 기계. 복사기·전화기·전송 장치 등이 합해짐.

팬 ①선풍기. 송풍기. ②영화·운동 경기 등을 몹시 즐기는 사람. 예나는 야구 팬이다.

팬더 중국 특산의 곰을 닮은 희귀한 동물. 몸길이 1.6m 가량. 몸무게 75~160kg. 숲 속에 살면서 죽순과 댓잎을 먹

고 삶.

팬 레터 배우·가수·운동 선수 등 인기 있는 사람에게 그를 좋아하는 사람이 보내는 편지.

팬터마임 말은 하지 않고 몸짓과 표정만으로 하는 연극. 무언극.

팻말 패를 붙였거나 거기에 글을 써 놓은 나뭇조각. 또는 말뚝.

팽개치다 집어 던져 버리다. 예책가방을 팽개치다. 본팽개치다.

팽이 나무를 뾰족하게 깎아 만들어 채로 쳐서 돌리는, 어린아이의 장난감.

팽창 ①부풀어서 띵띵하게 됨. ②크게 번져 퍼짐. 예서울 인구의 팽창이 심각하다.

팽팽하다 ①서로 잔뜩 잡아당기어 튀길 힘이 있다. 예줄을 팽팽하게 당기다. ②양쪽의 힘이 서로 비슷하다. 예양 선수가 팽팽하게 맞선 경기. 팽팽히.

퍼내다 깊숙한 데서 담긴 것을 길어 내거나 떠내다. 예우물에서 물을 퍼내다.

퍼덕거리다 날짐승이 날개를 자꾸 치며 소리를 내다. 예새가 총에 맞아 퍼덕거리다. >파닥거리다. 센퍼떡거리다.

퍼뜨리다 ①널리 퍼지게 하다. ②널리 알게 하다. 예소문을 퍼뜨리다.

퍼뜩 어떤 생각이 별안간 머리에 떠오르는 모양. 예친구가 퍼뜩 생각이 나다. >파뜩. -하다.

퍼렇다 짙고 어둡게 푸르다. 매우 푸르다. 예소나무 숲이 퍼렇다. >파랗다.

퍼레이드 축하 행렬. 예고적대 퍼레이드.

퍼붓다(퍼부으니, 퍼부어서) ①퍼서 붓다. 예독에 물을 퍼붓다. ②비·눈 등이 억세게 쏟아지다. 예갑자기 소나기가 퍼붓다. ③마구 욕설을 하다.

퍼센트 100을 기준으로 하였을 때의 어떤 양의 비율. 기호는 '%'. 비백분율.

퍼:지다 ①끝이 넓적하게, 또는 굵게 벌어지게 되다. ②널리 미치다. 소문이 돌다. 예헛소문이 온 동네에 퍼지다.

퍽 매우. 썩 많이. 아주 지나치게. 예오늘은 퍽 추운 날씨이다.

펄 ①개흙 땅. ②아주 넓고 평평한 땅.

펄럭이다 바람에 날려 세차게 나부끼다. 예태극기가 바람에 펄럭이다. >팔락이다.

펄렁 바람에 한 번 가볍게 나부끼는 모양. >팔랑.

펄쩍 뛰다 억울하거나 뜻밖의 일을 당하였을 때, 깜짝 놀라며 아주 강하게 부인한다.

펄프 나무나 짚 등에서 얻는 종이 등의 원료. 【pulp】

펌프 ①액체나 기체를 빨아 올리거나 이동시키는 데 쓰는 기계. ②양수기.

펑펑 ①큰 눈송이 등이 많이 쏟아져 내리는 모양. 예함박눈이 펑펑 쏟아지다. ②많은 양의 액체가 세차게 솟거나 쏟아져 나오는 소리. 또는 그 모양. >팡팡.

페가수스자리 가을 하늘 한복판에 보이는 별자리. 날개가 돋친 말과 같은 모습을 하고 있음.

페니실륨 푸른 곰팡이. 이것에서 페니실린의 원료를 뽑아 냄.

페니실린 푸른곰팡이의 일종에서 얻은 항생 물질의 하나. 1929년 영국의 플레밍이 발견. 세균에 의하여 곪는 병에 뛰어난 효력을 나타냄.

페니키아〖나라〗 지금의 시리아 지방. 기원전 3,000년경에 지중해 연안에서 페니키아 사람들이 세운 도시 국가. 항해술이 뛰어나 지중해 무역을 독점하였음.

페달 피아노·풍금·재봉틀 등의 발판, 또는 자전거 등의 발걸이.

페레스트로이카 개혁. 재건.

페루〖나라〗 남아메리카의 서부에 있는 공화국. 사탕수수·철광석·면화 등을 수출함. 수도는 리마.

페르시아〖나라〗 지금 이란의 옛 이름. 다리우스 1세 때 전성기를 이루었으나, 마케도니아의 알렉산더 대왕에 의해 기원전 330년에 멸망함.

페르시아 만 이란과 아라비아 반도에 둘러싸인 만. 옛날부터 동서 교통의 중요한 통로였음.

페스탈로치〖사람〗〔1846~1827〕 근대 새 교육의 싹을 트게 한 스위스의 교육자이며 교육학자. 빈민 학교와 고아원을 경영했고, 처음으로 초등 학교를 세웠음. 사랑과 평등의 정신을 바탕으로 하는 인간성을 기르는 데 힘쓴 그의 교육 사상은 오늘날의 새교육 사상에 큰 영향을 끼쳤음.

페어 플레이 경기를 정정당당하게 하는 일. 정정당당한 승부.

페인트 칠감의 한 가지. 불투명해서 밑바닥을 감추어 칠하기에 알맞음. 🔟도료. 【paint】

페트리어트 미사일 미국의 최첨단 미사일. 걸프전 때 이라크가 발사한 스커드 미사일을 상공에서 요격하여 격파하였음.

펜 잉크나 먹물을 찍어서 글씨를 쓰는 도구. 🔟철필. 【pen】

펜치 철사를 잡아 비틀거나, 자르거나 또는 구부리는 데 쓰는 집게 같은 연장.

펭귄 펭귄과의 바다새. 날개는 짧고 지느러미 모양인데 날지 못하고 똑바로 서서 걸음. 남극 지방에서 떼지어 삶.

펴다 ①젖히어 벌리다. 📗이불을 펴다. ②구김살이나 주름살을 반반하게 하다. 📗다리미로 옷을 펴다. ③기세를 크게 가지다. 📗기를 펴다. ④널리 퍼뜨리다. 📗국산품 애용 운동을 펴다.

편¹ 시·글이나 책의 수효. 📗소설 한 편. 【篇】

편² ①사람이 오고가는 데 이용하는 수단. 📗버스 편으로 서울에 오다. ②패로 갈린 쪽. 📗편을 갈라 시합하다.

편³ 인명·단체 밑에 붙어 편찬의 뜻을 나타내는 말.

편견 공정하지 못하고 한 쪽으로 기울어진 생각.

편곡 어떤 곡을 그 곡의 본디의 편성에서 다른 연주 형태에 맞게 곡을 고쳐 쓰는 일. 또는 고친 그 곡.

편도선 사람의 입 속 양쪽 구석에 하나씩 있는 많은 세포로 된 타원형의 기관.

편두통 갑자기 일어나는 발작성의 두통. 주로 한 쪽 머리만 심하게 아픔.

편들다(편드니, 편드오) 한편이 되어 도와 주다. 🔟역성들다.

편람[펼람] 보기에 편리하도록 간단하고 명료하게 만든 책. 예학교 편람. 학습 편람.

편리[펼리] 어떤 일을 하는 데 편하고 이용하기 쉬움. 凹편의. 凹불편.

편마암 석영·장석·돌비늘을 주성분으로 하는 알갱이 암석.

편물 털실 등으로 옷·양말 등을 뜨는 일. 또는 그런 제품.

편법 편리한 방법. 쉬운 방법. 예편법을 쓰다. 【便法】

편성 흩어져 있는 것을 모아서 하나의 형태를 갖춘 것으로 만듦. 예학급 편성.

편식 입에 맞는 음식만을 가려서 즐겨 먹는 일. -하다.

편안 몸이나 마음이 거북하지 않고 한결같이 좋음. 凹평안. -하다. -히.

편애 어느 한 사람이나 한 쪽만을 매우 사랑함. -하다.

편의 편하고 좋음. 알맞은 형편. 凹편리. -하다. 【便宜】

편전 임금이 거처하는 나랏일을 보던 궁전. 【便殿】

편중 어느 한 쪽으로 치우침. 예시험에 편중된 공부. -하다.

편:지 소식을 알리거나 어떤 용건을 적어 보내는 글. 凹서신. -하다.

편집 여러 가지 자료를 모아 신문이나 책·방송 원고 등을 만드는 일. -하다.

편찬 여러 종류의 자료를 모아 책을 만들어 냄. 예국어 사전을 편찬하다. -하다.

편찮다 병으로 앓고 있다. 예아버지께서 편찮으시다. 凰편하지 아니하다.

편충 기생충의 하나. 사람의 장, 특히 맹장에 기생하는데,

빈혈·신경증·설사 등을 일으킴.

편파적 공평하지 못하고 한편으로 치우치는 것.

편평 넓고 평평함. 예편평한 땅. -하다. -히. 【扁平】

편하다 ①거북하거나 괴롭지 않다. ②근심이 없다. 예온 집안이 편하다. ③쉽다. 예일이 편하다. 凰불편하다. 편히.

펼치다 넓게 펴다. 펴서 드러나게 하다. 예책을 펼치다.

평:¹ 옳고 그름, 좋고 나쁨, 잘되고 잘못됨 등을 가려서 느낀 생각을 말하는 일. 예영화 관람 평을 하다. -하다. 【評】

평² 토지 면적의 단위. 1평은 약 3,306㎡.

평:가[평까] ①값어치를 따져 밝힘. 예재산을 평가하다. ②수준·능력 등을 측정함. 예학력 평가. -하다. 【評價】

평강 공주【사람】 고구려 제25대 평원왕의 딸. 온달의 아내.

평균 ①적고 많은 것이 없이 고름. 또는 그렇게 함. ②많은 수나 양의 중간적인 값, 또는 그런 수치를 구하는 일. 예학급의 평균 키를 구하다.

평균대 체조할 때 쓰는 기구의 하나, 또는 그 위에서 하는 운동.

평균 수명 사람이 태어나서 평균하여 몇 년을 살 수 있는가를 나타내는 연수.

평년 ①윤년이 아닌 해. 1년이 365일인 해. ②농사가 보통 정도의 수확을 올린 해. 예올해의 농사는 평년작이다.

평등 모두 다 고르고 한결같음. 차별이 없이 동등함. 예평등한 사회. 凹동등. 凹차별.

평등권 모든 국민이 성별·직업·종교 등의 차별이 없이

갖는 동등한 권리.

평등 선:거 모든 사람이 똑같이 한 표씩의 투표권을 갖는 선거 제도. 凰차등 선거. 불평등 선거.

평:론[평논] 사물의 가치·선악 등을 비평하여 논함. 또는 그 글.

평면 평평한 면. 凰수평면. 凰입체. 곡면. 【平面】

평면도 건물이나 물체 등을 똑바로 위에서 보고 그린 그림.

평면도형 한 평면 위에 그려진 도형. 준평면형.

평면적 ①그림 등에서 볼록 돋아난 느낌이 없는 상태. ②깊이 파고들지 않고 겉으로만 보아 넘기거나 나타내거나 하는 모양. 凰입체적.

평민 벼슬이 없는 사람. 보통 사람. 凰귀족. 【平民】

평범 뛰어난 점이 없이 보통임. 凰비범.

평상시 ①보통 때. 평소. ②세상이 평화로운 때. 凰비상시. 준평시. 상시.

평생 사람의 한평생. 곧 살아 있는 동안. 凰일생.

평생 교육 일생동안 받는 교육.

평서문 감동·명령·의문 등의 뜻을 가지지 않은 보통 글.

평소 보통 때. 예평소에 열심히 공부하다. 凰평상시.

평시조 초장·중장·종장으로 되어 있는 보통 시조. 글자 수가 45자 안팎인 가장 기본적이고 대표적인 시조.

평안 걱정이나 괴로움이 없이 편함. 凰편안. -하다.

평안도 평안 남도와 평안 북도를 함께 이르는 말.

평야 넓게 펼쳐진 들. 예호남

평야. 김해 평야.

평온[1] ①평상시의 온도. ②평균 온도. 【平溫】

평온[2] 고요하고 편안함. 예평온한 세상. -하다. -히.

평원 평평하고 너른 들판. 凰평야. 凰산지.

평원왕【사람】[?~590] 고구려 제25대 임금.

평절 몸을 굽혀서 방바닥에 두 손을 대고 머리를 숙여 웃어른께 하는 절.

평지 바닥이 편편한 땅.

평탄 ①땅이 넓고 평평함. ②마음이 편하고 고요함. ③일이 순조롭게 되어 나감. 예일이 평탄하게 잘 끝나다.

평:판 세상 사람의 옳고 그름을 비평함. 또는 그 비평. 예평판이 좋은 사람.

평평 높낮이가 없이 널찍하고 판판함. -하다. 【平平】

평행 ①나란함. ②두 직선을 아무리 늘여도 서로 만나지 않음. -하다. 【平行】

평행봉 기계 체조 용구의 한 가지. 두 개의 평행 가로대를 적당한 높이로 어깨 넓이만큼 벌려서 버티어 놓은 것.

평행 사변형 마주 보는 두 쌍의 대변이 서로 평행한 사각형. 나란히꼴.

평행선 같은 평면상에 있는, 둘 또는 그 이상의 서로 평행하는 직선. 평행직선.

평형 한 물체에 작용하는 힘이 서로 맞서는 것. 한 물체의 크기가 같고, 방향이 서로 반대인 힘이 작용하면 그 두 힘은 평형이 됨. -하다.

평화 ①평온하고 화목함. 조용함. 예평화스러운 가정. ②전쟁이 없이 세상이 평온함. 凰화평. 凰전쟁. -하다. -스럽다.

평화적 평화에 관한 것. 평화로운 모양. [예]평화적으로 타협하다.

평화 조약 서로 싸우던 나라끼리 전쟁을 중지하고 평화를 회복하기 위하여 맺는 조약.

평화 통:일 전쟁이나 무력을 쓰지 않고 평화적인 방법으로 나뉜 것을 서로 합함.

폐:[1] 허파. 물에 사는 동물의 호흡기의 하나.

폐:[2] 남에게 끼치는 신세나 괴로움. [본]폐단.

폐:간 신문·잡지 등의 간행을 폐지함. [반]창간. -하다.

폐:결핵 결핵균의 침입으로 생기는 허파의 병. 피로감·기침·열·호흡 곤란 등의 증세가 일어나고, 심하면 피를 토하게 되는 전염병.

폐:곡선[폐곡썬] 한 곡선 위에서 한 점이 한 방향으로 움직여, 출발점으로 되돌아 오는 곡선. [반]개곡선.

폐:교 학교에서 수업을 중지하고 쉼. [반]개교. -하다. 【閉校】

폐:기 못 쓰게 된 것을 버림. [예]폐기 처리장. -하다.

폐:단 ①좋지 못하고 해로운 점. ②괴롭고 번거로운 일. [준]폐.

폐:동맥 심장에서 폐로 정맥혈을 보내는 혈관. [반]폐정맥.

폐:렴 허파에 염증이 생겨서 부어오르며 열이 나는 병.

폐:막 ①극을 마치고 막을 내림. ②어떤 일이 끝남. [예]올림픽이 폐막되다. -하다.

폐:문 문을 닫음. 사용하지 않는 문. [반]개문. -하다. 【閉門】

폐:백 신부가 처음으로 시부모를 뵐 때 올리는 대추나 포 따위.

폐:쇄 ①문을 닫고 자물쇠를 채움. [예]공원을 폐쇄하다. ②마음의 문을 닫고 바깥 세상과의 교류를 끊음. [예]폐쇄된 국가. -하다.

폐:수 이미 사용하여 못 쓰게 된 물. [예]공장의 폐수로 강물이 오염되다.

폐:업 문을 닫고 영업을 쉼. [반]개업. -하다. 【閉業】

폐:인 ①병으로 몸을 망친 사람. [예]술로 인해 폐인이 되다. ②남에게 버림을 받아 쓸모없이 된 사람.

폐:지 행하던 것을 치워서 그만 둠. [예]학력 고사를 폐지하다. -하다. 【廢止】

폐:품 못 쓰게 되어 버린 물품. [예]폐품을 수집하다.

폐:하 황제나 황후를 높여 부르는 말. [예]황제 폐하.

폐:허 재해로 인하여 아무것도 없이 된 터. [예]전쟁으로 폐허가 되다.

폐:활량 폐 속에 최대 한도로 공기를 들이 마신 후, 다시 내쉴 때 나오는 공기의 양.

폐:회 회의가 끝남. [예]폐회를 선언하다. [반]개회. -하다.

폐:회사 폐회를 선언하는 인사말. [반]개회사.

포:경선 고래잡이 배.

포:고 ①일반에게 널리 알림. ②국가의 결정적 의사 표시를 국민에게 널리 알림. [예]선전 포고. -하다. 【布告】

포:고령 정부에서 국민에게 널리 알리는 명령.

포구 배가 드나드는 개의 어귀. 작은 항구. 【浦口】

포근하다 ①감정이나 자리 등이 보드랍고 따뜻하며 편안한 느낌이 있다. [예]엄마의 품 속은 포근하다. ②겨울 날씨가 춥지 않고 따뜻하다. [예]포근한 날씨. <푸근하다. 포근히.

포기[1] 풀이나 나무에서 뿌리를 하나로 셈한 그 하나하나. 예배추 한 포기.

포:기[2] 하던 일을 도중에서 그만 두어 버림. 예여행 계획을 포기하다. -하다.

포기나누기 원뿌리로부터 일부를 나누어 다른 곳에 옮겨 심는 일. 비분주.

포대[1] 무명이나 삼베 따위로 만든 자루.

포대[2] 적탄을 막고 아군의 사격을 편리하게 하기 위해 튼튼하게 쌓은 화포의 진지.

포대기 어린아이를 업거나 덮어 줄 때 쓰이는 이불.

포도 포도 나무 열매. 덩굴이 길게 벋고 퍼져 가며 한 송이에 여러 개의 열매가 달림.

[포도]

포도당 단당류의 한 가지. 단맛이 있는 과실이나 꿀 등 널리 생물계에 분포하며 생명 에너지의 원료가 됨.

포:도 대:장 조선 때, 포도청의 우두머리.

포도주 포도의 즙을 짜내어 발효시켜 만든 술.

포:도청 조선 때, 도둑이나 범죄자를 잡기 위하여 설치한 관청.

포동포동 통통하게 살진 모양. 예포동포동한 아기 얼굴. <푸둥푸둥. -하다.

포:로 전쟁 중에 사로잡힌 적의 군사.

포:로 수용소 전투에서, 사로잡은 적군을 집단적으로 한 곳에 가두어 두는 곳.

포르투갈【나라】 남부 유럽의 이베리아 반도 서부에 있는 공화국. 주산업은 농업이며

포도주·올리브·보리·코르크 등을 산출함. 수도는 리스본.

포말 소화기 거품을 일게 하고, 그 거품을 타는 것에 뿜어 공기를 막음으로써 불을 끄는 기구. *분말 소화기.

포목점 베와 무명 따위를 파는 가게.

포:박 잡아서 묶음. 죄인을 포박하다. -하다.

포:부 마음 속에 지닌 생각·계획·희망이나 자신.

포:섭 상대를 허용하여 받아들임. 자기 편에 가담시킴. 예적군을 포섭하다. -하다.

포성 대포를 쏘는 소리.

포:수[1] ①총으로 짐승을 잡는 사냥꾼. ②총군. 【砲手】

포:수[2] 야구에서, 투수가 던지는 공을 홈 베이스에서 받는 선수. 캐처. 비투수. 【捕手】

포스터[1] 광고나 선전을 위해 내붙이는 그림.

포스터[2]【사람】[1826~1864] 미국의 가곡 작곡가. '미국 민요의 아버지'로 불림. 작품에는 〈스와니 강〉〈오, 수재너〉〈켄터키 옛집〉등이 있음.

포:승 죄인을 잡아 묶는 노끈.

포:식 배가 부르게 잔뜩 먹음. 예음식을 포식하다. -하다.

포악 성질이 사납고 악함. 예포악한 행동을 하다. -하다.

포:옹 품에 껴안음. -하다.

포:용 ①휩싸들임. ②마음씨가 너그러워 남의 잘못을 감싸 줌. -하다. 【包容】

포:위 둘러 에워쌈. 예적에게 포위당하다. -하다.

포:유 동물 젖먹이 동물.

포:유류 가장 고등한 동물군으로 새끼를 낳아서 젖을 먹여 기름. 포유 동물.

포장¹ 물건을 종이·판지 등으로 싸서 꾸림. 예선물을 포장하다. -하다.

포장² 길 위에 아스팔트·돌·콘크리트 같은 것을 깔아 단단하게 꾸미는 일. 예포장 도로. -하다.

포:졸 포도청의 군졸.

포:즈 몸의 자세. 취하는 자세.

포:진 전쟁이나 경기를 위하여 진을 침. -하다.

포:착 ①꼭 붙잡음. 예좋은 기회를 포착하다. ②요점이나 요령을 얻음. -하다.

포츠담 선언 제2차 세계 대전이 끝날 무렵인 1945년 7월, 베를린 교외의 포츠담에서 미국·영국·중국의 3개국 대표가 일본에 대하여 무조건 항복을 권고한 선언. 우리 나라의 해방과 독립이 약속되었음.

포:크 ①양식에서, 고기나 생선 또는 과일 등을 찍어 먹는 식탁 용구. ②두엄·풀무덤 등을 꿰어 푸거나 헤칠 때 쓰는 농기구의 한 가지. 서너 개의 쇠꼬챙이로 된 긴 날에 삽자루와 같이 자루를 맞추었음. 【fork】

포탄 대포·화포의 탄알.

포플러 ①버들과에 속하는 키가 큰 나무. 가로수로 많이 심음. ②미루나무.

포플린 목화 섬유로 짠 천의 한 가지. 바닥이 곱고 깨끗하며 옷감·커튼감 등으로 쓰임.

포:학 몹시 사나움. 예포학하게 싸우다. -하다.

포함 ①속에 들어 있음. ②속에 다 쌈. -하다.

포항 종합 제:철 공장 1973년 7월에 완공된 종합 제철 공장으로 제철·제강 등 큰 규모의 시설을 갖추고 있음.

포:화 일정한 조건 아래서 작용이나 변화가 더 이상 진행되지 못하는, 극도에 이른 상태.

포:화 용액 일정한 온도와 일정한 압력에서 물질이 더 이상 녹을 수 없을 정도의 양까지 녹아 있는 상태의 액체.

포효 크게 외침. 사나운 짐승이 소리를 지름. -하다.

폭 ①가로의 길이. 너비. 예가방의 폭. ②너그러운 마음과 깊은 생각. 예폭이 넓은 사람.

폭격[폭껵] 비행기에서 폭탄을 떨어뜨려 적의 진지나 시설을 부수는 일. -하다.

폭군 포악한 임금. 【暴君】

폭도 함부로 사납게 날뛰며 난폭한 행동을 하는 무리.

폭동 여러 사람이 난폭한 행동으로 질서를 어지럽히고 소동을 일으킴. 비난동.

폭등 물건 값이 별안간 뛰어 오름. 예물가가 폭등하다. 반폭락. -하다.

폭락[퐁낙] 물건 값이 별안간 떨어짐. 반폭등. -하다.

폭력[퐁녁] 난폭한 힘. 억지로 욱박지르는 힘. 예폭력을 휘두르다. 비완력. 【暴力】

폭력배 걸핏하면 폭력을 휘두르는 불량배.

폭로[퐁노] 감춘 일이 드러남. 예부정을 폭로하다. -하다.

폭리[퐁니] 부당한 이익. 한도를 넘는 이익. 반박리. 【暴利】

폭발 불을 일으키며 갑작스럽게 터짐. 예가스 폭발 사고. -하다.

폭설 갑자기 많이 내리는 눈.

폭소 갑자기 터져나오는 웃음. 예폭소를 터뜨리다. -하다.

폭약 불을 일으키며 갑작스럽게 터지는 물질. ❷폭발약.

폭언 거칠고 사납게 하는 말.

폭우 갑자기 많이 쏟아지는 비. ❸폭우로 산사태가 일어나다.

폭음 화약·화산 등이 폭발할 때 요란스럽게 나는 소리. 폭발음.

폭정 포악한 정치. 악독한 정치.

폭주 규칙을 무시하고 함부로 난폭하게 달림. ❸자동차가 폭주하는 도로. -하다.

폭죽 가느다란 대통이나 종이 통 속에 화약을 넣고 불을 붙여 소리나 불꽃이 나게 하는 물건.

폭탄 쇠로 된 껍질 안에 폭약을 채워서 던지거나 비행기 등에서 떨어뜨려 터뜨리는 폭발물.

폭파 폭발시켜 부수어 버림. -하다.

폭포 낭떠러지에서 흘러 떨어지는 물. ❷폭포수.

폭풍 몹시 세게 부는 바람.

폭풍우 폭풍과 폭우. ❸폭풍우가 휘몰아치는 바다.

폭행 사납고 거친 행동. 남에게 주먹을 휘두르는 일. ❸폭행을 휘두르다. -하다.

폴란드〖나라〗 유럽 중앙에 자리 잡은 독립 국가 연합과 독일 사이에 있는 나라. 지난날부터 강한 나라들의 틈바구니에 끼어 자주 남의 지배를 받아 왔음. 북부는 농업지, 남부는 철·석탄·암염의 산출이 많아 공업이 성함. 수도는 바르샤바.

폴로네즈 4분의 3박자로 이루어진 폴란드의 춤곡.

폴리에스테르 석탄이나 석유를 원료로 해서 만든 합성 섬유. 합성 수지(플라스틱)로 만들며, 약품과 열에 강해 건축 재료, 파이프로 많이 이용됨.

폴리에틸렌 에틸렌에서 만들어지는 합성 수지. 그릇, 포장 재료, 공업용 부품 따위에 쓰임.

폴짝폴짝 몸이 작은 것이 여러 번 가볍게 뛰어오르는 모양. 〈풀쩍풀쩍.

폴카 체코슬로바키아에서 일어난 4분의 2박자의 가볍고 유쾌한 춤곡, 또는 그 춤.

폼: ①형식. 양식. ②형태. 자세. ❸폼이 멋지다.

퐁당 작고 단단한 물건이 물에 떨어져 빠지는 소리. 〈풍덩.

표¹ 중요한 줄거리를 간추려서 알아보기 쉽게 적어 놓은 것. ❸계획표. 시간표. 【表】

표² ①증거가 될 만한 필적. ②두드러지게 나타나 보이는 특징. ③표시. ❸도로 표지판.

표결 여러 사람이 회의할 때, 찬성과 반대의 의사를 표시하여 결정함. -하다. 【表決】

표구 병풍·족자 등을 꾸며 만드는 일. -하다.

표기 ①겉에 표시해 기록함, 또는 그런 기록. ②문자나 음성 기호로 언어를 표시하는 일. ❸한글로 표기하다. -하다.

표류 ①물에 떠서 흘러감. ❸15소년 표류기. ②정한 곳 없이 떠돌아 다님. -하다.

표리 속과 겉. 표면과 내심.

표면 거죽으로 드러난 면. 겉쪽. ❶이면. 【表面】

표방 무슨 구실을 붙여 주장을 앞에 내세움. ❸자유를 표방하다. -하다. 【標榜】

표백분 색깔이 바랜 것을 희게 하거나 물의 소독에 쓰이는 흰색 약품. 준백분.

표범 범과 비슷하게 생겼으나, 온몸에 둥근 모양의 검은 점이 있고 꼬리가 길며, 성질이 매우 사나운 짐승.

표본 본보기가 되는 물건. 하나를 가지고 같은 종류의 표준을 삼을 만한 대표적인 물건. 예곤충의 표본을 모으다.

표본병 동물의 창자 등 상하기 쉬운 것의 표본을 보관하는 데 쓰이는 병. 표본으로 할 재료를 알코올이나 포르말린 용액 속에 담가 둠.

표본실 표본을 간수하거나 진열해 놓은 방.

표상 ①상징. 예태극기는 우리 나라의 표상이다. ②의식 중 과거의 인상이 다시금 나타난 것.

표시 알아차리도록 겉으로 드러내어 보임. 예자기 의사를 표시하다. -하다. 【表示】

표어 주의·주장·이상 등을 짧막하고 간단히 나타낸 말. 슬로건. 【標語】

표적 목표가 되는 물건. 예표적을 명중시키다. 【標的】

표절 남의 시가·문장·학설 따위를 자기의 것으로 발표하는 일.

표정 마음 속의 생각이나 느낌이 겉에 나타남. 또는 그 나타난 것. 얼굴빛이나 몸짓. 예밝은 표정을 짓다. -하다.

표제 ①책장의 겉에 쓰는 책의 이름. ②연설·예술 작품의 제목. 【表題】

표주박 둥근 박이나 조롱박을 반으로 쪼개어 만든 바가지. 흔히 물

[표주박]

을 떠먹는 데 씀. 표자.

표준 사물의 정도를 정하는 목표. 비기준. 【標準】

표준시 한 나라 또는 일정한 범위 안에서 공통으로 사용하려고 제정한 시각.

표준어 한 나라의 표준이 되는 말. 우리 나라에서는 교양 있는 사람들이 두루 쓰는 현대 서울 말로 정함. 비대중말. 반방언. 사투리. 【標準語】

표지1 책뚜껑. 책의 겉장.

표지2 어떤 사물을 나타내거나 구별하기 위한 표시나 특징. ×표식. -하다. 【標識】

표지판 표시를 하거나 표지로 쓰이는 판. 예안내 표지판.

표찰 이름이나 번호와 같은 짤막한 글을 쓴 종이나 얇은 나무 조각 따위로 만든 표.

표창 남의 잘한 일을 널리 세상에 칭찬하여 알림. 예표창장을 받다. -하다. 【表彰】

표하다 태도나 의견 등을 나타내다. 예고마움의 뜻을 표하다.

표현 말·글·몸짓으로 마음 속에 있는 생각이나 느낌을 드러내어 나타냄. -하다.

푯말[푠말] 표를 하기 위하여 땅바닥에 박아 세우는 말뚝.

푸근하다 ①딱딱하지 않고 부드러워 따뜻하고 편안한 느낌이 있다. 예푸근한 잠자리. ②꽤 따뜻하다. 예푸근한 겨울 날씨.

푸념 마음에 품은 불평을 드러내어 함부로 말함. 예푸념을 늘어놓다. -하다.

푸다 ①물 따위의 액체를 떠내다. ②그릇 속에 든 곡식·밥 등을 떠내다. 예밥을 푸다.

푸닥거리 무당이 간단하게 음식을 차려 놓고 잡귀를 풀어

먹이는 굿. -하다.

푸대접 성의 없게 아무렇게나 하는 대접. 🔵냉대. 박대. 🔴후대. -하다.

푸드덕 날짐승이 날개를 힘차게 치는 소리. 🔵새가 푸드덕 날아 오르다. 〉포드닥.

푸르다(푸르러, 푸르러서) ①하늘빛이나 초록빛과 같다. 🔵푸른 들판. 푸른 하늘. ②서슬이 엄하고 당당하다.

푸르름 빛깔이 온통 푸르게 되어 있는 것. 푸른 빛깔의 모양을 시적으로 나타내기 위하여 변화시켜 쓴 말임.

푸른곰팡이 밥·떡·메주 등에 피는 녹색 청록색 곰팡이를 통틀어 일컫는 말. 페니실린의 원료.

푸릇푸릇하다 군데군데 푸르스름하다. 〉파릇파릇하다.

푸석하다 거칠어서 부피만 많고 커서 옹골차지 못하여 부스러지기 쉽다. 〉포삭하다.

푸성귀 온갖 나물을 통틀어 이르는 말.

푸줏간 쇠고기·돼지고기 등을 파는 가게. 🔵정육점.

푸짐하다 흐뭇할 정도로 아주 많아서 넉넉하다. 푸짐히.

푹신하다 아주 부드러워 솜 위에 앉았을 때와 같은 느낌이 들다. 〉폭신하다. 푹신히.

푼: 돈 한 닢을 일컫는 말. 🔵돈 한 푼 없다.

푼:돈 [푼똔] 많지 않은 몇 푼의 돈.

푼푼이 한 푼씩 한 푼씩. 🔵푼푼이 모아 저축하다.

풀¹ 끈끈한 성질이 있어서 무엇을 붙이거나 옷감을 빳빳하게 만드는 데 쓰임.

풀² 줄기가 연하고 물기가 많아 나무의 성질을 이루지 않

는 식물을 통틀어 이르는 말.

풀리다 ①맨 것이나 얽힌 것이 끌러지다. ②추위가 누그러지다. 🔵춥던 날씨가 풀리다. ③이치나 문제가 밝혀지다. 🔵어려운 문제가 쉽게 풀리다. ④노여움과 원망이 없어지다. 🔵화가 풀리다.

풀무 불을 일으킬 때 바람을 불어 넣는 기구.

풀무질 풀무로 바람을 일으키는 일.

풀밭 풀이 많이 나 있는 평지.

풀벌레 풀숲에 사는 벌레.

풀숲 풀이 무성한 수풀.

풀이 알기 쉬운 말로 밝혀 말함. 🔵낱말 풀이. -하다.

풀이말 문장 속에서 '어찌하다·어떠하다·무엇이다'에 해당하는 말. '노을이 물들다'의 '물들다' 따위. 🔵서술어.

풀잎[풀립] 풀의 잎.

풀죽다 활기나 기세가 꺾여 맥이 없다.

풀피리 풀잎을 입술에 대거나 물고 불어서 소리가 나게 하는 것.

품¹ 무슨 일에 드는 힘. 또는 수고. 🔵품을 팔아 생활하다.

품² ①두 팔을 벌려서 안는 가슴. 🔵엄마 품에 안긴 아기. ②따뜻한 보살핌을 받는 환경을 비유하는 말. 🔵가족들의 품으로 돌아오다.

품:격[품껵] 사람의 품성과 인격. 🔵훌륭한 품격.

품:귀 물건이 귀함. 🔵겨울철에 난방 기구의 품귀 현상을 빚다. -하다.

품:다[품따] ①품 속에 넣어 안거나 지니다. 🔵닭이 알을 품다. ②생각·느낌 등을 마음 속에 가지다. 🔵과학자의 꿈을 품다.

품:명 물건의 이름. 【品名】

품:목 물건의 종류. 예품목별로 구분하여 진열하다.【品目】

품삯[품싹] 일을 해 주는 값으로 받는 돈. 예품삯을 받다. 비임금. 노임.

품:성 타고난 성질. 예품성이 착한 사람.

품앗이 힘드는 일을 서로 거들면서 품을 지고 갚고 하는 일.

품:위[푸뮈] 아름다움과 의젓함을 잃지 않는 몸가짐. 예품위 있는 행동. 金품. 【品位】

품:절 물건이 다 팔리어 없음. 비절품. 【品切】

품:종 농작물이나 가축의 종류를 성질이나 특징으로 나눈 명칭. 예다양한 품종. 【品種】

품:종 개:량 목적에 따라 어떤 동·식물을 더 좋은 것으로 개량하는 일. -하다.

품:질 물건의 좋고 나쁜 바탕이나 성질. 【品質】

품:질 표시 상품의 내용과 특성을 상품에 표시하여 보인 것.

품팔이 품삯을 받고 남의 일을 해 주는 짓.

품:평회 여러 가지 생산품을 늘어놓고 품질을 평가하는 모임.

품:행 타고난 성품과 행실.

풋- 말 앞에 붙어서, '새로운 것·덜 익은 것·미숙한 것'을 나타내는 말. 예풋고추·풋밤·풋사과·풋사랑 등.

풋내기 경험이 없어 일에 서투른 사람. ×풋나기.

풍경¹ 산과 물 등의 자연의 아름다운 모습. 예한가로운 시골 풍경. 비경치.

풍경² 절 따위 건물의 처마 끝에 달아서 바람에 흔들려 소

리가 나게 하는 금속·사기 등으로 만든 작은 종모양의 방울. [풍경²]

풍경화 자연의 경치를 그린 그림. 金풍경.

풍구질 풍구로 곡식에 섞인 쭉정이·겨·먼지 등을 제거하는 일. -하다.

풍금 페달을 밟아 공기를 불어 넣어 소리를 내는 건반 악기의 하나. 오르간.

풍기 지켜야 할 풍속이나 풍습. 예풍기를 바로잡다.

풍기다 냄새가 사방으로 퍼지다. 예꽃 향기가 풍기다.

풍년 농사가 잘 되어 많은 수확을 거두는 해. 비흉년.

풍뎅이 몸 빛깔은 녹색이며 껍데기가 단단하고 윤이 나는 곤충. 몸길이는 2cm가량이며 넓은 잎나무를 갉아 먹음.

풍랑[풍낭] ①바람과 물결. ②바람이 불어 일어나는 물결.

풍력 바람의 세기, 곧 바람의 강약의 횟수. 비풍세.

풍로 바람이 통하도록 아래에 구멍을 낸, 작은 화로의 한 가지.

풍류 속되지 않고 운치가 있는 일. 또는 풍치를 찾아 즐기며 멋스럽게 노니는 일.

풍만 ①넉넉하게 가득 참. ②살지고 몸집이 큼. 예몸이 풍만하다. -하다.

풍매화 바람에 의해서 수술의 꽃가루가 암술에 묻어 열매를 맺는 꽃. 소나무·옥수수 따위.

풍문 바람결에 들리는 소문. 떠도는 말. 비소문. 풍설.

풍물 ①그 고장의 경치. 비풍경. ②농악에 쓰이는 꽹과리·북·징·장구 따위의 악

기를 통틀어 이르는 말.

풍부 넉넉하고 많음. 예풍부한 자원. 풍부한 경험. 비풍족. 반부족. -하다. -히.

풍비 박산 사방으로 날아 흩어짐. 예가스의 폭발로 집이 풍비 박산되다. -하다.

풍상 ①바람과 서리. ②많이 겪은 세상의 어려움과 고통을 비유하여 이르는 말. 예온갖 풍상을 다 겪다. 【風霜】

풍선 종이·고무·비닐 따위로 만든 주머니 속에 고기나 수소를 넣어 공중 높이 올리는 물건.

풍설 세상에 떠돌아다니는 말. 비풍문. 【風說】

풍성 넉넉하고 많음. 예가을은 오곡 백과가 풍성한 계절이다. -하다. -히.

풍속1 옛적부터 내려오는 생활에 관한 습관. 예우리 민족의 아름다운 풍속. 비풍습.

풍속2 바람이 부는 속도. 1초 동안에 바람이 불어 가는 거리로 나타냄. 예풍속 20m의 태풍.

풍속계 풍속을 재는 장치. 팔랑개비가 바람을 받아 회전한 횟수로써 풍속을 앎. 비풍력계.

풍속화 사회의 형편이나 생활 습관을 그린 그림. 조선 후기에 유명했던 김홍도·신윤복 등이 대표적인 화가임. 비풍속도.

풍수 음양 오행설에 기초하여, 집·무덤 따위의 방위. 지형의 좋고 나쁨으로 사람의 운수를 판단하는 술법. 지술. 예풍수지리설.

풍습 풍속과 습관. 비풍속. 관습.

풍악 우리 나라 고유의 음악.

풍악산 가을의 금강산을 달리 일컫는 말.

풍요 매우 넉넉함. 풍요로운 삶. 비풍부. -하다.

풍우 바람과 비. 【風雨】

풍운 ①바람과 구름. ②영웅 호걸들이 뜻을 펼 수 있는 좋은 기회. ③사회 정치적으로 몹시 어지러운 정세. 예풍운이 감돌다. 【風雲】

풍자 사회나 인물의 잘못 따위를 재치 있게 빗대어 말함. 예정치를 풍자한 신문 기사. -하다.

풍작 풍년이 들어 모든 곡식이 잘됨. 반흉작. 【豊作】

풍장 농악에 쓰이는 풍물을 민속적으로 이르는 말.

풍전등화 〔바람 앞의 등불이라는 뜻으로〕 매우 위태로운 상태에 놓여 있음을 가리키는 말.

풍족 매우 넉넉하여 모자람이 없음. 예자원이 풍족하다. -하다. -히.

풍차 큰 날개를 달아 바람의 힘으로 돌게 하여 그 힘을 다른 기계에 전하는 장치.

풍채 드러나 보이는 사람의 겉모양. 예풍채가 좋다. 【風采】

풍치 경치·풍경 등의 멋. 또는 재미. 예풍치가 뛰어난 산.

풍토 기후와 땅의 상태.

풍토병[풍토뼝] 어떠한 지방의 기후와 토질로 인하여 생기는 그 고장 특유의 병. 【風土病】

풍파 ①세찬 바람과 험한 물결. 예큰 풍파가 일다. ②쓰라린 일. 예갖은 풍파를 겪다.

풍향 바람이 불어 오는 방향.

풍향계 풍향을 관측하는 기계.

풍화 작용 바위·돌 따위가 공기·물·기온 등 자연의 변화로 차차 부서져서 흙으로 바뀌는 일.

퓨:즈 납과 주석을 섞어 만든 무른 전선. 센 전류가 흐르면 곧 녹아 전류를 끊어 위험을 방지하는데 쓰이는 금속물.

프라이버시 개인의 사생활이나 집안의 사적인 일. 간섭받지 않는 개인의 자유.

프라이 팬 음식을 튀기는 데 쓰이는 넓적한 냄비.

프랑스〖나라〗 서유럽에 있는 공화국. 기계·귀금속·섬유 건축·화학·공업 등이 성함. 자유·평등·박애 정신이 강하여 프랑스 대혁명을 일으키는 등 민주주의 발달에 크게 이바지했음. 수도는 파리.

프랑스 대:혁명 1789년에 일어난 프랑스의 대혁명. 왕정(王政)이 폐지되고 공화제(共和制)가 성립되었으며, 그 뒤의 신운동·신사상의 원천이 됨.

프레파라:트 현미경으로 관찰할 수 있도록 준비해 놓은 생물 및 광물 표본.

프로그램 ①라디오·텔레비전 등의 방송 순서, 또는 음악회·운동회 등의 차례. ②예정. 계획. 예오락 프로그램.

프로듀:서 ①연극·영화·방송 등을 만드는 사람. ②연출자.

프로젝트 연구나 사업 따위의 계획, 또는 설계.

프로판 메탄계의 탄화수소의 한 가지. 색깔이 없는 기체.

프로판 가스 프로판을 주성분으로 하는 가정용 연료로 널리 쓰이는 액화 석유 가스.

프로펠러 비행기·선박 등에서 발동기의 회전력을 추진력으로 변화시키는 장치.

프록 코:트 신사용의 서양식 예복의 한 가지. 보통 검은색

인데 저고리의 길이가 무릎까지 내려오도록 지음.

프리마돈나 가극에서 주역을 맡은 여가수.

프리미엄 ①원래의 값 이상으로 내야 하는 돈. 웃돈. ②수수료. 권리금.

프리즘 정삼각 기둥, 또는 직각삼각 기둥 모양으로 만든 유리로서, 빛을 여러 가지 색으로 나누는 성질이 있음.

프리:킥 축구에서, 반칙을 했을 때에 상대편이 그 자리에 공을 놓고 차는 일.

프린트 ①인쇄. ②강연·강의의 내용을 등사판에 박은 것.

플라나리아 몸은 편평하고 머리는 삼각형이며 몸빛은 올리브 갈색. 하천이나 돌·나뭇잎 밑에서 사는 동물.

플라스크 몸체는 둥글고 목이 긴 화학 실험용 병. 주로 액체를 담아 가열하는 데 사용함. 프라스코.

플라스틱 인공적으로 만드는 나일론·비닐론·폴리에스테르 등을 통틀어서 이르는 말. 합성수지.

플라이어 가는 관이나 둥근 쇠막대를 집거나 나사를 돌리는 데 쓰이는 연모.

플랑크톤 물 속에 떠다니는 미생물을 통틀어 이르는 말.

플래카:드 광고나 자기들의 주장을 써서 쳐들고 다니는 판이나 천.

플랜더스의 개〖책명〗영국의 여류 작가 위다 여사가 쓴 동화의 제목. 그 동화에 나오는 파트라셰라는 개는 영리하고 힘이 세어 주인을 위해 우유 배달 수레를 끌었으며, 마지막에는 주인공 네로와 함께 죽음.

플랫폼: 정거장에서 열차를 타고 내리는 곳.

플러그 콘센트에 끼워 전류를 흐르게 하는 전기 기구.

플러스 ①보탬. 더함. 때마이너스. ②덧셈표. 기호 '+'의 이름.

플레밍〖사람〗[1881 ~ 1955] 1922년 항생 물질 라이소짐을 발견한 영국의 세균학자. 1928년 푸른 곰팡이로부터 페니실린을 발견하여 1945년 노벨 생리·의학상을 받았음.

플레이 경기. 예정정당당한 플레이를 펼치다. 【play】

플레이 볼: 야구·탁구·테니스 등의 구기에서, 심판이 시합의 시작을 명령하는 말.

플레이트 ①금속판. ②야구에서, 투수가 공을 던질 때 밟는 판.

플루:트 피리 비슷한 목관 악기의 하나. 금속으로 만든 것도 있으며, 고음 악기로 음색이 곱고 빠른 악곡을 연주하는 데 쓰임.

플리머스록 고기와 알을 얻기에 알맞은 닭의 한 품종.

피 ①동물의 몸 안을 돌며 영양을 날라 주는 붉은빛의 액체. 비혈액. ②같이 타고난 겨레붙이의 계통이나 혈연. 예피를 나눈 형제. 비혈통.

피겨 스케이팅 스케이트를 신고 얼음판에서 여러 가지의 재주를 부리는 스케이팅.

피:격 공격을 당함. 습격·사격을 받음. -하다.

피:고 민사 소송에서 고소를 당한 사람. 예피고의 진술을 듣다. 만원고. 풀피고인.

피곤 몹시 지쳐서 기운이 풀리고 몸이 나른함. 예오랜 여행으로 피곤한 몸. 비피로. -하

다.

피골 살가죽과 뼈.

피끓다[피끌타] ①감정이 북받쳐 오르다. ②씩씩하고 힘차다. 예피끓는 가슴.

피나다 ①몸에서 피가 나오다. ②몹시 고생을 하다. 예피나는 노력.

피나무 깊은 산에 자라는 갈잎 큰키나무. 잎 뒤에 잔털이 있고 잎가에는 톱니가 있으며 뽕나무잎과 비슷함. 재목은 가구를 만들고, 껍질은 밧줄·그물·끈 따위의 재료로 쓰임.

피:난 뜻밖에 일어난 불행한 일을 피하여 있는 곳을 옮김. -하다.

피:난민 난리를 피하여 딴 곳으로 가는 사람.

피:난살이[피난사리] 피난하여 사는 살림살이. -하다.

피:난처 재난을 피해 옮긴 거처.

피날레 ①마지막. ②곡이나 연극의 끝. 예피날레를 화려하게 장식하다.

피눈물 몹시 슬프고 원통하여 나는 눈물.

피닉스 오륙백 년마다 스스로 불에 타 죽었다가 되살아난다고 하는 상상의 새. 불사조.

피다 ①꽃봉오리나 잎 등이 벌어지다. 예장미꽃이 피다. ②불이 차츰 일어나다. 예불이 피다. ③사람이 살이 오르고 혈색이 좋아지다. 예한창 필 나이.

피:동 ①남의 힘에 의하여 움직이는 일. ②주체가 남에 의해 움직이는 동사의 성질〔'안기다·입히다' 같은 동사〕. 만능동.

피땀 ①피어린 땀. ②무엇을

이루기 위하여 애쓰는 노력과 정성. 예피땀 흘려 가꾼 농토.

피라미 잉어과에 딸린 민물고기. 몸길이는 10~14cm이며, 몸높이는 몸길이의 4분의 1쯤 됨. 비늘은 둥글고 뒷지느러미가 매우 큼. 우리 나라·중국·일본 등지에 분포.

피라미드 기원전 3000년 무렵 이집트에 세워진 왕의 무덤. 사각추 모양으로 되어 있음. [피라미드]

피:랍 납치를 당함. 예여객기가 피랍되다. 【被拉】

피로 지쳐서 기운이 풀리고 몸이 나른한 상태. 예피로가 쌓이다. 비피곤. -하다.

피로연 결혼·출생 등 기쁜 일을 널리 알리기 위해 베푸는 연회.

피:뢰침 벼락을 피하기 위하여 높은 건물이나 굴뚝 따위에 세워 놓은, 끝이 뾰족한 쇠붙이.

피륙 필로 된 베·무명·비단 등을 통틀어 일컫는 말. 비천.

피리 여덟개의 구멍을 뚫고 피리혀를 꽂아서 부는 관악기.

피복 옷. 의복. 예피복 공장.

피부 동물의 살을 싼 껍질. 예피부가 탄력이 있다. 비살갗.

피비린내 ①피에서 풍기는 비린 냄새. ②몹시 거칠고 무시무시한 기운. 예피비린내 나는 싸움.

피사리 벼 가운데 섞여서 자란 피를 뽑아 내는 일.

피:살 죽임을 당함. 살해를 당함.

피:서 시원한 곳으로 옮겨 더위를 피하는 일. 예바닷가로 피서를 가다. 반피한. -하다.

피:선거권 선거에 입후보하여 당선될 수 있는 권리.

피스톤 증기 기관 등의 실린더 안에서 왕복 운동을 하는 부품을 통틀어 일컬음. 【piston】

피:습 습격을 당함. -하다.

피:신 몸을 숨겨 피함. 예숲 속으로 피신하다. -하다.

피아노 건반 악기의 한 가지. 건반을 누르면 금속 줄(현)을 쳐 소리를 냄. 【piano】

피어오르다 가볍게 퍼지며 위로 올라가다. 예아지랑이가 피어오르다.

피우다 ①피게 하다. 예모닥불을 피우다. ②수단·냄새·재주 등을 나타내다. 예게으름을 피우다. ③담배를 빨아 연기를 내다. 준피다.

피장파장 상대편이 한 만큼 자기도 함으로써 서로 같게 되는 경우나 처지.

피차 이것과 저것. 서로. 예손해는 피차 마찬가지이다.

피처 야구에서, 내야의 중앙에서 타자에게 공을 던지는 사람. 투수. 반캐처.

피콜로 관악기의 한 가지. 플루트 보다 1옥타브 높은 음을 냄.

피크닉 소풍. 교외 산보. 야유회.

피튜니아 가지과에 속하는 한해살이 또는 여러해살이풀. 남부 브라질이 원산.

피:트 길이의 단위. 1피트는 12인치, 30.48cm임.

피하 지방 포유류의 피부의 피하 조직에 많이 들어 있는 지방층.

피:해 재산·명예·신체상의 손해를 입는 일. 또는 그 손해. 반가해.

핀 쇠붙이 등으로 바늘처럼 가

늘게 만든 물건을 통틀어 일
컫는 말. 예옷핀. 머리핀.

핀셋 손으로 집기 어려운 물건
을 잡는 데 쓰이는 작은 집
게.

핀잔 맞대어 놓고 비웃거나 비
꼬아 꾸짖음. -하다.

핀치콕 고무관 등을 집는 데
쓰이는 작은 집게로 약품이나
물의 양을 조절하는 데 사용
함.

필[1] 소나 말을 세는 단위. 예말
한 필. 소 두 필. 【匹】

필[2] 피륙을 셀 때 쓰이는 단위.
예비단 세 필. 【疋】

필경 마침내. 결국에는. 예그
사람의 말은 필경 거짓일 것
이다. 回결국.

필기 ①글씨를 씀. ②말을 받
아 쓰는 일. -하다.

필답[필땁] 펜·연필 등으로
써서 대답함. 回구답. -하다.

필:드 ①들. ②육상 경기장의
트랙 안쪽에 만들어진 넓은
경기장. ③야구에서, 내야·외
야를 통틀어 이르는 말.

필:드 하키 11명씩의 두 팀이
스틱을 가지고 공을 상대방의
골에 넣는 운동 경기.

필라멘트 전구·진공관 속에
있어 전류를 통하면 빛을 내
는 가는 선. 텅스텐이나 니켈
로 만듦.

필름 투명한 셀룰로이드에 빛
을 받으면 변화하는 약을 칠
한 것. 영화 사진 등의 촬영
에 쓰임.

필마 한 필의 말. 【匹馬】

필묵 붓과 먹.

필사[필싸] 죽도록 힘을 씀.
목숨을 걸고 행함. 예필사적

으로 탈출하다. 【必死】

필산[필싼] 숫자를 써서 하는
셈. 붓셈. 回암산. -하다.

필생[필쌩] 일생을 마칠 때까
지의 기간. 한평생 동안. 평생.

필수[필쑤] 꼭 필요로 함. 없
어서는 아니 됨.

필수품 사람이 살아가는데 없
어서는 안되는 물품.

필순[필쑨] 글자를 쓰는 차례.

필승 반드시 이김. 예필승의
신념. -하다. 【必勝】

필시[필씨] 반드시. 틀림없이.

필연 그리 되는 수밖에 다른
도리가 없음. 예우리의 만남
은 필연이다. 回우연.

필요 꼭 소용이 됨. 없어서는
아니 됨. 回불필요. -하다.

필적[필쩍] 글씨의 모양이나
솜씨 예필적 감정을 하다.

필체 글씨의 모양. 글씨체.

필히 꼭. 반드시. 예회의에 필
히 참석하시오.

핏기 몸 겉에 드러난 피의 빛
깔. 回혈색.

핏발 몸에 이상이 있을 때 어
느 부분에 피가 몰려 붉게 된
결.

핏줄 ①혈관. 몸 속의 피가 돌
아다니는 줄. ②한 조상의 혈
통으로 이어져 겨레붙이가 되
는 줄기.

핑계 어떤 일을 피하거나 사실
을 드러내지 않기 위하여 내
세우는 일. 回구실.

핑퐁 탁구. 【ping-pong】

핑핑 ①계속해서 힘있게 도는
모양. ②총알 등이 공중으로
빠르게 지나는 소리, 또는 그
모양. >팽팽. 셴삥삥.

ㅎ(히읗[히은]) 한글 닿소리(자음)의 열넷째 글자.

하: 기쁨·슬픔·한탄·놀람 등을 나타내는 소리. 예하, 기가 막히네. <허.

하:강 높은 데서 낮은 데로 내려옴. 반상승. -하다.

하:객 축하하는 손님. 축객.

하고많다 많고 많다.

하:곡 여름철에 익어서 거두는 곡식[보리·밀 따위].

하:교 공부를 마치고 학교에서 집으로 돌아옴. 반등교.

하구 바다로 흘러 들어가는 강물의 어귀. 비강어귀. 【河口】

하구언 바닷물이 밀려드는 것을 막기 위하여 강어귀에 쌓은 둑.

하:급생 학년이 낮은 학생. 반상급생. 【下級生】

하나 ①수의 처음. 1. ②오직 그것뿐. ③한 몸. 예모두가 하나가 되자.

하나님 크리스트교에서, 오직 하나뿐인 신이라는 뜻으로 '하느님'을 이르는 말.

하느님 세상 만물을 마음대로 할 수 있으며, 옳고 그름을 가려 사람에게 화와 복을 내린다고 생각되는 거룩한 존재.

하느작하느작 가볍고 얇은 물건이 자주 가볍게 흔들거리거나 나부끼는 모양. <흐느적흐느적.

하늘 ①해와 달과 별들이 널려 있는 한없이 높고 너른 공간. ②만물을 지배하는 절대자. 하느님. 비천공. 반땅.

하늘거리다 가볍고 부드럽게 흔들거리다. <흐늘거리다.

하늘 나라 이 세상이 아닌 저 세상. 죽어 넋이 영원히 산다고 하는 세상. 비천국.

하늘소[하늘쏘] 하늘소과의 곤충을 모두 이르는 말. 촉각이 길고 몸이 가늘며, 날개가 딱딱함. 나무나 꽃의 진, 썩은 나무 등을 먹고 삶.

하늘하늘 힘없이 늘어져서 가볍게 흔들리는 모양. <흐늘흐늘. -하다.

하늬바람 농가나 어촌에서 서쪽에서 불어오는 바람을 이르는 말. 비서풍. 반샛바람. 동풍. 준하늬.

하:달 윗사람의 뜻이 아랫사람에게 이르게 함. 예상관의 명령을 하달하다. 반상달.

하:드웨어 컴퓨터를 이루고 있는 기계 및 장치의 부분. 반소프트웨어. 【hardware】

하:등1 낮은 등급. 예하등동물. 반상등. 【下等】

하등2 아무런. 조금도. 예하등의 관계가 없다. 【何等】

하:락 ①등급이나 가치가 떨어짐. 반상승. ②물건 값이 떨어짐.

하루 ①한 날. 1일. ②'하룻날'의 준말.

하루갈이 아침에서 저녁까지 갈 수 있는 논밭의 넓이.

하루바삐 하루라도 빨리. 예하루 바삐 일을 끝내야 한다.

하루벌이 하루 벌어서 하루를 사는 생활.

하루살이 ①하루살이과의 곤충. 애벌레는 물 속에서 여러 해를 지내다. 다 자란 벌레는 그 수명이 하루로 며칠의 극히 짧은 동물. ② '생활이나 목숨의 덧없음'을 비유하는 말.

하루속히 하루라도 빠르게. 비 하루바삐.

하루아침 매우 짧은 동안. 예하루아침에 가난뱅이가 되었다.

하루종일 하루의 아침부터 저녁까지. 예하루종일 친구들과 놀았다. 비온종일.

하룻강아지[하루깡아지] ①난지 얼마 안 되는 어린 강아지. ②세상에 대한 경험이 적고 아는 것도 없는 어린 사람을 이르는 말.

하룻길 하루 동안에 걸어서 갈 수 있는 길의 거리.

하:류 강이나 내의 흘러내리는 아래쪽. 반상류. 【下流】

하:륙 화물차·배·비행기 따위에 실려 있는 짐을 땅 위에 옮겨 놓음. -하다. 【下陸】

하:릴없다 어떻게 할 도리가 없다. 예하릴없이 왔다 갔다 한다. 하릴없이.

하마 하마과의 포유 동물. 아프리카 열대 지방의 강이나 호수에서 사는 큰 짐승. 몸 길이 4m, 무게 3t에 이름. [하마]

하마터면 자칫 잘못하였더라면.

하멜【사람】[?~1692] 1653년 1월 일본 나가사키로 가던 중 태풍으로 떠밀려 와 제주도에 표착한 네덜란드의 선원.

하멜 표류기【책명】하멜이 제주도에 표류 이후 14년간에 걸친 우리 나라에서의 생활을 기록한 책으로 1668년 암스테르담에서 간행. 원이름은 〈난선 제주도 난파기〉로 우리 나라가 서양에 소개된 최초의 기록임.

하:모니 ①화음. 화성. ②원만한 일치. 조화.

하:모니카 직사각형의 틀에 조그마한 칸을 여러 개 만들어 입에 대고 불거나 숨을 빨아들여서 소리를 내는 작은 관악기.

하:반기 1년을 둘로 나눈 것의 나중 기간. 예하반기에는 열심히 공부하자. 반상반기.

하:반신 몸의 허리부터 아래의 부분. 반상반신.

하버드 대학 미국 매사추세츠 주 케임브리지 시에 있는 사립 대학으로 학생 수는 약 1만 5천명 정도 인데, 최고의 학문 수준을 자랑함.

하:복 여름철에 입는 옷. 반동복.

하:사 군인의 하사관 계급의 하나. 병장의 위, 중사의 아래.

하:사관 육·해·공군에서 상사·중사·하사를 통틀어 이르는 말.

하:산 ①산에서 내려옴. 또는 내려감. 예해가 져서 하산했다. 반등산. ②목재 등을 산에서 내림. -하다. 【下山】

하:선 배에서 내림. 반상선. 승선. -하다.

하:소연 억울하고 딱한 사정을 간곡히 호소함. 예자신의 처지를 하소연하다. -하다.

하:수 가정이나 공장 같은 데서 쓰고 버리는 더러운 물. 반상수.

하:수도 빗물이나 쓰고 버린 더러운 물이 흘러가게 만든 도랑. 반상수도. 【下水道】

하:수 처:리장 하수를 모아 인

공적으로 정화하는 곳.

하:숙 일정한 돈을 내고 오랜 기간을 정하여 남의 집에 묵음. -하다. 【下宿】

하:숙비 하숙하는 대가로 내는 돈. 하숙료.

하:순 그 달 스무하룻날부터 그 믐날까지의 열흘 동안.

하:얗다(하야니, 하얄) 매우 희다. 凾까맣다. 〈허옇다.

하얼빈〖지명〗 중국 동북부 북만주의 헤이룽 성에 있는 도시. 1909년, 안중근 의사가 이곳에서 이토 히로부미를 사살했음.

하여간 어쨌든지. 하여튼. 凾하여간 너는 잠자코 있어라.

하여튼 아무튼. 사정이야 어쨌든, 하여간. ×하여튼.

하염없다 ①끝맺는 데가 없다. 凾하염없이 쏟아지는 빗물. ②아무 생각 없이 그저 멍하다. 凾하염없이 길을 건다. 하염없이.

하:오 낮 12시부터 밤 12시까지의 동안. 오후. 凾하오 4시. 凾상오.

하와이〖지명〗 북태평양의 중앙부에 있는 여러 개의 화산섬과 그 부근의 섬들. 1959년에 미국의 쉰번째 주가 되었음. 기후가 따뜻하고 경치가 좋아 관광지로 유명하며, 사탕수수·파인애플 등이 많이 생산됨.

하:의 치마나 바지 등 몸의 아랫도리에 입는 옷.

하이든〖사람〗[1732~1809] '교향곡의 아버지'라고 불리는 오스트리아의 고전파 음악가. 작품에는 〈장난감〉〈안녕〉〈군대〉〈시계〉 등의 교향곡이 있고, 〈사계〉〈천지 창조〉 등의 악곡이 있음.

하이킹 심신의 단련을 목적으로 산·들·바닷가 등의 자연 속을 즐겁게 걸어서 여행함.

하이틴 10대 가운데 17~19세쯤 되는 청소년.

하:인 남의 밑에서 부림을 받는 사람. 凾종. 【下人】

하:자 흠. 결점. 凾아무런 하자가 없는 물건.

하자스라 '하자꾸나'의 옛말.

하잘것없다[하잘꺼덥따] 대수롭지 않다. 보잘것없다.

하:지 북반구에서는 1년 중에서 낮이 가장 길고, 밤이 가장 짧은 날. 6월 22일경. 凾동지.

하지만 그러나. 그렇지만.

하:차 차에서 내림. 凾승차. -하다.

하찮다 ①'하치않다'의 준말. ②훌륭하지 않다. 대수롭지 않다. 凾하찮은 존재.

하천 시내. 강. 【河川】

하:체 몸의 아랫부분. 凾하체가 약하다. 凾상체.

하품 피로하고 졸음이 오거나 심심할 때, 입이 저절로 벌어지면서 나오는 깊은 호흡. -하다.

하:프 마흔일곱 개의 줄을 두 손으로 퉁겨 연주하는 현악기의 하나.

하필 무슨 필요가 있어서. 어째서 꼭. 凾하필 소풍 갈 날에 비가 오네.

하:행 열차 서울에서 지방으로 향하는 열차. 凾하행. 凾상행열차.

하:현달[하현딸] 왼쪽 반이 빛나 보이는 상태의 반달. 음력 22~23일경에 뜨는 달. 凾상현달.

하회탈 경북 안동시 하회 마을에서 별신굿을 할 때 쓰던 탈의 한 가지. 우리 나라에서 가장 오래 된 탈 놀이 가면으로 오리나무로 만들었음. 국보 제121호로 지정되었음.

학 목·다리·부리가 길고 몸은 흰빛이며, 날개 끝이 검은 큰 새. 연못·냇가에서 주로 곤충·미꾸라지·조개 등을 먹고 삶. 두루미.

학교[학꾜] 여러 가지 시설을 갖추어 놓고 공부를 계속해서 가르치는 곳. 초등 학교·중학교·고등 학교·대학교·대학원으로 나뉨. 【學校】

학교 신문 학교 안의 새 소식을 알리거나, 학생들의 의견 또는 문예 작품 등을 발표하기 위하여 학생들이 중심이 되어 만들어 내는 신문.

학구 오로지 학문 연구에만 열중함.

학군 입시 제도 개편에 따라 지역별로 나누어 정해 놓은 몇 개의 중·고등 학교의 무리.

학급 같은 교실에서 같이 가르침을 받는 학생들의 모임. 반.

학급 문고 학급에서 돌려 가며 보려고 책을 모아 둔 곳. 또는 그러한 책.

학급 신문 학급내에서 발간하는 신문. 담임 선생님의 지도 아래 학생들의 작품·의사·교내 학급의 갖가지 소식 등이 주된 내용으로 실림.

학급 일지 학급에서 일어난 중요한 일을 그날 그날의 당번이 써두는 기록.

학급회 반에서 여는 어린이회. 학급 어린이회.

학급 회의 반에서 일어난 문제에 대해서 서로의 생각을 말함.

학기[학끼] 한 학년 동안을 구분한 기간. 우리 나라에서는 한 학년을 두 학기로 나눔.

학년[항년] 학교에서 공부하는 햇수에 따라 나눈 구분.

학당 ①학교. ②글방.

학대 아주 못 살게 굴어 괴롭힘. 凹구박. -하다.

학덕 학문과 덕행. 예학덕을 갖춘 선생님. 【學德】

학도 호:국단 학생의 과외 활동을 통하여 개성의 발전을 꾀하고 자치 능력을 배양하며 애국 운동 등을 목적으로 하는, 고등 학교 이상의 학생들로 조직된 단체.

학동[학똥] ①학문을 닦는 아동. ②초등 학교에 다니는 아동.

학력[항녁] ①학문을 쌓은 정도. ②학문상의 실력. 예대학 입학 학력 고사.

학무 학사 및 교육에 관한 사무.

학문[항문] 배우고 익힌 지식. 계통을 세워서 정리한 지식. 예학문에만 열중하다. -하다.

학벌 졸업한 학교의 사회적 지위나 등급. 예좋은 학벌.

학봉산〖지명〗 ①황해도 금천군과 신계산 사이의 마식령 산맥중에 위치한 산. ②함경 남도 풍산군에 위치한 산으로 함경 산맥의 중부 지방을 형성함.

학부[1] ①학자가 모인 곳. 흔히 대학을 말함. ②넓고 깊은 지식을 가진 사람을 비유한 말.

학부[2] 지금의 교육부와 비슷한 일을 맡아 하던 지난날의 관청.

학부모 학생의 부모. 【學父母】

학비 공부를 하는 데 드는 돈. 凹학자금. 수업료. 【學費】

학사 ①4년제 대학의 학부나 사관 학교를 졸업한 사람에게 주는 학위의 칭호. 예학사 학

위를 받다. ②학술 연구에 전념하는 사람. 【學士】

학살[학쌀] 끔찍하게 죽임. 예무참하게 학살하다. -하다.

학생 학교에서 공부하는 사람. 예고등 학생. 비학도. 【學生】

학생증 학생의 신분임을 밝힌 증명서.

학설 학자가 오랫동안 연구에서 얻은 학문상의 주장이나 체계. 예새로운 학설을 발표하다.

학수 고대 〔학의 목처럼 목을 길게 늘여 기다린다는 뜻으로〕 애타게 기다림을 일컬음. -하다.

학술 학문과 예술. 또는 학문과 기술. 예학술 발표회.

학습 배워서 익힘. 예학습한 기술을 실습하다. -하다.

학습 일기 그날 그날 배운 학과에 대하여 특히 중요한 점을 적어 두는 일기.

학습장 공부하는 데 필요한 것을 적는 공책. 노트.

학식 학문을 통하여 얻는 지식.

학업 ①학교의 공부. ②공부하여 학문을 닦는 일. 예학업에 열중하다. 【學業】

학예 학문과 예술. 또는 기예.

학예 발표회 학교에서 배운 재주를 여러 사람 앞에서 보이는 모임. 학예회. 학습 발표회.

학예회 ⇨학예 발표회.

학용품 공부하는 데 필요한 물건. 연필·필통·노트 등의 물건.

학원 ①학교. ②학문을 가르치는 곳을 통틀어 이르는 말.

학위 한 부분의 학문을 전문적으로 연구하여 그 방면에 깊은 지식을 가진 사람에게 맞는 자격을 인정해 주는 제도.

학자 학문을 깊이 연구하여 아는 것이 많은 사람. 【學者】

학장 단과 대학의 장. 【學長】

학창 학문을 닦는 곳. 교실이나 학교를 달리 일컫는 말. 예학창 시절이 그립다.

학풍 ①학문상의 경향. ②학교의 기풍. 【學風】

학회 학술의 연구 장려를 목적으로 조직된 단체. 예언어 학회.

한¹ '하나'의 뜻으로 쓰는 말. 예한 사람. 한 개.

한² 넘지 못하게 정하여진 정도. 예숙제가 한이 없이 많다.

한³ 못 다 이룬 원통한 마음. 예한 맺힌 사연. 본원한.

한가 별로 할 일이 없어 틈이 있음. 여유가 생김. 예한가한 틈에 여행을 떠나다. 반분주. -하다. -히.

한가롭다(한가로우니, 한가로워서) 별로 할 일이 없어 틈이 있다. 한가로이.

한가운데 바로 가운데. 한복판.

한가위 음력 8월 15일의 명절. 비추석. 중추절.

한갓 오직. 단지. 그것만으로.

한:강 우리 나라의 중부 태백 산맥에서 시작되어 강원도·충청북도·경기도·서울을 동서로 흘러 황해도로 들어가는 강.

한:강 고수부지 한강을 휴양지로 만들어 시민들이 휴식을 즐길 수 있도록 만들어 놓은 곳.

한:강수 한강의 물.

한겨울 추위가 한창인 겨울.

한결 보다 더. 한층 더. 훨씬.

한결같다 처음부터 끝까지 변함이 없다. 한결같이.

한:계 ①정해 놓은 범위. 예남과 북의 한계선. ②할 수 있는 범위. 【限界】

ㅎ

한고비 가장 중요하거나 긴요한 때. 바로 최고조에 달한 때.

한:과 설탕에 반죽한 밀가루를 네모지고 납작하게 만들어 기름에 튀긴 다음 물을 들인 과자.

한:국 우리 나라. '대한 민국'의 준말. ❷한. 【韓國】

한:국 공업 규격 표시 우리 나라의 공업 제품의 품질 개선이나 판매·사용 등에 관한 기술적인 사항을 통일하고 단순화하기 위하여 정해진 규격. 케이에스(KS) 마크.

한:국 교:육 개발원 교육부의 의뢰를 받아, 초등 학교·중학교·고등 학교의 교과서나 교육 과정을 연구 개발하는 기관.

한:국 방:송 공사 방송을 통하여 문화의 발전과 국민 생활의 향상에 이바지함을 목적으로 1973년 3월에 설립된 공공 단체. 케이비에스(KBS).

한:국 산:업 은행 산업 발전을 위해서 큰 규모의 자금을 빌려 주는 특수 은행.

한:국 외:환 은행 외국과의 돈 거래를 맡아 보는 특수 은행.

한:국 은행 돈을 발행하고 각 은행에 대하여 자금을 빌려 주는 우리 나라의 중앙 은행.

한:국 은행권 한국 은행에서 발행하는 화폐.

한:국적 우리 나라의 고유한 특징이나 색채가 있는 것. ❹한국적인 음식.

한:국 정신 문화 연구원 우리 문화의 정수를 연구하여 주체적 역사관과 가치관을 정립하기 위하여 정부 차원의 기금으로 설립된 재단 법인.

한:국 종합 무역 센터 무역에 관한 활동을 도와 주는 회관. 우리 나라와 세계 각국의 우수한 상품을 소개하는 종합 전시장 등이 있다.

한:국 주:택 은행 주택을 마련하려는 사람에게 자금을 빌려 주는 특수 은행.

한:국 통일 부흥 위원단 1950년 우리 나라의 통일 문제와 경제 부흥을 돕기 위하여 설치되었던 국제 연합의 기구. 1973년 제28차 유엔 총회의 결의에 따라 해체되었음. 언커크(UNCURK).

한그루 한 해에 한 번 경작하는 일.

한글 우리 나라 글자의 이름. 조선 세종28(1446)년에 '훈민정음'이란 이름으로 반포한 것으로, 처음에는 28자였으나 지금은 24자만 쓰이고 있음. 한글은 자음 14자와 모음 10자로 되어 있음.

한글날 세종 대왕이 훈민정음을 펴 낸 것을 기념하기 위해 제정된 날. 10월 9일.

한글 맞춤법 한글을 바르게 적도록 규정한 법칙. 1988년1월에 문교부에서 확정·고시함.

한글 문학 한글로 기록된 우리 문학. 조선후기 영조·정조시대에 일어남. 〈 심청전 〉〈 춘향전 〉〈 장화홍련전 〉등은 대표적인 한글 소설임.

한글 창:제 1443년 세종 대왕이 훈민정음을 처음 만든 일.

한글 학회 1921년 한글 연구를 목적으로 장지영, 최현배, 김윤경, 이윤배 등이 조직한 단체. 처음의 이름은 '조선어 학회'였음. 일제의 탄압 아래서 우리말을 지켜왔고 조직된 국어의 연구·계몽·선전을 목적으로 한 학술 단체.

한길 차와 사람이 많이 다니는 큰 길. 행로. ×행길.

한꺼번에 몰아서 한 차례에. 죄다 한번에. ❸한껍에.

한:껏 할 수 있는 데까지. 한도에 이르는 데까지. ⓔ한껏 뛰어라.

한:나라 고대 중국의 나라 이름. 모두 여섯 개의 한나라가 있었으나, 보통 전한과 후한을 말함.

한나절 하루 낮의 반.

한낮 낮의 한가운데쯤 되는 시간. 凪대낮. 정오. 凪한밤중.

한낱 ①오직. 단지 하나의. ②하잘것 없는. ⓔ한낱 이름 없는 잡초에 불과하다.

한:눈 당연히 볼 것을 안 보고 딴 것을 보는 눈. ⓔ한눈 팔지 말아라.

한달음에 도중에 멈추지 아니하고 줄곧 달음질하여.

한대 북극해 연안과 남극 대륙 지방 등의 몹시 추운 지대. ⓔ한대 지방. 凪열대.

한:데 집채의 바깥. 곧, 하늘을 가리지 아니한 곳. ⓔ한데 나가지 말아라. 凪노천.

한:도 일정하게 정한 정도. ⓔ최소 한도의 지출 계획. ❸한.

한도막 형식 곡 전체가 여덟 마디의 단일한 장으로 된 형식. 간단한 노래에 쓰임. 일부분 형식.

한동안 꽤 오랫동안. ⓔ한동안 그를 보지 못했다.

한두해살이꽃 한 해 또는 두 해 째에 꽃을 피우는 식물.

한들한들 작고 가냘픈 것이 가볍게 흔들리거나 흔드는 모양. 〈흔들흔들. -하다.

한때 ①한차례. 한동안. ②어느 한 시기. ⓔ한때 유명한 배우였다.

한:라산[할라산] 국립 공원의 하나. 제주도 중앙의 주봉. 산 위에는 화산이 분화구였던 둘레 3km의 백록담이 있고, 상·중·하의 아열대의 식물이 자라고 있음. 높이 1,950m.

한랭 전선[할랭전선] 찬 공기가 따뜻한 공기를 밀고 갈 때에 생기는 전선. 소나기가 내리고, 바람이 갑자기 바뀌며 기온도 급격히 내리는 일이 있음.

한:량없다[할량업따] 끝이 없다. ⓔ너의 건강한 모습을 보니 기쁘기 한량없다. 한량없이.

한려 수도[할려수도] 경상 남도 삼천포에서 전라 남도 여수에 이르기까지의 뱃길로서, 국립 해상공원. 물결이 잔잔하고 경치가 아름답기로 유명함.

한류[할류] 한대 지방에서 적도 쪽으로 흐르는 찬 바닷물의 흐름. 凪난류.

한마음 한뜻 모든 사람의 마음이 똑같음. 마음을 하나로 합침. ⓔ마음 한뜻으로 뭉치자. ❸한맘 한뜻.

한몫 한 사람에게 돌아가는 분량이나 일. 또는 자리. ⓔ재산의 한몫을 나에게 다오.

한:문 한자만으로 씌어진 문장이나 문학.   【漢文】

한:문책 한자로 씌어진 책.

한물가다 한물이 지나다. 한창인 때가 지나다.

한민족 한반도와 그 북쪽에 연한 만주 일대, 제주도 등의 섬에 거주하는 민족. 황색 인종에 속하며 우랄 알타이어족인 퉁구스의 한 갈래로 공통된 한국어를 사용하며 공동 문화권을 형성하고 있음. 배

달 민족. 【韓民族】

한바탕 일이 크게 벌어진 판.

한:반도 한국 국토의 전체를 하나로 휩싸고 있는 반도.

한밤 깊은 밤. 🔄한낮.

한밤중[한밤쭝] 밤 열두 시쯤의 때. 🔄오밤중. 🔄대낮. 한낮.

한:방 의학 중국에서 발달하여 동양 여러 나라에 퍼진 의학.

한:복 한국의 고유한 의복. 조선복. 🔄양복. 【韓服】

한복판 복판의 한가운데. 예시내 한복판에 있는 분수대.

한:사코 기어코. 고집이 아주 세게. 예한사코 권하다.

한산 ①일이 없어 한가함. ②붐비지 않고 한가하여 조금은 쓸쓸함. 예밤이 되면 거리도 한산해 진다. 🔄한적. -하다.

한산 대:첩 임진 왜란(1592) 때, 이순신 장군이 한산도 해전에서 일본 해군을 쳐부수어 큰 승리를 거둔 싸움.

한산섬[지명] 경상 남도 통영에 있는 섬. 임진 왜란 때 이순신 장군의 수군 근거지였으며, 장군의 사당이 있음.

한살이 ①일생. ②곤충 등이 알에서 어른벌레까지 변화하면서 자라는 과정의 한 차례.

한:서 ①한문으로 기록된 책. ②중국 전한의 역사를 기록한 책.

한석봉[사람][1543~1604] 조선 선조 때의 명필. 이름은 '호', 호는 '석봉'이다. 가난한 집안에 태어났으나 어머니의 뜻을 잘 받들어 중국에까지 알려진 명필이 되었음. 【韓石峯】

한:성 ①조선 때, 서울을 일컫는 이름. ②백제의 두 번째 도읍지였던, 지금의 광주 구읍 및 남한산성. 【漢城】

한:성부 조선 시대 서울의 행정

사법을 맡아 보던 관청.

한:성 순보 1833년 10월 1일에 창간된 순한문으로 인쇄된 우리 나라 최초의 신문. 1889년에 폐간되었음.

한세상 ①한평생 동안. ②잘사는 한때.

한송정 강원도의 강릉 시내에서 6km 지점인, 지금의 강릉 비행장 동쪽에 있었던 정자.

한술 한 숟가락으로 헤아릴 만한 적은 분량.

한숨 ①걱정이나 서러움이 있을 때 길게 몰아쉬는 숨. ②잠깐 동안의 휴식이나 잠.

한시 잠깐 동안. 짧은 시간. 예한시가 급하다.

한식 동지로부터 105일째 되는 날로 조상의 무덤에 제사지내는 명절의 하나. 4월 5·6일경이 됨.

한심하다 정도에 너무 지나치거나 모자라서 가엾고 딱하다. 예성적표를 보니 한심하다.

한아름 ①양팔에 가득 껴안아지는 둘레의 길이. ②양팔에 가득 껴안아지는 양.

한:약 한방에서 쓰이는 약. 주로 풀 뿌리나 나무 껍질·열매 등이 재료로 쓰임. 🔄한방약. 🔄양약.

한:약방 한약을 지어 파는 약국. 🔄한의원. 🔄양약방.

한:양[지명] 서울의 옛 이름.

한:없다 끝이 없다. 말할 수 없다. 예한없이 너른 바다. 한없이.

한여름[한녀름] ①더위가 한창인 여름. ②여름 한 철. 예한여름은 무척 덥다. 🔄한겨울.

한옆[한녑] 한 모퉁이. 한 구석. 예물건을 한옆에 모아두다.

한:옥 우리 나라 고유의 건축

양식으로 지은 집. 반양옥.

한용운〖사람〗[1879~1944] 승려, 시인, 독립운동가. 호는 만해. 삼일 운동 때 민족 대표 33인의 한 사람. 유학과 불교에 밝았으며, 불교계의 정신적인 지도자로 공이 컸음. 시집〈님의 침묵〉이 있음. 【韓龍雲】

한음〖사람〗[1561~1613] 본명은 이덕형. 조선 시대의 이름난 정치가. 임진 왜란 때 명나라에 구원병을 요청하여 왜군을 무찌르는 데 큰 공을 세웠음. 오성 이항복과는 어릴 때부터 둘도 없는 친한 친구로, 이들에 대한 재미있는 이야기가 많이 전해 오고 있음.

한:의사 한약이나 침 등으로 병을 치료하는 의사.

한:의원 한약이나 침 등으로 치료하는 병원. 비한약방.

한:자 [한짜] 중국의 고유한 글자. 고대 은나라 때에 이미 사용되었음. 【漢字】

한자리 ①같은 자리. ②한몫. 한 직위. 예직급이 한 자리 올라갔다.

한:자어 한자로 된 낱말.

한적 한가하고 고요함. 예한적한 주말을 즐기다. 반번잡. -하다.

한:정 수량이나 범위를 제한하여 정함. 비제한. 반무제한. 무한정. -하다. 【限定】

한정동〖사람〗[1894~1976] 아동문학가. 1925년 동아 일보 신춘문예에 동요 당선으로 데뷔. 표현의 간결성이 특징.

한:족 중국 본토 재래의 종족. 약 5,000년 전부터 황하 상류에서 중국 동북부로 이동하여 온 아시아 남방 계통의 황색 인종으로 중국어를 쓰며, 세계 여러 곳에 널리 퍼져 살고 있는 종족임.

한:주 신라 9주의 하나. 신라·고구려·백제 3국의 쟁탈 초점이 되었던 곳임. 중원경과 28군 49현을 관할하였음. 지금의 광주.

한줄기 ①한 계통. 한 바탕. ②한가닥.

한줌 한 주먹. 손아귀에 들어갈만한 양. 예한줌의 흙.

한:중록〖책명〗조선 제22대 정조의 어머니이며, 사도 세자의 부인인 혜경궁 홍씨가 쓴 내간체의 책. 영조가 사도 세자를 죽게 한 일을 중심으로 홍씨가 만년에 자기의 일생을 회고한 것임. 문장이 섬세하고 아담한 궁중체로 되어〈인현왕후전〉과 함께 궁중문학의 쌍벽을 이룸.

한:증 불을 때어 뜨겁게 달구어 놓은 방 안에 들어가 땀을 내어 몸을 풀거나 병을 낫게 하는 일. -하다.

한:증막 한증을 하기 위하여 담을 둘러치고 굴처럼 설비를 만들어 갖춘 곳. 【汗蒸幕】

한:지 닥나무 등의 섬유를 원료로 하여 우리 나라 전통적인 방법으로 만든 종이. 창호지·화선지·초배지 등의 여러 종류가 있음.

한집안 ①함께 사는 식구. ②가까운 살붙이.

한차례 한 바퀴. 한 돌림의 차례.

한창 가장 성하고 활기가 있을 때. 예한창나이.

한천 우뭇가사리를 끓여서 녹인 다음, 식혀서 굳힌 식품. 먹기도 하고, 공업용으로도 씀. 우무.

한철 ①봄·여름·가을·겨울 중의 한 계절. ②가장 성한 시기. 예메뚜기도 한철이다.

한촌 한가하고 조용한 마을.

한층 더욱. 한결. 예화장을 하면 한층 예뻐 보인다.

한:탄 원통한 일이나 뉘우침이 있을 때 한숨짓는 탄식. ❨한. -하다. -스럽다.

한:탄강 임진강의 지류. 강원도 평강군에서 시작되어 철원군과 연천군을 거쳐 임진강에 합류됨. 길이 136km.

한턱 기쁜 일로 한바탕 음식을 차려 대접하는 일. 예반장이 되어 한턱 내었다. -하다.

한파 찬 공기가 갑자기 이동하여 모진 추위가 오는 기류의 흐름. 예겨울 한파. ❬난파.

한판 한 차례의 내기. 예장기 한판을 두다.

한편 ①한 쪽. 예한편으로 몰리다. ②한 짝. 같은 동아리.

한평생 살아 있는 동안. ❶일평생.

한:해 가뭄으로 인하여 입은 손해. ❶한재. 예한해로 농작물이 말라 죽다.

할라스 바람 사막에서 불어오는 뜨거운 모래 바람.

할머니 아버지의 어머니. 조모. ❷할멈니.

할멈 ①지난날, 신분이 낮은 늙은 여자를 일컫던 말. ②'늙은 아내'를 정답게 부르는 말.

할미 ①늙은 여자. ② '할머니'를 낮추어 일컫는 말.

할미꽃 온몸에 흰털이 많이 나고 이른 봄에 긴 꽃대 끝에 자줏빛 꽃이 피는 여러해살이 풀. 흔히 백발 노인에 비유됨. [할미꽃]

할미탈 탈의 하나. 오광대의 탈 놀음에 나옴. 얼굴은 흰색. 이마에 가느다란 주름살이 있

고 양뺨. 이마. 턱에 홍색의 둥근 점이 있음. 눈두덩이와 입술은 홍색임. 높이 23cm.

할아버지 ①아버지의 아버지. 조부. ②부모의 아버지와 같은 항렬에 있는 남자를 통틀어 일컫는 말. ❷할아버님.

할애 아깝게 생각하는 것을 선뜻 내어 줌. -하다.

할인 일정한 값에서 얼마를 싸게 함. 예옷을 할인 판매하다.

할증[할쯩] 일정한 액수에다 얼마를 더 얹음.

할퀴다 손톱이나 날카로운 물건으로 긁어 생채기를 내다.

할·푼·리·모 비율을 '할 푼 리 모'로 나타내는 방법. 비율을 소수로 나타낼 때, 소수 첫째 자리를 '할', 둘째 자리를 '푼', 셋째 자리를 '리', 넷째 자리를 '모'로 나타냄.

핥다[할따] 혓바닥으로 물건의 겉면을 스치어 빨다.

함경 남도【지명】 우리 나라 14 도의 하나. 고구려 미천왕 때 완전히 고구려 영토가 되고, 조선 초에는 함경 북도와 함께 함경도로 개칭되었고 제26 대 고종 33년에 함경 남도로 확정됨. 명태·고등어·정어리·청어 등의 수산물이 풍부함. 함흥 평야에서 농업과 임업이 성행하고 비료·흑연·시멘트·철·마그네사이트도 유명함. 도청 소재지는 함흥.

함경 북도【지명】 우리 나라 14 도의 하나. 국경 지대는 거의 산지이고 내륙에 위치하며 위도가 높으므로 추위와 더위가 심함. 개마 고원이 있으며, 멸치 및 명태의 어업. 철광·임업도 성함. 도청 소재지는 청진. 【咸鏡北道】

함구 입을 다물고 말을 하지 않

음.

함:대 군함 두 척 이상으로 이루어진 해군 부대.

함:락[함낙] ①땅이 무너져 내려 앉음. ②적이 지키는 곳을 쳐서 빼앗음. @적의 수도를 함락시켰다. -하다.

함량 어떤 물질 속에 성분으로 포함되어 있는 분량. 함유량.

함:몰 ①몽땅 결딴나 없어짐. ②재난을 당하여 멸망함. 결단을 내어 없앰. -하다.

함박꽃 작약. 산에 저절로 나며 5~6월에 꽃이 피고, 열매는 가을에 익음. 향기가 좋아 뜰에 많이 심음. [함박꽃]

함박눈 함박꽃 송이처럼 굵고 탐스럽게 많이 오는 눈.

함부로 되는 대로 마구. 이것저것 닥치는 대로.

함석 철판에 아연을 입혀 녹이 슬지 않도록 한 쇠붙이. @함석으로 만든 지붕.

함:성 여러 사람이 함께 크게 지르는 고함 소리.

함자[함짜] 남의 이름을 높일 때 쓰이는 말.

함:정 ①짐승을 잡기 위하여 파 놓은 구덩이. ⠀허방다리. ②남을 속이려고 꾸며 놓은 꾀.

함지박 통나무의 속을 파서 바가지나 양푼같이 만든 그릇.

함축 ①깊이 간직하여 드러나지 아니함. ②의미 심장함. -하다.

함흥【지명】 함경 남도의 중남부에 위치한 시. 도청이 있음. 주요 산물은 쌀·콩 따위. 농산과 제사·담배·양조·화학 등의 공업이 성하고 교통의 요지임.

함흥 평야 함경 남도 성천강 유역에 펼쳐진 평야. 함경 남도의 곡창 지대임.

합 여럿을 한데 모음, 또는 모은 그 수. -하다. 【合】

합격 시험이나 검사에 통과함. @예비 고사에 합격하다. ⠀불합격. 낙방. -하다.

합계 한데 합하여 셈함, 또는 그 수효. @지출을 모두 합계하다. -하다.

합금 두 가지 이상의 금속을 혼합하여 만든 금속. -하다.

합당 꼭 알맞음. ⠀적당. ⠀부당. -하다.

합동 둘 이상을 하나로 함. @합동 법률 사무소. 【合同】

합류[함뉴] 둘 이상의 흐름이 한데 합치어 흐름. -하다.

합리[함니] 이치나 이론에 맞음. ⠀불합리. -하다. 【合理】

합방 두 나라를 한 나라로 합침. ⠀합병. ⠀분할. -하다.

합법 법령이나 규정에 맞음. ⠀위법. 불법. 【合法】

합병 합쳐 하나로 만듦. ⠀병합. -하다.

합병증 어떠한 병에 관련하여 일어나는 다른 병. 객증. 여병.

합삭 해와 지구가 달을 사이에 두고 일직선으로 되는 때. 이 때에는 달이 비치는 면이 조금도 보이지 않음. ⠀삭.

합선 ①선이 합침. ②양전기와 음전기의 두 선이 고장으로 한데 붙음. @전기의 합선으로 불이 났다.

합성 둘 이상의 것이 합쳐서 하나를 이룸. -하다. 【合成】

합성 섬유 석유·석탄·물·공기 등을 원료로 하여 만든 섬유.

합성 세:제 비누 이외의 세제 중 합성해서 만든 것.

합성 수지 화학적으로 합성하

여 만들어진 수지(나무 진)
모양의 물질. 플라스틱 같은
것.

합세 힘을 한데 합침. -하다.

합숙 여러 사람이 한 곳에서 묵
음. -하다.　　　　【合宿】

합승 여럿이 어울려 함께 탐.
예택시 합승. -하다.

합심 여러 사람이 마음을 합함.
-하다.　　　　　　【合心】

합의 뜻이 맞음. 의견이 합치됨.
예서로 합의를 보다. -하다.

합작 ①힘을 합하여 만듦. 또는
그 작품. 예둘이 합작하여 좋
은 작품을 만들다. ②공동의
목표를 달성하기 위하여 여러
사람 또는 단체가 서로 힘을
합함. 예한·미 합작 회사. -
하다.

합장 두 손바닥을 마주 합침.

합주 두 가지 이상의 악기로 동
시에 연주하는 일. 예합주곡
이 울려 퍼지다. 반독주. -하
다.

합죽선 얇게 깎은 댓조각을 맞
붙여서 부채의 살로 하여 만
든 부채.

합중국 두 나라 이상이 결합하
여 공동된 주권 아래 단일 국
가를 이루는 합성 국가의 하
나. 예아메리카 합중국.

합집합 두 집합의 모든 원소로
이루어진 집합으로 'U'와 같
은 기호로 나타냄.

합창 같은 노래를 두 가지 이
상의 다른 가락으로 나누어
서로 화성을 이루며 여러 사
람이 부르는 것. 반독창. -하
다.

합창단 합창을 직업으로 하는,
또는 합창을 주로 하는 음악
의 연구 단체.　　　【合唱團】

합천【합천】 경상 남도 합천군
의 군청 소재지. 군의 중앙부

에 위치하며, 낙동강의 지류
황강의 서쪽 해안에 있음. 농
산물의 집산이 많음.

합치 의견 주장 따위가 서로 맞
아 일치됨.

합치다 '합하다'의 힘줌말. 합하
여 하나로 만들다. 예몸과 마
음을 합치다.

합판 얇은 널빤지를 결이 서로
수직에 되게 몇 겹 붙여서 만
든 널빤지. 예베니어 합판.

합하다 ①여럿이 하나가 되다.
②여럿을 하나로 만들다.

핫캡 모종을 기르기 위하여 비
닐 따위로 모종위를 고깔처럼
씌워 놓은 것.

항:간 보통 사람(서민)들 사이.
예항간에 떠도는 소문.

항:거 맞서서 버팀. 예적군에게
항거하여 싸우다. 비대항. 반
항. -하다.

항:공 항공기를 타고 하늘을
낢. 예항공 화물. -하다.

항:공 관제탑 항공기의 이·착
륙의 지시 등 항공 교통을 관
리 지도하는 설비를 갖춘 탑.

항:공 관찰 비행기를 타고 공
중에서 땅 위를 주의하여 자
세히 살펴봄.

항:공기 하늘을 나는 탈것[비행
기·비행선 따위).

항:공로 항공기의 안전한 항행
에 적당한 것으로서 지정된
공중의 통로. 에어라인.

항:공 모:함 항공기를 많이 실
을 수 있고, 또 항공기가 뜨
고 내리게 하는 넓은 갑판을
가진 군함.

항:공 우편 항공기로 수송되는
특수 취급 우편, 또는 그 우
편물. 비항공편.

항:구 바닷가에 배가 드나들 수
있도록 시설을 갖추어 놓은
곳. 예부산은 항구 도시이다.

항:구 도시 항구를 끼고 발달한 도시. 항구가 있는 바닷가의 도시. ⬆항도.

항:도 '항구 도시'의 준말.

항:라[항나] 명주·모시·무명실 등으로 짠 피륙의 하나로 얇고 성긴 여름 옷감.

항:로[항노] ①배가 다니는 바닷길. 🔘해로. ②비행기가 다니는 길. 剛항로를 이탈하지 말라. 🔘항공로. 【航路】

항:만 바닷가의 굽어 들어간 곳에 방파제·부두·창고 등의 시설을 갖추어 놓은 곳.

항:만 수입 항구에 출입하는 선박의 정박이나, 여객·화물 등의 취급을 통하여 얻는 수입.

항목 사물을 세분하여 한 개씩 벌인 일의 가닥. 【項目】

항:몽 순의비 몽고의 압력에 대항하다가 장렬히 전사한 삼별초의 넋을 위로하기 위하여 세운 비.

항문 고등 포유 동물의 소화기의 말단. 곧, 대장 끝의 직장이 끝나는 곳에 있는 대변 배설구.

항:복 적이나 상대편에게 져서 굴복함. 凡저항. -하다.

항아리 아래위가 좁고 배가 부른 질그릇의 한 가지.

항:의 반대의 뜻을 강하게 주장함. -하다.

항:일 운:동 일본 제국주의에 대해 투쟁한 운동.

항:일 투쟁 일제 침략기에 일본으로부터 독립하기 위하여 맞서 싸운 운동.

항:쟁 맞서서 싸움. 凡항전. 凡투항. 항복. -하다. 【抗爭】

항:전 적에 대항하여 싸움. 凡항쟁. 凡항복. 투항. -하다.

항:해 배를 타고 바다를 건너

다님. -하다.

항:해사 선박 직원의 한 자격. 항해중 선박의 위치를 측정하고 선장을 도와 승무원을 지휘하는 등의 임무를 담당함.

해¹ ①태양. ②햇빛. 햇볕. ③세월. 剛달이 가고 해가 바뀐다.

해:² 이롭지 못함. 손상시킴. 剛남에게 해가 되는 행동은 하지 말아라. -하다.

해감 물속에 생기는, 썩은 냄새가 나는 찌끼.

해:결 얽힌 일을 풀어서 처리함. 문제를 풀어서 결말을 지음. -하다.

해괴 망측하다 헤아릴 수 없이 몹시 해괴하다.

해:구¹ 바다의 후미진 곳으로 들어간 어귀. 【海口】

해:구² 큰 바다 밑에서 독립적으로 솟아 있는 언덕. 【海丘】

해:군 바다를 지키는 군대.

해금 속 빈 둥근 나무에 짐승의 가죽을 매고 긴 나무를 꽂아 줄을 활 모양으로 건 민속 악기. 깡깡이.

해금강 강원도 고성군 말무리·봉수리 등 10km 남짓한 거리에 걸친 바닷가와 바다 가운데의 경치가 좋은 곳.

해:녀 바닷속의 해삼·전복 등을 따는 것을 업으로 하는 여자. 제주도에 많음. 잠녀.

해:답 문제를 풀어서 답함. 또는 그 답. -하다. 【解答】

해당 ①바로 들어맞음. 꼭 맞음. ②바로 그것. 剛너에게 해당되는 말이다. -하다.

해:당화 장미과의 갈잎떨기나무. 해변의 모래나 산기슭에 잘자라며, 5월에 진홍색의 꽃이 핌.

[해당화]

해:도 바다의 모양과 배가 다니는 길을 그려 넣은 항해용의 지도. 【海圖】

해:독[1] 나쁜 영향을 끼치는 요소. 예담배는 몸에 해독을 끼친다.

해:독[2] 독기를 풀어 없앰. 예해독제를 먹다. -하다. 【解毒】

해돋이[해도지] 해가 돋아 오름. 해가 돋는 때.

해:동 성:국 〔문화가 번성한 동쪽의 나라란 뜻〕으로 지난날 중국에서 발해를 일컫던 이름.

해:동통보 고려 숙종 때 통용되었던 주화의 이름.

해:롭다(해로우니, 해로워서) 이롭지 아니하다. 반이롭다.

해:류 언제나 일정한 방향으로 흐르는 바닷물의 큰 흐름. 난류와 한류가 있음.

해:리 바다 위의 거리를 나타내는 단위. 1해리는 약 1,852m.

해맑다 빛깔이 하얗고 밝다. 예해맑은 아가의 얼굴.

해머 쇠망치.

해:면 바닷물의 표면.

해:명 까닭이나 내용 따위를 풀어서 밝힘.

해:모수 주몽 설화에 나오는 북부여의 첫 임금. 천제의 아들로서 하백의 딸 유화와의 사이에 고구려의 시조 주몽을 낳았다고 전해짐.

해:몽 꿈의 내용을 풀어 좋고 나쁨을 가림. -하다.

해묵다 물건이나 일이 한 해를 지나다. 예해묵은 곡식들.

해바라기 높이 2m내외의 한해살이풀. 여름부터 가을에 걸쳐 줄기나 가지 끝에 노란 꽃이 핌. 씨는 먹거나 기름을 짬.

해:발 바다 표면으로부터 계산하여 잰 육지나 산의 높이.

해:방 얽매임이나 짓눌림에서 벗어나서 자유롭게 됨. 예노예 해방. 반구속. 속박. -하다.

해:변 바닷가. 예해변의 모래밭.

해:병대 해륙 양면에서 전투할 수 있도록 특별히 편성되고 훈련된 해군의 육상 전투 부대.

해:부 생물의 일부, 또는 전부를 쪼개어 그 구조나 각 부분간의 관계를 연구하는 일. -하다.

해:빙 ①얼음이 풀림. 반결빙. ②국제간의 긴장 완화를 비유해서 이르는 말. -하다.

해:산 모였던 사람이 흩어짐. 또는 헤어지게 함. 예군중들에게 해산 명령을 내리다. 비분산. 반집합. -하다. 【解散】

해산물 물고기·바닷물·조개·소금 등 바다에서 나는 온갖 물건.

해:삼 바닷속 바위에 붙어 사는 길이 10~30cm 정도의 동물.

해:상 바다 위. 예간첩이 해상으로 침투하다. 【海上】

해:상 교통 배를 이용하여 바다 위를 오고 가는 일.

해:상 군선도 바다 위에 엉긴 구름 위에서 여러 신선들이 노는 광경을 상상하여 그린 그림이나 조각.

해:상 무:역 배로 행하여지는 무역.

해:상 보:험 해상을 왕래하는 배가 가라앉거나 그 밖의 손해를 보았을 때에 대비해 드는 보험.

해:석 문장이나 일의 이치를 이해함, 또는 알기 쉽게 풀어서 설명함. 예영어를 우리말로 해석하다. -하다.

해:설 문제를 알기 쉽게 풀어서

설명함. 또는 그린 글을 수록한 책. -하다.

해:설자 해설하는 사람.

해:소 이제까지 계속되어 온 관계를 없앰. **예**적대 관계가 해소되었다. -하다.

해:송 ①바닷가에 나는 소나무를 통틀어 이르는 말. ②소나무과에 속하는 늘푸른큰키나무. 키는 30m 가량이고 잎은 두 잎씩 붙어 남. 방풍림으로 많이 심음.

해:수욕 바닷물에서 놀거나 수영하는 일. -하다.

해:수욕장 해수욕을 하기에 알맞은 환경과 설비가 되어 있는 장소.

해시계 햇빛의 그림자 방향으로 대략의 시각을 재는 장치.

해쓱하다 얼굴에 핏기가 없다.

해:안 육지와 바다가 맞닿은 곳. **비**바닷가. 해변. 【海岸】

해:안선 바다와 육지가 서로 맞닿아서 길게 뻗친 선.

해:양 크고 넓은 바다.

해:양 개발 바다의 밑바닥에 있는 생물·광물·에너지 따위의 자원을 개발하는 일.

해:양 경:찰대 배들이 안전하게 다닐 수 있도록 돕고, 간첩을 막는 일도 하는 경찰관.

해:양성 기후[해양썽기후] 바다의 영향을 크게 받는 지방에 공통되는 기후. 계절에 따른 기온의 차가 심하지 않고 연중 비가 많음. **반**대륙성 기후.

해:양 자원 바다에서 얻어지는 여러 가지 자원.

해:역 바다 위의 일정한 구역.

해:열 몸의 열을 내림. **예**해열제를 먹고 잤다. -하다.

해:열제[해열쩨] 높아진 몸의 열을 내리게 하는 약제. 해열약.

해오라기 백로과의 새. 날개 길이가 25∼30cm. 온몸이 회고 부리와 다리는 검은데, 날개는 크고 꽁지는 짧음. 다리와 발목이 길어 'S'자 모양으로 굽어짐. 숲이 있는 민물과 바닷물 근처에서 살면서 개구리·뱀·물고기·물벌레 등을 잡아먹음. 백로.

해:왕성 태양에서 여덟 번째로 멀리 떨어져 있는 태양계의 행성의 하나.

해:외 바다를 사이에 둔 다른 나라. **예**해외 동포. **비**외국.

해:외 시:장 다른 나라의 시장. **예**해외 시장을 개척하자.

해:운업 바다에서 배를 부리어 화물이나 여객을 나르는 사업.

해:운 항:만청 교통부에 딸린 행정 기관. 항만의 건설 및 운영과 해운에 관한 사무를 맡아 봄.

해:이 긴장이나 규율이 풀리어 마음이 느슨해짐. -하다.

해:인사 경상 남도 합천군 가야산에 있는 절. 팔만 대장경이 보관되어 있음. 【海印寺】

해:일 지진이나 화산의 폭발, 또는 폭풍우로 바다의 큰 물결이 갑자기 육지로 넘쳐 들어오는 일.

해:임 직위나 직책을 내놓게 함. -하다.

해:저 바다의 밑바닥.

해:저곡 바다 밑에 생긴 골짜기.

해:저 자원 탐사 바다 밑의 물자가 있는 곳을 더듬어 살펴 조사함.

해:적 배를 타고 다니면서 다른 배를 습격하여 재물을 빼앗는 도둑. **반**산적.

해:적선 해적이 타고 부리는 배.

해:전 바다에서 행하여지는 전투. ⏆육전. -하다.

해:제 어떤 일을 풀어서 그 전의 상태로 되돌림. 예계엄령이 해제되었다. -하다.

해:주【地名】 황해도 도청이 있는 도시. 【海州】

해지다¹ 해가 서산으로 넘어가다.

해:지다² '해어지다'의 준말. 닳아서 떨어지다.

해:초 바다에서 자라는 풀을 통틀어 이르는 말. 해조.

해:충 ①사람의 생활에 해를 끼치는 벌레. ②농작물·꽃·과수 등을 해치는 벌레. ⏆익충.

해:충 구제 농작물이나 나무를 가꾸는 데에 해가 되는 벌레를 죽여 없앰.

해:치다 ①해롭게 하다. ②남을 상하게 하거나 죽이다.

해:풍 바다에서 불어 오는 바람. ⏆육풍. 【海風】

해피 엔드 소설·연극·영화 등에서 갖은 곡절 끝에 모든 일이 잘되어 행복하게 끝맺는 일.

해:협 육지와 육지, 육지와 섬, 섬과 섬 사이에 끼여 있는 바다의 좁은 부분. 예보트로 대한 해협을 건너다.

핵 ①세포의 중심이 되는 알갱이. ②모든 것의 중심이 되는 것. ③원자핵.

핵가족 부부와 그들의 미혼 자녀로 이루어진 가족.

핵무기[행무기] 원자 폭탄·수소 폭탄 등 원자핵이 분열하거나 융합할 때 생기는 힘을 이용한 무기. ⏆핵병기.

핵심 사물의 중심이 되는 요긴한 부분. 예이야기의 핵심을 말해라. ⏆고갱이. 알맹이.

핸드백 여자들의 손가방.

핸들 ①문의 손잡이. ②자전거·기계·배·비행기·자동차 등에서 방향을 잡기 위한 손잡이.

핸디캡 불리한 조건.

헬쑥하다 얼굴이 파리하고 핏기가 없다. ⏆창백하다.

햄 ①돼지 고기를 소금에 절여서 불에 슬쩍 구워 만든 식품. ②아마추어 무선사.

햄릿 셰익스피어의 4대 비극의 하나. 덴마크의 왕자 햄릿이 부왕을 독살한 숙부와 불륜의 어머니에 대한 복수를 부왕의 영령에게 맹세하나, 사색적이고 소극적인 성격 때문에 애인 오필리어 마저 버리고 고민하다가 끝내 원수를 갚고 죽는다는 줄거리의 이야기.

햄프셔 영국의 햄프셔 지방에서 미국으로 건너가 개량된 돼지의 한 품종.

햅쌀 그 해에 새로 난 쌀.

햇- 주로 농산물 이름 앞에 붙어서, '그 해에 새로 나온'의 뜻을 나타내는 말. 예햇감자.

햇볕 해에서 내리 쏘는 뜨거운 기운. 예햇볕이 따갑다. ⏆볕.

햇살 해의 내쏘는 광선. 예햇살이 비치는 창가.

햇수 해의 수. 예우리가 만난 지 햇수로 2년째다.

행간 글의 줄과 줄 사이. 행과 행 사이.

행군 군대가 대열을 지어 한 곳에서 다른 곳으로 옮겨 가는 일. -하다.

행동 ①몸을 움직여서 하는 동작. ②하는 짓. ⏆행실. 행위. -하다. 【行動】

행랑[행낭] ①한국의 재래식 집에서 대문간에 붙어 있는 방. ②대문의 양쪽에 벌여 있어 하인들이 거처하는 방.

행렬[행녈] 여럿이 벌여 줄을 서서 감. 또는 그 줄. ⑩시가 행렬. -하다.

행방 간 곳. 간 방향. 【行方】

행방 불명 간 곳을 알 수 없음. 간 곳이 분명하지 않음.

행:복 걱정이 없고 마음이 흡족하여 즐거운 상태. ⑩행복한 결혼 생활. 삔행운. 뺀불행. -하다. 【幸福】

행사 정해진 계획 밑에 일을 행함. ⑩개교 기념 행사. -하다.

행상 이곳저곳 돌아다니며 물건을 파는 사람. -하다.

행색 차림새. 또는 하는 태도. ⑩초라한 행색.

행선지 가는 곳. 행선.

행성 태양의 둘레를 도는 별들. 수성·금성·지구·화성·목성·토성·천왕성·해왕성·명왕성 등이 있음. 뺀항성.

행세 ①세상을 살아감. 또는 그 태도. 처세. ②세상에서 사람의 도리를 행함. -하다.

행:실 평소에 하는 행동. ⑩행실이 마음에 든다. 삔품행.

행:여나 '행여'의 힘줌말. 혹시나. 어쩌다가라도. 다행히. 운수좋게.

행:운 좋은 운수. ⑩행운의 여신. 뺀불운. 【幸運】

행위 사람이 행하는 짓. 행동.

행인 길 가는 사람. 【行人】

행적 평생에 한 일. 어떤 행위로 나타난 실적.

행정 삼권의 하나. 정치를 행하는 것. *입법. 사법. 【行政】

행정 구역 행정 기관의 책임과 권한이 지역적으로 나누어져 있는 경우의 그 지역.

행정 기관 행정 사무를 그 대상으로 하는 국가의 기관. *입법 기관. 사법 기관.

행정부 입법·사법 이외의 국가의 통치 작용, 곧 정부를 맡아 보는 기관. 정부. *입법부. 사법부.

행주 그릇을 씻거나 닦는 데 쓰이는 헝겊.

행:주 대:첩 임진 왜란 때 권율 장군이 행주 산성에서 1만의 군사로 3만이나 되는 왜군을 쳐부순 큰 승리.

행주치마 여자들이 부엌일을 할 때 겉옷 위에 덧입는 작은 치마.

행진 ①앞으로 나아감. ②여러 사람이 줄을 지어 걸어 나아감. -하다. 【行進】

행진곡 행진을 할 때 연주하는 음악.

행차 '웃어른이 길 가는 것'을 높여서 일컫는 말. ⑩사또의 행차가 있음. -하다.

행패 도리에 벗어나는 나쁜 짓을 함. ⑩술 먹고 행패 부리지 마라. -하다.

행하다 마음먹은 대로 행동으로 옮기다.

향 ①향기로운 냄새. ②향내 나는 물건. 【香】

향가 신라 중엽에서 고려 초기에 민간에 유행되던 우리 나라 고유의 노래. 이두와 향찰 문자로 표기 되었음. 〈삼국유사〉에 14수, 〈균여전〉에 11수가 전해짐.

향교 고려 시대와 조선 시대에 지방에 있었던, 공자를 모신 사당과 이에 딸린 학교.

향긋하다 조금 향기가 있다. ⑩봄나물이 향긋하다.

향기 좋은 느낌을 주는 냄새. ⑩꽃의 향기가 좋다. 【香氣】

향기롭다(향기로우니, 향기로워서) 좋은 냄새가 나다.

향나무 측백나무과의 늘푸른바늘잎큰키나무. 토양이 깊은 산록이나 평지에 나며 높이 15m 안팎. 껍질은 적갈색임. 주로 정원수로 심으며 조각재·가구재·향료·약용으로 쓰임. 향목.

향내 '향냄새'의 준말. 향기로운 냄새. 향기. 향취.

향:락 [향낙] 즐거움을 누림. 예향락을 즐기다. -하다.

향로 [향노] 향을 피우는 데 쓰는 자그마한 화로. 【香爐】

향료 향내를 풍기는 물품. 그윽한 향기를 품고 있는 원료.

향리 [향니] 태어나서 자라난 고향의 마을. 비향촌. 【鄕里】

향:상 기능이나 정도 따위가 위로 향하여 나아감. 나아짐. 예기술이 향상되었다. 비진보. 반저하. -하다. 【向上】

향수¹ 고향을 그리워하는 마음이나 시름. 【鄕愁】

향수² ①향내를 내는 물. ②화장품의 한 가지. 【香水】

향신료 음식물에 맵거나 향기로운 맛을 더하는 조미료. 겨자·고추·파·마늘 따위.

향약 조선 시대에 농촌 사회를 중심으로 서로 돕고 이끌어 주며 힘을 뭉치게 할 목적으로 만들어진 자치 규약.

향약구급방 【책명】 조선 태종 17년(1417)에 간행된 의약 서적. 현재 남아 있는 우리 나라 의약 서적으로는 가장 오래 된 책임.

향원정 경복궁 안에 있는 건물.

향:유 누리어 가짐. 예행복을 마음껏 향유하다. -하다.

향찰 신라 때 한자의 음과 훈을 빌어 우리말을 표음식으로 나타내던 글.

향토 시골·고향 땅. 【鄕土】

향토 봉:사대 고장 일을 스스로 돕기 위하여 조직된 모임.

향토색 그 지방만이 가지고 있는 특색. 예향토색이 짙은 음식. 비지방색.

향토애 고향에 대한 사랑.

향토 예:비군 군대에서 제대하고 자기 일을 하면서 자기 고장을 지키는 군인.

향피리 피리의 한 가지. 당피리와 같으나 둘째 구멍이 뒤에 있음.

향:하다 ①바라보다. ②마음을 기울이다. ③마주 서다. ④어떤 곳으로 가다.

향학 고려 시대의 지방 교육 기관. 인종 5년(1127) 각 지방에 세워졌으며, 우수한 학생들은 국자감에 입학하였음.

허가 허락함. 들어 줌. 예백화점 신축 허가를 받다. 비승낙. 반불허. -하다. 【許可】

허겁지겁 마음이 아주 급해서 어찌할 줄을 모르는 모양. 쩔쩔매는 모양. 비허둥지둥. -다.

허공 아무것도 없는 텅 빈 공간.

허균 【사람】 [1569~1618] 조선 선조, 광해군 때의 문신. 소설가. '홍길동전'을 썼음.

허기지다 배가 몹시 고프고 기운이 빠지다.

허깨비 마음이 허하여 없는 것이 있는 것처럼 보이는 현상.

허난설헌 【사람】 [1562~1590] 조선 중기의 여류 작가. 본명은 초희. 강릉 출신. 허균의 누이. 한시에 능했음. 작품에는 〈규원가〉〈유선시〉 등이 있음.

허니문 ①신혼기. ②신혼 여행.

허다하다 몹시 많다.

허덕이다 ①여유가 없어 쩔쩔매다. ②힘에 겨워서 애를 쓰다.

허둥지둥 다급하여 어찌할 바를 몰라 몹시 허둥거리는 모양. >하둥지둥. -하다.

허드레 허름하고 중요하지 않아 함부로 쓸 수 있는 것.

허드렛물[허드렌물] 먹는 물 외의 두루 쓰이는 물.

허드렛일[허드렌닐] 중요하지 않은 일. 비잡역. ×허드레일.

허락 부탁한 것을 들어 줌. 비승낙. 허가. 반거절. -하다.

허례 허식 예절·법식 등을 겉으로만 꾸며 번드레하게 하는 일.

허름하다 ①옷 같은 것이 해지고 더럽다. ②값이 좀 싼 듯하며 귀중하지 않다. 예허름한 값으로 사다.

허리 ①동물 등뼈의 아랫부분. 예가는 허리. ②위아래가 있는 물건의 가운데 부분.

허무 ①아무것도 없이 텅 빔. ②덧없음. 예허무한 인생. -하다.

허무 맹랑 거짓되고 터무니없음. -하다.

허물 ①살갗의 꺼풀. ②그릇된 일. 실수.

허물어지다 쌓인 물건이나 짜인 것이 흩어져 무너지다.

허물없다 서로 친하여 체면 따위를 돌보지 아니하다.

허밍 입을 다물고 소리를 코로 내면서 노래를 부르는 방법. 합창 등에 많이 쓰임.

허방다리 짐승을 잡기 위하여 땅바닥에 구덩이를 파고, 그 위에 약한 것을 놓고 흙을 덮어 땅바닥처럼 만든 자리. 함정.

허벅 제주도에서, 물을 길어 등에 지고 다니는 물항아리.

허베이 성 중국 북부. 발해만 연안에 있는 성. 【河北省】

허비 ①헛되게 없앰. ②헛되어 보냄. 예시간을 허비하다. 비낭비.

허사 쓸데없는 일. 헛일.

허생전【책명】 조선 영·정조 때 박지원이 지은 소설.

허세 실상이 없는 기세.

허송 때를 헛되이 보냄. 예젊은 시절을 허송되게 보냈다. -하다.

허수아비 ①새를 쫓기 위해 논에 세워 놓은 사람 모양의 물건. ②쓸모없거나 실제로 해낼 힘이 없는 사람.

허술하다 ①빈틈이 많다. 예내용이 허술하다. ②낡아서 보기 싫다. 예대문이 허술하다.

허식 실속 없이 겉만 꾸밈. 비가식. 겉치레.

허약 기운이나 힘이 약함. 예허약 체질. -하다.

허영 ①실속 없이 겉만 드러나서 빛남. ②지나친 겉치레.

허ː옇다(허여니, 허여오) 매우 희다. 반꺼멓다. >하얗다.

허용 허락하고 용납함. 예수입이 허용되다. -하다. 【許容】

허우대 겉모양이 보기 좋은 큰 체격. ×허위대.

허우적거리다 위험한 곳에서 빠져 나오려고 손발을 내두르며 몸부림치다. ×허위적거리다.

허울 겉모양. 겉모양은 좋으나 속은 쓸모없다는 뜻으로 쓰임.

허위 거짓. 예허위 사실을 고발하다. 반진실. 사실.

허전하다 몹시 쓸쓸하다.

허준【사람】 [1546~1615] 조선 시대 의학자. '동의보감'을 썼음.

허튼 명사 앞에 써서 '헤프게 하는·함부로 하는·쓸데없

ㅎ

는·되지 못한' 등의 뜻을 나타내는 말. ⑩허튼 행동은 하지 마라.

허파 가슴 양쪽에 들어 있는, 호흡을 맡아 보는 기관. 폐.

허파꽈리 허파 속에서 산소와 이산화탄소가 교환되는 작은 방. 실핏줄이 둘러싸고 있으며, 허파는 이 허파꽈리가 수없이 모여서 이루어짐.

허풍 실제보다 지나치게 과장하는 말과 행동. ⑳풍.

허허벌판 끝없이 넓은 큰 벌판.

허황 사람됨이 거짓되고 믿을 수 없음. ⑩허황된 꿈.

헌:것 낡아서 성하지 않은 물건. ⑳새것.

헌:금 돈을 바침. 또는 그 돈. -하다.

헌:납 물건을 바침. ⑩전재산을 국가에 헌납하다. -하다.

헌:법 나라를 다스리는 데 바탕이 되는 법.

헌:병 군대에서, 경찰과 같은 구실을 하는 군인.

헌:병대 헌병들로 조직된 군대.

헌:신 자신의 이익을 생각하지 않고 몸을 바쳐 있는 힘을 다함. ⑩국민을 위해 헌신적으로 일하다. -하다.

헌:장 국가에서, 어떤 행동의 기준으로 삼기 위하여 의논하여 정한 규범. ⑩국민 교육 헌장.

헌:집 오래 되어 낡은 집.

헌:혈 모자라는 피를 남에게 얻고자 하는 환자를 위하여 건강한 사람이 피를 뽑아 주는 일.

헌:화 죽은이의 영전에 꽃을 올림. ⑩아버님 묘소에 헌화하다. -하다.

헐값[헐깝] 그 물건이 지니는 값보다 훨씬 싼 값.

헐:다¹(허니, 허오) 집이나 쌓은 것을 무너뜨리다. 허물다.

헐:다²(허니, 하오) 부스럼 따위의 상한 자리가 생기다. ⑩입 안이 헐다.

헐떡거리다 숨을 계속 가쁘게 쉬다. 〉할딱거리다.

헐:뜯다 남의 흠을 잡아내어 나쁘게 말하다.

헐레벌떡 급히 달리거나 서둘러서 숨이 가빠 헐떡거리는 모양. -하다.

헐:벗다 ①해진 옷을 입다. ②산에 나무가 없다.

험:난 ①몹시 험함. ②위험하고도 어려움. -하다.

험:담 남을 헐뜯어서 말함.

험:로[험노] 험한 길.

험:상궂다 모양이 사납고 흉하다. ⑩험상궂게 생긴 얼굴.

험:악 ①길·날씨 등이 험하고 사나움. ②마음씨가 사나움. -하다.

험:준 매우 높고 가파름. ⑩등산길이 험준하다. -하다.

험:하다 ①울퉁불퉁하여 걷기가 힘들다. ②모양이 흉측하고 무섭다.

헛간 살림살이나 그 밖의 물건을 넣어 두는 문짝이 없는 광.

헛걸음 목적도 이루지 못하고 헛수고만 하고 가거나 오는 일. -하다.

헛기침 인기척을 내기 위하여 일부러 하는 기침.

헛되다 아무 보람이 없다. ⑩방학을 헛되이 보내다.

헛말 거짓말. 아무 근거 없이 하는 빈말.

헛소문 근거 없이 떠도는 소문.

헛일[헌닐] 쓸데없는 일.

헛헛하다 배가 고픈 것처럼 속이 허전하다.

헝가리〖나라〗 동부 유럽에 있는 공산국가. 밀·옥수수·사탕무 등을 가꾸며, 알루미늄 원광의 생산량은 세계적으로 유명함. 수도는 부다페스트.

헝가리 반:공 의거 1956년 10월 헝가리 수도 부다페스트에서 국민들이 소련군을 몰아 내고 자유 정부를 세우려고 일으킨 의거.

헝:겊 옷감의 조각. ×헝겁.

헝클어지다 일이나 물건 같은 것이 서로 얽혀 갈피를 잡을 수 없다. 옜엉클어지다.

헤드라이트 기차·자동차·전차 등의 앞에 단 등. 비전조등.

헤딩 ①박치기. ②축구에서, 공중에 뜬 공을 머리로 받아 치는 것. 예헤딩 슛. -하다.

헤매다 이리저리 돌아다니다.

헤벌어지다 어울리지 않게 넓게 벌어지다. >해바라지다.

헤아리다 ①수량을 세다. ②미루어 생각하다. 비짐작하다.

헤어나다 헤치고 벗어나다.

헤어지다 ①흩어지다. ②이별하다. ③살갗이 상하여 이리저리 갈라지다. 준헤지다.

헤엄 물에서 몸을 뜨게 하고 팔다리를 놀리면서 나아가는 동작. 비수영.

헤이그 밀사 사:건 광무 11년 (1907)이준·이상설·이위종 등이 고종의 밀서를 가지고, 네덜란드의 헤이그에서 열린 만국 평화 회의에 참석하여 일본의 침략 만행을 세계에 호소하려다가 일본과 영국의 방해로 실패로 돌아간 사건.

헤치다 ①흩어져 가게 하다. ②앞에 걸리는 것을 물리치다. ③속에 든 것을 드러나게 하려고 파거나 갈라 젖히다.

예흙을 파헤치다.

헤:프다 ①쓰는 물건이 쉽게 닳거나 없어지다. 반마디다. ②돈이나 물건을 아끼지 않고 마구 쓰다. 반아끼다. ③말을 담아 두지 않고 함부로 지껄이다. 예말과 행동이 헤픈 사람.

헥타:르 땅 넓이의 단위. 기호는 ha. 1아르(a)의 100배.

헬레네 그리스 신화에 나오는 미인. 제우스와 레다의 딸. 라케다이몬의 왕 메넬라오스의 비. 미와 항해의 여신.

헬렌 켈러〖사람〗〖1880~1968〗 미국의 위대한 교육자·사회 사업가. 태어난 지 1년 6개월 만에 열병에 걸려 듣지도 보지도 말하지도 못하는 불구자가 되었으나 설리번 선생님의 지도로 신체 불구를 극복함. 세계 여러 곳을 다니며 맹농아의 교육과 사회 시설 개선에 힘썼음.

헬리곱터 회전 날개에 의하여 활주로 없이 곧장 위로 뜨고 내릴수 있는 비행기.

[헬리곱터]

헬멧 머리를 보호하기 위하여 쓰는 투구 모양의 모자. 쇠나 플라스틱 등으로 만듦. 안전모.

헷갈리다 ①정신을 차리기 어렵다. ②여러 갈래로 뒤섞여서 갈피를 못 잡다.

헹가래 여러 사람이 한 사람의 팔다리를 벌리어 쳐들고 앞뒤로 밀고 당기거나, 던져 올렸다 받았다 하는 짓.

헹구다 비누를 먹여 비벼 빤 빨래를 다시 맑은 물에 넣어 빨다.

혀 동물의 입 안 아래쪽에 붙

어 있는 살. 사람의 혀는 긴 타원형으로 횡문근·점막·선 조직으로 이루어짐. 운동이 자유롭고 맛을 깨달으며 소리 를 고르는 구실을 함.

혁대 가죽으로 만든 띠.

혁명[형명] ①국가의 정치 체제 나 사회 조직을 갑자기 뜯어 고치는 일. ②급격한 변혁. ⑩ 17세기의 산업 혁명. -하다.

혁명 정부 혁명을 일으킨 사람 들에 의하여 세워진 정부.

혁신 묵은 것을 고쳐 새롭게 하 는 일. 밴보수. -하다.

혁혁 두드러지게 빛나는 모양. ⑩싸움에서 혁혁한 공을 세우 다. -하다. -히.

현 지난날, 지방에 두었던 행정 구역의 하나. 【縣】

현:감 지난날, 지방 행정 구역 의 하나였던 현의 으뜸 벼슬.

현관 서양식 집의 주된 출입구 에 낸 문간.

현:금 수표나 어음이 아닌, 곧 쓸 수 있는 돈. 현찰.

현:금 자동 지급기 은행이 자 체 점포나 큰 건물 등에 설치 하여, 은행에서 발행 지급되 는 현금 인출 카드를 넣으면, 원하는 액수의 현금이 나오게 되어 있는 자동식 기계.

현:기증[현기쯩] 눈이 아찔하고 머리가 어지러워지는 증세.

현:대 오늘날의 시대. 밴고대.

현:대 소:설 현대에 쓰여진 소 설. 환경과 사건을 통하여 사람의 성격을 그려 내는 데 중점을 둠. 밴고대 소설.

현:대 시조 1894년 갑오 경장 이후에 지어진 시조. 현대의 우리생활에서 흔히 느낄 수 있는 감정을 노래함.

현:대식 현대에 새롭게 만들어 낸 형식.

현:대인 ①현대에 살고 있는 사 람. ②현대적인 교양을 쌓아 현대식 생활을 하는 사람.

현:란[혈란] 눈이 부시도록 휘 황찬란함. -하다.

현령 지난날, 지방 행정 구역의 하나였던 큰 현의 으뜸 벼슬. 관찰사 밑에서 관내를 다스렸 음.

현명 어질고 사리에 밝음. ⑩현 명한 판단. -하다. 【賢明】

현모 현명한 어머니. 어진 어머 니. ⑩현모 양처.

현모 양처 어진 어머니인 동시 에 착한 아내.

현무암 마그마가 땅 위로 흘 러나와 갑자기 식어 굳은 암 석. 색이 검고 바탕이 단단 하며, 기둥모양으로 쪼개짐. 건축 재료로 쓰임. 밴분출암.

현:물 ①현재 있는 물건. ②채 권·국채 등의 현품.

현미 왕겨만 벗기고 등겨가 그 대로 남아 있는 쌀. 밴백미.

현:미경 맨눈으로 는 볼 수 없는 아주 작은 물체 를 확대하여 보 는 기계.

[현미경]

현:상¹ 현재의 상태. 지금의 형 편.

현:상² 상을 걸고 무엇을 시키 거나 구해 들임. ⑩범인을 현 상 수배하다. -하다.

현:상³ 사물에서 일어나는 모양 이나 상태.

현:상금 상으로 내건 돈.

현수교 기둥과 기둥 사이를 케 이블로 연결하고 케이블과 바 닥을 강철봉으로 연결해서 만 든 다리. 밴적교. 조교.

현숙 여자의 마음이 어질고 깨 끗함. 현명하고 정숙함.

현:실 현재에 나타나 있는 사

실. 현재 있는 그대로의 상태. 🔟이상. 【現實】

현악 현악기로 타는 음악.

현악기 악기에 붙어 있는 현(줄)을 켜거나 연주하는 악기. 가야금·바이올린·첼로 등. 【絃樂器】

현인 성인 다음갈 만큼 어질고 현명한 사람. 🔟현자.

현자 총통 화승의 불로 화약을 터지게 하여 쏘던 포.

현:장 ①어떤 일이 일어난 곳. 🔠사고 현장. ②공사나 작업을 하고 있는 곳. 【現場】

현:재 이제. 지금. 🔟과거. 미래.

현제명〖사람〗[1902~1960] 우리 나라의 테너 성악가이며 작곡가. 작품에는 가극 〈춘향전〉〈왕자호동〉, 가곡으로 〈고향생각〉〈희망의 나라〉등을 작곡했음.

현:주소 지금 살고 있는 곳의 주소. 【現住所】

현:지 어떤 사물이 있거나 어떤 사건이 일어난 바로 그 곳. 🔠현지 조사단. 【現地】

현:직 현재의 직업, 또는 그 맡은 임무. 🔠현직 교사.

현채〖사람〗[1856~1925] 조선 말기의 학자·서예가·국사학자. 한학과 일본어에 능통하였고, 수십 권의 교과서를 썼음. 저서로는 〈동국역사〉〈유년필독〉〈동국사략〉등이 있음.

현:충사 충청 남도 아산군에 있는 이순신 장군의 사당.

현:충일 나라를 위하여 싸우다 돌아가신 분들의 명복을 빌고, 그 뜻을 받들기 위하여 제정한 날. 6월 6일.

현:충탑 나라를 지키기 위하여 싸우다 죽은 사람들의 충성을 기리기 위하여 세운 탑.

현판 글씨나 그림을 새기어서 문위에 다는 널조각.

현:혹 정신이 어지러워서 홀림. 🔠불빛에 현혹되다.

혈관 혈액을 순환시키는 핏줄. 탄력성 있는 근육질로 되어 있으며 동맥·정맥·모세 혈관으로 나뉨. 핏줄.

혈색[혈쌕] ①핏기. ②피부의 빛깔. 🔠혈색이 나쁘다.

혈서[혈써] 제 몸의 피로 글씨를 씀. 또는 그 글자.

혈안 기를 쓰고 덤벼서 핏발이 선 눈.

혈압 혈관 속으로 흐르는 피의 압력. 🔠고혈압.

혈액 피. 🔠혈액형.

혈액 순환 피가 심장에서 출발하여 동맥을 거쳐 모세 혈관을 지나 다시 정맥을 거쳐 심장으로 되돌아가는 일. 대순환과 소순환으로 나뉨. 피돌기.

혈액형 혈구와 혈청의 응집 반응을 가지고 혈액을 분류한 형〔일반적으로 O·A·B·AB형 및 Rh인자의 유무에 따른 Rh(-), Rh(+)형으로 분류되고 있음〕.

혈연 같은 핏줄에 의하여 연결된 인연.

혈육 ①피와 살. ②자기가 낳은 자녀. ③부모·자식·형제·자매.

혈장[혈짱] 피의 액체 상태의 성분. 단백질·유기물·무기 염류를 포함함.

혈전 죽고 삶을 헤아리지 않고 싸움. -하다.

혈청 엉긴 피에서 분리되는 담황색의 투명 액체. 혈장에서 섬유소를 빼낸 나머지.

혈통 ①부자·형제의 관계. ②같은 핏줄을 타고난 겨레붙이의 계통. 혈맥. 핏줄기.

혐오 싫어하고 미워함.

혐의 죄를 지었으리라고 생각되는 의심. -하다.

협동 여러 사람의 힘과 마음을 함께 합함. 예협동심. 비협력. 협조. -하다. 【協同】

협동 구매 단체로 물건을 구입하는 것.

협동 농장 사회주의 국가에서 똑같이 일하고 똑같이 나눠 갖기 위하여 함께 농사를 짓는 곳.

협동심 서로 마음을 같이하고 힘을 합치는 마음가짐.

협동 조합 소비자·농민·중소 기업 등이 각자의 생활 또는 사업의 개선을 위하여 만든 협력 조직.

협력[혐녁] 힘을 모아 서로 도와서 일을 함. 비협조, 협동. 반방해. -하다. 【協力】

협만 육지 깊숙이 들어간 좁고 긴 만. 비피오르드.

협박 윽박지르고 억누름. 비위협. -하다.

협상 서로의 이익을 위하여 의논함. 예가격을 협상하다. 비협의. -하다.

협소 좁고 작음. 예방이 협소하다.

협심 여러 사람의 마음을 한군데로 모음. 예어려울 때일수록 협심하자. 비합심. -하다.

협약 협의한 뒤 맺은 약속. 예협상 조약. -하다.

협업 많은 사람이 힘을 합쳐서 어떤 일을 계획적으로 함께 하는 방법. -하다.

협의 의견을 모으도록 서로 의논함. 비협상. -하다.

협잡 올바르지 못한 짓으로 남을 속이는 일. 비사기. -하다.

협정 의논하여 결정함. 예가격을 협정하다. -하다. 【協定】

협조 힘을 모아 서로 도움. 예계획에 협조하다. -하다.

협주곡 ①어느 독주 악기를 관현악의 반주로 연주하는 곡. ②두가지 이상의 악기로 합주하는 곡. 예바이올린 협주곡.

협회 어떤 사업을 하기 위하여 같은 뜻을 가진 사람끼리 만든 단체. 예경제인 협회.

혓바늘 혓바닥에 좁쌀 모양으로 붉은 것이 돋는 증상, 또는 그 돋은 것.

형 형제간이나, 같은 항렬 사이에서 자기보다 나이가 많은 사람. 반아우. 존형님. 【兄】

형:광 ①반딧불. ②어떤 물체가 빛·엑스선·전자선 등을 받았을때에 내는 그 물체 고유의 빛.

형:광등 진공 유리관 안쪽에 형광 물질을 칠하여 수은의 방전으로 생긴 자외선을 눈으로 볼 수 있는 광선으로 바꾼 조명 장치.

형무소 '교도소'의 이전 이름.

형벌 죄를 지은 사람에게 주는 벌. -하다. 【刑罰】

형법 범죄와 형벌에 대한 내용을 규정한 법.

형사 ①주로 사복 차림으로 범죄를 수사하고 범인을 체포하는 따위 일을 맡은 경찰관. ②형법의 적용을 받는 일.

형사 재판 도둑이나 살인자와 같이 사회 질서를 어지럽힌 범죄자를 처벌하기 위하여 여는 재판. 반민사 재판.

형상 사람이나 물건의 생김새와 모양. 존형.

형:석 유리빛 같은 광택이 있는 광물. 열을 가하면 빛을 냄.

형:설 부지런하고 꾸준하게 학문을 닦음. 중국 진나라의 차

윤이 반딧불로 글을 읽고, 손강은 눈빛으로 읽었다는 이야기에서 나온 말. [예]형설지공.

형성 어떤 모양을 이룸. -하다.

형세 형편과 모양. [비]정세. 사세.

형식 바깥으로 나타나 보이는 격식. [반]내용. 【形式】

형제 형과 아우. [예]형제의 우애가 두텁다. [비]동기. 【兄弟】

형제 자매 형제와 자매. 형과 아우와 여자끼리의 언니와 아우.

형체 물건의 생김새와 바탕이 되는 몸. 물건의 외형.

형태 사물의 생김새. [비]모양.

형편 ①일이 되어 가는 모양. [예]일처리가 형편없다. ②살림살이가 되어 가는 모양.

형형색색 모양과 종류가 다른 가지가지. 가지각색.

혜경궁 홍씨【사람】[1734~1818] 조선 시대 사도 세자의 빈. 정조의 어머니. 홍봉한의 딸. 사도 세자가 참변을 당한 후, 그 일을 회고하여 〈한중록〉을 지음.

혜관【사람】 고구려의 승려. 중국 수나라에 들어가서 삼론을 배우고 일본에 건너가서 삼론을 강의하여, 일본 삼론중 발전의 기초를 이루었음.

혜:민국 고려·조선 시대 백성의 병을 고쳐 주기 위하여 설치한 의료 기관. 조선 시대에는 '혜민서'로 이름이 바뀌었음.

혜:성 ①긴 꼬리를 날리며 태양의 둘레를 도는 별. ②어떤 분야에서 갑자기 나타나 두각을 나타남을 비유하는 말.

혜초【사람】[704~787] 신라 경덕왕 때의 승려. 당나라에 가서 불도를 배웠고, 인도까지 갔다가 당나라를 거쳐 돌아와 〈왕오천축국전〉을 지었음.

혜총【사람】 백제 위덕왕 때의 승려. 위덕왕 42년(595), 일본으로 건너가서 고구려의 승려 혜자와 함께 일본 불교계의 중진이 되었음.

혜:택 베풀어 주는 고마움.

혜화문【지명】 서울 '동소문'의 정식 이름. 원이름은 홍화문인데, 조선 성종 14년(1483)에 세운 창경궁 동문을 홍화문이라 하였으므로, 중종 6년(1511)에 혜화문으로 고침.

호: 집의 수효를 나타내는 말.

호가 날라리. 또는 풀잎피리.

호각 불어서 소리를 내는 물건. 신호용으로 씀. [비]호루라기.

호:감 좋게 여기는 감정. [반]악감. [본]호감정. 【好感】

호강 호화롭고 편안한 생활을 누림. [예]부모님에게 호강 받고 자랐다. -하다. -스럽다.

호걸 씩씩하고 꿋꿋하며 마음이 넓고 용감한 사람. [예]영웅호걸. -스럽다.

호:경기 좋은 경기. [반]불경기.

호:구 집의 수와 식구의 수.

호:국 외적으로부터 나라를 지킴. [예]호국 애족의 정신

호:기심 새로운 것, 신기한 것을 좋아하거나 알고 싶어하는 마음.

호남 고속 국도 대전과 전라남도 순천 사이를 잇는 고속국도. 길이 255.2km.

호남선 대전과 목포 사이의 철도. 길이 260.4km

호남 지방 소백 산맥의 서남부 지방. 곧, 전라 남도와 전라 북도를 합한 지방. [준]호남.

호남 평야 전라 남·북도 서부에 있는 넓은 평야.

호놀룰루【지명】 미국 하와이

제도의 오아후 섬 남동부에 있는 도시. 기후가 좋고 경치가 아름다우며, 교외에 유명한 와이키키 해수욕장이 있으며, 설탕·파인애플의 수출항이 있으며, 관광객이 많음.

호도 '호두'의 본디말.

호돌이 제24회 서울 올림픽 대회의 마스코트.

호되다 매우 심하다.

호두 호도나무의 열매. 당추자.

호두까기 인형 러시아의 작곡가 차이코프스키가 작곡한 발레 음악. 호프만의 동화를 2막으로 각색한 모음곡.

호두나무 갈잎넓은잎큰키나무. 열매는 먹으며, 나무는 반질반질하게 윤이 나서 가구나 그릇 등을 만드는 데 쓰임.

호들갑스럽다 경망스럽고 방정맞다.

호락호락 ①쉽사리. ②성격이 만만하고 다루기 쉬움. -하다.

호란 중국 오랑캐들로 말미암아 일어난 전쟁. 병자 호란 등.

호:랑나비 날개에 짙은 무늬의 아름다운 점이 있는 큰 나비.

호:랑이 '범'을 무섭고 사나운 뜻으로 이르는 말. 범.

호:령 ①큰 소리로 꾸짖음. ②지휘하여 명령함.

호롱 석유등의 석유를 담는 그릇.

호롱불[호롱뿔] 호롱에 켠 불.

호루라기 ①살구씨나 복숭아씨 양쪽에 구멍을 뚫어 속을 파내고 부는 물건. ②호각·우레 등을 통틀어 이르는 말.

호류사 일본의 옛 도읍지인 나라현에 있는 절. 고구려의 승려 담징의 그림〈금당 벽화〉로 유명함.

호르몬 동물의 몸 속에서 나

와, 몸 안을 돌며 화학적으로 여러가지 중요한 작용을 하는 물질.

호른 금관 악기의 하나. 나팔꽃 모양이며, 음색은 목관과 비슷하여 부드럽고 윤택이 있음. 관현악·합주악에 씀.

[호른]

호명 이름을 부름. -하다.

호미 김을 맬 때 쓰이는 농기구.

호:박 박과의 한해살이 덩굴풀. 여름에 종 모양의 노란 꽃이 피며, 크고 길둥근 담황색의 열매를 맺음. 열매는 여러 가지 요리를 하여 먹으며, 잎과 순도 먹음.

호반 호수의 가. 예호반의 도시 춘천.

호사 매우 호화롭고 사치함. 예호사스런 장식품. -하다. -스럽다.

호서 충청 남도와 충청 북도 지방을 이르는 말.

호소 억울하거나, 딱한 사정을 이야기함. -하다.

호:송 ①보호하여 보냄. ②죄수나 형사 피고인을 감시하면서 데려감. 예죄인을 호송하다. -하다.

호수 땅이 넓게 패어 물이 괸 곳으로서 못이나 늪보다 훨씬 크고 깊음. 비못. 【湖水】

호숫가 호수의 가장자리.

호:스 고무·비닐 등으로 만든 속이 빈 긴 관.

호:신술 자기의 몸을 보호하기 위하여 익히는 무술.

호언 호기스러운 말. 의기 양양하게 하는 말. -하다.

호:연지기 ①썩 넓고 커서 온 세상에 가득 차고 넘치는 기

운. ②자유스럽고 유쾌한 마음.

호:외 중대한 사건이 있을 때 임시로 발행하는 신문이나 잡지.

호우 줄기차게 내리 퍼붓는 큰 비. 例호우 경보가 내리다.

호:위 따라다니며 지키고 보호함. 비경호. -하다.

호응 ①부름에 대답함. ②서로 뜻이 통함. 例일에 대한 호응도가 좋다. -하다. 【呼應】

호:의 남에게 보이는 친절한 마음. 비선의. 반악의 【好意】

호:의 호:식 잘 입고 잘 먹음. 또는 그런 생활.

호:적 그 집안 식구의 이름이나 생년월일 등을 기록한 장부. 例호적 초본.

호:적 등본 한 집안 식구 전체를 기록한 공인 문서.

호:전 잘 안 되던 일이 잘 되어가기 시작함. 例병세가 호전되어 간다. 반악화. -하다.

호젓하다 무서운 생각이 들 만큼 고요하고 쓸쓸하다.

호:주 한 집안의 가장이 되는 사람. 집 주인. 【戶主】

호출 불러 냄.

호콩 땅콩.

호텔 서양식 여관. 우리 나라 경우, 호텔이 여관보다 규모가 큼.

호통 대단히 화를 내어 크게 꾸짖음. -하다.

호:패 지난날, 열여섯 살 이상 되는 남자가 차는 길쭉한 패. 앞면에 성·이름·나이·난 해의 간지를 새기고, 뒷면에는 해당 관아의 도장이 찍혔음.

호:평 좋은 평판. 좋게 말함. -하다. 【好評】

호화 사치스럽고 화려함. 例호화스런 생활을 하다. -하다. -스럽다.

호:황 경기가 좋음. 【好況】

호흡 ①숨을 내쉬고 들이마심. ②두 사람 이상이 함께 일할 때의 서로의 마음. -하다.

호흡기 생물이 외계의 산소를 취하는 기관. 고등 동물의 폐, 어류의 아가미, 곤충류의 기관, 많은 동물의 피부 따위. 숨틀.

혹 살갗 거죽에 불룩하게 내민 부분. 세포의 이상 증식에 의한 경우가 많음.

혹독 ①정도가 매우 심함. ②매우 사나움. 例혹독한 고문을 받다. -하다.

혹부리[혹뿌리] '얼굴에 혹이 달린 사람'의 별명.

혹사 혹독하게 부림.

혹시 ①만일에 ②어떤 경우에. 행여나. 춘혹.

혼 정신. 넋. 얼.

혼나다 ①몹시 놀라다. ②야단맞다.

혼:돈 사물의 구별이 확실하지 않은 상태 例혼돈 상태. -하다.

혼:동 ①뒤섞임. ②잘못 판단함.

혼:란¹ [홀란] 뒤범벅이 되어서 어지러움. 例방안에 물건이 혼란스럽게 흩어져 있다. 비혼잡. -하다. -스럽다.

혼란² [홀란] 정신이 흐리고 어지러움. 비문란. -하다. -스럽다.

혼례 혼인의 예절.

혼미 ①뒤섞여 구별이 안 됨. ②마음이 흐리고 사리에 어두움. -하다.

혼:방 성질이 다른 두 가지 섬유를 섞어서 짠 옷감. -하다.

혼백 죽은 사람의 넋. 비넋.

혼비백산 몹시 놀라고 혼이 나고 넋을 잃음.

혼사 혼인에 관한 일.

혼:성 합창 남녀가 각 성부로 나뉘어 부르는 합창.

혼:식 ①여러가지 음식을 섞어서 먹음. ②쌀과 잡곡을 섞어 먹음. -하다. 【混食】

혼:신 온몸. 전신. 예혼신의 힘을 다하다.

혼인 장가들고 시집가는 일. 비혼사. 결혼. -하다.

혼자되다 홀로 되다. 짝을 잃다.

혼자말[혼잔말] 혼자 중얼거리듯 하는 말. 혼자소리.

혼:잡 한데 섞여 복잡함. 혼잡한 거리. 비복잡. -하다.

혼:천의 지난날, 천체의 운행과 위치를 관측하던 기계.

혼:탁 ①맑지 아니하고 흐림. ②정치나 사회 등이 어지러움. 예혼탁한 사회. -하다.

혼합 뒤섞여서 한데 합쳐짐.

홀 ①건물 안에서 여러 사람이 모일 수 있는 넓은 곳. ②회관. 식당.

홀가분하다 ①가뿐하다. ②복잡하지 않다. ③딸린 것이 없다.

홀란드〖지명〗 ①네덜란드의 영어명. ②중세기 북부 연안에 있던 신성 로마 제국의 한 나라. 현재 네덜란드의 주로, 남홀란드주와 북 홀란드 주로 되어 있음.

홀로 저 혼자서만. 외롭게. 예나무 밑에 홀로 서 있다.

홀리다 ①정신이 어지럽게 되다. ②속다. ③반하다.

홀몸 아내가 없거나 남편이 없이 혼자 사는 사람. 비독신.

홀소리[홀쏘리] 입술·코·목구멍 등에 막히지 않고 순하게 나오는 소리. 비모음. 반닿소리.

홀소리글자 홀소리의 글자〔ㅏ·ㅑ·ㅓ·ㅕ 등〕.

홀수[홀쑤] 2로 나누어 나머지가 생기는 수〔1,3,4,5,…등의 수〕. 비기수. 반짝수.

홀스타인 젓소의 한 종류. 네덜란드가 원산지이며, 몸에 검고 흰 무늬가 있음.

홀씨 민꽃식물이 불어날 때에 꽃식물의 씨와 같은 구실을 하는 것. 비포자.

홀아비 아내를 여의고 혼자 사는 남자. 반홀어미.

홀어미 남편이 죽고 홀로 된 여자. 비과부. 미망인. 반홀아비.

홀연 뜻밖에 문득 나타나거나 사라지는 모양. 예홀연히 나타나다. -하다. -히.

홀쭉하다 ①몹시 가늘고 길다. ②끝이 뾰쪽하고 길다. ③앓거나 지쳐서 살이 빠지고 몸이 야위다. 〈훌쭉하다.

홀태 ①뱃속에 알이나 이리가 들지 아니한 홀쭉한 생선. ②통이 좁은 물건. 예홀태치마 ③곡식 이삭을 훑는 기구.

홈:그라운드 ①자기의 고향. 근거지. ②테니스·야구·축구 등에서, 그 팀의 소재지에 있는 그라운드(운동장).

홈:런 야구에서, 타자가 본루까지 살아서 돌아올 수 있도록 친 안타. 본루타. 홈런 히트.

홈:베이스 야구에서, 포수 앞에 있는 베이스. 본루. 춤홈.

홈:인 야구에서, 주자가 본루에 살아 들어오는 일. -하다.

홈:질 옷감 두 장을 포개어 놓고 드문드문 꿰매는 바느질 방법. -하다.

홍 붉은 빛. 뜀홍색.

홍건적 중국 원나라 말기에 날뛰던 도적의 무리. 머리에 붉은 수건을 쓰고 다녀 이런 이름이 붙었음. 고려 말기에 두 차례나 고려를 괴롭혔음.

홍경래의 난 조선 순조 때, 정치의 어지러움과 평안도 사람에 대한 차별 대우에 불만을 품고, 홍경래가 평안도 지방에서 일으킨 민란.

홍길동전[홍길똥전]【책명】 조선 광해군 때, 허균이 지은 고대 소설. 조선 시대의 가족 제도 및 사회 제도의 개선을 주제로 쓴 최초의 한글 소설. 홍길동이 활빈당의 수령이 되어 부당한 재물을 취하여 불쌍한 사람을 구제해 주다가, 후에 '율도국'의 임금이 된다는 내용.

홍난파【사람】[1898~1941] 우리 나라의 음악가. 본 이름은 영후, 난파는 호. 와이엠시에이(YMCA)를 중심으로 음악 방면에 크게 활약함. 작품에는 〈봉선화〉〈옛 동산에 올라〉〈낮에 나온 반달〉〈성불사의 밤〉 등이 있음.

홍당무 ①무의 한 가지. 꽃과 껍질은 붉음. ②당근. ③수줍거나 무안하여 얼굴이 붉어진 모양.

홍대용【사람】[1731~1783] 조선 영조·정조 때의 학자. 북학파에 드는 실학자로, 청나라와 서양의 발달한 문물을 받아들여 상공업을 일으키고 과학을 발달시켜야 한다고 주장하였음. 천문 기구인 '혼천의'를 만듦. 【洪大容】

홍도【지명】 전라 남도 서해상, 신안군 흑산면 홍도리에 위치한 섬. 홍갈색의 바위산이 경치의 아름다움을 이루며 휘귀한 식물들로 천연 공원을 이루고 있음.

홍두깨 옷감을 감아서 다듬질하는 데 쓰는, 둥글고 긴 나무.

홍문관 조선 때 경서와 사적의 관리, 문헌의 처리 및 왕의 자문에 응하는 일을 맡아 보던 관아. 옥당.

홍범도【사람】[1868~1943] 독립운동가. 함경 북도 북청 후치령에서 의병을 일으키고, 1910년 간도로 건너가 대한 독립군 총사령관이 되었음.

홍보 널리 알림. 또는 그 보도. -하다. 【弘報】

홍산 대첩 충청 남도 부여군의 홍산에서 고려 우왕 2년(1376)에 최영이 왜구를 크게 무찌른 싸움.

홍살문 능·묘·궁전·관아 등의 정면에 세우던 붉은 칠을 한 문. 둥근 기둥 두 개를 세우고 지붕이 없이 붉은 살을 죽 박았음. 삐홍전문. 준홍문.

홍삼 수삼을 쪄서 말린 붉은 빛깔이 나는 인삼. 삐백삼.

홍성【지명】 충청 남도 홍성군의 읍. 장항선의 중요 역이며, 부근 산물의 집산지임. 군청 소재지로 군내 행정·교통의 중심지임.

홍수 ①장마가 져서 크게 불어난 물. 큰물. ②사람이나 물건이 아주 많음을 가리키는 말.

홍시 흠뻑 익어 붉고 말랑말랑한 감. 삐연감. 연시.

홍안 젊어서 혈색이 좋은 얼굴. 예홍안의 소년.

홍어 가오리과에 속하는 바닷물 고기. 몸길이 1.5m 가량. 몸은 마름모꼴로 넓적하며, 몸 빛깔은 등이 갈색. 배는 흼.

홍역 열이 오르고 온몸에 좁쌀 같은 것이 돋고 기침이 나는 어린이의 전염병.

홍영식〖사람〗[1855~1884] 개화파의 한 사람. 1883년 외교관으로 미국에 갔었고, 돌아와 우정국 일을 맡아 보다가 김옥균·박영효 등과 함께 '갑신 정변'을 일으켰으나 실패하여 피살됨.

홍예문 문얼굴의 윗머리가 무지개 모양의 반원형으로 만든 문. 아치. ㉛홍예.

홍익 장군 곽재우.

홍익 ①매우 큰 이익. ②널리 이롭게 함. 【弘益】

홍익 인간 〔널리 인간 세계를 이롭게 한다는 뜻으로〕단군 왕검이 나라를 세울 때 이념으로 삼았음.

홍차 달인 물이 붉은 차의 한 가지. 차나무의 잎을 발효시키어 말린 것.

홍합 조개의 한 가지. 껍데기 모양은 삼각형에 가까운 타원형이고 빛은 흑갈색이며 품질이 낮은 작은 진주가 남. 얕은 바다에 삶.

홑바지 한 겹으로 된 바지. ㉛겹바지.

홑옷[호돈] 한 겹으로 된 옷. ㉛겹옷.

홑이불[혼니불] 속을 넣지 않은 이불. 주로 여름에 덮음. ㉛겹이불

화:[1] 몹시 언짢거나 못마땅해서 나는 성.

화:[2] 모든 불행한 사고나, 사나운 운수. ㉛복.

화:가 그림 그리는 것을 직업으로 삼는 사람. 또는 그림을 잘 그리는 사람. ㉛화백. 화공.

화강암 마그마가 땅 속 깊은 곳에서 식어 굳어진 암석. 주로 석영·운모·장석의 세 가지 광물로 되어 있음. 단단하고 아름다워 석재로 쓰임.

화개 장터 전남 구례군과 마주한 경남 하동군 화개면에서 닷새에 한 번씩 장이 열리는 곳.

화:공 그림 그리는 것을 업으로 하는 사람. ㉛화가.

화관무 한국 무용의 하나. 곱게 단장한 무원들이 궁중무 복식에 오색 구슬로 화려하게 장식한 화관을 쓰고 긴 오색 한삼을 공중에 뿌리면서 추는 춤. 매우 화사하고 고움.

화교 중국 사람으로, 외국에 가서 사는 사람.

화:급 걷잡을 수 없이 타는 불과 같이 매우 급함. -하다. -히.

화:기 불의 뜨거운 기운.

화끈 뜨거운 기운을 받아서 몸이나 쇠 등이 갑자기 몹시 달아오르는 모양. 〈후끈. -하다.

화남 지방 중국의 남부 지방으로, 주장 강 유역을 말함.

화단 꽃을 심으려고 흙을 한층 높게 쌓아 놓은 곳. ㉙화단에 꽃을 심다. ㉛꽃밭.

화답 시나 노래에 응하여 대답함. -하다. 【和答】

화:랑 그림 등을 전람해 놓는 방.

화랑도 신라 시대에 청소년으로 조직되었던 민간 수양 단체, 또는 그 중심 인물. 화랑은 많은 낭도를 거느리고 평시에는 명산을 찾아 다니며 국토에 대한 사랑을 키웠고, 전시에는 전장에 나아가 용감히 싸웠음.

화려 빛나고 아름다움. ㉙화려한 레이스가 달린 드레스. ㉛검소. -하다.

화:력 발전[화력발쩐] 불로 물을 끓여 그 수증기의 힘으로

발전기를 돌려 전기를 일으키는 일. 🈯수력 발전.

화:력 발전소 화력 발전을 하는 곳.

화:로 숯불을 담아 놓는 그릇.

화:롯불[화로뿔] 화로에 담긴 불.

화:륜선 '기선'의 옛 이름. 기선이 처음 만들어졌을 때에는 옆이나 뒤에 달린 바퀴를 돌려 기선을 움직였음.

화:면 ①그림의 면. ②영사막이나 텔레비전 브라운관에 비친 사진의 면.

화목 서로 뜻이 맞고 정다움. 🈯불화. -하다.

화문석 꽃무늬를 놓아 짠 돗자리. 꽃돗자리.

화:물 짐. 🈯하물. 【貨物】

화:물선[화물썬] 짐을 실어 나르는 배. 🈯여객선.

화:물 열차 운반할 수 있는 유형의 재화만을 운반하게 된 열차.

화:물차 짐을 싣는 자동차.

화백¹ 신라 시대의 회의 제도. 한 집단 안에서 회의할 때에 한 사람의 반대자도 없이 모든 사람이 찬성해야 결정하는 만장 일치 제도임. 【和白】

화백² '화가'의 높임말.

화법 문장이나 담화에서 다른 사람의 말을 다시 표현하는 방법. 📵간접 화법.

화병¹ 꽃을 꽂는 병. 🈯꽃병.

화:병² 마음이 답답하여 난 병.

화:보 여러 가지 그림을 모아 놓은 책.

화북 지방 중국의 북부 지방으로 황하 유역을 말함.

화분 꽃을 심어 가꾸는 데 쓰이는 그릇. 【花盆】

화사 화려하고 사치스러움.

화:산 땅 속의 용암이 밖으로 내뿜어지는 곳이나 그 내뿜어진 것이 쌓여 이루어진 산.

화:산 가스 화산에서 분출하는 가스. 대부분이 수증기이며, 그 밖에 소량의 탄산 가스·아황산가스·염소·수소·질소·메탄 성분도 있음.

화:산 분출물 화산 현상으로 마그마가 분출할 때, 함께 공중으로 높이 분출하는 물질을 통틀어 이르는 말.

화:산섬 화산의 폭발로 된 섬.

화:산재 용암의 부스러기가 먼지와 같이 된 재.

화:산탄 원형이나 타원형의 모양을 한 용암 조각.

화:산 활동[화산활똥] 지구 내부에서부터 용암이나 가스 따위가 분출하는 활동.

화살 활시위에 메워 당겼다가 놓으면 멀리 날아가는 물건. 막대끝에 촉을 꽂고 위에는 세 줄로 새의 깃을 달았음. 🈯살.

화:상¹ 사람의 얼굴을 그림으로 그린 초상. 【畫像】

화:상² 불에 데어 상함. 또는 그 상처. 【火傷】

화:상³ 그림을 파는 사람. 또는 그 장수.

화색 온화한 얼굴빛.

화:석 지질 시대에 살던 생물의 주검이나 흔적 등이 암석속에 남아 있는 것. 【化石】

화:선지 붓글씨나 동양화에 쓰이는 종이의 한 가지.

화성¹ 둘 이상의 음이 동시에 울려서 음악적인 효과를 이루는 것. 📵화성법. 【和聲】

화:성² 태양으로부터 네 번째의 거리에 있으며, 붉은 빛을 내는 행성. 687일 만에 태양둘레를 한 바퀴 돌며, 금성 다음으로 지구에 가까움.

화:성암 땅 속의 마그마가 분출하여 식어서 굳어진 암석.

화성인 화성에 살고 있다고 믿었던, 문어처럼 생긴 상상의 인간. 영국의 웰스의 공상 과학 소설 〈화성과의 전쟁〉에 등장함.

화수분 재물이 자꾸 생겨서 아무리 써도 줄지 아니함. 보배의 그릇으로, 그 안에 온갖 물건을 넣어 두면 새끼를 쳐서 끝이 없이 나온다는 데서 생긴 말.

화술 말재주.

화:승총 화승(불을 붙게 하는 노끈)의 불로 터지게 하여 쏘는 지난날 총의 한 가지.

화:실 화가나 조각가가 일을 하는 방. 아틀리에.

화:약 초석·목탄·유황 등을 섞어서 만든 폭발물. 【火藥】

화:약고 ①화약 따위를 저장하는 창고. ②큰 일이 일어날 위험성이 있는 지역.

화:약 수련법 고려 말의 장군이었던 최무선이 아들에게 물려 준 책 이름. 화약을 만들거나 다루는 방법이 적혀 있음.

화:약지 화약을 묻힌 종이.

화엄사 전라 남도 구례군 마산면 황전리, 지리산 서쪽 기슭에 있는 절. 25교구 본사의 하나. 신라 때 연기 대사가 세웠으며, 종전의 31본산의 하나였음.

화:염 불꽃.

화원 꽃을 심은 동산. 【花園】

화원 반:도〖지명〗전라 남도 목포 남쪽에 뻗쳐 있는 반도.

화음 높낮이가 다른 둘 이상의 소리가 동시에 울렸을 때 어울리는 소리. 【和音】

화장 ①분 따위를 발라 얼굴을 곱게 꾸밈. ②맵시를 냄. 🔟단장. -하다.

화장실 변소. 대소변을 보는 곳. 뒷간.

화:재 불로 인한 재난. 🖽화재 신고는 119로. 🔟수재. 【火災】

화:재 보:험 화재로 말미암아 손해가 생겼을 때 그 손해를 보상해 주는 보험.

화:전민 산이나 들에 불을 질러 태우고 그 자리를 파 일구어 만든 밭에 농사를 지어 먹고 사는 사람. 【火田民】

화제 ①이야기의 제목. ②이야깃거리. 이야기. 🖽다양한 화젯거리.

화:주승 집집마다 돌아다니며 절에서 쓸 돈이나 양식을 구하는 승려. 🔟시주승.

화중 지방 중국의 중앙부의 대분분과 양쯔 강 유역 지방.

화:차¹ 짐을 실어 나르는 기차. 🔟객차. 🈁화물차. 【貨車】

화:차² ①지난날, 적을 불로 공격하던 수레로 된 병기. ②1592년에 변이중이 창안한 우리 나라의 옛 전차. 【火車】

화창 날씨나 마음씨가 부드럽고 따뜻하며 맑음. 🖽화창한 날씨. -하다.

화채 꿀·설탕물 따위에 과일을 썰어 넣어 만든 음료.

화초 보기 위해 꽃밭이나 화분에 심는 풀과 나무. 【花草】

화촉 물을 들인 밀초. 흔히 혼례때 씀. 🖽화촉을 밝히다.

화친 ①서로 의좋게 지내는 정분. ②나라와 나라 사이의 친밀한 교류. 🖽화친 조약. -하다.

화평 ①마음이 편안함. ②나라와 나라 사이가 화목하고 평화스러움. 【和平】

화:폐 물건을 사거나 팔거나 할 때 쓰는 것. 돈.

화:포 ①총이나 대포. ②고려 말엽에 최무선이 만든 대포.

화:풍 그림의 경향, 또는 특징.

화:학 모든 물질의 성질·변화·법칙을 연구하는 학문.

화:학 거름 원료를 화학적으로 처리하여 만든 거름〔요소·황산암모늄 등〕. 圓인조 비료.

화:학 공업 화학을 응용하여 여러가지 제품을 만드는 공업〔비료·시멘트·석유 화학 공업 등이 있음〕. 圈화공.

화:학 변:화 물질이, 그 자신 또는 다른 물질과의 상호 작용으로 인해 전혀 새로운 물질로 바뀌는 현상. 圓물리 변화.

화학사 무명실·명주실·털실 등이 아닌 인공적으로 만든 실〔나일론실·비닐론실 등〕.

화학 섬유 화학적으로 만들어지는 나일론·비닐론 등의 섬유. 圓천연 섬유. 圈화섬.

화:학 실험 모든 물질의 성질·변화·법칙을 연구하는 실험.

화:합 두 가지 이상의 물질이 합하여 새로운 물질이 되는 현상. -하다. 【化合】

화해 싸움을 그치고 다시 사이 좋게 지냄. -하다. 【和解】

화환 꽃을 모아 고리 모양으로 만든 것.

확답 확실한 대답.

확대 늘여서 크게 함. 圓확장. 圓축소. -하다.

확대경 물체를 크게 늘이어 보는 렌즈. 볼록 렌즈. 圓돋보기.

확대도 실물을 일정한 비율로 크게 늘여서 그린 그림.

확률〔황뉼〕 일어나는 모든 경우의 수에 대한 기대되는 경우의 수의 비율. 圖복권에 당첨될 확률이 낮다.

확립〔황닙〕 체계·견해·조직 등이 확실히 서거나 서게 함. 圖기강을 확립하다. -하다.

확보 확실하게 보존함. 확보하다. -하다. 【確保】

확산 ①흩어져 번짐. ②농도가 다른 물질이 혼합될 때 시간의 경과에 따라 점차 서로 같은 농도로 되는 현상.

확성기 소리를 크게 하여 멀리 들리게 하는 기계. 스피커.

확신 굳게 믿음, 또는 그러한 신념. -하다.

확실 분명하고 틀림없음. 圖대답이 확실하다. 圓불확실. -하다. -히.

확인 확실히 인정함. 똑똑히 알아냄. -하다.

확장 범위나 세력을 늘려서 넓힘. 圖사업을 확장하다. 圓축소. -하다.

확정 변동이 없도록 확실하게 정함. -하다.

확증 확실히 증명함. 또는 확실한 증거. 圓실증.

확충 넓혀서 충실하게 함.

환: 현금을 안 쓰고 어음·수표·증서 등으로 돈을 주고받는 방법.

환갑 예순한 살을 가리키는 말. 圖아버님 환갑 잔치. 圓회갑.

환경 자기를 둘러싸고 있는 모든 것. 자기가 놓여 있는 처지.

환경 보전법 대기·수질·소음 등의 오염으로 인한 피해를 미리 막고, 국민들이 쾌적한 환경에서 생활할 수 있도록 깨끗한 환경을 보전하기 위해 만든 법.

환경 오:염 자연의 개발로 자연의 파괴와 각종 교통 기관·공장에서 배출되는 가스·폐수·농약 등으로 환경이 더럽혀지는 일.

환경 요인 생물의 주위에 있으며, 그 생활에 관계가 큰 물·공기 또는 햇빛 등의 자연적인 것과 인공적인 것을 통틀어 가리킴.

환경처 자연 보호 및 환경 보전에 관한 일을 맡아 보는 관청. '환경부'의 이전 이름.

환급 돈이나 물건 따위를 도로 돌려서 줌. -하다.

환:기[1] 불러 일으킴. -하다.

환:기[2] 탁한 공기를 빼고 새 공기를 넣음. -하다.

환:등기 그림·사진 따위에 불빛을 비추어 확대하여 볼 수 있도록 만든 기구.

환:부 병이나 상처가 난 곳.

환:산 어떤 단위로 표시된 수량을 다른 단위로 고쳐 계산함. 또는 그 계산. [예]우리 돈을 달러로 환산하다. -하다.

환:상 없는 것이 있는 것같이 보이는 상태. [비]환영.

환:상곡 형식의 제약을 받지 않고 악상이 떠오르는 대로 자유스럽게 만든 악곡.

환:성 기뻐서 부르짖는 소리.

환:송 기쁜 마음으로 보냄.

환심 기뻐하고 즐거워하는 마음. [예]환심을 사려고 선물을 하다.

환영[1] 기쁜 마음으로 맞음. [예]신입생을 환영하다. [반]환송. -하다. 【歡迎】

환:영[2] 눈 앞에 있지 않은 사람이나 물건의 모습이 있는 것처럼 보이는 현상. 허깨비. [비]환상. 【幻影】

환웅 우리 나라 건국 신화에 나오는 인물. 단군의 아버지.

환원 ①본래로 돌아감. ②산소와의 화합물이 산소를 잃는 변화. [반]산화. -하다.

환인 단군 신화에 나오는 인물. 환웅의 아버지.

환:자 병을 앓는 사람. 병든 사람. [비]병자. 【患者】

환:절기 계절이 바뀌는 시기.

환조 물체의 형상을 전부 드러나게 새기는 조각법의 하나.

환:풍기 건물 내부의 공기를 맑게 하는 데 쓰이는 환기 장치의 한 가지.

환:하다 ①맑고 밝다. ②앞이 탁 틔어 넓고 멀다. 〈훤하다. 환히.

환호 기뻐서 큰 소리로 부르짖음. [비]환성. -하다. 【歡呼】

환호성 기뻐서 부르짖는 소리.

환:희 즐겁고 기쁨. [예]환희에 넘치다.

활 화살을 쏘는 무기.

활강 비탈진 곳을 미끄러져 내려옴. [예]스키 활강 경주가 시작되었다. -하다.

활개 ①사람의 두 팔. ②새의 두 날개.

활개치다 ①양쪽 팔을 세차게 앞뒤로 움직이다. ②제 세상인것처럼 행동하다.

활기 ①활동하는 힘. ②활발한 기운. 【活氣】

활동[활똥] ①기운차게 움직임. ②어떤 일을 이루기 위하여 힘씀. [비]활약. -하다. 【活動】

활동량 기운차게 움직이는 양. 활발하게 행동하는 양.

활동 사진[활똥사진] 영화를 이전에 이르던 말.

활력소 활동하는 힘의 본바탕.

활발 기운차게 움직이는 모양. [예]활발한 외교 활동. -하다.

활보 큰 걸음으로 당당히 걷는 일. 또는 그 걸음. -하다.

활석[활썩] 겉이 반질반질하고 바탕이 무른 광물.

활시위 활을 쏠 때 화살을 물리는 줄.

활약 눈부시게 활동함. 기운차게 뛰어다님. -하다.

활엽수 평평하고 넓은 잎을 가진 나무. 넓은잎나무. 🔁침엽수.

활용 이리저리 잘 응용함. 변통하여 돌려 씀. -하다.

활자[활짜] 인쇄에 쓰이는 글자 모양대로 새긴 쇠붙이.

활주로[활쭈로] 비행장 안에 단단한 물질로 포장한, 비행기가 뜨고 앉을 수 있도록 만든 길.

활차 물건을 위아래로 오르내리기 쉽게 하기 위하여 도르래바퀴를 단 장치. 도르래.

활화산 지금도 불을 내뿜고 있는 화산. 🔁사화산.

핫:김 화가 치민 서슬. 예핫김에 소리를 질렀다.

황 낮은 온도에서 녹고, 독특한 냄새를 내며 타는 물질. 노란색의 고체이며 잘 부서짐. 화약·성냥 따위의 원료.

황공 위엄·신분 등에 눌려 마음이 어찌할 줄을 모를 만큼 두렵고 거북함. 🔁황송. -하다.

황금 ①금. ②돈. 금전.

황금 어장 수산 자원이 많아 가치가 큰 고기잡이 터.

황급 매우 급함. -하다. -히.

황량하다[황냥하다] 황폐하여 처량하다.

황룡사 경상 북도 경주에 있던 절. 신라 시대에 왕궁을 지을 때 황룡이 나와 절을 지었다함.

황무지 손을 대지 않고 버려 두어서 거칠어진 땅. 예황무지를 개간하다. 🔁옥토.

황사 현상 봄에서 초여름에 걸쳐 중국 내륙으로부터 우리 나라에 불어오는 모래 바람.

황산 구리 구리와 황산의 화합물. 물에 잘 녹는 파란색의 결정.

황산벌〖지명〗지금의 충청 남도 연산 벌판. 백제 의자왕 때 계백장군이 결사대 5,000명을 이끌고 김유신이 거느린 신라의 5만 대군을 맞아 겨루었던 곳. 예황산벌 싸움.

황산 암모늄 농작물의 잎과 줄기를 잘 자라게 하는 질소 비료의 한 가지.

황산 칼륨 칼리 성분이 많아 밑거름으로 쓰이는 비료.

황:새 백로와 비슷한데 몸은 흰색이며 부리는 흑색. 눈가장자리의 살갗은 빨간색인 새. 다리가 길어 물 위를 잘 걸음. 텃새이며 보호하는 새임. 날개 길이 약 66cm. 천연 기념물 제199호.

황색 인종 살빛이 누르고, 머리털이 검고 곧은 인종. 주로 아시아대륙에 사는 한국인·중국인·일본인 등. 🔄황인종.

황성 신문 대한 제국 말에 발간된 일간 신문의 하나. 국문과 한문을 섞어 썼음. 애국적인 기사를 써서 일제와 싸우다가, 1910년 강제 폐간되었음.

황소 ①털빛이 누르고 힘이 센 소의 수놈. 황우. ②미련하거나 기운이 세거나 많이 먹는 사람의 비유. 예황소처럼 기운이 세다. 🔁암소.

황송 위엄에 눌려서 마음이 두렵고 거북함. 🔁황공. -하다.

황숙기 벼나 보리 등이 누렇게 익는 시기.

황순원〖사람〗[1915~ ?] 우리 나라의 소설가. 단편 소설집으로 〈기러기〉〈곡예사〉, 장편 소설로는 〈카인의 후예〉〈별과 같이 살다〉 등이 있음.

황실 황제의 집안. 🛈왕실.

황인종 황색 인종의 준말.

황제 제국의 임금.

황초령비 신라 진흥왕의 사적을 새긴 비.

황토 지대 황토가 바람에 날려 운반되어 쌓인 지대를 통틀어 이르는 말.

황폐 집이나 토지 등을 그냥 버려두어 거칠어지고 못 쓰게 됨. -하다.

황하 중국 북부에 있는 큰 강. 중국 고대 문명의 발상지임.

황해 우리 나라 서쪽에 있는 바다. 서해.

황해도 경기도와 평안 남도 사이에 있는 도.

황해안 한반도와 중국 대륙과의 사이에 있는 바다의 연안.

황혼 ①해가 지고 어둑어둑할 무렵. ②나이가 들어 늙어진 시기. 🖲황혼기에 접어든 노인들.

황홀 정신이 홀릴 만큼 찬란함. 🛈찬란. -하다.

황후 황제의 부인. 🛈왕후.

황희【사람】[1363～1452] 조선 초기의 정치가. 세종 대왕 때 영의정에 올라 24년간 있으면서 문물 제도의 정비에 힘써 많은 업적을 남겼음.

홰¹ 새장이나 닭장 속에 새나 닭이 앉도록 가로지른 나무 막대.

홰² 싸리나 갈대 등을 묶어 만든 밤길을 밝히거나, 또는 제사 때 화톳불을 놓는 데 쓰는 물건.

홰:나무 갈잎넓은잎큰키나무. 8월에 연한 노란 색의 꽃이 피고, 10월에 열매를 맺음. 목재는 가구로 씀. 🖲회화나무.

횃대 옷을 걸치게 벽에다 만들

어둔 막대. 🖲홰.

횃불 홰에 켠 불. 곧, 싸리・갈대등을 묶어서 불을 켠 것.

횃불 싸움 대보름날 밤 농촌에서 농민들이 횃불을 들고 동산 위에 올라가서 하는 놀이.

회갑 나이 예순한 살을 가리키는 말. 🛈환갑.

회갑연 환갑 잔치. 61살 생일을 축하하는 잔치.

회:개 이전의 잘못을 뉘우치고 고침. 🛈참회. -하다.

회:견 서로 만나 봄. 🖲대통령 기자 회견. 🛈접견. -하다.

회:계 ①따져서 셈함. ②돈이나 물품을 주고받는 일에 관한 사무. -하다.   【會計】

회고 지난일을 돌이켜 생각함. 🛈회상. -하다.

회:관 어떤 모임을 위해 만든 많은 사람이 한꺼번에 들어갈 수 있는 집. 🖲청소년 회관.

회교 이슬람교.

회귀선 지구상의 적도를 중심으로 남북 위도 23°27′을 지나는 위선.

회:담 만나서 서로 의논함, 또는 그 일. 🖲남북 정상 회담. 🛈회의. -하다.

회답 물음에 대답함. -하다.

회람 여러 사람이 차례로 돌려 봄. -하다.

회령【지명】 함경 북도에 있는 읍으로 회령군의 군청 소재지.

회로 전류가 흘러 도체를 돌아 다시 제자리로 되돌아오기까지의 통로. 🖲전기 회로.

회로 검:사기 전기 회로에 이상한 점이 없는지 알아보는 데 쓰는 장치.

회로도 전류가 흐르는 길을 나타낸 그림. 배선도.

회복 전과 같이 좋아짐. 🖲건강

이 회복되다. -하다.

회분 뼈·피·소화액 등을 이루는 칼슘·철·인·요오드·나트륨 등을 통틀어 이르는 말.

회:사 돈을 벌기 위하여 만든 사업 단체. 주식 회사·합자 회사등이 있음. 【會社】

회상 지난 일을 돌이켜 생각함. 예어린 시절을 회상하다. 비회고. -하다. 【回想】

회상록 지난 일을 회상하여 적은 기록.

회수 도로 거두어 들임.

회:식 여러 사람이 모여 함께 음식을 먹음. 또는 그 모임. -하다.

회오리바람 갑자기 부는 기둥 모양으로 도는 바람. 비선풍. 흥회리바람.

회:원 어떤 모임을 이루는 사람들. 예신입 회원을 모집하다.

회:원국 어느 회의 구성원이 되어 있는 나라.

회:의 여럿이 모여 의논함. 예학급 회의. -하다. 【會議】

회:장 회의의 일을 책임지고 그회를 대표하는 사람.

회전 어떤 축을 중심으로 하여 빙빙 돎. 또는 빙빙 돌림. 회전운동. -하다. 【回轉】

회전 목마 수직의 축 둘레에 목마를 연결하여 회전하면서 아래위로 움직이게 만든 놀이 기구.

회전 운동 도형이 한 점을 중심으로 하여 일정한 거리를 두고 도는 운동.

회전체 평면 도형이 한 직선을 축으로 하여 1회전해서 얻어지는 입체 도형.

회전축 도는 기계의 축. 돌대.

회초리 어린아이를 때리거나 말이나 소를 부릴 때에 쓰는 가는 나뭇가지.

회포 마음 속에 품은 생각. 잊혀지지 않는 생각. 예옛 직장 동료를 만나 회포를 풀다.

회피 ①몸을 피하고 만나지 아니함. ②책임을 지지 아니하고 꾀를 부림. 예책임을 회피하다. -하다.

회:합 여러 사람이 모임. -하다.

회:화 ①서로 만나서 이야기함. ②외국 말로 하는 말이나 이야기. 예영어 회화. -하다.

획 그림이나 글씨에서 한 번 그은 줄이나 점을 가리키는 말.

획기적 어떤 과정에서 새로운 시기가 닥칠 만큼 뚜렷한 것. 예획기적인 생각.

획득 손에 넣음. 얻어 가짐. 예우승컵을 획득했다. -하다.

획순 글씨를 쓸 때 획을 긋는 순서. 비필순.

획책 일을 꾀함. 일을 계획하는 꾀.

횟가루 벽을 희게 하기 위하여 물에 개어 바르는 생석회 가루.

횟수 차례의 수효 【回數】

횡단 ①가로 끊음. ②가로지름. 예대륙 횡단. ③도로를 건너 질러서 감. -하다.

횡단 보도 도로를 가로 질러 사람이 건너 다니는 길. 비건 널목.

횡렬[횡녈] 가로로 늘어선 줄. 반종렬. 【橫列】

횡령[횡녕] 남의 물건을 가로채거나 빼앗음. -하다.

횡사 뜻밖의 재앙을 당해 죽음. 비변사. -하다.

횡설수설 조리에 안 맞는 말을 함부로 지껄임. 또는 그 말. 비선소리. -하다.

횡재 노력을 들이지 않고 뜻밖의 재물을 얻음. -하다.

횡포 재멋대로 굴며 몹시 사나움. 예깡패들의 횡포가 심하다. -하다.

효경【책명】 공자와 그의 제자 증자가 효도에 대하여 논한 것을 증자의 제자들이 기록한 책.

효:과 한 일로 말미암아 나타난 보람. 비효력. 효험. 【效果】

효:과 음악 연극·영화·방송 등에서 장면의 효과를 높이기 위해 연주하는 음악.

효:과 음향 연극·영화·방송 등에서 극의 효과를 높이기 위해 내는 여러 가지 소리.

효:녀 부모를 잘 모시어 받드는 딸.

효:능 효험을 나타내는 성능.

효:도 부모를 잘 섬기는 일. 예부모님께 효도하자. 비효성. 반불효. -하다. 【孝道】

효:력 ①보람. ②효과나 효험을 나타내는 힘. 예약을 먹었더니 효력이 금방 나타나다.

효령 대군【사람】[1396~1486] 조선 시대 세종의 형. 세조 9년에 화엄사에서 원각 법회를 열었으며 '원각경'을 간행했음.

효:성 마음을 다하여 부모를 섬기는 정성. 예효성스런 딸. 비효도. 효심. -스럽다.

효:용 ①효험. 효능. ②소용되는 바의 것. 비용도.

효:율 어떤 일에 들인 노력에 대해 얻은 결과의 좋은 정도.

효:자 부모를 잘 섬기는 아들.

효:자문 지난날, 효자를 표창하고 널리 본을 보이기 위하여 그의 집 앞이나 마을 앞에 세우던 붉은 문.

효:자비 지난날, 이름난 효자의 행동을 칭찬하고, 그 뜻을 기리기 위하여 세운 비.

효:종【사람】[1619~1659] 조선 제17대 왕(재위 1649~1659). 청나라에 볼모로 잡혀 갔다 돌아온후 인조의 뒤를 이어 왕위에 올라. 북벌 계획을 세웠으나 뜻을 이루지 못하였음.

효창 운동장 서울시 용산구 효창동에 있는 운동장.

효:행록【책명】 효도에 대한 책. 고려 때 권부와 그의 아들 권준이 엮음.

효:험 일의 좋은 보람. 일의 효과. 예효험이 좋은 약. 비효능.

후: 나중. 다음. 반전. 【後】

후:각 냄새에 대한 감각. 코의 말초 신경이 냄새에 자극을 받아서 일어나는 감각. 후감.

후:금【나라】[1616~1636] 중국 청나라의 처음 이름. 여진족의 족장 누르하치가 세운 나라. 도읍은 홍경. 【後金】

후:기 ①'후반기'의 준말. ②뒤의 기약. ③뒤의 시기, 또는 기간. 반전기. 【後期】

후:년 ①다음 다음 해. 반재작년. ②뒤에 오는 해. 【後年】

후:대¹ 잘 대접함. 또는 후한 대접. 예손님을 후대하다. 반박대. -하다.

후:대² 앞으로 올 세대. 예후대에 좋은 교훈을 남기자.

후두 인두에 이어져 기관을 잇는 호흡기의 한 부분. 공기가 통하고 소리를 내는 기관임.

후들거리다 ①물기나 먼지를 쓴 짐승이 그 묻은 것을 몸을 흔들어 떨어 내다. ②분함을 참지 못하여 몸을 떨어 대다.

후련하다 답답하던 마음이 거뜬하고 시원하다. 후련히.

후:렴 노래 끝에 붙이어 같은 가락으로 되풀이하여 부르는 짧은 가사.

후리후리하다 키가 늘씬하게 크다. >호리호리하다.

후릿그물 바다나 큰 강물에 넓게 둘러치고 여러 사람이 그물 양끝을 끌어당기어 물고기를 건져올리는 큰 그물. 🔵후리.

후:반기 한기를 둘로 나눈 것의 뒤의 기간. 🔳상반기

후:반전 운동 경기의 경기 시간을 앞뒤로 갈랐을 경우의 나중 경기. 🔳전반전.

후:방 일선 뒤쪽의 안전한 지대. 🔳전방.　　　　【後方】

후:배 ①경험·나이 등이 자기보다 적은 사람. ②학교 등을 자기 보다 뒤에 졸업한 사람. 🟠학교의 후배. 🔳선배.

후백제〖나라〗[892~936] 후삼국중의 한 나라. 신라말기에 완산주(지금의 전주)에서 견훤이 세움.

후보 ①어떤 자리에 나아가기를 바람. 또는 그 사람. ②장래에 어떤 자리에 나아갈 자격이 있음. 또는 그 사람. 🟠국회 의원 후보.

후:삼국 신라·후백제·태봉 등의 세 나라. 신라가 삼국을 통일하기 이전의 신라·고구려·백제에 대하여, 통일 신라 말기의 국토의 분열로 생긴 3국을 말함.

후:생 ①넉넉하게 삶. ②건강을 유지하고 더욱 북돋음. 🟠후생 복지 사업.　　　　　【厚生】

후:세 ①뒤의 세상. ②죽은 뒤에 오는 세상. 🟠후세에 길이 남을 유적들. 🔳전세.

후:손 몇 대가 지나거나 또는 자기 대로부터 뒤의 자손. 🔳선조. 🔵손.　　　　　　【後孫】

후:송 ①후방으로 보냄. ②나중에 보냄.

후:식 ①나중에 먹음. ②식사 후에 나오는 입가심이 될 수 있는 음식. 디저트. -하다.

후:예 뒤에 태어난 사람. 핏줄을 이은 먼 후손. 🟠충무공의 후예.

후:원 뒤에서 도와 줌. 🔳응원. -하다.

후:유증[후유쯩] ①병을 앓다가 회복한 뒤에도 남아 있는 병적 증세. ②어떤 일을 치르고 난 뒤에 생긴 여러 가지 부작용.

후:의 남을 위해 베푸는 두텁고 인정 있는 마음.

후:일 뒷날. 훗날. 🔳전일.

후:임 어떤 직위나 직책 따위를 앞 사람에 대신하여 그 임무를 맡는 일. 또는 그 사람. 🔳선임. 전임.　　　　【後任】

후:진 ①나이나 지위가 뒤짐. 또는 그런 사람. ②문화의 발달이 뒤늦은 상태. 🔳선진. ③뒤쪽으로 나아감. ④후배. -하다.　　　　　　　　　【後進】

후:진국 산업·기술·학문 등 문화가 다른 나라에 비하여 뒤떨어진 나라. 🔳선진국.

후창군〖지명〗평안 북도의 한 군. 도의 북동부에 위치. 기후는 대륙성이고 교통이 불편함. 임산물로 유명함.

후춧가루 후추를 갈아서 만든 가루. 조미료로 쓰임.

후쿠오카〖지명〗일본 규슈 후쿠오카 현 북서부, 하카타에 면하는 현청 소재지. 규슈의 정치·경제·문화의 중추적인 도시임.

후:퇴 뒤로 물러남. 🟠싸움에서 져서 후퇴했다. 🔳퇴각. 퇴진. 🔳전진. -하다.　　　　【後退】

후:편 책이나 영화 등에서 두 편으로 나뉜 것의 뒤편. 🔳전

편.

후:프 어린이들 장난감으로, 굴
렁쇠 모양의 운동 기구.

후:하다 ①인심이 좋거나 정이
두텁다. ②부피가 두껍다. ③
인색하지 않고 넉넉하다. **반**
박하다. 후히.

후:항 비의 뒤에 있는 항. **반**전
항. *2:3에서 3이 후항임.

후:환 어떤 일로 말미암아 뒷날
에 생기는 걱정이나 근심.

후:회 잘못을 깨닫고 뉘우침.
반참회. -하다.

훈:계 잘 타일러 경계함. **예**어
린이들을 훈계하다. -하다.

훈:련[훌련] 어떤 능력이나 기
술을 몸에 붙게 하기 위하여
되풀이해 연습시킴. -하다.

훈:련원 조선 시대 병사들의 재
주를 시험하거나 전술과 무술
을 익히는 일을 맡아 보던 관
청.

훈:민정음 1443년 세종 대왕
이 처음 우리글을 만들었을
때의 이름. 홀소리(모음) 11
자, 닿소리(자음) 17자로 되
어 있음. 뒤에 주시경 선생이
'한글'로 바꿈.

훈:방 훈계 방면. 경범자를 훈
계하여 놓아 주는 일.

훈:시 ①가르치어 보임. ②아랫
사람에게 주의 사항을 일러
줌. -하다.   【訓示】

훈장[1] 나라에 공을 세운 사람
에게 주는 회장.

훈:장[2] 글방(서당)의 스승.

훈풍 초여름에 부는 훈훈한 바
람.

훈:화 교훈의 말. 훈시하는 말.

훈훈하다 견디기 좋을 만큼 덥
다. **예**방 안이 훈훈하다.

훌륭하다 ①아주 좋아서 나무
랄것이 없다. ②마음이 흡족
하도록 아름답다. ③위대하다.

예훌륭한 사업을 하다. 훌륭
히.

훌쩍거리다 계속하여 콧물을
들이마시면서 울다. **예**말은
못하고 훌쩍거리면서 울기만
했다. 〉훌쩍거리다.

훌쩍훌쩍 콧물을 들이마시며
우는 모양.

훑다 겉에 붙은 것을 떼어 내기
위해서 어떤 틈에 끼워서 잡
아 당기다. **예**벼를 훑다.

훑어보다 위아래로 자세히 눈
여겨보다.

훔치다 ①닦아서 없애다. ②남
의 물건을 몰래 가지다.

훤칠하다 길고 미끈하다. **예**훤
칠한 키.

훤:하다 ①좀 흐릿하게 밝다.
②앞이 탁 틔어 넓고 시원하
다. **예**훤하게 트인 동해 바다.
③얼굴이 잘생겨 시원스럽다.
〉환하다 훤히.

훼:방 ①남을 헐뜯어 나쁘게 말
함. ②남이 하는 일을 잘못되
게 함. **예**놀지 못하게 훼방을
놓다. **비**방해. -하다.

훼:손 ①헐거나 깨뜨리어 못쓰
게 함. ②체면이나 명예를 손
상함. **예**명예를 훼손시키다 -
하다.

휘감다[휘감따] 휘휘 둘러 감
다.

휘갑치다 옷감이나 멍석·돗자
리등의 가장자리가 풀리지 아
니하도록 얽어서 둘러 감아
꿰멤. -하다.

휘날리다 ①깃발 등이 바람에
펄펄 날리다. ②이름 등을 널
리 떨치다.

휘늘어지다 풀기가 없이 아래
로 축 처지다.

휘다 꼿꼿하던 것을 구부러지
게 하다, 또는 구부러지다. **예**
철사가 휘다. **활**휘어지다.

휘두르다(휘둘러서, 휘둘러) ①함부로 휘휘 돌리다. ⑩팔을 휘두르다. ②남의 의사를 무시하고 제 뜻대로만 하다.

휘몰아치다 비바람 등이 휘몰아서 한 곳으로 불어치다.

휘묻이 묘목을 만드는 한 방법으로, 가지를 어미나무에 붙인 채 구부려 땅 속에 묻어 뿌리가 내리게 하는 일. -하다.

휘발유[휘발류] 원유를 정유하여 얻은, 불이 잘 붙는 기름. 🔳가솔린.

휘어지다 꼿꼿하던 것이 어떤 힘을 받아 구부러지다.

휘영청 달이 높이 떠, 널리 고루 밝게 비치는 모양. ⑩휘영청 밝은 달.

휘장 여러 폭의 피륙을 이어 만들어 둘러치는 막. ⑩휘장을 치다. 🔳커튼.

휘젓다(휘저으니, 휘저어서) ①골고루 섞이도록 휘둘러 젓다. ⑩밀가루가 잘 풀리도록 휘젓다. ②팔을 야단스럽게 앞뒤로 휘둘러 젓다.

휘청거리다 ①가늘고 긴 것이 휘어지며 흔들리다. ②아랫도리에 힘이 없어 똑바로 가누지 못하다. ⑩술에 취해서 휘청거리며 걷고 있다.

휘파람 입술을 오므리거나 손가락을 입 속에 넣고 입김을 내불어 소리를 내는 일.

휘황찬란하다 눈이 부시게 번쩍이다. ⑩불빛이 휘황찬란하다. 🔘휘황하다.

휠:체어 다리가 자유롭지 못한 사람이 앉은 채로 이동할 수 있게 바퀴를 단 의자.

휩싸다 ①휘둘러 감아서 싸다. ②온통 뒤덮다. ③나쁜 일이나 행실을 드러내지 않고 덮어 주다.

휩쓸다(휩쓰니, 휩쓰오) ①빠짐없이 모조리 휘몰아 쓸다. ②거침없이 행동을 함부로 하다. ⑩불량배들이 거리를 휩쓸다.

휴가 얼마 동안 직장에 나가지 않고 쉬는 일. 【休暇】

휴게실 잠깐 머물러 쉬도록 마련한 장소. ×휴계실.

휴교 학교의 수업을 한동안 쉬는 일. -하다.

휴대 손에 들거나 몸에 지님. -하다.

휴식 잠깐 쉼. ⑩휴식 시간에 화장실에 가다. 🔳휴게. -하다.

휴양 피로나 병의 회복을 위하여 몸을 편히 쉼. ⑩공기 좋은 곳으로 휴양을 가다. -하다. 【休養】

휴양지 심신을 쉬면서 보양하기에 적당한 곳. 휴양 시설이 마련되어 있는 곳. 휴양처.

휴업 학업이나 영업을 얼마 동안 쉼. -하다.

휴일 일을 쉬고 노는 날. ⑩휴일날 집에서 쉬었다. 【休日】

휴전 전쟁 중 한때 싸움을 멈추는 일. ⑩휴전 협정 -하다.

휴전선 ①양쪽의 합의에 의하여 이루어진 휴전 중의 군사 경계선. ②우리 나라와 북한 공산 집단과의 경계선.

휴전 협정 ①휴전을 하기로 맺은 합의 사항. ②1953년 7월 27일에 유엔군과 공산군 사이에 맺은 협정.

휴전 회:담 휴전을 하기 위하여 양편이 만나서 의논하는 일.

휴정【사람】[1520~1604] 조선 선조 때의 승려. 본 이름은 최현응. 임진 왜란이 일어나자, 사명대사를 비롯한 여러 제자들과 함께 승병을 일으켜 왜군을 무찌르고 나라에 큰 공을 세웠음. 서산대사. 청허 선사.

휴지 ①못 쓰게 된 종이 ②밑을 닦거나 코를 푸는 데 쓰이는 종이. 화장지. 【休紙】

휴지통 휴지를 버리는 통.

휴학 학업을 얼마 동안 쉼. 예몸이 아파서 휴학을 했다. -하다.

휴화산 불뿜기를 그친 화산. 사화산. 반활화산. 【休火山】

흉 ①남에게 비웃음을 받을 만한 잘못된 점. ②아프거나 다친 곳의 나은 자리. 비흠.

흉내 남이 하는 짓을 그대로 따라서 하는 짓. 비모방.

흉년 농사가 잘 되지 못한 해. 반풍년. 【凶年】

흉몽 불길한 꿈. 나쁜 꿈. 반길몽.

흉배 ①가슴과 등. ②지난날, 관복의 가슴과 등쪽에 붙이던 수놓은 헝겊 조각.

흉보다 남의 잘못을 들어 말하다.

흉상 가슴 윗부분의 조각상이나 초상화.

흉악 ①성질이 아주 나쁨. ②험상궂고 무섭게 생김. -하다.

흉작 농작물이 잘 되지 않음. 반풍작. 【凶作】

흉터 상처가 아문 자리. 부스럼자리. 흠자국.

흉하다 ①무슨 일의 결과가 좋지못하다. ②불길하다 예흉한 일이 생길 것 같은 기분이다. ③보기가 나쁘다.

흐느끼다 설움이 북받쳐 올라서 흑흑 느끼며 울다.

흐드러지다 ①썩 탐스럽다. ②흐무러지다.

흐려지다 흐리게 되다.

흐르다(흘러, 흘러서) ①물이나 액체가 낮은 곳으로 내려가거나 넘치어 떨어지다. 예물이 흐르다. ②어떤 방향으로 쏠리다.

흐리다 ①기억력·판단력 같은 것이 희미하다. ②시력이 나쁘다. ③표정이 명랑하지 않다. 예얼굴 표정이 흐리다. 반맑다.

흐리멍덩하다 기억이 분명하지 않다. 흐리멍덩히.

흐림 하늘의 70% 이상을 구름이 덮고 있을 경우의 날씨를 나타내는 말.

흐물흐물 푹 익어서 아주 므르게 된 모양.

흐뭇하다 마음에 가득 차서 모자람이 없다. 예흐뭇한 미소를 짓다. 비흡족하다.

흐지부지 끝을 맺지 못하고 흐리멍텅하게 넘겨 버리는 모양.

흐트러지다 여러 가닥으로 얽히어 흩어지다.

흑백 ①검은 빛깔과 흰 빛깔. 예흑백 사진. ②옳음과 그름. 예흑백을 가리다.

흑백 사진 사진이 흰색과 검은색으로 나타난 사진. 반컬러사진.

흑산도[지명] 전라 남도 신안군흑산면에 있는 섬. 조기·삼치·갈치·도미 등이 많음. 규사의 산지로도 유명함.

흑색 인종 살빛이 검은 인종을 통틀어 이르는 말. 종흑인종.

흑설탕 정제하지 않은 검은 빛이 도는 설탕.

흑심 음흉하고 부정한 욕심이 많은 마음. 예흑심을 품다.

흑연 연필의 심 따위에 쓰이는 탄소로 된 광물.

흑인종 '흑색 인종'의 준말.

흑임자 검은깨.

흑자 ①먹으로 쓴 글자. ②벌어들인 돈이 쓴 돈보다 많아 이익이 생기는 일. 硯적자.

흔들거리다 자꾸 흔들흔들하다. 흔들대다.

흔들다(흔드니, 흔드오) 위아래나 양옆으로 연해 움직이게 하다. 硯고개를 흔들다.

흔적 남은 자취. 남은 자국. 硯다녀간 흔적이 있다.

흔하다 ①아주 많이 있다. 硯드물다. ②얻기 쉽다. 硯귀하다.

흘기다 눈동자를 옆으로 굴려 못마땅하게 노려보다. 硯친구에게 눈을 흘기다.

흘깃흘깃 눈을 잇달아 흘기는 모양. 〉할깃할깃. 셈흘낏흘낏.

흘끔흘끔 남의 눈을 피하여 연해 곁눈질을 하는 모양. 硯시험지를 흘끔흘끔 쳐다보다.

흘낏흘낏 남의 눈을 피하여 곁눈질하는 모양. 〉할낏할낏. -하다.

흘리다 ①잘못하여 떨어뜨리거나 빠뜨리다. 硯길바닥에 돈을 흘리고 다니다. ②말을 귀담아 듣지 않고 귓전으로 지나치다. ③흐르게 하다.

흙 ①바위가 분해되어 지구의 외각을 이루는 가루. 토양. ②'동물이 죽어서 썩어지는 것'을 이르는 말.

흙덩이[흑떵이] 흙이 엉기어서 된 덩이. 토괴.

흙손[흑쏜] 방바닥이나 벽 따위에 흙 같은 것을 바르고 반반하게 하는 연장.

흙탕물[흑탕물] 흙이 풀리어 몹시 흐려진 물. 준흙탕.

흠: ①흉. ②물건이나 살갗이 깨어지거나 찢긴 자리. ③사물의 불완전하거나 잘못된 부분.

흠모 기쁜 마음으로 사모함.

흠뻑 ①분량이 꽉 차고도 남도록 흡족하게. ②물이 푹 배도록 젖은 모양. 硯비를 맞았더니 옷이 흠뻑 젖었다.

흠:집[흠쩝] ①흠이 있는 곳. ②트집이 잡힐 만한 자리.

흠칫 놀라거나 겁이 나서 어깨나 목을 반사적으로 움츠리는 모양. -하다.

흡사 거의 같음. 그럴 듯하게 비슷함. -하다.

흡수 ①빨아드림. ②흩어진 것을 한데 모아 들임. -하다.

흡족 아주 넉넉함. 조금도 모자라거나 아쉬움이 없음. 硯부족. -하다. -히.

흡진구 전기 청소기에서 먼지를 빨아 들이는 곳.

흥: 마음이 즐겁고 좋아서 일어나는 느낌. 硯흥이 나서 춤을 추었다. 【興】

흥건하다 물 같은 것이 많이 괴어 있다. 硯바닥에 물이 흥건하다. 흥건히.

흥:겨워하다 크게 흥이 나서 마음이 들뜨고 재미가 있어 하다.

흥:겹다(흥겨우니, 흥겨워서) 흥이 나서 마음이 들뜨고 재미 있다. 硯흥겹게 놀다.

흥망 잘 되어 일어남과 못 되어 없어짐. 硯성쇠.

흥:미 어떤 일에 마음이 끌려서 느끼는 재미. 硯흥미 있는 이야기. 硯재미 【興味】

흥:미롭다(흥미로우니, 흥미로워) 흥미를 느낄 만하다. 마음이 이끌리는 데가 있다. 흥미로이.

흥:미 진진하다 흥취가 넘칠 만큼 많다.

흥부 고대 소설 흥부전에 나오

는 주인공. 제비 다리를 고쳐 주고 부자가 되었다는 교훈적인 이야기가 전해져 옴.

흥부가 조선 고종 때 신재효가 지은 판소리 열두 마당의 하나. 흥부전을 판 소리로 꾸민 것임.

흥부전〖책명〗 지은이와 지은 때를 모르는 조선 시대의 소설. 욕심쟁이 형 놀부와 착한 아우 흥부의 이야기.

흥분 신경에 자극을 받아서 감정이 북받쳐 일어남. ㉠흥분하면 혈압이 올라간다. -하다.

흥사단 1913년 안창호가 미국 샌프란시스코에서 조직한 민족 혁명 수양 단체. 1907년 국내에서 조직된 독립 운동 단체인 신민회의 후신.

흥선 대:원군〖사람〗[1820~1898]조선 말기의 정치가. 고종의 아버지. 이름은 이하응. 정치를 바로잡기 위하여 과감한 개혁정치를 펴는 한편, 쇄국 정책을 단행하였음.

흥얼거리다 ①흥에 겨워서 입속으로 노래 부르다. ㉠콧노래를 흥얼거리다. ②입 속으로 연해 지껄이다.

흥왕사 고려 문종 때 경기도 개풍군 진봉면 흥왕리에 세워진 큰절. 무려 2천8백 칸이나 되는 큰절로, 초대 주지는 대각 국사 의천이었음.

흥인지문 서울 동대문의 정식 이름. ㉵흥인문. 〖興仁之門〗

흥정 ①물건을 사고파는 일. ②사고팔기 위해 품질이나 값을 의논함. ㉠값을 흥정하다. -하다.

흥청망청 돈이나 물건 따위를 함부로 마구 써 버리는 모양.

흥:취 마음이 끌릴 만큼 좋은 멋과 취미. ㉹풍취.

흥하다 잘 되어 가다. ㉠나라가 흥하다. ㉽망하다.

흥행 연극·영화·서커스 등을 하여 돈을 받고 여러 사람에게 구경시키는 일. -하다.

흩날리다 흩어져서 날리다. ㉠낙엽이 바람에 흩날리다.

흩어뿌리기 씨뿌리기의 한 가지. 줄을 맞추거나 일정한 규칙 없이 씨를 흩어 뿌리는 일.

흩어지다 ①모였던 것이 따로 떨어져 헤어지게 되다. ②소문 등이 널리 퍼지다.

희곡[히곡] 연극이 되게 꾸민 글. 무대에서 상연될 것을 전제로 하여 씌어지며, 등장 인물의 대화와 행동을 통해서 사건이 전개되고 성격이 나타남. ㉹극본.

희귀 드물어서 매우 귀함.

희극 ①익살을 부려 구경꾼에게 기쁨·웃음을 주려는 연극. ②사람을 웃길만한 일이나 사건. ㉽비극.

희끗희끗 흰 빛깔이 여기저기 드문드문 나타난 모양. -하다.

희나리쌀 알이 여물지 않은 쌀.

희다 ①눈의 빛과 같다. ②스펙트럼의 모든 빛이 혼합되어 눈에 반사된 빛과 같다. ㉽검다.

희로 애락 기쁨과 노여움과 슬픔과 즐거움. 즉 여러 가지 모양의 인생살이를 이르는 말.

희롱 말이나 행동으로 장난삼아 놀리는 짓. ㉠가만 있는 사람을 희롱하다. -하다.

희망 기대하여 바람. 앞일에 대한 소망. ㉠희망찬 내일. ㉹소망. ㉽절망. 실망. -하다.

희미하다 ①밝지 않다. ②또렷하지 못하다. ㉠옛 친구들의 얼굴이 희미하다. 뻰분명하다.

희박 액체나 기체가 짙지 못하고 묽거나 엷음. 농도나 밀도가 엷거나 낮음. 예공기가 희박하다. 뻰농후. -하다.

희사 남을 위하여 즐거운 마음으로 재물을 내어 놓음. -하다.

희생 남을 위하여 자기 몸을 바침. 예어머니는 자식을 위해 희생하신다. 뻰헌신. -하다.

희소식 좋은 기별. 기쁜 소식.

희열 마음 속으로 기뻐함, 또는 그 기쁨. 【喜悅】

희한 매우 드묾. 예희한한 재주. -하다.

흰구름 빛이 흰 구름. 뻰백운.

흰독말풀 가지과에 속하는 한해살이풀. 높이는 1m 이상이고 잎은 달걀 모양임. 인도 원산으로, 각지에서 재배하고 촌락 부근에 야생하기도 함.

흰불나방 미국이 원산지인 회고 작은 나방의 하나. 농작물의 잎을 갉아먹는 해충임.

흰자위 새알이나 달걀 등의 속에 노른자위를 둘러 싼, 빛이 흰 부분. 쥅흰자.

흰자질 동·식물 세포의 원형질을 이루는 기본적 구성 물질로, 3대 영양소의 하나. 단백질.

히로시마〖지명〗일본에 있는 도시. 1945년 8월 6일에 세계 최초로 원자탄이 떨어진 곳임. 이 곳에 원자탄이 떨어짐으로써 일본은 연합군에게 무조건 항복을 하였음.

히말라야 산맥 인도와 중국 티베트 사이에 있는 산맥. 세계에서 가장 높은 에베레스트산을 비롯하여 7,200m 가 넘는 높은 산이 50여개 있음.

히스테리 감정의 뒤틀림이 원인이 되어 일어나는 정신 질환.

히트 ①들어맞음. 크게 성공함. ②야구의 안타. -하다.

히틀러〖사람〗[1889~1945] 독일의 정치가, 나치스의 수령으로 제2차 세계 대전을 일으켜 초기에는 승리했으나, 후에 패전하여 자살함.

힌두교 인도에서 많이 믿고 있는 인도 고유의 종교.

힌트 넌지시 깨우쳐 줌. 뻰암시.

힐끔 경망스럽게 눈동자를 옆으로 돌려 슬쩍 쳐다보는 모양. 〉핼끔. -하다.

힐난[힐란] 트집을 잡아 따지고 비난함. -하다.

힐책 잘못을 들어 말해 가면서 꾸짖음. -하다.

힘 사람이나 동물이 몸에 갖추고 있으면서 스스로 움직이거나, 또는 다른 물건을 움직이게 하는 근육의 작용.

힘겹다 힘에 부쳐 감당해 내기 어렵다.

힘들다 ①마음이 쓰이거나 수고가 되다. ②쉽지 아니하고 어렵게 이루어지다.

힘살[힘쌀] 몸의 연한 부분을 이루며, 뼈나 내장을 싸고 있는 힘줄과 살. 뻰근육. 근

힘쓰다 ①힘을 들이어 일하다. ②남을 도와 주다.

힘줄[힘쭐] ①힘살의 바탕이 되는 회고 질긴 살의 줄. ②혈맥·혈관 등을 일컫는 말.

힘줌말 뜻을 강조하는 말. '부딪다'에 대한 '부딪치다'의 따위.

힘차다 매우 힘이 세차다. 뻰힘없다.

삼　강(三綱)

군위신강(君爲臣綱)
　　(신하는 임금을 섬기는 근본이다)
부위자강(父爲子綱)
　　(아들은 아버지를 섬기는 근본이다)
부위부강(夫爲婦綱)
　　(아내는 남편을 섬기는 근본이다)

오　륜(五輪)

군신유의(君臣有義)
　　(임금과 신하는 의리가 있어야 한다)
부자유친(父子有親)
　　(아버지와 아들은 친함이 있어야 한다)
부부유별(夫婦有別)
　　(남편과 아내는 분별이 있어야 한다)
장유유서(長幼有序)
　　(어른과 어린이는 차례가 있어야 한다)
붕우유신(朋友有信)
　　(벗(친구)과 벗은 믿음이 있어야 한다)

부 록

1. 새로 정한 표준말

【단수 표준말】

○ 가까워 × 가까와	○ 곗날 × 계날	○ 귀밑머리 × 귓머리
○ 가욋일 × 가외일	○ 고와지다 × 고워지다	○ 귀이개 × 귀개
○ 가을갈이 × 가을카리	○ 고치다 × 낫우다	○ 귀찮다 × 귀치 않다
○ 간편케 × 간편ㅎ게	○ 골목쟁이 × 골목장이	○ 귓밥 × 귀밥
○ 강낭콩 × 강남콩	○ 곳간 × 고간	○ 귓병 × 귀병
○ 개다리소반 × 개다리밥상	○ 광주리 × 광우리	○ 글귀 × 글구
○ 객쩍다 × 객적다	○ 괴로워 × 괴로와	○ 길잡이 × 길앞잡이
○ 거북지 × 거북치	○ 괴팍하다 × 괴퍅하다, 괴팍하다	○ 김 × 기음
○ 거시기 × 거시키	○ 구려 × 구료	○ 까다롭다 × 까탈스럽다
○ 결구 × 결귀	○ 구먼 × 구면	○ 까딱하면 × 까땍하면
○ 결단코 × 결단ㅎ코	○ 구절 × 귀절	○ 까막눈 × 맹눈
○ 결코 × 결ㅎ코	○ 국물 × 말국, 멀국	○ 까치발 × 까치다리
○ 겸상 × 맞상	○ 궁상떨다 × 궁떨다	○ 깍쟁이 × 깍정이
○ 겸연쩍다 × 겸연적다	○ 귀고리 × 귀엣고리	○ 깡충깡충 × 깡총깡총
○ 경구 × 경귀	○ 귀때기 × 귓대기	○ 깨끗지 × 깨끗치
○ 경황없다 × 경없다	○ 귀띔 × 귀틤	○ 깻묵 × 깨묵

○ 깻잎	
× 깨잎	
○ 꼭두각시	
× 꼭둑각시	
○ 끄나풀	
× 끄나불	
○ 낌새	
× 낌	
○ 나룻배	
× 나루, 나루배	
○ 나무라다	
× 나무래다	
○ 나뭇가지	
× 나무가지	
○ 나뭇잎	
× 나무잎	
○ 나팔꽃	
× 나발꽃	
○ 낙인찍다	
× 낙치다, 낙하다	
○ 낭떠러지	
× 낭떨어지	
○ 내기	
× 나기	
○ 내숭스럽다	
× 내흉스럽다	
○ 냄비	
× 남비	
○ 냇가	
× 내가	
○ 냇물	
× 내물	
○ 냠냠거리다	
× 얌냠거리다	
○ 너 돈	
× 네 돈	
○ 너 말	
× 네 말	
○ 너 발	
× 네 발	
○ 너 푼	
× 네 푼	
○ 넉넉지	
× 넉넉치	

○ 넉 되	
× 너 되, 네 되	
○ 넉 섬	
× 너 섬, 네 섬	
○ 넉 자	
× 너 자, 네 자	
○ 넷째	
× 네째	
○ 녘	
× 녁	
○ 닐리리	
× 늴리리	
○ 닝큼	
× 닁큼	
○ 다다르다	
× 다닫다	
○ 다오	
× 다구	
○ 다정타	
× 다정ㅎ다	
○ 담배꽁초	
× 담배꽁추	
○ 담쟁이덩굴	
× 담장이덩굴	
○ 대장일	
× 성냥일	
○ 댓가지	
× 대가지	
○ 댓돌	
○ 툇돌	
○ 댓잎	
× 대잎	
○ 더부룩하다	
× 더뿌룩하다	
○ -던	
× -든	
○ 덧창	
○ 겉창	
○ 도와	
× 도워	
○ 돌	
× 돗	
○ 돗자리	
× 돛	

○ 동댕이치다	
× 동당이치다	
○ 동짓달	
× 동지달	
○ 되게	
○ 된통, 되우	
○ 두껍닫이	
× 두껍창	
○ 두렛일	
× 두레일	
○ 둘째	
× 두째	
○ 둥이	
× 동이	
○ 뒤꿈치	
× 뒷굼치	
○ 뒤웅박	
× 뒝박	
○ 뒤져내다	
× 뒤어내다	
○ 뒤통수치다	
× 귀꼭지치다	
○ 뒷갈망	
○ 뒷감당	
○ 뒷말	
○ 뒷소리	
○ 뒷머리	
× 뒤머리	
○ 뒷일	
× 뒤일	
○ 뒷입맛	
× 뒤입맛	
○ 들락거리다	
○ 들랑거리다	
○ 들락날락	
○ 들랑날랑	
○ 등나무	
× 등칡	
○ 등잔걸이	
× 등경걸이	
○ 딴전	
○ 딴청	
○ 땅콩	
○ 호콩	

○ 땔감
× 땔거리

○ 때깔
× 땟갈

○ 떡보
× 떡충이

○ 뜨리다
○ 트리다

○ 마구잡이
× 막잡이

○ 마른갈이
× 건갈이

○ 마른빨래
× 건빨래

○ 마파람
○ 앞바람

○ 막대기
○ 막대

○ 막상
× 마기

○ 만큼
○ 만치

○ 말동무
○ 말벗

○ 망가뜨리다
× 망그뜨리다

○ 망태기
○ 망태

○ 매만지다
× 우미다

○ 맷돌
× 매돌

○ 머릿기름
× 머리기름

○ 머릿방
× 머리방

○ 머무르다
○ 머물다

○ 먹새
○ 먹음새

○ 면발치
× 먼발치기

○ 멀찌감치
○ 멀찍이, 멀찌가니

○ 멋쟁이
× 멋장이

○ 멍게
○ 우렁쉥이

○ 멥쌀
× 멧쌀

○ 멧나물
× 메나물

○ 모깃불
× 모기불

○ 모내다
○ 모심다

○ 모이
× 모

○ 모쪼록
× 아무쪼록

○ 목메다
× 목맺히다

○ 목화씨
○ 면화씨

○ 못자리
× 모자리

○ 못지않다
× 못치않다

○ 무
× 무우

○ 무르다
× 물다

○ 무심결
○ 무심중

○ 무심코
× 무심ㅎ고

○ 문구
× 문귀

○ 물부리
○ 빨부리

○ 물심부름
○ 물시중

○ 미루나무
× 미류나무

○ 미수
× 미시

○ 미장이
× 미쟁이

○ 민둥산
○ 벌거숭이산

○ 민망스럽다
× 민주스럽다

○ 밀짚모자
× 보릿짚모자

○ 밑층
○ 아래층

○ 바가지
× 열바가지, 열박

○ 바깥벽
○ 밭벽

○ 바닷가
× 바다가

○ 바라다
× 바래다

○ 바람꼭지
× 바람고다리

○ 바른
○ 오른

○ 반나절
× 나절가웃

○ 발가숭이
× 발가송이

○ 발모가지
○ 발목쟁이

○ 발목쟁이
× 발목장이

○ 방고래
× 구들고래

○ 뱀
× 배암

○ 뱀장어
× 배암장어

○ 뱃길
× 배길

○ 뱃병
× 배병

○ 버들강아지
○ 버들개지

○ 벌레
× 벌거지

○ 베갯잇
× 베개잇

○ 벽돌
× 벽

○ 변덕스럽다
○ 변덕맞다

○ 볍씨
× 볏씨

○ 볏가리
× 벼가리

○ 보조개
○ 볼우물

○ 보통내기
○ 여간내기, 예사내기

○ 보퉁이
× 보통이

○ 본받다
× 법받다

○ 본새
× 뽄새

○ 볼따구니
○ 볼퉁이, 볼때기

○ 봉숭아
× 봉숭화

○ 부끄러워하다
× 부끄리다

○ 부스러기
× 부스럭지

○ 부스럼
× 부럼

○ 부싯돌
× 부시돌

○ 부엌
× 부억

○ 부조
× 부주

○ 부지깽이
× 부지팽이

○ 부침개질
○ 부침질, 지짐질

○ 불사르다
○ 사르다

○ 붉으락푸르락
× 푸르락붉으락

○ 비발
○ 비용

○ 빈대떡
× 빈자떡

○ 빌리다
× 빌다

○ 빗물
× 비물

○ 빗쟁이
× 빗장이

○ 빛깔
× 빛갈

○ 빠트리다
○ 빠뜨리다

○ 뺨따귀
× 뺌따귀
○ 뺨따구니

○ 뻣뻣하다
× 왜긋다

○ 뽐내다
× 느물다

○ 사글세
× 삭월세

○ 사돈
× 사둔

○ 사래논
× 사래답

○ 사래밭
× 사래전

○ 사자탈
× 사지탈

○ 사잣밥
× 사자밥

○ 산누에
× 멧누에

○ 산줄기
× 멧발, 멧줄기

○ 살얼음판
× 살판

○ 살쾡이
× 삵쾡이

○ 살풀이
× 살막이

○ 삼촌
× 삼춘

○ 삽살개
○ 삽사리

○ 상추
× 상치

○ 상투쟁이
× 상투꼬부랑이

○ 샘
× 새암

○ 샛강
× 새강

○ 샛별
× 새벽별

○ 생
○ 새앙, 생강

○ 생각건대
× 생각컨대

○ 생각다 못해
× 생각타 못해

○ 생쥐
× 새앙쥐

○ 생철
○ 양철

○ 서 돈
× 석 돈, 세 돈

○ 서두르다
○ 서둘다

○ 서럽다
○ 섧다

○ 서 말
× 석 말, 세 말

○ 서 발
× 석 발, 세 발

○ 서투르다
× 서툴다

○ 서 푼
× 석 푼, 세 푼

○ 석 냥
× 세 냥

○ 석 되
× 세 되

○ 석 섬
× 세 섬

○ 석 자
× 세 자

○ 선머슴	○ 수꿩	○ 신
× 풋머슴	× 수퀑. 숫꿩	○ 신발
○ 선짓국	○ 수놈	○ 신기롭다
× 선지국	× 숫놈	× 신기스럽다
○ 설거지	○ 수두룩하다	○ 실망케
× 설겆이	× 수룩하다	× 실망ㅎ게
○ 섭섭지	○ 수소	○ 심부름꾼
× 섭섭치	× 숫소	× 심부름군
○ 섭섭하다	○ 수수깡	○ 심술꾸러기
× 애운하다	○ 수숫대	○ 심술쟁이
○ 성구	○ 수캉아지	○ 쌍동밤
× 성귀	× 숫강아지	× 쪽밤
○ 성글다	○ 수캐	○ 쐬다
○ 성기다	× 숫개	○ 쏘이다
○ 성깔	○ 수컷	○ 씁스레하다
× 성갈	× 숫것	○ 씁쓰름하다
○ 세요	○ 수키와	○ 아귀세다
○ 서요	× 숫기와	○ 아귀차다
○ 셋방	○ 수탉	○ 아내
× 세방	× 숫닭	× 안해
○ 셋째	○ 수탕나귀	○ 아래로
× 세째	× 숫당나귀	× 알로
○ 소금쟁이	○ 수퇘지	○ 아래위
× 소금장이	× 숫돼지	○ 위아래
○ 소리꾼	○ 수평아리	○ 아랫니
× 소릿군	× 숫병아리	× 아래이
○ 속말	○ 숫양	○ 아랫마을
× 속소리	× 수양	× 아래마을
○ 손목시계	○ 숫염소	○ 아랫방
× 팔뚝시계	× 수염소	× 아래방
× 팔목시계	○ 숫쥐	○ 아랫집
○ 손수레	× 수쥐	× 아래집
× 손구루마	○ -스레하다	○ 아름다워지다
○ 솔개	○ -스름하다	× 아름다와지다
× 소리개	○ -습니다	○ 아무튼
○ 송이	× -읍니다	× 아뭏든
○ 송이버섯	○ 시구	○ 아주
○ 쇠-	× 시귀	× 영판
○ 소-	○ 시누이	○ 아지랑이
○ 쇠고랑	○ 시누, 시뉘	× 아지랭이
× 고랑쇠	○ 시늉말	○ 안쓰럽다
○ 쇳조각	○ 흉내말	× 안슬프다
× 쇠조각	○ 시름시름	○ 안절부절못하다
	× 시늠시늠	× 안절부절하다

- ○ 앉은뱅이 저울
- × 앉은 저울

- ○ 앉음새
- ○ 앉음앉음

- ○ 알은척
- ○ 알은체

- ○ 알사탕
- × 구슬사탕

- ○ 앞지르다
- × 따라먹다

- ○ 애갈이
- ○ 애벌갈이

- ○ 애꾸눈이
- ○ 외눈박이

- ○ 애달프다
- × 애닯다

- ○ 애벌레
- × 어린벌레

- ○ 양칫물
- × 양치물

- ○ 양파
- × 둥근파

- ○ 어구
- × 어귀

- ○ 어중간
- × 어지중간

- ○ 어질병
- × 어질머리

- ○ 언뜻
- × 펀뜻

- ○ 언제나
- × 노다지

- ○ -에는
- × -엘랑

- ○ 여느
- × 여늬

- ○ 역겹다
- × 역스럽다

- ○ 열심히
- × 열심으로

- ○ 열어제치다
- × 열어젖뜨리다

- ○ 예삿일
- × 예사일

- ○ 오금팽이
- × 오금탱이

- ○ 오뚝이
- × 오똑이

- ○ 온갖
- × 온가지

- ○ 온달
- × 왼달

- ○ 올시다
- × 올습니다

- ○ 옹골차다
- × 공골차다

- ○ 외지다
- × 벽지다

- ○ 요컨대
- × 요건ㅎ대

- ○ 우두커니
- × 우두머니

- ○ 우렁잇속
- × 우렁이속

- ○ 우레
- × 우뢰

- ○ 윗돈
- × 윗돈

- ○ 웃비
- × 윗비

- ○ 웃어른
- × 윗어른

- ○ 웃옷
- × 윗옷

- ○ 위짝
- × 웃짝

- ○ 위쪽
- × 웃쪽

- ○ 위채
- × 웃채

- ○ 위층
- × 웃층

- ○ 위치마
- × 웃치마

- ○ 위턱
- × 웃턱

- ○ 위통
- × 웃통, 윗통

- ○ 위팔
- × 웃팔

- ○ 윗넓이
- × 웃넓이

- ○ 윗눈썹
- × 웃눈썹

- ○ 윗니
- × 웃니

- ○ 윗도리
- × 웃도리

- ○ 윗동아리
- × 웃동아리

- ○ 윗목
- × 웃목

- ○ 윗몸
- × 웃몸

- ○ 윗배
- × 웃배

- ○ 윗벌
- × 웃벌

- ○ 윗변
- × 웃변

- ○ 윗사랑
- × 웃사랑

- ○ 윗수염
- × 웃수염

- ○ 윗입술
- × 웃입술

- ○ 윗잇몸
- × 웃잇몸

- ○ 윗자리
- × 웃자리

- ○ 유기장이
- × 유기쟁이

- ○ 으레
- × 으례

- ○ 이마빼기
- × 이맛배기

- ○ 익살꾼
- × 익살군

- ○ 익숙지
- × 익숙치

- ○ 인용구
- × 인용귀

○ 일구다 × 일다	○ 주책없다 × 주책이다	○ 촛국 × 초국
○ 일꾼 × 일군	○ 주추 × 주초	○ 총각무 × 알무. 알타리무
○ 입담 × 말담	○ 죽데기 × 죽더기, 피죽	○ 칫솔 × 잇솔
○ 잇몸 × 이몸	○ 죽살이 × 죽살	○ 칸 × 간
○ 잇자국 × 이자국	○ 지게꾼 × 지겟군	○ 케케묵다 × 케케묵다
○ 잎담배 × 잎초	○ 지겟다리 × 목발	○ 코맹맹이 × 코맹녕이
○ 자두 × 오얏	○ 지루하다 × 지리하다	○ 코빼기 × 콧배기
○ 자릿세 × 자리세	○ -지만 × -지만서도	○ 코주부 × 코보
○ 잔돈 × 잔전	○ 짐꾼 × 부지군	○ 콧병 × 코병
○ 장꾼 × 장군	○ 짓무르다 × 진무르다	○ 킷값 × 키값
○ 장난꾼 × 장난군	○ 짓무르다 × 짓물다	○ 타 × ᄒ다
○ 장사치 × 장사아치	○ 쪽 × 짝	○ 탯줄 × 태줄
○ 재봉틀 × 자봉틀	○ 찌꺼기 × 찌꺽지	○ 털어먹다 × 떨어먹다
○ 잿더미 × 재더미	○ 찹쌀 × 이찹쌀	○ 텃마당 × 터마당
○ 적이 × 저으기	○ 찻간 × 차간	○ 텃세 × 터세
○ 전봇대 × 전선대	○ 찻잔 × 차잔	○ 토록 × ᄒ도록
○ 전셋집 × 전세집	○ 찻종 × 차종	○ 퇴박맞다 × 퇴맞다
○ 절구 × 절귀	○ 찻집 × 차집	○ 툇간 × 퇴간
○ 정녕코 × 정녕ᄒ고	○ 천장 × 천정	○ 툇마루 × 퇴마루
○ 제삿날 × 제사날	○ 철따구니 × 철때기	○ 튀기 × 트기
○ 조갯살 × 조개살	○ 청대콩 × 푸른콩	○ 판자때기 × 판잣대기
○ 주책 × 주착	○ 쳇바퀴 × 체바퀴	○ 팔꿈치 × 팔굼치

○ 푼돈	
× 분전, 푼전	
○ 핏기	
× 피기	
○ 핏대	
× 피대	
○ 하늬바람	
× 하니바람	
○ 하마터면	
× 하맣더면	
○ 하여튼	
× 하옇든	
○ 한사코	
× 한삲고	
○ 햇볕	
× 해볕	

○ 햇수	
× 해수	
○ 허드레	
× 허드래	
○ 허우대	
× 허위대	
○ 허우적허우적	
× 허위적허위적	
○ 호루라기	
× 호루루기	
○ 홀쭉이	
× 홀쭈기	
○ 횟가루	
× 회가루	
○ 횟배	
× 회배	

○ 횟수	
× 회수	
○ 훗날	
× 후날	
○ 훗일	
× 후일	
○ 휴지	
× 수지	
○ 흥없다	
× 흥겁다	
○ 혼타	
× 혼흐다	
○ 흰말	
× 백말, 부루말	
○ 흰죽	
× 백죽	

【 복 수 표 준 말 】

○ 가는허리	
○ 잔허리	
○ 가락엿	
○ 가래엿	
○ 가뭄	
○ 가물	
○ 가엾다	
○ 가엽다	
○ 감감무소식	
○ 감감소식	
○ 개수통	
○ 설거지통	
○ 개숫물	
○ 설거지물	
○ 갱엿	
○ 검은엿	
○ -거리다	
○ -대다	
○ 거슴츠레하다	
○ 게슴츠레하다	
○ 거위배	
○ 횟배	

○ 거짓부리	
○ 거짓불	
○ 게을러빠지다	
○ 게을러터지다	
○ 고깃간	
○ 푸줏간	
○ 고까	
○ 꼬까, 때때	
○ 고린내	
○ 코린내	
○ 곰곰	
○ 곰곰이	
○ 관계없다	
○ 상관없다	
○ 괴다	
○ 고이다	
○ 구린내	
○ 쿠린내	
○ 극성떨다	
○ 극성부리다	
○ 게세부리다	
○ 기세피우다	

○ 기승떨다	
○ 기승부리다	
○ 꺼림하다	
○ 께름하다	
○ 꼬리별	
○ 살별	
○ 꽃도미	
○ 붉돔	
○ 꾀다	
○ 꼬이다	
○ 나귀	
○ 당나귀	
○ 나부랭이	
○ 너부렁이	
○ 내리글씨	
○ 세로글씨	
○ 넝쿨	
○ 덩굴	
○ 네	
○ 예	
○ 녘	
○ 쪽	

- ○ 노을
- ○ 놀
- ○ 눈대중
- ○ 눈짐작, 눈어림
- ○ 다달이
- ○ 매달
- ○ -다마다
- ○ -고말고
- ○ 닭의장
- ○ 닭장
- ○ 애순
- ○ 어린순
- ○ 양념감
- ○ 양념거리
- ○ 어금버금하다
- ○ 어금지금하다
- ○ 어기여차
- ○ 어여차
- ○ 어림잡다
- ○ 어림치다
- ○ 어이없다
- ○ 어처구니없다
- ○ 어저께
- ○ 어제
- ○ 언덕바지
- ○ 어덕배기
- ○ 얼렁뚱땅
- ○ 엄벙뗑
- ○ 여왕벌
- ○ 장수벌
- ○ 여쭈다
- ○ 여쭙다
- ○ 여태
- ○ 입때
- ○ 여태껏
- ○ 입때껏, 이제껏
- ○ 역성들다
- ○ 역성하다
- ○ 연달다
- ○ 잇달다

- ○ 엿반대기
- ○ 엿자박
- ○ 오누이
- ○ 오누, 오뉘
- ○ 옥수수
- ○ 강냉이
- ○ 왕골기직
- ○ 왕골자리
- ○ 외겹실
- ○ 외올실, 홑실
- ○ 외손잡이
- ○ 한손잡이
- ○ 외우다
- ○ 외다
- ○ 욕심꾸러기
- ○ 욕심쟁이
- ○ 우레
- ○ 천둥
- ○ 우지
- ○ 울보
- ○ -으세요
- ○ -으셔요
- ○ 을러대다
- ○ 을러메다
- ○ 의심스럽다
- ○ 의심쩍다
- ○ 이기죽거리다
- ○ 이죽거리다
- ○ -이에요
- ○ -이어요
- ○ 일일이
- ○ 하나하나
- ○ 일찌감치
- ○ 일찌거니
- ○ 입찬말
- ○ 입찬소리
- ○ 자리옷
- ○ 잠옷
- ○ 자물쇠
- ○ 자물통

- ○ 장가가다
- ○ 장가들다
- ○ 재롱떨다
- ○ 재롱부리다
- ○ 제가끔
- ○ 제각기
- ○ 좀처럼
- ○ 좀체
- ○ 죄다
- ○ 조이다
- ○ 중신
- ○ 중매
- ○ 짚단
- ○ 짚못
- ○ 쪽
- ○ 편
- ○ 쬐다
- ○ 쪼이다
- ○ 찌꺼기
- ○ 찌끼
- ○ 차차
- ○ 차츰
- ○ 척
- ○ 체
- ○ 천연덕스럽다
- ○ 천연스럽다
- ○ 철따구니
- ○ 철딱지, 철딱서니
- ○ 추어올리다
- ○ 추어주다
- ○ 축가다
- ○ 축나다
- ○ 편지투
- ○ 편지틀
- ○ 한턱내다
- ○ 한턱하다
- ○ 혼자되다
- ○ 홀로되다
- ○ 흠가다
- ○ 흠나다, 흠지다

2. 같은 말과 비슷한 말

【ㄱ】

가…………………가장자리	겸손 …………공손. 겸양	군함…………………전함
가난…………………궁핍	경계…………………지경	굴복 …………항복. 복종
가르다…………… 쪼개다	경영…………………운영	궁전…………………궁궐
가망…………………희망	경험…………………체험	귀국…………………환국
가엾다……… 불쌍하다	계속…………………연속	그러께………… 재작년
가족…………………식구	계절…………………철	그림…………………회화
가짜…………………거짓	계획…………………기획	극진…………………지극
각기…………………각각	고국 ………본국. 조국	근래…………………근간
간단 …………간결. 간략	고귀…………………존귀	근본…………………기초
간섭…………………참견	고단하다……… 피곤하다	근심…………………걱정
간절히…………… 간곡히	고랑쇠…………………수갑	근원…………………근본
간청…………………애원	고생…………………고난	근처…………………근방
간편 …………간단. 단순	고장 ………지방. 고향	글…………………문장
간호…………………간병	고향…………………향토	금년…………………올해
감격…………………감동	곡조…………………가락	기갈…………………갈증
감독…………………감시	공기…………………기체	기구…………………도구
감동…………………감격	공로…………………공적	기금…………………자금
감사 …………치사. 사례	공부…………………학습	기도…………………기원
감탄…………………탄복	공사…………………역사	기력 ………기상. 기운
감흥…………………흥취	공손히…………… 겸손히	기록…………………기재
강산 …………산천. 강토	과실 ………과일. 실과	기부…………………기증
강연…………………연설	과실나무…………… 과목	기쁘다………… 즐겁다
개선…………………개량	과연 ………과시. 참으로	기사…………………기록
개시…………………시작	관리…………………공무원	기상 ………기력. 의기
개척 …………개간. 개발	괴상…………………기이	기색…………………안색
거의…………… 거지반	괴수 ………두목. 수괴	기세…………………형세
거저…………………그냥	교외…………………야외	기술…………………기예
거절…………………거부	교환…………………교역	기와집…………………와가
걱정…………………근심	교회…………………예배당	기왕…………………이왕
검소 …………검약. 소박	구별 ………분별. 차별	기운 ………힘. 기력
겨레…………………민족	구조…………………구원	기이한…………… 기묘한
결과 …………성과. 결말	국가…………………나라	길손…………………나그네
결렬…………………분열	국력…………………국세	까닭 ………이유. 영문
결심 …………결의. 각오	국민 ………백성. 인민	꽃밭…………………화단
결의 …………각오. 결심	국토 ………강토. 영토	끌다…………………당기다
결정 …………작정. 확정	군사 ………군인. 병사	끝없이…………… 한없이
결혼…………………혼인	군중…………………대중	끼니…………………식사

【ㄴ】

나라·············국가
나루터·········도선장
나이·············연령
낙심·······낙망. 실망
낙원·············천국
날씨·············일기
낯익다·······익숙하다
낱낱이·········모조리
내막·············내용

내일·············명일
네모·············사각
노고지리·······종달새
노래·············가요
노력·············진력
노예·······종. 노비
노인·········늙은이
노자·············여비
논밭·············전답

논의·············의논
놀이·············유희
농사·············농업
농장·············농원
농촌·············전원
누룽지·······눌은밥
눈부시다·····휘황하다
눈치·······기미. 낌새
늘·············언제나

【ㄷ】

다대수·········대다수
단결·············단합
단독·············독단
단정·············단아
달리다·········뛰다
달빛·······월광
담·············담장
담당·············담임
담뿍·············듬뿍
담임·············담당
답답하다······안타깝다
당부·············부탁
당시·············당대
대강·······대개. 대략
대관절·········대체
대궐·······왕궁. 궁전
대단히·········굉장히
대답·······대꾸. 응답
대륙·············대지
대번에·········단번에
대우·······접대. 대접

대표·············책임자
대항·······대적. 항거
더구나·········더욱이
더디다·········늦다
덕택·······혜택. 덕분
도달·············도착
도대체·········대관절
도로·············길
도로·············다시
도리·······방도. 방법
도리어·········오히려
도망·············도주
도서실·········도서관
도시·············도회지
도의·············도덕
도회지·········도시
독립·············자립
돈·············금전
돌보다·········보살피다
동기·············동창
동네·············마을

동무·············친구
동생·············아우
동안·············기간
동의·············찬성
동지·············동료
동창·············동문
두렵다·········무섭다
두메·············산촌
둘레·············주위
뒤뜰·············뒤꼍
뒷간·············변소
들판·······평야. 벌판
등불·············등화
딱하다·········가엾다
땅·········토지. 대지
때·········시대. 시간
때문·············까닭
뜨이다·········보이다
뜰·······마당. 정원
뜻·········의미. 의의
뜻밖에·········의외로

【ㅁ】

마구·············함부로
마련·············준비
마술사·········마법사
마을·············동네

마음·············정신
마치·············흡사
마치다·········끝내다
마침내·········드디어

막론·············물론
만고·······천고. 만대
만일·············만약
만족·············흡족

말기	모집	무시
·····말엽	·····수집	·····멸시
말끔히	목숨	무안
·····깨끗이	·····생명	·····무색
말소리	목적	무지
·····음성	·····목표	·····무식
매우	몸	묵묵히
·····몹시	·····신체	·····잠잠히
매월	몸가짐	묶다
·····매달	·····태도	·····매다
매일	몸소	문명
·····날마다	·····손수. 친히	·····문화
맹렬	몹시	문명인
·····격렬. 치열	·····매우. 대단히	·····문화인
맹세	못난이	물건
·····서약	·····바보	·····물자
먼저	묘목	물결
·····우선	·····모나무	·····파문. 파도
멸시	묘하다	물론
·····천시	·····야릇하다	·····무론
명령	무덤	물음
·····분부. 지시	·····뫼. 산소	·····질문
명예	무력	미개
·····명성. 영예	·····군사력	·····야만. 원시
모두	무렵	민족
·····다	·····즈음	·····겨레. 종족
모습	무사	믿음
·····모양	·····무고	·····신앙. 신의
모조리	무섭다	밑
·····죄다	·····두렵다	·····아래

【ㅂ】

바다	번창	본보기
·····해양	·····번성. 번영	·····모범
바닷가	번화	볼모
·····해변	·····번창. 번잡	·····인질
바르다	벌	봉사
·····곧다. 옳다	·····들	·····소경
바른쪽	벌써	부강
·····오른쪽	·····이미	·····부유
바보	벌판	부락
·····등신. 천치	·····들판	·····동네
박수	벼슬	부모
·····박장	·····관직	·····양친
반격	변화	부부
·····역습	·····변동. 변천	·····내외
반대	별로	부유
·····거역. 거부	·····그다지	·····풍족
반대말	별안간	부자
·····맞선말	·····갑자기	·····부호
반대편	병	부지런히
·····맞은편	·····병환. 질병	·····열심히
반드시	병기	부흥
·····꼭	·····무기	·····재건
발견	병력	분간
·····발명	·····군사력	·····구별. 분별
발달	병사	분야
·····발전	·····군사	·····부문
발표	병원	분주
·····공표	·····의원	·····분망
발행	병자	불만
·····발간	·····환자	·····불평
방도	병정	불안
·····방법. 방책	·····군인. 병졸	·····근심
방면	보고	불행
·····방향	·····발표. 신고	·····불우
방법	보람	비결
·····수단. 방도	·····효험. 효과	·····비법
방비	보랏빛	비극
·····수비	·····보라색	·····참극
방안	보름달	비밀
·····실내	·····만월. 망월	·····기밀
방해	보배	비용
·····훼살. 훼방	·····보물	·····경비
방향	보복	비웃음
·····방면. 향방	·····앙갚음	·····조소
배달	보장	비참
·····배부	·····보증	·····처참. 참혹
백성	보존	빈곤
·····국민	·····보전	·····가난. 구차
뱃사람	보통	빈손
·····사공. 선원	·····예사. 평범	·····맨손
버릇	복종	빗줄기
·····습성. 습관	·····순종. 굴복	·····빗발
번지다	본래	빨리
·····퍼지다	·····본디. 원래	·····급히

【ㅅ】

사람	인간. 인류	성공	성취	수축	개축
사랑	애정	성과	결과. 효과	순서	차례
사명	임무	성내다	화내다	숭배	숭상
사방	사면	성명	이름. 성함	숲	삼림
사상자	살상자	성질	성미. 성격	스승	선생
사실	진실	세계	세상	슬픔	설움
사업	기업	세력	권력. 권세	습관	습성. 관습
사용	이용	세모	삼각	승낙	허락. 승인
사정	실정. 형편	세밀히	자세히	승리	승첩. 승전
산골	두메	세상	세계. 천하	승패	승부
삼모롱이	산모퉁이	세수	세면	시각	시간
산허리	산중턱	세월	광음. 시일	시대	시절
상대	대상	소동	소란	시설	설비
상대편	상대방	소모	소비	시작	개시
상륙	착륙	소문	풍문	시체	송장. 주검
상상	공상. 추측	소변	오줌	시험	실험. 고사
상쾌	경쾌. 유쾌	소상	상세	식구	가족
생각	상상. 사고	소식	소문. 안부	신부	사제
생명	목숨	소용	필요	신세	처지
생활	생존. 생계	소원	소망	신앙	종교
서럽다	슬프다	소중	귀중	신통	신기
서울	장안. 수도	소풍	원족. 산보	실망	낙망
선물	선사	속	안	실상	사실
선생	스승	속국	식민지	실시	시행. 실행
선전	광고	속하다	딸리다	실제	실지
선출	선거	손들다	항복하다	실천	실행
설령	설사	수고	고생. 노고	실험	시험
설명	해설	수다	허다	실현	실천
설움	슬픔	수복	탈환	싸움	전투. 전쟁
성격	성품. 성질	수입	소득	씨	종자. 씨앗

【ㅇ】

아군	우군	안녕	평안	어른	성인
아기	아이	안팎	내외	어린이	아동
아내	처	애씀	노력	어저께	어제
아마	대개	애원	애소. 간청	언제나	항상. 늘
아무리	비록	약	대략	얼굴	낯
아우	동생	약속	약조. 언약	얼른	빨리
아이	아동	양지	양달	여성	여자
아주	매우	양쪽	양편	여행	원행

역사	청사	요란	소란	의식	정신
연구	탐구. 궁리	요새	요즘	의심	의문. 의혹
연달다	잇달다	요점	중점	의욕	욕망
연습	연마	욕심	욕망	의젓하다	점잖다
연약하다	가냘프다	용감	용맹. 과감	이르다	가르치다
열성	성의	용기	패기	이른바	소위
열중	열심. 골몰	우군	아군	이름	성명
열차	기차	우대	후대	이번	금번
염려	우려	우렁차다	굉장하다	이상	괴상
영광	영예. 광영	우정	우의	이슬비	가랑비
영영	영원히	운명	운수. 숙명	이용	사용
영화	활동 사진	울창	무성	이웃	인근
옆	곁	울타리	담	이익	이득. 유익
예쁘다	곱다	원래	본래	이자	이식
예사	보통	원수	적	이치	원리
예전	그전. 옛날	원인	근원	이해	해석
예절	예의	원한	원망	익숙	능숙
옛날	옛적	위급	위태	인격	인품
오늘	금일. 현재	위대하다	훌륭하다	인도	안내
오직	다만	위로	위안	인류	인간
오후	하오	위법	불법	인정	확정
옥좌	왕좌. 보좌	위험	위해	인품	인격
온갖	갖은	유명	저명	일생	평생
온순	유순	유언	유서	일시	동시
완강히	굳세게	은돈	은화	일요일	공일
완성	완수. 완료	은둔	도피	일행	동행
완전	온전	응원	후원. 성원	임금	왕
왕	임금	의견	의사	임원	역원
왕국	군주국	의기	기상. 패기	임자	주인
왕궁	궁궐	의논	상의	입장	등장
왕래	내왕	의문	의심	입학	입교
왜적	왜구	의사	의원	잇속	이익

【ㅈ】

자기	자신	잠시	잠깐	장하다	훌륭하다
자녀	자식	잠잠하다	조용하다	재능	재주
자료	재료	잡음	소음	재료	자료
자루	주머니	장	시장	재미	흥미
자세	상세	장군	장수	재산	재물
자연	천연	장님	소경	재주	재능
자원	자산. 밑천	장막	천막. 포장	재촉	독촉
자줏빛	자주색	장수	상인	저금	저축. 예금
자취	흔적	장엄	웅장	적군	적병
작곡	편곡	장차	미래	적당	적절

적막·············정적
전봇줄·········전깃줄
전부·············전체
전송·············배웅
전연·············전혀
전원·············농촌
전쟁·············전투
전체·············전부
전함·············군함
점점·······점차. 차차
정도·······가량. 한도
정리·············정돈
정말·············참말
정복·············정벌
정상·············형편
정성·······지성. 성심
정세·············형세
정신·······영혼. 마음
정오·············오정
정원···············뜰
정전·············휴전
정치·············정사
정확·············확실
제목·············표제

제안·············제의
제조·············제작
제창·············주창
조건·············조항
조국·············고국
조목·············조항
조사·············검사
조상·············선조
조심·············주의
조종사·········비행사
조직·······편성. 구성
조짐·············기미
존중·······존대. 존귀
졸도·············기절
종사·············종업
죄명·············죄목
죄송·············황송
주목·······주시. 관심
주변·············언저리
주요·············중요
주의·············경고
주인·············임자
주장·············주창
주저하다·····망설이다

주창·············주장
죽음·············사망
준공·············낙성
준비·······마련. 채비
중·············승려
중단·············중지
중요·······중대. 주요
즈음·······당시. 무렵
지금·······현재. 이제
지당·············타당
지방·······지역. 고장
지우다·········없애다
지저분하다·····더럽다
지혜·············슬기
지휘관·········지휘자
직분·············직책
진심·············진정
진영···············진
진정서·········탄원서
진찰·············진단
질문·············질의
질서·············규율
짐작·············추측
집안·············가정

【ㅊ】

차라리·········도리어
차례·············순서
차별·············구별
찬성·······찬동. 동의
찬송가·········찬미가
참가·············참여
참고·············참조
참석·············출석
창가·············창변
창고·············곳간
책임·······책무. 임무
처량하다·····구슬프다
처리·············처치

처벌·············형벌
처음·············최초
천국·············낙원
천연·············자연
천재·············수재
천하다·········천박하다
청결·············청소
초대·············초청
최전선·········최일선
추석·············한가위
축하·············축복
충동·············충격
충성·······충절. 충의

측량·············측정
층계·············계단
치료·······진료. 가료
치밀·············세밀
치열·············극렬
치장·············단장
친구·······동무. 벗
친절히·········상냥히
칠판·············흑판
침대·············침상
침략·······침범. 침노
칭찬·············칭송
칭호·············명칭

【ㅋ】

커다랗다·····큼직하다
컴컴하다·······어둡다

쾌적하다·····상쾌하다
쾌활하다·····활발하다

큰댁·············큰집
큰물·············홍수

【ㅌ】

타향	객지	토대	기본. 기초	퇴직	퇴임
탁월	월등	토론	토의	툭하면	걸핏하면
탄생	출생	토인	흑인	특별히	유난히
탈	가면	통상	보통	특색	특징
탐험	탐색. 모색	통일	통합	특수	특별. 특이
태도	자태	통제	제재	틀림없이	어김없이
태양	해	통지	기별. 고지	틈	겨를. 사이
태평	화평	퇴장	퇴석	티끌	먼지

【ㅍ】

파괴	파손	평화	태평. 평온	풍부	풍족
파멸	멸망	포악	흉악	풍속	풍습
편안	평안	포탄	포환. 폭탄	피	혈액
편지	서신. 서한	폭동	소동. 난동	피곤	피로
편집	편찬	폭발	폭파	피난	파란
평생	일생	표면	외면	필경	결국. 마침내
평소	평시	표현	표시	필시	필연
평안	안녕. 편안	풀없이	힘없이	필요	소용. 긴요

【ㅎ】

학생	생도	허욕	허영	회견	면회. 접견
학자	선비	헛간	곳간	회복	복구
한가위	추석	형편	형세	회의	회담
한층	한결	호소	하소연	효과	보람. 효력
함성	고함	혹시	행여	효도	효성
합방	합병	홍수	큰물	후회	참회
항구	포구	화려	번화. 찬란	휴양	정양
항상	항시. 늘	확실	정확	휴전	정전
해산	해체	환영	영접. 환대	흉내	모방
해안	해변	활기	활발. 생기	흔히	자주
행복	다행. 행운	황급	황망	흥미	재미
향상	진보	황실	왕실	희망	소망
허락	승낙	황홀	찬란	힘	기운

3. 맞선말과 반대말

【ㄱ】

가난······부유	겨우내······여름내	공급······수요
가늘다······굵다	결과······원인	공손히······건방지게
가능······불가능	결렬······합의	공주······왕자
가입······탈퇴	결의······부결	괴상······평범
가짜······진짜	결정······미정	괴수······졸개
간단······복잡	겸손······불손. 거만	교외······시내
간섭······불간섭	경박······침착	구석······가운데. 복판
간편······복잡	경어······비어. 속어	구체적······추상적
감독······방임	계속······중단	국제······국내
강하다······약하다	계약······해약	권리······의무
개교······휴교	고국······외국. 타국	귀족······평민
개다······흐리다	고단하다······편안하다	귀하다······천하다
개시······종료. 종결	고생······편안. 안락	근심······안심
개인······단체. 집단	고요히······요란히	금지······권장
거절······승낙. 허락	고지······저지. 평지	기쁨······슬픔
거칠다······매끄럽다	고향······타향	기억······망각
검소······화려. 사치	공격······방어. 수비	꿈······현실

【ㄴ】

나중······처음	널찍하다······좁다랗다	높음······낮음
날줄······씨줄	넓어지다······좁아지다	눕다······일어나다
낡다······새롭다	노력······태만	느리다······빠르다
낮추다······높이다	녹다······얼다	늘다······줄다
낯익다······낯설다	논일······밭일	늘리다······줄이다
내용······형식	농번기······농한기	늙다······젊다

【ㄷ】

다수······소수	도달······미달	뒤뜰······앞뜰
단결······분열	도매······소매	뒷산······앞산
달님······해님	도움······방해	듣다······말하다
답답하다······후련하다	독립······예속	등교······하교
대답······질문. 질의	동양······서양	따뜻하다······서늘하다
대륙······대양	동지······원수	또렷하다······희미하다
던지다······받다	두툼하다······얄팍하다	뚱뚱하다······홀쭉하다

【ㅁ】

마녀	선녀	멀리	가까이	무인	문인
마음	몸. 신체	명령	복종	무지	유식
마지막	처음	명예	수치	무질서	질서
막내딸	맏딸	모으다	흩다	묶이다	풀리다
만점	영점	목적	수단	문명	미개. 야만
만족	불만	몸	마음. 정신	문화	미개. 야만
말기	초기	무리	순리	묻다	대답하다
말꼬리	말머리	무시	중시	믿다	의심하다

【ㅂ】

바다	육지. 뭍	복종	불복. 반항	불만	만족
바르다	그르다	본부	지부	불안	편안. 안심
바쁘다	한가하다	부강	빈약	불쾌	유쾌. 상쾌
반대	찬성	부끄럽다	떳떳하다	불행	행복. 다행
발전	퇴보. 쇠퇴	부모	자식	비극	희극
방비	공격	부분	전체	비뚜로	바로
방해	조력. 협조	부유하다	가난하다	비명	환성
번영	쇠퇴	부자연	자연	비밀	공개
벌리다	오므리다	부족	풍족	비번	당번
벌써	아직	부풀다	우그러들다	비스듬히	똑바로
별명	본명	북서	남동	비싸다	싸다
병사	장교	분주	한가	빈곤	부유
보름달	초승달	불리	유리	빈민	부호. 부자

【ㅅ】

사나이	계집	성공	실패	시골	도시
사납다	온순하다	성인	범인	시내	시외. 교외
사랑	증오. 미움	소년	소녀	시원하다	답답하다
사실	허위	소득	손실	시작	끝
사치	검소	소용	무용	식다	끓다
산악	평야	소중	소홀	식목	벌목
상	벌	속히	천천히	식물	동물
상류	하류	수출	수입	신기	평범
상륙	출항	숭배	멸시	실패	성공
상승	하락	스승	제자	싫증	재미
생산	소비	승낙	거부	심다	캐다
생일	기일	승리	패배	싸움	평화
서양	동양	승전	패전	쌓다	헐다
선천성	후천성	시간	공간	쓰다	읽다

【ㅇ】

아군……적군	옛날……오늘날	위협……권유
아내……남편	오늘……내일. 어제	유난히……평범히
아직……이미. 벌써	오뚝……움푹	유망……무망
안녕……불안. 고생	오해……이해. 양해	유명……무명
안심……불안	오후……오전	유심히……무심히
안전……불안전. 위험	온순……난폭	유지……폐지. 변경
암흑……광명	올바르다……그르다	육식……채식
앞날……지난날	완강……나약	의심……확신. 믿음
야만인……문명인	완성……미완성	이르다……늦다
약하다……강하다	완전……불완전	이상……이하
양지……음지	외국……내국. 본국	이상……정상
어기다……지키다	요란하다……고요하다	이상……현실
어울리다……배돌다	욕설……칭송	이성……감성. 감정
언짢다……달갑다	용감……비굴	이성……동성
여성……남성	용맹……비겁	이익……손해
연결……절단	우대……천대	이자……원금
열다……닫다	우렁차다……가냘프다	이후……이전
열쇠……자물쇠	우리……너희	익숙……미숙
열심……태만	우선……나중	인공적……자연적
염려……안심. 방심	원수……은인	인력……동력
영광……치욕	원인……결과	인상……인하
영리……우둔	원한……은혜	인정……부인
예사로 유달리. 특별히	위대……미미	일치……불일치
예습……복습	위인……범인	입장……퇴장

【ㅈ】

자기……남. 타인	전체……부분	존중……천대. 멸시
자녀……부모	전편……후편	졸업……입학
자연……인공	절대……상대	졸작……걸작
자유……구속. 속박	절약……낭비	주인……손님
자음……모음	정면……후면	주장……추종
작년……내년	정밀……조잡	준공……착공
잠시……오래	정신……육체. 물질	중대……사소. 예사
장교……사병	정의……불의	지방……중앙
저녁……아침	정전……개전	지불……수령
적군……아군. 우군	정지……진행	지옥……극락. 천당
적극적……소극적	정확……부정확	지하……지상
전……후	조상……자손	직접……간접
전부……일부	조직……해산	진심……허위. 사심
전원……도시	존경……멸시	질서……무질서. 혼란
전쟁……평화	존귀……비천	짧다……길다

【ㅊ】

차등 ················· 균등
차별 ················· 평등
찬성 ················· 반대
참말 ··············· 거짓말
참석 ················· 불참
창간 ················· 폐간
처녀 ················· 총각

천사 ················· 악마
천연 ················· 인공
천재 ········· 둔재. 백치
청결 ················· 불결
초조 ················· 태연
추가 ················· 삭제
축복 ················· 저주

출석 ················· 결석
충분 ················· 부족
충성 ········· 반역. 불충
취임 ················· 퇴임
친절 ·············· 불친절
침략 ················· 방어
침묵 ········· 발언. 웅변

【ㅋ】

캄캄하다 ········ 환하다
커지다 ········· 작아지다

켜다 ················· 끄다
크다 ················· 작다

큼직하다 ······ 조그맣다
키다리 ············· 난장이

【ㅌ】

타향 ················· 고향
탁월 ················· 졸렬

통하다 ··········· 막히다
퇴장 ················· 입장

특별 ················· 보통
틔다 ··············· 막히다

【ㅍ】

파괴 ················· 건설
파멸 ················· 번영
패하다 ········· 승리하다
편리 ················· 불편
편안 ················· 불편

펼치다 ············· 접다
평안 ················· 불안
평야 ················· 산악
평화 ················· 전쟁
폭동 ················· 진압

표면 ················· 이면
풀리다 ··········· 맺히다
피다 ················· 지다
피폐 ················· 번성
필요 ·············· 불필요

【ㅎ】

하류 ················· 상류
하얗다 ··········· 까맣다
하차 ················· 승차
학생 ················· 선생
한가 ················· 분주
한적 ················· 번잡
함께 ················· 따로
합격 ················· 낙방
합법 ················· 불법
합창 ················· 독창
항거 ················· 순종

항구적 ·········· 일시적
항상 ················· 가끔
해결 ················· 미결
해도 ················· 지도
해방 ················· 속박
해상 ················· 육상
행복 ················· 불행
향기 ················· 악취
향상 ················· 저하
허락 ········· 거절. 불허
헌신적 ·········· 이기적

험준 ················· 평탄
헛되이 ··········· 참되이
협력 ········· 방해. 훼방
형식 ················· 내용
형제 ················· 자매
홀소리 ··········· 닿소리
화려 ················· 소박
화물선 ··········· 여객선
환영 ········· 환송. 배척
효 ················· 불효
후세 ················· 전세

4. 띄어쓰기 규칙

1. 조사는 그 앞말에 붙여 쓴다.

> 예 꽃이   꽃마저   꽃밖에   꽃에서부터
> 꽃으로만   꽃이나마   꽃이다   꽃처럼
> 어디까지나   거기도   멀리는   웃고만
> 집에서처럼   학교에서만이라도

2. 의존 명사는 띄어 쓴다.

> 예 아는 **것**이 힘이다.   나도 할 **수** 있다.
> 먹을 **만큼** 먹어라.   아는 **이**를 만났다.
> 네가 말한 **바**를 알겠다.   그가 떠난 **지**가 오래다.
> 웃을 **뿐**이다.   아는**대로** 말해라.
> 고향에 갔던 **차**에 선을 보았다.

3. 단위를 나타내는 명사는 띄어 쓴다.

> 예 한 **개**   차 한 **대**   금 한 **돈**
> 말 한 **마리**   옷 한 **벌**   열 **살**
> 자반 한 **손**   집 한 **채**   신 두 **켤레**
> 연필 한 **자루**   버선 한 **죽**   북어 한 **쾌**

> ※ 순서를 나타내는 경우나 숫자와 어울리어 쓰는 경우에는 붙여 쓸 수 있다.
> 예 두시 삼십분 오초   제일과   삼학년 육층
> 1996년   10월   9일   2대대   16동 502**호**   제1**실습실**

4. 수를 적을 때에는 '만(萬)' 단위로 띄어 쓴다.

> 예 십이억 삼천사백오십육만 칠천팔백구십팔
> 12억 3456만 7898

5. 두 말을 이어 주거나 열거할 적에 쓰이는 말들은 띄어 쓴다.

> 예 열 내지 스물   청군 대 백군   사과, 배, 복숭아 등

6. 1자로 된 낱말이 연이어 나타날 적에는 붙여 쓸 수 있다.

> 예 그때 그곳   좀더 큰것   이말 저말   한잎 두잎

7. 보조 용언은 띄어 씀을 원칙으로 하되, 경우에 따라 붙여 씀도 허용한다.

	〈원칙〉	〈허용〉
예	불이 꺼져 **간다**.	불이 꺼져**간다**.
	어머니를 도와 **드린다**.	어머니를 도와**드린다**.
	비가 올 **듯하다**.	비가 올**듯하다**.
	그 일은 할 **만하다**.	그 일은 할**만하다**.
	일이 될 **법하다**.	일이 될**법하다**.
	비가 올 **성싶다**.	비가 올**성싶다**.
	잘 아는 **척한다**.	잘 아는**척한다**.

8. 성과 이름, 성과 호 등은 붙여 쓰고, 이에 덧붙는 호칭어, 관직명 등은 띄어 쓴다.

예	홍길동	이율곡	채영신 씨	최치원 선생
	김철수 박사	충무공 이순신 장군		

9. 성명 이외의 고유 명사는 단어별로 띄어 씀을 원칙으로 하되, 단위별로 띄어 쓸 수 있다.

	〈원칙〉	〈허용〉
예	대한 중학교	대한중학교
	한국 대학교 사범 대학	한국대학교 사범대학

10. 전문용어는 각 단어별로 띄어 씀을 원칙으로 하되, 붙여 쓸 수 있다.

	〈원칙〉	〈허용〉
예	탄소 동화 작용	탄소동화작용

5. 문장 부호와 사용법

마 침 표

1. 온점(.)
(1) 서술, 명령, 청유 등을 나타내는 문장의 끝에 쓴다.
　예 어린이는 나라의 보배이다.
(2) 아라비아 숫자만으로 연월일을 표시할 적에 쓴다.
　예 1919. 3. 1.(1919년 3월 1일)
(3) 표시 문자 다음에 쓴다.
　예 1. 느낌표　　　ㄱ. 국어　　　가. 인명

2. 물음표(?)
(1) 직접 질문할 때에 쓴다.
　예 지금 가면 언제 돌아오니?
(2) 반어나 수사 의문을 나타낼 때에 쓴다.
　예 제가 감히 거역할 리가 있습니까?
　　남북 통일이 되면 얼마나 좋을까?
(3) 한 문장에서 몇 개의 선택적인 물음이 겹쳤을 때에는 맨 끝의 물음에
　만 쓰지만, 각각 독립된 물음인 경우에는 물음마다 쓴다.
　예 너는 한국인이냐, 미국인이냐?
　　너는 언제 왔니? 어디서 왔니? 무엇 하러 왔니?
(4) 의문형 어미로 끝나는 문장이라도 의문의 정도가 약할 때에는 물음표
　대신 온점을 쓸 수도 있다.
　예 이 일을 도대체 어쩌란 말이냐.

3. 느낌표(!)
(1) 느낌을 힘차게 나타내기 위해 감탄사나 감탄형 종결어미 다음에 쓴
　다.
　예 앗! 아, 달이 밝구나!
(2) 강한 명령문 또는 청유문에 쓴다.
　예 지금 즉시 대답해! 부디 몸조심하도록!
(3) 감정을 넣어 다른 사람을 부르거나 대답할 적에 쓴다.
　예 춘향아! 네, 도련님!
(4) 물음의 말로써 놀람이나 항의의 뜻을 나타내는 경우에 쓴다.
　예 이게 누구야! 내가 왜 나빠!
(5) 감탄형 어미로 끝나는 문장이라도 감탄의 정도가 약할 때에는 느낌표
　대신 온점을 쓸 수도 있다.
　예 개나리가 핀 것을 보니, 봄이 오긴 왔구나.

쉼 표

1. 반점(,)

(1) 같은 자격의 어구가 열거될 때에 쓴다.

예 근면, 검소, 협동은 우리 겨레의 미덕이다.

(2) 짝을 지어 구별할 필요가 있을 때에 쓴다.

예 닭과 지네, 쥐와 고양이는 상극이다.

(3) 바로 다음의 말을 꾸미지 않을 때에 쓴다.

예 슬픈 사연을 간직한, 경주 불국사의 무영탑

(4) 절이 이어질 때에 절 사이에 쓴다.

예 흰눈이 내리니, 경치가 더욱 아름답다.

(5) 부르는 말이나 대답하는 말, 또는 감탄을 나타내는 말 뒤에 쓴다.

예 애야, 이리 오너라. 아, 깜빡 잊었구나.

(6) 문장 첫머리의 접속이나 연결을 나타내는 말 다음에 쓴다. 다만, 일반적으로 쓰이는 접속어(그러나, 그러므로, 그리고, 그런데 등) 뒤에는 쓰지 않음을 원칙으로 한다.

예 첫째, 몸이 튼튼해야 된다.

그러나 너는 실망할 필요가 없다.

(7) 문장 중간에 끼어든 구절 앞뒤에 쓴다.

예 나는, 솔직히 말하면, 그 친구가 마음에 들지 않는다.

(8) 되풀이를 하기 위하여 한 부분을 줄일 때에나 문맥상 끊어 읽어야 할 곳에 쓴다.

예 여름에는 바다에서, 겨울에는 산에서 휴가를 즐겼다.

2. 가운뎃점(·)

(1) 쉼표로 열거된 어구가 다시 여러 단위로 나누어질 때에 쓴다.

예 철수 · 영이, 영수 · 순이가 서로 짝이 되어 윷놀이를 하였다.

(2) 특정한 의미를 갖는 날을 나타내는 숫자나 같은 계열의 단어 사이에 쓴다.

예 3 · 1 운동　　경북 · 경남 두 도를 합하여 경상도라고 한다.

3. 쌍점(:)

(1) 종류를 들거나 간단한 설명을 붙일 때에 쓴다.

예 문장 부호 : 마침표, 쉼표, 따옴표 등

마침표 : 문장이 끝남을 나타낸다.

(2) 저자명 다음에 저서명을 적을 때, 둘 이상을 대비할 때에 쓴다.

예 정약용 : 목민심서, 경세유표　오전 10:20

4. 빗금(/)

(1) 대응, 대립되거나 대등한 것을 함께 보이는 단어와 구, 절 사이에 쓰며, 분수를 나타낼 때에도 쓴다.

예 착한 사람/악한 사람　　3/4

따 옴 표

1. 큰따옴표(" ")
(1) 글 가운데서 직접 대화를 표시할 때에나 남의 말을 인용할 경우에 쓴다.

예 예로부터 "민심은 천심이다."라고 하였다.

2. 작은따옴표(' ')
(1) 따온 말 가운데서 다시 따온 말이 들어 있을 때에나 마음 속으로 한 말을 적을 때에 쓴다.

예 "여러분! 침착해야 합니다. '하늘이 무너져도 솟아날 구멍이 있다'고 합니다."

(2) 문장에서 중요한 부분을 두드러지게 하기 위해 드러냄표 대신에 쓰기도 한다.

예 지금 필요한 것은 '지식'이 아니라 '실천'입니다.

그 밖의 문장 부호

1. 묶 음 표 : 소괄호(( )), 중괄호({ }), 대괄호([ ])
2. 이 음 표 : 줄표(-), 붙임표(-), 물결표(~)
3. 드 러 냄 표 : 드러냄표(˚, ˙)
4. 안드러냄표 : 숨김표(× ×, ○○), 빠짐표(□), 줄임표(……)